Handbuch zur Arbeitslehre

Herausgegeben
von
Univ.-Prof. Dr. Dietmar Kahsnitz
Univ.-Prof. Dr.-Ing. Günter Ropohl
Univ.-Prof. Dr. Alfons Schmid

R. Oldenbourg Verlag München Wien

Die Deutsche Bibliothek - CIP-Einheitsaufnahme

Handbuch zur Arbeitslehre / hrsg. von Dietmar Kahsnitz ... - München ; Wien : Oldenbourg, 1997
  ISBN 3-486-23308-4

© 1997 R. Oldenbourg Verlag
Rosenheimer Straße 145, D-81671 München
Telefon: (089) 45051-0, Internet: http://www.oldenbourg.de

Das Werk einschließlich aller Abbildungen ist urheberrechtlich geschützt. Jede Verwertung außerhalb der Grenzen des Urheberrechtsgesetzes ist ohne Zustimmung des Verlages unzulässig und strafbar. Das gilt insbesondere für Vervielfältigungen, Übersetzungen, Mikroverfilmungen und die Einspeicherung und Bearbeitung in elektronischen Systemen.

Gedruckt auf säure- und chlorfreiem Papier
Gesamtherstellung: R. Oldenbourg Graphische Betriebe GmbH, München

ISBN 3-486-23308-4

Vorwort

Vor zwanzig Jahren ist die Arbeitslehre an der Universität Frankfurt als Studienangebot eingerichtet worden, und seit fünfzehn Jahren wirken die Herausgeber in Forschung und Lehre zusammen, um diesem Fach ein eigenes Profil zu geben. Verglichen mit den Entwicklungszeiten anderer Fächer ist das eine kurze Zeit; in Anbetracht der besonderen multidisziplinären Komplexität ist das überdies ein außergewöhnlich aufwendiges Vorhaben. Gleichwohl scheint es an der Zeit, die deutlichen Konturen, die das Fach inzwischen gewonnen hat, in einer umfassenden und systematischen Übersicht allen Interessierten zugänglich zu machen.

Entsprechend der fachlichen Zuständigkeit haben wir die Betreuung der Themengruppen untereinander aufgeteilt. Zu unserer Freude sagten fast alle, die wir einluden, ihre Mitwirkung zu. Die wenigen, die aus Arbeitsüberlastung absagen mußten, halfen uns dabei, kompetenten Ersatz zu finden; dadurch, daß einzelne Autoren entgegenkommenderweise noch in fortgeschrittenem Bearbeitungsstadium kurzfristig eingesprungen sind, ist es gelungen, fast alle geplanten Themen in diesem Buch zu präsentieren. Wir danken allen, die uns bei diesem Vorhaben unterstützt haben, vor allem aber natürlich den Kolleginnen und Kollegen, die ihre Beiträge für dieses Buch geschrieben haben und mit großer Offenheit und Geduld auf unseren Wunsch eingegangen sind, ihre spezifische Fachperspektive mit den Intentionen dieses Handbuches abzustimmen. Wenn auch das Gesamtbild der Arbeitslehre weiterentwickelt werden muß, sind doch die Teilansichten, die wir den Mitwirkenden verdanken, vorzüglich gelungen.

Dem Oldenbourg Verlag danken wir für die Bereitschaft, diesem jungen Fach ein aufwendiges Handbuch zu widmen. Den Mitarbeiterinnen und Mitarbeitern des Instituts für Polytechnik/Arbeitslehre gebührt Dank für vielfältige Unterstützung. Besondere Anerkennung verdient Frau Gesche Wieggers für die organisatorische Betreuung des Buchprojektes und für die unermüdliche und umsichtige Computer-Arbeit; selbständig hat sie das druckreife Layout dieses Buches geschaffen.

Wir begleiten dieses Buch mit dem Wunsch, daß die Leser nicht nur ihren Gewinn daraus ziehen, sondern uns auch kritische Anmerkungen und Verbesserungsvorschläge wissen lassen mögen, damit das Buch bei der nächsten Auflage den Bedürfnissen seiner Benutzer noch besser gerecht werden kann.

Frankfurt am Main

Dietmar Kahsnitz
Günter Ropohl
Alfons Schmid

Inhaltsübersicht

Vorwort der Herausgeber V
Inhaltsverzeichnis XI

Teil I: Einführung 1

Arbeit und Arbeitslehre
Dietmar Kahsnitz, Günter Ropohl, Alfons Schmid 3

Zur Geschichte der Arbeit
Oskar Negt 27

Teil II: Arbeit und Lebensführung 39

Arbeit und Familie
Helga Krüger 41

Arbeit und Identität
Lucia Stanko 59

Arbeitszeit und Lebensführung
Hanns-Georg Brose 81

Berufswahlverhalten
Karen Schober 103

Hausarbeit und Haustechnik
Wolfgang Glatzer 123

Neue Medien und private Haushalte
Manfred Mai 145

Haushalt und Konsum
Irmintraut Richarz 157

Teil III: Arbeit und Betrieb 171

Arbeitsverhältnis und Arbeitsvertrag
Armin Höland 173

Betriebe und Erwerbsarbeit
Hans Joachim Sperling 195

Arbeitsorganisation
Walther Müller-Jentsch 215

Technische Entwicklung und Innovation
Erich Staudt, Bernd Kriegesmann 235

Technisch-organisatorische Grundlagen der Produktion
Günter Ropohl 249

Informationstechnik und Dienstleistungen
Richard Huisinga 271

Personalpolitik
Walter A. Oechsler 295

Arbeitsbewertung und Entgelt
Walter A. Oechsler 307

Arbeitsgestaltung und Humanisierung
Georg Schreyögg, Ulrich Reuther 319

Betriebliche Berufsausbildung
Richard Huisinga 333

Betriebliche Weiterbildungspolitik
Karlheinz A. Geißler, Frank Michael Orthey 353

Betriebliche Sozialisation
Lothar Lappe 363

Betriebliche Arbeitszeitpolitik
Aida Bosch, Peter Ellguth 381

Mitbestimmung im Betrieb
Walther Müller-Jentsch 395

Betrieb und Umweltschutz
Lutz Wicke 411

Teil IV: Arbeitsmarkt 427

Arbeitsmarktordnung
Heinz Lampert 429

Arbeitsmarkt und Arbeitsmarktpolitik
Gerald Gaß 443

Lohnpolitik und Lohnentwicklung
Gerald Gaß 457

Tarifvertrag und Tarifentwicklung
Dietmar Kahsnitz 473

Technischer Wandel und Beschäftigung
Alfons Schmid 495

Teil V: Arbeit und Gesellschaft

Beschäftigungspolitik
Alfons Schmid 515

Einkommensverteilung
Heinz-Dieter Hardes 539

Arbeit und Sozialstruktur
Walter Müller, Heinz-Herbert Noll 553

Soziale Mentalitäten und technologische Modernisierung
Michael Vester, Thomas Schwarzer 573

Sozialpolitik
Heinz Lampert 593

Sozialversicherung
Heinz Lampert 609

Arbeitsschutzpolitik
Hans Brinckmann 625

Berufsbildungssystem
Günter Kutscha 649

Berufsbildungspolitik
Günter Kutscha 667

Arbeit und bedachter Umgang mit Energie
Eberhard Jochem 687

Die Dematerialisierung der Produktion und die Auswirkungen auf die Arbeit
Friedrich Schmidt-Bleek 701

Kommunikation
Bernd-Peter Lange, Bertram Konert 715

Technologiepolitik
Frieder Meyer-Krahmer 731

Verbraucherpolitik
Gerd-Jan Krol 753

Umweltpolitik
Gerd-Jan Krol 769

Internationale Arbeitsteilung und Arbeitsmärkte
Thomas Straubhaar 787

Europäische Integration und Arbeitsmarkt
Ulrich Walwei 803

Sachregister 823
Autorenverzeichnis 831

Inhaltsverzeichnis

Vorwort der Herausgeber V
Inhaltsübersicht VII

Teil I: Einführung 1

Arbeit und Arbeitslehre
Dietmar Kahsnitz, Günter Ropohl, Alfons Schmid 3

1.	Einleitung	3
2.	Pädagogische Konzepte	3
2.1	Arbeitslehre als allgemeinbildendes Unterrichtsfach	3
2.2	Allgemeinbildungstheoretische Ausgangslage	4
2.3	Erste Empfehlungen zur Arbeitslehre	6
2.3.1	Empfehlungen des Deutschen Ausschusses von 1964	6
2.3.2	Empfehlungen der Kultusministerkonferenz von 1969	7
2.4	Arbeitslehrekonzeptionen der Bundesländer	8
2.5	Verbreitung der Arbeitslehre im allgemeinbildenden Schulsystem	10
3.	Arbeitswissenschaftliche Konzepte	10
3.1	Vorläufer	10
3.2	Arbeitswissenschaft im engeren Sinn	12
3.3	Integrationskonzepte	15
3.3.1	Allgemeines	15
3.3.2	Philosophische Integration	16
3.3.3	Institutionalismus	16
3.3.4	Konzept des soziotechnischen Systems	17
4.	Arbeitsbegriff und Gegenstand der Arbeitslehre	19
Literatur	....	22

Zur Geschichte der Arbeit
Oskar Negt 27

1.	Alte Strukturen der Erwerbsarbeit sind an ein geschichtliches Ende gekommen	27
2.	Der vorbürgerliche Arbeitsbegriff ist durch Mühe und Leid definiert	28
3.	Arbeit steigt in der Rangordnung der Werte immer höher	29
4.	Arbeit wird zu einer Kategorie der Realität	30
5.	Tendenzen der Substanzauszehrung konkreter Arbeit	32
6.	Die epochale Bedeutung der Arbeit schrumpft - weil sie immer produktiver wird	33
7.	Befreiung von der Arbeit oder Befreiung der Arbeit?	35
Literatur	....	37

Teil II: Arbeit und Lebensführung 39

Arbeit und Familie
Helga Krüger 41

1.	Begriffs- und Kontextbestimmungen	41
2.	Das Problem der Abwertung familiennaher Arbeit im Berufswahlkontext	43
3.	Eigenarbeit und Familienleben: Vernetzungen und Separierungen	47

3.1. Eigenarbeit und Rationalisierungsprozesse 47
3.2 Wandel in der Geschlechterstruktur familialer Eigenarbeit 48
3.2.1 Verschiebungen in der Eigenbeteiligung an Hausarbeit zwischen den Geschlechtern 48
3.2.2 Geschlechtsdifferente Verberuflichungsprozesse familialer Eigenarbeit 49
3.2.3 Qualitative Veränderungen familialer Eigenarbeit durch Vernetzungen der Familie mit anderen Institutionen 49
4. Familie als sich auflösender Solidarverband und die ungelöste Frage externer - interner Arbeit 52
5. Konsequenzen 53
Literatur 54

Arbeit und Identität
Lucia Stanko 59

1. Die Bedeutung von Arbeit für Identität - Einleitende Überlegungen 59
2. Zum Form- und Bedeutungswandel von Arbeit 61
2.1 Arbeit in archaischen Gesellschaften 61
2.2 Arbeit in der antiken Klassengesellschaft 62
2.3 Die Veränderung von Arbeit im Übergang vom Feudalismus zum Kapitalismus 63
3. Identität - Versuch einer (Begriffs-)Bestimmung 66
3.1 Meads Identitätskonzept 67
3.1.1 Genese und Existenz von (signifikanten) Symbolen und Selbst-/Identitäts (Bewußtsein) 68
3.1.2 Die reflexive Struktur des Selbst-/ Identitätsbewußtseins oder die Reziprozität von Selbstbewußtseinen 69
3.2 Die durch Erwerbsarbeit vermittelte Identität 71
Literatur 76

Arbeitszeit und Lebensführung
Hanns-Georg Brose 81

1. Überblick 81
2. Historische Entwicklung des Verhältnisses von Arbeitszeit und Lebensführung. Vormoderne und frühe Industrialisierung 81
3. Taylorismus und Fordistisches Regulationsmodell 85
4. Die gegenwärtige Situation (Post-Fordismus) 88
4.1 Die Entwicklung der Arbeitszeit 88
4.2 Lebensführung 91
5. Arbeitszeit und Lebensführung: empirische Zusammenhänge 94
Literatur 98

Berufswahlverhalten
Karen Schober 103

1. Problemstellung 103
2. Berufswahl: Ein untauglicher Begriff für ein komplexes Phänomen 104
3. Der Doppelcharakter von Beruf: Strukturmerkmal erwerbswirtschaftlicher Arbeit und Kristallisationspunkt sozialer Identität 105
4. Berufswahlverhalten: Empirische Evidenzen 106

4.1	Wandel des Bildungs- und Berufswahlverhaltens im Spiegel der Statistik: Bildungsexpansion, veränderte Übergänge und der Trend zur Dienstleistungsgesellschaft	107
4.2	Vom Sinn der Arbeit: Lebensentwürfe und Arbeitsorientierungen Jugendlicher	110
4.3	Berufswahlmotive: Vom Wunsch- zum Realkonzept	113
4.4	Berufswahl: Lust oder Last?	115
4.5	Traumjob, Wunschberuf und Bewerbung: Berufswünsche im Spiegel von Umfragen	116
5.	Die Genese beruflicher Entscheidungen: Zur Rolle der informellen und professionellen Ratgeber	117
5.1	Die Herkunftsfamilie als Anregungsmilieu	117
5.2	Akzeptanz und individueller Nutzen institutioneller Berufswahlhilfen	118
5.2.1	... durch die Schule und das Betriebspraktikum	119
5.2.2	... durch die Berufsberatung	120
Literatur		121

Hausarbeit und Haustechnik
Wolfgang Glatzer 123

1.	Der Arbeitscharakter der Tätigkeiten im Haushalt	124
2.	Die Technisierung der privaten Haushalte	127
3.	Generationen- und geschlechtsspezifische Technikaneignung	133
4.	Die Kombination von Arbeit und Technik für die Haushaltsproduktion	135
5.	Leistungsgrenzen und Zukunftsperspektiven	138
Literatur		140

Neue Medien und private Haushalte
Manfred Mai 145

1.	Von den "Neuen Medien" zu "Multimedia "	145
2.	Neue Medien als Modernisierungshoffnung	147
3.	Pilotprojekte als Markttest und -einführung	148
4.	Multimedia - Ein großtechnisches Netzwerk entsteht	149
5.	Die neuen Angebote: Was bietet die multimediale Vernetzung den privaten Haushalten?	150
6.	Ist die Multimediaentwicklung steuerbar?	153
7.	Selbstregulierung als Ergänzung staatlicher Steuerung?	154
Literatur		155

Haushalt und Konsum
Irmintraut Richarz 157

1.	Vorbemerkung	157
2.	Konsum und Haushalte	157
2.1	Konsum bzw. Verbrauch und Haushalt	157
2.2	Haushalte als Entscheidungseinheiten	158
2.3	Haushalte im Wirtschaftskreislauf	158
2.4	Einkommen und Verbrauchsstrukturen privater Haushalte in Wirtschaftsrechnungen	159
2.5	Umweltverträglicher Konsum und Haushalten	162
3.	Konsum und Leistungen von Haushalten im Fokus von Wissenschaften	163
3.1	Wirtschaftswissenschaft und Soziologie	163

3.2	Haushaltswissenschaft	165
4.	Ausblick	168
Literatur		168

Teil III: Arbeit und Betrieb 171

Arbeitsverhältnis und Arbeitsvertrag
Armin Höland 173

1.	Erwerbsarbeit als Existenz- und Rechtsverhältnis	173
1.1	Das Arbeitsverhältnis als Normalverhältnis der Erwerbsarbeit	173
1.2	Das Arbeitsverhältnis als Vertragsverhältnis	174
1.3	Abgrenzungsmerkmale des Arbeitsverhältnisses	175
2.	Form und Inhalt von Arbeitsverhältnissen	178
2.1	Das Direktionsrecht und seine Grenzen	179
2.2	Befristete und unbefristete Arbeitsverhältnisse	179
2.3	Arbeitszeit, Vollzeit und Teilzeit	181
2.4	Leistungsstörungen im Arbeitsverhältnis	183
2.5	Arbeitnehmerhaftung, Arbeitgeberhaftung	184
3.	Die Beendigung von Arbeitsverhältnissen	185
3.1	Die Beendigung von befristeten und unbefristeten Arbeitsverhältnissen	185
3.2	Ordentliche und außerordentliche Kündigung	186
3.3	Sozialauswahl	188
3.4	Der Aufhebungsvertrag	191
3.5	Die Abwicklung des Arbeitsverhältnisses	192
4.	Entwicklungen und Reformbedarf	192
Literatur		193

Betriebe und Erwerbsarbeit
Hans Joachim Sperling 195

1.	Betriebsförmigkeit moderner Erwerbsarbeit	195
2.	Historische Herausbildung des modernen (Fabrik)Betriebes	196
3.	Der Betrieb in sozial- und wirtschaftswissenschaftlicher Sicht	197
4.	Betriebe und Erwerbsarbeit aus statistischer Sicht	199
4.1	Betriebe und Erwerbsarbeit im Dienstleistungssektor	203
4.2	Betriebe und Erwerbsarbeit im verarbeitenden Gewerbe	204
4.3	Betriebe und Erwerbsarbeit in der Landwirtschaft	205
5.	Tertiarisierung der Betriebs- und Erwerbsstruktur	205
6.	Groß- und kleinbetriebliche Erwerbsarbeit	206
7.	Relevanz und Perspektiven betrieblicher Erwerbsarbeit	207
7.1	Erwerbsbeteiligung und betriebliche Beschäftigung	207
7.2	Betriebliche Organisation und Flexibilisierung der Arbeit	209
7.3	Soziale Regulierung und Mitbestimmung	211
Literatur		212

Arbeitsorganisation
Walther Müller-Jentsch 215

1.	Entstehung und Begriff	215
2.	Grundbestandteile der modernen Arbeitsorganisation	215
2.1	Arbeitsteilung und Kooperation (Organisation)	216
2.2	Mechanisierung und Automatisierung (Technik)	217

2.3	Management der Arbeit (Leitung und Hierarchie)	218
3.	Die wichtigsten Prozesse in der Arbeitsorganisation	221
3.1	Technisch-organisatorische Rationalisierung	221
3.2	Der politische Prozeß in der Organisation	225
3.3	"Humanisierung" der Arbeitsorganisation	227
3.4	Die neueren Entwicklungen	228
4.	Positivsummenspiele: ökonomische Effizienz und soziale Rationalität	231
Literatur		232

Technische Entwicklung und Innovation
Erich Staudt, Bernd Kriegesmann ... 235

1.	Zum Zusammenhang von technischer Entwicklung und Innovation	235
2.	Mensch - Technik - Organisation	236
3.	Potentialanalyse des Einsatzes neuer Techniken	237
3.1	Das organisatorische Potential des Einsatzes der Mikroelektronik	237
3.2	Das organisatorische Potential des Einsatzes von Informations- und Kommunikationstechniken	240
4.	Flexibilisierung der Arbeitsorganisation und qualitatives Potential	241
4.1	Aufhebung von Zwängen in Organisationen	241
4.2	Weiterungen des organisatorischen Gestaltungsspielraums	242
4.3	Substitutionen durch neue Techniken	245
4.4	Innovation durch neue Technik	245
5.	Optionen der technischen Entwicklung	246
Literatur		247

Technisch-organisatorische Grundlagen der Produktion
Günter Ropohl ... 249

1.	Produktionssystem	249
2.	Typologie der Produktionssysteme	251
2.1	Methodik der Typologie	251
2.2	Werkstoffe und Produkte	251
2.3	Produktionsverfahren	254
2.3.1	Produktionstechnik und Hilfstechniken	254
2.3.2	Verfahrenstechnik	256
2.3.3	Fertigungstechnik	258
2.3.4	Auflösungstechnik	260
2.4	Arbeitssystem und Automatisierung	261
2.5	Arbeitsteilung und Arbeitsverbindung	264
3.	Gestaltung des Produktionssystems	266
Literatur		268

Informationstechnik und Dienstleistungen
Richard Huisinga ... 271

1.	Problemaufriß	271
2.	Der Dienstleistungssektor als wissenschaftliche Denkfigur	272
2.1	Die sektorale Theoriebildung in der Ökonomie	274
2.2	Dienstleistungssektor und Dienstleistungen in der Soziologie	276
2.3	Die statistischen Datenbasen	277
3.	Informationstechnik im Handel: Beispiel Warenwirtschaftssystem	282
3.1	Die sozioökonomische Grundsituation	282

3.2	Die technischen Bausteine	283
4.	Strukturwandel auch im Dienstleistungsbereich	286
5.	Ausblick	291
Literatur		291

Personalpolitik
Walter A. Oechsler 295

1.	Grundlagen betrieblicher Personalpolitik	295
1.1	Gesellschaftlicher Bezugsrahmen der Personalpolitik	295
1.2	Stellung der Personalpolitik im Rahmen der Unternehmenspolitik	295
1.3	Personalpolitische Grundsätze, Strategien und Ziele	297
2.	Funktionen betrieblicher Personalpolitik	297
2.1	Integrationsfunktion	297
2.2	Koordinations- und Ordnungsfunktion	298
2.3	Motivationsfunktion	299
3.	Personalpolitische Instrumente	299
3.1	Personalplanung und Personalbeschaffung	299
3.2	Personalauswahl und -einstellung	300
3.3	Personaleinsatz, Entgelt und Leistung	300
3.4	Anreiz- und Belohnungssysteme	301
3.5	Personalentwicklung	301
3.6	Personalfreisetzung	302
4.	Arbeitsrechtlicher Regelungsrahmen personalpolitischer Instrumente	303
Literatur		305

Arbeitsbewertung und Entgelt
Walter A. Oechsler 307

1.	Systematik der Entgeltfindung	307
2.	Funktionen und Verfahren der Arbeitsbewertung	308
2.1	Funktion der Grundentgeltdifferenzierung	308
2.2	Arbeitsbewertungsverfahren	308
2.2.1	Summarische Verfahren	308
2.2.2	Analytische Verfahren	309
2.2.3	Mischtypen	310
3.	Einflußfaktoren und Tendenzen für die Arbeitsbewertung	311
3.1	Neue Technologien	311
3.2	Gruppen- und teamorientierte Produktion	312
3.3	Qualifikationsorientierung	312
4.	Leistungsbeurteilung	313
5.	Cafeteria-Systeme	316
Literatur		317

Arbeitsgestaltung und Humanisierung
Georg Schreyögg, Ulrich Reuther 319

1.	Einleitung	319
2.	Arbeitsgestaltung und „Scientific Management"	319
3.	Humanisierung der Arbeit	320
4.	Theoretische Grundlagen der Arbeitsorganisation	320
4.1	Der soziotechnische Systemansatz	320
4.2	Motivationstheorien	321

4.2.1	Die Hierarchie der Bedürfnisse nach Maslow	321
4.2.2	Die Zwei-Faktoren-Theorie von Herzberg	321
4.2.3	Motivierende Arbeitsgestaltung	322
4.2.4	Das „Job-Characteristics-Modell"	323
5.	Neue Formen der Arbeitsgestaltung	324
5.1.	Geplanter Arbeitsplatzwechsel (Job Rotation	325
5.2.	Arbeitsvergrößerung (Job-Enlargement)	325
5.3	Arbeitsanreicherung (Job-Enrichment)	326
5.4	Arbeitsanreicherung auf Gruppenbasis (Teilautonome Arbeitsgruppen)	327
6.	Ausblick	329
Literatur		330

Betriebliche Berufsausbildung
Richard Huisinga 333

1.	Personalpolitisch zentrierte Leitgesichtspunkte der Betriebe	333
1.1	Personalpolitische Erwartungshaltung	334
1.2	Das ökonomische Kalkül	338
1.3	Kosten der betrieblichen Ausbildung	339
1.4	Das Nutzenkalkül in der betrieblichen Berufsausbildung	340
2.	Wandel in der betrieblichen Leistungsstruktur	341
3.	Verwerfungen in der Berufsausbildung	343
3.1	Neuordnung als Ausdruck rationeller Planungspraxis und Wissensorientierung	343
3.2	Neuordnung im Lichte ökonomischer Angebotspolitik	345
3.3	Ausbildung und Weiterbildung als neue institutionelle und funktionale Einheit	346
3.4	Gewichtsverlagerung in den Markt	347
3.5	Allokationsprobleme industrieller Berufsausbildung im Sog internationaler Finanz- und Kapitalmärkte	348
4.	Schluß	348
Literatur		349

Betriebliche Weiterbildungspolitik
Karlheinz A. Geißler, Frank Michael Orthey 353

1.	Erfolgsfaktor Personal: Rekrutierungspolitik	353
2.	Funktion und Leistungen betrieblicher Bildungspolitik	355
3.	Der Umgang mit dem Pädagogischen im Betrieb	357
Literatur		361

Betriebliche Sozialisation
Lothar Lappe 363

1.	Einleitung	363
2.	Entwicklung sozialer Kompetenz - Sozialisationsziel: Team- und Konfliktfähigkeit	364
3.	Regulationsbehinderungen und Sozialisationsbarrieren	366
3.1	Arbeitsbelastungen als Sozialisationshindernis und ihre Bewältigung als Lernaufgabe	368
3.2	Sozialisationsziel: Verstetigung der Arbeitsleistung	369
4.	Erlernen des Umgangs mit betrieblichen Herrschaftsformen	371
5.	Persönlichkeitsentwicklung in der betrieblichen Lerntätigkeit	372

5.1	Restriktive Arbeitsbereiche in der Massenproduktion, der Massensachbearbeitung und dem Massenverkauf	374
5.2	Autonomiefördernde Ausbildungs- und Arbeitsbereiche: wachsende Handlungsspielräume und zunehmende Arbeitsverantwortung	375
6.	Schlußbetrachtung	376
Literatur		377

Betriebliche Arbeitszeitpolitik
Aida Bosch, Peter Ellguth ... 381

1.	Einführung und Grundbegriffe	381
2.	Arbeitszeitregulierung im Wandel	382
2.1	Betriebliche und gesellschaftliche Ursachen der Erosion der 'Normalarbeitszeit'	383
2.2	Entwicklungstrends der Arbeitszeitpolitik	384
2.2.1	Verkürzung der Arbeitzeit	385
2.2.2	Flexibilisierung der Arbeitzeit	385
2.2.3	Verbetrieblichung und Dezentralisierung der Arbeitzeitregulierung	386
3.	Modelle betrieblicher Arbeitszeitflexibilisierung	387
Literatur		393

Mitbestimmung im Betrieb
Walther Müller-Jentsch ... 395

1.	Geschichtliche Entwicklung	395
2.	Theoretische Verortung	397
3.	Die Institution Betriebsrat	398
4.	Der rechtliche Rahmen: Betriebsverfassungsgesetz	399
5.	Gewerkschaftliche Vertrauensleute	403
6.	Betriebliche Mitbestimmung im öffentlichen Dienst	403
7.	Mitbestimmung auf Unternehmensebene	404
8.	Die betriebliche Mitbestimmung in der Praxis	405
9.	Ausblick	407
Literatur		408

Betrieb und Umweltschutz
Lutz Wicke ... 411

1.	Die Aufgaben der betrieblichen Umweltökonomie	411
2.	Offensives Umweltmanagement als angemessenes betriebliches und gesellschaftliches Verhalten	412
3.	Offensives Umweltmanagement der von Umweltschutzanforderungen betroffenen Unternehmen	414
3.1	Umweltfreundlicher Einkauf	414
3.2	Kostensenkungen durch umwelt- und ressourcenschonende Produktion	415
3.3	Umweltbedeutsame Änderungen der Produktpalette	418
3.4	Inanspruchnahme von Umweltschutzberatungs- und -finanzierungshilfen	418
4.	Die Realisierung eines offensiven umweltorientierten Produktmanagements	419
4.1	Entwicklung und Herstellung umweltschonender Produkte	419
4.2	Umweltverträglicher Vertrieb von Produkten	422
4.3	Preisgestaltung bei umweltfreundlichen Produkten	423
4.4	Absatzförderung durch eine offensive produktbezogene Umweltinformationspolitik	424
5.	Möglichst ganzheitlich umweltorientierte Unternehmensführung am Markt	425

Literatur 425

Teil IV: Arbeitsmarkt 427

Arbeitsmarktordnung
Heinz Lampert 429

1. Die Arbeitsmarktordnung als integraler Bestandteil der Wirtschafts- und Sozialordnung 429
2. Arbeitsmarktpolitische Zielsetzungen 431
3. Konsequenzen des Zielsystems für die Ordnung der Arbeitsmärkte 432
3.1 Individuelle Arbeitsvertragsfreiheit und Wettbewerb als Elemente der Arbeitsmarktordnung 432
3.2 Die Notwendigkeit der Begrenzung individueller Arbeitsvertragsfreiheit und die Notwendigkeit der Regulierung des Wettbewerbs 433
3.2.1 Unvollkommenheiten der Arbeitsmärkte als Ursache arbeitsmarktpolitischer Eingriffe 433
3.2.2 Die Konsequenzen nicht wettbewerblicher Arbeitsmarktformen als Ursache arbeitsmarktpolitischer Eingriffe 434
3.3.1 Mindestnormen des Arbeitnehmerschutzes 437
3.3.2 Mindestnormen für die Arbeitsentgelte 437
3.3.3 Mindestnormen für die Betriebsverfassung 438
3.3.4 Soziale Sicherung im Falle der Arbeitslosigkeit 438
4. Zusammenfassende Charakterisierung der Arbeitsmarktordnung in der Bundesrepublik 439
5. Problembereiche der Arbeitsmarktordnung 440
Literatur 441

Arbeitsmarkt und Arbeitsmarktpolitik
Gerald Gaß 443

1 Der Arbeitsmarkt in Abgrenzung zu anderen Märkten 443
2 Arbeitsmarktentwicklung in der Bundesrepublik Deutschland 444
2.1 Sektorale Beschäftigungsentwicklung 445
2.2 Qualifikations- und Tätigkeitsstruktur der Beschäftigten 446
2.3 Arbeitslosigkeit 448
2.4 Struktur der Arbeitslosigkeit und Problemgruppen 448
3 Arbeitsmarktpolitik 449
3.1 Zielsetzungen der Arbeitsmarktpolitik 449
3.2 Passive Arbeitsmarktpolitik 450
3.3 Aktive Arbeitsmarktpolitik 450
3.3.1 Maßnahmen zur Verbesserung der Funktionsfähigkeit des Arbeitsmarktes ... 450
3.3.2 Maßnahmen zur Strukturverbesserung 451
3.3.3 Maßnahmen zur Erhaltung oder zur Schaffung von Arbeitsplätzen 452
3.4 Der Beitrag der Arbeitsmarktpolitik zur Bekämpfung der Arbeitslosigkeit ... 453
4 Resümee 454
Literatur 455

Lohnpolitik und Lohnentwicklung
Gerald Gaß 457

1. Definition 457
2. Lohnpolitik 458

2.1	Gesamtwirtschaftliche Aspekte der Lohnpolitik	458
2.1.1	Lohnhöhe und Inflation	459
2.1.2	Lohnhöhe und Produktivität	460
2.1.3	Lohnhöhe und Beschäftigung	461
2.2	Lohnpolitische Konzepte	461
2.2.1	Gesamtwirtschftliche Aspekte der Lohnpolitik	462
2.2.2	Expansive Lohnpolitik	463
2.2.3	Kostenniveauneutrale Lohnpolitik	464
2.3	Lohnformen	464
2.3.1	Lohnformen ohne leistungsabhängige Komponenten	465
2.3.2	Lohnformen mit leistungsabhängigen Komponenten	465
3.	Lohnentwicklung	466
4.	Zusammenfassung	470
Literatur		471

Tarifvertrag und Tarifentwicklung
Dietmar Kahsnitz 473

1.	Historische Entwicklung	473
2.	Das Tarifvertragssystem in der Bundesrepublik Deutschland	476
2.1	Gesetzliche Grundlagen	476
2.2	Tarifvertragsparteien	476
2.2.1.	Gewerkschaften	477
2.2.2.	Arbeitgeberverbände	480
2.3	Tarifvertragsarten	480
2.4	Geltungsbereiche von Tarifverträgen	480
2.5	Wirkungen des Tarifvertrages	481
2.5.1	Normative Wirkungen	481
2.5.2	Schuldrechtliche Wirkungen	481
2.6	Allgemeinverbindlicherklärung von Tarifvertägen	482
2.7	Tarif- und Schlichtungsverhandlungen	482
3.	Arbeitskämpfe	483
3.1	Streik	483
3.2	Aussperrung	484
3.3	Rechtsfolgen	484
4.	Verhandlungsmacht und Kampfkraft der Parteien	485
5.	Anzahl und Reichweite von Tarifverträgen	487
6.	Tarifentwicklung	488
Literatur		492

Technischer Wandel und Beschäftigung
Alfons Schmid 495

1.	Einleitung	495
2.	Technik und neue Technologien	495
3.	Beschäftigungseffekte technischen Wandels	499
3.1	Ein systematischer Überblick	499
3.2	Theoretische Erklärungsansätze	502
3.2.1	Neoklassiche Erklärung	502
3.2.2	Akkumulationstheoretische Erklärung	503
4.	Empirischer Befund	504
4.1	Gesamtwirtschaftliche Entwicklung	504
4.2	Strukturelle Entwicklung	507
4.3	Einzelwirtschaftliche Ebene	508
5.	Qualifikationseffekte neuer Technologien	509

6. Ergebnis 510
Literatur 510

Teil V: Arbeit und Gesellschaft

Beschäftigungspolitik
Alfons Schmid 515

1. Einleitung 515
2. Beschäftigungsentwicklung in der Bundesrepublik 515
3. Erklärungsansätze 518
3.1 Neoklassik 519
3.2 Keynesianismus 523
4. Instrumente der Beschäftigungspolitik 525
4.1 Geldpolitik 526
4.2 Fiskalpolitik 527
5. Beschäftigungspolitische Konzeptionen 529
5.1 Traditionelle Globalsteuerung 529
5.2 Neoklassisch orientierte Strategien 530
5.2.1 Das monetaristische Konzept 531
5.2.2 Angebotsorientierte Wirtschaftspolitik 532
5.3 Alternative Wirtschafspolitik 534
5.4 Neuere Überlegungen über eine umfassende Stabilitätspolitik 534
6. Praktizierte Beschäftigungspolitik 535
7. Zusammenfassung 536
Literatur 537

Einkommensverteilung
Heinz-Dieter Hardes 539

1. Einführung: Grundbegriffe 539
2. Zur Verteilung der Einkommen in Deutschland 539
2.1 Funktionelle Einkommensverteilung 539
2.2 Aspekte der personellen Einkommensverteilung 542
3. Staatliche Umverteilung 546
Literatur 551

Arbeit und Sozialstruktur
Walter Müller, Heinz-Herbert Noll 553

1. Arbeit - eine Schlüsselkategorie der Sozialstruktur 553
2. Erwerbsbeteiligung und Erwerbsstruktur 555
2.1 Erwerbsbeteiligung 555
2.2 Arbeitslosigkeit 556
2.3 Sektoraler Wandel und berufliche Statusgruppen 557
2.4 Arbeitsmarktsegmentierung und Pluralisierung von Beschäftigungsformen 558
3. Erwerbsarbeit und Strukturen sozialer und politischer Differenzierung 560
3.1 Erwerbsposition und Klassenstruktur 560
3.2 Positionszugang und Mobilität 563
3.3 Lebensführung und soziale Interaktionsnetze 565
3.4 Klassenstruktur und politische Cleavage-Struktur 566
4. Krise der Arbeitsgesellschaft? 567
Literatur 568

Soziale Mentalitäten und technologische Modernisierung
Michael Vester, Thomas Schwarzer 573

1.	Problemstellung: Wirtschaftsmentalitäten und wirtschaftliche Modernisierung	573
2.	Die 'langen Wellen' des Industriekapitalismus zwischen Massenarbeit und Facharbeit	575
2.1	Die erste 'lange Welle': Die landwirtschaftlich-industrielle Revolution in England	575
2.2	Die zweite 'lange Welle': Die erste technologische Revolution	576
2.3	Die dritte 'lange Welle': Die zweite technologische Revolution	577
2.4	Die vierte 'lange Welle': Die dritte technologische Revolution	578
2.5	Der Übergang zur vierten technologischen Revolution	580
3.	'Alte' und 'neue' Mentalitäten als wirtschaftliche Produktivkräfte	580
3.1	Handwerker- und Facharbeitermentalitäten	582
3.1.1	Das taditionelle Arbeitermilieu	582
3.1.2	Das neue Arbeitnehmermilieu	583
3.2	Mentalitäten von Massenarbeitern	584
3.2.1	Das 'alte' traditionslose Arbeitermilieu	584
3.2.2	Die neue Generation der 'Traditionslosen'	585
3.3	Mentalitäten der 'Arbeitnehmer-Mitte'	586
3.3.1	Die statusorientierte Mitte: Das kleinbürgerliche Milieu	586
3.3.2	Die leistungsorientierte Mitte: Das aufstiegsorientierte Milieu	587
4.	Perspektiven: Zwischen Innovation und Blockierung	588
Literatur		590

Sozialpolitik
Heinz Lampert 593

1.	Begriff und Aufgaben der Sozialpolitik	593
2.	Die Notwendigkeit staatlicher Sozialpolitik	594
3.	Das System der staatlichen Sozialpolitik in der Bundesrepublik	596
3.1	Staatliche Sozialpolitik als Schutzpolitik	597
3.1.1	Arbeitnehmerschutzpolitik	597
3.1.2	Sozialversicherung	597
3.1.3	Betriebs- und Unternehmensverfassungspolitik	598
3.1.4	Arbeitsmarktpolitik	598
3.2	Sozialpolitik als Ausgleichs- und Gesellschaftspolitik	599
3.2.1	Wohnungspolitik	599
3.2.2	Familienpolitik	599
3.3.3	Bildungspolitik	600
3.3.4	Vermögenspolitik	600
3.3.5	Sozialhilfe	601
4.	Bilanz der staatlichen Sozialpolitik	601
4.1	Erfolge	601
4.2	Fehlentwicklungen	603
4.3	Grenzen des Sozialstaats	603
4.4	Reform des Sozialstaates	604
Literatur		606

Sozialversicherung
Heinz Lampert 609

1.	Definition und Notwendigkeit der Sozialversicherung	609

2.	Die gesetzliche Krankenversicherung (GKV)	610
2.1	Kreis der Versicherten	610
2.2	Aufgaben und Leistungen	610
2.3	Organisation und Finanzierung	611
2.4	Ausgabenexplosion als zentrales Problem	612
3.	Die gesetzliche Unfallversicherung (UV)	612
3.1	Kreis der Versicherten	612
3.2	Aufgaben und Leistungen	613
3.3	Organisation und Finanzierung	613
4.	Die gesetzliche Rentenversicherung der Arbeiter und der Angestellten (RV)	614
4.1	Kreis der Versicherten	614
4.2	Aufgaben und Leistungen	614
4.3	Organisation und Finanzierung	615
5.	Die Beamtenversorgung	617
6.	Sonstige Alterssicherungen	617
7.	Die Arbeitslosenversicherung (Alv)	618
7.1	Einführung	618
7.2	Kreis der Versicherten	618
7.3	Leistungen	619
7.4	Organisation und Finanzierung	619
8.	Die Pflegeversicherung	620
8.1	Kreis der Versicherten	620
8.2	Aufgaben und Leistungen	620
8.3	Organisation und Finanzierung	622
9.	Entwicklungstendenzen in der Sozialversicherung	622
Literatur		623

Arbeitsschutzpolitik
Hans Brinckmann 625

1.	Die europäische Zukunft der Arbeitsschutzpolitik	625
2.	Das überkommene Regelungssystem des Arbeitsschutzes	627
3.	Der Auftrag der Verfassung	631
3.1	Die Gewährleistungspflicht des Gesetzgebers	631
3.2	Das zumutbare Risiko	631
4.	Die einzelnen Schutzbereiche	633
4.1	Technischer Arbeitsschutz	634
4.1.1	Arbeitsstättenverordnung	635
4.1.2	Unfallversicherung und Unfallverhütung	635
4.1.3	Überwachungspflichtige Anlagen	636
4.1.4	Gerätesicherheitsgesetz	637
4.1.5	Gefahrstoffe	638
4.2	Sozialer Arbeitsschutz	639
4.2.1	Arbeitszeitschutz	639
4.2.2	Besonders schutzwürdige Arbeitnehmergruppen	640
4.3	Sicherheitsorganisation und Vollzug des Arbeitsschutzes	642
4.3.1	Die Umsetzungspflicht von Arbeitgeber und Arbeitnehmer	642
4.3.2	Interne Sicherheitsorganisation	643
4.3.3	Externe Sicherheitsorganisation	645
5.	Ausblick	646
Literatur		646

Berufsbildungssystem
Günter Kutscha 649

1. Trennung von allgemeiner und beruflicher Bildung als Strukturmerkmal des Bildungswesens in Deutschland - Rahmenbedingungen des Berufsbildungssystems 649
2. Das berufliche Schulwesen - Bildungswege und Berechtigungen 651
3. Berufliche Erstausbildung im Dualen System 654
4. Berufliche Weiterbildung - Bedeutungszuwachs im Bildungs- und Beschäftigungssystem 658
5. Lehrer für berufliche Schulen - Ausbildung und Reformperspektiven 660

Literatur 663

Berufsbildungspolitik
Günter Kutscha 667

1. Einführung und terminologische Kontexte 667
2. Berufsbildungspolitik im System der sozialen Marktwirtschaft - Rahmenbedingungen 669
3. Prozeduren und Akteure der Berufsbildungspolitik und -planung am Beispiel des Dualen Systems 670
3.1 Staatliche Berufsbildungspolitik und korporatistische Arrangements für die betriebliche Berufsausbildung im Dualen System 670
3.2 Regulierung der berufsschulischen Grund- und Fachbildung in Abstimmung mit der betrieblichen Berufsausbildung - Kooperativer Föderalismus 673
4. Problemlagen und Bereiche der Berufsbildungspolitik und -planung 675
4.1 Problemlagen und Typisierung der Politikbereiche 675
4.2 Entwicklungen der Berufsbildungspolitik in der Bundesrepublik Deutschland 677
4.3 Internationale Beziehungen der Berufsbildungspolitik im Hinblick auf die Entwicklungen der Europäischen Union 680
5. Ausblick: Berufsbildungspolitik und wissenschaftliche Politikberatung 682

Literatur 683

Arbeit und bedachter Umgang mit Energie
Eberhard Jochem 687

1. Von der Energiedienstleistung bis zur Primärenergie 687
2. Energie und ihre Bedeutung für Umwelt und Klima 689
3. Strom als Arbeitsproduktivitäts-Motor 690
4. Rationelle Anwendung von Energie als Arbeitsbeschaffung 690
4.1 Mehr Arbeitsplätze durch Produktionszuwachs energiesparender Industriewaren 691
4.2 Netto neue Arbeitsplätze durch rationelle Energieverwendung 692
4.3 Neue Arbeitsplätze zur richtigen Zeit (dynamischer Effekt) 694
4.4 Neue Arbeitsplätze ohne Verstärkung der Ballungstendenzen 695
5. Auswirkungen von Energieressourcenschonung auf Wirtschaftswachstum und Beschäftigung 696

Literatur 698

Die Dematerialisierung der Produktion und die Auswirkungen auf die Arbeit
Friedrich Schmidt-Bleek 701

1. Verheerende Verwirrungen 702
2. Der Faktor 10 703
3. Umweltfreundliche Technik: Lean Technology 704
4. Arbeit in der Zukunft 707
5. Ausblick 712
Literatur 713

Kommunikation
Bernd-Peter Lange, Bertram Konert 715

1. Einleitung 715
2. Gesellschaftliche Trends und Wandel der Kommunikation 715
3. Technische Infrastrukturen, institutionelle Arrangements der Medien und ihre ordnungspolitische Gestaltung 717
4. Kommunikation in der Wirtschaft und in der Arbeitswelt 719
5. Wechselwirkungen zwischen den verschiedenen Kommunikationssphären 725
5.1 Kommunikation als Teil der gesellschaftlichen und politischen Willensbildung 725
5.2 Kommunikation als Teil der Freizeit 725
5.3 Kommunikation in der Wirtschaft und in der Arbeitswelt 726
5.4 Wechselwirkungen 726
6. Kommunikationspolitik: Puzzle ohne einheitliches Schnittmuster 727
Literatur 730

Technologiepolitik
Frieder Meyer-Krahmer 731

1. Aufgaben und Akteure der Forschungs- und Technologiepolitik 731
2. Gründe für eine staatliche Technologiepolitik 734
3. Instrumente der Technologiepolitik und ihre Wirkungen 736
4. Diffusion moderner Fertigungstechnik und neuer Produktionskonzepte 741
5. Absehbare Veränderungen des Innovationssystems und Konsequenzen für die Technologiepolitik 745
Literatur 749

Verbraucherpolitik
Gerd-Jan Krol 753

1. Leitbilder der Verbraucherpolitik 753
1.1 Konsumentensouveränität 753
1.2 Konsumfreiheit 755
1.3 Verbraucherschutz 756
1.4 Konsumentenpartizipation 758
2. Entwicklung, Ziele und Ansatzpunkte der Verbraucherpolitik 759
2.1 Verbraucherinformationspolitik 761
2.2 Verbraucherschutzpolitik 762
2.3 Akteure der Verbraucherpolitik und das Problem der Organisation von Verbraucherinteressen 763
Literatur 765

Umweltpolitik
Gerd-Jan Krol 769

1. Entwicklung der Umweltpolitik 769
2. Ursachen der Umweltproblematik 770
2.1 Die ökonomische Sicht von Umweltproblemen 771
2.2 Umwelt als öffentliches Gut 771
2.3 Externe Effekte und externe Kosten 772
3. Ansätze der Umweltpolitik 777
4. Das umweltpolitische Instrumentarium 778
5. Zusammenfassung 783
Literatur 784

Internationale Arbeitsteilung und Arbeitsmärkte
Thomas Straubhaar 787

1. Zur Theorie der internationalen Arbeitsteilung 788
2. Erklärungsmodelle der internationalen Arbeitsteilung 790
3. Erfordert die internationale Arbeitsteilung auch Faktorwanderungen? ... 795
4. Die Rolle der Arbeitsmigration 796
5. Internationalisierung der Arbeitsmärkte 799
6. Ausblick 799
Literatur 802

Europäische Integration und Arbeitsmarkt
Ulrich Walwei 803

1. Beschäftigungsprobleme und -perspektiven in EU-Ländern 803
2. Wirkungen der Europäischen Integration auf den Arbeitsmarkt 806
3. Europäische Beschäftigungspolitik 808
4. Sozialunion in Europa 815
5. Migration in der Europäischen Union 818
Literatur 821

Sachregister 823
Autorenverzeichnis 831

Teil I
Einführung

Arbeit und Arbeitslehre

Dietmar Kahsnitz, Günter Ropohl, Alfons Schmid

1. Einleitung

Die Arbeitslehre ist in der Form, die wir hier vorstellen, ein recht junges Forschungs- und Lehrgebiet. Aber sie hat eine vielfältige Vorgeschichte. Zwei Grundlinien sind darin zu erkennen, eine pädagogische Entwicklungslinie und eine arbeitswissenschaftliche Entwicklungslinie. Die pädagogischen Konzepte erwachsen aus der Einsicht, daß das Thema der menschlichen Arbeitstätigkeit in der einen oder anderen Weise in die allgemeine Bildung der heranwachsenden Generation einzubeziehen ist. Die arbeitswissenschaftlichen Konzepte betrachten Arbeit als Gegenstand theoretischer Reflexion und theoriegeleiteter Gestaltung.

Diese beiden Entwicklungslinien werden im zweiten und dritten Teil dieses Beitrages nachgezeichnet. Der zweite Teil skizziert die pädagogischen Vorläufer bis zur Proklamation der Arbeitslehre im Jahre 1964 und behandelt dann die seitherigen Debatten und Realisierungsformen. Der dritte Teil geht der arbeitswissenschaftlichen Problemgeschichte nach, die sich auf mehrere Disziplinen aufteilt; den Schwerpunkt bilden die arbeitswissenschaftlichen Grundsatzdiskussionen dieses Jahrhunderts und die Bemühungen um fachübergreifende Integration der Teilperspektiven in Richtung auf eine interdisziplinäre Arbeitswissenschaft. Der vierte Teil dieses Beitrages behandelt zunächst den facettenreichen Begriff der Arbeit und die daraus abzuleitenden Gegenstände der Arbeitslehre. Dann erläutert er die Gliederung des Handbuchs und gibt einen knappen Überblick über die inhaltlichen Schwerpunkte.

Die Arbeitslehre, wie sie durch das vorliegende Handbuch dokumentiert wird, dient nicht nur der Lehrerbildung für das entsprechende Schulfach und dem arbeitswissenschaftlichen Studium, sondern kann auch andere Hochschulfächer aus den Technikwissenschaften, den Wirtschafts- und Sozialwissenschaften und selbst den Geisteswissenschaften mit Orientierungs- und Ergänzungswissen bereichern.

2. Pädagogische Konzepte

2.1 Arbeitslehre als allgemeinbildendes Unterrichtsfach

Die Einrichtung von Arbeitslehrestudiengängen an den Hochschulen geht unmittelbar auf die Einführung des Arbeitslehreunterrichts in das allgemeinbildende Schulsystem der Bundesrepublik Deutschland in den 70er Jahren zurück. Erstmals vertrat der von der Bundesregierung und der Ständigen Konferenz der Kultusminister der Länder (KMK) eingerichtete Deutsche Ausschuß für das Erziehungs- und Bildungswesen (im Folgenden nur noch als Deutscher Ausschuß bezeichnet) die Position, daß die „Hinführung zur Arbeits- und Berufswelt" insbesondere durch das Unterrichtsfach Arbeitslehre eine zentrale Aufgabe der allgemeinbildenden Schule sei. Nach einer intensiven öffentlichen Debatte über die Arbeitslehre empfahl die Ständige Kultusministerkonferenz bereits fünf Jahre später (1969), die „Hinführung zur Wirtschafts- und Arbeitswelt" zu einer besonderen Aufgabe der allgemeinbildenden Schule zu erheben und das Fach Arbeitslehre einzuführen. Zwar bezogen sich die KMK-Beschlüsse ebenso wie die entsprechenden Empfehlungen des Deutschen Ausschusses zunächst nur auf die Hauptschule, doch wurde darin auch betont, daß die angestrebten „Einsichten, Kenntnisse und Fertigkeiten im technisch-wirtschaftlichen und gesellschaftlich-politischen Bereich ... heute notwendige Bestandteile der Grundbildung jedes Bürgers sind" (vgl. KMK 1969, 78 f.). Die anschließende Institutionalisierung von Arbeitslehre bzw. Arbeitslehrethematiken - wenn auch z.T. unter anderen Fachbezeichnungen - in Realschulen und Gymnasien war deshalb nur konsequent.

2.2 Bildungstheoretische Ausgangslage

Die große öffentliche Resonanz der Arbeitslehreempfehlungen des Deutschen Ausschusses von 1964 ist darauf zurückzuführen, daß er die Hinführung zur Arbeits- und Berufswelt und das Unterrichtsfach Arbeitslehre als Ausdruck einer neuen, zeitgemäßen Allgemeinbildung vorstellte, die im Widerspruch und in Kritik zu der bis dahin ca. 150 Jahre in Deutschland vorherrschenden neuhumanistischen Bildungskonzeption stand.

Die auf Wilhelm von Humboldt zurückgehende neuhumanistische Bildungskonzeption schloß eine Auseinandersetzung mit den zeitgenössischen gesellschaftlichen Strukturen, so auch mit dem Wirtschafts- und Beschäftigungssystem und erst recht eine „Hinführung zur Wirtschafts- und Arbeitswelt" konzeptionell aus, da sie die gesellschaftliche Konstitution von Individualität und die gesellschaftlichen Bedingungen für Persönlichkeitsentwicklung theoretisch nicht angemessen fassen konnte (vgl. Humboldt 1792; 1793; 1797; 1809a; 1809b; Flitner 1956; Kahsnitz 1972, 185 ff.; 1977).

Humboldt kritisierte zwar gleichermaßen die Beschränkungen der Individualitätsentfaltung durch die politische Unfreiheit im Absolutismus und durch die materialistische Orientierung im bürgerlichen Erwerbsleben. Da er aber auch revolutionäre gesellschaftliche Veränderungen ablehnte und auf innere Reformen setzte, intendierte er eine allgemeine Menschenbildung der Individuen, die in einem von dem herrschenden gesellschaftlichen Werte- und Normensystem abgeschirmten Bildungssystem stattfinden sollte. Alle mit der Nützlichkeit für eine spätere Berufsausübung begründeten Unterrichtsinhalte und auf die Qualifikationsanforderungen der entstehenden Industriegesellschaft ausgerichteten Bildungsinhalte galten als Beeinträchtigung einer allgemeinen Menschenbildung. Sie waren aus dem allgemeinbildenden Schulsystem zu eliminieren und speziellen Bildungseinrichtungen vorzubehalten. Erst nach ihrer allgemeinen Menschenbildung sollte die soweit wie möglich sittlich gebildete Persönlichkeit sich der Berufsausbildung und -ausübung im bürgerlichen Erwerbsleben oder als Staatsbeamter widmen. Ausgeübt durch allgemeingebildete Personen würden diese Tätigkeiten dann sittlich geformt und sollte der Staat auf diese Weise zum Kulturstaat erhöht werden.

Die wahre Menschenbildung fand letztlich im Medium der philosophischen Reflexion - gedacht war an die idealistische Philosophie - in Einsamkeit und Freiheit an den Universitäten statt. Da die allgemeine Menschenbildung ganz im Sinne von Luthers Zwei-Reiche-Lehre (vgl. Plessner 1959 (1935), 65 ff.; Soeffner 1992, 50 ff., 66 ff.) wesentlich in der inneren Haltung, der Gesinnung der Person zum Ausdruck kam, bestand konzeptionell kein Anlaß, gesellschaftliche Realisationsbedingungen und damit auch die Bedeutung der gesellschaftlichen Organisation der Arbeit für die Persönlichkeitsentfaltung zu thematisieren, von der politischen Unmöglichkeit eines derartigen Unterfangens in Preußen einmal abgesehen.

Institutionell schlug sich (vgl. Friedeburg 1992, 148 ff.; Bollenbeck 1994, 143 ff.) diese Allgemeinbildungkonzeption insbesondere in der Universitätsreform mit der Dominanz der philosophischen Fakultät und in der Einrichtung von humanistischen Gymnasien nieder. Da der deutschen Klassik die Griechen als Vorbild für harmonisch gebildete Menschen galten, wurde Griechisch und Latein sowie die Kultur des klassischen Altertums zu wesentlichen Inhalten der gymnasialen Allgemeinbildung. Der Bestand und weitere Ausbau von Schulen, deren Inhalte stärker auf berufliche Verwendungsmöglichkeiten bezogen waren und die von den Mittelschichten besucht wurden - während die Kinder der Oberschicht in das humanistische Gymnasium gingen - sowie eine mehr auf religiöse Erziehung und gesellschaftliche Fügsamkeit zielende Volksschule für die Kinder von Bauern und Arbeitern blieben davon jedoch unbeeinträchtigt. Auch die Gleichstellung von Oberrealschulen (naturwissenschaftlich-neusprachliche Gymnasien), die mittlerweile auch Lateinunterricht umfaßten, mit den humanistischen Gymnasien hinsichtlich der Erteilung einer allgemeinen Hochschulreife (1900) änderte nichts daran, daß vor allem die speziell in humanistischen Gymnasien und in philosophischen und philologischen Studien erworbenen Kenntnisse als Ausdruck von Allgemeinbildung galten.

Dieses Allgemeinbildungskonzept verlor erst seit den 60er Jahren in der Bundesrepublik zunehmend an Relevanz, als die deutschen Sozialwissenschaften nach ihrer Isolation unter dem Nationalsozialismus wieder Anschluß an die internationale Forschung fanden, die angelsächsische Sozialisationsforschung rezipierten und deren Ergebnisse eine rasche Verbreitung fanden. Insbesondere die bildungsökonomisch motivierte Begabungsforschung hob die wesentliche Funktion sozialisatorischer Interaktionen, soziokultureller Milieus und damit auch der gesellschaftlichen Organisation der Arbeit für die Persönlichkeitsentwicklung ins allgemeine Bewußtsein (vgl. Roth 1968).

Der Reformvorschlag des Deutschen Ausschusses zur Arbeitslehre von 1964 basierte bereits auf einem interaktionistischen Persönlichkeitskonzept. Diese bildungstheoretische Wende wird allgemein dem Wirken des Berufspädagogen Hermann Abel im Deutschen Ausschuß zugeschrieben. Das erklärt auch, warum die Arbeitslehrevorstellungen des Deutschen Ausschusses stark berufspädagogisch ausgerichtet und an dem Arbeitsschulkonzept des Berufspädagogen Georg Kerschensteiner orientiert waren.

Kerschensteiner setzte - anknüpfend an J. Dewey - bereits um die Jahrhundertwende der neuhumanistischen Allgemeinbildungskonzeption eine interaktionistische Persönlichkeitstheorie entgegen und begründete mit ihr seine Arbeitsschulkonzeption (vgl. Kerschensteiner 1901; 1904; 1906; 1908; 1910; 1912). Im allgemeinbildenden Schulsystem fanden seine Überlegungen aber (wie auch alle anderen reformpädagogischen Ansätze) praktisch keinen Niederschlag - wohl aber in der Einrichtung von Berufsschulen. Kerschensteiner hob hervor, daß Persönlichkeitsstrukturen in sozialisatorischen Interaktionsprozessen durch das gesellschaftliche Werte- und Normensystem und nicht durch das Studium von Büchern geprägt werden. Er verengte seinen Blick dann aber unzulässigerweise auf das Werte- und Normensystem der Berufssphäre und behauptete, daß der Mensch sich erst im Beruf als Mensch beweist: Da wahre Bildung „ihre Kraft nur aus der ernsten, intensiven, praktischen, produktiven Tätigkeit (schöpft), kann „der Weg zur wahren Bildung nur über die praktische Arbeit oder, besser gesagt, über die Berufsbildung hinweggehen ..." (Kerschensteiner 1904, 48 ff.; 1906, 67 f.).

Als Voraussetzung für die sittliche Entfaltung der Individuen galt ihm die produktive, selbstbestimmte Berufsarbeit z.B. der Handwerker, Bauern, Künstler und Gelehrten (Kerschensteiner 1904, 62). Ihm war bewußt, daß diese Art der Arbeit den Fabrikarbeitern, die als „Sklaven der Maschine" „lebenslang, mechanische, ewig gleichförmige Arbeit" ausüben mußten, verwehrt war (Kerschensteiner 1906, 62 u. 68 f.). Seine Intention war allerdings keine Kritik und Änderung der Arbeitsbedingungen in den Fabriken, sondern die normative Anpassung der Arbeiter an ihre Arbeitssituation. Für ihre Persönlichkeitsentfaltung wurden die Fabrikarbeiter auf die Fürsorge füreinander in der Privatsphäre verwiesen, während der Lohnarbeit mußten sie darauf verzichten.

Wie in den Industrieschulen des 18. Jahrhunderts sollten die vom Berufssystem geforderten normativen Orientierungen und Arbeitstugenden bereits in der allgemeinbildenden Schule vermittelt werden. Sie waren in den Kommunikations- und Interaktionsstrukturen der Schule zu institutionalisieren und die Schule als systemstabilisierende Arbeitsschule zu konzipieren. Diese wiederum stand im Dienst der staatsbürgerlichen Erziehung und sollte die Arbeiter gegen sozialistische Ideen immunisieren, sie von einer Kritik der gesellschaftlichen und politischen Verhältnisse des Kaiserreichs abhalten. Zusätzlich abgestützt durch eine Begabungstheorie, nach der die Masse sittlich wie intellektuell nur begrenzt bildbar ist, sollte die ungeheure Mehrzahl der Mäßig- und Minderbegabten erzogen werden, der kleinen Zahl der intellektuell und moralisch Hochbegabten freiwillig Gefolgschaft zu leisten und auf demokratische Rechte zu verzichten. Den Sinn des Lebens sollten sie im Dienen und nicht im Herrschen sehen. Sie sollten ein Gefühl der Notwendigkeit dafür erwerben, sich einem vorgegebenen gemeinsamen Zweck unterzuordnen. Ferner galt es, ihre Einsicht darin zu entwickeln, daß sie das arbeitsteilige, interdependierte, hoch differenzierte und von ihnen nicht durchschaubare Interaktions- und Interessengeflecht des ökonomischen Systems weder durch ihre Unkenntnis noch durch egoistisches Streben gefährden dürfen. Entsprechend erhielt die Vermittlung von Arbeitstugenden wie Geduld, Ausdauer, Fleiß, Gewissenhaftigkeit, Sauberkeit, unbedingter Gehorsam, treue Pflichterfüllung usw. einen herausragenden Stellenwert (vgl. Kahsnitz 1977 b, 643 ff.; Stratmann 1978, 57 ff.).

2.3 Erste Empfehlungen zur Arbeitslehre

2.3.1 Empfehlungen des Deutschen Ausschusses von 1964

Der Einfluß von Kerschensteiners Arbeitsschulkonzept auf die Arbeitslehreempfehlungen des Deutschen Ausschusses ist offenkundig (vgl. DA 1964, 1 f., 7, 13, 21, 25, 26f., 29, 37, 41 ff.): Die Hauptschule war als Eingangsstufe eines (zweiten) Bildungsweges gedacht, der den „Beruf als didaktisches Zentrum" hat. Ihre Hauptfunktion war, die Mehrzahl der i.d.R. intellektuell weniger leistungsfähigen Jugendlichen zu praktischen Berufen hinzuführen und sie an die beruflichen Anforderungen und die soziale Organisation der Erwerbsarbeit rechtzeitig anzupassen. In dem dafür u.a. vorgesehenen Unterrichtsfach Arbeitslehre sollten elementare praktische Anforderungen der modernen Technik und Wirtschaft in produktionsähnlichen Situationen zur Wirkung kommen, um Einblicke in Berufsfelder und erste entsprechende Erfahrungen zu vermitteln. Neben instrumentellen Fähigkeiten und Fertigkeiten sollten Arbeitstugenden wie Genauigkeit, anhaltende Aufmerksamkeit, Ausdauer und Anpassung an das gemeinsame Tempo eingeübt und gleichzeitig als soziale Verpflichtung und ökonomische Notwendigkeit eindrücklich erfahren werden. Betriebspraktika dienten neben der Überprüfung eigener beruflicher Interessen der Milderung von Anpassungsproblemen an die Erwerbsarbeit und der Verhinderung von Übergangsschocks. Die im 10. Schuljahr auf ca. ein Drittel der Schulzeit ausgedehnte praktische Arbeit sollte in den letzten beiden Klassen u.a. einen vollen Arbeitstag je Woche umfassen, um die Schüler auf die Arbeitsweise in den

Betrieben vorzubereiten. Eine kritische Reflexion der Arbeitsorganisation und Arbeitsbedingungen war in keiner Weise vorgesehen. Das gleiche gilt für die Strukturen und Funktionen des Wirtschafts- und Beschäftigungssystem. Ihre Behandlung wurde der Sozialkunde zugewiesen.

Konservative Berufspädagogen sahen in diesen Empfehlungen einen Ansatz, Elemente einer berufsfeldübergreifenden wie auch berufsfeldspezifischen Berufsausbildung in die Hauptschule vorzuverlagern und so die überkommene Frontstellung zwischen Allgemeinbildung und Berufsbildung organisatorisch zu überwinden (vgl. z.B. Grüner 1965; Abel 1966). Gesellschaftskritische Berufspädagogen (vgl. z.B. Blankertz 1967) hoben dagegen hervor, daß diese Arbeitslehrekonzeption die beruflichen Strukturen, Anforderungen und Probleme völlig verkenne. Sie verwiesen darauf, daß das praktische Arbeiten in den schulischen Werkräumen in keiner Weise den weit höheren praktischen und schon gar nicht den gestiegenen theoretischen Anforderungen einer beruflichen Ausbildung bzw. Tätigkeit gerecht wird. In der Hauptschule könnten somit keine beruflichen Qualifikationsanforderungen und Arbeitserfahrungen vermittelt und erfahren werden. Ferner forderten sie, daß jede Thematisierung von Berufsarbeit auch deren gesellschaftliche Normierungen und die ungleichen Chancen, individuelle Interessen im Beschäftigungssystem zu realisieren, mitumfassen müsse. Die berufliche Orientierung der Hauptschule sei deshalb auch als politische Bildung zu konzipieren. Ihre Kritik richtete sich auch gegen die damaligen Reformansätze in der Werkpädagogik. Die Aktivitäten der Werkpädagogen zielten lediglich auf eine Ausdifferenzierung aus dem künstlerischen, gestaltenden Werken und auf die Einrichtung eines eigenständigen Unterrichtsfachs, in dem die Schüler vermittels des technischen Werkens eine im engeren Sinne technische Bildung erhalten sollten. Gesellschaftliche und berufliche Bezüge spielten dabei keine relevante Rolle (vgl. hierzu Hendricks 1975, 40 ff.) Demgegenüber wurde auch von einigen Hauptschulpädagogen gefordert, Arbeitslehre und Gesellschaftslehre systematisch miteinander zu verbinden (vgl. Roth u. Jahn 1965 u. 1967).

2.3.2 Empfehlungen der Kultusministerkonferenz von 1969

Diese Debatte um Aufgaben und Struktur der Arbeitslehre wurde dann durch die KMK-Empfehlungen zur Arbeitslehre von 1969 vorerst entschieden. Sie zogen wieder eine klare Trennlinie zwischen allgemeinbildendem Schulsystem und Berufsausbildung und stellten die allgemeine Orientierung über das Wirtschafts- und Beschäftigungssystem unter technischen, wirtschaftlichen und sozialen Aspekten sowie die Berufswahlvorbereitung als kognitive Lernziele heraus. Dementsprechend wurden als inhaltliche Aufgaben angeführt (vgl. KMK 1969, 78 f.):
- „*Allgemeine Orientierung über die Wirtschafts- und Arbeitswelt.* Die Darstellung der Strukturen und Leistungsanforderungen der Wirtschafts- und Arbeitswelt soll unter technischen, wirtschaftlichen und sozialen Gesichtspunkten erfolgen."
- „*Einführung zur Berufswahl.* Die Orientierung über Berufsfelder, Berufsgruppen und Berufe soll Berufsentscheidungen ermöglichen."

Dabei wurden drei Aggregationsebenen gesellschaftlicher Institutionalisierung (Rolle, Organisation, Gesamtsystemebene) unterschieden:
- *Beruf* (erwähnt wurde u.a. Berufsorientierung, Berufswahl, Aufstieg und Fortbildung),

– *Betrieb* (u.a. Arbeitsorganisation, Betriebshierarchie, Kooperation und Konflikt, Arbeitszeit) und
– *Markt* (u.a. Konkurrenz, Interessenverbände).

Als weiterer Aufgabenbereich hatte die Vermittlung von Arbeitstugenden in den KMK-Empfehlungen einen hohen Stellenwert. Diese Funktion verlor jedoch in der weiteren Entwicklung der Arbeitslehre als fachspezifische Aufgabe zunehmend an Bedeutung. Vor allem zur Förderung der Arbeitstugenden war eine enge Zusammenarbeit der Arbeitslehrelehre mit den bereits bestehenden Fächern des „Werk-, Hauswerk- und Textilunterrichts" vorgesehen, die wiederum mit Blickrichtung auf die wirtschafts- und arbeitsweltvorbereitende Funktion der Arbeitslehre technisch-naturwissenschaftlich ausgerichtet werden sollten.

2.4 Arbeitslehrekonzeptionen der Bundesländer

Bei der folgenden Umsetzung der KMK-Empfehlungen in die Schulpraxis kam es zu erheblichen Modifikationen mit einer Reihe von landesspezifischen Variationen. Nur Bayern führte im Sinne der Empfehlungen eine allgemeine Arbeitslehre ein, in der das Zusammenwirken technischer, wirtschaftlicher und sozialer Faktoren in den Handlungsbereichen Beruf, Betrieb und wirtschaftliches Gesamtsystem Unterrichtgegenstand ist und die durch Werken/technisches Zeichnen, Textilarbeit und Hauswirtschaft als praktische Arbeitslehrefächer ergänzt wird. Hessen und Berlin konzipierten Arbeitslehre ebenfalls als ein integratives Unterrichtsfach, jedoch unter Einbeziehung der arbeitspraktischen Fächer des Werkens und des Hauswirtschaftens bzw. der Technik- und der Haushaltslehre. Die meisten Bundesländern führten dagegen nur Wirtschaft bzw. Wirtschaftslehre als neues Fach ein und faßten dies mit den Fächern des Werkens/Technikunterricht, des Hauswirtschaftens/Haushaltslehre und des textilen Werkens/Textilarbeit zu einem Fächerverbund bzw. Lernbereich Arbeitslehre, z.T. auch Arbeit-Wirtschaft-Technik genannt, zusammen (vgl. hierzu Dedering 1994, 37 ff.; Ziefuss 1992, 1995, 467 ff.; 485 ff.). Man kann somit zwischen einer Arbeitslehre im engeren Sinne (vgl. Dedering 1994, 56; Kahsnitz 1996) unterscheiden, die den KMK-Empfehlungen entsprechend das Wirtschafts- und Beschäftigungssystem bzw. den Bereich der Erwerbsarbeit zum Gegenstand hat, und einer Arbeitslehre im weiteren Sinne, die sich darüber hinaus noch auf Technikunterricht und Haushaltslehre und den Bereich der Eigenarbeit erstreckt.

Auf diese Entwicklung nahmen die bildungstheoretischen Begründungsansätze und Kritiken der 70er Jahre - seien sie nun marxistischer oder identitätstheoretischer Art (vgl. z.B. Christian u.a., 1972; Kahsnitz 1972; 1977) - praktisch keinen Einfluß. Vielmehr stand die Profilierung der Teilfächer des Lernbereichs als eigenständige wissenschaftsorientierte Unterrichtsfächer und die Legitimation der jeweiligen landesspezifischen Konzeptionen im Vordergrund. Dies ist auch im Zusammenhang mit der seinerzeit durchgeführten Aufwertung der Volksschul- und Fachlehrerberufe, mit dem Übergang vom Volksschullehrer, der alle Fächer unterrichtete, zum Hauptschullehrer, der in ein bis zwei Fächern wissenschaftlich ausgebildet und entsprechend höher besoldet wurde, und mit der Anhebung des wissenschaftlichen Niveaus der lehrerbildenden Institutionen bis hin zu deren Eingliederung in die Universitäten zu sehen. Das führte zu der starken Fachwissenschaftsorientierung und Ausrichtung an den jeweiligen Bezugswissenschaften (Wirtschaftswissenschaften, Ingenieurwissenschaften, Haushaltswissenschaften). Bezeichnenderweise rückte auch der Begriff der Arbeit anstelle der realen Handlungszusammenhänge von Beruf, Betrieb und Wirtschaftssystem in das Zentrum der Legitimation der jeweiligen Arbeitslehrekonzeptionen. Der Arbeitsbegriff ließ zwischen Erwerbs- und Eigenarbeit unterscheiden und die Haushaltslehre als genuinen Teil der Arbeitslehre begründen, obwohl die KMK-Empfehlungen nur die Erwerbsarbeit zum Inhalt der Arbeitslehre machten. Ebenfalls wurde mit dem Begriff der Arbeit zunehmend die Arbeitspraxis in schulischen Werk- bzw. Fachräumen, die bis zu 80% der Unterrichtszeit im Technik- und Hauswirtschaftsunterricht einnimmt (vgl. Ziefuss 1995, 451 f.), legitimiert. Denn deren ursprüngliche Legitimation schwand in dem Maße, wie die Vermittlung von Arbeitstugenden durch Arbeiten in Fachräumen an Bedeutung verlor und ihre allgemeine Begründung mit der begrenzten kognitiven Leistungsfähigkeit der Hauptschüler entfiel, als Arbeitslehre auch an Realschulen und Gymnasien unterrichtet wurde.

Um gerade das Zusammenwirken der ökonomischen, sozialen und technischen Aspekte der Wirtschafts- und Arbeitswelt nicht aus dem Blick zu verlieren, ist den fachlich auseinanderstrebenden Teilfächern des Lernfelds Arbeitslehre (vgl. Ziefuss 1992, 147) aufgegeben, miteinander zu kooperieren. (Re)Integrationsansätze lassen sich aber auch innerhalb der einzelnen Teilfächer ausmachen:
– Die Wirtschaftslehre hat, soweit sie sich nicht auf die Vermittlung theoretischer Ansätze der Volkswirtschaftslehre beschränkt, das empirische System der sozialen Marktwirtschaft zum Gegenstand. Sie kommt nicht umhin, die Chancen und Folgen staatlicher Maßnahmen (z.B. Wirtschafts-, Beschäftigungs-, Sozialpolitik) zu behandeln und thematisiert i.d.R. auch die Bedeutung von Erwerbsarbeit und (Jugend)Arbeitslosigkeit für Persönlichkeitsentfaltung. Insofern ist es auch nur konsequent, wenn z.B. die Wirtschaftslehre in Baden-Württemberg Teil der Gemeinschaftskunde ist. Faktisch nähert sich eine derartig sozialökonomisch ausgerichtete Wirtschaftslehre der Arbeitslehrekonzeption der KMK-Empfehlungen von 1969 wieder an, d.h. sie wird zur Arbeitslehre im engeren Sinne, wenn sie die Berufsorientierung mitumfaßt.
– Im Bereich des Technikunterrichts stehen die Artefakte im Zentrum, sei es, je nach Bundesland und Schulart, mehr in Form eines technischen Werkens oder eines ingenieurwissenschaftlich orientierten Technikunterrichts. Zunehmend Anerkennung gefunden hat aber auch die sogenannte mehrperspektivische Technikdidaktik. Basierend z.B. auf einer allgemeinen Technologie und einem Verständnis technischer als sozio-technischer Systeme beziehen sie sozioökonomische Entstehungs- und Verwendungszusammenhänge der technischen Artefakte in den Unterricht ein (vgl. z.B. Wilkening 1984, 64 ff.; Ropohl 1976; 1979; 1992).
– Die Haushaltslehrekonzeptionen haben den privaten (Familien)Haushalt zum Gegenstand und sind durchweg integrativ angelegt. Unterrichtsinhalte sind Ernährungslehre, Haushaltsökonomie, Sozialisation im Haushalt und Haushaltsökologie, wobei die Vermittlung von Arbeitstechniken zur Nahrungsmittelbe- und -verarbeitung im Unterricht bei weitem dominiert (Tornieporth 1986 u. 1991; Meyer-Harter 1989).

Die deutsche Vereinigung hat in den alten Bundesländern keine neuen Anstöße zum Überdenken der Arbeitslehrekonzeptionen gegeben. Die Praxis der polytechnischen Bildung in der DDR und ihre theoretischen Begründungen wurden ignoriert (vgl. Marx 1867, 504 ff.; Dedering 1979; Frankiewicz 1979; 116; Kahsnitz 1972 u. 1979; Kuhrt 1991).

Die neuen Bundesländer haben andererseits in der Eile der Umwandlung des Bildungssystems der DDR weitgehend die Arbeitslehrekonzeptionen ihrer jeweiligen Partnerländer im Westen übernommen. Analysen der Lehrpläne zeigen allerdings, daß die überkommene technikzentrierte polytechnische Bildung in einer z.T. starken Überbetonung des technischen Aspekts fortlebt (vgl. Dedering 1994, 60; Ziefuss 1995, 25).

2.5 Verbreitung der Arbeitslehre im allgemeinbildenden Schulsystem

Im allgemeinbildenden Schulsystem (vgl. Dedering 1994, 60 ff.; Ziefuss, 1992; 1995, 485 ff.) wurde Arbeitslehre zuerst in Hauptschulen eingeführt. Dies erschien am vordringlichsten, da deren Absolventen früher als die anderer allgemeinbildender Schulen in das berufliche Bildungssystem oder direkt in das Beschäftigungssystem überwechseln. In den Realschulen wurde sie zunächst überwiegend als Wahlpflichtfach (bzw. -bereich) alternativ zur zweiten Fremdsprache, dann aber auch zunehmend als Pflichtfach (z.B. Bremen, Hessen, Saarland und Sachsen-Anhalt) eingeführt. In dem gymnasialen Zweig des allgemeinbildenden Schulwesens zunächst im Rahmen von Gesamtschulen, dann aber vermehrt als Wahlfach (bzw. -bereich) in Gymnasien angeboten, gehören Arbeitslehre bzw. Teilbereiche des Lernfelds z.B. in Hessen, Sachsen-Anhalt (Sekundarstufe I und II), Bayern, Brandenburg und Bremen zu den Pflichtfächern. In einigen Ländern wird Arbeitslehre auch in Teilbereichen der beruflichen Schulen unterrichtet.

Tatsächlich sind Kerninhalte der Arbeitslehre im allgemeinbildenden Schulsystem aber erheblich weiter verbreitet, als die Fachbezeichnungen es erkennen lassen. In Kenntnis der herausragenden Bedeutung der beruflichen Bildung, der Übernahme der Berufsrolle für die Identitätsentwicklung der Jugendlichen, der Erwerbsarbeit für die soziale Integration und das Selbstverständnis der Individuen, der diesbezüglichen Relevanz der Entwicklungen des Wirtschafts-, Beschäftigungs- und Sozialsystems und der Notwendigkeit einer schulischen Berufsorientierung sind diese sozialökonomischen Inhalte praktisch in allen Schularten und Schulstufen des allgemeinbildenden Schulsystems auch dann vertreten, wenn hierfür das Unterrichtsfach oder der Lernbereich Arbeitslehre nicht vorgesehen ist. I.d.R. sind sie dann als Schwerpunkt anderer Fächer, so z.B. des Sachunterrichts in der Primarstufe oder in der Sekundarstufe I und II als Schwerpunkt Wirtschaft und/oder Berufsorientierung in der politischen Bildung (Sozialkunde, Gesellschaftslehre, Gemeinschaftskunde) ausgewiesen. Die Hauptproblematik dieser Lösung liegt darin, daß eine entsprechende fachwissenschaftliche Ausbildung der Lehrer häufig nicht sichergestellt ist. Insofern richtet sich das vorliegende Handbuch nicht nur an (angehende) Lehrer des Unterrichtsfachs oder Lernbereichs Arbeitslehre, sondern auch an Studierende und Lehrer z.B. der politischen Bildung.

3. Arbeitswissenschaftliche Konzepte

3.1 Vorläufer

Bis zum Beginn der Neuzeit haben sich Philosophie und Theologie mit der menschlichen Arbeit im allgemeinen nur beiläufig befaßt (Chenu 1971). Die Vita contemplativa, die Lebensweise des geistigen Schauens, galt den Denkern der Antike und des Mittelalters weit mehr als die Vita activa, die Lebensform der tätigen Praxis (Arendt 1960). Erst mit der Neubewertung der Arbeit im Protestantismus (Weber 1905) und mit der wachsenden Nachfrage nach Arbeitskraft im aufkommenden Frühkapitalismus (Sombart 1916, I, 785 ff.) setzen im 17. und 18. Jahrhundert vermehrt theoretische Reflexionen über die Arbeit ein.

Symptomatisch für diese Entwicklung ist die Debatte über die Quellen des Reichtums, die in dieser Zeit geführt wird. Während die Physiokraten, noch ganz der traditionellen Agrargesellschaft verhaftet, allein den Grund und Boden als Produktionsfaktor gelten lassen wollen, betonen der englische Philosoph John Locke (1632-1704) und der schottische Philosoph Adam Smith (1723-1790) als Vorboten der liberalen Industriegesellschaft erstmals die sozioökonomische Bedeutung der menschlichen Arbeit. Das erste Kapitel des Buches von Smith (1776), in dem er die Arbeitsteilung in der Fabrikation von Stecknadeln beschreibt, kann noch heute als klassischer arbeitswissenschaftlicher Lehrtext gelesen werden. Von Smith beeinflußt, entwickelt David Ricardo (1772-1823) die Lehre, daß der natürliche Wert eines Gutes allein von der Arbeitsmenge abhängt, die zu seiner Herstellung nötig ist; das ist die sogenannte Arbeitswert-Theorie, die dann bei Karl Marx eine besondere Rolle spielen soll.

So ist die Problematik der Arbeit ein zentrales Thema, als sich im 18. Jahrhundert die Ökonomie aus der Philosophie heraus zu einer eigenständigen Wissenschaft zu entwickeln beginnt. Eine ähnliche Tendenz kann man für die frühe Technologie beobachten. Vor allem die Aufklärungsphilosophen Jean d'Alembert (1717-1783), Denis Diderot (1713-1784) u. a. schaffen mit der Encyclopédie Française ein Kompendium des Wissens, in dem sie der praktischen Arbeit ebenso viel Tribut zollen wie der theoretischen Erkenntnis; das zeigt sich darin, daß sie der systematischen Beschreibung der handwerklichen Arbeitsverfahren breiten Raum geben. Dadurch wird der deutsche Ökonom Johann Beckmann (1739-1811) dazu angeregt, eine eigenständige Wissenschaft "Technologie" ins Leben zu rufen, "welche alle Arbeiten, ihre Folgen und ihre Gründe vollständig, ordentlich, und deutlich erklärt" (Beckmann 1777, Einleitung § 12, Anm. 2). Das klingt wie das Programm einer umfassenden Arbeitswissenschaft, und tatsächlich findet man bei Beckmann bereits das Prinzip der soziotechnischen Arbeitsteilung, also der Arbeitsteilung zwischen Mensch und Maschine, ein Prinzip, das gleichzeitig auch Adam Smith erkennt. In diesem Sinn nimmt Karl Marx (1867, 510) "die ganz moderne Wissenschaft der Technologie" auf; denn sie "entdeckte [...] die wenigen großen Grundformen der Bewegung, worin alles produktive Tun des menschlichen Körpers, trotz aller Mannigfaltigkeit der angewandten Instrumente, notwendig vorgeht". Daß Marx in diesem Zusammenhang, zwei Seiten später, "polytechnische Schulen" und "technologischen Unterricht" fordert, gehört zwar eigentlich in den pädagogischen Teil dieses Beitrages, muß aber auch hier erwähnt werden, damit die arbeitswissenschaftlichen Wurzeln der pädagogischen Konzepte nicht übersehen werden (vgl. Dedering 1979).

Vor Marx hat schon Georg Wilhelm Friedrich Hegel (1770-1831) im Rahmen seines Gesamtwerks auch eine Philosophie der Arbeit entwickelt. Hegel (1833, §§ 182 ff.) beweist mit seinen sozial- und arbeitsphilosophischen Analysen der "bürgerlichen Gesellschaft" profunde Kenntnis der ökonomischen Schriften und scharfsinniges Verständnis der sozialen Wirklichkeit. In einer Konsequenz, die man in der aktuellen Arbeitsdikussion manchmal vermißt, versteht Hegel die menschliche Arbeit als Teil im "System der Bedürfnisse", das ist "die Vermittlung des Bedürfnisses und die Befriedigung des Einzelnen durch seine Arbeit und durch die Arbeit und Befriedigung der Bedürfnisse aller übrigen" (ebd., § 188). Statt also die Arbeit, wie es sich zu Hegels Zeit bereits andeutet, auf einen ökonomischen Produktionsfaktor zu reduzieren oder, wie das die Arbeitswissenschaft im engeren Sinne in unserem Jahrhundert vielfach tut, den Grund der Arbeit zu vernachlässigen und lediglich deren konkrete Erscheinungen zu untersuchen, besteht Hegel, bei aller Differenzierung der Arbeitsteilung, auf dem Gesamtzusammenhang von Bedürfnis und Arbeit und betont damit die gesellschaftliche Dimension der Arbeit.

Bei Karl Marx (1818-1883) schließlich vereinen sich, wie schon angedeutet, die verschiedenen Theorielinien der klassischen Ökonomie und Technologie sowie der Hegelschen Arbeitsphilosophie. Befangen freilich im sozialpolitischen Engagement gegen die Unmenschlichkeit frühindustrieller Arbeitsverhältnisse, gibt Marx der Wissenschaft von der Arbeit nicht nur die kritische Wendung gegen bestehende Mißstände, sondern er erhöht die Arbeit zur anthropologischen Grundbestimmung des Menschen (Marx 1867, 192 ff.), die lediglich durch die herrschende Wirtschaftverfassung deformiert werde. Im utopischen Horizont, wenn "alle Springquellen des genossenschaftlichen Reichtums voller fließen", soll "die Arbeit nicht nur Mittel zum Leben, sondern selbst das erste Lebensbedürfnis" werden (Marx 1875, 21). Wohl ist nicht immer eindeutig zu erkennen, wann Marx mit "Arbeit" fremdbestimmte Zwangsarbeit und wann er selbstbestimmte Eigentätigkeit meint, doch gegen das Recht auf Arbeit macht Marxens Schwiegersohn Paul Lafargue (1883) mit gutem Grund das "Recht auf Faulheit" geltend, also die Relativierung eines Menschenbildes, das allen Lebenssinn allein der Arbeit zuschreibt. Gleichwohl gehören Marxens Analysen der Arbeit und der Arbeitsteilung nach wie vor zum theoretischen Fundament einer umfassenden Lehre von der Arbeit: Wie man von Marx lernen kann, ist ein Technikbegriff ohne die Dimension der Arbeit ebenso unvollständig wie ein Arbeitsbegriff ohne die Dimension der Technik.

Die Virulenz der Arbeiterfrage, die trotz Marxscher Gesellschaftskritik, trotz erstarkender Gewerkschaften, trotz sozialistischer Parteien und trotz staatlicher Sozialgesetzgebung bis in unser Jahrhundert fortwirkt und sich vor allem auch in den Problemen des "gerechten Lohnes" und der "humanen Arbeitsbedingungen" konkretisiert, trägt schließlich dazu bei, daß sich die Arbeitswissenschaft im engeren Sinn entwickelt.

3.2 Arbeitswissenschaft im engeren Sinn

Vereinzelt ist von "Arbeitswissenschaft" schon im 19. Jahrhundert die Rede gewesen; H. Luczak (1993, 6) verweist auf den Polen W. Jastrzebowski, der schon 1857 einen Beitrag unter diesem Titel veröffentlicht hat. Bei Hackstein (1977, I, 17 f.) findet sich eine Quelle, derzufolge der amerikanische Unternehmer H. R. Towne in einem Vortrag im Jahre 1886 erstmals von Arbeitswissenschaft gesprochen hat, und unter seinen Zuhörern soll sich Frederick Winslow Taylor befunden haben.

Taylor (1911) nimmt offensichtlich das Programm, nicht aber den Namen auf; gleichwohl zählt er heute zu den Begründern der Arbeitswissenschaft. Wenn ihm auch der Vorwurf nicht erspart blieb, das Studium der menschlichen Arbeit den Ausbeutungsinteressen der Unternehmer dienstbar gemacht und mit der Arbeitsteilung zwischen Planung und Ausführung die Arbeitenden entmündigt zu haben, ist es doch seine ausdrückliche Absicht, im Arbeits- und Lohnkonflikt zwischen Arbeitnehmern und Arbeitgebern die Wissenschaft als neutralen und fairen Schiedsrichter einzusetzen und bei der Arbeitsgestaltung die Leistung nur in solchen Formen zu erhöhen, die auch für die Arbeitenden zumutbar und erträglich sind.

Taylors Programm der objektivierten Arbeitsanalyse und -bewertung wird in der Folgezeit zur Keimzelle der sich entwickelnden Arbeitswissenschaft, die dann ab etwa 1920 auch unter diesem Namen auftritt (Hackstein 1977, 16 ff). Innerhalb weniger Jahre

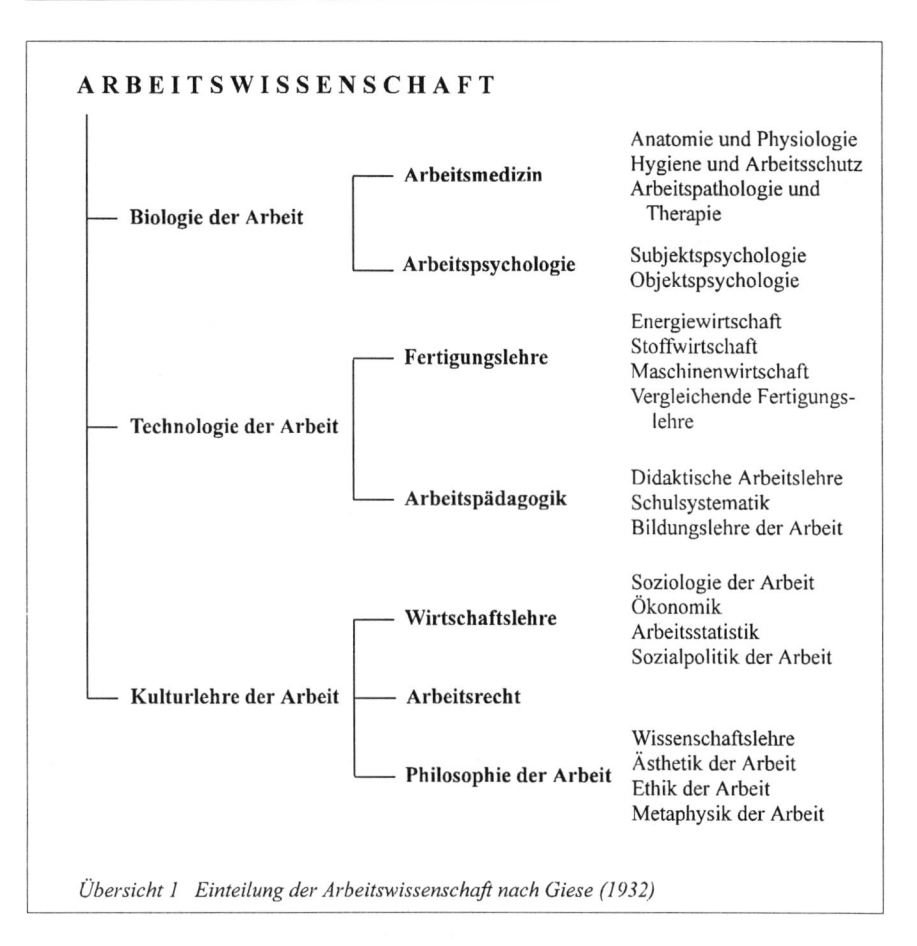

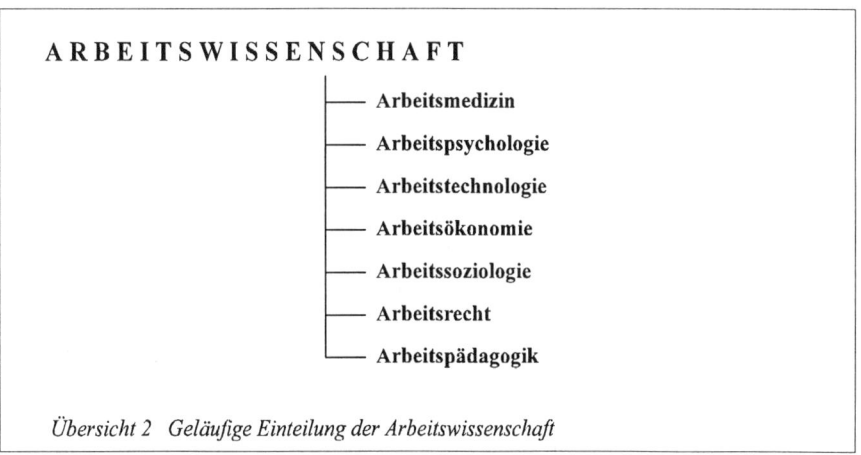

ARBEITSWISSENSCHAFT

- **Biologie der Arbeit**
  - **Arbeitsmedizin**: Anatomie und Physiologie; Hygiene und Arbeitsschutz; Arbeitspathologie und Therapie
  - **Arbeitspsychologie**: Subjektspsychologie; Objektspsychologie
- **Technologie der Arbeit**
  - **Fertigungslehre**: Energiewirtschaft; Stoffwirtschaft; Maschinenwirtschaft; Vergleichende Fertigungslehre
  - **Arbeitspädagogik**: Didaktische Arbeitslehre; Schulsystematik; Bildungslehre der Arbeit
- **Kulturlehre der Arbeit**
  - **Wirtschaftslehre**: Soziologie der Arbeit; Ökonomik; Arbeitsstatistik; Sozialpolitik der Arbeit
  - **Arbeitsrecht**
  - **Philosophie der Arbeit**: Wissenschaftslehre; Ästhetik der Arbeit; Ethik der Arbeit; Metaphysik der Arbeit

Übersicht 1   Einteilung der Arbeitswissenschaft nach Giese (1932)

ARBEITSWISSENSCHAFT

- **Arbeitsmedizin**
- **Arbeitspsychologie**
- **Arbeitstechnologie**
- **Arbeitsökonomie**
- **Arbeitssoziologie**
- **Arbeitsrecht**
- **Arbeitspädagogik**

Übersicht 2   Geläufige Einteilung der Arbeitswissenschaft

erscheint eine Fülle einschlägiger Publikationen, und schon 1927 gewinnt man durch ein auf zehn Bände konzipiertes "Handwörterbuch der Arbeitswissenschaft" (Giese 1927 ff.) den Eindruck, die neue Wissenschaft habe sich konsolidiert. Bei dieser schnellen Entwicklung hat sicherlich der Umstand mitgewirkt, daß sich der industrielle Sektor und der Anteil industrieller Arbeitsplätze in dieser Zeit erheblich ausweiteten; immerhin ist es auffallend, daß die Arbeitswissenschaft, zum Teil bis heute, vorherrschend auf die Industriearbeit fixiert ist und anderen Sphären menschlicher Arbeit (Landarbeit, Handwerk, Dienstleistungen, Hausarbeit) weit weniger Aufmerksamkeit schenkt.

Jedenfalls erhält die junge Arbeitswissenschaft im Zuge der sogenannten "Rationalisierungsbewegung" kräftige institutionelle Unterstützung aus Industrie und Wirtschaft: 1921 wird das "Reichskuratorium für Wirtschaftlichkeit" (RKW; heute "Rationalisierungskuratorium der deutschen Wirtschaft") und 1924 der "Reichsausschuß für Arbeitszeitermittlung" (REFA; heute "Verband für Arbeitsstudien und Betriebsorganisation") gegründet. Diese Organisationen fördern vor allem die Untersuchung und Gestaltung des Arbeitseinsatzes, um die Produktivität in Wirtschaft und Industrie zu steigern. Infolge des starken Engagements von Betriebsingenieuren favorisieren sie natur-, technik- und betriebswissenschaftliche Perspektiven; dafür wird dann häufig auch die Bezeichnung "Ergonomie" benutzt, ein aus griechischen Stammwörtern geprägter Ausdruck, der in wörtlicher Übersetzung ebenfalls "Arbeitswissenschaft" bedeutet (Hackstein 1977, 114 ff.).

Gleichzeitig aber wird in diesen Jahren auch eine sozialwissenschaftlich inspirierte "Arbeitslehre" konzipiert: Der Norweger Ewald Bosse entwickelt dieses Programm während seiner Assistentenzeit bei dem deutschen Soziologen Ferdinand Tönnies (1855-1936), kann aber mit seinen norwegisch geschriebenen Büchern (z. B. "Arbeidslaeren", Oslo 1927) trotz der Empfehlungen von Tönnies in Deutschland nicht rezipiert werden, da Übersetzungen an politischen Hindernissen scheitern. So wird diese "historisch fundierte Gesellschaftstheorie" der Arbeit erst durch eine wissenschaftsgeschichtliche Untersuchung aus jüngster Zeit (Raehlmann 1988) erneut der Diskussion erschlossen. Allerdings will Bosse die Arbeitslehre keineswegs auf eine Soziologie der Arbeit beschränken, sondern programmatisch visiert er auch die natur-, technik- und wirtschaftswissenschaftlichen Perspektiven an. So zählt er jene Teildisziplinen der Arbeitslehre auf, die mehr oder minder auch der Gliederung des Handwörterbuchs von Giese zugrundeliegen und in dessen zehntem Band in einem Schema ausdifferenziert werden (Giese 1932, 97); dieses Schema ist in *Übersicht 1* wiedergegeben.

Gewiß sind Details der Begriffshierarchie und Begriffsbildung aus heutiger Sicht überholt; natürlich subsumiert man die Arbeitspädagogik heute nicht mehr der "Technologie" und die Arbeitssoziologie nicht mehr der "Wirtschaftslehre". Aber der Wert dieser Systematik liegt darin, daß einige weniger geläufige Themenkomplexe beispielsweise aus der "Fertigungslehre" darin enthalten sind, die auch in das vorliegende Handbuch aufgenommen wurden, weil sie für eine umfassende Arbeitslehre unentbehrlich sind. Natürlich werden auch all jene Teildisziplinen genannt, die nach wie vor in arbeitswissenschaftlichen Lehrbüchern (z. B. Georg/Kißler/Sattel 1985; Hardenacke/Peetz/Wichardt 1985) abgehandelt werden; die heute geläufige Einteilung zeigt *Übersicht 2*.

Die Vielfältigkeit arbeitswissenschaftlicher Disziplinen - zu denen noch weitere, meist nicht genannte Gebiete wie etwa die Geschichte der Arbeit (vgl. Negt, in diesem Band) hinzutreten könnten - läßt es verständlich erscheinen, wenn sich einzelne Forscher und Forschungseinrichtungen auf bestimmte Aspekte der Arbeit spezialisieren und dabei gewisse Abgrenzungen markieren müssen. Unerfreulicherweise jedoch haben sich in den 1970er Jahren, nicht zuletzt im Verteilungskampf um die Fördermittel aus dem Forschungsprogramm zur "Humanisierung des Arbeitslebens", zwei gegnerische Lager gebildet, die in gewisser Weise die Kluft zwischen den "zwei Kulturen" widerspiegeln, die C. P. Snow (1959) diagnostiziert hat: die Kluft zwischen naturwissenschaftlich-technischer und sozialwissenschaftlich-humanistischer Orientierung. Arbeitsmedizin, Arbeitstechnologie und eine naturwissenschaftlich angeleitete Arbeitspsychologie reklamierten für ihre "Ergonomie" das arbeitswissenschaftliche Monopol und versuchten unter Hinweis auf die Strenge ihrer Methodik, den geistes- und sozialwissenschaftlichen Disziplinen der Arbeitswissenschaft die Existenzberechtigung abzusprechen; letztere hingegen bezichtigten das ergonomische Lager der empiristisch-positivistischen Problemverkürzung. Diesem wissenschaftsphilosophischen Streit überlagerte sich zudem eine politische Kontroverse: Die Ergonomen unterstellten den Sozialwissenschaftlern "sozialistische" Vorentscheidungen, während diese umgekehrt den Ergonomen "kritiklose Industriehörigkeit" vorwarfen.

Die seinerzeitige Polemik zwischen jenen beiden Lagern hat sich inzwischen gelegt. Aber die Polarisierung zwischen "Ergonomie" und "sozialwissenschaftlicher Arbeitsforschung" ist auch heute noch nicht überwunden und zeigt sich beispielsweise in Lehrbüchern, die entweder die eine oder die andere Seite ausblenden. Das vorliegende Handbuch versucht solche Einseitigkeiten zu vermeiden und verfolgt das Programm einer "interdisziplinär organisierten Arbeitswissenschaft", das F. Fürstenberg (1975), nach den vielversprechenden Ansätzen in den 1920er Jahren (Raehlmann 1988), wiederbelebt hat.

3.3 Integrationskonzepte

3.3.1 Allgemeines

Menschliche Arbeit ist ein komplexer Problemzusammenhang gesellschaftlicher Praxis, der, wie die Technik, eine naturale, eine humane und eine soziale Dimension hat und in jeder Dimension unter verschiedenen Perspektiven betrachtet werden kann. Die genannten arbeitswissenschaftlichen Disziplinen befassen sich jeweils mit einer bestimmten Perspektive und gewinnen methodisch kontrolliertes Wissen über den jeweiligen Teilaspekt der Arbeit. Diese disziplinäre Strategie erbringt zwar theoretischen Erkenntnisgewinn im Detail, doch sie verfehlt den ganzheitlichen Problemzusammenhang. Der aber muß erfaßt werden, nicht nur, wenn man ein umfassendes Sinnverständnis der Arbeit bilden will, sondern vor allem auch, wenn man konkrete Arbeitssituationen zu gestalten hat, in denen alle Aspekte der Arbeit unlösbar miteinander verflochten sind. So ist die interdisziplinäre Integration arbeitswissenschaftlichen Wissens nicht nur ein Bildungsdesiderat, sondern auch ein Desiderat der praktischen Arbeitsgestaltung.

Doch so geläufig die Forderung nach interdisziplinärer Integration inzwischen, nicht nur in der Arbeitswissenschaft, geworden ist, so strittig sind bislang die möglichen Konzepte und so unbefriedigend die bisherigen Ansätze zur Einlösung dieser Forderung geblieben. So können wir hier allgemeine Integrationsansätze nur erwähnen und beschränken uns dann auf einen kurzen Überblick über jene Integrationskonzepte, die in der Arbeitswissenschaft diskutiert werden.

Enzyklopädische Integration bündelt heterogenes Wissen in Form einer Lehrbuchsynthese, wie es auch im vorliegenden Handbuch geschieht. *Intrapersonale Integration* kann sich aus individueller Mehrfachkompetenz bilden, die in formellen oder autodidaktischen Zusatzstudien gewonnen wird. *Interpersonale Ad-hoc-Integration* kann sich in der problembezogenen Zusammenarbeit von Spezialisten verschiedener Einzeldisziplinen ergeben, die bei einem komplexen Forschungs- oder Gestaltungsproblem die einzelnen Lösungsbeiträge zu einer brauchbaren Gesamtlösung verschmelzen soll. Freilich wird man bei den Beteiligten immer schon ein Mindestmaß fachübergreifender Orientierungs- und Kommunikationsfähigkeit voraussetzen müssen, und es erhebt sich die Frage, warum für interdisziplinäre Qualifikation nicht gelten soll, was für disziplinäre Qualifikation selbstverständlich ist: daß man sie nämlich erst lernen muß, bevor man sie erfolgreich anwenden kann. Schließlich ist es nicht ohne weiteres nachzuvollziehen, daß interdisziplinäre Integration in den Köpfen der Wissensverwender sollte entstehen können, wenn die Wissensproduzenten ihrerseits solche Integration nicht anzubieten vermögen. Mit anderen Worten: Statt allein auf formale Prozeduren im Wissenstransfer zu vertrauen, wären die Forscher und Lehrer gut beraten, substantielle Integrationskonzepte zu entwickeln und in der Theorie jene komplexe Organisation des Wissens zu leisten, die der Komplexität der wirklichen Praxisprobleme entspricht. In diese Richtung weisen die folgenden drei Konzepte, die in der arbeitswissenschaftlichen Diskussion vorgeschlagen wurden.

3.3.2 Philosophische Integration

Ein Protagonist der interdisziplinären Arbeitswissenschaft, Fritz Giese (1932), ist es gewesen, der früh schon die philosophische Integration arbeitsbezogenen Wissens ins Auge gefaßt und in einer Monographie vorgeführt hat, die zwar in manchen Partien nicht befriedigen kann, aber doch einige interessante Ansätze enthält, die in der Folgezeit in Vergessenheit geraten sind; auch wenn die "Arbeitsphilosophie" in den Lehrbüchern gelegentlich genannt wird, hat sie sich weder in der Arbeitswissenschaft noch in der Philosophie als Forschungs- und Lehrgebiet profilieren können. Das realistische Philosophieverständnis, das Giese zugrundelegt, ist allerdings in der professionellen Philosophie nur selten zu finden. Soweit sich die Philosophie allein mit der Verwaltung ihres historischen Erbes befaßt und soweit sie sich als Sonderunternehmen des reinen Geistes versteht, muß ihr die Thematik der Arbeit fremd bleiben, selbst wenn diese bei einzelnen Philosophen der Vergangenheit durchaus angeklungen ist. Wenn sich die Philosophie dagegen darauf einläßt, den komplexen Sach- und Sinnzusammenhang der materiellen Kultur systematisch zu rekonstruieren, kommt sie nicht umhin, die Quintessenzen der entsprechenden Erfahrungswissenschaften einzubeziehen. Dann aber könnte solche Philosophie, über den Status einer arbeitswissenschaftlichen Teildisziplin hinaus, tatsächlich zum theoretischen Ort interdisziplinärer Integration werden.

3.3.3 Institutionalismus

Der Institutionalismus hat in den Wirtschafts- und Sozialwissenschaften eine lange Tradition. Ein einheitliches Lehrgebäude wurde durch ihn nicht errichtet. Seine Bedeutung war daher in historischer Perspektive unterschiedlich ausgeprägt (vgl. z.B. Hodgson 1993). Erst in neuerer Zeit werden wieder verstärkt institutionalistische Ansätze diskutiert (vgl. z.B. North 1992). Grund dafür sind zunehmende disziplinäre Beschränkungen bei der Analyse komplexer Gegenstandsbereiche wie der Arbeit. Deshalb war und ist der Institutionalismus gerade in der Arbeitsforschung von besonderer Bedeutung. Auch in anderen Bereichen, wie z.B. der Technikforschung, erlangt er zunehmend an Einfluß (vgl. Dosi 1988, 1120 ff.).

Im Zentrum des Institutionalismus steht die Rolle von Institutionen. Alle menschlichen Aktivitäten erfordern wegen der vorherrschenden Unsicherheit regulierende Konventionen, die den sozialen Prozeß erleichtern. Institutionen beinhalten Rechte und Pflichte, die die Menschen in ihrem Verhalten betreffen: "Institutions...are the humanly devised constraints that shape human interaction." (North 1990, 3) Aus der Bedeutung von Institutionen für menschliches Handeln und einer „Institutionenanalyse als Kernanliegen der Sozialwissenschaften" (Dierckes/ Zapf 1994, 10) folgt die Notwendigkeit einer fachübergreifenden, einer integrativen Analyse beim Untersuchungsgegenstand Arbeit .

Dieses Postulat der Interdisziplinarität aufgrund der zentralen Bedeutung von Institutionen wird im Rahmen institutionalistischer Analysen nur begrenzt erreicht. Im Vordergrund stehen bisher Erweiterungen disziplinärer Sichtweisen auf Institutionen wie z.B. in der Institutionenökonomik (vgl. z.B. Richter 1990, 571 ff.; Schenk 1992, 337 ff.). oder Versuche einer Verknüpfung einer institutionell-strukturellen Perspektive mit der Akteursperspektive in soziologischen Ansätzen (vgl. Giddens 1988). Diese Erweiterungen bleiben teilweise disziplinärem Denken verhaftet, teilweise genügen sie insofern dem Anspruch der Interdisziplinarität, als sie Bereiche der Arbeit in Disziplinen einbeziehen, die bisher Domäne anderer Fachwissenschaften waren. Eine integrative Perspektive ist damit aber (noch) nicht verbunden.

3.3.4 Konzept des soziotechnischen Systems

Schließlich ist noch ein genuin arbeitswissenschaftlicher Integrationsansatz zu erwähnen, der ebenfalls der reflektierten Ausarbeitung bedarf. Anfang der 1960er Jahre führte das Tavistock Institute of Human Relations in London das *Konzept des soziotechnischen Systems* in die Arbeitswissenschaft ein (Fürstenberg 1975, 75 ff), das sich später zum Lehrbuchwissen verfestigen sollte (REFA 1984, I, 92 ff; Johannsen 1993). Dort wird das soziotechnische oder Arbeitssystem als eine Verknüpfung von Mensch und Arbeitsmittel dargestellt, das eingegebene Arbeitsgegenstände aufgabengemäß verändert und als Arbeitsergebnis an die Umgebung ausgibt. Allerdings bleibt dieses Modell im großen und ganzen auf die Mikroebene des einzelnen Arbeitsplatzes beschränkt, an dem ein einzelner Mensch und eine Maschine zusammenwirken.

In *Übersicht 3* wird eine erweiterte Theorie soziotechnischer Systeme benutzt (Ropohl 1979), um jenes Modell des Arbeitssystems in einen größeren Rahmen zu stellen. Dabei erweist sich das Arbeitssystem der Mikroebene als Subsystem eines Produktionssystems auf der Mesoebene, und dieses wiederum ist als Subsystem des Makrosystems Gesellschaft zu verstehen. Während in der Ökonomie meist nur zwei Ebenen unterschieden und die Produktionssysteme der Mikroebene zugeordnet werden, umfaßt das hier vorgeschlagene Modell drei Ebenen, die aber auch nur als erste Näherung zu verstehen sind; weitere Ebenen könnten, je nach Modellierungszweck, Gruppen von Arbeitssystemen innerhalb eines Produktionssystems sowie Verbände und Organisationen zwischen Meso- und Makroebene sein.

So erlaubt es dieses Modell, auch die soziotechnischen Beziehungen zwischen mehreren Arbeitssystemen, also die arbeitssoziologische Perspektive, und die soziotechnischen Beziehungen zwischen den Individuen, dem industriellen Personalbestand und der Gesellschaft, also etwa die berufssoziologische und arbeitsökonomische Perspektive zu thematisieren. Überdies verweist das Modell auf einen Umstand, der als Programmpunkt einer wirklich interdisziplinären Arbeitslehre unbedingt zu berücksichtigen ist: daß nämlich die einzelnen Menschen nicht nur Subsysteme in einem Produktionssystem, sondern auch Mitglieder in einem familialen "Reproduktionssystem" sind, wo sie ebenfalls in der einen oder anderen Weise arbeiten.

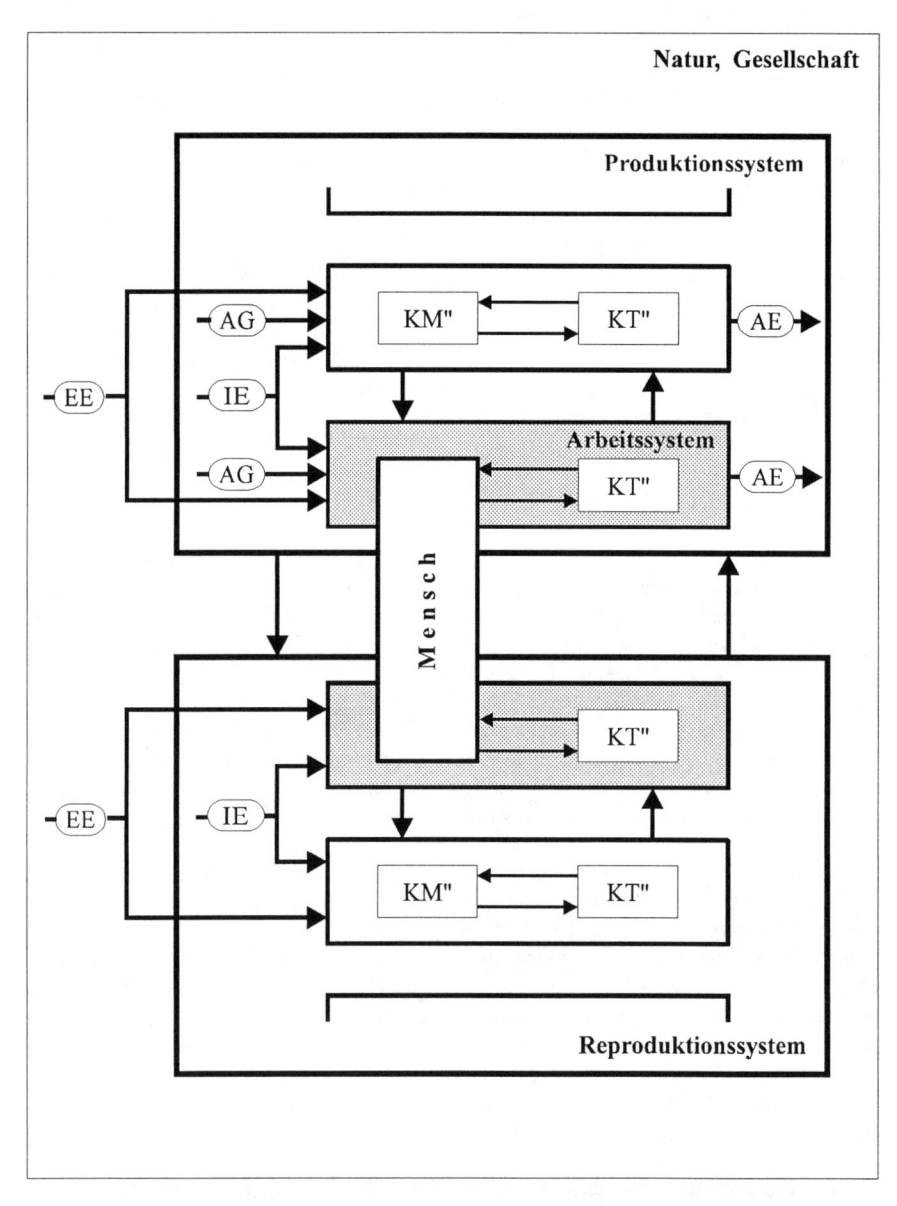

Übersicht 3 Soziotechnisches Arbeitssystem (KM" = menschliche Komponente; KT" = technische Komponente; AG = Arbeitsaufgabe; AE = Arbeitsergebnis; IE = interne Einflüsse; EE = externe Einflüsse)

Arbeitsphilosophie, Institutionalismus und die Theorie soziotechnischer Systeme bedürfen der weiteren Ausarbeitung und der wechselseitigen Bezugnahme. Vielleicht können sie in Zukunft zum Kristallisationskern einer integrierten Arbeitslehre konvergieren, dem sich die arbeitswissenschaftlichen Teildisziplinen in schlüssiger Strukturierung anlagern.

4. Arbeitsbegriff und Gegenstand der Arbeitslehre

Arbeitslehre hat eine pädagogische und eine arbeitswissenschaftliche Dimension mit disziplinären Ausprägungen. In diesem Handbuch stehen Aspekte der Arbeitslehre als Wissenschaft von der Arbeit im Mittelpunkt (vgl. hierzu auch Himmelmann 1977; Fürstenberg 1979, 66 ff.; Schmid 1982, 6 ff.). Dazu erfolgt eine Reduktion der arbeitswissenschaftlichen Komplexität auf wesentliche arbeitswissenschaftliche Bereiche für das Fach Arbeitslehre. Diese Reduktion erfolgt unter Berücksichtigung pädagogischer und interdisziplinärer Bezüge. Wir referieren einige Überlegungen zum Arbeitsbegriff und zur Arbeit als Gegenstandsbereich der Arbeitslehre und geben einen kurzen Überblick über das Handbuch.

Der Ausdruck *Arbeit* gehört in (fast) allen Sprachen zu den wichtigsten Wörtern und kennzeichnet eine elementare menschliche Tätigkeit (vgl. z.B. Krüger, 480 f.) Was Arbeit als menschliche Tätigkeit aber konkret umfaßt, was der Arbeitsbegriff enthält, darüber bestehen raum-zeit-bezogen unterschiedliche Aussagen und Bewertungen. Die Unterscheidungen von „homo laborans" und „homo faber"; von „labour" und „work"; von „arbeiten" und „herstellen" drücken diese unterschiedlichen Begriffsbestimmungen von Arbeit beispielhaft aus. Die unterschiedlichen Definitionen der Arbeit verwundern nicht, da sie mit menschlichen Tätigkeiten in Verbindung stehen und diese vielfältig sind. Arbeit ist mehr als die gleichnamige abstrakte Kategorie wie z.B. in der Physik; sie unterliegt individuellen, gesellschaftlichen und philosophischen Bewertungen und Einflüssen.

Selbst wenn der Raum-Zeit-Bezug für die Begriffsbestimmung auf die gegenwärtige Arbeit in industrialisierten Ländern beschränkt bleibt, läßt sich Arbeit nicht mit einer einfachen Definition umschreiben. Gründe dafür sind, daß Positionen und Ideologien über Arbeit aus dem 19. Jahrhundert (bürgerlich, sozialistisch, ökonomisch, liberal, vgl. Conze 1972, 174 ff.) noch wirken, Aspekte der Arbeit räumlich unterschiedliche Bedeutungen haben, und der Arbeitsbegriff einem Wandel unterworfen ist. Daher geben wir hier keine Begriffsdefinition, sondern einen kurzen Überblick über Aspekte und Bestimmungen der Arbeit, in denen die Definitionen in der Literatur, mit unterschiedlicher Akzentsetzung, weitgehend konvergieren (vgl. Neuberger 1985, 1). Arbeit ist danach
- eine Tätigkeit oder Aktivität;
- die Verausgabung körperlicher und geistiger Kräfte;
- mit Mühsal, Leid und Anstrengung, aber auch mit Freude und positiver Einstellung verbunden;
- frei und selbstbestimmt oder fremdbestimmt;
- die Persönlichkeit mitbestimmend und identitätsstiftend;
- eine soziale Veranstaltung und durch die gesellschaftliche Organisation wesentlich determiniert;
- planvoll, bewußt und zweckgerichtet im Sinn materieller und immaterieller Bedürfnisbefriedigung;
- arbeitsteilig;

- durch Arbeitsmittel (Technik) wesentlich erleichtert, beeinflußt und bestimmt;
- häufig in Auseinandersetzung mit der Natur stattfindend.

Die konkreten Ausprägungen der Arbeit umfassen nicht immer alle diese Merkmale und unterliegen raum-zeitlich einem Wandel. So hat z.B. in den meisten Industrieländern die Bedeutung der Arbeit für die materielle Bedürfnisbefriedigung ab- und für die Erreichung immaterieller Ziele zugenommen. Die Arbeitsaspekte stehen in Beziehungen zueinander, die unterschiedlich ausgeprägt sind und sich im Zeitablauf verändern. Arbeit ist offensichtlich eine höchst komplexe menschliche Aktivität.

Aufgrund dieser Komplexität haben wir für das Handbuch eine Reduktion in dreifacher Hinsicht vorgenommen, um den fachwissenschaftlichen Gegenstand der Arbeitslehre zu strukturieren und zu konkretisieren:
a) Struktur der verschiedenen Aspekte der Arbeit und ihrer Wechselwirkungen;
b) Gesellschaftliche Orientierung mittels eines Drei-Ebenen-Konzepts;
c) (fach-)wissenschaftliche Erklärungsansätze.

ad a) Die referierten Aspekte in den Begriffsbestimmungen der Arbeit fassen wir hier in fünf wesentliche, sich wechselseitig beeinflussende Dimensionen zusammen:
1. *Arbeit als (notwendige oder freie) Tätigkeit:* Diese Tätigkeit kann verschiedene Aspekte umfassen: planvolle und zielgerichtete Verausgabung menschlicher Kräfte mit damit einhergehendem Leid oder verbundener Freude; Herstellen von Gütern und Dienstleistungen für unterschiedliche Zwecke.
2. *Arbeit und Bedürfnis:* Die Zweckgerichtetheit der Arbeit kann sich auf verschiedene und sich wandelnde Bedürfnisse richten: materielle Güter und immaterielle Bedürfnisse, individuelle und soziale Ziele.
3. *Arbeit und Technik:* Arbeit vollzieht sich unter Einsatz von Arbeitsmitteln; diese beeinflussen in erheblichen Maße die Arbeitstätigkeit, sind aber auch selbst durch gesellschaftliche und ökonomische Determinanten der Arbeit bestimmt.
4. *Arbeit und Natur:* Arbeit erfolgt, dies hat besonders Marx betont, in Auseinandersetzung mit der Natur. Die gegenwärtigen Umweltprobleme belegen diese Aussage.
5. *Arbeit und Gesellschaft:* Arbeit ist eine soziale Veranstaltung, also gesellschaftlich bestimmt.

ad b) Diese Begriffsbestimmung der menschlichen Arbeit anhand der fünf Dimensionen ist ohne geschichtlichen und gesellschaftlichen Bezug wesensleer. Sie bedarf der Einordnung und Konkretisierung in Raum und Zeit. Arbeit findet auf der Mikroebene durch Individuen in Haushalten und Betrieben statt, wird aber durch institutionelle Regelungen auf der Makro- (z.B. Arbeitsschutz) und der Mesoebene (z.B. Tarifvereinbarungen, Betriebsvereinbarungen) bestimmt. In marktwirtschaftlich organisierten Ländern erfolgt (Lohn-)Erwerbsarbeit primär in privatwirtschaftlichen Betrieben, mit der materielle ebenso wie immaterielle Ziele verbunden sind. Arbeit kann aber auch im Nichterwerbsbereich erfolgen, in privaten Haushalten, als Nachbarschaftshilfe oder in Vereinen und Verbänden als sogenannte Eigenarbeit. In der Diskussion über eine Krise oder gar ein Ende der Arbeitsgesellschaft (vgl. Ropohl (Hg.) 1985; Offe 1995) wird ein Wandel der Arbeit dahingehend diagnostiziert, daß die Bedeutung der Erwerbsarbeit ab- und die der Eigenarbeit zunimmt. Ob mit dieser Erweiterung nur eine semantische „Inflationierung" des Arbeitsbegriffs im Sinn einer Einbeziehung zahlreicher menschlicher Tätigkeiten („öffentliche Arbeit, Beziehungsarbeit, Trauerarbeit, Kulturarbeit" etc.) oder tatsächliche Änderungen der Arbeitsformen verbunden sind, ist umstritten. Eine Lehre von der Arbeit hat aber nicht nur die Erwerbsarbeit mit ihren Dimensionen als Untersuchungsgegenstand, sondern auch die verschiedenen Formen der Nichterwerbsarbeit, Haus- und Eigenarbeit, sowie die Beziehungen zwischen diesen Bereichen einzubeziehen. Im Mittelpunkt dieses Handbuchs steht wegen ihrer Bedeutung zwar die Erwerbsarbeit, aber es werden auch Themen der und Bezüge zur Nichterwerbsarbeit berücksichtigt.

ad c) Der arbeitswissenschaftliche Überblick hat verdeutlicht. daß eine Reihe von Disziplinen Arbeit als Untersuchungsgegenstand hat (vgl. 2.). Ein disziplinärer Zugang beinhaltet, daß der jeweilige fachwissenschaftliche Blickwinkel vorherrscht und spezifische Aspekte der Arbeit untersucht werden. Wegen der Komplexität der Arbeit bleiben bei einer solchen Vorgehensweise wesentliche Aspekte der Arbeit unberücksichtigt (vgl. 3.), daher wird eine integrative Lehre von der Arbeit gefordert. Trotz dieses Postulats ist dieser Anspruch bisher nicht einzulösen. Daher wird in diesem Handbuch insofern ein „pragmatischer" Weg beschritten, als je nach Thema unterschiedliche Fachwissenschaften herangezogen wurden.

Die Themen des Handbuchs orientieren sich am skizzierten Gegenstandsbereich der Arbeitslehre. Die Darstellungen erfolgen primär aus ökonomisch-sozial-technischer Sicht, ergänzend sind aber auch andere Zugänge aus den Arbeitswissenschaften berücksichtigt. Je nach Themenbereich und dem Stand der einzelnen Arbeitswissenschaften steht teilweise der disziplinäre Zugang im Vordergrund, teilweise wird auch eine fachübergreifende Perspektive verfolgt.

Den ersten Themenschwerpunkt bildet die Bedeutung der Arbeit für die private Lebensführung der Personen. Im Vordergrund stehen sozial-ökonomische und technische Aspekte der Arbeit in privaten Haushalten und Aspekte der Bedürfnisbefriedigung materieller und immaterieller Art. Berücksichtigt sind auch Themen mit Bezug zur Erwerbsarbeit aus der Perspektive von Individuen und Haushalten.

Im zweiten Schwerpunkt des Handbuchs steht die Erwerbsarbeit in Betrieben im Mittelpunkt. Die Themen umfassen Aspekte betrieblicher Arbeit aus verschiedenen Disziplinen der Arbeitswissenschaften. Entsprechend der hier verfolgten Perspektive werden sozialökonomisch- und technikorientierte Themen aus betrieblicher und individueller Sicht behandelt sowie Einflüsse aus der überbetrieblichen- und der Makroebene berücksichtigt. Der Betrieb wird nicht nur als Ort der Leistungserstellung und -verwertung gesehen, sondern auch als eine soziale Veranstaltung, in der Menschen arbeiten, um Einkommen zu erzielen, um sich persönlich weiter zu entwickeln, um soziale Beziehungen zu haben und den Betriebsablauf zu gestalten.

Zwischen den Einheiten Haushalt und Betrieb ist der Arbeitsmarkt etabliert, der über die Zugänge zur Erwerbsarbeit wie auch über ihre Risiken bestimmt. Wegen der Besonderheit menschlicher Arbeit existieren spezifische Regelungen für die Funktionsweise auf Arbeitsmärkten, die auf überbetrieblichen Ebenen (z.B. der Makroebene) festgelegt sind. Daher werden in diesem dritten Themenschwerpunkt außer Themen des Verhältnisses von Arbeitskraftanbietern und Arbeitskraftnachfragern auch Aspekte aus diesen Ebenen behandelt, die für Struktur und Funktionsweise von Arbeitsmärkten Bedeutung haben.

Die gesamtwirtschaftliche und gesamtgesellschaftliche (Makro-)Ebene in ihrer Bedeutung und in ihren Auswirkungen auf die verschiedenen Dimensionen der menschlichen Arbeit bildet den Themenschwerpunkt des letzen Kapitels. Die Themen umfassen staatliche Rahmenbedingungen für verschiedene Aspekte der Arbeit, gesellschaftliche Grundlagen der Arbeit und Auswirkungen dieser Regelungen auf betriebliche Aspekte der

Arbeit. Es wird ein Überblick über Themenbereiche gegeben, die mit der Arbeit zusammenhängen: Fragen der Beschäftigung, der Technik, der Umwelt, des Einkommens und Konsums sowie internationaler Entwicklungen.

Mit diesem Handbuch geben wir einen Überblick über die fachwissenschaftlichen Grundlagen der Arbeitslehre. Gleichzeitig soll die Notwendigkeit einer fachübergreifenden Sichtweise bei der Analyse menschlicher Arbeit verdeutlicht werden.

Literatur

(DA) Deutscher Ausschuß für das Erziehungs- und Bildungswesen 1968: Empfehlungen und Gutachten, Folge 7/8, Stuttgart.

Abel, H. 1966: Berufsvorbereitung als Aufgabe der Pflichtschule; in: Pädagogische Rundschau, H. 7/1966, 617 ff..

Arendt, H. 1960: Vita activa oder Vom tätigen Leben, Stuttgart.

Beckmann, J. 1777: Anleitung zur Technologie, Göttingen.

Blankertz, H. 1967: Didaktik der Arbeitslehre und ihre Konsequenzen für die Lehrerbildung, in: Arbeitslehre - didaktischer Schwerpunkt der Hauptschule, Bad Harburg.

Blankertz, H. 1969: Arbeitslehre in der Hauptschule, Essen.

Bokranz, R., Landau, K. 1991: Einführung in die Arbeitswissenschaft, Stuttgart.

Bollenbeck, G. 1994: Bildung und Kultur. Glanz und Elend eines deutschen Deutungsmusters, Frankfurt a.M./Leipzig.

Bromley, D. W. 1989: Economic Interests and Institutions, Oxford.

Chenu, M. D. 1971: Stichwort "Arbeit", Teil I, in Ritter 1971, 480-482.

Christian, W. u.a. 1972: Polytechnik in der Bundesrepublik Deutschland? Beiträge zur Kritik der „Arbeitslehre", Frankfurt a.M.

Conze, W. 1972: Arbeit, in: Geschichtliche Grundbegriffe: Historischen Lexikon für politische und soziale Sprache in Deutschland, Stuttgart, 154 ff.

Dedering, H. (Hg.) 1979: Lernen für die Arbeitswelt, Reinbek.

Dedering, H. 1994: Einführung in das Lernfeld Arbeitslehre, München.

Dosi, G. 1988: Sources, Procedures, and Microeconomic Effects of Innovation, in: Journal of Economic Literature, Vol. 26, 1120 ff.

Flitner, A. 1956: Biografische und begriffsgeschichtliche Einführung, in: Pädagogische Texte, Humboldt - Anthropologie und Bildungslehre hrsg. von A. Flitner, Düsseldorf, München, 133 ff.

Frankiewicz, H. 1968: Technik und Bildung in der Schule der DDR, Berlin.

Friedeburg, L. v. 1992: Bildungsreform in Deutschland, Frankfurt a.M.

Fürstenberg, F. 1975: Konzeption einer interdisziplinär organisierten Arbeitswissenschaft, Göttingen.

Fürstenberg, F. 1979: Konzeptionen einer interdisziplinär organisierten Arbeitswissenschaft, in: Dedering, H. (Hg.), Lernen für die Arbeitswelt, Reinbek bei Hamburg, 66 ff.

Georg, W., Kißler, L., Sattel U. (Hg.) 1985: Arbeit und Wissenschaft: Arbeitswissenschaft? Bonn.

Giddens, A. 1988: Die Konstitution der Gesellschaft. Grundzüge einer Theorie der Strukturierung, Frankfurt, New York.

Giese, F. (Hg.) 1927 ff: Handwörterbuch der Arbeitswissenschaft, Halle.

Giese, F. 1932: Philosophie der Arbeit, Halle (Band X von Giese 1927 ff.).

Grüner, G. 1965: Die Problematik der gewerblichen Berufsschulen in Hessen, in: Rundgespräch H. 3/1965, 147-160.

Hackstein, R. 1977: Arbeitswissenschaft im Umriß, 2 Bde. Essen.

Hardenacke, H.; Peetz, W.; Wichardt, G. 1985: Arbeitswissenschaft, München/Wien.

Hegel, G. W. F. 1833: Grundlinien der Philosophie des Rechts, neu hg. v. H. Klenner, Berlin 1981.

Hendricks, W. 1975: Arbeitslehre in der Bundesrepublik Deutschland, Ravensburg.

Himmelmann, G. 1977: Arbeitsorientierte Arbeitslehre, Opladen.

Hodgson, G. M. (Ed.) 1993: The Economics of Institutions, Aldershot, Brookfield.

Humboldt, W. v. 1792: Über öffentliche Staatserziehung, in: Pädagogische Texte, Humboldt - Anthropologie und Bildungslehre hrsg. von A. Flitner, Düsseldorf, München, 9 ff.

Humboldt, W. v. 1793: Theorie der Bildung des Menschen, in: Pädagogische Texte, Humboldt - Anthropologie und Bildungslehre hrsg. von A. Flitner, Düsseldorf, München, 27 ff.

Humboldt, W. v. 1797: Über den Geist der Menschheit, in: Pädagogische Texte, Humboldt - Anthropologie und Bildungslehre hrsg. von A. Flitner, Düsseldorf, München, 59 ff.

Humboldt, W. v. 1809a: Der Königsberger Schulplan, in: Pädagogische Texte, Humboldt - Anthropologie und Bildungslehre hrsg. von A. Flitner, Düsseldorf, München, 69 ff.

Humboldt, W. v. 1809b: Der Litauische Schulplan, in: Pädagogische Texte, Humboldt - Anthropologie und Bildungslehre hrsg. von A. Flitner, Düsseldorf, München, 76 ff.

Johannsen, G. 1993: Mensch-Maschine-Systeme, Berlin/Heidelberg/New York.

Kahsnitz, D. 1972: Arbeitslehre als sozialökonomische Bildung. Zur Integration von Allgemein- und Berufsbildung, in: Wolfgang, Ch. u.a.: Polytechnik in der Bundesrepublik Deutschland? Beiträge zur Kritik der Arbeitslehre, Frankfurt a.M., 168 ff.

Kahsnitz, D. 1977 a: Integration von allgemeiner, beruflicher und politischer Bildung auf der Grundlage einer gesellschaftlichen Persönlichkeitstheorie, in: Die Deutsche Berufs- und Fachschule, Bd. 73, H. 7, 483 - 494.

Kahsnitz, D. 1977 b: Allgemeine, berufliche und politische Bildung bei Georg Kerschensteiner - Ein sozialwissenschaftlicher Integrationsansatz und seine Grenzen, in: Die Deutsche Berufs- und Fachschule, 73. Bd., H. 9. 643 ff.

Kahsnitz, D. 1996: Arbeitslehre ist sozialökonomische Bildung und Teil der Gesellschaftslehre, in: Nonnenmacher, F.: Das Ganze sehen - Schule als Ort politischen und sozialen Lernens, Schwalbach/Ts. i.E. 1996, 143 - 152.

Kerschensteiner, G. 1901: Staatsbürgerliche Erziehung der deutschen Jugend, Erfurt.

Kerschensteiner, G. 1904: Berufs- oder Allgemeinbildung?, in: ders. Grundfragen der Schulorganisation, München/Düsseldorf 1954, 40 - 63.

Kerschensteiner, G. 1906: Produktive Arbeit und ihr Erziehungswert, in: ders. Grundfragen der Schulorganisation, a.a.O., 64 - 97.

Kerschensteiner, G. 1908: Die Schule der Zukunft eine Arbeitsschule, in: ders. Grundfragen der Schulorganisation, a.a.O., 98 - 117.

Kerschensteiner, G. 1910: Der Begriff der staatsbürgerlichen Erziehung, München 1950.

Kerschensteiner, G. 1912: Begriff der Arbeitsschule, Leipzig/Berlin.

KMK Ständige Konferenz der Kultusminister 1969: Empfehlungen zur Hauptschule, in: Bremer Lehrerzeitung H. 8/9 1969, 167 - 168.

Krüger, H.J. 1971: Stichwort "Arbeit", Teil II, in Ritter 1971, 482-487.

Kuhrt, W. 1991: Polytechnische Bildung in den neuen Bundesländern - Bilanz und Perspektiven, in: Lackmann/Wascher (Hrsg.), Arbeitslehre und Politik. Annäherung und Wandel. München, 32 - 56.

Lafargue, P. 1883: Das Recht auf Faulheit, deutsch hg. v. I. Fetscher, Frankfurt/Wien 1966.

Luczak, H. 1993: Arbeitswissenschaft, Berlin/Heidelberg/New York.

Marx, K. 1867: Das Kapital, Bd. 1, in: Marx/Engels: Werke, Bd. 23, Berlin 1959 u. ö.

Marx, K. 1875: Kritik des Gothaer Programms, in: Marx/Engels: Werke, Bd. 19, Berlin 1959 u. ö., 13-32.

Meyer-Harter, R. 1989: Ganzheitliches Lernen - Neue Perspektiven für den Haushaltslehre-Unterricht; in: Renate Meyer-Harter (Hrsg.): Hausarbeit und Bildung, Frankfurt a.M., 15-90.

Neuberger, O. 1985: Arbeit, Stuttgart.

North, D. C. 1990: Institutions, Institutional Change, and Economic Performance, Cambridge etc.

Plessner, H. 1974: Die verspätete Nation, Frankfurt a.M.

Raehlmann, I. 1988: Interdisziplinäre Arbeitswissenschaft in der Weimarer Republik, Opladen.

REFA (Hg.) 1984: Methodenlehre des Arbeitsstudiums, 6 Bde., München 1984 ff.

Richter, R. 1990: Sichtweise und Fragestellungen der Neuen Institutionenökonomik, in: Zeitschrift für Wirtschafts- und Sozialwissenschaften, 110. Jg., 571 ff.

Ritter, J. u. a. (Hg.) 1971: Historisches Wörterbuch der Philosophie, Bd. 1, Basel/Stuttgart.

Rohmert, W., Rutenfranz, J. (Hg.) 1983: Praktische Arbeitsphysiologie, Stuttgart/New York.

Ropohl, G. 1976: Technik als Bildungsaufgabe allgemeinbildender Schulen, in Traebert/Spiegel, 7 - 25.

Ropohl, G. 1979: Eine Systemtheorie der Technik, München/Wien.

Ropohl, G. 1979: Technische Inhalte einer Arbeitslehre der Sekundarstufe II, in Dedering 1979, 204-217.

Ropohl, G. 1980: Modelle im Technikunterricht, in: H. Stachowiak (Hrsg.): Modelle und Modelldenken im Unterricht, Bad Heilbrunn, 123-143.

Ropohl, G. (Hg.) 1985: Arbeit im Wandel, Berlin.

Ropohl, G. 1992: Philosophie der technologischen Bildung, in: arbeiten + lernen - Technik, H. 8/1992, 6 ff.

Roth, F.; Jahn, K. 1965: Hinführung zur Arbeits- und Sozialwelt in der Hauptschule; in: Rundgespräch, H. 2/1965, 85 ff.

Roth, F.; Jahn, K. 1967: Hauptschule und Arbeitswelt; in Rundgespräche, H. 2/1967, 83 ff.

Roth, H. (Hrsg.) 1968: Begabung und Lernen, Stuttgart.

Schenk, K.-E. 1992: Die neue Institutionenökonomie - Ein Überblick über wichtige Elemente und Probleme einer Weiterentwicklung, in: Zeitschrift für Wirtschafts- und Sozialwissenschaften, 112. Jg., 337 ff.

Schmid, A. 1982: Arbeitslehre als Hochschulfach, in: arbeiten und lernen, Heft 23, 6 ff.

Smith, A. 1776: Der Wohlstand der Nationen, übers. u. hg. v. H. C. Recktenwald, 5. Aufl. München 1990.

Snow, C. P. 1959: Die zwei Kulturen, Nachdruck der deutschen Fassung in: Die zwei Kulturen, hg. v. H. Kreuzer, München 1987, 19-58.

Soeffner, H.-G. 1992: Die Ordnung der Rituale, Frankfurt a.M.

Sombart, W. 1916: Der moderne Kapitalismus, 3 Bde., Berlin.

Stratmann, K. 1978: Georg Kerschensteiner, in: Geschichte der Pädagogik des 20. Jahrhunderts, hrsg. v. J. Speck, Bd. 1, Stuttgart, 57 ff.

Taylor, F. W. 1911: Die Grundsätze wissenschaftlicher Betriebsführung, deutsch München 1913, Nachdruck Weinheim/Basel 1977.

Tornieporth, G. 1986: Hauswirtschaftslehre; in: Enzyklopädie Erziehungswissenschaft, Bd. 3: Ziele und Inhalte der Erziehung und des Unterrichts, hrsg. von Hans-Dieter Haller und Hilbert Meyer u. Mitarb. von Thomas Hanisch, Stuttgart, 459-467.

Tornieporth, G. 1991: Entwicklung und Stand der Haushaltslehre an allgemeinbildenden Schulen; in: Hauswirtschaftliche Bildung H. 3/1991, 146-150.

Traebert, W. E., Spiegel, H.-R. (Hrsg.) 1976: Technik als Schulfach, Düsseldorf.

Weber, M. 1905: Die protestantische Ethik und der "Geist" des Kapitalismus, in: Gesammelte Aufsätze zur Religionssoziologie, Bd. I, 6. Aufl. Tübingen 1972.

Wilkening, F.; Schmayl, W. 1984: Technikunterricht, Bad Heilbrunn.

Ziefuss, H. (Hrsg.) 1992: Arbeitslehre. Eine Bildungsidee im Wandel. Bd. 5: Lehrpläne zur Arbeitslehre in den westlichen Bundesländern, Seelze-Velber.

Ziefuss, H. 1995 : Arbeitslehre. Eine Bildungsidee im Wandel. Bd. 6: Arbeitslehre in der Schulpraxis der Bundesländer, Seelze-Velber.

Zur Geschichte der Arbeit

Oskar Negt

1. Alte Strukturen der Erwerbsarbeit sind an ein geschichtliches Ende gekommen

Eine Geschichte der Arbeit schreiben zu wollen, zumal im Gebrauchsformat eines Handbuchartikels, gliche dem maßlosen Anspruch, das Wesen der Hochkulturen seit der neolithischen Revolution, also der Entstehung von Tierzüchtung, Ackerbau und festen Besiedlungsformen, durch Skizzen begreiflich zu machen. Das wäre nichts weiter als das Nebeneinanderstellen von abstrakten Merkmalen und Etiketten, die den Verhältnissen angeheftet werden, wodurch gerade das verloren geht, worauf eine Geschichte der Arbeit das Augenmerk zu richten hätte: das Geschichtliche im Begriff der Arbeit und des Arbeitsverhaltens.

So gehe ich, in Rückwendung zu den großen Dialektikern, in meinen Betrachtungen zur Geschichte der Arbeit den umgekehrten Weg, nämlich vom Problembestand der gegenwärtigen Krise der Arbeitsgesellschaft zurück zu ausgewählten Vergangenheitsstufen, welche den Begriff der Arbeit in seiner heutigen Verfassung geschichtlich erläutern, ergänzen oder auch erweitern. Die methodische Seite dieser einzig legitimen geschichtlichen Analyse, die vom Bezugsrahmen der Gegenwart ausgeht, hat Marx treffend gekennzeichnet.

„Arbeit scheint", sagt Marx, „eine ganz einfache Kategorie zu sein. Auch die Vorstellung derselben in dieser Allgemeinheit - als Arbeit überhaupt - ist uralt. Dennoch, ökonomisch in dieser Einfachheit gefaßt, ist 'Arbeit' eine ebenso moderne Kategorie wie die Verhältnisse, die diese einfache Abstraktion erzeugen. (...) Die Gleichgültigkeit gegen eine bestimmte Art der Arbeit setzt eine sehr entwickelte Totalität wirklicher Arbeitsarten voraus, von denen keine mehr die alles beherrschende ist. (...) Die Gleichgültigkeit gegen die bestimmte Arbeit entspricht einer Gesellschaftsform, worin die Individuen mit Leichtigkeit aus einer Arbeit in die andere übergehen und die bestimmte Art der Arbeit ihnen zufällig, daher gleichgültig ist. Die Arbeit ist hier nicht nur in der Kategorie, sondern in der Wirklichkeit als Mittel zum Schaffen des Reichtums überhaupt geworden. (...)"(Marx, 1958, 260 ff.) Wenn Marx hier von der Arbeit als einer Kategorie der Wirklichkeit, einer Daseinsbestimmung der modernen Verhältnisse spricht, dann meint er in erster Linie Lohnarbeit, Verausgabung lebendiger Arbeitskraft. Ob lebendige Arbeitskraft in ihrem durch Lohnarbeit vermittelten Austausch mit 'verstorbener Arbeit', der kapitalfixierten Maschinerie, heute noch als wesentliches Element der Reichtumsproduktion der modernen Gesellschaften zu sehen ist, - darin liegt eben das zentrale Problem der gegenwärtigen Arbeitsgesellschaft. Das ganze Ausmaß, in dem die Maschinerie immer stärker ursprünglich der lebendigen Arbeitskraft vorbehaltene Aufgaben im Produktionsprozeß übernimmt, hat Marx sich nicht vorstellen können.

Das ist jedoch, wenn wir geschichtliche Stufen der Arbeit zu rekonstruieren versuchen, der entscheidende Ansatzpunkt für die Betrachtung der gegenwärtigen Strukturen der Arbeitsgesellschaft, die in einem ökonomischen und moralischen Dilemma steckt.

Der moralische Skandal einer Gesellschaft, die an der Reichtumsproduktion zu ersticken droht, besteht darin, daß nach einem Jahrhunderte währenden leidvollen Weg, auf dem die Menschen schließlich so etwas wie Arbeitsmoral verinnerlichten, am Ende für wachsende Millionen von Menschen, die arbeiten wollen und für ihre Selbstachtung auch benötigen, Arbeitsplätze nicht mehr vorhanden sind. Chronische und ständig wachsende Massenarbeitslosigkeit steht am Ende einer Arbeitsgesellschaft, für die lebendige Arbeit in der Tat wesentliches Merkmal gewesen ist.

Da die alten Strukturen der Erwerbsarbeit, vor allem durch Kapital- und Marktlogik in ihren Möglichkeiten definiert, offensichtlich an ein geschichtliches Ende gekommen sind, wird Besinnung auf das, was Arbeit auf den verschiedenen Stufen der Vergangenheit war und für die Menschen bedeutete, auch zu einem politischen Faktor möglicher Krisenbewältigung. Damit ist gemeint, daß in dem Maße, wie sich das System moderner Erwerbsarbeit mit den entsprechenden Arbeitsplätzen als historischer Spezialfall erweist, verdrängte, in der Öffentlichkeit bisher unbeachtet gebliebene Formen der Arbeit wieder in den Vordergrund treten. Das gilt für Handwerkstätigkeiten und gestalterische Arbeiten ebenso wie für pfleglichen Umgang mit Menschen, Tieren und Dingen. Die strengen Maßstäbe von Erwerbsarbeit mit tarifvertraglicher Lohn- und Einkommenssicherung und festgelegten Arbeitsbedingungen werden in einem wachsenden Umfange unterlaufen. Was sich hier jedoch als zweiter Arbeitsmarkt ankündigt, existiert auf diese Weise als bloßes Schattenbild des ersten, der jedoch zunehmend auf ein realitätsmächtiges, aber schrumpfendes Inseldasein gedrängt wird.

Eine bewußte Wiederaneignung der Geschichte der Arbeit und eine öffentliche Auseinandersetzung über die historisch geprägten Arbeitsformen könnte daher nützliche Hinweise geben, daß die gegebene kapitalistisch definierte Erwerbsstruktur ein historisches Produkt ist und deshalb auch grundlegenden Veränderungen zugänglich. Was spezifische Entstehungsbedingungen hat, ist auch zukünftig wandlungsfähig.

Viele, die heute von der Krise der Arbeitsgesellschaft sprechen und nach Konzepten suchen, um neu auftretende Erscheinungen der spätindustriellen Zivilisation besser erklären zu können als durch den traditionellen Schlüsselbegriff Arbeit, setzen großes Vertrauen in ihre wissenschaftliche Definitionsmacht. Was dabei jedoch herauskommt, ist in der Regel nichts weiter als eine Ansammlung von Verlegenheitsbegriffen. Als Alternative zur ausgehöhlten Arbeitsgesellschaft spricht Ralf Dahrendorf zum Beispiel von einer „Gesellschaft der Tätigkeit". Ist dieser Begriff reichhaltiger und umfassender als der der Arbeit? Ich halte das für fraglich.

2. Der vorbürgerliche Arbeitsbegriff ist durch Mühe und Leid definiert

Eine der anregensten und gründlichsten Untersuchungen zum kulturgeschichtlichen Wandel des Arbeitsbegriffs ist nach wie vor das Buch von Hannah Arendt, "Vita Activa, oder vom tätigen Leben" (1960). Innerhalb des Models der Vita Activa, der tätigen, eingreifenden und umgestaltenden Beziehungen der Subjekte zu den Dingen und der sozialen Umwelt unterscheidet sie drei Grundformen: Arbeit, Herstellen und Handeln. Arbeit hat für sie dieselbe verengte Bedeutung eines instrumentellen, vorwiegend sprach- und kommunikationslosen Verhaltens wie in allen jenen seit Beginn der bürgerlichen Epoche auftretenden Definitionsversuchen, die das Wesen des Menschen am Leitfaden eines einzelnen, alle anderen bestimmenden Verhaltensmerkmale festlegen wollen. Im Hintergrund dieser beharrlichen Neigung, den Menschen in seinen wesentlichen Lebensäußerungen aus einem einzigen, konstanten Gattungsmerkmal zu begreifen, steht wohl immer die aus der klassischen Periode des Athenischen Stadtstaates bezogene Definition des

Aristoteles vom Menschen als dem zóon politikon, dem gleichsam naturhaft auf die Angelegenheiten der Polis gerichteten Lebewesen, das von Sklavenarbeit und Handwerk gleichermaßen befreit ist und in Gemeinwesentätigkeit aufgeht.

Als wirkliche, der menschlichen Existenzweise einzig würdige Tätigkeiten bezeichnet Aristoteles nur die, die Lebensformen der Freiheit sind; frei von den ordinären Alltagssorgen. Handwerker und überhaupt das Dasein aller derjenigen, die sich der Anstrengung des Erwerbs unterziehen müssen, fallen aus diesem anspruchsvollen Katalog menschlicher Lebensformen heraus. An der Spitze dieser Entwertungshierarchie von Arbeit steht auch der politische Mensch nicht. Der Alltag eines Athenischen Bürgers war durch zeitraubende und von dauernden Sorgen bestimmte Tätigkeiten ausgefüllt, denn das Gesetz erlaubte ihm in den Volksversammlungen keine Stimmenthaltung bei Fraktionsstreitigkeiten und drohte demjenigen den Entzug der Bürgerschaft an, der sich aus den politischen Streitigkeiten der Polis herauszuhalten versuchte. So entsteht eine Werteordnung von Tätigkeiten, in der die Arbeit ganz unten festgemacht ist und der *bios theoretikos*, das Leben für und in der Erkenntnis, also das des Philosophen, der selbst noch von politischen Entscheidungszwängen befreit ist, ganz oben.

Alle Worte für Arbeit in den europäischen Sprachen - das lateinische und englische 'labor', das griechische 'pónos', das französische 'travail', das deutsche 'Arbeit' - bedeuten ursprünglich Mühsal im Sinne einer Unlust und Schmerz verursachenden Anstrengung und bezeichnen auch die Geburtswehen. 'Labor' verwandt mit 'labare', heißt eigentlich 'das Wanken unter einer Last', 'Arbeit' wie 'pónos' haben die gleiche Sprachwurzel wie Armut bzw. 'penia'.

Nehmen wir die Klassifikation von Hannah Arendt, so repräsentiert demgegenüber das Herstellen die Welt des Handwerkers und des Künstlers. Diese Subjekt-Objekt-Einstellung bezeichnet, verglichen mit der Arbeit, eine bereits autonome Tätigkeit; ein vor-gestelltes Bild, ein Bild im Kopf des Herstellers wird mit Hilfe von Werkzeugen, Geräten, Instrumenten und auf der Grundlage der Kenntnis des Materials in eine gestaltete Form gebracht, die für sich von Dauer ist.

3. Arbeit steigt in der Rangordnung der Werte immer höher

Es ist nun charakteristisch für die neueren Debatten über den kulturellen Rang von Arbeit (und zwar besteht hier eine merkwürdige Koalition zwischen der eher konservativen und der linken Kulturkritik), daß diese Entwertung der Arbeit zu Mühsal und Unlust sich zwar durchhält, aber durch einen zusätzlichen, erkenntnislogisch wie gattungsgeschichtlich begründeten Akzent ergänzt wird: Arbeit erhält prinzipiell die untergeordnete Tätigkeitsform des bloß instrumentellen Handelns, des sprach- und kommunikationslosen Monologs.

Wo immer Deutungen des Menschen im Bezugsrahmen von Arbeit versucht worden sind, ob es dabei nun um den 'homo faber', das 'animal laborans', das 'toolmaking animal' geht - dieser modernen Kultur erscheinen Lebewesen, die so definiert sind, auf mehr oder weniger sprachlose Verhaltensmuster reduziert, von Verständigung gegenseitiger Anerkennung abgeschnittene Lebewesen, die gleichsam innerhalb fensterloser Monaden mit ihren Werkzeugen, Geräten und Instrumenten hantieren, ohne für deren erfolgreiche Anwendung anderer Menschen zu bedürfen. Aus diesem Grunde ist auch für Hannah Arendt *Handeln* die fundamentale Kategorie des menschlichen Lebens, ja Sprechen und

Handeln bringen am deutlichsten zum Ausdruck, worin sich menschliches Leben von dem anderer Lebewesen unterscheidet. „Es gibt keine menschliche Verrichtung, welche des Wortes in dem gleichen Maße bedarf, wie das Handeln. Für alle anderen Tätigkeiten spielen Worte nur eine untergeordnete Rolle. (...)" (Arendt 1960, 168)

Aber die Alternative zu der zweifellos richtigen Kritik, die hierin zum Ausdruck kommt, daß Arbeit keine anthropologische Wesensbestimmung des Menschen ist, d.h. als das Hauptmerkmal der Entwicklung der menschlichen Gattungsvermögen angesehen werden kann, ist nicht die abstrakte Negation all jener Formen gegenständlicher und stoffverändernder Tätigkeit, für die die soziologische Schlüsselkategorie Arbeit bisher kennzeichnend gewesen ist. Sich hochentwickelte, arbeitsteilig differenzierte und von einem komplexen Objektüberhang, von Waren, Apparaten, Dingen und Verhältnissen geprägte Industriegesellschaften ohne fortwährenden Zuschuß *lebendiger Arbeit* vorstellen zu wollen, muß in dasselbe Gewebe von Fiktionen führen wie die Annahme, man könnte den durch die Geschichte des Kapitals verengten und stumpf gewordenen Arbeitsbegriff retten und überall dort, wo er selbst unter so borniertem Bedingungen nicht mehr verwendbar ist, durch andere Tätigkeitsmerkmale ergänzen. Wer sich auf diesen verengten Arbeitsbegriff einmal eingelassen hat, wird sich diesem positivistischen Sog der Substanzentleerung von Begriffen nicht mehr entziehen können, weil es unmöglich ist, einem vom toten Kapital definierten Arbeitsbegriff lebendigen Geist einzuhauchen.

Arbeit ist eine historisch-fundamentale Kategorie, keine *anthropologische*. Ich meine damit folgendes: Arbeit in vorbürgerlichen Gesellschaftsordnungen ist Sklavenarbeit in einem buchstäblichen Sinne. Ihr Jenseits, das die gegenwärtige Mühsal bricht, ist ihre einfache Verneinung, die Aufhebung der Mühsal. Arbeit enthält nicht die geringste Spur eines Versprechens von Glück, einer utopischen Dimension, es sei denn, man versteht darunter den Lohn des Himmels. Selbst Arbeit im Mönchsgewand, mit der Trostformel „ora et labora" (bete und arbeite) wurde als Sündenabtragung verstanden, und wo Klöster auf andere Weise reich werden konnten, durch Beraubung der Bauern und durch ergaunerte Stiftungen, taten sie es mit Vorliebe.

4. Arbeit wird zu einer Kategorie der Realität

Grob gesprochen zwischen dem dreizehnten und sechzehnten Jahrhundert, eine gesellschaftliche Entwicklungsphase, die Marx als die der ursprünglichen Akkumulation (Manufakturperiode, in der fabrikmäßige Arbeit einsetzt) und Max Weber die der Entstehung der protestantischen Arbeitsethik nennt, klettert der Arbeitsbegriff in der Hierarchie der kulturellen Werte immer weiter nach oben. Gewinnt der Feudalherr und weitgehend auch der Angehörige des geistlichen Standes seine gesellschaftliche Identität und Anerkennung wesentlich aus der Distanz zu den Problemen der Alltagsarbeit, so wird, wie insbesondere Max Weber in "Die protestantische Ethik und der Geist des Kapitalismus" (1904) nachgewiesen hat, Arbeit auch für die Herrschenden am Ende zu einem wesentlichen Merkmal ihrer Sozialisation und ihrer kulturellen Identitätsbildung.

Das gibt dem Arbeitsbegriff eine bis dahin unbekannte Bedeutung für das, was mit Beginn der bürgerlichen Epoche als die Konstitution des Subjekts in der Philosophie und in der Psychologie bezeichnet werden kann. Zur Schaffung des gesellschaftlichen Reichtums ist, wenn ich hier auf die anfangs zitierten Worte von Marx verweise, Arbeit als Kategorie der Realität in doppelter Hinsicht wichtig: zum einen in den marktvermittelten Produktionszusammenhängen, in denen lebendige Arbeit als Quelle des Wertes und des

Mehrwertes erscheint; zum anderen aber, und das ist keineswegs weniger wichtig, als Medium der Subjektbildung, als Prozeß der Verinnerlichung von Arbeitsdisziplin, von Zeitökonomie, von Sparsamkeit, insgesamt für die Regulierung von Gefühlen, Affekten, Aggressionen. Jahrhunderte nimmt es in Anspruch, bis aus Arbeit ein Aspekt der Lebensbefriedigung, ja des Glücks werden kann.

In Fausts mit eigenem Blut unterschriebenem Vertrag mit dem Teufel kommt das Prekäre dieses bürgerlichen Arbeitsbegriffes prägnant zum Vorschein. Faust verwettet seine Seele, weil er absolut sicher ist, nie zur Ruhe zu kommen; Max Weber bezeichnet das als den "ruhe- und rastlosen Erwerbstrieb". Faust sagt: "Werd' ich beruhigt je mich auf ein Faulbett legen, So sei es gleich um mich getan! Kannst du mich schmeichelnd je belügen, Daß ich mir selbst gefallen mag, Kannst du mich mit Genuß betrügen; Das sei für mich der letzte Tag! Die Wette biet' ich!" Darauf geht Mephisto ein. Und Faust, als sei das Versprechen und sein Wettangebot noch nicht überzeugend genug, fügt dem etwas hinzu, was für den bürgerlichen Arbeitsbegriff in der ursprünglichen Gestalt ebenso wichtig ist, nämlich das Verbot von Muße, Glück und Ruhe. „Werd' ich zum Augenblicke sagen: Verweile doch! du bist so schön! Dann magst du mich in Fesseln schlagen, Dann will ich gern zugrundegehn! Dann mag die Totenglocke schallen, Dann bist du deines Dienstes frei, Die Uhr mag stehn, der Zeiger fallen, Es sei die Zeit für mich vorbei!"

Ich muß immer wieder auf Max Weber verweisen, weil er zu den großen Soziologen gehört, welche die Epochenschwelle in der Veränderung des Arbeitsbegriffs am präzisesten und weitreichendsten bestimmt haben. Diese moderne Umwertung aller Werte, die im Bezugsrahmen der Arbeit stehen, ist in der Umbruchzeit von der feudal-mittelalterlichen zur bürgerlich-kapitalistischen Zeit nur im Medium religiöser Glaubenssicherheiten möglich. Max Weber hält fest: „(...) die religiöse Wertung der rastlosen, stetigen, systematischen, weltlichen Berufsarbeit als schlechthin höchsten asketischen Mittels und zugleich sicherster und sichtbarster Bewährung des wiedergeborenen Menschen und seiner Glaubensechtheit mußte ja der mächtigste Hebel der Expansion jener Lebensauffassung sein, die wir hier als 'Geist des Kapitalismus' bezeichnet haben. Und wir halten nun noch jene Einschnürung der Konsumtion mit dieser Entfesselung des Erwerbsstrebens zusammen, so ist das äußere Ergebnis naheliegend: Kapitalbildung durch asketischen Sparzwang." (Weber 1963, 192).

Aus dem allseitig gebildeten und vielfältig tätigen Individuum, worin das ideale Selbstbild des Menschen in der Zeit der Renaissance, dieser geschichtlich äußerst produktiven Umbruchperiode zur modernen Welt, besteht, entwickelt sich allmählich der spezialisierte Fachmensch, mit einer eigentümlichen Berufsethik. Aber alles, was Max Weber an Merkmalen für diese epochale Umbruchzeit zur modernen Arbeitsgesellschaft bezeichnet, steht unter existentiellen Bedingungen einer Mangelwirtschaft. Das Reich Gottes, das Reich der Freiheit, mit den Gütern und Genüssen, die durch Verzichte nicht mehr erarbeitet werden müssen, das alles gibt es erst im Jenseits der diesseitigen Welt. Die "innerweltliche Askese" kann das Tor nach drüben einen Spalt weit öffnen. Es ist kaum zufällig auch die Zeit der großen Utopien, von Campanellas Sonnenstaat, der großen Utopie des Thomas Morus, der Technik- und der Gesellschaftsutopien. Aufklärung und wachsende Naturbeherrschung erzeugen neue Schicksalsmächte, denen die Menschen nicht weniger gnadenlos ausgeliefert sind, wie den alten. Darin besteht der kritische Sinngehalt dieser Utopien.

Indem Arbeit ins Zentrum des Lebenszusammenhangs der Menschen rückt, wird aus der christlichen Askese mit ihrem Prinzip der Zweckrationalität eine rationale Lebensführung auf der Grundlage der Berufsidee, welche die rastlose Tätigkeit zum bestimmenden Zweck hat. Die verdinglichte Selbständigkeit der institutionellen Welt gegenüber lebendiger Arbeit ist charakteristisch für jene Gewalt, die von den Menschen selbst geschaffen wird und die ihre ursprünglichen Zwecksetzungen, in der Arbeit als bloßes Mittel erscheint, zunichte macht.

„Der Puritaner *wollte* Berufsmensch sein, - wir *müssen* es sein. Denn indem die Askese aus den Mönchszellen heraus in das Berufsleben übertragen wurde und die innerweltliche Sittlichkeit zu beherrschen begann, half sie an ihrem Teile mit daran, jenen mächtigen Kosmos der Moderne, an die technischen und ökonomischen Voraussetzungen mechanisch-maschineller Produktion gebundenen, Wirtschaftsordnung erbauen, der heute den Lebensstil aller Einzelnen, die in dies Triebwerk hineingeboren werden - *nicht* nur der direkt ökonomisch Erwerbstätigen - , mit überwältigendem Zwange bestimmt und vielleicht bestimmen wird, bis der letzte Zentner fossilen Brennstoffs verglüht ist. Nur wie 'ein dünner Mantel, den man jeder Zeit abwerfen könnte', sollte nach Baxters Ansicht die Sorge um die äußeren Güter um die Schulter seiner Heiligen liegen. Aber aus dem Mantel ließ das Verhängnis ein stahlhartes Gehäuse werden. Indem die Askese die Welt umzubauen und in der Welt sich auszuwirken unternahm, gewannen die äußeren Güter dieser Welt zunehmende und schließlich unentrinnbare Macht über den Menschen, wie niemals zuvor in der Geschichte. Heute ist ihr Geist - ob endgültig, wer weiß es? - aus diesem Gehäuse entwichen. Der siegreiche Kapitalismus jedenfalls bedarf, seit er auf mechanischer Grundlage ruht, dieser Stütze nicht mehr." (Weber 1963, 203 f.)

5.   Tendenzen der Substanzauszehrung konkreter Arbeit

Mit dem stahlharten Gehäuse, deren Hauptteil Bürokratie als modernes Verhängnis ist, bezeichnet Max Weber bereits Anfang des zwanzigsten Jahrhunderts einen Zustand des Kapitalismus, in dem die mit der protestantischen Arbeitsethik verknüpfte Verantwortung für das Wohl und Wehe des Gemeinwesens immer stärker verloren geht und die lebendigen Menschen, ihre lebendige Arbeitskraft zunehmend stärker als bloßes Anhängsel der Maschinerie mitgeschleift wird. Marx hatte noch vom Doppelcharakter der Ware Arbeitskraft gesprochen: Ihr Gebrauchswert geht in die unmittelbare Produktion von Gütern und Dienstleistungen ein; ihr Tauschwert bezeichnet die Reproduktionskosten dieser Arbeitskraft, einschließlich der Ausgaben für die Familien, für Erziehung, usw. Seine Hoffnungen auf die Befreiung aus diesen stahlharten Gehäusen von Hörigkeit beruhten darauf, daß eines Tags die lebendige Arbeitskraft in ihren Vergesellschaftungsformen der Kooperation und der Assoziation diese verdinglichte Realität der Maschinerie aufbricht und die Menschen in einer Republik der Arbeit ihre eigene Macht in den Produktionsprozessen benutzen, um auch ihre politischen Angelegenheiten des Gemeinwesens selbsttätig zu regulieren.

Daß allerdings bei der fortwährenden Produktivitätssteigerung der Arbeit eines Tages lebendige Arbeit zum mehr oder weniger überflüssigen Bestandteil der Reichtumsproduktion werden könnte, war bereits für Marx eine objektive Möglichkeit, obwohl das subjektiv gewiß sein Vorstellungsvermögen überschritten hätte, wären ihm die heutigen Perspektiven vor Augen gehalten worden.

Im Rohentwurf zum „Kapital", wo er das epochale Auseinandertreten von lebendiger Arbeit und Schaffen des gesellschaftlichen Reichtums zu verdeutlichen versucht, ist jedoch erkennbar, wie intensiv er die Kapitallogik in ihren Konsequenzen bis hin zu Verhältnissen vortreibt, die heute selbstverständlicher Bestandteil der Produktionssysteme sind. Er sagt: „In der großen Industrie wird die Schöpfung des gesellschaftlichen Reichtums abhängig weniger von der Arbeitszeit und dem Quantum angewandter Arbeit, als von der Macht der Agentien, die während der Arbeitszeit in Bewegung gesetzt werden... Der wirkliche Reichtum manifestiert sich vielmehr - und dies enthüllt die große Industrie - im ungeheuren Mißverhältnis zwischen der angewandten Arbeitszeit und ihrem Produkt. (...) Die Arbeit erscheint nicht mehr so sehr als in den Produktionsprozeß eingeschlossen (als stoffverändernde Tätigkeit, O.N.) als sich der Mensch vielmehr als Wächter und Regulator zum Produktionsprozeß selbst verhält. (...) Er tritt neben den Produktionsprozeß, statt ein Hauptagent zu sein." (Marx 1953, 505).

Das Problem der chronischen Entwertung lebendiger Arbeit besteht aber nicht darin, daß die Reichtumsproduktion immer weniger von stoffverändernder Tätigkeit, also auch körperlicher Arbeit entlastet ist, sondern daß diese von Marx bezeichnete Zunahme der Wächter- und Regulatortätigkeit von immer weniger Menschen ausgeübt werden kann. Der Konzentration und Zentralisation des Kapitals entspricht also eine beschleunigte Ausgliederung lebendiger Arbeitskraft aus den Produktionsprozessen, die sich durch Automatisierung, mikroelektronische Kommunikationsapparate und Computersysteme, Steuerungs- und Kontrolltätigkeiten ebenso konzentrieren und zentralisieren. Massenarbeitslosigkeit scheint daher das Schicksal dieser modernen Gesellschaft zu sein, wenn die auf Markt- und Kapitallogik gegründeten Prinzipien des bestehenden Erwerbssystems festgeschrieben werden.

Die Universalisierung der Arbeit zu einem bis in ethische Normen hineingehenden Prinzip der Reichtumsproduktion und des Zusammenhalts der modernen Gesellschaft führt zu einer gewaltigen Entwicklung der Produktivkräfte, für die am Ende gerade lebendige Arbeit zum Ballast und zu einem schier unlösbaren Widerspruch des gesellschaftlichen Ganzen wird. Daß Massenarbeitslosigkeit keine Frage mehr der Wellenbewegungen von Konjunktur und Rezession ist, dringt immer deutlicher ins öffentliche Bewußtsein; das hierarchische Anerkennungssystem der Arbeitsformen, wie es sich unter profitwirtschaftlichen Gesichtspunkten als eine Art zweiter gesellschaftlicher Natur herausgebildet hat, ist in eine tiefe Krise geraten. In der Wertehierarchie der Anerkennung und der Bezahlung steht immer noch eine Güterproduktion an der Spitze, die es mit angeblich harten Gebrauchswerten zu tun hat; die Produktion eines Autos, einer Chemikalie, Dienstleistungen im Sektor der Bekleidung und der Reisen - das steht immer noch in deutlicher Distanz zu Arbeitsformen, die es mit der Pflege von Menschen, der Erziehung und Bildung, der psychischen und körperlichen Gesundheit zu tun haben. Das ist um so merkwürdiger, als wir es heute in den Kernbereichen kapitalistischer Produktion nicht mehr mit Mangelwirtschaften, sondern mit Überflußgesellschaften zu tun haben.

6. Die epochale Bedeutung der Arbeit schrumpft - weil sie immer produktiver wird

Erst die Beschreibung dieses Zustands eröffnet einen unbefangenen Blick auf die Geschichte der Arbeit. Arbeit, allgemein gefaßt, ist zwecksetzende Tätigkeit der Menschen zur Erzeugung des Lebensnotwendigen, in dieser Hinsicht Grundbedingung allen menschlichen Lebens. Die allgemeinen Bedingungen von Arbeitsprozessen bestehen darin, daß es ein Produktionsfeld gibt, daß zwecksetzende Tätigkeit stattfindet, daß Umformung von Naturprodukten mit eigens geschaffenen Werkzeugen sich vollzieht. Arbeitsprozesse sind in dieser Hinsicht stets Subjekt-Objekt-Verhältnisse, sie haben ein

Drittes zur Voraussetzung, nämlich Werkzeuge, Produktionsmittel, und sie haben ein Drittes zum Resultat, einen Gebrauchswert, der entweder im naturalwirtschaftlichen Tausch vermittelt wird, also nur dann in den Tauschverkehr kommt, wenn die Produzenten einen Überschuß vorzuweisen haben, oder es wird bewußt für den Warenverkehr produziert, so daß die Produzenten den Tauschwert ihrer Produkte realisieren (in der Regel in Geldeinheiten) und den Gebrauchswert ihrer Produkte an andere veräußern.

Die Betrachtung der Geschichte der Arbeit wäre abstrakt, würde man sie aus den Zusammenhängen spezifischer Herrschaftssysteme herauslösen; die Arbeitsformen, ob Sklavenarbeit, die des Handwerkers, die des politischen Menschen und des Künstlers, sind in den vorbürgerlichen Gesellschaftsordnungen insgesamt bestimmten Ständen, Schichten, Klassen zugeordnet. In dem Sinne gibt es nicht einen allgemeinen Begriff von Arbeit; wo Arbeit allgemein definiert wird, wie in der Philosophie des Aristoteles, wird sie als eine Lebensform der Unfreiheit, als Abhängigkeit von den materiellen Dingen definiert. Arbeit als ein Befreiungsmittel der Menschen ist den vorbürgerlichen Gesellschaftsordnungen völlig unbekannt. Niemand nimmt Arbeit freiwillig auf sich, und noch im Mittelalter wird aus der biblischen Forderung, im Schweiße deines Angesichts Brot zu verdienen, keine Ideologie des Arbeitsglücks gemacht, sondern vielfache Auswege gesucht, der Mühsal der Arbeit zu entfliehen. Die Deutung der Arbeit im gesellschaftlichen Lebenszusammenhang der Menschen bleibt über Jahrtausende konstant; der Fronbauer des Mittelalters, jene Bauernmassen, welche in der römischen Republik zu den Agrargesetzen der Grachen und zu den Aufständen jener Zeit veranlassen, unterscheiden sich im Arbeitsverhalten so wenig von den spätmittelalterlichen Bauern, die in den Aufständen von 1525 ihren Boden gegen die Enteignungsabsichten der Grundherren und der Kirche verteidigten. Ich bin mir bewußt, daß das in der Geschichte der Arbeit eine unzulässige Verallgemeinerung ist. Sie soll aber darauf hinweisen, daß sich drei große geschichtliche Epochen der Arbeit und der gesellschaftlichen Produktivitätsbedingungen unterscheiden lassen, für die ein unverwechselbarer Begriff von Arbeit und Produktion charakteristisch ist.

Der bürgerliche Arbeitsbegriff, wie ich ihn anhand von Max Weber und Marx charakterisiert habe, steht in der Mitte. Die bürgerliche Gesellschaft entwickelt einen Begriff von Arbeit, der von Anbeginn zwiespältig ist. Das kann man von den vorbürgerlichen Formen der Arbeit nicht behaupten. Die Zwiespältigkeit besteht darin, daß er auf der einen Seite Ausbeutung, Unterdrückung, Entwürdigung benennt, gleichzeitig aber auch das Gegenteil: ein Medium der Selbstbefreiung. Die bürgerliche Gesellschaft hat auch objektive Voraussetzungen dafür geschaffen, daß Hunger, Krankheit und Angst aufhebbar sind. Daß Arbeit als das die Objektwelt schlechthin Konstituierende begriffen wird, daß sie, zur einzigen Quelle des gesellschaftlichen Reichtums, zum Allheilmittel der gesellschaftlichen Leiden wie den Leiden *an* der Gesellschaft verabsolutiert, der bürgerlichen Ideologie unschätzbare Dienste geleistet hat, erschöpft nicht den kulturellen Wahrheitsgehalt der lebendigen Arbeitskraft in allen ihren über die Produktion von industriellen Gebrauchsgegenständen hinausgehenden Ausdrucksformen.

Nicht berufliche Erwerbsarbeit ist, wie Max Weber meinte, das Schicksal der modernen Welt, vielleicht aber lebendige Arbeit - Arbeit in dem umfassenden Sinne eines unaufhebbaren, weil sinnlich gegenständlichen Stoffwechsels zwischen Mensch und Natur, in dem keine der beiden Seiten ohne die andere existieren kann. So gesehen ist Arbeit die einzige Vermittlungstätigkeit, die dem Grundpostulat der Emanzipation gerecht zu werden vermag: nämlich der *Naturalisierung* des Menschen und der *Humanisierung* der Natur, wie der junge Marx es formuliert hat. Manche reden davon, daß die arbeitsgesellschaftlichen

Utopien ausgeschöpft sind. Sie meinen damit, daß an die Stelle der Arbeitsgesellschaft Beziehungsformen treten, die durch Arbeit im herkömmlichen Sinne nicht mehr vermittelt sind. Die Entwicklung der Informationstechnologien, die Computerisierung der Lebenswelt, Internet-Systeme und was es sonst an vereinfachten Kommunikationsnetzen noch geben mag, zementieren offenbar eine Realität, der gegenüber lebendige Arbeitskraft zum bloßen Ergänzungsmittel degradiert wird. Es sind jedoch Zweifel angebracht, ob menschliche Identitätsbildung ohne ein Stück gegenständlicher Tätigkeit überhaupt möglich ist. Zwar ist die epochale Bedeutung der Arbeit für die gesamtgesellschaftlichen Lebenszusammenhänge in den letzten zwei Jahrzehnten erheblich geschrumpft; aber weder im Weltmaßstab noch in den fortgeschrittenen Industrieländern kann die Rede davon sein, daß Arbeit für gesellschaftliche Anerkennung, für Formen der Selbstverwirklichung und der Selbstachtung an Bedeutung verloren hätte. (Vgl. hierzu Stanko, Arbeit und Identität, in diesem Band)

7. **Befreiung von der Arbeit oder Befreiung der Arbeit?**

Ob es nun um Befreiung von der Arbeit, um ein pures erträumtes Jenseits der Arbeitsgesellschaft geht oder um Befreiung *der* Arbeit, das ist unter diesen Gesichtspunkten ziemlich gleichgültig: solange der Mensch ein gegenständlich-sinnliches Wesen ist, wird sich an dem Grundbestand nichts ändern, daß er aus der Dialektik von Subjekt und Objekt, die ja ein gegenseitiges Konstitutionsverhältnis darstellt und keine bloße Kausalbeziehung, nicht einfach herausspringen kann. *Die Alternative zum System bürgerlicher Erwerbsarbeit, das uns dumm und einseitig gemacht hat, ist nicht der illusionäre Idealismus der Aufhebung von Arbeit, sondern der Kampf um die Vervielfältigung und Erweiterung gesellschaftlich anerkannter Formen der Arbeit, die der Eigenproduktion und der Selbstverwirklichung dienen.*

Wenn ich von der historisch-fundamentalen Kategorie der Arbeit spreche, dann genau in diesem Sinne, daß die Emanzipation des Menschen ohne gleichzeitige Befreiung der Dinge und Verhältnisse aus ihrer toten, selbstgesetzte Zwecke der Menschen durchkreuzenden und sie bedrohenden Gegenständlichkeit schlechterdings nicht möglich ist. Unter diesen Bedingungen eines unaufhebbaren Stoffwechselprozesses zwischen Mensch und Natur (einschließlich der riesig angewachsenen zweiten gesellschaftlichen Natur) halte ich es für notwendig, den Utopiegehalt von Arbeit einzuklagen, wie die Arbeiterbewegung in ihrer Ursprungsgeschichte mit Recht daran ging, die Forderung der Brüderlichkeit aus der Menschenrechtsdeklaration der Französischen Revolution nicht einfach als Hohn auf das wirkliche Elend zu verwerfen, sondern in Solidarität umzuwandeln. Epochale Kategorien wie die der Arbeit und der Freiheit wird man in ihren entfremdeten Gestalten ohnehin nicht dadurch los, daß man sie verabschiedet und ihnen den Rücken zukehrt, sondern daß sie in ihren Emanzipationsgehalten ernstgenommen, das heißt mit gegenwärtigem Leben erfüllt und realisiert werden.

Eine radikale Arbeitszeitverkürzung, die nicht nur eine qualitative Umgewichtung von Arbeitszeit und freier Zeit bewirkt, sondern auch eine bewußte Entfaltung des ganzen Spektrums differenzierter Wunschzeiten und Zeiterfahrungen in neuen Arbeitsformen einleitet, ist eine geschichtlich längst überfällige Forderung, und sie steht auf der Tagesordnung. Das radikalste Argument einer solchen auf Arbeitszeitverkürzung beruhenden Umorganisation der Arbeitsgesellschaft hat André Gorz formuliert. Er sagt: „(...) Die abgeschaffte Arbeit wird ebenso vergütet, wie die geleistete Arbeit, der Nichtarbeiter ebenso wie der Arbeiter. Vergütung und Leistung von Arbeit sind voneinander abgekoppelt." (Gorz 1983, 74.) Wird demgegenüber der gesellschaftliche Schein aufrechterhalten, als könnte momentan aus dem Produktionsprozeß ausgegliederte Arbeitskraft im Status bezahlter Arbeitslosigkeit für einen gewissen Zeitraum gehalten werden, um schließlich in das alte Erwerbssystem wieder eingegliedert zu werden, dann sind diese äußerst dringlichen Reformen der Arbeitsgesellschaft unmöglich. Nichts ist teurer als an überholten Verhältnissen festzuhalten, nichts kostspieliger als die Nicht-Reform. „Aus allen diesen Gründen wird die radikale Verkürzung der Arbeitszeit mit garantiertem Sozialeinkommen auf Lebenszeit die Ausdehnung der Autonomiesphäre im Rahmen einer pluralistischen Wirtschaft fördern, in der die Pflichtarbeit (etwa 20000 Stunden pro Leben) lediglich zur Produktion des Notwendigen dient, während alles Nicht-Notwendige von Tätigkeiten abhängt, die sowohl autonom wie selbstbestimmt und fakultativ sind." (Ebd., 92).

Wie immer man über diese Idee des garantierten Sozialeinkommens denken mag, plausibel an ihr scheint mir zu sein, daß sie sowohl dem Gebot der Gerechtigkeit entspricht, als auch realistisch ist. Sie klagt etwas ein, was in der bürgerlichen Gesellschaft angelegt ist. Tatsächlich würde in einem solchen Falle die Gesellschaft die Grundsicherung einer angstfreien Existenzweise der Einzelnen übernehmen - was sie bei wachsendem gesellschaftlichen Reichtum ja auch ohne weiteres könnte. Es wäre darüber hinaus ein Schritt von der Zwangsarbeit als bloßem Mittel, Lebensmittel, zur Arbeit als bestimmendem Lebensbedürfnis. Im übrigen entspräche das sogar der Uridee des auf eigene Arbeit gegründeten bürgerlichen Eigentums, einer freien Gemeinschaft von Privateigentümern, die keine unmittelbare Existenznot mehr haben; seiner politischen Funktion nach sollte Eigentum, wie es im rationalen Naturrecht und dann in den Menschenrechtsdeklarationen geschichtlich normiert wurde, dem Bürger die Möglichkeiten geben, sich unabhängig von allen materiellen Sorgen als *politischer Bürger*, als Citoyen, zu begreifen, der den Blick frei hat für die gemeinsamen Angelegenheiten der ganzen Gesellschaft.

Von einer solchen Gesellschaft sind wir gewiß weit entfernt. Aber die nachbürgerliche Arbeitsgesellschaft, welche nicht nur die Errungenschaften des Bürgertums aufbewahrt, sondern auch Arbeitsformen vorbürgerlicher Ordnungen miteinbezieht (wie zum Beispiel die Achtung vor der Erfahrung des Alters und nicht nur die materielle Pflege gegenüber den alternden Menschen, öffentliche Tugenden, die sich auf das Wohl und Wehe des Gemeinwesens beziehen, Generationenverträge ganz eigentümlicher Art, usw.). Ein neuer Generationenvertrag wäre nötig; er müßte nicht nur auf die Konzeption einer ökologischen Gesellschaft Bezug nehmen, sondern auch darauf, daß aus *vorgetaner* Arbeit sehr wohl Rechte und Verpflichtungen begründbar sind, die nachfolgenden Generationen zugute kommen. „Vom Standpunkt einer höheren ökonomischen Gesellschaftsformation (man muß wohl ergänzen: einer Gesellschaftsformation, mit der wir es heute zu tun haben) wird das Privateigentum einzelner Individuen am Erdball ganz so abgeschmackt erscheinen, wie das Privateigentum eines Menschen an einem anderen Menschen. Selbst eine ganze Gesellschaft, eine Nation, ja alle gleichzeitigen Gesellschaften zusammengenommen, sind nicht Eigentümer der Erde, sie sind nur ihre Besitzer, ihre Nutznießer und haben sie als boni patres familias (gute Familienväter) den nachfolgenden Generationen verbessert zu hinterlassen." (Marx 1961, 484).

Sind Pflichten in diesem Generationsvertrag enthalten, dann auch Rechte. Würde man unsere Väter- und Urvätergeneration befragen können, was sie, da sie selber in den Genuß ihrer Arbeit nicht mehr gekommen sind, mit den unendlichen Mühen und Anstrengungen, die ihnen die Arbeit bereitet hat, eigentlich bezwecken wollten, so hätten sie ganz zweifellos (wie eben gute Familienväter) geantwortet: damit es *uns* besser gehe.

Von der erdrückenden Masse der Menschen sind Vorleistungen erbracht worden an materiellem Reichtum, der sich angehäuft hat in Wissenschaft und Technologie, von der wir heute kollektiv profitieren könnten, wenn wir sie sinnvoller Verfügung überlassen würden. Es wäre gewiß im Sinne der Arbeitsgenerationen vor uns, daß wir uns diese Reichtümer aneignen, daß wir ihre Erbschaft antreten und die Gewalt brechen, die sie mittlerweile über uns erlangt hat, sie der bewußten Kontrolle unserer autonomen Zwecke zu unterwerfen. Die verstorbene Arbeit ist einmal lebendige Arbeitskraft gewesen, und Träger dieser lebendigen Arbeitskraft waren lebendige Menschen, in deren Generationenfolge wir stehen. So liegt es nahe, neue Kriterien für Recht und Moral zu entwickeln. Das würde bedeuten, eine neue Seite im Buch zur Geschichte der Arbeit aufzuschlagen.

Literatur

Arendt, Hannah 1960: Vita Activa, oder vom tätigen Leben, Stuttgart.

Gorz, André 1983: Wege ins Paradies, Berlin.

Marx, Karl 1953: Grundrisse der Kritik der politischen Ökonomie (Rohentwurf 1857 - 1858), Berlin.

Marx, Karl 1958: Zur Kritik der politischen Ökonomie, (Manuskript 1861 - 1863) Berlin.

Marx, Karl 1961: Das Kapital, Band 3, Marx-Engels-Werke (MEW) Bd. 25, Berlin.

Weber, Max 1963 (1904): Die protestantische Ethik und der Geist des Kapitalismus, in: Gesammelte Aufsätze zur Religionssoziologie I, Tübingen.

Teil II
Arbeit und Lebensführung

Arbeit und Familie

Helga Krüger

1. Begriffs- und Kontextbestimmungen

'Arbeit' und 'Familie' gehen vielschichtige Spannungsverhältnisse zueinander ein, die nicht leicht zu entwirren sind. Hinsichtlich des Arbeitsbegriffs (vgl. hierzu auch Negt, geschichte der Arbeit, in diesem Band) ist zunächst zwischen Haus- und Erwerbsarbeit zu unterscheiden , aber auch zwischen Eigen- und Fremdarbeit innerhalb der Familie. Familiale Arbeit wird im Gegensatz zur Erwerbsarbeit nämlich nicht nur nicht entlohnt, sondern sie steht, seit alle Formen familialer Arbeit auch marktförmig erbracht werden, in einem merkwürdigen Konkurrenzverhältnis zu familial eingekaufter Fremdarbeit (etwa der einer Hauspflegerin). Diese ersetzend spart familiale Eigenarbeit Geld ein, und sie gilt als zugleich höherwertig, da ihre Erledigung qualitativ anderen als schlicht monetarisierten Kriterien folgt, nämlich denen der emotionalen Bindung an jene, für die sie erbracht wird. Deren materielle Sicherung wiederum hängt, wenn nicht Lottogewinne oder Erbvermögen vorliegen, von der in den Familienhaushalt eingebrachten Lohnhöhe aus Erwerbsarbeit ab.

Familie wiederum ist weder eine historisch konstante, noch über die Lebenszeit ihrer Mitglieder gleichbleibende, noch eine in sich geschlossene Formation. Der Anfall familialer Arbeit variiert mit der Zahl ihrer Mitglieder und deren Grad der Abhängigkeit von familialen Dienstleistungen. Die Art ihrer Erledigung wiederum bestimmt sich einerseits durch das zur Verfügung stehende Finanzkapital, andererseits aber auch durch normative Bindungen der erwachsenen Familienmitglieder an Leitideen darüber, wie ein Familienleben auszusehen hat, wer welcher Art von familialer Arbeit bedarf und wer sich mit welchen Anteilen an familialer und Erwerbsarbeit beteiligt. Somit verweisen die Haushaltstypenunterscheidungen (etwa: *Selbstversorgerhaushalt* mit hohen Anteilen familialer Eigenarbeit und *Dienstleistungshaushalt* mit hohen Anteilen von im Haushalt beschäftigtem Personal und *Vergabehaushalt* mit weitestgehender Auslagerung familialer Arbeit an den Markt) (vgl. hierzu Richarz, Haushalt und Konsum, in diesem Band) nicht nur auf relationale Größen in der möglichen Varianz an familialer Eigenarbeit in einer gegebenen historischen Zeit, sondern sie charakterisieren zugleich verschiedene Typen des Familienlebens und graduell unterschiedliche Abhängigkeiten ihrer Mitglieder von familialer Eigen- wie Erwerbsarbeit.

Heute bindet sich familiale Arbeit zugleich an Aushandlungsprozesse zwischen den im erwerbsfähigen Alter stehenden Erwachsenen im Familienverband. Deren Ausgang betrifft sowohl die Verteilung von familialer und Erwerbsarbeit im Arbeitsvolumen jeder der Partner als auch die Teilhabe an den für den Erwachsenenlebensabschnitt wichtigen Institutionen 'Familie' und 'Arbeitsmarkt'. Die klassische Geschlechterlösung mit erwerbstätigem Mann und haustätiger Frau bedeutet nämlich nicht nur, wie gemeinhin angenommen, für Männer Erwerbsarbeit und für Frauen Familienarbeit, sondern für Männer die Verknüpfung von Erwerbsarbeit und Familie als problemloses *Und*-Prinzip, für Frauen hingegen *nur* Familie bei gleichzeitiger Abhängigkeit vom Lohn des Mannes. Die Karten der Abhängigkeit sind damit unterschiedlich gemischt: Je stärker jeweils nur eine Person in familiale Arbeit eingebunden ist, desto stärker erhöht sich deren materielle Abhängigkeit von der Erwerbsarbeit der Partnerin/des Partners. Daraus entstehen asymmetrische Beziehungen, in denen sich die familiale 'Dienstleistung aus Liebe' notwendig auch in ein ökonomisches Kalkül der Existenzabsicherung verwandelt, das heute zunehmend problematisch wird. Die zugrundeliegende geschlechtsspezifische Arbeitsteilung scheint zwar angesichts des Arbeitsmarktes mit seinen männlicherseits erheblichen Lohnvorteilen als ökonomisch rationalste Entscheidung für den Gesamtverband Familie; aus individueller Sicht des vom Lohn des anderen und für diesen familienarbeitenden Parts 'rechnet' sich dieses ökonomische Kalkül aber sehr viel weniger, denn Liebe - schlichter: Eheerhalt - läßt sich kaum garantieren und die Folgen für die Alterssicherung umso weniger vorweg abschätzen (Allmendinger 1994). Auch für den weiblichen Part reiht sich Familie heute als nur noch *eine* der lebenslaufrelevanten Institutionen unter *anderen* in ihre Lebensgestaltung ein, und dieses verschiebt die individuell vorzunehmende Gewichtung zwischen familialer Eigen- und Erwerbsarbeit im Lebensplan. Frauen heute wollen, wie ihre Partner, beides: Familie und Erwerbsarbeit. Familiale Eigenarbeit wird zunehmend mehr zur Gestaltungsanforderung an beide Geschlechter.

Daß sich die Grundauffassung von Familienernährer und Familienerhalterin, getrennt nach Geschlecht, überholt hat, hängt aber mit einem weiteren Komplex zusammen. Es ist dies die gesellschaftliche Bedeutungsverschiebung von familialer und Erwerbsarbeit und ihre Folgen für den Selbstwert der ihnen jeweils zugeordneten Personen. So schreibt der Historiker Antoine Prost (1993, 41 f.):

"Solange Haushalt und produktive Arbeit gleichzeitig und in ein und derselben häuslichen Umwelt verrichtet wurden, empfand man die Arbeitsteilung zwischen den Geschlechtern nicht als ungleichgewichtig oder diskriminierend. Die Unterordnung der Frau unter den Mann kam zwar in Sitten und Gebräuchen zum Ausdruck (...), aber die Hausarbeit wurde dadurch nicht abgewertet. Mann und Frau sahen einander Arbeiten tun, die für beide anstrengend waren. (...) Erst die räumliche Trennung von Haushalt und Arbeitsplatz verändert den Sinn der Aufgabenteilung zwischen den Geschlechtern und schleppt in das Verhältnis zueinander die einst für das Bürgertum typische Herr-Knecht-Beziehung."

Die Folgen der räumlichen Trennung von Erwerbsarbeit und Familie noch stärker akzentuierend, formuliert der amerikanische Haushaltsökonom James S. Coleman:

"Als die Familien zum Anachronismus wurden, umgeben von ihnen fremden Institutionen, in denen die Männer den größten Teil ihres Lebens verschwanden, wurden die Frauen gleichsam im toten Gewässer zurückgelassen, das für die zentralen Aktivitäten der Gesellschaft zunehmend bedeutungslos wurde." (zit. nach Liegle 1988, 111.)

Arbeit und Familie ist also nicht ohne ihre interne und externe Verzahnung mit außerfamilialer Arbeitsorganisation zu sehen, und der neutrale Titel des Beitrages sollte nicht darüber hinwegtäuschen, daß seine Bearbeitung etwa ohne Bezug auf die Geschlechterfrage geschehen kann, unter Ausklammerung also der seit der Industrialisierung gesellschaftlich klassischen Lösung mit erwerbstätigem Mann und familientätiger Frau (Gerhard 1978) - und ihres gesellschaftlichen Wandels. Denn Geschlechterverhältnis und familiale Arbeit gestalten sich seit den 70er Jahren so radikal neu, daß für Familien kaum noch Korsettstangen ihrer Existenzsicherung bleiben. Titel wie: "Wie geht's der Familie?" (DJI 1988) oder Begrifflichkeiten wie: 'Sequenz-Ehen', 'sequenzielle Monogamie' oder 'Fortsetzungsehen', 'Fragmentierte Elternschaft' (vgl. Nauck/Onnen-Isemann 1995), 'Stiefeltern-Kernfamilie' (Vaskovics 1993), Mehrfamilienbindung der Kinder, kinderlose Ehen als 'biographischer Planungsfehler' (Beck/Beck-Gernsheim 1990) oder 'Familie als Gefängnis der Liebe' (Aries/Douby 1993) belegen ein tiefgreifendes gesellschaftliches

Dilemma, das mit dem Versuch der Rettung alter Familienwerte nicht mehr gelöst werden kann und noch weniger mit Appellen an die weibliche Hälfte unserer Gesellschaft, doch ihre eigenen Interessen gegenüber familialen zurückzustellen. Schon, daß mit diesen Appellen ein sich vergrößernder Gegensatz zwischen eigenen und familialen Interessen für Frauen, nicht für Männer, angenommen wird, liefert eines der Schlaglichter, die zum Nachdenken auffordern.

Somit sind die folgenden Ausführungen durchwebt vom Problem der Bindung von Arbeit und Familie an die Kategorie Geschlecht, eine Begrifflichkeit, die keineswegs als Synonym für 'weiblich' steht. Thematisiert werden: die Abwertung familiennaher weiblicher Tätigkeitsfelder in Berufswahlprozessen; aktuelle Verschiebungen in der Qualität von Eigenarbeit; der Bedeutungswandel der klassischen Familienstruktur und seine Folgen für innerfamiliale Aushandlungsprozesse. Dabei werden die sehr anders gelagerten Bedingungen in der ehemaligen DDR, zum Teil wegen fehlender Studien, zum Teil aber auch wegen der grundsätzlich anderen Gestaltung der Erwerbsstruktur zwischen den Geschlechtern, weitestgehend ausgeklammert. Im Mittelpunkt steht also die Bundesrepublik mit ihrem gesellschaftlich-strukturellen Hintergrund und dessen Folgen für individuelles Handeln.

Der Beitrag hält an der zukunftsorientierenden Funktion der Arbeitslehre fest mit dem Ziel, ein neues Verständnis für das sich wandelnde Spannungsverhältnis von Arbeit und Familie zu wecken und dieses als Teil der Inhalte des Faches zu unterstreichen. Dieses geschieht in dem Bewußtsein, daß die Rahmenbedingungen von Erwerbsarbeit und Familie als ein Verhältnis 'struktureller Rücksichtslosigkeit' der ersteren gegenüber letzterer zu bezeichnen sind (Kaufmann 1990), das es zu ändern gilt, um die Existenz von Familie zu sichern. Gerade der Arbeitslehre kommt eine aktive Rolle der Gegensteuerung zu, die allerdings *beide Geschlechter* mit einzubeziehen hat.

2. Das Problem der Abwertung familiennaher Arbeit im Berufswahlkontext

Unter dem Postulat gleichberechtigter Orientierung beider Geschlechter auf die Berufswelt unterliegt die Arbeitslehre dennoch der Gefahr, historisch gewachsene und gegenüber gesellschaftlichen Entwicklungsprozessen eher blindmachende als sie verringernde Schieflagen in der Thematisierung von Arbeit und Familie zu reproduzieren. Bis vor kurzem noch galt sie als Fach mit der explizitesten Berücksichtigung von Geschlecht in der Gestaltung seiner Inhalte. Immer noch sehen Bayrische Lehrpläne z.B. für Mädchen Hauswirtschaft und Handarbeiten als Parallelangebot zu Werken und Technischem Gestalten für Jungen vor. Beides läßt sich perspektivisch zwar sowohl mit familialer als auch mit erwerblicher Arbeit verbinden, aber sowohl familienintern als auch -extern mit klarer Geschlechterzuweisung auf weibliche und männliche Territorien (Hageman-White 1984). Auch bei Einführung der Koedukation, d.h gleicher inhaltlicher Angebote an beide Geschlechter und gleichzeitiger Wahlfreiheit der Schülerinnen und Schüler zwischen entsprechenden Themen, ändert sich ohne bewußte Gegensteuerung durch die Lehrerschaft an der Geschlechtsspezifik der Zuordnungen wenig oder nichts, da letztere fest in den Erwartungen aller Beteiligten verankert zu sein scheinen. Genaueres Hinsehen allerdings zeigt, daß dieses v.a. für die männliche Seite gilt, für Lehrer und männliche Jugendliche. Weibliche Territorien zu erweitern und sich auch männliche Kompetenzen anzueignen, üben Mädchen seit geraumen Jahren schon im Kindergarten (Preissing/Best 1985), doch männliche entsprechend auch auf weibliche auszudehnen, stößt bei Jungen auf Widerstände. Sie sehen Arbeit rund um Haushalt, Kinderbetreung und Pflege als

'Frauensache', die wenig gilt (Sachverständigenkommission 1988; Becker-Schmidt 1995). Die Wahrnehmung gesellschaftlicher Anforderungen an das Erwachsenendasein verbindet sich bei Kindern und Jugendlichen auf das engste mit der Vorstellung von hierarchischer Geschlechterordnung, die sich auf männlich oder weiblich stereotypisierte Tätigkeitsfelder innerhalb und jenseits der Familie überträgt. Deren Durchbrechung v.a. auf der männlichen 'Siegerseite' kostet, da dort mit Einbußen von Prestige wahrgenommen, einige pädagogische Mühe, der sich auch die Arbeitslehre leicht entziehen kann.

In ihrer modernen Variante der Berufsvorbereitung nämlich ist sie als Bindeglied zwischen allgemeiner und beruflicher Bildung mit dem Muster geschlechtstypischer Zuweisungen konfrontiert, nun nicht mehr in Vorwegnahme geschlechtsspezifischer Familienführung, wohl aber der Struktur des Lehrstellenmarktes und der dort inkorporierten geschlechtshierarchischen Segmentierung der Berufe. Dort nun wiederholt sich das Problem der Abwertung familiennaher Tätigkeitsfelder durch deren Substatus in der beruflichen Bildung. Sie liefern die Inhalte für lehrstellenlos gebliebene weibliche Jugendliche, etwa in Form der einjährigen oder zweijährigen Hauswirtschafts- oder Sozialassistentinnenschulen, die der eigentlichen Berufsbildungslaufbahn vorgeschaltet sind. Viele der Ausbildungen zu verberuflichter, familiennaher Tätigkeit, etwa zu Pflegeberufen, führen hingegen in Bildungssackgassen, die erst in jüngster Zeit vorsichtig aufgebrochen werden durch die Entwicklung von anschlußfähigen Zweiten Bildungswegen (Fachhochschul- und Hochschulangebote für Pflegeberufe), so daß, wie in der Alten- und Kranken-/Kinderkrankenpflege, nicht mehr 60-80.000 DM an private Weiterbildungsträger bezahlt werden muß, um etwa von der Pflege- zur Unterrichtskraft aufzusteigen und das Gehalt um *eine* Stufe aufzubessern (vgl. zusf. Krüger 1992).

Es scheint, um das Zitat von Coleman aufzugreifen, daß nicht nur die Familie, sondern auch korrespondierende klassische Frauenberufe Mühe haben, sich "aus den toten Gewässern" zu befreien, in die sie geraten sind. Daran ändert das weitverbreitete Argument, Frauen seien selbst schuld, wenn sie diese Bildungs- und Berufswege wählen, nichts, zumal alle Studien zu Berufswahlprozessen belegen, daß Mädchen sehr frühzeitig mit dem Problem der Verteilung von Ausbildungs- und Erwerbschancen weniger nach Leistung sondern nach Geschlecht konfrontiert sind; ein Tatbestand, der männlichen Jugendlichen, da für sie nicht negativ sondern positiv greifend, weitestgehend verdeckt bleibt (Schober/Chaberny 1983). Zudem belegen Längsschnittstudien (Heinz u.a. 1985), eine wie geringe Rolle der i.d.R. für die Berufswahl verantwortlich gemachte familiale Sozialisationshintergrund tatsächlich spielt. Männliche wie weibliche Jugendliche konstruieren mit Blick auf den Arbeitsmarkt erst Passungen zwischen 'Vorlieben' und Beruf. Der Rückgriff auf vorberufliche Tätigkeitsfelder korrespondiert sehr viel mehr mit der Geschlechtsspezifik des Berufsbildungssystems, um Erreichbares mit dem Postulat eigener 'Wahl' auszusöhnen, als mit vorherigen inhaltlichen Interessen. Die unter dieser Perspektive entwickelten Berufsbegründungen fallen entsprechend für *beide* Geschlechter in Aktivitätsfelder mit typisch weiblichen bzw. typisch männlichen Zuschnitten.

Daß diese Begründungsmuster bisher nur hinsichtlich weiblicher Jugendlicher zu der These geführt haben, ihre Berufsoptionen seien eingeschränkt, ist der mangelhaften Forscheraufmerksamkeit zuzuschreiben, die bisher diesbezüglich nur *ein* Geschlecht in den Blick genommen hat - und der Tatsache, daß das sogenannte duale System (parallele Ausbildung in Berufsschule und Betrieb) mit seinen nach Berufsbildungsgesetz geregelten rund 370 Berufen im Mittelpunkt der Betrachtung steht. Dieses erfaßt zwar fast alle männlich stereotypisierten Berufe auf Facharbeiterniveau, doch sehr viel weniger die weiblichen. Für weibliche Jugendliche gilt: Mit Ausnahme der DDR-Zeit, die die Berufsausbildungen weitestgehend geschlechtsunspezifisch gestaltete, finden wir ohne nennenswerte Verschiebungen in der Bundesrepublik nur rund 35 % der Schüler*innen* unmittelbar nach abgeschlossener Haupt- oder Realschule im bundeseinheitlich geregelten Lehrlingssystem. Die große Mehrheit weiblicher (nicht männlicher) Schülerinnen hingegen mündet in ein expandierendes und verzweigtes berufliches Vollzeitschulsystem ein: ein Teil mit dem Ziel, den allgemeinen Bildungsabschluß zu verbessern oder bei engem Lehrstellenmarkt über Vorqualifikationen im Wettbewerb mit männlichen Lehrstellensuchenden konkurrieren zu können (Braun/Gravalas 1980); ein anderer Teil durchläuft vollzeitschulische Ausbildungen, die sich gänzlich in öffentlicher oder privater Trägerschaft jenseits des Berufsbildungssystems und damit jenseits der Vermittlung jener allgemeinbildenden Fächer befinden, die zweite Bildungswege eröffnen, wie z.B. die Kranken-/Kinderkranken-, Entbindungspflege, die Ausbildung zum/r Beschäftigungs- und Arbeitstherapeuten/in, Masseur/in, Logopäden/in, Diät-, pharmazeutisch-technischen oder medizinisch-technischen Assistenten/in usw. (und die offiziell doppelgeschlechtliche Berufsbezeichnung sowie die wenigen männlichen Schüler sollte weder über das Geschlecht der Mehrheit der Schülerschaft noch über den strukturell 'weiblichen' Zuschnitt der Ausbildungstypik hinwegtäuschen (Becker/Meifort 1994)). Ein dritter Teil besucht staatliche Vollzeitausbildungen, die zwar nach Länderrecht, aber selbst dort keineswegs einheitlich geregelt sind, wie z.B. die Altenpflege, Sozialbetreuerin, Physio-, Ergotherapeut(in)nen oder Gymnastiklehrer/in usw.; wieder andere nehmen immerhin nach KMK-Vereinbarungen auf Länderebene angepaßte Ausbildungen wahr, etwa zur Familien- oder Kinderpflege, zum/r Hauswirtschaftsassistenten/in oder Erzieher/in (Krüger 1992) oder die explosionsartig zunehmenden und schon 1986 auf zusätzlich 29 verschiedene Abschlüsse angewachsenen Assistent/innenklassen (Frackmann/Schild 1988). All diese vollzeitschulischen Ausbildungen konnotieren sich mit 'Weiblichkeit' und/oder 'familiennah' und wurden im Gegensatz zu auch im Haus gebrauchten handwerklichen (männlichen) Beschäftigungen nicht in die übliche Berufsbildungsstruktur integriert.

Angesichts der Vielzahl und Variationsbreite der Abschlüsse muß es zunächst überraschen, daß die Konzentration der Mädchen im *dualen* System auf rund 20 Ausbildungsberufe die groß angelegte Kampagne "Mädchen in Männerberufe" ausgelöst hat, die geringe Zahl männlicher Schüler im beruflichen Vollzeitschulsystem aber nicht zur Debatte steht. Und es scheitert der Versuch, Mädchen für sogenannte Männerberufe zu interessieren, sehr viel weniger an etwa vermutbarer inhaltlicher Orientierung auf weibliche familiennahe Tätigkeiten, sondern am Tatbestand, daß z.B. die Aufnahme einer Elektrolehre für Mädchen zugleich bedeutet, wie im Kindergarten erneut geschlechtsstereotypisierte Grenzen zu überschreiten und sich als Außenseiterin in einer männlich dominierten Fachklasse durchsetzen zu sollen - eine durchaus Angst und Abwehr hervorrufende Vorstellung vor allem in der Pubertät (Lemmermöhle-Thüsing 1992). Gleiches ließe sich für männliche Jugendliche vermuten, doch fehlt die reziproke Kampagne, - und entsprechend die Empirie.

Dieses hat angesichts der geringen Tragfähigkeit der meisten Frauenberufe für einen langfristig existenzsichernden Berufsverlauf seinen guten Grund (Bednarz-Braun 1983; Gottschall 1989). Die gesellschaftsstrukturell wichtige Frage nämlich, warum Geschlechterzuordnungen für Frauen überwiegend erwerbsarbeitsbenachteiligenden Charakter haben - eine der wenigen Ausnahmen bilden die von Frauen inzwischen eroberten akademischen und kaufmännisch-verwaltenden Berufe -, führt zurück zu dem Problem, daß Verteilungen in der Beruflichen Bildung sehr weitreichend dem strukturell geronnenen Verhältnis von Arbeit, Familie und Geschlecht um die Jahrhundertwende geschuldet sind. Das seinerzeit entstandene und in zahlreichen 'Resten' bis in die Moderne transportierte

Berufsbildungssystem nämlich hat die Geschlechterpolarisierung bewußt in sich aufgenommen (Mayer 1992). Es verstand sich nicht nur als Qualifizierungsweg in den Arbeitsmarkt, sondern auch als sozialpolitisches Gestaltungsprinzip klassisch geschlechtsspezifischer Lebensführung mit männlicher Erwerbs- und weiblicher Familienzuständigkeit. Um Männer und Frauen nicht von ihrer jeweiligen Familien(Ernährer/-Erhalterin)rolle abzubringen, sollten *weibliche* Tätigkeitsfelder den Status von Zuarbeit oder Übergangsbeschäftigung erhalten und das seinerzeit etablierte, für Deutschland typische Lehrlingswesen mit berufslaufbahnbestimmender Zertifizierung der Lehrabschlüsse (Giddens 1988) nur für *männliche* Jugendliche gelten. Die seinerzeitige Frauenbewegung kommentierte den Sachverhalt wie folgt:

> "Leider wandte man dasselbe (Prinzip) auf die sogenannten weiblichen Handwerke gar nicht oder nur in den seltensten Fällen an. Man argumentierte nämlich so: Die 'Damenschneiderei', 'Putzmacherei', das 'Wäschenähen' und 'Frisieren' der Frauen stellt ein 'Handwerk' im eigentlichen Sinne, d.h. einen 'Beruf auf Lebenszeit' nicht dar. Es handelt sich bei dieser Frauenarbeit nur um eine voreheliche 'Beschäftigung' oder um ein ganz bescheidenes Lernen 'für den Hausbedarf'. Aus diesem Grunde eignet sich das ganze Gebiet des 'weiblichen Handwerks' für eine strenge, gesetzliche Erfassung nicht. Aus dieser Auffassung der berufenen Behörden ist die Verwahrlosung der Frauenbildung erwachsen, die wir heute sehen."(Lischnewska 1910, 233)

Für junge Mädchen wurden Vollzeitschulen aller Art jenseits bundeseinheitlicher Regelungen für berufliche Qualifzierungen eingerichtet und als Kulturaufgabe der Länder definiert, um Frauen mit weiblichen Allround-Fähigkeiten familienorientiert an das heiratsfähige Alter heranzuführen (Nienhaus 1982; Schlüter 1987). Wie die Schriften aus der Entstehungszeit belegen, verband sich diese Doppelstruktur des Berufsbildungssystems explizit mit der Intention der Sicherung eines Geschlechterverhältnisses, das die chancengleiche Beteiligung an Familie und Beruf als lebenslaufgestaltendes Element nicht vorsah.

Dieser Grundgedanke hat sich bis heute, historisch 'gefroren', überraschend zäh gehalten. Die weiblich stereotypisierten Vollzeitschulausbildungen verlangen häufig hohe Vorqualifikationen (mittlere Reife oder eine ein- oder zweijährige Berufsfachschule), um in eine Vollzeitschulberufsausbildung (erneut ohne Ausbildungsvergütung) einzusteigen; einige sind auch heute noch nur als schulgeldpflichtige Ausbildung möglich, und in den meisten Fällen entspricht die Entlohnung den hohen Bildungsanstrengungen nicht (Krüger 1991). Frauen müssen sich in nicht ins duale System überführten Ausbildungen die unterstellte Familiennähe also Erhebliches kosten lassen. Die Uneinheitlichkeit und die fehlende oder konjunkturabhängig schwankende Verankerung der erreichbaren Abschlüsse im Tarifsystem, die Ausklammerung der Ausbildung aus dem System der Lehrlingsentgelte und die Schulgeldleistungen galten seinerzeit als willkommene Barrieren gegen weibliche marktförmige Qualifizierungen. Heute bedeuten sie schlicht Chancenungleichheit zwischen den Berufen - und zwischen den Geschlechtern hinsichtlich der Verteilung von Familien- und Erwerbsarbeit.

Mit Blick auf diese Realität gilt es zu Recht, beide Geschlechter vor klassischen Frauenberufen zu warnen, doch erfordern geschlechtstypische Einmündungen, gerade angesichts der Anforderungen an die eigene Persöhnlichkeit und ihre Labilisierung bei geschlechtsuntypischem, d.h. abweichendem Verhalten, Hintergrundsbetrachtungen über das 'Wahl'-postulat in einer nach Geschlechtern polarisierten Berufsbildungswelt, und es steht an, die Geschlechtszuordnungen der Berufe selbst zu problematisieren bzw. die Wertigkeiten moderner Berufe als Ergebnis historischer Prozesse ihrer Herauslösung aus dem 'ganzen Haus' (Rosenbaum 1974) aufzuarbeiten (Beck/Brater 1977). Es sollte das Abraten von weiblichen Tätigkeitsfeldern v.a. die strukturelle Unzumutbarkeit einer veralteten, da Benachteiligungen produzierende Bildungspolitik herausstellen und diese bewußt von der Bewertung der inhaltlichen Kompetenzanforderungen und gesellschaftlichen Bedeutsamkeit der Tätigkeitsfelder selbst trennen. Studien über letztere belegen nachdrücklich den Irrtum, daß *ein* Geschlecht hierfür besonders geeignet sei bzw. Frauen sie 'von Natur aus' besser beherrschen, da nicht Qualifizierung sondern Gespür gefordert sei (Ostner/ Krutwa-Schott 1981; Rabe-Kleberg 1993). Es ist also das Problem der Sonderstellung weiblicher Tätigkeitsfelder im Bildungs- und Berufssystem, das im Arbeitslehre-Unterricht bewußter Thematisierung bedarf, denn diese ans Geschlecht gebundene Abwertung erschwert zugleich die Akzeptanz familialer Arbeit - nicht nur aus männlicher sondern auch aus weiblicher Sicht. Familiale Arbeit selbst aber hat sich heute sehr weit von Fragen der Kompetenz für anfallende Eigenarbeit entfernt. (Vgl. zu diesem Kapitel auch Schober, Berufswahlverhalten, und Kutscha, Berufsbildungssystem, in diesem Band.)

3. Eigenarbeit und Familienleben: Vernetzungen und Separierungen

3.1. Eigenarbeit und Rationalisierungsprozesse

Neben der Debatte um Eigenarbeit im Sinne von Schwarzarbeit findet sich inzwischen eine reichhaltige Literatur zum gesellschaftlichen Wert von familialer Arbeit (Beer 1990) und zu Unterscheidungen etwa von materieller Hausarbeit, Gefühls-/ Beziehungsarbeit und Erziehungsarbeit (grundlegend: Kontos/Walser 1979). Diese Versuche erweisen sich trotz tendenzieller Überschneidungen als sehr hilfreich, da sie unterschiedliche Entwicklungsprozesse der Eigenarbeit deutlich werden lassen. I. Ostners brillanter Aphorismus (1988) zum Kochen, das - zur materiellen Seite der Hausarbeit gehörend - zugleich 'aus Liebe', als Teil der Beziehungsarbeit also, gesehen werden kann und sich doch angesichts moderner Technologien als tiefgefrorenes Produkt von dieser ursprünglichen Bestimmung ablösen kann, gibt den Blick frei auf Rationalisierungsfolgen. Ihr Beispiel für 'tiefgefrorene' Liebe ist der Ehemann, der bei kurbedingter Abwesenheit der Frau das von ihr für ihn mit Liebe Vorgekochte mikrowellenzubereitet mit seiner Geliebten verspeist. Bedeutungsverschiebungen kombinieren sich mit Abhängigkeits- und Kompetenzveränderungen. So eröffnet die Rationalisierung der Hausarbeit etwa durch Auslagerung der Eigenarbeitsproduktion (Kantinen/Restaurants; Reinigungs-, Möbel-, Textilindustrie) und durch Technisierung der Küche (Konservierungs-/Fertigungsgeräte zur Nutzung industriell vorgefertigter Produkte) der individuellen Gestaltung große Handlungsspielräume. Nutzerhinweise und Anwendungsverordnungen berauben die Bewältigung dieses Teils der Hausarbeit von jeglichem kochkünstlerischen (klassisch 'weiblichem') oder handwerklich-reparaturbenötigenden (klassisch 'männlichem') Spezialwissen und machen sie zu 'Jedermanns-/Jederfrau-Fähigkeit'. Sie sind heute, wenn auch von Geldressourcen abhängig, in den individuellen Tagesablauf flexibel einpaßbar, auf ein Minimum verkürzbar und in vielen, den Lebensgewohnheiten jedes einzelnen einpaßbaren Formen 'nebenher' zu erledigen. Geschlechtsspezifische Zuordnungen, selbst in der Arbeitslehre, wenn diese sich dieses Aufgabenfeldes annimmt, erweisen sich hier als Relikt der Tradition, nicht der Funktion (Jurczyk/Rerrich 1993).

Zeitgleich, aber fast gegenläufig dazu hat sich die Anforderungsstruktur an kaum individuell zu rationalisierende familiale 'care'-Aufgaben (Beziehungs- und Erziehungsarbeit im weitesten Sinne) gewandelt. Von materieller Hausarbeit weitestgehend gelöst und als emotionaler Wert normativ verfestigt, erhöht sie sich und verflüssigt sie sich zugleich in kaum noch arbeitsinhaltlich gebundene Sorge für andere, als 'irgendwie' zu gestaltender Ausgleich gegen Streß im Berufsleben, als Geborgenheitspostulat mit Anspruch an Frühförderung des Nachwuchses, als Hort verläßlicher emotionaler Sicherheit gegenüber Belastungen und Leistungsanforderungen im öffentlichen Raum. Gestiegen sind ebenso die Anforderungen an das pflegerische, zeitliche und räumliche Haushaltsmanagement im Generationenverbund, an Vernetzungen materieller und immaterieller Ressourcen zwischen Familienmitgliedern, die in getrennten Haushalten leben. Heute sind Eltern länger Kinder ihrer abhängig werdenden Eltern als Eltern ihrer unter 20jährigen Kinder.

Und es ist *diese* Art der Eigenarbeit, auf die ein moderner Arbeitslehreunterricht vorbereiten muß, nicht auf das 'do it yourself' beim Kochen und Regalbauen. Denn erst mit dieser Verschiebung innerhalb familialer Eigenarbeit kristallisiert sich die eigentliche Problematik des Verhältnisses von Arbeit und Familie der Moderne heraus, die die Zerreißprobe im Familienleben heute kennzeichnet.

3.2 Wandel in der Geschlechterstruktur familialer Eigenarbeit

Die Not der Nachkriegszeit in der Bundesrepublik war von hoher familialer Eigenarbeit, aber auch von maximaler Differenz geschlechtsspezifischer Lebensführungen gekennzeichnet. Hradil (1992) spricht vom goldenen Zeitalter der 'Normalfamilie' mit erwerbstätigem Mann und haustätiger Frau. Doch waren es schon damals nicht die jungen Mädchen, die auf eine Heirat drängten (Born/Krüger 1996), und es vollzog sich auf den folgenden drei Ebenen ein rascher und einschneidender Wandel, durch den Eigenarbeit und Familie zu einer Geschlechterfalle zu werden droht.

3.2.1 Verschiebungen in der Eigenbeteiligung an Hausarbeit zwischen den Geschlechtern

Lange Zeit blieb auch der Frauenforschung verdeckt, daß das fehlende familiale Engagement des männlichen Gegenparts (Metz-Göckel/Müller 1985) einen Zustand beschreibt, der erst seit den 70er Jahren besteht und vergessen macht, daß sich die Ehemänner heute gegenüber ihrer Vätergeneration Schritt für Schritt modernisieren (Born/Krüger 1993). Zuvor jedoch streiften sie ihren Teil der Hausarbeit ab, denn noch in den 50er Jahren war ihr Anteil an familialer Eigenarbeit im Vergleich zu heute enorm hoch. Doch lag dieser in klar männlich definierten Feldern (Braemer 1995). Die männliche Hausarbeit - Hausbau, An- oder Umbau, Streichen, Fenstereinsetzen, Dachdecken, Gartenbestellung, Reparaturarbeiten aller Art - war beträchtlich und mit häuslicher Anwesenheit verbunden, aber mit steigendem Wohlstand bald ausgelagert bzw. durch Fremdarbeit eingekauft und für Ehemänner in 'Freizeit' umgesetzt; der weibliche Anteil technisierte sich zwar (vgl. Glatzer, Hausarbeit und Haustechnik, in diesem Band), doch die oben genannten nicht rationalisierbaren Anteile banden ihre 'Freisetzung' von materieller Hausarbeit erneut an die eigenen vier Wände (Gerhardt/Schütze 1988; Hochschild 1990). Das Ungleichgewicht des Geschlechterverhältnisses in der Familienarbeit vergrößerte sich und damit die Unzufriedenheit mit dem sich der (inzwischen in der Tat überwiegend nur noch klassisch weiblichen) Hausarbeit entziehenden Partner.

Seit den 60er Jahren hat sich mit steigendem Wohlstand also die Arbeit in der Familie aus ihrem Nachkriegstypus der Solidarverpflichtungen beider Geschlechter für das gemeinsame Zuhause herausgelöst, zunehmend in alleinige Dienstleistungen der Hausfrau verwandelt und damit die gemeinsam sinnstiftende Beziehungsbasis eingebüßt. Familienarbeit als Gestaltungs- und Verantwortungsarbeit, die nicht nur möglichst effektiv und technisch rationell zu erledigen ist, sondern so, daß sie einen emotionalen Zugewinn für alle Beteiligten darstellt, ist eine historisch in der Tat neue und nicht leicht einzuleitende Entdeckungsaufgabe. Um der Familie eine Chance einzuräumen, gilt es, v.a. Jungen und Männer an diese Sichtweise von familialer Eigenarbeit erneut heranzuführen.

Dem stehen männlicherseits aber nicht nur emotionale Barrieren, sondern durchaus auch materiell zementierte Abwertungsprozesse der klassisch weiblichen Familienarbeit entgegen, die sich erneut auf geschlechtsspezifische Verberuflichungsprozesse familialer Arbeit stützen und ebenso zu Sackgassen des Ungleichgewichts in der Eigenarbeit führen.

3.2.2 Geschlechtsdifferente Verberuflichungsprozesse familialer Eigenarbeit

Die Verberuflichung *männlicher* Eigenarbeit und ihre Überführung ins Erwerbssystem hat zu deutlicher Entmischung familialer und erwerblicher Arbeit geführt. Die Fähigkeit, ein Regal selbst zu bauen oder die Wände zu streichen, gefährdet trotz traditionaler Bindung dieser Tätigkeiten an das männliche Geschlecht die entsprechende Facharbeit, das Schreiner- oder Malerhandwerk, weder qualifikatorisch noch tarifrechtlich, selbst wenn sie als Fremdarbeit in die Familie eingekauft ist. Anders hingegen die *weibliche* Eigenarbeit, die sich selbst in verberuflichter Form nicht eigentlich als Facharbeit von der Konnotation einer essentiell 'Jeder-Frau-Fähigkeit' hat lösen können. Die Hausfrau, die sich in familialen 'care'-Leistungen per Dienstleistungen unterstützen läßt (etwa über eine Kinder-, Raum- oder Hauspflegerin in der Kinder-, Haushalts-, Alten-, Behinderten- oder Langfristkrankenpflege), hat stets mit dem Problem der Eigenzuständigkeit (und im Prinzip der Eigenqualifikation) für diese Tätigkeiten qua Frau zu kämpfen. Der hieraus resultierende Druck auf Eigenübernahme (mit Verzicht auf eigene Erwerbsarbeit) bzw. der Labilisierung von perspektivischen Planungssicherheiten hinsichtlich des häuslichen Arrangements in Erwerbs- und Eigenarbeit stellt sich für das andere Geschlecht nicht.

Neu entstandene Familienaufgaben jenseits der eignen vier Wände kommen hinzu, die mit Blick auf das Verhältnis von Eigen- und Erwerbsarbeit in der Forschung bisher wenig thematisiert sind.

3.2.3 Qualitative Veränderungen familialer Eigenarbeit durch Vernetzungen der Familie mit anderen Institutionen

Mit zunehmender Differenzierung der individuellen täglichen Zeitrhythmen der Familienmitglieder durch ihre Einbindung in außerfamiliale Institutionen nicht nur des Arbeitsmarkts, sondern auch des Kinderbetreuungs- und Bildungssystems, des Freizeit- und Gesundheitssystems verwandelt sich ein beträchtlicher Teil der Eigenarbeit in Transportorganisation. Die Verdoppelung der Verkehrsunfälle von Kindern allein in den letzten 15 Jahren zwingt dazu, die Kinder von einer Insel ihrer Beschäftigung zur nächsten zu fahren (Zeiher 1983): Nachmittagsschulunterricht, Kindergarten, Sportverein, Schwimmen, Flötenkurs, Spielplatz verlangen Bringe- und Holdienste. Zu dieser Autofahrerkindheit mit überwiegend Müttern als Transportbändern kommen die in eigenen Haushalten lebenden, pflegebedürftigen, einkaufs- und versorgungsabhängigen alten Eltern hinzu, ebenso wie Krankenhaus-, Ämter-, Arztbesuche (mal als Begleitperson, mal bei Eigenbedarf). Diese Art der familialen 'Kombi-Pflichten' ist als Eigenarbeit noch kaum entdeckt, produziert aber bei den davon Betroffenen nachhaltig das Gefühl des ziemlich unverantwortlichen Mißbrauchs eigener privater Zeit.

Dieser Zeitdruck bleibt aufgrund der Arbeitsorganisation im Erwerbssystem in doppelter Verdichtung bei den Frauen. Denn unter der Annahme, daß eine möglichst hohe Zeitgleichheit der erwerbsarbeitlich außer Haus Tätigen dem gemeinsamen Familienleben zugute käme (kritisch hierzu schon 1983 Born/Vollmer), wurde der tägliche Zeitrahmen des gewerblich-technischen Bereichs, des produzierenden Bereichs also mit traditionell männlichen Beschäftigungsverhältnissen, auf die (überwiegend weiblich besetzten) Beschäftigungsverhältnisse im Dienstleistungsbereich übertragen und damit auch deren Öffnungszeiten daran gebunden. Doch der Blick auf den gemeinsamen Feierabend verstellt die Tatsache, daß die heutige Erwerbsarbeitszeitlage des Dienstleistungssektors auch bei Halbtagserwerbsarbeit alle Kombipflichten in den nämlichen 8-Stunden-Tag drängt.

Beck-Gernsheim (1980) spricht sicher zu Recht vom modernen 1½-Personen-Berufssystem, das bei Karriereabsichten eine ganze, 'familienbefreite' und eine halbe, erstere von Familienarbeit befreiende, Arbeitskraft vorsieht. Hinzu kommt aber für die wie auch immer sich arrangierende Restperson, daß durch 'Betriebsöffnungszeiten' auch im weiblichen Arbeitsmarktsegment neue Abhängigkeiten des familialen Zeitbudgets entstehen:

Die Betreuungszeiten des Kindergartens z.B. folgen i.d.R. der Arbeitszeit der Erzieherin, nicht der der Eltern. Beginnt selbst der Halbtagsjob der Mutter (mit vorgelagerter Wegezeit zwischen Kindergarten und Arbeitsort) zu früh, wird die Frau etwas zeitlich Passenderes annehmen müssen, selbst wenn dieses mit Gehaltseinbußen verbunden ist. Beginnt der Halbtagsjob erst nachmittags und geht bis 18 Uhr, entsteht das gleiche Problem: angesichts der Arbeitszeitlage der meisten Männer müssen Mütterabsprachen, Nachbarinnen, die Frauengesellschaft rundum einspringen. Doch diese sitzen zunehmend ihrerseits in anderen, eigenen Zeitklemmen.

Der Verzicht auf die eigene Berufsausübung nun wiederum gefährdet den Kindergartenplatz, denn die öffentliche Kinderbetreuung ist an die berufsbedingte Versorgungsnotwendigkeit des Kindes gebunden. Dagegen stehen pädagogische Erkenntnisse, wonach Kinder zu ihrer Entwicklung Gleichaltrigenkontakte brauchen, die sich angesichts zurückgegangener Geschwisterzahlen, Nachbarschaftskontakte und gefährlicher Straßenöffentlichkeit nicht mehr herstellen. Auch entwicklungspsychologische Erkenntnisse warnen vor der Mutter-Kind-Isolation in den eigenen vier Wänden (Diller-Murschall/Schablow 1981). Dies spricht mithin *für* den Kindergarten, der nicht zuletzt auch notwendige Ressourcen für den Schulerfolg mit aufbaut. Nicht nur die Mütter, auch die Kinder zahlen bei Berufsverzicht der Mütter drauf.

Eine ähnlich schwierige Situation schaffen die täglich wechselnden Schulanfangs- und Endzeiten. Hier gestaltet die Lehrerschularbeitszeit die Pädagogik. Anders als im angloamerikanischen oder europäischen Ausland mit Ganztagsschulkonzepten (und auch nicht mehr oder weniger 'mißratenen' Kindern als bei uns) beginnt bei uns gerade erst die Debatte um mindestens garantierte Halbtagsschulen, d.h. der Unterrichts- und Betreuungssicherung von 8 bis 13 Uhr. Neben den Differenzen im normativen Leitbild sind es nicht zuletzt die unplanbaren Zeitmuster der Schulkinder, die einen Elternteil, i.d.R. die

Frau, trotz unausgefüllter und selbst mit Teilzeitangeboten schwer kompatibler Zwischenzeitlagen, wieder in den häuslichen Raum zurückzwingen (Born/Voller 1983).

Was bedeutet das für das Familienarrangement? Die Separierung der Familie als Institution von den Institutionen rundum, in der nicht nur die Männer, sondern auch die Kinder und deren Großeltern, Nachbarn und Freund/innen zeitungleich verschwinden und die Öffnungszeiten der Dienstleistungsangebote bei gleichzeitig ansteigenden Anforderungen der Dienstleistungsorganisation für Familienmitglieder führt dazu, daß Familienmitglieder für Frauen zunehmend zum Belastungsblei werden. Sie verwandeln die Gefühlsarbeit einer zu Hause bleibenden Person über weite Strecken in Einsamkeit und innere Leere (Rerrich 1990). Die durch unterschiedliche Zeitmuster der Anwesenheiten immer wieder durchbrochene Motivation, die Energie und Bereitschaft, immer wieder erneut Geborgenheit für andere zu schaffen, schlägt allzu leicht um in versteckte Aggression oder nur mühsam verdeckte Depression (Pechstein 1991), wenn Familienpflege nicht zwischen den Geschlechtern umverteilt werden kann. Und dies ist nicht nur ein familial-emotionales Gebot, sondern auch ein pädagogisches: Kinder benötigten zu ihrer Entwicklung immer schon mehr als nur eine verläßliche Bezugsperson, um personale Distanz *und* Sicherheit aufbauen zu können (Rerrich, 1985); beim Aufwachsen im reduzierten Kreis einer Kernfamilie, d.h. angesichts fehlender Geschwister, im Familienverband lebender Großeltern und Verwandter, in wechselnden Nachbarschaften und fehlender Straßen-Kinder-Kultur kann sich die Familie heute die Abwesenheit des Vaters aus familialem Kontext kaum mehr leisten, doch steht er i.d.R. nur als 'Sonntagsvater' zur Verfügung.

Die Folgen für die Familie als Institution sind unübersehbar: Nur noch 58 % der Bevölkerung lebte 1994 im familialen oder familienähnlichen Haushaltsverband (Bülow-Schramm 1995). Seit den 70er Jahren sinken erstmalig die Geburtenzahlen so sehr, daß die Elterngeneration nur noch zu 60-65 % ersetzt wird (Höhn 1980). Die Ehe hat ihre regulative Bedeutung verloren gegenüber Aushandlungsverbindungen in partnerschaftlichen Beziehungen ohne Trauschein (Nave-Herz 1989; Peuckert 1991; Strohmeier 1993). Heute wird durchschnittlich jede dritte, in größeren Städten inzwischen jede zweite Ehe geschieden und die Zahl der Alleinlebenden der Altersgruppe der 30- bis 40jährigen liegt in einer Großstadt wie Hamburg bei 42 % männlich und 37 % weiblich (Roth 1995). Und die Geschlechterdifferenzen in der täglichen Arbeitsorganisation familial Zusammenlebender erhöhen sich trotz der Chancengleichheitsdebatten. Letztere rücken zudem sehr das weibliche Geschlecht und deren Beteiligung an Erwerbsarbeit in den Mittelpunkt, weniger die reziproke Anforderung an Chancengleichheit in der Bewältigung familialer Eigenarbeit.

Die Folgen zeigen sich im Alltagsbewußtsein. Während die typischen Antworten von Ehemännern auf die Frage: "Was füllt Ihren Tag?" sich durchweg nur auf Belastungen im Beruf beziehen, formuliert der weibliche Gegenpart sehr häufig: "Na, warten Sie mal, na ja: Beruf und Kind.- Und dann hab' ich ja noch Haushalt, Garten, Mann und Wäsche. Da muß man schon ein bißchen flexibel sein" (Krüger u.a. 1987, 5). Die Spannungen werden sich erhöhen, solange Männer es den Frauen überlassen, zum modernen Rastelli zu werden, jenem berühmten Jongleur, der Objekte verschiedener Formen und Gewichte durch die Luft wirbelt und auffängt - und was Frauen nach traditioneller Auffassung als erstes fallen lassen sollten, ist ihr Beruf. Doch Frauen heute entscheiden sich immer öfter für ihren Beruf und gegen den Mann, lassen *diesen* fallen, setzen *ihn* frei. Was sie tun ist angesichts der Verschiebungen von familialer Eigenarbeit und ihrer Bedeutung jenseits der Familie aber durchaus rational, wie ein Blick auf den weiblichen Lebenslauf zeigt.

4. Familie als sich auflösender Solidarverband und die ungelöste Frage externer - interner Arbeit

Die im obigen Zitat von Prost (1993) noch in den Blick genommene vorindustrielle Familie verstand sich als eine Arbeits- und Wirtschaftsgemeinschaft mit hohen Abhängigkeiten der Familienmitglieder voneinander, als eine auf existentiellem Zwang beruhende Solidargemeinschaft. Diese Fesseln fallen. Heute sind die Familienmitglieder in unterschiedliche Leistungsgefüge eingebunden und existentiell sehr viel geringer aufeinander angewiesen (Bülow-Schramm 1995). Während bei Männern ihre materielle Abhängigkeit von familialer Dienstleistung angesichts des gestiegenen Lebensstandards und marktförmiger Dienstleistungsangebote gegen Null tendiert, verschiebt sich bei den Frauen das Verhältnis zwischen familieninterner und -externer Arbeit. 1987 z.B. waren in der Bundesrepublik 40 % der Mütter mit unter 15jährigen Kindern und Ehemann erwerbstätig gegenüber 61 % der geschiedenen Mütter und 50,3 % der Mütter, die von ihrem Partner getrennt lebten (Bertram/Gille 1988, 57).

Seit den 70er Jahren werden Erwerbsarbeit der Frau und Familienbeteiligung des Mannes zwischen den Partnern ausgehandelt, und das in den seltensten Fällen ein für allemal, sondern je nach Lebensphase und Arbeitsanfall immer wieder neu (Jurczyk/Rerrich 1993) - und doch erhöht sich die Asymmetrie zwischen den Partnern. Selbst beim Ehestart auf gleichem Bildungs- und Berufsniveau erzeugen die oben beschriebenen unterschiedlichen Marktwerte der Berufsbildungsabschlüsse ungleiche Ausgangsbedingungen, die mit jeder zugestimmten Erwerbsunterbrechung oder Arbeitszeitreduzierung im Verlauf des Familienlebens zunehmen und die weiblich-lastige Umstrukturierung familialer Eigenarbeit nicht nur normativ, sondern auch ökonomisch begründet stützen (Krüger 1995). Denn bei jeder Erwerbsunterbrechung verdoppelt sich die Wahrscheinlichkeit des unterqualifizierten Wiedereinstiegs mit Qualifikations- und Gehaltseinbußen (Engelbrech 1991). Während sich bei Männern auch auf dieser Basis Familie konstant als Erwerbsarbeit nicht belastendes Prinzip herausstellt, wird Familie immer mehr zu einem unberechenbaren Counterpart im Planungshorizont von Frauen, der zukunftsbewußtes Handeln erschwert. Und dies, obwohl der Familienarbeitsumfang im weiblichen Lebenslauf durch die oben beschriebenen Rationalisierungsprozesse abnimmt.

Ein weiteres Phänomen kommt hinzu. Noch um die Jahrhundertwende war das weibliche Erwachsenenleben zu vier Fünfteln mit Hausarbeit rund um die Betreuung von Kindern ausgefüllt. Heute erfordern diese nur noch ein Fünftel eines Frauenlebens. Auch hierüber erklärt sich der Bedeutungszuwachs von Erwerbsarbeit im weiblichen Lebenslauf. Jedoch: zwar hat sich die Familienarbeit verlagert und verflüssigt, aber sie durchwebt gerade in dieser Form auch die vier Fünftel Frauen verbleibender Lebenszeit jenseits der Kinderbetreuung. Heute muß mit erwerbsunterbrechenden Betreuungsanforderungen lebensbiographisch flexibel gerechnet werden, und dies nicht nur wegen altersabhängigen, sich zwischen Geschwistern verschiebenden und dennoch je für sich zeitlich schwer planbaren Betreuungseinrichtungen, sondern auch wegen der lebenszeitlich weit auseinandergetretenen Versorgung kleiner Kinder und der Pflege alter Eltern - früher verließ selten das jüngste Kind den Familienhaushalt vor dem Tod der Großeltern. Krankheitsfälle aller Familienmitglieder können dazwischentreten, und die Gesundheitsstrukturreform greift mehr denn je auf familiale Dienstleistungen zurück. Die Folge sind diskontinuierliche Erwerbsverläufe in Abstiegsspiralen. Tröstliche Phasenmodelle (etwa das Drei-Phasen-Modell mit kindbedingter Erwerbsunterbrechung), die im übrigen das Verhältnis von Ausstiegs- und Wiedereinstiegsniveaus unberücksichtigt lassen, erweisen sich bei der

Betrachtung des individuellen weiblichen Lebenslaufs als eine Aggregatsdaten geschuldete Illusion (Born/Krüger 1996).

Mit anderen Worten: Weder Kinder noch andere Familienpflichten füllen die biographische Lebenszeit von Frauen heute aus, aber sie sorgen für Alltags- und lebensbiographische Zeitpuzzle. Es entstehen ernstzunehmende individuelle Kosten, die Frauen nicht mehr gewillt sind, alleine zu tragen. Will also die Familie eine Chance erhalten, muß familiale Eigenarbeit auf die Schultern beider Partner verteilt werden.

5. Konsequenzen

In ihrer heutigen Formbestimmtheit stoßen Arbeit und Familie an die Grenzen ihrer individuellen Organisierbarkeit. Damit wendet sich das Blatt zwischen den Geschlechtern: Den Männern droht hierdurch nicht, wie den Frauen, der Berufsverlust, statt dessen aber der Familienverlust. Die im Zusammenspiel von Berufsbildung, Familie und Arbeitsmarkt strukturell verfestigte Zweitrangigkeit von Erwerbsarbeit für den modernen weiblichen Lebenslauf und die ungleichgewichtigen Aushandlungspositionen im Umgang mit Erwerbsarbeit und familialer Eigenarbeit gefährden die Ehe - und das können wir uns gesamtgesellschaftlich nicht lange leisten. Gefordert ist eine andere Wahrnehmung familialer Eigenarbeit und die Entbindung der Berufsbildungs- und Berufsstruktur von Geschlecht.

Der Arbeitslehre-Unterricht sollte nicht umhinkommen, Arbeit und Familie zu seinem Gegenstand zu machen und geschlechtsspezifische Zuweisungsprinzipien von Arbeitsfeldern mit Blick auf Geschlecht als Strukturkategorie der Berufsbildung, des Arbeitsmarkts, der Eigenarbeit und der Familie im individuellen und partnerschaftlichen Lebenslauf zu problematisieren. Notwendig wäre:
– im familienexternen Bereich jene Berufsfelder zu diskutieren, die vom gesellschaftlichen Bedarf her an Bedeutung gewinnen, aber hinsichtlich der tarifrechtlichen Sicherungen und Arbeitsbelastungen immer problematischer werden. Es sind dies v.a. die expandierenden personenbezogenen Dienstleistungen jenseits der kaufmännisch-verwaltenden Berufe. Es bedeutet dies, nicht vorrangig duale, sondern vermehrt auch vollzeitschulische Ausbildungen in die Betrachtung einzubeziehen;
– bezüglich der Geschlechterfrage nicht nur Mädchen auf Inhalte von Männerberufen, sondern Männer auf Inhalte von Frauenberufen zu orientieren und die Notwendigkeit der Ablösung der Geschlechterzuordnung zu Berufen und familialen Tätigkeiten einsichtig zu machen;
– Teilzeit-/Gleitzeitmodelle und tägliche Arbeitszeitverkürzung auch für Männer zu diskutieren - in diesem Kontext werden individuelle Kosten eines männlichen und weiblichen Lebenslaufmusters sehr schnell sichtbar - und ein Verständnis für die Veränderung familialer Arbeit(sorganisation) zu entwickeln, um die Abhängigkeit des Familienlebens von familienexternen Institutionen zu begreifen und im Sinne des Familienerhalts beide Geschlechter an Familienorientierung, Familienarbeit und gleichgewichtige Verantwortung für ihren Erhalt heranzuführen.

Literatur:

Allmendinger, Jutta 1994: Lebensverlauf und Sozialpolitik. Die Ungleichheit von Mann und Frau und ihr öffentlicher Ertrag. Frankfurt a.M.

Aries, Philip; Douby, George 1993: Geschichte des privaten Lebens. Bd. 5. Frankfurt/M.

Beck, Ulrich; Beck-Gernsheim, Elisabeth 1990: Das ganz normale Chaos der Liebe. Frankfurt/M.

Beck, Ulrich; Brater, Michael 1977: Berufliche Arbeitsteilung und soziale Ungleichheit. Eine gesellschaftlich-historische Theorie der Berufe. Frankfurt/M./New York.

Beck-Gernsheim, Elisabeth 1980: Das halbierte Leben. Männerwelt Beruf, Frauenwelt Familie. Frankfurt/M.

Becker, Wolfgang; Meifort, Barbara 1994: Pflegen als Beruf - ein Berufsfeld in der Entwicklung. Berichte zur beruflichen Bildung, H. 169: Qualifikationsforschung im Gesundheits- und Sozialwesen. Hg. Bundesinstitut für Berufsbildung, Bielefeld.

Becker-Schmidt, Regina 1995: Von Jungen, die keine Mädchen und von Mädchen, die gerne Jungen sein wollten. Geschlechtsspezifische Umwege auf der Suche nach Identität. In: Becker-Schmidt, Regina; Knapp, Gudrun-Axeli (Hg.): Das Geschlechterverhältnis als Gegenstand der Sozialwissenschaften. Frankfurt/M./New York, 220-246.

Bednarz-Braun, Iris 1983: Arbeiterinnen in der Elektroindustrie. München.

Beer, Ursula 1990: Geschlecht, Struktur, Geschichte. Soziale Konstituierung der Geschlechterverhältnisse. Frankfurt/M./New York.

Bertram, Hans; Gille, M. 1988: Datenhandbuch. Zur Situation von Familie, Kindern und Jugendlichen in der Bundesrepublik Deutschland. 1. Auflage, Weinheim/München.

Born, Claudia; Vollmer, Christine 1983: Familienfreundliche Gestaltung des Arbeitslebens, Schriftenreihe des BMJFG (Hg.), Bd. 135. Stuttgart.

Born, Claudia; Krüger, Helga (Hg.) 1993: Erwerbsverläufe von Ehepartnern und die Modernisierung weiblicher Lebensführung. Deutscher Studien Verlag, Weinheim.

Born, Claudia; Krüger, Helga 1996: Frauen- oder Generationenschicksal: Der weibliche Lebenslauf zwischen Ausbildung und Verrentung (im Erscheinen).

Braemer, Gudrun 1994: Wandel im Selbstbild des Familienernährers? Reflexionen über vierzig Jahre Ehe-, Erwerbs- und Familienleben. Arbeitspapier Nr. 29 des Sfb 186, Universität Bremen.

Braun, Frank; Gravalas, Brigitte 1980: Die Benachteiligung junger Frauen in Ausbildung und Erwerbstätigkeit. DJI-Dokumentation. München.

Bülow-Schramm, Margret 1995: Sie wollten die Hälfte des Himmels und haben die Doppelbelastung bekommen. In: Ende der Familie. Das ganz normale Chaos der Lebensform. Teil II: Veränderung der Familie. Deutscher Gewerkschaftsbund, Hamburg, 51-69.

Deutsches Jugendinstitut (DJI) 1988: Wie geht es der Familie? München.

Diller-Murschall, I.; Schablow, Michael (Hg.) (1981): Was brauchen unsere Kinder in den ersten drei Lebensjahren? Bonn (Arbeiterwohlfahrt).

Engelbrech, Gerhard 1991: Frauenspezifische Restriktionen des Arbeitsmarktes - Situationsbericht und Erklärungsansätze zu Phasen des Berufsverlaufs anhand von IAB-Ergebnissen. In: Mayer, Karl Ulrich, Allmendinger, Jutta; Huinink, Johannes (Hg.): Vom Regen in die Traufe: Frauen zwischen Beruf und Familie. Frankfurt/New York, 91-118.

Frackmann, Margit; Schild, H. 1988: Schulische Berufsausbildung. Bilanz und Perspektiven. Gutachten für die Max-Träger-Stiftung. MTS-Skript 1, Frankfurt/M.

Gerhard, Ute 1978: Verhältnisse und Verhinderungen. Frauenarbeit, Familie und Recht der Frauen im 19. Jahrhundert. Mit Dokumenten. Frankfurt/M.

Gerhardt, Uta; Schütze, Yvonne (Hg.) 1988: Frauensituation. Veränderungen in den letzten zwanzig Jahren. Frankfurt/M.

Giddens, Anthony 1988: Die Konstitution der Gesellschaft. Grundzüge einer Theorie der Strukturierung. Frankfurt/M./New York

Gottschall, Karin 1989: Frauen auf dem bundesrepublikanischen Arbeitsmarkt: Integrationsprozesse mit Widersprüchen und Grenzen. In: Müller, Ursula; Schmidt-Waldherr, Hiltraud (Hg.): FrauenSozialKunde. Wandel und Differenzierung von Lebensformen und Bewußtsein. Bielefeld, 11-41.

Hagemann-White, Carol 1984: Sozialisation: Weiblich-männlich? Reihe: Alltag und Biografie von Mädchen, Bd. 1, Opladen.

Heinz, Walter; Krüger, Helga; Rettke, Ursula; Wachtveitl, Erich; Witzel, Andreas 1985: Hauptsache eine Lehrstelle. Jugendliche vor den Hürden des Arbeitsmarktes. Weinheim/Basel (2. Aufl. 1987).

Hochschild, Arlie R. 1990: Der 48-Stundentag. Wege aus dem Dilemma berufstätiger Eltern. Wien.

Höhn, Charlotte 1980: Rechtliche und demographische Einflüsse auf die Entwicklung der Ehescheidungen seit 1946. In: Zeitschrift für Bevölkerungswissenschaft, 335-371.

Hradil, Stefan 1992: Die "objektive" und die "subjektive" Modernisierung. Der Wandel der westdeutschen Sozialstruktur und die Wiedervereinigung. In: Aus Politik und Zeitgeschichte. Beilage zur Wochenzeitung Das Parlament. B-29-30/92, 10. Juli 1992, 3-14.

Jurczyk, Karin; Rerrich Maria S. (Hg.) 1993: Die Arbeit des Alltags. Beiträge zu einer Soziologie der alltäglichen Lebensführung. Freiburg im Breisgau.

Kaufmann, Franz-Xaver 1990: Zukunft der Familie. München.

Kontos, Sylvia; Walser, Karin 1979: ... Weil nur zählt, was Geld einbringt - Probleme der Hausfrauenarbeit. Gelnhausen.

Krüger, Helga 1991: Doing Gender - Geschlecht als Statuszuweisung im Berufsbildungssystem. In: Brock, Ditmar; Hantsche, Brigitte; Kühnlein, Gertrud; Meulemann, Heiner; Schober, Karin (Hg.): Übergänge in den Beruf. München, 139169.

Krüger, Helga (Hg.) 1992: Frauen und Bildung. Wege der Aneignung und Verwertung von Qualifikationen in weiblichen Erwerbsbiographien. Bielefeld.

Krüger, Helga 1995: Prozessuale Ungleichheit. Geschlecht und Institutionenverknüpfung im Lebenslauf. In: Berger, Peter A.; Sopp, Peter (Hg.): Lebenslauf und Sozialstruktur. Sozialstrukturanalyse 5. Opladen (Leske + Budrich), 133-153.

Krüger, Helga; Born, Claudia; Einemann, Beate, Heintze, Stine; Saifi, Helga 1987: Privatsache Kind - Privatsache Beruf. Zur Lebenssituation von Frauen mit kleinen Kindern in unserer Gesellschaft. Opladen.

Lemmermöhle-Thüsing, Doris 1992: Schulische Berufsorientierung (nicht nur) für Mädchen. Ministerin für die Gleichstellung von Frau und Mann. Nordrhein-Westfalen (Hg.). 3 Bde. (= Dokumente und Berichte Bd. 16), Düsseldorf.

Liegle, Ludwig 1988: Freie Assoziationen von Familien. In: Lüscher, Kurt; Schultheis, Franz; Wehrspaun, Michael (Hg.): Die 'postmoderne Familie'. Konstanz, 98-115.

Lischnewska, M. 1979: Die handwerksmäßige und fachgewerbliche Ausbildung der Frau (1910). In: Brinker-Gabler, Gisela (Hg.): Frauenarbeit und Beruf. Die Frau in der Gesellschaft. Frühe Texte. Frankfurt/M., 20

Mayer, Christine 1992: "... und daß die staatsbürgerliche Erziehung des Mädchens mit der Erziehung zum Weibe zusammenfällt." In: Zeitschrift für Pädagogik, 38. Jg., Nr. 5, 433-454.

Metz-Göckel, Sigrid; Müller, Ursula 1985: Der Mann. Eine repräsentative Untersuchung über die Lebenssituation und das Frauenbild 20- bis 50jähriger Männer im Auftrag der Zeitschrift Brigitte. Hamburg.

Nauck, Bernhard; Onnen-Isemann, Corinna (Hg.) 1995: Familie im Brennpunkt von Wissenschaft und Forschung. Neuwied/Kriftel/Berlin.

Nave-Herz, Rosemarie 1989: Zeitgeschichtlicher Bedeutungswandel von Ehe und Familie in der Bundesrepublik Deutschland. In: Nave-Herz, Rosemarie; Markefka, Manfred (Hg.): Handbuch der Familien- und Jugendforschung, Band 1: Familienforschung. Neuwied und Frankfurt/M., 211-222.

Nienhaus, Ursula 1982: Berufsstand weiblich. Die ersten weiblichen Angestellten. Berlin.

Ostner, Ilona 1988: Die kurze Geschichte der Haus(frauen)arbeit. In: Deutsches Jugendinstitut (Hg.): Wie geht's der Familie? Ein Handbuch zur Situation der Familien heute. München, 205-219.

Ostner, Ilona; Krutwa-Schott, Almut 1981: Krankenpflege - ein Frauenberuf? Bericht über eine empirische Untersuchung. Forschungsberichte aus dem Sonderforschungsbereich 101 der Universität München. Frankfurt/M./New York.

Pechstein, Johannes 1991: Die Mütter sind's. MUT 7/1991, 54-71.

Peuckert, Rüdiger 1991: Familienformen im sozialen Wandel. Opladen.

Preissing, Chr.; Best, E. u.a. 1985: Mädchen in Erziehungseinrichtungen: Erziehung zu Unauffälligkeit. Reihe: Alltag und Biographie von Mädchen, Bd. 10. Opladen.

Prost, Antoine 1993: Grenzen und Zonen des Privaten. In: Aries, Philip; Douby, George (Hg.): Geschichte des privaten Lebens, Bd. 5, Frankfurt/M., 37-60.

Rabe-Kleberg, Ursula 1993: Verantwortlichkeit und Macht: Ein Beitrag zum Verhältnis von Geschlecht und Beruf angesichts der Krise traditioneller Frauenberufe. Wissenschaftliche Reihe Materialien-Argumente Bd. 54. Bielefeld.

Rerrich, Maria S. 1985: Alle reden vom Vater. - Aber wen meinen sie damit? Zur Differenzierung des Vaterbildes. In: Sektion Frauenforschung in den Sozialwissenschaften in der DGS (Hg.): Frauenforschung. Frankfurt/M./New York, 223-232.

Rerrich, Maria S. 1990: Balanceakt Familie. Zwischen alten Leitbildern und neuen Lebensformen. Freiburg im Breisgau.

Rosenbaum, Heide (Hg.) 1974: Strukturwandel der Familie. Frankfurt/M.

Roth, Karin 1995: Das ganz normale Chaos des Lebens. In: Ende der Familie. Das ganz normale Chaos der Lebensform. Teil II: Veränderung der Familie. Deutscher Gewerkschaftsbund, Hamburg, 47-50.

Sachverständigenkommission 6. Jugendbericht (Hg.) 1988: "Verbesserung der Chancengleichheit von Mädchen in der Bundesrepublik". Bericht der Kommission. Reihe: Alltag und Biographie von Mädchen, Bd. 16. Opladen.

Schlüter, Anne 1987: Neue Hüte - alte Hüte? Gewerbliche Berufsbildung für Mädchen zu Beginn des 20. Jahrhunderts - zur Geschichte ihrer Institutionalisierung. Düsseldorf.

Schober, Karen; Chaberny, Annelore 1983: Bin tief enttäuscht. Werde mich aber weiter bewerben. Untersuchung der bis zum 30.9.82 nicht vermittelten Bewerberinnen um eine Ausbildungsstelle. MatAB 10/1983.

Strohmeier, Klaus Peter 1993: Pluralisierung und Polarisierung der Lebensformen in Deutschland. In: Aus Politik und Zeitgeschichte. Beilage zur Wochenzeitung Das Parlament. B 17/93, 23. April 1993, 11-22.

Vascovics, Laszlo 1993: Rolle der Familie und der Familienpolitik in der gegenwärtigen gesellschaftlichen Realität. Deutsche Nationalkommission für das Internationale Jahr der Familie 1994 (Hg.): Familienreport 1994, 85-93.

Zeiher, Helga 1983: Die vielen Räume der Kinder. Zum Wandel räumlicher Lebensbedingungen seit 1945. In: Preuss-Lausitz, U. u.a. (Hg.): Kriegskinder, Konsumkinder, Krisenkinder. Zur Sozialisationsgeschichte seit dem 2. Weltkrieg. Weinheim/Basel, 176-194.

Arbeit und Identität

Lucia Stanko

1. Die Bedeutung von Arbeit für Identität - Einleitende Überlegungen

Arbeit als Erwerbs- bzw. Berufsarbeit ist für die Identität von großer Relevanz. Folgende Situationen können dies kurz veranschaulichen:

1. Man stelle sich ein Gespräch vor, in dem ein Fremder danach fragt, 'wer man sei und was man mache'. Sehr wahrscheinlich wird man spontan mit seiner beruflichen Tätigkeit antworten, also zuerst Auskunft über seine Arbeits- bzw. Berufs*identität* geben. Dies deutet auf ein *Selbst*verständnis hin, das zentral beruflich orientiert ist bzw. sich wesentlich von der Arbeit her definiert.

2. Erlebnisse in der Berufsarbeit, die eine Person veranlassen, sich zu fragen, ob sie die aktuelle berufliche Tätigkeit wirklich mit sich selbst, den eigenen Wünschen und Ansprüchen vereinbaren kann oder das Erleben von Arbeitslosigkeit werden oftmals als eine „Identitätskrise" erfahren. Dies weist auf die *psycho-soziale* Dimension des Verhältnisses von Arbeit und Identität hin, darauf, daß wir unsere Arbeit, unsere Arbeitstätigkeit „einverleibt", verinnerlicht haben, daß sie Teil unserer Identität, unseres Selbst ist. Erst in der Krise werden wir uns dessen richtig bewußt.

Interviews mit Arbeitslosen liefern zahlreiche Beispiele dafür, was es für den einzelnen bedeutet, nicht mehr in das Erwerbsarbeitssystem integriert zu sein: Es fehlt die soziale Anerkennung für das eigene Können: die fachliche wie die soziale Kompetenz; Familie, Hausarbeit und Freunde können dies nicht ersetzen. Ohne Erwerbsarbeit fehlen wichtige kommunikative Bezüge, ein Gefühl des Isoliertseins kann sich einstellen. Regelmäßiges Arbeiten, festgelegte Arbeitszeiten, insbes. das Erfordernis der Pünktlichkeit werden in der alltäglichen Arbeit oftmals beklagt, in der Situation der Arbeitslosigkeit wird aber evident, wie sehr eine solche Strukturierung des Tages vermißt werden kann: „(...) Und auch Druck brauch ich. So komisch das klingen mag. Der Druck beispielsweise, aufstehen zu müssen, auch wenn ich keine Lust hab. Und hinterher das Gefühl, verdammt, hast dich doch mal wieder überwunden. Oder auch abends ins Bett gehen zu können und zu denken, heute hast du mal was Sinnvolles gemacht. Das sind alles Dinge, finde ich, die nur 'ne Berufstätigkeit bringen kann." Oder auch: „Ich wär nicht so ein Typ, der zu Hause sein könnte und so meine Zeit mit Volkshochschulkursen ausfüllen. Das würde mir eigentlich nicht reichen. Ich möchte schon was Volles machen. Weißt du, so gesellschaftliche Arbeit ist doch immer was anderes, als wenn ich so zu Hause sitze." (...) Über diese Form der Arbeit „kriegst du aber auch Anregungen, du hast Gespräche, du hast eine Tagesstruktur" (Biermann, Ziebell 1983, 32f., vgl. ferner zu dieser Thematik: Neumann 1988, 267 ff., Glaß 1988, 276 ff.).

Diese Punkte verweisen auf den zentralen Stellenwert, den Erwerbsarbeit in der modernen, kapitalistisch verfaßten Gesellschaft - nach wie vor - hat. Trotz der immer wiederkehrenden Infragestellung der Zentralität von Erwerbsarbeit - gerade im Zuge der Wertewandeldiskussion oder der Debatte über das 'Ende der Arbeitsgesellschaft', kann sie nach wie vor als der bedeutende Vergesellschaftungsmodus angesehen werden. Die soziale Integration des einzelnen und die damit verbundene soziale Anerkennung erfolgen in starkem Maße über das Erwerbsarbeitssystem. Lebenssinn - so kann man zumindest aus den Interviewpassagen schließen - konstituiert sich zu einem bedeutenden Teil in und durch die berufliche Tätigkeit. Es ist somit nur zu plausibel, daß Identität wesentlich von

(Berufs-)Arbeit geprägt und diese für die Identität von großer Relevanz ist. Mit dieser Formulierung soll auf zweierlei hingewiesen werden: Erwerbsarbeit, die mit ihr einhergehenden (Leistungs-) Normen, Werte, Orientierungsmuster *prägen* zum einen Identität/Subjektivität (also ein im Grunde passiver Vorgang), zum anderen aber *identifiziert sich* der einzelne auch mit seiner Arbeit - sie wird ihm nicht einfach aufgezwungen-, sei dies aus finanziellen Sicherheitsaspekten, Gründen der Selbstverwirklichung oder Karriere-/Statusstreben. Dies ist ein aktiver, mehr oder weniger bewußter Vorgang, durch den das Subjekt sich in bezug auf Arbeit auch *selbst* konstituiert. Gerade auch aufgrund dieser *Identifikation* ist die Arbeitslosigkeit so ein gravierendes *psychologisches* Problem (vgl. zum psychologischen Zusammenhang von Identität und Identifizierung explizit Erikson 1993, 138 ff. oder auch Laplanche, Pontalis 1991, 219 ff.).

Daß Arbeit jedoch überhaupt einen so großen Einfluß auf Identität ausübt, genauer: eine so herausgehobene Bedeutung für die Identitätsbildung und -entwicklung hat, ist das Ergebnis eines langen historischen Prozesses, in dessen Verlauf sich Form und Bedeutung von Arbeit grundlegend gewandelt haben. Dieser Artikel geht deshalb zunächst den folgenden Annahmen nach:
1. In allen vormodernen Gesellschaften war Arbeiten wesentlich auf die Bedarfssicherung konzentriert, die von Gesellschaft zu Gesellschaft entsprechend der Entwicklung der Produktivkräfte je unterschiedlich war. Es gab 2. keinen *inneren* Antrieb über diesen Zweck hinaus zu arbeiten. 3. Erst mit der Herausbildung des Kapitalismus, mit der sich verändernden Produktionsweise und der damit einhergehenden *Formveränderung von Arbeit* (hin zur „formell freien Arbeit") vollzog sich auch eine wesentliche *Formveränderung von Subjektivität bzw. Identität*: „(...) die neuen Produktions- und Vergesellschaftungsprinzipien (*mußten*) auch zu psychischen Strukturprinzipien werden" (Krovoza 1976, 72), zu einem Teil der (sozialen) Identität. M. a. W.: Den Individuen wurden mit der Veränderung der alten Lebensweise Verhaltensanforderungen abverlangt, „die auf eine Neuorganisation >innerer Natur< und des psychischen Apparats hinausliefen" (Krovoza a.a.O. 73).

Man kann deshalb konstatieren: Erst in diesem historischen Übergangsprozeß, in dem die Arbeit als Erwerbs- bzw. Berufsarbeit zum Existenzgrund der Gesellschaft sich entwickelte und damit wesentlicher Bezugspunkt des einzelnen wurde, wurde auch die Frage nach der Bedeutung der Arbeit für die Identität überhaupt thematisch.

Der nächste Teil des Artikels wird sich ausführlich mit dem Identitätsbegriff - der im vorherigen (der 'Natur' der Sache nach) immer schon impliziert war - beschäftigen. Es wird hier insbesondere auf die Identitätstheorie des amerikanischen Pragmatisten und Sozialpsychologen George H. Mead in ihren Hauptdimensionen eingegangen, da man mit seiner Theorie
1. sehr klar den Verinnerlichungsprozeß der für eine Gesellschaft konstitutiven Prinzipien herausarbeiten kann (Bildung einer sozialen Identität, eines sozialen Selbst) und
2. es mit dieser Theorie möglich ist, zugleich die Dimension der Selbstverwirklichung zu erfassen.
3. Obwohl Mead explizit kaum über den Zusammenhang von Arbeit und Identität geschrieben hat, gibt es doch Passagen in seinem Werk, die auf die Dimension der Selbstverwirklichung durch Arbeit hinweisen. Mit diesen wird es möglich, im Hinblick auf *berufliche Identitätsfindung* zu einigen zentralen Überlegungen zu kommen.

2. Zum Form- und Bedeutungswandel von Arbeit

Arbeit ist eine der elementarsten Tätigkeiten bzw. Handlungsweisen des Menschen. Sie ist, worauf Riedel explizit hinweist, weder 'reines' noch nur 'freies' Handeln, vielmehr bestimmt durch im Laufe der Geschichte sich verändernde Herrschafts- und Gesellschaftsverhältnisse, durch Natur und durch Bedürfnisse der Menschen. Arbeit als Vermittlung zwischen Mensch und Natur ist „ (...) ein gesellschaftlich-geschichtlich situiertes Handeln" (Riedel 1973, 127).

Diese wenigen Sätze sind bereits äußerst implikationsreich. Es ist hier nur kurz - im Sinne einer Zwischenbemerkung - auf zwei Aspekte, die das Aufeinanderbezogensein von Arbeit und Identität implizieren, einzugehen:
1. Arbeit ist in gewisser Weise von Natur abhängig/bestimmt, insofern die konkrete Natur/der Naturstoff eine bestimmte Art des Arbeitens 'erzwingt' (bspw. das Bearbeiten durch die Hand, Werkzeuge oder Maschinen; im agrarischen Bereich z.B. das Arbeiten in Abhängigkeit von Naturzyklen), zugleich ist die den Menschen umgebende Natur (seine 'äußere' Natur als unterschieden von seiner eigenen (physisch-psychischen) Natur und doch durch das Arbeiten auch wieder mit dieser vermittelt) von dem Moment an, wo sie - zum Zwecke der Bedürfnisbefriedigung - angeeignet, bearbeitet wird, nicht einfach mehr eine 'natürliche Kategorie', sondern gesellschaftlich verändert/bestimmt. Mensch und Natur treten, vermittelt durch den Prozeß der Arbeit, in eine neue Form der Wechselbeziehung (vgl. hierzu u.a. Marx/Engels 1961, 192 f., Hegel 1986, Bd. 7, hier: § 196 oder auch Schmale 1995, 34).
2. Arbeit ist - wenn man eine Systematisierung Riedels aufgreift - ein Spezialfall des Handelns. Sie ist als *selbst* geplantes, überlegtes und gewolltes Handeln in dieser Form nur dem Menschen eigen, obwohl wir alltagssprachlich bspw. auch davon reden, daß Tiere oder Maschinen arbeiten (vgl. dazu ausführlich Riedel: 1973, 137 ff., Marx/Engels a.a.O., 193).

Wesentlich für das hier zu Diskutierende ist, daß Arbeit, die unabhängig von der jeweiligen Gesellschaftsform zur Existenzsicherung notwendig ist, nur in ihrem je spezifisch historischen Kontext begriffen werden kann: Ihre Bedeutung (ihr Stellenwert), ihre Form und ihre Inhalte in archaischen Gesellschaften, in der Antike, in agrarisch-handwerklichen (feudalen) und in modernen, industriekapitalistischen Gesellschaften sind je verschieden.

Im folgenden wird kurz auf die archaische Gesellschaft und die antike Klassengesellschaft eingegangen, das Hauptaugenmerk liegt auf dem Übergang von Feudalismus zu Industriekapitalismus, da in dieser Zeit sich die wesentlichen Veränderungen in der Sozialstruktur und damit zusammenhängend von Arbeit und der Bedeutung von Arbeit vollzogen, die für das heutige Verständnis von Erwerbs-/Berufsarbeit konstitutiv sind.

2.1 Arbeit in archaischen Gesellschaften

Sogenannte primitive, archaische Gesellschaften beruhten im wesentlichen auf der Institution (also den Regelungen) des Verwandtschaftssystems, nicht aber auf einem komplexen arbeitsteiligen System. „ (...) das Verwandtschaftssystem (ist) aufs feinste ausgefeilt und legt die vielfältigsten Verpflichtungen und Rechte genau fest, denn es erfüllt zugleich wirtschaftliche, politische und religiöse Funktionen" (Luckmann 1972, 169). Die Arbeitsteilung primitiver Gesellschaften war maßgeblich durch das Alter und das Geschlecht bestimmt. Dies gilt auch heute noch für Naturvölker.

Zwar notwendig für die Sicherung des Lebensunterhalts, war Arbeit nicht etwas, das individuell oder gesellschaftlich gegenüber anderen Tätigkeiten eine herausgehobene Bedeutung gehabt hätte bzw. an und für sich erstrebenswert war. In Entgegensetzung zu modernen, funktional differenzierten Gesellschaften, gab es keine gegeneinander abgegrenzten Funktionsbereiche, die primär als ökonomische, politische, religiöse etc. hätten identifiziert werden können. Diese verschiedenen Funktionen verschmolzen vielmehr - worauf Luckmann nachdrücklich hinweist (vgl. a.a.O., 184) - in Handlungsabläufen bzw. kann man vielleicht sagen, daß in einzelnen sozialen Handlungen (so auch im Arbeiten) immer zugleich auch andere gesellschaftlich wichtige und konstitutive Funktionen mitvollzogen wurden. „So ist zum Beispiel eine Jagd nicht nur ein Verhaltenskomplex, der für die wirtschaftliche Basis der Gesellschaft relevant ist, sondern manifestiert zugleich auch die Herrschaftsstruktur dieser Gesellschaft, verkörpert deren Verwandtschaftsordnung und stellt eine religiös bedeutsame Handlung dar" (Luckmann 1972, 184). Eingebettet in eine für alle Gesellschaftsmitglieder gleich relevante und verbindliche religiös legitimierte Welt-/Wirklichkeitsauffassung, war das Handeln des einzelnen primär nur auf den Nachvollzug und die Bestätigung der bestehenden gesellschaftlichen Ordnung gerichtet, nicht - bzw. nur insofern es im Rahmen des Bestehenden funktional war - auch Ausdruck seiner Besonderheit/Individualität. Identität bedeutete also wesentlich soziale Identität. Das folgende sei hierzu noch angemerkt: In seiner Arbeit „Über die soziale Teilung der Arbeit" zeigt Durkheim das für den sozialen Zusammenhalt („Solidarität") primitiver, gering arbeitsteiliger Gesellschaften konstitutive „Kollektivbewußtsein" auf. Der einzelne, seine Besonderheit muß hinter das Allgemeine, Kollektive zurücktreten (vgl. Durkheim 1992, 181f.). Mario Erdheim verweist in seinen ethnopsychoanalytischen Studien ebenfalls auf diesen Aspekt: Auch bei heutigen Naturvölkern muß der einzelne - zum Zwecke des Bestands der Gesellschaft - primär gemäß der Tradition handeln. Die - gerade in der Adoleszenz - sich entwickelnde Kreativität und psychische Dynamik aufgrund derer die traditionellen Normen und Werte verändert werden könnten, werden durch Pubertäts- bzw. Initiationsriten einzudämmen und auf die Tradition zu fixieren versucht (vgl. Erdheim 1992, 284 ff. oder ders. 1994, 212 f.).

2.2 Arbeit in der antiken Klassengesellschaft

Während nun in den archaischen Gesellschaften subsistenzwirtschaftliches Arbeiten nicht als gesonderte oder besondere Tätigkeit für den einzelnen - seine Identität - und für die Gesellschaft hervortrat, erfuhr sie in der Antike eine eindeutige negative Wertung (und damit Besonderung), die aus der Herrschaftsstruktur dieser Gesellschaft resultiert.

Die zur Bedarfssicherung notwendige Arbeit wurde in der antiken Klassengesellschaft im wesentlichen durch Sklaven verrichtet. Die Arbeit von Bauern und Handwerkern und damit auch ihre gesellschaftliche Stellung wurde denen der Sklaven gleichgesetzt (vgl. u.a. Walther 1990, 6). Gebunden zu sein an die notwendige (körperliche) Arbeit bedeutete, kein Recht zur Teilhabe an den Tätigkeiten in der öffentlichen Sphäre (der pólis) zu haben, die - im Gegensatz zu den Arbeiten im oíkos (Haus-, Landbesitz) - als höherwertig eingestuft wurden. „(...) Arbeiten bedeutete, 'der Notwendigkeit untertan zu sein'. Und eine derartige Unterwerfung konnte nur hinnehmen, wer - wie die Sklaven - das Leben der Freiheit vorgezogen und damit seinen unterwürfigen Sinn unter Beweis gestellt hatte. (...) Der freie Mann weigert sich, der Notwendigkeit untertan zu sein" (Gorz 1989, 28 f.; vgl. hierzu weiter ausführlich Arendt 1996, 38 ff.). Weitestgehend vom Zwang zur Arbeit befreit, sah der Freie sein eigentliches Wirken in der geistigen Betätigung zum Wohle der pólis.

Notwendige, bedarfssichernde Arbeit, als minderwertig eingestuft, war keine Tätigkeit, worüber soziale Anerkennung (für die eigene Identität/das Selbstbewußtsein) hätte gesichert werden können. Nur in diesem Zusammenhang ist wohl Gorz' weitere Aussage zu verstehen, wenn er sagt, daß „ (...) die Vorstellung von >Arbeitern< als einer gesellschaftlichen Kategorie unmöglich gewesen (wäre): Verwiesen auf die Knechtschaft und eingeschlossen in den Haushalt vermittelte die >Arbeit< keinerlei >soziale Identität<; sie definierte vielmehr die Privatexistenz und schloß alle ihr Unterworfenen aus dem öffentlichen Leben aus" (Gorz a.a.O., 31). (Zur philosophischen Begründung dieser Wertigkeit bzw. Wertehierarchie von in 'praxis' (geistiges) Handeln, 'poiesis' (Hervorbringen/Arbeiten) und 'techne' („Kunst") unterschiedenen Tätigkeiten durch Aristoteles vgl. bei Riedel a.a.O., 130 ff., Walther: a.a.O., 6 f. oder auch: Krüger 1971, 481; 'Techne' stand - worauf Walther hinweist - in gewisser Weise zwischen der unwürdigen (körperlichen) Arbeit und dem geistigen Handeln, trotzdem galt für Aristoteles: „'Die bloß freien Leute', also z.B. die geschickteren Handwerker (banausos), können nicht Bürger werden, solange sie nicht obendrein 'von der Notdurft des Lebens frei sind'" (vgl. Walther a.a.O., 6).

2.3 Die Veränderung von Arbeit im Übergang vom Feudalismus zum Kapitalismus

Auch für die (frühe) feudale Ständegesellschaft galt noch, daß Arbeit zur Subsistenzsicherung notwendig, nicht aber als solche „ (...) besonders ehrenvoll oder erstrebenswert war. Wer sein Leben nicht anders als durch Arbeit bestreiten kann, gibt damit zu erkennen, daß er weder über Mittel noch Fähigkeiten verfügt, den Herrschaftsständen anzugehören" (Negt 1984, 42).

Kennzeichnend für die frühe feudale Gesellschaft war die Kernstruktur Leibeigene/ Grundherren und eine Produktionsweise zur Abdeckung des (täglichen) Bedarfs. Die Leibeigenen (untertänigen Bauern) produzierten nur so viel über die eigene Subsistenz hinaus (Schaffung eines agrarischen bzw. feudalen Surplus), wie sie an Naturalrente (später Geldrente) bzw. Zehnten an die Feudalherren (Adel und Klerus) abgeben mußten. Die Agrarwirtschaft war die für die (frühe) Feudalgesellschaft wesentliche Existenzgrundlage. Über Land zu verfügen bedeutete, ökonomische und politische Macht zu besitzen. „Grundherrschaft war Herrschaft, ein Machtverhältnis und kein Zustand freiwilliger Arbeitsteilung. Sie war eine besondere Form der Aneignung von Teilen des landwirtschaftlichen Mehrprodukts durch Inhaber von Macht (...)." (Borchardt, zitiert nach Kromphardt 1987, 46; vgl. zu diesem Aspekt weiter ausführlich Kromphardt 1987, 44 ff. oder auch Ritsert 1988 b, 48 ff.). Die Arbeit der Untertänigen, generell ihr Leben war an den unmittelbar zu erledigenden Aufgaben (vornehmlich landwirtschaftliche, aber auch handwerkliche Tätigkeiten) für das tägliche (Über-)Leben orientiert, an der 'Logik des Notwendigen', wie E. P. Thompson sagt (vgl. Thompson 1980, 39). Es gab keine abstrakten Zeitvorgaben für die Arbeitstätigkeit, die Dauer der Tätigkeit richtete sich vielmehr nach der jeweiligen Aufgabe. Zeiten höchster Arbeitsintensität wechselten mit Phasen eines gewissen Müßiggangs. Vergleichbares ist über das städtische Handwerk zu sagen: Die handwerkliche Produktion war auf die Subsistenzsicherung als Handwerker gerichtet, die Produktion erfolgte nicht für anonyme Märkte, sondern nur nach Bestellung. Der Arbeitsrhythmus, das Tempo des Arbeitens waren durch die konkrete Arbeit, durch das individuelle Geschick des einzelnen bestimmt: „Die Zeitstrukturen des Handwerks sind eng mit den Zeitmaßen verbunden, die die künstlerische Gestaltung eines Werkes eben erforderte. Sie sind deshalb - im Vergleich zur modernen Arbeitszeit -

>gemächlich< und an der Aufgabe der Vollendung eines Werkes orientiert (...)" (Neckel zitiert nach Scharf 1988, 145).

In dem Maße wie der Handel bzw. das Handelskapital in der feudalen Gesellschaft an Bedeutung gewann - was seine Ursache u.a. darin hatte, daß die Feudalherren sich untereinander in Konsum bzw. Prunksucht zu übertreffen versuchten sowie (damit zusammenhängend) in der zunehmenden Bedeutung des Fernhandels (vgl. dazu bspw. Kromphardt a.a.O. oder auch Sweezy 1978, 41 ff.) - veränderte sich auch das Ziel des bisherigen Arbeitens: nicht mehr die Selbstversorgung (Autarkie) und die Bedarfsorientierung waren Basis der feudalen Produktionsweise, im Vordergrund stand zunehmend eine gezielte *Mehr*produktion für (anonyme) Märkte. Damit wurden keine grundlegenden, aber doch erste Schritte hin zu einer Veränderung traditioneller Lebens- und Arbeitsweisen (und einem damit verbundenen Selbstverständnis) vollzogen.

Je mehr nämlich die Händler die Landbevölkerung über das Verlagssystem an sich binden konnten, beeinflußten sie auch deren Arbeits- und Lebensgewohnheiten. Scharf beschreibt bspw., wie das Handelskapital durch Herabsetzung des Stückpreises die Mehrproduktion forcierte und dadurch die tägliche Arbeitszeit verlängert werden mußte: „Um die verlegten Handwerker zur Produktion von mehr Waren zu motivieren, setzten die Verleger die Lohnsätze herab. Freiwillig produzierten die Handwerker so lange, bis sie meinten, mit dem erzielten Lohn ihre traditionellen Bedürfnisse befriedigen zu können. Bei niedrigen Stücklöhnen mußten sie mehr Waren produzieren, d.h. ihre Arbeitszeit verlängern" (Scharf 1988, 148).

Das ökonomische Interesse des Handelskapitals an möglichst schnellem und großem Umsatz der produzierten Waren griff also bereits in gewohnte Lebens- und Arbeitsverhältnisse ein, deren *tiefgreifende Transformation* aber fand erst mit der Herausbildung des *Kapitalismus*, der Entstehung *kapitalistischer Betriebe* statt.

Die 'Eigenarten' des *modernen, abendländischen Kapitalismus* analysierend, stellt Max Weber fest, daß der okzidentale Kapitalismus nicht einfach mit schrankenloser Erwerbsgier oder bloßem Streben nach Gewinn gleichzusetzen sei (das hat es auch in früheren bzw. anderen Gesellschaften gegeben), sondern der Kapitalismus ist - so Weber - „identisch mit dem Streben nach *Gewinn*: im kontinuierlichen, rationalen, kapitalistischen Betrieb; nach immer *erneutem* Gewinn: nach >*Rentabilität*<" (Weber 1984, 12).

Eine „überlegene Produktionstechnik, ausreichende Absatzmärkte und eine ausreichende Geldkapitalbildung" (vgl. hierzu u.a. Kromphardt a.a.O., 51 ff.) sind für die Durchsetzung kapitalistischer Unternehmungen notwendig, die wichtigste Bedingung aber eines auf exakter Kalkulation basierenden kapitalistischen Betriebes, ist die Existenz 'formell freier Arbeit(er)', deren rational-kapitalistische Organisation. Weber verweist in diesem Zusammenhang auf zwei weitere wesentliche Momente des Kapitalismus: 1. auf die institutionelle Trennung von Haushalt und Betrieb und 2. auf die Grundstruktur kapitalistischer (Eigentums-)Verhältnisse: auf den - wie Weber es nennt - modernen Gegensatz zwischen großindustriellem Unternehmer (Eigentümer der Produktionsmittel schlechthin) und freiem Lohnarbeiter (vgl. Weber 1984, 17 f.).

'Freigesetzt' von Grund und Boden, über keine Produktionsmittel (mehr) verfügend, waren die 'formell freien Arbeiter' gezwungen, ihre Arbeitskraft zu *verkaufen*. (In „Die sogenannte ursprüngliche Akkumulation" beschreibt und analysiert Marx die oftmals äußerst gewaltförmigen Prozesse der Trennung der Produzenten von ihren Produktionsmitteln (vgl. Marx/Engels 1961, 741 ff.). In der Verwirklichung ihrer ökonomischen Zielsetzung, d.h. im Bestreben nach immer erneutem Gewinn/Rentabilität war die Kapitalseite auf die Beständigkeit (Regelmäßigkeit) und Zuverlässigkeit der Arbeitskräfte - als *dem* wertschaffenden Faktor - angewiesen. In der Entstehungsphase des abendländischen Kapitalismus aber war es der 'ersten Lohnarbeitergeneration' fremd, nach den Kriterien von Pünktlichkeit, Regelmäßigkeit oder gar nach der Devise „Zeit ist Geld" zu arbeiten. Vielmehr blieben sie zunächst ihren alten Arbeits- und Lebensgewohnheiten verhaftet: dem Prinzip, nur so lange zu arbeiten, wie es zur Bedarfssicherung notwendig war und Phasen höchster Arbeitsintensität auch mit Phasen des Müßiggangs alternieren zu lassen - was E. P.Thompson als die „charakteristische Unregelmäßigkeit" der bisherigen Arbeits- und Lebensverhältnisse bezeichnet. Ihr Widerstand gegen die Einverleibung der für die kapitalistische Produktionsweise konstitutiven Prinzipien, äußerte sich vor allem in Absentismus (u.a. die Beibehaltung des „blauen Montags") und in einer hohen Fluktuation. (Pollard verweist bspw. darauf, daß der 'Umschlag' an Arbeitskräften in manchen Betrieben im Jahr bei bis zu 100% lag, vgl. Pollard 1967, 159 ff. und weiter zu diesem Aspekt Thompson 1980, 46 ff., Deutschmann 1983, 502 ff.).

Verschiedene (Einfluß-)Faktoren wirkten schließlich im Hinblick auf die Errichtung einer „*inneren Verpflichtungsstruktur* (Arbeitsethos, Sekundärtugenden)" (Treiber 1990, 149) zusammen.

Äußere Zwangs- bzw. Disziplinierungsmaßnahmen - u.a. in der Form von Geld-/ Prügelstrafen oder auch Prämien für erbrachte Leistungen - sollten die alten Arbeitsorientierungen verändern. Sie alleine wären allerdings auf Dauer nicht ausreichend gewesen, eine *neue geistige Haltung* und *innere Antriebsstruktur* i.S. der kapitalistischen Produktionsweise hervorzubringen und zu stabilisieren. Eine Erziehung im 'Geiste des Kapitalismus' war notwendig.

Max Weber hat in seiner Untersuchung über die 'Protestantische Ethik' - idealtypisch - aufzeigen können, daß bestimmte religiöse Glaubensinhalte *ein* wesentliches Moment in der Entstehung und Durchsetzung des 'kapitalistischen Geistes' (bestimmter Gesinnungen, einer praktisch-rationalen Lebensführung) waren. Die protestantische Ethik im Gegensatz zur traditionalistischen (des Katholizismus) führte - so Webers zentrale These - zu einer sittlichen Qualifizierung und religiösen Auszeichnung der weltlichen Berufsarbeit. Dieser innere Zusammenhang von Religiosität und Berufsarbeit als sittlicher Verpflichtung wurde insbesondere durch die Prädestinationslehre des Calvinismus vorangetrieben: Nicht wissend ob selbst zu den Auserwählten Gottes (für ein ewiges, jenseitiges Leben) gehörend, suchte der einzelne ein Anzeichen für seinen Gnadenstand. Dieses Zeichen - letztlich aber auch kein sicheres Merkmal - konnte er sich nur durch rastlose Berufsarbeit und kontinuierlichen Erfolg sichern (vgl. hierzu Weber 1984, 127 ff.). Ein Ausruhen auf dem Erworbenen war unmöglich, ein *beständiges* Arbeiten zur Sicherung der eigenen Heilsgewißheit war gefordert. „Der Gott des Calvinisten verlangte von den Seinigen nicht einzelne >gute Werke<, sondern eine zum *System* gesteigerte Werkheiligkeit" (Weber 1984, 133). Um die Kontinuität zu wahren und den Erfolg (Gewinn) möglichst zu maximieren, war eine rationale, asketisch-methodische Lebensführung, eine 'systematische *Selbst*kontrolle' notwendig (vgl. hierzu auch Ritsert 1988 a, 232 ff.).

Entscheidend in dem hier diskutierten Zusammenhang ist, daß über die Protestantische Ethik ein *Arbeitsethos* entstand: eine *innere* sittliche Verpflichtung zur Berufsarbeit; Berufsarbeit wurde zum Selbstzweck. Waren die typischen „Kulturträger" des frühen kapitalistischen Geistes, zunächst - so Weber - die „aufstrebenden Schichten des gewerblichen Mittelstandes" (Weber 1984, 55), so war es Ergebnis eines sehr langen Erziehungsprozesses, bis die Arbeiter die neue Gesinnung, die 'Hingabe an die (Berufs-)Arbeit als Selbstzweck' internalisierten, diese Haltung also Teil ihrer (sozialen) Identität wurde (vgl. hierzu auch Weber a.a.O., 52 ff.).

Es ist somit festzuhalten, daß eine völlig neue Einstellung zur Arbeit, eine grundlegende 'Re-*formation*' des bisherigen *Selbst*verständnisses bewirkt wurde: Im Gegensatz zu allen vormodernen, präkapitalistischen Gesellschaften in denen Arbeit Sicherung des täglichen Bedarfs bedeutete, verlangt(e) die Logik des kapitalistischen Betriebs (s.o.) vom einzelnen nicht einfach notwendige Arbeit zur Lebenserhaltung, sondern das *Gebot* des Arbeitens um der Arbeit willen. Letzteres bedurfte der Verknüpfung der Berufsarbeit mit einem spezifischen Ethos: Verpflichtung zur Arbeit als (absolutem) Selbstzweck. Hinzu kam, daß die Abwertung der körperlichen Arbeit spätestens mit der Eigentums- bzw. Arbeits(wert)theorie John Lockes' (zum Ende des 17. Jahrhunderts) in ihr Gegenteil verkehrt wurde. Locke konstatierte, daß dem Eigentum bzw. Reichtum die menschliche Arbeit zugrunde liege. Adam Smith führte diese 'Entdeckung' Lockes ein Jahrhundert später mit seiner Unterscheidung von produktivem und unproduktivem Handeln weiter aus: „Nach Smith ist die Tätigkeit gerade der Herrschaftsstände der vorindustriellen (antiken und mittelalterlich-frühneuzeitlichen) Kultur, wie z.B. der Krieger, Politiker und Juristen, ohne Wert, weil sie sich nicht in einem dauerhaften Gegenstand oder einem Werk realisiert. Ihre >Praxis< - zu der Smith auch das Handeln der Philosophen und Künstler rechnet - wird als >unproduktiv< gedeutet und von der obersten Stelle in der Rangordnung menschlicher Tätigkeiten verwiesen" (Riedel 1973, 132 f.).

Die Zweck-Mittel Verkehrung bei der der Mensch „auf das Erwerben als Zweck seines Lebens, nicht mehr das Erwerben auf den Menschen als Mittel zum Zweck der Befriedigung seiner materiellen Lebensbedürfnisse bezogen (ist)" (Weber 1984, 44, vgl. auch a.a.O., 59, 66) hat Weber als „irrationales Moment" der Berufsarbeit qualifiziert. In dem Maße aber, wie die neuen Verhaltensanforderungen verinnerlicht waren, sich also ein *neuer Sozialcharakter* herausgebildet und verfestigt hatte (vgl. dazu Abschnitt 3.2 dieses Artikels) und Arbeit als produktive aufgewertet wurde, konnte auch eine aktive (identifizierende) Bezugnahme des Subjekts zu seiner Berufs-/Erwerbsarbeit entstehen: Erwerbsarbeit wurde und ist in der Tat mehr als 'nur' ein Mittel zum Zweck der Existenzsicherung. Sie ist auch ein wesentliches Moment der Selbstverwirklichung, der Konstituierung von Lebenssinn - wie begrenzt das im konkreten Fall auch immer sein mag (vgl. auch hierzu Abschnitt 3.2).

3. Identität - Versuch einer (Begriffs-)Bestimmung

Identität entzieht sich einer einfachen Bestimmung. Wie schwierig es ist, dieses (psychosoziale) „Verhältnis, das sich zu sich selbst verhält" (Kierkegaard), begrifflich zu erfassen, kann die folgende Palette von Ausdrücken bloß anzeigen: Ich-Identität, persönliche und soziale Identität, soziales/personales Selbst, Selbst-/Identitätsgefühl, Ich-Selbst, Selbst-Identität etc. etc. (vgl. zu den diesen Begriffen zugrundeliegenden z.T. sehr unterschiedlichen theoretischen Ansätzen, bspw. Conzen 1990, 75 ff., Erikson 1970, 226 ff., Bohleber 1996, 268 ff.).

Angesichts dieser Vielzahl von Identitätsbegriffen (vgl. hierzu bspw. Deusinger 1989, 79, Marquardt 1979), ist es notwendig, trotz aller Vereinfachung, die dies birgt, zunächst eine basale Bestimmung von Identität vorzunehmen: Identität - in dem hier diskutierten

Zusammenhang - meint das mit sich selbst identische - einheitliche - Subjekt. Erik H. Erikson beschreibt die (Ich-)Identität als das subjektive Gefühl der Selbstgleichheit und Kontinuität, wobei hierfür - genetisch betrachtet - immer zugleich die Anerkennung (bedeutsamer) anderer notwendig ist. Pointierter: Ein (lebendiges) Identitäts- bzw. Selbstgefühl kann sich nur über eine *ernsthaft gemeinte* Anerkennung anderer herstellen und entfalten (vgl. hierzu Erikson 1993, 107 ff.; Bohleber bspw. begreift das Identitätsgefühl - auch im Anschluß u.a. an Erikson - als *das* Regulations- bzw. Steuerungsprinzip zur Herstellung der Einheitlichkeit von Identität, vgl. Bohleber 1996, 299 f.). Die Konstituierung von Identität kann - so George H. Mead - immer nur in einem gesellschaftlichen Erfahrungs- und Tätigkeitsprozeß entstehen, „ das heißt im jeweiligen Individuum als Ergebnis seiner Beziehungen zu diesem Prozeß als Ganzem und zu anderen Individuen innerhalb dieses Prozesses" (Mead 1973, 177, vgl. auch Mead 1987, 311 ff.).

Diese erste Annäherung an den Identitätsbegriff impliziert (mindestens) das Folgende:
1. Die Identitätsbildung und -entwicklung ist nicht als nur aus dem Individuum heraus entstanden zu begreifen, sondern setzt notwendig die Bezugnahme auf andere und anderes voraus. Es gibt keine unmittelbare Erfahrbarkeit der eigenen Identität. Das 'Verhältnis, das sich zu sich selbst verhält' ist also nicht Ausdruck einer Monade (Leibniz), sondern unabdingbar sozial vermittelt. (Für weitere Erläuterungen vgl. u.a. Daniel 1981, 9 ff., Kahsnitz 1972, 195 ff.).
2. Die Identität (das Selbst, die beiden Begriffe werden hier synonym verwendet) eines Individuums wird von Anbeginn durch wichtige Bezugspersonen und durch die je konkret historisch-gesellschaftlichen Normen und Werte geprägt.
3. Zugleich ist die Identität (die Selbstgleichheit) auch Ausdruck einer *nur* dem Subjekt zukommenden Leistung oder Fähigkeit. Je nach theoretischer Tradition wird diese Leistung als Spontaneität des Subjekts bzw. als Ich-Fähigkeit bezeichnet. Die Einheitlichkeit des Subjekts bzw. das mit sich identisch sein, ist wesentlich (auch) Leistung der dem Ich zukommenden (spontanen) Integrierungs- und Syntheseleistungen (vgl. hierzu u.a. Nunberg 1961, 120 ff.).

Im Hinblick auf die Thematik 'Arbeit und Identität' ist kurz das Folgende festzuhalten: Identitätsbildung und -entwicklung ist grundlegend ein *psycho-sozialer Prozeß*. Insofern Erwerbsarbeit als zentraler Vergesellschaftungsmodus angesehen werden kann, muß der einzelne gemäß der damit einhergehenden Prinzipien handeln, die im Sozialisationsprozeß ein Teil seiner (sozialen) Identität werden. *Zugleich* ist er aber das zur Selbstbestimmung und Selbstverwirklichung fähige Wesen, das sich - potentiell - aktiv und gestaltend auf Erwerbsarbeit beziehen kann, sei es (zunächst) über die berufliche Selbstdefinition (den Berufswahlprozeß) oder schließlich in der Arbeitstätigkeit selbst (vgl. unten Abschnitt 3.2).

Im folgenden wird nun näher auf das Identitätskonzept George H. Meads eingegangen. Gerade sein Identitätsbegriff ermöglicht es, die unterschiedenen, aber im Grunde vermittelten Momente von Identität klar herauszuarbeiten: Soziale Bestimmung der Identität/des Selbst und zugleich die Fähigkeit zur Selbstbestimmung.

3.1 Meads Identitätskonzept

Dem Zusammenhang (des Ursprungs) der spezifisch menschlichen Kommunikation und der Bildung des Selbst(Bewußtseins) nachgehend, kann Mead aufzeigen, daß das Selbst, die Identität, *nicht* als solipsistische zu begreifen ist, vielmehr Teil materieller, sozialer

Prozesse ist, aus „praktischer Intersubjektivität" erwächst (vgl. Joas 1989, 96 ff.). Zentral für Meads Identitätskonzept sind die - im weiteren zu erläuternden - Begriffe 'me' (der soziale Teil der Identität) und 'I '(die Spontaneität/die Selbsttätigkeit des Subjekts).

3.1.1 Genese und Existenz von (signifikanten) Symbolen *und* Selbst-/Identitäts- (Bewußtsein)

Sich von den reduktionistischen Erklärungsversuchen radikaler Behavioristen à la John B. Watson abgrenzend, die annehmen, daß die psychische Struktur des Menschen eine 'black box' sei und ihr Verhalten nur über ein (äußerlich) zu beobachtendes Reiz-Reaktionsschema zu verstehen sei, geht Mead dennoch auch zunächst von den beobachtbaren äußerlichen Aktivitäten der Individuen aus, aber nur zu dem Zwecke - so sein Anspruch -, um von da nach 'innen', zu einer Erklärung von Identität, des Selbst (Bewußtseins) fortzuschreiten. (Von da geht er dann auch wieder nach 'außen'. Mead bezeichnet sein eigenes Programm als *Sozialbehaviorismus*.)

Es kann hier nicht Aufgabe sein, diese von Mead detailliert nachgezeichnete Entwicklung von 'außen nach innen' zu rekonstruieren. Einige wesentliche Aspekte sollen aber erhellen, wieso Mead mit sozialen Handlungen beginnt, um von da aus die Bildung von Identität zu erklären. Mead will menschliche Kommunikation aus dem Wechselspiel von Gesten herleiten und sie als wesentlich für den sozialen Charakter des Selbst(Bewußtseins) begreifen (vgl. Joas 1989, 98 ff.).

Von seinem phylogenetischen Erklärungsansatz ausgehend, nimmt Mead zunächst eine unterste Entwicklungsstufe an, auf der er die noch 'primitiven' (noch nicht bewußten) Vergesellschaftungsprozesse beschreibt. Entscheidend ist, daß auf dieser Entwicklungsstufe, auf der noch ein mehr oder minder starres Reiz-Reaktionsschema angenommen wird, die 'Kommunikation' eine von Signalen (bedingten Reflexen) ist. Die wechselseitigen Anpassungsprozesse verlaufen noch zufällig und deshalb langwierig, weil die Gesten (die Geste wird von Mead als der Beginn einer sozialen Handlung angesehen, als Reiz, der bei den anderen an diesem gesellschaftlichen Prozeß Partizipierenden zu Anpassungsreaktionen führen kann) für die Beteiligten (noch) keinen *gemeinsamen Sinn* auslösen, d.h. die Geste hat noch nicht den Stellenwert eines 'signifikanten Symbols', das für das ausführende Wesen ebenso wie für dasjenige, auf welches es gerichtet ist, die gleiche Bedeutung hat. Auch betont Mead „ausdrücklich den zunächst nichtintentionalen Charakter dieser Gebärden und die Tatsache, daß sie bereits im Sozialverhalten der Tiere eine wesentliche Rolle spielt" (Joas 1989, 101). Es sei hier nur angemerkt: *Ein* wichtiges Moment dafür, daß es zur Konstitution eines *gemeinsamen Sinnes* von Gesten kommen kann, zur *bewußten* Übermittlung von Gesten, liegt für Mead in dem Aufbau des menschlichen Zentralnervensystems, das u.a. auch Bedingung der Gedächtnisfähigkeit des Menschen ist.

Signifikante Symbole oder Gesten sind nach Mead wesentlich an *Laut*gebärden bzw. vokale Gesten 'geknüpft'. Da wir diese Laute ebenso wahrnehmen können wie andere, sollen (sind) sie das geeignetste Medium zur Herstellung eines gemeinsamen Sinnes (vgl. Mead 1973, 104 f.).

Diese signifikanten Symbole können wohl - folgt man bspw. den Ausführungen Ritserts (vgl. 1980, 292 ff.) - auf ein „trial and error" Prinzip zurückgeführt werden: Durch gestenvermittelte wechselseitige Anpassungsprozesse entwickeln sich erste Ansätze für identisch bleibende Bedeutungen und damit für ein „*intersubjektives Sinnverstehen*" (Düsing 1986, 47). D.h. ein gleicher (intersubjektiv-gültiger) Sinn - das eben kennzeichnet die signifikanten Symbole - ist nicht einfach vorhanden, sondern muß sich erst in und durch einen gemeinsamen (sozialen) Erfahrungsprozeß herstellen, wobei für Mead ausschlaggebend ist, daß sich *gleichzeitig* mit der Genese und Existenz der signifikanten Symbole auch die Genese und Existenz des Selbst(Bewußtseins) vollzieht (vgl. Mead 1973, 87).

Man kann die Überlegungen Meads hin zur Entwicklung einer „bewußten Übermittlung von signifikanten Gesten" wie folgt pointieren: In einer ersten Phase haben sich schon gewisse Verhaltensdispositionen im menschlichen Organismus gebildet, diese sind allerdings noch nicht (voll) bewußt. In einer zweiten Phase werden die (noch nicht bewußten) Verhaltensdispositionen durch die Entstehung von Sprache bzw. zunächst der 'signifikanten Symbole' bewußtseinsfähig, da diese (die Verhaltensdispositionen) mit einem für alle gleichbedeutenden Laut, einem sprachlichen Symbol verbunden werden. (In ontogenetischer Perspektive - die bei Mead auch immer impliziert ist - verweist Lorenzer genau auf dieses wichtige Entwicklungsmoment, vgl. Lorenzer 1984, 85 ff.) Der entscheidende Aspekt auf den Mead also hinweist, ist der, daß durch die Entstehung von signifikanten Symbolen hin zum entwickelten Sprachsystem die Grundlage menschlicher Denk- und Handlungsstrukturen geschaffen wird, ein intersubjektiver geistiger Zusammenhang entsteht, der an das Selbst-/ Identitäts(Bewußtsein) gebunden ist.

3.1.2 Die reflexive Struktur des Selbst-/Identitätsbewußtseins oder die Reziprozität von Selbstbewußtseinen

Durch Sprache - eben weil sie einen gemeinsamen Sinn 'transportiert'- ist es einem Individuum möglich, sich der Intentionen und Erwartungen der anderen ihm gegenüber bewußt zu werden, d.h. darüber nachzudenken (et vice versa). Das bedeutet für Mead, daß die 'äußerliche' Übermittlung von Gesten im gesellschaftlichen (intersubjektiven) Prozeß *in* unsere Erfahrung hereingenommen wird, das macht das Wesen des Denkens aus. Im Denkprozeß, in dem wir vergangene Erfahrungen erinnern (deshalb bilden wir anderen gegenüber auch (antizipatorische) Erwartungen aus) und - zur Lösung eines Problems (deshalb wird eine Handlung unterbrochen) - zwischen Handlungsalternativen wählen, können wir eine intelligente Entscheidung bezüglich des weiteren Handlungsablaufs treffen. (Mead steht mit diesen Überlegungen ganz in der pragmatistischen Theorietradition, d.h. er geht von einer Handlungssituation aus, in der ein *Problem* entsteht, eine Problem*lösung* ist gefordert, was ein Ausgangspunkt für Bewußtseins-/Denkprozesse ist.)

Die eben benannte Leistung einer 'reflektiven Intelligenz' impliziert ein *sich seiner selbst bewußtes* Individuum. Weil Mead - es wurde darauf hingewiesen - eine solipsistische Begründung des Selbst(Bewußtseins) ablehnt, ist es für ihn in seiner Erklärung der Struktur desselben wichtig, zwei Momente zu unterscheiden: das *me* und das *I*.

Es ist zunächst der Begriff des 'me', in dem Mead den für die Entstehung und Entwicklung des Selbst-/Identitäts(Bewußtseins) konstitutiven Bezug des Individuums zu seiner Außenwelt erfaßt. „Der Einzelne erfährt sich - nicht direkt, sondern nur indirekt - aus der besonderen Sicht anderer Mitglieder der gleichen gesellschaftlichen Gruppe oder aus der verallgemeinerten Sicht der gesellschaftlichen Gruppe als Ganzer, zu der er gehört. Denn er bringt die eigene Erfahrung als einer Identität oder Persönlichkeit nicht direkt oder unmittelbar ins Spiel, nicht indem er für sich selbst (zuerst, L. St.) zu einem Subjekt wird, sondern nur insoweit, als er zuerst zu einem Objekt für sich selbst wird (...)" (Mead 1973, 180). Der einzelne muß aus sich heraustreten, in bezug auf konkrete andere und schließlich im gesellschaftlichen Prozeß aktiv werden, damit er überhaupt eine Beziehung zu sich selbst herstellen kann. Er ist dabei notwendig auf die Reaktionen, die *ernst gemeinte Anerkennung* (bedeutsamer) anderer angewiesen, um sich als von diesen differenziertes (anderes) Selbst fühlen bzw. erfahren zu können (vgl. dazu bspw. auch die Ergebnisse der neueren Säuglingsforschung Stern, 1985, Bohleber 1996, 279 ff., Dornes 1993). Es sind also die intersubjektiven Prozesse, die Reaktionen der anderen auf die Äußerungen/Handlungen des Individuums, die den Inhalt des me (zunächst) bestimmen, ebenso wie der „verallgemeinerte Andere", mit dem Mead die allgemeinen Organisationsprinzipien, die Normen und Werte der Gesellschaft erfaßt. In dieser Form des „verallgemeinerten Anderen" geht der gesellschaftliche Prozeß als bestimmender Faktor in das 'me', das Denken und Handeln des einzelnen ein. Im me - das maßgeblich als 'soziales Selbst' (Ritsert) verstanden werden kann - sind also für den einzelnen die (organisierten) Haltungen, die normativen Erwartungen der bedeutsamen anderen und der Gesellschaft ihm gegenüber repräsentiert, wobei dies umgekehrt genauso für die anderen am Interaktionsprozeß Partizipierenden gilt, d.h. die Beziehungen der Subjekte sind als reziproke zu begreifen, in denen die Entstehung und Entwicklung des einen Selbst(Bewußtseins) *immer zugleich* Voraussetzung der Entstehung und Entwicklung anderer Selbst(Bewußtseine) ist.

Die Identität, das Selbst ist nun aber keinesfalls nur Ergebnis sozialer, intersubjektiver Prozesse, keine bloße Widerspiegelung des Gesellschaftlichen. Es wird nicht nur bestimmt, sondern ist wesentlich zur *Selbstbestimmung* fähig. Das erklärt sich für Mead aus der Funktion des *I*. Das I reagiert auf das me (das soziale Selbst, den sozialen Teil der Identität) spontan, es ist Initiative, wobei das I nicht unmittelbar faßbar ist, vielmehr ein - worauf Ritsert und auch Joas verweisen - „vorauszusetzendes Aktivitätszentrum", das wir gedanklich niemals einholen können (vgl. Mead 1973, 218 ff., Ritsert 1980, 302, Joas 1989, 108).

Das I „ist die Antwort des Einzelnen auf die Haltung der anderen ihm gegenüber, wenn er eine Haltung ihnen gegenüber einnimmt. Nun sind zwar die von ihm ihnen gegenüber eingenommenen Haltungen in seiner eigenen Erfahrung präsent, doch wird seine Reaktion ein neues Element enthalten" (Mead 1973, 221). D.h. also in dieser Bewegung (Reflexion), in der der einzelne sich durch andere (und durch anderes) auf sich selbst bezieht, und indem er sich auf sich selbst auf andere bezieht, kann das I in bezug auf sich selbst *und* auf andere und den verallgemeinerten Anderen gestaltend wirken. Die Antwort bzw. Reaktion ist Ausdruck des Prinzips der Spontaneität, der Selbständigkeit des Subjekts und somit Ausdruck dafür, daß der einzelne, der sich zwar der Haltungen anderer zur Kontrolle seines eigenen sozialen Handelns bewußt sein muß, sich nicht nur zu diesen (normativen) Erwartungen verhält, sondern *aktiv* seine sozialen Beziehungen gestaltet (bzw. gestalten kann). Das gilt auch in bezug auf den 'verallgemeinerten Anderen', d.h. die Funktion des I ist, selbstbestimmend, kreativ auf das gesellschaftliche Allgemeine (Normen/Werte) zu reagieren, es zu beeinflussen. Das Folgende ist hier kurz anzumerken: Das zuvor Gesagte verweist darauf, daß die Möglichkeiten der Menschen über das Bestehende hinausgehen. Das Ich ist hierbei als Prinzip von Emanzipation und Selbstbestimmung zu begreifen. Diese wichtigen Grundgedanken sind durchaus parallel zur Tradition des deutschen Idealismus, wenngleich Mead sich selbst eher in kritischer Distanz zu diesem verstanden hat.

Indem das I auf das me spontan reagiert (intrapsychisch) und dies den anderen durch eine Antwort vermittelt wird (intersubjektiv), können gleichsam immer auch die eingespielten Erwartungshaltungen anderer dem Individuum gegenüber 'aufgebrochen' werden (et vice versa), sie können neu gestaltet werden, was in der Konsequenz (Rückwirkung) wieder zu einem (partiell) veränderten Inhalt des me führen und somit wieder neue Aktivitäten des I hervorrufen kann usf. Das zeigt nun, daß die Beziehung zwischen *me* und *I* eine dynamische, im Grunde dialektische ist: Die Selbstbeziehung, also das Verhältnis von me und I, ist immer zugleich auch vermittelt durch 'Andersseiendes', andere Selbst (Bewußtseine) und durch den gesellschaftlichen Erfahrungsprozeß. Auch hier zeigen sich wieder klare Parallelen zum deutschen Idealismus, hier insbes. zu Hegels 'Phänomenologie des Geistes': So schreibt Ludwig Siep den Begriff des Selbstbewußtseins in der Phänomenologie interpretierend: „Zwei Selbstbewußtseine verhalten sich zueinander nie wie Dinge, die aufeinander einwirken, auch nicht wie Kräfte, die in Wechselwirkung stehen. Das Wechselverhältnis zweier Selbstbewußtseine geht darüber hinaus: für jeden ist der andere ein Moment seiner Selbstbeziehung. Beide sind nicht nur abhängig von der Beziehung des einen durch das andere, sondern von der Selbstbeziehung, dem Selbstverständnis des anderen. Keines kann sich verändern, ohne daß sich das andere, insofern es mit ihm in Beziehung steht, mitverändert. Der Freund etwa wird durch die Veränderung des Freundes selbst ein anderer. Das Verhältnis ist daher nicht bloß Wechselwirkung, sondern „Doppelsinn" (Siep 1979, 137). Mead würde sagen, der einzelne ist, was er ist, durch seine Beziehung zu anderen (vgl. Mead 1973, u.a. 430).

Pointierend läßt sich die Meadsche Identitätskonzeption wie folgt zusammenfassen: „Aus Meads gesamter Argumentation folgt: sich selbst zu verändern, bedeutet die Beziehung zu anderen praktisch zu verändern - bis hin zu Versuchen und Entwürfen, die Dimensionen des „generalized other" (gemeint ist der 'verallgemeinerte Andere', L. St.), Organisationsprinzipien der Gesellschaft als ganzer berühren. *Totalitätsbezug ist ein Moment von Ich-Identität selbst* (Ritsert 1980, 306).

3.2   Die durch Erwerbsarbeit vermittelte Identität

Auf der Folie der vorangegangenen identitätstheoretischen Überlegungen und insbesondere durch die Bezugnahme auf Meads Identitätskonzept, wird im folgenden noch einmal explizit auf die durch Arbeit vermittelte Identität eingegangen.

Mead begreift das Individuum, seine Identität als durch sein Verhältnis zu bedeutsamen anderen und zum gesellschaftlichen Ganzen konstituiert. Insofern sich nun die gesellschaftlichen Struktur- bzw. Organisationsprinzipien, die als „verallgemeinerter Anderer" im 'me', dem sozialen Teil der Identität sich niederschlagen, verändern, wird sich damit auch die Identität bzw. die Selbstbeziehung - also das Verhältnis von 'me' und 'I' - verändern. Dies kann als universell gültige Annahme gelten und eröffnet zugleich auch die Perspektive für die „Geschichtlichkeit der Individuation" (Luckmann), d.h. für die Entwicklung des Subjekts bzw. der individuellen Persönlichkeitsstruktur in und durch je konkret historisch-gesellschaftliche Verhältnisse.

In dem Maße nun, wie im Übergangsprozeß von Feudalismus zum (frühen) Industriekapitalismus die Arbeit zur zentralen gesellschaftlichen Institution wurde (s.o.), mußten die damit einhergehenden Vergesellschaftungsprinzipien ihre Entsprechung in der Identität des einzelnen finden. In die Terminologie Meads übersetzt würde das heißen, daß der Wandel des „verallgemeinerten Anderen" zu einem veränderten Inhalt des 'me' und das heißt schließlich zu einer veränderten Selbstbeziehung führt. Da die „große Transformation" (Polanyi) hin zum (Industrie-)Kapitalismus auf Seiten der Subjekte eben nicht auf eine 'Tabula rasa' stieß, sie ja vielmehr in bestimmte Arbeits- und Lebensweisen sozialisiert waren, blieben die mit der (sich herausbildenden) Erwerbsarbeit einhergehenden neuen Verhaltensanforderungen, Normen und Werte der Mehrheit der Individuen zunächst *äußerlich*, sie waren (noch) nicht im 'me' repräsentiert bzw. als „(...) verpflichtende Maßstäbe im Sozialcharakter (dem sozialen Teil der Identität, L. St.) verankert (...)" (Ritsert 1988a, 237).

Man kann in dieser Perspektive die 'Widerständigkeit der Subjekte' (u.a. Absentismus, Blauer Montag etc., s.o.) gegen die neuen Arbeits- und Lebensverhältnisse noch einmal wie folgt interpretieren: Gerade weil die sich neu entwickelnden gesellschaftlichen Struktur- und Organisationsprinzipien dem bisherigen Selbst(verständnis) entgegengesetzt waren und damit auf Unverständnis stießen, waren und konnten (Kompetenz!) sie zunächst nicht als „verallgemeinerter Anderer" im 'me' repräsentiert werden und damit nicht als soziale Kontrolle in das eigene Handeln eingehen. Mead verweist ja immer wieder darauf, daß der einzelne erst dann zu einem 'wirklich' sozialen Mitglied der Gesellschaft wird, wenn er „sich in generalisierter Form an die Stelle der gesamten Gruppe, der Gesellschaft versetzen kann. Er handelt dann vom Standpunkt der ihn übergreifenden Struktur aus und kontrolliert sein eigenes Verhalten in den Begriffen der sozialen Definitionen seiner Gesellschaft. In dieser Einnahme der Rolle des *generalisierten* (also verallgemeinerten, L. St.) *Anderen*, (...) vermag er sich aus dem Besonderen seiner Position zu lösen und kann das Allgemeine, die universellen Zielsetzungen der Gemeinschaft, sich selbst zu eigen machen" (Kellner 1969, 24, vgl. hierzu explizit Mead 1973, 197). Zugleich erkennt Mead, daß umgekehrt „die komplexen, auf Zusammenarbeit beruhenden Prozesse, Tätigkeiten und institutionellen Funktionen der organisierten menschlichen Gesellschaft ebenfalls nur insoweit möglich (sind), als jedes von ihnen betroffene oder zu dieser Gesellschaft gehörige Individuum fähig ist (also kompetent ist, L. St.), die allgemeinen Haltungen aller anderen Individuen im Hinblick auf diese Prozesse, Tätigkeiten und institutionellen Funktionen und auf das dadurch geschaffene organisierte gesellschaftliche Ganze der Wechselbeziehungen zwischen Erfahrungen einzunehmen und sein eigenes Verhalten dementsprechend zu lenken" (Mead 1973, 197 f., ders. 1987, 326 f.). Diese Dialektik von Individuum und Gesellschaft wird gerade in der Entstehungsphase der auf Erwerbsarbeit beruhenden bürgerlichen Gesellschaft besonders evident: Es *müssen* sich neue Sozialcharaktere bilden (der soziale Teil der Identität *muß* sich verändern), um im Sinne der neu entstehenden Wirtschafts- und Gesellschaftsform handeln zu können und diese kann zugleich nur existieren, insofern die Individuen die 'organisierten Haltungen', den „verallgemeinerten Anderen" in sich, in ihre Identität aufnehmen, ihn begreifen und danach handeln (vgl. dazu auch unter einer zeittheoretischen Perspektive Stanko/Ritsert 1994, 162 ff.).

Es sei hier noch einmal auf zwei zentrale Aussagen Max Webers verwiesen, mit denen weiter erhärtet werden kann, wie fremd der Mehrzahl der Individuen zunächst die neuen Organisationsprinzipien und Verhaltensanforderungen waren. Weber stellt fest, daß „der ökonomische Rationalismus in seiner Entstehung auch von der Fähigkeit und Disposition der Menschen zu bestimmten Arten praktisch-rationaler *Lebensführung* überhaupt abhängig (ist). Wo diese durch Hemmungen seelischer Art (Weber meint hier insbs. den Traditionalismus in Form des Katholizismus, s.o. L. St.) obstruiert war, da stieß auch die Entwicklung einer *wirtschaftlich* rationalen Lebensführung auf schwere innere Widerstände (Weber 1984, 20 f.).

Die Umkehrung des Zweck-Mittel-Verhältnisses, also daß „der Mensch auf das Erwerben als Zweck seines Lebens, nicht mehr das Erwerben auf den Menschen als Mittel zum Zweck der Befriedigung seiner materiellen Lebensbedürfnisse bezogen ist", kommentiert Weber weiter, indem er sagt: „Diese für das unbefangene Empfinden schlechthin sinnlose Umkehrung des, wie wir sagen würden, >natürlichen< Sachverhalts ist nun ganz offenbar ebenso unbedingt ein Leitmotiv des Kapitalismus, wie sie dem von seinem Hauche nicht berührten Menschen fremd ist" (Weber a.a.O., 44; vgl. auch a.a.O., 50 ff.). In Kapitel 2 wurde ausgeführt, daß es eines langen Erziehungsprozesses bedurfte, bis die neuen gesellschaftlichen Prinzipien zu einer 'inneren Verpflichtungsstruktur' und damit leitend für das Handeln des einzelnen wurden. In dem Maße wie die neue Wirtschaftsform sich etablierte, wurde sie, worauf bspw. Mead explizit hinweist, „zum universalsten Sozialisierungsfaktor unserer gesamten modernen Gesellschaft, universaler als die Religion" (Mead 1973, 343).

Insofern ist es nur zu plausibel - um hier wieder an die Ausgangsüberlegungen anzuknüpfen (s.o. Kapitel 1) -, daß aufgrund der *Zentralität von Erwerbsarbeit* in der modernen, kapitalistischen Gesellschaft, die Identität, das Selbstbewußtsein, wesentlich von dieser beeinflußt ist. Zum einen dergestalt, daß der einzelne sich der Erwerbsarbeit gegenüber innerlich verpflichtet fühlt, da sie „in entwickelten Industriegesellschaften immer auf anderes und andere (verweist), man arbeitet in diesen Gesellschaften nicht allein und nur für sich selbst, sondern mit anderen und für andere, auch wenn man es in erster Linie zur Sicherung der eigenen Existenz tut und tun muß" (Baethge 1990, 67). Zum anderen ist die Erwerbsarbeit aber auch - insoweit der einzelne sich mit ihr identifiziert, sie für ihn eine über die Existenzsicherung hinausgehende Bedeutung hat - ein ganz wesentliches Moment der *Selbstverwirklichung*.

Mead, der kaum explizit über den Zusammenhang von Arbeit und Identität geschrieben hat, verweist mit seinem Begriff der „funktionalen Überlegenheit" auf genau dieses Moment der Selbstverwirklichung durch Arbeit. Mit Überlegenheit meint Mead nicht eine Überlegenheit *über* andere, also die wie immer geartete Möglichkeit andere zu unterwerfen (die englische Sprache ist hier mit der Unterscheidung 'superiority' und 'superiority over' klarer, vgl. die englische Ausgabe: G.H. Mead: Mind, Self and Society, edited by Charles W. Morris, Chicago and London 1962, 285), sondern er verweist damit auf die *Erfüllung definitiver Funktionen*, auf die (besonderen) *Kompetenzen* die jemand im Vergleich zu anderen aufweist. „Der auf einem spezifischen Bereich kompetente Mensch verfügt über eine Überlegenheit, die auf seinen Fähigkeiten gründet, die ein anderer vielleicht nicht hat. Sie ermöglicht ihm eine bestimmte Position, in der er sich in der Gemeinschaft verwirklichen kann. Er findet seine Verwirklichung nicht einfach in seiner Überlegenheit über einen anderen, sondern vielmehr in der von ihm ausgefüllten Funktion" (Mead 1973, 332, vgl. auch a.a.O., 252). Entscheidend im Hinblick auf die *Identität* - darauf weist Mead ausdrücklich hin - ist, daß das Individuum für seine Fähigkeiten, die sich in der konkreten Berufsrolle oder Arbeitstätigkeit realisieren, eine wirkliche, angemessene *Anerkennung* erhält (auch hier ist die deutsche Übersetzung von 'just recognition' mit dem Begriff der 'gerechten Anerkennung' eher unpräzise). Mit Mead kann man somit auf ein eminent wichtiges Moment der *beruflichen Identitätsbildung und -entwicklung* hinweisen: Selbstverwirklichung in der Arbeit und damit zusammenhängend das Gefühl von Selbstachtung bzw. Selbstwert können nur insofern erfahren und realisiert werden als der einzelne für *seine spezifischen* Fähigkeiten und Leistungen auch tatsächlich die ernst gemeinte Anerkennung anderer und der Gesellschaft erhält. Man kann deshalb soweit gehen und sagen, daß mit dem Begriff der 'funktionalen Überlegenheit' keinesfalls auf eine - wie man vielleicht auch vermuten könnte - elitäre (berufliche) Position einzelner verwiesen wird, sondern darauf, daß der einzelne sich im Hinblick auf Erwerbsarbeit (als zentrales Moment sozialer Integration) definieren muß, herausfinden muß, welche *besonderen* Fähigkeiten er (auch im Vergleich zu anderen) hat bzw. welche Tätigkeiten er gut kann. *Dafür* erhält er dann - Mead würde hier vorsichtig sagen: „unter günstigen Voraussetzungen" (was auch das tatsächliche Vorhandensein entsprechender Arbeitsplätze impliziert) - die wirkliche Anerkennung (just recognition) anderer und kann sich damit auch in seiner beruflichen Identität als von anderen differenziertes (anderes) Selbst erfahren, ein für die (weitere) Identitätsentwicklung bedeutsames Moment (s.o. Abschnitt 3.1.2).

Ohne es in der dafür notwendigen Form hier näher ausführen zu können, sei darauf hingewiesen, daß für Erik H. Erikson, der die Identitätsbildung in der *Adoleszenz* insbesondere unter dem Aspekt der *beruflichen Identitätsfindung* analysiert, genau die eben entwickelten Überlegungen zentral sind. Das „psychosoziale Moratorium", die Experimentierphase, insofern sie dem Jugendlichen zugestanden wird, ist nach Erikson deshalb so bedeutend, weil der Adoleszente dadurch die Möglichkeit erhält, *seine* Fähigkeiten zu erproben, *seinen* Platz in der Gesellschaft zu finden, „eine Nische, die fest umrissen und doch wie einzig für ihn gemacht ist. Dadurch gewinnt der junge Erwachsene das sichere Gefühl innerer und sozialer Kontinuität (...)." Weiter sagt Erikson, daß es „für die Identitätsbildung des jungen Menschen sehr wesentlich (ist), daß er eine Antwort erhält (gemeint ist die wirkliche Anerkennung, das „Erkanntwerden" durch andere, L. St.) und daß ihm Funktion und Stand zuerkannt werden als einer Person, deren allmähliches Wachsen und sich Wandeln Sinn hat in den Augen derer, die Sinn für ihn zu haben beginnen" (Erikson 1993, 137 f.). Erikson betont, daß es gerade das *Scheitern der beruflichen Identitätsfindung* ist, durch das die normale Phase der adoleszenten *Identitätskrise* in das pathologische Moment der *Identitätsdiffusion* (eine temporäre oder andauernde Verunmöglichung, eine einheitliche und kontinuierliche Identität auszubilden, Identitätsverwirrung herrscht vor) umkippen kann (vgl. Erikson a.a.O., 153 ff.).

Auf dem Hintergrund dieser Überlegungen erhält der Begriff des Berufswahl*prozesses*, der sich in der jüngeren Forschung zum Übergang von Schule zu Beruf etabliert hat, besondere Plausibilität: es wird damit impliziert, daß die Berufswahl keine einmalige und endgültige Entscheidung ist (gleichwohl sein kann), sondern daß es ein Suchprozeß ist, der je individuell mit der besonderen Herkunft und Identität des einzelnen verschränkt ist (vgl. hierzu u.a. Brock u.a. 1991; Wahler/Witzel 1995). Auch die steigende Tendenz der Auflösung von Ausbildungsverträgen oder der zum Beginn des Studiums noch häufige Wechsel des Studienfaches oder gar der Studienabbruch können (u.a.) Ausdruck dieses *Prozesses beruflicher Identitätsfindung* sein (vgl. u.a. Berufsbildungsbericht 1996, 52 ff.).

Dieses Kapitel abschließend ist noch eine andere wichtige Stelle bei Mead über den Zusammenhang von Arbeit und Selbstverwirklichung kurz zu erörtern. Davon ausgehend, daß Arbeit „sterotyp" sein kann, es in der Arbeit immer auch einfache, „stereotype" Verrichtungen gibt, fordert Mead - quasi programmatisch -, daß der Mensch immer *auch* Situationen braucht, in denen er sich ausdrücken, sich selbstverwirklichen kann, also seine Kreativität und Spontaneität (wesentlich die Funktion des 'I', s.o.) ausleben kann. „Dennoch muß es für den Einzelnen Möglichkeiten geben, sich auszudrücken. Situationen, in denen man diese Ausdrucksmöglichkeiten findet, scheinen besonders wertvoll zu sein, nämlich Situationen, in denen der einzelne selbständig handeln, in denen er Verantwortung übernehmen, die Dinge auf seine Weise verwirklichen und dabei seine eigenen Gedanken denken kann" (Mead 1973, 257). Dieses Bedürfnis, sich selbst, seine Ideen, seine Subjektivität in Arbeit einbringen und verwirklichen zu können, nimmt gerade in den letzten Jahren verstärkt zu. Darauf verweisen u.a. die Forschungsarbeiten von Martin Beathge et. al., die herausgearbeitet haben, daß der einzelne - neben dem materiellen Bezug auf Arbeit - zunehmend Selbstverwirklichung, Selbstbestimmung und kommunikative Momente in seiner Arbeit beansprucht. Baethge bezeichnet dies als „zunehmende normative Subjektivierung der Arbeit" (vgl. Baethge 1991 und 1994, Baethge u.a. 1988). Diese Entwicklung wird auch von einer Reihe anderer empirischer Studien bestätigt, auch wenn man in Rechnung stellen muß, daß den Arbeiten durchaus heterogene Identitätskonzepte und unterschiedliche methodische Herangehensweisen zugrunde liegen, wodurch sie nicht unmittelbar miteinander verglichen werden können (vgl. u.a. Zoll et al. 1989, Wahler 1994, Preiß 1994, Schmid 1994, Höfer/Straus 1994 oder auch Hoff 1994, 532 f.).(Vgl. zu dieser Thematik auch Schober, Berufswahlverhalten, Kap. 4.2; Lappe, Betriebliche Sozialisation, in diesem Band)

Diese gewachsenen Ansprüche der Individuen an ihre Erwerbsarbeit treffen mit neueren Veränderungen in der Arbeitsorganisation zusammen. Zunehmend werden Aufgabenerweiterung, Vergrößerung von Entscheidungsfreiheit und Mitsprache der Mitarbeiter (bspw. in Form von Qualitätszirkeln, cost and profit centers etc.) als Instrument der Produktivitätssteigerung eingesetzt. Einen wesentlichen Anstoß erhielt diese Entwicklung durch die MIT-Studie (vgl. Womack et al. 1991), in der die Autoren aufgezeigt haben, daß durch teilautonome Gruppenarbeit die Produktion effektiver und effizienter gestaltet werden kann. In einer neueren Untersuchung haben Senghaas-Knobloch et al. Gruppenarbeit bei VW und Opel untersucht. Sie kommen u.a. zu dem Ergebnis, daß partizipative Arbeitsformen für die betriebliche Rentabilität, die optimale Nutzung der neuen Produktionanlagen notwendig sind und daß eine Nichtberücksichtigung der Selbstbestimmungswünsche, des Willens nach mehr Verantwortungsübernahme der Beschäftigten für die Produktion kontraproduktive Effekte hätte (vgl. Senghaas-Knobloch 1996). M.a.W.: Zwar begrenzt durch den Rahmen der betriebswirtschaftlichen Kalkulationen der Unternehmen, führen die gestiegenen Ansprüche an die Erwerbsarbeit zu veränderten Arbeitsbeziehungen über die Kontrolle und Gestaltung des Arbeitsprozesses (vgl. hierzu auch Müller-Jentsch, Arbeitsorganisation, Kap. 2.3, 3.4, in diesem Band).

Abschließend ist das Folgende festzuhalten: Die Ausführungen des Artikels haben gezeigt, daß Arbeit als Erwerbsarbeit - über die materielle Existenzsicherung hinausgehend - für die individuelle Identitätsentwicklung von großer Relevanz ist. Ihre Bedeutsamkeit für das Selbstbewußtsein, das Selbstwertgefühl ist durch andere Lebens- und Tätigkeitsbereiche (bspw. die Familie, Hobbys, Vereinsarbeit etc.) nicht einfach zu ersetzen. Gerade Interviews mit Arbeitslosen zeigen, daß andere wichtige Aktivitätsbreiche, die potentiell der Sinnerfüllung und Selbstentfaltung dienen könnten, nicht genutzt werden können: „Aus dem Bezugssystem Arbeitslosigkeit heraus erscheinen Aktivitäten wie der Besuch kultureller Veranstaltungen oder die Mitarbeit in Volkshochschulkursen nur noch als „Beschäftigungstherapie" und können (...) nicht mehr völlig ernst genommen werden. Es setzt eine Lähmung von Aktivitätspotentialen ein: 'Ich habe auch sonst noch viele andere Interessen, aber ich konnte mich dann für gar nichts mehr begeistern, höchstens, daß es manchmal noch zum Lesen gereicht hat, aber selbst das nicht. Ja, ich wurde dann in vielen Sachen so unlustig und unbeherrscht (...) Es gibt tausend Sachen, die ich machen könnte, aber ich tue es nicht. (...)' oder 'Die Situation lähmt einen total. Obwohl ich Zeit dazu hätte, bin ich nicht fähig, zu einer politischen Gruppe zu gehen und mich zu aktivieren (...).'" (Biermann, Ziebell 1983, 42 f.)

Solange also das Erwerbsarbeitssystem gesellschaftlich wie subjektiv wesentlicher Bezugspunkt bleibt, müßte es - gerade vor dem Hintergrund der gegenwärtigen wirtschaftlichen und sozialen Entwicklung - eine dringende gesellschaftspolitische Gestaltungsaufgabe sein, durch u.a. arbeitszeitpolitische Maßnahmen (weitere Arbeitszeitverkürzungen, eine optionale Arbeitszeitgestaltung, vgl. hierzu z.B. Kurz-Scherf 1993, 9 ff.) der zunehmenden Ausgrenzung von Menschen aus der Erwerbsarbeit entgegenzusteuern.

Literatur

Arendt, H. 1996 (1960): Vita activa oder Vom tätigen Leben, München.

Baethge, M., Hantsche, B., Pelull, W. Voskamp, U. 1988: Jugend: Arbeit und Identität - Lebensperspektiven und Interessenorientierungen von Jugendlichen, Opladen.

Baethge, M. 1990: Arbeit und Identität bei Jugendlichen, in: Psychosozial 13. Jg., Heft 3 (Nr.43), 67-79.

Baethge, M. 1991: Arbeit, Vergesellschaftung, Identität - Zur zunehmenden normativen Subjektivierung der Arbeit, in: Soziale Welt, Jg. 42, Heft 1, 6-19.

Baethge, M. 1994: Arbeit und Identität, in: Beck, U., Beck-Gernsheim E.: Riskante Freiheiten, Frankfurt/ M., 245-261.

Berufsbildungsbericht 1996, hrsg. vom Bundesministerium für Bildung, Wissenschaft, Forschung und Technologie, Bonn.

Biermann I., Ziebell L. 1983: „Der Schlüssel zur Lösung der Arbeitslosigkeit liegt bei den Frauen..." - Überlegungen zur Frauenarbeitslosigkeit an einem 'privilegierten' Beispiel: Arbeitslose Hoch- und Fachhochschulabsolventinnen, in: Psychologie und Gesellschaftskritik, Heft 2/ 3.

Bohleber, W. 1987: Die verlängerte Adoleszenz. Identitätsbildung und Identitätsstörungen im jungen Erwachsenenalter, in: Jahrbuch der Psychoanalyse - Beiträge zur Theorie und Praxis, Band 21, 58-84.

Bohleber, W. 1993: Seelische Integrationsprozesse in der Spätadoleszenz, in: Phantasie und Realität in der Spätadoelszenz - Gesellschaftliche Veränderunegn und Entwicklungsprozesse bei Studierenden, Opladen, 49-63.

Bohleber, W. 1996 (1992): Identität und Selbst. Die Bedeutung der neueren Entwicklungsforschung für die psychoanalytsiche Theorie des Selbst, in: ders.(Hg.): Adoleszenz und Identität, Stuttgart, 268-302.

Borchardt, K. 1972: Grundriß der deutschen Wirtschaftsgeschichte, in: Ehrlicher, W. u.a. (Hrsg.) 1972: Kompendium der Volkswirtschaftslehre, Bd.1, 3, Göttingen.

Brock, D., Hantsche B., Kühnlein, G., Meuelemann H., Schober K. (Hrsg.) 1991: Übergänge in den Beruf - Zwischenbilanz zum Forschungsgegenstand - Deutsches Jugendinstitut München.

Conzen, P. 1990: Erik H. Erkikson und die Psychoanalyse - Systematische Gesamtdarstellung seiner theoretischen und klinischen Positionen, Heidelberg.

Daniel, C. 1981: Theorien der Subjektivität - Einführung in die Soziologie des Indivuums, Frankfurt/ M.

Deusinger, I. M.1989: Jugend - die Suche nach der Identität, in: Handbuch der Familien- und Jugendforschung, Band 2: Jugendforschung, hrsg. von M. Markefka, R. Nave-Herz, Neuwied/ Frankfurt/ M., 79-92.

Deutsches Jugendinstitut (DJI) 1994: Berufsstart konkret - Duisburger und Münchner Jugendliche an der ersten Schwelle zu Arbeit und Beruf, DJI Arbeitspapier 2-087, München.

Deutschmann, Ch. 1983: Systemzeit und soziale Zeit - Veränderungen gesellschaftlicher Zeitarrangements im Übergang von der Früh- zur Hochindustrialisierung, in: Leviathan - Zeitschrift für Sozialwissenschaft, Heft 4, 494-514.

Dornes, M. 1993: Der kompetente Säugling, Frankfurt/ M.

Düsing, E. 1986: Intersubjektivität und Selbstbewußtsein - behavioristische, phänomenologische und idealistische Begründungstheorien bei Mead, Schütz, Fichte und Hegel, Köln.

Durkheim, E. 1992 (1977): Über soziale Arbeitsteilung - Studie über die Organisation höherer Gesellschaften, Frankfurt/ M.

Erdheim, M. 1992 (1982): Die gesellschaftliche Produktion von Unbewußtheit - Eine Einführung in den ethnopsychoanalytischen Prozeß, Frankfurt/ M.

Erdheim, M. 1994 (1988): Psychoanalyse und Unbewußtheit in der Kultur, Frankfurt/ M.

Erikson, E. H. 1993 (1966): Identität und Lebenszyklus, Frankfurt/ M.

Erikson, E. H. 1970 : Jugend und Krise - Die Psychodynamik im sozialen Wandel, Stuttgart.

Glaß, Ch. 1988: Zeit in der Unzeit „Arbeitslosigkeit", in: Zoll, R. (Hg.): Zerstörung und Wiederaneignung von Zeit, Frankfurt/ M., 276-292.

Gorz, A. 1989: Kritik der ökonomischen Vernunft, Berlin.

Hegel, F. W. 1986: Grundlinien der Philosophie des Rechts, Werke in zwanzig Bänden (auf der Grundlage der Werke von 1832-1845), Frankfurt/ M., Bd.7.

Höfer, R., Straus, F. 1994: Arbeitsorientierung und Arbeitsidentität, in: Materialien 47 des Teilprojekts A6 an der Ludwig-Maximilians-Universität München, Sonderforschungsbereich 333.

Hoff, E.-H. 1994: Arbeit und Sozialisation, in: Enzyklopädie der Psychologie - Psychologie der Erziehung und Sozialisation - Pädagogische Psychologie 1, 525-552.

Joas, H. 1989: Praktische Intersubjektivität - Die Entwicklung des Werkes von G.H. Mead, Frankfurt/M.

Kahsnitz, D. 1972: Arbeitslehre als sozialökonomische Bildung. Zur Integration von Allgemein- und Berufsbildung, in: Polytechnik in der Bundesrepublik Deutschland? - Beiträge zur Kritik der Arbeitslehre, Frankfurt/ M.

Kellner, H. 1969: Einleitung zur Philosophie der Sozialität, in: George H. Mead: Philosophie der Sozialität - Aufsätze zur Erkenntnisanthropologie, Frankfurt/ M.

Kromphardt, J. 1987 (1980): Konzeptionen und Analysen des Kapitalismus, Göttingen.

Krovoza, A. 1976: Zum Sozialisationsgehalt der kapitalistischen Produktionsweise, in: T. Leithäuser, W. R. Heinz: Produktion, Arbeit, Sozialisation, Frankfurt/ M., 69-81.

Krüger, H. J. 1971: Arbeit, in: Historisches Wörterbuch der Philosophie, hrsg. von J. Ritter, Basel, Bd. 1, 480-487.

Kurz-Scherf I. 1993: Normalarbeitszeit und Zeitsouveränität. Auf der Suche nach Leitbildern für eine neue Arbeitszeitpolitik., in: Seifert, H. (Hg.): Jenseits der Normalarbeitszeit - Perspektiven für eine bedürfnisgerechte Arbeitszeitgestaltung, Köln.

Laplanche J., Pontalis J.-B. 1991 (1972): Das Vokabular der Psychoanalyse, Frankfurt/M.

Lorenzer, A. 1984: Das Konzil der Buchhalter - Die Zerstörung der Sinnlichkeit. Eine Religionskritik, Frankfurt/ M.

Luckmann, Th. 1972: Persönliche Identität in der modernen Gesellschaft - Zwänge und Freiheiten im Wandel der Gesellschaftsstruktur, in: Neue Anthropologie, hrsg. von H.-G. Gadamer, P. Vogler, Bd. 3: Sozialanthropologie, Stuttgart, 168-198.

Marquardt, O., Stierle, K.-H. (Hg.) 1979: Identität, München.

Marx, K., Engels F. 1961: Das Kapital, Bd.1, MEW 23, Berlin.

Mead, G. H. 1973 (1934): Geist, Identität und Gesellschaft, Frankfurt/ M.

Mead, G. H. 1987: Gesammelte Aufsätze I, hrsg. von H. Joas, Frankfurt/ M.

Negt, O. 1984: Lebendige Arbeit, enteignete Zeit - Politische und kulturelle Dimensionen des Kampfes um die Arbeitszeit, Frankfurt/ M., New York.

Neumann E. 1988: Arbeitslos - Zeitlos, in: Zerstörung und Wiederaneignung von Zeit, hrsg. von R. Zoll, 267-275.

Nunberg, H. 1961: The synthetic function of the ego, in: ders.: Practice and Theory of Psychoanalysis, Volume I, New York, 120-136.

Pollard, S. 1967: Die Fabrikdisziplin in der industriellen Revolution, in: Fischer W., Bajor, G. (Hg.): „Die soziale Frage", Stuttgart, 159-185.

Preiß, Ch. 1994: Herausgefordert oder überfordert - die individuelle Bewältigung des Übergangs, in: Deutsches Jugendinstitut, Arbeitspapier 2-087, München.

Riedel, M. 1973: Arbeit, in: Handbuch philosophischer Grundbegriffe, hrsg. von H. Krings, H.M. Baumgartner, Ch. Wild, München, Bd. 1, 125-141.

Ritsert, J. 1980: Die gesellschaftliche Basis des Selbst - Entwurf einer Argumentationslinie im Anschluß an Mead, in: Soziale Welt, Heft 3, 288-310.

Ritsert, J. 1988a: Gesellschaft - Einführung in den Grundbegriff der Soziologie, Frankfurt/ M.

Ritsert, J. 1988b: Der Kampf um das Surplusprodukt - Einführung in den klassischen Klassenbegriff, Frankfurt/ M.

Scharf, G. 1988: Zeit und Kapitalismus, in: Zerstörung und Wiederaneignung von Zeit, hrsg.. von R. Zoll, Frankfurt/ M, 143-159.

Schmale, H. 1995 (1983): Psychologie der Arbeit, Stuttgart.

Schmid, B. 1994: Junge Frauen im Übergang - Berufseinstiegserfahrungen und berufliche Zukunftspläne, in: Deutsches Jugendinstitut, Arbeitspapier 2-087, München.

Senghaas-Knobloch, E. u.a. 1996: Zukunft der industriellen Arbeitskultur, Münster.

Siep, L. 1979: Anerkennung als Prinzip der praktischen Philosophie - Untersuchungen zu Hegels Jenaer Philosophie des Geistes, Freiburg, München.

Stanko, L., Ritsert, J. 1994: Zeit als Kategorie der Sozialwissenschaften - Eine Einführung, Münster.

Stern, D. 1985: Die Lebenserfahrung des Säuglings, Stuttgart.

Straus, F., Höfer, R. 1994: Halbe Chancen und doppelte Risiken - Die veränderte Bedeutung von Erwerbsarbeit und Qualifizierungsprozessen für die Identitätsbildung benachteiligter Jugendlicher, Materialien 34 des Teilprojekts A6, Sonderforschungsbereich 333 an der Ludwig-Maximilians-Universität München.

Sweezy, P. M. u.a. 1978: Der Übergang vom Feudalismus zum Kapitalismus, Frankfurt/ M.

Thompson, E. P. 1980: Zeit, Arbeitsdisziplin und Industriekapitalismus, in: ders.: Plebeische Kultur und moralische Ökonomie, Aufsätze zur englischen Sozialgeschichte des 18. und 19. Jahrhunderts, Frankfurt/ M., Berlin, Wien, 34-66.

Treiber, H. 1990: Der Fabrikherr des 19. Jahrhunderts als Moral-Unternehmer: Über die Fabrikation von 'Berufsmenschen' in einer entzauberten Welt, in: Leviathan - Zeitschrift für Sozialwissenschaft, Sonderheft: Sozialphilosophie der industriellen Arbeit, hrsg. von H. König, B. von Greiff, H. Schauer, 149-177.

Walther, R. 1990: Arbeit - Ein begriffsgeschichtlicher Überblick von Aristoteles bis Ricardo, in: Leviathan - Zeitschrift für Sozialwissenschaft, Sonderheft: Sozialphilosophie der industriellen Arbeit, hrsg. von: H. König, B. von Greiff, H. Schauer, 3- 25.

Wahler, P. 1994: Ohne Arbeit geht's nicht - die Arbeitsorientierungen der Jugendlichen beim Berufseinstieg, in: Berufsstart konkret - Duisburger und Münchner Jugendliche an der ersten Schwelle zu Arbeit und Beruf, Deutsches Jugendinstitut, Arbeitspapier 2-087, München.

Wahler P., Witzel A. 1995: Berufswahl - ein Vermittlungsprozeß zwischen Biographie und Chancenstruktur, in: Schober, K. Beiträge zur Arbeitsmarkt und Berufsforschung, Nürnberg. i.E.

Weber, M. 1984 (1920): Die Protestantische Ethik, Tübingen.

Womack, J.P., Jones, D.T., Roos D. 1991: Die zweite Revolution in der Autoindustrie, Frankfurt/ M.

Zoll, R. u.a. 1989: Nicht so wie unsere Eltern - Ein neues kulturelles Modell?, Opladen.

Arbeitszeit und Lebensführung

Hanns-Georg Brose

1. Überblick

Im historischen Rückblick werden zunächst bestimmte idealtypische Konfigurationen des Verhältnisses von Arbeiten und Leben bzw. von Arbeitszeit und Lebensführung, wie sie für die Entwicklung der industriellen Moderne kennzeichnend gewesen sind, skizziert. (2.) Diese Entwicklung führte schließlich zur Ausbildung, institutionalisierter Formen der Gestaltung von Arbeiten und Leben: des Normalarbeitsverhältnisses, des Normalarbeitstages und der Institution des Lebenslaufs. (3.) Empirische Indikatoren lassen erkennen, daß sich gegenwärtig deutliche Tendenzen der Deinstitutionalisierung dieser im Fordismus entwickelten Formen der Gestaltung des Verhältnisses von Arbeitszeit und Lebensführung abzeichnen. War die Entwicklung der Arbeitszeit im wesentlichen durch deren Verkürzung gekennzeichnet, so gewinnt gegenwärtig ihre Flexibilisierung und Entstandardisierung an Bedeutung. Muster der Lebensführung haben sich stärker individualisiert und Veränderungen der Differenzierung von Arbeit und Leben werden im Ansatz erkennbar.(4.) Zusammenhänge, die sich unter diesen Bedingungen zwischen Arbeitszeit und Lebensführung erkennen lassen, werden umrissen. (5.) Um Mißverständnisse zu vermeiden sei darauf verwiesen, daß die folgende Darstellung mit Begriffen operiert, die die historische Entwicklung idealtypisierend charakterisieren. Die historischen, empirischen Verhältnisse müssen also dem beschriebenen Typus - im Sinne Max Webers - nicht im Einzelnen entsprochen haben. Im Text werden solche idealtypisierenden Kategorien und die zentralen Begriffe durch Kursivschrift hervorgehoben. Sie werden in der Übersicht 2 (s.u.) dann wieder aufgenommen.

2. Historische Entwicklung des Verhältnisses von Arbeitszeit und Lebensführung. Vormoderne und frühe Industrialisierung

Daß Umfang und Lage der Arbeitszeit die Lebensführung beeinflussen, erscheint uns offensichtlich. Schichtarbeit und Teilzeitarbeit etwa sind Arbeitszeitformen, die sich auf die Lebensführung im Alltag wie auf die Gestaltung des gesamten Lebens - also in der lebenszeitlichen Dimension - auswirken können. Schichtarbeit beschränkt die Möglichkeiten der Teilhabe am sozialen Leben: gerade dann, wenn andere aktiv und gesellig sind, muß die Schichtarbeiterin ihren Schlaf suchen. Schichtarbeit kann die gesundheitliche Verfassung (Siegrist 1996) beeinträchtigen und insofern langfristig auch die "Lebensführung". Auch bei der Teilzeitarbeit erscheint eine Beziehung zwischen Arbeitszeit und Lebensführung evident. Sie ermöglicht es, neben beruflichen Aktivitäten auch andere, z.B. familiale Verpflichtungen zu verfolgen, weshalb diese Arbeitszeitform häufig von Frauen präferiert wird. Hier scheint sich die Lebensführung auf die "Wahl" der Arbeitszeit auszuwirken. Gleichzeitig beschränkt ein Einkommen, das auf Teilzeitarbeit beruht, in der Regel die ökonomischen Dispositionsspielräume. Dies gilt sowohl für das gegenwärtig erzielte Einkommen, als auch, was die vermittelt darüber erworbene Anspruchsberechtigung auf eine (eigenständige) Altersversorgung anbelangt.

Diese auf den ersten Blick hier deutlich werdende Wechselbeziehung zwischen Arbeitszeit und Lebensführung bedarf einer genaueren Betrachtung. In ihr werden nur spezifische Aspekte eines allgemeineren Verhältnisses, nämlich des Verhältnisses von *Arbeit* und *Leben*, thematisch. Doch so wenig man den Zusammenhang von Arbeitszeit und

Lebensführung, der uns so offensichtlich zu sein scheint, als "gegeben" ansehen kann, so wenig selbstverständlich ist auch der Zusammenhang von *Arbeit* und *Leben*.

In der griechischen Antike z.B. war Arbeit keineswegs eine notwendige Voraussetzung für eine ehrenvolle oder sinnvolle Gestaltung des Lebens. Lange Zeit herrschte eher eine gegenteilige Bewertung vor: Arbeit galt als Ausdruck von Unfreiheit, Unehrenhaftigkeit, ja von Egoismus (Veyne 1981; Walther 1990). Was für die Sklaven und Unfreien eine Notwendigkeit war, entsprach nicht der Vorstellung eines ehrenhaften Lebens, wie es für die Herren und freien Bürger vorgesehen war. Und im Christentum erschien die Notwendigkeit der Arbeit als eine Folge der Vertreibung aus dem Paradies, war also Ausdruck von Schuld. Dies änderte sich im wesentlichen erst mit dem Protestantismus, der der Berufsarbeit eine besondere Dignität zusprach.

Auch der Begriff *"Lebensführung"* versteht sich nicht von selbst. Im Werk von Max Weber z.B. wird *"Lebensführung"* häufig im Zusammenhang mit der Charakterisierung von ständischen Strukturen gebraucht. Er verweist damit auf Konsumformen, nicht aber auf Produktion. Andererseits verweist Weber auf die für die Moderne kennzeichnende Tendenz zur Systematisierung der Lebensführung "auf der Grundlage der Berufsidee" (Weber 1988, 202). Hier basiert die Lebensführung auf Arbeit.

Lebensführung und Arbeit stehen also keineswegs in einem vorempirischen, anthropologisch gegebenen Zusammenhang, sondern sind Ausdruck spezifischer, historischer, kultureller und politischer Verhältnisse. So wenig die Lebensführung des mittelalterlichen Kriegers mit "Arbeit" zu tun hatte, jedenfalls wenn man Arbeit im Sinne der Herstellung von zum Leben notwendigen Mitteln begreift, hatte auch die Arbeit des Handwerkers oder des Bauern, für die diese Charakterisierung von Arbeit ja zutreffen mag, mit dem zu tun, was wir heute unter Arbeit verstehen, nämlich Erwerbsarbeit.

Für Handwerker und Bauern in der Vormoderne war Arbeit Vollzug einer Lebensform, die durch Geburt und Stand fest umrissen und in die ständische Sozialstruktur *"eingebettet"* war (Polanyi 1978). Keinesfalls war es so etwas wie eine individuelle Aufgabe, sein Leben zu gestalten, zu "führen". Imhof (1984) hat überzeugend dargestellt, wie sehr es in der bäuerlichen Welt der Vormoderne darum ging, die kollektiven Existenzgrundlagen einer bäuerlichen Subsistenzwirtschaft, den Erhalt des Hofes, über Generationen hinweg zu gewährleisten. Wesentliche Elemente der Lebensführung, das Heiratsverhalten, die Fertilität, der Zeitpunkt der Hofübergabe an die nächste Generation usw., waren durch die Orientierung an diesem Ziel bestimmt. Analog lassen sich die Regelungen der Lebens- und Arbeitsform zünftiger Handwerker verstehen. Die Selektion und Initiation der Mitglieder, die Gesellenwanderung, Nachfolgeregelungen, die Altersversorgung von Witwen der Zunftmeister usw. dienten der sozioökonomischen Stabilisierung einer Lebensform, in der das jeweilige Handwerk das Zunftmitglied gut ernähren, nicht aber Gewinn bringen und Veränderung seines sozialen Status nach sich ziehen sollte (Kieser 1989). Mit O. Brunner (1968) kann man diese subsistenzwirtschaftliche Form als eine *moralische Ökonomie des "ganzen Hauses"* bezeichnen. Arbeit war hier *Teil einer Lebenspraxis*, deren Sinn und Zweck nicht der Erwerb, sondern die Führung eines ehrenvollen Lebens war (Grießinger 1981). Sie wurde von den sachlichen und zeitlichen Strukturen des jeweiligen Handwerks, von den natürlichen Bedingungen der bäuerlichen Arbeit, also - in diesem Fall - von den jahreszeitlichen Rhythmen und den zyklischen Prozessen des Erntens und Säens, von Ebbe und Flut bestimmt. Die zeitliche Struktur der Arbeit war also nicht die abstrakte, die Uhrzeit, sondern die bestimmten Aufgaben inhärente Dauer und Abfolge von Verrichtungen (Thompson 1967; Ingold

1995). Erst Säen, dann Warten und schließlich Ernten; und die verschiedenen handwerklichen Tätigkeiten des Schmieds, des Wagners, des Kürschners usw., sind in ihrer Abfolge und Dauer nicht von den Gesichtspunkten rationaler Arbeitsorganisation und -teilung abhängig, sondern von den zünftigen Regeln des richtigen Arbeitens. Diese Regeln dienten gerade nicht einer effizienten - mit andern Worten: zeitsparenden - Arbeitsorganisation, sondern der Stabilisierung einer Lebens- und Existenzgrundlage.

Erst im Zuge des Prozesses der "großen Transformation" (Polanyi 1978), des Übergangs von einer Subsistenzwirtschaft zur Marktwirtschaft, kommt es zur *Des-Integration* dieser Einheit von Arbeiten und Leben, zur Trennung von Arbeitsorganisationen und familialen Lebensformen, von Haushalt und Betrieb. Diese Prozesse sozialer Differenzierung unterschiedlicher Handlungs- und Wertsphären sind Teil einer allgemeineren Entwicklung: Des Übergangs von ständischer Gesellschaftsschichtung zur Differenzierung der Gesellschaft in funktionale Teilsysteme. Damit geht die zunehmende Herauslösung der Menschen aus ihren "feudalen Bindungen" einher, aus Lebensformen, die ihnen durch Geburt und Stand vorgegeben waren. Diese "*Freisetzung*" im Rahmen der Marktvergesellschaftung läßt "*Lebensführung*" überhaupt erst als Aufgabe entstehen. Nun muß ein(e) Jede(r) seine/ihre Teilhabe an den sich ausdifferenzierenden verschiedenen gesellschaftlichen Teilsystemen, dem Bildungssystem, der Arbeit/Wirtschaft, der Politik, dem Haushalt selber gestalten und unterschiedliche Erwartungen und Normen miteinander verschränken. Darin genau besteht die Aufgabe der *Lebensführung*, die den Individuen zugemutet und als "Arbeit" (Voß 1991) abverlangt wird: *die Gestaltung des Nacheinander von Lebensereignissen und des Nebeneinander von Lebensbereichen.* Sehr anschaulich ist das in der Zeitdimension. Die alle weltlichen Lebensbereiche strukturierenden Rhythmen der sozialen Zeit der Vormoderne, die wegen ihrer repetitiven Grundstruktur meist als "*zyklisch*" bezeichnet wird, „spalten sich auf". Die Zeit der Arbeit, die Zeit des Betriebes und die Zeit der Familie entwickeln sich nun zunehmend divergent und bedürfen deshalb einer Synchronisation. In den hauswirtschaftlichen und heimindustriellen Produktionsformen war das anders. E. P.Thompson zitiert (1967:71 f.) aus dem Tagebuch eines Webers, in dem dessen Tagesablauf geschildert wird. Daraus geht hervor, daß die für die Herstellung von Stoffen nötigen einzelnen Arbeitsschritte immer wieder von anderen, alltäglichen Verrichtungen unterbrochen wurden. Das heißt, daß "zwischendurch" Arbeit im Garten verrichtet, Besorgungen vorgenommen, Kinder versorgt und Mahlzeiten eingenommen wurden. Die vom Herstellungsprozeß sich ergebenden Unterbrechungen und Wartezeiten - z.B. bis das Rohmatrial gefärbt und getrocknet war - konnten so sinnvoll genutzt werden. Die verschiedenen produktiven und reproduktiven Tätigkeitsbereiche waren sprichwörtlich miteinander "verwoben". Nur mit einer zunehmend rigiden Disziplinierung, mit Gewalt und durch die Not der Armut gezwungen unterwarfen sich die Arbeiter und Arbeiterinnen allmählich jener industriellen Zeitdisziplin, bei der Essen, Trinken und Geselligkeit am Arbeitsplatz sowie andere Verrichtungen - wie z.B. Kinderbetreuung - während der Arbeitszeit eben ausgeschlossen werden sollten. Die Arbeitszeit wurde nun nicht mehr von natürlichen Zyklen, von der Struktur der Aufgaben, sondern von dem Diktat der Uhr und häufig - zumindest in der Anfangsphase des Fabrikzeitalters - von der Willkür der Fabrikherren bestimmt. Und die konjunkturellen Zyklen, die zu drastischen Verwerfungen auf dem Arbeitsmarkt und zu Arbeitslosigkeit führten, trugen dazu bei, daß die Entwicklung der Arbeitszeit in dieser Phase für die verschiedenen Industriezweige sehr unheinheitlich verlief und durch erhebliche Schwankungen gekennzeichnet war. Deutschmann (1985) hat diese Verlaufsform als "*erratisch*" bezeichnet.

In konjunkturellen Hochphasen wurden möglichst viele Beschäftigte - also auch Frauen und Kinder - möglichst lange, teilweise bis zu 16 Stunden täglich, eingesetzt. Dieses Muster der "*extensiven*" Nutzung von Arbeitskraft war auch Anlaß für erste Arbeitszeitgesetzgebungen, z.B. die "Zehn-Stunden-Bill" (Marx 1968). Mit der Begrenzung der Arbeitszeit für Jugendliche und der Regulierung der Kinderarbeit sollte der ruinöse gesundheitliche Verschleiß der Fabrikarbeiter der ersten Generationen begrenzt werden. Bemerkenswert daran sind zwei Aspekte:
– Die Tatsache, daß der Staat in das Verhältnis von Angebot und Nachfrage nach Arbeitszeit regulierend eingreift und damit natürlich auch für das Verhältnis von Arbeitszeit und Lebensführung wichtige Rahmenbedingungen setzt.
– Das Verhältnis von Arbeitszeit und Lebensführung ist nicht nur anhand der synchronen, alltäglichen Verteilung produktiver und reproduktiver Aktivitäten zu betrachten (s.o. das zitierte Beispiel des heimindustriellen Webers); die diachrone, also lebenszeitlichen Dimension gewinnt an Bedeutung. Nun stellt sich z. B. die Frage, wie lange während eines gesamten Arbeitslebens ein/e Abeiter/in überhaupt in der Lage ist, bestimmte Arbeitsbedingungen, und dazu gehören nicht zuletzt Dauer und Lage der Arbeitszeit, auszuhalten. M.a.W., unter welchen - damals gegebenen Bedingungen industrieller Fabrikarbeit, bei täglichen Arbeitszeiten von bis zu 16 Stunden - es einem Beschäftigten überhaupt möglich war, in seiner Arbeit "alt" zu werden (Reif 1982). Dies betrifft zum einen Fragen der Dauer der Lebensarbeitszeit und ihrer gesetzlichen Regelung, ebenso wie Fragen der Versorgung in Fällen der Invalidität oder nach dem Ausscheiden aus dem Arbeitsleben.

Aber schon bevor sich - nach dem Ausscheiden aus dem Arbeitsleben - die Frage nach der Altersversorgung stellte, gab es das Problem einer altersabhängig sich verändernden Verdienstkurve. So stiegen die Verdienste der Hüttenarbeiter, über die Reif berichtet, bis zu einem gewissen Lebensalter, stagnierten dann aber mit abnehmendem körperlichem Leistungsvermögen und sanken schließlich. Damit stellte sich die Frage nach einer Kompensation der im Alter sinkenden Löhne durch andere Einkommensquellen. Hier war insbesondere der Zuverdienst der Kinder und Ehefrauen bedeutungsvoll, die zur *Haushaltsproduktion* und zum Familieneinkommen beitrugen. In ihrer Untersuchung über industrielle Zeit und Familienzeit hat T. Hareven (1982) gezeigt, daß das Heiratsalter der Töchter eine wichtige Regelgröße war. Je instabiler die ökonomische Situation der Herkunftsfamilie war, umso später konnten die Töchter, deren Einkommen das Familieneinkommen ergänzte, ihre eigene Familie gründen und heiraten. Wichtige Entscheidungen und Ereignisse im Leben der jungen Frauen und Männer wurden also von den konjunkturellen Zyklen einerseits und den antizyklischen Strategien der Haushaltsführung der Herkunftsfamilien andererseits beeinflußt.

Das Beispiel zeigt eine weitere Dimension der Auseinandersetzung mit der erratischen Entwicklung und "despotischen" Festsetzung der Arbeitszeit in der Frühphase des Kapitalismus. Zum einen widersetzten sich die Arbeiter der Einführung einer industriellen Zeitdisziplin und der willkürlichen Festsetzung von Arbeitszeiten, indem sie Praktiken vorindustriellen Lebens und Arbeitens - z.B. den "blauen Montag" - aufrecht erhielten (Reid 1979). Zum anderen verweist das Beispiel der Entwicklung einer "Familienzeit", die sich von der Entwicklung der "industriellen Zeit" abkoppelt, auf die diachrone Dimension der Lebensführung, die gegen die Unsicherheit der konjunkturellen Zyklen und Verwerfungen des Arbeitsmarktes stabilisiert werden sollte.

3. Taylorismus und Fordistisches Regulationsmodell

Allmählich begann sich eine Vorstellung von Arbeitszeit realitätsmächtig durchzusetzen, bei der diese als abstraktes "Maß der Arbeit" (Marx) neben die stoffliche und inhaltliche Seite der Arbeit trat und zunehmend deren sachliche Strukturen zu verändern begann. Kenntnisse des Materials und die richtige Handhabung der Werkzeuge, all dies bleibt bedeutsam; wichtiger, ja dominierend wird jedoch der Gesichtspunkt der zeitökonomischen Organisation der einzelnen Arbeitsschritte. Dies findet dann später seinen vorläufigen Höhepunkt in der tayloristischen Form der Organisation der Produktion. Taylor rechtfertigt seinen Ansatz zur analytischen Zergliederung und zeitökonomischen Erfassung des Arbeitsprozesses folgendermaßen: die wissenschaftliche Betriebsführung mache das Management unanhängig von dem Erfahrungswissen der Handwerker und Arbeiter und liefere gleichzeitig objektive Bemessungsgrundlagen für die "gerechte" Festlegung einer Tagesleistung, die von den Beschäftigten keine Höchstleistung fordere, sondern auf Dauer erbracht werden könne und außerdem gut entlohnt werde. Damit werde die Grundlage für einen *zeitökonomischen Rationalisierungsprozeß* gelegt, von dem Management und Beschäftigte gleichermaßen profitierten. Auch wenn dieses Wunschbild einer technokratischen Vermittlung von Interessengegensätzen in der betrieblichen Praxis nicht eingelöst wurde, und die Anwendung der "wissenschaftlichen" Betriebsführung auf bestimmte, meist einfache Arbeitsvorgänge begrenzt blieb, so bündelt die tayloristische Vorstellung doch wie ein Leitbild die Tendenzen des Übergangs von einem Muster der *extensiven* zu einer *intensiven* Nutzung der Arbeitskraft. Ziel ist es, die Verausgabung von Muskel- und Nervenkraft - der von Marx so genannten *Arbeit "sans phrase"* - pro Zeiteinheit zu optimieren. Mit dem so erzielten Ökonomisierungseffekt ist aber auch ein Standardisierungseffekt angestrebt. Arbeitsvorgänge sollen so "objektiviert" werden, daß ihre optimale Ausführung nicht mehr von der Virtuosität und dem personengebunden Können eines erfahrenen Arbeiters abhängt, sondern als Normalleistung eines durchschnittlichen Arbeiters erbracht werden kann. Anwendbar ist diese Vorstellung am ehesten in der Massenproduktion. Die Fließbandproduktion von Automobilen ist hierfür das prominente Beispiel. Massenproduktion setzt aber auch Massenkonsum voraus. Das verweist wieder auf den Zusammenhang von Arbeiten und Leben. Der von Henry Ford für die Beschäftigten der Ford-Motor-Company geschaffene Lohnreiz (five-dollar-day) sollte zunächst ein Problem lösen, das in der frühen Phase der Industrialisierung verbreitet war: die hohe Fluktuation unter den Beschäftigten. Die Arbeitsmigration war eine damals verbreitete Reaktion auf die in Abhängigkeit von Konjunkturzyklen unstete Beschäftigung in den verschiedenen Industriezweigen. Sie war eine notwendige Anpassungsleistung der entwurzelten, ländlichen Bevölkerungsteile, die auf der Suche nach besseren Existenzbedingungen waren. Faktisch wurde mit dem Versuch, die Beschäftigten durch vergleichsweise hohe Verdienste an das Unternehmen zu binden, auch deren Lebensform beeinflußt und der Arbeiter als Konsument der massenhaft produzierten Güter geschaffen.

Die zeitökonomische Organisation und Standardisierung von Arbeitsvorgängen im Taylorismus und die Verstetigung der Produktion (und des Absatzes) schufen auch die Grundlage für eine *kontinuierliche* Beschäftigung wachsender Teile der in die industrielle Produktion und die städtischen Ballungszentren drängenden neuen Generation von Fabrikarbeitern. Die sich entwickelnden Großbetriebe etablierten eine eigene, verstetigte Betriebszeit, und für die Arbeiter und Angestellten wurde die Vorstellung, ein Leben lang in der Industrie, womöglich in demselben Betrieb zu arbeiten, eine realistische Erwartung (Deutschmann 1985).

Die innerbetriebliche Rationalisierungsdynamik, die über Arbeitsstandardisierung und Zeitökonomie wirkte, führte aber auch zunehmend zu einer Veränderung der Konfliktformen um die Arbeitszeit. In der 1889 von der Sozialistischen Internationale beschlossenen Forderung nach einer Begrenzung des "Normalarbeitstages" auf acht Stunden (Deutschmann et al. 1987, 123) und in den Konfliktaustragungen bei der Ermittlung der "Normalleistung" bzw. der Vorgabezeiten, entwickelt sich ein Konflikt "*um die Zeit*". Nun wurde um die Länge des Arbeitstages, der Pausen und der Vorgabezeiten gekämpft und nicht mehr, wie in der frühen Phase des Industrialisierungsprozesses, "*gegen die Zeit*" (Thompson 1967, 85).

Um den ökonomisch-organisatorischen Kern einer kontinuierlich wachsenden Massenproduktion und verstetigten Beschäftigung herum konnte sich nun ein institutionelles Gefüge entwickeln, das die in der Frühphase der Industrialisierung *des-integrierten* Bereiche von Arbeit und Leben, von Arbeitszeit und Freizeit einerseits weiter differenzierte und gleichwohl in einem Muster aufeinander verweisender Regulierungen, dem sog. *fordistischen Regulationsmodell* (Aglietta 1979), verknüpfte.

Teil dieses Arrangements sind u.a.:
– Sozial- und arbeitszeitpolitische Rahmendaten wie die gesetzliche Einführung des Achtstundentages in den Jahren 1918/19, sowie, in Deutschland, die Entwicklung des Systems der Sozialversicherung seit dem Ende des 19. Jahrhunderts.
– Das Erstarken der Gewerkschaften und die Entwicklung industrieller Beziehungen auf der Basis einer zunehmenden Dichte tarifvertraglicher Regelungen von Arbeitsverhältnissen, die der Austragung von Konflikten eine "institutionalisierte" Form gaben; die Entwicklung von „Familienlöhnen".
– Die Schaffung eines differenzierten beruflichen Ausbildungssystems.
– Die Entstehung einer „Massenkultur" (Kino; Radio; Sport), die die gewonnene Freizeit (mit) füllte.

Aus der Verschränkung der ökonomischen, organisatorischen, politischen und kulturellen Veränderungen konnte sich dann - bis zum Beginn der 70er Jahre dieses Jahrhunderts - jenes Gefüge von Institutionen entwickeln, das die industriegesellschaftliche Moderne in Deutschland kennzeichnet: Die Normalarbeitszeit, das Normalarbeitsverhältnis und die Institution des Lebenslaufs.

Die *Normalarbeitszeit* ist eine der Vollzeitbeschäftigung entsprechende Arbeitszeit, die sich - seit der tarifvertraglichen Einführung der 40-Stunden Woche an fünf Arbeitstagen, die seit Mitte der 50er Jahre begann - gleichmäßig auf die Werktage Montag bis Freitag verteilt, tagsüber ausgeübt wird und in ihrer Lage nicht variiert. Auch die jährliche und die Lebensarbeitszeit ist gleichmäßig verteilt, wobei sich die Lebensarbeitszeit kontinuierlich verringert hat, teils als Effekt einer Verkürzung der wöchentlichen Arbeitszeit, teils als Effekt der Verlängerung von Ausbildungszeiten bzw. des früheren Übergangs in den Ruhestand und der Steigerung von Urlaubsansprüchen.

Das *Normalarbeitsverhältnis* (Mückenberger 1985) ist ein arbeitsrechtlich normiertes und tarifvertraglich geregeltes, unbefristetes und vollzeitiges Beschäftigungsverhältnis, das wegen seiner Geschütztheit eine langfristige materielle Sicherheit des Lebensunterhalts gewährleistet, und dies - in der Nachkriegsperiode bis zum Ende der 70er Jahre - bei stetiger Steigerung der realen Einkommen. Als vollzeitiges Beschäftigungsverhältnis setzt das Normalarbeitsverhältnis eine *geschlechtsspezifische Arbeitsteilung* voraus, in welcher die nicht erwerbsförmig verfaßten Haus- und Reproduktionsarbeiten von Frauen übernommen werden. Deren Erwerbstätigkeit und Lebensführung wird wiederum durch diese Zuständigkeit mitstrukturiert. Das Normalarbeitsverhältnis ist damit - vermittelt über Entlohnungsstruktur, sozialstaatliche Sicherungssysteme und normative Orientierungen - mit einem Familienmodell von *männlichem Familienernährer* und *Hausfrau* verbunden (gewesen). Man kann diesbezüglich von einem kulturell grundierten „Geschlechtervertrag" sprechen (Pfau-Effinger 1994).

Die "*Institution des Lebenslaufs*" (Kohli 1985) bezieht sich auf die diachrone Dimension der Lebensführung, die in drei Phasen gegliedert ist: Die Ausbildungs-, die Erwerbs- und die Ruhestandsphase. Die Lebensführung bleibt dabei um die Erwerbsarbeit zentriert, insofern die Ausbildungsphase auf die Erwerbsarbeit vorbereitet und die Ruhestandsphase durch die in einem kontinierlich ausgeübten Normalarbeitsverhältnis erworbenen Rentenansprüche gesichert wird.

Daß diese drei institutionellen Formen sich wechselseitig zu einer fordistischen Konstellation ergänzen, entwickeln und in ihren Effekten verstärken konnten, setzte zweifellos sozialpolitische Steuerung und eine untypische ökonomische Prosperitätskonstellation in der Nachkriegszeit voraus (Lutz 1984). Nicht unwesentlich dürften jedoch die kulturellen Grundlagen der Arbeitsgesellschaft dazu beigetragen haben. Sie beruhen im Wesentlichen auf einem kulturellen Modell der Arbeit als Facharbeit, das mit einer Arbeitsorientierung verknüpft war, die eine hohe Leistungsbereitschaft und Belastungstoleranz verknüpfte. Dies dürfte mit der Absorption von Arbeitskräften, die teilweise noch aus handwerklich, vorindustriellen Berufskulturen kamen, zu tun gehabt haben. (Bechtle und Lutz 1991) „Prämiert" wurden diese Arbeitsorientierungen durch Erfahrungen beruflichen Aufstiegs und kontinuierliche Einkommenssteigerungen.

Das hohe Arbeitsengagement ging einher mit einer deutlichen Verkürzung der tarifvertraglich vereinbarten Arbeitszeit. So sank in der Bundesrepublik Deutschland die tarifliche Jahresarbeitszeit zwischen 1960 und 1970 sehr deutlich, von 2.123 auf 1.898 Stunden (Bosch 1994, 130). Interessant ist allerdings auch, daß die Zahl der Überstunden 1970 mit 157 Stunden pro Jahr einen besonders hohen Wert erreichte. 1960 hatten sie bei 95 Stunden gelegen und nach 1970 sanken sie rasch wieder auf einen ähnlichen Wert ab. In den 80er Jahren lag der Umfang der Mehrarbeit bei durchschnittlich 66 Stunden. (Bosch ebd.) Die Verkürzung der tariflichen Arbeitszeit, verbunden mit erheblichen Einkommenszuwächsen, ermöglichte für breite Bevölkerungsschichten eine Entwicklung von Konsumstilen, die ihrerseits zur Stabilisierung des fordistischen Wachstumsmodells beitrugen. Das Modell der Massenproduktion (Piore/Sabel 1985) ging mit Massenkonsum einher, und das wiederum führte zu einer relativen Homogenisierung der "außerbetrieblichen Lebensweisen" und zur allmählichen Erosion klassenspezifischer Subkulturen und sozialmoralischer Milieus, die sich als Reaktion auf die Transformationsprozesse der frühen Industrialisierungsphase entwickelt hatten (vgl. hierzu auch Vester/ Schwarzer, Soziale Mantalitäten und technologische Modernisierung, in diesem Band). Zu dieser Lockerung der *sozialstrukturellen Einbettung* trug nicht unwesentlich das veränderte Bildungsverhalten seit den 60er Jahren bei. Der gestiegene und vor allem der prognostizierte Bedarf an höherqualifizierten Arbeitskräften führte, im Zusammenwirken mit bildungspolitischen Anstrengungen, zu einer veränderten Teilnahme bisher bildungsferner Schichten an dem System weiterführender Bildung an Fachhochschulen und Universitäten. Die bis in die Mitte der 60er Jahre geringe Beteiligung der großen Masse abhängig Beschäftigter an weiterführender, schulischer Bildung nahm nun progressiv zu. Damit verlängerte sich für einen wachsenden Teil der Bevölkerung die Ausbildungsphase, was deutlich zur Verkürzung der Lebensarbeitszeit beitrug. Neben der Nachkriegserfahrung eines kontinuierlich gestiegenen Wohlstands (Rerrich/Wex 1993) dürfte dieses veränderte Bildungsverhalten ein wesentlicher Faktor für die Veränderung von Formen der Lebensführung, nicht zuletzt auch der Frauen, gewesen sein; sie hatten an dem Zuwachs an schulischer Bildung überproportionalen Anteil.

Daß dieses Modell einer auf Einkommenssicherheit, Normalarbeitszeit und kontinuierlicher Beschäftigung bis um Rentenalter beruhenden Lebensführung keineswegs eine Selbstversändlichkeit war, sieht man an dem Umstand, daß es - obwohl kulturell dominierend - keineswegs überall empirisch gültig war (und ist).

Für einen Großteil der *Frauen* gilt dieser Zusammenhang von Normalarbeitszeit, Normalarbeitsverhältnis und Lebensführung nicht. Sie unterbrechen typischerweise häufiger als Männer ihre Erwerbstätigkeit wegen einer Familienphase. Die normative Verankerung dieser Unterbrechung der Erwerbstätigkeit galt auch als wesentlicher Bestandteil der weiblichen Normalbiographie (Levy 1977). Bei genauerer Betrachtung weiblicher Berufsbiographien konnte allerdings gezeigt werden, daß Frauen - wenn auch teilweise in informellen oder geringfügigen Beschäftigungsverhältnissen - eine Kontinuität in ihrer Berufsbiographie herzustellen versuchen (Krüger/Born 1991). Damit entbehren sie aber meistens die Privilegien des Normalarbeitsverhältnisses.

Das skizzierte Modell von Arbeitszeit und Lebensführung ist auch offensichtlich in den klassischen Kernbereichen industrieller Fertigung mit großbetrieblichen Strukturen stärker verbreitet, als in *Branchen* wie etwa der Gastronomie oder der Bauindustrie. Hier überwiegen nach wie vor *berufskulturelle* Regulierungsmuster, in denen sich die saisonalen, unstetigen und überbetrieblichen Beschäftigungsformen dieser nichfordistischen Branchen Geltung verschaffen (Voswinkel/Lücking/Bode 1996).

Auch ist deutlich, daß die Rahmenbedingungen der Arbeitszeit- und Sozialpolitik im internationalen Vergleich deutlich variieren, und daß das Arrangement von Arbeitszeit und Lebensführung natürlich auch in erheblichem Umfang von *kulturellen* Faktoren beeinflußt wird. Sehr überzeugend ist das von Deutschmann (1987) am Beispiel Japans gezeigt worden, wo - bei außerordentlich langen Arbeitszeiten - die Lebensführung der (männlichen) Beschäftigten sich gleichsam im "Schatten der Firma" vollzieht. Die für die modernen Gesellschaften des Westens typische Differenzierung von Arbeiten und Leben, von privatem und beruflichem Bereich, wird durch ein Leben in der Gemeinschaft der "Betriebsfamilie" teilweise außer Kraft gesetzt.

Diese wichtigen Einschränkungen bezüglich der empirischen Gültigkeit des fordistischen Modells unterstreichen noch einmal, wie voraussetzungsvoll und keineswegs selbstverständlich es ist.

4. Die gegenwärtige Situation (Post-Fordismus)

4.1 Die Entwicklung der Arbeitszeit

Die Entwicklung der Arbeitszeit in Deutschland - und anderen Ländern der OECD - ist durch zwei Tendenzen gekennzeichnet. Zum einen durch eine weitere Verkürzung der Arbeitszeit seit der Mitte der 80er Jahre. Mit der schrittweisen Einführung der 35-Stunden-Woche ist diese Entwicklung in Deutschland am weitesten vorangeschritten, scheint hier aber auch vorläufig zum Stillstand gekommen zu sein. Neben der Verkürzung der tariflich vereinbarten, wöchentlichen Arbeitszeit hat aber auch über lange Zeit die Absenkung des Rentenalters dazu beigetragen, daß sich bis in die 90er Jahre eine Tendenz der Verkürzung der Lebensarbeitszeit fortsetzte. Auch hier scheint sich ein Stillstand, wenn nicht eine Umkehr der Entwicklung anzudeuten, wie die deutsche Gesetzgebung aus dem Jahre 1996 zeigt (vgl. Süddt.Zeitung vom 3./4.8.96). Bedeutsam in diesem Zusammenhang ist aber aber auch die deutliche Zunahme von Teilzeitarbeit, die nach wie vor insbesondere von Frauen ausgeübt wird. Hier ist der Zusammenhang mit der Lebensführung nicht nur in dem Effekt der Verkürzung von Arbeitszeit zu sehen, sondern in der dadurch zumeist ermöglichten und auch angestrebten Vereinbarung von Elternschaft und Berufstätigkeit. Man könnte darin eine Arbeitszeitoption sehen, durch die lebenszyklusbedingt variierende Arbeitszeitpräferenzen realisiert werden können. Das mit der gesetzlichen Regelung von 1996 eingeführte Konzept der "Altersteilzeit" ist ein anderes Beispiel. Es hängt entscheidend von der gesetzlichen und tariflichen Ausgestaltung dieser Teilzeitarbeitsveältnisse ab, inwieweit sie - insbesondere im Falle der Teilzeitarbeiterinnen - zu Sackgassen für die berufliche und persönliche Entwicklung werden oder "Brücken" zwischen Arbeiten und Leben schlagen können (Quack 1993).

Gleichzeitig, und in letzter Zeit verstärkt, ist die Entwicklung der Arbeitszeit durch eine Zunahme von Arbeitszeitformen gekennzeichnet, die von der "Normalarbeitszeit" nicht nur in der Dauer (chronometrische Dimension) abweichen, sondern auch in der Lage (chronologische Dimension). Dazu zählt neben der Samstags-, Sonn- und Feiertagsarbeit oder Nachtarbeit, die deutlich zugenommen haben (Seifert 1991; 1993), z.B. auch die Schichtarbeit. Diese Arbeitszeitformen verlagern die Arbeitszeit auf Tageszeiten und Wochentage jenseits der Normalarbeitszeit oder verteilen sie nicht gleichmäßig auf die 5 Werktage (z.B. in der 4-Tage-Woche). Deshalb wird hier von einer *Entstandardisierung* gesprochen. Solche Arbeitszeitarrangements können, müssen aber nicht mit einer variablen Arbeitszeit verbunden sein. Während im Konzept der Normalarbeitszeit eine gleichmäßige Verteilung der Arbeitszeit auf die Arbeitsperioden (Tag/Woche/Monat/Jahr) vorgesehen ist, kann diese Verteilung bei einer variablen Arbeitszeit, i.d.R. in einer bestimmten Bandbreite, schwanken. Gleitzeitarbeit, kapazitätsorientierte variable Arbeitszeit (KapovAz) und Jahresarbeitszeitkonten sind Beispiele dafür. Deratige Arbeitszeitformen sind meist gemeint, wenn von *Flexibilisierung* gesprochen wird. Der Untersuchung von Bauer/Groß/Schilling zufolge (1994) sollen inzwischen 3/4 aller Erwerbstätigen in Arbeitszeitformen beschäftigt sein, die von der Normalarbeitszeit abweichen.

In der folgenden Übersicht 1 werden die Variationen von Arbeitszeit mit ihren verschiedenen Dimensionen (Dauer;Lage) auf die zeitlichen Horizonte der Lebensführung (Alltagszeit und Lebenszeit) projiziert, vor denen sie sich primär auswirken. In der mittleren Spalte sind solche Variationen der Arbeitszeit aufgeführt, die sich in fast gleicher Weise auf die Lebensführung im Alltag als auch im lebenszeitlichen Rahmen auswirken.

Übersicht 1:
Dimensionen der Variation von Arbeitszeit
und Zeithorizonte der Lebensführung

	Tag/Woche	>>>>	Lebenszeit
Dauer	4-Tage Woche Überstunden	Teilzeitarbeit	Frührente
Lage - Flexibilisierung	Gleitzeit Kapovaz	Jahresarbeitszeit- konten	Zeitarbeit
- Entstandardis- ierung	Schichtarbeit Samstagsarbeit		Elternurlaub Sabbatical

Dieser bedeutsame Wandel in den letzten 10 - 20 Jahren ist oft mit veränderten Arbeitszeitpräferenzen, dem Wunsch nach mehr *Zeitsouveränität* (Teriet 1980) in Verbindung gebracht worden. Wichtiger als dieser zweifelsfrei in bestimmten Arbeitnehmergruppen vorhandene Wunsch nach größerer Flexibilität der Arbeitszeit sind aber die Veränderungen des ökonomisch-organisatorischen Kerns der Produktionsformen, die das tayloristisch-fordistische Modell abzulösen begonnen haben. Die Turbulenzen auf den Beschaffungs- und Absatzmärkten seit der Mitte der 70er Jahre, das Ende der Massenproduktion (Piore/Sabel 1985) und die wirtschaftsstrukturellen Veränderungen (Tertiarisierung; Globalisierung) haben zu Formen der Dezentralisierung organisatorischer Einheiten, und Restrukturierung von Produktionsabläufen geführt, bei denen die Reagibilität der Unternehmen auf rasch sich verändernde Umweltkonstellationen im Vordergrund steht. Produktionsprozesse und Dienstleistungen müssen unter dem Gesichtspunkt der Anpassungsfähigkeit an variablere Nachfragentwicklungen restrukturiert werden. Das tayloristische Rationalisierungskonzept des "one-best-way" wird zunehmend durch die Fähigkeit abgelöst, rasch zwischen verschiedenen Optionen entscheiden und diese implementieren zu können. Diese "*reflexive Ökonomie der Zeit*" (Brose 1994) ergänzt und überformt die herkömmliche Ökonomie der Zeit insbesondere auf der Ebene der *Betriebszeit*. Die Struktur der (sozialen) Zeit ist nicht mehr die *lineare Zeit* des Wachstums, bei der die Zukunft als Verlängerung und Verbesserung der Gegenwart absehbar und dementsprechend in Investitionsentscheidungen eingeplant war. Die Ungewißheit über zukünftige Entwicklungen hat das Bewußtsein für *Risiken* geschärft und die strukturverändernde Bedeutung einzelner *Ereignisse* (wieder) ins Bewußtsein gehoben. Die *Arbeitszeit* folgt deshalb häufig einer "*just-in-time*" -Logik, wobei Dauer und Lage der Arbeitszeitquanten bedarfsgenau bestimmt werden können. Kurzfristige Abrufbarkeit und grenzenlose Verfügbarkeit sind dabei ebenso "gefragt", wie die Vermeidung von "toten" Zeiten.

Vor diesem Hintergrund sind die Veränderungen zu deuten, die im Zusammenhang mit einer Flexibilisierung der Produktion, zur Infragestellung all jener "Sicherheiten" geführt haben, die die Institutionen des Normalarbeitsverhältnisses, der Normalarbeitszeit kennzeichnen. Die Zunahme befristeter, prekärer und besondere Beschäftigungsverhältnisse ist ebenso in diesem Zusammenhang zu sehen, wie die "Abkehr vom Normalarbeitstag" (Deutschmann et al 1987).(Vgl. zu diesem Kapitel auch Bosch/Elguth, Betriebliche Arbeitszeitpolitik, in diesem Band.)

4.2 Lebensführung

Bevor nun die gegenwärtig erkennbaren Tendenzen der Veränderung der Lebensführung skizziert werden, scheint es sinnvoll, die zentralen Parameter einer Lebensführung noch einmal in den Blick zu nehmen. Während die "ständische" Lebensführung im wesentlichen durch spezifische Arten des Güterkonsums gekennzeichnet ist (Weber 1976, 538), ist die "rationale" Lebensführung auf der Grundlage der Berufsidee (Weber 1988, 202) wesentlich mit der Orientierung an Arbeit und Produktion sowie einer positiven Besetzung und ethischen Begründung des Erwerbsmotivs verknüpft. Schon aus diesen Bestimmungen lassen sich wichtige Parameter der "modernen Lebensführung" bestimmen: die Zentralität von Arbeit und Beruf für die Gestaltung der Lebensführung; die asketische Grundhaltung einerseits und die positive Stilisierung von wirtschaftlichem Aktivismus andererseits, die eine Abwertung von Konsum- und Mußeorientierung nach sich zieht.

In dem Maße, wie sich aus den früher hauswirtschaftlich bestimmten Produktionsformen nunmehr Bereiche rationalisierten wirtschaftlichen Handelns ausdifferenzieren, können sich auch unterschiedliche Wertsphären für Familie und Beruf entwickeln. Damit konnte - potentiell - die Familie zur Gegenwelt der wirtschaftlichen Rationalität werden. So auch können sich Formen der geschlechtlichen Arbeitsteilung entwickeln, die, zunächst für die "bürgerliche" Familie, den Frauen die Rolle der Hausfrau und Mutter, den Männern die ausschließliche Rolle der Erwerbstätigen zuweisen. In diesem Sinne kann dann Familie auch - als Gegenwelt der rationalen, systematischen modernen Lebensführung - "traditionale", vormoderne Elemente nicht nur bewahren, sondern geradezu kultivieren. Die Frage nach den sich möglicherweise verändernden Parametern der Lebensführung hätte also nicht zuletzt hier anzusetzen: bei der Frage nach der Bedeutung von Arbeit und Beruf bzw. Familie und Freizeit, bei den Formen geschlechtsspezifischer Arbeitsteilung und der Rationalität bzw. Traditionalität der jeweils vorgefundenen Muster. Gerade weil deren Formen nicht mehr durch Geburt und Stand, also durch kollektive Gemeinschaften geprägt, sondern von dem jeweils für sein Leben verantwortlichen Individuum gestaltet werden sollen - so jedenfalls ist die normative Vorstellung - wird auch das Maß der Einbettung von Mustern der Lebensführung in kollektive Lebensformen, Milieus und (sub)kulturell geprägte Klassenlagen bzw. umgekehrt das Muster der Herauslösung aus derartigen kollektiven Lebensformen zu einem wichtigen Parameter der Lebensführung und ihrer Gestaltung. Dies ist in der aktuellen Diskussion ja unter dem Stichwort der sogenannten *"Individualisierung von Lebenslagen und Lebensstilen"* (Beck 1983; Berger u.a. 1990) ein wichtiger Bezugspunkt der Diskussion über die Entwicklung von Lebensführung geworden.

Die in den 70er Jahren einsetzende Diskussion um den sog. Wertewandel verweist auf Aspekte dieses Wandels in der Lebensführung. Von der ursprünglichen Diagnose eines säkularen Wandels von materiellen hin zu post-materiellen Werten, die dann - Anfang der 80er Jahre - noch suggestiv mit der These vom Ende der Arbeitsgesellschaft verknüpft wurde, ist der Befund geblieben, daß sich die Ansprüche an die *Arbeit* verändert haben, daß also beispielsweise die Toleranz gegenüber belastenden und fremdbestimmten Arbeitsstrukturen abgenommen hat und ein Wunsch nach *Selbstverwirklichung* in der

Arbeit verstärkt auftritt. (Nölle-Neumann/Strümpel 1984; Klages 1984) Daraus können sich dann Ansprüche an die Arbeit entwickeln und Optionen resultieren, die als Bedeutungsverlust der (Erwerbs-) Arbeit erscheinen und verschiedentlich so gedeutet wurden, als sei Arbeit nicht länger das organisierende Zentrum der Lebensführung. Ein solcher Befund bedarf jedoch der kritischen Überprüfung. Sicher lassen sich in einer postfordistischen Gesellschaft Gruppen und Milieus identifizieren, für die dieser Befund zutrifft. Bei näherem Hinschauen erweist sich jedoch häufig, daß die Distanz zur Gesellschaft der Arbeit eher Ausdruck einer anderen Vorstellung von Arbeit ist, die dann in anderen, alternativen Arbeitsformen gesucht wird. Auch die Verkürzung der (Lebens-) Arbeitszeit kann nicht ohne weiteres als Beleg für einen Relevanzverlust der Arbeit herangezogen werden, mit dem die Behauptung untermauert werden soll, wir lebten bereits in einer Freizeitgesellschaft. Freizeitforscher haben immer wieder darauf hingewiesen, daß die Nettogewinne an Freizeit, die sich infolge der Verkürzung der Arbeitszeit rechnerisch ergeben, zu einem erheblichen Teil durch die Zunahme an Obligationszeiten, z.B. (berufsbedingte) Wegezeiten, Zeiten für Studium und Weiterbildung, aufgezehrt werden. Im übrigen ist das Bemühen um Arbeit bzw. *Beschäftigung* - i.S. einer Integration in das Beschäftigungssystem bzw. der Schaffung von Arbeitsplätzen - angesichts der langanhaltenden, hohen und weiter wachsenden Arbeitslosigkeit zum politisch und kulturell dominierenden Thema geworden. Selbst wenn man den Versuch der Rückkehr zur Vollbeschäftigung für vergeblich oder falsch hält, so spricht doch auch die hohe öffentliche Relevanz und Resonanz dieses Themas gegen die These vom "Ende der Arbeitsgesellschaft". Ein bedeutsames Argument kommt hinzu: die in den letzten zwei Jahrzehnten kontinuierlich gestiegene Erwerbsbeteiligung von Frauen macht deutlich, daß für sie Erwerbsarbeit ein - wenn auch knappes so doch - begehrtes Gut ist. Ergebnisse der Lebenslaufforschung belegen, daß das Erwerbs- und Reproduktionsmuster von Frauen sich in der Tendenz dahingehend ändert, daß Frauen immer seltener ihre Berufstätigkeit durch eine längere Familienphase unterbrechen, daß sie insgesamt ihre Erwerbsbeteiligung steigern, wobei diese Steigerung im wesentlichen im Bereich von Teilzeitarbeitsplätzen erfolgt; daß sie später heiraten und später und weniger Kinder gebären als früher (Blossfeld/Jaenichen 1990; Mayer 1995).

Damit sind Anzeichen einer sich verändernden Arbeitsteilung in Haushalten und Familien angedeutet. Die Struktur des Haushaltes mit einem männlichen Familienernährer mit "zuverdienender" oder "mithelfender" Hausfrau könnte längerfristig von einem *Doppelverdienerhaushalt* abgelöst werden. Die Veränderungen der Haushaltsformen infolge einer wachsenden Zahl von Einpersonenhaushalten, von häufigerern Scheidungen, anschließenden Zweitehen und dem Zusammenleben von *Teilfamilien*, können ihrerseits dazu beitragen, daß sich die Formen der Arbeitsteilung zwischen den Geschlechtern langfristig ändern könnten (Presser 1994).

Während sich so in Ansätzen eine Verstärkung und Verstetigung der weiblichen Berufsverläufe andeutet, scheinen in den Berufslaufbahnen von Männern Unterbrechungen an Bedeutung zuzunehmen (Buchmann/Sacchi 1995). Die für die Institution des (männlichen) Lebenslaufs typische Kontinuität der Erwerbstätigkeit verliert ihre Selbstverständlichkeit. Dafür sind neben der konjunkturell und strukturell bedingten Arbeitslosigkeit auch veränderte Karrieremuster in Organisationsstrukturen mit befristetem Zeithorizont (Projekten), die Bedeutungszunahme von Weiterbildung und Umschulung und die Zunahme a-typischer/prekärer Beschäftigungsverhältnisse ausschlaggebend. In bezug auf die im Fordismus geformte "Institution des Lebenslaufs" können deshalb *De-Institutionalisierungstendenzen* beobachtet werden.

Übersicht 2: *Entwicklung von Dimensionen der Arbeitszeit und Lebensführung*

	Vormoderne	Frühe Industrialisierung	Fordismus	Post-Fordismus
Arbeit/Leben	Integration	Des-Integration	Differenzierung	Kopplung
Bedeutung der Arbeit	Teil der Lebenspraxis	Arbeit "sans phrase"	Zentral	Selbstverwirklichung/ Beschäftigung
Geschlechterverhältnis	ganzes Haus	Haushaltsproduktion	männliche Familienernährer	Doppelverdienerhaushalt/ Teilfamilien
sozialstrukturelle Einbettung	moralische Ökonomie	Freisetzung	klassenspezifische Sub-kulturen	Individualisierung
Handlungsmuster	traditional	gemischt	rational	reflexiv
Lebenslauf	ständische Lebensformen	Klassenschicksal	institutionalisierte Normalbiographie	"De-Institutionalisierung"
soziale Zeit	zyklisch		linear	ereignisorientiert/ Risiko
Betriebszeit	organisch	erratisch	Ökonomie der Zeit Kontinuität	reflexive Ökonomie der Zeit/ Flexibilität
Arbeitszeit	Aufgabenstruktur	extensiv	intensiv	"just in time"
Arbeitszeitkonflikt		Kampf gegen die Zeit	Kampf um die Zeit	Zeitsouveränität

Die seit der Freisetzung aus ständischen Lebensformen zu lösende Aufgabe der Lebensführung, für die im fordistischen Institutionengefüge eine kollektive, wohlfahrtsstaatlich gerahmte Lösung sich hatte entwickeln können, wird nun jedem Einzelnen, jeder Frau und jedem Mann erneut gestellt. Das meint *Individualisierung*. Die Lösung dieser Aufgabe erfolgt nicht im strukturlosen Raum, so als könne ein jeder diese Aufgabe lösen, wie es ihm beliebt. Soziale Ungleichheiten und solche zwischen den Geschlechtern bestehen fort, und Institutionen, selbst wenn sie Erosionserscheinungen zeigen, lösen sich nicht in Luft auf.

Doch schon die Lockerung des Institutionengefüges: Normalarbeitszeit, Normalarbeitsverhältnis und Normalbiographie stellt gewordene Selbstverständlichkeiten und Erwartungen infrage. Weil neue, andere Optionen möglich scheinen, möglicherweise aber auch notwendig werden, wird selbst das Festhalten am Vertrauten zur folgenreichen Entscheidung. Für die Lebensführung gilt: Die Vorstellung von der Rationalität des "one-best-way" wird riskant. Auch hier geht es zunehmend darum, Arrangements und Strukturen zu entwickeln, in denen *reflexiv* verschiedene Entwicklungsmöglichkeiten verfügbar gehalten werden. Auch die Form der Arbeitszeit gerät dann zur Option.

Die bisher skizzierten Entwicklungen des Verhältnisses von Arbeitszeit und Lebensführung werden in der vorstehenden Übersicht 2 noch einmal dargestellt. Dabei beziehen sich die benutzten Kategorisierungen auf die im Text kursiv gedruckten Begriffe. Die „Strichelung" der Linien zwischen einzelnen Spalten soll andeuten, daß insbesondere zwischen den dort aufgeführten Entwicklungsphasen (Vormoderne > Frühe Industrialisierung; Fordismus > Post-Fordismus) Übergangs- und Mischformen große Bedeutung haben, ja daß Ausprägungen beider Entwicklungsstufen nebeneinander existieren können.

5. Arbeitszeit und Lebensführung: empirische Zusammenhänge

Die Untersuchung der Zusammenhänge von Arbeitszeit und Lebensführung kann sich u.a. auf die Erhebung von Mustern der Zeitverwendung stützen, wie sie im Rahmen von "Zeitbudget-Studien" vorgenommen werden. Aufgrund dieser Untersuchungen kann der Umfang von Zeit, der während einer bestimmten Erhebungsperiode (Tag, Woche) von Individuen oder Haushalten für verschiedene Aktivitätsarten aufgewandt wird, gemessen und verglichen werden.

Ein bemerkenswertes Ergebnis ist dabei (vgl. Elchardus/Glorieux 1994), daß das Geschlecht in bezug auf Zeitverwendung so etwas wie ein "master status" ist. Die Zeitverwendung variiert offensichtlich zwischen Männern und Frauen in noch stärkerem Maße, als zwischen Angehörigen unterschiedlicher sozialer Schichten, unterschiedlichen Alterskohorten, Religionszugehörigkeiten und den städtischen bzw. ländlichen Lebensmilieus. (ebd., 7) Dem scheint zunächst der in verschiedenen Zeitbudget-Untersuchungen festgestellte Befund zu widersprechen, daß der wöchentliche Umfang an Arbeitszeit zwischen Männern und Frauen im Durchschnitt ziemlich exakt gleich ist (vgl. Elchardus/Glorieux 1994, 14; Garhammer 1994, 115; 117; Bundesministerium 1995, 9). Diese große Ähnlichkeit in bezug auf den Umfang von wöchentlich geleisteter Arbeitszeit verkehrt sich sehr schnell in eine ebenso prägnante Ungleichheit zwischen Männern und Frauen, wenn man nach bezahlter und unbezahlter Arbeit differenziert. Frauen leisten deutlich mehr unbezahlte, insbesondere Hausarbeit. Darin kommt eine nach wie vor bestehende geschlechtsspezifische Arbeitsteilung zum Ausdruck, die interessanterweise auch dann bestehen bleibt, wenn man vollzeiterwerbstätige Frauen mit vollzeiterwerbstätigen Männern vergleicht (vgl. Elchardus/Glorieux 1994, 14 ff.). Die Tatsache, daß Frauen mehr unbezahlte Arbeit, insbesondere mehr Hausarbeit verrichten, ist hier nicht - wie in vielen anderen Fällen - auf den Effekt zurückzuführen, daß Frauen eine im Vergleich zu Männern immer noch niedrigere Erwerbsquote haben oder häufiger in Teilzeitbeschäftigungsverhältnissen arbeiten. Auch im Vergleich der vollzeitbeschäftigen Männer und Frauen ergibt sich ein Unterschied von acht Wochenstunden, die Frauen mehr Hausarbeit leisten bzw. weniger an bezahlter Arbeit verrichten. Von diesen acht Stunden sind zwei dadurch bedingt, daß Frauen, wenn sie in den gleichen Berufen arbeiten wie wie ihre Männer, sich anders verhalten: sie lehnen z.b. Überstunden häufiger ab. Sechs der acht Stunden sind jedoch dadurch bedingt, daß Frauen häufiger in Arbeitsmarktsegmenten mit kürzeren Arbeitszeiten (öffentlicher Dienst) beschäftigt sind (ebd., 21).

Zum größeren Teil handelt es sich also um Effekte von Arbeitsmarktplazierungen und Berufswahlen, die Frauen in Beschäftigungsverhältnisse kanalisieren, deren Zuschnitt bestimmte Arbeitszeitkonturen beinhaltet. Krüger und Born (1991) haben z.B. darauf hingewiesen, daß bestimmte Ausbildungsberufe, die von Frauen häufig gewählt wurden - z.B. kundennahe Tätigkeiten im Dienstleistungsbereich - Arbeitszeitzuschnitte implizieren, die sich mit familiären Aufgaben, insbesondere der Kinderversorgung nicht vereinbaren lassen. Und deshalb seien in solchen Berufen häufiger Berufsunterbrechungen vorzufinden bzw. gehöre das Ausweichen in "geringfügige Beschäftigungsverhältnisse" zum weiblichen Berufsverlauf.

Insofern läßt sich in der Tat - gerade mit Blick auf die geschlechtsspezifischen Differenzen - sagen, daß bestimmte Berufe bzw. Tätigkeitsbereiche so geschnitten sind, daß mit ihnen nur bestimmte Formen der Lebensführung kompatibel sind. Jurczyk weist z.B. darauf hin (1993), daß die von ihr befragten männlichen Industriearbeiter der ländlichen Region, die in Konti-Schicht arbeiten typischerweise - wenn sie Kinder haben - mit Frauen verheiratet sind, die nicht berufstätig sind. Anders ließe sich, so Jurczyk, ihr Familienleben wohl nicht bewältigen. Umgekehrt ist ist aber bei den in Konti-Schicht arbeitenden männlichen Industriearbeitern, die in der städtischen Region leben, eine andere, modernere Form der familialen Lebensführung praktikabel. Hier gibt es berufstätige Ehefrauen, was aber wiederum in der Regel den Verzicht auf Kinder nach sich zu ziehen scheint. Einen ähnlich "ausschließenden Effekt" stellt Jurczyk für die im Schichtdienst arbeitenden jungen Altenpflegerinnen fest, für die es nur in Ausnahmefällen möglich sei, überhaupt Kinder zu haben (Jurczyk 1993, 245). Und im Falle der berufstätigen Mütter wiederum läßt sich feststellen, daß für sie ungeregelte Arbeitszeiten, also Formen einer ungeregelten Arbeitszeitflexibilität, im Grund nicht praktikabel sind, wenn sie den verbindlichen terminlichen Verpflichtungen, die mit der Erziehung und Versorgung von Kleinkindern verbunden sind, nachkommen wollen. Hier zeigen sich also deutliche Beziehungen zwischen bestimmten Arbeitszeitformen und bestimmten Formen der Lebensführung, die sich wechselseitig bedingen bzw. ausschließen.

Generell jedoch muß unterstrichen werden, daß die Form der Arbeitszeit keineswegs eine eindeutige Beziehung zur Lebensführung hat, daß vielmehr im Kontext unterschiedlicher Familien- und Lebensphasen und unterschiedlicher Formen der Lebensführung die gleiche Arbeitszeit unterschiedliche Bedeutung und unterschiedliche Effekte haben kann. So kann es z.B. sein, daß junge, familiär ungebundene Erwerbstätige, die häufig zu Überstunden "verpflichtet" werden, diese vergleichsweise hohe Arbeitszeitbelastung als negativ bewerten und sich eine Verkürzung der Arbeitszeit wünschen (Benthaus-Apel 1995, 318), während junge Familienväter, die im Schichtdienst mit teilweise noch höheren Arbeitszeitkontingenten belastet sind, diese Arbeitszeitbelastung nicht als negativ empfinden. Sie wird von ihnen als Investition in eine Familiengründungsphase erlebt, deren ökonomische Effekte die Belastungen als vergleichsweise irrelevant erscheinen lassen. Mit anderen Worten: die Präferenz oder Ablehnung bestimmter Arbeitszeitformen, etwa flexibler Arbeitszeiten, variiert ganz offensichtlich in Abhängigkeit von Mustern der Lebensführung, von Lebensstilen und Lebensphasen. Dabei können Optionen, Effekte und Bewertungen von Arbeitszeitformen duchaus divergieren.

Garhammer (1994, 78 ff.) z.b. berichtet in seiner Untersuchung über die Auswirkungen von flexiblen Arbeitszeiten bei "Zeitpionieren". Darunter versteht er solche Beschäftigtengruppen, die immer in ungewöhnlich stark wechselnden aber selbstbestimmten Arbeitszeiten arbeiten. Sie hätten das höchste Maß an Selbstbestimmung in der Gestaltung ihrer Arbeitszeit, seien aber auch diejenigen, die über das vergleichsweise geringste Kontingent an freier Zeit verfügen und deshalb über Zeitnöte klagen. Umgekehrt erscheint die Gruppe der in Normalarbeitszeit Beschäftigten diejenige zu sein, die über das höchste Kontingent an Freizeit verfügt und vergleichsweise weniger Terminnöte zu haben scheint. *Zeitsouveränität* in der Arbeitszeit kann also ganz offensichtlich zu Verlust an Spielräumen in der außerbetrieblichen Lebensweise führen, und es mag dennoch zu positiven Bewertungssalden bei den Betroffenen kommen. Damit soll unterstrichen werden, daß Arbeitszeitformen und insbesondere auch flexible Arbeitszeiten in ihren Effekten nicht ohne Bezugnahme auf die gesamte Lebenssituation und das Lebensarrangement der betreffenden Beschäftigten verstanden werden können. Das gilt gerade für die scheinbar paradoxen Effekte verschiedener Arbeitszeitformen. So ermöglicht es z.B. die Gleitzeitarbeit, eine der verbreitetsten Formen der Arbeitszeitflexibilität, um eine Kernarbeitszeit herum Arbeitsbeginn und -ende nach persönlichem Bedarf so zu variieren, daß für andere Interessen und Verpflichtungen Zeiträume geschaffen werden. Gerade diese Optionalität der Arbeitszeit führt aber häufig dazu, daß mit den so geschaffenen freien Zeiräumen nun umso planerischer, ökonomischer umgegangen wird. Die Möglichkeit der Wahl führt zu gesteigerten Ansprüchen an die Rationalität und Effizienz der Zeitverwendung. Ein vielfach zitiertes "Zeitparadox".

Widersprüchlichkeiten anderer Art lassen sich am Beispiel der Zeitarbeit erkennen. In diesem Beschäftigungsverhältnis werden Beschäftigte von einer Verleihfirma, mit der sie ein im Prinzip unbefristetes Beschäftigungsverhältnis haben, zu befristeten Arbeitseinsätzen an Nutzerfirmen überlassen. Ähnlich wie bei der kapazitätsorientierten variablen Arbeitszeit, steht der Nutzerfirma "Arbeit auf Abruf", "Arbeit nach Maß" zur Disposition. Die *Zeitsouveränität* ist hier auf Seiten des Beschäftigers, flexibel sind die Beschäftigten. Eine entsprechende Unterscheidung zwischen einer Flexibilität *für* die Beschäftigten und einer Flexibilität *der* Beschäftigten trifft Elchardus (1994, 466). Allerdings bietet die Zeitarbeit, wie unsere Befunde zeigen (Brose et al. 1993), einer Vielzahl der Zeitarbeitnehmer auch die Möglichkeit, Suchprozesse auf dem Arbeitsmarkt zu organisieren, ohne das Stigma des Job-hoppers zu bekommen, oder bei Wiedereinstiegen nach einer Berufsunterbrechung die Arbeitsmarktbarrieren leichter zu überwinden. Da die Zeitarbeitnehmer nach einem befristeten Einsatz relativ unproblematisch „aussetzen" und unbezahlten Urlaub nehmen können, lassen sich Phasen des time-out organisieren, Phasen, in denen man sich den Ansprüchen und Karrierezwängen entziehen kann, die aus einem Dauerarbeitsverhältnis in der Regel resultieren und in denen man sich aber auch anderen Lebensbereichen widmen kann. Dies kann geschehen, ohne daß man aus dem Erwerbssystem ganz aussteigen muß. Pfadabhängige Folgeeffekte von beruflichen oder privaten Entwicklungen können so u.U. korrigiert werden. Darin sind dann - neben allen Risiken und Belastungen, die aus einem solchen Beschäftigungsverhältnis resultieren können - auch Chancen der reflexiven Lebensführung erkennbar.

Derartige Zusammenhänge zwischen Arbeitszeit und Lebensführung lassen sich nur begrenzt als Effekte der Dauer von Arbeitszeiten, also quantitativ, und ihrer Lage, also strukturell, untersuchen. Es bedarf auch der Untersuchung des unterschiedlichen subjektiven Erlebens von Alltagszeit, Lebenszeit und Arbeitszeit, des sozialen Sinns von Ereignissen, Perioden und Rhythmen sowie der kulturellen Schematisierung Zeit, z.B. als knappe Zeit. Erst diese sinnhafte Strukturierung des Umgangs mit der Zeit macht sie für die Analyse der Lebensführung bedeutungsvoll. Dies konnte hier nur angedeutet werden. Die Hinweise auf empirische Befunde sollten aber deutlich gemacht haben, wie komplex die Wechselwirkungen zwischen Arbeitszeit und Lebensführung im Einzelnen sind. Dennoch sollen vor diesem Hintergrund einige Trendaussagen gewagt werden. Obwohl in der Arbeitsteilung zwischen den Geschlechtern sich deutliche Wandlungstendenzen erkennen lassen, vollzieht sich die Veränderung des Arrangements von Arbeitszeit und Lebensführung im häuslichen Bereich besonders langsam (Gershuny 1995). Hier bleiben am deutlichsten Momente *traditionaler* Lebensführung wirksam (vgl. zu diesem Kapitel auch Krüger, Arbeit und Familie, in diesem Band).

Die Tendenz zur Entstandardisierung und *Flexibilisierung* der Arbeitszeit dürfte sich in absehbarer Zeit fortsetzen. Damit wird nicht nur im Arbeitsbereich die Tendenz zur Ent-Synchronisierung, zur Auflösung der beherrschenden sozialen Rhythmen unterstützt. Hierzu trägt die Novellierung , will des Arbeitszeitgesetzes vom 6.6.1994, die Vereinbarungen zur Verlängerung der Arbeitszeit auf bis zu 12 Stunden erleichtert, ebenso bei wie die Verlängerung der Ladenöffnungszeiten seit 1996. Auch im Freizeitbereich kann eine Tendenz zur Pluralisierung, *Individualisierung* und "Privatisierung" (Lüdtke 1995, 145) verzeichnet werden. Gleichzeitig wird, wie am Beispiel der Gleitzeitarbeit angedeutet wurde, der Anspruch an die Effizienz und *Rationalität* der Zeitverwendung in allen Lebensbereichen zunächst weiter steigen. Von daher entsteht der verbreitete Eindruck, daß die Zeit immer knapper, alle Abläufe immer schneller werden. Erst wenn sich die Einsicht durchsetzt, daß dieser Eindruck - was die Lebensführung betrifft - teilweise das Ergebnis einer kulturellen Konstruktion ist, daß das Maß an Zeit, das uns zur Verfügung steht, in den letzten Jahrzehnten nicht kleiner, sondern größer geworden ist (Gershuny 1992), werden die Möglichkeiten reflexiven Umgangs mit der Zeit - im alltäglichen, wie im lebenszeitlichen Rahmen - institutionalisierte Formen annehmen können und damit u.U. dazu beitragen, daß aus der Zerfallsperiode des Post-Fordismus eine Transformationsperiode wird, in der sich ein neues institutionelles Gefüge für den Zusammenhang von Arbeit und Leben, von Arbeitszeit und Lebensführung entwickelt. Dabei kann freilich nicht auf einen sich evolutionär ergebenden gemeinsamen "Rhythmus" von Arbeitszeit, Betriebszeit und Lebensführung gebaut werden. Diese Synchronisation von Arbeitszeit und Lebensführung wird wohl nur noch über unterschiedliche Formen der *Kopplung* und Entkopplung herzustellen sein. Die ansatzweise Entwicklung von *reflexiven Strukturen* auf der Ebene der *Betriebszeit*, die sich neben der "*just-in-time*"-Logik der Arbeitszeit ausdifferenziert, böte für solche Relationierungen durchaus Ansatzpunkte. Freilich wäre es dazu erforderlich, die Flexibilität der alltäglichen Arbeitszeit und die Diskontinuität in der lebenszeitlichen Dimension nicht nur zu ermöglichen, sondern auch soziokulturell „einzubetten" und durch Institutionenbildung zu stützen.

Literatur

Aglietta, Michel 1979: A Theory of Capitalist Regulation. The U.S.Experience, London.

Bauer, Frank; Gross, Herrmann; Schilling, Gabi 1994: Arbeitszeit '93. Arbeitszeiten, Arbeitszeitwünsche, Zeitbewirtschaftung und Arbeitszeitgestaltungschancen von abhängig Beschäftigten, Düsseldorf.

Bechtle, Günther; Lutz, Burkart 1991: Die Unbestimmtheit post-tayloristischer Rationalisierungsstrategie und die ungewisse Zukunft industrieller Arbeit, in: Düll, K.; Lutz, B. (Hrsg.): Technikentwicklung und Arbeitsteilung im internationalen Vergleich, Frankfurt/ M.; New York, 9-91.

Beck, Ullrich 1983: Jenseits von Klasse und Stand? In: Soziale Welt, Sonderband 2, Göttingen, 35-76.

Benthaus-Apel, Friederike 1995: Zwischen Zeitbindung und Zeitautonomie, Wiesbaden.

Berger, Peter A.; Hradil, Stefan 1990: (Hrsg.) Lebenslagen, Lebensläufe, Lebensstile, Soziale Welt, Sonderband 7, Göttingen.

Blossfeld, Hans-Peter; Jaenichen, Ursula 1990: Bildungsexpansion und Familienbildung, in: Soziale Welt 41 (1990), Heft 4, 454-476.

Bosch, Gerhard 1994: Federal Republic of Germany, in: Ders. Peter Dawkins, Francois Michon (eds.), Times are changing - Working Time in 14 industrialised countries, Genf, 127-152.

Brock, Ditmar 1991: Der schwierige Weg in die Moderne - Umwälzungen in der Lebensführung der deutschen Arbeiter zwischen 1850 und 1980, Frankfurt.

Brose, Hanns-Georg 1994: Aspekte einer reflexiven Ökonomie der Zeit, in: Beckenbach, N.; Treek, W. v: Umbrüche gesellschaftlicher Arbeit, Göttingen, 209-226.

Brose, Hanns-Georg; Wohlrab-Sahr, Monika; Corsten, Michael 1993: Soziale Zeit und Biographie, Opladen.

Brunner, Otto 1968: Das "Ganze Haus" und die alteuropäische Ökonomik, in: Ders., Neue Wege der Verfassungs- und Sozialgeschichte, Göttingen, 103-127.

Buchmann, Marlis; Sacchi, Stefan 1995:Zur Differenzierung von Berufsverläufen, ein mehrdimensionaler Kohortenvergleich, in: Bergher, P.A./P.Sopp (Hrsg.) Sozialstruktur und Lebenslauf, Opladen, 49- 64.

Bundesministerium für Familie, Senioren, Frauen und Jugend (Hrsg.) 1995: Wo bleibt die Zeit? Die Zeitverwendung der Bevölkerung in Deutschland, Wiesbaden.

Deutschmann, Christoph 1985: Der Weg zum Normalarbeitstag. Die Entwicklung der Arbeitszeiten in der deutschen Industrie bis 1918. Studienreihe des IFS Frankfurt, Frankfurt/M.; New York.

Deutschmann, Christoph 1987: Arbeitszeit in Japan, Frankfurt/M., New York.

Deutschmann, Christoph; Schmiede, Rudi; Schudlich, Edwin 1987: Die langfristige Entwicklung der Arbeitszeit, in: Schudlich; E.: Die Abkehr vom Normalarbeitstag - Entwicklung der Arbeitszeiten in der Industrie der Bundesrepublik seit 1945, Frankfurt/M./New York, 113-144.

Elchardus, Mark 1994: In praise of rigidity: on temporal and cultural flexibility, in: Informations sur les Science Sociales, 33 (1994), 459-477.

Elchardus, Mark; Glorieux, Ignace 1994: The Search for the Invisible 8 Hours: The gendered use of time in a society with a high labour force participation of women, in: Time & Society, Vol. 3 1/1994, 5-28,

Garhammer, Manfred 1994: Balanceakt Zeit. Auswirkungen flexibler Arbeitszeit auf Alltag, Freizeit und Familie, Berlin.

Gershuny, Jonathan 1992: Are we running out of time?, in: Futures, January/February 1992, 3-22.

Gershuny, Jonathan 1995: Gender Convergence and Public Regulation, European Forum: "Gender and the Use of Time", EUI, Florence, May 1995.

Grießinger, Andreas 1981: Das symbolische Kapital der Ehre - Streikbewegungen und kollektives Bewußtsein deutscher Handwerksgesellen im 18. Jhdt., Frankfurt.

Hareven, Tamara K. 1982: Family Time and Industrial Time: The Relationship Between the Family and Work in a New England Industrial Community, Cambridge.

Imhof, Arthur E. 1984: Von der unsicheren zur sicheren Lebenszeit, in: Vierteljahresschrift für Sozial- und Wirtschaftsgeschichte, 71, 175-197.

Ingold, Tim 1995: Work, Time and Industry, in: Time & Society, Vol 4, 1/1995, 5-28.

Jurczyk, Karin 1993: Bewegliche Balancen - Lebensführungsmuster bei flexiblen Arbeitszeiten, in: Dies./Maria S. Rerrich (Hrsg.) Die Arbeit des Alltags, Freiburg/i.B. 235-259.

Jurczyk, Karin; Rerrich, Maria S.(Hrsg.) 1993: Die Arbeit des Alltags- Beiträge zu einer Soziologie der alltäglichen Lebensführung, Freiburg/i.Br.

Kieser, Alfred 1989: Organizational, Institutional and Societal Evolution - Medieval Craft Guilds and the Genesis of Formal Organizations; In: Administrative Science Quarterly, Vol. 34/1989, 540 - 564.

Klages, Helmut 1984: Wertorientierung im Wandel. Rückblick, Gegenwartsanalyse, Prognosen, Frankfurt/M., New York.

Kohli, Martin 1985: Die Institutionalisierung des Lebenslaufs. Historische Befunde und theoretische Argumente; in: KZfSS, 37, (1-29).

Krüger, Helga; Born, Claudia 1991: Unterbrochene Erwerbskarrieren und Berufsspezifik. Zum Arbeitsmarkt- und Familienpuzzle im weiblichen Lebenslauf, in: K. U. Mayer; Allmendinger, J.; Huinink J. (Hrsg.) Vom Regen in die Traufe, Frankfurt/M., New York, 142-161.

Le Feuvre, Nicky 1994: Leisure, Work and Gender: A sociological study of women's time in France, in: Time & Society, Vol. 3, 2/1994, 151-178.

Levy, Rene 1977: Der Lebenslauf als Statusbiogrtaphie. Die weibliche Normalbiographie in makrosoziologischer Perspektive, Stuttgart.

Lüdtke, Hartmut 1995: Zeitverwendung und Lebensstile. Empirische Analysen zu Freizeitverhalten, expressive Ungleichheit und Lebensqualität in Westdeutschland, Marburg.

Lutz, Burkart 1984: Der kurze Traum immerwährender Prosperität, Frankfurt/M., New York.

MAGS (Ministerium für Arbeit, Gesundheit und Soziales des Landes NRW)(Hrsg.) 1994: Arbeitszeitpolitik '94 - Dokumentation der Fachtagung am 11.5. 1994 in Bochum, Köln.

Marx, Karl 1968: Das Kapital, Bd. 1, MEW 23, Berlin 1968 (1867).

Mayer, Karl Ulrich1995: Gesellschaftlicher Wandel, Kohortenungleihheit und Lebensverläufe, in: Peter A. Berger; Peter Sopp (Hrsg.) Sozialstruktur und Lebenslauf, Opladen, 27-47.

Mückenberger, Ulrich 1985: Die Krise des Normalarbeitsverhältnisses, in: Zeitschrift für Sozialreform, 415 - 434 u. 457 - 475.

Noelle-Neumann, Elisabeth; Strümpel, Burkhard 1984: Macht Arbeit krank? Macht Arbeit glücklich? München.

Pfau-Effinger, Birgit 1994: Erwerbspartnerin oder berufstätige Ehefrau. Soziokulturelle Arrangements der Erwerbstätigkeit von Frauen im Vergleich, in: Soziale Welt 1994, H. 3, 322-337.

Piore, Michael J.; Sabel, Charles F. 1985: Das Ende der Massenproduktion, Berlin.

Polanyi, Karl 1978: The Great Transformation - Politische und ökonomische Ursprünge von Gesellschaften und Wirtschaftssystemen, Frankfurt.

Presser, Harriet B. 1994: Employment schedules among dual- earner spouses and the division of household labor by gender, in: ASR, Vol. 59, S.348-364.

Quack, Sigrid 1993: Dynamik der Teilzeitarbeit, Berlin.

Reid, Douglas A. 1979: Der Kampf gegen den „Blauen Montag" 1766 bis 1876, in: D. Puls; E. P. Thompson (Hrsg.), Wahrnehmungsformen und Protestverhalten. Studien zur Lage der Unterschichten im 18. und 19. Jahrhundert, Frankfurt/M. 265-295.

Reif, Heinz 1982: Soziale Lage und Erfahrungen des alternden Fabrikarbeiters in der Schwerindustrie des westlichen Ruhrgebiets während der Hochindustrialisierung; in: Archiv für Sozialgeschichte, XXII, 1-92.

Rerrich, Maria S.; Wex, Thomas 1993: Veränderungen der westdeutschen Gesellschaft seit Gründung der Bundesrepublik - eine zeitgeschichtliche Skizze, in: Jurczyk/Rerrich (Hrsg.) Die Arbeit des Alltags- Beiträge zu einer Soziologie der alltäglichen Lebensführung, Freiburg/i.Br., 48-69.

Schudlich, Edwin 1987: Die Abkehr vom Normalarbeitstag - Entwicklung der Arbeitszeiten in der Industrie der Bundesrepublik seit 1945, Frankfurt/M./NewYork.

Seifert, Hartmut (Hrsg.) 1993: Jenseits der Normalarbeitszeit, Köln.

Seifert, Hartmut: Abschied von der Normalarbeitszeit, in: Blick durch die Wirtschaft, 27.8.91.

Siegrist, Johannes 1996: Soziale Krisen und Gesundheit, Göttingen.

Smelser, Neil J. 1959: Social Change in the Industrial Revolution, London.

Teriet, Bernhard 1979: Mit mehr Zeitsouveränität zu einer neuen Arbeitszeitpolitik, in: WSI-Mitteilungen, Heft 12.

Thompson, E. P. 1967: Time, Work-Discipline and Industrial Capitalism, in: Past and Present, 38, 56-97.

Veyne, Paul 1981: Quand le temps libre était obligatoire et n'était pas du temps, in: Temps libre 3, 5-16.

Voswinkel, Stephan; Lücking, Stefan; Bode, Ingo 1996: Im Schatten des Fordismus - Industrielle Beziehungen in der Bauwirtschaft und im Gastgewerbe Deutschlands und Frankreichs, München, Mehring.

Voß, Gerd-Günter 1991: Lebensführung als Arbeit: Über die Autonomie der Person im Alltag der Gesellschaft, Stuttgart.

Walther, Rudolf 1990: Arbeit - Ein begriffsgeschichtlicher Überblick von Aristoteles bis Ricardo, in: König, H.; von Greiff, B.; Schauer, H. (Hg.): Sozialphilosophie der industriellen Arbeit, Leviathan, Sonderheft 11/1990, 3 - 25.

Weber, Max 1988: Die protestantische Ethik und der Geist des Kapitalismus, in: Ders.: Gesammelte Aufsätze zur Religionssoziologie, Bd. I, GARS I, 17 - 206, Tübingen, 9.Aufl., (1904/05).

Weber, Max 1976: Wirtschaft und Gesellschaft, Tübingen.

Berufswahlverhalten

Karen Schober

1. Problemstellung

Die Berufswahl junger Menschen als Teil der Übergangsphase vom Bildungs- ins Beschäftigungssystem ist ein vielschichtiges Phänomen. Verschiedene Wissenschaftsdisziplinen haben sich unter jeweils unterschiedlichen Aspekten damit beschäftigt:
- als Sozialisationsprozeß,
- als Lernprozeß,
- als Informationsverarbeitungs- und Entscheidungsprozeß
- als matching-Prozeß,
- als Allokationsprozeß.

Bei all diesen unterschiedlichen Erklärungsansätzen steht immer ein spezifisches Erkenntnisinteresse im Vordergrund - selten jedoch das Berufswahlgeschehen als ganzes. Nicht umsonst wird daher immer wieder eine umfassende Berufswahltheorie gefordert (vgl. u.a. Bußhoff 1992; Ertelt 1992, Meyer-Haupt 1995).

Berufswahl stellt auch ein Feld pädagogischer und administrativer, sozial-, bildungs- und arbeitsmarktpolitischer Intervention dar. Denn in einer Gesellschaft, in der Berufswahl nicht mehr qua sozialer Herkunft und „Vererbung" weitgehend vorgeprägt ist, sondern in der sich traditionelle Bildungs- und Berufsbiographien als Orientierungsmuster mehr und mehr auflösen und in der die Berufs- und Arbeitswelt einem raschen Wandel unterworfen ist, erfordert rationales Berufswahlverhalten eine permanente Neuorientierung an aktuellen Entwicklungen und künftigen Erfordernissen. Eine frühzeitige und gründliche Vorbereitung auf die Berufswahl durch ein umfassendes Angebot an beruflicher Information, Orientierungsmaßnahmen und beruflicher Einzelberatung soll Jugendliche befähigen, rational und eigenverantwortlich eine tragfähige Berufsentscheidung am Ende ihrer Schulzeit zu treffen.

Das große öffentliche Interesse am Berufswahlverhalten Jugendlicher resultiert nicht zuletzt aus der Erkenntnis, daß eine erfolgreiche Berufswahl nicht nur eine wichtige Voraussetzung für berufliche Zufriedenheit und stabile berufliche Integration des Einzelnen ist. Auch unter sozial- und arbeitsmarktpolitischen Aspekten mindert eine den individuellen Interessen und Fähigkeiten sowie dem wirtschaftlichen Bedarf entsprechende Berufswahl die Risiken von Ausbildungsabbruch, Arbeitslosigkeit und beruflicher Desintegration und leistet so einen Beitrag zum Arbeitsmarktausgleich und zur sozialen Stabilität.

Der folgende Beitrag beginnt mit einer kurzen Darstellung der verschiedenen Phasen und Aspekte des Berufswahlgeschehens, die mit dem Begriff „Berufswahl" nur unzureichend beschrieben sind. Im Hauptteil geht es dann um eine Bestandsaufnahme aktueller empirischer Befunde zum Berufswahlverhalten Jugendlicher und dessen Einbettung in die Wertvorstellungen und Lebensentwürfe junger Menschen. Im letzten Teil schließlich wird das Informations- und Entscheidungsverhalten jugendlicher BerufswählerInnen und die Rolle der informellen und professionellen Ratgeber im Berufswahlprozeß beleuchtet.

2. Berufswahl: Ein untauglicher Begriff für ein komplexes Phänomen

„Berufswahl" bezeichnet in der Alltagssprache jenen Ausschnitt aus dem umfassenden *Prozeß der Sozialisation* und Identitätsfindung sowie der gesellschaftlichen Integration junger Menschen, der auf ihre Eingliederung in das System erwerbswirtschaftlicher Arbeit in einer arbeitsteilig organisierten Gesellschaft hin ausgerichtet ist. Dieser Prozeß der Berufswahl reicht von ersten kindlichen Berufswünschen über eine Folge von Bildungs-, Ausbildungs- und Arbeitsplatzentscheidungen bis hin zur ersten stabilen beruflichen Einmündung. Er beinhaltet auf der *individuellen Ebene* eine, dem jeweiligen Alter angemessene, kontinuierliche Auseinandersetzung mit den eigenen Fähigkeiten und Interessen, Wertorientierungen und Lebensentwürfen auf der einen, den Inhalten und Anforderungen, Chancen und Risiken der Berufe und Arbeitsmärkte auf der anderen Seite. In diesem Sinne kann Berufswahl auch als ein *Lernprozeß* verstanden werden, in dem Informationen aufgenommen, bewertet und in Handlungsorientierung umgesetzt werden.

Die Berufswahl stellt für junge Menschen zugleich eine, in einem bestimmten Lebensabschnitt zu bewältigende *biographische Aufgabe* dar - häufig der Anfang einer Reihe von selbständig und eigenverantwortlich zu treffenden Lebensentscheidungen. In der Regel ist weder die Aufgabe als solche noch der Zeitpunkt ihrer „Bearbeitung" frei gewählt, sondern meist durch das Ende der Schulzeit vorprogrammiert - begründet mit der Notwendigkeit, die künftigen Lebenschancen und die vollwertige Teilhabe an der Gesellschaft durch eigene Erwerbsarbeit zu sichern.

Berufswahl ist daher in vielen Fällen nicht ein genuines Anliegen von Jugendlichen, die in dieser Lebensphase meist mit anderen Adoleszenzproblemen beschäftigt sind, sondern eine von außen an sie herangetragene Erwartung. Hinzu kommt, daß die zur Wahl stehenden Alternativen begrenzt (z.B. durch geregelte Ausbildungsgänge, Berufsbilder und Zugangsvoraussetzungen) und deren Zukunftsperspektiven unsicher sind - von einer „Wahl" also nur in eingeschränktem Sinn gesprochen werden kann. Aus der Diskrepanz zwischen Erwartungsdruck von außen und der vielfach noch nicht vorhandenen inneren Bereitschaft und Fähigkeit, sich der Berufswahlaufgabe zu stellen, resultiert die häufig beklagte berufliche Desorientierung und Unentschlossenheit Jugendlicher.

Aus *gesellschaftlicher Pespektive* erfüllt der Prozeß der Berufswahl und der damit eng verbundene Prozeß der Berufsbildung vor allem die vier folgenden Funktionen:
- Sozialisation,
- Integration,
- Qualifikation und
- Allokation.

Durch sie wird das menschliche Arbeitsvermögen (Humankapital) den differentiellen Anforderungen der arbeitsteiligen Produktion entsprechend geformt und plaziert. Das öffentliche Interesse am Berufswahlverhalten junger Menschen resultiert nicht zuletzt aus dem Bemühen, größere strukturelle Diskrepanzen zwischen Arbeitskräftenachfrage und Arbeitskräfteangebot durch frühzeitige und umfassende berufliche Information, Orientierung und Beratung zu vermeiden.

Wie die meisten alltagssprachlichen Begriffe beschreibt der Begriff „Berufswahl" die dargestellten Sachverhalte nur verkürzt und unzureichend. Weder handelt es sich im engeren Sinne um eine „Wahl" oder einen einmaligen Entscheidungsakt, noch wird in der Regel ein „Beruf" gewählt. Treffender wäre es, von einem „*Berufsfindungsprozeß*" zu sprechen, in dessen Verlauf über eine Folge gestufter, voneinander abhängiger Entscheidungen (z. B. über Schullaufbahnen, Ausbildungs- oder Studiengänge) ein bestimmtes Qualifikationsprofil erworben wird, daß die Ausübung einer Reihe beruflicher Tätigkeiten bzw. die Übernahme bestimmter beruflicher Positionen ermöglicht oder verschiedene berufliche Laufbahnen eröffnet.

Die über alle pädagogischen, psychologischen, soziologischen und ökonomischen Präzisierungsversuche erhabene Beharrlichkeit des Begriffs „Berufswahl" kommt nicht von ungefähr, sondern ist Programm und Methode zugleich: Sie reduziert die Komplexität des Phänomens und macht es so der pädagogischen, administrativen und politischen Intervention leichter zugänglich.

Der Prozeß der Berufswahl wird durch solche Begrifflichkeit in seiner *zeitlichen Dimension eingegrenzt* auf die letzten ein bis zwei Jahre vor Schulentlassung, und er wird fokussiert auf den Zeitpunkt der angeblich „ersten Berufswahl", d.h. in der Regel der *Wahl des ersten Ausbildungsganges* nach Verlassen der allgemeinbildenden Schule. Das *Festhalten am Berufsbegriff* (statt z.B. von Ausbildungswahl zu sprechen) schließlich erweckt den Anschein, mit dieser Entscheidung werde der „Beruf fürs Leben" gewählt.

Ein solchermaßen eingegrenzter Problemzuschnitt erleichtert es Schule und Berufsberatung, Wirtschaft und Politik, die in ihrem jeweiligen Zuständigkeitsbereich liegenden Interventionsstrategien zur Vorbereitung, Unterstützung und Qualifizierung der Berufswahl zu entwickeln und jugendlichen Berufswählern anzubieten. Damit verbunden ist allerdings die Gefahr, daß die vor- und nachgelagerten Sozialisations- und Entscheidungsphasen ausgeblendet werden und der Zusammenhang der Berufswahl mit den sich gleichzeitig entwickelnden Lebensentwürfen, Norm und Wertvorstellungen Jugendlicher aus dem Blick gerät.

Die oft beklagte Interesselosigkeit, mit der Jugendliche den institutionellen Informations- und Beratungsangeboten in Schule und Berufsberatung begegnen, hat mit der vielfach verkürzten Sicht von Berufswahl zu tun, die Berufswahl als ein isoliertes matching- und Entscheidungsproblem behandelt und nicht in den Lebenszusammenhang der Heranwachsenden stellt. Jugendliche fragen in der Regel nicht: „Welche Tätigkeiten will ich später ausüben? Mit welchem Material und an welchem Arbeitsort will ich arbeiten?" - Fragen, die die professionellen Ratgeber mit einer Fülle berufskundlicher Informationen beantworten können -, sondern sie fragen: „Wie will ich später leben und arbeiten? Was soll mir mein Beruf ermöglichen?" Auf diese Fragen nach der Einbettung des Berufs in die Lebenswelt, nach den sozialen Attributen von Berufen, gibt es kaum Antworten.

3. Der Doppelcharakter von Beruf: Strukturmerkmal erwerbswirtschaftlicher Arbeit und Kristallisationspunkt sozialer Identität

Was die Berufswahl so schwierig macht und sich in der Begrifflichkeit niederschlägt, ist der darin enthaltene Doppelcharakter von Beruf (vgl. Stooß 1992). „Beruf" steht im deutschen Sprachgebrauch zum einen für die *Ausdifferenzierung erwerbswirtschaftlicher Arbeit* in einer arbeitsteiligen Produktion nach unterschiedlichen Tätigkeiten, Funktionen und Positionen. Diese lassen sich beschreiben nach Arbeitsinhalten, -gegenständen, -materialien, -orten, aber auch nach Qualifikationen, Anforderungen, Bezahlung, Grad der Selbständigkeit, Autonomie und Weisungsbefugnis.

Zum anderen steht „Beruf" für die *soziale Verortung* des Individuums in der Gesellschaft. Er umfaßt ein Bündel von Normen, Wertvorstellungen, Qualifikationen und Kompetenzen, die für die Ausübung von Berufen charakteristisch und verbindlich sind, die in der Regel durch institutionalisierte Ausbildungsgänge mit vorgegebenen Zugangsvoraussetzungen erworben werden, die die Berufsangehörigen gegenüber anderen abgrenzen bzw. auszeichnen und die einer bestimmten Position in der sozialen Hierarchie verbunden mit einem bestimmten Sozialprestige entsprechen.

Die hohe Verregelung und Verrechtlichung der Erwerbsarbeit in Deutschland erweist sich unter anderem darin, daß der Arbeitsmarkt stärker als in Ländern mit anderen Traditionen beruflich organisiert und strukturiert ist und daß auch der Zugang zum Arbeitsmarkt und zur Erwerbsarbeit über Berufe und gesetzlich geregelte Berufsausbildungen erfolgt. Trotz vielfältiger Auflösungs- und Deregulierungstendenzen, die auf dem bundesdeutschen Arbeitsmarkt und im Berufesystem als Folge der Internationalisierung und wachsenden Konkurrenzdrucks zu beobachten sind, hat sich an den Grundmustern des *beruflich strukturierten Arbeitsmarktes* und der beruflich strukturierten Zugänge zum Arbeitsmarkt wenig geändert.

Daher hat auch *Berufswahl* für junge Menschen einen *Doppelcharakter*: Sie beinhaltet nicht nur eine Folge von Bildungs- und Ausbildungsentscheidungen zum Erwerb eines bestimmten Qualifikationsprofils, sondern gleichzeitig die Entscheidung für eine bestimmte berufliche Identität und soziale Verortung. Dies kommt in dem Begriff „Berufswahl" zum Ausdruck, der eben mehr und komplexeres beinhaltet als beispielsweise die angelsächsischen Termini „occupational choice" oder „career choice", die deutlicher auf die jeweils im Vordergrund stehenden Aspekte der anstehenden Entscheidung (Tätigkeit oder berufliche Laufbahn) abheben. Hierbei spielt auch das deutsche System der Berufsausbildung eine wichtige Rolle, das ausgehend von der traditionellen, handwerklichen Lehrausbildung immer noch von einer weitgehenden Entsprechung von erlerntem und ausgeübtem Beruf ausgeht, die vielfach noch in der Namensgleichheit zum Ausdruck kommt.

In der Realität erweist sich allerdings, daß es diese enge Entsprechung von Ausbildungsberuf und Erwerbsberuf, von erworbenen Qualifikationen und zugeordneter beruflicher Tätigkeit oder Laufbahn auch in Deutschland immer weniger gibt. Ergebnisse der Berufsverlaufsforschung belegen, daß sich solche traditionellen Bildungs- und Berufsbiographien zunehmend auflösen, daß mit einer Entscheidung für einen Ausbildungsberuf oder ein Studium in den wenigsten Fällen mehr der Lebensberuf gewählt wird. Brüche nicht nur in der beruflichen Biographie, sondern auch in der durch den Beruf vermittelten Identität und sozialen Verortung sind somit vorprogrammiert. Berufswahl wird zunehmend zur Fiktion.

4. Berufswahlverhalten: Empirische Evidenzen

Wie „verhalten" sich nun junge Menschen zu ihrer Berufswahl, wie gehen sie mit dieser biographischen Aufgabe um? Die Beschreibung und Analyse des Berufswahlverhaltens unterliegt den gleichen Schwierigkeiten, die für die Definition von Berufswahl gelten: Berufswahlverhalten beschränkt sich nicht auf die jeweiligen Entscheidungssituationen am Ende der Schul- oder Ausbildungszeit und die Aktivitäten, die gezielt in diesem Zusammenhang unternommen werden, sondern beginnt viel früher mit ersten Berufsvorstellungen, -wünschen, und -erfahrungen im sozialen Umfeld, mit früheren Bildungsentscheidungen der Eltern, mit dem eigenen schulischen und außerschulischen Lern- und Leistungsverhalten und ist selbstverständlich eingebettet in die sich entwickelnden Lebensentwürfe, Normen und Wertvorstellungen junger Menschen in anderen Lebensbereichen. Ein solchermaßen weit gefaßtes Verständnis von Berufswahlverhalten ist jedoch empirisch nur schwer abzubilden. Eine zeitliche Eingrenzung auf die Übergangsphase vom Bildungs- ins Beschäftigungssystem und eine Operationalisierung auf empirisch beschreibbare Verhaltensmuster, Einstellungen und Wertorientierungen, die Ausdruck dieser vorgängigen Erfahrungen, Sozialisationsprozesse und Entscheidungen sind, ist erforderlich. In diesem Sinne läßt sich Berufswahlverhalten in dreierlei Hinsicht empirisch beschreiben:

- Vom Ergebnis her betrachtet, d.h.: wie stellt sich statistisch betrachtet das Bildungs- und Berufswahlverhalten gemessen an Schulabschlüssen, Übergangsquoten und Ausbildungsentscheidungen sowie beruflichen Einmündungen dar und wie hat es sich verändert?
- Vom subjektiven Erleben her betrachtet: Wie erleben und bewältigen Jugendliche nach ihren eigenen Aussagen den Prozeß der Berufswahl und wie bettet er sich in ihre Wertvorstellungen und Lebenskonzepte ein?

Vom Prozeß des Informations- und Entscheidungsverhaltens her betrachtet: Welche exogenen Einflußfaktoren im Sinne von Informationen, Entscheidungshilfen, informellen und formellen Ratgebern beeinflussen die Berufswahl bzw. wie erleben und bewerten Jugendliche diese?

4.1 Wandel des Bildungs- und Berufswahlverhaltens im Spiegel der Statistik: Bildungsexpansion, veränderte Übergänge und der Trend zur Dienstleistungsgesellschaft

Die Bildungsexpansion der vergangenen 30 Jahre hat zu einem gewaltigen Anstieg der Bildungsbeteiligung aller Bevölkerungsschichten und zu einer entsprechenden Anhebung des allgemeinen Qualifikationsniveaus geführt. Bildungsökonomische Überlegungen („Sputnikschock", „Bildungsnotstand") und gesellschaftspolitische Anliegen („Bildung ist Bürgerrecht") haben in den sechziger Jahren gemeinsam die Bildungsexpansion ausgelöst. Bildungs- und Begabungsreserven aus bislang bildungsferneren Schichten wurden mobilisiert und eine größere Chancengleichheit beim Zugang zu weiterführenden Schulen erreicht.

Dieser Trend hielt auch an, als Mitte der siebziger und Anfang der achtziger Jahre *Ausbildungs- und Arbeitsmarktkrisen* das Ende dieser Wachstumsphase einläuteten. Denn gerade unter den restriktiveren Arbeitsmarktbedingungen wurde eine hohe Ausgangsqualifikation für Lehrstellenbewerber und Berufsanfänger zur unverzichtbaren Voraussetzung für den Berufseinstieg. Ein längerer Verbleib im Bildungswesen, höhere Schulabschlüsse dienten nun nicht mehr nur der individuellen Chancenverbesserung, sondern auch der Vermeidung oder Überbrückung von Arbeitslosigkeit. Seither hat die Dynamik des Ausbildungs- und Arbeitsmarktes das Bildungs- und Berufswahlverhalten und die Übergangsphase von der Schule ins Erwerbsleben nachhaltig verändert (vgl. Schober/Tessaring 1993).

Das deutsche Bildungssystem ist - trotz mancher Reformen - mit seiner grundsätzlichen Dreigliedrigkeit auf typische Übergangsmuster von der Schule in den Beruf, sog.

„Standardbiographien", ausgerichtet. Ausgehend von den drei wichtigsten Schulformen sind dies:

Hauptschule	⇒ Lehre	⇒ Beruf
Realschule	⇒ Lehre/Berufsfach-/Fachschule	⇒ Beruf
Gymnasium	⇒ Hochschulstudium	⇒ Beruf

Diese *typischen Übergangsmuster* haben durch die Bildungsexpansion, durch Ausdifferenzierungen im Bildungswesen und durch Engpässe auf dem Ausbildungs- und Arbeitsmarkt eine gewisse Flexibilisierung erfahren. Maßgeblich hierfür waren u.a.:
- der Ausbau des berufsbildenden Schulwesens durch die Einrichtung zusätzlicher teil- und vollqualifizierender Ausbildungsgänge und berufsvorbereitender Angebote
- eine partielle Gleichstellung von beruflichen und allgemeinen Bildungsabschlüssen,
- die Neukonzipierung dualer Ausbildungs- und Studiengänge.
- die Notwendigkeit zur Überbrückung von Wartezeiten vor Lehre oder Studium wegen Ausbildungsplatzmangel oder numerus clausus,
- das gestiegene Interesse von Abiturienten an einer Ausbildung im dualen System als Alternative oder Vorstufe zum Studium.
- der Trend zu Doppel- und Mehrfachqualifizierungen

Detaillierte Analysen des Übergangsverhaltens von Schulabgängern und Ausbildungsabsolventen, wie sie das Institut für Arbeitsmarkt- und Berufsforschung (IAB) in seiner Bildungsgesamtrechnung (BGR) vornimmt, weisen im Zeitraum zwischen 1975 und 1991 erhebliche jährliche Schwankungen bei den Übergängen in die duale Berufsausbildung, in schulische Berufsausbildungen sowie in Studium und Erwerbstätigkeit aus (vgl. Kleffner u.a. 1996). So sank beispielsweise während der Ausbildungskrise Anfang der 80er Jahre der Anteil der Hauptschüler, die unmittelbar nach der Schule in eine betriebliche Ausbildung einmündeten, von 61% auf 45%. Entsprechend erhöhte sich der Übergang in berufsvorbereitende Bildungsgänge und vollzeitschulische Ausbildungen. Die Entspannung auf dem Lehrstellenmarkt Anfang der 90er Jahre führte zu einem Wiederanstieg auf 64%.

Nachhaltig verändert hat sich in den vergangenen 20 Jahren das *Übergangsverhalten der Abiturienten*. Deren zunehmendes Interesse an einer betrieblichen Ausbildung konnte in den 80er Jahren trotz Lehrstellenmangel zu großen Teilen befriedigt werden. Die Übergangsquote in eine betriebliche Ausbildung stieg von 4% auf 18% und sank Anfang der 90er Jahre, als sich der Ausbildungsmarkt wieder entspannt hatte, auf rd. 15%. Drastisch gesunken ist der unmittelbare Einstieg ins Studium (von 55% 1975 auf 28% 1985 bzw. 35% 1991). Die Gesamtstudierquote von Abiturienten liegt gegenwärtig allerdings mit gut 70% nur geringfügig unter der von 1975, d.h. mit der Lehre ist für viele Abiturienten die Ausbildungsphase noch nicht beendet.

Auch Berufsfachschulen entwickelten sich in diesem Zeitraum mehr und mehr zur Durchgangsstation für Haupt- und Realschüler, die nach der Schule zunächst keine Lehrstelle fanden: Während 1975 rd. ein Drittel aller Berufsfachschulabsolventen in eine betriebliche Berufsausbildung übergingen, waren es in der zweiten Hälfte der 80er Jahre über 60%. Mit der Entspannung auf dem Lehrstellenmarkt verringerte sich dieser Wert auf rd. die Hälfte.

Parallel zu den Arbeitsmarktzyklen sind auch bei den Absolventen der dualen Berufsausbildung erhebliche Schwankungen der Übergänge in den Arbeitsmarkt bzw. in weiterführende Ausbildungsgänge erkennbar, die in der Tendenz zu einer Zunahme von Doppelqualifizierungen führten: 1978 nahmen unmittelbar nach der Lehre 8%, 1988 13% der Absolventen eine weitere Ausbildung auf. In der Summe bewirkten die dargestellten Entwicklungen eine beträchtliche *Verlängerung der Übergangsphase* zwischen Schule und Beruf sowie eine zeitliche Verschiebung, Ausdifferenzierung oder Korrektur von Berufswahlentscheidungen. Damit haben sich vermutlich auch der Charakter und der Sinn der „Berufswahl" ein wenig verändert: Weniger das konkrete Berufsziel als vielmehr der Wunsch, möglichst lange möglichst viele *Optionen offen zu halten*, steht heute bei vielen Jugendlichen und deren Eltern im Mittelpunkt ihrer beruflichen Entscheidungsprozesse. Der Trend zum höchstmöglichen Schulabschluß - dem Abitur (rd. die Hälfte aller Eltern wünschen sich für ihre Kinder das Abitur) - ist sichtbarer Ausdruck dieses veränderten Stellenwerts von Berufswahl.

Denn angesichts nach wie vor eingeschränkter Durchlässigkeiten der verschiedenen Bildungswege und bislang nur unvollkommen realisierter Gleichwertigkeit von beruflicher und allgemeiner Bildung eröffnet allein das Abitur den uneingeschränkten Zugang zu allen Bildungs- und Ausbildungsgängen und bietet damit die besten Voraussetzungen im Wettbewerb um interessante Tätigkeiten, angesehene berufliche Positionen, hohes Einkommen, sichere Arbeitsplätze und angenehme Arbeitsbedingungen. Weil aber alle das gleiche Ziel haben, wird ein hoher Bildungsabschluß immer mehr zu einer notwendigen, jedoch keineswegs hinreichenden Bedingung für eine erfolgreiche Teilnahme an diesem Wettbewerb. Denn auch die Anforderungen der Betriebe an die Vorbildung der Auszubildenden und Beschäftigten erhöhen sich im Zuge *steigender Qualifikationsanforderungen* und eines zunehmenden Angebots an qualifizierten Schulabgängern und Arbeitskräften.

Längere Verweildauer im Bildungssystem, höhere Schulabschlüsse und höheres Berufseinstiegsalter in Verbindung mit dem *wirtschaftliche Strukturwandel* hin zur *Dienstleistungs- und Informationsgesellschaft* finden ihren Niederschlag auch in den *Berufswünschen*: Bereits im Jahr 1977 interessierte sich die Mehrzahl der bei der Berufsberatung gemeldeten Lehrstellenbewerber (57 %) für Dienstleistungsberufe und nur 37 % für Fertigungsberufe. Seither ist mit geringfügigen Schwankungen die Struktur dieser Lehrstellenwünsche weitgehend konstant geblieben (vgl. Schober/Tessaring 1993).

Verschiebungen im Vorbildungsniveau und in den Berufswünschen haben sich nicht zuletzt auch aus dem veränderten *Bildungsverhalten der weiblichen Jugend* ergeben. Zu nennen wären hier vor allem ihre überdurchschnittlich gestiegene Bildungsbeteiligung, höhere Übergangsquoten in weiterführende Schulen und in die betriebliche Berufsausbildung sowie ein langsam wachsendes Interesse an gewerblich-technischen Berufen. So ist z.B. der Anteil junger Frauen an den Auszubildenden seit Anfang der siebziger Jahre von rund 35 % auf knapp 43 % in 1992 gestiegen. Mehr als die Hälfte von ihnen verfügt über einen mittleren oder höheren Bildungsabschluß (im Gegensatz zu nur gut einem Drittel aller männlichen Auszubildenden). Ihre Berufswünsche konzentrieren sich zu rd. 80% auf Dienstleistungsberufe, während nur ein Drittel der jungen Männer in diese Berufe strebt. Dennoch hat - insbesondere in den achtziger Jahren, als Ausbildungsstellen knapp waren und die Ausbildung von *Mädchen in „männerdominierten" Berufen* öffentlich gefördert wurde,- eine gewisse Umorientierung in den Berufswünschen junger Frauen weg von den Dienstleistungsberufen (Rückgang von 85 % auf 79 %) hin zu den Fertigungs- und technischen Berufen stattgefunden. Das gilt im besonderen Maße für Hauptschülerinnen mit und ohne Abschluß. Die Bemühungen um eine Erweiterung des beruflichen Spektrums für junge Frauen haben hier offenbar eine gewisse Wirkung gehabt. Bei den Abiturientinnen haben sich bei einer Verdreifachung ihres Anteils an den Bewerberinnen insgesamt weniger Veränderungen ergeben. Hier hat vor allem das Interesse an technischen Berufen zugenommen.

Die Lehrstellenwünsche der Jugendlichen, die sich bei den Arbeitsämtern um einen Ausbildungsplatz bemühen, haben sich also nicht so rasant wie oftmals behauptet gewandelt. Für manche Gruppen sind sogar gegenläufige Tendenzen zu beobachten. Wenn die in den gewerblichen Berufen angebotenen Ausbildungsplätze immer weniger besetzt werden können, dann liegt dies neben demographischen Ursachen vor allem daran, daß das Ausbildungsstellenangebot im dualen System den beruflichen Vorstellungen der Jugendlichen immer weniger entspricht: 37 % der Bewerber/innen interessieren sich für Fertigungsberufe, aber 47 % aller Auszubildenden werden dort ausgebildet. 56 % wollen einen Dienstleistungsberuf, nur 48 % haben dort einen Ausbildungsplatz. Dabei ergeben sich für Jungen und Mädchen durchaus unterschiedliche Tendenzen: Mädchen werden zu einem geringeren Anteil in gewerblichen Berufen ausgebildet, als es ihren Wünschen entspricht. Bei Jungen ist das umgekehrt: Sie werden zu einem geringeren Anteil in Dienstleistungsberufen ausgebildet, als man es von den Berufswünschen her erwarten würde.

Bemerkenswert dabei ist, daß sich an den beruflichen Strukturen der betrieblichen Berufsausbildung in den vergangenen dreißig Jahren nur wenig verändert hat: Der Anteil der Auszubildenden in Fertigungsberufen sank zwischen 1960 und 1990 nur geringfügig von 50 % auf 47 %, der in Dienstleistungsberufen stieg um drei Prozentpunkte von 45 % auf 48 %. Das *duale Ausbildungssystem* hat also den sektoralen und beruflichen Strukturwandel hin zur Dienstleistungs- und Informationsgesellschaft (65 % aller Erwerbstätigen arbeiteten 1993 in Dienstleistungsberufen) nicht in dem erforderlichen Umfang mit vollzogen, sondern seine traditionellen, *gewerblich-handwerklich dominierten Strukturen* weitgehend bewahrt. Die strukturellen Diskrepanzen zwischen Ausbildungsstellenangebot und -nachfrage sind also nicht - wie vielfach behauptet - den „unrealistischen" Berufswünschen der Jugendlichen anzulasten, sondern der mangelnden Innovationsfähigkeit des dualen Ausbildungssystems. (Vgl. zu diesem Kapitel auch Kutsch, Berufsbildungssystem, und Krüger, Arbeit und Familie, in diesem Band)

4.2 Vom Sinn der Arbeit: Lebensentwürfe und Arbeitsorientierungen Jugendlicher

Zentraler Ausgangspunkt für die Analyse der Bestimmungsgründe des individuellen Bildungs- und Berufswahlverhaltens ist das theoretische *Konzept des Lebensentwurfs*. Damit sind die auf ihr künftiges Leben bezogenen Vorstellungen Jugendlicher gemeint, in denen - als ein Bereich unter mehreren - auch Bildung, Beruf und Arbeit ihren Platz haben: Das Konzept des Lebensentwurfs bezeichnet einerseits etwas Ganzheitliches im Gegensatz zu eher fragmentarischen, auf einzelne Lebensbereiche bezogene Pläne oder konkrete Absichten. Andererseits bezeichnet er aber auch etwas vorläufiges, noch im Entstehen begriffenes, Veränderbares, das aber dennoch für Jugendliche handlungsorientierend ist, d.h. bereits eine gewisse Verbindlichkeit besitzt.

Die Entstehung dieser Lebensentwürfe ist nicht Thema dieses Beitrages. Sie sind vielfältig durch die jeweiligen Sozialisationsprozesse, kulturelle Traditionen, Normen und Werte, Bildung, soziales Umfeld, ideelle und materielle Ressourcen, Vorbilder und Vorurteile usw. geprägt. Arbeit im Sinne von Erwerbsarbeit hat bzw. erhält mit zunehmendem Alter und Konkretisierung des Lebensentwurfs darin seinen Platz. Welchen *Stellen-*

wert Arbeit darin einnimmt - sowohl hinsichtlich seiner *Wichtigkeit* als auch hinsichtlich seiner *Sinngebung* - ist eine der zentralen Fragen für das Verständnis von jugendlichem Bildungs- und Berufswahlverhalten. (Vgl. hierzu auch Stanko, Arbeit und Identität, in diesem Band)

Eine gängige These in diesem Zusammenhang besagt, daß der allgemeine gesellschaftliche *Wertewandel* hin zu *hedonistischen* Einstellungen, d.h. zu individueller Genußorientierung, eine Abnahme der Arbeitsethik zur Folge habe. Diese Entwicklungen seien unter anderem mit dafür verantwortlich, daß Beruf und Leistung keine so zentrale Rolle mehr in den Lebensentwürfen junger Menschen spielen und daß die Berufswahl selbst eben auch zunehmend unter hedonistischen Kriterien getroffen werde.

Die empirische Forschung liefert hierzu keine ganz einheitlichen Befunde und läßt breiten Raum für unterschiedliche Interpretationen. Zunächst belegen die meisten Jugend- und Berufswahlstudien - egal ob quantitative oder qualitative Methoden zur Anwendung kamen - den nach wie vor hohen Stellenwert von Arbeit und Beruf in den Lebensentwürfen. So wird beispielsweise in der Shell-Jugendstudie '92 berichtet, daß unter westdeutschen Jugendlichen die Antagonismen Arbeitsethik versus Genußethik gleich stark ausgeprägt sind (zitiert nach Zinnecker 1994). Die qualitative Längsschnittstudie „Jugend und Arbeit" des Deutschen Jugendinstituts München (DJI 1994; DJI 1995) kommt zu dem Ergebnis, daß rund 80 % der in dieser Studie befragten Jugendlichen (Abgänger aus dem Sekundarbereich I zu Beginn der Berufsausbildung oder in berufsvorbereitenden Maßnahmen) eine überwiegend positive Arbeitsorientierung aufweisen und sich ein Leben ohne Erwerbsarbeit nicht vorstellen können.

In einem Zeitvergleich mehrerer Jugendstudien, die zwischen 1955 und 1985 mit identischen Fragestellungen durchgeführt wurden, zeichnen sich keine Veränderungen ab, die die These vom Wertewandel hin zu sinkender Arbeitsethik und wachsender Genußethik bestätigen würden. Allerdings lassen diese Studien erkennen, daß die Erwerbsarbeit in den Lebensentwürfen und Wertorientierungen Jugendlicher den *Ausschließlichkeitsanspruch* früherer Zeiten *verloren* hat. Arbeit stellt heutzutage vielmehr einen gleichberechtigten Lebensbereich neben anderen dar - Freizeit, Freunde, Partner/in, Familie, Politik, Hobbys - und liefert die materielle Grundlage dafür. Auch knüpfen sich für eine wachsende Zahl von Jugendlichen *andere Erwartungen an die Sinngebung von Arbeit*. Zinnecker (1994, 222) faßt die Befunde zusammen:

„Der Lebensbereich Arbeit wird in wachsendem Maß durch konkurrierende Lebensfelder - Familien, informelle Freundschaftsbeziehungen, Freizeit und Konsumsphäre - in seiner lebensgeschichtlichen und biographischen Bedeutung für Jugendliche eingeschränkt. Für eine nicht zu kleine Gruppe von Jugendlichen (20 %) scheint die Verwirklichung anspruchsvoller Persönlichkeitsmodelle Teil ihrer Identität geworden zu sein. Dies läßt vermuten, daß sich die Ansprüche an Ausbildung und Arbeit zugunsten persönlichkeits- und identitätsrelevanter Merkmale verändern". Diese neue Wertigkeit „macht die Jüngeren heute bereiter zur Kritik vorfindlicher Arbeitsbedingungen und anfälliger für Erfahrungen des Sinnverlustes von Arbeit".

Auch eine neuere Studie im Auftrag der Bundesanstalt für Arbeit unter Schülern zeigt, daß in den antizipierten Lebensentwürfen der Berufstätigkeit eine dominante Stellung gegenüber anderen Lebensbereichen, wie z.B. Partnerbeziehungen, Familie, Freizeit zugewiesen wird. Dabei lassen allerdings Gymnasiasten eine vergleichsweise größere Distanz zu arbeitsbezogenen Werten erkennen. (Kleffner u.a. 1996)

Gründe hierfür liegen zum einen in dem gestiegenen Alter und der höheren Vorbildung beim Berufseintritt, zum anderen darin, daß sich die *biographische Schere* zwischen Eintritt in die Erwerbsarbeit und Eintritt in den Erwachsenenstatus immer weiter öffnet. War das eine in früheren Zeiten stärker an das andere gekoppelt, d.h. selbständiges Leben und Wohnen, Partnerbeziehung und Familiengründung, bestimmte Freizeitaktivitäten und dafür erforderliche materielle Ressourcen waren überwiegend nur durch eigene Erwerbsarbeit möglich, so ist dies gegenwärtig für große Teile der Jugendlichen und jungen Erwachsenen anders.

„Das biographische Paradox weist unmißverständlich darauf hin, daß die Statuspassage zum Erwachsenensein sich in gewissem Umfang von den ausbildungs- und berufsbezogenen Passagen abgekoppelt hat. Am deutlichsten wird dies im Phänomen der sogenannten Postadoleszenz - also jenen jungen Erwachsenen im dritten Lebensjahrzehnt, die sich in privater, rechtlicher und kultureller Hinsicht verselbständigt haben, ohne vollgültig am System der Erwerbsarbeit zu partizipieren. Fragt man junge Erwachsene nach den Lebensereignissen, die in ihren Augen und für ihre Person das Ende der Jugend und den Eintritt ins Erwachsenenalter markiert haben, nehmen sie relativ selten auf den Eintritt ins Erwerbsleben bezug. Sie verweisen in erster Linie auf private Statuspassagen, die mit Partnerwahl, Haushalts- und Familiengründung und mit Elternschaft verknüpft sind. Auch objektiv steigt der Anteil derer, die sich als Erwachsene fühlen, durch Heirat und Elternschaft an, während der Übergang zwischen Schulbildung, Ausbildung und Berufstätigkeit kaum Änderungen des Alters - Selbstbildes hervorruft." (Zinnecker 1994, 227).

Neben der Zentralität der Arbeit im Lebensentwurf, die - das sei noch angemerkt - mit steigendem Alter zunimmt und zu diesem Zeitpunkt noch wenig geschlechtsspezifische Unterschiede aufweist (die Bedeutung von Arbeit und Beruf hat bei jungen Frauen eher noch zu-, bei jungen Männern gegenüber der Familienorientierung eher abgenommen), sind für das Verständnis von Bildungs- und Berufswahlentscheidungen die *Deutungsmuster von Arbeit*, d.h., was Jugendlichen an der Erwerbsarbeit inhaltlich wichtig ist, von hoher Relevanz. Hierzu liegen aus neueren Jugendstudien weitgehend übereinstimmende empirische Befunde vor:

Befragt nach dem, was Jugendlichen bei ihrer *späteren* Berufstätigkeit besonders wichtig ist, stehen - vereinfacht gesagt - die *materiell-existenzsichernden* Funktionen von Arbeit (sicherer Arbeitsplatz, Geldverdienen) an oberster Stelle, gefolgt von eher *sozial-humanistischen* Motiven (etwas Nützliches tun, anderen Menschen helfen). Erst danach kommen *karriereorientierte* Sinngebungen von Arbeit (Karriere machen, durch Leistung vorankommen). Diese Rangordnung ist in den vergangenen Jahren weitgehend stabil geblieben bei einer leichten Zunahme karriereorientierter und einem entsprechenden Rückgang sozial-humanistischer Orientierungen - ein möglicher Hinweis darauf, daß für die Attraktivität bestimmter Ausbildungsgänge die Beschäftigungsperspektiven nach der Ausbildung an Bedeutung gewonnen haben (Schober/Tessaring 1993; Fobe/Minx 1995).

Die Arbeitsorientierungen *junger Frauen* gehen eher in Richtung sozial-humanistischer Motive, *junge Männer* hingegen zeigen sich eher an den existenzsichernden oder karriereorientierten Aspekten von Arbeit interessiert. *Bildungs- und schichtspezifische Unterschiede* verweisen auf die unterschiedlichen Reproduktionsbedingungen in den Elternhäusern: Materiell-existenzsichernde oder auch negative Arbeitsorientierungen sind häufiger bei Arbeiterkindern und Hauptschülern, sinn- und interessenbezogene Deutungsmuster häufiger bei Jugendlichen mit höherer schulischer Vorbildung bzw. solchen aus Angestellten- und Selbständigenfamilien zu finden.

Die erwähnte Studie des Deutschen Jugendinstituts, deren narrativer Ansatz eine Interpretation der Arbeitsorientierungen im Kontext des gesamten Lebensentwurfs ermöglicht, unterscheidet zwischen „sinnhaft subjektbezogenen" und „materiell reproduktionsbezogenen" Ansprüchen an Arbeit, die bei den befragten Jugendlichen (Abgänger aus dem Sekundarbereich I) zu etwa gleichen Anteilen vertreten sind. Im Verlauf der über drei Jahre laufenden Längsschnittuntersuchung kristallisierten sich unter den Jugendlichen, die in der Zwischenzeit bereits erste Ausbildungs- und Berufserfahrungen (einschließlich gescheiterter Versuche) gemacht haben, folgende Typen von Arbeitsorientierungen heraus:
– Karriereorientierte (6 %)
– Berufsorientierte (44 %)
– Joborientierte (36 %)
– Familienorientierte (8 %)
– Resignierte Arbeitsorientierung (5 %)

Mit 44 % und 36 % bilden die Berufs- und die Joborientierten die größten Gruppen. D.h. auch diese Studie belegt den hohen und in der Regel auch arbeitsinhaltlich bestimmten Wert von Arbeit in den Lebensentwürfen Jugendlicher (DJI 1995, 90 ff.).

Eine qualitative Studie des Leipziger ZAROF, in der 1.800 Aufsätze von SchülerInnen zu ihren beruflichen und privaten Lebenskonzepten analysiert wurden, kommt zu einer ähnlichen Hierarchie der Motive mit allerdings interessanten Modifizierungen: Die Differenzierung zwischen der existenzsichernden Funktion von Arbeit und dem Motiv „viel Geld zu verdienen" zeigt, daß der Wunsch nach einem luxuriösem Leben deutlich geringer vertreten ist als der nach einer materiellen Absicherung der Existenz (Fobe/Minx 1995, 62 ff.).

Des weiteren verweist diese Studie auf die z.T. beträchtlichen Unterschiede der Ergebnisse zwischen standardisierten und nicht standardisierten Befragungen ohne Antwortvorgaben: Die im Anschluß an die Aufsätze auszufüllenden standardisierten Erhebungsbogen ergaben bei der Frage nach den Motiven für Berufstätigkeit eine weit höhere Dominanz der materiell-existenzsichernden Begründungen, als dies in den Aufsätzen zum Ausdruck kam, d.h. vorformulierte Antworten führen im Vergleich zu selbstthematisierten Aussagen möglicherweise zu einer Überschätzung der materiell-existenzsichernden Begründungen von Arbeit. Unterschiede zeigten sich auch bei jungen Frauen, die in den Aufsätzen eine deutlichere Karrieremotivation erkennen ließen als in der standardisierten Befragung (ebenda). Diese Beispiele zeigen, wie sehr der jeweilige Forschungsansatz Ergebnisse mit beeinflußt. Die subjektiven Relevanzstrukturen lassen sich meist erst aus einer Verknüpfung standardisierter und nicht standardisierter Erhebungsverfahren ermitteln.

4.3 Berufswahlmotive: Vom Wunsch- zum Realkonzept

Die Lebensentwürfe und Arbeitsorientierungen bilden die Hintergrundfolie dafür, wie Jugendliche mit ihrer bevorstehenden Berufswahl umgehen, mit welchen Einstellungen, Erwartungen und Motiven sie diese verbinden und welche Realisierungskonzepte sie entwickeln. Interessant ist, daß sich die grundlegenden Arbeitsorientierungen (vgl. Kap. 4.2) nicht 1:1 in den von Jugendlichen geäußerten Berufswahlmotiven abbilden. Während bei bei der Frage nach dem,was einem bei der späteren Berufstätigkeit wichtig ist, eher die materiell-existenzsichernden Interessen auf den vorderen Plätzen rangieren, legen

Jugendliche bei der Wahl des zu erlernenden Berufs oder Studienfachs ein deutlich stärkeres Gewicht auf *Interessen und Eignung*: Der Beruf, den sie erlernen, soll „Spaß machen", interessant sein, und man muß dafür geeignet sein. Dies zeigen verschiedene empirische Studien mit zum Teil unterschiedlichem Forschungsdesign sowohl bei Schulabgängern als auch bei Auszubildenden und Studierenden. Intrinsische Motive haben bei der Entscheidung für eine Berufsausbildung oder ein Studium einen höheren Stellenwert als materiell-existenzsichernde oder karriereorientierte Motive. Diese Antwortmuster haben sich in den vergangenen 10 Jahren als relativ stabil erwiesen, auch wenn je nach Konjunkturlage die Sorge um Ausbildungs- und Arbeitsplätze mal stärker, mal schwächer ausgeprägt ist (Fobe/Minx 1995; HIS 1995; Ramm/Bargel 1995; Schweikert 1996).

In der Literatur wurde das Motiv *„Spaß an der Arbeit"* schon verschiedentlich als zu unpräzise und wenig aussagekräftig kritisiert - „eine schlampige Antwort auf eine schlampig gestellte Frage", die nach Differenzierung und inhaltlicher Ausfüllung ruft (Schweikert 1994), - oder als „Killer-Satz" interpretiert, wenn Jugendliche weitere Fragen zum Thema abblocken wollen (Fobe/Minx 1995, 63). In einer faktorenanalytischen Betrachtung kommt Schweikert zu dem Schluß, daß der „spaßorientierte Berufswähler" stark konformistische Züge trägt, leistungs- und aufstiegsmotiviert ist, aber auch sozialhumanistische Motive hoch schätzt und auf jeden Fall nicht als Hedonist bezeichnet werden kann. Er weist im Vergleich zu anderen Jugendlichen ein ausgeprägtes Selbstbewußtsein sowie eine hohe Arbeits- und Bildungsmotivation auf und strebt nach Entfaltung der eigenen Persönlichkeit (Schweikert 1994, 241 ff.).

Auch Fobe/Minx fanden in den Aufsätzen Hinweise auf die komplexe Struktur dieses vordergründigen Topos: „Etwa die Hälfte der SchulabgängerInnen, die Motive im Sinne von 'Spaß, Freude, Interesse am Beruf' formulierten, fühlten sich veranlaßt, uns näher zu erläutern, was sie sich unter einem Beruf, der ihnen Spaß machen soll, vorstellen. Solche subjektiv erlebten Erklärungsbedarfe schlugen zugleich 'Brücken' vom Motiv 'der Beruf muß Spaß machen' zu Motiven wie dem Streben nach finanziellem Auskommen, nach sozialen Kontakten, Erfolg, Weiterentwicklung der eigenen Fähigkeiten u.a.m." (Fobe/Minx 1995, 64).

Berufswahlmotive, abgefragt vor der eigentlichen Entscheidung oder retrospektiv, geben sicherlich nur einen Teil der Realität wieder. Nicht selten handelt es sich um Antworten, die ein Stück weit auch *soziale Erwünschtheit* oder *nachträgliche Rationalisierungen* zum Ausdruck bringen. Denn neben solchen, eher abstrakten und noch nicht auf konkrete Berufsbilder, Studienfächer oder Ausbildungsplätze bezogenen Motiven wird die tatsächliche Entscheidung von einer Vielzahl weiterer Faktoren beeinflußt. Die Verfügbarkeit von Ausbildungs- oder Studienplätzen, die jeweilige Lage auf dem Ausbildungs- und Arbeitsmarkt, regionale Bedingungen und familiäre Einflüsse, vermittelt über die jeweiligen Sozialisationsagenturen, sowie nicht zuletzt Zufälligkeiten der individuellen biographischen Situation bestimmen in starkem Ausmaß die endgültige Entscheidung mit.

In einer Studie von Jaide/Hille (1994), die Auszubildende zum einen nach den persönlich wichtigsten Berufswahlmotiven und im Anschluß daran nach den *„Berufseinmündungsmotiven"* (also weshalb gerade dieser Beruf gewählt wurde) gefragt haben, kommt die in der Realisierungsphase häufig auftretende *Umbewertung* allgemeiner Berufswahlmotive deutlich zum Ausdruck: Stehen bei den losgelöst von der aktuellen Entscheidungssituation erfragten Berufswahlmotiven sinn- und interessenbezogene Deutungsmuster vor den materiell-existenzsichernden, so kehrt sich diese Reihenfolge um, wenn es um die konkrete Berufs-/Ausbildungsplatzentscheidung geht. Dann rangieren Verdienst und sicherer Arbeitsplatz deutlich vor der „persönlich befriedigenden Aufgabe".

Fobe/Minx (1995) unterscheiden in ihrer Studie zwischen *Wunsch- und Realkonzepten* der Jugendlichen. Als Wunschkonzepte werden solche Idealvorstellungen beruflicher Zukunftskonzepte bezeichnet, die noch wenig Bezug auf die realen Handlungsperspektiven nehmen (nicht gleichzusetzen mit unrealistischen Vorstellungen!). Im Realkonzept dagegen findet bereits eine Bilanzierung der Wunschvorstellungen mit den objektiven und subjektiven Entwicklungsvoraussetzungen und Handlungsmöglichkeiten statt. Diese führt entweder zu einer Konkretisierung des Wunschkonzepts in Richtung auf Realisierungsmöglichkeiten oder zur Formulierung von Handlungsalternativen zu einem als unrealistisch erkannten Wunschkonzept.

In rd. zwei Drittel der 1.800 analysierten Aufsätze von SchulabgängerInnen wurden berufliche Wunschkonzepte formuliert, während Realkonzepte nur von etwa einem Viertel der Jugendlichen artikuliert wurden. AbiturientInnen und junge Frauen neigten häufiger als junge Männer und Jugendliche anderer Schulbildungsniveaus zu Realkonzepten. Männliche Jugendliche und HauptschülerInnen äußerten sich häufiger so diffus in ihren Zukunftsvorstellungen, daß weder Wunsch- noch Realkonzepte erkennbar waren (Fobe/Minx 1995, 74 ff.).

4.4 Berufswahl: Lust oder Last?

Die statistisch belegten Trends zum Anstieg der Bildungsbeteiligung, zu höheren Schulabschlüssen und zur Verlängerung der Übergangsphase legen die Hypothese nahe, daß junge Menschen gegenwärtig dazu neigen - sei es aus Verunsicherung über die Arbeitsmarktperspektiven, sei es aus beruflicher oder persönlicher Desorientierung und Problemen in der Identitätsfindung -, die Berufswahl über den Zeitpunkt der Schulentlassung hinauszuschieben und sich zunächst möglichst viele *Optionen offenzuhalten.*

Empirische Anhaltspunkte hierfür finden sich u.a. in einer 1995 im Auftrag der Bundesanstalt für Arbeit durchgeführten Umfrage zur Berufswahl (DJI/Infratest Sozialforschung 1995). Zwar geben fast alle befragten SchülerInnen an, daß sie sich schon mal Gedanken darüber machen, was sie beruflich werden wollen; trotzdem ist für viele von ihnen mit der Schulentlassung die Schule noch nicht zu Ende bzw. der Zeitpunkt der Berufswahl noch nicht gekommen: Mehr als ein Drittel der Haupt- und RealschülerInnen plant, nach Schulentlassung noch eine weitere Schule zum Erwerb eines höheren Abschlusses anzuschließen. Ein großer Teil der angehenden Abiturienten (37 %) möchte sich bis zum Ende der Schulzeit überhaupt noch nicht auf konkrete Berufs- oder Studienpläne festlegen. (Vgl. Kleffner u.a. 1996)

Zwar können rd. zwei Drittel aller SchulabgängerIinnen konkrete Berufsabsichten benennen, d.h. sie haben offensichtlich schon Vorstellungen darüber, welchen Beruf sie einmal erlernen oder welches Fach sie studieren möchten, hinsichtlich des konkreten Ausbildungswegs dorthin sind sie jedoch noch ziemlich offen oder unentschlossen: Auf die Frage, welcher Ausbildungsweg für sie nach der Schule in Frage käme, nennen sie fast alle potentiellen Ausbildungsalternativen. Dies zeigt, daß vielen Jugendlichen am Ende der Schulzeit ihr späteres Berufsziel selbst klarer vor Augen steht als der Weg dorthin - nicht etwa, weil sie darüber nicht Bescheid wüßten, sondern weil es zahlreiche Wege gibt, die unterschiedliche Optionen eröffnen.

Was bedeutet die bevorstehende Berufswahl für Jugendliche persönlich - das sehnlichst herbeigewünschte Ende der Schulzeit oder eine unliebsame, aufgezwungene Entscheidung (vgl. Kap.2)? Der zitierten Umfrage zufolge hoffen die befragten SchülerInnen mehrheitlich darauf, in Berufsausbildung oder Studium sich mit Dingen beschäftigen zu können, die sie interessieren (75 %, Mehrfachnennungen). Jeweils mehr als die Hälfte sieht die Berufsausbildung bzw. das Studium als notwendige Voraussetzung zum Geldverdienen sowie für eine interessante berufliche Tätigkeit an. An dritter Stelle dessen, was Jugendliche mit dem Eintritt in die Ausbildung assoziieren, steht ein Stück mehr Unabhängigkeit von den Eltern (48 %), und erst an vierter Stelle kommt mit knapp einem Drittel der Befragten so etwas wie eine gewisse Schulmüdigkeit zum Ausdruck („endlich etwas anderes machen als Schule"). Nur rd. ein Zehntel empfindet die Berufswahl wirklich als Zwang, sich auf etwas festlegen zu müssen bzw. als etwas, das sie noch weit vor sich herschieben können. (Vgl. Kleffner u.a. 1996)

Die Ergebnisse sprechen dafür, daß Berufswahl überwiegend als *Chance zur Verwirklichung von Interessen* und zu mehr *persönlicher Unabhängigkeit* begriffen wird und weniger als Zwang. Unsicherheit oder Unentschlossenheit beziehen sich bei der überwiegenden Mehrheit weniger auf die Berufsziele als vielmehr auf den persönlich geeigneten Weg dorthin, was wiederum die Tendenz zum Hinausschieben der Berufswahl durch einen weiteren Schulbesuch begünstigt.

4.5 Traumjob, Wunschberuf und Bewerbung: Berufswünsche im Spiegel von Umfragen

In den Lebensentwürfen Jugendlicher spielen berufliche Zukunftskonzepte eine unterschiedliche Rolle. Je nach Alter, Bildungsstand, Nähe der anstehenden Berufswahl oder dem Spektrum ihrer möglichen Handlungsalternativen und natürlich in Abhängigkeit von der Wahrnehmung der eigenen beruflichen Interessen haben Aussagen Jugendlicher über ihre *Berufswünsche einen sehr unterschiedlichen Realitätsgehalt*.

Die Ergebnisse von Fobe/Minx zur Ausprägung von Wunsch- und Realkonzepten haben deutlich gemacht, daß bei der Mehrzahl der SchülerInnen ein Jahr vor Schulende eher Wunsch- denn Realkonzepte vorherrschen. Dennoch können über 80% einen Wunschberuf und sogar mehr als 90% einen in Aussicht genommenen Bewerbungsberuf/Studienfach nennen. Ähnlich hohe Werte zeigten sich auch in der Umfrage der Bundesanstalt für Arbeit (DJI/Infratest Sozialforschung 1995).

Die Kongruenz zwischen Wunsch- und Bewerbungsberuf ist hoch - zwei Drittel Übereinstimmung -, doch scheint nur gut ein Viertel der Befragten ausschließlich auf den Wunschberuf festgelegt zu sein. Die Mehrzahl will bei den Bewerbungen auch Alternativen ins Auge fassen (40%). Immerhin ein Drittel sieht in dem Wunschberuf jedoch (noch) keine reale Handlungsperspektive und will sich daher von vornherein für andere Berufe/Studienfächer bewerben oder die Entscheidung durch Zwischenlösungen noch aufschieben (Fobe/Minx 1995, 47).

Vor dem Hintergrund dieser Befunde sind die in zahlreichen Studien Jahr für Jahr erfragten „Berufswünsche" Jugendlicher mit Vorsicht zu interpretieren.

So erhebt beispielsweise die IBM-Jugendstudie regelmäßig die *„Traumberufe"* der 16- bis 25jährigen Bevölkerung. Danach wollte 1992 und 1995 ein großer Teil der jungen Generation einen künstlerischen Beruf ausüben. Mit weitem Abstand folgten dann bei den männlichen Jugendlichen außer den Berufswünschen Sportler und Pilot eine Reihe weniger abenteuerlicher, eher bürgerlicher Berufe der gehobenen Kategorie wie z.B. Ingenieur, Architekt, EDV-Berufe, wirtschafts- oder naturwissenschaftliche Berufe, Juristen, Handwerker und technische Berufe. Die Rangfolge der jungen Frauen wurde mit Heil- und Pflegeberufen, Lehrerin, Ingenieurin/Architektin, Ärztin, Sozialberufen und kaufmännischen Berufen fortgesetzt (IFEP, 1992; IFEP, 1995).

Solchemaßen pauschal erfragte „Traumberufe" dürfen nicht überbewertet oder in dem Sinne interpretiert werden, daß junge Menschen überzogene oder unralistische Berufsvorstellungen hätten. Denn im Bewußtsein der Jugendlichen haben solche Traumberufe wenig mit ihren tatsächlichen Wunsch- oder Realkonzepten zu tun, wie die Befunde von Fobe und Minx zeigen. In den von ihnen analysierten Aufsätzen kamen „Traumberufe" nur ganz selten vor. Dies zeigen auch Untersuchungen bei SchülerInnen in Abgangsklassen, die unmittelbar in der Berufswahlentscheidung stehen. Auf die Frage, welchen Beruf sie nach der Schule erlernen wollen, ergibt sich ein wesentlich anderes, realitätsnäheres Bild (vgl.u.a. Schober/Tessaring 1993; Fobe/minx 1995; DJI/Infratest 1995): Die Liste der angestrebten Berufe wird angeführt von kaufmännischen Berufen, Bankkaufleuten, Büro- und Verwaltungsberufen. Es folgen bei den Mädchen die Gesundheitsdienstberufe (Krankenschwester, Arzthelferin u.a.). Bei den männlichen Jugendlichen rangieren die Metall-, Elektro- und technischen Berufe vor kaufmännischen Berufszielen. Akademische Berufe werden erwartungsgemäß überwiegend von Gymnasiasten genannt. Diese Ergebnisse liegen schon ziemlich dicht an dem, wofür Jugendliche sich dann auch tatsächlich bewerben, wie ein Blick auf die in der Statistik der Berufsberatung erfaßten Bewerberwünsche zeigt (vgl. Kap. 4.1).

5. Die Genese beruflicher Entscheidungen: Zur Rolle der informellen und professionellen Ratgeber

Befragt man Jugendliche nach der Entstehung oder Herkunft ihrer Berufswünsche oder nach dem Zustandekommen ihrer Berufswahlentscheidung, so verweist eine große Mehrheit zunächst auf die eigene Person und die selbständige Entscheidung. 60 % sagen, sie seien „selbst darauf gekommen" bzw. das sei „seit langem ihr Wunschberuf". Solche Antworten sind in erster Linie Ausdruck einer subjektiv befriedigenden Berufswahlentscheidung und zeigen, daß die betreffenden Jugendlichen sich damit identifizieren. Sie sind nicht in dem Sinne zu interpretieren, daß keinerlei Einflüsse seitens des sozialen Umfeldes oder professioneller Ratgeber im Spiel gewesen seien, sondern höchstens, daß diese nicht immer als solche wahrgenommen werden.

Dieses Verhalten läßt sich attributionstheoretisch erklären als das Bestreben des Individuums, „Herr seiner eigenen Entscheidungen" zu sein und nicht fremdbestimmt zu erscheinen (Ulrich 1996). Tasächlich ist die Entstehung von Berufsvorstellungen und der Prozeß der Berufsfindung vielfältig von außen beeinflußt.

5.1 Die Herkunftsfamilie als Anregungsmilieu

Cohrs/Lappe u.a. (1996) unterscheiden bei ihrer Analyse über den Einfluß der verschiedenen Sozialisationsinstanzen und Ratgeber auf den Berufswahlprozeß zwischen *langfristig wirkenden sozialisatorischen Einflüssen aus dem Herkunftsmilieu (*Eltern, Schule, peers) und den *kurzfristig, relativ spät und punktuell ansetzenden* und eher auf *kognitive Wirkungen zielenden professionellen Ratgebern* (Berufsberatung, Berufsinformationszentrum, Betriebspraktikum, Arbeitslehre in der Schule). Ersteren als frühzeitig einsetzenden und emotional verankerten Sozialisationsinstanzen wird von Jugendlichen immer ein sehr viel größerer Einfluß auf ihre Berufswahl zugeschrieben als professionellen Ratgebern. Insofern rangieren in Umfragen über den Einfluß verschiedener Personen oder Institutionen auf berufliche Entscheidungen in der Regel Eltern und Freunde weit vor Beratungseinrichtungen.

Eltern, Freunden und anderen Personen aus dem sozialen Umfeld kommt bei der Entwicklung beruflicher Zukunftsvorstellungen in der Regel allerdings eine *doppelte Funktion* zu, ohne daß dies den Jugendlichen immer bewußt ist: Zum einen wirken sie durch ihr eigenes Beispiel als positives oder auch als negatives Vorbild. Zum anderen nehmen sie durch ihre Erwartungshaltungen und Ratschläge mehr oder weniger direkt und massiv Einfluß auf den Entscheidungsprozeß.

Fobe und Minx (1995, 81 ff.) finden in ihrer Analyse der 1.800 Schüleraufsätze zahlreiche Hinweise für eine solche doppelte Einflußnahme der Eltern. Dabei formulieren Jugendliche ihre beruflichen Zukunftskonzepte überwiegend im *Kontrast zu den Eltern*, d.h. sie wollen ihr berufliches und privates Leben anders gestalten als diese. Nur von einem Viertel der Befragten wurden eines oder beide Elternteile als Vorbild für das eigene ansgetrebte Berufsleben beschrieben.

Wichtig sind in diesem Zusammenhang offenbar *gleichgeschlechtliche Identifikationsmuster*: Während Jungen häufiger zu einer positiven Identifikation mit dem beruflichen Leben des Vaters neigen, grenzen Mädchen ihre Zukunftsvorstellungen häufiger in negativer Weise vom Leben der Mutter ab - ein deutlicher Hinweis auf die Abkehr von traditionellen Geschlechterrollenvorstellungen bei den jungen Frauen. Dies zeigt sich besonders in den Äußerungen jener jungen Frauen, deren Mütter nicht, oder nur in gering qualifizierten Berufen erwerbstätig sind.

Das Anregungsmilieu der Herkunftsfamilie und die mögliche Leitbild-Funktion des elterlichen Berufs für die eigene Berufswahl im Sinne einer „sozialen Vererbung" lassen sich in standardisierten Umfragen nur ansatzweise ermitteln. In der zitierten BA-Umfrage 1995 hatten jedoch immerhin 20% der befragten SchülerInnen auf die Frage nach der Herkunft ihres Berufswunsches geantwortet, daß Vater bzw. Mutter diesen oder einen ähnlichen Beruf ausüben. Dies war bei jungen Männern häufiger der Fall als bei jungen Frauen - ein Befund, der auf die schon erwähnte stärkere Vorbildfunktion des Vaterberufs verweist. (Vgl. Kleffner u.a. 1996)

Freunde - im Sinne von peer-groups - spielen in den Augen der Jugendlichen zwar auch eine wichtige, aber im Vergleich zu den Eltern deutlich geringere Rolle bei den Anregungen zur Berufswahl. In den von Fobe/Minx analysierten Aufsätzen kommen sie fast gar nicht vor, was dafür spricht, daß Jugendliche deren Einfluß selten als einen von außen kommenden wahrnehmen oder erst dann, wenn sie explizit danach gefragt werden.

5.2 Akzeptanz und individueller Nutzen institutioneller Berufswahlhilfen

Berufsvorstellungen entstehen also schon frühzeitig im sozialen und familiären Umfeld lange vor der eigentlichen Befassung mit dem Thema und nicht erst aufgrund pädagogischer oder beraterischer Intervention. Letztere kommen erst relativ spät und auch nur punktuell in das Blickfeld der Jugendlichen. Sie können die zuvor entwickelten Vorstellungen auf ihre Tragfähigkeit prüfen, ergänzen, erweitern oder korrigieren und Realisierungshilfe leisten, selten jedoch ganz verändern. Aus diesem Grunde wird den professionellen Ratgebern von den Jugendlichen auch selten ein großer Einfluß auf ihre Berufswahlentscheidung bescheinigt (vgl. Kleffner u.a. 1996), obwohl sie durchaus als kompetente Gesprächspartner für Berufswahlfragen wahrgenommen werden, wie insbesondere Erhebungen über die Einschätzung der Berufsberatung in den neuen Bundesländern zeigen (Fobe/Minx 1995; Schober 1996). Äußerungen wie - „Gebracht hat mir die Berufsberatung eigentlich nichts. Ich habe nur die Lehrstelle dadurch bekommen." (Haßkarl 1996) - bringen diese Haltung deutlich zum Ausdruck.

Diese häufig als Kritik an der Wirksamkeit der für die Berufswahlvorbereitung zuständigen Institutionen (Schule und Berufsberatung) mißverstandenen Befunde bestätigen lediglich die überragende Bedeutung der primären Sozialisationsinstanzen, ohne die Verdienste der professionellen Ratgeber und Informationsvermittler zu schmälern.

5.2.1 ... durch die Schule und das Betriebspraktikum

Der Schule kommt in den Augen der Jugendlichen im Rahmen ihrer Berufswahlentscheidung zunächst nur ein sehr begrenzter Stellenwert zu, wenngleich LehrerInnen aufgrund ihres im Vergleich zu BerufsberaterInnen sehr viel kontinuierlicheren Kontakts mit den Jugendlichen durchaus in die Rolle von Bezugspersonen und kompetenten Ratgebern gelangen können, insbesondere dann, wenn sie Arbeitslehre oder ein ähnliches Fach unterrichten.

So zeigt sich, daß sie zwar kaum an der Entstehung von Berufswünschen beteiligt sind, daß sie aber sehr wohl Anregungen dazu vermitteln können. Hier nehmen sie im Urteil der Jugendlichen nach den Eltern, den Freunden und dem Besuch im Berufsinformationszentrum (BIZ) den vierten Platz ein (vgl. Kleffner u.a. 1996). Auch wenn den Lehrkräfte von den SchülerInnen mehrheitlich eine hohe Kompetenz in Sachen Arbeitswelt bescheinigt wird, gelten ihre Anregungen bei der Mehrzahl der Jugendlichen nicht unbedingt als hilfreich. Jedenfalls wünschen sich - je nach Schultyp und Stand des Berufswahlprozesses - zwischen 50 und 80 Prozent der SchülerInnen, in der Schule mehr über die Arbeitswelt und über berufliche Möglichkeiten zu erfahren, wobei das Gymnasium in berufspropädeutischer Hinsicht am schlechtesten abschneidet. (Vgl. Kleffner u.a. 1996)

Dem Schülerbetriebspraktikum als dem wichtigsten institutionalisierten Angebot der Schule zur Berufswahlvorbereitung kommt in diesem Zusammenhang eine besondere Bedeutung zu, da es neben der schulischen Vor- und Nachbereitung auch berufliche Primärerfahrungen vermittelt. Sowohl als Anregungspotential für Berufswünsche als auch bei der konkreten Entscheidungsfindung wird ihm ein hoher Stellenwert beigemessen: Rd. die Hälfte der SchülerInnen, die bereits ein Betriebspraktikum absolviert haben, nennen dieses als Quelle ihres Berufswunsches (nach den Eltern und noch vor den Freunden). 80 Prozent aller SchülerInnen mit Betriebspraktikum haben daraus Anregungen bezogen. Mit rd. 60 Prozent „viel geholfen" erhält dieses den höchsten Wert in bezug auf Entscheidungshilfe (noch vor den elterlichen Hilfestellungen). (Vgl. Kleffner u.a. 1996)

5.2.2 ... durch die Berufsberatung

Die Berufswahlvorbereitung ist für die Mehrzahl der SchülerInnen in Deutschland in hohem Maße durch eine Vielzahl von Informations-, Orientierungs- und Beratungsangeboten strukturiert und organisiert. Es beginnt mit der Arbeitslehre oder dem Berufswahlunterricht an Schulen, in deren Rahmen auch das Schülerbetriebspraktikum absolviert wird, und geht über die sogenannte „Schulbesprechung" der Berufsberatung mit anschließendem klassenweisen BIZ-Besuch bis hin zum individuellen Beratungsgespräch und der Vermittlung einer Ausbildungsstelle. Die Berufsberatung der Arbeitsämter ist sowohl auf der Bewerberseite als auch beim Ausbildungsstellenangebot zu über 80 Prozent in die Ausgleichsprozesse am Ausbildungsmarkt eingeschaltet und zu 60-70 Prozent am Zustandekommen von Ausbildungsverträgen durch ihre Vermittlungsaktivitäten beteiligt (BA 1996).

Für die Analyse des Berufswahlverhaltens ist dies insoweit von Bedeutung, als die Inanspruchnahme dieser Informations- und Beratungsangebote nicht per se als Eigenaktivität interpretiert werden kann, sondern in der Regel „vorprogrammiert" ist. Lediglich für Gymnasiasten ist das Angebot mit Ausnahme der in der 12. Klasse abgehaltenen Schulbesprechung weniger umfassend vorstrukturiert, zumal hier der Ausbildungsstellenvermittlung eine geringere Bedeutung zukommt, da die Mehrzahl der AbiturientInnen ein Studium anstrebt - Information und Beratung daher einen größeren Raum einnimmt.

Dieser weitgehend *vorgegebene „Berufswahlfahrplan"* bildet sich auch in Befragungen ab: Zu Beginn der letzten Klasse sind bereits vier Fünftel der Jugendlichen im Klassenverbund im BIZ gewesen, ebensoviele haben eine Schulbesprechung der Berufsberatung mitgemacht. Ein etwas höherer Grad an Eigeninitiative bei der Berufswahl im Sinne einer „aufsuchenden" Inanspruchnahme drückt sich in dem eigenständigen Besuch des BIZ sowie in der Wahrnehmung eines persönlichen Beratungsgesprächs im Arbeitsamt aus. So waren immerhin 46 Prozent der SchülerInnen aus Abgangsklassen zu Beginn des letzten Schuljahrs bereits selbständig (nicht im Klassenverbund) im BIZ gewesen, und 17 Prozent hatten bereits ein persönliches Gespräch mit einem/er Berufsberater/in gehabt. (Vgl. Kleffner u.a. 1996)

Unter denen, die initiativ Informations- und Beratungsangebote nutzen, sind junge Frauen und Jugendliche aus sozial schwächeren Familien etwas stärker vertreten - letztere allerdings vornehmlich bei den personalen Beratungsangeboten. Die aktive Inanspruchnahme der Selbstinformationsangebote im BIZ kommt hingegen häufiger bei Söhnen und Töchtern aus gehobeneren und finanziell besser gestellten Berufsschichten vor. Der Zusammenhang zwischen Unterstützungsbedarf bei der Berufswahl und der initiativen Inanspruchnahme von Informations- und Beratungsangeboten variiert also nach sozialstrukturellen Merkmalen.

Mit zunehmender „Versorgung" bzw. Inanspruchnahme berufswahlvorbereitender Angebote steigt die Konkretisierung beruflicher Vorstellungen und das aktive Bemühen um Realisierungsmöglichkeiten durch Bewerbungen u.ä. Eine kausale Interpretation, etwa dergestalt, daß ein Mehr an Information und Beratung zu konkreteren Berufszielen führt, oder in umgekehrter Richtung, daß Personen mit konkreten Berufsabsichten häufiger Informations- und Beratungsdienste nutzen, läßt sich daraus noch nicht herleiten. Allerdings deuten einige Ergebnisse an, daß SchülerInnen mit schon feststehenden Berufsvorstellungen seltener die Berufsberatung überhaupt einschalten. Bei der kleinen Gruppe von Jugendlichen, die die Dienste der Berufsberatung nicht nutzen wollen (rd. 10 Prozent), handelt es sich zum großen Teil um solche, die diese Dienste auch tatsächlich nicht benötigen, weil sie über den elterlichen Betrieb oder andere Beziehungen bereits versorgt sind. Sie geben auch deutlich häufiger an, daß sie in einem ganz bestimmten Betrieb arbeiten wollten, oder daß ihr Berufsziel mit dem Beruf ihrer Eltern identisch ist.

Mit der initiativen Inanspruchnahme der Informations- und Beratungsdienste der Berufsberatung steigt auch deren positive Bewertung für den eigenen Berufswahlprozeß, während umgekehrt das passive Konsumieren der obligatorischen Regelangebote allein nur in begrenztem Maße als hilfreich für die eigene Berufswahl empfunden wird. Der Hauptwert dieser Angebote dürfte in der „Zubringer-" oder Anreizfunktion" für das eigenständige Aufsuchen des BIZ oder der Beratung liegen.

Literatur

BA 1992 (Bundesanstalt für Arbeit) (Hrsg.): Handbuch zur Berufswahlvorbereitung, Nürnberg.

BA 1996 (Bundesanstalt für Arbeit) (Hrsg.): Berufsberatung 1994/95 - Aktivitäten, Ausbildungsstellenmarkt, Statistik, Nürnberg.

Bußhoff 1992: Berufswahl, in: Handbuch zur Berufswahlvorbereitung, hrsg. von der Bundesanstalt für Arbeit, Nürnberg, 77 ff.

Cohrs, H.; Lappe, L.; Raab, E.; Rademaker, H. 1996: Berufswahl und Berufsberatung. Bericht über die Ergebnisse einer Umfrage bei Schülern im Auftrag der Bundesanstalt für Arbeit, München.

DJI (Deutsches Jugendinstitut) 1994 (Hrsg.): Jugend und Arbeit. Ergebnisse der ersten Welle der Längsschnittstudie des Deutschen Jugendinstituts, München.

DJI (Deutsches Jugendinstitut) 1995 (Hrsg.): Projekt Jugend und Arbeit - Ergebnisbericht über die Längsschnittuntersuchung des Deutschen Jugendinstituts zum Berufseinstieg Jugendlicher in Duisburg und München, München.

Ertelt, B.-J. 1992: Entscheidungsverhalten und Berufswahl, in: Handbuch zur Berufswahlvorbereitung, hrsg. von der Bundesanstalt für Arbeit, Nürnberg, 90 ff.

Fobe, K.; Minx, B. 1995: „Kriegt man keine Arbeit, ist man eine große Null ..." Jugend Ost und Jugend West im Berufswahlprozeß - eine qualitative Forschungsstudie, durchgeführt im Auftrag des Instituts für Arbeitsmarkt- und Berufsforschung der Bundesanstalt für Arbeit (IAB), Leipzig.

Gaworek, M.; Schober, K. (Hrsg.) 1996: Berufswahl - Sozialisations- und Selektionsprozesse an der ersten Schwelle, Tagungsband zu dem gleichnamigen workshop in Nürnberg, 13. - 14. Juli 1995, Beiträge zur Arbeitsmarkt- und Berufsforschung, Nürnberg.

Haßkarl, U. 1996: Berufsberatung - Rat und Auskunft als gesetzlicher Auftrag noch zeitgemäß? Erwartungen, Konzepte, Ergebnisse, in: Gaworek, M.; Schober, K. (Hrsg.).

HIS GmbH 1996: Studium: Meist aus Liebe zum Fach, in: Prisma Heft 1, Januar 1996, hrsg. vom Ministerium für Wissenschaft und Forschung des Landes Baden-Württemberg, 17 f.

IFEP (Institut für empirische Psychologie) 1992: Die selbstbewußte Jugend. Orientierungen und Perspektiven 2 Jahre nach der Vereinigung - Die IBM-Jugendstudie'92, Köln.

IFEP (Institut für empirische Psychologie) 1995: „Wir sind o.k.!" Stimmungen, Einstellungen, Orientierungen der Jugend in den 90er Jahren, Die IBM-Jugendstudie'95, Köln.

Jaide, W.; Hille, B. 1994: Jugend und Beruf, in: H.J. Veen u.a., Eine Jugend in Deutschland? Orientierungen und Verhaltensweisen der Jugend in Ost und West, 49 - 72, Opladen.

Kleffner, A.; Lappe, L.; Raab, E.; Schober, K. 1996: Fit für den Berufsstart? Berufswahl und Berufsberatung aus Schülersicht. Materialien aus der Arbeitsmarkt- und Berufsforschung, 3.

Liesering, S.; Schober, K.; Tessaring, M. 1994: Die Zukunft der dualen Berufsausbildung. Eine Fachtagung der Bundesanstalt für Arbeit. Beiträge zur Arbeitsmarkt- und Berufsforschung, Band 186, Nürnberg.

Meyer-Haupt, K. 1995: Berufsberatung. 2. neubearbeitete Auflage, Band 10 der Schriftenreihe „Aufgaben und Praxis der Bundesanstalt für Arbeit", Stuttgart.

Ramm, M.; Bargel, T. 1995: Studium, Beruf und Arbeitsmarkt. Orientierungen von Studierenden in West- und Ostdeutschland. Beiträge zur Arbeitsmarkt- und Berufsforschung, Band 193, Nürnberg.

Schober, K. 1996: Bei der Berufswahl nichts Neues? Zehn Jahre Berufswahlforschung auf dem Prüfstand, in: Gaworek, M., Schober, K. (Hrsg.).

Schober, K.; Tessaring, M. 1993: Eine unendliche Geschichte. Vom Wandel im Bildungs- und Berufswahlverhalten Jugendlicher. Materialien aus der Arbeitsmarkt- und Berufsforschung, Nr. 3, Nürnberg.

Schweikert, K. 1994: Aspekte der Berufswahl in den neuen Bundesländern, in: Liesering, S. u.a. (Hrsg.), 249 ff.

Schweikert, K. 1996: Berufswahl, in: Gaworek, M., Schober, K. (Hrsg.).

Stooß, F. 1992: Beruf, in: Handbuch zur Berufswahlvorbereitung, hrsg. von der Bundesanstalt für Arbeit, Nürnberg, 251 ff.

Ulrich, J. G. 1996: Attributionstheoretische Anmerkungen zur Evaluierung beruflicher Lernorte und Beratungsinstitutionen durch Jugendliche, in: Gaworek, M.; Schober, K. (Hrsg.).

Zinnecker, J. 1994: Arbeit, Identität und Lebenslauf - Thesen zum Wandel der dualen Berufsausbildung aus der Perspektive der Jugendforschung, in: Liesering, S. u.a. (Hrsg.), 220 ff.

Hausarbeit und Haustechnik

Wolfgang Glatzer

Die Begriffe "Hausarbeit" und "Haustechnik" können in ein mehr oder weniger breites Problemverständnis einbezogen werden: im engeren Sinn beinhalten sie vor allem von Frauen erbrachte Haushaltstätigkeiten sowie die technische Infrastruktur der Wohngebäude; im weiteren Sinn beziehen sich die beiden Begriffe auf den gesamten Komplex von Arbeit und Technik (bzw. Technologie) in den privaten Haushalten und ihre Bedeutung für die gesellschaftliche Haushalts- und Wohlfahrtsproduktion. Das diesem Beitrag zugrundeliegende Begriffsverständnis schließt an das umfassende Konzept an und geht auf mehrere Begriffsfacetten ein.

Beide Begriffe sind auf das Konzept des Haushalts bezogen, der die grundlegende "ökonomische Versorgungsgemeinschaft" darstellt (Max Weber). Im heute vorherrschenden Verständnis wird der Haushalt als Lebenszusammenhang mehrerer Individuen (im Sonderfall auch einer Person) aufgefaßt. Seine Grundlage bilden gemeinsames Wohnen und Wirtschaften; darüber hinaus wird er konstituiert von Rollenverteilungen, interpersonalen Beziehungen, Normen und Erwartungen der Haushaltsmitglieder (Spiegel 1986). Familien in ihren verschiedenen Formen (z.B. Ehepaar mit Kind, Ein-Elternfamilien, Dreigenerationenfamilien) stellen stets auch Haushalte dar, aber komplementär und substitutiv zu den Familien gibt es vielfältige nichtfamiliale Haushaltsformen (Wohngemeinschaften, eheähnliche und nichteheliche Lebensgemeinschaften). Der Haushalt ist ein Konzept, das von einer gemeinsamen Basis von familialen und nichtfamilialen Formen des Zusammenlebens ausgeht und diese in der gemeinsamen Wohnung und Haushaltsführung von Individuen sieht. Dabei können unterschiedliche Lebensstile entwickelt werden und es bestehen viele Möglichkeiten, der Individualisierung Raum zu geben.

Eine scharfe Trennungslinie zwischen den Haushaltsangehörigen und der sozialen Umwelt des Haushalts zu ziehen, erscheint nicht sehr angemessen. Haushalte sind keine sozial isolierten Einheiten sondern mehr oder weniger stark in ein soziales Netzwerk einbezogen, das aus Verwandten, Nachbarn, Freunden, Kollegen und Bekannten bestehen kann (Galler/Ott 1993). Räumlich getrennte, aber sozial verbundene Haushaltskonstellationen sind gerade in der modernen Gesellschaft eine verbreitete Figuration. Der private Haushalt sollte deshalb als Kern eines sozialen Netzwerks betrachtet werden, in dem soziale Beziehungen gepflegt und soziale Unterstützung in ihren vielfältigen materiellen und immateriellen Formen gewährt und empfangen werden.

Der Wandel der Haushalts- und Familienformen vollzieht sich in eine eindeutige Richtung hin zu geringeren Haushaltsgrößen und mehr nichtfamilialen Haushaltsformen. Die Veränderungen in der Haushaltsgröße und -zusammensetzung werden allem Anschein nach von einem Wandel der haushalts- und familieninternen Sozialbeziehungen begleitet, insbesondere von einer Zunahme der Individualisierungsspielräume. Allerdings spricht wenig dafür, daß die soziale Integration in haushaltsexterne Netzwerke, insbesondere in intergenerationelle Netzwerke in bedeutsamen Umfang verlorengegangen sei.

1. Der Arbeitscharakter der Tätigkeiten im Haushalt

Obwohl in der Bezeichnung "Hausarbeit" der Begriff "Arbeit" explizit enthalten ist, wurde den typischen Haushaltstätigkeiten (z.B. Mahlzeiten zubereiten, Wohnung reinigen, Wäsche waschen und bügeln, Müll beseitigen, Kinder betreuen, Kranke pflegen) oft nicht zugestanden, daß es sich um Arbeit im engeren Sinn handelt. Der Haushalt wurde zwar bereits in der Rationalisierungsbewegung der zwanziger Jahre als Arbeitsplatz aufgefaßt (vgl. Dörr 1996), aber die gesellschaftliche Anerkennung der Hausarbeit setzte sich nicht durch. Bei einem funktionsorientierten Begriff von Arbeit, demzufolge "Arbeit nicht nur die materielle Herstellung von Gütern umfaßt, sondern auf die Erfüllung von gesellschaftlichen Funktionen und Dienstleistungen und auf die Aufrechterhaltung gesellschaftlicher Ordnungen und gesellschaftlicher Prozesse ganz allgemein zielt" (Beck/Brater/Daheim 1980, 23), fiele es schwer, Haushaltstätigkeiten nicht als Arbeit anzusehen. Da sich für nahezu jede Aktivität im Haushalt ein Äquivalent im Erwerbssystem finden läßt, wäre auch nicht einzusehen, warum ein und dieselbe Tätigkeit im Erwerbssystem als Arbeit und im Haushalt nicht als Arbeit anerkannt werden sollte.

Die moderne Form der Hausarbeit ist ein Ergebnis der Ausdifferenzierung von Erwerbsarbeit (Arbeit für den Tausch) und Hausarbeit (Arbeit für den unmittelbaren Gebrauch) im Zuge der Industrialisierung; sie löst idealtypisch gesehen die vorindustrielle Einheit der Ökonomie des Ganzen Hauses ab. Während es für Erwerbsarbeit eine Bezahlung gibt, wird Hausarbeit zur "unbezahlten Arbeit". Den Berechnungen der amtlichen Statistik zufolge übersteigt der Umfang der unbezahlten Arbeit (abgegrenzt als hauswirtschaftliche und handwerkliche Tätigkeiten, Pflege und Betreuung, Ehrenämter) auch in einer modernen Gesellschaft wie in Deutschland das Volumen der Erwerbsarbeit.

Abb. 1:

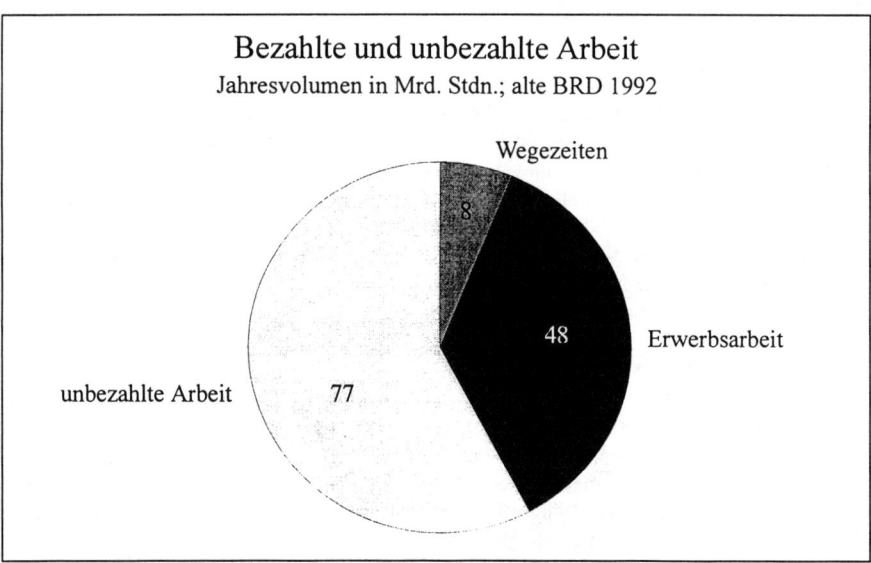

Bezahlte und unbezahlte Arbeit
Jahresvolumen in Mrd. Stdn.; alte BRD 1992

- Wegezeiten: 8
- Erwerbsarbeit: 48
- unbezahlte Arbeit: 77

Quelle: Statistisches Bundsamt

Tab. 1: Zeitverwendung von Personen nach Haushaltstypen und Beteiligung am Erwerbsleben in Deutschland 1991/92

Ausgewählte Aktivitätsbereiche	nichtehel. Lebens-gemeinschaft beide Partner erwerbstätig		Ehepaare ohne Kinder				Ehepaare mit Kind(ern) unter 18 Jahren			
			beide Partner erwerbstätig		beide Partner nicht erwerbstätig		beide Partner erwerbstätig		nur Ehemann erwerbstätig	
	männl.	weibl.	männl.	weibl.	männl.[1]	weibl.[1]	männl.	weibl.	männl.	weibl.
	Min. (insges. jeweils 1440 Minuten)									
Erwerbstätigkeit/Aus- und Fortbildung	/	/	336	203	(8)	/	410	259	400	(18)
Medien/Sport/Kultur	(365)	(302)	292	271	417	345	252	226	256	266
Schlafen/Essen/Körperpflege	772	758	643	672	768	746	603	622	610	649
Unbezahlte Arbeit	(125)	(223)	169	294	247	345	175	333	175	507
darunter:										
Hauswirtschaftliche Tätigkeiten	/	(217)	118	269	179	318	91	241	79	336
darunter:										
Beköstigung	/	/	28	91	38	130	23	88	19	123
Wäschepflege	-	/	(3)	43	(3)	48	(2)	42	(2)	57
Pflege u. Renovierung der Wohnung	/	/	14	49	21	58	12	44	9	70
Einkäufe	/	/	13	23	23	25	11	23	13	32
Behördengäng u.ä.	/	/	16	12	21	11	10	13	8	15
Pflege u. Betreuung von Kindern	-	-	(3)	(6)	(3)	(8)	31	67	36	127

[1] = Ehepaare 60 Jahre und älter
Quelle: siehe Literaturverzeichnis Statistisches Bundesamt 1995

Dabei variiert der Umfang der unbezahlten Arbeit sehr stark mit der Geschlechts- und der Haushaltszugehörigkeit der betroffenen Personen. Auch die Erwerbskonstellation im Haushalt ist von auschlaggebendem Einfluß. Das höchste Volumen unbezahlter Arbeit leisten demnach nicht-erwerbstätige Frauen, die mit einem erwerbstätigen Ehemann verheiratet sind und Kinder unter 18 Jahren haben (nämlich 507 Min. pro Tag).

Ob Hausarbeit als "unbezahlt" anzusehen ist, wird unterschiedlich beantwortet. Aus einer marxistischen Perspektive deckt der Lohn die Reproduktionskosten der Arbeitskraft und stellt damit auch eine Entlohnung der Hausarbeit dar (vgl. Becker-Schmidt et al. 1981, 77). In der Sozialpolitik wird darauf hingewiesen, daß es bei den direkten und indirekten Einkommensübertragungen des Staates an die privaten Haushalte Komponenten gibt, die als partielle Entlohnung der Hausarbeit interpretiert werden können (Ehegatten-Splitting, Kindergeld, Rentenbonus für Erziehungszeiten). Dennoch wäre die Kennzeichnung der Hausarbeit als unbezahlte Arbeit erst obsolet, wenn die Forderung nach einem "Lohn für Hausarbeit" voll realisiert würde.

Zwischen der sozialwissenschaftlichen Definition von Arbeit und alltagssprachlichen Vorstellungen liegen große Diskrepanzen. Haushaltstätigkeiten werden in Bevölkerungsumfragen teils als Arbeit, teils als Freizeit und teils als eine Mischung aus beidem angesehen. Beide, Arbeit und Freizeit, enthalten Aktivitäten, die positiv bzw. negativ bewertet werden. Der Wohlfahrtsertrag von Tätigkeiten variiert unabhängig von ihrem Arbeitscharakter, d.h. berufliche Tätigkeiten sind teilweise beliebter als Freizeit- oder Haushaltstätigkeiten.

Hausarbeit erfolgt personenbezogen und Tätigkeiten im Haushalt haben eine psychische Dimension. Ihr Ziel liegt "primär im sujektiven Wohlbefinden der Familienmitglieder" (Walser/Kontos 1979, 127). Man spricht deshalb von "Beziehungsarbeit" und "Gefühlsarbeit". Diese "Arbeitsformen" sind auch im Erwerbssystem zu beobachten: Dort haben sich Professionen auf "Beziehungsarbeit" spezialisiert und zahlreiche primär instrumentelle Tätigkeiten sind von "Gefühlsarbeit" begleitet. Aber im Haushalt scheint diese Komponente der Arbeitstätigkeiten besonders großes Gewicht zu haben. Die sozialen Beziehungen zwischen Haushaltsangehörigen und deren Gefühle werden durch die Arbeit im Haushalt unmittelbar und mittelbar stark beeinflußt.

Hausarbeit ist keine historisch feststehende Kategorie, sondern ist Wandlungen unterworfen. Besonders deutlich wird dies bei der Unterscheidung von "alter" und "neuer" Hausarbeit, wobei neu vor allem die gestiegenen Anforderungen an Informations- und Bildungarbeit sind (Methfessel 1994, 100). Auf neue Arbeitsformen im Haushalt bezieht sich auch der Begriff "Konsumarbeit", der dazu herangezogen wird, arbeitsähnliche Tätigkeiten im Zusammenhang mit Konsumaktivitäten (Informationsbeschaffung, Weiterverarbeitung) zu bezeichnen (Joerges 1983). Konsumarbeit nimmt in einem Prozeß zu, der als Kapitalisierung, Technisierung und Professionalisierung der privaten Haushalte beschrieben wird. Damit wird die Hypothese verbunden, daß sich die Grenzen zwischen Arbeit und Freizeit verwischen werden, weil außerhalb des Erwerbssystems die Konsumarbeit einem großen Teil der Freizeit beansprucht.

Eine weitere umfassende Kategorie, um den Arbeitsaspekt der Haushaltstätigkeiten zu charakterisieren, ist schließlich der Begriff "Reproduktionsarbeit" (Eckart et al. 1979, 181). Sie beinhaltet die materielle und psychische Wiederherstellung der Arbeitskraft, die sowohl in der alltäglichen Regeneration wie im Aufziehen der nachkommenden Generation besteht. Diese private Reproduktionsarbeit ist Voraussetzung und Komplement der Erwerbsarbeit, und sie entzieht sich einer Verberuflichung (Ostner 1978).

Reproduktionsarbeit ist unter den gegebenen gesellschaftlichen Bedingungen ganz überwiegend Frauenarbeit; es wird eine "matriarchalische" Ökonomie diagnostiziert (Burns 1977, 7). Sie unterscheidet sich in manchem von der Arbeitsorganisation und den Arbeitsanforderungen im Erwerbssystem. Statt einer arbeitsteiligen Spezialisierung werden im Haushalt Kenntnisse mehrerer Berufe benötigt ("unspezialisierte Tätigkeit"), und statt einer Arbeitszerlegung werden oft mehrere Aktivitäten gleichzeitig ausgeführt ("vermischtes Tun"). Es gibt im Haushalt kaum isolierte Einzeltätigkeiten sondern die Arbeitsorganisation ist durch "Arbeitsprozesse" (vgl. Dörr 1996) gekennzeichnet, in denen unterschiedliche Arbeitsaufgaben zeitlich und sachlich verknüpft sind. Angemerkt wird auch, daß die Produzierenden zugleich die Eigentümer/innen ihrer Produktionsmittel sind und deshalb eine gewisse Selbstbestimmung haben. Demgegenüber wird betont, daß die Hausarbeit eine Anpassung an Zeitvorgaben des Erwerbssystems und öffentlicher Einrichtungen sowie eine starke Beachtung der Bedürfnisse der anderen Haushaltsangehörigen erfordert und damit weitgehend fremdbestimmt sei.

Arbeit findet im Haushalt in vielfältigen Formen statt, sei es als typische Hausarbeit, Eigenarbeit, ehrenamtliche Arbeit, Erwerbsarbeit oder auch Schwarzarbeit. Eine eindeutige Anerkennung als Arbeit im Haushalt erfährt lediglich die Erwerbsarbeit im Haushalt; sie gibt es in unterschiedlicher Gestalt:
– traditionelle "Heimarbeit", die überwiegend von Frauen ausgeübt wird,
– Arbeit von selbständigen Handwerkern, bei denen Betrieb und Haushalt oft untrennbar verschmolzen sind,
– Zusatzarbeit am Feierabend, die in Verlängerung der regulären Erwerbsarbeit vorgenommen wird,
– Nebentätigkeit in den eigenen vier Wänden, die neben die Haupt-Erwerbstätigkeit tritt,
– moderne Teleheimarbeit, die an einem Bildschirmarbeitsplatz zuhause betrieben wird.

Auch Schwarzarbeit oder Schattenarbeit, die sich in nicht wenigen Fällen auf den eigenen Haushalt stützt, wird als Arbeit gesehen, wenn sie auch oft außerhalb der Legalität ausgeübt wird. Ehrenamtliche Arbeit stellt nach wie vor eine wichtige Komponente des Angebotes von Dienstleistungen in der modernen Gesellschaft dar.

2. Die Technisierung der privaten Haushalte

Je nach Technikbegriff werden unterschiedliche Aspekte der Haushaltstechnisierung hervorgehoben. Der handlungstheoretische Technikbegriff versteht Technik als eine bewußte und planvolle Verwendung von Mitteln zur Erreichung bestimmter Ziele. Dementsprechend finden sich im Haushalt u.a. Waschtechniken, Kochtechniken, Erziehungstechniken, unabhängig davon, ob sie unter Verwendung technischer Geräten erfolgen. In diesem Zusammenhang wird davon ausgegangen, daß nicht nur in der Erwerbsarbeit, sondern auch im Haushalt eine "Rationalisierung" der Alltagswelt in der Durchsetzung begriffen ist.

Bei der Haushaltstechnisierung wird vorrangig von einem sachtechnischen Technikbegriff ausgegangen, der Geräte, Apparate, Maschinen und Artefakte betrifft. Die breite Anwendung der Sachtechnik (Geräte wie Herd, Waschmaschine, Fernseher, Telefon) setzt technische Anschlüsse (große technische Systeme wie Elektrizitätsnetze, Wasserversorgung, Kabelnetze) voraus und erfordert spezielles technisches Wissen (z.B. Beschaffungs-, Anwender-, Pflege-, und Reparaturkompetenz). Kennzeichen alltagstechnischer Systeme sind also die Einbeziehung der Gerätetechnik in „große technische Systeme" (Mayntz/Hughes 1988) und ein hoher Stellenwert an techologischem Experten- und Laienwissen. Die Sachtechnik der privaten Haushalte ist die Stütze der Haushaltsproduktion, d.h. der Produktion von persönlichen Gütern, die komplementär und substitutiv zur Produktion vom Marktgütern und Kollektivgütern erfolgt. Technische Geräte sind in zahlreichen Anwendungsbereichen die Grundlage der Haushaltsproduktion:

- Geräte zur Haushaltsführung (im engeren Sinn) werden zur Entlastung und Kapazitätssteigerung bei der routinemäßigen Hausarbeit eingesetzt (z.B. Staubsauger, Elektroherd).
- Die Unterhaltungselektronik stellt für die Haushaltsmitglieder kontinuierlich Angebote zur Zerstreuung und Information bereit (z.B. Radio, Fernsehgerät).
- Mit Hilfe von Do-it-yourself-Geräten wird handwerkliche Selbsthilfe betrieben und damit auf relativ teure marktliche Dienstleistungen verzichtet (z.B. Bohrmaschine, Nähmaschine).
- Eine Anzahl technischer Geräte wird für die Körper- und Gesundheitspflege herangezogen (z.B. elektrische Zahnbürste, Blutdruckmeßgerät).
- Mit einer Vielzahl von Hobbygeräten wird das Steckenpferd oder die Liebhaberei von Haushaltsmitgliedern gepflegt (z.B. Diaprojektor, Segelboot).
- Unterschiedliche Transportmittel dienen zur Erschließung geographischer Räume und ermöglichen damit das hohe Mobilitätsniveau moderner Gesellschaften (z.B. Auto, Fahrad).
- Geräte für Organisation und Kommunikation werden bei der "Verwaltung" des Haushalts herangezogen (z.B. Telefon, Schreibmaschine).

Es wäre allerdings zu vereinfachend, die Geräte nur unter ihrem Hauptzweck zu betrachten. Technische Geräte erfahren oft eine multifunktionale Verwendung und zum Teil einen eigensinnigen Gebrauch. Darüber hinaus wird mit Technik oft ein Symbolcharakter verbunden (z.B. die Statusdemonstration, die von einer Weltzeituhr ausgeht, oder das Lebensstilsymbol, das ein Kabriolet darstellt).

Das heutige Technisierungsniveau ist das Ergebnis einer langfristigen und umfassenden Technisierung der Gesellschaft, die quantitative und qualitative Komponenten enthält: Technik breitet sich in alle gesellschaftliche Bereiche hinein quantitativ aus und sie erhöht auf der Ebene von Individuen und Institutionen ihre qualitative Bedeutung. Es handelt sich um einen nachhaltigen sozialen Prozeß, bei dem die Entstehung, Verbreitung und Nutzung technischer Geräte auf sozialen Bedingungen beruht und mit komplexen sozialen Konsequenzen verbunden ist (vgl. Hampel u.a.1991). Schon die naive Erwartung, daß durch Technik die Arbeit im Haushalt ersetzt würde, erweist sich als unzutreffend (Zapf, K. 1986). Als „Haushaltsparadox" bezeichnet man, daß die Haushaltsgeräte zwar manche Hausarbeit erleichtern und vereinfachen, aber die im Haushalt aufgewendete Arbeitszeit sich nur unwesentlich oder gar nicht verringert, weil mit dem Einzug der Technik gleichzeitig die Ansprüche steigen (z.B. Hygieneansprüche im Hinblick auf die Kleidung) und demzufolge ein höheres Leistungsvolumen erbracht wird. Die Einführung der frühen Haushaltsgeräte hat in den oberen Schichten sogar zu einer Vermehrung des Arbeitsaufwandes für die „Hausfrauen" geführt; damals vorhandene Dienstboten wurden vielfach entlassen und die Hausarbeit wurde verstärkt den Frauen mit Hilfe der neuen Maschinen übertragen (Gershuny 1981).

Unter den markanten Jahreszahlen für die Entwicklung der Haushaltstechnisierung sind die folgenden hervorzuheben: 1880 wurde Edisons Glühbirne eingeführt, aber eine flächendeckende Elektrifizierung der privaten Haushalte setzte sich in Deutschland erst in den zwanziger Jahren durch. Um die gleiche Zeit begann die Verbreitung des Telefons, aber der breite Einzug in die privaten Haushalte ließ in Deutschland noch lange auf sich warten. 1886 fuhren die ersten Automobile auf den Straßen. 1892 wurde der Elektromotor so verkleinert, daß er auch für Haushaltsgeräte als Antrieb verwendet werden konnte. Seit 1890 wurden elektrische Wasserkessel, Pfannen, Kochtöpfe und Küchenmaschinen angeboten, die Luxusgeräte darstelten. 1910 erschienen elektrische Standherde und Haushaltskühlschränke auf dem Markt, 1912/13 kamen Zimmerstaubsauger hinzu und in den Jahren 1913/14 gab es Elektrobügeleisen (vgl. Arbeitsgemeinschaft Hauswirtschaft e.V. 1990).

Die Vorphase dieser Haushaltstechnisierung erstreckte sich über einen jahrhundertelangen Zeitraum bis ins späte 19. Jahrhundert, als in der sich industrialisierenden Gesellschaft technische Geräte mehr und mehr Einzug in die privaten Haushalte hielten (Giedion 1987). Grundsätzlich gilt, daß "Hausrat" im vortechnischen Zeitalter aus einfachen Geräten bestand, die sich zur Unterstützung menschlicher Handlungen zum Teil seit Jahrhunderten bewährt hatten. Diese einfachen Haushaltsgeräte charakterisierten auch noch bestimmte Haushalte in der zweiten Hälfte des 19. Jahrhunderts. Es war zwar Hausrat - also einfache Sachtechnik - vorhanden, jedoch noch keinerlei maschinelle Sachtechnik.

In der Frühphase der Haushaltstechnisierung wurden in den privaten Haushalten über einfache technische Geräte hinausgehend komplexere Geräte und Maschinen verwendet. Sie mußten meist von menschlicher Hand angetrieben werden und trugen dazu bei, eine Vielzahl von Arbeitsgängen zu rationalisieren. Nur in größeren Haushaltungen, Betrieben, Werkküchen usw. wurden diese Geräte nicht mit der Hand, sondern bereits elektrisch angetrieben (Meyers Lexikon 1926).

Trotz der Ähnlichkeit vieler Gerätebezeichnungen mit modernen Geräten besteht der große Unterschied zur Hochphase der Haushaltstechnisierung darin, daß die frühen Geräte ganz überwiegend handgetrieben waren. Die fünfziger Jahre sind noch als Frühphase der Haushaltstechnisierung anzusehen, wenn man bedenkt, daß 1955 erst in 39% der Haushalte ein Staubsauger, in 10% ein Kühlschrank und in 6% ein Auto vorhanden war (Noelle-Neumann 1977). Bis 1969 gab es nicht mehr als drei größere elektrische Haushaltsgeräte - Staubsauger, Kühlschrank und Fernsehgerät - die zur "Standardausstattung" der Haushalte gehörten, also bei mindestens der Hälfte der Haushalte vorhanden waren. Nach dem Technisierungsschub der siebziger Jahre gehörten 1983 acht Geräte zu dieser Ausstattungskategorie der privaten Haushalte: Zu den zuvor genannten drei Geräten kamen der PKW, der Waschvollautomat, das Telefon, die elektrische Nähmaschine und die Gefriereinrichtung hinzu. Weitere Geräte überschritten in diesem Zeitraum die Ausbreitungsschwelle von 10%, nämlich die Geschirrspülmaschine, der Wäschetrockner und die Bügelmaschine. Bei vielen Haushalten wurde die Erstausstattung um Zweitgeräte erweitert: 24% der Haushalte hatten 1983 einen Zweitfernseher, 11% einen Zweitwagen (Statistisches Bundesamt 1986). In der Bundesrepublik stellt das Jahrzehnt zwischen 1970 und 1980 den Zeitraum mit dem großen Technisierungsschub bezüglich der Ausstattung der privaten Haushalte mit technischen Gebrauchsgütern dar (Glatzer u.a. 1991). In fast allen privaten Haushalten gibt es heute eine Vielzahl kleiner elektrischer Haushaltsgeräte, und bei einer Minderheit sind darüberhinaus Luxusgüter wie bspw. ein Wohnwagen oder ein Motorboot vorhanden.

Tab. 2: Die Verbreitung ausgewählter Haushaltsgeräte von 1962 bis 1993 in Deutschland (altes Bundesgebiet/in Prozent der Haushalte)

	1962	1969	1973	1978	1983	1988	1993
Geräte für die Haushaltsführung							
Kühlgeräte	52	84	93	96	96	98	
Gefriergeräte	3	14	28	28	56	65	
Waschmaschine	34	61	75	81	83	86	88
Geschirrspülmaschine	(0)	2	7	15	24	29	38
Elektrische Nähmaschine	10	26	37	46	52	53	61
Bügelmaschine	(1)	6	10	14	15	14	12
Geräte für Bildung und Unterhaltung							
Fernsehgerät	42	61	68	75	78	77	95
Photoapparat	42	61	68	75	78	77	81
Filmkamera	2	5	8	13	13	11	11
Geräte für Verkehr und Nachrichtenübermittlung							
Personenkraftwagen	27	44	55	62	65	68	74
Kraftrad	6	7	7	9	9	7	8
Telefon	14	31	51	70	88	93	97

Quelle: Statistische Bundesamt 1993: Wirtschaftsrechnungen, Fachserie 15, S. 163

So gut wie alle modernen technischen Geräte der Haushalte erfordern einen Anschluß an größere technische Versorgungs- und Entsorgungssysteme, sei es Elektrizität, Gas, Wasser, Kanalisation, Abfallbeseitigung, Telefonnetz, Kabel bzw. auch drahtloser Empfang. Die externe Technisierung der privaten Haushalte, d.h. ihre Anbindung an die genannten technischen Anschlüsse ist in manchen Fällen (insbesondere der Wasserversorgung) über Jahrhunderte hinweg durchgesetzt worden und fast abgeschlossen; es gibt nur noch sehr wenige Haushalte, die nicht an die Versorgungssysteme für Elektrizität, Wasser, Kanalisation und Abfallbeseitigung angeschlossen sind. Allein das Beispiel der Verkabelung zeigt, daß der Prozeß der externen Technisierung auf absehbare Zeit noch Aufgaben enthält, die über die Bestandserhaltung und Bestandssicherung hinausgehen. Die ökologische Problematik der Bestandserhaltung nimmt dabei zu, teils weil die Trinkwasserreserven knapp werden oder die Abfallberge kaum noch zu bewältigen sind. Kennzeichnend für die externe Technisierung ist, daß sie innerhalb der Haushalte neue Verhaltensmöglichkeiten eröffnet und zugleich die Abhängigkeit der privaten Haushalte von ihrer Umwelt erhöht.

Was die Herkunft der Haushaltsgeräte betrifft, so sind sie in nicht wenigen Fällen zuerst in der Industrie entwickelt worden, bevor sie in den Haushaltsbereich übertragen wurden. Es wird in diesem Zusammenhang von einem intersektoralen Produktzyklus gesprochen (Fleischmann 1983); d.h. technische Geräte werden zunächst in der Investitionsgüterindustrie entwickelt und hergestellt und im Unternehmenssektor eingesetzt. Wenn die Geräte ausgereift sind und kostengünstig hergestellt werden können, dann werden sie an die Produktionsbedingungen im Haushalt angepaßt und den privaten Nachfragern angeboten (z.B. die Waschmaschine, der Kühlschrank). Insgesamt unterscheidet sich die Technisierung im industriellen Bereich erheblich von der Haushaltstechnisierung: Die Haushalte technisieren sich im Vergleich zur Industrie mit großer zeitlicher Verzögerung, in einem schleichenden Prozeß mit geringer öffentlicher und sozialwissenschaftlicher Aufmerksamkeit.

Die vorliegenden Diffusionskurven zeigen meist eine allmähliche Ausbreitung. Von Ausnahmen abgesehen, handelt es sich um eine Diffusion von den höheren Einkommensschichten in die niedrigen. Außerdem sind intergenerationelle Unterschiede zu beobachten, da die älteren Haushalte neue Techniken oft nicht mehr übernehmen, während es die nachwachsenden jüngeren Haushalte sind, die neuen Geräten im Lauf der Zeit zum Durchbruch verhelfen (Sackmann/Weymann 1994). Es gibt außerdem Hinweise darauf, daß so etwas wie ein Typ des "Technikpioniers" existiert, d.h. Personen oder Haushalte, die so gut wie jedes neue Produkt erwerben (vgl. Glatzer/Hübinger 1989).

Die Einpersonenhaushalte - vor allem die älteren Menschen - sind meist untertechnisiert und die Familienhaushalte mit Kindern weisen den höchsten Technisierungsgrad auf. Im internationalen Vergleich gehören die Haushalte in der Bundesrepublik zu den hoch technisierten.

Die anhaltende Technisierung beinhaltet eine Reihe von unterschiedlichen sozialen Prozessen: Die Diffusion technischer Geräte in die privaten Haushalte hält an, wenn auch eine Sättigung in Teilbereichen zu beobachten ist. Inferiore Güter werden dabei durch verbesserte Produkte ersetzt (Schwarz-Weiß-Fernseher durch Farbfernseher; Kühlschränke durch Kühlgefrierkombinationen). Es gibt einen Trend zur Mehrfachausstattung, der vermutlich noch in den Anfängen steht (z.B. zum Zweitauto, zum Zweitfernseher und darüber hinaus). Bei bestimmten Geräten ist eine zunehmende Diversifizierung festzustellen (z.B. von Bohrmaschinen zu Schlagbohrmaschinen und Bohrhammer) und in manchen Anwendungsbereichen eine Pluralisierung der Tätigkeiten (z.B. beim Do-it-yourself). Prozesse der Professionalisierung (Einführung von Geräten mit hohen Anforderungen) und Prozesse der Trivialisierung (Vereinfachung von professionellen Geräten) laufen nebeneinander ab. Vorhandene Geräte werden um neue Nutzungsmöglichkeiten erweitert (z.B. die Mehrfachnutzung des Fernsehgeräts für Fernsehen, Videocassetten, eigene Videofilme, Videotext, BTX). Es besteht ein Druck zu ständigen Produktverbesserungen (z.B. Einführung des Katalysators, ABS) teils aufgrund neuer gesetzlicher Auflagen, teils wegen des Einflusses von Testorganisationen, dem Verhalten der wirtschaftlichen Konkurrenten und den Kaufentscheidungen der Verbraucher und Verbraucherinnen. Die Integration verschiedener Geräte in einen Systemzusammenhang - sei es partiell (Verbindung von Heizung und Kochen, Fernseher und Videokamera) oder umfassend im "Intelligent Home" - erscheint als innovative Chance und gesellschaftliche Herausforderung. Von einem Intelligent Home spricht man, wenn in einem Wohngebäude ein intelligentes Computernetz ("Bussystem") existiert. Es erfüllt die Aufgabe der Kommunikation zwischen bisher unabhängigen technischen Geräten zur Integration, Kontrolle und Steuerung der durch das Gerät erbrachten Funktionen. Dazu ist eine die Kommunikation steuernde Mikroelektronik notwendig, die in einer Zentraleinheit oder dezentral in Einzelgeräten angelegt sein kann. Für das intelligente Netz wird eine softwaregesteuerte Programmierung benötigt, die den Benutzerinnen und Benutzern Eingriffe erlaubt, aber auch selbst lernfähig ist.

Intelligente Einzelgeräte kommen immer häufiger vor: z.B. der programmierbare Videorecorder, der PC, der Anrufbeantworter. Auch in Systemkonstellationen von mehreren Geräten findet sich ein gewisses Maß an intelligenter Steuerung; z.B. beim sensorengesteuerten Heizungssytem, bei der zeitschaltuhr-gesteuerten Gerätenutzung, bei Umschaltungsvorgängen zwischen Nacht- und Tagstromtarifen usw. Das Konzept des Intelligent Home geht einige Schritte darüber hinaus und strebt eine umfassende intelligente Vernetzung an, die bereichsübergreifend Versorgung, Sicherheit, Hausarbeitsplatz sowie Freizeit und Unterhaltung einbezieht (vgl. Seyer 1992, 458).

Intelligent Home ist dabei ein Sammelbegriff für unterschiedliche Projekte, die seit Mitte der achtziger Jahre in den Triade-Ländern USA, Japan und Europa entwickelt werden. Die Namen der gegenwärtigen Konzeptionen sind Smart-House, CEBus und ECHELON in den USA, HBS und TRON in Japan, EHS, D2Bus, EIBus und BATI-Bus in Europa (vgl. Heimer 1993, 66 ff.).

Die Kontroversen zu diesem Projekt knüpfen an den Leitbildvorstellungen an. Die Vorstellungen der Entwickler sind u.a. die bessere Steuerung des Einsatzes von Ressourcen, die Gewährleistung von mehr technischer und äußerer Sicherheit, die Erleichterung der Lebensgestaltung bei Personen, die auf technische Hilfsmittel angewiesen sind (Kranke und Behinderte), die Erhöhung der Bequemlichkeit und die Entlastung von Kontrollaufgaben oder die intensivere Integration des Haushalts in die gesellschaftliche Umwelt. Auf der anderen Seite wird beklagt, daß nur ein Anwendungsfeld für neue Techniken gesucht würde, ohne die Bedürfnisse der Betroffenen, insbesondere der Frauen, ausreichend zu berücksichtigen. Die Routinehausarbeiten blieben von den mikroelektronischen Verbesserungen weitgehend ausgenommen und damit würde auch die bisherige geschlechtsspezifische Arbeitsteilung fortgeschrieben (Dörr 1992).

Im Unterschied zur bisherigen Alltagstechnologie, die dadurch gekennzeichnet war, daß sie ganz überwiegend auf eine hohe Akzeptanz stieß (vgl. Ropohl 1985), richtet sich auf die Intelligent Home-Technologie auch Kritik, und es gibt bereits in der Entstehungsphase Gegenreaktionen zu dieser Form der alltagsbezogenen Zukunftstechnologie.

Zusammenfassend kann festgehalten werden, daß der moderne Haushalt, mit seiner Ausstattung an technischen Geräten und Anschlüssen an die technische Infrastruktur, auf Erfindungen in der frühen Industrialisierung des letzten Jahrhunderts zurückgeht. Bereits damals wurden viele grundlegende technische Geräte konzipiert und entwickelt, die nach wie vor in ausgereifter und verfeinerter Form den modernen Haushalts prägen. Dieses Jahrhundert hat markante Erweiterungen der Gerätepalette gebracht und als nächste Entwicklungsstufe steht allem Anschein die Vernetzung der technischen Geräte im Haushalt an. Zu einer Herausforderung hat sich - obwohl lange Zeit unbeachtet - die Entsorgung der technischen Geräte entwickelt: Der Produktlebenszyklus ist nicht zuende, wenn die Geräte in die privaten Haushalte diffundiert sind, sondern erst, wenn das nutzlos gewordene Gerät in den natürlichen Stoffkreislauf zurückgeführt worden ist. Nicht zuletzt in der Umweltfreundlichkeit der Haushaltsgeräte liegen erhebliche Innovationspotentiale.

3. Generationen- und geschlechtsspezifische Technikaneignung

Im Aneignungsbegriff wird zum Ausdruck gebracht, daß Technik nicht nur in die privaten Haushalte diffundiert, sondern dort selektiv und aktiv übernommen und angewendet wird. Diese Aneignung der Technik, ihre Integration in Haushalt und Alltag erfolgt vor allem nach Generationen und nach Geschlechtern unterschiedlich.

Tab. 3: *Technikausstattung der Bezugspersonen nach Alter (in Prozent)*
- früheres Bundesgebiet im Januar 1993 -

Gegenstand der Nachweisung	Haushalte insgesamt	Alter der Bezugsperson					
		unter 35	35 - 45	45 - 55	55 - 65	65 - 70	70 und mehr
Personenkraftwagen	73,9	78,1	86,6	85,8	80,3	68,2	39,8
Kraftrad	7,7	11,5	10,2	9,0	6,5	3,8	(1,7)
Fernsehgerät	95,3	90,3	95,8	97,2	96,8	97,4	96,9
Videorecorder	48,5	57,6	66,0	60,6	44,7	33,0	16,7
Wohnwagen	2,9	1,8	3,8	4,2	3,7	2,6	1,2
Kühlschrank	74,2	67,0	74,4	75,7	77,7	77,9	76,6
Nähmaschine	60,7	39,6	61,9	67,9	72,2	70,9	63,3
Telefon	97,4	96,2	97,5	98,0	97,9	98,0	97,4

Quelle: Statistisches Bundesamt 1993: Wirtschaftsrechnungen, Fachserie 15, Heft 1

Bei der Generationsproblematik stehen nacheinanderlebende zeitgeschichtliche Generationen im Vordergrund. Sie werden definiert als Gruppe von Geburtskohorten, deren Erfahrungsräume und soziale Lagen durch gesellschaftlichen Wandel bedingte Unterschiede aufweisen (Sackmann/Weymann 1994). Deutliche Grenzlinien zwischen Generationen gibt es zwar insbesondere, wenn Strukturbrüche vorliegen, aber auch langsame Wandlungen wie die Haushaltstechnisierung stellen generationsdifferenzierende Sachverhalte dar. Die Generationen im zeitgeschichtlichen Sinn sind Träger des Wandels der Haushaltstechnisierung und sie entwickeln stets ein spezifisches Profil der Ausstattung und Nutzung von Technik im Haushalt. Sie schließen jeweils an die vorherige Generation an und ihre Haushaltstechnisierung wird von der folgenden Generation weitergeführt. Soziotechnischer Wandel dokumentiert sich vor allem im Austattungsgefälle und in den Kompetenzunterschieden zwischen den Generationen z.B. in den haushaltstechnischen Ausstattungs- und Kompetenzprofilen der Vorkriegsgeneration, der Nachkriegsgeneration und der Umweltgeneration (vgl.Sackmann/Weymann 1994). Interessant ist dabei, daß die Ausbreitung mancher technischer Geräte von Alterskohorten getragen wird. Z. B. erfolgt die Verbreitung des Autos durch die Geburtskohorten der Jahre 1923 und 1943. Diese übernehmen als erste das Auto in ihre Technikausstattung, bis die Ausbreitung erfolgt dann durch die Alterung der entsprechenden Geburtskohorte, die die nachwachsende Generation "mitziehen". Ein "Periodeneffekt" ist hingegen bei der Verbreitung des Telefons zu beobachten. In einer zeitlich begrenzten Phase setzt sich das Telefon in allen Altersgruppen und Generationen gleichmäßig durch. Meist sind freilich Alters-, Kohorten- und Periodeneffekt eng miteinander verbunden. Innovationswellen neuer Produkte werden allerdings überwiegend von der Alterskategorie der 30- bis 40-Jährigen getragen, die am ehesten über Anschaffungsressourcen und Bedarfskonstellationen verfügen. Die intergenerationellen Wandlungen rufen riesige soziotechnische Unterschiede zwischen den gleichzeitig lebenden Altersgenerationen hervor. Sie bestehen nicht nur in der technischen Ausstattung der Haushalte sondern insbesondere auch in den Kompetenzunterschieden. Technik ist - wie Innovationen im allgemeinen - ein Katalysator für soziotechnische Differenzierungen und Ungleichheit. Wenn die Altersgenerationen innerhalb einer Familie leben, dann können die unterschiedlichen Technikbeziehungen der Generationen unmittelbar aufeinanderprallen (ein Beispiel ist die von hoher Benutzungsintensität geprägte Telefonkultur der Heranwachsenden). Im allgemeinen stehen ältere Menschen Produktinnovationen besonders skeptisch gegenüber, und sie zeigen andere Verwendungsmuster.

Die geschlechtsspezifische Aneignung der Technik im privaten Haushalt steht in engem Zusammenhang mit der Arbeitsteilung im Haushalt. Die heutige Situation eines besonderen Verhältnisses der (Haus-)Frauen zur Technik hat sich langfristig historisch entwickelt und verfestigt (Wagner 1991). Die These von einer Technikdistanz der Frauen ist im privaten Haushalt keineswegs so plausibel wie in anderen Lebensbereichen, weil im Haushalt vor allem Frauen tagtäglich mit Technik umgehen. Dies betrifft nicht alle technischen Geräte gleichermaßen, weshalb die Unterscheidung von „typisch weiblichen" und „typisch männlichen Geräten" vorgenommen wird, die an die geschlechtsspezifische Arbeitsteilung anschließt. Die technischen Geräte zur Unterstützung der Hausarbeit gehören entsprechend der vorrangigen Benutzerperson zu den weiblichen Geräten; Do-it-yourself- und Unterhaltungsgeräte sind eher männliche Technik. Ausnahmen bilden hier neue Geräte wie der Mikrowellen-Ofen, der den Männern viel interessanter erscheint als den Frauen. Relativ geschlechtsneutral ist heute das Auto einschließlich des Besitzes von Führerscheinen; dies ist ein Beleg dafür, daß in der Beziehung der Geschlechter zur Techniknutzung nachhaltige Wandlungsprozesse abgelaufen sind.

Für die Frage, ob die segregierte Techniknutzung direkt dem Einfluß der männlichen Haushaltsmitglieder zuzuschreiben ist, erscheint es nicht uninteressant, die Technikaneignung in männlichen und weiblichen Einpersonenhaushalten zu vergleichen. Hier reproduzieren sich weitgehend die gleichen Muster bei Männern und Frauen wie in den Mehrpersonenhaushalten (Dörr 1996). Eine weitere Differenzierung im Zusammenhang mit der geschlechtsspefizischen Aneignung der Technik liegt darin, daß Frauen vor allem Anwenderkompetenz und Männer zusätzlich die Reparaturkompetenz besitzen. Frauen schreiben den Männern weit mehr Technikkompetenz zu als sich selber, und sie verfügen über sogenannte "Technikexperten", die sie im Notfall zur Lösung technischer Probleme heranziehen können. Die Unterschiede zwischen den Geschlechtern sind bei jüngeren Frauen und Männern allerdings viel geringer als bei älteren. Hier zeichnet sich auf lange Frist eine gewisse Einebnung der soziotechnischen Geschlechterunterschiede ab.

4. Die Kombination von Arbeit und Technik für die Haushaltsproduktion

In modernen Gesellschaften haben sich die Unternehmen des marktwirtschaftlichen Systems auf die Produktion von Gütern und Dienstleistungen spezialisiert, und sie schienen den privaten Haushalt auf die Rolle der Konsumagentur zu reduzieren. Die (Erwerbs-)Arbeit verließ dem Anschein nach den Haushalt, während die Technik als konsumtive Techniknutzung Einzug hielt. Im Idealtyp des "Ganzen Hauses", das die vorindustrielle Gesellschaft kennzeichnete, waren Produktion und Konsum im gleichen Haushalt vereint. Bekanntlich wurden im Verlauf der Industrialisierung, vor allem gefördert von den Vorteilen der Massenproduktion, mehr und mehr Produktionsaufgaben aus den Haushalten auf die Unternehmen verlagert. Seit jeher wurde freilich auch registriert, daß (einige) Güter, die in Betrieben und Fabriken hergestellt wurden, auch in privaten Haushalten in "Eigenproduktion" erzeugt wurden. Mit Nachdruck hat schließlich seit den sechziger Jahren die damals neue mikroökonomische Haushaltstheorie die Reduktion des privaten Haushalts auf den Konsum grundsätzlich in Frage gestellt.

Die moderne Theorie der Haushaltsproduktion sieht die Leistungen der privaten Haushalte darin, daß sie (technische) Kapitalgüter und (menschliche) Arbeitszeit kombinieren, um die im Haushalt benötigten Endprodukte zu erstellen. Der Haushalt wird damit zur aktiven Produktionseinheit, und dem Markt fällt die Aufgabe zu, Vorprodukte und Kapitalgüter (d.h. Gebrauchsgüter) zu liefern, die für die Haushaltsproduktion benötigt werden. Mit dieser neuen Entwicklungstendenz verliert der Markt teilweise die Aufgabe der Herstellung von "Endprodukten".

Die Analogien zwischen privaten Haushalten und Unternehmen wurden teilweise so weit getrieben, daß der private Haushalt als "kleine Fabrik" bezeichnet wurde. Dies erscheint unter dem Gesichtspunkt der Ausstattung moderner privater Haushalte mit "Produktionskapital" nicht unplausibel, wenn man bedenkt, daß die Gebrauchsgüterausstattung eines durchschnittlichen Haushalts bereits 1984 bei 27.000 DM lag (Zapf u.a. 1986). Im Hinblick auf den Ablauf und die Ergebnisse der Produktionsprozesse unterscheidet sich der Haushalt allerdings sehr deutlich von der Fabrik. Kennzeichnend ist für den privaten Haushalt, daß keine Tauschwerte wie auf dem Markt, sondern Gebrauchswerte erzeugt werden, die der unmittelbaren Bedarfsdeckung und Bedürfnisbefriedigung dienen. Die Produkte werden nicht für einen abstrakten Konsumenten oder Benutzer wie auf dem Markt erstellt, sondern für wenige, ganz bestimmte Personen. Diese Personen gehören dem eigenen Haushalt an oder zumindest dem engeren sozialen Netzwerk des Haushalts. Über die Zugänglichkeit zu diesen Gütern entscheidet nicht die Kaufkraft - wie bei privaten Gütern - und nicht Rechtsansprüche - wie bei öffentlichen Gütern -, sondern die Zugehörigkeit zu diesem Haushalt. Aufgrund der Beziehung zwischen Hersteller und Empfänger der Leistung haben die personenbezogenen Güter einen besonderen situativen bzw. symbolischen Gehalt.

In einer Fabrik werden gewöhnlich wenige gleichartige Produkte in großer Menge hergestellt, und darauf beruhen die Vorteile der Massenproduktion. Die privaten Haushalte stellen viele ungleichartige Produkte in kleiner Menge her, und darauf beruht ihre ökonomische und gesellschaftliche Stärke. Sie nehmen eine geringere Produktivität in Kauf, um eine größere Flexibilität zu haben. Sie sind am ehesten in der Lage, ihr Produktionsprogramm schnell an neue Situationen anzupassen, Belastungsspitzen aufzufangen und Produktionspausen regenerativ zu nutzen. Eine alternative Produktionseinheit, die dem Anforderungsprofil eines Durchschnittshaushalts gewachsen wäre, ist nicht in Sicht.

Der Haushalt leistet durch die Kombination seiner Ressourcen Arbeitskraft und technische Ausstattung einen zentralen Beitrag zur Wohlfahrtsproduktion. Wohlfahrt ist eine grundlegende individuelle und gesellschaftliche Zielvorstellung mit einer langen Tradition. Nach einem heute verbreiteten Verständnis bezeichnet der Wohlfahrtsbegriff sowohl die objektiven Lebensbedingungen als auch die wahrgenommene Lebensqualität von Individuen (Glatzer/Zapf 1984). Individuell wie gesellschaftlich werden Wohlfahrtsziele mehr oder weniger nachdrücklich angestrebt. Um Wohlfahrtsziele zu erreichen, müssen Ressourcen mobilisiert und Aktivitäten bzw. Arbeitsleistungen organisiert werden. In einem ganz allgemeinen Verständnis werden dabei "inputs" in "outputs" umgewandelt, die zur Wohlfahrt beitragen. Dies kann man als Produktionsprozeß betrachten, und deshalb spricht man von "Wohlfahrtsproduktion".

Sie beruht auf einem Produktionsverbund, an dem der Wohlfahrtsstaat, die Unternehmen, die intermediären Organisationen und auch die privaten Haushalte beteiligt sind. Sie bringen spezifische Güter in den gesellschaftlichen Produktionsprozeß ein, die als kollektive, öffentliche, private und personenbezogene Güter bezeichnet werden. Jede Institution weist ein spezifisches Leistungspotential auf und ist typischen Leistungsgrenzen ausgesetzt.

Die Frage nach dem Entwicklungstrend der Haushaltsproduktion wird ambivalent beantwortet. Prophetien eines eindeutigen Trends weg von der Marktökonomie und Dienstleistungsgesellschaft hin zu Haushaltsökonomie und Selbstbedienungsgesellschaft erscheinen heute übertrieben. Ökonomische Bewertungen der Haushaltsproduktion im Sinne einer Ergänzungsrechnung zur Volkswirtschaftlichen Gesamtrechnung führen für einzelne Länder und im internationalen Vergleich zu widersprüchlichen Ergebnissen mit sowohl steigender als auch abnehmender Haushaltsproduktion. Modellrechnungen zeigen einen großen Einfluß der angewandten Bewertungsverfahren auf die Ergebnisse. Auf der Basis einer größeren Zahl von Indikatoren der Haushaltsproduktion erhält man zwar einige Hinweise auf eine Zunahme von produktiven Aktivitäten im Haushalt, aber auch gegensätzliche Entwicklungen oder Wachstumsgrenzen werden aufgezeigt.

Einige Beispiele für die Ausdehnung der Haushaltsproduktion sind die folgenden:
- Wäschewaschen und Wäschepflegen wird bei steigenden Anspruchstandards zu einer weitgehend privaten Angelegenheit, die in den Haushalten mit Hilfe von Waschmaschine und Bügeleisen durchgeführt wird. Waschsalons und Wäschereien werden selten in Anspruch genommen.

- Die Haushalte übernehmen einen größer werdenden Teil der Personentransporte bei zunehmender Mobilität in eigene Regie; öffentliche und marktwirtschaftliche Personentransporte haben lediglich Ergänzungscharakter. Durch die Erfolge des Individualverkehrs sind zugleich seine Schranken und negativen Konsequenzen sichtbar geworden.
- Bei den stark gestiegenen Urlaubsreisen werden zu einem wachsenden Teil kostensparende Eigenleistungen erbracht (Ferienwohnungen, Caravan, Zelten).
- In den Haushalten ist eine aufwendige Unterhaltungs-Infrastruktur aufgebaut worden, die alltäglich genutzt wird;
- Fernsehen im eigenen Haushalt ist nicht nur Konsum, sondern zugleich auch - dem Kino vergleichbar - Produktion von Unterhaltung durch die Kombination von Sachkapital (Fernseher, Wohnraum) und Vorprodukten (zugängliches Fernsehprogramm, Getränk) mit einem - in diesem Fall geringen - Arbeitseinsatz.
- Do-it-yourself ist in vielen Haushalten eine zunehmende, breitgefächerte, mehr oder weniger selbstverständliche Beschäftigung.
- Eine Besonderheit stellt der Hausbau in Selbsthilfe dar, der für viele Haushalte den einzigen Weg zum eigenen Haus darstellt.

Für die Ausdehnung unbezahlter Eigenarbeit werden mehrere Gründe genannt: Sie kann die billigere und effizientere Versorgungsweise sein, und sie weist zudem eine hohe Flexibilität auf. Ökonomen rechnen relativ hohe Renditen durch Einsparungen vor. Markt- und Staatsversagen werden als Argumente für mehr Haushaltsproduktion angeführt, weil deren Leistungsangebote als unzureichend oder zu teuer betrachtet werden. Zum Teil wird von den Unternehmen, um Kostenvorteile zu gewinnen, "Konsumarbeit" auf die Konsumenten verlagert. Auch aus dem Wertewandel ergeben sich Argumente für mehr Haushaltsproduktion, weil Bedürfnisse nach Selbstverwirklichung und "Gegenerfahrungen" befriedigt werden können. Schließlich gibt es für verschiedene Aktivitäten eine Norm der Selbstzuständigkeit.

Freilich wird auch auf Grenzen der Haushaltsproduktion aufmerksam gemacht: Hingewiesen wird auf Qualitätsnachteile der selbsterstellten Produkte. Wichtig erscheint der Verfall bzw. Verlust von Motivationen und Kenntnissen. Und viele Aktivitäten im sozialemotionalen Bereich des Haushalts entziehen sich einer Technisierung.

Es muß auch betont werden, daß die moderne Eigenarbeit wegen ihrer Abhängigkeit vom Markt sowie von öffentlichen Einrichtungen einen ganz anderen Charakter hat als die vorindustrielle Selbstversorgung. Anders als vorindustrielle Haushalte können die modernen Haushalte ihre produktiven Aufgaben nur in einer Verflechtung mit marktlichen und staatlichen Leistungssystemen bewältigen. Sie beschaffen Vorprodukte auf unterschiedlichen Reifestufen am Markt, sie benutzen technische Geräte als Produktionsmittel und sie sind in infrastrukturell-technische Versorgungs- und Entsorgungssysteme integriert.

In allen Ansätzen kommt dem Haushalt im Vergleich zu den anderen Institutionen der Wohlfahrtsproduktion eine besondere Bedeutung zu: Seinen theoretischen Stellenwert erhält der Haushalt dadurch, daß er die Produkte anderer gesellschaftlicher Institutionen und Prozesse im Rahmen seines Haushaltsführungsstils selektiv aufnimmt, weiterverwendet und in Wohlfahrtserträge (Endprodukte) umwandelt. In ihm schlagen sich die Leistungen vieler gesellschaftlicher Institutionen und Prozesse nieder und werden zu einem haushaltsspezifischen Lebensstil integriert. Das, was das Individuum letzten Endes an

Wohlfahrtsleistungen erhält und nutzen kann, ist zu einem erheblichen Maß durch den eigenen Haushalt gefiltert und geformt.

5. Leistungsgrenzen und Zukunftsperspektiven

Bei den verschiedenen Institutionen der Wohlfahrtsproduktion werden typische Leistungsdefizite und Restriktionen festgestellt. Unter dem Stichwort "Marktversagen" wird aufgezeigt, unter welchen Bedingungen der Marktmechanismus zu ineffizienten Ergebnissen führt. Das Konzept des "Staatsversagens" bezieht sich auf die Überforderung der gesellschaftspolitischen Leistungsfähigkeit. Auch den Assoziationen, von den großen Verbänden bis zu den Selbsthilfeeinrichtungen, werden ihre Leistungsschranken aufgezeigt, z.B. wenn vernachlässigte Interessen nicht artikuliert oder nicht organisiert werden können.

Solche prinzipiellen Leistungsgrenzen lassen sich für den Haushalt ebenfalls nennen: keinesfalls kann er Güter in "Massenproduktion" herstellen, "öffentliche" Einrichtungen bereitstellen, oder interessen- und bedarfsorientierte „Kollektivgüter" erzeugen.

Neben prinzipiellen Leistungsgrenzen sind die Belastungsgrenzen des einzelnen Haushalts von Bedeutung. Gerade weil die privaten Haushalte sehr viele Aufgaben übernehmen können, sind zeitliche und sachliche Selektionsentscheidungen unumgänglich, wenn eine punktuelle Überforderung vermieden werden soll. Ein Verfahren zur Entlastung ist die zeitliche Verteilung größerer Aufgaben über den Lebenslauf (z.B. die Haushaltsgründung, das Aufziehen der Kinder, der Hausbau, die Pflege der Eltern oder des Ehepartners). Dabei ist von Bedeutung, daß verschiedene Haushaltsformen ein sehr unterschiedliches Leistungsniveau haben. Der Einpersonenhaushalt einer älteren Witwe verfügt über ein anderes und auch geringeres Leistungspotential als ein Vierpersonenhaushalt mit zwei erwachsenen Kindern. Es gelten also für jeden Haushaltstyp spezifische Leistungsgrenzen.Für die Gesamtheit der Haushalte wirkt sich die demographische Entwicklung kontraktiv auf das Leistungspotential aus, weil der Anteil älterer und sehr alter Menschen und damit verbunden der Anteil der Einpersonenhaushalte säkular ansteigt.

Die Leistungsdefizite der leistungsschwächeren Haushaltsformen können durch Netzwerkhilfe von Verwandten, Freunden, Nachbarn und Kollegen ausgeglichen werden. Doch hier haben empirische Untersuchungen gezeigt, daß zwar die hilfebedürftigen Haushalte ein höheres Maß an Unterstützung erhalten, aber es reicht nicht zur Kompensation der eigenen Leistungsdefizite aus. Die Begrenztheit der Netzwerkhilfe zwischen den Haushalten stellt somit eine weitere Leistungsgrenze der Haushaltsproduktion dar.

Unübersehbar ist, daß die Hauptlast der Haushaltsproduktion von Frauen getragen wird. Wenn sich diese, wie es in der Gegenwart geschieht, stärker am Erwerbsleben beteiligen, dann bedeutet dies eine Verringerung des Leistungspotentials in den Haushalten. Doch dies könnte freilich durch eine stärkere Beteiligung der Männer an der Hausarbeit kompensiert werden, und in neuen Mustern der Arbeitsteilung in der jüngeren Generation zeichnet sich eine solche Entwicklung ab. Ob sich die geschlechtsspezifische Arbeitsteilung ändert, wird mehr von der Arbeitsmarktsituation, dem Wertewandel und der Frauenemanzipation abhängen als von der Haushaltstechnisierung.

Eine weitere Leistungsgrenze wird als "Modernisierungsfalle" bezeichnet. Darunter wird verstanden, daß im Prozeß der Industrialisierung und Modernisierung der Gesellschaft die Kenntnisse und Motivationen verloren gehen, die zu einer intensiven und kompetenten Haushaltsproduktion benötigt werden. Doch auch diese Modernisierungsfalle erweist sich als weniger harte Barriere, wenn man die Möglichkeiten in Betracht zieht, anleitende Kenntnisse und Motivationen kurzfristig zu erwerben. Der Buch- und Zeitschriftenmarkt ist voll von Beispielen für die Anleitung und Selbstausbildung in beliebigen Tätigkeiten.

Ein letzter wichtiger Aspekt für die Leistungsgrenzen der privaten Haushalte liegt in den Prozessen der Wohlfahrtsproduktion, die komplementär erfolgen. Wenn der Beitrag des Marktsektors oder des Wohlfahrtsstaates in verbundenen Produktionsprozessen unzureichend ist, dann sind auch der Haushaltsproduktion Grenzen gesetzt. Konkret heißt dies, daß eine Rücknahme wohlfahrtsstaatlicher Leistungen oder eine Verschlechterung der Marktversorgung dazu führen kann, daß auch das Leistungspotential der privaten Haushalte reduziert wird. Insgesamt lassen sich keine harten unverrückbaren Schranken für die Haushaltsproduktion aufzeigen, wohl aber lassen sich restriktive Bedingungen und gegensätzliche Tendenzen nennen.

Wie unsere zukünftigen Wohn-, Haushalts- und Lebensstile aussehen werden, wird gegenwärtig vorentschieden. Die Phasenabfolge der Haushaltstechnisierung unterschied die vortechnische, die frühtechnische und die hochtechnisierte Phase und verwies darauf, daß die zukünftige Entwicklung von der Mikroelektronik geprägt sein wird. Kennzeichen der neuen Entwicklungsstufe wird die Vernetzung von Geräten - sei es partiell oder umfassend - und ihre intelligente Steuerung sein. Mit dem Intelligent Home deutet sich eine neue Phase der Haushaltstechnisierung an, die die technische bzw. mikroelektronische Bearbeitung dispositiver und intelligenter Aufgaben im Haushalt fördert.

Der private Haushalt stellt den Kern des informellen sozialen Netzwerks der Individuen dar, und er hebt sich vom weiteren sozialen Netzwerk durch gemeinsames Wohnen und Wirtschaften ab. In ihm wird ein Großteil des gesellschaftlichen Arbeitspotentials eingesetzt, wobei die hauswirtschaftlichen Produktionsprozesse in einer modernen Gesellschaft wie in Deutschland unter Verwendung einer umfangreichen Technikausstattung erfolgen. Der Haushalt ist ein gesellschaftlicher Grundtatbestand, der trotz unterschiedlicher Voraussagen über den zukünftigen Verlauf von Modernisierungsprozesse seine Bedeutung behalten wird. Es ist weder plausibel, daß sich die Institution des Haushalts durch "modernes Nomadentum" auflöst, noch daß sie durch "kollektive Großhaushalte" abgelöst wird. Dazwischen gibt es freilich weite Gestaltungsspielräume, die durch den Pluralisierungsprozeß der Haushaltsführungs- und Lebensstile zunehmend ausgefüllt werden. Die Haushaltstechnisierung spielt dabei eine ambivalente Rolle, erhöht sie doch einerseits durch die Vielfalt technischer Geräte die Differenzierungsmöglichkeiten zwischen den Haushalten und verstärkt andererseits die Angleichungsprozesse, indem sich eine umfangreiche Standardausstattung in allen Haushalten durchsetzt. In den Zukunftshaushalten wird es eine umfangreiche technische Grundausstattung geben, die das Produktivkapital der Haushalte darstellt. Gerade die modernen Haushalte erfüllen viele auf Technik gestützte Aufgaben und werden diese weder soweit abgeben, daß man von einer "Entleerung" sprechen kann, sie werden sie aber auch nicht soweit intensivieren, daß sich eine hauswirtschaftliche "Selbstbedienungsgesellschaft" einstellen könnte. Der private Haushalt wird die produktive Selektionsinstanz bleiben, die aus den Angeboten von Markt, Staat und intermediären Organisationen ausgewählte „Güter" aufnimmt, durch die Kombination seines Arbeitspotentials und seiner Technikausstattung weiterverarbeitet und in personenbezogene Leistungen umwandelt.

Literatur

Andritzky, M. 1992: Oikos - Von der Feuerstelle zur Mikrowelle. Haushalt und Wohnen im Wandel. Katalogbuch zur Ausstellung. Gießen: Anabas Verlag.

Arbeitsgemeinschaft Hauswirtschaft e.V. und Stiftung Verbraucherinstitut 1990: HaushaltsTräume. Ein Jahrhundert Technisierung und Rationalisierung im Haushalt. Begleitbuch zur gleichnamigen Ausstellung. Königstein im Taunus: Karl Robert Langewiesche Nachfolger Hans Köster.

Beck, U., Brater, H., Daheim, H. 1980: Soziologie der Arbeit und der Berufe. Grundlagen, Problemfelder, Forschungsergebnisse. Reinbek bei Hamburg: Rowohlt.

Becker-Schmitt, R., Brandes-Erlhoff, U., Lühring, I., Schmidt, B. 1981: Familienarbeit im proletarischen Lebenszusammenhang: Was es heißt Hausfrau zu sein. In: Frauen als Produzierende. Beiträge zur Marxschen Theorie, Bd. 14. Frankfurt/M.: Suhrkamp, 75-96.

Burns, S. 1977: The Household Economy. It's Shape, Origins, & Future. Boston: Beacon Press.

Braun, I. 1993: Technik-Spiralen. Vergleichende Studien zur Technik im Alltag. Berlin: Edition Sigma.

Dörr, G. 1992: Die geschlechtsspezifische Aneignung der Haushaltstechnik. Unveröffentlichtes Manuskript. Frankfurt/M.

Dörr, G. 1996: Der technisierte Rückzug ins Private. Zum Wandel der Hausarbeit. Frankfurt/M. /New York: Campus.

Eckart, C., Jaerisch, U. G., Kramer, H. 1979: Frauenarbeit in Familie und Fabrik. Frankfurt/M. /New York: Campus.

Fleischmann, G. 1983: Zur Produktionstheorie des Haushalts: neuer Handlungsspielraum durch Eigenarbeit. In: H. G. Nutzinger, Konsum und Produktion. Neuere Entwicklungen im Verbraucherverhalten. Heidelberg: Fest, 85-113.

Forschungsstelle für Empirische Sozialökonomik 1994: Haushalt und Familie in den neuen Bundesländern. Ergebnisse einer Längsschnittuntersuchung (1990-1993). Reihe Stiftung "DER PRIVATE HAUSHALT" Bd. 21. Frankfurt/M. /New York: Campus.

Gershuny, J. 1981: Die Ökonomie der nachindustriellen Gesellschaft. Produktion und Verbrauch von Dienstleistungen. Frankfurt/M. /New York: Campus.

Galler, H. P., Ott, N. 1993: Empirische Haushaltsforschung. Erhebungskonzepte und Analyseansätze angesichts neuer Lebensformen. Reihe Stiftung "Der private Haushalt" Bd. 16. Frankfurt/M. /New York: Campus.

Giedion, S. 1987: Die Herrschaft der Mechanisierung. Frankfurt/M.: Athenäum.

Glatzer, W., Hübinger, W. 1989: Zielvorstellungen von Unternehmen für die Technisierung der privaten Haushalte. In: G. Fleischmann, J. Esser (Hrsg.), Technikentwicklung als sozialer Prozeß. Frankfurt/M., 157-172.

Glatzer, W., Dörr, G., Hübinger, W., Prinz, K., Bös, M., Neumann, U. 1991: Haushaltstechnisierung und gesellschaftliche Arbeitsteilung. Frankfurt/M. /New York: Campus.

Glatzer, W., Hartmann, D. M. 1993: Haushaltstechnisierung und Generationenbeziehungen. In: K. Lüscher, F. Schultheis (Hrsg.): Generationenbeziehungen in "postmodernen" Gesellschaften. Konstanz: Universitätsverlag, 371-381.

Glatzer, W., Zapf, W. (Hg.) 1984: Lebensqualität in der Bundesrepublik. Objektive Lebensbedingungen und subjektives Wohlbefinden. Frankfurt/M. /New York: Campus.

Gräbe, S. 1993: Der private Haushalt im wissenschaftlichen Diskurs. Reihe Stiftung "DER PRIVATE HAUSHALT" Bd. 17. Frankfurt/M. /New York: Campus.

Hampel, J., Mollenkopf, H., Weber, U., Zapf, W. 1991: Alltagsmaschinen: die Folgen der Technik in Alltag und Familie. Berlin: Edition Sigma.

Hausen, K. 1987: Große Wäsche, soziale Standards, technischer Fortschritt. Sozialhistorische Beobachtungen und Überlegungen. In: B. Lutz (Hrsg.), Technik und sozialer Wandel. Verhandlungen des 23. Dt. Soziologentages in Hamburg 1986. Frankfurt/M. /New York: Campus, 204-219.

Heimer, Th. 1993: Zur Ökonomik der Entstehung von Technologien - eine theoretische und empirische Erörterung am Beispiel des Intelligent Home. Marburg: Metropolis.

Hinrichs, K. 1989: Zeit und Geld in privaten Haushalten. Gelegenheitsstruktur und Bedarf für Eigenarbeit als Determinanten sozialer Ungleichheit. Bielefeld: AJZ.

Hörning, K. H. 1987: Technik und Alltag: Plädoyer für eine Kulturperspektive in der Techniksoziologie. In: B. Lutz (Hrsg.): Technik und sozialer Wandel. Verhandlungen des 23. Dt. Soziologentages in Hamburg 1986. Frankfurt/M. /New York: Campus, 310-314.

Joerges, B. 1983: Konsumarbeit - Zur Soziologie und Ökologie des „informellen Sektors". In: J. Matthes (Hrsg.) 1983: a.a.O., 249-264.

Joerges, B., (Hrsg.) 1988: Technik im Alltag. Frankfurt/M.: Suhrkamp.

Lenk, H., Ropohl, G. 1978: Technik im Alltag. In: K. Hammerich, M. Klein (Hrsg.), Materialien zur Soziologie des Alltags. KZfSS Sonderheft 20. Opladen, 265-298.

Lüdtke, H., Matthäi, I., Ulbrich-Herrmann, M. 1994: Technik im Alltagsstil. Eine empirische Studie zum Zusammenhang von technischem Verhalten, Lebensstilen und Lebensqualität privater Haushalte. MBSF 4. Marburg: Universitätsdruckerei.

Mayntz, R., Hughes, Th. P. 1988: The Development of Large Technical Systems. Frankfurt/M.: Campus.

Methfessel, B. 1994: Hausarbeit im Lernfeld Arbeitslehre und Lernen für Veränderungen. In: Tornieporth, G., Bigga, R. (Hg.)1994: Erwerbsarbeit - Hausarbeit - Strukturwandel der Arbeit als Herausforderung an das Lernfeld Arbetislehre. Hohengehren: Schneider.

Methfessel, B., Glatzer, W. 1994: Der private Haushalt zwischen Haushaltswissenschaft und Soziologie. In: L.A. Vaskovics, Familie. Soziologie familialer Lebenswelten. Sonderheft 3, Soziologische Revue, 425-435.

Meyer, S., Schulze, E. 1989: Technik und Arbeit: zur technischen Entwicklung der Haushaltsgeräte. Manuskript.

dies. (Hrsg.), 1993: Technisiertes Familienleben - Blick zurück und nach vorn. Berlin: Edition Sigma.

Mollenkopf, H., Hampel, J. 1994: Technik, Alter, Lebensqualität. Schriftenreihe des Bundesministeriums für Familie und Senioren, Bd. 23. Stuttgart: Kohlhammer.

Noelle-Neumann, E. 1977: Jahrbuch der öffentlichen Meinung. Allensbach.

Orland, B. 1991: Wäsche waschen. Technik und Sozialgeschichte, rororo sachbuch 7736, Reinbek b. Hamburg.

Ostner, I. 1978: Beruf und Hausarbeit. Die Arbeit der Frau in unserer Gesellschaft. Frankfurt/M. /New York: Campus.

Rammert, W. 1988: Paradoxien der Informatisierung - oder: Bedroht die Computertechnik die Kommunikation im Alltagsleben? In: R. Weingarten (Hrsg.), Information ohne Kommunikation, Frankfurt/M.

Richarz, I. 1991: Oikos, Haus und Haushalt. Ursprung und Geschichte der Haushaltsökonomik. Göttingen: Vandenhoeck & Ruprecht.

dies., 1991: Das ökonomisch autarke "Ganze Haus" - eine Legende? In: T. Ehlert (Hrsg.), Haushalt und Familie in Mittelalter und früher Neuzeit, Sigmaringen: Jan Thorbeke Verlag, 269-279.

dies. (Hrsg.) 1994: Haushalten in Geschichte und Gegenwart, Göttingen: Vandenhoeck & Ruprecht.

Ropohl, G. 1985: Die unvollkommene Technik. Frankfurt/M.: Suhrkamp.

Sackmann, R., Weymann, A. 1994: Die Technisierung des Alltags - Generationen und technische Innovationen. Frankfurt/M. /New York: Campus.

Schultz, I., Weiland, M., unt. Mitarb. von Schramm, E. 1991: "Frauen und Müll". Frauen als Handelnde in der kommunalen Abfallwirtschaft. Gutachten im Auftrag des Magistrats der Stadt Frankfurt am Main/Frauenreferat. Sozial-ökologische Arbeitspapiere 40. Frankfurt/M.: Verlag für interkulturelle Kommunikation.

Seel, B. 1991: Ökonomik des privaten Haushalts. UTB 1621. Stuttgart: Ulmer.

Seyer,R. 1992: Das Haus der Zukunft.In: Andritzky, M. (Hg.): Oikos - Von der Feuerstelle zur Mikrowelle. Haushalt und Wohnen im Wandel. Katalogbuch zur Ausstellung. Gießen: Anabas Verlag.

Spiegel, E. 1986: Neue Haushaltstypen. Entstehungsbedingungen, Lebenssituation, Wohn- und Standortverhältnisse. Frankfurt/M. /New York: Campus.

Statistisches Bundesamt (Hrsg.) 1986: Lange Reihen zur Wirtschaftsentwicklung 1986. Wiesbaden/Mainz.

Statistisches Bundesamt (Hrsg.) 1995: Die Zeitverwendung der Bevölkerung. Methode und erste Ergebnisse der Zeitbudgeterhebung 1991/92. Wiesbaden/Mainz.

dass., 1995: Die Zeitverwendung der Bevölkerung. Methode und erste Ergebnisse der Zeitbudgeterhebung 1991/92, Tabellenband I. Wiesbaden.

Tornieporth, G. (Hrsg.) 1988: Arbeitsplatz Haushalt. Zur Theorie und Ökologie der Hausarbeit. Berlin: Dietrich Reimer Verlag.

Wagner, E. 1991: Technik für Frauen - Arbeitszusammenhang, Alltagserfahrungen und Perspektiven der Hausfrauen im Umgang mit technsichen Artefakten. München Wien: Profil.

Walser, K., Kontos, S. 1979: Über Familie sprechen - die Arbeit der Frauen verschweigen? In: Zeitschrift für Gesellschaftspolitik, Jg. 18, Heft 42, 122-135.

Weber, M. 1947: Grundriß der Sozialökonomik. III. Abteilung: Wirtschaft und Gesellschaft. Tübingen: Mohr

Weingart, P. (Hrsg.), 1989: Technik als sozialer Prozeß. Frankfurt/M: Suhrkamp

Zapf, K. 1986: Soziale Technikfolgen in den privaten Haushalten. In: W. Glatzer, R. Berger-Schmitt, Haushaltsproduktion und Netzwerkhilfe. Die alltäglichen Leistungen der Familien und Haushalte. Frankfurt/M. /New York: Campus, 207-241.

Zapf, W., Breuer, S., Hampel, J. 1987: Technikfolgen für Haushaltsorganisation und Familienbeziehungen. In: Lutz, B. (Hrsg.) 1987: Technik und sozialer Wandel. Verhandlungen des 23. Deutschen Soziologentags in Hamburg. Frankfurt New York: Campus, 220-232

Neue Medien und private Haushalte
Manfred Mai

1. Von den "Neuen Medien" zu "Multimedia"

Der Begriff der "Neuen Medien" wirkt heute fast schon wieder antiquiert. Als in den 70er Jahren Projekte zur breitbandigen Verkabelung der Haushalte realisiert und in vielen Begleituntersuchungen (vgl. Expertenkommission Neue Medien Baden-Württemberg 1981; Landesregierung Nordrhein-Westfalen 1989) kontrovers diskutiert wurden, tauchte der Begriff der "Neuen Medien" auf. Gemeint waren damit mehrere Ergänzungen zu den "traditionellen" Medien wie Rundfunk (Hörfunk und Fernsehen) und Printmedien (Zeitungen und Zeitschriften). Aber auch neue Wege der Verteilung fallen unter den (unscharfen) Begriff der neuen Medien. Üblicherweise werden auch kabelgestützte Verbindungen sowie der Empfang von Rundfunksignalen durch direkt abstrahlende Satelliten unter diesem Begriff subsumiert.

Spätestens 1994 wird (zumindest in Deutschland) der Begriff der Neuen Medien weitgehend durch den nicht weniger unscharfen Begriff "Multimedia" abgelöst. (Die Einführung dieses Begriffs ist so schnell erfolgt, daß noch nicht einmal ein Geschlecht für ihn existiert; immerhin wurde dieser Begriff 1995 zum "Wort des Jahres" bestimmt). Die ehemals neuen Medien (Videotext, Kabelrundfunk u.a.) sind heute einzelne Elemente multimedialer Verknüpfungen auf der Grundlage zunehmend digitaler Signalverarbeitung geworden.

Die gesellschaftliche und politische Funktion der Medien besteht - ganz allgemein - in der Ermöglichung eines Diskurses zur politischen Meinungsbildung und somit der Teilhabe jedes einzelnen am politischen Prozeß. Die Problematik der neuen Medien beginnt also dort, wo durch Zugangsschwellen, seien sie finanziell oder kompetenzbedingt, bestimmte Gruppen systematisch ausgegrenzt werden und ein neues Analphabetentum entsteht, wonach die Unkenntnis der Benutzeroberfläche zum Ausschluß von der multimedialen Kommunikation führt. Die *technische* Funktion der Medien - ob neu oder alt - besteht in der Übertragung von Informationen von einem Sender zu einem Empfänger. Je nachdem, ob ein einziger Sender (z.B. eine Rundfunkanstalt) an viele, anonyme Empfänger (Zuschauer oder Zuhörer) ein produziertes Programm (heute spricht man von "Formaten") sendet, oder ob ein einzelner Sender an einen einzelnen Empfänger eine Information (z.B. ein Telefax) übermittelt, unterscheidet man Massen- und Individualkommunikation. Politisch und rechtlich findet diese Unterscheidung in den Begriffen "Rundfunk" bzw. "Telekommunikation" ihre Entsprechung. Beide Kommunikationswelten ließen sich in der Vergangenheit eindeutig bestimmten Regulierungsinstitutionen und -instrumenten zuordnen: Für die Individualkommunikation ist die Bundesregierung (bis zu seiner Auflösung: das Bundesministerium für Post und Telekommunikation, danach der Regulierungsrat) zuständig, für die Rundfunkpolitik und -gesetzgebung die Länderregierungen.

Die multimediale Entwicklung hat diese Trennung insofern in Frage gestellt, als sich einige Multimedia-Angebote nicht mehr eindeutig dem einen oder dem anderen Begriff zuordnen lassen. Wir haben es im Bereich der neuen Medien auch mit einem klassischen Beispiel der Politikverflechtung (darunter versteht man die gleichzeitige Zuständigkeit mehrerer Verwaltungsebenen in Bund, Ländern und bei der EU) zu tun, die auch in anderen Politikbereichen die Regulierung erschwert und politische Lösungen immer als suboptimal erscheinen läßt.

Rundfunk auf der einen und Individualkommunikation auf der anderen Seite bilden im multimedialen Verbund lediglich die Endpunkte einer Skala von Möglichkeiten, an die vor zehn Jahren kaum jemand dachte. Online-Dienste, Tele-Spiele, Tele-Shopping usw. sind solche neuen Angebote, die sich von den alten "neuen Medien" nicht nur durch die konsequente Digitalisierung, sondern auch durch das Merkmal der Interaktivität unterscheiden. Was beim klassischen Rundfunk nicht möglich war, wird in zahlreichen Modellversuchen und Pilotprojekten erprobt: die (beschränkte) Interaktivität. Der Zuschauer soll nicht mehr nur rezeptiv ein Programm konsumieren und seine Interaktivität auf das Ein- und Ausschalten der Sendung beschränken, sondern er soll sein eigener Programmdirektor werden und selbst bestimmen, was er zu welchem Zeitpunkt sehen will.

Damit die Auswahl aus den vielen Angeboten des digitalen Fernsehens nicht zur Qual wird, erleichtern „Navigatoren" die Suche nach dem gewünschten Programm. Die Gestaltung dieser Navigatoren ist zu einem Politikum geworden, da sie über die Wiederfindbarkeit von Programmen entscheiden und damit über die Marktchancen des jeweiligen Programmanbieters. Insbesondere die öffentlich-rechtlichen Rundfunkanstalten sorgen sich darüber, daß ihr Programmangebot bei den von privaten Investoren entwickelten Navigatoren nicht wiederzufinden sein könnte. Ein Mikrochip kann sich auch die vom Konsumenten häufiger gesehenen Sendungen „merken" und sie dem Kunden bei weiteren Einschaltungen bevorzugt anbieten, wenn der Empfänger nicht von vornherein seine eigenen Präferenzen für bestimmte Sendungen bereits programmiert hat. Wer also nur Quiz-Sendungen zu sehen wünscht, braucht sich nicht mehr mit der Fernbedienung durch die Kanäle zu zappen, sondern kann sich darauf verlassen, daß ihm sein persönlicher Programmführer automatisch alle Quiz-Sendungen zusammenstellt, unabhängig davon, auf welchem Kanal sie gerade laufen. Sollte zufällig zwei Quiz-Sendungen gleichzeitig auf mehreren Kanälen laufen, kann der Konsument eine von beiden speichern und zu einem späteren Zeitpunkt ("On-Demand") abrufen.

Während diese Optionen zwar technisch möglich, aber mangels Nachfrage wohl kaum wirtschaftlich sein dürften, ist eine andere Option aus dem digitalen Hörfunk realistischer. Bereits heute erlaubt das DAB-System (Digital Audio Broadcasting) eine individuelle Auswahl der Verkehrsnachrichten: Wer auf der A 3 von Köln nach Frankfurt fährt, interessiert sich nicht für den Stau am Kamener Kreuz und wer nicht will, daß eine laufende Radiosendung während der Autofahrt halbstündlich durch Staumeldungen unterbrochen wird, kann sie nur bei Bedarf abrufen.

Durch die Digitalisierung der neuen Medien und ihre Integration zu Multimediadiensten läßt sich also die vertraute Trennung zwischen Rundfunk (Massenkommunikation) und Telekommunikation (Individualkommunikation) nicht mehr aufrecht erhalten. Das, was Rundfunk ist oder nicht, wird im Zuge der weiteren Digitalisierung der Informations- und Kommunikationstechniken und durch die Einführung multimedialer Dienste immer mehr zu einem Politikum, da damit zwangsläufig die Frage verknüpft ist, welche Institutionen mit welchen Kompetenzen und Instrumenten die multimediale Entwicklung gestalten kann. Zudem ist die Diskussion auch von nationalen und kulturellen Traditionen geprägt. So ist es amerikanischen Medienpolitikern unverständlich, weshalb vor allem in Frankreich und in Deutschland Rundfunk, aber auch Filme als Ausdruck der jeweiligen Kulturen gelten und nicht als Dienstleistungen, für die es nach den Regeln des freien Welthandels keine nationalen Schranken geben sollte.

Die gegenwärtige Diskussion über den Rundfunkbegriff zeigt auch die neue Qualität der digitalen Medien gegenüber dem, was Anfang der 80er Jahre über "Neue Medien" gesagt wurde. Die neuen Medien wurden damals (vgl. Kubicek 1984, 21 ff.; von Schoeler 1986) überwiegend unter dem Aspekt ihrer Sozial- und Demokratieverträglichkeit diskutiert. Eine Verkabelung privater Haushalte, so lautete damals ein gängiges Argument, führe im Endpunkt zu einer Orwell'schen Gesellschaft.

2. Neue Medien als Modernisierungshoffnung

Gerechtfertigt wurden die enormen Investitionen der damaligen Bundespost in die Verkabelungsprojekte mit dem Hinweis auf die notwendige Modernisierung der kommunikationstechnischen Infrastruktur. Über das "Wie" der Modernisierung durch Verkabelung gab es auf der politischen Ebene heftige Kontroversen: gestritten wurde vor allem über die Fragen der Netzstruktur (Verteilnetz oder Vermittlungsnetz) und die der Übertragungsart (breitbandiges digitales Glasfasernetz oder schmalbandiges analoges Kupferkoaxialkabel).

Inzwischen sind die Auseinandersetzungen über diese Fragen und die verschiedenen Kabelpilotprojekte längst Geschichte. Die heutigen multimedialen Informations- und Kommunikationstechnologien dürften dagegen weitaus größere Konsequenzen für Wirtschaft, Staat und Gesellschaft haben als die Verkabelungsprojekte der frühen 80er Jahre (vgl. Negroponte 1995). Dennoch gibt es auf der politischen Ebene keine annähernd so kontroverse Diskussion über die neuen Medien wie vor 15 Jahren über die "alten" neuen Medien, obwohl viele der damals gestellten Fragen wie Datenschutz usw. bis heute nicht gelöst und eine Vielzahl neuer Probleme hinzugekommen sind. Damals gab es z.B. heftige Auseinandersetzungen über das Ob und Wie der Zulassung privater Rundfunkveranstalter, die 1984 durch die "medienpolitische Wende" der damaligen Opposition (SPD) zumindest offiziell beendet wurde. Ausschlaggebend für diesen Kurswechsel war die Erkenntnis, daß sich der Zug in Richtung Privatfernsehen (auch im Hinblick auf die Entwicklungen im Ausland) nicht aufhalten läßt und es nur darum geht, ob man dabeisein und mitgestalten oder auf jede Art politischer Steuerung jenseits bloßer Verhinderung verzichten will. Schließlich verhinderte die Zulassung privater Rundfunksender in Deutschland, daß die beträchtlichen Investitionen der Werbewirtschaft nicht ins Ausland abflossen. Diese grundsätzliche Auffassung ist auch für die Haltung vieler ehemals kritischer Akteure gegenüber den neuen Medien typisch.

"Die Kritiker können sich in den Schmollwinkel zurückziehen, die Hände in Unschuld waschen und auf den Eintritt der Schäden warten, um dann darauf hinweisen zu können, wie recht sie gehabt haben. Je mehr sie sich so verhalten, um so eher werden sie recht bekommen. Denn sie überlassen das Feld denen, die die sozialen Risiken nicht einmal erkennen." (von Schoeler 1986, 9).

Zwei Gründe mögen für die scheinbar problemlose Akzeptanz der neuen Medien ausschlaggebend sein: Zum einen ist - wie gezeigt - die damalige Oppositionspartei im Bundestag, die SPD, heute selbst ein aktiver Befürworter der neuen Medien (zumindest dort, wo sie an einer Landsregierung beteiligt ist). Die Kontroverse zwischen Bundesregierung und Opposition geht nicht mehr darum, ob es überhaupt eine Verkabelung geben soll, sondern um unterschiedliche Formen der Lizenzierung von Netzbetreibern und Diensteanbietern nach dem Fall des Postmonopols im Jahre 1998 (Postreform III). Zum anderen mag die teilweise Entpolitisierung der neuen Medien daran liegen, daß die privaten Verbraucher als Hauptziel- und -nutzergruppe der neuen Medien darin zumindest keine persönlichen Risiken erkennen können. Die Diskussionen über Konzentrationskontrolle, Daten- und Verbraucherschutz usw. finden eher in Expertenkreisen statt und bilden (vorerst?) keine Grundlage für eine organisierte Protestbewegung, wie sie für andere großtechnische Systeme (Verkehr, Energie) beinahe schon typisch sind. Für die weitere Entwicklung der neuen Medien ist allerdings weniger die fehlende Ablehnung als vielmehr die potentielle Zustimmung entscheidend. Gerade daran scheint es gegenwärtig zu hapern.

Als Anfang der 90er Jahre die Fortschritte der Digitaltechnik die Kapazität der Informationsübertragung erheblich erweiterten (man spricht in diesem Fall vom "digitalen Superhighway"), begann eine hektische Suche nach möglichen Anwendungen und vor allem nach erfolgversprechenden Geschäftsfeldern. Nachdem der US-Vizepräsident Al Gore den Superhighway zur amerikanischen Antwort auf die japanische Herausforderung und somit zur Chefsache erklärt hatte, begannen nun auch überall in Europa die Diskussionen über den Superhighway. Die Europäische Union hatte im Sommer 1994 ein Grünbuch zur Zukunft der Informationsgesellschaft vorgelegt und damit ebenfalls wie die Initiative von Al Gore eine Aufbruchstimmung vor allem bei den Unternehmen der betreffenden Branchen (Elektronik, Elektrotechnik, Software, Netzbetreiber) erzeugt.

Eine rasche Liberalisierung und Deregulierung der Märkte für kommunikationstechnische Produkte und Dienstleistungen sollen nach den Vorschlägen der EU den Anschluß der europäischen Industrie an die Weltspitze bringen. Vor allem aber sollen durch den Wettbewerb in der Medienindustrie neue Arbeitsplätze geschaffen werden, eine Prognose, die nicht nur von Gewerkschaften bezweifelt wird. Im Gegenteil: Die Privatisierung einstmals staatlicher Kommunikationsunternehmen setzte zunächst zahlreiche Arbeitsplätze frei. Ob diese verlorenen Arbeitsplätze jemals durch die Anzahl der in den neuen Bereichen entstehenden kompensiert werden, ist fraglich. Die Politiker in allen europäischen Ländern hoffen dennoch darauf, daß dies eintreten wird, da von dieser Frage der soziale Konsens über die Deregulierung der Kommunikationsdienstleistungen abhängt.

3. Pilotprojekte als Markttest und -einführung

Der Nutzen sinkender Tarife für die Übertragung von Daten- und Informationsmengen für die Industrie erscheint unbestritten. Indirekt dürften davon auch die privaten Haushalte profitieren. Zu den unbekannten Größen zählt jedoch das Verhalten der privaten Haushalte. Werden sie für genügend Nachfrage sorgen, die sich die Kommunikationsindustrie erhofft? Was werden die sogenannten "Killer-Applications" sein, d.h. diejenigen Anwendungen, für die die privaten Haushalte Zeit und vor allem Geld zu investieren bereit sind? Sind es Online-Dienste, Tele-Spiele, Tele-Shopping, oder beschränkt sich der Verbraucher auf die weitgehend passive Rezeption vorgegebener Medieninhalte?

Weltweit gibt es Modellversuche, die nicht nur die Technik und verschiedene Dienste erproben sollen, sondern vor allem das Verhalten und die Präferenzen der privaten Konsumenten. Bisher liegen erst wenige Ergebnisse aus diesen Modellversuchen vor (vgl. Schrape 1995). Sie deuten darauf hin, daß der Verbraucher sich deutlich gegenüber neuen Medien zurückhält. Der Beginn einiger Modellprojekte mußte sogar in Ermangelung einer ausreichenden Teilnehmerzahl verschoben werden. Die Strategie der beteiligten Unternehmen an diesen Modellversuchen ist eindeutig: Sie möchten so früh wie möglich dabei sein, wenn die Nachfrage der Verbraucher doch noch irgendwann erwacht und bis dahin möglichst viel Know-how sammeln.

Aus der Sicht der betroffenen Industriebranchen birgt das multimediale Abenteuer viele Risiken. Niemand kann zur Zeit sagen, ob sich die gewaltigen Investitionen jemals rentieren werden, und niemand hat bisher Erfahrungen mit der Kooperation völlig unterschiedlicher Unternehmenstypen und -kulturen sammeln können. Bislang konnten sich Netzbetreiber auf ihre Monopol-Geschäfte konzentrieren, Rundfunkanstalten auf die Produktion von Sendungen, Softwarehäuser auf ihre angestammten Geschäftsfelder usw. Die neuen Medien führen nun alle diese Bereiche zusammen, da nur die Beherrschung und Integration zumindest der zentralen Glieder der multimedialen Wertschöpfungskette erfolgversprechend ist (vgl. Booz/Allen/Hamilton 1995). Auffallend ist daher, daß sich einige Medienkonzerne zurückhalten und die Risiken anderen überlassen. Das Beispiel der Kirchgruppe, die mit ihrer Einführung der digitalen Plattform DF 1 weit hinter den Erwartungen zurück blieb, hat viele Konzerne abgeschreckt. Dennoch ist die Innovationsfreude und Allianzenbildung in der Medienwirtschaft gerade erst angelaufen und wird allein dadurch Tatsachen schaffen.

In die Euphorie der Unternehmen mischt sich immer auch eine gehörige Portion Zweifel: Werden die privaten Haushalte die multimedialen Angebote nutzen? Die ersten Ergebnisse der Modellversuche und Pilotprojekte deuten wie gesagt auf eine mehr oder weniger ausgeprägte Zurückhaltung der Testhaushalte gegenüber den neuen Medien. Vieles spricht dafür, daß die neuen Medien z.Z. eigentlich niemand so recht zu vermissen scheint, wenn man von einschlägigen Mediensubkulturen wie Computerclubs oder Internet-Dauersurfern einmal absieht. Die privaten Nutzer sind offenbar mit dem bestehenden Medienangebot, das ihnen Kabel- und Satellitenfernsehen und nicht zuletzt der Buchladen und der Zeitungskiosk bieten, zufrieden, zumal die durchschnittliche Dauer des Fernsehkonsums bei den Bundesbürgern in den letzten Jahren kaum gestiegen ist. Er beträgt etwas über 3 Stunden pro Tag und differiert stark mit den Variablen Alter, Bildungsstatus und Einkommen.

4. Multimedia - Ein großtechnisches Netzwerk entsteht

Die neuen Medien sind ein Beispiel dafür, daß die Technikentwicklung nicht unbedingt irgendwelchen Bedürfnissen folgt, sondern umgekehrt, diese erst erzeugt - sofern bestimmte Grundbedürfnisse bereits erfüllt sind. Im Falle der Medien wären das die der Information und Unterhaltung im weitesten Sinne.

Die massenhafte Verbreitung neuer Medien in den Haushalten wird allem Anschein nach länger dauern, als es den meisten Pionieren in der Kommunikationsbranche lieb ist. Vielleicht bedürfen aber auch sie der "Technologischen Aufklärung", die schon vor Jahren erkannte, daß "systematische und repräsentativ erhobene Selbsteinschätzungen der Individuen hinsichtlich konkret erlebter Bedürfnisse (...) als heuristische Basis und als kontrollierendes Regulativ durchaus beachtlich (sind)" (Ropohl 1991, 95; erstmals 1978). Schließlich hat auch die massenhafte Verbreitung des Telefons in den Haushalten sehr lange gedauert. Nicht wenige Prognostiker sehen für die totale Vernetzung der Haushalte ähnlich lange Zeiträume voraus und nehmen an, daß erst die Generation der jetzt Jugendlichen, für die der Gebrauch der neuen Medien fast schon zum Alltag gehört, die erste sein wird, die in 10 bis 15 Jahren konsequent die multimedialen Angebote nutzen werden, da sie nicht mehr die Schwellenängste der heutigen Erwachsenen kennen.

Ein anderes Phänomen, das typisch für das Wachstum von technischen Netzwerken ist (vgl. Ropohl 1988; Werle 1990; Mayntz 1993), trifft auch für die neuen Medien zu: Ohne attraktive und brauchbare Angebote wird es keine Käufer von Hardware bzw. Abonnenten von Medieninhalten geben. Andererseits rentieren sich neue Medien für potentielle Anbieter nur dann, wenn sie von einer ausreichenden Anzahl Kunden ausgehen können. Schließlich hängt die Bereitschaft der Haushalte, die neuen Medien zu nutzen, entscheidend davon ab, welches zusätzliche Zeit- und Finanzbudget der einzelne in ein neues Medienangebot zu investieren bereit ist. Hinzu kommt, daß traditionelle Medien mit dem Auftauchen neuer Medien niemals völlig verschwunden sind und für neue Medien umso mehr eine Konkurrenz darstellen, je mehr sie sich ihrerseits auf die geänderten Informations- und Unterhaltungsbedürfnisse der Haushalte einstellen.

Besonders einfallsreich sind hierbei die Zeitschriften- und Zeitungsverlage. Ihre Geschichte zeigt, daß jedesmal, wenn ein neues Medium (Radio, Fernsehen, Kabelfernsehen, Lokalradio und neuerdings: Lokalfernsehen) auftauchte, sie das Verschwinden der Zeitungen und damit der Lesekultur befürchteten. Verlage, die einerseits keine Innovation auslassen, um den Rationalisierungsprozeß in ihren Druckereien konsequent zu betreiben, werben andererseits mit beinahe technikkritischen Argumentationsfiguren für den Erhalt der Lesekultur - um sich dann doch an den neuen Medien erfolgreich zu beteiligen: Auch bei den neuen Medien der heutigen Zeit (vor allem bei der Entwicklung von Online-Diensten und Pay-TV-Angeboten) sind einige Verlage (z.B. Burda und Bertelsmann) besonders aktiv. Nachdem die Verleger mit dem privaten Fernsehen Erfahrungen sammeln konnten, investieren sie heute viel in den Aufbau multimedialer Angebote, wobei sie ihr Know how im Management großer Abonnentenstämme erfolgreich einbringen.

5. Die neuen Angebote: Was bietet die multimediale Vernetzung den privaten Haushalten?

Der wesentliche Schub zur weiteren multimedialen Vernetzung wird auch in näherer Zukunft nicht von den privaten Haushalten ausgehen, sondern von den gewerblichen Akteuren. Immer dann, wenn ein Produkt innerhalb einer Wertschöpfungskette effizienter hergestellt werden kann, wird man neue Medien als Rationalisierungsinstrument einsetzen. In diesem Fall müssen sich die neuen Medien kein neues Geschäftsfeld suchen, sondern sie sind eingebunden in den Prozeß der industriellen Rationalisierung, der im wesentlichen den Zielen der Kostensenkung (vor allem durch Personalabbau) und Erhöhung der Flexibilität auf dem Markt (durch kürzere Durchlaufzeiten und höhere Variantenvielfalt) folgt. Da durch den direkten Kontakt zwischen Herstellern und Kunden der Handel wegfällt, entstehen weitere Kostensenkungspotentiale für die Hersteller - und Arbeitsplatzverluste im Handel.

Neben dieser Einbindung neuer Medien in einzelbetriebliche Rationalisierungsstrategien setzt insbesondere auch die Politik in Verbindung mit Unternehmen auf die Schaffung neuer Dienstleistungen und Produkte durch Multimedia. Während es der Politik um die Schaffung neuer Arbeitsplätze geht, versprechen sich die Unternehmen, auch durch Angebote für den privaten Haushalt, neue Geschäftsfelder - obwohl die einschlägigen Modellversuche und Pilotprojekte zur individuellen Nutzung multimedialer Angebote zeigen, daß der private Haushalt nicht gerade eine Keimzelle für interaktive Kreativität ist, sondern sich neuen Medien gegenüber nicht grundsätzlich anders verhält als gegenüber den alten Medien: rezeptiv und nicht aktiv oder interaktiv. Das Angebot an die privaten Haushalte ist daher im wesentlichen auf die - vermeintlichen - Unterhaltungs- und Informationsbedürfnisse der Nutzer ausgerichtet.

An erster Stelle des multimedialen Angebots stehen daher Unterhaltungsdienste, die im folgenden kurz skizziert seien:
Beim *Video-on-demand* kann ein Kunde einen Film oder eine Fernsehproduktion, die auf einer Datenbank gespeichert ist, bestellen und sich an den heimischen Bildschirm überspielen lassen.

Das *Abonnentenfernsehen (Pay-TV)* wird wie eine Zeitschrift abonniert und liefert dafür ein werbefreies (Sparten)programm. Aufgrund der Begrenztheit der Finanzierung von Fernsehangeboten durch Werbung und Gebühren wird die Form des Pay-TV an Bedeutung für den Fernsehmarkt zunehmen. Fraglich ist jedoch, welche speziellen Angebote (Spartenprogramme) sich durch Abonnentengebühren finanzieren lassen. Man muß davon ausgehen, daß es nur wenige "special interests" sein werden, die sich auf dem enger werdenden Fernsehmarkt erfolgreich plazieren lassen. Problemlos dürften Abonnentenkanäle für die Sparten Spielfilm, Sport, Musik (jeweils mit unterschiedlichen Schwerpunkten) sein. Schwieriger wird es bereits bei der Wirtschaftlichkeit von Ratgeber-, Kinder-, Bildungs- und Dokumentationskanälen sein. Entsprechende Projekte sind gerade erst auf den Weg gebracht worden und geben noch wenig Hinweise auf zukünftige Präferenzen der Zuschauer.

Eine gewisse Analogie zum Zeitschriftenkiosk mit seiner Vielfalt an Zeitschriften für alle möglichen Interessen mag auch für das Multimediaangebot gelten, doch geht es hier um wesentlich höhere Einstiegskosten, komplexere Managementprobleme und damit auch um entsprechend höhere Risiken. Eine Zeitschrift, die sich auf dem Markt nicht durchsetzt, läßt sich von einem großen Verlag verschmerzen. Bei einem fehlgeschlagenen Engagement auf dem Pay-TV-Markt ist das nicht mehr ohne weiteres möglich. Denkbar ist auch, daß sich das Prinzip des Pay-TV als *Pay-per-view* durchsetzt. Statt einen Kanal mit einem mehr oder weniger homogenen Angebot zu abonnieren, zahlt der Kunde nur das, was er tatsächlich sieht. Abgerechnet wird die jeweilige Zeitdauer, die der Kunde bei einem bestimmten Programmanbieter genutzt hat.

Unter *"interaktivem Fernsehen"* versteht man die prinzipielle Möglichkeit, über einen Rückkanal zum Sender (z.Zt. noch über das ISDN- oder Telefonnetz, später auch über eine Satellitenverbindung möglich) aus einem vorgegebenen Repertoire von Kamerapositionen und/oder Übertragungsorten auszuwählen. Dies bietet sich z.B. für größere Sportereignisse an, wie die gleichzeitig stattfindenden Spiele der Champions League des europäischen Fußballs oder bei den Olympischen Spielen. So könnte z.B. der Zuschauer bestimmen, ob er die gleichzeitig ablaufenden Wettbewerbe im Reiten, Ringen oder Rudern sehen will und aus welcher Kameraposition er diese Sportart zu betrachten wünscht: Aus der Totalen oder aus der Mütze des Steuermanns beim Achter. Die Protagonisten dieser Art "inter-aktiven Fernsehens" sehen dies als die wahre Konsumentenfreiheit an. Der Zuschauer werde zum eigenen Programmdirektor und "emanzipiere" sich damit vom angeblich öffentlich-rechtlichen Meinungsdiktat, das ihm nur eine nach redaktionellen Gesichtspunkten getroffene Auswahl anbiete. Es ist aber durchaus denkbar, daß der Zuschauer gerade diese Auswahl mehr schätzt, weil sie ihm buchstäblich die Qual der Wahl abnimmt und somit der passiven Grundeinstellung des Konsumenten eher entgegenkommt als ein kaum noch überschaubares Menü von gleichzeitig empfangbaren Sendungen.

Zum Bereich des "interaktiven Fernsehens" gehört prinzipiell auch das immer zahlreicher werdende Angebot der *Computerspiele*. So kann von einer Zentrale aus, die auf einem anderen Kontinent stehen mag, via Satellit oder auch über ein breitbandiges Kabel ein Computerspiel innerhalb weniger Sekunden geladen werden. Vor allem in Japan und in den USA werden von den Marktführern Sega und Nintendo große Anstrengungen unternommen, um eine völlig neue Generation von Computerspielen an die Fernsehnutzer zu verkaufen. Bereits jetzt gibt es im deutschen Fernsehen rudimentäre Formen des interaktiven Fernsehens, in dem ein Zuschauer über die Telefonleitung ein Computerwesen durch einen Parcours steuert und dabei gegen einen Mitspieler antritt. Im deutschen Fernsehen wurde in den 60er Jahren eine Fernsehshow populär, in der es galt, über die Telefonleitung einen Armbrustschützen, dem die Augen verbunden waren, zu dirigieren, der eine Zielscheibe treffen mußte ("Der goldene Schuß").

Eine vor allem in Amerika verbreitete Form des "interaktiven Fernsehens" sind sogenannte Shopping-Kanäle, in denen verschiedene Waren präsentiert werden, die dann über die Telefonleitung bestellt werden können. In Deutschland begann die Ära des Einkaufsfernsehens 1995/6 durch Home Order Television und QVC. Während Skeptiker aufgrund der unterschiedlichen Einkaufskulturen in den USA und in Europa bezweifeln, daß diese Form sich jemals in Deutschland so erfolgreich durchsetzen wird wie in den USA, sehen die Investoren darin ein Milliardengeschäft. Die damit zusammenhängenden rechtlichen Fragen (Verbraucherschutz, Rückgaberechte) sind noch nicht gelöst. Auch die Frage, ob diese Art von Fernsehen überhaupt die rundfunkrechtlichen Voraussetzungen erfüllt, ist politisch umstritten.

Diese multimedialen Unterhaltungsdienste erfordern eine umfangreiche technische Infrastruktur und vor allem eine höchste Qualität von Hard- und Software. Gleichwohl ist dies nicht das eigentliche Problem. Multimedia ist weniger ein Problem technischer Restriktionen als vielmehr der wirtschaftlichen Risiken und der Attraktivität des Angebotes. Mit der (vorläufigen) Einigung zwischen der Kirchgruppe und Bertelsmann im sogenannten Decoder-Streit Ende 1995 über die Norm der Vernetzung verschiedener Datenträger schienen die technologischen Weichen für das Multimedia-Zeitalter gestellt. Doch ist allen Investoren klar, daß ohne ein attraktives Angebot für die privaten Haushalte, sei es an Spielfilmen oder an Computerspielen, alle Investitionen vergeblich sein werden.

Bereits im Zusammenhang mit der Einführung von ISDN Ende der 70er Jahre wurden die verschiedensten *Beteiligungs- und Informationsdienste* (Diskussionsforen, Bürgerinformationen über kommunale Angebote usw.) sowie die Möglichkeit des *Tele-Lernens* und vor allem der *Tele-Arbeit* diskutiert. Vor allem in der Tele-Arbeit sahen nicht nur die Gewerkschaften eine große Gefahr für die Gesellschaft. Man befürchtete eine Isolierung vom Arbeitsplatz und eine Entsolidarisierung der Gesellschaft. Eine empirische Erhebung aus den 80er Jahren (vgl. Huber 1985) zeigte, daß die Angst vor Tele-Arbeit übertrieben war und von einer flächendeckenden Einführung der Tele-Arbeit (damals) nicht die Rede sein konnte. Durch bestimmte sozialpolitische Rahmenbedingungen wurde allerdings der Trend zu Scheinselbständigkeit gefördert, so daß sich das Thema der Tele-Arbeit heute wiederum stellt, wenngleich mit anderen Rahmenbedingungen.

6. Ist die Multimediaentwicklung steuerbar?

Die beteiligten Akteure der Multimediaentwicklung (Europäische Union, Bundes- und Länderregierungen, Kommunen, Unternehmen) verbinden mit den neuen Medien konkrete Hoffnungen und Ziele. Ob diese Hoffnungen berechtigt sind und die Ziele erreicht werden, hängt nicht nur von den schwierig zu prognostizierenden Konsumgewohnheiten und Präferenzen der privaten Haushalte ab. Darüber hinaus stellt sich die prinzipielle Frage nach der politischen Steuerbarkeit der technischen Entwicklung, insbesondere der Entwicklung großtechnischer Systeme. Gerade technische Systeme und Infrastrukturen haben sich gegenüber politischen Gestaltungsversuchen immer als besonders resistent herausgestellt und teilweise den Eindruck eines eigendynamischen Wachstums erweckt. Die Gründe dafür sind vielfältig. Ein Hauptgrund ist sicherlich in der Tatsache zu suchen, daß technische Systeme arbeitsteilig entstehen und erst nach einer gewissen Zeit eine neue Qualität darstellen und erst dann zu einem gesellschaftlichen Phänomen werden können. Politischer Handlungsbedarf entsteht nicht selten erst dann, wenn konkrete Risiken sichtbar werden. Zwar hätte eine entwicklungsbegleitende Technikbewertung so manche technologische Fehlentwicklung rechtzeitig erkennen können, doch werden in der Regel technische Systeme erst dann einer Technikbewertung unterzogen, wenn diese von denen eingefordert werden, die von den Risiken besonders betroffen sind. Nur in den seltensten Fällen kommt es dann zu einem Baustopp oder Moratorium. In der Regel entwickelt "sich" das System irgendwie weiter und erlangt schließlich eine gewisse Marktreife. Schließlich ist es dann den Marktgesetzen überlassen, ob es sich durchsetzt. Gesellschaftliche und politische Steuerungsimpulse werden von den Akteuren der Technikgestaltung allenfalls indirekt als Marktsignale wahrgenommen. Bei den neuen Medien kommt hinzu, daß sie nicht annähernd soviel Protestpotential mobilisieren können wie der Aufbau von Energie- und Verkehrssystemen. Jeder Bau einer Umgehungsstraße dürfte mehr Bürgerinitiativen auf den Plan rufen als die Einrichtung von Kabelnetzen. "Nur was die Gesellschaft als Problem identifiziert und bearbeitet haben will, ist auch dieser Gestaltung zugänglich" (Hoffmann-Riem 1995, 101).

Es mangelt gerade im Bereich der neuen Medien nicht an gesellschaftlich wünschenswerten und rechtlich vorgegebenen Zielen, die es zu verwirklichen oder zu verhindern gilt. Doch gleicht das Verhältnis zwischen Technik und Recht immer mehr einem Hase- und Igel-Spiel: immer dann, wenn sich eine rechtliche Regelung als erfolgreich erweist, entzieht sich der Regelungsgegenstand nicht selten bereits seiner begrifflichen Formulierung. Sind Abrufdienste (Sportinformationen, Wetterdaten u.ä.) als meinungsrelevant einzustufen oder nicht? Ist Video-on-demand Rundfunk oder ersetzt diese Technik nur den Gang zur Videothek? Von der Entscheidung dieser Fragen hängt es ab, wer diese Technik und womit (Bundesrecht, Landesrecht, EU-Recht) reguliert (vgl. Kuch 1995).

Eine weitere Schwierigkeit neben der begrifflichen Erfassung technischer Entwicklungen ist das Verhalten der Akteure. Auch hier ist der Bereich der neuen Medien ein hervorragendes Beispiel dafür, wie staatliche Gestaltungsinstrumente ins Leere gehen, weil die betreffenden Akteure sich durch geschickte Umgehungsstrategien diesem Zugriff entziehen. So ist z.B. die Verhinderung von Medienkonzentration eines der wichtigsten Ziele der Medienpolitik in nahezu allen Staaten. Es soll verhindert werden, daß wirtschaftliche Macht sich in Medien- (und damit in politische) Macht verwandelt. Dem dienen zahlreiche Vorschriften zur Verhinderung von Medienkonzentration, so z.B. die Vorschrift, daß ein Unternehmen sich nur an einer bestimmten Anzahl von Rundfunk-unternehmen beteiligen darf. Dies führte nahezu zwangsläufig dazu, daß viele Unternehmen in Kenntnis dieser Regelungen sich über Strohmänner oder Tochterfirmen an privaten Fernsehsendern beteiligten und den Bemühungen der aufsichtsführenden Institutionen (den Landesmedienanstalten) gelassen zusahen, wie diese langwierig den Nachweis führten, welches Unternehmen zu wem gehört und welche gesellschaftrechtlichen Abhängigkeiten faktisch bestehen (vgl. Europäisches Medieninstitut 1994).

Auch nach der Aufdeckung einer solchen Abhängigkeit gibt es viele Strategien von Medienunternehmen, sich dem staatlichen Zugriff erfolgreich zu entziehen. Sollte es dem Staat dennoch einmal gelingen, ein Instrument zur wirksamen Konzentrationskontrolle zu entwickeln, drohen die Unternehmen mit einer Standortverlagerung ins Ausland, wo die nationalen Mediengesetze keine Bedeutung haben. Man kann gelassen vor dem Europäischen Gerichtshof (falls der überhaupt zuständig ist) die Diskussion der Gutachter darüber verfolgen, ob der Standort des Satelliten, der Unternehmenszentrale oder der Up-link-Station rechtlich relevant ist und wenn ja, was dann überhaupt zu passieren habe, wenn gegen Gesetze verstoßen wird.

Nicht zuletzt steht sich bei ihren Regulierungsbemühungen die Bürokratie selbst im Wege: Bei dem Versuch, einheitliche Regeln für Fernsehwerbung in Europa festzulegen, prallen die unterschiedlichen nationalen Vorstellungen von Werbung, Sponsoring, Jugendschutz, Wettbewerb usw. aufeinander. So ist in einigen Staaten die Werbung für Tabak und Alkohol verboten, in anderen erregt eine freizügige Werbung für Duschgel bereits einen Pornographieverdacht usw.(vgl. Thaenert 1995). Unklar ist auch, wer (Netzbetreiber? Anbieter?) in globalen Informationsnetzen (Internet) wem gegenüber (dem Kunden?) und für was (den Inhalt? seine Bereitstellung?) verantwortlich ist und wonach (nationales Recht?) er gegebenenfalls wo (internationale Gerichtshöfe?) angeklagt wird. Denkbar wäre beispielsweise, eine Verantwortlichkeit nach dem Muster der "Spediteurshaftung" auch für die neuen Medien herzustellen, wonach sich kein Netzbetreiber mit dem Hinweis auf seine bloße Bereitstellungsfunktion herausreden kann, ohne auf die übermittelten Inhalte und deren rechtliche Zulässigkeit zu achten.

Auf der anderen Seite gelingt es immer wieder, bestimmte medienpolitische Ziele staatlicherseits durchzusetzen, da die Unternehmen aufgrund der Knappheit von analogen Frequenzen und Kabelkanälen auf die Lizenzierung staatlicher Behörden (noch) angewiesen sind. Auch die Abhängigkeit von staatlichen Infrastrukturvorleistungen ermöglicht eine gewisse Gestaltung neuer Medien durch die Politik. Auf diese Weise kann z.B. durchgesetzt werden, daß ein definierter Anteil der Datenkanäle für bestimmte Teilnehmerkreise gebührenfrei offenzuhalten ist. Ob sich allerdings das aus der Rundfunkpolitik bekannte Muster der Verhandlungen zwischen Staat und Unternehmen - Frequenzen bzw. Zulassung gegen Zugeständnisse bezüglich der Programmgestaltung - auch bei den neuen Medien durchsetzen läßt, ist fraglich, zumal der Staat die Einführung multimedialer Netze gezielt im Sinne einer Markteinführung fördert und eine Technikfolgenforschung nicht mehr, wie noch in den 70er Jahren bei den Kabelpilotprojekten, für erforderlich hält.

7. Selbstregulierung als Ergänzung staatlicher Steuerung?

In Fällen von Staatsversagen und/oder komplexen Regelungsmaterien wird häufig mit einigem Erfolg auf das Prinzip der Selbststeuerung zurückgegriffen. Ein klassisches Beispiel dafür ist etwa der Bereich der technischen Sicherheit. Weil keine Bürokratie der Welt jedes einzelne technische Detail (z.B. Grenzwerte im Immissionsschutz) regeln könnte, haben sich der Staat und die betroffene Wirtschaft darauf verständigt, intermediäre Institutionen (Verbände) mit dieser Aufgabe zu betreuen. Auf diese Weise entstanden z.B. die Technischen Überwachungsvereine und das Deutsche Institut für Normung (DIN). Flankierend wirkt zudem die Entwicklung einer spezifischen Selbstverantwortung, etwa in Form einer Berufsethik. Letztere kann aber nur dann ihre Wirkung entfalten, wenn es eine professionalisierte Berufsgruppe gibt, die für die Gestaltung eines Bereichs dominant ist (wie z.B. Ärzte im Bereich Gesundheitswesen und Anwälte im Bereich der Rechtspflege) und im öffentlichen Interesse für die Einhaltung bestimmter Mindeststandards sorgt.

Im Bereich der Medien gibt es allerdings keine Berufsgruppe, die über eine derart herausgehobene Position verfügt, daß sie allein imstande wäre, ethische Mindeststandards durchzusetzen. Die Akteure im Medienbereich sind zu unterschiedlich und ihre Interessen und Handlungskompetenzen zu verschieden, als daß die Standesethik einer Profession nennenswerten Einfluß auf die Aktivierung von Selbststeuerungspotentialen hätte. Immerhin gibt es im Bereich des Jugendschutzes in Film und Fernsehen Ansätze eine funktionierenden Selbstkontrolle (Freiwillige Selbstkontrolle Fernsehen FSK) von seiten der Fernsehveranstalter. Der Anteil der von Aufsichtsbehörden beanstandeten Filmbeiträge ist seit ihrer Gründung gesunken.

Aber auch die Selbstkontrolle der FSK kam ebensowenig freiwillig zustande, wie die Gründung der Technischen Überwachungsvereine. Sie beruhen und funktionieren letztlich nur deshalb, weil sich der Staat bei Versagen dieser "Selbstkontrolle" ein Eingreifen vorbehält. Ob eine Medienethik sich jemals bei allen Institutionen der Medien durchsetzen wird, ist unwahrscheinlich. Dennoch ist es sinnvoll, die Potentiale der Selbststeuerung dort zu nutzen, wo sie ihre Funktionsfähigkeit bewiesen haben, und dort zu verbessern, wo sie ständig neu herausgefordert werden. Eine Journalistenethik macht also auch im Multimediazeitalter Sinn, selbst wenn das klassische Berufsfeld der Journalisten sich gewandelt hat. Ein gesellschaftsweiter Diskurs über ethische Verantwortung in den Medien hat - naturgemäß - nicht die Tradition, wie vergleichbare Diskurse in anderen gesellschaftlichen Bereichen (vgl. den Diskussionsstand im Bereich Technik: Lenk/ Ropohl 1987). Er wird angesichts der deutlichen Grenzen staatlichen und einzelunternehmerischen Handelns bei der Gestaltung der Medien an Bedeutung zunehmen. (vgl. Lange 1995).

Literatur

Booz/Allen/Hamilton (Hrsg.) 1994: Zukunft Multimedia. Grundlagen, Märkte und Perspektiven in Deutschland. Frankfurt/Main.

DVB-Pilotprojekte im Überblick. In: Funkfenster 5/1995. Mediendienst der Landesanstalt für Rundfunk NRW, 10 f.

Europäisches Medieninstitut 1994: Bericht über die Entwicklung der Meinungsvielfalt und der Konzentration im privaten Rundfunk gemäß § 21, Abs. 6, Staatsvertrag über den Rundfunk im vereinten Deutschland. Düsseldorf.

Expertenkommission Neue Medien Baden-Württemberg 1981: Bericht und Projektempfehlungen. Stuttgart.

Hoffmann-Riem, Wolfgang; Stammler, Dieter; Stock, Martin 1983: Thesen zur Fortentwicklung des Rundfunksystems. Forschungsberichte und Materialien hrsg. vom Hans-Bredow-Institut, Band 4, Hamburg.

Hoffmann-Riem, Wolfgang 1995: Von der Rundfunk- zur Multi-Medienkommunikation - Änderungen im Regulierungsbedarf, in: Kubicek, Herbert; Müller, Günter u.a. (Hrsg.) Jahrbuch Telekommunikation und Gesellschaft 1995. Multimedia - Technik sucht Anwendung. Heidelberg, 101-111.

Huber, Joseph 1987: Telearbeit. Ein Zukunftsbild als Politikum. Opladen.

Kubicek, Herbert 1984: Kabel im Haus - Satellit überm Dach. Ein Informationsbuch zur aktuellen Mediendiskussion. Reinbek.

Kuch, Hansjörg 1995: Digitale Zukunftstechniken und ordnungspolitischer Regelungsbedarf, in: Jahrbuch der Landesmedienanstalten 1993/94, 45-54.

Landesmedienanstalten (Hrsg.) 1995: Jahrbuch der Landesmedienanstalten 1993/94. Privater Rundfunk in Deutschland. München.

Landesregierung Nordrhein-Westfalen 1989: Begleitforschung zum Kabelpilotprojekt Dortmund. Abschlußbericht. Düsseldorf.

Lange, Bernd-Peter 1995: Verantwortliche Führung und wirkungsvolle Selbstkontrolle, in: Bertelsmann Stiftung (Hrsg.), Fernsehen bedarf der Verantwortung. Ergebnisse eines Symposiums, Band I, Gütersloh, 37-41.

Lenk, Hans; Ropohl, Günter (Hrsg.) 1987: Technik und Ethik. Stuttgart.

Mai, Manfred 1994: Die technologische Provokation. Beiträge zur Techniksoziologie und Technologiepolitik. Berlin.

Mayntz, Renate 1993: Große technische Systeme und ihre gesellschaftstheoretische Bedeutung. Kölner Zeitschrift für Soziologie und Sozialpsychologie 45, 97-108.

Negroponte, Nicholas 1995: Total Digital. Die Welt zwischen 0 und 1 oder die Zukunft der Kommunikation. München.

Ropohl, Günter 1988: Allgemeine Theorie der Netzwerke. Technikgeschichte 55, 153-162.

Ropohl, Günter 1991: Technologische Aufklärung. Beiträge zur Technikphilosophie. Frankfurt/Main.

Schoeler, Andreas von (Hrsg.) 1986: Informationsgesellschaft oder Überwachungsstaat? Strategien zur Wahrung der Freiheitsrechte im Computerzeitalter. Opladen.

Schrape, Klaus 1995: Digitales Fernsehen. Marktchancen und ordnungspolitischer Regelungsbedarf. BLM-Schriftenreihe Band 30. München.

Thaenert, Wolfgang 1995: Gestaltungsfreiräume und Grenzen der Rundfunkwerbung, in: Jahrbuch der Landesmedienanstalten 1993/94; 85-96.

Werle, Raymund 1990: Telekommunikation in der Bundesrepublik. Expansion, Differenzierung, Transformation. Frankfurt/New York.

Haushalt und Konsum

Irmintraut Richarz

1. Vorbemerkung

Wie in der geschichtlichen Entwicklung erkennbar, waren häufig wirtschaftliche und gesellschaftliche Tatsachen Anlaß zu wissenschaftlicher Klärung und Verarbeitung. Fragestellung und Antworten werden sowohl von Problemen in der Wirklichkeit als auch von der Wissenschaft beeinflußt. Neue Problemlagen werden oft mit zeitlicher Verzögerung von Wissenschaften aufgegriffen, wie dies am Beispiel des Umgangs mit Ressourcen und der Umweltbelastung offenkundig wurde.

Auch der in diesem Beitrag thematisierte Komplex von „Haushalt und Konsum" bedarf einer weiterführenden wissenschaftlichen Diskussion. Wenngleich nach Adam Smith „der Verbrauch Ziel und Zweck einer jeden Produktion ist" (Smith 1974, 558) und der private Verbrauch in den Haushalten bei der Verwendung des Bruttosozialproduktes den insgesamt größten Ausgabeposten ausmacht (vgl. z. B. Statistisches Jahrbuch 1994, 691), wird dieser Wirklichkeitsbereich oft nur vom Standpunkt der an erwerbswirtschaftlicher Produktion und dem Kreislauf bewerteter Güter im Gemeinwesen orientierten Wirtschaftswissenschaft erfaßt, nicht jedoch aus der Sicht des Haushalts.

Wird mit Max Weber davon ausgegangen, daß Haushalt und Erwerb die Grundtypen aller Wirtschaft darstellen, werden deren unterschiedliche Zielsetzungen offenkundig: Gegenüber der auf Gewinnchancen des Marktes bezogenen Erwerbswirtschaft (vgl. Weber 1958, 6) haben Haushalte vor allem die Deckung des eigenen Bedarfs als Zweck oder, wie in der mehr als 2000jährigen Geschichte der Haushaltsökonomik erkennbar wird (vgl. Richarz 1991), die Sicherung ihres Daseins.

Die ihren Namen von Oikos, der griechischen Bezeichnung für Haus ableitende Disziplin hat von der Antike über das Mittelalter bis ins 18. Jahrhundert das Denken über Haus und Haushalt beeinflußt. Mit dem Aufkommen der vor allem von Adam Smith initiierten politischen Ökonomie und dem Hervortreten einer auf Markt, Distribution und Erwerbswirtschaft ausgerichteten Ökonomik geriet sie in eine Randstellung, aus der sie mit der Institutionalisierung einer neuen Wissenschaft vom Haushalt seit dem Ende des 19. Jahrhunderts heraustrat (vgl. Richarz 1991). Die neue Haushaltsökonomik oder Haushaltswissenschaft hat über den hier thematisierten Konsum hinausgehend den gesamten Haushalt mit seinen Problemen zum Gegenstand.

In den folgenden Ausführungen soll zunächst auf Konsum und Haushalt eingegangen werden, um dann einige ältere und neuere Ansätze in der Wirtschaftswissenschaft, Soziologie und Haushaltswissenschaft zu skizzieren, die weiterführende Perspektiven eröffnen.

2. Konsum und Haushalte

2.1 Konsum bzw. Verbrauch und Haushalt

Das aus dem lateinischen stammende Wort Konsum oder dessen deutsche Variante Verbrauch kennzeichnen den gleichen Sachverhalt und werden synonym gebraucht. Unter

Konsum im weiteren Sinne wird im allgemeinen „die Nutzung knapper Güter zum Zwecke der unmittelbaren Befriedigung der Bedürfnisse der Letztverbraucher" verstanden (vgl. Strcissler 1966, 13) wobei jedoch nicht zu übersehen ist, daß diese ökonomische Betrachtung vornehmlich auf Marktgüter beschränkt ist. Der Bedürfnisbegriff löste ältere Termini wie Nahrung, Notdurft ab, bezeichnet freilich ein psychisch-subjektives und kein objektiv-ökonomisches Phänomen. Demgegenüber bezeichnet der Begriff Bedarf die am Markt auftretende kaufkräftige Nachfrage. In der weiteren Entwicklung trat anstelle des einzelnen Nachfragenden die der Wirklichkeit eher entsprechende Entscheidungseinheit, nämlich der Haushalt" (a. a. O., 41).

2.2 Haushalte als Entscheidungseinheiten

Haushalte sind sozial-ökonomische Einheiten, in denen Menschen allein oder mit anderen wohnen und haushalten. Sie nehmen im Kontext gesellschaftlicher und natürlicher Rahmenbedingungen selbständig grundlegende Aufgaben der Sicherung ihres Lebensunterhaltes und Lebensgestaltung wahr und treffen Entscheidungen über ihre Lebenssituationen sowie über ihre Ressourcen. Der Haushaltsbegriff ist mit sozialstrukturellen Veränderungen der letzten Jahrzehnte zu einem Sammelbegriff geworden, der „familiale und nichtfamiliale Haushaltsformen" umfaßt (vgl. Glatzer 1993, 239).

Ältere wie neuere wirtschaftswissenschaftliche Theorien haben den Haushalt als wirtschaftliche Entscheidungseinheit zum Gegenstand. Danach entscheiden Haushalte einmal darüber, welche Güter und Dienstleistungen sie am Markt nachfragen wollen. Mit der Entscheidung über den Konsum ist die über die Höhe des Sparens (oder auch Entsparens sowie der Kreditaufnahme) verbunden. Haushalte entscheiden aber ebenso über den Einsatz ihres Arbeitspotentials. In den ökonomischen Theorien wird meist nur das Angebot von Arbeitskraft auf dem Arbeitsmarkt zur Erzielung eines Markteinkommens beachtet (vgl. z. B. Streissler 1974; Luckenbach, 1975), nicht jedoch die Notwendigkeit, auch über den Einsatz von Arbeitsleistungen im Haushalt selbst zu entscheiden, wie dies die Haushaltswissenschaft unternimmt (vgl. 3.2.). Darstellungen des Wirtschaftskreislaufes können die Funktion der Entscheidungseinheit Haushalt veranschaulichen.

2.3 Haushalte im Wirtschaftskreislauf

Zwischen den nach Weber als Grundtypen der Wirtschaft bezeichneten erwerbswirtschaftlichen Unternehmen, die Güter produzieren, und den Haushalten, die Güter für ihren eigenen Bedarf nachfragen, vollzieht sich ein ständiger Kreislauf und Tausch von Leistungen. (Abb. 1.)

Im vereinfachten Modell (ohne staatliche Aktivität) werden bei dem über den Markt vermittelten Kreislauf zwischen Haushalten und Unternehmen von den Haushalten Leistungen (Arbeit, Vermögen, unternehmerische Leistung) an die Unternehmen abgegeben. Mit dem dafür zufließenden Geldeinkommen können die Haushalte am Markt Sachgüter und Dienstleistungen eintauschen.

Abb. 1

UNTERNEHMEN
Produktion
(Erzeugung)

Leistungen
Entgelt für Leistungen
Markt
Bezahlung von Gütern
Güter

HAUSHALTE
Konsum
(Verbrauch)

Quelle: Richarz, Arbeitsmaterialien Haushalt und Wirtschaft

2.4 Einkommen und Verbrauchsstrukturen privater Haushalte in Wirtschaftsrechnungen

Im Rahmen der volkswirtschaftlichen Gesamtrechnungen, die ein möglichst umfassendes differenziertes quantitatives Gesamtbild des wirtschaftlichen Geschehens vermitteln sollen, sind die Wirtschaftsrechnungen der privaten Haushalte eine wichtige Informationsquelle. So sollen unter ökonomischer Fragestellung Beziehungen zwischen den Haushalten und anderen Bereichen der Volkswirtschaft erkennbar werden, unter sozialpolitischer Zielsetzung hingegen das Ausmaß der materiellen menschlichen Wohlfahrt verschiedener sozialer Gruppen (vgl. Deneffe 1956). Darüber hinaus gewinnt in jüngerer Zeit der Vergleich der Lebensverhältnisse privater Haushalte in den alten und neuen Bundesländern sowie den Ländern der Europäischen Union an Bedeutung (vgl. z. B. Statistisches Bundesamt 1994; Lorenz 1991).

Die Wirtschaftsrechnungen vermitteln wichtige Erkenntnisse über Verbrauchsstrukturen privater Haushalte. Die Ausgaben gliedern sich in wiederum unterteilte Rubriken: Ernährung, Bekleidung, Wohnung (Miete, Energiekosten u. a.), Gesundheits- und Körperpflege, Verkehr und Nachrichtenübermittlung, Bildung, Unterhaltung, Freizeit sowie persönliche Ausstattung (vgl. Statistisches Jahrbuch.). Darüber hinaus informieren die Wirtschaftsrechnungen über Einkommen privater Haushalte, wobei das Haushaltsnettoeinkommen sich aus dem Haushaltsbruttoeinkommen abzüglich von Einkommen- und Vermögensteuern, Pflichtbeiträgen zur Sozialversicherung ergibt.

Für die Marktbeobachtung und -analyse sowie Diagnose der allgemeinen Wirtschaftsentwicklung und damit für Wirtschafts-, Sozial,- Steuer- und Familienpolitik stellen die Wirtschaftsrechnungen privater Haushalte eine wichtige Grundlage dar. Im früheren Bundesgebiet wurde bei den Erhebungen zwischen drei Haushaltstypen unterschieden, die auch für die neuen Bundesländer zugrunde gelegt werden:
– *Haushaltstyp 1:* 2-Personenhaushalte von Renten- und Sozialhilfeempfängern mit geringen Einkommen;
– *Haushaltstyp 2:* 4-Personenhaushalte von Angestellten und Arbeitern mit mittleren Einkommen;
– *Haushaltstyp 3:* 4-Personenhaushalte von Beamten und Angestellten mit höheren Einkommen (vgl. Statistisches Jahrbuch 1994, 569).

Auswirkungen gesellschaftlicher Rahmenbedingungen und wirtschaftlicher Entwicklungen spiegeln sich in den Wirtschaftsrechnungen der Haushalte wider. In welchem Maß Haushaltseinkommen und die Verbrauchsstruktur der Haushalte in der alten Bundesrepublik von der gesamtwirtschaftlichen Entwicklung beeinflußt wurden, wird an der anschaulichen Gegenüberstellung der Verbrauchsausgaben des 4-Personen-Arbeitnehmerhaushalts mit mittleren Einkommen aus den Jahren 1950 und 1983 auf Grundlage der amtlichen Statistik deutlich.

Abb. 2

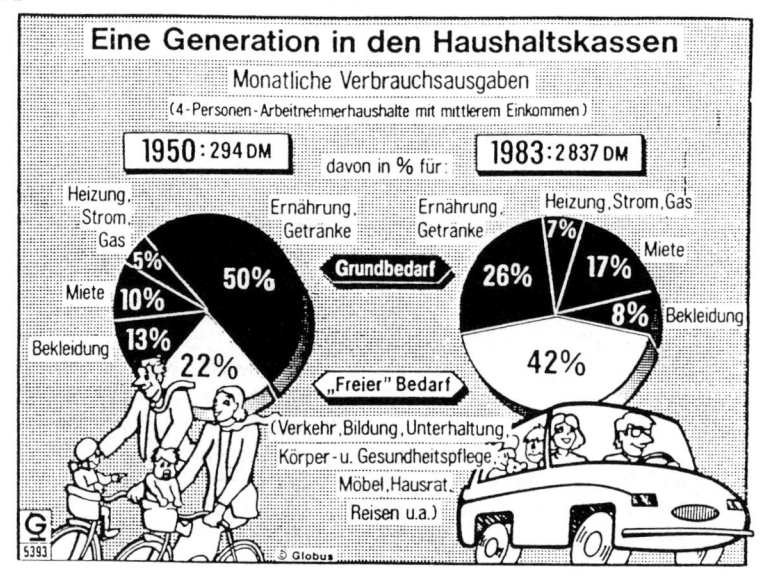

Eine Generation in den Haushaltskassen

Monatliche Verbrauchsausgaben
(4-Personen-Arbeitnehmerhaushalte mit mittlerem Einkommen)

1950: 294 DM — davon in % für: — 1983: 2837 DM

1950:
- Heizung, Strom, Gas: 5%
- Miete: 10%
- Bekleidung: 13%
- Ernährung, Getränke: 50%
- „Freier" Bedarf: 22%

1983:
- Ernährung, Getränke: 26%
- Heizung, Strom, Gas: 17%
- Miete: 7%
- Bekleidung: 8%
- „Freier" Bedarf: 42%

Grundbedarf
„Freier" Bedarf (Verkehr, Bildung, Unterhaltung, Körper- u. Gesundheitspflege, Möbel, Hausrat, Reisen u.a.)

Quelle: Hausw. Bildung, 1985, H. 1 Titelblatt

Dem in absoluten Zahlen ausgewiesenen Einkommen von 294 DM im Jahr 1950 und 2837 DM 1983 stehen die in relativen Zahlen angegebenen Ausgaben für den Verbrauch gegenüber, wobei zwischen dem nicht zweifelsfrei zu unterscheidenden Grundbedarf (Ernährung, Getränke, Heizung, Strom, Gas, Miete, Bekleidung) und „Freien" Bedarf (Verkehr, Bildung, Unterhaltung, Körper- und Gesundheitspflege, Möbel, Hausrat, Reisen u. a.) unterschieden wird. Das niedrige Einkommen im Jahre 1950 mußte überwiegend für den Grundbedarf aufgewendet werden, wobei mit 50 % die Ausgaben für Ernährung und Getränke den größten Anteil beanspruchten. Im Kontext des mit dem wirtschaftlichen Wachstum in der Bundesrepublik höheren Einkommens der Haushalte standen gegenüber den 22 % 1950 im Jahr 1983 42 % für den „Freien" Bedarf zur Verfügung und brauchten für nunmehr 26 % Ernährung und Getränke aufgewendet werden, deren prozentualer Anteil an den Verbrauchsausgaben als Wohlstandsindikator gilt.

Unterschiedliche gesellschaftliche Bedingungen und Entwicklungen werden auch bei der Gegenüberstellung der Verwendung der ausgabefähigen Einkommen und Einnahmen sowie der Ausgaben für den privaten Verbrauch der verschiedenen Haushaltstypen im früheren Bundesgebiet und den neuen Ländern und Berlin-Ost aus dem Jahre 1993 deutlich.

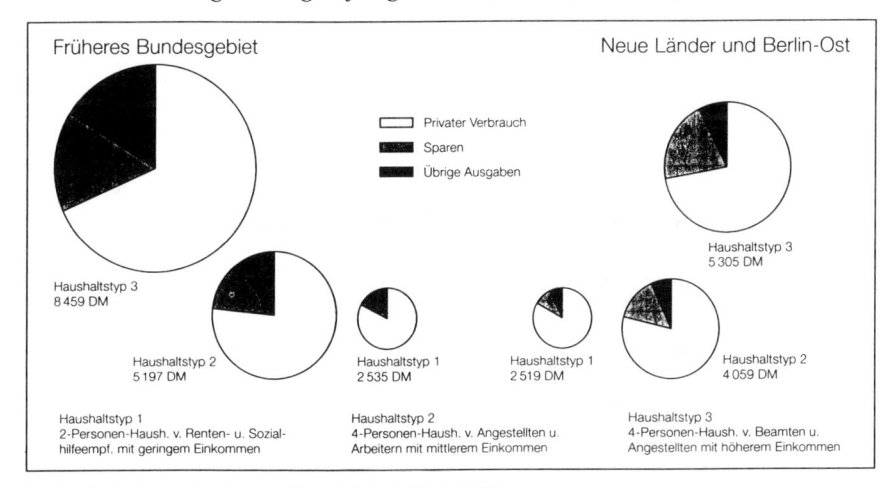

Abb. 3   Verwendung der ausgabefähigen Einkommen und Einnahmen 1993

Quelle: Statistisches Bundesamt, Stat. Jahrb. 1994, 1-0319

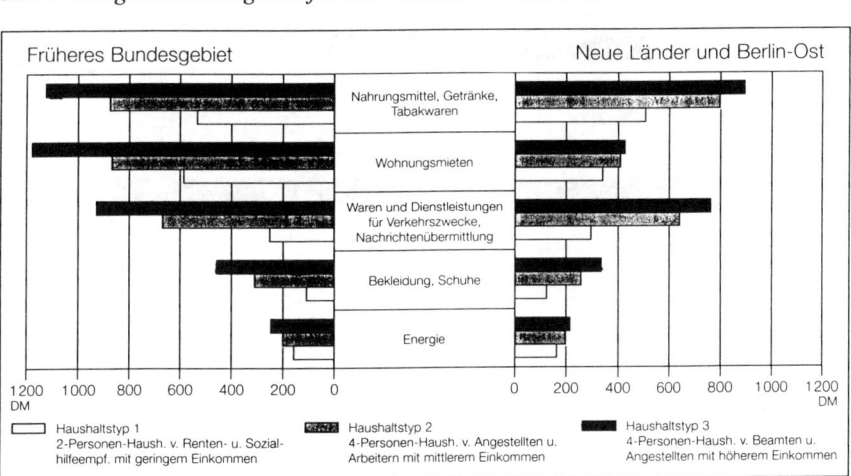

Abb. 4   Ausgewählte Ausgaben für den Privaten Verbrauch 1993

Quelle: Statistisches Bundesamt, Stat. Jahrb. 1994, 1-0319

Es werden nicht nur erhebliche Einkommensunterschiede der drei Haushaltstypen sichtbar, sondern ebenso unterschiedliche Aufwendungen für den privaten Verbrauch, für Sparen und übrige Ausgaben. Zugleich wird auch die Einkommensabhängigkeit von Ausgaben erkennbar, und zwar nicht nur in West- und Ostdeutschland, sondern zugleich auch innerhalb der jeweiligen Haushaltstypen.

Unterschiede zwischen Ost und West werden auch bei Gütern für die Haushaltsführung ersichtlich. Bei der Ausstattung mit langlebigen Gebrauchsgütern wie Kühlschränken, Waschmaschinen gab es Anfang 1993 kaum nennenswerte Unterschiede bei der „Standardausstattung" der Haushalte, wohl aber bei dem Ausstattungsgrad mit Geschirrspülmaschine, Mikrowellengerät und Wäschetrockner (Statistisches Bundesamt 1994, 122).

Abb. 5 Ausstattung der Haushalte mit Langlebigen Gebrauchsgütern 1-1993

Gerät	Früheres Bundesgebiet	Neue Länder und Berlin-Ost
Kühlschrank	74,2	87,2
Gefrierschrank/-truhe	52,8	58,0
Kühl-/Gefrierkombination	27,4	12,5
Geschirrspülmaschine	38,0	2,7
Elektrisches Grillgerät	19,7	20,9
Mikrowellengerät	40,8	14,8
Nähmaschine	60,7	59,9
Bügelmaschine	12,1	7,1
Waschmaschine	88,2	91,2
Wäschetrockner	24,3	1,5

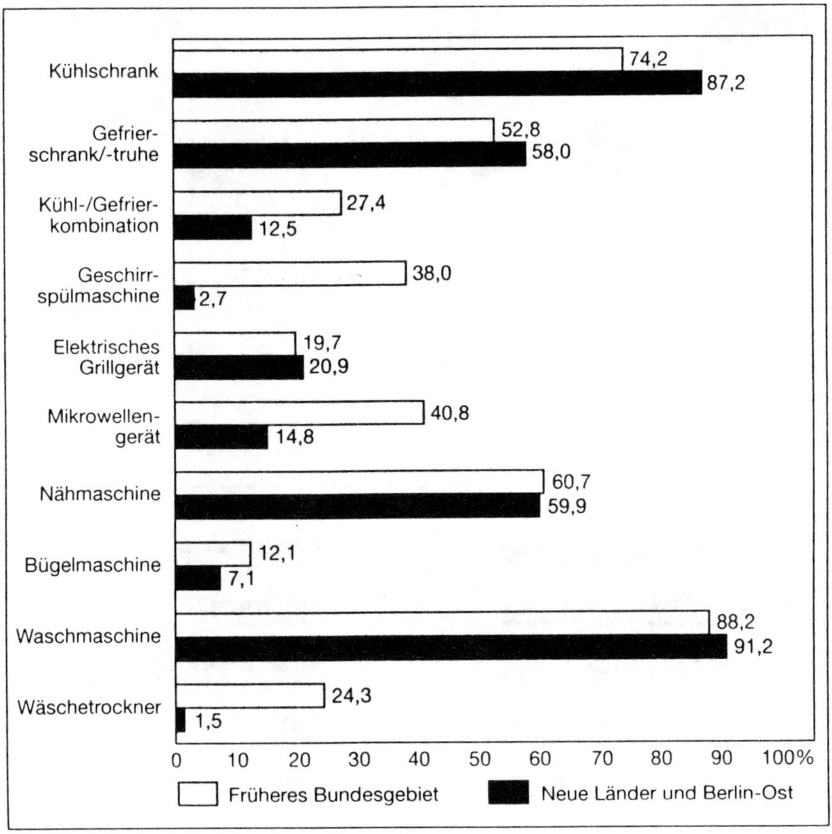

Quelle: Statistisches Bundesamt, Datenreport 1994, 122

2.5 Umweltverträglicher Konsum und Haushalten

Die Ausstattung der Haushalte mit langlebigen Gebrauchsgütern, die dazu beitragen, die Arbeit zu erleichtern, Zeit zu sparen und das Leben angenehmer zu machen, steht in Verbindung mit wirtschaftlichen Entwicklungen, in der auf der einen Seite die Industrie ein breites Spektrum von Maschinen, Geräten und Automaten für Haushalte produzierte und auf der anderen Seite die Einkommenssituation privaten Haushalten relativ teure Anschaffungen ermöglichte, die zudem laufende Betriebskosten verursachen. Wenngleich sich in allen Haushaltstypen insgesamt eine zunehmende Ausstattung mit technischen Geräten feststellen läßt, wird doch auch die Einkommensabhängigkeit hinsichtlich des Besitzes von Großgeräten erkennbar (vgl. Zapf 1986, 221 ff). Ein nicht nur im eigenen Lande beobachtbares Paradoxon ist, daß mit steigender Technisierung des Haushalts die vor allem der Frau abverlangte Arbeitsbeanspruchung nicht geringer, sondern vielfach sogar größer wird (vgl. Schmucker 1980, 261), weil damit zugleich höhere Ansprüche der Lebensgestaltung verbunden sind. Die damit verbundene Konsumausweitung, aber auch die erheblichen für die Haushaltstechnisierung erforderlichen Kapitalmittel und hohe laufende Kosten können Haushaltsbudgets erheblich belasten. Die für die Technisierung des Haushalts besonders häufig in Anspruch genommenen Kleinkredite und Ratenkäufe können bei Einkommenseinbußen zu erheblichen finanziellen Belastungen führen (vgl. z. B. Schweizer/Pross 1976, 259 f.; Karg/Volke 1993, 197 ff.).

Ebenso wie die Kosten für die Haushaltsbudgets sind die ökologischen Auswirkungen der Haushaltstechnisierung keine zu vernachlässigenden Größen. Elektrische Haushaltsgeräte erfordern Energie wie z. B. Waschmaschinen, Geschirrspülmaschinen, Wäschetrockner und Geräte für die Nahrungszubereitung. Darüber hinaus wird Energie für Heizung, Beleuchtung, Warmwasserbereitung und die Informations- und Unterhaltungselektronik u.a. benötigt.

Beträchtlich ist der Konsum chemischer Mittel in den Haushalten für die Nutzung von Wasch- und Spülmaschinen, für Reinigungszwecke aber auch zur Körperpflege. Sie erfordern nicht nur bei der Herstellung Energie, sondern stellen nach ihrer Verwendung Entsorgungsprobleme dar, wie vieles andere im Haushalt Verwendete, von Verpackungen über Papier bis zu Batterien und Geräten.

Sowohl beim Kauf als auch der Nutzung von Verbrauchs- und Gebrauchsgütern sind ökologisch verantwortungsbewußte Entscheidungen in den Haushalten unabdingbar, und zwar im Hinblick auf die Bewahrung der Umwel und den Erhalt „unserer Einen Welt" für kommende Generationen (vgl. Steinmüller 1993).

3. Konsum und Leistungen von Haushalten im Fokus von Wissenschaften

3.1 Wirtschaftswissenschaft und Soziologie

Im Rahmen der neoklassischen Theorie war die „Haushaltstheorie" letztlich das Gegenstück zur Theorie der Unternehmung. Dementsprechend sind gegenüber den produzierenden Unternehmen die Haushalte auf den Konsum festgelegt, bestenfalls noch auf marktrelevante Entscheidungen auf Faktormärkten, wie die Bereitstellung des Produktionsfaktors Arbeit oder Kapital. Darüber hinaus wurde der Erwerb von Gütern mit Nutzen gleichgesetzt, und damit schlicht die oft erst nutzenstiftende Tätigkeit im Haushalt übergangen. Schließlich leben wir nicht im Schlaraffenland, wo die gebratenen Tauben in den Mund fliegen; immer noch bedarf z. B. die als Festtagsbraten erworbene Gans ebenso der Zubereitung wie die Nahrung für das Kleinkind, und mit dem Einkauf einer Waschmaschine ist noch kein Kleidungs- oder Wäschestück gereinigt.

In den letzten Jahrzehnten des 20. Jahrhunderts vollzogen sich in wichtigen Nachbardisziplinen der Haushaltswissenschaft und in ihr selbst Entwicklungen, die zur Überwindung der den Haushalt auf den Konsum reduzierenden Sicht und zur Berücksichtigung der in diesem Wirklichkeitsbereich erbrachten Leistungen beitrugen.

In der Wirtschaftswissenschaft wurde in den „New Home Economics" der Haushalt nicht, wie bisher üblich, lediglich als Konsumtionseinheit definiert sondern auch als Produktionseinheit. Nicht mehr die Marktgüter sind die direkte Quelle des individuellen

Nutzens, sondern die Haushalte kombinieren Marktgüter und Zeit, um „commodities" oder die Endprodukte des Haushalts zu produzieren.

Welche Möglichkeiten die über die neoklassische Theorie herausführenden, mit den Namen der Nobelpreisträger Coase und North verbundenen Neuorientierungen der Nationalökonomie für eine realitätsgerechtere Erfassung von Entscheidungen in den Haushalten haben können, wurde bisher nur in Ansätzen eruiert. So hat Backhaus unter dem Blickwinkel von Transaktionskosten Entscheidungen in Haushalten beleuchtet (vgl. Backhaus 1994, 232 ff.), während Bonus (vgl. Bonus 1994, 22 ff.)sich kritisch mit der neoklassischen Theorie und dem als „ökonomischen Ort des Konsums apostrophierten Haushalt" auseinandersetzte und unter Fragestellungen der neuen Institutionenökonomik Probleme in Haushalt und Ehe beleuchtete.

Ökonomische und soziale Aspekte verbindet das Konzept der Wohlfahrtsproduktion (vgl. Glatzer/Zapf 1984), das sich mit materiellen und immateriellen Wohlfahrtszielen als Gegenstand gesellschaftlicher Produktionsprozesse ebenso befaßt wie mit dem Verbrauch von Ressourcen (vgl. Glatzer 1993, 243). Die privaten Haushalte sind neben Märkten/Unternehmen, dem Staat, den Assoziationen (Verbände, Vereine) eine der vier Instanzen der Wohlfahrtsproduktion. Bedeutung und theoretischen Stellenwert erhält der Haushalt dadurch, daß er die Produkte anderer gesellschaftlicher Institutionen und Prozesse im Rahmen seines Haushaltens selektiv aufnimmt, weiterverwendet, in den haushaltsspezifischen Lebensstil integriert und in Wohlfahrtserträge (Endprodukte) umwandelt. Was letztlich das Individuum an Wohlfahrtsleistungen erhält und nutzen kann, wird im eigenen Haushalt zu einem erheblichen Maß gefiltert und geformt (vgl. Glatzer 1993; 243 f.). Demzufolge kann das Haushalten als ein besonderes Abstimmungsverfahren verstanden werden, das entsprechenden Verfahren im marktwirtschaftlichen und politischen Bereich vergleichbar ist (vgl. Glatzer 1993, 243 f.).

Die im gesellschaftlichen Prozeß der Wohlfahrtsproduktion von privaten Haushalten und Familien erbrachten Leistungen werden als Haushaltsproduktion bezeichnet. Diese Leistungen beinhalten die Produktion sehr unterschiedlicher Güter. Dabei kann es sich um alltägliche Hausarbeit, Hilfe beim Hausbau, oder, so wäre zu ergänzen, um die Renovierung der Wohnung handeln, wie das Erbringen vielfältiger sozialer Dienste, von der Kinderbetreuung bis zur häuslichen Krankenpflege. Bei der Erstellung der Güter und Dienste sowie aus ihrer Verfügbarkeit ergeben sich ebenso immaterielle Wohlfahrtserträge wie aus der Zugehörigkeit zu Haushalten und Familien, die Zuwendung und Zuneigung vermitteln und Isolation und Einsamkeit vermeiden können (vgl. Glatzer/Berger-Schmitt 1986, 27).

Ein Vorzug der sozialwissenschaftlichen Konzeption liegt in der sozial-ökonomischen Betrachtung des Haushalts. Einmal werden Aspekte der neuen mikro-ökonomischen Theorie aufgenommen, denen zufolge, wie bereits ausgeführt, Haushalte nicht schlicht Konsumgüter mit dem Erwerbseinkommen am Markt nachfragen und verbrauchen, sondern aus Marktgütern mit Arbeitszeit im Haushalt kombinieren (wie in einer kleinen Fabrik), um Endprodukte zu erstellen und davon Nutzen zu haben.

Dazu steht indes gleichsam als Gegenstück unter sozialem Aspekt das Konzept des privaten Haushalts als informelles soziales Netzwerk, in das jedes Individuum in seiner Lebenswelt integriert ist und sowohl haushaltsinterne und haushaltsexterne Sozialbeziehungen umfaßt, die weniger durch das „Gegenseitigkeitsprinzip" als das „Solidarprinzip" geregelt werden (vgl. Glatzer/Berger-Schmitt 1986b, 29 und 1986a,23 f).

3.2 Haushaltswissenschaft

Kann sich z. B. die Wirtschaftswissenschaft vornehmlich auf die kaufkräftige Nachfrage der Haushalte nach Gütern und Dienstleistungen am Markt sowie den Konsum beschränken, die Soziologie auf soziales Handeln in sozialen Gebilden, so hat sich dagegen die Haushaltswissenschaft mit den realen Situationen und Problemen der Haushalte zu befassen. Alltägliches Leben in diesen Realgebilden mit einer Vielzahl oft verbundener Aufgaben erfordert meist, sowohl ökonomische und soziale Aspekte zu beachten als auch vielfältige Abstimmungen im Kontext des Haushalts. Darüber hinaus sind ebenso die sich verändernden natürlichen und gesellschaftlichen Rahmenbedingungen sowie die Wechselbeziehungen zwischen ihnen und den Haushalten zu erfassen.

Welche eminent wichtigen „Pufferfunktionen" Haushalte für die Sicherung der Existenz der Menschen haben, ist in den politischen und wirtschaftlichen Umbrüchen bei Staats- und Marktversagen in den letzten Jahren in Ostdeutschland und Osteuropa erneut greifbar geworden (vgl. Berger 1994). Sie verdeutlichen zugleich, daß es nicht ausreicht, lediglich ökonomische oder soziale Aspekte des Haushalts zu erfassen, sondern eine umfassendere Theorie des Haushalts erforderlich ist, wie dies Haushaltswissenschaftlerinnen wiederholt forderten (vgl. z. B. von Schweitzer 1978).

Schon in den 60er Jahren wandte sich die erste Lehrstuhlinhaberin in der Haushaltswissenschaft gegen eine Verengung des Blickfeldes bei der Erfassung des Haushalts. Ergänzend zur üblichen Erfassung seiner wirtschaftlichen Funktionen im Wirtschaftskreislauf (vgl. 1.3) stellte sie heraus, daß Haushalte nicht nur Arbeitsleistungen an Unternehmen abgeben, sondern sie im Haushalt selbst für die Erstellung von Konsumgütern und Dienstleistungen einsetzen. Gütermäßig gesehen unterscheidet sich diese Produktion von Gütern und Dienstleistungen in keiner Weise von der im Produktionsbereich. „Der Unterschied besteht lediglich darin, daß die auf dem Markt umgesetzten Güter und Dienste zu Marktpreisen bewertet werden, wogegen die im Haushalt erzeugten Güter und geleisteten Dienste keine Bewertung am Markt erfahren" (Schmucker 1964, 28 ff.).

Abb. 6

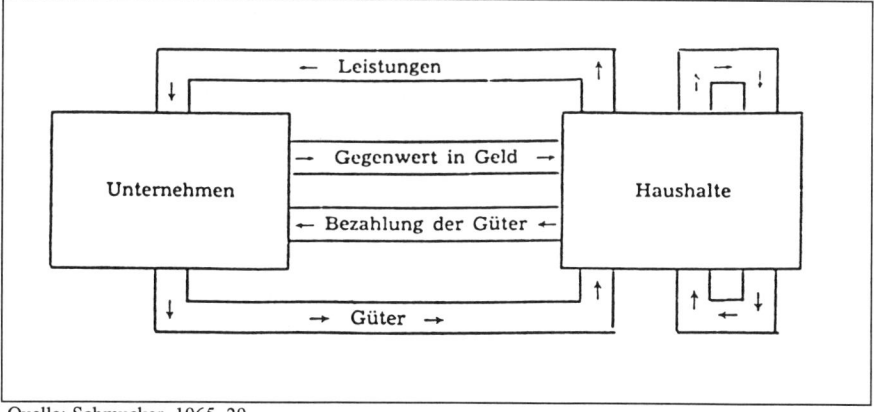

Quelle: Schmucker, 1965, 29

Wird „Einkommen [...] als eine Gütermenge" definiert, „die einer Person (oder einem Haushalt) mit einer gewissen Regelmäßigkeit in einer bestimmten Zeitperiode ... zufließt", erhält der Haushalt
a) ein Markteinkommen für seine Beteiligung am Produktionsprozeß in Form von Geld und/oder Naturaleinkommen, das einen Beitrag zum Sozialprodukt darstellt" sowie
b) ein unmittelbares Gütereinkommen in Form der im Haushalt selbst erstellten Güter und geleisteten Dienste, die der Versorgung der Haushaltsmitglieder dienen.

Auch wenn diese Leistungen keine marktmäßige Bewertung erfahren, stellen sie gleichwohl werteschaffende Leistungen dar, die überwiegend von der Frau erbracht werden und zu denen Transportleistungen, die Zubereitung von Mahlzeiten, die laufenden Arbeiten zur Instandhaltung und Reinigung von Wohnung, Bekleidung, Wäsche u.a.m. ebenso gehören wie die persönliche Betreuung der einzelnen Familienmitglieder (Säuglingspflege, Erziehung, Nachhilfeunterricht, Pflege in Krankheitsfällen u. a. m.) (vgl. Schmucker 1965, 28 ff).

Für 1992 wurde bei diesen wertschöpfenden Vorgängen ergänzend zu den volkswirtschaftlichen Gesamtrechnungen auf der Grundlage von 1991/92 bei 7200 Haushalten durchgeführten Zeitbudgeterhebungen für das alte Bundesgebiet ein Jahresvolumen von 77 Mrd. Stunden an unbezahlter Arbeit gegenüber 48 Mrd. an Erwerbsarbeit ermittelt. Bei Zugrundelegung von knapp 12 DM als Stundenlohn einer Hauswirtschafterin ergibt sich der Wert der unbezahlten Arbeit in Höhe von 897 Mrd. DM, pro Haushalt durchschnittlich 2600 DM im Monat (vgl. Wirtschaft und Statistik 1994, 592).

Ausgangspunkt eines jüngeren sozialökonomischen Ansatzes in der Haushaltswissenschaft sind die oft nur unzulänglich beachteten alltäglichen Aufgaben- und Arbeitsbereiche im Haushalt. Die für ihre Bewältigung erforderlichen Ressourcen werden in ökonomische und personal-soziale Ressourcen differenziert, denen der angestrebte Lebensunterhalt und die Lebensgestaltung im Rahmen der Daseinssicherung gegenüberstehen (vgl. Richarz 1978 und 1984). Wie die Abbildung ausweist, stehen mit der Wirklichkeit der Haushalte entsprechend personal-soziale und ökonomische Ressourcen ebenso in Verbindung wie Lebensunterhalt und -gestaltung und ist die Zeit ihrer Verwendung entsprechend jeweils zuzuordnen.

Unter ökonomischen Ressourcen werden primär knappe, übertragbare Mittel verstanden wie z. B. das Einkommen in Form von Lohn und Gehalt oder eine Geldzuwendung. Die oft nicht beachteten personal-sozialen Ressourcen umfassen sowohl individuelle Qualifikationen von Haushaltsmitgliedern, ihre Kenntnisse, Fertigkeiten, Fähigkeiten, Verhaltensweisen als auch das soziale Potential, das zwar aus individuellen Ressourcen ableitbar ist, sich aber vielfach aufgrund des Zusammenlebens im Haushalt, der Familie, der Gruppe oder den sozialen Netzwerken entwickelt.

Ähnlich wie die Ressourcen wird der Komplex der Daseinssicherung untergliedert in Lebensunterhalt und Lebensgestaltung. Mit Lebensunterhalt wird primär das für die Lebenserhaltung Nötige verstanden wie Ernährung, Wohnung, Kleidung, die auch als Grundbedarf gegenüber dem freien Bedarf bezeichnet werden. Demgegenüber wird mit Lebensgestaltung die jeweils spezifische Eigenart der Daseinssicherung des Haushalts, der Lebensstil, Formen des Lebens und Zusammenlebens erfaßt, die in der Realität von materiellen und immateriellen Bedingungen der jeweiligen Gesellschaft sowie der Kultur beeinflußt wird.

Abb. 7

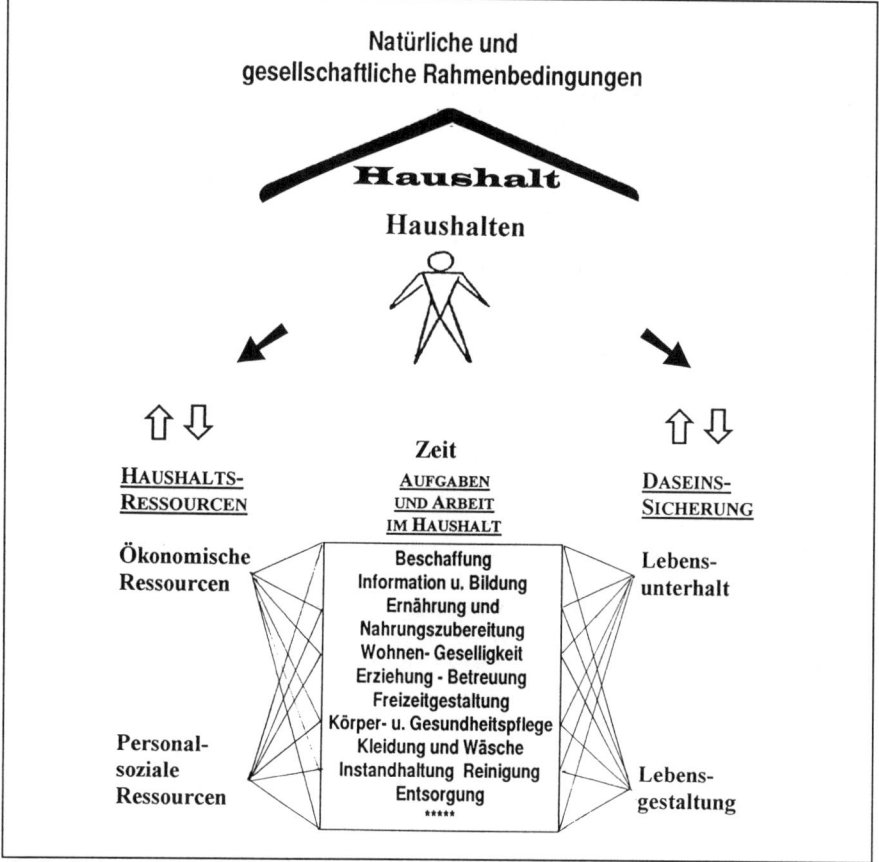

Natürliche und gesellschaftliche Rahmenbedingungen

Haushalt

Haushalten

Zeit

HAUSHALTS-RESSOURCEN

Ökonomische Ressourcen

Personal-soziale Ressourcen

AUFGABEN UND ARBEIT IM HAUSHALT

Beschaffung
Information u. Bildung
Ernährung und Nahrungszubereitung
Wohnen- Geselligkeit
Erziehung - Betreuung
Freizeitgestaltung
Körper- u. Gesundheitspflege
Kleidung und Wäsche
Instandhaltung Reinigung
Entsorgung
*****

DASEINS-SICHERUNG

Lebens-unterhalt

Lebens-gestaltung

Quelle: Richarz 1982 und 1985 mit Ergänzung 1995

Die tagtäglich erforderlichen Dispositionen werden in der Tradition der Haushaltsökonomik als Haushalten bezeichnet und sind auf den langfristigen Erhalt der für das Dasein der Menschen erforderlichen Ressourcen gerichtet (vgl. Richarz 1994, 9 ff.). Der haushaltende Mensch als bestimmende und bewirkende Kraft kann sowohl auf die Ressourcen als auch Niveau und Form der Daseinssicherung Einfluß nehmen, er kann z. B. durch Aktivitäten das Ressourcenpotential erhöhen oder auch das Niveau der Daseinssicherung mit dem Lebensunterhalt und der -gestaltung herabsetzen. Haushalten kann als ein Problem der Abstimmung verstanden werden. Dabei ist sowohl zwischen ökonomischen und personal-sozialen Ressourcen als auch dem Lebensunterhalt und der Lebensgestaltung abzustimmen. Abzustimmen ist weiter im Haushalt in einer demokratischen Industriegesllschaft zwischen den Haushaltsmitgliedern, insbesondere über Aufgaben- und Arbeitsteilung sowie die Zeit. Schließlich muß, da der Haushalt in eine natürliche Umwelt und Gesellschaft eingebunden ist, zwischen Haushalten und gesellschaftlichen Institutionen abgestimmt werden und nicht zuletzt auch über den Umgang mit ökologischen Ressourcen, die nicht nur auf die Lebensqualität der Haushalte Einfluß haben, sondern ebenso für zukünftiges Leben in unserer Welt unabdingbar sind.

4. Ausblick

Wie in der Vorbemerkung dargelegt, fordern wirtschaftliche und gesellschaftliche Situationen und Probleme die Wissenschaft immer wieder heraus. „Haushalt und Konsum" die als ein über viele Jahrzehnte vor allem für die Wirtschaftswissenschaft vergleichsweise geklärter und marginaler Bereich angesehen wurden, wie hier nur skizziert werden konnte, sind in einer neuen Weise zu sehen und zu diskutieren.

Haushalte als sozial-ökonomische Gebilde in demokratischen Gesellschaften sind nicht nur schlichte Stätten des Konsums sondern Entscheidungseinheiten. Offensichtlich wird erst mit einem beträchtlichem „time lag" wahrgenommen, daß die Bedeutung des Haushalts „in Zeiten der Unbeständigkeit von Familienstrukturen" „als Orientierungszentrum" und „als zentrale Bezugseinheit der Lebensgestaltung" zugenommen hat und zwar als unmittelbare(r) Zusammenhang menschlichen Zusammenlebens ..., auf dessen Grundlage ... die Chancen des Einzelnen zur Selbstentfaltung und zur Teilhabe an der Gesellschaft" und damit „insgesamt Lebenschancen - hauptsächlich erwachsen" (vgl. Kutsch/ Ott 1993, 148).

Der Konsum in den Haushalten, in der Vergangenheit lediglich unter verbraucherpolitischen Aspekten kritisch betrachtet, muß nunmehr unter der Herausforderung der Grenzen des Ressourcenpotentials unserer Welt und der Umweltbelastung unter ökologischen Kriterien überprüft werden. Es ist daran zu erinnern, daß die sich im Zeitalter der Industrialisierung herausbildende Wirtschaftswissenschaft mit einem Wechsel des Denkverhaltens verbunden war. Nicht mehr die Verteilung eines konstanten Gütervorrates und das damit verbundene Maßhalten, wie in der alteuropäischen Ökonomik, bestimmte das Denken, sondern die Vorstellung eines vermehrbaren Gütervorrates, die mit der Entwicklung neuer Produktions- und Wachstumsprozesse einhergingen (vgl. Hilger 1994, 127). Die Erkenntnis der Grenzen des Wachstums nötigen zu einer kritischen Auseinandersetzung mit den bisherigen Prämissen, die bereits begonnen haben, wie z. B. die Diskussion um das Haushalten (vgl. Richarz (Hg.) 1994) dem „sustainable development als verantwortungsbewußtem auf Langsicht ausgerichteten sorgsamen Umgang mit Ressourcen, andeutet.

Wird die Ökonomik als Wissenschaft verstanden, die Wissen zur Sicherung und Gestaltung menschlichen Daseins vermittelt, ist unter den globalen Herausforderungen an der Schwelle zum 21. Jahrhundert nicht nur das Zusammenwirken verschiedener Institutionen der Gesellschaft notwendig, sondern ebenso das Zusammenwirken von Wissenschaften, die sich mit ihrer jeweils spezifischen Fragestellung bei der Erfassung neuer Problemlagen ergänzen, wie z. B. die Marktökonomik und die Haushaltsökonomik.

Literatur

Backhaus, J. 1993: Haushalten als Komplement zum Wirtschaften, in: Richarz, I. (Hg.): Haushalten in Geschichte und Gegenwart, Göttingen.

Becker, G. S. 1982: Der ökonomische Ansatz zur Erklärung menschlichen Verhaltens, Tübingen.

Berger, H. 1993: Haushalten und Sicherung der Existenz - als elementare Aufgabe der Haushalte in Osteuropa, in: Richarz, I. (Hg.): Haushalten in Geschichte und Gegenwart, Göttingen, 189-195

Bonus, H. 1994: Nationalökonomie auf neuen Wegen, in: Neue Wege der Nationalökonomie, Münster, 14 ff.

Deneffe, P. 1956: Die Wirtschaftsrechnungen als Quelle der statistischen Erfassung des privaten Verbrauchs, in: Wirtschaft und Statistik, (8. Jg.), 114-117

Glatzer, W., Zapf, W. (Hg.) 1984: Lebensqualität in der Bundesrepublik. Objektive Lebensbedingungen und subjektives Wohlbefinden,. Frankfurt a. M./New York.

Glatzer, W., Berger-Schmitt, R. (Hg.) 1986: Haushaltsproduktion und Netzwerkhilfe. Die alltäglichen Leistungen der Familien und Haushalte, Frankfurt a. M./New York.

Glatzer, W., Berger-Schmitt, R. 1986: Die unterschätzten Haushalte. Das Leistungspotential der privaten Haushalte und der informellen sozialen Netzwerke, in: Wissenschaftsmagazin der J. W. Goethe-Universität, Frankfurt/M., 4/1986, 27-32

Glatzer, W.: Haushalten und Gesellschaft, in: Richarz, I. (Hg.) 1993: Haushalten in Geschichte und Gegenwart, Göttingen, 237-247

Hilger, M.-E. 1993: Der Wandel des Verständnisses von Haushalten im 18. Jahrhundert, in: Richarz, I. (Hg.): Haushalten in Geschichte und Gegenwart, Göttingen, 125-137

Karg, G. ,Volke, P. 1993: Finanzprobleme privater Haushalte in alten und neuen Bundesländern als Problem des Haushaltens, in: Richarz, I. (Hg.): Haushalten in Geschichte und Gegenwart, Göttingen, 197-205

Kutsch, T., Ott, W. 1993: Haushalten als soziales Handeln in wirtschaftssoziologischer Perspektive - Tendenzen und Wandlungsprozesse, in: Richarz, I. (Hg.): Haushalten in Geschichte und Gegenwart, Göttingen, 145-152

Lorenz, G. 1991: Lebensverhältnisse privater Haushalte in Europa. Sechs Länder im Zahlenvergleich (Reihe: Stiftung Der Private Haushalt, Bd. 14), Frankfurt a. M./New York.

Luckenbach, H. 1975: Theorie des Haushalts, Göttingen.

Richarz, I. 1982: Haushalten als Abstimmungsproblem, in: Bildung für den Haushalt in einer sich wandelnden Welt. Beiträge zur Haushaltswissenschaft und Fachdidaktik, Baltmannsweiler.

Richarz, I. 1985: Every tasks and problems of the household in the context of household management as an object of a socio-economics approach in Household Science, Helsinki.

Richarz, I. 1991: Oikos, Haus und Haushalt - Ursprung und Geschichte der Haushaltsökonomik, Göttingen.

Richarz, I.(Hg) 1993: Haushalten in Geschichte und Gegenwart, Göttingen.

Schmucker, H. 1965: Der Haushalt als sozial-ökonomische und als betriebliche Einheit. Auswirkungen des steigenden Wohlstandes des technischen Fortschritts und der raumwirtschaftlichen Integration auf die moderne Haushaltsführung, in: Ergebnisse landwirtschaftlicher Forschung an der Justus-Liebig-Universität, H. VII, Gießen, 27 - 43; gekürzte Fassung in Hausw. und Wiss. (1964), 12-18

Schmucker, H. 1978: Haushalte, private III. Haushaltsrechnungen und Verbrauchsstatistik, in: Handwörterbuch der Wirtschaftswissenschaften (HdWW), Stuttgart, Göttingen, New York, Zürich.

Schmucker, H. 1979: Ansätze zu einer angemessenen Erfassung und Darstellung der privaten Haushalte in den volkswirtschaftlichen Gesamtrechnungen, in: Hausw. u. Wiss. 27 (1979) 3, 118-125

Schmucker, H. 1980: Studien zur empirischen Haushalts- und Verbrauchsforschung, Berlin.

Smith, A. 1974: Der Wohlstand der Nationen, München.

Schumann, J. 1992^6: Grundzüge der mikroökonomischen Theorie, Berlin, Heidelberg, New York.

Schweitzer, R. von 1978: Haushalte, private, I u. II, in: Handwörterbuch der Wirtschaftswissenschaften (HdWW), Stuttgart, New York, Tübingen, Göttingen, Zürich, 27-62

Schweitzer, R. von, Pross, H. u. a. 1976: Die Familienhaushalte im wirtschaftlichen und sozialen Wandel, Göttingen.

Seel, B. 1993: Haushalten mit Energie, in: Richarz, I.(Hg): Haushalten in Geschichte und Gegenwart, Göttingen.

Statistisches Bundesamt: Statistisches Jahrbuch 1994, Wiesbaden 1994; id: Datenreport 1994, Bonn 1994; id.: Wirtschaft und Statistik, 1994, 592.

Steinmüller, H. 1993: Vom Haushalten zum Wirtschaften, von der Ökonomik für das Haus zur Marktökonomik, in: Richarz, I. (Hg.): Haushalten in Geschichte und Gegenwart, Göttingen.

Streissler, E. u. M.(Hg.) 1966: Konsum und Nachfrage, Köln,Berlin.

Streissler, M. 1974: Theorie des Haushalts, Stuttgart.

Weber, M.: Wirtschaftsgeschichte, Berlin 1958; vgl. auch Wirtschaft und Gesellschaft, 5. Aufl., Tübingen 1972, 1985.

Teil III

Arbeit und Betrieb

Arbeitsverhältnis und Arbeitsvertrag

Armin Höland

1. Erwerbsarbeit als Existenz- und Rechtsverhältnis

Knapp sechs von zehn Menschen in der Bundesrepublik Deutschland im Alter von 15 Jahren und mehr übten 1994 eine Erwerbstätigkeit aus oder suchten eine solche (alle Angaben aus: Eurostat, Statistik kurzgefaßt. Bevölkerung und soziale Bedingungen, 1995/6, mit den wichtigsten Ergebnissen der Arbeitskräfteerhebung 1994). Von der erstgenannten Menge der sogenannten Erwerbstätigen - in der Bundesrepublik zählten hierzu im Jahr 1994 rund 36 Millionen Menschen - hatten 90 vH die berufliche Stellung von Lohn- und Gehaltsempfängern, die restlichen knapp 10 vH verteilten sich auf Selbständige (8,4 vH) und Mithelfende Familienangehörige (1,4 vH). Zieht man die Sondergruppen der Beamten und Soldaten ab, so gelangt man für das Jahr 1992 in der Bundesrepublik zu einer Zahl von knapp 31 Millionen Arbeitern und Angestellten (jeweils einschließlich der Auszubildenden). Auf diese Menge der Arbeitnehmer, von denen wiederum der ganz überwiegende Teil (96 vH) der Sozialversicherungspflicht unterliegt, werden sich die folgenden Ausführungen zum Arbeitsverhältnis beschränken.

1.1 Das Arbeitsverhältnis als Normalverhältnis der Erwerbsarbeit

Die Grunddaten zur Erwerbstätigkeit lassen erkennen, daß das Arbeitsverhältnis in der Bundesrepublik Deutschland, wie im Grundsatz in der gesamten Europäischen Union (Eurostat, a.a.O.; Statistisches Jahrbuch für das Ausland 1994, Wiesbaden 1994, 46 f.), zur Normalform moderner vita activa geworden ist. Es bildet für die große Mehrzahl der Erwerbstätigen einen rechtlich kontrollierten Rahmen, innerhalb dessen sich das arbeitende Individuum mit vier grundlegenden Bedingungen in Beziehung setzt: der wirtschaftlichen, der sozialen, der technisch-ökologischen und der rechtlichen Dimension von Erwerbsarbeit. In wirtschaftlicher Hinsicht vermittelt das Arbeitsverhältnis Einkommen und damit Lebens- und Genußchancen in einer auf dem Tausch von Geld gegen Güter und Dienstleistungen beruhenden Marktgesellschaft. Das über das Arbeitsverhältnis vermittelte Einkommen kann originäres Einkommen sein oder aus dem Arbeitsverhältnis abgeleitetes Ersatzeinkommen, wie vor allem das Arbeitslosengeld, die Arbeitslosenhilfe, das Kurzarbeitergeld und andere Leistungen nach dem Arbeitsförderungsgesetz. In sozialer Hinsicht vermittelt das Arbeitsverhältnis eine nach außen, d.h. zur Gesellschaft hin sichtbare und bewertbare Stellung. In modernen Gesellschaften, in denen berufsbezogene und durch Arbeit verwirklichte Leistung hohe gesellschaftliche Anerkennung genießt, entscheidet das Arbeitsverhältnis und die dadurch erlangbare berufliche Identität wesentlich über die gesellschaftliche Achtung. Die technisch-ökologische Dimension von Arbeit umfaßt die Gesamtheit der auf die Sicherheit und die Gesundheit der Arbeitnehmer am Arbeitsplatz einwirkenden Bedingungen. Über ihr Arbeitsverhältnis setzen sich Menschen vielfältigen technischen und zivilisatorischen Risiken in der Arbeit selbst wie auf den Wegen zum und vom Arbeitsplatz aus. Viele solcher Risiken gehen über das individuell erkennbare und beherrschbare Maß hinaus. Das Arbeitsverhältnis eröffnet auch unter diesem Gesichtspunkt einen Rahmen für die wissenschaftlich und rechtlich kontrollierte Abstimmung zwischen den Risiken der Arbeit, dem unternehmerischen Nutzungsinteresse und dem Interesse der Arbeitnehmer an körperlicher und seelischer Integrität. Das Recht schließlich hat über die Austauschgerechtigkeit im Arbeitsverhältnis und über die

Beachtung vielfältiger privat- wie öffentlichrechtlicher Pflichten und Bedingungen im Zusammenhang mit der Arbeit zu wachen. Hierfür steht bei arbeitsbezogenen Rechtsstreitigkeiten zwischen Arbeitnehmern und Arbeitgebern in der Bundesrepublik Deutschland eine ausgebaute Fachgerichtsbarkeit in Form der Gerichte für Arbeitssachen zur Verfügung.

Seine gesetzliche Grundlage findet das Arbeitsvertragsverhältnis im Bürgerlichen Gesetzbuch (BGB). Durch den Dienstvertrag - so heißt es in § 611 Abs. 1 BGB - wird derjenige, welcher Dienste zusagt, zur Leistung der versprochenen Dienste, der andere Teil zur Gewährung der vereinbarten Vergütung verpflichtet. Nur wenige Jahre nach dem Inkrafttreten des BGB am 1.1.1900 wäre eine derart knappe und der sozialen Wirklichkeit industrieller Arbeit entrückte Regelung nicht mehr denkbar gewesen. Von ihrer Sprache wie von ihrem Regelungsgehalt drückt die gesetzliche Norm zum Dienstvertrag ein vorindustrielles, letzten Endes von römischrechtlichen Vorstellungen der Dienstmiete beeinflußtes Verständnis von Arbeit aus. Aus dem allgemeinen bürgerlichrechtlichen Rahmen des Dienstverhältnisses mußte unter den Anforderungen der Wirklichkeit zu Beginn dieses Jahrhunderts bald das Sonderrecht des Arbeitsverhältnisses entwickelt werden. Die entscheidende Anpassungs- und Modernisierungslast fiel - wie häufig im Arbeitsrecht - der Rechtsprechung zu. Die Entwicklung des Arbeitnehmerbegriffs spiegelt die Veränderungen der Arbeitsgesellschaft wider. Nach der Herausarbeitung der Grundgestalt abhängigen, fremdbestimmten Arbeitens nach dem Ersten Weltkrieg durch das Reichsgericht und später das Reichsarbeitsgericht, nach dem grundrechtlichen und sozialstaatlichen Ausbau des Arbeitnehmerbegriffs nach dem Zweiten Weltkrieg treten gegen Ende des 20. Jahrhunderts stärker Probleme der arbeitsrechtlichen Statusbestimmung infolge der Pluralisierung von Arbeitsformen und neuer betrieblicher Organisationsformen in den Vordergrund.

1.2 Das Arbeitsverhältnis als Vertragsverhältnis

Das Arbeitsverhältnis ist ein Schuldverhältnis mit einer im Regelfall zweiseitigen Struktur. Es ordnet den dauerhaften Austausch von Arbeitsleistungen und Vergütung zwischen Arbeitnehmern auf der einen und dem Arbeitgeber auf der anderen Seite. Rechtliche Grundlage des Arbeitsverhältnisses ist ein Vertrag, d.h. - rechtlich gesprochen - die Übereinstimmung des von mindestens zwei Personen erklärten Willens, einen bestimmten rechtlichen Erfolg herbeizuführen. In der Wirklichkeit bedeutet das: Eine arbeitsuchende Person und der Arbeitgeber - in größeren Betrieben übernimmt das die Personalabteilung - einigen sich über das Zustandekommen und die wesentlichen Bedingungen des Arbeitsverhältnisses. Im Normalfall werden sie diese Einigung schriftlich festhalten, genauer: wird der Arbeitgeber einen formularförmigen Arbeitsvertrag ausfüllen und dem Stellenbewerber zur Unterschrift vorlegen. Voraussetzung für die Wirksamkeit des Vertragsschlusses ist die Schriftform jedoch im Regelfall nicht. Entgegen landläufiger Vorstellung liegt ein rechtswirksamer Arbeitsvertrag auch dann vor, wenn sich die Parteien nur mündlich oder auch nur durch akzeptierendes - sog. "schlüssiges" - Verhalten geeinigt haben. Fehlende Schriftlichkeit und damit häufig unklare Vorstellungen bei Arbeitnehmern über die Art des Arbeitsvertrages sind keine Seltenheit. Nach einer Repräsentativbefragung von Arbeitnehmern und Arbeitsuchenden in der Bundesrepublik 1987/88 gaben immerhin 8,3 vH oder hochgerechnet ca. 1,7 Mio. Personen an, sie hätten keinen (schriftlichen) Arbeitsvertrag. Weitere 0,8 vH wußten nicht, ob es sich um einen befristeten oder unbefristeten Arbeitsvertrag handelte (Büchtemann/Höland, 1989, 50 ff.).

Von der Frage der Rechtswirksamkeit des Arbeitsvertrages zu unterscheiden ist die Frage nach den gesetzlichen oder tarifvertraglichen Formerfordernissen. Hier gibt es seit Juli 1995 in der Bundesrepublik Deutschland eine neue Rechtslage. Mit dem Gesetz zur Anpassung arbeitsrechtlicher Bestimmungen an das EG-Recht vom 20. Juli 1995 (BGBl. I, 946) hat der Gesetzgeber die Richtlinie 91/533/EWG des Rates über die "Pflicht des Arbeitgebers zur Unterrichtung des Arbeitnehmers über die für seinen Arbeitsvertrag oder sein Arbeitsverhältnis geltenden Bedingungen" (ABl. Nr. L 288/32 vom 18.10.91) in deutsches Recht umgesetzt. Entstanden ist auf diese Weise das Nachweisgesetz (NachwG), nach dessen § 2 Abs. 1 der Arbeitgeber spätestens einen Monat nach dem vereinbarten Beginn des Arbeitsverhältnisses die wesentlichen Vertragsbedingungen niederzulegen, die Niederschrift zu unterzeichnen und dem Arbeitnehmer auszuhändigen hat. Zu den wesentlichen Vertragsbedingungen, die in die Niederschrift mindestens aufzunehmen sind, zählt das NachwG zehn Informationen, darunter Name und Anschrift der Vertragsparteien, Zeitpunkt des Beginns des Arbeitsverhältnisses, Arbeitsort, Tätigkeit, Arbeitsentgelt, Arbeitszeit, Erholungsurlaub und Kündigungsfristen. § 2 Abs. 2 NachwG erweitert den Nachweis um zusätzliche Angaben bei Tätigkeiten im Ausland. Nach § 3 NachwG sind auch Änderungen der wesentlichen Vertragsbedingungen dem Arbeitnehmer binnen eines Monats mitzuteilen. Von der Geltung des Gesetzes ausgenommen sind nach § 1 Aushilfs- und Gelegenheitstätigkeiten von nicht mehr als insgesamt 400 Stunden im Jahr sowie geringfügige hauswirtschaftliche, erzieherische oder pflegerische Tätigkeiten in einem Familienhaushalt.

1.3 Abgrenzungsmerkmale des Arbeitsverhältnisses

Erwerbsarbeit läßt sich in verschiedenen rechtlichen Formen ausführen. Um seine Zuständigkeit genau zu bestimmen, muß das Arbeitsrecht Grenzen zu Rechtsverhältnissen ziehen, die nicht seines aufwendigen Schutzes bedürfen. Von praktischer Bedeutung ist die Abgrenzung zu den im Rahmen eines Dienstvertrages tätigen freien Mitarbeitern und zu Werkunternehmern, die keine Arbeits- oder Dienstleistung, sondern ein bestimmtes Werk schulden. Eine allgemeine gesetzliche Definition des Begriffs des Arbeitnehmers existiert im deutschen Arbeitsrecht nicht. Ebensowenig lassen sich abstrakte, für alle Arbeitsverhältnisse geltende Kriterien der Abgrenzung von anderen Tätigkeitsformen aufstellen. Entscheidend kommt es jeweils auf die tatsächlichen Umstände an, unter denen Arbeit oder Dienste geleistet werden. Ein anschauliches Beispiel dafür, daß derselbe Sachverhalt - Industrieberatung in Forschungsbereichen in der Form von Teamwork - dazu führen kann, die eingesetzten Mitarbeiter als Arbeitnehmer, als Subunternehmer, als Leiharbeitnehmer oder als selbständig tätige Mitarbeiter zu betrachten, bietet aus steuerrechtlicher Sicht der Beschluß des Bundesfinanzhofs vom 18.1.1991 (AP Nr. 56 zu § 611 BGB Abhängigkeit). In dem Beschluß, in dem der BFH die Streitsache an das Finanzgericht zur weiteren Aufklärung des Sachverhalts zurückverweist, ist eine Reihe von Gesichtspunkten angeführt, unter denen das erstinstanzliche Gericht die vertraglichen Abreden genauer zu würdigen hatte. Zum ersten kam es darauf an zu klären, ob die von der Klägerin, einem Industrieberatungsunternehmen, bei der Auftragsabwicklung eingesetzten Mitarbeiter als Erfüllungsgehilfen im Sinne des § 278 BGB bei der Durchführung der Aufträge tätig wurden und ob sie als solche unselbständig waren - dann wären sie Arbeitnehmer der Klägerin - oder selbständig waren - dann wären sie Subunternehmer der Klägerin. Für diese Unterscheidung war der Grad der Eingliederung in den Betrieb der Klägerin und die Abhängigkeit von deren Weisungen von Bedeutung. Für den Fall, daß die Rechtsbeziehungen zwischen der Klägerin und ihren industriellen Auftraggebern nicht als Werk- oder Dienstverträge anzusehen waren, kam Arbeitnehmerüberlassung in Betracht oder die Überlassung von selbständigen - unternehmerisch tätigen - Mitarbeitern. Auch für diese Unterscheidung war die Frage der Eingliederung von Bedeutung, nunmehr im Betrieb des Auftraggebers ("Entleiher"); weiterhin war u.a. zu prüfen, ob das entleihende Unternehmen bestimmte Qualifikationen der eingesetzten Kräfte verlangen und Mitarbeiter zurückweisen konnte, ob die eingesetzten Kräfte gegenüber dem Auftraggeber weisungsgebunden waren, wer für ein etwaiges Verschulden bei der Auswahl der Kräfte zu haften hatte und ob die vereinbarte Vergütung unabhängig von der Leistung der Mitarbeiter zu entrichten war.

Das Arbeitsverhältnis unterscheidet sich von den Rechtsverhältnissen freier Mitarbeiter oder von Selbständigen wie beispielsweise freiberuflich tätigen Ärzten, Architekten, Rechtsanwälten, Steuerberatern oder Wirtschaftsprüfern, die ihre Dienste im Rahmen eines von ihnen bestimmten Lebenskreises erbringen, durch den Grad der persönlichen Abhängigkeit. Arbeitnehmer ist danach, wer seine vertraglich geschuldete Leistung im Rahmen einer von einem Dritten bestimmten Arbeitsorganisation zu erbringen hat (BAG, Betriebs-Berater 1995, 1293 m.w.H.; BAG, NZA 1995, 622; BAG AP Nr. 74 zu § 611 BGB Abhängigkeit; MünchKomm/Söllner, BGB, § 611 Rz., 118). Die Eingliederung in die fremde Arbeitsorganisation wird besonders daran deutlich, daß der Arbeitnehmer hinsichtlich Zeit, Dauer und Ort der Ausführung der übernommenen Dienste einem umfassenden Weisungsrecht des Arbeitgebers unterliegt. Bei der Bestimmung der persönlichen Abhängigkeit des Arbeitnehmers orientiert sich die Rechtsprechung an einem Katalog von Merkmalen. Zu ihnen rechnen die Fremdbestimmtheit von Ort und Zeit der Arbeitsleistung, die arbeitsorganisatorische Abhängigkeit, die Weisungsgebundenheit, die Personengebundenheit der Arbeitsleistung (MünchKomm/Söllner, § 611 Rz., 131 ff.). Grundelemente der Abhängigkeit finden sich aus der Gegensicht der Selbständigkeit im § 84 Abs. 1 Satz 2 HGB. Selbständig ist danach, wer im wesentlichen frei seine Tätigkeit gestalten und seine Arbeitszeit bestimmen kann. Unmittelbare Geltung hat die Vorschrift zwar nur für die Abgrenzung des selbständigen Handelsvertreters vom abhängig beschäftigten Handlungsgehilfen. Nach der Rechtsprechung des Bundesarbeitsgerichts enthält diese Bestimmung jedoch über ihren unmittelbaren Anwendungsbereich hinaus eine allgemeine gesetzgeberische Wertung, die bei der Abgrenzung des Dienstvertrages vom Arbeitsvertrag zu beachten ist, zumal es die einzige Norm ist, die Kriterien hierfür enthält (BAG AP Nr. 42 zu § 611 BGB Abhängigkeit, unter II.1.; BAG NZA 1995, 622 f.; BAG SAE 1995, 122 m. Anm. Boemke).

Die gewachsene Differenzierung und Vertiefung des beruflichen Wissens bringt es mit sich, daß Arbeitgeber ihren spezialisierten Mitarbeitern in fachlicher Hinsicht oftmals keine Weisungen erteilen können. Es ist offenkundig, daß die Krankenhausleitung ihren verantwortlichen Ärzten kaum sinnvolle Weisungen in bezug auf deren fachmedizinisches Aufgabengebiet wird geben können, so wenig wie beispielsweise Arbeitgeber sich in Einzelfragen der Programmierarbeit ihrer PC-Labors werden einschalten können oder - ein aktuell gewordenes Problem - sie zumindest große Mühe haben, den Wertpapierhandel und das Anlagengeschäft ihrer Bankabteilungen durch fachliche Direktiven zu steuern. Auf einen so engen Weisungsbegriff ist das Arbeitsrecht nicht beschränkt. Das BAG berücksichtigt in seiner Rechtsprechung, daß fachliche Weisungsgebundenheit für Dienste höherer Art nicht immer typisch ist. Die Art der Tätigkeit kann es mit sich bringen, daß dem Dienstverpflichteten ein hohes Maß an Gestaltungsfreiheit, Eigeninitiative und fachlicher Selbständigkeit verbleibt (so das BAG in st. Rspr., vgl. BAGE 41, 247 (253) = AP Nr. 42 zu § 611 BGB Abhängigkeit; MünchArbR/Richardi, § 23 Rz., 20 ff.). Das Bundessozialgericht (BSG), das zur Abgrenzung der sozialversicherungspflichtigen Beschäftigungsverhältnisse die gleichen Kriterien der Abhängigkeit verwendet, hat für

Dienste höherer Art die Formel geprägt, daß das Weisungsrecht des Arbeitgebers eingeschränkt und zur "funktionsgerecht dienenden Teilhabe am Arbeitsprozeß" verfeinert sein kann (BSGE 16, 289, 294; SozR 2200 § 1227 RVO Nr. 19, 42; vgl. LSG Berlin DB 1994, 1829).

Die von der arbeitsgerichtlichen wie sozialgerichtlichen Rechtsprechung angewandte "typologische Methode" führt zu naturgemäß wenig übersichtlichem Fallrecht. Anschauliche Belege für immer wieder neue Sachverhaltsvarianten im Grenzbereich zwischen dem Sonderrecht der Arbeit und dem allgemeinen Dienstvertragsrecht des Bürgerlichen Gesetzbuchs liefert die Rechtsprechung des Bundesarbeitsgerichts zu den Mitarbeitsverhältnissen in Rundfunk- und Fernsehanstalten, in Bildungs- und anderen Kultureinrichtungen (vgl. Hanau/Adomeit, Arbeitsrecht, 11. Auflage, 1994, E 2). Andere aktuelle Anlässe für die arbeitsgerichtliche Prüfung der Arbeitnehmereigenschaft boten eine Stromableserin (BFH AP Nr. 63 zu § 611 BGB Abhängigkeit), ein Co-Pilot (BAG SAE 1995, 122 = BAG AP Nr. 68 zu § 611 BGB Abhängigkeit) sowie mehrere hundert Zusteller einer Tageszeitung (BAG SAE 1994, 69; vgl. BAG AP Nr. 1 zu § 7 BetrVG mit Anm. Kohte). In allen drei Verfahren hat das Bundesarbeitsgericht den Arbeitnehmerstatus bejaht. Hier entscheidende Erwägungen waren die grundsätzliche Unterwerfung unter ein Weisungsrecht - im Falle der Stromableserin durch Zuweisung eines Ablesebezirks und Vorgabe des zeitlichen Rahmens für das Ablesen sowie weitere Anordnungen und Weisungen, im Falle des Co-Piloten das des jeweiligen Flugkapitäns -, und das Recht der jeweiligen Arbeitgeber, innerhalb eines bestimmten zeitlichen Rahmens über die Arbeitsleistung verfügen zu können, mit der Folge, daß den Beschäftigten die "Zeitsouveränität" fehlt. Ein solcher Mangel an Zeitsouveränität ist z.B. bei Co-Piloten indiziert, wenn ihr Einsatz in Dienstplänen geregelt ist, die ohne ihre Mitwirkung erstellt werden. Bei den Zeitungsausträgern wurde zeitliche Verfügbarkeit jedenfalls dann angenommen, wenn sie in der Regel an sechs Tagen in der Woche pünktlich morgens eine Tageszeitung zuzustellen haben.

Auch moderne Unternehmensentwicklungen, insbesondere die Übertragung von betrieblichen Teilaufgaben auf externe Anbieter und die enge Kooperation mit mehr oder weniger selbständigen Ko- und Sub-Unternehmern, stellen die herkömmliche Abgrenzung zwischen Arbeitnehmern und Selbständigen und damit zwischen Arbeits-, Dienst- und Werkvertrag in Frage. Eine unternehmerische Organisationsform, in der die Statusbestimmung unter arbeits- wie sozialrechtlichen Gesichtspunkten nicht selten Anlaß zu Zweifeln gibt, ist die der Franchisenehmer. Die Frage kann sich konkret für Krankenkassen als Einzugsstellen der Sozialversicherungsbeiträge stellen, wenn sie entscheiden müssen, ob als Selbständige deklarierte Erwerbstätige wirklich selbständig sind oder eine im Sinne von § 7 Abs. 1 SGB IV "nichtselbständige Arbeit, insbesondere in einem Arbeitsverhältnis" ausüben.

Auch zu einem anderen Vertragstypus hin verstärken sich Abgrenzungsprobleme, zum Werkvertragsverhältnis. Im Unterschied zur Arbeit, die sich im dauerhaften Erbringen von Arbeitsleistung vollzieht, schuldet der Unternehmer nach § 631 Abs. 1 BGB die Herstellung des versprochenen Werkes. Die Abgrenzbarkeit zum Arbeitsverhältnis wird tendenziell erschwert durch die technischen und organisatorischen Möglichkeiten der Übertragung von projektförmigen betrieblichen Teilfunktionen an wirkliche und scheinbare Selbständige (z.B. funkgesteuerte Kurierdienste, Datenerfassung, Programmierung).

Eine weitere Variante des Problems der Abgrenzung zwischen weisungsgebundenen Arbeitnehmern und selbständigen Dienstnehmern bzw. Werkvertragsunternehmern findet sich, ebenfalls mit steigender Häufigkeit, im Bereich der Arbeitnehmerüberlassung. Hintergrund ist eine Vorschrift im Arbeitnehmerüberlassungsgesetz (AÜG), die den Schutz von Leiharbeitnehmern bezweckt. Ist der Vertrag zwischen einem Verleiher und einem Leiharbeitnehmer unwirksam (weil der Verleiher nicht die erforderliche Erlaubnis hat), so gilt nach Art. 1 § 10 Abs. 1 Satz 1 AÜG ein Arbeitsverhältnis zwischen Entleiher und Leiharbeitnehmer als zustande gekommen. Voraussetzung für diese Fiktion eines Arbeitsverhältnisses ist ebenfalls, daß die Tätigkeit der überlassenen Person die eines Arbeitnehmers - und nicht etwa die eines selbständigen freien Mitarbeiters oder eines Sub-unternehmers - war. Das zweifelsfrei zu bestimmen, kann angesichts des sich lebhaft entwickelnden Einsatzes von Fremdfirmen ebenfalls erhebliche Schwierigkeiten bereiten.

Wesensmerkmal des Arbeitsverhältnisses ist seine Herrschaftsbestimmtheit. Die soziologischen Normalbedingungen der Arbeit stehen in einem Spannungsverhältnis zu der auf dem Grundsatz der Privatautonomie und damit der Gleichberechtigung der Parteien beruhenden Vertragsfreiheit. Das Ideal der bürgerlichrechtlichen Vertragsfreiheit kann in einer von Knappheit des Arbeitsplatzangebotes und Macht der Unternehmensorganisation bestimmten Wirklichkeit rasch an Geltung verlieren. Aus diesem Grunde mißtraut das Arbeitsrecht dem Einzelvertrag (Hanau/Adomeit, B I 4). Zur Kontrolle und Sicherung der Voraussetzungen der Vertragsfreiheit im machtbestimmten Verhältnis der Arbeit hat die Rechtsprechung immer wieder die verfassungsrechtlichen Maßstäbe der Grundrechte angelegt. Beispielhaft hierfür sind die Ausführungen des Bundesverfassungsgerichts in seiner Entscheidung zur Verfassungswidrigkeit des Nachtarbeitsverbotes für Arbeiterinnen nach § 19 AZO (BVerfG NJW 1992, 964; vgl. Däubler, Das Arbeitsrecht 2, 1995, 3., 110 f.):

"Das dem Vertragsrecht zugrundeliegende Prinzip der Privatautonomie kann hinreichenden Schutz nur gewährleisten, soweit die Bedingungen freier Selbstbestimmung gegeben sind. Wo es an einem annähernden Kräftegleichgewicht der Beteiligten fehlt, ist mit den Mitteln des Vertragsrechts allein kein sachgerechter Ausgleich der Interessen zu gewährleisten. Das ist bei Abschluß von Arbeitsverträgen typischerweise der Fall. In einer solchen Lage sind die objektiven Grundentscheidungen der Verfassung im Grundrechtsabschnitt und im Sozialstaatsgebot durch gesetzliche Vorschriften, die sozialem und wirtschaftlichem Ungleichgewicht entgegenzuwirken, zu verwirklichen."

2. Form und Inhalt von Arbeitsverhältnissen

Durch den Arbeitsvertrag wird der Arbeitnehmer zur "Leistung der versprochenen Dienste" verpflichtet, der Arbeitgeber zur Gewährung der vereinbarten Vergütung (§ 611 Abs. 1 BGB). Arbeitsleistung und Entgeltzahlung sind die beiden Hauptpflichten des Arbeitsverhältnisses. Das Gesetz erläutert sie in zwei Vorschriften näher. Nach § 613 Satz 1 BGB hat der zur Dienstleistung Verpflichtete die Dienste im Zweifel in Person zu leisten; nach § 614 Satz 1 BGB ist die Vergütung nach der Leistung der Dienste zu entrichten, der Arbeitnehmer mithin grundsätzlich vorleistungspflichtig. Ergänzt werden die Hauptpflichten durch zahlreiche Nebenpflichten, die sich aus dem Wesen eines Kooperationsverhältnisses ergeben, so beispielsweise Informations- und Schutzpflichten der Vertragsparteien oder die Verpflichtung des Arbeitnehmers zum Unterlassen von Wettbewerb. Für den Vollzug des Arbeitsverhältnisses müssen die hauptsächlichen Vertragspflichten konkretisiert werden.

2.1 Das Direktionsrecht und seine Grenzen

Welche "versprochenen Dienste" der Arbeitnehmer zu leisten hat, wird durch den Arbeitsvertrag im allgemeinen nur rahmenmäßig festgelegt. Ausgefüllt wird der Rahmen nach Treu und Glauben und nach der Verkehrssitte (§§ 157, 242 BGB), vor allem durch Bezugnahme auf die Üblichkeiten der Branche und des Betriebes, die Berufsbezeichnung und den Ort der Arbeitsleistung (MünchArbR/Blomeyer, § 46 Rz., 5). Die Feinabstimmung im Alltag dieses "kooperativen Austauschverhältnisses" (Hanau/Adomeit, E 10 c) erfolgt durch das Recht des Arbeitgebers zur "Direktion", d.h. zur einseitigen Bestimmung von Zeit, Ort und Art der Arbeit sowie des Verhaltens der Arbeitnehmer im Betrieb (Hanau/Adomeit, G I 1; MünchArbR/Richardi, § 12 Rz. 50 ff.; Schaub, Arbeitsrechts-Handbuch, 7. Auflage, § 45 III, IV). Inhalt und Umfang der Leitungsmacht des Arbeitgebers richten sich in erster Linie nach dem Arbeitsvertrag. Nur in dessen Rahmen sowie in den Grenzen der auf den Arbeitsvertrag einwirkenden gesetzlichen und kollektivvertraglichen Vorschriften kann der Arbeitgeber die Bedingungen des Arbeitsvertrages konkretisieren. Dabei hat er die gegebenenfalls von einem Gericht überprüfbaren Grundsätze billigen Ermessens zu wahren (§ 315 Abs. 3 Satz 2 BGB). Sofern Weisungen des Arbeitgebers Mitbestimmungstatbestände berühren, wie dies bei Zeit, Ort und Art der Arbeit sowie beim Verhalten der Arbeitnehmer der Fall sein kann, und sofern ein Betriebs- oder Personalrat existiert, unterliegt das Weisungsrecht auch der Kontrolle durch das Mitbestimmungsorgan (Hanau/Adomeit, G I 3).

In zahlreichen Entscheidungen hat sich das Bundesarbeitsgericht mit den Grenzen des Direktionsrechts befaßt. Hieraus erkennbare Problemschwerpunkte bilden die Versetzung an einen anderen Ort (grundsätzlich nur zulässig, sofern vorbehalten), die Versetzung in einen anderen Betrieb am selben Ort (umstritten), die Umsetzung innerhalb des Betriebes (ohne Vorbehalt möglich bei gleichwertigen Arbeits- und Vergütungsbedingungen), Änderungen des Arbeitszeitrahmens, die Anordnung von Bereitschaftsdiensten, aber etwa auch die Zuweisung von Arbeiten gegen einen offenkundigen Gewissenskonflikt des Arbeitnehmers. Ein solcher Konflikt kann beispielsweise vorliegen, wenn Arbeitnehmer an der Herstellung oder am Vertrieb militaristischen oder rechtsradikalen Schrifttums mitwirken (vgl. BAGE 47, 363 = AP Nr. 27 zu § 611 BGB Direktionsrecht = NJW 1986, 85), als Beschäftigte der Lufthansa an der Abschiebung von abgelehnten Asylbewerbern mitwirken oder sich an der Entwicklung medizinisch-ethisch fragwürdiger Substanzen beteiligen sollen (BAG NJW 1990, 203). Aus gravierenden Kollisionslagen zwischen Arbeitspflicht und Gewissenspflicht kann subjektives Unvermögen und damit ein Erlöschen der Arbeitspflicht folgen (Kohte, NZA 1990, 161 ff. (164)). Nach anderer Ansicht ist dem Arbeitnehmer bei gewissensgebundener Arbeitsverweigerung vorrangig eine gewissensneutrale oder -schonende Alternative anzubieten (Derleder, ArbuR 1991, 193-203).

2.2 Befristete und unbefristete Arbeitsverhältnisse

Das Arbeitsverhältnis kann befristet oder unbefristet abgeschlossen sein. Ist es befristet, so endigt es nach § 620 Abs. 1 BGB mit dem Ablaufe der Zeit, für die es eingegangen ist. Gleiches gilt für die Vereinbarung einer sogenannten Zweckbefristung im Sinne von § 620 Abs. 2 BGB. Hier ist der Zeitpunkt, zu dem der - sachlich begründbare - Zweck erreicht wird und das Arbeitsverhältnis endigt, nicht bestimmt. Praktische Anwendungsfälle sind die Aushilfe für (erziehungs)beurlaubte oder kranke Arbeitnehmer(innen) oder die Bewältigung saisonaler oder sonstwie vorübergehender erhöhter Arbeitslasten im

Betrieb. Für die Wirksamkeit solcher zweckbefristeter Arbeitsverträge verlangt die Rechtsprechung, daß die Arbeitnehmer den Zeitpunkt der Zweckerreichung frühzeitig erkennen können. Das bedeutet, sie müssen ihn entweder bereits bei Vertragsschluß voraussehen können, oder der Arbeitgeber muß ihnen den Zeitpunkt des erreichten Zwecks vom Arbeitgeber rechtzeitig ankündigen (Stahlhacke/Preis, 1991, 18, Rz. 44; Münch-Komm/Schwerdtner, § 620 Rz., 40). Andernfalls endet das Arbeitsverhältnis mit einer an den Mindestkündigungsfristen orientierten Auslauffrist.

Von der Notwendigkeit eines sachlichen Grundes und damit von den Kontrollmöglichkeiten der Rechtsprechung bei befristeten Arbeitsverträgen hat der Gesetzgeber im Jahre 1985 unter bestimmten, im Artikel 1 § 1 des Beschäftigungsförderungsgesetzes (BeschFG) aufgeführten Bedingungen aus beschäftigungspolitischen Gründen suspendiert. Das am 1. Oktober 1996 in Kraft getretene Arbeitsrechtliche Beschäftigungsförderungsgesetz (BGBl. I, 1476) hat die Anforderungen an befristete Arbeitsverhältnisse nach dem BeschFG bis zum 31. Dezember 2000 weiter herabgesetzt. Nach § 1 Abs. 1 BeschFG ist die Befristung eines Arbeitsvertrages nunmehr bis zur Dauer von zwei Jahren zulässig. Außerdem ist bis zu dieser Gesamtdauer die höchstens dreimalige Verlängerung eines befristeten Arbeitsvertrages zulässig. Ohne diese Einschränkungen ist die Befristung des Arbeitsvertrages nach § 1 Abs. 2 BeschFG zulässig, wenn der Arbeitnehmer bei Beginn des befristeten Arbeitsverhältnisses das 60. Lebensjahr vollendet hat. Wie bereits in den vorhergehenden Fassungen des Beschäftigungsförderungsgesetzes darf allerdings nach § 1 Abs. 3 BeschFG zu einem vorhergehenden unbefristeten oder befristeten Arbeitsvertrag kein enger sachlicher Zusammenhang bestehen. Ein solcher enger sachlicher Zusammenhang ist nach § 1 Abs. 3 Satz 2 BeschFG insbesondere anzunehmen, wenn zwischen den Arbeitsverträgen ein Zeitraum von weniger als vier Monaten liegt. Gänzlich neu ist die seit 1. Oktober 1996 geltende Klagefristenregelung in § 1 Abs. 5 BeschFG. Will der Arbeitnehmer geltend machen, daß die Befristung eines Arbeitsvertrages rechtsunwirksam ist, so muß er innerhalb von drei Wochen nach dem vereinbarten Ende des befristeten Arbeitsvertrages Klage beim Arbeitsgericht auf Feststellung erheben, daß das Arbeitsverhältnis auf Grund der Befristung nicht beendet ist. Damit ist die Fristenregelung des § 4 KSchG auf das Recht der befristeten Arbeitsverträge übertragen worden. Im Unterschied zu den Absätzen 1 bis 4 des § 1 gilt diese Regelung ohne zeitliche Begrenzung.

Das unbefristete Arbeitsvertragsverhältnis gilt nach einer Formulierung des BAG als die "sozialrechtlich privilegierte und sozialstaatlich erwünschtere Regelung" (BAG AP Nr 14 zu § 1 KSchG). Die empirischen Daten können dieses Vorrangverhältnis bestätigen. Mit einem Anteil von rund 10 vH am Bestand aller Arbeitsverhältnisse ist das befristete Arbeitsverhältnis in der Bundesrepublik Deutschland nach wie vor der Ausnahmefall (Eurostat a.a.O, 4; Büchtemann/Höland, 1989, 53 (9 vH)). Allerdings hat dieser Ausnahmefall seit den 80er Jahren erheblich an Bedeutung gewonnen. Insbesondere Neueinstellungen und Einstellungen von jüngeren Arbeitnehmern unter 25 Jahren und von ausländischen Arbeitnehmern werden häufiger (zunächst) befristet vorgenommen und gegebenenfalls, nach Bestehen einer Testphase, verlängert oder in ein unbefristetes Verhältnis überführt (vgl. Rudolph, IABkurzbericht Nr. 1/1996). Insgesamt erfolgten Ende der 80er Jahre in der "alten" Bundesrepublik insgesamt zwischen 40 vH und 45 vH aller Neueinstellungen mit (zunächst) befristetem Arbeitsvertrag (Büchtemann/Höland, a.a.O., 58 ff.). Die deutsche Einigung dürfte diesen Anteil durch das allgemein höhere Niveau befristeter Arbeitsverträge in den neuen Bundesländern weiter erhöht haben (Vgl. Rudolph, IABkurzbericht Nr. 3/1994; Bielenski/ Enderle/von Rosenbladt, 1992a und 1992b).

Für befristete Arbeitsverhältnisse existiert im deutschen Arbeitsrecht kein Kündigungsschutz nach dem Kündigungsschutzgesetz. Die Gefahr der Umgehung des arbeitsrechtlichen Kündigungsschutzes durch den Abschluß, möglicherweise auch den mehrfachen Abschluß befristeter Arbeitsverträge (Kettenarbeitsverträge) soll dadurch vermindert werden, daß Abschluß wie Dauer befristeter Arbeitsverträge sachlich begründet sein müssen. Anknüpfend an die Rechtsprechung der Weimarer Zeit zur Gesetzesumgehung durch befristete Arbeitsverträge verlangte der Große Senat des BAG in einem Beschluß aus dem Jahre 1960, daß die wirtschaftlichen oder sozialen Verhältnisse der Parteien oder jedenfalls einer Partei für die Verträge sprechen müßten. "Die Verträge müssen ihre sachliche Rechtfertigung in sich tragen, so daß sie mit Recht und aus gutem Grund von den Kündigungsschutzvorschriften nicht betroffen werden" (BAG AP Nr. 16 zu § 620 BGB Befristeter Arbeitsvertrag, unter II.C.2. der Begründung). Als solche sachliche Rechtfertigungen kommen nach der Rechtsprechung in Betracht Arbeitsverträge zur Probe, Aushilfsarbeitsverträge, Saisonarbeit, befristete Verträge im Baugewerbe, Verträge mit Künstlern, Musikern, Schauspielern, Sängern etc., aber auch Verträge, die auf Wunsch der Arbeitnehmer nur zeitlich befristete abgeschlossen werden sollen.

Ist eine Zeit- oder Zweckbestimmung im Arbeitsvertrag nicht vorgesehen, so handelt es sich um den Regelfall eines unbefristeten Arbeitsverhältnisses. Wie jedes Dauerschuldverhältnis ist auch ein unbefristetes Arbeitsverhältnis im Normalfall nur durch Kündigung zu beenden.

2.3 Arbeitszeit, Vollzeit und Teilzeit

Eine zweite zeitbezogene Variable des Arbeitsverhältnisses ist neben dessen Dauer die Arbeitszeit. Die Arbeitszeit ist Vertragsmaß und Schutzgrenze zugleich. Sie bestimmt den Umfang der vom Arbeitnehmer geschuldeten Leistung, für die der Arbeitgeber als Gegenleistung des vereinbarte Entgelt zu zahlen hat (MünchArbR/Blomeyer, § 46 Rz., 90). Der zeitliche Umfang der Arbeitsleistung steht den Parteien des Arbeitsvertrages jedoch nicht uneingeschränkt zur Verfügung. Der gesetzliche Arbeitszeitschutz als ein auch historisch gewichtiger Bestandteil des öffentlichen Arbeitnehmerschutzrechtes setzt Höchstgrenzen und bestimmt Mindestpausen. Das zum 1. Juli 1994 in Kraft getretene Arbeitszeitgesetz (ArbZG), das an die Stelle der durch die europäische wie die innerdeutsche Rechtsentwicklung überholten Arbeitszeitordnung von 1938 getreten ist, hält in § 3 Satz 1 ArbZG an der Regelgrenze von acht Stunden werktäglicher Arbeitszeit fest. Diese Arbeitszeit kann nach § 3 Satz 2 ArbZG auf bis zu zehn Stunden verlängert werden, wenn innerhalb von sechs Kalendermonaten oder innerhalb von 24 Wochen im Durchschnitt acht Stunden werktäglich nicht überschritten werden. Ein anderer traditionsreicher Grundsatz findet sich in § 9 Abs. 1 ArbZG, wonach Arbeitnehmer an Sonn- und gesetzlichen Feiertagen von 0 bis 24 Uhr nicht beschäftigt werden dürfen. Da es dem neuen Arbeitszeitgesetz jedoch nicht nur um die Sicherheit und den Gesundheitsschutz der Arbeitnehmer geht, sondern auch um die Verbesserung der Rahmenbedingungen für flexible Arbeitszeiten, eröffnet es vielfältige abweichende Gestaltungsmöglichkeiten für Dauer und Lage der werktäglichen Arbeitszeit (§ 7) wie auch für die Sonn- und Feiertagsbeschäftigung (§ 12). Das Besondere und - in rechtstheoretischer Hinsicht - Moderne an den Abweichungsmöglichkeiten liegt darin, daß sie jeweils in einem Tarifvertrag oder auf Grund eines Tarifvertrags in einer Betriebsvereinbarung zugelassen sein müssen (vgl. hierzu Kahsnitz, Tarifvertrag u. Tarifentwicklung, in diesem Band). Im Interesse eines zeitgemäßen Arbeitszeitschutzes beschränkt sich das neue Arbeitszeitgesetz auf Grundnormen der Höchstzulässigkeit und überläßt die dezentrale Abstimmung den Sozialpartnern (vgl. Halbach/Paland/Schwedes/Wlotzke, Übersicht über das Arbeitsrecht, BMA Bonn 1994, 450 f.; Hanau/Adomeit, G II). Die Arbeitszeitstatistik kann langfristig sinkende wöchentliche Arbeitszeiten belegen; die tarifvertraglichen wöchentlichen Arbeitszeiten sind in zahlreichen Tarifbereichen in Westdeutschland zwischen Mitte der 80er und Mitte der 90er Jahre von 40 Stunden auf Werte zwischen 37,5 und 35 Stunden zurückgegangen; in Ostdeutschland liegen die tarifvertraglichen wöchentlichen Arbeitszeiten zu Beginn der 90er Jahre bei Werten zwischen 38 und 40 Stunden (Zahlen aus Halbach u.a., a.a.O., 453 f.).

Die Normalität des über die volle Arbeitszeit gehenden Vertragsverhältnisses wird seit Jahren bereits durch die aus sozialen, kulturellen und beschäftigungspolitischen Gründen im Vordringen begriffene Teilzeitarbeit in ihrer Bedeutung vermindert. Diese Entwicklung wird mittlerweile vom Gesetzgeber und von den Tarifvertragsparteien gewürdigt. Das 1985 erlassene Beschäftigungsförderungsgesetz (BeschFG) hat in seinem § 2 nicht nur ein grundsätzliches Verbot der unterschiedlichen Behandlung von teilzeitbeschäftigten Arbeitnehmern aufgestellt (Abs. 1), sondern auch in § 2 Absatz 2 den Begriff erstmalig gesetzlich definiert. Teilzeitbeschäftigt sind nach dieser Vorschrift die Arbeitnehmer, deren regelmäßige Wochenarbeitszeit kürzer ist als die regelmäßige Wochenarbeitszeit vergleichbarer vollzeitbeschäftigter Arbeitnehmer des Betriebes. Nach der Arbeitskräfteerhebung der EG vom Frühjahr 1994 arbeiteten in der Bundesrepublik Deutschland knapp 16 vH aller Erwerbstätigen (zu ihnen gehören auch Selbständige und Mithelfende Familienangehörige) teilzeit (Eurostat, Statistik kurzgefaßt. Bevölkerung und soziale Bedingungen Nr. 6/1995, 4). Diese Beschäftigungsform verteilt sich nach wie vor stark ungleich nach dem Geschlecht: Während jede dritte erwerbstätige Frau teilzeit tätig ist, liegt der entsprechende Anteil bei den Männern bei 3,2 vH.

Auch in europarechtlicher Hinsicht hat die Teilzeitarbeit kräftige Entwicklungsimpulse erhalten. Vor allem die Rechtsprechung des Europäischen Gerichtshofs hat, zumeist auf Vorlage nationaler Arbeits- und Sozialgerichte hin, vielfältige Erscheinungsformen der unmittelbaren und mittelbaren Diskriminierung von Teilzeitbeschäftigten korrigiert und auf diese Weise nachhaltige Rechtsveränderungen in den nationalen Arbeitsrechtsordnungen herbeigeführt (Preis, ZIP 1995, 891 ff., 899. Gerade die Tatsache, daß Teilzeitarbeit nach wie vor eine ganz überwiegend "weibliche" Arbeitsform ist, hat den EuGH häufig zur Prüfung und Anwendung der Rechtsfigur der mittelbaren Diskriminierung veranlaßt. Eine solche liegt für ihn vor, wenn die Ungleichbehandlung auf neutralen Kriterien bzw. Verfahren beruht, die typischerweise von den Angehörigen eines Geschlechts verwirklicht werden, und dadurch eine nachteilige Wirkung für die betroffene Personengruppe erzeugt (Rs. 109/88 - Danfoss, Slg. 1989, 3199, 3213; vgl. Schlachter, NZA 1995, 396 ff.). Unter diesem Blickwinkel hat der EuGH gesetzliche und tarifvertragliche Regelungen in bezug auf Teilzeitbeschäftigung als gemeinschaftsrechtswidrig bewertet, wie beispielsweise die Vergütung mit unterschiedlichem Stundenlohn (Rs. 96/80 - Jenkins, Slg. 1981, 911), die Benachteiligung bei der betrieblichen Altersversorgung (Rs. 170/84 - Bilka, Slg. 1986, 1607), den Ausschluß aus der Lohnfortzahlung im Krankheitsfall bei einer Arbeitszeit von nicht mehr als zehn Stunden wöchentlich oder monatlich 45 Stunden (Rs. 171/88 - Rinner-Kühn, Slg. 1989, 2743), die Vorenthaltung von Übergangsgeld nach § 62 BAT (Rs. C-33/89 - Kowalska, Slg. 1990, I-2591), die Verdoppelung der Dienstzeit für den Bewährungsaufstieg nach § 23a BAT (Rs. C-184/89, Slg. 1991, I-297) oder die niedrigere Vergütung teilzeitbeschäftigter Betriebsrats-Mitglieder bei der Teilnahme an Fortbildungsveranstaltungen (Rs. 360/90 - Bötel, AP Nr. 39 zu Art. 119 EWG-Vertrag).

2.4 Leistungsstörungen im Arbeitsverhältnis

Störungen im Leistungsaustausch können sich im Verlaufe des Arbeitsverhältnisses von beiden Vertragsseiten her ergeben. Die Arbeitsleistung wie die Vergütung können gänzlich unterbleiben oder "schlecht erfüllt" werden und Fragen nach den Rechtsfolgen aufwerfen.

Die auf der Grundlage des BGB entwickelte Doktrin der Leistungsstörung kommt im Arbeitsverhältnisrecht aus Gründen der besonderen Bedingungen der Arbeit und des arbeitsrechtlichen Schutzgedankens nur sehr eingeschränkt zur Anwendung. Verdeutlichen läßt sich das am praktisch bedeutsamen Bereich der Unmöglichkeit der Arbeitsleistung. Wird Arbeitnehmern ihre Arbeitsleistung nachträglich objektiv oder subjektiv unmöglich, so werden sie von der Verpflichtung zur Arbeitsleistung frei. Trifft daran weder sie noch den Arbeitgeber ein Verschulden, rechtlich gesprochen: haben sie die Unmöglichkeit nicht zu vertreten, so verlieren sie nach den Regeln der §§ 275, 323 BGB grundsätzlich ihren Anspruch auf Vergütung - "ohne Arbeit kein Lohn". Von diesem Grundsatz gibt es jedoch drei Ausnahmen, deren erste sich in dem insoweit sozialpolitisch aufgeschlossenen BGB findet. Nach § 616 BGB verliert ein Dienst- oder Arbeitnehmer den Anspruch auf Vergütung nicht dadurch, daß er "für eine verhältnismäßig nicht erhebliche Zeit durch einen in seiner Person liegenden Grund ohne sein Verschulden an der Dienstleistung verhindert wird". Beispiele für persönliche Verhinderungen im Sinne des § 616 BGB sind die Eheschließung, nicht verschiebbare Arztbesuche und Behördentermine, die schwere Erkrankung naher Angehöriger, insbesondere von Kindern, die Erfüllung staatsbürgerliche Pflichten (Laienrichter, Wahlhelfer u.a.), oder auch der Ausfall öffentlicher Verkehrsmittel (vgl. Schaub, AR-Handbuch, § 97 II 1) In solchen Fällen behalten Arbeitnehmer ihren Vergütungsanspruch, und zwar nach dem Lohnausfallprinzip in der Höhe, in der sie ihn ohne Arbeitsverhinderung verdient hätten. Zahlreiche Mantel- oder Rahmentarifverträge spezifizieren die Fälle nach § 616 BGB, in denen Arbeitnehmer unter Fortzahlung der Vergütung von der Arbeit freigestellt werden können (so zum Beispiel § 52 BAT, § 11 MTV Druckindustrie, § 8 MTV Chemische Industrie, § 11 MTV Angestellte bayer. Metallindustrie).

Die zweite Ausnahme vom Grundsatz des Entgeltausfalls verallgemeinert die eben erwähnte Regelung des § 616 BGB für die Arbeitsunfähigkeit von Arbeitnehmern infolge Erkrankung. Neben dem Entgeltschutz für Angestellte in § 616 BGB entwickelte sich seit dem Ende der 50er Jahre der gesetzliche Entgeltschutz für Arbeiter (zur Geschichte siehe Däubler, 7.2.3.5., 458 ff.), der seit 1969 im Lohnfortzahlungsgesetz ausgestaltet war. Die fortschreitende Angleichung zwischen Arbeitern und Angestellten spiegelt sich in dem neuen Entgeltfortzahlungsgesetz (EFZG) vom 26. Mai 1994. Es regelt nunmehr die Zahlung des Arbeitsentgelts an gesetzlichen Feiertagen und die Fortzahlung des Arbeitsentgelts im Krankheitsfall unterschiedslos "an Arbeitnehmer". Wird ein Arbeitnehmer durch Arbeitsunfähigkeit infolge Krankheit an seiner Arbeitsleistung verhindert, ohne daß ihn ein Verschulden trifft, so verliert er gemäß § 3 Abs. 1 EFZG dadurch nicht den Anspruch auf Arbeitsentgelt für die Zeit der Arbeitsunfähigkeit bis zur Dauer von sechs Wochen. Auch dieser Anspruch ist allerdings durch das Arbeitsrechtliche Beschäftigungsförderungsgesetz seit dem 1. Oktober 1996 in einer die allgemeine und die betriebliche Öffentlichkeit stark bewegenden Weise eingeschränkt worden. Nach § 3 Abs. 3 EFZG n.F. entsteht der erwähnte Anspruch auf Entgeltfortzahlung erst nach vierwöchiger ununterbrochener Dauer des Arbeitsverhältnisses. Nach dem neugefaßten § 4 Abs. 1 EFZG beträgt die Höhe der Entgeltfortzahlung im Krankheitsfall für den in § 3 Abs. 1 bezeichneten Zeitraum (nur noch) 80 vom Hundert des dem Arbeitnehmer bei der für ihn maßgebenden regelmäßigen Arbeitszeit zustehenden Arbeitsentgelts. Diese Absenkung der Höhe der Entgeltfortzahlung durch den Gesetzgeber hat viele Streitfragen zum Vorrang im Verhältnis der gesetzlichen Regelung zu entsprechenden tarifvertraglichen Regelungen aufkommen lassen.

Die dritte Ausnahme vom Verlust des Vergütungsanspruchs bei Unmöglichkeit der Arbeitsleistung formuliert die Lehre vom Betriebsrisiko. Sie geht auf die sogenannte Sphärentheorie des Reichsgerichts zurück. Ihren dogmatischen Ausgangspunkt nimmt sie im § 615 BGB. Ohne Pflicht zur Nachleistung kann demnach der Verpflichtete, d.h. hier: der Arbeitnehmer, die vereinbarte Vergütung verlangen, wenn der Dienstberechtigte -hier der Arbeitgeber - mit der Annahme der Dienste in Verzug gerät. Im Hinblick auf den Vergütungsanspruch unterscheidet die Rechtsprechung danach, aus welcher "Sphäre" der Grund der Unmöglichkeit stammt. Liegen die Gründe im Betrieb - Beispiele aus der Rechtsprechung sind Maschinen- und Feuerschäden, Materialmangel, Unterbrechung der Energieversorgung oder Inventur (vgl. MünchArbR/Boewer, § 77 Rz. 2) - so können die Arbeitnehmer uneingeschränkt Vergütung verlangen. Kommen hingegen bei den Nah- und Fernwirkungen von Arbeitskämpfen die komplexen Regeln über die Verteilung des Arbeitskampfrisikos zur Anwendung, so tragen grundsätzlich die Arbeitnehmer das Lohn- und Beschäftigungsrisiko. Eine dritte Fallgruppe bilden objektive Leistungshindernisse wie politische Unruhen, Demonstrationen, witterungsbedingte Störungen (Straßenglätte, Schneeverwehungen) oder die voraussichtlich mit wachsender Häufigkeit verhängten regionalen Fahrverbote bei Smog-Alarm (vgl. MünchArbR/Boewer, § 78 Rz. 15). Hier ist zu unterscheiden. Können die Arbeitnehmer infolge von Fahrverboten ihren Arbeitsplatz nicht erreichen, so tragen sie das Entgelt- oder auch Wegerisiko. Darf hingegen der Betrieb aufgrund der Smog-Lage nicht produzieren, so sollen die erschienenen Arbeitnehmer ihren Vergütungsanspruch behalten (siehe die Kontroverse hierzu zwischen Ehmann, NJW 1987, 401 ff. und Richardi, NJW 1987, 1231 ff.). Praktische Abhilfe - freilich zu Lasten der Bundesanstalt für Arbeit - kann gegebenenfalls die Beantragung und Gewährung von Kurzarbeitergeld nach den §§ 63 ff. AFG bieten.

2.5 Arbeitnehmerhaftung, Arbeitgeberhaftung

Arbeitnehmer und Arbeitgeber können im Zusammenhang mit dem Arbeitsverhältnis Schäden verursachen, die Haftungsfragen aufwerfen. Voraussetzungen und Wirkungen solcher Haftungslagen sind für beide Arbeitsvertragsparteien unterschiedlich. Die rechtliche Konzeption der Haftung berücksichtigt diese Unterschiede.

Die Arbeitnehmerhaftung mußte eine rechtliche Antwort darauf finden, daß Arbeitnehmern zur Erfüllung ihrer Arbeitspflichten erhebliche Vermögenswerte sowie technische und ökologische Risikopotentiale anvertraut sein können. Aus diesen können schon bei kleiner Unachtsamkeit, d.h. bei leichtester Fahrlässigkeit, Schadensfolgen resultieren, die in keinem Verhältnis mehr zu Einkommen und Vermögen und damit Ersatzfähigkeit der Arbeitnehmer stehen. Um zu einer sachgerechten Einschränkung der Arbeitnehmerhaftung zu gelangen, hat die Rechtsprechung den in § 254 BGB normierten Gedanken des mitwirkenden Verschuldens für das Arbeitsverhältnis spezifiziert und das Betriebsrisiko sowie das Organisationsrisiko dem Arbeitgeber zugerechnet. In Anbetracht der vom Arbeitgeber geschaffenen und organisatorisch ausgestalteten betrieblichen Risikolage kann dieser eventuelle Schadensfolgen nicht oder nicht allein seinen Arbeitnehmern aufbürden. Über fast vier Jahrzehnte hinweg hat die Rechtsprechung die Haftungserleichterung auf sogenannte gefahrgeneigte Arbeit beschränkt. Aufgrund der Verallgemeinerung von Haftungsrisiken hat der Große Senat des BAG 1992 eine (erneute) Rechtsfortbildung eingeleitet mit dem Ziel, die Arbeitnehmerhaftung bei allen im Arbeitsverhältnis von Arbeitnehmern verursachten Schäden, "die bei betrieblich veranlaßten Tätigkeiten entstehen", zu beschränken. Nach Klärung einer Divergenz zur Rechtsprechung des Bundesgerichtshofs kommt diese neue Rechtslage seit 1994 zur Anwendung (BAG NZA 1993, 547; Hanau/Adomeit, G VI 2). Damit gilt nun allgemein für Schäden aus betrieblich veranlaßten Arbeiten, daß der Arbeitnehmer bei Vorsatz und grober Fahrlässigkeit in aller Regel den gesamten Schaden allein zu tragen hat, bei leichter Fahrlässigkeit hingegen nicht haftet. Bei mittlerer Fahrlässigkeit ist der Schaden grundsätzlich quotal zu verteilen, wobei die Gesamtumstände von Schadensanlaß und Schadensfolgen gegeneinander abzuwägen sind (vgl. MünchArbR/Blomeyer, § 57 Rz. 36 ff.; BAG NJW 1993, 1732 = NZA 1993, 547). Dieselbe Haftungsskala kommt zur Anwendung, wenn der Arbeitnehmer - beispielsweise bei einem Verkehrsunfall - einen betriebsfremden Dritten geschädigt hat. Zwar haftet der Arbeitnehmer dem Dritten uneingeschränkt nach den Grundsätzen des BGB. Er kann aber im Innenverhältnis zum Arbeitgeber, dem obigen Schema entsprechend, Freistellung von der Haftung verlangen.

Vom Recht anders ausgestaltet ist die Haftung des Arbeitgebers. Nach § 636 Abs. 1 RVO - ab 1. Januar 1997: § 104 Abs. 1 SGB VII - ist der Unternehmer den in seinem Unternehmen tätigen Versicherten zum Ersatz des Personenschadens, den ein Arbeitsunfall verursacht hat, "nur dann verpflichtet, wenn er den Arbeitsunfall vorsätzlich herbeigeführt hat oder wenn der Arbeitsunfall bei der Teilnahme am allgemeinen Verkehr eingetreten ist". Diese Haftungsbeschränkung bei Körperschäden hat ihren Grund darin, daß die Arbeitgeber (Unternehmer) durch die von ihnen allein aufzubringenden Beiträge an die Berufsgenossenschaften als Träger der Unfallversicherung bereits finanziell an Prävention und Schadensausgleich beteiligt ist (vgl. Halbach et al., 148). Nicht eingeschränkt ist hingegen die Haftung des Arbeitgebers für *Sachschäden* der Arbeitnehmer. Hier gelten die allgemeinen Grundsätze der Haftung aus Vertrag und Delikt. Darüber hinaus hat der Arbeitgeber auch ohne Verschulden in entsprechender Anwendung des Gedankens der Risikohaftung des Geschäftsherrn nach § 670 BGB arbeitstypische Schäden des Arbeitnehmers, beispielsweise an dessen privatem PKW, zu ersetzen, die nicht auf andere Weise abgegolten sind (Hanau/Adomeit G VII 2; Schiefer, NJW 1993, 966 ff.; Frieges, NZA 1995, 403 ff.; BAG NJW 1989, 317).

3. Die Beendigung von Arbeitsverhältnissen

3.1 Die Beendigung von befristeten und unbefristeten Arbeitsverhältnissen

Die Beendigung des Arbeitsverhältnisses bestimmt sich nach dessen Typus. Ein befristetes Arbeitsverhältnis "endigt mit dem Ablaufe der Zeit, für die es eingegangen ist", wie § 620 Abs. 1 BGB formuliert. Im Regelfall ist das Recht zur sogenannten ordentlichen, d.h. fristgerechten Kündigung, während des Laufes der Befristung ausgeschlossen. Das hat eine praktisch bedeutsame Folge. Im Unterschied zum Mietrecht, das den Kündigungsschutz auch auf zeitlich befristete Mietverhältnisse erstreckt (§ 564 c BGB), unterliegen befristete Arbeitsverhältnisse nicht dem Kündigungsschutz. Die Beendigung eines zeitbestimmten Arbeitsverhältnisses ist der Rechtmäßigkeitskontrolle durch die Arbeitsgerichte im Rahmen eines Kündigungsschutzverfahrens entzogen. Der naheliegenden Gefahr der Umgehung der zwingenden Normen des Kündigungsschutzes durch den Abschluß befristeter Arbeitsverträge versucht die Rechtsprechung, wie oben bereits erwähnt, durch erhöhte Anforderungen an die Rechtfertigung des Abschlusses solcher Arbeitsverträge entgegenzuwirken.

Ist ein Arbeitsverhältnis weder durch eine Zeit- noch durch eine Zweckbestimmung befristet, so kann es als Dauerschuldverhältnis nur durch Kündigung beendet werden. Die Kündigung ist eine einseitige, empfangsbedürftige Willenserklärung. Empfangsbedürftig heißt, die Erklärung ist nicht bereits durch diesen Akt abgegeben. Sie muß vielmehr ihren Adressaten erreichen, d.h., sie muß in Richtung auf den Empfänger verlautbart worden sein. Außerdem muß die Erklärung dem Empfänger zugegangen sein. Im modernen Regelfall wird eine Kündigungserklärung nicht in Anwesenheit der anderen Partei abgegeben, sondern - schriftlich - in deren Abwesenheit. Nach § 130 Abs. 1 Satz 1 BGB, wird eine Willenserklärung, die einem abwesenden anderen gegenüber abzugeben ist, in dem Zeitpunkte wirksam, in welchem sie ihm zugeht. Der Zugang bestimmt sich nach der durch die Verkehrssitte bestimmten objektiven Möglichkeit für den Empfänger, die
Erklärung zur Kenntnis zu nehmen. Das bedeutet, die Erklärung muß in den Bereich des Empfängers gelangt sein (Wohnung, Geschäftsräume, Hausbriefkasten) und damit diesen in die Lage versetzt haben, von der Erklärung Kenntnis zu nehmen.

3.2 Ordentliche und außerordentliche Kündigung

Für jede vom Arbeitgeber erklärte Kündigung gilt, daß sie von der Rechtsordnung nur als letztes Mittel, als "ultima ratio", akzeptiert wird. Dieses Erfordernis setzt den aus dem Rechtsstaatsprinzip gewonnenen allgemeinen Gedanken der Verhältnismäßigkeit auf das Kündigungsschutzrecht um. Das BAG faßt das Ultima-ratio-Prinzip in den Rechtssatz, daß eine Beendigungskündigung, gleichgültig ob sie auf betriebs-, personen- oder verhaltensbedingte Gründe gestützt ist, und gleichgültig, ob sie als ordentliche oder als außerordentliche Kündigung ausgesprochen wird, als äußerstes Mittel erst in Betracht kommt, wenn keine Möglichkeit zu einer anderweitigen Beschäftigung, unter Umständen auch mit schlechteren Arbeitsbedingungen, besteht (BAG AP Nr. 70 zu § 626 BGB = NJW 1979, 332; vgl. Stahlhacke/Preis, Rz. 616). Einen gesetzlichen Ausdruck hat der Grundsatz des letzten Mittels gefunden in § 1 Abs. 2 Satz 2 und 3 KSchG, denen zufolge Weiterbeschäftigungsmöglichkeiten an einem anderen Arbeitsplatz oder nach zumutbaren Umschulungs- oder Fortbildungsmaßnahmen oder unter geänderten Arbeitsbedingungen der sozialen Rechtfertigung einer gleichwohl ausgesprochenen Kündigung entgegenstehen können.

Gekündigt werden kann das Arbeitsverhältnis auf zweierlei Weise. Soll das Arbeitsverhältnis nach Ablauf der - gesetzlich gebotenen oder vertraglich vereinbarten - Kündigungsfrist beendet werden, so handelt es sich um eine ordentliche Kündigung. Die gesetzliche Regelfrist für das Arbeitsverhältnis eines Arbeiters oder eines Angestellten beträgt nach dem neugefaßten § 622 Abs. 1 BGB vier Wochen zum Fünfzehnten oder zum Ende eines Kalendermonats. Die Novellierung dieser Vorschrift setzt eine industriesoziologisch interessante Entscheidung des Bundesverfassungsgerichts aus dem Jahr 1990 um (BVerfGE 82, 126 = NJW 1990, 2246), in welcher der Gesetzgeber zur Gleichbehandlung von Arbeitern und Angestellten bei Kündigungsfristen aufgefordert worden war. Für eine Kündigung durch den Arbeitgeber verlängert sich die Kündigungsfrist nach § 622 Abs. 2 BGB in Abhängigkeit von dem Bestand des Arbeitsverhältnisses auf bis zu sieben Monate zum Ende eines Kalendermonats.

Soll das Arbeitsverhältnis hingegen sofort oder jedenfalls vor dem Auslaufen der gesetzlichen oder vereinbarten Kündigungsfrist beendet werden, so handelt es sich um eine außerordentliche Kündigung ("fristlose Entlassung"). Nach einer repräsentativen Untersuchung zur Kündigungspraxis war jede fünfte im Jahr 1978 in der privaten Wirtschaft der Bundesrepublik erklärte Kündigung eine außerordentliche Kündigung (Falke et al., Band I, 61). Für eine solche Kündigung erforderlich ist nach § 626 Abs. 1 BGB das Vorliegen eines "wichtigen Grundes". Ein solcher ist gegeben, "wenn Tatsachen vorliegen, auf Grund derer dem Kündigenden unter Berücksichtigung aller Umstände des Einzelfalles und unter Abwägung der Interessen beider Vertragsteile die Fortsetzung des Dienstverhältnisses bis zum Ablauf der Kündigungsfrist oder bis zu der vereinbarten Beendigung des Dienstverhältnisses nicht zugemutet werden kann". Die Generalklausel des "wichtigen Grundes" überläßt die Anpassung von Norm und Wirklichkeit der Rechtsprechung. Deren fallbezogene umfassende Interessenabwägung macht es außerordentlich schwer, den Ausgang von Rechtsstreitigkeiten vorherzusagen. Wichtige Fallgruppen aus der Rechtsprechung, die den Arbeitgeber zur außerordentlichen Kündigung berechtigen können, sind beispielsweise die Abwerbung, vor allem bei Arbeitnehmern mit Vertrauensstellung im Betrieb, Alkohol, hartnäckige Arbeitsverweigerung, Beleidigung und Tätlichkeiten, sexuelle Belästigung, verbotene Konkurrenztätigkeit, Mißbrauch betrieblicher Kontrolleinrichtungen, Spesenbetrug und andere strafbare Handlungen im Zusammenhang mit dem Arbeitsverhältnis (Alle Beispiele aus: Stahlhacke/Preis, a.a.O., Rz. 502 ff.).

Für die ordentliche Kündigung nennt das Kündigungsschutzgesetz drei Gruppen von Begründungen, die eine Kündigung rechtfertigen können. Nach § 1 Abs. 2 KSchG ist die Kündigung sozial ungerechtfertigt, wenn sie nicht durch Gründe, die in der Person oder in dem Verhalten des Arbeitnehmers liegen, oder durch dringende betriebliche Erfordernisse, die einer Weiterbeschäftigung des Arbeitnehmers in diesem Betrieb entgegenstehen, bedingt ist. Eine empirische Untersuchung der Kündigungspraxis in der Bundesrepublik Deutschland ergab für den Fünfjahreszeitraum 1974 bis 1978 einen weitgehend stabilen Anteil von einem Drittel betriebsbedingter Kündigungen gegenüber zwei Dritteln personen- und verhaltensbedingter Kündigungen (Falke et al., Band I, 64). Die von den befragten Unternehmen für das Jahr 1978 angegebenen häufigsten Begründungen für die letztgenannten Gruppen waren unentschuldigtes Fernbleiben, mangelhafte Leistung, häufige Erkrankung, fehlende Eignung, Unpünktlichkeit, Alkoholmißbrauch und abnehmende Leistungsfähigkeit (Falke et al., Band I, 101).

Ist ein Betriebs- oder Personalrat vorhanden, so ist er vor jeder Kündigung anzuhören (§ 102 Abs. 1 BetrVG, § 79 BPersVG). Eine ohne deren Anhörung ausgesprochene Kündigung ist unwirksam. Hat der Betriebs- bzw. Personalrat gegen ordentliche Kündigungen frist- und ordnungsgemäß Widerspruch bzw. Einwendungen erhoben und haben die Arbeitnehmer Klage erhoben, so können diese vorläufige Weiterbeschäftigung bis zum rechtskräftigen Abschluß des Rechtsstreits bei unveränderten Arbeitsbedingungen verlangen (§ 102 Abs. 5 BetrVG, § 79 Abs. 2 BPersVG). Unter eingeschränkten Voraussetzungen können gekündigte Arbeitnehmer seit einem Beschluß des Großen Senats des Bundesarbeitsgerichts aus dem Jahr 1985 auch außerhalb der Voraussetzungen des § 102 Abs. 5 BetrVG - d.h. bei Fehlen eines Betriebsrats oder eines frist- und ordnungsgemäßen Widerspruchs - vorläufige Weiterbeschäftigung verlangen (BAG GS EzA § 611 BGB Beschäftigungspflicht Nr. 9 mit Anm. von Gamillscheg = NJW 1985, 2968 = NZA 1985, 702; siehe Stahlhacke/ Preis, Rz 1295 ff.; Hanau/Adomeit, J II 6 e). Im Wege einer komplexen Interessenabwägung hat der Große Senat des BAG einen solchen vorläufigen Beschäftigungsanspruch grundsätzlich dann zuerkannt, wenn die Kündigung offensichtlich unwirksam ist oder wenn im Kündigungsprozeß ein die Instanz abschließendes Urteil ergeht, das die Unwirksamkeit der Kündigung und damit den Fortbestand des Arbeitsverhältnisses feststellt (vgl. Steinmeyer, Casebook Arbeitsrecht, 158 ff.).

3.3 Sozialauswahl

Einen Beitrag zur Gerechtigkeit im Betrieb will die Regelung zur sogenannten Sozialauswahl nach § 1 Abs. 3 Kündigungsschutzgesetz (KSchG) leisten. Die Regelung hat ihren historischen Vorläufer in der Demobilmachungsverordnung vom 19.2.1920 (Kraushaar, AiB 1994, 169). Die Sozialauswahl ist von großer praktischer Bedeutung. In der gerichtlichen Praxis liegt der Schwerpunkt der Kündigungsschutzklagen gegen betriebsbedingten Kündigungen auf dieser Frage der richtigen sozialen Auswahl (Kraushaar, 182). Als entsprechend folgenreich könnten sich die Einschränkungen erweisen, die durch das Arbeitsrechtliche Beschäftigungsförderungsgesetz ab dem 1. Oktober 1996 in bezug auf die bisher so genannte Sozialauswahl gemäß § 1 Abs. 3 KSchG bewirkt worden sind. Nach wie vor greift die Sozialauswahl ein, wenn Arbeitnehmern aus dringenden betrieblichen Erfordernissen im Sinne des § 1 Abs. 2 KSchG gekündigt worden ist. Auch wenn diese Voraussetzungen vorliegen, kann die Kündigung nach § 1 Abs. 3 Satz 1 KSchG n. F. trotzdem sozial ungerechtfertigt sein, wenn der Arbeitgeber bei der Auswahl des Arbeitnehmers die Dauer der Betriebszugehörigkeit, das Lebensalter und die Unterhaltspflichten des Arbeitnehmers - bis 1.10.1996 allgemeiner „soziale Gesichtspunkte" - nicht oder nicht ausreichend berücksichtigt hat. Auf Verlangen des Arbeitnehmers hat der Arbeitgeber die Gründe anzugeben, die zu der getroffenen Auswahl geführt haben. In die soziale Auswahl nach Satz 1 sind allerdings nach dem neu gefaßten § 1 Abs. 3 Satz 2 KSchG Arbeitnehmer nicht einzubeziehen, deren Weiterbeschäftigung, insbesondere wegen ihrer Kenntnisse, Fähigkeiten und Leistungen oder zur Sicherung einer ausgewogenen Personalstruktur des Betriebes, im berechtigten betrieblichen Interesse liegt. Im Streitfall hat der Arbeitnehmer nach § 1 Abs. 3 Satz 3 KSchG die Tatsachen zu beweisen, die die Kündigung als in diesem Sinne sozial ungerechtfertigt erscheinen lassen.

Neu in den § 1 KSchG eingefügt wurden durch das Arbeitsrechtliche Beschäftigungsförderungsgesetz die Absätze 4 und 5. § 1 Abs. 4 KSchG geht davon aus, daß in einem Tarifvertrag, in einer Betriebsvereinbarung nach § 95 BetrVG oder in einer entsprechenden Richtlinie nach den Personalvertretungsgesetzen festgelegt ist, wie die sozialen Gesichtspunkte nach Absatz 3 Satz 1 im Verhältnis zueinander zu bewerten sind. Ist das geschehen, so kann die Bewertung nach § 1 Abs. 4 Satz 1 KSchG nur auf grobe Fehlerhaftigkeit überprüft werden. Nach § 1 Abs. 4 Satz 2 KSchG gilt das gleiche für eine Richtlinie mit Regelungen im Sinne des Satzes 1, die ein Arbeitgeber in Betrieben oder Verwaltungen ohne gewählte Arbeitnehmervertretung mit Zustimmung von mindestens zwei Dritteln der Arbeitnehmer des Betriebes oder der Dienststelle schriftlich erläßt. Eine Vermutungswirkung und ebenfalls eine Beschränkung de Überprüfung auf grobe Fehlerhaftigkeit ordnet der neue § 1 Abs. 5 KSchG an. Sind bei einer Kündigung, die aufgrund einer Betriebsänderung nach § 111 des Betriebsverfassungsgesetzes die Arbeitnehmer, denen gekündigt werden soll, in einem Interessenausgleich zwischen Arbeitgeber und Betriebsrat namentlich bezeichnet, so wird gemäß § 1 Abs. 5 Satz 1 KSchG vermutet, daß die Kündigung durch dringende betriebliche Erfordernisse im Sinne des Absatzes 2 bedingt ist. Die soziale Auswahl der Arbeitnehmer kann dann nur auf grobe Fehlerhaftigkeit überprüft werden. Nach § 1 Abs. 5 Satz 3 KSchG gelten die Sätze 1 und 2 nicht, soweit sich die Sachlage nach Zustandekommen des Interessenausgleichs wesentlich geändert hat. Der Interessenausgleich nach Satz 1 ersetzt nach § 1 Abs. 5 Satz 4 KSchG die Stellungnahme des Betriebsrats nach § 17 Abs. 3 Satz 2.

Ein Dilemma in der Anwendung einer Auswahlregelung für betriebsbedingte Kündigungen besteht darin, daß sie einerseits abstrakt gefaßt sein muß, um der Vielfalt von Umständen des Einzelfalles gerecht zu werden, andererseits der Praxis handhabbare und vergleichbare Maßstäbe für die Verteilung des Entlassungsrisikos liefern soll. Die Folge ist erhebliche Rechtsunsicherheit in der Praxis. Der Gesetzgeber des Arbeitsrechtlichen Beschäftigungsförderungsgesetzes vom Herbst 1996 hat diese Unsicherheit zum Leitmotiv seiner Änderungen gemacht. „Im Interesse der besseren Berechenbarkeit der Kündigung für den Arbeitgeber" (so die Gesetzesbegründung, BT-Drs. 13/4612, 8) ist die Sozialauswahl nach § 1 Abs. 3 KSchG auf die genannten Merkmale begrenzt worden. Die in der Gewichtung der Auswahlkriterien in einer Richtlinie nach § 95 BetrVG und der dadurch bedingten Beschränkung der Überprüfung durch die Gerichte liegende „bessere Berechenbarkeit der Zulässigkeit einer Kündigung" (BT-Drs. 13/4612, 9) solle künftig Vorrang vor der Einzelfallbeurteilung haben. Daß sich die Hoffnung des Gesetzgebers auf bessere Berechenbarkeit in Anbetracht der fortexistierenden Abwägungsformeln („nicht oder nicht ausreichend berücksichtigt") und der neu eingefügten offenen Rechtsbegriffe („ausgewogene Personalstruktur", „insbesondere", „im berechtigten betrieblichen Interesse") erfüllen wird, läßt sich bezweifeln. Mit größerer Wahrscheinlichkeit gelingen dürfte hingegen die inhaltliche Umsteuerung der Sozialauswahl zugunsten einer stärkeren Berücksichtigung der betrieblichen Notwendigkeiten gegenüber der Sozialauswahl (s. BT-Drs. 13/4612, 9).

Auch bisher bereits hat die Rechtsprechung versucht, den Erwägungsraum für die betrieblichen Entscheider durch die beispielhafte Aufzählung von Merkmalen einzugrenzen. Schematisierung der Entscheidung mit Hilfe von Punktetabellen jedoch hat das BAG, jedenfalls für die endgültige Auswahl, im Interesse einer offenen Prüfung aller Umstände des Einzelfalles stets abgelehnt (für die Vorauswahl der zu kündigenden Arbeitnehmer hingegen ist ein verobjektivierendes Punktesystem zulässig, vgl. BAG AP Nr. 1 zu § 95 BetrVG 1972; BAG AP Nr. 19 zu § 1 KSchG 1969 Soziale Auswahl; BAG, 7.12.1995, AiB 1996, 567). Zu den sozial beachtenswerten Umständen gehörten auch schon vor der Gesetzesänderung das Lebensalter, die Dauer der Betriebszugehörigkeit und die Unterhaltsverpflichtungen. Hinzutreten konnten der Gesundheitszustand des Arbeitnehmers oder eines Familienangehörigen (vgl. den Sachverhalt in BAG AP Nr. 19 zu § 1 KSchG 1969 Soziale Auswahl: Herzinfarkt der Ehefrau), die Vermittelbarkeit auf dem Arbeitsmarkt, besondere Schutzrechte, die sich aus einer Schwerbehinderung oder Schwangerschaft ergeben, aber auch die Einkünfte anderer Familienangehöriger (BAG NJW 1984, 78, 80). Verbessern ließ sich die Übersichtlichkeit der Anordnung der sozialen Merkmale durch ein dreistufiges Prüfungsschema, das in der Rechtsprechung des BAG entwickelt worden ist (hierzu Steinmeyer, Casebook Arbeitsrecht, 146). Es beginnt mit der Ermittlung aller für die Sozialauswahl in Betracht kommenden Arbeitnehmer, bestimmt innerhalb dieses Kreises die soziale Schutzwürdigkeit und prüft abschließend der Sozialauswahl möglicherweise entgegenstehende betriebliche Belange (BAG NZA 1986, 64, 65). Für den ersten Schritt, die Ermittlung des auswahlrelevanten Personenkreises, zogen Rechtsprechung und Literatur den Kreis bisher weit, weil bei der Sozialauswahl stets auf den Betrieb als Ganzes abzustellen ist und nicht etwa auf eine bestimmte Abteilung oder Arbeitsgruppe (vgl. zuletzt BAG AP Nr. 23 zu § 1 KSchG 1969 Soziale Auswahl). Von der Sozialauswahl erfaßt werden konnten daher auch Arbeitnehmer im Betrieb, auf die sich die zur Begründung der Kündigung herangezogenen dringenden betrieblichen Erfordernisse im Sinne des § 1 Abs. 2 Satz 1 KSchG nicht unmittelbar erstrecken. Das konnte beispielsweise dazu führen, daß eine vormalige Arbeiterin in der Pedalmontage einer Zweirad-Fertigung, die später als Putzfrau im selben Betrieb beschäftigt war, für die Sozialauswahl wieder als mit den in der Pedalmontage in der gleichen Lohngruppe tätigen Arbeitnehmern vergleichbar anzusehen ist (siehe den Sachverhalt von BAG AP Nr. 18 zu § 1 KSchG 1969 Soziale Auswahl) oder daß mit einer für die Entlassung vorgesehenen Spulenwicklerin in einem Großbetrieb alle in der gleichen Lohngruppe tätigen Arbeitnehmer(innen) der betrieblichen "Fachbereiche" (Produktionsstätten) Industriemotoren, Mittel- und Großmaschinen, Bahntechnik sowie Leistungselektronik im Rahmen der Sozialauswahl verglichen werden mußten (BAG AP Nr. 7 zu § 1 KSchG 1969 Soziale Auswahl = NJW 1986, 274).

Die Frage, ob die sozialen Kriterien völlig zu vernachlässigen sind, wenn sich der Arbeitgeber auf das besondere Bedürfnis zur Weiterbeschäftigung wegen „Kenntnissen, Fähigkeiten und Leistungen oder zur Sicherung einer ausgewogenen Personalstruktur" beruft, ist zur Zeit nicht sicher zu beantworten. Die Neufassung des § 1 Abs. 3 Satz 2 KSchG spricht zwar ausdrücklich davon, daß bestimmte Arbeitnehmer in die Sozialauswahl „nicht einzubeziehen" sind. Wie streng die Rechtsprechung aber die Anforderungen an die „berechtigten betrieblichen Interessen" ausgestalten wird, bleibt abzuwarten (Steen, AiB 1996, 703). Auch nach der alten Rechtslage konnten einem denkbaren Ergebnis der Sozialauswahl berechtigte betriebliche Belange entgegenstehen. Als solche kamen bisher unter anderem in Betracht das Interesse des Arbeitgebers an einer ausgewogenen Altersstruktur, bestimmte Zusatzqualifikationen (z.B. die eines Betriebsdolmetschers, im Laufe der Zeit gewachsene betriebliche Spezialisierungen, spezielle Kenntnisse der CAD- oder PC-Technik, vgl. BAG AP Nr. 23 zu § 1 KSchG 1969 Soziale Auswahl) oder besondere Verbindungen von Arbeitnehmern zu wichtigen Kunden (vgl. ArbGer Elmshorn, BB 1994, 791; Kraushaar, 180).

Als problematisch und persönlich belastend kann sich die erwähnte Beweislastverteilung dann erweisen, wenn für die Kündigung ausgewählte Arbeitnehmer die soziale Rechtfertigung ihrer Auswahl bestreiten wollen. Da sie nach § 1 Abs. 3 letzter Satz KSchG die Tatsachen zu beweisen haben, auf die sie ihre Behauptung fehlender sozialer Rechtfertigung stützen wollen, müssen sie gegebenenfalls vergleichbare und nach ihrer Auffassung weniger schutzbedürftige andere Arbeitnehmer benennen. Um sie jedoch überhaupt in die Lage zu versetzen, sich ein Bild von den ihnen häufig nicht bekannten sozialen Daten vergleichbarer Arbeitnehmer zu machen, kommt ihnen die Rechtsprechung des BAG auf der Grundlage des § 1 Abs. 3 KSchG mit einem System abgestufter Darlegungs- und Beweislast entgegen. Danach muß ein Arbeitnehmer zunächst erklären, daß er - oder sie - die soziale Auswahl für fehlerhaft halte (vgl. Kraushaar, 180). Da gekündigte Arbeitnehmer zur Begründung fehlerhafter Sozialauswahl mangels Kenntnis der sozialen Daten vergleichbarer Arbeitnehmer im Betrieb häufig nicht in der Lage sein werden, genügt es, wenn sie die Richtigkeit der Sozialauswahl pauschal beanstanden und den Arbeitgeber zur Mitteilung der Gründe auffordern. Damit geht die Darlegungs- und Beweislast zunächst wieder auf den Arbeitgeber über. Kommt dieser allerdings dem Begründungsverlangen nach, dann obliegt es wiederum dem Arbeitnehmer, vorzutragen und gegebenenfalls zu beweisen, welche vom Arbeitgeber in die Sozialauswahl einbezogenen Arbeitnehmer weniger schutzwürdig sein sollen oder welche weiteren, vom Arbeitgeber nicht benannten Arbeitnehmer in die soziale Auswahl einzubeziehen seien. Die dem Arbeitnehmer hier aus prozessualen Gründen zugedachte Rolle, andere für die Kündigung vorzuschlagen, führt zu moralischen und psychologischen Belastungen im Betrieb. Das gilt sowohl für den Fall, daß der gekündigte Arbeitnehmer mit seiner Behauptung fehlerhafter Sozialauswahl bei Gericht nicht durchdringt und seinen Arbeitsplatz verliert, als auch, und vielleicht noch stärker, für den gegenteiligen Fall des Obsiegens, wenn das Arbeitsverhältnis erhalten bleibt.

Auch für das Verhalten des Betriebsrats in der Kündigungssituation ist die Frage der Sozialauswahl von erheblicher Bedeutung. Nach § 102 Abs. 3 Satz 1 BetrVG kann ein Betriebsrat seinen Widerspruch gegen eine ordentliche betriebsbedingte Kündigung damit begründen, daß der Arbeitgeber bei der Auswahl des zu kündigenden Arbeitnehmers „soziale Gesichtspunkte" (dieser auf die alte Rechtslage zu § 1 Abs. 3 KSchG Bezug nehmende Begriff ist nicht angepaßt worden) nicht oder nicht ausreichend berücksichtigt hat. Allerdings erfordert eine ordnungsgemäße Widerspruchsbegründung nicht, daß der Betriebsrat andere Arbeitnehmer bezeichnet, die anstelle des vom Arbeitgeber ausgewählten Arbeitnehmers gekündigt werden könnten (Kittner in DKK, § 102 Rz., 188). Es genügt, wenn der Betriebsrat auf vergleichbare andere Arbeitnehmer hinweist, die in die Sozialauswahl einzubeziehen seien, und die nach seiner Auffassung unzureichend gewürdigten „sozialen Gesichtspunkte" benennt.

3.4 Der Aufhebungsvertrag

Erhebliche praktische Bedeutung hat eine Form der Beendigung des Arbeitsverhältnisses erlangt, bei der nicht einseitig gekündigt, sondern der Arbeitsvertrag einverständlich, d.h. im Wege eines Vertrages, aufgehoben wird (Schaub, § 122). Eine gesetzliche Regelung besteht nicht. Erwähnung gefunden hat diese Praxis jedoch im § 112a BetrVG im Zusammenhang mit der Erzwingbarkeit von Sozialplänen bei Personalabbau. Als Entlassung gilt nach § 112a Abs. 1 Satz 2 BetrVG "auch das vom Arbeitgeber aus Gründen der Betriebsänderung veranlaßte Ausscheiden von Arbeitnehmern auf Grund von Aufhebungsverträgen". Diese gesetzgeberische Wertung findet sich auch in dem durch Artikel 5 des neuen EG-Anpassungsgesetzes vom 20. Juli 1995 (BGBl. I, 946) geänderten § 17 KSchG, der die anzeigepflichtigen Entlassungen regelt. § 17 Abs. 1 KSchG ist nunmehr um folgenden Satz ergänzt: "Den Entlassungen stehen andere Beendigungen des Arbeitsverhältnisses gleich, die vom Arbeitgeber veranlaßt werden." Die Rechtsprechung des BAG behandelt vom Arbeitgeber veranlasste Aufhebungsverträge im Zusammenhang mit einer Betriebsänderung im Hinblick auf die Ansprüche aus dem Sozialplan ebenfalls wie eine Arbeitgeberkündigung (BAG, Betriebs-Berater 1993, 1807; vgl. BAG NZA 1995, 489). Auch bei der Anwendung des Kündigungsverbotes nach § 613a Abs. 4 BGB wegen des Übergangs eines Betriebs oder eines Betriebsteils achtet die Rechtsprechung darauf, daß das Regelungsziel des § 613a Abs. 1 BGB - der Übergang der Arbeitsverhältnisse - nicht durch vom Betriebsveräußerer oder -erwerber veranlaßte Aufhebungsverträge umgangen wird (BAG, Betriebs-Berater 1989, 558, 559).

Der Aufhebungsvertrag stellt das Gegenstück zum Abschluß des Arbeitsvertrags dar. Wie für den Abschluß des Arbeitsvertrages gilt auch für dessen vertragliche Beendigung der Grundsatz der Vertragsfreiheit. Auch hier geht die Rechtsordnung von der privatrechtlichen Doktrin der Richtigkeitsgewähr aus, d.h. von der zu vermutenden Fähigkeit der vertragschließenden Individuen, ihre Interessen in den Vertragsverhandlungen zu wahren. Aber ebenso wie zu Beginn des Arbeitsverhältnisses stellt sich bei den das Arbeitsverhältnis beendenden Aufhebungsverträgen die skeptische Frage nach dem Realitätsgehalt solcher Annahmen angesichts der Typik arbeitsvertraglicher Verhandlungsmacht. Die Rechtsprechung des Bundesverfassungsgerichts läßt in den letzten Jahren erhöhte Aufmerksamkeit gegenüber struktureller Unterlegenheit von Vertragsparteien im Rahmen von typisierbaren Fallgestaltungen erkennen (BVerfG BB 1994, 16; vgl. BVerfG NJW 1990, 1469 (1470)). Strukturelle Unterlegenheit der Arbeitnehmer bzw. Arbeitsuchenden im Hinblick auf ihre Arbeitsvertragsbedingungen ist, historisch gesehen, die Hauptbedingung gewesen für die Herausbildung der besonderen Anforderungen und

Kontrollen des Arbeitsrechts. Es besteht keine Veranlassung, ausgerechnet die Beendigung des Arbeitsverhältnisses mit ihren Interessenlagen und Entscheidungsbedingungen aus der rechtlichen Kontrolle der Vertragsfreiheit auszunehmen.

3.5 Die Abwicklung des Arbeitsverhältnisses

Zur ordentlichen Beendigung eines Arbeitsverhältnisses kann die Erteilung eines schriftlichen Zeugnisses über das Dienstverhältnis und dessen Dauer gehören, auf die der Arbeitnehmer nach § 630 BGB einen Anspruch hat. Auf Verlangen des Arbeitnehmers ist das Zeugnis auf Leistungen und die Führung im Dienst zu erstrecken und damit als sog. qualifiziertes Zeugnis auszustellen (Däubler, 8.10.1.; Hanau/Adomeit, G X 3). Das Zeugnis ist wohlwollend abzufassen, darf aber bei Strafe eventueller Schadensersatzansprüche nachfolgender Arbeitgeber in wesentlichen Punkten nicht unwahr sein. Vom Arbeitgeber sind bei Beendigung des Arbeitsverhältnisses weitere Arbeitspapiere herauszugeben, darunter auch die für den Fall anschließender Arbeitslosigkeit wichtige Arbeitsbescheinigung nach § 133 AFG.

4. Entwicklungen und Reformbedarf

Die soziologischen und wirtschaftlichen Rahmenbedingungen der Erwerbsarbeit haben sich gegen Ende des 20. Jahrhunderts erheblich verändert. Der kurze Traum der immerwährenden Prosperität ist verflogen und hat der dauerhaften Realität struktureller Arbeitslosigkeit Platz gemacht. Der Übertritt aus den Ausbildungssystemen in die Arbeitswelt ist ebenso heikel geworden wie der Verbleib in dem gefundenen Arbeitsverhältnis. Das Recht der Arbeitsförderung hat sich europaweit als unverzichtbare Hauptkomponente aktiver Arbeitsmarktpolitik herausgebildet. Mit dieser Entwicklung gehen einher neuartige Ergänzungsformen zum traditionellen Arbeitsverhältnis. Aus öffentlich- und privatrechtlichen Elementen zusammengesetzt und meist gemischt finanziert sollen sie Arbeit beschaffen oder Arbeitsmangel überbrücken, berufliche Bildung fördern und berufliche Passagen erleichtern. Aber auch im herkömmlichen, nicht bezuschußten Arbeitsverhältnis haben sich die Bedingungen seit dem Stabilitätsverlust der Arbeitsmärkte Ende der 70er Jahre erheblich verändert. Verkürzung und Flexibilisierung der Arbeitszeit, gestiegene und differenzierter gewordene Frauenerwerbstätigkeit, der deutliche Zuwachs des Beschäftigtenanteils der Dienstleistungen, Formen der Prekarisierung von Erwerbsarbeit in zeitlicher wie finanzieller Hinsicht, die Auswirkungen der Europäisierung von Wirtschafts- und Sozialpolitik stellen das Beschäftigungssystem und das Recht vor neue Anforderungen.

Der Vervielfältigung der wirtschaftlichen Bedingungen sozialen Lebenslagen entspricht gewachsene Typenvielfalt der Arbeitsverhältnisse. Aus *dem* Arbeitsverhältnis der industriellen Epoche ist eine ganze Palette von organisationsgebundenen und weisungsabhängigen Erwerbsformen geworden.

Am Grundcharakter des Arbeitsverhältnisses hat sich dadurch nichts geändert. Es ist die rechtlich organisierte und kontrollierte Form des Austausches von Arbeitsleistung gegen Vergütung geblieben. Die von der Soziologie beobachtete Pluralisierung der Lebensstile schlägt sich überraschend wenig in der inhaltlichen Ausgestaltung von Arbeitsverträgen nieder (Preis 1993). Hier überwiegt nach wie vor variantenarme Standardisierung. Pluralisiert haben sich hingegen die Typen und Einsatzbedingungen von Arbeitsverhältnissen.

Für das Arbeitsrecht tritt damit neben die Kontrolle der Austauschbedingungen im Vertragsverhältnis stärker das Problem der Abgrenzung zwischen den verschiedenen Vertragsformen der Erwerbsarbeit. Das Arbeitsrecht hat entscheidend dazu beigetragen, das Nutzungsverhältnis der Arbeit zu zivilisieren und, vor allem über die Ausgestaltung des Arbeitsverhältnisses, den sozialbürgerschaftlichen Status von Arbeitnehmern auszubauen. An der Abhängigkeit dieses Verhältnisses von Wirtschafts-, Markt- und Technikentwicklungen und an den dadurch bedingten Risiken von Ungleichheit und Ausschluß hat es nichts zu ändern vermocht.

Eine weitere Entwicklung ist die Europäisierung des Arbeitsrechts. Ungeachtet der gerade im Arbeits- und Sozialrecht starken nationalen und rechtskulturellen Bedingtheit wirkt das Europäische Arbeitsrecht zunehmend auf die Rechtslage in den Mitgliedstaaten ein. Das 1992 im Zusammenhang mit dem Maastrichter Unionsvertrag abgeschlossene Sozialabkommen hat die Bedeutung der Konsultation und Rechtsetzung der Sozialpartner auf europäischer Ebene im Rahmen des sogenannten sozialen Dialogs ausgebaut. Aktuelle Themen der sozialpolitischen Rechtsentwicklung auf europäischer Ebene sind die Vereinbarkeit von Berufs- und Familienleben mit dem Ziel einer Richtlinie über den Eltern- und Familienurlaub sowie das Problem der Beweislast im Bereich der Geschlechterdiskriminierung.

Literatur

Bielenski, Harald; Enderle, Jovita; von Rosenblatt, Bernhard 1992: Arbeitsmarkt-Monitor für die neuen Bundesländer, BeitrAB 148.4 und 148.5, jeweils Nürnberg.

Büchtemann, Christoph F.; Höland, Armin 1989: Befristete Arbeitsverträge nach dem Beschäftigungsförderungsgesetz (BeschFG) 1985, Bonn/Berlin.

Bundesministerium für Arbeit und Sozialordnung (Hrsg.) 1994: Arbeits- und Sozialstatistik. Hauptergebnisse.

Clasen, Lothar 1995: Beschäftigungssicherung vereinbart, Bundesarbeitsblatt 3/1995, 20-29.

Däubler, Wolfgang 1995: Das Arbeitsrecht 2, Reinbek bei Hamburg.

Däubler, Wolfgang; Kittner, Michael; Klebe, Thomas (Hrsg.) 1996: Betriebsverfassungsgesetz. Kommentar für die Praxis, 5., überarbeitete und erweiterte Auflage, Köln (zitiert als DKK).

Derleder, Peter 1991: Arbeitsverhältnis und Gewissen, Arbeit und Recht (ArbuR), 193-203.

Ehmann, Horst 1987: Das Lohnrisiko bei Smog-Alarm, NJW, 401-410.

Eurostat (Hg.) 1995/6: Statistik kurzgefaßt. Bevölkerung und soziale Bedingungen.

Falke, Josef; Höland, Armin; Rhode, Barbara; Zimmermann, Gabriele 1981: Kündigungspraxis und Kündigungsschutz in der Bundesrepublik Deutschland, Band I und II, Reihe "Forschungsbericht" des Bundesministers für Arbeit und Sozialordnung Nr. 47, Bände I und II, Bonn.

Frieges, Holger M. 1995: Der Anspruch des Arbeitnehmers auf Ersatz selbstverschuldeter Eigen-Sachschäden, NZA, 403-406.

Halbach, Günter; Paland, Norbert; Schwedes, Rolf; Wlotzke, Otfried 1994: Übersicht über das Arbeitsrecht, 5., neubearbeitete und erweiterte Auflage, hrsg. vom Bundesministerium für Arbeit und Sozialordnung, Bonn.

Hanau, Peter; Adomeit, Klaus 1994: Arbeitsrecht, 11. Auflage, Frankfurt am Main.

Höland, Armin 1985.: Das Verhalten von Betriebsräten bei Kündigungen, Frankfurt/New York

Kohte, Wolfhard 1989: Gewissenskonflikt am Arbeitsplatz - Zur Aktualität des Rechts der Leistungsstörungen, Neue Zeitschrift für Arbeit- und Sozialrecht (NZA), 161-169.

Kraushaar, Bernhard 1994: Die Sozialauswahl nach § 1 Abs. 3 KSchG, Arbeitsrecht im Betrieb (AiB), 169-182.

Münchener Kommentar zum Bürgerlichen Gesetzbuch München 1980 (zitiert als MünchKomm + Bearbeiter),

Münchener Handbuch zum Arbeitsrecht, Band 1, Individualarbeitsrecht I, hrsg. von Reinhard Richardi und Otfried Wlotzke, München 1992 (zitiert als MünchArbR + Bearbeiter)

Preis, Ulrich 1993: Grundfragen der Vertragsgestaltung im Arbeitsrecht, Neuwied u.a.

Richardi, Reinhard 1987: Lohn oder Kurzarbeitergeld bei Smog-Alarm, NJW, 1231-1235.

Rudolph, Helmut 1994: Befristete Beschäftigung weitgehend stabil. Anteil der Zeitverträge im Osten doppelt so hoch wie im Westen, IABkurzbericht Nr. 3.

Rudolph, Helmut 1996: Befristete Beschäftigung von jüngeren Arbeitnehmern stark gestiegen, IABkurzbericht Nr. 1.

Schaub, Günter 1996: Arbeitsrechts-Handbuch, 8., überarbeitete Auflage, München.

Schiefer, Bernd 1993: Ausschluß und Grenzen der Arbeitgeberhaftung für unfallbedingte Schäden des Arbeitnehmers bei Dienstfahrten mit Privat-PKW, NJW, 966-970.

Schlachter, Monika 1995: Probleme der mittelbaren Benachteiligung im Anwendungsbereich des Art. 119 EGV, NZA, 393-398.

Stahlhacke, Egon; Preis, Ulrich 1991: Kündigung und Kündigungsschutz im Arbeitsverhältnis, 5. Auflage, München.

Statistisches Bundesamt (Hg.) 1994: Statistisches Jahrbuch für das Ausland 1994, Wiesbaden.

Steen, Wolfgang 1996: 12 Fragen zum neuen Arbeitsrechtlichen Beschäftigungsförderungsgesetz, Arbeitsrecht im Betrieb (AiB), 702-704

Steinmeyer, Heinz-Dietrich 1994: Casebook Arbeitsrecht, München.

Betriebe und Erwerbsarbeit

Hans Joachim Sperling

1. Betriebsförmigkeit moderner Erwerbsarbeit

Mit der historischen Herausbildung und Durchsetzung der modernen marktwirtschaftlich-kapitalistischen Ökonomie und der bürgerlich-liberalstaatlichen Gesellschaft hat sich die Erwerbsarbeit für die überwiegende Mehrheit der Bevölkerung zum dominierenden Verhältnis der ökonomischen und sozialen Teilhabe entwickelt und stabilisiert. Neben der selbständigen Wirtschaftsexistenz ist in erster Linie die lohnabhängige Erwerbsarbeit zur Hauptform wirtschaftlich-sozialer Existenzweise geworden und dabei im Laufe der Entwicklung anhaltenden Veränderungsprozessen ausgesetzt. Zum anderen ist, als Folge der Auflösung mittelalterlich-feudaler Wirtschafts- und Gesellschaftsformen, der Erwerbsbetrieb zum zentralen Ort der Herstellung von Gütern und Dienstleistungen geworden. Er hat dabei seine Stellung in ökonomischer, technischer und sozialer Hinsicht ausgebaut und im historischen Verlauf erhebliche Veränderungen erfahren. "Arbeit wird in unserer Gesellschaft überwiegend als betrieblich organisierte Arbeit verrichtet" (Littek, 1983, 92). Die Betriebsförmigkeit von Erwerbsarbeit ist somit ein Strukturmerkmal moderner Gesellschaft, deren Wandel deshalb auch in den unterschiedlichen Formen und Strukturen von Betrieben und in der Veränderung der Erwerbsarbeit zum Ausdruck kommt. Das zentrale Gewicht, das außerhäusliche Erwerbsarbeit erlangte, hat andere Formen von Arbeit, wie Hausarbeit, informelle Arbeit oder Eigenarbeit in der gesellschaftlichen Bewertung in den Hintergrund treten lassen.

Auf den ersten Blick erscheint die Wirtschaft, aus nationaler oder regionaler Sicht, als eine vielfältige und komplexe Ansammlung von Betrieben (bzw. von Unternehmen oder Arbeitsstätten, zur Abgrenzung siehe weiter unten), deren quantitativer Umfang und qualitative Mannigfaltigkeit sich nur schwer systematisieren lassen. Großbetriebe, Mittelbetriebe, Kleinbetriebe, Ein-Mann/Frau-Betriebe, Zweigbetriebe, Traditionsbetriebe, Gründerbetriebe, Frauenbetriebe, Ausbildungsbetriebe, High-Tech-Betriebe sind nur eine Auswahl von Betriebscharakterisierungen, neben betriebsförmigen Organisationen wie Verwaltungen, Behörden, Praxen, Krankenhäusern, Instituten, die es kaum möglich erscheinen lassen, von einem "Normal-Betrieb" zu sprechen. Der Vielfalt von Betrieben entsprechen unterschiedliche Ausprägungen von Erwerbsarbeit, etwa nach der Art der Stellung im Betrieb, den Qualifikationsmerkmalen, dem Alter, dem Geschlecht oder dem Einkommen und der Arbeitszeit, die den Bezugspunkt eines "Normal-Arbeitsverhältnisses" in zunehmendem Maße zur Fiktion werden lassen. Der Idealtyp des Normalarbeitsverhältnisses, der bislang überwiegend als Orientierungspunkt arbeits- und sozialrechtlicher Standardisierung und Normierung fungierte, unterstellte als Norm ein dauerhaftes, kontinuierliches, qualifiziertes Vollzeitarbeitsverhältnis in einem größeren Betrieb (Mückenberger 1989; Matthies u.a. 1994).

Dennoch lassen sich unter verschiedenen Gesichtspunkten und an Hand von Strukturmerk- malen Formen von Betrieben und Erwerbsarbeit unterscheiden, deren Charakteristika Aufschlüsse ergeben über ökonomische Situationen im Marktverlauf oder über juristische und institutionelle Rahmenbedingungen von Betrieben und Verwaltungen, ebenso wie über arbeitsmarkt- und berufspolitische Gewichte von Betrieben, und deren Einbettung in regionale, soziale und kulturelle Kontexte. Aus der Sicht von Beschäftigungssuchenden wie von betrieblich tätigen Arbeitnehmerinnen und Arbeitnehmern treten Betriebe als Anbieter von Arbeitsplätzen auf dem Arbeitsmarkt auf. Als Orte von Beschäftigung und organisatorisch arbeitsteiliger Bündelung von Arbeitsfunktionen und -tätigkeiten definieren die Betriebe zugleich die Rahmenbedingungen und Spielräume der Nutzung von Arbeitskraft. Die Betriebe legen durch ihre technische Ausstattung die Bandbreite der Gestaltung von Produktions- und Arbeitsprozessen fest. Die Positionierung am Markt von Gütern und Dienstleistungen entscheidet über ökonomische Spielräume der Betriebe und dadurch über Beschäftigungssicherheit und Einkommenschancen. Personalpolitische Orientierungen der Betriebe bestimmen Qualifizierungs- und Aufstiegschancen. Eigentums- und Machtverhältnisse in Betrieben prägen in erheblichem Ausmaß die organisatorische und soziale Gewichtung von Kontrolle und Kooperation und strukturieren die Gestaltungsformen und Spielräume sozialer Prozesse sowie die Beziehungen zwischen betrieblicher Leitung und ausführender Arbeit. Geltung und Wirksamkeit arbeits-, sozial- und tarifrechtlicher kollektiver und individueller Regulierung schließlich entscheiden wesentlich über betriebliche Mitbestimmungs- und Partizipationschancen der Beschäftigten.

Ob jemand Beschäftigung bei einem der großen industriellen Traditionsbetriebe hat oder in einem neugegründeten Softwarehaus eingestellt wird, ob einer oder eine in einer Kommunalverwaltung oder einem städtischen oder privaten Krankenhaus arbeitet oder ob jemand in einem Frisiersalon, einem Maler-Handwerksbetrieb oder einem Ingenieurbüro beschäftigt ist oder dort seine Berufsausbildung absolviert oder gar als Ein-Mann/Frau-Betrieb den Schritt in die Selbständigkeit gewagt hat, prägt jeweils in sehr unterschiedlicher Weise soziales Prestige, Beschäftigungssicherheit, Einkommenschancen, Qualifizierungschancen und Aufstiegsmöglichkeiten sowie Entfaltungsmöglichkeiten und Mitbestimmungschancen in der Erwerbsarbeit nach der Art des Betriebes.

Im Zuge des seit den siebziger Jahren - wie in anderen Industrieländern auch - in der Bundesrepublik Deutschland sich beschleunigenden ökonomischen, technischen und sozialen Strukturwandels verändert sich ebenso wie Produktion, Arbeit und Beruf auch die Landkarte der Betriebe in wachsendem Maße. Forciert durch die breite Nutzung neuer Kommunikations- und Informationstechnologien, die Verschärfung der Wettbewerbsbedingungen durch eine Globalisierung der Märkte, die Transformation der Planwirtschaft in eine Marktökonomie in den neuen Bundesländern und anhaltende und sich verfestigende Massenarbeitslosigkeit sowie die Verringerung staatlicher Finanzierungsspielräume, geraten Betriebe und Verwaltungen und damit Erwerbsarbeit verstärkt seit Anfang der 90er Jahre unter Veränderungsdruck.

2. Historische Herausbildung des modernen (Fabrik)Betriebes

Begonnen hat die "Erfolgsgeschichte" des modernen Betriebes und die Verallgemeinerung von lohnabhängiger Erwerbsarbeit mit der Industrialisierung im späten 18. und frühen 19. Jahrhundert, in deren Verlauf der industrielle Großbetrieb "zum Prototyp eines Betriebes" (Burghardt 1978, 19) in der ökonomisch-politischen Wahrnehmung wie in der wissenschaftlichen Thematisierung avancierte. Mit ihrem "doppelten Moment der Technisierung und Organisierung nicht nur von Güterproduktion, sondern von immer neuen gesellschaftlichen Funktions- und Lebensbereichen" (Lutz/Schmidt 1977, 101) hat die Industrialisierung die traditionellen Formen der gesellschaftlichen Teilung der Arbeit und der Organisation von Produktion umgewälzt.

Im Verlauf der industriellen Revolution, die ihren Ausgang im England des 18. Jahrhunderts nahm, hat sich, mit länderspezifischen Differenzen und in unterschiedlichem Tempo, aus dem Handwerk des Mittelalters über die Zwischenformen des Verlagssystems, in dem Produkte im Auftrag eines Unternehmers (Verlegers) in Heimarbeit hergestellt wurden, und der Manufaktur, in der Handwerker aus verschiedenen Berufen arbeitsteilig als Lohnarbeiter unter einem Dach arbeiteten, die moderne Fabrikindustrie zum ökonomischen, technischen und gesellschaftlichen Zentrum entwickelt und das Leitbild des modernen Industriebetriebes begründet. Im Zuge dieser Umwälzungen wird der einstmals dominierende landwirtschaftliche Produktionssektor mit seiner bäuerlichen Betriebsweise ebenso zurückgedrängt wie das seit dem Mittelalter in Zünften organisierte Handwerk. Sowohl der traditionelle Bauernhof wie das städtische Handwerk waren räumlich wie sozial in familiale Lebensformen eingebunden, während die neu entstehende Betriebsform der Fabrik durch eine räumliche Separierung von Wohnort und Arbeitsstätte und eine funktionale Verselbständigung charakterisiert ist und so neue Formen der ökonomisch-sozialen Organisation schuf. "Die Produktionseinheit vergrößerte sich: Die Verwendung der Maschinen und der Energie erforderte und ermöglichte die Konzentration der Fabrikation; die Werkstätten des Handwerks und der Hausindustrie machten dem Industriewerk und der Fabrik Platz. Gleichzeitig war die Fabrik mehr als nur eine größere Arbeitseinheit. Sie bildete ein Produktionssystem, das auf einer charakteristischen Definition der Funktionen und Verantwortlichkeiten der einzelnen Teilnehmer am Produktionsprozeß beruhte. Auf der einen Seite stand der Unternehmer, der nicht nur die Arbeitskräfte beschäftigte und das Endprodukt auf den Markt brachte, sondern auch die Kapitalausrüstung zur Verfügung stellte und ihre Verwendung kontrollierte. Auf der anderen Seite befand sich der Arbeiter, der nicht mehr in der Lage war, die Produktionsmittel als Eigentum zu besitzen und sie zu beschaffen.... Die Bindung zwischen Unternehmern und Arbeitern bildeten die ökonomischen Beziehungen sowie das funktionale Verhältnis der Kontrolle zur Disziplin" (Landes 1983, 15 f.).

Durch ökonomische (Konzentration und Zentralisation von Kapital) wie durch technische (Mechanisierung) und organisatorische (Arbeitsteilung) Innovationen gewinnt seit Ende des letzten Jahrhunderts in vielen Produktionszweigen der Großbetrieb überragende Bedeutung. Der moderne industrielle Großbetrieb erlangt nicht nur in ökonomischer und technischer Hinsicht an Gewicht, auch für die Arbeiter- und Gewerkschaftsbewegung wird die großbetrieblich konzentrierte Arbeiterschaft zum Kristallisationskern gewerkschaftlicher Organisierung und Aktivitäten. Das Erfurter Programm der deutschen Sozialdemokratie aus dem Jahre 1891 ging selbstverständlich davon aus, daß "die ökonomische Entwicklung der bürgerlichen Gesellschaft mit Naturnotwendigkeit zum Untergang des Kleinbetriebes führt", während dem gegenüber "kolossale Großbetriebe" ein "riesenhaftes Wachstum der Produktivität der menschlichen Arbeit" verhießen. Allerdings hatte der Nationalökonom Gustav Schmoller zum gleichen Zeitpunkt eine realistischere Prognose formuliert: "Wir haben es in den nächsten Jahrzehnten unter allen Umständen zu tun mit einem Nebeneinanderbestehen von einer Anzahl riesenhafter Großbetriebe, von viel zahlreicheren Mittelbetrieben und einer Majorität von Kleinbetrieben" (Schmoller 1966, 319).

3. Der Betrieb in sozial- und wirtschaftswissenschaftlicher Sicht

Wissenschaftliche Forschung und Theoriebildung hat sich allerdings in den folgenden Jahrzehnten wesentlich am Leitbild des Großbetriebes orientiert und in empirischen Forschungen im industriellen Großbetrieb ihr bevorzugtes Forschungsobjekt gesehen. Der

Großbetrieb galt unter der Vorherrschaft tayloristischer Massenproduktion bis in die jüngste Zeit als Hauptmotor wirtschaftlicher Expansion und prägender Kern des fordistischen Produktions- und Sozialmodells, dem sowohl die Betriebswirtschaftslehre als auch die Arbeits- und Betriebssoziologie ihren Tribut entrichteten.

Die Soziologie hat in der Herausbildung und Entwicklung der modernen Industrie und ihrer gesellschaftlichen Dynamik von Anfang an ihr zentrales Thema gefunden und bearbeitet. Insofern bildete die Thematisierung der industriellen Produktion mit ihren betrieblichen und gesellschaftlichen Organisationen und Institutionen ein originäres Feld der Soziologie seit Karl Marx und Max Weber. Eine arbeitsteilig spezialisierte Beschäftigung mit dem Betrieb ist dagegen erst späteren Datums; in Deutschland begründen vor allem die Arbeiten von Geck, Geiger, Jost und Briefs in den 20er Jahren im engeren Sinne eine Betriebssoziologie, die in dem 1928 gegründeten Institut für Betriebssoziologie und soziale Betriebslehre an der Technischen Hochschule zu Berlin ihren institutionellen Ausdruck findet. In einem Handwörterbuch-Artikel definierte Goetz Briefs den Betrieb "im soziologischen Sinn" als "räumlich gebundene, zeitlich normierte, mit technischer Apparatur ausgestattete derartige Kooperation von Menschen, daß spezifische soziale Beziehungen, soziale Prozesse und Beziehungsgebilde aus ihr entstehen" (Briefs 1931, 34). Die Einlösung des Forschungsprogramms der Betriebssoziologie blieb durch den Nationalsozialismus unterbrochen. In der Nachkriegszeit knüpften eine Reihe von Soziologen in empirischen Studien mit unterschiedlichen Fragestellungen wie Technisierung von Arbeit, Mitbestimmung und informelle Gruppen an eine Thematisierung des Betriebes in soziologischer Perspektive an, die den Kenntnis- und Problemstand erheblich erweitert haben (Dahrendorf 1967; Lutz/Schmidt 1977). Allerdings blieb der Anschauungs- und Forschungsgegenstand weiterhin wesentlich begrenzt auf Großbetriebe in industriellen Wirtschaftszweigen (wie der Eisen- und Stahlindustrie, der Automobilindustrie sowie der chemischen und Maschinenbauindustrie). Auch die Fülle industrie- und betriebssoziologischer empirischer Forschungsarbeiten der 70er und 80er Jahre blieb weiterhin dem großen Industriebetrieb verhaftet. "Über die Arbeitsstrukturen, die Arbeitsbedingungen, den technisch-organisatorischen Wandel und über die sozialen Beziehungen in den kleinen und mittleren Betrieben sind hingegen aus soziologischer Sicht bis Anfang der 80er Jahre keine systematischen Kenntnisse erarbeitet worden" (Kotthoff/ Reindl 1990, 8). Die betriebliche Arbeit in Dienstleistungsfeldern geriet nur selten in den Horizont empirischer Forschung, ebenso wie die Soziologie der öffentlichen Verwaltung noch lange Zeit "ein Aschenputteldasein fristet" (Mayntz 1985, 3). Allerdings wächst in den letzten Jahren nicht nur die Erforschung von Klein- und Mittelbetrieben (Kotthoff/Reindl 1990; Hilbert/Sperling 1990; Domeyer/Funder 1991; Manz 1993), sondern auch der Dienstleistungsbereich mit seinen vielfältigen Betriebsformen und Beschäftigungsverhältnissen gerät in zunehmendem Maße in das Blickfeld soziologischer Forschungen und Analysen (Littek/Heisig/Gondel 1991, 1992; Häußermann/Siebel 1995). Auch die Arbeitsmarkt- und Berufsforschung hat den Wissensstand über Strukturen und Veränderungen von Beschäftigungsverhältnissen in Betrieben erweitert. So vor allem die Studien des Nürnberger Instituts für Arbeitsmarkt- und Berufsforschung der Bundesanstalt für Arbeit (Franke/Buttler 1991) und die Arbeiten im Rahmen des "Arbeitskreis Sozialwissenschaftlicher Arbeitsmarktforschung (SAMF)".

Die Betriebswirtschaftslehre konzentrierte sich seit ihrer Herauslösung aus der Nationalökonomie auf die Analyse der ökonomisch-technischen Zusammenhänge betrieblicher Strukturen und Prozesse, die unter der Fragestellung der Erzielung ökonomisch-organisatorischer Effizienz primär aus der Managementperspektive betrachtet wird. Aus der Sicht der Betriebswirtschaftswissenschaft ist der Betrieb der Ort, an dem die Elementarfaktoren Arbeitsleistungen, Betriebsmittel und Werkstoffe durch dispositive Arbeit zum Zweck der Produktion von Sachgütern und Dienstleistungen nach dem Prinzip der Wirtschaftlichkeit kombiniert werden, so die klassische Definition von Gutenberg. Die Zuordnung von Mensch und Sachen zur Erfüllung von Aufgaben macht den Kern betrieblicher Ordnung und Organisation aus. Die Rezeption der Organisationstheorie und -forschung hat in den letzten Jahren zu einer Annäherung der Sichtweisen der Betriebssoziologie und der Betriebswirtschaftslehre geführt und die Voraussetzungen und Verläufe von Organisationsgestaltung in Betrieben stärker in den Vordergrund gerückt (Osterloh 1987; Ortmann 1995).

4. Betriebe und Erwerbsarbeit aus statistischer Sicht

Basisinformationen über Verteilung und Veränderung von Erwerbsarbeit und Betrieben liefert in vielfältiger Weise die amtliche Wirtschafts- und Sozialstatistik, ergänzt durch verbandliche Statistiken. Aus ihren Erhebungsdaten sind in unterschiedlicher Dichte generelle Überblicke und differenzierende Aufschlüsse zu gewinnen, die ergänzt und präzisiert werden durch Befunde aus qualitativ orientierten wirtschafts- und sozialwissenschaftlichen Forschungen.

Im Rahmen der amtlichen Statistik vermitteln die Daten der Arbeitsstättenzählungen das umfassendste Bild der Verteilung und Struktur von Erwerbstätigen und Betrieben. Allerdings werden die Arbeitsstättenzählungen in größeren Intervallen durchgeführt, weshalb die Ergebnisse einen eingeschränkten Aktualitätsstand aufweisen. In der Bundesrepublik erfolgte die letzte Arbeitsstättenzählung (zusammen mit der Volkszählung) im Jahre 1987. Aus dem Vergleich mit vorhergegangenen Arbeitsstättenzählungen in den Jahren 1950, 1961 und 1970 ergeben sich relevante Aufschlüsse über Veränderungsprozesse. Weitere Quellen für Informationen zu Bestand, Struktur und Veränderung von Betrieben und Erwerbsarbeit bilden landwirtschaftliche Betriebszählungen, Handels- und Gaststättenzählungen und Handwerkszählungen, die in unterschiedlichen Zeitabständen durchgeführt werden sowie die jährlichen Mikrozensuserhebungen (Rinne 1994). Die regelmäßig erhobenen Statistiken für das verarbeitende Gewerbe (Industrie und produzierendes Handwerk) erfassen seit Ende der 70er Jahre nur Betriebe mit mehr als 20 Beschäftigten, wodurch der erhebliche Anteil von Klein- und Kleinstbetrieben unberücksichtigt bleibt. Darüberhinaus liegen in der auf der Grundlage vierteljährlicher Meldungen der Betriebe (die als Arbeitgeber die bei ihnen sozialversicherungspflichtig Beschäftigten melden) von der Bundesanstalt für Arbeit erstellten Betriebs- und Beschäftigtenstatistik in breitem Umfang Daten zu Beschäftigung und Betrieben vor. Statistisch liegen somit für die Bundesrepublik Deutschland (für die alten Länder in Zeitreihen und zunehmend auch für die neuen Länder) eine Reihe von Informationen vor, anhand derer sich einigermaßen deutlich die Konturen der Strukturen und Veränderungen von Betrieben und Erwerbsarbeit identifizieren lassen.

Die Arbeitsstättenzählung als Strukturerhebung erfaßt durch einen Zähler, der von Grundstück zu Grundstück geht, jede örtliche Einheit (ein Grundstück oder eine abgegrenzte Räumlichkeit), in der eine oder mehrere Personen unter einheitlicher Leitung regelmäßig haupt- oder nebenberuflich erwerbstätig sind. Erfasst werden also örtliche Einheiten im engeren Sinne, die sogenannten Arbeitsstätten. Örtliche Einheiten im weiteren Sinne sind Betriebe, die örtlich getrennte feste Geschäftseinrichtungen sind mit allen zugehörigen naheliegenden Verwaltungs- und Hilfsbetrieben, die der Tätigkeit eines Unternehmens dienen. Ein Unternehmen ist definiert als kleinste, gesondert bilanzierende und rechtlich selbständige Wirtschaftseinheit, unabhängig von einer eventuellen Zugehörigkeit zu einem Konzern oder einer Organschaft. Zu den Unternehmen zählen auch Praxen oder Büros der Angehörigen freier Berufe sowie sonstige selbständig buchführende Wirtschaftseinheiten. In der Mehrzahl der Fälle sind Arbeitsstätte und Unternehmen identisch, dann, wenn das Unternehmen nur aus einer einzigen Arbeitsstätte besteht (Einbetriebsunternehmen). Arbeitsstätte und Unternehmen sind dann nicht identisch, wenn ein Unternehmen mehrere Arbeitsstätten umfaßt, also eine Haupt- und eine oder mehrere Zweigniederlassungen besitzt (Mehrbetriebsunternehmen). In den überwiegenden Fällen sind jedoch Arbeitsstätte, Betrieb und Unternehmen identisch und die Begriffe können weitgehend synonym verwandt werden (Rinne 1994, 210).

Die Arbeitsstättenzählung erstreckt sich auf nahezu alle Wirtschaftsbereiche. Ausgenommen sind lediglich land- und forstwirtschaftliche Betriebe, soweit sie bei der Besteuerung nicht als Gewerbebetriebe gelten, Vertretungen ausländischer Staaten, Arbeitsstätten inter- und supranationaler Organisationen, Privatquartiere und private Haushalte. Als Beschäftigte gelten alle voll- und teilzeitbeschäftigten Personen, die am Stichtag in einem Arbeitsverhältnis stehen und in der Lohn- und Gehaltsliste geführt werden einschließlich tätiger Inhaber und unbezahlt mithelfender Familienangehöriger, unabhängig von der Arbeitszeit, die sie in den Arbeitsstätten tätig sind. Ermittelt werden dabei Beschäftigungsfälle, d.h. Personen mit mehr als einem Arbeitsverhältnis werden mehrfach gezählt. Die Ergebnisse der Arbeitsstättenzählungen mit Stichtag vom 25. Mai 1987 sind vom Statistischen Bundesamt in mehreren Fachserien-Heften veröffentlicht worden (Krüger-Hemmer/Veldhues 1989). Als "totale Bestandsaufnahme" liefert die Arbeitsstättenzählung eine Fülle von Grunddaten über Betriebe und Erwerbstätige in tiefer regionaler und branchenmäßiger Gliederung, so daß sich daraus ein annähernd umfassendes Bild von Strukturen und Veränderungstrends ergibt.

Der Arbeitsstättenzählung von 1987 zufolge (vgl. Tab. 1 und 2) gab es in der (alten) Bundesrepublik Deutschland fast 2,6 Mio. (2.581.203) Arbeitsstätten mit knapp 27 Mio. (26.959.015) Beschäftigten. Bezogen auf die Erhebungseinheit Unternehmen (bei der die Zweige Organisationen ohne Erwerbszweck sowie Gebietskörperschaften und Sozialversicherungen nicht erfasst sind) betrug deren Zahl 1987 knapp 2,1 Mio. mit knapp 22 Mio. Beschäftigten. Im Zeitvergleich hat sich damit die Zahl der Betriebe - mit Schwankungen - gegenüber 1950 um 11 Prozent erhöht, während sich die Zahl der Beschäftigten im gleichen Zeitraum um 77 Prozent erhöht hat. Gegenüber der vorangegangenen Zählung von 1970 erhöhte sich die Zahl der Arbeitsstätten um rund 300.000 oder 11,5 Prozent; der Zuwachs bei den Beschäftigten betrug fast 2,6 Mio. oder 9,5 Prozent. Aufschlußreichere Erkenntnisse vermitteln die Aufgliederungen nach Wirtschaftssektoren und -zweigen. So kommt der anhaltende Trend zur Dienstleistungsgesellschaft (Tertiarisierung) in eindeutiger Weise in den Veränderungen des Bestandes an Betrieben zur Geltung ebenso wie in den Veränderungen der Beschäftigtenanteile nach Wirtschaftssektoren. Der Dienstleistungssektor gewinnt weiter auf Kosten des sekundären und primären Sektors an Bedeutung.

Tab. 1: Arbeitsstätten und Beschäftigte im Zeitvergleich

Wirtschaftszweig	Arbeitsstätten			Beschäftigte		
	1950	1970	1987	1950	1970	1987
1. Land- und Forstwirtschaft, Fischerei	9.480	18.988	28.962	31.472	86.756	137.226
2. Energie, Wasserversorgung, Bergbau	5.840	6.578	6.325	744.533	489.475	401.584
3. Verarbeitendes Gewerbe	754.110	441.015	360.466	6.653.547	10.124.645	8.339.114
4. Baugewerbe	177.841	169.442	186.342	1.566.793	2.249.983	1.851.652
5. Handel	686.415	732.271	707.121	2.141.604	3.727.417	4.027.502
6. Verkehr und Nachrichtenübermittlung	117.777	121.733	122.092	1.191.816	1.466.126	1.547.283
7. Kreditinstitute u. Versicherungsgewerbe	26.951	69.354	121.795	204.019	659.756	965.469
8. Sonstige Dienstleistungen	373.597	577.080	858.667	1.010.999	2.446.008	4.784.898
9. Organisationen ohne Erwerbszweck	28.581	53.163	79.420	117.191	585.795	1.166.002
10. Gebietskörperschaften und Sozialversicherungen	154.753	95.723	110.013	1.604.904	2.561.641	3.738.285
Insgesamt	**2.335.345**	**2.285.347**	**2.581.203**	**15.266.878**	**24.397.602**	**26.959.015**

Quelle: Statistisches Bundesamt 1995, 130

Tab. 2: Unternehmen und Beschäftigte nach Beschäftigtengrößenklassen (am 25.5.1987)

Wirtschaftszweig	Unternehmen insgesamt	Beschäftigte insgesamt	Unternehmen mit ... bis ... Beschäftigten							
			1 - 9		10 - 19		20 - 499		500 und mehr	
			Untern.	Beschäft.	Untern.	Beschäft.	Untern.	Beschäft.	Untern.	Beschäft.
1. Land- und Forstwirtschaft, Fischerei	28.195	137.958	25.223	73.483	2.023	26.370	948	37.422	1	683
2. Energie- und Wasserversorgung, Bergbau	3.010	485.183	1.843	5.701	331	4.554	723	71.332	113	403.596
3. Verarbeitendes Gewerbe	336.561	8.581.947	248.576	871.591	43.707	585.243	42.433	3.095.577	1.845	4.029.536
4. Baugewerbe	181.598	1.864.592	137.816	526.131	27.150	362.263	16.527	810.524	105	165.674
5. Handel	585.073	3.878.928	530.051	1.459.904	33.419	438.276	21.201	1.197.232	402	783.516
6. Verkehr u. Nachrichtenübermittlung	81.039	1.513.583	69.436	191.832	6.677	89.234	4.826	264.628	100	967.889
7. Kreditinst. u. Versicherungsgewerbe	80.052	979.435	75.017	138.248	1.485	20.647	3.271	297.177	279	523.363
8. Sonstige Dienstleistungen	802.325	4.474.212	741.928	2.178.037	41.461	530.161	18.424	1.116.397	512	649.617
Insgesamt	2.097.853	21.915.838	1.829.890	5.444.927	156.253	2.056.748	108.353	6.890.289	3.357	7.523.874

Quelle: Statistisches Bundesamt 1995, 131

4.1 Betriebe und Erwerbsarbeit im Dienstleistungssektor

Die überwiegende Mehrzahl der Betriebe ist im Dienstleistungsbereich angesiedelt: 1987 waren 77,5 Prozent aller Arbeitsstätten Dienstleistungsbetriebe, in denen 60,2 Prozent aller Beschäftigten arbeiteten. Gegenüber 1970 hat sich die Zahl der Arbeitsstätten im Dienstleistungssektor um 349.784 auf 1.999.108 im Jahre 1987 erhöht, die Beschäftigtenzahl stieg um 6.970.258 auf 16.229.439. Hinter diesem Anstieg verbergen sich unterschiedliche Entwicklungsverläufe und Strukturen nach Wirtschaftsabteilungen innerhalb des Dienstleistungssektors. Mit 858.667 Arbeitsstätten steht der Zweig der "Dienstleistungen soweit von Unternehmen und Freien Berufen erbracht" (oft auch als „sonstige Dienstleistungen" neben den traditionellen Zweigen Handel, Verkehr, Kredit/Versicherung gefaßt) an der Spitze. Unter diese Kategorie fallen so verschiedenartige Wirtschaftsbereiche wie das Gaststätten- und Beherbergungsgewerbe, das Friseur- und Körperpflegegewerbe, Gebäudereinigung, Sport und Unterhaltung, das Verlagswesen, das Gesundheitswesen sowie die Rechts- und Wirtschaftsberatung. In nahezu allen diesen Bereichen hat sich in den letzten beiden Jahrzehnten sowohl die Zahl der Betriebe wie auch der Beschäftigten überproportional erhöht, wobei die unternehmensbezogenen Dienstleistungsfelder stärker stiegen als die haushaltsorientierten und personenbezogenen Dienstleistungen. Insgesamt haben die "sonstigen Dienstleistungen" gegenüber 1970 den Handel überrundet, der 1987 707.121 Betriebe aufweist (was gegenüber 1970 einen Rückgang um 3,5 Prozente der Betriebe und eine Steigerung von 8 Prozent der Beschäftigten bedeutet). Vom Gewicht her folgt der Wirtschaftszweig "Verkehr und Nachrichtenübermittlung", der mit 122.092 Arbeitsstätten gegenüber 1970 (121.733) stagnierte, während "Kreditinstitute und Versicherungsgewerbe" einen Zuwachs von 43,0 Prozent gegenüber 1970 aufwiesen, die vor allem auf einer Zunahme der Zahl selbständiger Versicherungsmakler basiert, und im Jahre 1987 121.795 Arbeitsstätten zählten.

Einen erheblichen Zuwachs der Arbeitsstätten und der Beschäftigten verzeichnen auch die nicht erwerbswirtschaftlich arbeitenden Dienstleistungsbereiche. So erhöhte sich bei den "Organisationen ohne Erwerbszweck" (dazu gehören unter anderem Kirchen, Gewerkschaften und Arbeitgeberverbände mit den von ihnen unterhaltenen Einrichtungen) die Zahl der Arbeitsstätten um 49 Prozent, während sich die Zahl der Beschäftigten nahezu verdoppelte.

Schließlich bilden die "Gebietskörperschaften und Sozialversicherungen" einen bedeutsamen Zweig des Dienstleistungssektors, der hinsichtlich der institutionell-rechtlichen Ausprägungen für Arbeitsstätten und Erwerbsarbeit Besonderheiten aufweist. Mit der Entwicklung und Ausdifferenzierung des modernen Sozialstaats ist die Palette staatlicher Aufgaben ausgeweitet worden, was zu einem erheblichen Ausbau von Verwaltungen, Behörden und Ämtern und einer Beschäftigungsexpansion geführt hat. Insgesamt hat sich die Zahl der vom Staat beschäftigten Erwerbstätigen in den Nachkriegsjahrzehnten mehr als verdoppelt. Nach enorm hohen Zuwächsen in den sechziger und siebziger Jahren hat sich seit den achtziger Jahren der Personalanstieg abgeschwächt und für die kommenden Jahre ist mit einem anhaltenden Personalrückgang aufgrund weiterer Privatisierungen (die bereits bei Bahn und Post erfolgten) und forcierter binnenorganisatorischer Reformmaßnahmen unter den Vorzeichen von Modernisierung und "Verschlankung" der öffentlichen Verwaltung zu rechnen.

Die öffentlichen Arbeitgeber beschäftigten 1992 in Deutschland insgesamt 6,85 Mio. Beamte, Angestellte und Arbeiter, davon ein vergleichsweise hoher Anteil von 1,08 Mio. in Teilzeitbeschäftigungsverhältnissen. Gemessen an der Gesamtzahl der abhängig

Beschäftigten beträgt deren Anteil über 20 Prozent, der Frauenanteil liegt bei etwa 50 Prozent. Von 100 Beschäftigten des öffentlichen Dienstes arbeiteten 1992 im Durchschnitt 37 bei den Ländern, 30 bei den Kommunen, 16 bei Bahn und Post, 12 bei den Bundesbehörden und 5 im Bereich des mittelbaren öffentlichen Dienstes (Bundesanstalt für Arbeit, Sozialversicherungsträger und Träger der Zusatzversorgungen) (Stat. Bundesamt 1994, 244).

4.2 Betriebe und Erwerbsarbeit im verarbeitenden Gewerbe

Während der Dienstleistungssektor lediglich im Handelsbereich einen Rückgang an Betrieben verzeichnet, büßte dagegen das verarbeitende Gewerbe im Vergleich zu 1970 jeweils etwa 18 Prozent seiner Arbeitsstätten und Beschäftigten ein. Die Zahl der Arbeitsstätten im verarbeitenden Gewerbe betrug 1987 360.466, während sie 1970 noch bei 441.015 lag, die Zahl der Beschäftigten sank von 10,1 Mio. (1970) auf 8,3 Mio. im Jahre 1987. Vor allem das Ernährungsgewerbe, die Textil- und Bekleidungsindustrie, Holz- und Papierindustrie und die chemische Industrie weisen rückläufige Betriebszahlen und Beschäftigte auf, während in der Kunststoffindustrie, dem Fahrzeug- und Maschinenbau sowie in der elektrotechnischen Industrie bei stagnierender bis rückläufiger Beschäftigtenzahl die Zahl der Arbeitsstätten noch stieg. Ähnlich geht im Baugewerbe der Beschäftigtenrückgang mit einem Anstieg der Arbeitsstätten einher.

Der Bedeutungsverlust der Industrie, aber auch die Veränderung der Industriearbeit selbst, kommt auch darin zum Ausdruck, daß der Anteil der Arbeiter und Arbeiterinnen an den Erwerbstätigen rückläufig ist. Betrug der Anteil der Arbeiter 1950 noch 51,0 Prozent, so sank der Anteil stetig und beträgt im Jahre 1993 noch 35,9 Prozent, während der Anteil der Angestellten sich gegenläufig erhöhte von 17,0 Prozent 1950 auf 45,4 Prozent im Jahre 1993. (Im gleichen Zeitraum stieg der Anteil der Beamten von 3,7 auf 7,9 Prozent, während der Anteil der Selbständigen von 14,5 auf 9,2 Prozent zurückging und der Anteil der mithelfenden Familienangehörigen von 13,8 auf 1,6 Prozent).

Neben der Industrie bildet das Handwerk einen bedeutsamen Wirtschaftsbereich des verarbeitenden Gewerbes, der im historischen Verlauf erhebliche Wandlungs- und Anpassungsprozesse erfahren hat. Zwar hat das Handwerk seine einstmals dominierende Rolle an die Industrie verloren, doch bleibt dieser Wirtschaftsbereich in den letzten beiden Jahrzehnten vergleichsweise stabil, nachdem in den ersten Nachkriegsjahrzehnten nahezu die Hälfte der Handwerksbetriebe zur Aufgabe gezwungen waren. Nach den Ergebnissen der neuesten Handwerkszählung vom 31. März 1995 gibt es im Jahre 1994 in den 127 Handwerksberufen rund 563.000 Handwerksbetriebe (mit den Nebenbetrieben und handwerksähnlichen Gewerben sind es rund 700.000) mit insgesamt 6,2 Mio. Beschäftigten; davon 445.000 Betriebe mit 4,8 Mio. Beschäftigten in den alten und 118.000 Betriebe mit 1,4 Mio. Beschäftigten in den neuen Bundesländern. Gegenüber 1977, dem Datum der letzten Handwerkszählung, ist die Zahl der Beschäftigten um ein Drittel gestiegen, während die Zahl der Handwerksunternehmen leicht um vier Prozent zurückging. Der überwiegende Teil des Handwerks, über zwei Drittel, ist im verarbeitenden Gewerbe und Baugewerbe tätig, während auf Handel und Dienstleistungen ein knappes Drittel der Betriebe entfallen.

4.3 Betriebe und Erwerbsarbeit in der Landwirtschaft

In der Land- und Forstwirtschaft hält in den letzten Jahrzehnten der säkulare Trend eines Rückgangs der Betriebe und der Erwerbspersonen an. Allerdings gibt hier die Arbeitsstättenzählung diesen Trend nicht wieder, da sie nur solche Betriebe erfaßt, die bei der Besteuerung als Gewerbebetriebe gelten; deren Zahl ist gar von 18.988 (1970) auf 28.962 im Jahre 1987 gestiegen. Während 1950 noch rund jeder vierte Erwerbstätige in der Land- und Forstwirtschaft arbeitete, sind es Anfang der neunziger Jahre nur noch rund drei Prozent, die in diesem Sektor beschäftigt sind. Als Folge des nachhaltigen Strukturwandels ist die Zahl der landwirtschaftlichen Betriebe (mit einer Fläche von mehr als einem Hektar) von 1.6 Millionen 1949 auf 0.6 Millionen 1992 zurückgegangen, wobei vor allem die kleinen und mittleren Betriebe aufgegeben haben, während sich die Anzahl der Betriebe, die über 30 Hektar bewirtschaften, im gleichen Zeitraum verdoppelt hat (von 56.000 auf 127.000). Von den 523.000 landwirtschaftlichen Betrieben in den alten Bundesländern waren 1994 253.700 Vollerwerbsbetriebe (Betriebe, in denen der Anteil des außerlandwirtschaftlichen Erwerbseinkommens des Betriebsinhaberpaares am gesamten Erwerbseinkommen unter 10 Prozent liegt), die andere Hälfte entfällt auf Zuerwerbsbetriebe (41.100), bei denen das Inhaber-Ehepaar außerhalb dazuverdient und Nebenerwerbsbetriebe (228.200), in denen das außerbetriebliche Einkommen des Betriebsinhabers und seines Ehegatten größer ist als das betriebliche Einkommen aus der Landwirtschaft ("Feierabendbetriebe"). Der ökonomisch und politisch vermittelte Anpassungsdruck wird den Strukturwandel der Landwirtschaft weiter forcieren und absehbar dazu führen, "daß die Erhaltung und Weiterentwicklung eines Kerns ökonomisch leistungs- und wettbewerbsfähiger Betriebe gefährdet ist und die Unsicherheit und Zukunftsangst potentielle Junglandwirte vor einer Hofübernahme zurückschrecken lassen" (Zeddies 1995, 6).

5. Tertiarisierung der Betriebs- und Erwerbsstruktur

Die statistische Bestandsaufnahme dokumentiert Strukturen und Entwicklungstrends, die aufzeigen, daß der traditionelle landwirtschaftliche Betrieb, der Bauernhof, seine einstmals bedeutsame Stellung längst verloren hat und weiter auf dem Rückzug ist. Ferner zeigt sich, daß der klassische Industriebetrieb, die Fabrik, in einzelnen Branchen einen anhaltenden Bedeutungsverlust erfährt, allerdings in anderen Zweigen durchaus vital bleibt und auch das verarbeitende Handwerk noch keineswegs abgedankt hat. Zweifelsfrei gehört dem Betrieb, der Dienstleistungen erstellt und anbietet, die Zukunft. Allerdings ist das Profil des Dienstleistungsbetriebes aufgrund der Heterogenität der Art der Dienstleistungen unspezifisch und auch von geringerer Stabilität als der klassische Industriebetrieb.

Mit der fortschreitenden und sich beschleunigenden Tertiarisierung der Ökonomie gewinnt in wachsendem Maße die betriebliche Erwerbsarbeit in den Dienstleistungsfeldern an Bedeutung und wird zum Terrain und Träger dynamischer Tendenzen der Umstrukturierung. Der Dienstleistungssektor hat in den letzten Jahrzehnten, gemessen am Anteil an der volkswirtschaftlichen Wertschöpfung und an den Beschäftigten, sein ökonomisches und soziales Gewicht kontinuierlich gesteigert. Die Dienstleistungsunternehmen vergrößerten ihren Anteil an der gesamten Wirtschaftsleistung von 14 Prozent im Jahre 1960 auf 36 Prozent im Jahre 1995; im gleichen Zeitraum sank der Anteil des produzierenden Gewerbes von 53 auf 35 Prozent. Entsprechend erhöhte sich der Anteil der Erwerbstätigen, die im Dienstleistungssektor arbeiten, von 33,2 Prozent im Jahre

1950 auf 57,6 Prozent in den alten Bundesländern (bzw. 58,2 Prozent in den neuen Bundesländern) im Jahre 1993.

Noch deutlicher als in sektoraler Betrachtung wird die wachsende Dienstleistungsorientierung von Betrieben und Erwerbsarbeit in funktional-tätigkeitsspezifischer Sichtweise. Bei sektoral-institutioneller Betrachtung erfolgt die Zuordnung der Betriebe und ihrer Beschäftigten nach dem Schwerpunkt der wirtschaftlichen Tätigkeit eines Betriebes; ein Automobilhersteller wird deshalb mit seinen Beschäftigten dem produzierenden Gewerbe zugeordnet, auch wenn diese "dienstleistende" Tätigkeiten ausüben. Die funktionale Betrachtungsweise dagegen orientiert sich an den tatsächlich ausgeübten Tätigkeiten und unterscheidet grob zwischen Fertigungstätigkeiten (manuelle Tätigkeiten zur Gewinnung, Verarbeitung oder Bearbeitung von Sachgütern) und dienstleistenden Tätigkeiten, die an der Erstellung von Diensten beteiligt sind. Diese Sichtweise berücksichtigt somit auch die Tendenz, daß innerhalb der güterproduzierenden Betriebe immer mehr Dienstleistungstätigkeiten erbracht werden (sogenannte Tertiarisierung des sekundären Sektors). Neuere vom Nürnberger Institut für Arbeitsmarkt- und Berufsforschung veröffentlichte Analysen der ausgeübten Tätigkeiten (Tessaring, 1994) ergeben ein Bild, wonach Anfang der neunziger Jahre nur noch 33,4 Prozent der Beschäftigten in produktionsorientierten Tätigkeiten (Gewinnen, Herstellen, Maschinen/Anlagen steuern, Reparieren) arbeiten, während zwei Drittel Dienstleistungstätigkeiten ausübten, davon 39,7 Prozent primäre Dienstleistungen (allgemeine Dienstleistungstätigkeiten, Handeln, Verkaufen, Bürotätigkeiten) und 26,9 Prozent sekundäre Dienstleistungen (Forschen, Entwickeln, Organisation, Management, Sichern, Recht anwenden, Ausbilden, Beraten, Informieren). Prognosen erwarten einen weiteren Zuwachs der Beschäftigung in Dienstleistungstätigkeiten, von dem zugleich steigende Qualifikationsanforderungen der Arbeitsplätze erwartet werden (Franke/Buttler 1991; Tessaring 1994).

6. Groß- und kleinbetriebliche Erwerbsarbeit

Es wird aus den verschiedenen statistischen Befunden im Zeitverlauf deutlich, daß sich hinter der Vielzahl von Betrieben, Arbeitsstätten und Unternehmen ein hohes Maß an Heterogenität verbirgt und ein Normalbetrieb mit einem Normalarbeitsverhältnis als fester Bezugspunkt zunehmend schwerer zu fixieren ist. Neben der Differenzierung nach Wirtschaftssektoren und -zweigen bildet offenkundig die Unterscheidung der Betriebe nach der Zahl der Beschäftigten einen bedeutsamen Bezugspunkt der Differenzierung betrieblicher Organisation und Arbeit. Die definitorische Festlegung von Betriebsgrößenklassen ist in der Literatur uneinheitlich. Betriebe mit mehr als 500 Beschäftigten gelten in der Regel als Großbetriebe, unter Mittelbetrieben werden Betriebe zwischen 50 und 499 Beschäftigten verstanden, während Betriebe mit weniger als 50 Beschäftigten als Kleinbetriebe gelten, mitunter werden Betriebe mit weniger als 20 Beschäftigten als Kleinstbetriebe bezeichnet.

Aus den Ergebnissen der Arbeitsstättenzählung von 1987 geht hervor (vgl. vorstehende Tab. 2), daß von den insgesamt 2,1 Mio. Unternehmen lediglich 0,16 Prozent Großbetriebe mit mehr als 500 Beschäftigten sind, auf die allerdings 35,9 Prozent der Beschäftigten entfallen. Am höchsten ist der Anteil der Großbetriebe mit 3,8 Prozent im Wirtschaftszweig "Energie- und Wasserversorgung und Bergbau" (mit 83,2 Prozent der Beschäftigten); im verarbeitenden Gewerbe beträgt der Anteil 0,5 (mit 46,9 Prozent der Beschäftigten). Dagegen erweist sich der Zweig der "sonstigen Dienstleistungen" als

Domäne von Kleinbetrieben: bei lediglich 0,06 Prozent Großbetrieben, beträgt der Anteil der Kleinbetriebe mit bis zu 19 Beschäftigten 97,6 Prozent.

Unter beschäftigungspolitischen Perspektiven sind die Klein- und Mittelbetriebe seit den siebziger Jahren verstärkt in den Blickpunkt von Wirtschafts-, Struktur- und Beschäftigungspolitik gerückt. Galten in den Nachkriegsjahrzehnten primär die Großbetriebe als Träger des Beschäftigungswachstums, so beginnt seit den siebziger Jahren die Beschäftigungsausweitung in Großbetrieben zu stagnieren oder weist rückläufige Tendenzen auf, die sich nochmals seit Anfang der neunziger Jahre unter dem Vorzeichen von "Verschlankung" und "Down-Sizing" verstärkt haben. Dagegen haben die Klein- und Mittelbetriebe überproportional zur Arbeitsplatzschaffung beigetragen; es waren vor allem Betriebe im Dienstleistungssektor, die den Beschäftigungszuwachs getragen haben. Teilweise unterstützt durch wirtschafts- und strukturpolitische Fördermaßnahmen hat dabei die Gründung von Betrieben einen Beitrag zur Arbeitsplatzschaffung geleistet. Von den im Zeitraum 1970 bis 1987 neugeschaffenen 2,6 Mio. Arbeitsplätzen entfielen 45 Prozent auf Betriebe mit 2 - 19 Beschäftigten, während die Betriebe mit mehr als 1.000 Beschäftigten 360.000 Arbeitsplätze abgebaut haben.

7. Relevanz und Perspektiven betrieblicher Erwerbsarbeit

Die Tertiarisierung von Betrieben und Erwerbsarbeit ebenso wie die in den letzten Jahren wachsende Bedeutung von kleinen und mittleren Betrieben bilden zwei bedeutsame makrostrukturelle Veränderungstendenzen (Bögenhold 1996), die - soweit absehbar - anhalten werden und die Konturen von Betrieben und Erwerbsarbeit weiterhin verändern. Sie werden weiterhin die Entwicklung auf dem Arbeitsmarkt bestimmen und damit die Beschäftigungschancen und -risiken von Erwerbstätigen beeinflußen. Ferner haben diese Trends anhaltende Konsequenzen für die Organisationsstrukturen von Unternehmen und Betrieben sowie für die Arbeitsorganisation und damit die Berufs- und Arbeitstätigkeiten. Schließlich wird auch die zukünftige Gestalt der sozialen Regulierung von Arbeitsverhältnissen und die Mitbestimmungsperspektiven der Beschäftigten von diesen Entwicklungstrends geprägt werden.

7.1 Erwerbsbeteiligung und betriebliche Beschäftigung

Die Unternehmens- und Beschäftigungsentwicklung war in Deutschland in den ersten Nachkriegsjahrzehnten durch ein hohes Maß an Expansion und Stabilität gekennzeichnet. Bezogen auf die Gesamtbevölkerung betrug der Anteil der Erwerbspersonen (das sind die Erwerbstätigen und die Erwerbslosen) in der Bundesrepublik 1950 46,2 Prozent; diese Erwerbsquote ist stetig auf 49,1 Prozent im Jahre 1993 gestiegen. Im internationalen Vergleich ist dabei die Erwerbsquote in Deutschland vergleichsweise niedrig. Die Verlängerung der Ausbildungszeiten und das frühzeitige Ausscheiden aus dem Erwerbsleben drückt die Erwerbsquote, während die zunehmende Erwerbstätigkeit von Frauen eine Erhöhung bewirkt hat. So hat sich die Erwerbsquote der verheirateten Frauen von 25,0 Prozent im Jahre 1950 auf 48,2 Prozent im Jahre 1993 im früheren Bundesgebiet nahezu verdoppelt, während sie in den neuen Bundesländern, der ehemaligen DDR, stets beträchtlich höher lag und 1993 68,9 Prozent betrug. Die industriellen Kernsektoren stellten im wachsenden Ausmaß Arbeitsplätze bereit, die mittel- bis langfristige stabile Beschäftigungsperspektiven aufgrund wachsender Produktivität und Erhöhung der Nachfrage sicherten. Auch die öffentliche Verwaltung expandierte vor allem in den sechziger und siebziger Jahren in beträchtlichem Umfang, wobei das für Beamte geltende Lebensarbeitszeitprinzip und der wirksame Kündigungsschutz für Angestellte und Arbeiter des öffentlichen Dienstes Voraussetzungen für hohe Beschäftigungsstabilität schufen. Der Spardruck, unter dem der öffentliche Sektor in den letzten Jahren steht, ebenso wie die durch den wachsenden Kosten- und Konkurrenzdruck in den Industrieunternehmen der Privatwirtschaft ausgelösten Restrukturierungsprozesse zielen auf eine "Verschlankung" und Produktivitätssteigerung der Leistungserstellung und gehen mit einer Flexibilisierung und Einschränkungen des Personaleinsatzes einher. Verstärkt werden diese Tendenzen durch die Tertiarisierung der Betriebs- und Erwerbsstrukturen, die das Gewicht kleiner, junger und flexibler Betriebe erhöhen.

Aus der Arbeitsstättenzählung von 1987 geht hervor, daß zwei Drittel (66 Prozent) der Arbeitsstätten zwischen 1970 und 1987 eröffnet worden sind und ein Drittel bereits vor 1970 bestand. Die Gründungsaktivitäten waren dabei im Dienstleistungssektor am höchsten, allein ein Viertel aller Arbeitsstätten war zwischen 1985 und 1987 gegründet worden. Allerdings geht eine große Zahl neugeschaffener Arbeitsplätze auch vielfach wieder durch Betriebsaufgaben verloren. Einer Statistik des Instituts für Mittelstandsforschung in Bonn zufolge steht in den achtziger Jahren (1980 bis 1989) einer jährlichen durchschnittlichen Zahl von 282.000 Unternehmensgründungen eine durchschnittliche Zahl von 234.000 Unternehmensliquiditionen gegenüber, was einen positiven Saldo von 48.000 Unternehmen pro Jahr bedeutet.

Aus der Statistik der Gewerbeanmeldungen und -abmeldungen in den neuen Bundesländern für 1993 und 1994 geht hervor, daß der Hauptanteil der Anmeldungen im Bereich Handel/Gaststätten erfolgte (1993 waren es 86.000 und 1994 74.000), denen allerdings eine hohe Zahl von Abmeldungen korrespondierte; so betrug die Zahl der Gewerbeabmeldungen im Bereich Handel und Gaststättten 1993 60.757 und 1994 59.251. Im Handwerk lag die Zahl der Gewerbeanmeldungen 1993 bei 20.630 (1994: 19.838) und die Abmeldungen 1993 bei 11.351 (1994: 12.573). In der Industrie lag die Höhe der Gewerbeanmeldungen niedriger, allerdings waren gleichzeitig die Gewerbeabmeldungen hier seltener; die Zahl der neuangemeldeten Industriebetriebe betrug 1993 8.663 und 1994 8.976, die der abgemeldeten Industriebetriebe 1993 2.938 und 1994 3.377.

Die hohe Fluktuation von neugegründeten und in der Regel kleineren Betrieben verdeutlicht, daß die Stabilität der Beschäftigung dort ein geringeres Niveau aufweist als in Groß- und Mittelbetrieben. In einer detaillierten Gewinn- und Verlustrechnung für Arbeitsplätze anhand der Daten aus der Beschäftigtenstatistik der Bundesanstalt für Arbeit hat Cramer für den Zeitraum 1978/79 bis 1987/88 die Beschäftigungsentwicklung (nach dem sogenannten Job-Turn-over-Konzept) aufgefächert nach der Beschäftigungszunahme durch schon bestehende und sich ausweitende (Expansionsrate) und durch neu gegründete Betriebe (Gründungsrate) sowie nach der Beschäftigungsabnahme durch schon bestehende Betriebe, deren Beschäftigung zurückgeht (Schrumpfungsrate) und durch endgültig schließende Betriebe (Schließungsrate). Aus dieser (Netto)Beschäftigungsentwicklung läßt sich die "durchschnittliche Verweildauer einer Stelle" rechnerisch ermitteln: für den Zeitraum 1978/79 bis 1987/88 ergibt sich, daß eine besetzte Arbeitsplatzstelle etwa 12.5 Jahre besteht. Während allerdings in Großbetrieben mit mehr als 500 Beschäftigten ein Arbeitsplatz eine "Lebensdauer" von über 25 Jahren hat, hat in Kleinbetrieben ein Arbeitsplatz eine durchschnittliche Dauer von etwa 6 Jahren."Die stärkere Dynamik bei Klein- und Mittelbetrieben, die insbesondere im tertiären Bereich typisch sind, zeigt sich auch in der sektoralen Analyse: Während Wirtschaftsbereiche mit einem überdurchschnittlichen Anteil derartiger Betriebe (Baugewerbe, Handel, Verkehr,

Dienstleistungen) auch einen hohen Stellenumschlag aufweisen, ist die Arbeitsplatzdynamik bei den Sektoren mit relativ starker Konzentration der Beschäftigung in größeren Betrieben (Energiesektor, Verarbeitendes Gewerbe, Kredit- und Versicherungsinstitute) deutlich schwächer ausgeprägt" (Cramer 1989, 5).

Während demnach in Betrieben der privaten Wirtschaft das Risiko, einen Arbeitsplatz zu verlieren, in kleineren Betrieben höher ist als in größeren Unternehmen, ist der öffentliche Dienst bislang noch durch ein hohes Maß an Beschäftigungssicherheit ausgezeichnet, wenn auch die Beschäftigungsperspektiven sich tendenziell für Bewerber ungünstig entwickeln bei vermindertem Arbeitsplatzangebot und anhaltend hoher Arbeitslosigkeit.

7.2 Betriebliche Organisation und Flexibilisierung der Arbeit

Nicht nur die Dauer und Stabilität von Erwerbsarbeit wird durch die Entwicklung und Struktur der Betriebe beeinflußt, auch die Art der beruflichen Tätigkeit, die technisch-organisatorischen Muster, die Arbeitszeitformen und die Qualifikationschancen werden von der Art der betrieblichen Organisation der Güter- und Dienstleistungsproduktion bestimmt.

Großbetriebliche Strukturen vor allem von Industrieunternehmen ebenso wie von Dienstleistungsunternehmen, aber auch von staatlichen Verwaltungen, sind in aller Regel durch ein hohes Maß an bürokratisch-zentralistischer Organisation der Arbeitsprozesse und der sozialen Beziehungen gekennzeichnet. Die Beschäftigungsverhältnisse im öffentlichen Dienst weisen traditionell einen hohen Grad bürokratischer Strukturierung auf, die in Regulierungen von Arbeitstätigkeiten und -abläufen, Beförderungen und Laufbahnvorschriften sowie dem unterschiedlichen Rechtsstatus der Arbeitnehmergruppen (Beamte, Angestellte, Arbeiter) zum Ausdruck kommt (Mayntz 1985; Keller 1993).

In der Industrie organisierten die stetig größer werdenden Unternehmenseinheiten auf der Basis hochgradig vertikaler und horizontaler Arbeitsteilung mit einem ausdifferenzierten Verwaltungsapparat Planung, Ausführung und Kontrolle der Produktion. Durch technische Mechanisierung und Automatisierung unterstützt, weisen die Produktions- und Arbeitsprozesse eine organisatorische Grundstruktur auf, bei der Planung und Ausführung streng getrennt sind und die ausführende Ebene der Arbeit in spezialisierte Teiloperationen untergliedert ist, denen die Arbeitskräfte je nach Status und Qualifikation zugeordnet sind. Dieser Typus von Betrieb war durchaus erfolgreich in der Lage, stetig expandierende Massenmärkte mit standardisierten Produkten zu versorgen und zugleich bei steigender Arbeitsproduktivität den Interessen der Beschäftigten an höheren Löhnen, kürzeren Arbeitszeiten und einer Verbesserung der Arbeitsbedingungen Rechnung zu tragen. In vergleichbarer Weise haben etwa im Finanzdienstleistungssektor die Banken in den Nachkriegsjahrzehnten ihre Beschäftigung ausgeweitet, ihre Markt- und Geschäftsfelder dynamisch entwickelt und ihre Organisations- und Personaleinsatzkonzepte entlang zentralistisch-hierarchischer Grundprinzipien ausgebaut. Für die Beschäftigten in diesen großbetrieblichen Unternehmen verband sich mit den Strukturen - im großen und ganzen - ein hohes Maß an Beschäftigungssicherheit, Qualifizierungsmöglichkeiten und steigenden Einkommen.

Das sich in den Nachkriegsjahrzehnten herausgebildete stabile großbetrieblich geprägte Produktions- und Sozialmodell ließ den Bereich klein- und mittelbetrieblich organisierter Produktion und Beschäftigung randständig erscheinen, wenngleich er mit dem Handwerk, aber auch in traditionellen Dienstleistungszweigen immer ein hohes Gewicht hatte und sich als robust erwies. In dem Maße, wie seit Mitte der siebziger Jahre die Produktivitätspotentiale der herkömmlichen Massenfertigung Anzeichen von Erschöpfung zeigen und die Nachfragestrukturen sich auszudifferenzieren begannen und an Stelle von Standardisierung zunehmend Flexibilität und Innovationserfordernisse treten, wird auch die betriebliche Organisationsstruktur auf den Prüfstand gestellt. Tendenzen der Dezentralisierung, Enthierarchisierung und der Verlagerung von Verantwortung setzen sich in wachsendem Maße durch und leiten Prozesse der Restrukturierung von Unternehmens- und Arbeitsorganisation ein. Kleinere, dezentralere und flexiblere Einheiten beginnen sich zu etablieren, ohne daß ein strategisches Management die Kontrolle losläßt (Sperling, 1996).

In diesen Umstrukturierungsprozessen von Betrieben und Erwerbsarbeit erfährt auch der Bereich der Klein- und Mittelbetriebe eine Aufwertung, dessen Organisations- und Sozialmodell nicht so tief in die Logik tayloristischer Rationalisierung verstrickt war und deshalb auch Flexibilitätsspielräume erhalten konnte. Klein- und Mittelbetriebsorganisationen lassen sich zwar abgrenzen gegenüber zentralistisch-hierarchischen Organisationen von Großbetrieben, weisen aber eine so große Spannbreite unterschiedlicher ökonomischer, technischer und sozialer Voraussetzungen und Möglichkeiten auf, daß ein einheitliches Modell kaum zu gewinnen ist. Kennzeichnend für kleine und mittlere Betriebe ist gleichwohl bei aller Unterschiedlichkeit, daß sie über wenig ausdifferenzierte Arbeitsteiligkeit und geringe Hierarchiestufen verfügen und kaum auf komplexe Steuerungs- und Kontrollmechanismen vertrauen, sondern auf Übersichtlichkeit und direkte Kooperation setzen ebenso wie auf eine vielfach durch den Unternehmer-Eigentümer ausgeübte unmittelbare Steuerung und Kontrolle des Betriebsgeschehens. "Eine formale Hierarchie in der Produktion ist kaum ausgebildet, die Abteilungsgrenzen sind nicht dicht und die Arbeitsteilung ist in vielfacher Weise aufgeweicht" (Kotthoff/Reindl 1990, 43).

Vor allem im überwiegend kleinbetrieblich strukturierten Handwerk ist der Anteil der tätigen Inhaber und der mithelfenden Familienangehörigen überdurchschnittlich hoch und prägt die soziale und organisatorische Binnenstruktur. Ebenfalls überdurchschnittlich ist der Beitrag, den das Handwerk zur betrieblichen Berufsausbildung leistet. In der ersten Hälfte der neunziger Jahre absolvierten etwa ein Drittel der Auszubildenden eine Ausbildung in Handwerksbetrieben. Die Tatsache, daß die Handwerksbetriebe über ihren Eigenbedarf an Fachkräften hinaus ausbilden, bedeutet zugleich, daß etwa die Hälfte der im Handwerk Ausgebildeten in ihrem weiteren Berufsverlauf in anderen Wirtschaftsbereichen arbeiten.

Ingesamt bestreiten die Kleinbetriebe den Hauptanteil der beruflichen Ausbildung: die Hälfte aller Auszubildenden wurde in Kleinbetrieben ausgebildet. Allerdings steigt mit wachsender Betriebsgröße der Anteil der Ausbildungsbetriebe. So ist der Anteil der Ausbildungsbetriebe bei den Kleinstbetrieben mit bis zu vier Beschäftigten, die häufig keine Ausbildungsbefähigung haben, mit 17 Prozent gering, während der Anteil bei den Betrieben mit mehr als 1.000 Beschäftigten 90 Prozent beträgt. Auf sie entfallen 15 Prozent der Auszubildenden. Insgesamt ist der Anteil der Auszubildenden an der Erwerbstätigkeit von rund sieben Prozent Mitte der achtziger Jahre auf etwa vier Prozent Mitte der neunziger Jahre zurückgegangen (Berufsbildungsbericht 1996).

In der Arbeitsstättenzählung von 1987 wurden insgesamt 635.000 Ein-Personen-Betriebe erfaßt, in denen der Inhaber sein eigener Manager von Arbeit, Arbeitszeit, Kundenbeziehungen und Leistungserstellung ist. In den "sonstigen Dienstleistungen" betrug der Anteil von Ein-Personen-Betrieben mehr als ein Drittel (35 Prozent). Aber auch in der Mehrzahl der Kleinstbetriebe bis zu 10 Beschäftigten prägt der Inhaber in unmittelbarer Weise Personal- und Arbeitseinsatz sowie die Festlegung von Arbeitszeiten und Arbeitsbedingungen, ohne daß formalisierte Strukturen sonderlich zum Tragen kommen. Arbeitsorganisation und Qualifikationsanforderungen ebenso wie Einkommensverhältnisse weisen dabei sehr unterschiedliche Ausprägungen auf: Dominieren in Beratungsfirmen, Werbeagenturen oder Softwarefirmen beispielsweise mehrheitlich attraktive Arbeitsverhältnisse, so konzentrieren sich in unternehmensbezogenen Hilfsdiensten wie Gebäudereinigung aber auch im Einzelhandel und Gastgewerbe Arbeitsverhältnisse, die eher das Etikett "bad jobs" (im Hinblick auf Qualifikation, Belastungen, Kontrolle, Arbeitszeit und Bezahlung) rechtfertigen. Dienstleistungsbetriebe weisen hochgradig unterschiedliche Profile auf, zwischen einzelnen Branchen aber auch innerhalb von Einzelbranchen. Die Unterstellung eines höheren Grades an Flexibilität von privater Dienstleistungsarbeit, die im Kontrast zum öffentlichen Dienst oder der Industrie vielfach erfolgt, ist deshalb zu differenzieren: Eröffnen einerseits qualifizierte Betriebe der Dienstleistungsökonomie den Beschäftigten ein hohes Maß an Optionalität hinsichtlich Arbeitszeit, Weiterbildung und interessanten Arbeitstätigkeiten, so wird die Flexibilität der Beschäftigung in weiten Bereichen der Dienstleistungsarbeit auf Kosten von Beschäftigungssicherheit, Einkommensstabilität und fehlender Weiterqualifizierung realisiert.

Ein hohes Flexibilitätspotential liegt für die Betriebe in der Teilzeitarbeit: Den Befunden einer repräsentativen Untersuchung zu Arbeits- und Betriebszeiten Anfang der 90er Jahre zufolge "praktizieren zwei Drittel aller Betriebe Teilzeitarbeit, in ihr sind rund 15 Prozent der Beschäftigten tätig. Teilzeitbeschäftigung kommt hauptsächlich in den Kleinst- und Kleinbetrieben vor. Drei Viertel aller Teilzeitbeschäftigten arbeiten dort. Hinsichtlich der Wirtschaftsbereiche konzentriert sich Teilzeitbeschäftigung auf den Dienstleistungsbereich. In ihm sind zwei Drittel aller Teilzeitbeschäftigten tätig "(ISO/DIW 1991, 10). Insgesamt hat sich in den letzten Jahrzehnten das Ausmaß der Teilzeitbeschäftigung erheblich erhöht und dieser Trend hält weiterhin an. Nach den Ergebnissen der Arbeitsstättenzählung lag das Niveau der Teilzeitbeschäftigung 1987 doppelt so hoch wie 1970, die Zunahme der Beschäftigung in diesem Zeitraum geht nahezu ausschließlich auf das Konto vermehrter Teilzeitarbeit, die zudem eine weitgehende Domäne von Frauen ist, die vier Fünftel aller Teilzeitbeschäftigten stellen.

7.3 Soziale Regulierung und Mitbestimmung

Insgesamt ist die Regelungsdichte in arbeits- und sozialrechtlicher wie in tarifrechtlicher Hinsicht in der Bundesrepublik Deutschland bislang vergleichsweise hoch. Auch weite Bereiche von Klein-und Mittelbetrieben haben "den Abstand zu den Großen verkürzt und sich weitgehend vom Makel der tariflichen und sozialen Rückständigkeit befreit " (Kotthoff/Reindl 1990, 341), wenn auch bei fortbestehenden "vergleichsweise begrenzten materiellen Gratifikationen und Aufstiegsmöglichkeiten" (Gottschall/Jacobsen/ Schütte, 1985, 185). In kleineren Betrieben verdienen die Arbeitnehmer auch weiterhin im Durchschnitt weniger als in größeren; auch soziale Schutzregeln, wie im Fall des Kündigungsschutzes, gelten für Beschäftigte in kleinen Betrieben nur im eingeschränkten Umfang. Gewerkschaftliche und betriebliche Interessenvertretung trifft in Großbetrieben und in Kleinbetrieben auf unterschiedliche Bedingungen und Möglichkeiten der Wahrnehmung von Schutz- und Gestaltungsinteressen der Beschäftigten. Während in Groß- und Mittelbetrieben vor allem in traditionellen Industriezweigen nicht nur der gewerkschaftliche Organisationsgrad der Belegschaften in der Regel hoch ist und Betriebsräte anerkannte

Interessenvertreter sind, - ähnlich wie die Vertretung der Beschäftigten des öffentlichen Dienstes durch Personalräte allgemeine Praxis ist -, ist in Klein- und Kleinstbetrieben die gewerkschaftliche Repräsentanz gering. Die Wahl eines Betriebsrats ist in den Betrieben mit bis zu vier Beschäftigten vom Betriebsverfassungsgesetz nicht vorgesehen, aber auch in der Mehrzahl der Kleinbetriebe im Handwerk und in Dienstleistungszweigen ist das Vorhandensein eines Betriebsrates äußerst selten (Wassermann 1992), was die Geltung von wirksamen Mitbestimmungsrechten erheblich einschränkt.

Die Wahrnehmung und Durchsetzung der Interessen betrieblich Beschäftigter war in der Bundesrepublik bislang weitgehend gewährleistet durch wirksame Mechanismen der sozialen Regulierung durch Arbeitsrecht, betriebliche Interessenvertretung und das Tarifvertragssystem. Mit den Veränderungen von Betrieben und Erwerbsarbeit gerieten diese vergleichsweise stabilen Pfeiler unter Veränderungsdruck. Mit den Restrukturierungen von Unternehmen und Betrieben bilden sich neue Formen der Marktkoordination heraus, die örtlich und sozial gebundenen Betriebszusammenhänge schwächen oder gar auflösen können ("virtuelles Unternehmen"). Andererseits beschleunigt der Wandel von betrieblicher Arbeit die Differenzierung und Hetereogenisierung von Arbeitsverhältnissen; "atypische Beschäftigungsverhältnisse" (wie Teilzeitarbeit, geringfügige Beschäftigung, Leiharbeit und "unselbständige Selbständige") nehmen weiter an Bedeutung zu (Keller/ Seifert 1995). Der Erosion des Leitbildes des Normalarbeitsverhältnisses korrespondiert eine Verflüssigung von vormals stabil-robusten Betriebsstrukturen, die die "goldenen Nachkriegsjahrzehnte" bestimmend geprägt haben. Betriebe und Erwerbsarbeit befinden sich in einer anhaltenden Umbruchssituation.

Literatur

Bögenhold, D. 1996: Das Dienstleistungsjahrhundert. Kontinuitäten und Diskontinuitäten in Wirtschaft und Gesellschaft, Stuttgart.

Briefs, G. 1931: Betriebssoziologie, in: Vierkandt, A.(Hg.), Handwörterbuch der Soziologie, Stuttgart, 31-52.

Burghardt, A. 1978: Betriebs- und Arbeitssoziologie, Wien - Köln - Graz.

Cramer, U. 1989: Beschäftigungsdynamik in Branchen und Regionen, in: Materialien aus der Arbeitsmarkt- und Berufsforschung, Nr.6.

Dahrendorf, R. 1967: Industrie- und Betriebssoziologie, Berlin.

Domeyer, V., Funder, M. 1991: Kooperation als Strategie. Eine empirische Studie zu Gründungsprozessen, Organisationsformen, Bestandsbedingungen von Kleinbetrieben, Opladen.

Franke, H., Buttler, F. 1991: Arbeitswelt 2000.Strukturwandel in Wirtschaft und Beruf, Frankfurt.

Gottschall, K., Jacobsen, H., Schütte, I. 1989: Weibliche Angestellte im Zentrum betrieblicher Innovation, Stuttgart.

Häußermann, H.; Siebel, W. 1995: Dienstleistungsgesellschaften, Frankfurt.

Hilbert, J.; Sperling, H. J. 1990: Die kleine Fabrik. Beschäftigung, Technik und Arbeitsbeziehungen, München und Mering.

ISO/DIW (Institut zur Erforschung sozialer Chancen Köln/Deutsches Institut für Wirtschaftsforschung Berlin) 1991: Arbeitszeiten und Betriebszeiten 1990, Hrsg. v. Ministerium für Arbeit, Gesundheit und Soziales des Landes NRW, Düsseldorf.

Keller, B. 1993: Kontinuität statt Wandel. Zur Organisation der Erwerbsarbeit im öffentlichen Dienst, in: Strümpel, B., Dierkes, M. (Hg.), Innovation und Beharrung in der Arbeitspolitik, Stuttgart, 121-151.

Keller, B.; Seifert, M. (Hg.) 1995: Regulierung atypischer Beschäftigungsverhältnisse, Köln.

Kotthoff, H.; Reindl, J. 1990: Die soziale Welt kleiner Betriebe. Wirtschaften, Arbeiten und Leben im mittelständischen Industriebetrieb, Göttingen.

Krüger-Hemmer, C.; Veldhues, B. 1989: Strukturergebnisse der Arbeitsstättenzählung vom 25. Mai 1987, in: Wirtschaft und Statistik, 420-431.

Landes, D. S. 1983: Der entfesselte Prometheus. Technologischer Wandel und industrielle Entwicklung in Westeuropa von 1750 bis zur Gegenwart, München.

Littek, W. 1983: Arbeitssituation und betriebliche Arbeitsbedingungen, in: Littek, W., Rammert, W., Wachtler, G.(Hg.), Einführung in die Arbeits- und Industriesoziologie, Frankfurt/New York, 2. Auflage, 92-135.

Littek, W.; Heisig, U.; Gondek, H.-D. 1991: Dienstleistungsarbeit. Strukturveränderungen, Beschäftigungsbedingungen und Interessenlagen, Berlin.

Littek, W.; Heisig, U.; Gondek, H.-D. 1992: Organisation von Dienstleistungsarbeit, Berlin.

Lutz, B.; Schmidt, G. 1977: Industriesoziologie, in: König, R.(Hg.), Handbuch der empirischen Sozialforschung, Band 8, Stuttgart, 101-261.

Manz, T. 1993: Schöne neue Kleinbetriebswelt? Perspektiven kleiner und mittlerer Betriebe im industriellen Wandel, Berlin.

Matthies, H.; Mückenberger, U.; Offe, C.; Peter, E.; Raasch, S. 1994: Arbeit 2000. Anforderungen an eine Neugestaltung der Arbeitswelt, Reinbek.

Mayntz, R. 1985: Soziologie der öffentlichen Verwaltung, Heidelberg.

Mückenberger, U. 1989: Der Wandel des Normalarbeitsverhältnisses unter den Bedingungen einer "Krise der Normalität", in: Gewerkschaftliche Monatshefte, 211 ff.

Ortmann, G. 1995: Formen der Produktion.Organisation und Rekursivität, Opladen.

Osterloh, M. 1987: Industriesoziologische Vision ohne Bezug zur Managementlehre? In: Malsch, T.; Seltz, R.(Hg.), Die neuen Produktionskonzepte auf dem Prüfstand, Berlin, 125-153.

Rinne, H. 1994: Wirtschafts- und Bevölkerungsstatistik, Erläuterungen, Erhebungen, Ergebnisse, München-Wien.

Schmoller,G. 1966: Großbetrieb und Gesellschaftsintegration, in: Fürstenberg, F.(Hg.), Industriesoziologie I. Vorläufer und Frühzeit 1835-1934, Neuwied, 313-329.

Sperling, H. J. 1996: Restrukturierung von Unternehmens- und Arbeitsorganisation - eine Zwischenbilanz, Marburg.

Statistisches Bundesamt (Hg.) 1994: Datenreport 1994.Zahlen und Fakten über die Bundesrepublik, Bonn.

Statistisches Bundesamt 1995: Statistisches Jahrbuch, Stuttgart.

Tessaring, M. 1994: Langfristige Tendenzen des Arbeitskräftebedarfs nach Tätigkeiten und Qualifikationen in den alten Bundesländern bis zum Jahre 2010, in: Mitteilungen aus der Arbeitsmarkt- und Berufsforschung, Heft 1, 5-19.

Wassermann, W. 1992: Arbeiten im Kleinbetrieb, Interessenvertretung im deutschen Alltag, Köln.

Zeddies, J. 1995: Die Situation der Landwirtschaft in der Bundesrepublik Deutschland, in: Aus Politik und Zeitgeschichte, Beilage zur Wochenzeitung Das Parlament, B 33-34, 3-13.

Arbeitsorganisation

Walther Müller-Jentsch

1. Entstehung und Begriff

Als gesellschaftlich relevantes und verbreitetes Phänomen ist die Arbeitsorganisation eine Folge der Industrialisierung. Versteht man darunter (vorläufig) ein planmäßig koordiniertes Zusammenwirken von Menschen zur Erstellung eines gemeinsamen Produkts, dann gab es gewiß auch schon in früheren Geschichtsperioden Großprojekte, die nur in solch arbeitsteiliger, organisierter Weise zu bewerkstelligen waren (z.B. der Bau von Pyramiden und Kathedralen; auch der Bergbau und die großen Manufakturen der vorindustriellen Zeit gehören zu den Ausnahmen). Bis zur Industriellen Revolution (England 1780-1850) war die gesellschaftliche Produktion jedoch weitgehend gekennzeichnet durch bäuerliche Eigenwirtschaft, heimgewerbliche und hausindustrielle Produktion sowie kleinhandwerkliche Fertigung in den Städten, denen die Merkmale der modernen Arbeitsorganisation fehlen.

Erst mit der Durchsetzung des Industriekapitalismus als vorherrschender Produktionsweise wird die *Fabrik* zur dominanten Produktionsstätte. Sie hat eine spezifische Arbeitsorganisation, die von allen vorangehenden Formen abweicht. Ob die vorindustrielle Manufaktur mit ihrer spezifisch arbeitsteiligen Produktionsorganisation die Vorform der Fabrik darstellte, wie Marx behauptete, ist strittig. Der Sozialhistoriker Hans-Ulrich Wehler unterscheidet in seiner "Deutschen Gesellschaftsgeschichte" fünf Ursprungsformen der modernen Fabrik:

"Neben dem großen Handwerksbetrieb des Zunftmeisters (für Papiererzeugung, Buchdruck, Optikwaren, Porzellan, Möbel, Maschinenbau) gab es die unzünftige Mechanische Werkstatt (z.B. als Gießerei oder Eisenhütte), neben dem Verlagsbetrieb als Endstation dezentralisierter Produktionsabläufe existierte die Manfaktur als zentralisierte Werkstätte (für Woll-, Baumwoll-, Seidenherstellung, Kattundruck, Waffen, Messer, Kutschen), und schließlich trat zu ihnen die frühe Fabrik selbst als jüngster, unmittelbarer Vorläufer des entwickelten Industrieunternehmens." (Wehler 1987, 114).

Wenn mit Organisation allgemein ein *geplanter, dauerhafter* und *zielorientierter Handlungszusammenhang* von Personen und Gruppen bezeichnet wird, dann ist für Arbeitsorganisationen kennzeichnend, daß dieser Handlungszusammenhang nach den Prinzipien der *Arbeitsteilung* und *Wirtschaftlichkeit* (Kosten-Nutzen-Optimierung; Gewinnmaximierung) geplant wird und dem Ziel der Erzeugung von Produkten oder der Bereitstellung von Dienstleistungen dient. Während sich die Betriebswirtschaftslehre mit der Arbeitsorganisation primär unter den Aspekten der Wirtschaftlichkeit befaßt, interessieren sich die Sozialwissenschaften vor allem für die vielfältigen sozialen Beziehungen und Prozesse zwischen den am Arbeitsprozeß Beteiligten und für die sozialen Strukturen, in die sie eingebettet sind.

2. Grundbestandteile der modernen Arbeitsorganisation

Die moderne Arbeitsorganisation basiert auf arbeitsteiligen und durch Technik und Maschinerie strukturierten Kooperationsprozessen, die unter der Leitung eines Managements vollzogen werden. Im folgenden werden diese einzelnen Komponenten der Arbeitsorganisation analytisch dargestellt.

2.1 Arbeitsteilung und Kooperation (Organisation)

Jede Arbeitsorganisation beruht auf dem Prinzip von Arbeitsteilung und Kooperation. Sie sind zwei Seiten einer Medaille. Beinhaltet die Arbeitsteilung eine Aufgabenverteilung und Arbeitszerlegung, dann bedeutet die Kooperation ihre Vereinigung bzw. Zusammenfassung zu einem gemeinsamen Produkt.

In jeder Gesellschaft gibt es Arbeitsteilung. Als „ursprüngliche" Form der Arbeitsteilung gilt die zwischen den Geschlechtern (schon die Urgesellschaften kannten eine Arbeitsteilung zwischen Männern und Frauen). Formen *gesellschaftlicher* Arbeitsteilung sind des weiteren die „Produktionsteilung" zwischen den wirtschaftlichen Sektoren (z.B. zwischen Grundstoff- und verarbeitender Industrie, zwischen Produktion und Dienstleistung) und die Arbeitsteilung zwischen den verschiedenen Berufen und Betrieben. Von der gesellschaftlichen Arbeitsteilung ist die *betriebliche* (auch „technische" oder „industrielle") Arbeitsteilung zu unterscheiden, als deren Charakteristikum die Arbeitszerlegung in „für sich nicht selbständige Arbeitselemente" (Bücher 1893/1968, 74) innerhalb eines Betriebes gilt.

Die soziologische Definition des Betriebs ist enger als die wirtschaftliche: sie schließt Arbeitsstätten vom Typ des Ein-Personen-Betriebs oder des reinen Familienbetriebs aus. Ihr zufolge ist der Betrieb eine räumliche Einheit, in der mehrere, im Regelfall eine größere Zahl von Arbeitskräften zur Erzeugung von Produkten oder zur Bereitstellung von Dienstleistungen zusammenwirken. Es ist dieser Sachverhalt, den wir hier mit *Arbeitsorganisation* bezeichnen. Als solche finden wir sie nicht nur in den Werkstätten der Fabriken vor, sondern auch in Büros und (staatlichen und kommunalen) Behörden. Im folgenden werden wir gleichwohl ihre Spezifika am Beispiel des industriellen Produktionsprozesses erörtern.

Im modernen Industriebetrieb wird der Produktionsprozeß in eine Reihe von Arbeitsverrichtungen zerlegt, die in einem planvollen Zusammenwirken (Kooperation) vollzogen werden. Jeder am Produktionsprozeß Beteiligte muß in seinen Arbeitsverrichtungen auf die Arbeitsvollzüge der anderen Arbeitnehmer sachgemäß reagieren. Je enger der Kooperationszusammenhang, um so größer sind die Effekte, die die einzelne Teilarbeit auf die anderen Teilarbeiten hat. In der Industriesoziologie wird zwischen der *teamartigen* und der *gefügeartigen* Kooperation unterschieden.

Die teamartige Kooperation (Bsp.: Trägerkolonnen; teilautonome Gruppenarbeit) vollzieht sich entweder an relativ unkomplizierten technischen Anlagen oder in technischentkoppelten Fertigungsinseln, die nur den räumlichen und zeitlichen Rahmen der Arbeitsaufgaben abstecken, so daß die Mitglieder der Arbeitsgruppe innerhalb dieser Grenzen über sachliche und zeitliche Dispositionschancen verfügen und ihre Arbeit selbst einteilen können.

Dagegen wird die gefügeartige Kooperation (Bsp.: Bedienungsmannschaft einer Walzstraße) durch die technische Anlage bis in die einzelnen Arbeitsvollzüge hinein bestimmt und erfordert daher ein präzises Ineinandergreifen aller Beteiligten. Die strenge Systematik und enge Verkettung der Arbeitsplätze lassen keine Dispositionsspielräume.

2.2 Mechanisierung und Automatisierung (Technik)

Wie am letzten Beispiel deutlich wurde, wird der Charakter der betrieblichen Arbeitsteilung auch von den technischen Gegebenheiten, der Maschinerie mitbestimmt. Es gilt an dieser Stelle jedoch einem verbreiteten Mißverständnis entgegenzuwirken: Industrielle Technik strukturiert, aber determiniert nicht die Arbeitsorganisation. Die Auffassung, daß die Technik ihre Verwendungszwecke und Anwendungsbedingungen zwingend vorschreibe, ist als ein theoretischer Erklärungsansatz in den Sozialwissenschaften unter dem Etikett *Technologischer Determinismus* bekannt geworden. Als analytischer Leitfaden diente er einer Reihe klassischer industriesoziologischer Studien; z.B. „The Man on the Assembly Line" von Charles Walker und Robert Guest (1952) oder „Alienation and Freedom" von Robert Blauner (1964) oder „Technik und Industriearbeit" von Heinrich Popitz, Hans Paul Bahrdt u.a. (1957).

„Die technologischen Faktoren der Automontagearbeit", schreiben beispielsweise Walker und Guest, „beeinflussen den Arbeiter sowohl direkt wie indirekt. Sie beeinflussen ihn direkt durch die unmittelbare Arbeitsstrukturierung und indirekt, indem sie die grundlegenden Strukturen der sozialen Organisation der Fabrik bestimmen." (1952, 20; eig. Übers.) Als direkte Konsequenz technisch determinierter Arbeitsstrukturierung konstatieren die Autoren enge Grenzen sozialer Interaktion während der Arbeit und erhöhte menschliche Belastungen durch maschinengetaktete, repetitive Arbeitsvorgänge.

Eine noch weitreichendere Determinationskraft schreibt Blauner der Produktionstechnik zu:
„Mehr als jeder andere Faktor determiniert die Technik den Charakter der Arbeitsaufgaben, die die Handarbeiter auszuführen haben, und mehr als jeder andere nimmt sie Einfluß auf zahlreiche Aspekte der Entfremdung. Einer der wichtigsten Aspekte ist der technische Produktionsapparat, mit seinem Einfluß auf die Machtlosigkeit des Arbeiters und auf das Ausmaß von Autonomie und Kontrolle, das er über seine Arbeitsumgebung ausüben kann. Technische Faktoren sind ebenfalls von größter Bedeutung in ihren Auswirkungen auf die Selbstentfremdung, da das Maschinensystem weitgehend darüber entscheidet, ob der Arbeiter direkt von der Arbeit gefesselt wird oder ob Gleichgültigkeit und Monotonie das allgemeine Ergebnis sind. (...) Die Technik strukturiert auch die Existenz und Form von Arbeitsgruppen und beeinflußt damit den Zusammenhalt. (...) Und schließlich determiniert die Technik weitgehend die Berufs- und Qualifikationsstruktur innerhalb eines Unternehmens sowie die Grundbedingungen für Aufstiegsmöglichkeiten und normative Integration." (1964, 8; eig. Übers.)

Auch in der frühen westdeutschen Industriesoziologie herrschte die Neigung vor, wie Burkart Lutz und Gert Schmidt konstatieren, „Technik und technologische Entwicklung als primäre Bestimmungsmerkmale menschlicher Arbeit in der Industrie zu sehen" (1977, 189). Der oben zitierten Definition der "gefügeartigen Kooperation" liegt ebenfalls dieses theoretische Verständnis zugrunde. Die Autoren (Popitz u.a. 1957) fragten nicht, ob die technische Anlage auch nach anderen Gesichtspunkten hätte konstruiert und kombiniert werden können.

Den technikdeterministischen Ansichten steht das Verständnis von der modernen Arbeitsorganisation als einem *sozio-technischen System* gegenüber. Der vom Londoner *Tavistock Institute of Human Relations* entwickelte „sozio-technische Ansatz" unterstellt, daß die Arbeitsorganisation typischerweise aus einer Kombination von sozialem und technischem System besteht und daß beide Subsysteme besondere Eigenschaften haben und spezifische Anforderungen stellen, die relativ unabhängig voneinander sind. Da technische Systeme zwar Grenzen für die Arbeitsorganisation setzen, sie aber nicht determinieren, können bei gleicher Produktionstechnologie durchaus unterschiedliche Formen der Arbeitsorganisation auftreten.

Wie die Arbeitsteilung trägt auch die Mechanisierung zur Erhöhung der Produktivität der Arbeit bei. Gemessen wird die Arbeitsproduktivität durch das Verhältnis des Produktionsergebnisses (mengenmäßiger Ausstoß bzw. Umsatz) zur eingesetzten Arbeitsmenge (Zahl der Erwerbstätigen bzw. Erwerbstätigenstunden). Die Mechanisierung der Produktion und die damit verbundene Nutzung des technischen Fortschritts gelten als wichtigste Quellen der Produktivitätssteigerung.

Der Prozeß der Mechanisierung läßt sich plausibel verdeutlichen, wenn wir am industriellen Arbeitsprozeß als einer Kombination von drei verschiedenen, aber funktional miteinander verbundenen Teilprozessen ansetzen. Diese drei Teilprozesse bestehen aus
1. der Umwandlung von Materialien und Komponenten (Transformationsfunktion),
2. dem Transport dieser Materialien zwischen den einzelnen Arbeitsplätzen (Transferfunktion),
3. der Kontrolle über den Vollzug der ersten oder zweiten Aktivität (Kontrollfunktion).

Diesen drei Funktionen lassen sich drei Stufen der Mechanisierung - primäre, sekundäre, tertiäre - zuordnen (vgl. dazu Bell 1972 und Coombs 1985):
Die *primäre* Mechanisierung zielt darauf ab, menschlich-physische und manuelle Arbeit durch (Werkzeug- und Kraft-)Maschinen zu ersetzen. Die *sekundäre* Mechanisierung dient dem Einsatz von Maschinen für den Materialtransfer zwischen den Arbeitsstationen (prototypisch dafür ist das Fließband). Die *tertiäre* Mechanisierung schließlich überträgt die Kontrolle von Transformations- und Transferoperationen vom Menschen auf Maschinen. Diese Mechanisierungsstufe wird auch als Automatisierung bezeichnet.

2.3 Management der Arbeit (Leitung und Hierarchie)

Das arbeitsteilige Kooperationsgefüge eines Betriebs ist in der Regel eingebettet in ein hierarchisches System der Aufsicht und Unterordnung. Gewöhnlich wird die betriebliche Hierarchie in Form einer Pyramide dargestellt:
- an der Spitze das Management (Direktoren, Prokuristen, Abteilungsleiter),
- im oberen Bereich die Industriebürokratie (kaufm. und techn. Angestellte),
- im mittleren Bereich die unmittelbaren Vorgesetzen (Meister, Steiger),
- im Fuß der Pyramide die Ausführenden (Arbeiter, einfache Angestellte).

Dahrendorf (1959) unterscheidet zwischen funktionaler und skalarer Organisation. Die funktionale Organisation kennt grundsätzlich keine Über- und Unterordnung; zum Funktionieren des Ganzen sind alle Positionen - Generaldirektor wie Werkmeister wie Hilfsarbeiter - gleich wichtig. Erst die Einordnung der verschiedenen Positionen in eine Autoritätshierarchie begründet die skalare Organisation.

Die Autoritätsstruktur des Betriebs wird aus einem doppelten Erfordernis abgeleitet:
1. *Jede* arbeitsteilige Produktion bedarf der Planung und Koordinierung, um die Teilarbeiten zu einem sinnvollen Ganzen zusammenzufügen. Darin liegt die *systemindifferente* Funktion des Mangements begründet. Selbst die marxistische Theorie erhebt die Organisierung und Leitung der Produktion in den Rang einer eigenständigen Produk-

tivkraft. Die auf „Kombination und Kooperation vieler zu einem gemeinsamen Resultat" (MEW 25, 400) gerichtete Leitungstätigkeit ist für Marx „produktive Arbeit, die verrichtet werden muß in jeder kombinierten Produktionsweise" (ebd., 397). Und in der Auseinandersetzung mit den Anhängern des Anarchisten Bakunin betonte Engels pointiert die Notwendigkeit von Organisation und Direktion der Produktion: „Wer aber kombinierte Tätigkeit sagt, sagt Organisation. (...) Die Autorität in der Großindustrie abschaffen wollen, bedeutet die Industrie selber abschaffen wollen." (MEW 18, 306 f.).

2. Der in dieser Argumentation hervorgehobene Sachzwang zur Begründung der Trennung von planender und ausführender Arbeit dient vielfach zur scheinbar objektiven Rechtfertigung der Über-und Unterordnung im Betrieb. Anderen ist er blanker Ausdruck faktischer betrieblicher Herrschaft. Sie sehen in der direktorialen Leitung arbeitsteiliger kapitalistischer Produktion eine *systemspezifische* Funktion des Managements: nämlich die der Sicherstellung von gewinnbringender Nutzung der Arbeitskraft durch Erzeugung eines Überschusses (Mehrwert) des Werts des Arbeitsergebnisses über die Kosten der Arbeitskraft (Lohn).

Marx und Engels, die beide Funktionen des Managements thematisieren, sprechen daher auch vom „zwiespältigen Charakter" der Leitung und Oberaufsicht der kapitalistischen Produktion, dessen Zwiespältigkeit daraus resultiere, daß die Produktion zugleich gesellschaftlicher Arbeitsprozeß und Verwertungsprozeß des Kapitals ist.

Aus der letzteren Perspektive hat das Management ein zentrales Kontrollproblem zu bewältigen, welches in der theoretischen Literatur in unterschiedlicher Weise expliziert wird:
a) als *Transformationsproblem* (Marx): Ausgehend von der Unterscheidung zwischen Arbeit und Arbeitskraft, wird dem Management die Funktion zugeschrieben, die (gekaufte) Arbeitskraft profitabel in (verausgabte) Arbeitsleistung umzuwandeln, mit anderen Worten: möglichst viel Arbeit aus der Arbeitskraft zu extrahieren;
b) als *Opportunismusproblem* (Williamson): Ausgehend von der Annahme, daß unter den Arbeitenden generell eine Tendenz zur Leistungszurückhaltung („Opportunismus") besteht, muß das Management Vorkehrungen treffen, die diesen Opportunismus eindämmen.

Empirisch ist dieses Problem von Max Weber als „'Bremsen' der Arbeiter" und von Taylor als „systematische Bummelei" beschrieben worden. Der französische Arbeitssoziologe Georges Friedmann deutet diese empirischen Befunde wie folgt: „In der Tat zeigen die Beobachter der großen rationalisierten Industrie beim Arbeiter in zahlreichen Fällen und wechselnden Formen das Auftreten einer Art Abschließung nach außen - oder besser einer Verschließung und Verweigerung seiner physischen, menschlichen und beruflichen Kräfte, eine Zurückhaltung seines Gesamt-Arbeitspotentials." (Friedmann 1952, 283 f.).

„Das Bremsen ist eine bewußte, hartnäckige und schweigsame Form des Kampfes des Arbeiters um die Verteidigung des Preises seiner Arbeit. (...) Max Weber bemerkt sehr richtig, daß es häufig ein 'Streiksubstitut' sei." (ebd., 285).

Die Formen und Methoden der manageriellen Kontrolle der Arbeitsleistung sind vielfältig. Es gibt eine Typologie der manageriellen Kontrolle (Edwards 1981), die folgende Formen unterscheidet:

- die persönliche oder direkte Kontrolle durch unmittelbare Vorgesetze (Meister und Vorarbeiter),
- die mechanische oder technische Kontrolle durch Maschinerie,
- die administrative oder bürokratische Kontrolle durch unpersönliche Regeln und systematische Anreize.

Wirtschafts- und Sozialhistoriker behaupten eine historische Entwicklung von direkten und persönlichen zu indirekten, d.h. technischen und administrativen Kontrollsystemen. Demgegenüber unterstellte die Organisationssoziologin Joan Woodward (1965, 1980), daß die Form des managieriellen Kontrollsystems von der jeweiligen Produktionstechnologie abhängig ist. Nach ihrer Ansicht gibt es für jedes technische Produktionssystem (z.B. Einzelprodukt- und Kleinserienfertigung; Massenproduktion; kontinuierliche Prozeßproduktion) ein - im Hinblick auf den wirtschaftlichen Erfolg - angemessenes Kontrollsystem. Von Andrew Friedman (1977) stammt schließlich der Hinweis auf die historisch unspezifische Dualität zweier managerieller Leitungsprinzipien: das der *direkten Kontrolle* einerseits und der *verantwortlichen Autonomie* andererseits.

Die spezifischen Mittel der Kontrolle hat Etzioni (1971, 96 f.) analytisch in *physische*, *materielle* und *symbolische* eingeteilt; ihnen entsprechen:
1. der Zwang oder die direkte Kontrolle,
2. materielle Anreize und pretiale Macht,
3. normative Integration und kulturelle Steuerung.

Das Arbeitsverhältnis kann nicht allein auf Zwangsmaßnahmen beruhen. Natürlich stützt sich das Management zunächst auf den Arbeitsvertrag und das damit akzeptierte Dispositionsrecht. Aber da der Arbeitsvertrag nur Rahmenbedingungen für den Leistungsaustausch fixiert, bleibt es auch auf das Entgegenkommen der Arbeiter angewiesen. Abgesehen davon, daß ein schlechtes "Betriebsklima" auch schlechte Arbeits- und Produktionsergebnisse zur Folge hat, wäre die komplexe moderne Industrieproduktion ebenso wie die hocharbeitsteilige Verwaltungsarbeit ohne die Kooperation, Zuverlässigkeit und Verantwortung der Beschäftigten schwerlich denkbar; insofern benötigt das Management auch den Konsens der Beschäftigten (vgl. Minssen 1990). Die neuere Vertragstheorie (Schrüfer 1988) unterscheidet zwischen expliziten und impliziten Vereinbarungen; letztere umfassen stillschweigende Übereinkünfte, gewohnheitsmäßige Verhaltensweisen und soziale Normen. Die Organisationspsychologie hat dafür auch den Begriff des "psychologischen Kontrakts" (Schein 1965, 12 f.) geprägt; er soll die formalen Arbeitsverträge durch eine Reihe von ungeschriebenen, gegenseitigen Erwartungen, Normen und Regeln impliziter Natur ergänzen. Als Komplement zum expliziten Arbeitsvertrag schließt er an dessen Unbestimmtheitslücken an, die wiederum funktionsnotwendig für moderne Arbeitsorganisationen sind, weil sie den wechselnden Einsatz der Arbeitskraft je nach Produktionserfordernissen und die flexible Umsetzung bei arbeitsorganisatorischen und technischen Rationalisierungen ermöglichen. Der formellen Kündigung des (expliziten) Arbeitsvertrags entspricht die „innere Kündigung" des „psychologischen Vertrags".

3. Die wichtigsten Prozesse in der Arbeitsorganisation

3.1 Technisch-organisatorische Rationalisierung

Rationalisierung als Inbegriff für *technische* und *organisatorische* Maßnahmen, deren Ziel die Erhöhung der Arbeitsproduktivität ist, tauchte zwar erst in den zwanziger Jahren bei F. v. Gottl-Ottilienfeld (1926) auf, der ihm zugrundeliegende Sachverhalt ist jedoch wesentlich älter. Bereits Adam Smith (1776/1978) zeigte an dem bekannten und häufig zitierten Beispiel der Stecknadelproduktion, wie durch Arbeitszerlegung die Produktivität jedes einzelnen Arbeiters erhöht werden kann. Neben der rationellen Organisation und Planung der Arbeit trägt vor allem die Ersetzung der menschlichen Arbeit durch Maschinen zur Produktivitätssteigerung bei. Arbeitswissenschaftler sprechen vom Gesetz der ständig steigenden Arbeitsproduktivität.

„Organisierung" und „Technisierung" sind die generellen strategischen Ansatzpunkte und „elastischen Potentiale" des Managements in seinem Rationalisierungsbestreben (vgl. auch Altmann/Bechtle 1971). Es gibt selten rein technische oder rein organisatorische Rationalisierungen, meist sind beide Komponenten, wenngleich mit je unterschiedlicher Gewichtung, am Prozeß der Rationalisierung beteiligt.

Zwar ist von unterschiedlichen und situationsabhängigen Rationalisierungsoptionen der einzelnen Unternehmen auszugehen, gleichwohl können wir in großen Linien historische Phasen mit spezifischen Rationalisierungsmustern unterscheiden; diese lassen sich den drei industriellen Revolutionen zuordnen (vgl. dazu Müller-Jentsch/Stahlmann 1988; Müller-Jentsch 1994).

Als Begleiterscheinung der Industrialisierung setzt die Rationalisierung in der *ersten Industriellen Revolution* an den Arbeitsmitteln an. Der britische Technikhistoriker David S. Landes identifizierte als die drei bedeutsamsten technischen Innovationen dieser Zeit die folgenden:
- Maschinen, die an die Stelle menschlicher Geschicklichkeit und Kraft traten,
- mechanische Energieerzeugung (Dampfmaschine),
- neue, anorganische Rohstoffe, die an die Stelle pflanzlicher und tierischer Substanzen traten. (Landes 1973, 52).

Die Technik der ersten Industriellen Revolution hatte nach Heisenberg (1955) noch stark den Charakter eines die Aktivitäten der menschlichen Hand durch die Maschine imitierenden Prozesses und einen die alten Handwerke (Weben, Spinnen, Eisenschmieden) unter Nutzbarmachung mechanischer Prozesse fortsetzenden und erweiternden Charakter. Dem entspricht auch die Marxsche Einschätzung, daß die Werkzeugmaschine (und nicht dieDampfmaschine) die eigentliche revolutionäre technische Erfindung dieser Epoche darstellte.

Die wichtigsten technischen Rationalisierungen fanden innerhalb der in dieser Periode neuentstandenen Fabriken statt. Deren Arbeitsorganisation behielt indessen noch lange vorindustrielle Züge. Als ein Hauptproblem des frühen Managements der Arbeit erwies sich die „Kontrolle der widerspenstigen Massen" (Braverman 1977, 61), die an die neue Fabrikdisziplin und den neuen industriellen Zeitrhythmus erst noch gewöhnt werden mußten (vgl. Thompson 1980). Es gab zur damaligen Zeit noch keine systematische Managementtheorie, so daß die Organisations- und Kontrollprobleme der Fabrikproduktion rein pragmatisch gelöst wurden; häufig diente die militärische Hierarchie als Vorbild

für die Fabrikorganisation (vgl. Pollard 1965). Marx spricht bezeichnenderweise von
„industriellen Oberoffizieren (...) und Unteroffizieren (...), die während des Arbeitsprozesses im Namen des Kapitals kommandieren" (MEW 23, 351).

Als „Zuckerbrot und Peitsche" hat der Wirtschaftshistoriker Sidney Pollard (1967) die vornehmlich in den frühen Textilfabriken üblichen Zwangs- und Abschreckungsmaßnahmen und die positiven Anreizsysteme beschrieben, die den Widerstand gegen die ungewohnten Arbeitszumutungen brechen sollten. Während die Massen der Pauperisierten und Unqualifizierten teils durch Methoden der direkten Kontrolle und teils durch materielle Sanktionen und Anreizsysteme der Fabrikdisziplin unterworfen wurden, existierte für die qualifizierten Fachkräfte ein System von Nebenverträgen (*internal subcontracting*). Die gelernten und qualifizierten Handwerker schlossen mit dem industriellen Unternehmer-Kapitalisten einen Vertrag über eine Pauschalsumme für eine bestimmte Arbeit ab und heuerten ihrerseits, als Subunternehmer, ungelernte Arbeitskräfte an, deren Arbeitsleistungen sie überwachten und entlohnten; in diesem Falle übernahmen sie die Aufgabe der direkten Kontrolle.

Konzentrierten sich die Rationalisierungsbemühungen in der frühen Phase der Industrialisierung auf die Mechanisierung der Arbeitsinstrumente, dann während der *zweiten Industriellen Revolution* (etwa 1880-1930) auf die Rationalisierung der menschlichen Arbeitsleistung; sie setzten insbesondere an der Arbeitskraft und der Arbeitsorganisation an; hinzu kamen spezifische Transfertechniken wie Fließband und Elektromotor. Für die Rationalisierungen dieser Epoche haben die Namen Taylor und Ford programmatische Bedeutung.

Mit dem Namen des amerikanischen Ingenieurs Frederick W. Taylor (1856-1915) verbindet sich eine Rationalisierungsbewegung, die unter dem Stichwort der „wissenschaftlichen Betriebsführung" (*Scientific Management*) alle industrialisierten Länder erfaßte. Primäres Ziel des Taylorismus war die Steigerung der Arbeitsproduktivität sowohl durch die Vermeidung unökonomischer Arbeitsverrichtungen als auch durch die Bekämpfung von Leistungszurückhaltungen der Arbeiter, der „systematischen Bummelei" in Taylors Worten. Eine konsequente „Budgetierung der menschlichen Arbeitskraft" war das Ziel. Zu diesem Zweck sollten den Arbeitern die Kontrollmöglichkeiten über ihre Arbeit genommen und das Management als alleinige Kontrollinstanz eingesetzt werden.

Die wichtigsten Elemente der „wissenschaftlichen Betriebsführung" Taylors waren:
– strikte Trennung von Hand- und Kopfarbeit, von planender und ausführender Tätigkeit,
– vollständige Planung aller Produktionsabläufe und Standardisierung der Arbeitsprozesse,
– Festlegung der Arbeitsvollzüge durch Zeitstudien, welche später von seinem Schüler Gilbreth durch Bewegungsstudien ergänzt wurden,
– Bindung des Entgelts an die Arbeitsergebnisse (Leistungslohn).

Hauptangriffspunkt der „wissenschaftlichen Betriebsführung war die Autonomie der Facharbeiter und deren Leistungszurückhaltung. Ihr Wissen sollte in formalisierte Ablaufschemata transformiert und in interne Kontrollsysteme integriert werden, so daß das Managment - unterstützt durch die Einrichtung von Planungs- und Arbeitsvorbereitungsbüros - seine Steuerungsfähigkeit bis in die Details der einzelnen Arbeitsverrichtungen ausdehnen konnte.

In den Worten Taylors: „In unserem System wird jedem Arbeiter bis ins Kleinste vorgeschrieben, genau was er zu tun und wie er es auszuführen hat; und jede Verbesserung, die ein Arbeiter diesen Vorschriften gegenüber vornimmt, ist von Übel." (On the Art of Cutting Metals, zit. n. Schmiede/Schudlich 1976, 165).

„Nur durch zwangsmäßige Einführung einheitlicher Arbeitsmethoden, durch zwangsmäßige Einführung der besten Arbeitsgeräte und Arbeitsbedingungen, durch zwangsmäßiges Zusammenwirken von Leitung und Arbeitern kann ein schnelleres Arbeitstempo gesichert werden. Die 'zwangsmäßige' Einführung all dieser Dinge kann aber selbstredend nur Sache der Leitung sein. (...) Alle die, welche nach entsprechender Anweisung nicht nach den neuen Methoden und in schnellerem Tempo arbeiten wollen oder können, müssen für andere Arbeiten verwendet oder entlassen werden." (Taylor 1919, 86 f.).

Die mit diesen Methoden angestrebte Erhöhung der Arbeitsproduktivität sollte auch für die Arbeiter durch Lohnanreize zum erstrebenswerten Ziel gemacht werden. Realistisch erkannte Taylor, „daß man unmöglich Arbeiter dazu bringen kann, längere Zeit hindurch angestrengter zu arbeiten als ihre Genossen, ohne ihnen dauernd einen wesentlich größeren Verdienst zuzusichern" (Taylor 1919, 129). Das von ihm vorgeschlagene Leistungslohnsystem bestand aus Pensum und Prämie: immer wenn der Arbeiter das vorgegebene Pensum überschritt, sollte er eine Prämie erhalten.

Direkte Folgen des Taylorismus waren eine radikale Verkürzung der Anlernzeiten sowie die Expansion der indirekten Bereiche wie Arbeitsplanung und Arbeitsvorbereitung; weitere indirekte Bereiche (z.B. Instandhaltung und Reparatur; Qualitätskontrolle) entstanden im Zusammenhang mit der Ersetzung des für alle Belange in der Werkstatt zuständigen Meisters durch sog. Funktionsmeister, die nur noch für bestimmte Aufgabenbereiche zuständig waren.

Die von Henry Ford (1863-1947) eingeführte Methode der Fließbandfertigung - erstmals 1913/14 in der Highland-Park-Fabrik in Detroit zur Produktion des berühmten Modells T ("Tin Lizzie") - ist als eine konsequente Fortsetzung der tayloristischen Rationalisierung anzusehen. Zwar bestritt Ford den Einfluß der „wissenschaftlichen Betriebsführung" auf die Arbeitsorganisation, aber in Highland-Park wurden schon vor der Einführung des Fließbandes Zeit- und Bewegungsstudien durchgeführt, die sich nicht nur als bedeutsames Mittel, sondern auch als notwendige Voraussetzungen zur effizienten Strukturierung der Fließarbeit erwiesen (Meyer III 1969).

Zur Senkung der Produktionskosten wurde eine extreme Standardisierung der Produktbauteile vorgenommen, die wiederum die Konstruktion und den Einsatz von Spezialmaschinen für jeweils einzelne Teile oder einzelne Arbeitsverrichtungen erlaubte. Standardisierung der Arbeitsvollzüge und Mechanisierung gingen Hand in Hand (Ford: „Keinem Arbeiter mehr als einen Griff und kein Griff von Hand, wenn ihn die Maschine übernehmen kann." zit. n. Gottl-Ottlienfeld 1926, 22). In Verbindung mit dem Prinzip der Fließarbeit führten die Standardisierungen zu einer enormen Erhöhung der Durchlaufgeschwindigkeit des Produkts. Die Fordschen Leitprinzipien der Rationalisierung waren: Energie, Genauigkeit, Wirtschaftlichkeit, Systematik, Kontinuität und Geschwindigkeit (vgl. den Artikel 'Mass Production', den Henry Ford für die Encyclopaedia Britannica 1926 schrieb).

Schuf der Taylormus die personalwirtschaftliche, dann der Fordismus die technisch-organisatorische Grundlage der modernen Industriearbeit. Die Kombination von Taylorismus und Fordismus mit ihrer Verknüpfung von bürokratischer mit technischer Kontrolle wurde zum dominanten Kontrollsystem der auf Massenproduktion beruhenden Industriearbeit.

Die Frage, in welchen Ausmaße Taylorismus und Fordismus als Prinzipien rationeller Arbeitsorganisation in den Industrieländern real implementiert wurden, ist in der Literatur umstritten. In einem Vergleich mehrerer Industrieländer verweist Littler (1982) auf unterschiedliche, länderspezifische Rationalisierungsmuster der Arbeitsorganisation hin. Und Piore und Sabel haben in ihrer einflußreichen Studie „The Second Industrial Divide" (dt.: Das Ende der Massenproduktion, 1985) darauf hingewiesen, daß das tayloristisch-fordistische Organisationsmodell selbst in seiner Blütezeit keineswegs alle Branchen geprägt hat. Unstrittig ist jedoch, daß überall dort, wo Massenproduktion stattfand, auch Elemente aus beiden Systeme übernommen wurden.

In Deutschland erfolgte der Durchbruch des Taylorismus nach dem Ersten Weltkrieg in Verbindung mit der *Psychophysik*, einer Vorfahrin der heutigen Arbeitswissenschaft, und dem sog. *REFA-System*, einem arbeitswissenschaftlich begründeten Lohnfindungsverfahren. Durch Berücksichtigung von Ermüdungserscheinungen, Anpassungsproblemen und Reiz- und Monotonieanfälligkeit trug die Psychophysik dem „Faktor Mensch" in der Produktion in einer komplexeren Weise Rechnung, als dies Taylor mit seinem einfachen, ingenieurwissenschaftlichen Menschenbild getan hatte. REFA bedeutet Reichsausschuß für Arbeitszeitermittlung; er systematisierte und vereinheitlichte die Verfahren der Arbeitszeitermittlung und des Arbeitsstudiums und schulte Zeitnehmer und Akkordkalkulatoren.

Der Übergang zur Fließ- und Fließbandfertigung erfolgte in Deutschland in größerem Maße ab Mitte der zwanziger Jahre. Die vordem nach Arbeitsmaschinen zusammengefaßten Betriebsabteilungen wurden aufgelöst und die Arbeitsmaschinen dem Arbeitsgang entsprechend hintereinander aufgestellt. Damit wurden die einzelnen Bearbeitungsprozesse zu einer Prozeßkette zusammengefügt. Das erste Fließband nahm Opel 1923 in Betrieb, wenig später fand es auch in verschiedenen Elektrounternehmen Eingang (vgl. Stollberg 1981, 52).

Neue Formen und Methoden der Rationalisierung finden wir gegenwärtig in der sogenannten *dritten Industriellen Revolution*. Die Ansatzpunkte der Rationalisierung sind zugleich technische und organisatorische. Die als Kern der technologischen Revolution geltenden Informations- und Kommunikationstechniken sind spezifische Organisations- und Kontrolltechnologien. Und gerade wegen ihrer universellen und flexiblen Einsatzmöglichkeiten zur (informationellen) Kontrolle, Steuerung und Überwachung von Transformations- und Transferprozessen stellen sie eine qualitativ neue Stufe in der Entwicklung von Mechanisierung und Automatisierung dar.

Sie erhöhen die Kontrolleffizienz der Operateure über Maschinerie und Produktionsprozeß durch Rückkoppelungsinformationen bzw. durch automatische Computerkontrolle mit entsprechenden Korrekturen. Sie ermöglichen schnelle Kalkulations- und Entscheidungsprozesse und informieren das Management umfassend und präzise über Arbeitsoperationen und Arbeitsausführungen. Sie erlauben die technische Rationalisierung der Büroarbeit und die flexible Automation der Produktion.

Den neuen Charakter der Rationalisierung in der industriellen Produktion haben die Industriesoziologen Horst Kern und Michael Schumann in einer einflußreichen Untersuchung

beschrieben (mit dem plakativen und unzutreffenden Titel „Das Ende der Arbeitsteilung", 1984). Ihr vieldiskutierter Hauptbefund lautet: das qualitativ Neue der Rationalisierungsprozesse ist in der veränderten Nutzung der Arbeit zu finden. Sie sprechen von „neuen Produktionskonzepten", denen die Einsichten zugrundelägen,
- daß „Autonomisierung des Produktionsprozesses gegenüber lebendiger Arbeit durch Technisierung (...) kein Wert an sich" ist und
- daß der „restringierende Zugriff auf Arbeitskraft (...) wichtige Produktivitätspotentiale" (verschenkt). Im ganzheitlichen Aufgabenzuschnitt liegen keine Gefahren, sondern Chancen; Qualifikationen und fachliche Souveränität auch der Arbeiter sind Produktivkräfte, die es verstärkt zu nutzen gilt." (Kern/Schumann 1984, 19).

Die Potentiale der technischen Rationalisierung seien ausgeschöpft (der „Traum von der menschenleeren Fabrik" habe sich als unrealistisch erwiesen). Somit habe die Reprofessionalisierung der Produktionsarbeit, der „Wiedereinzug von Produktionsintelligenz in die Massenproduktion" eine reale Chance. Insbesondere den neuen Arbeitstyp des "Systemregulierers" werten sie als Indikator für die neuen Tendenzen der Umgewichtung von der herstellenden (produzierenden) zur gewährleistenden (kontrollierenden) Arbeit.

In einer breiten empirischen Untersuchung, dem „Trendreport Rationalisierung" (1994), gingen Michael Schumann und seine Kollegen diesen Thesen vom Umbruch der betrieblichen Rationalisierung weiter nach, um zu repräsentativeren Aussagen über die drei Industriesektoren Automobilindustrie, Werkzeugmaschinenbau und Chemische Industrie zu kommen. Das Resultat ist zwiespältig:
„Im Gesamt der von uns untersuchten Industrien stellt der Arbeitstyp des Systemregulierers heute im Automobilbau 8%, im Werkzeugmaschienbau 10% und in der Chemischen Industrie 47% der Produktionsarbeiter. (...) Die große Mehrheit der Produktionsarbeiter verbleibt weiterhin im Status des 'einfachen Handarbeiters' oder 'Lückenbüßers der Mechanisierung' traditioneller Prägung." (Schumann u.a. 1994, 644).

Die organisationstechnischen Potentiale der Informationstechnologie werden auch für Prozesse operativer Dezentralisierung bei gleichzeitiger Integration vormals getrennter Aktivitäten und Funktionsbereiche genutzt. Industriesoziologen sprechen von „systemischer Rationalisierung" (Altmann u.a. 1986; Baethge/Oberbeck 1986) und meinen damit sowohl die Vernetzung betrieblicher Teilprozesse (vom Auftragseingang bis zur Auslieferung an die Kunden) wie den Aufbau zwischenbetrieblicher Netzwerke (zwischen Abnehmer und Zulieferer, Produzent und Händler). Vordringliches Rationalisierungsziel ist hierbei die Ökonomisierung des Kapitaleinsatzes durch schnelleren Materialfluß und Produktdurchlauf, durch lagerlose Fertigung und bestandslose Distribution.

Wenn heute vom „Ende der Massenproduktion" und von der - an ihre Stelle tretenden - „flexiblen Spezialisierung" (Piore/Sabel 1985) die Rede ist, dann basiert diese Entwicklung ganz entscheidend auf dem besonderen Charakter der Informations- und Kommunikationstechologien. Zusammen mit veränderten Wettbewerbs- und Nachfragebedingungen sowie einer Neubewertung der Human-Ressourcen haben sie neuen Formen der Arbeits- und Produktionsorganisation entscheidend die Wege gebahnt (s. dazu unter 3.4).

3.2 Der politische Prozeß in der Organisation

Betriebliche (und andere) Organisationen werden in der neueren Organisationsforschung auch als „Arenen" konzipiert, in denen Personen, Gruppen und Koalitionen mit unterschiedlichen Interessen und Ressourcen „Machtspiele" austragen (Crozier/Friedberg 1993; Ortmann 1995), oder als Sozialordnungen beschrieben, welche - teils explizit, teils implizit - von den Beteiligten ausgehandelt werden (Strauss u.a. 1963).

Die erstgenannte Annahme („Machtspiele") basiert auf den theoretischen Konzepten der *Mikropolitik* oder *Arbeitspolitik*. Sie bringen zum Ausdruck, daß der scheinbar politikneutrale Bereich von Arbeit und Produktion keineswegs nur durch ökonomische und technische Prozesse bestimmt wird, sondern zugleich Ausdruck von Machtverhältnissen und Gruppenkonflikten ist. Die zuletzt genannte Annahme („negotiation of order") gründet in der Vorstellung, daß soziale Ordnungen in Organisationen von den interagierenden Mitgliedern in stillschweigenden Übereinkünften, stummen Aushandlungen oder expliziten Verhandlungen produziert, reproduziert und transformiert werden.

Zur Fundierung dieser theoretischen Perspektive lassen sich drei grundlegende Sachverhalte anführen:
- Der erste Sachverhalt ist allgemeiner Art: Die Mitglieder einer Organisation zeichnen sich durch plurale, teils gegensätzliche Interessen aus; gleichzeitig stehen sie in einer wechselseitigen Abhängigkeit von den Ressourcen der jeweiligen „Gegenspieler".
- Der zweite Sachverhalt ist spezifischer Art; er bezieht sich auf eine charakteristische Eigenart von Organisationen: Jede Organisation hat Ungewißheitsquellen (sie resultieren z.B. aus Expertenwissen, Umweltbeziehungen, Kontrolle über Informationskanäle); wer die Ungewißheitsquellen kontrolliert, verfügt über Macht gegenüber den anderen Organisationsmitgliedern.
- Der dritte Sachverhalt ist ebenfalls ein spezifischer und betrifft den besonderen Charakter des Arbeitsvertrags: Der Arbeitsvertrag gilt als ein unvollständiger Vertrag, weil er den durch ihn geregelten Leistungsaustausch (Lohn gegen Arbeitsleistung) nur für die Zahlung, aber nicht für die Arbeit spezifiziert (hierin verbergen sich übrigens die bereits oben dargestellten Transformations- und Opportunismusprobleme).

Aus den angeführten Sachverhalten kann mit Fug und Recht gefolgert werden, daß die Arbeitsorganisation ein umstrittenes Gelände (Edwards: „Contested Terrain") ist und der Leistungsaustausch umkämpft bleibt (Bowles/Gintis: „Contested Exchange"). Die Ubiquität der industriellen Konflikte hat darin ihre strukturellen Ursachen.

„Keine Situation in einer gegebenen Organisation stellt einen Akteur völlig unter Zwang. Er behält immer einen Freiheits- und Verhandlungsspielraum. Dank dieses Spielraums (der für seine Gegenspieler wie für die Organisation insgesamt eine Ungewißheitsquelle ist) besitzt jeder Akteur Macht über andere Akteure. Diese Macht ist umso größer, je relevanter die von ihm kontrollierte Ungewißheitsquelle für jene ist (...). Jeder Akteur (...) wird sich darum bemühen, auf die anderen Mitglieder der Organisation Zwang auszuüben, um seine eigenen Forderungen durchzusetzen" (Crozier/Friedberg 1993, 56).

„Der Arbeitsplatz wird zum Kampfplatz, weil die Arbeitgeber ihre Beschäftigten zur Höchstleistung antreiben wollen, während die Arbeiter sich diesen Versuchen zwangsläufig widersetzen." (Edwards 1981, 22).

Bei einer Überbetonung der Handlungsspielräume in Organisationen könnten die strukturellen Zwänge ausgeblendet werden, unter denen gleichwohl derartige Entscheidungen stehen. Ortmann spricht von „Entscheidungskorridoren" (1995, 37 ff.), welche zwar ihrerseits wiederum ein Produkt früherer Handlungen und Entscheidungen sind, aber in der Regel nur begrenzte, partielle Ziele zulassen, die überdies vorgezeichneten Bahnen früherer Entscheidungen folgen („Pfadabhängigkeit"), hinter die sie selten zurück können („Verriegelung").

Die hier thematisierten „politischen", sprich Macht-Prozesse in Arbeitsorganisationen sind in empirischen Untersuchungen immer wieder bestätigt worden.

Die berühmten Untersuchungen von Elton Mayo und seinen Mitarbeitern in den amerikanischen Hawthorne-Werken entdeckten in den zwanziger Jahren ein neben der formellen Organisation existierendes (ungeplantes) System informeller Beziehungen und Gruppen, das sich aus den Interaktionen der Arbeitnehmer spontan entwickelt hatte und auf die Arbeits- und Leistungsbereitschaft der Beschäftigten erheblichen Einfluß hatte. (Roethlisberger/Dickson 1939/1975)

In einer Untersuchung über Leistungslohnsysteme stieß Burawoys (1979) auf die „Spiele" zwischen Management und Akkordarbeitern beim „making -out" (informelle Festsetzung der Akkordnormen durch die Arbeiter). Er fand heraus, daß die Praktiken der Leistungsrestriktion der Arbeiter der Erzeugung von Konsens dienlich ist. Die „Produktionsspiele", mit denen die Arbeiter sich Freiräume schaffen, werden vom Management toleriert, um damit das Einverständnis der Arbeiter mit den generellen Spielregeln der kapitalistischen Produktion und Mehrwerterzeugung zu gewinnen. Burawoys Schlußfolgerung lautet: „Man kann nicht ein Spiel spielen und zur selben Zeit die Regeln in Frage stellen; die Zustimmung zu den Regeln wird zur Zustimmung zur kapitalistischen Produktion." (1983, 510).

Faust u.a. (1994) fanden in ihrer Untersuchung über Dezentralisierungstendenzen in Unternehmen „neue Koalitionen", bei denen betriebliche Akteursgruppen die traditionellen Grenzlinien zwischen „Kapital" und „Arbeit" überschritten, um - aufgrund gleichgerichteter Interessen und/oder geteilter Überzeugung - Bündnisse für oder gegen den organisatorischen Wandel einzugehen (z.B. Topmanagement mit Betriebsrat gegen mittleres Management).

3.3 "Humanisierung" der Arbeitsorganisation

Eine folgenreiche Entdeckung der Hawthorne-Untersuchung war der „menschliche Faktor" (*human factor*) in der Produktion. Nachdem erkannt worden war, daß (informelle) Gruppennormen die individuelle Arbeitsleistung und Arbeitszufriedenheit beeinflussen und daß neben monetären auch nichtmonetäre Anreize (z.B. soziale Anerkennung, Förderung des Gruppenklimas, Mitsprache) für das Arbeitsverhalten der Beschäftigten ausschlaggebend sein können, entstand in den USA die sog. *Human Relations*-Bewegung, welche die explizite Berücksichtigung des menschlichen Faktors als eine neue Managementkonzeption propagierte. Allerdings konzentrierte sich diese Bewegung allzu eng auf die individuellen Faktoren und zwischenmenschlichen Prozesse und ließ die Formalorganisation weitgehend außer acht.

Systematischer auf die Arbeitsbedingungen bezogen setzten indessen die Bemühungen von Gewerkschaften und betrieblichen Interessenvertretungen der Arbeitnehmer um die Mitgestaltung der Arbeitsorganisation an. In einer Reihe von Ländern kam es zur Institutionalisierung von betrieblichen Vertretungen der Arbeitnehmer am Arbeitsplatz, z.B. in Form von Betriebsräten, die über Mitwirkungs- und Mitbestimmungsrechte verfügen (vgl. dazu: Mitbestimmung im Betrieb, Müller-Jentsch in diesem Band). Betriebsräte (bzw. ihnen vergleichbare Organe) haben als neue betriebliche Akteure Anteil an der Gestaltung der Arbeitsorganisation; sie sind Beteiligte an den oben erwähnten „Machtspielen". Ihre Formen und Einwirkungsmöglichkeiten variieren nicht nur von Land zu Land; auch innerhalb eines Landes können - wie Kotthoff (1981; 1994) in seinen Untersuchungen über die deutschen Betriebsräte aufzeigte - ihre Einflußchancen erheblich voneinander abweichen.

Eine neue Inititative zur menschengerechten Gestaltung der Arbeitsorganisation ging in den fünfziger und sechziger Jahren von Großbritannien, Norwegen und Schweden aus, wo Unternehmen, unter sozialwissenschaftlicher Beratung, neue Arbeitsformen erprobten (Sandberg 1982). Auch in den USA kam es später im Rahmen der *Quality of Working Life*-Bewegung zu Bestrebungen, die tayloristisch-fordistischen Formen der Arbeitsorganiation aufzulockern. Schließlich initiierte die sozialdemokratische Reformpolitik Anfang der siebziger Jahre in Deutschland eine Kampagne zur „Humanisierung der Arbeit", die nicht nur von den Gewerkschaften sondern auch von Unternehmern und ihren Verbänden mitgetragen wurde.

Diese verschiedenartigen Bemühungen um humanere Formen der Arbeitsorganisation verdankten sich unterschiedlichen Motiven und Gründen. Da waren einmal die von sozialwissenschaftlichen Forschern, (wie denen des *Tavistock Institute of Human Relations* in London oder denen des *Institute for Industrial Social Research* an der Technischen Universität von Norwegen) ausgehenden Initiativen, welche, zum zweiten, an politische Reformbestrebungen in einzelnen Ländern (*Industrial Democracy*-Debatte in den skandinavischen Ländern, vor allem Norwegen; „Humanisierung der Arbeit" in Deutschland) anknüpfen konnten. Da gab es, zum dritten, die Anfang der siebziger Jahre diagnostizierte Motivationskrise der Arbeit: In den USA war es in einigen Betrieben zu spektakulären Akten industrieller Aggression gekommen; in anderen Industrieländern beeinträchtigten der Anstieg der Fehlzeiten und hohe Fluktuationsraten die Arbeitsproduktivität.

Wichtigstes Ergebnis dieser Untersuchungen, Debatten und Bewegungen waren neue Formen der Arbeitsorganisation, die seither zum festen Repertoire der Arbeitswissenschaften zählen. Es sind dies:
– der systematische Arbeitsplatzwechsel *(job rotation)*,
– die Arbeitserweiterung *(job enlargement)*,
– die Arbeitsbereicherung *(job enrichment)*
– die teilautonome Arbeitsgruppe.

An diese schließen jene Managementkonzeptionen an, die seit Ende der siebziger Jahre - auch unter dem Stichwort *Human Resource Management* - breit diskutiert werden.

3.4 Die neueren Entwicklungen

Unter den Herausforderungen des globalen Wettbewerbs ist mit der standardisierten Massenproduktion auch das tayloristisch-fordistische Modell der Arbeitsorganisation in die Krise geraten. Wenn die Dynamik und Turbulenzen der Märkte eine größere Flexibilität in der Produktion und Variabilität im Angebot verlangen, dann erfordert der steigende Kapital- und Technikeinsatz die effektivere Ausnutzung der Produktionsanlagen. Mit spezifischen Rationalisierungsstrategien und neuen Managementkonzepten antworten die Unternehmen auf diese neuen Herausforderungen und setzen die grundlegende Restrukturierung der Arbeitsorganisation auf die Tagesordnung. Ihre Stichworte lauten: *lean production* und *business reengineerung*, Flexibilisierung und Dezentralisierung. Sie laufen auf eine (reflexive) Rationalisierung der Rationalisierungsfolgen tayloristischer Provenienz hinaus. Die indirekten Funktionsbereiche (Arbeitsplanung und -vorbereitung, Instandhaltung, Qualitätskontrolle etc.) und erweiterten Hierarchieebenen, beides Folgen tayloristischer Produktionsrationalisierung, werden teilweise zurückgenommen, die hierarchische Aufbauorganisation tritt hinter die kunden- und marktnähere Ablauforganisation zurück.

Die Begriffe der „Aufbau-" und „Ablauforganisation" wurden Anfang der dreißiger Jahre von dem deutschen Betriebswirt Nordsieck geprägt; sie fassen die betriebliche Arbeitsorganisation einmal unter dem Gesichtspunkt der Zerlegung und Zusammenfassung von Aufgaben (hierarchische Perspektive aus der Sicht des Topmanagements), ein andermal unter dem Gesichtspunkt der zeitlichen Aufeinanderfolge der einzelnen Arbeitsfunktionen zusammen (vgl. Frese 1992).

Nachdem die kostenträchtigen Folgen der Trennung von ausführenden und planenden Tätigkeiten unter dem tayloristischen Arbeitsregime deutlich zu Buche geschlagen und die Grenzen technikzentrierter Rationalisierung transparent geworden sind, setzen die neueren Rationalisierungsstrategien an den Human-Ressourcen an. In offensiven Beteiligungsofferten und der Ersetzung direkter Kontrollpraktiken durch die "verantwortliche Autonomie" der Arbeitnehmer werden neue Quellen zur Steigerung der Arbeitsproduktivität gesehen.

Im Kern zielen die vorwiegend an der Optimierung des Wertschöpfungsprozesses orientierten neuen Managementkonzepte auf eine Restrukturierung von Produktionsabläufen und Arbeitsprozessen, die die herkömmlichen Strukturen von Unternehmens- und Arbeitsorganisation grundlegend verändern. Ihrem Anspruch nach zielen sie auf ein "neues" (oft als revolutionär apostrophiertes) Denken im Management und bei den Beschäftigten, die "mitdenkende Unternehmer" werden sollen. Anders als in den herkömmlichen, tayloristischen Organisationskonzepten, deren Zentralisierung und Perfektionierung der Arbeitsteilung die Beschäftigten zu bloßen Objekten der Rationalisierung werden ließen, sollen die Beschäftigten nunmehr "Rationalisierung in Eigenregie" betreiben und zu aktiven Trägern kontinuierlicher Verbesserung und Optimierung von Arbeitsabläufen und Organisationsstrukturen werden. Dezentralisierung, Enthierarchisierung, neue Arbeitsformen und Teamarbeit sollen ihnen ein höheres Maß an Kompetenz, Eigenverantwortung, Selbstorganisation und Partizipation einräumen. Formen markt- und kundennaher Koordinierung der Unternehmensaktivitäten (u.a. durch Bildung von cost- und profitcenters) gewinnen gegenüber hierarchisch-bürokratischer Koordination an Bedeutung und erhöhen die (Kosten-)Verantwortung der Organisationseinheiten. Flachere Hierarchien zielen auf eine Beschleunigung und Optimierung von Arbeitsabläufen und intendieren eine Diffusion von Managementaufgaben auch auf untere Hierarchieebenen: Was in der tayloristischen Konzeption ausdrücklich dem Management vorbehalten war, wird nun auch an die traditionellen "Nicht-Manager" delegiert. Team- und gruppenarbeitsförmige Organisationsmuster schließlich sollen eine Erweiterung und Integration von Arbeitsaufgaben und -bereichen sowie ein höheres Maß an Selbstregulation der Beschäftigten garantieren.

Die beiden wichtigsten Formen, in denen sich partizipative Managementstrategien niederschlagen, sind *Qualitätszirkel* und *Gruppenarbeit*. Bei Qualitätszirkeln (auch: Lernstatt, Werkstattkreis, Lern- und Vorschlagsgruppe) handelt es sich um Organisationsformen, die quer und parallel zur regulären Arbeitsorganisation eingeführt werden; man spricht auch von "Problemlösungsgruppen" bzw. "diskontinuierlichen Formen der Gruppenarbeit" (Bungard/Antoni 1993, 383). Im Vergleich dazu ist bei der Team- oder Gruppenarbeit die Beteiligung in das Arbeitshandeln integriert; wir haben es hier mit einer Organisationsform zum Zwecke der kontinuierlichen Ausführung der Arbeitsaufgabe zu tun.

Ein Qualitätszirkel besteht in der Regel aus einer Kleingruppe von 6 bis 12 Teilnehmern aus gleichen oder ähnlichen Arbeitsbereichen, die sich in regelmäßigem Turnus während der Arbeitszeit trifft, um unter der Leitung eines Moderators betriebs- und arbeitsbezogene Probleme zu diskutieren und Lösungen dafür zu erarbeiten. "Die Formel 'Betroffene zu Beteiligten machen' drückt die Intention aus, durch eine Beteiligung an der Optimierung der Arbeit die Kommunikation, Motivation und Zusammenarbeit zu erhöhen und damit die Verantwortung für das Arbeitsergebnis zu steigern."(Sperling 1994, 37).

Die teilautonome Arbeitsgruppe verkörpert die Rücknahme tayloristischer Arbeitszerlegung durch Reintegration vormals ausgegliederter, den indirekten und planenden Bereichen (Arbeitsvorbereitung, Instandhaltung, Qualitätsprüfung etc.) übertragenen Arbeitsaufgaben. Die Gruppe und ihre Mitglieder übernehmen dabei gewissermaßen Funktionen des Arbeitsmanagements. Einer neueren Studie zufolge (Dreher u.a. 1995) haben 15 Prozent der Industriebetriebe die Gruppenarbeit eingeführt. Insbesondere in der Automobilindustrie, die bisher am nachhaltigsten durch tayloristisch-fordistische Produktionskonzepte geprägt war, findet die Gruppenarbeit ihr derzeit wichtigstes Exerzierfeld; nach einer Erhebung der IG Metall betrug der Anteil der in Gruppenarbeit beschäftigten Arbeitnehmer in dieser Branche 1994 rund 22 Prozent der Produktionsarbeiter, während es 1990 erst 4 Prozent waren (Roth 1995, zit. n. Sperling 1996, 24).

Die Kriterien für das, was als Gruppenarbeit bezeichnet wird, sind indes fließend. Eine repräsentativ durchgeführte Befragung unter Arbeitnehmern (Kleinschmidt/Pekruhl 1994) verknüpfte drei Kriterien miteinander. Gruppenarbeit lag demnach vor bei
1. einem Arbeitszusammenhang, der *offiziell als Gruppenarbeit* bezeichnet wird und
2. in einem *faktischen Kooperationszusammenhang* (im Gegensatz zur Einzelarbeit) eingebettet ist, innerhalb dessen
3. eine Arbeitsaufgabe *verantworlich durch mehrere Kollegen* erledigt wird.

Nach dieser engen Definition arbeiteten um die Jahreswende 1992/93 nur 6,9 Prozent der deutschen Beschäftigten in Gruppenarbeit (ebd., 28).

Im Zuge der operativen Dezentralisierung von Unternehmen werden schließlich Funktions- und Produktionsbereiche organisatorisch aus der bisherigen vertikalen Integration herausgelöst. Sie können in *Cost und Profit Center* neuzusammengefaßt werden und agieren dann faktisch unter Marktbedingungen; innerhalb des Unternehmens bilden sie eigene Kunden-Lieferanten-Beziehungen aus und nehmen teilweise auch eigenständigen Kontakt mit externen Lieferanten oder Abnehmern auf. „Angestrebt wird damit eine betriebswirtschaftliche 'Eigenverantwortung' dieser Unternehmenseinheiten für Absatz, Kosten, Gewinne und damit zusammenhängende Entscheidungen und Maßnahmen." (Hirsch-Kreinsen 1995, 426). Funktionale Teilbereiche können schließlich auch durch *Outsourcing* aus Betrieb und Unternehmen förmlich ausgegliedert und künftig marktförmig statt hierarchisch mit den übrigen Unternehmensaktivitäten koordiniert werden. Weitgehende Selbstorganisation von Unternehmenseinheiten („Fraktale"), die über leistungsfähige Informations- und Kommunikationssysteme miteinander vernetzt sind, ist auch das durchgängige Organisationsprinzip der vom Präsidenten des Fraunhofer-

Instituts für Produktionstechnik und Automatisierung propagierten „fraktalen Fabrik" (Warnecke 1993).

Auf diese Weise entstehen Unternehmensnetzwerke, die verschiedene Arbeitsorganisationen miteinander verknüpfen. Deren zunehmende Komplexität wirft indessen neue Integrations- und Kontrollprobleme auf; beispielsweise kann die interne Konkurrenz zwischen *Profit Centers* desintegrierende Wirkungen zeitigen und die dezentrale Autonomie partikulare Orientierungen fördern. In nicht wenigen Fällen sind die Prozesse unternehmensinterner Dezentralisierung inzwischen so weit vorangetrieben, daß sich kontraproduktive Effekte einstellen (vgl. dazu Hirsch-Kreinsen 1995).

4. Positivsummenspiele: ökonomische Effizienz und soziale Rationalität

In der Summe zielen die zuletzt dargestellten Maßnahmen auf größere Selbständigkeit und mehr Selbstverantwortung in der Arbeit. Die größere Entscheidungsautonomie ist allerdings - dies sei kritisch hinzugefügt - mit einem erhöhten Zeit- und Leistungsdruck bzw. einer strikteren Kostenverantwortlichkeit verbunden. Immerhin scheint es möglich, daß mit intelligenten organisatorischen Maßnahmen gleichzeitig eine Steigerung der Arbeitsproduktivität und eine Verbesserung der Arbeitsbedingungen im Sinne einer "Humanisierung der Arbeit" erreicht werden können.

Die tayloristisch geprägte Arbeitsorganisation mit ihren klaren Aufgabenzuweisungen und eindeutigen Abgrenzungen zwischen Planung und Ausführung überließ Denken und Initiative dem hierarchisch und funktional ausdifferenzierten Management - allerdings um den Preis kostenträchtiger "Wasserköpfe" und expandierender indirekter Bereiche. Schon bei einer bloßen Orientierung an Kriterien der Wertschöpfung fiele diese Art von "Mißtrauensorganisation" unter das Verdikt der unrationellen oder ineffektiven Arbeitsorganisation. Mit der vom Markt erzwungenen flexibleren Produktion von (Qualitäts-) Gütern und Dienstleistungen kamen weitere Kriterien hinzu, die eine Umorientierung nahelegten. Stärkere Kundenorientierung verlangt eine flexiblere und marktnähere Ablaufplanung, welche wiederum den erhöhten Einsatz von Informations- und Kommunikationstechniken erforderlich macht. Die Nutzung der Innovationspotentiale der neuen Technologie verändert indessen die Parameter der Konfliktaustragung und Konsensbildung in der Arbeitsorganisation dergestalt, daß die Beachtung der *sozialen Rationalität* im Sinne von sozialer Fairness bzw. sozialer Gerechtigkeit zur Voraussetzung der *ökonomischen Effizienz* wird. Denn der ökonomisch optimale Einsatz der Informations- und Kommunikationstechniken verlangt in einem weit höherem Maß die Akzeptanz und das *Commitment* der Beschäftigten als die traditionelle Technologie (natürlich gilt dies nicht für jeden einzelnen mit Informations- und Kommunikationstechnik ausgestatteten Arbeitsplatz, aber doch für eine sehr große Zahl). Nur eine suboptimale Nutzung der neuen Technologie ist zu erwarten, wenn die soziale Rationalität bei der technisch-organisatorischen Rationalisierung der Arbeitsprozesse defizitär bleibt. Somit besteht durchaus die Chance für eine Konvergenz der technisch-ökonomischen Imperative der neuen Produktions- und Organisationskonzepte mit den gestiegenen Erwartungen und Ansprüchen der Menschen an die Gestaltung der Arbeitsorganisation.

Literatur

Altmann, N.; Bechtle, G. 1971: Betriebliche Herrschaftsstrukturen und industrielle Gesellschaft. München.

Altmann, N.; Deiß, M.; Döhl, V.; Sauer, D. 1986: Ein "Neuer Rationalisierungstyp" - neue Anforderungen an die Industriesoziologie. In: Soziale Welt, 37. Jg, 189-207

Baethge, M.; Oberbeck, H. 1986: Zukunft der Angestellten. Neue Technologien und berufliche Perspektiven in Büro und Verwaltung. Frankfurt/M.

Bell, R. M. 1972: Changing Technology and Manpower Requirements in the Engineering Industry. Brighton.

Blauner, R. 1964: Alienation and Freedom. The Factory Worker and His Industry. Chicago.

Bowles, S.; Gintis, H. 1990: Cotested Exchange: New Microfoundations for the Political Economy of Capitalism. In: Politics and Society, 18. Jg., 165-222.

Braverman, H. 1977: Die Arbeit im modernen Produktionsprozeß. Frankfurt/M.

Bücher, K. 1968 (zuerst 1893): Arbeitsteilung und Klassenbildung. In: B. Seidel, S. Jenkner (Hg.), Klassenbildung und Sozialschichtung. Darmstadt, 70-101.

Bungard, W.; Antoni, C. 1993: Gruppenorientierte Interventionstechniken. In: H. Schuler (Hg.), Lehrbuch Organisationspsychologie. Bern; Göttingen, 377-404.

Burawoy, M. 1983: Fabrik und Staat im Kapitalismus und Sozialismus. In: Das Argument, 25. Jg., Nr. 140, 508-524.

Burawoy, M. 1979: Manufacturing Consent. Chicago.

Coombs, R. 1985: Automation, Management Strategies, and Labour-Process Change. In: D. Knights, S. Willmott, D. Collinson (Hg.): Job Redesign: Critical Perspectives on the Labour Process. Aldershot, 142-170.

Crozier, M.; Friedberg, E. 1993 : Die Zwänge kollektiven Handelns. Über Macht und Organisation. Hanstein.

Dahrendorf, R. 1959: Sozialstruktur des Betriebes. Wiesbaden.

Dreher, C.; Fleig, J.; Harnischfeger, M.; Klimmer, M. 1995: Neue Produktionskonzepte in der deutschen Industrie. Berlin.

Edwards, R. 1981: Herrschaft im modernen Produktionsprozeß. Frankfurt/M.

Etzioni, A. 1971: Soziologie der Organisationen. 3. Aufl., München.

Faust, M.; Jauch, P.; Brünnecke, K.; Deutschmann, C. 1994: Dezentralisierung von Unternehmen. München; Mering.

Frese, E. 1992: Organisationstheorie. Historische Entwicklung - Ansätze - Perspektiven. 2. Aufl., Wiesbaden.

Friedman, A. L. 1977: Responsible Autonomy Versus Direct Control Over the Labour Process. In: Capital and Class, 1. Jg., 43-57.

Friedmann, G. 1952: Der Mensch in der mechanisierten Produktion. Köln.

Gottl-Ottilienfeld, F. v. 1926: Fordismus. Über Industrie und technische Vernunft. 3. Aufl, Jena.

Heisenberg, W. 1955: Das Naturbild der heutigen Physik. Hamburg.

Hirsch-Kreinsen, H. 1995: Dezentralisierung: Unternehmen zwischen Stabilität und Desintegration. In: Zeitschrift für Soziologie, 24. Jg., 422-435.

Kern, H.; Schumann, M. 1984: Das Ende der Arbeitsteilung? Rationalisierung in der industriellen Produktion. München.

Kleinschmidt, M.; Pekruhl, U. 1994: Kooperative Arbeitsstrukturen und Gruppenarbeit in Deutschland. Ergebnisse einer repräsentiven Beschäftigenbefragung. IAT Strukturberichterstattung 01. Gelsenkirchen.

Kotthoff, H. 1981: Betriebsräte und betriebliche Herrschaft. Eine Typologie von Partizipationsmustern im Industriebetrieb. Frankfurt/M.

Kotthoff, H. 1994: Betriebsräte und Bürgerstatus. Wandel und Kontinuität betrieblicher Mitbestimmung. München; Mering.

Landes, D. S. 1973: Der entfesselte Prometheus. Köln.

Littler, C. R. 1982: The Development of the Labour Process in Capitalist Societies. London.

Lutz, B.; Schmidt, G. 1977: Industriesoziologie. In: R. König (Hg.): Handbuch der empirischen Sozialforschung, Bd. 8: Beruf, Industrie, Sozialer Wandel. 2. Aufl., Stuttgart.

Marx-Engels-Werke (MEW). Berlin 1961ff.: Bde. 18, 23 und 25.

Meyer III, S. B. 1981: The Five Dollar Day. Labor Management and Social Control in the Ford Motor Company 1908-1921. New York.

Minssen, H. 1990: Kontrolle und Konsens. Anmerkungen zu einem vernachlässigten Thema der Industriesoziologie. In: Soziale Welt, 41. Jg., 365-382.

Müller-Jentsch, W. 1994: Über Produktivkräfte und Bürgerrechte. In: N. Beckenbach, W. v. Treeck (Hg.), Umbrüche gesellschaftlicher Arbeit. Soziale Welt. Sonderband 9. Göttingen, 643-661.

Müller-Jentsch, W.; Stahlmann, M. 1988: Management und Arbeitspolitik im Prozeß fortschreitender Industrialisierung. In: Österreichische Zeitschrift für Soziologie, 13. Jg., 5-31.

Ortmann, G. 1995: Formen der Produktion. Organisation und Rekursivität. Opladen.

Piore, M. J.; Sabel, C. F. 1985: Das Ende der Massenproduktion. Studie über die Requalifizierung der Arbeit und die Rückkehr der Ökonomie in die Gesellschaft. Berlin.

Pollard, S. 1965: The Genesis of Modern Management. A Study of the Industrial Revolution in Great Britain. London.

Pollard, S. 1967: Die Fabrikdisziplin in der industriellen Revolution. In: W. Fischer, G. Bajor (Hg.), Die soziale Frage. Stuttgart, 159-185.

Popitz, H.; Bahrdt, H. P.; Jüres, E. A.; Kesting, H. 1957: Technik und Industriearbeit. Soziologische Untersuchungen in der Hüttenindustrie. Tübingen.

Roethlisberger, F. J.; Dickson, W. J. 1975 (zuerst 1939): Management and the Worker. Cambridge, Mass.

Sandberg, T. 1982: Work Organization and Autonomous Groups. Lund.

Schein, E. H. 1965: Organizational Psychology. Englewood Cliffs, N. J.

Schrüfer, K. 1988: Ökonomische Analyse individueller Arbeitsverhältnisse. Frankfurt/M.

Schumann, M.; Baethge-Kinsky, V.; Kuhlmann, M.; Neumann, U. 1994: Trendreport Rationalisierung. Berlin.

Smith, A. 1978 (zuerst 1776): Der Wohlstand der Nationen. München.

Sperling, H. J. 1994: Innovative Arbeitsorganisation und intelligentes Partizipationsmanagement. Trend-Report Partizipation und Organisation. Marburg.

Sperling, H. J. 1996: Restrukturierung von Unternehmens- und Arbeitsorganisation - eine Zwischenbilanz. Trend-Report Partizipation und Organisation (mimeo). Bochum.

Stollberg, G. 1981: Die Rationalisierungsdebatte 1908-1933. Freie Gewerkschaften zwischen Mitwirkung und Gegenwehr. Frankfurt/M.

Strauss, A.; Schatzmann, L.; Ehrlich, D.; Bucher, R.; Sabshin, M. 1963: The Hospital and Its Negotiated Order. In: E. Freidson (Hg.): The Hospital in the Modern Society, New York, 147-169.

Taylor, F. W. 1919: Die Grundsätze wissenschaftlicher Betriebsführung. München.

Thompson, E. P. 1980: Zeit, Arbeitsdisziplin und Industriekapitalismus. In: ders., Plebeische Kultur und moralische Ökonomie. Frankfurt; Berlin, 34-66.

Walker, C. R.; Guest, R. H. 1952: The Man on the Assembly Line. Cambridge, Mass.

Warnecke, H.-J. 1993: Revolution der Unternehmenskultur. Das Fraktale Unternehmen. Berlin.

Wehler, H.-U. 1987: Deutsche Gesellschaftsgeschichte. Erster Band 1700-1815. München.

Williamson, E. O. 1990: Die ökonomischen Institutionen des Kapitalismus. Tübingen.

Woodward, J. 1980 (zuerst 1965): Industrial Organisation. Theory and Practice. Second Edition, London.

Technische Entwicklung und Innovation

Erich Staudt, Bernd Kriegesmann

1. Zum Zusammenhang von technischer Entwicklung und Innovation

Innovationen sind zentrale Voraussetzungen, sich den Veränderungen der Umwelt und dem daraus resultierenden Wandel anzupassen bzw. gestaltend mitzuwirken. Innovationserfolg setzt dabei den erfolgreichen Vollzug zweier Phasen im Innovationsprozeß voraus (vgl. Staudt 1985): In der Phase der Invention werden Problemlösungspotentiale erzeugt, die in der Phase der Innovation im engeren Sinne produktionsreif zu entwickeln, herzustellen und zu vermarkten bzw. im Fertigungsprozeß einzusetzen sind.

Die Bereitstellung von Problemlösungspotentialen erfolgt durch die Gewinnung neuer Informationen sowie die kritische Übernahme und differenzierte Anwendung vorhandener Informationen (vgl. Arbeitskreis Hax 1968). Dieser Informationsgewinnungsprozeß ist gleichbedeutend mit der technischen Entwicklung (vgl. Pfeiffer 1971). Die technische Entwicklung ist mit der sozialökonomischen Entwicklung eng verbunden und demnach nur als sozialer Prozeß versteh- und erklärbar. Naturwissenschaftlich-technische und sozialökonomische Veränderungen beeinflussen sich gegenseitig.

Neben dem Bedarf determinieren autonom entstandene Potentiale die technische Entwicklung. Überträgt man die Induktionsmechanismen der technischen Entwicklung auf den Innovationsbereich, so ergeben sich folgende Innovationstypen (vgl. Pfeiffer/Staudt 1975):
- Bei der *Problemlösungsinnovation* werden Informationsgewinnungsprozesse eingeleitet, um für den gegenwärtigen Absatzmarkt neue oder verbesserte Produkte zu entwickeln.
- Im Falle der *An- bzw. Verwendungsinnovation* werden ausgehend von vorhandenen Problemlösungspotentialen korrespondierende Bedürfnisse auf der Nachfrageseite gesucht.
- Der dritte Innovationstyp, die *bilaterale Innovation*, liegt vor, wenn für neue Problemlösungspotentiale neue An- bzw. Verwendungsbereiche erschlossen werden.

Die aus unterschiedlichen Induktionsrichtungen ausgelösten Innovationsvorgänge vollziehen sich auf der Mikroebene. Sie sind einerseits aktives Element der Mitgestaltung sowie andererseits passives Element der Anpassung an die technische Entwicklung.

Innovation bezieht sich dabei nicht nur auf technische Neuerungen, sondern umfaßt auch Veränderungen im humanen Bereich und die Neuorganisation des Zusammenwirkens von Technik und Mensch.

Innovationen im Sinne einer signifikanten Änderung bei Produkten oder Verfahren bleiben nicht ohne Auswirkungen in anderen Bereichen. So erfordern einerseits Produktinnovationen andere Fertigungsorganisationen mit neuen Betriebsmitteln und Verschiebungen im Kompetenzprofil, evtl. auch neue Absatzwege, Servicefunktionen und Zulieferbeziehungen innerhalb der Wertschöpfungskette. Andererseits bilden z.B. innovative Betriebsmittel den Ausgangspunkt für neue Produktquantitäten und -qualitäten, aber auch für ein anderes Qualifikationsprofil bis hin zu Verschiebungen der Marktkonstellationen in Form neuer Kundenbeziehungen und Wettbewerber. Die qualitativen Austauschbeziehungen im innovierenden System sowie zum jeweiligen Umsystem ändern sich, und in der Folge werden bisherige Beziehungen obsolet oder es entstehen völlig neue Schnittstellen.

Konstitutives Merkmal der technischen Entwicklung - interpretiert als wechselweise abhängige bzw. unabhängige Variable einzelwirtschaftlicher Innovationsprozesse - ist somit die Zerstörung bestehender Ordnungsraster (vgl. Pfeiffer 1971, 58). Bestehende Ordnungssysteme müssen aufgrund neuen Wissens umstrukturiert werden. Dies gilt nicht nur im technischen Bereich, sondern auch im human-organisatorischen Bereich mit gewaltigen Änderungspotentialen und Optionen auf individueller, institutioneller und gesellschaftlicher Ebene.

2. Mensch - Technik - Organisation

Betrachtet man den auch heute noch verbreiteten "Produktionstyp" in Industrie, Dienstleistung und Verwaltung, so wird deutlich, daß sich die meisten Arbeitsorganisationen um zentrale Produkt- und Verfahrenstechniken ranken. Die im Betrieb installierten Organisationsstrukturen sind im wesentlichen technisch determiniert. Ähnlich wie der Industriebetrieb der Gründerzeit, als sich die gesamte Produktion um Mühlrad oder Dampfmaschine ordnete und der einzelne Arbeitsplatz über Transmissionsriemen an zentrale Antriebswellen angekoppelt war, findet man gerade in jüngster Zeit auch im Dienstleistungs- und Verwaltungssektor ähnliche Verhältnisse. Die Transmissionsriemen sind in diesen computerisierten Bereichen lediglich durch Standleitungen ersetzt. Auch hier rankt sich die restliche Organisation um eine zentrale Technik, die Aufbau- und Ablauforganisation bestimmt. Aus ihr leiten sich Personalbedarf und Personalqualifikation ab.

Die zunehmende Technisierung hat an diesem Verhältnis "Technik - Organisation - Mensch" lange Zeit nichts verändert, sondern vielmehr dazu geführt, daß als Elastizitätsreserve der Mensch fungiert. Verknüpfungen, Koordination, Steuerung und Regelung automatisierter Teilfunktionen bleiben der menschlichen Arbeitskraft vorbehalten. Ihr Einsatz ist Alternative zur Vollautomation. Während also in der "Teilefertigung" Automation und Teilautomation immer weiter vordringen, gilt an den Schnittstellen - entsprechend der oben dargestellten Argumentationskette - der Einsatz von Personal aus Gründen der betrieblichen Elastizität zunächst als unvermeidlich. Dies vor allem in zwei Funktionsbereichen (vgl. Abb. 1):
– in der Handhabung. Dazu zählen z.B. das Bedienen von Automaten und Halbautomaten, deren Verknüpfung oder das Fügen von automatisch gefertigten Teilen in der Teil- oder Endmontage, aber auch das gesamte Informationshandling.
– in der Steuerung und Regelung, z.B. der einzelnen Automaten und Halbautomaten oder des Informations- bzw. Materialflusses, aber auch der Kontrolle von Zwischen- und Endprodukten.

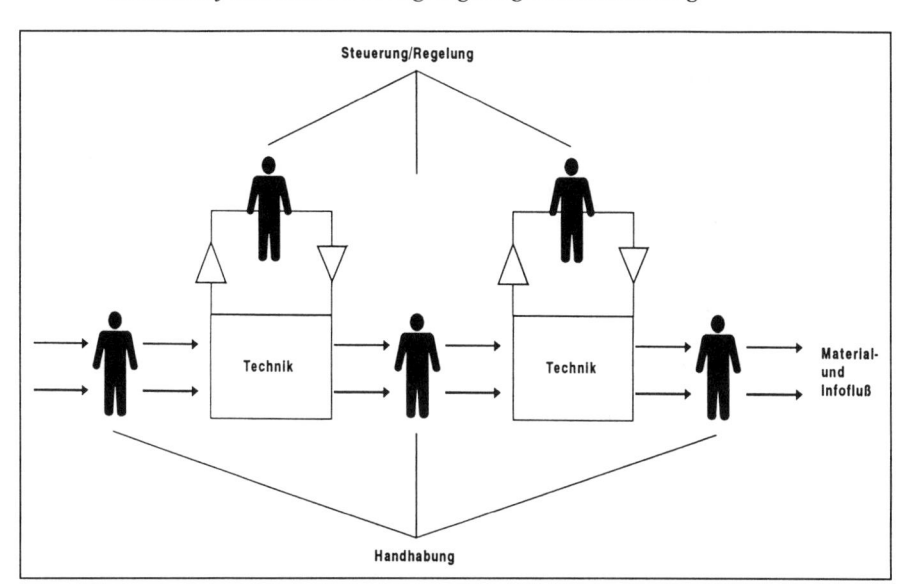

Abb. 1: Konventionelle Einbindung des Menschen in Material- bzw. Informationsfluß in den Restfunktionen Steuerung/Regelung und Handhabung

In diesen beiden Funktionsbereichen, Handhabung und Steuerung/Regelung, gilt der Mensch als nicht ersetzbar oder nur um den Preis zunehmender Starrheit der Produktionsverfahren bzw. abnehmender betrieblicher Elastizität.

Die heute sichtbaren Abhängigkeiten im Mensch-Maschine-System resultieren aus der qualitativen Charakteristik bisher verfügbarer Automationstechnologie, d.h. vor allem ihres Elastizitätspotentials. Weil diese Techniken nur als Insellösungen in Partialbereichen des Betriebsprozesses einsetzbar sind, wirken ihre harten Begrenzungen auf die im Arbeitsprozeß abhängigen Personen restriktiv. Soweit die Anpassung dieser Techniken an den Menschen mißlingt, wird einfach der Mensch an die harten Schnittstellen der Technik angepaßt. Dem Menschen obliegen die verbleibenden Regelungs-, Steuerungs- und Handhabungsfunktionen. Er wird räumlich und zeitlich durch die Technik gebunden. Seine Elastizität kompensiert die Inelastizität der Technik und begrenzt den Einsatz weiterer Techniken.

Wenn es aber im Verlauf der technischen Entwicklung gelingt, Techniken höherer Elastizität zur Anwendung zu bringen, dann verschiebt sich das bisherige technikdefinierte Zusammenwirken von Technik, Organisation und Mensch.

3. Potentialanalyse des Einsatzes neuer Techniken (vgl. Staudt 1981, 21 ff.)

3.1 Das organisatorische Potential des Einsatzes der Mikroelektronik

Betrachtet man das Eignungsprofil der Mikroprozessoren, die es nicht nur erlauben, digitale Daten zu verarbeiten, sondern neben diesen konventionellen Funktionen mit Hilfe entsprechender Sensoren auch direkt physikalische Größen wie Druck, Schwingungen,

Wärme, Magnetfelder, Strahlung, chemische Zustände, etc. zu erfassen, umzuwandeln, auszuwerten, zu speichern und zu verarbeiten, so wird deutlich, daß diese miniaturisierten Großrechenanlagen ein fast unendliches Anwendungspotential haben, und daß man durch die Anwendung dieser neuen Technik in einen Bereich eindringt, der bisher menschlicher Arbeitskraft vorbehalten war.

Mikroprozessoren werden zwar selbst massenhaft hergestellt, und erfüllen bei der Anwendung, ähnlich wie die Teilprodukte bei partieller Massenfertigung, Grundfunktionen. Im Unterschied zu den in Hardware erstarrten Grundfunktionen sind die Mikroprozessoren jedoch auf beliebige Grundfunktionen programmierbar. Mit Mikroprozessoren werden also nicht starre Grundfunktionen produziert, sondern massenhaft Elastizitätspotentiale für den Anwender erzeugt. Knüpft man noch einmal an die Analogie zwischen der durch Transmissionsriemen verbundenen Fertigung und der durch Standleitungen determinierten Dienstleistungsorganisation an, so gleicht die Verfügbarkeit der Mikroelektronik im Dienstleistungssektor dem Übergang von der zentralen Antriebseinheit zu dezentral einsetzbaren Elektromotoren in der industriellen Fertigung. Diese Innovation hatte nicht nur eine völlige Neuorganisation der Altbetriebe zur Folge, sondern war zugleich Basis für Neugründungen und extensive Entwicklungen von klein- und mittelständischen Unternehmen.

Mit der Mikroelektronik öffnet sich der Weg zur Entwicklung flexibler Fertigungs- und Dienstleistungssysteme. In diesen treten an die Stelle der bisher durch menschliche Arbeitskraft garantierten betrieblichen Elastizität zumindest in Teilbereichen adäquate technische Einrichtungen (Abb. 2). Hinzu kommen ökonomische Effekte, die aus einer gewaltigen Kostensenkung der Technologien resultieren. Infolgedessen wird dieser "Ersatz" menschlicher Elastizitätspotentiale zu einem Preis angeboten, der ihn zu einem ernsthaften Konkurrenten für zahlreiche Arbeitnehmer macht. Man nähert sich dann sehr schnell auch dem Grenzwert, an dem die Multiplikation des Zentralrechners billiger ist als störanfällige Standleitungen und das zentralistische Ordnungsmuster erstarrter Großorganisationen zur Disposition steht.

Abb. 2: Funktionale Entkopplung des Menschen und des Material- und Informationsflusses durch Material- und Informationshandhabungsautomaten und dezentrale Regelungsintelligenz

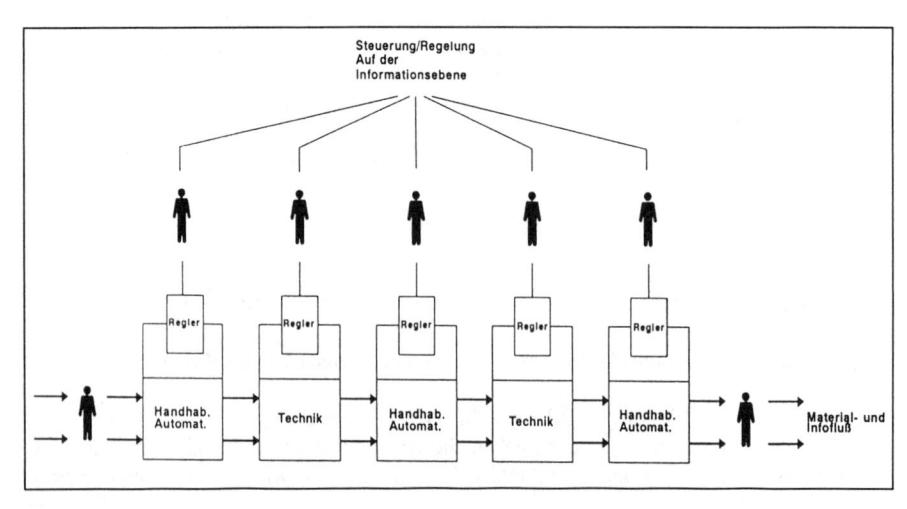

Ein derart gewaltiges technisches und ökonomisches Potential, verstärkt um weitere Vorteile, wie geringerer Energiebedarf, höhere Zuverlässigkeit, höhere Lebensdauer, Miniaturisierbarkeit und Integrierbarkeit, drängt zur Anwendung. Seine Diffusion fordert Veränderungen im Produktspektrum und in der Gestaltung von Fertigungs- und Dienstleistungsprozessen (vgl. Staudt 1986) geradezu heraus, führt zur
- Substitution von Produkten, Produktions- und Dienstleistungsprozessen, sowie zur
- Rationalisierung durch Automation in Industrie und Dienstleistung und ist
- Grundlage für zahlreiche Innovationen.

Das organisatorische Potential dieser Substitutions-, Rationalisierungs- und Innovationsvorgänge resultiert aus der neugewonnenen Möglichkeit, gerade die Funktionsbereiche von Produktion, Dienstleistung und Verwaltung, in denen der Einsatz von Personal aus Gründen der betrieblichen Elastizität bisher als unvermeidlich galt, nunmehr automatisieren zu können. Sowohl Steuerung/Regelung als auch Handhabung werden automatisierbar ohne Verlust an betrieblicher Elastizität. Es ist also anzunehmen, daß überall dort in der industriellen Produktion, wo bisher Menschen einfache Regelungs- und Steuerungsfunktionen wahrnehmen, diese Funktionen in Zukunft billiger und zuverlässiger von Automaten erfüllt werden. Und dies nicht nur in der industriellen Produktion, sondern auch im Dienstleistungs- und Verwaltungsbereich.

Selbst in der bisher noch verbliebenen Funktion der Handhabung wird es nunmehr in Industrie, Dienstleistung und Verwaltung verstärkt möglich, den Menschen von stupider Maschinenbedienung und monotonen Montage-, Bestückungs-, Informationsbe- und -verarbeitungsaufgaben zu entlasten. Auf der neuen Technologiestufe werden Handhabungssysteme mit einer kostengünstigeren Art niederer organischer Intelligenz entwickelt, deren produktions- und bürowirtschaftliche Bedeutung darin liegt, daß sie sich in manchen Bereichen sogar elastischer und zuverlässiger als der in diesen Eigenschaften mitunter überschätzte Mensch erweisen. Der Automat ist indifferent gegenüber ungünstigen Bedingungen der Arbeitsumgebung. Damit erspart er Erschwerniszulagen oder macht die Erledigung mancher Arbeitsaufgaben ohne gesundheitliche Beeinträchtigung erst möglich. Oder man denke daran, daß die Hauptfehlerquelle bei der automatisierten Datenverarbeitung in der manuellen Dateneingabe liegt.

Mit der fortschreitenden Automation bisher an den Materialfluß gebundener menschlicher Tätigkeit im Bereich der Handhabung nimmt auch die aus ökonomischen Überlegungen resultierende Abhängigkeit von Maschine und Mensch in der Bedienerrolle ab. Da die eingesetzten Handhabungstechnologien aber neben den selbstgeregelten Funktionsausführungen einer Regelung und Steuerung auf höherer Ebene bedürfen, kommt es auch im Handhabungsbereich zu einer vertikalen Arbeitsteilung aufgrund der Trennung von Steuerung und Regelung von der Ausführung. Aufgrund dieses, mit zunehmender Automation sichtbar werdenden Übergangs der Abhängigkeit des Personals vom Material- und Papierfluß zu einer stärkeren Abhängigkeit des Personals vom Informationsfluß auf der Regelungs- und Steuerungsebene (vgl. Staudt/Hafkesbrink/Treichel 1989, 173 f.; Wildemann 1990) kommt dem organisatorischen Potential neuer Informations- und Kommunikationstechniken entscheidende Bedeutung für die weitere Organisationsentwicklung zu.

3.2 Das organisatorische Potential des Einsatzes von Informations- und Kommunikationstechniken

Die Miniaturisierung und Verbilligung elektronischer Bauelemente und das Vordringen der Digitaltechnik in die Bereiche der Informations- und Kommunikationstechnik führt zu einer fortschreitenden Verbesserung der technischen Hilfsmittel bis hin zur Automation von Aufnahme, Verarbeitung, Speicherung, Übertragung und Ausgabe von Informationen. Mentale Informationsprozesse, die der Mensch mit eigenen geistigen Hilfsmitteln vollzieht, werden zunehmend durch den Einsatz von Rechengeräten, Daten-, Text- und Bildverarbeitungssystemen technisch unterstützt.

Auch im Bereich der Kommunikation erfolgt der Informationsaustausch nicht mehr nur in unmittelbarer persönlicher Begegnung, sondern zunehmend unter Zuhilfenahme technischer Systeme zur Informationsübertragung der Telekommunikation durch Fernsprecher, Telex, Teletex, Telefax, Videokonferenz etc. Die Kombination nichttechnischer Information und Kommunikation mit technischen Informations- und Kommunikationssystemen führt zu einem breiten Anwendungsfeld dieser Technologien. Aufgrund der rasanten Weiterentwicklungen von Datenverarbeitungs- und Nachrichtentechnik ist heute eine weitgehende Technisierung der Erzeugung und Übertragung von Sprache, Texten, Daten, Bildern möglich.

Damit sind technische Potentiale genau an den Stellen verfügbar, wo bisher Rationalisierungsgrenzen bestanden. Diese Grenzen waren durch die Abhängigkeit vom Informationsstrom und die Kopplung der Steuerungs-/Regelungs- an die Ausführungsebenen bedingt. Die Potentiale der neuen Informations- und Kommunikationstechniken drängen hier, genauso wie die Mikroelektronik, aufgrund der technischen Verfeinerung, zunehmender Verbilligung und hoher Elastizität zur Anwendung (vgl. Abb. 3).

Abb. 3: Räumliche und zeitliche Entkopplung der Menschen durch Telekommunikation

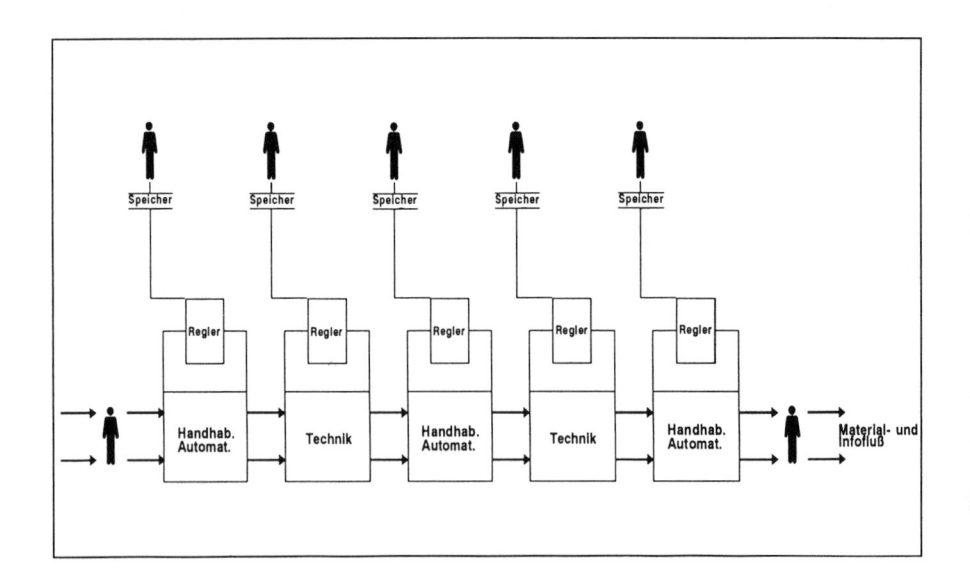

Für den organisatorischen Spielraum bedeutet dies, daß insbesondere Kopplungen in Mensch-Mensch- und Mensch-Maschine-Systemen, soweit sie auf den Austausch von Daten, Text, Sprache, Bildern reduzierbar sind, in einer ersten Stufe durch Telekommunikationstechnologien räumlich zu entkoppeln sind. Soweit die auszutauschenden Informationen speicherbar sind und aufgrund von Selbstregulationseinrichtungen zumindest partielle Autonomie bzw. Automation besteht, sind sie in einer zweiten Stufe auch zeitlich entkoppelbar. Damit fallen aber zugleich die letzten Kopplungsgrenzen, die konventionelle Arbeitsstrukturen determinierten und Ursache der heute praktizierten starren Zeitreglementierung sind. Das Entkopplungspotential neuer Technologien läßt Weiterungen zu, hebt traditionelle Zwänge auf und eröffnet Optionen für flexible Arbeitsverhältnisse und die Individualisierung von Arbeitsstrukturen.

4. Flexibilisierung der Arbeitsorganisation und qualitatives Potential

4.1 Aufhebung von Zwängen in Organisationen (vgl. Staudt 1982a, 53 ff.)

Die sich heute abzeichnenden Entwicklungstrends von Mikroelektronik, Informations- und Kommunikationstechnik haben in der Summe drei Wirkungsbereiche:
- Zunehmende Substitution des Menschen (vgl. Ropohl 1985, 100) in Bereichen niederer organischer Intelligenz und aus der Kombination konventioneller technischer Ausführungsfunktionen mit diesen technischen Intelligenzleistungen zunehmende Substitution im Handhabungsbereich;
 zunehmende Entkopplung des Menschen vom Papier- und Materialfluß verbunden mit zunehmender Abhängigkeit vom Informationsfluß auf der Steuerungs- und Regelungsebene und kommunikativen Vernetzungen zwischen Personen und zwischen Personen und technischen Aggregaten;
- zunehmende Technisierung der informatorischen und kommunikativen Tätigkeiten.

Diese drei Wirkungen verschieben die traditionellen Rationalisierungsgrenzen, führen zu Änderungen der Arbeitsteilung und haben vor allem auf Grund der Korrekturen der Wirtschaftlichkeitsvergleiche erhebliche Folgen für die Organisationsgestaltung.

Bei der Bearbeitung informatorischer Aufgaben in Dienstleistungs- und Verwaltungsvorgängen kann bei horizontaler Arbeitsteilung die bisher erforderliche räumliche und zeitliche Abhängigkeit des Personals entfallen. Traditionell war das zu bearbeitende Datenmaterial in Aktenordnern gebunden, die durch Büroboten von Bearbeitungsstelle zu Bearbeitungsstelle transportiert wurden. Durch zusätzliche zentrale Speicher und dezentrale Zugriffsmöglichkeiten über Telekommunikationssysteme ist der "Vorgang" nunmehr am Bildschirm zu bearbeiten. Damit können die Mitarbeiter weitgehend unabhängig voneinander operieren.

So wird im rein humanen Organisationsprozeß der Kooperationszwang durch die Verfügbarkeit von Informationsverarbeitungsanlagen und entsprechenden Speichern für Informationen abgeschwächt. War man bisher auf beschriebenes Papier angewiesen, so sind nun neue Datenträger und Speichermedien, Datenbanksysteme etc. verfügbar, die eine zeitliche Zergliederung kooperativer Prozesse und damit eine Rückführung des Kooperationsproblems auf ein Konsekutivproblem (vgl. Staudt/Schmeisser 1985, 443), vermittelt durch Mensch-Maschinen-Dialoge, erlauben. Einfachstes Beispiel für einen derartigen Entkopplungsvorgang ist das klassische Kooperationsverhältnis von Sachbearbeiter und Sekretärin bei der Diktataufnahme. Durch Zwischenschaltung eines Diktiergerätes wird der Vorgang zeitlich entkoppelt und in ein Reihenfolgeproblem überführt. Eine gleichzeitige Präsenz der beiden Teilnehmer ist nicht mehr erforderlich. Oder der "Plausch" mit dem Kassierer in der Bankfiliale entfällt bei der Geldabhebung am Kassenautomaten. Dafür steht dieser Automat rund um die Uhr zur Verfügung, macht den Kunden unabhängig von Öffnungs- bzw. Präsenzzeiten des Kassierers.

Die Technik wird also zum Hilfsmittel im rein humanen Organisationsprozeß. Es erfolgt damit, und auch darauf muß man ganz klar hinweisen, eine Technisierung innerhalb bisher technikfreier reiner Human-Organisationsbereiche. Es entstehen insbesondere im Dienstleistungssektor und in der Verwaltung neue Schnittstellenprobleme zwischen Mensch und Technik.

Weitere Problemlösungen bieten sich im reinen Humanbereich durch den Einsatz neuer Telekommunikationssysteme an. Die konventionell erforderliche gleichzeitige Präsenz verschiedener Personen war ursprünglich am gemeinsamen Vollzug materieller Arbeitsprozesse orientiert. Sie wurde im folgenden aber auch übertragen auf informatorische und Kommunikationsprozesse, weil die traditionell verfügbaren Hilfsmittel, wie beschriebenes Papier, so schwerfällig, umständlich, aufwendig und zeitraubend waren. Durch den verstärkten Übergang von materiellen zu informatorischen Abhängigkeiten und die Verfügbarkeit von Telekommunikationssystemen wird zumindest die bisher erforderliche räumliche Kopplung aufgehoben.

Ein erster Fortschritt war hier schon das Telefon. Es erlaubt die räumlich unabhängige verbale Kooperation zweier Gesprächspartner. Das "intelligente" Telefon, Ring- bzw. Konferenzschaltungen etc. bringen weitergehende Möglichkeiten und die Breitbandkommunikation wird schließlich Bildschirmkonferenzen erlauben. Damit werden zwar auch soziale Kontakte vermindert bzw. bei Telearbeit umgestaltet, aber zugleich Transport- und Verkehrsprobleme entschärft und die dafür erforderlichen, oft verlorenen Wegezeiten eingespart.

4.2 Weiterungen des organisatorischen Gestaltungsspielraums

Die Möglichkeiten zur Kooperation auch über größere Entfernungen und der Rückgriff auf Arbeitsunterlagen, die nun in zentralen Datenbanken über Telekommunikation zugänglich sind, reduzieren das alte Präsenzproblem auf das technische Problem der Verfügbarkeit von Bildschirmterminal und Telekommunikationsanschluß am Arbeitsplatz. Damit stellt sich auch die Frage nach dem richtigen Arbeitsplatz völlig neu. Die industriellen Ordnungsmuster des neunzehnten Jahrhunderts werden zumindest in Teilbereichen aufhebbar. Ob z.B. die Arbeitsplätze im Hochhaus weiterhin in der Rush-hour (eine Folge der notwendigen gleichzeitigen Präsenz) besetzt bzw. verlassen werden müssen, bedarf einer Überprüfung, wenn die gleiche Arbeitsaufgabe auch familiennah am heimischen Arbeitsplatz ausgeübt werden kann (vgl. Ulich 1991, 265 ff.).

Da darüber hinaus ein guter Teil der räumlichen Kopplung auch zeitliche Kopplungsaspekte impliziert, sind die bisherigen harten Gleichzeitigkeitserfordernisse wesentlich zu entschärfen.

Die wichtigste Folgerung des Einsatzes neuer Techniken resultiert aber aus der Möglichkeit zu einer neuen Funktionsverteilung zwischen Mensch und Maschine. Da die technischen Einrichtungen aufgrund der neuen Qualität der Mikroprozessor-Technologie und

Mikrosystemtechnik in der Lage sein werden, einfache Regelungs- und Steuerungsfunktionen selbst zu übernehmen, kommt es zu einer Umverteilung von Funktionen, die wegen der starken Verbilligung der Technik weder durch konventionelle Wirtschaftlichkeitsüberlegungen gebremst, noch aufgrund der zunehmenden Elastizität durch herkömmliche Substitutionsgrenzen verhindert wird.

Es ist also zu erwarten, daß auf der neuen Automationsstufe technische Aggregate in größerem Umfang als bisher selbständig arbeiten. Damit wird neben dem Maschinenbediener, dessen Handhabungsfunktionen automatisiert werden können, auch der Maschinenführer, -steuerer/-regler sehr stark entkoppelt. War es in der konventionellen Fertigung noch die Präsenz des Maschinenführers, die die Laufzeit technischer Aggregate bedingte, weil Produktionsvollzug und menschliche Steuerung nur synchron denkbar waren oder weil nur der stete regelnde Eingriff des Menschen die Qualität der Produktion sicherte, so erweist sich heute der einzelne Mensch in vielen komplexen Prozessen oft als überfordert. Im Flugverkehr ist mittlerweile die Landung mittels technischer Geräte zuverlässiger als durch Piloten, und in vielen Großanlagen helfen technische Kontroll- und Regelsysteme, menschliches Versagen zu vermeiden.

Die Steuerungs- und Regelungsfunktion kann, betrachtet man das Beispiel der numerischen Steuerung von Werkzeugmaschinen, völlig vom materiellen Produktionsbereich in den Bürobereich verlagert und damit räumlich und zeitlich abgetrennt werden. Neben der Datenverarbeitung und der numerischen Steuerung verfügt man gleichzeitig über Speicherungssysteme für Regelungs- und Steuerungsinformationen, was eine totale zeitliche Entkopplung zwischen Ausführung und Erstellung von der Steuerungs- und Regelungssoftware erlaubt. Es muß also nicht mehr ad hoc vom einzelnen Maschinenführer disponiert werden, sondern man kann ohne Streß und unter Rückgriff auf die Erfahrung anderer steuern und regeln.

Gerade diese Entkopplung von Steuerungs-/Regelungs-Softwareerstellung und ihrer Anwendung im Rahmen der Ausführungsaufgabe führt das ursprüngliche kooperative Problem im Mensch-Maschine-Bereich auf ein Konsekutivproblem zurück, das sich durch einfache Puffer und Speicherbildung entschärfen läßt. Und auch hier trägt schließlich die Analogie zwischen industrieller Produktion und Dienstleistung. Es wird deutlich, daß die heute hochproblematisierte Schnittstelle Mensch-Technik auch im Bürobereich eventuell nur eine "notwendige Fehlentwicklung" ist, die in absehbarer Zeit überwunden werden kann.

Damit wird die viel kritisierte harte Konfrontation zwischen Mensch und Maschine aufhebbar, denn die neuen Techniken machen die Grenzen fließend und enthalten Optionen zur Entwicklung und "weicheren" Gestaltung der Technik, was insbesondere den Betroffenen zugute kommt. Neben den neuen technischen Möglichkeiten wird aber die Aufhebung konventioneller ökonomisch bedingter Kopplungszwänge von ausschlaggebender Bedeutung sein. Insbesondere die Entkopplung der beiden kooperativen Abhängigkeiten von Mensch und Maschine, die Entkopplung des Maschinenbedieners und die Entkopplung der Maschinensteuerung und -regelung von dem arbeitenden Aggregat heben das gewichtigste klassische ökonomische Argument zur strengen Präsenzregelung und Arbeitszeitreglementierung im Betrieb auf. Dieses Argument resultierte schließlich aus dem Bestreben nach möglichst kontinuierlichen Laufzeiten von Maschinen. Die Maschine ist aber nicht mehr der Engpaßfaktor, an dem sich die Organisation orientieren muß. Sie ist vielmehr kostengünstig verfügbare Elastizitätsreserve und funktioniert weitgehend entkoppelt vom humanen Bereich. Die damit erreichbare Automation mittels Technologien höherer Elastizität befreit von der Bindung der Produktion an die starren Arbeitszeitregelungen von Tarifverträgen, Arbeitszeitverordnungen und Geschäftszeiten. Damit können auf dieser Automationsstufe ohne Personalengpässe Betriebsmittel im Dreischichtbetrieb genutzt, die Gleitzeit selbst im Produktionsbetrieb eingeführt und Dienstleistungen auch außerhalb der Geschäftszeit erbracht werden.

Der naive, aus der Präsenz am zentralisierten Arbeitsplatz abgeleitete Arbeitszeitbegriff (vgl. Staudt 1979) wird unter diesen Umständen reformbedürftig. Kontroll- und Überwachungssysteme, konventionelle Führungssysteme, aber auch die Reaktionsmuster der Gewerkschaften hierauf werden obsolet, oder aber sie verhindern diesen Entwicklungssprung, weil sie den technischen Entwicklungsstand festschreiben, vor dessen Hintergrund sie entstanden sind (vgl. Staudt 1982b).

Mit diesen technischen Entwicklungen gehen nämlich beliebte Sachzwangargumente, die sich in der Vergangenheit zur Begründung der jeweils eigenen Position bewährt haben, verloren. Die ambivalente Nutzbarkeit der Option neuer Techniken läßt daher Spekulationen über zwei Zukunftsvisionen zu, eine negative, mehr substituierende und eine positive, stärker innovierend gedachte (vgl. Abb. 4).

Abb. 4: Ambivalente Nutzbarkeit neuer Techniken

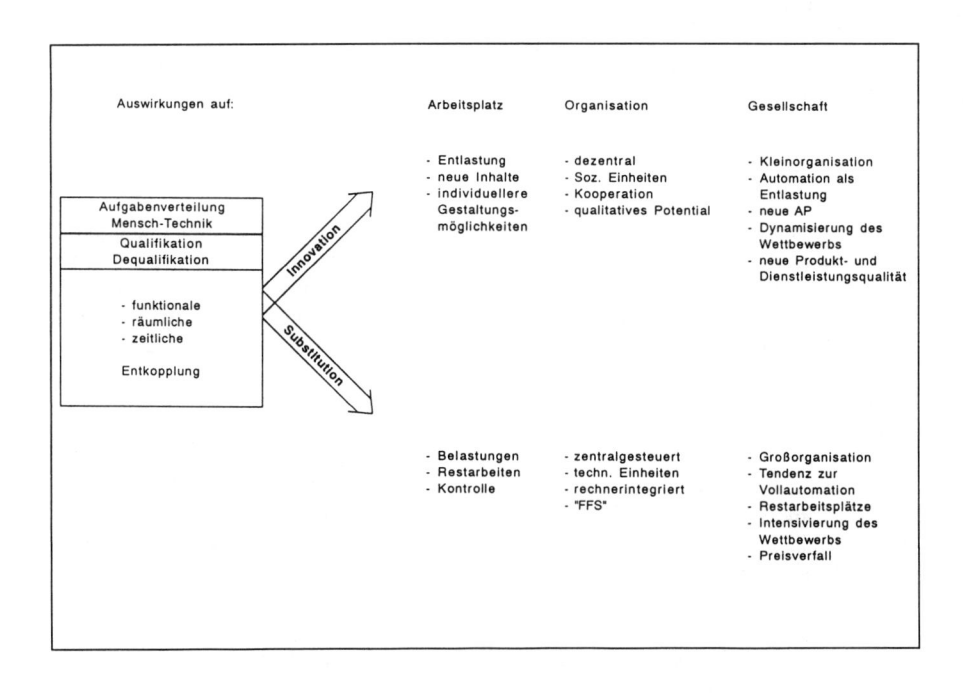

Auswirkungen auf:	Arbeitsplatz	Organisation	Gesellschaft
Aufgabenverteilung Mensch-Technik / Qualifikation Dequalifikation / - funktionale - räumliche - zeitliche Entkopplung	**Innovation:** - Entlastung - neue Inhalte - individuellere Gestaltungsmöglichkeiten	- dezentral - Soz. Einheiten - Kooperation - qualitatives Potential	- Kleinorganisation - Automation als Entlastung - neue AP - Dynamisierung des Wettbewerbs - neue Produkt- und Dienstleistungsqualität
	Substitution: - Belastungen - Restarbeiten - Kontrolle	- zentralgesteuert - techn. Einheiten - rechnerintegriert - "FFS"	- Großorganisation - Tendenz zur Vollautomation - Restarbeitsplätze - Intensivierung des Wettbewerbs - Preisverfall

4.3 Substitutionen durch neue Techniken

Die Potentiale von Innovation erzeugen wie alles Neue und Unbekannte auch Angst:
- Angst vor dem Verlust von Besitzständen wie Arbeitsplätzen, Marktanteilen, Qualifikationen und Know-how,
- Angst vor den nichtvorhersehbaren Folgen der noch unüberschaubaren Technik,
- Angst vor neuen Entwicklungsaufgaben für Technikmanagement und Arbeitnehmerqualifikationen.

Diese Verunsicherung ist in Zeiten des Wandels ganz natürlich und menschlich verständlich. Sie ist charakteristisch für echte Innovationsbereiche, die aufgrund der naturgemäß verbleibenden Ungewißheit technokratischen Patentlösungen unzugänglich sind. Dennoch werden Fluch und Segen der neuen Techniken in der Form des "entweder" "oder" diskutiert, obwohl deren weitere Entwicklung selbst die Experten noch nicht genau übersehen und deren Anwendungsfelder deshalb weitgehend im Dunkeln liegen. Man tut dies anhand von Folgeabschätzungen (vgl. Staudt 1988) von etwas Unbekanntem in nur vermuteten Anwendungsbereichen oder wissenschaftlich etikettiert durch reine substituierende Betrachtungen, des Ersatzes von menschlichen Arbeitsfunktionen durch Automaten, aber auch durch eine Projektion vergangener Führungs- und Reaktionsmuster in die Zukunft (vgl. Staudt 1991).

Dies trifft sich dann mit dem technokratischen Traum vieler Ingenieure von der rechnerintegrierten automatisierten Fabrik, die als direkte Verlängerung konventioneller Organisationsmuster unter Abbau von deren Schwächen verstanden wird. Aus der technischen Verknüpfung von Energie, Material und Informationen entsteht die Fiktion eines "maschinellen Organismus", zusammengehalten von den Computern der fünften Generation.

Kein Wunder, wenn bei einer derartigen Dominanz technischer Einheiten im Sinne sog. flexibler Fertigungssysteme oder CIM-Lösungen der Arbeitnehmervertreter ernüchtert vor den Restarbeitsplätzen steht, neue Belastungen aus neuen Schnittstellen zur Technik befürchtet und die durch Zentralsteuerung möglich werdende Kontrolle in schwärzesten Faben ausmalt.

4.4 Innovation durch neue Technik

Die Entlastung von monotonen, kaum zumutbaren Maschinenbedienungsaufgaben und die räumliche und zeitliche Entkopplung von Standort und Laufzeit technischer Aggregate kann aber auch in einem positiven Sinne interpretiert werden, wenn es gelingt, nicht nur die Fortschrittsprobleme der technischen Entwicklung, sondern auch das Verteilungsproblem der Fortschrittsgewinne zu lösen.

Dann wird es durchaus möglich, über neue, sinnvoll kombinierte Arbeitsinhalte nachzudenken, die weniger durch Restfunktionen an Maschinen als durch individuelle und soziale Bedürfnisse gestaltet sind. Man kann dezentrale Organisationsmuster anstreben, die die neue Qualität von Techniken, verbunden mit geeigneten Kooperationsformen, umsetzen in ein gewaltiges qualitatives Potential für völlig neue individuell gestaltbare Produkte und Dienstleistungen.

Dies bedeutet zugleich einen gewaltigen ökonomischen Druck auf die einzelnen Unternehmungen hin zu einer offensiveren Personalentwicklung verbunden mit neuen Qualifikationsinhalten und neuen Arbeitsplätzen und macht eine Überprüfung der Wettbewerbssituation erforderlich.

Derartige Entwicklungen lassen es unsinnig erscheinen, gesellschaftliche Auswirkungen neuer Techniken nur unter rein quantitativen substituierenden Aspekten zu diskutieren. Die konstruktive Nutzung der Option neuer Techniken, verbunden mit den entsprechenden Personalentwicklungen, führt vielmehr zur Organisation hoher Elastizität, deren große qualitative Gesamtkapazität auf einem völlig neuen Niveau zur Anwendung drängt, was neben einem häufigeren Produktwechsel vor allem auch zu einer Dynamisierung der Wettbewerbssituationen von Produktions- und Dienstleistungsbetrieben führt und zu einer Individualisierung und Weiterentwicklung der Güter- und Dienstleistungsangebote genutzt werden kann.

In letzter Konsequenz steht auch die Wirtschaftsstruktur selbst zur Disposition. Die Grenze zwischen Produktion, Dienstleistung und Verwaltung wird fließend.

5   Optionen der technischen Entwicklung

Für die Arbeitsplätze in Industrie und Dienstleistung bedeutet dies, daß die Verfügbarkeit von dezentraler Steuerungs- und Regelungsintelligenz, Handhabungsautomation und Telekommunikation eine Neuverteilung der Aufgaben zwischen Mensch und Technik ermöglicht. Die Integration der neuen Technik ist verbunden mit umfangreichen Qualifikations- und Dequalifikationsprozessen. Der Spielraum für einen organisatorischen Wandel nimmt aufgrund der funktionalen räumlichen und zeitlichen Entkopplungsmöglichkeiten zu. Konventionelle Hauptverwaltungs- und Zweigstellenorganisation, zentrale Datenverarbeitung und Arbeitsplatzstruktur, aber auch die Trennlinie zwischen Innen- und Außendienst stehen damit zur Disposition.

Bisher war es notwendig, Arbeitsplätze orientiert an technischen und ökonomischen Sachzwängen zu gestalten. Die zentrale Technik bestimmt in Fertigung und Dienstleistung die Organisationsform. Die personellen Ressourcen stellten das elastische Potential dar, das der technischen Konfiguration anzupassen war. Die funktionalen Einheiten wurden dann entsprechend den technischen und ökonomischen Bedingungen bei der Erstellung von Produkten und Dienstleistungen nach dem Fließprinzip organisiert und die Kapazitäten entsprechend optimiert.

Aufgrund der in Zukunft verfügbaren Elastizitätsspielräume im technischen Bereich wird diese Reihenfolge umkehrbar. Es wird möglich, ausgehend von personellen und sozialen Einheiten, kostengünstig technische Elastizitätspotentiale gleichsam als Entlastung zuzuordnen. Sie erlauben es in erheblich größerem Umfang als bisher, soziale und technische Organisation entsprechend den persönlichen und sozialen Bedürfnissen aufeinander abzustimmen bei gleichzeitiger Erhöhung des qualitativen Potentials in der Aufgabenerfüllung.

In der aufgrund der Aufhebung technisch-ökonomischer Sachzwänge qualitativ neuen Situation wird eine Individualisierung von Arbeitsverhältnissen möglich. Von den zu gestaltenden Inhalten her bedeutet dies eine Offensive in zwei Richtungen:

- die Auflösung traditioneller technischer und ökonomischer Sachzwänge hin zu einer Option auf einen qualitativen Sprung erlaubt erstens den Ausbau und die Eröffnung von Wahlmöglichkeiten hinsichtlich des Arbeits- und Leistungsumfangs sowie der Termingestaltung der örtlichen Arbeitsbedingungen und weiterer Umstände des Arbeitsvollzugs,
- der hohe Grad an Saturiertheit zumindestens in Teilen der Bevölkerung und neue Bedürfnisse erlauben dann zweitens den Übergang zu einer Mehrdimensionalität in der Leistungsbewertung, in den Arbeitsentgelten sowie in den übrigen Anreizen.

Beides, die Individualisierung der Arbeitsgestaltung, wie auch die Individualisierung der Belohnung setzt erheblich mehr an Kostenbewußtsein und Eigenverantwortlichkeit voraus als heute allgemein vorhanden sind. Denn nur unter dieser Voraussetzung können in einer komplexeren Arbeitswelt Nutzen und Kosten bzw. Erwartung und Möglichkeiten von Individuen miteinander abgestimmt werden. Dies gilt sowohl für einzelne Menschen und einzelne Unternehmen als auch für ganze Arbeitsmärkte. Und dies erfordert neue Qualifikationen (vgl. Staudt/Schepanski 1983) bei Individuen, bei Arbeitsgestaltern und Arbeitsvorbereitern, beim Führungspersonal, aber auch bei den Arbeitnehmervertretungen. Hier werden Denkmuster aus dem 19. Jahrhundert tradiert, bereitet Umdenken erhebliche Schwierigkeiten und fehlen geeignete Methoden, diese neuen Optionen nutzbar zu machen.

Die Abkehr vom Normarbeitsplatz, Normarbeiter, Normlohn, Normarbeitszeit etc. bedeutet, so gesehen, eine Herausforderung an Unternehmen, Gewerkschaften und Gesetzgeber. Eine neue individuellere Qualität von Arbeit und das Zulassen einer Vielfalt verschiedenartiger Kombinationen aus Arbeitszeitregelung, Arbeitsentgelten, Beteiligungen, Sozialleistungen und Arbeitsbedingungen erfordert eben ein hohes Maß an Selbstbestimmung und Eigenverantwortlichkeit bei den Arbeitnehmern, ein neues Verständnis von Personalführung, eine neue Qualität von Arbeitnehmerinteressenvertretung, angemessene gesetzliche Rahmenbedingungen, aber zunächst eine Abkehr vom heute verbreiteten Planungsparadigma hin zu einer Integration der Personal- und Organisationsentwicklung.

Literatur

Arbeitskreis Hax der Schmalenbach-Gesellschaft 1968: Forschung und Entwicklung als Gegenstand unternehmerischer Entscheidungen, in: ZfbF, 549-580

Pfeiffer, W. 1971: Allgemeine Theorie der technischen Entwicklung, Göttingen.

Pfeiffer, W.; Staudt, E. 1975: Innovation, in: HWB, 4. Aufl., Stuttgart, Sp. 1943-1953.

Ropohl, G. 1985: Der Sinn der Technik und die gesellschaftliche Organisation der Arbeit, in: Ropohl, G. (Hrsg.): Arbeit im Wandel, Berlin.

Staudt, E. 1979: Die Bedeutung der mikroökonomischen Analyse zur Beurteilung und Durchsetzung neuer Arbeitszeitstrukturen. in: Mitt. IAB, 12 Jahrg. 1979, Heft 3.

Staudt, E. 1981: Ursachen und Einflußfaktoren des Einsatzes neuer Automationstechnologien in Industrie und Verwaltung, in: Biethahn, J./Staudt, E. (Hrsg.): Automation in Industrie und Verwaltung, Berlin, 21 ff.

Staudt, E. 1982a: Entkopplung im Mensch-Maschine-System durch neue Technologien als Grundlage einer Flexibilisierung von Arbeitsverhältnissen, in: Meyer-Abich, K. M.,

Steger, U., u.a. (Hrsg.): Mikroelektronik und Dezentralisierung. Berlin, 53 ff.

Staudt, E. 1982b: Widerstände bei der Einführung neuer Technologien, in: VDI-Z 7/1982, 233 ff.

Staudt, E.; Schepanski, N. 1983: Innovation, Qualifikation und Organisationsentwicklung - die Folgen der Mikrocomputertechnik für Ausbildung und Personalwirtschaft, in: Zeitschrift Führung und Organisation, 52. Jahrg. 1983, 304-316, 363-369.

Staudt, E. 1985: Innovation, in: DBW, 486-487.

Staudt, E.; Schmeisser, W. 1985: Automation, in: Bundesanstalt für Arbeitsschutz (Hrsg.): Handbuch zur Humanisierung der Arbeit, Dortmund.

Staudt, E. (Hrsg.) 1986: Das Management von Innovationen, Frankfurt.

Staudt, E. 1988: Bedürfniserfüllung - Anspruch und Wirklichkeit. Wege und Irrwege zur Technikbewertung aus einzelwirtschaftlicher Sicht, in: von Westphalen (Hrsg.): Technikfolgenabschätzung, München.

Staudt, E.; Hafkesbrink, J.; Treichel, H.-R. 1988: Forschungsmanagement durch Evaluation, Frankfurt/New York.

Staudt, E. 1991: Die betriebswirtschaftlichen Folgen der Technikfolgenabschätzung, in: ZFB, Heft 8, 883-894

Ulich, E. 1991: Arbeitspsychologie, Stuttgart.

Wildemann, H. 1990: Einführungsstrategien für die computerintegrierte Produktion (CIM), München.

Technisch-organisatorische Grundlagen der Produktion

Günter Ropohl

1. Produktionssystem

Vielfach wird heute die Ansicht vertreten, die Industriegesellschaft gehe zu Ende und weiche einer Dienstleistungs-, Informations- oder Wissenschaftsgesellschaft. Diese Ansicht stützt sich auf den Befund, daß der Anteil der Erwerbstätigen, die in der industriellen Produktion beschäftigt sind, seit Jahren deutlich zurückgeht und inzwischen vom Beschäftigungsanteil im sogenannten Dienstleistungssektor übertroffen wird. Aus solchen wirtschaftsstatistischen Zahlen kann aber nicht der Schluß gezogen werden, die industrielle Produktion selbst verliere an Bedeutung. Vielmehr ist es der fortgesetzt wachsenden Arbeitsproduktivität zuzuschreiben, daß die Industrie immer weniger Arbeitskräfte benötigt, obwohl die Menge der produzierten Sachgüter keineswegs sinkt. Auch eine Informationsgesellschaft wird nicht ohne stoffliche Produkte auskommen können, sondern zusätzlich zu den eingeführten Sachgütern steigenden Bedarf nach all jenen informationstechnischen Geräten entwickeln, die für die neuen Informations- und Kommunikationsmöglichkeiten erforderlich sind. Und selbst wenn der Anteil menschlicher Arbeit an der industriellen Produktion noch weiter zurückgeht, ist doch mit der "menschenleeren Fabrik" so bald nicht zu rechnen. Ein gewisser Teil menschlicher Arbeit wird auch zukünftig in der Produktion stattfinden. Daher haben die technisch-organisatorischen Grundlagen der Produktion nach wie vor ihre Bedeutung für die Arbeitswissenschaft.

Produktion wird hier im engeren betriebswissenschaftlichen Sinn als Erzeugung von Sachgütern verstanden, und eine technisch-organisatorisch-soziale Einheit, die Sachgüter erzeugt, kann als Produktionssystem beschrieben werden (Ulrich 1970); konkret können das Handwerksbetriebe, mittelständische Produktionsbetriebe oder auch Großbetriebe innerhalb weitgreifender Konzerne sein. Die Modellvorstellung des Produktionssystems ist bereits im zweiten Kapitel (Übersicht 3) des vorliegenden Handbuchs skizziert worden: Ein Produktionssystem ist die übergeordnete soziotechnische Einheit, zu der die einzelnen soziotechnischen Arbeitssysteme verknüpft sind. Soziotechnische Arbeitssysteme aber sind dadurch gekennzeichnet, daß arbeitende Menschen mit technischen Sachsystemen darin zusammenwirken. Da Arbeit in der modernen Produktion durchgängig technischer Mittel sich bedient, gilt folgerichtig die Arbeitstechnologie als wichtige Teildisziplin der Arbeitswissenschaft. Natürlich läßt sich dieses Gebiet im vorliegenden Kapitel nicht vollständig umreißen, doch soll wenigstens in einem knappen Überblick geboten werden, was F. Giese (1932, 87f) als "vergleichende Fertigungslehre" bezeichnet hat und was im Grunde auf das Konzept der Allgemeinen Technologie von J. Beckmann (1806) zurückgeht (vgl. das zweite Kapitel dieses Buches).

Bild 1 zeigt, in der graphischen Sprache der Allgemeinen Systemtheorie (Ropohl 1979), das Blockschema eines Produktionssystems, in dem zunächst nur die Faktoren ("Inputs") ausgewiesen sind, die das Produktionssystem benötigt, um Produkte ("Outputs") hervorzubringen. Tatsächlich entsprechen die Inputs den Produktionsfaktoren, wie sie die Betriebswirtschaftslehre kennt (Gutenberg 1966, 2ff). Hatte allerdings schon Gutenberg die "Elementarfaktoren" (Werkstoff, Arbeit und Betriebsmittel, letztere hier als "Sachsysteme", sonst manchmal auch als "Sachkapital" bezeichnet) um einen "dispositiven Faktor" ergänzt, der den produktiven Beitrag von Leitung, Planung und Organisation umfaßt, erkennt man in Bild 1 zwei weitere Ergänzungen (Ropohl 1971, 21f): Zum einen ist die Energie als eigener Elementarfaktor ausgewiesen, weil sie aus technologischer Sicht nicht den Werkstoffen subsumiert werden kann und überdies in Zeiten wachsender Energieknappheit diese Hervorhebung besonders verdient; und zum anderen wird ein kreativer Faktor hinzugefügt, weil weder die Produkte noch die Produktionssysteme ohne innovative Ideen aus geistiger Arbeit erfolgreich zu gestalten wären. Neben die ausführende Arbeit als Elementarfaktor treten also zwei weitere Formen menschlicher Arbeit, die ausschließlich Information bereitstellen: die dispositive und die kreative Arbeit (mehr zur kreativen Arbeit bei Ropohl 1990).

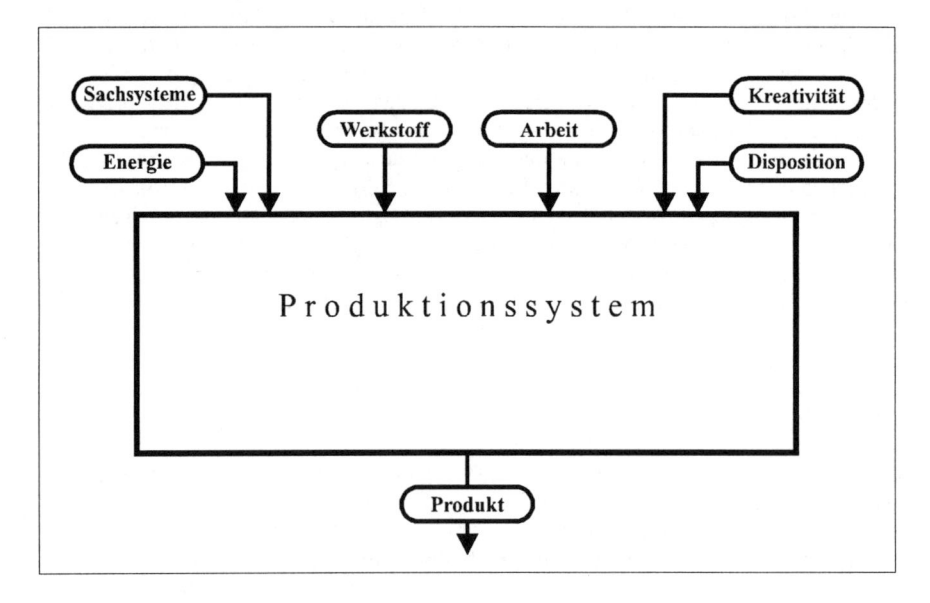

Bild 1 Produktionssystem mit Produktionsfaktoren

Produktion besteht nun darin, die genannten Faktoren in entsprechenden Ausprägungen und in geeigneter Weise derart zu kombinieren, daß die bezweckten Produkte daraus hervorgehen. Dieser Kombinationsprozeß hat selbstverständlich auch bedeutsame psychosoziale und sozioökonomische Aspekte; im vorliegenden Kapitel soll jedoch der Akzent auf die technisch-organisatorischen Aspekte des Produktionssystems gesetzt werden. In dieser Sicht müssen die Produktionsfaktoren in Durchgangsfaktoren und Bestandsfaktoren unterteilt werden. Unter den Elementarfaktoren werden lediglich Werkstoff und Energie dem Produktionssystem kontinuierlich zugeführt. Sachsysteme und Arbeitskräfte dagegen werden in der Struktur des Produktionssystems als soziotechnische Arbeitssysteme internalisiert und bilden dann einen Bestand relativer Dauerhaftigkeit. Auf der einen Seite also gibt es immer wiederkehrende Inputs (Werkstoff, Energie) und Outputs (Produkte), zwischen denen eine bestimmte Wandlungsbeziehung (Funktion des Produktionssystems) besteht. Auf der anderen Seite gibt es relativ beständige soziotechnische Arbeitssysteme (Menschen und Sachsysteme), zwischen denen bestimmte Verknüpfungen (Struktur des Produktionssystems) gebildet werden. Mit Hilfe dieser Unterscheidungen kann nun im Folgenden eine Typologie der Produktionssysteme entwickelt werden.

2. Typologie der Produktionssysteme

2.1 Methodik der Typologie

Eine Typologie ist eine mehrdimensionale Klassifikation, die einen Gegenstandsbereich gleichzeitig nach mehreren Unterscheidungskriterien gliedert und auf diese Weise das komplexe Bild einer vielgestaltigen Wirklichkeit zeichnet: Eine Typologie ist eine beschreibende Theorie. F. Zwicky (1966) hat mit der Morphologischen Methode eine praktikable Konstruktionsregel vorgeschlagen, die mit Hilfe systemtheoretischer Grundbegriffe noch übersichtlicher gemacht werden kann. Auf dieser Grundlage ist das Schema von Bild 2 entwickelt worden (Ropohl 1972), dessen Inhalte sich freilich auf eine frühere Systematik stützen (Dolezalek/Ropohl 1967; ähnlich auch Schäfer 1969/71 und Küpper 1979).

Bild 2 listet in der linken Spalte die wesentlichen Merkmale eines Produktionssystems auf; diese Merkmale sind überdies den bereits erwähnten systemtheoretischen Grundkategorien zugeordnet. Im rechten, größeren Teil des Bildes werden dann für jedes Merkmal kennzeichnende Ausprägungen aufgezählt, die in den folgenden Abschnitten ausführlich zu besprechen sind. Ein spezifischer Typ des Produktionssystems ergibt sich aus dem Schema dadurch, daß man in jeder Zeile je eine Merkmalsausprägung bestimmt und diese Ausprägungen miteinander kombiniert. Eine Schraubenfabrik beispielsweise ist mindestens durch folgende Merkmalsausprägungen (von oben nach unten) zu beschreiben: "Metall", "gestaltete Gegenstände", "Stückgut", "Investitionsgut", "Sortenproduktion", "Serienproduktion", "Gestaltgebungsverfahren", "physikalisch" usw.; die strukturellen Merkmalsausprägungen werden in diesem Beispiel zunächst übergangen, weil sie näherer Erläuterung bedürfen und bei einer Schraubenfabrik je nach Produktionsgestaltung verschieden ausfallen können.

Das dargestellte Schema ist aus didaktischen und praktischen Gründen natürlich nicht vollständig. Für eine differenziertere Beschreibung mögen weitere Merkmale heranzuziehen sein, und auch unter den Merkmalsausprägungen werden nur diejenigen genannt, die in erster Näherung besonders wichtig scheinen; auf mögliche Ergänzungen wird im Folgenden von Fall zu Fall hingewiesen. Schon in der vorliegenden Form aber repräsentiert das Schema theoretisch fast neunzehn Millionen verschiedener Produktionstypen; man erhält diese Zahl, wenn man die jeweiligen Anzahlen von Merkmalsausprägungen miteinander multipliziert. Eine grundsätzliche Einschränkung liegt allerdings darin, daß aus logischen oder tatsächlichen Gründen nicht alle Ausprägungen der verschiedenen Merkmale miteinander verträglich sind; auch das muß man von Fall zu Fall prüfen.

Nach diesen orientierenden Vorbemerkungen können jetzt die Beschreibungsmerkmale im Einzelnen durchgegangen werden, wobei diese, entsprechend den Systemkategorien, jeweils zu Gruppen zusammengefaßt werden.

2.2 Werkstoffe und Produkte

Werkstoffe bilden einen wesentlichen Input, und Produkte, wenn man von Abfällen und sonstigen Nebeneffekten absieht, den vorherrschenden Output eines Produktionssystems. Tatsächlich dienen diese Merkmale häufig, und nicht zuletzt in der Wirtschaftsstatistik, zur Charakterisierung von Industriezweigen. So spricht man von der holzverarbeitenden Industrie, der metallverarbeitenden Industrie, der Kunststoffindustrie usw.

MERKMAL		MERKMALSAUSPRÄGUNG				
	Werkstoff	Holz	Metall	Kunststoff	Glas	sonstige
Input/Output	Produktcharakter	definierte Stoffe		gestaltete Gegenstände		
	Produktform	Stückgut		Fließgut		
	Produktzweck	Konsumgut		Investitionsgut		
	Produktvarianz	Einproduktproduktion		Sortenproduktion		Mehrproduktproduktion
	Wiederholungsgrad	Einzelproduktion		Serienproduktion		Massenproduktion
	Verfahrensart	Stoffwandlungsverfahren		Gestaltgebungsverfahren		Auflösungsverfahren
	Verfahrensbasis	physikalisch		chemisch		biologisch
Funktion	Sachsysteme	Verfahrenstechnik		Fertigungstechnik		mehrere Techniken
Subsysteme	Arbeitskräfte	arbeitsintensiv		nicht arbeitsintensiv		
	Funktionsbereich	Einzweck-System		Mehrzweck-System		Vielzweck-System
	Technisierungsgrad	Handarbeit		Maschinenarbeit		Automatisierung
	Arbeitsbeziehungen	aktive Kopplung		passive Kopplung		autonome Kooperation
Struktur	Arbeitsteilung	keine		Mengenteilung		Artteilung
	Raumstruktur	punktuell	nicht orientiert	verfahrensorientiert		produktorientiert
	Zeitstruktur	Stück-Prinzip		Los-/Chargen-Prinzip		Fließ-Prinzip

Bild 2 Typologie der Produktionssysteme

Einer merkwürdigen Konvention zufolge findet in Lehre und Öffentlichkeit die Metallverarbeitung besondere Beachtung, obwohl beispielsweise die Industrielle Revolution im achtzehnten Jahrhundert in der Textilproduktion einsetzte und obwohl die Metallverarbeitung, nicht zuletzt aufgrund der schnellen Verbreitung der Kunststoffe, tatsächlich kaum dreißig Prozent der industriellen Produktionssysteme bestimmt. Schon in der ersten Zeile des morphologischen Kastens also wäre die Anzahl der Merkmalsausprägungen deutlich zu vergrößern, wenn als weitere Werkstoffe Garne und Textilien, Steine und Erden, Papier und Karton, Häute und Felle usw. usw. aufgenommen würden; all dies ist aus trivialen Darstellungsgründen in der Rubrik "sonstige" zusammengefaßt worden.

Für den *Produktcharakter* werden lediglich die zwei wichtigsten Ausprägungen angeführt. Die eine Teilklasse umfaßt Produkte, bei denen es allein auf definierte Stoffeigenschaften ankommt; dazu zählen beipielsweise Stahl, Zement, Benzin, Bier usw. Die zweite Teilklasse dagegen umfaßt Erzeugnisse, die eine definierte geometrische Gestalt aufweisen; dazu gehört die ganze Vielfalt technischer Sachsysteme, vom Möbel bis zum Auto, vom Werkzeug bis zum Bauwerk, von der Schraube bis zum Computer. Angesichts dieser Vielfalt kann man die zweite Teilklasse nach Unterkriterien weiter unterteilen, beispielsweise nach dem Grad der Komplexität in Bauteile, Baugruppen, Maschinen, Anlagen usw.; darauf wurde im Schema verzichtet, damit eine gewisse Übersichtlichkeit gewahrt bleibt. Die Einteilung nach dem Produktcharakter entspricht übrigens der Unterscheidung zwischen Verfahrenstechnik und Fertigungstechnik, da erstere durch die Erzeugung definierter Stoffeigenschaften, letztere dagegen durch die Erzeugung definierter Produktgestalten charakterisiert wird. Da sich Verfahrenstechnik und Fertigungstechnik aber auch durch spezifische Produktionsverfahren und Sachsysteme auszeichnen, wird auf diesen wichtigen Unterschied später noch ausführlich eingegangen.

Die *Produktform* hängt eng mit dem Produktcharakter zusammen, da ungestaltete Stoffe, wie an den Beispielen des vorigen Absatzes zu erkennen, eher als Fließgut auftreten. Dieser Ausdruck wird im weiteren Sinn auf alle Stoffe angewandt, die kontinuierlichen Prozessen unterzogen werden können, umfaßt also nicht bloß flüssige, sondern auch gasförmige und körnige Stoffe sowie Halbzeuge mit undefinierter Längenausdehnung wie Bandstahl, Draht u. ä. Gestaltete Gegenstände treten demgegenüber vor allem als Stückgut auf, da sie definitionsgemäß in allen Raumdimensionen eindeutig abgegrenzt sind und darum grundsätzlich diskontinuierlich anfallen. Freilich bemüht man sich vielfach, die Rationalisierungsvorteile kontinuierlicher Produktion auch bei gestalteten Gegenständen zu nutzen, indem man sie durch geeignete Maßnahmen, wie z. B. ein Fließband, einem erzwungenen Durchlauf unterwirft; in solchen Fällen spricht man dann von Quasi-Fließgut.

Die Unterteilung nach dem *Produktzweck* hat weniger technischen als wirtschaftlichen Charakter und läßt sich oft nicht trennscharf anwenden. Ein Konsumgut ist ein Produkt, das nach Fertigstellung die Sphäre der formellen Produktion verläßt und in informellen Bereichen, vor allem den privaten Haushalten, gebraucht und verbraucht wird. Ein Investitionsgut dagegen wird in einem anderen Produktionssystem als Betriebsmittel oder Vorprodukt zwecks weiterer wirtschaftlicher Wertschöpfung eingesetzt. Weil Schrauben vorwiegend von anderen Produktionssystemen als Vorprodukte benutzt werden, ist der Schraubenfabrik im vorigen Abschnitt die Merkmalsausprägung "Investitionsgut" zugeordnet worden. Die gleichen Schrauben aber werden, wenn sie vom Privathaushalt in kleiner Menge für Heimwerkerzwecke beschafft werden, zum Konsumgut. Solche Mehrdeutigkeit betrifft aber nur einen gewissen Teil der Produkte. Drehautomaten, Verpackungsmaschinen oder Diesellokomotiven etwa sind eindeutig Investitionsgüter.

Die *Produktvarianz* hebt darauf ab, ob ein Produktionssystem immer nur ein und dasselbe Produkt erzeugt, oder ob es gleichzeitig oder nacheinander verschiedenartige Produkte hervorbringt. Die reine Einproduktproduktion kommt besonders in verfahrenstechnischen Betrieben der Grundstoffindustrie vor. Sonst zeigt in vielen Fällen die genauere Analyse, daß eine vermeintliche Einproduktproduktion in Wirklichkeit eine Sortenproduktion darstellt. Eine Automobilfabrik etwa, die nur einen einzigen Fahrzeugtyp erzeugt, ist dennoch keine Einproduktproduktion, weil jedes einzelne Auto sich vom anderen in Details (Farbe, Motorstärke, Getriebeart, Polsterqualität usw.) geringfügig unterscheidet. Das aber definiert die Sortenproduktion, daß bei prinzipieller Produktähnlichkeit geringfügige Differenzierungen in Qualitäten, Abmessungen und dergleichen vorgenommen werden. So gehört auch die Schraubenfabrik zur Sortenproduktion, da sie Schrauben mit unterschiedlichen Abmessungen, unterschiedlichen Gewindearten und unterschiedlichen Kopfformen herstellt. Produziert aber eine Metallwarenfabrik nicht nur Schrauben, sondern gleichzeitig auch Nägel, Niete, Sicherungsscheiben und andere Befestigungselemente, dann handelt es sich um eine Mehrproduktproduktion,

Von der qualitativen Produktvarianz ist der quantitative *Wiederholungsgrad* zu unterscheiden, also die Anzahl völlig gleichartiger Produkte, die unmittelbar nacheinander hergestellt werden. Dieses Merkmal gliedert sich im Grunde in ein Kontinuum unzähliger Ausprägungen, und lediglich die beiden Grenzfälle sind eindeutig bestimmbar. Der eine Grenzfall ist die Einzelproduktion, wenn nämlich ein Produkt nur ein einziges Mal erzeugt wird, wie es beispielsweise in der Bauindustrie und im Anlagenbau die Regel ist. Der andere Grenzfall ist die Massenproduktion, bei der fortgesetzt ein und dasselbe Produkt, allenfalls mit geringen Sortenabweichungen, immer wieder hergestellt wird. Massenproduktion kommt einerseits bei Grundstoffen (Stahl, Zement usw.) vor, andererseits bei Gebrauchsgegenständen für den Massenkonsum wie vor allem beim Automobil. Das gesamte Kontinuum zwischen diesen Grenzfällen wird im Schema vereinfachend als Serienproduktion zusammengefaßt, obwohl die produktionstechnischen und -wirtschaftlichen Unterschiede zwischen Kleinserien, mittleren Serien und Großserien beträchtlich sind; allerdings muß man dabei nicht nur die Seriengröße als Stückzahl, sondern auch die Serienlänge als Produktionszeit in Betracht ziehen.

2.3 Produktionsverfahren

2.3.1 Produktionstechnik und Hilfstechniken

Die Hauptfunktion eines Produktionssystems ist es, die stofflichen Inputs in die bezweckten Produkte umzuwandeln. Diese Funktion besteht, technologisch gesprochen, in einem oder mehreren aufeinander folgenden Produktionsverfahren, und die *Verfahrensart* ist daher ein wichtiges Beschreibungsmerkmal. Damit wird, wie angekündigt, die Unterscheidung zwischen Verfahrenstechnik und Fertigungstechnik wieder aufgenommen, die oben bereits durch die zwei verschiedenen Ausprägungen des Produktcharakters markiert worden war: Mit der Verfahrenstechnik erzeugt man definierte Stoffeigenschaften, mit der Fertigungstechnik definierte geometrische Gestalten.

Bild 3 gibt eine allgemeine Einteilung der Sachtechnik wieder, in der als Gliederungskriterien der vorherrschende Output (Zeilen der Matrix) und die Funktionsklasse (Spalten der Matrix) einander gegenübergestellt sind. Die Outputs werden nach den Kategorien Masse bzw. Stoff, Energie und Information unterschieden. Als Funktionsklassen kommen insbesondere die Wandlung, der Transport und die Speicherung in

Betracht. Insgesamt ergeben sich neun Felder, denen alle Bereiche der Sachtechnik entsprechend zugeordnet werden können. Im vorliegenden Zusammenhang interessiert natürlich vor allem das erste Feld links oben, in dem sich Masse bzw. Stoff und Wandlung kreuzen, sodaß hier Verfahrenstechnik und Fertigungstechnik einzuordnen sind.

Output \ Funktion	Wandlung (Wandlungstechnik)	Transport (Transporttechnik)	Speicherung (Speicherungstechnik)
Masse (Materialtechnik)	Verfahrenstechnik Fertigungstechnik	Fördertechnik Verkehrstechnik Tiefbautechnik	Behältertechnik Lagertechnik Hochbautechnik
Energie (Energietechnik)	Energiewandlungstechnik	Energieübertragungstechnik	Energiespeicherungstechnik
Information (Informationstechnik)	Informationsverarbeitungstechnik Meß-, Steuer- und Regeltechnik	Informationsübertragungstechnik	Informationsspeicherungstechnik

Bild 3 Klassifikation technischer Sachsysteme nach Funktion und Output

Diese Systematik der Sachtechnik wird hier nicht nur zu dem Zweck dargestellt, die Einordnung der Produktionstechnik zu verdeutlichen, sondern auch darum, weil fast alle anderen Teilbereiche der Technik in der Produktionstechnik als "Hilfstechniken" ihre Rolle spielen. Da Produktionssysteme auch Energie benötigen, kommen sie nicht ohne Energiewandlungssysteme aus; man denke nur an die Antriebsmotoren von Arbeits- und Werkzeugmaschinen oder an die Wärmezufuhr bei vielen chemischen Prozessen. Soweit Produktionssysteme in räumlicher Arbeitsteilung gegliedert sind, bedarf es der Fördertechnik, damit die Zwischenprodukte von Arbeitsplatz zu Arbeitsplatz transportiert werden können. Und mit fortschreitender Automatisierung, auf die noch einzugehen ist, gewinnen die Meß-, Steuerungs- und Regelungstechnik sowie die Computertechnik an Bedeutung.

Schließlich muß man sich klar machen, daß die anderen acht Technikbereiche zwar ihre eigene, von der Produktionstechnik im engeren Sinn unterschiedene Funktion haben, aber ihrerseits ebenfalls gestaltete Gegenstände aus definierten Stoffen umfassen. Zieht man also nicht die Funktion der Sachsysteme, sondern ihre Herkunft in Betracht, so gehen sämtliche technischen Sachsysteme aus verfahrens- und fertigungstechnischen Prozessen hervor. Insoweit erweist sich die Produktionstechnik als die Mutter der Technik.

2.3.2 Verfahrenstechnik

Nach diesen allgemeinen Zwischenbemerkungen kann die Erläuterung von Bild 2 wieder aufgenommen werden. Beim Merkmal "Verfahrensart" sind als erste Ausprägung die Stoffwandlungsverfahren genannt. Die Menge der Stoffwandlungsverfahren einschließlich der Maschinen und Anlagen, in denen sie ablaufen, wird meist als Verfahrenstechnik bezeichnet. Gewiß ist dieser Ausdruck unglücklich; denn jede Technik hat ihre spezifischen Verfahren, und es verrät mangelnden Sinn für sprachliche Logik, eine bestimmte Teilmenge von Verfahren mit dem allgemeinen Ausdruck zu kennzeichnen. Alternativen allerdings, die hier und da benutzt werden, vermögen auch nicht zu überzeugen; vor allem die Bezeichnungen "Chemieingenieurwesen" und "chemische Technologie" sind insofern irreführend, als in der Verfahrenstechnik nicht nur chemische, sondern auch physikalische und biologische Verfahren eingesetzt werden. Mit gutem Grund wird in der Typologie der Produktionssysteme die naturale Basis der Verfahren als gesondertes Merkmal ausgewiesen. Da also offenbar kein treffenderer Ausdruck verfügbar ist, muß man sich mit dem unbefriedigenden Terminus "Verfahrenstechnik" vorläufig wohl oder übel abfinden.

Eine verbreitete Einteilung der Verfahrenstechnik benutzt das Merkmal der *naturalen Verfahrensbasis* und differenziert die physikalischen Phänomene weiter aus. So ergeben sich die Mechanische Verfahrenstechnik, die Thermische Verfahrenstechnik und die Chemische Verfahrenstechnik als die drei traditionell eingeführten Teilgebiete; inzwischen gewinnt, wenn auch häufig unter den Bezeichnungen "Biotechnik" und "Gentechnik", die Biologische Verfahrenstechnik zunehmende Bedeutung. Die Systematik technologischer Grundbegriffe und die stimmige Zuordnung der konkreten Phänomene läßt, wie ganz allgemein im Ingenieurwesen, auch in der Verfahrenstechnik, sehr zu wünschen übrig. So fragt man sich beispielsweise, warum im physikalischen Bereich neben den mechanischen und den thermischen Teilklassen nicht auch eine Elektrische Verfahrenstechnik ausgewiesen wird, da es eine Reihe von Stoffwandlungsverfahren gibt, bei denen elektrische oder magnetische Effekte vorherrschen.

Schließlich gehört es zu den terminologischen Ungereimtheiten der Technikwissenschaften, daß die Stoffgewinnungstechnik durchweg nicht der Verfahrenstechnik zugerechnet wird. Die Stoffgewinnung nämlich erweist sich bei funktionaler Analyse, neben den erforderlichen Transportvorgängen, ebenfalls als Wandlung von Stoffeigenschaften. Betrachtet man beispielsweise Bergbau und Eisenhüttenwesen (die im eigenen Selbstverständnis mit der Verfahrenstechnik nichts zu tun haben wollen), so sind der Abbau der Erzstücke an der Lagerstätte, die Zerkleinerung der Erzstücke, das Erschmelzen des Roheisens im Hochofen und die verschiedenen Frischverfahren zum Entfernen von Kohlenstoff allesamt Stoffwandlungsverfahren und gehören in funktionaler Sicht zur Verfahrenstechnik. In theoretisch stimmiger Betrachtung umfaßt die Verfahrenstechnik immer vier Verarbeitungsphasen: die Stoffgewinnung, die Stoffaufbereitung, die Stoffwandlung im engeren Sinn und die Nachbereitung des Stoffs für die Weiterverarbeitung.

Angesichts der erwähnten begrifflichen Unklarheiten ist es auch nicht verwunderlich, daß eine befriedigende Systematik der Stoffwandlungsverfahren in Lehrbüchern kaum zu finden ist. Zwar hat J. Beckmann (1806, 24ff) in seiner Konzeption der Allgemeinen Technologie gerade das Zerkleinern als Beispiel für eine funktionale Verfahrenssystematik abgehandelt, und in diesem Sinn ist in der Verfahrenstechnik eine Systematik sogenannter Grundoperationen aufgestellt worden (z. B. Hopp 1993, 544-594), die allerdings überwiegend mechanische Verfahren berücksichtigt und etliche Inkonsequenzen enthält, die hier nicht im Einzelnen besprochen werden können. Auch H. Wolffgramm (1978, 53ff), der in der Tradition der Allgemeinen Technologie den eindrucksvollen Versuch unternimmt, die Stoffwandlungsverfahren nach denselben Kriterien zu gliedern wie die Gestaltgebungsverfahren, gerät dann doch mit den chemischen Reaktionsverfahren in Schwierigkeiten. So scheint es geraten, unter Benutzung vorliegender Ansätze einen neuen Einteilungsversuch zu machen.

Stoffverteilung ändern		Stoffzustand ändern			
Stoffteile verbinden	Stoffteile trennen	Aggregat-Zustand	Kristall-Struktur	Molekular-Struktur	Atom-Struktur
Mischen	Mahlen	Schmelzen	Anlassen	Chemische Reaktionen z. B.:	Ionisieren
Emulgieren	Sieben	Sublimieren	Härten		Dotieren
Lösen	Filtrieren	Verdampfen	Glühen	Oxidieren	Galvanisieren
Legieren	Zentrifugieren	Erstarren	Abschrecken	Reduzieren	Nuklear-chemische Reaktionen
Beschichten	Zerstäuben	Verflüssigen	Magnetisieren	Hydrieren	
Tränken	Trocknen	u. a.	u. a.	Dehydrieren	u. a.
Verschäumen	Destillieren			Polymerisieren	
u. a.	Rektifizieren			Fermentieren	
	Extrahieren			u. v. a.	
	u. a.				

Bild 4 Einteilung der Stoffwandlungsverfahren (Verfahrenstechnik)

Die Einteilung in Bild 4 unterscheidet die beiden Hauptmerkmale der Stoffverteilung und des Stoffzustandes. Die Stoffverteilung (Größe der stofflichen Einheit, Beziehung verschiedener Stoffe zueinander u. ä.) wird durch Verbinden und Trennen geändert; dazu gehört ein Großteil der sogenannten Grundoperationen, von denen nur einige wichtige Verfahren beispielhaft genannt und hier natürlich nicht im einzelnen besprochen werden können. Beim Stoffzustand werden vier verschiedene Eindringtiefen unterschieden. So gibt es Verfahren, die lediglich den Aggregatzustand eines Stoffes (fest, flüssig, gasförmig) ändern. Dann kann die Kristallstruktur fester Stoffe geändert werden; als Beispiele nennt das Schema gebräuchliche Verfahren der Metallbehandlung, die meist in Zusammenhang mit der Gestaltgebung eingesetzt werden, aber doch stoffwandelnden Charakter haben. Änderungen der Molekularstruktur sind die Domäne der vielen chemischen Reaktionsverfahren, von denen ebenfalls nur wenige Beispiele aufgezählt werden können. Schließlich gibt es eine Gruppe von Verfahren, die in die Atomstruktur eindringen und die Elektronenausstattung oder den Kern von Atomen verändern. Da bei zahlreichen Verfahren mechanische, thermische, elektrische und chemische Effekte zusammenwirken, wurde von einer entsprechenden Zuordnung weitgehend abgesehen; einigermaßen eindeutig ist lediglich die Dominanz chemischer Effekte bei der Änderung der Molekularstruktur. Typischerweise sind den chemischen Reaktionen physikalische Operationen des Verbindens und Trennens vor- bzw. nachgeschaltet.

Die Verfahren sind wie gesagt Funktionen soziotechnischer Arbeitssysteme, und gerade in der Verfahrenstechnik sind diese Funktionen hochgradig technisiert. Das kann man nicht zuletzt daran ablesen, daß die Arbeitsproduktivität in verfahrenstechnischen Betrieben im Durchschnitt erheblich höher ist als in der fertigungstechnischen Industrie; so lag 1993 der Umsatz je Beschäftigten in der Chemischen Industrie bei 350 TDM, im Maschinenbau dagegen nur bei 200 TDM (Zahlen 1994, 71). Auch die "Maschinenkunde in der chemischen Technik" (Hopp 1993, 445-539) ist für den Außenstehenden nicht besonders übersichtlich, was angesichts der Vielfalt der Verfahren in gewissem Umfang verständlich ist. Typisch für die Verfahrenstechnik sind Maschinen zum Trennen (Mahlwerke, Kollergänge, Zentrifugen usw.) und Vereinigen von Stoffen (z. B. Rührwerke) sowie die verschiedensten Ausführungen von Reaktionsapparaten; das sind meist behälterartige Gebilde, in denen durch Wärme- und Druckerzeugung, durch kammerartige Inneneinteilung sowie durch externe oder interne Bewegung günstige Reaktionsbedingungen geschaffen werden. Schließlich gehören, sozusagen als "Hilfstechniken", Silos und Kessel, Rohrleitungen, Pumpen und Gebläse für Speicherung und Transport zur typischen Ausstattung verfahrenstechnischer Anlagen.

2.3.3 Fertigungstechnik

Die Fertigungstechnik ist derjenige Teil der Produktionstechnik, in dem vorwiegend Gestaltgebungsverfahren eingesetzt werden. Stoffe mit definierten Eigenschaften, zumeist in verfahrenstechnischen Produktionssystemen erzeugt, werden in Fertigungsbetrieben zu einfachen und komplexen Produkten gestaltet. Auch in der Fertigungstechnik gilt ein typisches Phasenschema: Am Anfang steht die Teilefertigung, also die Gestaltung der einzelnen Bauteile, und daran schließt sich die Montage an, in der die Bauteile zum Endprodukt zusammengefügt werden.

Für die Fertigungsverfahren gibt es eine schlüssige Einteilung, die in dem Normblatt DIN 8580 festgeschrieben worden ist (Spur 1996, L12ff). Grundzüge und Beispiele aus dieser Norm sind in Bild 5 dargestellt; lediglich die Teilklasse "Stoffeigenschaft ändern" ist hier weggelassen worden, da sie systematisch zur Verfahrenstechnik gehört. Einteilungskriterium ist die Art und Weise, wie der Stoffzusammenhalt bei der Gestaltgebung behandelt wird: ob er erst geschaffen, ob er beibehalten, vermindert oder vermehrt wird. Da es beim Vermehren des Stoffzusammenhalts zwei unterscheidbare Klassen gibt, erhält man insgesamt fünf Hauptgruppen von Fertigungsverfahren.

Das *Urformen* zeichnet sich dadurch aus, daß die Produktgestalt aus ursprünglich formlosem Stoff geschaffen wird. Am bekanntesten ist das Gießen, bei dem der durch Wärmeeinwirkung geschmolzene Werkstoff in Formen gefüllt wird, deren Hohlraum der zu erzeugenden Gestalt entspricht; nach dem Abkühlen und Erstarren des Werkstoffs entfernt man die Form und erhält das gestaltete Werkstück. Ähnlich geht man beim Sintern vor, nur daß der Rohstoff als Pulver in die Form gefüllt wird und seinen Zusammenhalt durch Erwärmung und Druck gewinnt. Während die genannten Verfahren diskontinuierlich ablaufen, ist das Strangpressen (oder Stranggießen) ein kontinuierlicher Vorgang, bei dem eine Metallschmelze in eine strangartige Form gegeben wird, in der sie während des Durchlaufs erstarrt und am Ende zu Stücken definierten Querschnitts und bestimmter Länge abgeteilt wird.

Das *Umformen* erzeugt die Produktgestalt bei konstantem Stoffvolumen in festem Zustand, indem das Material unter Einwirkung beträchtlicher Kräfte und mit Hilfe entsprechender Formen räumlich umverteilt wird. Je nachdem, ob der Werkstoff zuvor (unterhalb der Schmelztemperatur) erwärmt wird oder nicht, unterscheidet man das Warmumformen und das Kaltumformen. Beim normalen Walzen beispielsweise durchläuft das Material einen Spalt zwischen zwei rotierenden Zylindern, der kleiner ist als die ursprüngliche Materialdicke; dadurch wird es auf die definierte Spaltgröße zusammengedrückt und gewinnt, da geeignete Vorrichtungen eine Ausdehnung in die Breite verhindern, gleichzeitig an Länge. Beim Gesenkformen, um noch ein weiteres Beispiel aus der Liste des Bildes kurz zu erläutern, wird ein Rohling mit derartiger Kraft in eine Form (hier "Gesenk" genannt) gepreßt, daß sich das Material in den Hohlraum der Form einfügt und die entsprechende Gestalt annimmt.

		Stoffzusammenhalt		
schaffen	beibehalten	vermindern	vermehren	
URFORMEN	UMFORMEN	TRENNEN	FÜGEN	BESCHICHTEN
Gießen	Walzen	Schneiden	Nieten	Anstreichen
Sintern	Tiefziehen	Spanen	Schrauben	Aufsprühen
Strangpressen	Gesenkformen	- Drehen	Löten	Aufdampfen
u. a.	Drahtziehen	- Bohren	Schweißen	Emaillieren
	Biegen	- Fräsen	Nähen	Plattieren
	u. a.	- Schleifen	Weben	u. a.
		- sonstige	Verpacken	
		Zerlegen	u. a.	

Bild 5 Einteilung der Gestaltgebungsverfahren (Fertigungstechnik)

Beim *Trennen* kommt die Produktgestalt dadurch zustande, daß man Teile des Rohlings entfernt, bis die gewünschte Gestalt übrig bleibt. Das Schneiden bedarf kaum einer Erläuterung; in der Metallbearbeitung heißt es auch "Stanzen". Von besonderer Bedeutung sind in der Fertigungstechnik die spanenden Verfahren. Dabei werden mit Hilfe schneidenartiger Werkzeuge kleine Partikel, die sogenannten Späne, von der Werkstückoberfläche abgehoben, bis schließlich die verbleibenden Flächen der definierten Produktgestalt entsprechen. Allgemein bekannt ist wohl das Hobeln, das der Schreiner einsetzt, um eine Holzfläche zu bearbeiten; in ähnlicher Form gibt es das Hobeln auch in der Metallbearbeitung. Einige wichtige spanende Verfahren sind im Bild genannt; vor allem das Bohren und das Schleifen sind auch außerhalb der industriellen Produktion geläufig. Schließlich ist unter den Trennverfahren das Zerlegen zu nennen, das dann eingesetzt wird, wenn zusammengesetzte Produkte zwecks Wartung, Reparatur oder Auflösung auseinandergenommen werden müssen.

Mit dem Zerlegen ist die Phase der Teilefertigung bereits überschritten worden, und das *Fügen* besteht grundsätzlich darin, einzelne Bauteile zu einem komplexen Produkt zu verknüpfen; oft bezeichnet man die Anwendung der Fügeverfahren auch als Montage.

Neben bekannten Fügeverfahren der Metallverarbeitung sind im Schema auch zwei Fügeverfahren aus der Textiltechnik sowie das Verpacken aufgeführt, eine Verfahrensklasse, die mit der Verpackungsmaschinen-Industrie eine eigene Branche gebildet hat. Schließlich wird mit dem *Beschichten* eine Untergruppe von Fügeverfahren als eigene Hauptgruppe hervorgehoben. Das hat seinen Grund darin, daß man das Beschichten eigentlich der Verfahrenstechnik zuordnen müßte - wo es, in der ersten Spalte von Bild 4, tatsächlich vorkommt. In der Fertigungstechnik allerdings geht es nicht nur darum, die Stoffeigenschaft durch das Verbinden des Hauptstoffs mit dem Beschichtungsstoff zu verändern, sondern es kommt darauf an, den Beschichtungsstoff in die geometrische Gestalt des Produkts zu integrieren. Das spielt nicht nur beim konventionellen Oberflächenschutz durch Lackierung u. ä. eine Rolle, sondern auch bei der modernen Fertigung elektronischer Elemente, wo hauchdünne Spezialschichten paßgenau auf die Halbleiter-Plättchen aufgebracht werden müssen, damit die gewünschten elektrischen Eigenschaften herbeigeführt werden.

Bei den Fertigungsverfahren überwiegt die physikalische, und da vor allem die mechanische, Basis; nicht ohne Grund wird die Lehre von den Fertigungsverfahren manchmal als Mechanische Technologie bezeichnet. Allerdings darf gerade für die neuere Entwicklung nicht übersehen werden, daß die Bedeutung anderer physikalischer Effekte, u. a. des Laser, deutlich zunimmt. Und wenn ausnahmsweise einmal eine technische Prognose erlaubt ist, so scheinen auch biologische Fertigungsverfahren keineswegs undenkbar, bei denen, analog zu den spanenden Verfahren, beispielsweise ein gelenkter Bakterienfraß die gewünschte Produktgestalt erzeugen könnte.

Auch die Fertigungsverfahren können großenteils nur in entsprechenden Maschinen verwirklicht werden. In der Umformtechnik einschließlich des spanlosen Schneidens überwiegen, neben Walzwerken, relativ universelle Maschinen vom Typ der Pressen, die, ziemlich unabhängig von der jeweiligen Art des Werkzeugs und der Werkstückaufnahme, vor allem die erforderlichen Druck-, Zug- und Biegekräfte aufzubringen haben. Bei den spanenden Verfahren dagegen müssen die Fertigungsmaschinen jeweils ganz spezielle Werkzeug- und Werkstückbewegungen erzeugen, sodaß hier jedes Verfahren auch seine eigene Maschinengattung hat: die Drehmaschinen, die Bohrmaschinen, die Fräsmaschinen, die Schleifmaschinen usw. Beim Fügen schließlich gibt es alle möglichen Formen der Maschinenausstattung, das quasi-handwerkliche Schraubgerät für beliebige Schraubvorgänge ebenso wie die hochspezialisierte Web- oder Verpackungsmaschine.

2.3.4 Auflösungstechnik

Die Auflösungstechnik kann nur insofern den Produktionssystemen zugerechnet werden, als sie es mit der Produktion von "Sekundärrohstoffen" (wie es im DDR-Deutsch hieß) zu tun hat. "Auflösung" ist im Sinn des alten Wortes "Auflassung" zu verstehen, das so viel wie "Aufhebung", "Löschung" oder "Tilgung" bedeutet; und die Auflösung von Produkten ist die technische Voraussetzung dafür, daß "Sekundärrohstoffe" dem (jetzt BRD-Deutsch) "Recycling" zugeführt werden können. Alle Produkte haben ihre begrenzte Lebensdauer und werden dann (noch einmal DDR-Deutsch) zu "Abprodukten", aus denen "Sekundärrohstoffe" zu gewinnen sind. Auch wenn der umweltbewußte Sprachgebrauch die umweltfreundliche Praxis unverkennbar nicht sonderlich gefördert hat, sollte man diese Ausdrucksweisen doch nicht vorschnell zu "Abprodukten" des untergegangenen Pseudosozialismus erklären, sondern sie als "Sekundärrohstoffe" einer dauerhaft tragbaren Entwicklung ansehen; schließlich ist es noch nicht lange her, daß man hierzulande unbedacht von "Schrott" und "Abfall" redete und damit die "Altlasten" der Zukunft produzierte. Mit einem Wort: Alle zukünftige Sachgüterproduktion hat in einem auch die spätere Auflösung der produzierten Güter zu kalkulieren, und die Produktionssysteme, die Abprodukte in Sekundärrohstoffe überführen, sind auf dem besten Wege, zu einer Wachstumsbranche der Industriegesellschaft zu werden.

Auch die Auflösung vollzieht sich in verschiedenen Phasen. Zunächst ist das Abprodukt zu zerlegen, dann sind die Werkstoffe der Bauteile soweit wie möglich zu Sekundärrohstoffen aufzubereiten, und schließlich können diese der Rezyklierung im engeren Sinn zugeführt werden; der Anteil nicht aufbereitungsfähiger Abstoffe, die dann deponiert werden müssen, ist zu minimieren und mittelfristig auf Null zu reduzieren. Die Auflösungstechnik hat in der Typologie der Produktionssysteme ihren besonderen Platz, nicht nur, weil sie die letzte, zu lange vernachlässigte Phase im Produktzyklus bestimmt, sondern auch, weil sie weder der Verfahrens- noch der Fertigungstechnik eindeutig zuzuordnen ist. Zwar ist das Zerlegen unter den Fertigungsverfahren ausdrücklich aufgeführt, doch in der Auflösungstechnik dient es, so sehr es geometrische Lagebeziehungen beachten muß, nicht der Gestaltgebung, sondern umgekehrt der Gestaltauflösung. Für die Aufbereitung der Materialien zu Sekundärrohstoffen kommen dann natürlich die verschiedenen Verfahren der Stoffwandlung in Betracht, und dafür gilt auch, was oben zur maschinellen und apparativen Ausstattung der Verfahrenstechnik gesagt wurde. Zerlegemaschinen dagegen gibt es noch kaum; sie stellen angesichts der Vielfalt der anfallenden Produktgestalten eine zukünftige Entwicklungsaufgabe für den Maschinenbau dar.

2.4 Arbeitssystem und Automatisierung

In der Typologie der Produktionssysteme folgen nun in Bild 2 fünf Merkmale, die systemtheoretisch den Subsystemen zuzuordnen sind. Diese Subsysteme sind wie gesagt die soziotechnischen Arbeitssysteme, in denen jeweils ein Mensch und ein Sachsystem zusammenwirken. Eine detaillierte Klassifikation produktionstechnischer *Sachsysteme* würde den Rahmen der Darstellung sprengen; so können hier lediglich die großen Bereiche der Verfahrenstechnik und der Fertigungstechnik wiederholt werden, die wie gesagt mit entsprechenden Ausprägungen der Merkmale "Produktcharakter" und "Verfahrensart" korrespondieren; bei letzterem Merkmal ist ja auch schon das Nötigste zu den jeweiligen Maschinen und Anlagen gesagt worden. Für die *Arbeitskräfte* werden aus den verschiedenen Perspektiven der Arbeitswissenschaft ebenfalls verfeinerte Teilgliederungen auszuführen sein; das wird hier übergangen, weil diesen Fragen mehrere andere Kapitel des Handbuchs gewidmet sind. So finden sich im Schema lediglich zwei Ausprägungen, die einen großen bzw. einen geringen Anteil menschlicher Arbeit im Produktionssystem bezeichnen.

Der *Funktionsbereich* kennzeichnet das Spektrum von Produktionsaufgaben, für das die Verfahren, Maschinen und Arbeitskräfte ausgelegt und qualifiziert sind. Dieses Spektrum reicht von der völligen Spezialisierung auf ein einzelnes Produkt im Einzweck-System bis zu hoher Universalität im Vielzweck-System, das viele unterschiedliche Produkte erzeugen kann. Wie schon früher erwähnt, kommt die reine Einproduktproduktion selten vor, sodaß auch reine Einzwecksysteme die Ausnahme bilden; schon für die Sortenproduktion müssen die Arbeitssysteme eine gewisse Variabilität aufweisen. Andererseits können auch Vielzweck-Systeme nicht unbegrenzt universell sein; durchweg wird der Funktionsbereich auf bestimmte Werkstoffe und Verfahrensgruppen beschränkt sein, da, in einem überspitzten Beispiel, auch der vielseitigste Maschinenbaubetrieb nicht gleichzeitig

Damenoberbekleidung produzieren kann. In diesem Beispiel würde es natürlich auch an der Qualifikationsbreite der Arbeitskräfte fehlen. Im Allgemeinen aber ist der Funktionsbereich bei den Arbeitskräften größer als bei den Sachsystemen; das ist einer der Gründe dafür, daß die Technisierung die Anpassungsfähigkeit des Produktionssystems häufig einschränkt. Übrigens kann man an dieser Stelle gut erkennen, daß nicht alle Merkmalsausprägungen der morphologischen Matrix miteinander verträglich sind. Zwar wäre es möglich, aber offensichtlich unsinnig, eine Einproduktproduktion mit Vielzweck-Systemen zu betreiben. Und umgekehrt ist es logisch unmöglich, eine Mehrproduktproduktion mit Einzweck-Systemen durchzuführen.

Der *Technisierungsgrad* beschreibt das Verhältnis der technisch realisierten Teilfunktionen zur Gesamtzahl von Teilfunktionen in einem Arbeitssystem. So ist der Technisierungsgrad ein Maß für die soziotechnische Arbeitsteilung, die Verteilung der Arbeit zwischen Mensch und Maschine. Bei n Teilfunktionen kann der Technisierungsgrad unterschiedliche Werte zwischen 0 und 1 annehmen. Daraus folgt, daß qualitative Merkmalsausprägungen wie "Mechanisierung" oder "Teilautomatisierung" nur begrenzt aussagefähig sind. Das gilt auch für die grobe Dreiteilung in Bild 2, die lediglich den unteren Extremwert, das Mittelfeld und den oberen Extremwert berücksichtigt. In realen Produktionssystemen ist der kleinste Wert natürlich immer größer als Null, da auch bei der "Handarbeit" einfache Werkzeuge und Vorrichtungen benutzt werden. Der Maximalwert hingegen läßt sich nur schwer bestimmen, da die Gesamtzahl der Teilfunktionen durch die organisatorische Arbeitsgestaltung in weiten Grenzen verändert werden kann. Weist man einem Arbeitssystem lediglich die Ausführung einer Produktionsoperation zu und überträgt die Arbeitsvorbereitung und Qualitätskontrolle in tayloristischer Manier anderen Stellen, so kann einem modernen Drehautomaten der Technisierungsgrad Eins, also die Automatisierung zugesprochen werden. Automatisierung heißt bekanntlich, "einen Vorgang mit technischen Mitteln so einzurichten, daß der Mensch weder ständig noch in einem erzwungenen Rhythmus für den Ablauf des Vorgangs tätig zu werden braucht" (Dolezalek 1966). Dezentralisiert man jedoch die Arbeitsvorbereitung und Qualitätskontrolle und erweitert das Arbeitssystem um diese Teilfunktionen, ohne geeignete technische Einrichtungen dafür schaffen zu können, sinkt der Technisierungsgrad um zwei von n+2 Teilfunktionen; da nun eine menschliche Arbeitskraft regelmäßig mitwirken muß, kann von vollständiger Automatisierung nicht mehr die Rede sein.

Wie die Automatisierung in systematischer Betrachtung nur als graduelle Annäherung an den Zustand vollständiger Technisierung beschrieben werden kann, zeigt sie sich auch in historischer Betrachtung als ein gradueller Prozeß fortschreitender Technisierung. Erforderte der Werkzeuggebrauch, der in vorgeschichtlicher Zeit mit der Menschwerdung einsetzte, noch die ungeteilte Aktivität des ganzen menschlichen Organismus, wird mit den Kraftmaschinen, zunächst den Wind- und Wasserrädern, später dann der Dampfmaschine und dem Elektromotor, die menschliche Muskelkraft durch künstlich geschaffene Einrichtungen ersetzt. Mechanische Führungen und Getriebe, später dann auch die verschiedensten Steuerungseinrichtungen, übernehmen weiterhin die sensumotorische Koordination vom menschlichen Nervensystem. Schließlich gehen, in der gegenwärtigen Phase der Technisierung, auch die Aufnahme und Verarbeitung von Information auf technische Einrichtungen über, und der Computer (der wohl zutreffender "Infomat" hieße) vergegenständlicht mit der automatischen Informationsverarbeitung einfache menschliche Intelligenzleistungen. So erweist sich eine markante Entwicklungslinie der Technikgeschichte als mehr oder minder kontinuierliche Verlagerung menschlicher Arbeitsfunktionen auf künstlich gemachte Sachsysteme, und was man heute Automatisierung nennt, ist lediglich der vorläufig letzte Schritt in dieser Entwicklung (Spur 1993).

Manche Technikhistoriker halten es darum für problematisch, überhaupt von technischen Revolutionen zu sprechen und insbesondere die gegenwärtige Entwicklungsphase als "zweite industrielle Revolution" oder als "wissenschaftlich-technische Revolution" zu bezeichnen.

Tatsächlich ist auch die Automatisierung im engeren Sinn, die förder- und informationstechnische Integration technisierter Arbeitsfunktionen, nicht in einem abrupten Sprung in die Welt gekommen, sondern hat ihre Vorläufer und Zwischenstadien. Beispielsweise fällt schon die mechanische Räderuhr des späten Mittelalters unter den strikten Automatisierungsbegriff, weil ihre Programmsteuerung (durch Pendel und Gesperre) einen selbsttätigen Ablauf gewährleistet, in den der Mensch weder ständig noch in einem erzwungenen Rhythmus einzugreifen braucht; denn die gelegentlich erforderlich Energiezufuhr, das sogenannte Aufziehen, ist nicht an einen festen Rhythmus gebunden. Die Automatisierung der Produktion hat teilweise schon mit der Industrialisierung vor zweihundert Jahren begonnen; man denke nur an den lochkarten-gesteuerten Webstuhl von Jacquard aus dem Jahr 1805. In der ersten Hälfte unseres Jahrhunderts zieht die Automatisierung zunächst in die verfahrenstechnische Produktion ein; das wird durch den Umstand begünstigt, daß dort häufig Fließgut und Einproduktproduktion vorkommen, Bedingungen, die mit der frühen, noch recht starren Automatisierungstechnik leichter zu bewältigen sind. Auch in der Fertigungstechnik zieht die Automatisierung zunächst in die Massenproduktion ein; seit den 1930er Jahren verbreitet sie sich zunächst vor allem in der amerikanischen Automobilindustrie und wird darum als "Detroit automation" bezeichnet. Die mechanischen Förder- und Führungseinrichtungen und deren meist elektromechanische Programmsteuerungen mußten auf ein bestimmtes Produkt abgestimmt sein und erforderten hohen sachtechnischen Aufwand, der betriebswirtschaftlich nur zu rechtfertigen war, wenn das Produkt über längere Zeit gleich blieb. Jene starre Automatisierung beschnitt die Anpassungsfähigkeit des Produktionssystems außerordentlich. Erst die elektronischen Regelungs- und Computersysteme der letzten zwanzig Jahre und ihr Einsatz bei frei programmierbaren Fertigungssystemen und Industrierobotern haben die flexible Automatisierung ermöglicht, die größere Anpassungsfähigkeit aufweist; gleichwohl sind die sogenannten Flexiblen Fertigungssysteme (Ropohl 1971), die der Automatisierung der Serienproduktion gewachsen sind, auch heute noch keineswegs allgemein verbreitet.

Der Technisierungsgrad des Arbeitssystems bestimmt natürlich auch die verbleibenden Teilfunktionen, die noch von menschlichen Arbeitskräften zu leisten sind; und er hat wesentlichen Einfluß auf die *Arbeitsbeziehungen* zwischen Mensch und Maschine. Auch für dieses Merkmal gibt es vielfältige arbeitswissenschaftliche Differenzierungen, die hier nicht behandelt werden können. In der Typologie sind lediglich drei grundlegende Ausprägungen hervorgehoben, die in gewisser Weise mit dem Technisierungsgrad korrespondieren. Aktive Kopplung zwischen Mensch und Sachsystem liegt vor, wenn zwar das Sachsystem einen gewissen Anteil an der Arbeitsfunktion hat, aber doch weitestgehend der Disposition der menschlichen Arbeitskraft unterworfen bleibt, die allerdings auch selber unentwegt für den Ablauf des Arbeitsvorgangs tätig sein muß. Aktive Kopplung findet sich regelmäßig bei handwerklicher Arbeit, nicht selten aber auch bei der industriellen Facharbeit der Maschinenführung. Passive Kopplung tritt dann auf, wenn die "Disposition" des Arbeitsablaufs bereits maschinell programmiert ist und der arbeitende Mensch nur noch Hilfsfunktionen im vorgegebenen Maschinenrhythmus zu leisten hat. Das ist die schon von K. Marx (1867, 446) kritisierte Situation, in der "nicht der Arbeiter die Arbeitsbedingung, sondern umgekehrt die Arbeitsbedingung den Arbeiter anwendet", und "mit der Maschinerie erhält diese Verkehrung technisch handgreifliche Wirklichkeit". Typische Beispiele sind die auch heute noch verbreiteten sogenannten Lückenbüßertätigkeiten in der Maschinenarbeit, wenn etwa Arbeitskräfte nicht anderes zu tun haben, als im Maschinentakt Rohteile einzulegen und Fertigteile zu entnehmen. Autonome Kooperation schließlich tritt dann ein, wenn der eigentliche Arbeitsvorgang selbsttätig von der Maschine ausgeführt wird, sodaß sich der Mensch auf räumlich, zeitlich und funktional frei disponible Tätigkeiten der Produktionsgestaltung und -überwachung zurückziehen kann. Eine solche Situation ist der humane Zweck der Automatisierung, aber dieser Zustand wird bislang nicht eben häufig erreicht.

2.5 Arbeitsteilung und Arbeitsverbindung

Die letzten drei Merkmale der Typologie betreffen die Struktur des Produktionssystems, also die funktionalen, räumlichen und zeitlichen Beziehungen zwischen den verschiedenen Arbeitssystemen. Grundlegend für die Produktionsstruktur ist die *Arbeitsteilung*, die, im Unterschied zu gesellschaftlicher Produktionsteilung und Berufsdifferenzierung, beim einzelnen Produktionssystem auch als Arbeitszerlegung bezeichnet wird. Arbeitsteilung besteht allgemein darin, die gesamte Produktionsfunktion auf mehrere Arbeitssysteme zu verteilen. Produktionssysteme, in denen überhaupt keine Arbeitsteilung stattfindet, kommen am ehesten noch im Handwerk vor, obwohl selbst dort, sobald mehrere Personen zusammenarbeiten, bestimmte Arten von Arbeiten bei bestimmten Personen konzentriert zu werden pflegen. Ist die Bewältigung der Produktionsfunktion ein rein quantitatives Problem, wenn pro Zeiteinheit mehr Produkte benötigt werden, als sie ein einzelnes Arbeitssystem herstellen kann, kann zunächst Mengenteilung eingeführt werden: Mehrere Arbeitssysteme leisten parallel nebeneinander die gleichen Arbeitsfunktionen.

Die Arbeitsteilung im engeren Sinn aber, die in der Produktion sowohl sachlich wie menschlich die größten Probleme bereitet, ist die Artteilung. Diese Ausprägung der Arbeitsteilung bedeutet die Zerlegung einer komplexen Arbeitsfunktion in Teilfunktionen und die Zuweisung der Teilfunktionen zu verschiedenen Arbeitssystemen. Artteilung hat mindestens den gleichen quantitativen Effekt wie Mengenteilung, meist jedoch einen deutlich höheren Effekt, weil die Mengenleistung artteilig spezialisierter Arbeitssysteme in der Regel höher ist als die universeller Arbeitssysteme, weil also die Mengenleistung eines Arbeitssystems in umgekehrtem Verhältnis zur Größe des Funktionsbereichs steht. Allerdings folgt aus eingeführter Artteilung auch die Notwendigkeit bestimmter Mindestproduktionsmengen, wenn die Arbeitssysteme vollbeschäftigt bleiben sollen.

Innerhalb der Artteilung können weitere Differenzierungen vorgenommen werden. Nach dem allgemeinen Charakter menschlicher Betätigung kann man zwischen Kopfarbeit und Handarbeit unterscheiden, was sich in Produktionssystemen in einer mittlerweile problematisierten Trennung von Planung und Ausführung niederschlägt. Dann kann Arbeit nach Verfahrensarten geteilt werden; das hat sogar die Berufsdifferenzierung beeinflußt, wenn zeitweilig Dreher, Fräser oder Schweißer gesonderte Ausbildungsberufe darstellten. Schließlich kann die Artteilung bis zu den kleinsten Verfahrensschritten vorangetrieben werden. Das kennt man von den Auswüchsen der Fließband-Montage, wenn die eine Arbeitskraft die Schraube einfügt, die zweite Arbeitskraft die Mutter lose aufdreht und die dritte die Mutter mit dem Schraubgerät anzieht. Derart extreme Formen der Arbeitszerlegung entsprechen den heutigen Grundsätzen humaner Arbeitsgestaltung nicht mehr, und man kehrt mit parallel eingesetzten "teilautonomen Arbeitsgruppen" teilweise sogar zur Mengenteilung zurück.

Dieses "Ende der Arbeitsteilung", das Kern und Schumann (1984) allerdings vorsichtigerweise mit einem Fragezeichen versehen haben, ist unter anderem darauf zurückzuführen, daß die Produktionsorganisation den Reintegrationsproblemen zunehmender Arbeitsdifferenzierung offenbar nicht mehr gewachsen ist. Arbeitsteilung erzeugt nämlich neben den Teilfunktionen der ursprünglichen, komplexen Arbeitsfunktion weitere Teilfunktionen der Leitung und Koordination, weil sonst das arbeitsteilig Getrennte nicht wieder zur Gesamtfunktion verbunden werden könnte. Dieser Integrationsaufwand aber wächst, wie man systemtheoretisch leicht zeigen kann, exponentiell mit dem Differenzierungsgrad; in etwas anderer Ausdrucksweise ist dieser Zusammenhang als "Parkinsons Gesetz" der Bürokratie berühmt geworden (Parkinson 1957). So haben die industriellen Produktionssysteme inzwischen konkret erfahren, was vor vierzig Jahren von einem weisen Spötter vorausgesagt worden ist.

Die Arbeitsteilung, vor allem in der Form der Verfahrensart-Teilung, die natürlich nach wie vor besteht, ist auch der Grund dafür, daß die *Raumstruktur* des Produktionssystems der Gestaltung bedarf. Wenn nämlich die aufeinander folgenden Verfahrensarten auf mehrere Arbeitssysteme verteilt sind, befinden sich diese Arbeitssysteme in der Regel auch an räumlich unterschiedenen Arbeitsplätzen, und es kommt nun darauf an, nach welchem Gesichtspunkt die Arbeitsplätze angeordnet sind. In der ersten Ausprägung allerdings entfällt diese Frage, weil alle aufeinander folgenden Arbeitsgänge punktuell am selben Arbeitsplatz ausgeführt werden; man spricht dann auch von Baustellenproduktion, weil diese räumliche Anordnung bei immobilen Produkten unausweichlich ist. Aber auch große bewegliche Produkte wie Kraftwerksturbinen, Schiffe oder Flugzeuge werden meist nach diesem Prinzip hergestellt, weil es im allgemeinen einfacher ist, die Produktionsmittel zur "Baustelle" zu bringen als das in Arbeit befindliche Produkt von Produktionsmittel zu Produktionsmittel zu befördern. Sonst gibt es, sofern man die räumliche Anordnung der Arbeitssysteme überhaupt einem Prinzip unterwerfen will, zwei Möglichkeiten. Einmal kann man alle Arbeitssysteme, in denen ein bestimmtes Produktionsverfahren angewandt wird, räumlich zusammenfassen; das ist beispielsweise im traditionellen Maschinenbau die Regel, wenn die Schmiede, die Dreherei, die Fräserei, die Schleiferei und die Montage als räumlich abgegrenzte Werkstätten organisiert sind. Zum anderen kann man aber auch die verschiedenen Arbeitssysteme in der Reihenfolge der Produktbearbeitung nacheinander anordnen, also am jeweiligen Produkt orientieren. Die produktorientierte Raumstruktur spart Förderwege, ist dagegen bei einem Produktwechsel weniger anpassungsfähig.

Schließlich gibt es für den Durchlauf der in Arbeit befindlichen Produkte eine bestimmte *Zeitstruktur*. Beim Stück-Prinzip wird ein einzelner Arbeitsgegenstand allen erforderlichen Arbeitsschritten in ununterbrochener Folge unterworfen; erst wenn das Produkt fertig ist, wird mit dem nächsten Arbeitsgegenstand begonnen. Beim Los-Prinzip wird eine begrenzte Anzahl gleicher Arbeitsgegenstände, das sogenannte Los, zunächst zusammenhängend dem einen Produktionsverfahren unterworfen; erst wenn diese Arbeitsoperation beim letzten Stück des Loses abgeschlossen ist, wird die gesamte Partie an das nächste Arbeitssystem weitergegeben. Bei gestaltlosen Stoffen in der Verfahrenstechnik nennt man eine solche Partie auch "Charge". Beim Fließ-Prinzip wird der einzelne Arbeitsgegenstand fortgesetzt von Arbeitssystem zu Arbeitssystem weitergegeben; sobald der erste Arbeitsgegenstand das erste Arbeitssystem verlassen hat und im zweiten Arbeitssystem weiterbearbeitet wird, gelangt der nächste Arbeitsgegenstand zur Bearbeitung in das erste Arbeitssystem, und so setzt sich der sozusagen fließende Arbeitsprozeß fort. Typische Beispiele sind das Fließband oder die sogenannte Transferstraße.

Zwischen Raumstruktur und Zeitstruktur sind die verschiedenen Ausprägungen aus praktischen Gründen nicht beliebig kombinierbar. Wenn bespielsweise die Verfahrensarten in räumlich getrennten Werkstätten angeordnet sind, würde das Fließ-Prinzip darauf hinauslaufen, im Minutenabstand einzelne Arbeitsgegenstände von Werkstatt zu Werkstatt zu transportieren, ein Aufwand, der zwar prinzipiell möglich, wirtschaftlich aber ziemlich sinnlos wäre. Darum sind in Produktionssystemen drei Kombinationen der Raum- und Zeitstruktur vorherrschend: (a) die Punktproduktion (punktuelle Anordnung und Stück-Prinzip), (b) die Werkstattproduktion (verfahrensorientierte Anordnung und Los-Prinzip), sowie (c) die Linienproduktion (produktorientierte Anordnung und Fließ-Prinzip).

3. Gestaltung des Produktionssystems

Die Typologie, die in diesem Kapitel vorgestellt worden ist, bezieht sich allein auf die materielle Produktion, also die Umwandlung stofflicher Inputs in Fertigprodukte. Die stoffliche Produktion wird jedoch grundsätzlich von informationellen Arbeiten vorbereitet und begleitet. In diesem immateriellen Teil der Produktion vor allem wirken der kreative und der dispositive Faktor, die eingangs im allgemeinen Produktionsmodell genannt worden waren, und diese geistige Arbeit ist es auch, die aus der typologischen Fülle einen ganz bestimmten Typ von Produktionssystem auswählt und gestaltet.

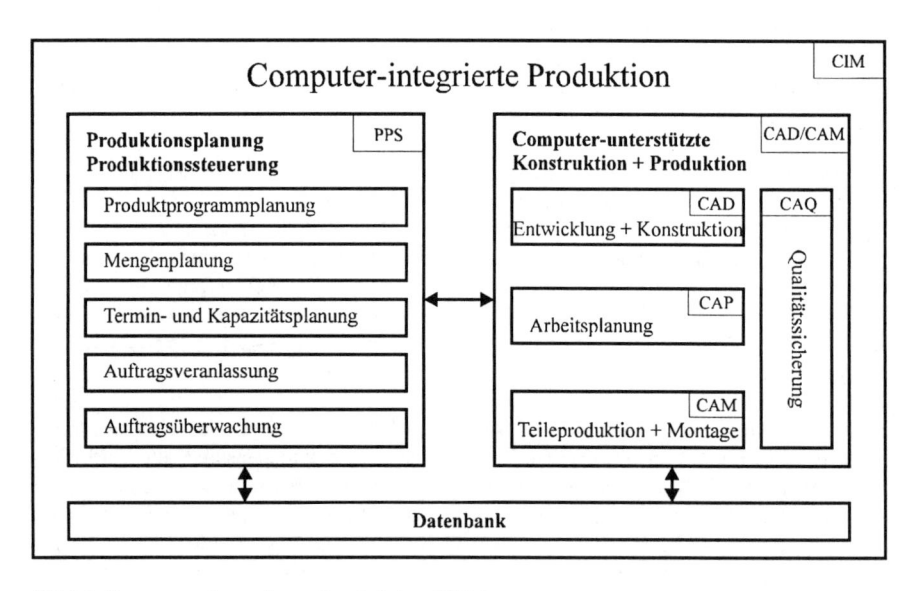

Bild 6 Computer-integrierte Produktion (CIM)

Auf die Vielfalt der produktionsvorbereitenden und -gestaltenden Arbeit - die früher oft mit dem unglücklichen Ausdruck "unproduktive Arbeit" belegt wurde - kann hier nicht mehr im Einzelnen eingegangen werden, doch vermag Bild 6 wenigstens einen knappen Überblick zu vermitteln (Spur 1994, 232). Auf der linken Seite des Schemas erkennt man die Teilarbeiten der Produktionsplanung und -steuerung, auf der rechten Seite - außer der Fertigung und Montage, die bislang im Mittelpunkt dieses Kapitels standen - die

Produktentwicklung und Konstruktion sowie die Arbeitsplanung und die Qualitätssicherung.

Gleichzeitig erläutert Bild 6 die *technozentrische* Strategie der Produktionsgestaltung, die unter dem Kürzel "CIM" (computer integrated manufacturing) bis Anfang der 1990er Jahre die produktionswissenschaftlichen Diskussionen beherrschte. Dieses Konzept der computer-integrierten Produktion zielt darauf ab, auch den immateriellen Teil des Produktionssystems in die Automatisierung einzubeziehen. Da die elektronisch gesteuerten Maschinen und Anlagen ihre Anweisungen ohnehin in digitaler Form erhalten, liegt es natürlich nahe, diese "numerischen Steuerungen" oder Kleincomputer mit jenen anderen Computern zu verknüpfen, die in den Konstruktions- und Planungsabteilungen zunehmend Einzug halten. Dafür haben sich im Fachjargon etliche aus dem Englischen stammende Kürzel eingebürgert, die im Bild jeweils am Rand erwähnt werden; "CA" steht immer für "computer aided", was die Mitwirkung des Computers zum Ausdruck bringt. Die sachtechnische Integration all dieser Tätigkeitsbereiche soll schließlich die "automatische Fabrik" herbeiführen, die in der Vision einiger Technikoptimisten ganz ohne menschliche Arbeit auskommen wird.

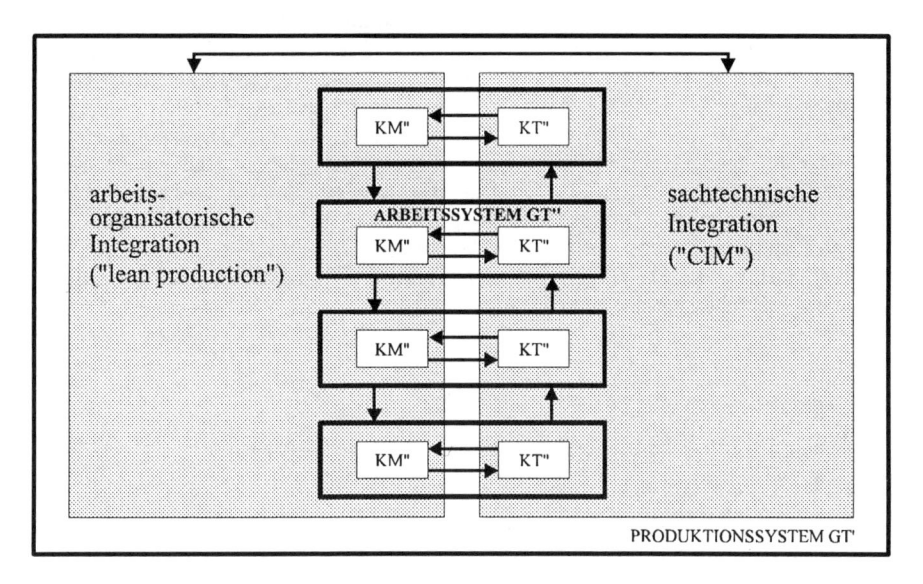

Bild 7 Integration von Arbeitssystemen: "lean production" und "CIM"
(KM" = menschliche Komponente; KT" = technische Komponente)

Gegen diese Vision ist eine *anthropozentrische* Strategie geltend gemacht worden (Brödner 1985; vgl. Mueller/Schmid 1989), die darauf besteht, daß menschliche Problemlösungsfähigkeit, Erfahrung und Flexibilität in der Produktion weder eliminiert werden sollen noch von Sachsystemen vollständig ersetzt werden können. Letzteres scheint sich bei den Versuchen, die mit computer-integrierter Produktion hier und dort gemacht wurden, zu bestätigen; insbesondere scheint es nicht zu gelingen, das implizite Wissen erfahrener Fachleute erschöpfend zu objektivieren und in Computerroutinen zuverlässig zu reproduzieren. Einen kräftigen Impuls hat die anthropozentrische Strategie dann durch eine Untersuchung erhalten, die Produktivitätsvergleiche zwischen Japan, Europa und den USA anstellte und den Eindruck erweckte, größere Produktivitätsreserven als in forcierter Technisierung wären in der Optimierung des menschlichen Arbeitseinsatzes zu erschließen (Womack/Jones/Ross 1992). Das daraus abgeleitete Optimalkonzept ist mit dem Schlagwort "lean production" belegt worden, was so viel wie "Sparproduktion" heißt. Auch wenn dieses Programm nicht sonderlich systematisch entfaltet worden ist, spielt doch die arbeitsorganisatorische Integration zur Kompensation überzogener Arbeitsteilung eine herausragende Rolle.

Da die industriestrategische Diskussion für modische Schlagwörter besonders anfällig ist, hat es in den letzten Jahren den Anschein gehabt, als würde über der Botschaft der "Sparproduktion" das Konzept der "computer-integrierten Produktion" völlig vergessen. In produktionswissenschaftlich ausgewogener Betrachtung jedoch können beide Konzepte, wenn sie denn eine seriöse Abklärung erfahren haben, einander durchaus sinnvoll ergänzen. Das soll abschließend mit Bild 7 erläutert werden, das an die Darstellung soziotechnischer Systeme im zweiten Kapitel anknüpft. In jedem Arbeitssystem der Mikroebene sind menschliche Arbeit und maschinelle Leistung optimal aufeinander abzustimmen. Wenn dann die Arbeitssysteme zum Produktionssystem integriert werden, stellt sich die gleiche Abstimmungsaufgabe auf der Mesoebene. Nun verdeutlicht das Bild, daß die beiden angeblich konkurrierenden Strategien der Produktionsgestaltung jeweils nur eine Seite der Arbeitssysteme erfassen: Die "computer-integrierte Produktion" verfolgt allein die Integration der Sachsysteme, und die "Sparproduktion" ist auf die menschlichen Arbeitskräfte fixiert. Tatsächlich aber ergibt sich für die Produktionsgestaltung auf der Mesoebene die gleiche Aufgabe, die der Arbeitsgestaltung auf der Mikroebene längst geläufig ist, die Aufgabe nämlich, statt einer technikdominanten oder arbeitsdominanten Integration eine wirklich soziotechnische Integration herbeizuführen, in der die erforderlichen Integrationsleistungen optimal zwischen Menschen und Sachsystemen aufgeteilt werden. Was oben für das Arbeitssystem festgestellt wurde, gilt natürlich auch für das Produktionssystem als Ganzes: Optimal ist die autonome Kooperation der Menschen mit den Maschinen.

Literatur

Beckmann, J. 1806: Entwurf der algemeinen Technologie, Göttingen.

Becks, R., Ropohl, G. 1984: Produktion, Bad Salzdetfurth.

Betriebshütte 1996: Produktion und Management, 7. Aufl., hg. v. W. Eversheim u. G. Schuh, 2 Bde., Berlin/Heidelberg/New York.

Brödner, P. 1985: Fabrik 2000, Alternative Entwicklungspfade in die Zukunft der Arbeit, Berlin.

DIN 8580 1974: Begriffe der Fertigungsverfahren, Einteilung, hg. v. Deutschen Institut für Normung, Berlin/Köln.

Dolezalek, C. M. 1966: Was ist Automatisierung? In: Werkstatttechnik Bd. 56, 5, 217.

Dolezalek, C. M. u. G. Ropohl 1967: Ansätze zu einer produktionswissenschaftlichen Systematik der industriellen Fertigung, in: VDI-Zeitschrift Bd. 109, 14, 636-640 und 16, 715-721.

Giese, F. 1932: Philosophie der Arbeit, Halle.

Gutenberg, E. 1966: Grundlagen der Betriebswirtschaftslehre, Erster Band: Die Produktion, 12. Aufl., Berlin/Heidelberg/New York.

Hopp, V. 1993: Grundlagen der chemischen Technologie, Weinheim usw.

Kern, H., Schumann, M. 1984: Das Ende der Arbeitsteilung? Rationalisierung in der industriellen Produktion, München.

Küpper, H.-U. 1979: Produktionstypen, in: Handwörterbuch der Produktionswirtschaft, hg. v. W. Kern, Stuttgart, 1636-1647.

Marx, K. 1867: Das Kapital, Bd. 1, in: Marx/Engels: Werke, Bd. 23, Berlin 1959 u. ö., bes. das 13. Kapitel.

Mueller, H. D., Schmid, A. 1989: Arbeit, Betrieb und neue Technologien, Stuttgart/ Berlin/Köln.

Parkinson, C. N. 1957: Parkinson's Law, Boston; deutsche Taschenbuchausgabe Reinbek 1966.

Ropohl, G. 1971: Flexible Fertigungssysteme, Mainz.

Ropohl, G. 1972: Grundlagen und Anwendungsmöglichkeiten der morphologischen Methode in Forschung und Entwicklung, in: Wirtschaftswissenschaftliches Studium Bd. 1, 11, 495-499 und 12, 541-546.

Ropohl, G. 1979: Eine Systemtheorie der Technik, München/Wien.

Ropohl, G. 1990: Technisches Problemlösen im gesellschaftlichen Umfeld, in: Rapp, F. (Hg.): Technik und Philosophie, Technik und Kultur Bd. 1, Düsseldorf, 109-167.

Schäfer, E. 1969/71: Der Industriebetrieb, Bd. 1 und 2, Köln/Opladen.

Spur, G. Hg., 1993: Automatisierung und Wandel der betrieblichen Arbeitswelt, Berlin/New York.

Spur, G. Hg.; 1994: Fabrikbetrieb, München/Wien.

Spur, G. 1996: Produktion, in: HÜTTE Die Grundlagen der Ingenieurwissenschaften, 30. Aufl., hg. v. H. Czichos, Berlin/Heidelberg New York, Kapitel L.

Ulrich, H. 1970: Die Unternehmung als produktives soziales System, 2. Aufl., Bern/Stuttgart.

Wolffgramm, H. 1978: Allgemeine Technologie, Leipzig; Neuauflage in zwei Bänden Hildesheim 1994/95.

Womack, J. P., Jones, D. T., Ross, D. 1992: Die zweite Revolution in der Automobilindustrie, Frankfurt/New York.

Zahlen zur wirtschaftlichen Entwicklung der Bundesrepublik Deutschland 1994, hg. vom Institut der Deutschen Wirtschaft, Köln.

Zwicky, F. 1966: Entdecken, Erfinden, Forschen im Morphologischen Weltbild, Taschenbuchausgabe München/Zürich 1971.

Informationstechnik und Dienstleistungen

Richard Huisinga

1. Problemaufriß

Am Ausgangspunkt des Beitrages über die informationstechnische Durchdringung von Dienstleistungen steht die sogenannte Dienstleistungshypothese. In ihrem engen Kern und in vereinfachter Form besagt sie, daß der Dienstleistungssektor sich ausdehne, in der Bundesrepublik Deutschland aber nur verzögert dem Entwicklungstrend anderer Industriestaaten folge. Mit der steigenden Zahl der Beschäftigten im Dienstleistungsbereich gehe ein Wandel der Arbeits-, Berufs- und Qualifikationsstruktur einher. Dessen besondere Merkmale seien die Zunahme organisatorisch-kommunikativer (informatorischer) Tätigkeiten und ein wachsender Einsatz von Informations- und Kommunikationstechniken.

Bei Durchsicht der Literatur zeigt sich, daß die Dienstleistungshypothese sowohl ökonomische, technische und soziale als auch kulturelle und mit diesen insgesamt ethische Dimensionen enthält. Diese spitzen sich teilweise sogar programmatisch zu. Die wohl bekannteste Zuspitzung ist die von Daniel Bell aus dem Jahre 1973 über die "Nachindustrielle Gesellschaft". Sie beruhe auf Dienstleistungen als "Spiel" zwischen Personen. Es zähle weniger Muskelkraft oder Energie, vielmehr sei der Umfang mit Informationen dominant. Die wichtigste Figur ist daher der Akademiker, der aufgrund seiner Ausbildung und Schulung die zunehmend benötigte kommunikative Kompetenz besitze. Sei der Maßstab für den Lebensstandard der Industriegesellschaft die Quantität der Güter, so bemesse sich die Lebensqualität der nachindustriellen Gesellschaft nach den Dienstleistungen und Annehmlichkeiten aus Gesundheits- und Bildungswesen, Erholung und Künsten, "die nun jedem wünschenswert und erreichbar scheinen" (Bell 1979, 134 f.).

Das Zitat von Bell erweckt Hoffnungen auf eine neue Zukunft, die durch Lebensqualität und Lebensstandard für alle geprägt ist. Vor Bell benutzte bereits Fourastié die Hoffnungsprogrammatik, indem er seinem Buch über die Prüfung der Dienstleistungshypothese den Titel "Die große Hoffnung des 20. Jahrhunderts" (Originalausgabe 1949) gab. Während bei Bell augenscheinlich der Lebensstandard und damit der Konsumgedanke zum Leitmotiv der Hoffnung wird, enthält Fourastiés Werk ausdrücklich den Zusammenhang des technischen, ökonomischen und sozialen Fortschritts als Aufhebung der Entfremdung zum Zwecke der Menschheitsentfaltung:

"Die Technik und die von ihr geschaffene Haltung verleiten also den Menschen dazu, alle Erscheinungen der Außenwelt, die nicht im Augenblick und ohne Schwierigkeiten in den Rahmen einfacher Gesetzmäßigkeiten einzuordnen und für eine wirksame Aktion verwendbar sind, zuerst zu vernachlässigen, später sogar zu leugnen. Mehr und mehr wird am Menschen nur das beachtet, was allen gemeinsam ist und bei allen gleiche Reflexe erzeugt, die sich einfach genug verwenden und regulieren lassen. An Stelle des Menschen sieht man zuerst nur den Bürger, später nur den Arbeiter und schließlich nur den Soldaten. Auf jeden werden pauschale Lösungen angewandt, die man für alle gültig hält, die jedoch in Wirklichkeit nur für eine Abstraktion des Menschen gelten können" (Fourastié 1954, 301). Da aber der Mensch als Bürger sich nur über das Medium der Arbeit voll entfalten kann, wird für Fourastié die Frage zentral, ob der Dienstleistungsbereich derjenige ist, der allen ausreichend Arbeit und der Gesellschaft insgesamt mehr Humanität sichert. Nur so läßt sich auch der anspruchsvolle Buchtitel erklären. Die Würdigung des humanen Anliegens in Fourastiés Werk bedeutet nicht, seine ökonomischen und soziologischen Ausführungen gering zu schätzen. Über das Zusammenwirken der von Fourastié untersuchten Determinanten - wirtschaftliches Wachstum, Vollbeschäftigung, "technischer Fortschritt" und sektorale Allokation von Arbeitskräften - wird bis heute gestritten.

Der theoretische Hintergrund der Dienstleistungshypothese ist also facettenreich, und er verzahnt sich mit gesellschaftspolitischen Problemen von außerordentlicher Brisanz, wenn man alleine an die Arbeitslosigkeit denkt oder an die Bedeutung des Sozialstatus der Angestellten.

Damit ist der Horizont dieses Beitrages umrissen und es wird zugleich deutlich, daß er wegen seines großen wissenschaftlichen und gesellschaftspolitischen Bogens nicht vollständig ausgefüllt werden kann.

Die Darlegungen und Argumente werden in folgenden Schritten entfaltet:
- Im ersten Arbeitsschritt geht es darum, die Dienstleistungshypothese vorzustellen. Eine Präzisierung des Gesamtkomplexes Dienstleistung/Dienstleistungsbereich in arbeitswissenschaftlicher Absicht ist auf die Klärung dessen verwiesen, was mit den Denkfiguren Dienstleistungsgesellschaft und -sektor methodologisch wie gesellschaftspolitisch umrissen und intendiert ist. Deshalb beginnen die Ausführungen nicht mit terminologischen Klärungen; deren Möglichkeiten und Grenzen ergeben sich nämlich erst aus der Sichtung des Materials. Die Ausbreitung der empirischen Datenbasis schließt sich an und rundet den ersten Argumentationszusammenhang ab. Sie enthält zugleich eine kritische Prüfung der Datenbasen, auf die sich die Dienstleistungshypothese stützt.
- Der zweite Arbeitsschritt ist Fragen der Technisierung des Dienstleistungssektors gewidmet. Die Technisierung des Dienstleistungsbereiches erweist sich dabei als höchst vielfältig und geht über die Informationstechnik im engeren Sinne hinaus. Ein ausführliches Beispiel unterlegt diesen Abschnitt.
- Von den theoretischen Annahmen und Verschränkungen her erschließt sich die mit der Dienstleistungshypothese verbundene Frage nach den Wirkungen der Informatisierung auf die Beschäftigtenstruktur einschließlich der Tätigkeits- und Qualifikationsveränderungen. Der dritte Arbeitsschritt ist darum insgesamt Fragen des Strukturwandels gewidmet.

2. Der Dienstleistungssektor als wissenschaftliche Denkfigur

Mit den wirtschaftlichen Krisen in den 20er und 30er Jahren tritt die Frage auf, ob die Dienstleistungsproduktion einen Ausweg aus der Arbeitslosigkeit bewirke. Die wirtschaftspolitische Situation stellt sich 1996 zwar anders dar als zu Beginn der Weltwirtschaftskrise, doch läßt sich vor diesem historischen Hintergrund die Brisanz der Debatte über die Entwicklung des Dienstleistungssektors durchaus verstehen: Welches sind Wachstumsbranchen, welche Wirtschaftsstrukturen entwickeln sich, welcher Einfluß ist der technischen Entwicklung zuzuschreiben?

Zu diesem Problemkomplex erscheinen ab Anfang der 80er Jahre eine Fülle von Publikationen. Ihr inhaltliches Spektrum sei hier an einigen Beispielen gezeigt.

Dienstleistungen als Innovationspotential
Dem produzierenden Gewerbe droht nach Uhlenbruck (1985) eine Entwicklung, die es mehr und mehr vom Wachstum ausschließt. "Rohstoff- und Energiemangel, Umweltverschmutzung, schrumpfende(r) Branchen oder spezielle(r) Wettbewerbshärten", seien die Ursachen. Um ihr Wachstum und ihr Fortbestehen zu sichern, reagierten die Unternehmen mit technischen Verfahrensinnovationen sowie über Produktinnovationen. Eine zusätzliche Möglichkeit bestehe für die produzierenden Unternehmen nach amerikanischem Muster darin, in den Dienstleistungsmarkt selbst einzutreten. Eine "dienstleistungsorientierte Leistungsprogramm- bzw. Wachstumspolitik scheint (dazu) ein gangbarer Weg" (Uhlenbruck 1985, 87), Wettbewerbsvorteile gegenüber etablierten Dienstleistungsanbietern zu erbringen (vgl. jüngst die Entwicklungen im Telekommunikationsmarkt).

Zum Schutz vor derartigen "Übergriffen" auf den Dienstleistungssektor seitens des sekundären Sektors beschäftigt sich z.b. Gerhardt (1987) mit der Effizienzsteigerung der Leistungsprozesse im tertiären Sektor. Dessen zunehmende Bedeutung seit Mitte der 70er Jahre für die Wertschöpfung und die Beschäftigung dürfe nicht sich selbst überlassen bleiben, sondern müsse durch eine gezielte, verwissenschaftlichte Rationalisierung gesteuert werden.

Dienstleistungen und staatliche Aktivitäten
Im Vordergrund der Untersuchungen des Strukturwandels steht bei einer Reihe von Autoren die Frage, welche Rolle dem Staat zukomme. So stellt Völker (1984) in seiner Monographie "Allokation von Dienstleistungen" die staatlichen Maßnahmen in den Mittelpunkt seiner Betrachtung. Er geht der Frage nach, wie das Engagement des Staates als "Reaktion auf die ökonomischen Notwendigkeiten einer sich fortentwickelnden Gesellschaft" (Völker 1984, 9) zu werten sei. Dabei stellt er auf die Pole Marktmechanismus und Verbürokratisierung ab.

Völker spricht sich in diesem Zusammenhang für eine auch zukünftige Ausweitung der staatlichen Tätigkeiten aus, weil der Staat ein Dienstleistungsanbieter sui generis sei. Die Prognosstudie von 1980 über "Soziale Dienstleistungen als Träger potentiellen Wachstums und ihr Beitrag zum Abbau der längerfristigen Arbeitslosigkeit" plädiert ebenfalls für ein Engagement der Öffentlichen Hand. Soweit der Ausbau der sozialen Dienste von privaten Trägern erfolge, müßte eine mittel- bis langfristige Vorfinanzierung gesichert sein.

So legitim wie fruchtbar derartige Hinweise auf Optionen sind, so wenig berücksichtigen sie häufig die gesamtwirtschaftlichen und ordnungspolitischen Wirkungszusammenhänge. Dienstleistungen und Dienstleistungssektor existieren ökonomisch nicht für sich allein, sondern nur als Funktion, die sie für die Produktion und die Reproduktion erfüllen. Die Beantwortung der Frage, ob und wie diese Funktion erfüllt werden kann, bzw. welchen Beitrag Dienstleistungen zur Bereitstellung von Arbeitsplätzen, zur Wertschöpfung und zur Sinnerfüllung von Arbeit "leistet", das hängt davon ab, mit welcher ökonomischen Denkfigur operiert wird. Eine Bewertung der Prognosen zum Dienstleistungssektor muß sich daher mit diesen Denkfiguren auseinandersetzen. Dem dienen die folgenden Ausführungen.

2.1 Die sektorale Theoriebildung in der Ökonomie

Die sektorale ökonomische Denkschule hat ihre Wurzeln im Merkantilismus. Zur Wirtschaftsführung vor allem des Staates wurde eine nationale Wirtschaftsrechnung notwendig. Das von François Quesnay (1694-1774) entwickelte "tableau économique" gilt als das erste Kreislaufmodell. Da Quesnay annahm, daß nur in der Landwirtschaft ein Reinertrag im Sinne der Wertschöpfung erwirtschaftet würde, galten ihm die Landpächter als "classe productive". Die Bodeneigentümer dagegen galten als "classe distributive" und die Gewerbetreibenden und Händler als "classe stérile". Geldwesen, Handel, Verkehr und Gewerbe wurden nämlich als "dépendances de l'agriculture" betrachtet. Die Frage der Abhängigkeit der "Dienstleistung" von der Produktion stellt sich mit der gegenwärtigen Dienstleistungsdebatte erneut.

Mit den Klassikern der Wirtschaftstheorie orientiert sich das Denken mehr und mehr am Markt. Damit gewinnen die Produkte an Bedeutung für die nationale Wirtschaftsrechnung. Jean Baptiste Say (1767-1832) gilt als der erste, der die Volkswirtschaft in die Produktion von materiellen und immateriellen Gütern unterteilte.

"Die Anerkennung der Dienstleistungen als produktive Beiträge zum Sozialprodukt bedeutete einen wichtigen Schritt in der Geschichte der Nationalökonomie; sie bildet die Voraussetzung für den Übergang von der Betrachtung der Teilbereiche der Wirtschaft zur modernen Kreislauftheorie, welche die gesamte Nationalökonomie verändert hat. Erst mit der Anerkennung der Dienstleistungen als Produktion konnte sich eine Volkswirtschaftliche Gesamtrechnung entwickeln, in der die Leistungen aller Wirtschaftsbereiche in einer einheitlichen Form zusammengefaßt sind" (Handwörterbuch der Sozialwissenschaften, Göttingen 1961, 551).

Als Hauptvertreter der (Drei-)Sektoren-Theorie gelten Fisher (1933), sein Schüler Clark (1940), Fourastié (1949) und Wolfe (1955). Deren Bereichssystematik zeigt, komprimiert, die nachfolgende Übersicht in Tab. 1.

Anhand der Aufstellung läßt sich sehr gut erkennen, von welchen Grundgedanken die einzelnen Autoren ausgehen. Als Annahmen über ökonomische Gesetzmäßigkeiten im Hinblick auf die Wertschöpfung der Sektoren finden wir: Betriebsarten, Güterarten, Produktionsfaktoren, Ertragsentwicklung, Tätigkeiten in Bezug auf den technischen Fortschritt, Nachfrageelastizitäten, Kapitalintensität.

Der Tertiäre Sektor konstituiert sich folglich unterschiedlich, je nach dem, ob man, wie Fourastié, den Grad der Technisierung oder, wie Fisher, die Nachfrageelastizität als Abgrenzungskriterium wählt. Auch hier zeigt sich, daß das sektorale Denken ein tendenziell monokausales und insofern ausgrenzendes ist; denn die Einteilungskriterien sind jeweils nur Teilaspekt des ökonomischen Determinantengefüges. Darum läßt sich wohl auch in der ökonomischen Theoriebildung (im Unterschied zur Statistik) kein Einheitsbegriff vom Dienstleistungssektor bzw. Tertiären Sektor finden.

Die ökonomisch-theoretischen Auseinandersetzungen sind folglich auch keine um die Angemessenheit eines Begriffs vom tertiären Sektor als vielmehr darüber, ob die getroffenen *Annahmen* über die wirtschaftliche Entwicklung sich als "richtig" oder "falsch" erweisen bzw. erhärten lassen. Man muß daher auch konstatieren, daß die wissenschaftlichen Diskussionen über die Sektortheorie versuchen, die Entwicklung zur Dienstleistungsgesellschaft über ökonomische Partialbetrachtungen zu fundieren.

Tab. 1: Hauptvertreter der Drei-Sektoren-Theorie

Sektor/Ansatz	CLARK	FISHER	FOURASTIÉ	WOLFE
Primärer Sektor	Produktionsbetriebe abnehmender Erträge; natürliche Produktionszeit	Produktion lebensnotwendiger Güter; starre Nachfrage	Tätigkeiten mittelmäßigen technischen Fortschritts	Dominanz von Boden; natürliche Wachstumsgrenzen
Sekundärer Sektor	Produktionsbetriebe zunehmender Erträge; Produktion transportierbarer Güter	Produktion nicht lebensnotwendiger Güter; weniger starre Nachfrage	Tätigkeiten mit starkem technischen Fortschritt	Dominanz von Kapital; Mechanisierungsgrenzen
Tertiärer Sektor	Dienstleistungsbetriebe mit unterschiedlicher Kapitalintensität	Produktion nichtlebensnotwendiger Güter; elastische Nachfrage	Tätigkeiten mit geringem technischen Fortschritt	Dominanz von Arbeit; Grenzen geistiger Kapazität

Die politische Bedeutung dieser Tatsache liegt darin, daß im politischen Raum mit den gleichen theoretisch-ökonomischen Partialbetrachtungen strukturpolitische Optionen getroffen werden: Fourastié als Hauptvertreter der Drei-Sektoren-Theorie, auf den wir uns im folgenden beziehen, stellt die "systematische Analyse des technischen Fortschritts" in den Vordergrund seiner Überlegungen. Er betont, daß die wirtschaftliche Entwicklung einzig und allein im Rahmen einer "Theorie des technischen Fortschritts" überprüft werden sollte. Die Frage der Vollbeschäftigung innerhalb einer Volkswirtschaft bzw. die Wanderungen und Verschiebungen der Beschäftigten seien eine direkte Auswirkung des technischen Fortschritts (vgl. Fourastié 1954, 27 ff.).

Der von Fourastié als gesetzmäßig unterstellte Zusammenhang der Wanderungsbewegung vom sekundären in den tertiären Sektor aufgrund des technischen Fortschritts im sekundären Sektor ist eine fragwürdige Kausalfigur. So könnte es nämlich sein, daß sowohl der technische Fortschritt als auch die Verschiebungen in der Beschäftigtenstruktur die gleiche Ursache haben. Insofern stünden sie in keinem Kausalverhältnis zueinander! Die neueren wissenschaftlichen Erkenntnisse um den technischen Fortschritt bestätigen diese Sichtweise.

Ferner ist der tertiäre Sektor bei Fourastié durch Tätigkeiten von geringer Technisierbarkeit gekennzeichnet. Diese Vorstellung muß angesichts der Entwicklung und Diffusion der Informationstechnik revidiert werden. Schon seit Anfang der 70er Jahre, als z.B. die Bankleitzahl eingeführt und ein genormter Satzaufbau für den beleglosen Datenträgeraustausch geschaffen wurde, stand der Verbreitung der Informationstechnik im Bankenbereich "nichts mehr im Wege". Deshalb werden dort auch seit Jahren Produktivitätsreserven über die Implementation des "Electronic banking" realisiert.

Produktivitätspotentiale (und das heißt auch Technisierungschancen) liegen zudem in den Bereichen Datenhandel, Nachrichtenübermittlung, Vermögens- und Finanzverwaltung,

Auskunftswesen, EDV-Beratung, Architektur und Planung sowie in Wissenschaft und Forschung. Selbst in den Bereich der sogenannten personenbezogenen Dienste ist die Technik eingezogen. Man denke nur an das Gesundheitswesen und Beispiele wie Intensivstationen, Geburtenüberwachung per Video oder expertensystem- und computergesteuerte Diagnose.

Sicherlich gibt es Dienstleistungsgruppen mit begrenzten Möglichkeiten der Rationalisierung. Als solche werden u.a. genannt: Kindererziehung und Altenpflege, Gästebetreuung, das Taxigewerbe und Beratungsdienste. Bei diesen Nennungen spielen Wertvorstellungen wie z.B. die Unverzichtbarkeit persönlicher Zuwendung eine Rolle, die über das Nachfrageverhalten das Angebotsverhalten beeinflussen. Abgesehen davon, daß auch die Wertvorstellungen und damit die auf ihnen basierenden Nachfragemodalitäten sich ändern können, ist zu fragen, ob nicht doch die Angebote in ihrer Struktur anderen Bestimmungsgründen unterworfen sind.

2.2 Dienstleistungssektor und Dienstleistungen in der Soziologie

Das soziologische Erkenntnisinteresse an Fragen der Dienstleistung und einer möglichen sektoralen Zuordnung richtet sich sowohl auf eine begriffliche Klärung als auch darauf, die beteiligten "Akteure" des gesellschaftlichen Interaktionsprozesses "Dienstleistung" zu identifizieren und zu erkennen, wie sich ökonomische, soziale und kulturelle Phänomene in ihrer Dynamik verschränken. Dabei lassen sich im wesentlichen anhand dreier Ansätze diejenigen Kriterien herausarbeiten, die für die soziologische Ausfüllung der Dienstleistungshypothese bestimmend geworden sind.

Die schon erwähnte Arbeit von Bell über "Die nachindustrielle Gesellschaft" stellt im einzelnen folgende Determinanten eines Wandels der Sozialstruktur heraus:
Verschiebung in der Berufsgliederung und Berufsstruktur sowie Veränderungen der Wissensformen und der Wissensarten, wobei unter letzterem nach Planung und Lenkung einerseits und "intellektueller Technologie" andererseits unterschieden wird.

Während in der Industriegesellschaft die angelernten Arbeiter von besonderer Bedeutung gewesen seien, hätten mit dem Aufschwung des Dienstleistungssektors die leitenden Angestellten, die Techniker, Ingenieure und Manager, aber auch qualifizierte Büroberufe an Bedeutung gewonnen, so daß sich das Bild einer Gesellschaft ergeben habe, die von Kopfarbeitern geprägt sei. Es dominiere dasjenige Wissen, das in "abstrakten Symbolsystemen kodifiziert" (Bell 1979, 36) sei.

Die zentralen Akteure der post-industriellen Gesellschaft sind nach Bell die Produzenten, Vermittler und Verarbeiter von Wissen. Sie verkörperten eine neue Qualität der Arbeit, letztlich sogar der Gesellschaft, die eine Dienstleistungsgesellschaft sei. Dieser Begriff wird jedoch bei Bell, darauf ist hinzuweisen, nicht explizit definiert. Bell spricht aber von sogenannten intelligenten Diensten, womit er persönliche und wissenschaftliche Leistungen im Gesundheits-, im Bildungs- und Erholungswesen sowie in der Wissenschaft meint.

Fragen der Verschränkungen von ökonomischen, sozialen und kulturellen Phänomenen verfolgen insbesondere Gartner und Riessman. Sie gehen aus von der fortgeschrittenen bzw. fortschreitenden Produktivität des industriellen Sektors und der Tatsache, daß sich hieraus einerseits eine weitgehende Befriedigung der materiellen Grundbedürfnisse der

Bevölkerung ergebe, andererseits aber immer größere Teile der Bevölkerung vom industriellen Arbeitsprozeß ausgeschlossen würden. Parallel zu diesem Prozeß konstatieren sie sozial und kulturell eine Veränderung, wenn nicht Schwächung gesellschaftlicher Institutionen wie Familie, Kirche und Arbeitsplatz, das Entstehen neuer Werte und die Entwicklung eines neuen Konsum- bzw. Dienstleistungs-Ethos.

Um die freigesetzten Arbeitskräfte aus dem sekundären Sektor zu absorbieren, finde eine Expansion vor allem des öffentlichen Dienstleistungssektors und hier wieder insbesondere der Wohlfahrt statt. Dies sei vor allem deshalb von Bedeutung, weil man nicht auf die freigesetzten Arbeitskräfte als Konsumenten verzichten könne. Insgesamt seien die Konsumenten und die Zielgruppen besonderer Bildungs- und sozialpolitischer Anstrengungen die "Vorhut" einer neuen Gesellschaftsformation. Sie sei frei von typisch hierarchischen, industriell-bürokratischen Zügen und böte größere Freiräume.

Zentrales Kennzeichen der Mensch-Mensch-Beziehung sei die Nähe zum Konsum und bezüglich der Arbeit das Fehlen eines materiellen Produktes. Beides bilde in Kombination mit der Absicht der Wohltätigkeit das Charakteristikum von Dienstleistungen. Mit der Arbeit in der Dienstleistungsgesellschaft sei ein Ethos des Dienens und des persönlichen Engagements verbunden.

Besondere Merkmale der personenbezogenen Dienstleistungen seien:
− Der Konsument werde in die Produktion der Dienstleistungen einbezogen (der Bankkunde z.B. fülle den Einzahlungsschein selbst aus);
− die Dienstleistung stifte dem Empfänger Nutzen oder Wohlbefinden;
− die personenbezogenen Dienstleistungen leisteten in der Hauptsache Beziehungsarbeit.

Angesichts der auch in der Soziologie vorfindlichen Heterogenität der Klassifikationskriterien ist die Frage aufgeworfen worden, ob der Begriff der Dienstleistungen sich überhaupt als soziologische Kategorie eigne (vgl. Kern 1976).

Der Sonderforschungsbereich 3 - Mikroanalytische Grundlagen der Gesellschaftspolitik - an der Johann Wolfgang Goethe-Universität Frankfurt und der Universität Mannheim hat daher einen Bestimmungsversuch von Dienstleistungen unternommen, von dem aus die sozialstrukturellen Entwicklungen moderner Gesellschaften weniger mehrdeutig erfaßt werden könnten als bislang

Das Ergebnis der Arbeit ist eine "vergleichbare Klassifikation von 121 Berufsfeldern für die Berufszählungen 1950, 1961 und 1970 sowie der Mikrozensus 1982. Neben den Berufsfeldern des primären und sekundären Berufsbereichs werden hier 64 verschiedene Berufsfelder des tertiären Bereichs und darin 32 Berufsfelder der sozialen Dienstleistung unterschieden". Da es sich lediglich um eine Neukodierung der Benennungen ohne Zahlenmaterial handelt, sind daraus bezüglich der Klärung der Dienstleistungshypothese allerdings keinerlei Hilfen abzuleiten.

2.3 Die statistischen Datenbasen

Die Erfassung von Strukturveränderungen steht vor der schwierigen Aufgabe, eine Vielzahl von Daten und Datenangeboten zu integrieren. Zu erfassen sind nämlich auf der Seite des Humankapitals Ausbildung, aktuell ausgeübtes Tätigkeitsbündel, Stellung im

Betrieb, Altersstruktur, Bildungs- und Arbeitsmarktverhalten etc. und auf der Seite der Arbeitsorganisationen bzw. -institutionen Größe der Betriebe, technische Ausstattung, Kapitaleinsatz, Investitionsverhalten etc. In Bezug auf diesen Gesamtzusammenhang sprechen wir von Erwerbsstruktur. Setzt man die Erwerbsstruktur in Relation zu Verteilungsfragen im weitesten Sinne, so haben wir es mit den Fragen der Sozialstruktur und damit der Strukturpolitik zu tun. Sie muß auf eine Vielzahl von Einzelstatistiken zurückgreifen, die allerdings erst kompatibel zu machen sind.

Als Basissystematik fungiert die Einteilung nach Wirtschaftszweigen. Sie ist in der Klassifikation des Statistischen Bundesamtes festgelegt (vgl. Tab. 2). Der Grundgedanke der abgebildeten Gliederung liegt darin, die erfaßten Einheiten (Arbeitsstätte, Betrieb, Unternehmen) einem einzelnen Wirtschaftszweig zuzuordnen. Dies dient der volkswirtschaftlichen Rechnungslegung.

Das Statistische Bundesamt führt nun, genau genommen, keinen Dienstleistungsbegriff und auch keinen Begriff Dienstleistungssektor. Was als Dienstleistungssektor benannt wird, ist ein Aggregationskonglomerat. In der Abteilung 7 der Wirtschaftszweigsystematik werden "Dienstleistungen, soweit von Unternehmen und freien Berufen erbracht", erfaßt. In ihrer dreistelligen Gliederung sind die Dienstleistungen so aufgeteilt, wie es die Übersicht zeigt. Diese Klassifikation befindet sich in Überarbeitung. Auf der Basis der Zentralen Güterklassifikation der Vereinten Nationen erarbeitet das Statistische Bundesamt derzeit einen Vorschlag für eine neue Klassifikation.

Betrachtet man nun die Entwicklung der Bruttowertschöpfung nach Wirtschaftszweigen im zeitlichen Verlauf der Jahre 1960 bis 1990 (vgl. Tab. 3), so wächst der Anteil des Dienstleistungssektors an der Wertschöpfung gegenüber den Beiträgen der primären und sekundären Produktion.

Wie stark das Wachstum statistisch ausfällt, das hängt von den Zahlen ab, die verwendet werden. Die Befürworter der Dienstleistungsgesellschaft benutzen für ihren Beweis in aller Regel jene Zahlen der Bruttowertschöpfung, die auf jeweiligen Preisen basieren. Das wirkliche (reale) Wachstumstempo aber läßt sich aus diesen Zahlen nur mit Einschränkungen ablesen. Bedenken muß man nämlich, daß die Preise sich nicht in allen Sektoren gleich entwickeln. Besonders im Dienstleistungssektor stiegen sie überproportional. Das führt dann natürlich zu einem preisbedingten Wachstumseffekt. Betrachtet man dagegen die Wertschöpfung in konstanten Preisen (also preisbereinigt), dann fällt die Entwicklung des Dienstleistungssektors nicht ganz so eindrucksvoll aus.

Zusammenfassend läßt sich sagen, daß das Wachstum im Dienstleistungssektor nicht zentral aus der Privaten Nachfrage erklärt werden kann. Vielmehr wird eine wirtschaftliche Verflechtung des Dienstleistungssektors mit dem Produktionssektor deutlich, wenn man der Input-Output-Rechnung des Statistischen Bundesamtes folgt. Dies stützt die Auffassung, daß die Entwicklung des Dienstleistungssektors schwergewichtig vom Verlauf der Güterproduktion abhängig ist, es sich somit um einen Prozeß der Sekundarisierung handelt.

Welcher Sektor der Wirtschaft mit welchen Dienstleistungstätigkeiten bzw. -berufen Strukturgewinner oder Strukturverlierer ist, das läßt sich mit obigen Zahlen nicht eindeutig beantworten, zumal ein nicht unwesentlicher Teil des Beschäftigungswachstums quantitativ vom Staat getragen wurde.

Tab. 2: *Klassifikation der Wirtschaftszweige*

WZ-Nr.	Wirtschaftszweige[1]
0	Land- und Forstwirtschaft, Fischerei
1	Energie- und Wasserversorgung, Bergbau
2	Verarbeitendes Gewerbe
3	Baugewerbe
4	Handel
5	Verkehr und Nachrichtenübermittlung
6	Kreditinstitute und Versicherungsgewerbe
7	Dienstleistungen, soweit von Unternehmungen und Freien Berufen erbracht
71	Gastgewerbe
711	Beherbergungsgewerbe
713	Gaststättengewerbe
715	Kantinen
717	Schlaf- und Speisewagenbetriebe
72	Heime (ohne Fremden-, Erholungs- und Ferienheime)
721	Wohnheime (ohne Wohnheime für Behinderte)
723	Heime für Säuglinge, Kinder und Jugendliche (ohne Erziehungs-, Erholungs- und Ferienheime)
725	Einrichtungen zur Eingliederung und Pflege Behinderter, Wohnheime für Behinderte
727	Altenpflege- und -krankenheime
728	Tagesheime
73	Wäscherei, Körperpflege, Fotoateliers u.a. persönliche Dienstleistungen
731	Wäscherei, Reinigung
735	Friseur- und sonstige Körperpflegegewerbe
739	Sonstige persönliche Dienstleistungen
74	Gebäudereinigung, Abfallbeseitigung u.a. hygienische Einrichtungen
741	Reinigung von Gebäuden, Räumen, Inventar (ohne Fassadenreinigung)
745	Abfall- und Abwasserbeseitigung, sonstige hygienische Einrichtungen
75	Bildung, Wissenschaft, Kultur, Sport, Unterhaltung
751	Wissenschaft, Forschung, Unterricht
755	Kultur, Kunst, Sport, Unterhaltung
76	Verlagsgewerbe
77	Gesundheits- und Veterinärwesen
771	Gesundheitswesen
774	Veterinärwesen
78	Rechtsberatung, Steuerberatung, Wirtschaftsprüfung und -beratung, technische Beratung und Planung, Werbung, Dienstleistungen für Unternehmen, a.n.g.[2]
781	Rechtsberatung, Steuerberatung, Wirtschaftsprüfung u. -beratung
784	Technische Beratung und Planung
787	Werbung
789	Dienstleistungen für Unternehmen, a.n.g.
79	Dienstleistungen, a.n.g.
791	Vermietung beweglicher Sachen (ohne Buch-, Zeitschriften- und Filmverleih)
794	Grundstücks- und Wohnungswesen
797	Beteiligungsgesellschaften (ohne Kapitalgesellschaften)
799	Sonstige Dienstleistungen, a.n.g.
9	Gebietskörperschaften und Sozialversicherung

1) Statistisches Bundesamt, Systematik der Wirtschaftszweige mit Erläuterungen
2) a.n.g. = anderweitig nicht genannt

Tab. 3: Bruttowertschöpfung nach Wirtschaftsbereichen

In Preisen von 1985 in Mill. DM	1960	1970	1980	1988	1989	1990
Land-, Forst.- Fisch.	22380	25770	29310	34480	35060	37980
Energie, Wasser, Bergbau	45960	54900	66880	68350	71110	71270
Verarb. Gewerbe	272780	466000	561430	593760	612340	640120
Baugewerbe	69780	95790	106720	96430	100250	103140
Handel	7 4280	118470	153080	168100	174540	187310
Verkehr/Nachricht.	40790	64160	93970	117220	122960	131380
Kreditinstitute	17340	39750	69630	91250	95640	100740
Versicherungsuntern.	4760	13660	20580	28910	30210	31760
Wohnungsvermietung	52020	73250	112480	142190	145240	148720
ü.p.Dienstleistg.	97540	142100	217240	307600	324710	353860
Staat	90810	141270	195160	215220	215770	219460
Pr. Haush., Organ. o.E.	23420	24360	37020	47240	48610	50650
Alle Wirtschaftsbereiche	811860	1259480	1663500	1910750	1976440	2076390

Daten-Quelle: Statistisches Bundesamt. Fachserie 18, Reihe S.11

Tab. 4: Bruttowertschöpfung nach Wirtschaftsbereichen in Prozent

in Preisen von 1985	1960	1970	1980	1988	1989	1990
Landw./Forsten/Fischerei	2,75	2,04	1,76	1,80	1,77	1,82
Warenprod. Gewerbe	47,85	48,96	44,18	39,69	3965	39,22
Handel und Verkehr	14,17	14,50	14,85	14,93	15,05	15,34
Kredite und Versicherg.	2,72	4,24	5,42	6,28	6,36	6,38
Wohnungsvermietung	6,40	5,81	6,76	7,44	7,34	7,16
Sonst. Dienstleistung.	12,01	11,28	13,05	16,09	16,42	17,04
Staat	11,18	11,21	11,73	11,26	10,91	10,56
Private Haushalte	2,88	1,93	2,22	2,47	2,45	2,43

Daten-Quelle: Statistisches Bundesamt. Fachserie 18, Reihe S.11

Tab. 5: Erwerbstätige im Jahresdurchschnitt

in Tausend	1960	1965	1970	1975	1980	1985
Landw.,Forstw.,Fischerei	3581	2876	2262	1773	1437	1360
Energie, Wasser, Bergbau	747	645	551	514	501	490
Verarb. Gewerbe	9624	10059	10117	9106	8995	8141
Baugewerbe	2126	2454	2319	1990	2090	1798
Handel	3299	3327	3348	3360	3505	3335
Verkehr/Nachrichten	1460	1464	1407	1497	1469	1439
Kreditinstitute	266	329	411	490	534	578
Versicherungsuntern.	117	156	186	199	206	206
Gaststätten, Beherberg.	-	-	667	705	776	813
Wissenschaft, Bildung, Kunst	-	-	209	225	241	260
Gesundheit, Veterinärwesen	-	-	291	394	500	565
übrige Dienstleistungen	1981	2167	1169	1197	1325	1459
Staat	2098	2628	2978	3576	3903	4089
Pr. Haushalte, Organ.	764	650	645	720	796	919
Alle Wirtschaftsbereiche	26063	26755	26560	25746	26278	25452

Daten-Quelle: Statistisches Bundesamt. Fachserie 18, Reihe S.11

Tab. 6: Berufsgruppenentwicklung 1970 bis 1985

Berufsgruppen	Saldo Zu- und Abgänge
Büro- und Verwaltungsberufe	568.0
Sonst. prod. Berufe	488.8
Bildungs- und Wiss.berufe	454.9
Gesundheits- und Veterinärb.	446.0
Unternehmer, Organisatoren	265.5
Hoheitliche Berufe	247.0
Technische Berater und Planer	178.6
Kreditgewerbeberufe	79.1
Persönliche Dienste	94.7
Sicherungsberufe	28.1
Rechtsberatungsberufe	25.3
Musikinstrumentenbauberufe	9.5
Werbungsberufe	7.4
Wohnungsvermittlungsberufe	-1.9
Wirtschaftsprüfungsberufe	-2.8
Versicherungsberufe	-7.9
Tabakverarbeitende Berufe	-13.8
Kunststoff- und Gummiberufe	-22.7
Gastgewerbeberufe	-24.4
Feinkeramik.-, Glasreiber	-24.4
Nachrichtenberufe	-31.8
Energiemasch. Heizer	-33.4
Gießereiberufe	-41.8
Ernährungsberufe	-43.2
Steine- und Erdenberufe	-47.2
Elektro-, Feinm.-, Optikberufe	-47.5
Druckerei-, Vervielf.berufe	-63.6
Bergbauberufe	-65.5
Papierherstellungsberufe	-68.9
Reinigungsberufe	-83.6
Chemieberufe	-87.1
Forst- und Jagdberufe	-96.6
Textilberufe	-102.6
Lederberufe	-104.3
Holzberufe	-123.9
Handelsberufe	-126.5
Metallverformende Berufe	-218.5
Eisen.- u. NE-Metallberufe	-223.0
Metallfacharbeiterberufe	-290.2
Verkehrsberufe	-301.0
Bekleidungsberufe	-309.3
Bauberufe	-596.4
Landwirtschaftl. Berufe	-803.3

Quelle: RWI Strukturberichterstattung 1987, S.191

Zu den "Gewinnern" gehören, jedenfalls oberflächlich betrachtet jene Berufe, die mit sogenannten kollektiven Dienstleistungen befaßt sind, also Hoheitsberufe, Gesundheits- und Veterinärberufe sowie Berufe in Bildung und Wissenschaft. Die Betrachtung der Plus/Minus-Bilanz verdeckt, daß die Wanderungsströme keinen Einblick in die tatsächlich ausgeübten Tätigkeiten, Vorbildung und Qualifikationsanforderung gewähren.

3. Informationstechnik im Handel: Beispiel Warenwirtschaftssystem

Zum Dienstleistungsbereich rechnen - weit gefaßt - Handel und Verkehr, Nachrichten, Kreditinstitute und Versicherungsunternehmen sowie die sonstigen Dienstleistungen. Folgt man der Dienstleistungshypothese nach Fourastié, dann ist dieser Sektor insgesamt durch einen geringen Grad an Technisierung gekennzeichnet. Dem stehen aber viele Ergebnisse von wissenschaftlichen Untersuchungen über die Veränderung der Arbeit in Büro, Verwaltung und Handel durch Mechanisierung, Automatisierung, Technisierung und Informatisierung entgegen.

Einen Einblick in konkrete Formen dieser Entwicklung der Informatisierung gibt das gewählte Beispiel Warenwirtschaftssysteme aus dem Handelssektor.

3.1 Die sozioökonomische Grundsituation

"Warenwirtschaftssystem" ist der zusammenfassende Begriff für die Planungen und die Realisierung der jeweils kostengünstigsten Organisation des Durchlaufs der Waren *und* Informationen durch einen Betrieb bzw. durch ein Unternehmen. Warenmengen und Warenpreise, Warenarten und deren Umschlagsgeschwindigkeit in Verbindung mit räumlichen, gerätemäßigen und personellen Kapazitäten stehen im Mittelpunkt dieser Planungen. Das Warenwirtschaftssystem auf "Computerbasis" erlaubt faktisch eine jederzeitige Bestimmung der Kosten- und Leistungsstruktur eines Unternehmens, und seine Reichweite bzw. sein Funktionsradius erstreckt sich bis in die Kapitalstruktur und die juristische Verfaßtheit des Unternehmens.

Diesen ökonomischen Grundfunktionen ist eine modulare technische Ausstattung zugeordnet. Sie orientiert sich einerseits an den mengenmäßigen Warenbewegungen des Wareneingangs und -ausgangs, andererseits an den damit verknüpften Finanzströmen. Damit wird zugleich die Zielperspektive der Techniknutzung im Handel offenbar, die handelsspezifisch als "hard-savings" (operative Vorteile) und "soft-savings" (strategische Vorteile) bezeichnet werden. Die sogenannten "hard-savings" umfassen: Steigerung der Kassenproduktivität, Einsparung an Kassenplätzen, Senkung der Fehlerquoten, Wegfall der Einzelpreisauszeichnung, Wegfall von Umzeichnungen, weniger Manipulation durch Kassenpersonal, keine falsche Auszeichnung, keine Umzeichnung durch Kunden, leichtere Kassenabrechnung, reduzierte Bestände, Reduzierung der Inventurdifferenzen, Reduzierung der Bestandsaufnahmen, verbesserte Lieferbereitschaft, Verringerung der administrativen Aufgaben. Zu den "soft-savings" rechnen: Sortimentssteuerung, Erhöhung des Warenumschlages, Deckungsbeitrags- und Spannenoptimierung, Plazierung der Ware, optimale Regalbelegung, Marktwirkungsanalysen, Einkaufsanalysen, Personaleinsatzplanung und -verbesserung, permanente Inventur, automatische Disposition.

Hinter diesen Begrifflichkeiten offenbart sich die komplexe Struktur der Vernetzung von Handelsunternehmen und der eingesetzten Instrumente im Marketing-Mix sowie der Abhängigkeiten von Warenpräsenz und Lagerumschlag, die insgesamt nach dem Grad ihrer Erreichbarkeit und Meßbarkeit zu bewerten sind.

Volkswirtschaftlich funktional betrachtet sind Warenwirtschaftssysteme historisch neuartige Distributionseinheiten bzw. Distributionsformen zur Versorgung der Bevölkerung mit Waren und Dienstleistungen. Über den je einzelnen Distributions-, Planungs- und Organisationsaspekt hinaus fungieren Warenwirtschaftssysteme daher im umfassenderen

Verständnis als *regulative Zentren* zwischen Produktion und Konsumtion im Prozeß von Freisetzung und Vergesellschaftung. Warenwirtschaft und Warenwirtschaftssysteme können demzufolge nicht allein aus der institutionellen Einheit Betrieb, nicht allein vom Handel und seiner Distributionsfunktion aus angemessen erfaßt werden.

Was man seit 1978 den *Strukturwandel im Handel* nennt, wäre deshalb verkürzt verstanden, wenn man darunter lediglich die Strategien der Kostenoptimierung bzw. Umsatzverbesserung mittels Warenwirtschaftssystem verstünde. Der Strukturwandel im Handel zeichnet sich vielmehr aus durch den konsequenten Verdrängungswettbewerb mit Flächenexpansion und Umsatzkonzentration sowie einer darauf bezogenen Preispolitik. Hinzu kommen neue Formen der Arbeitsorganisation, der Arbeitszeit- und Vertragsgestaltung, die bis in die Belange der sozialen Sicherung hineinreichen.

Auch die Notwendigkeit, dem Unternehmen eine *unverwechselbare Identität* zu sichern, läßt sich dem Kontext des Strukturwandels zuordnen. Hieraus entspringt die Thematik Unternehmensphilosophie, Unternehmenskultur und Unternehmensstrategie als Handlungseinheit. Im engeren ökonomischen Sinne gehört zur Identitätspolitik die Portfolio-Politik.

Das "regulative Zentrum Warenwirtschaftssystem" manifestiert sich ferner in der sich neu etablierenden *Versorgungsinfrastruktur*. Sie präsentiert sich nach drei Seiten: die eine ist die Versorgung mit Waren und Dienstleistungen, die andere Seite ist die Nachfrage von Arbeitskraft bzw. die Versorgung mit Arbeitsplätzen. Komplementär zur Infrastruktur fungiert die Kultur oder Unkultur der Konsumentenversorgung mit ihren Strategien der Bedürfnisbefriedigung entweder als reale materielle bzw. ideelle Chance der Entwicklung und Bewahrung von Autonomie und Gemeinschaft, Verortung und Perspektivenbildung oder als Enteignung von dieser Chance.

3.2 Die technischen Bausteine

Die technischen Einrichtungen, die in den "regulativen Zentren zwischen Produktion und Konsumtion" zum Einsatz gelangen, sind Arbeitsmittel bzw. Organisationsmittel, die sich betriebswirtschaftlichem Kalkül verdanken. Aus dieser Sicht lassen sich die im Kontext der Distributionsfunktion des Handels als Bausteine von Warenwirtschaftssystemen eingesetzten Artefakte schwergewichtig gliedern in solche der Informationstechnik, der Lagertechnik und der Transporttechnik.

Radius der Informationstechnik
Das täglich anfallende Datenvolumen eines SB-Warenhauses ist immens. (Ein SB-Warenhaus ist ein Einzelhandelsgeschäft, das überwiegend in Selbstbedienung Güter des kurz-, mittel- und langfristigen Bedarfs anbietet. Im Durchschnitt verfügen die SB-Warenhäuser über 4000 und mehr qm Verkaufsraumfläche, und neben umfangreichen Service-Betrieben ist eine in Relation zur Verkaufsraumfläche ausreichende Anzahl an Kundenparkplätzen vorhanden (Nielsen-Definition).) Ein SB-Warenhaus führt an die durchschnittlich 38860 Artikel im Sortiment. In der Bundesrepublik finden sich etwa 550 derartiger SB-Häuser (Stand 1.1.1994). Entsprechende Verkaufsstatistiken (vgl. Report 1994/95, 505 ff.) belegen ferner, daß die Zahl der beobachteten Kunden bei gut 800 täglich liegt und die mittlere Zahl der gekauften Artikel pro Kunde bei 20. Mithin fallen in den SB-Warenhäusern durchschnittlich etwa zehn Millionen Verkaufsdatenbuchungen täglich an. Die Zahl der Buchungen insgesamt verdoppelt sich, weil jedem Warenausgang

zugleich ein Wareneingang gegenüber stehen muß (Grundsätze ordnungsmäßiger Buchführung). Neben dem reinen Warendatenumsatz wird darüber hinaus täglich eine differenzierte Analyse der Warenbewegungen und ihrer Entwicklung in Relation zu anderen Branchen erstellt, um so Hilfen für zukünftige Managementscheidungen zu erhalten. Desweiteren stehen die Datenbewegungen zwischen den Handelsbetrieben und den industriellen nationalen und internationalen Produktionseinheiten zur Erfassung an. Das mag an Belegen ausreichen, um zu zeigen, warum die Informationstechnik zu den unabdingbaren infrastrukturellen Komponenten einer organisierten Warenwirtschaft rechnet.

Öffnet man die Sichtweise von den utilitaristischen täglichen Datenbuchungen, wie hier getan, hin zu den massenhaft kommunizierten öffentlichen Warendaten, dann ist man mit der Gesamtheit an öffentlichen Fernmeldeeinrichtungen (Kommunikationsnetze) konfrontiert.

Von Belang sind für die in diesem Beitrag verfolgten Gesichtspunkte nur jene Teile der öffentlichen Organisation der Kommunikationsmittel, welche die betriebliche elektronische Datenverarbeitung in Bezug auf die Entwicklung der organisierten Warenwirtschaft sicherstellen helfen. Hierzu gehören vor allem die Datendienste der Telekom AG einschließlich der dazugehörigen technischen Einrichtungen.

Trotz der herausragenden Bedeutung der Informationsverarbeitung sind aber noch 1973 Meßzahlen für die Ausstattung des Handels mit solchen Anlagen nicht bekannt: "In der Industrie gilt es häufig als wirtschaftlich, zwischen 1 Prozent und 1,25 Prozent vom Umsatz für die EDV einzukalkulieren. Handelsunternehmen müssen geiziger bleiben. Aus dem Großhandel kennt man als obere Kostengrenze 0.35 bis 0.50 Prozent. Aus dem Einzelhandel sind Faustregeln noch unbekannt, dürften aber auf ähnlich geringe Sätze hinauslaufen" (Schramm 1973, 1). Und noch 1986 schreiben Baethge und Oberbeck: "Im Vergleich zu anderen Wirtschaftsbereichen fällt auf, daß man in den Handelsunternehmen trotz der weitgespannten inhaltlichen Zielvorstellungen, die mit der Nutzung moderner Computer- und Kommunikationstechnologie verbunden werden, diesen Rationalisierungskomplex nicht unbedingt mit absoluter Priorität verfolgt" (Baethge/ Oberbeck 1986, 125).

Die Computertechnik, um die es in diesem Zusammenhang geht, rechnet nach der Diebold-Statistik zur Produktgruppe der Standardcomputer. Dies sind *universelle Computersysteme* vorwiegend ab DM 250.000 Kaufpreis. Umgangssprachlich werden sie als Großrechner bezeichnet. Die Konfigurationsstruktur solcher Großrechner setzt sich üblicherweise aus der Zentraleinheit und den peripheren Einheiten Magnetplatte, Magnetband, Hochleistungs(laser)drucker, Datenfernübertragungseinrichtung, "local area network" (LAN), Dialogstation und mobile Datenerfassung (Scanner) zusammen. Über den Grad der Ausstattung der einzelnen Einzelhandelsunternehmen mit dieser Technik gibt es derzeit keine aktuellen Zahlen.

Folgt man dem oben bereits zitierten Artikel von Schramm im "Blick durch die Wirtschaft" weiter, dann scheinen es wohl nicht die Kapazitäten mit zentraler Rechnerleistung selbst zu sein, die für die organisierte Warenwirtschaft von Bedeutung sind, sondern - wie bei jeder EDV - die schwierigen Aufgaben der (zumeist dezentralen) Datenerfassung über *Kassen*. Die technische Entwicklung von Kassen führte von den herkömmlichen mechanischen Registrierkassen hin zu den heute üblichen elektronischen (modularen-mikroprozessorgesteuerten) Kassen. Die Unterschiede zwischen Kasse und Datenverarbeitung zerfließen dabei zunehmend. So bietet z.B. das Unternehmen ADS-

ANKER ein modulares Kassensystem mit vielfältigen Buchungsprogrammen für alle Geschäftsvorfälle an, wobei in diese Kassensysteme stationäre und mobile Scannermodule eingebaut werden können.

Mit Zentralrechner, Kassensystemen, Point of Sale (POS)-Banking-Einrichtungen (POS-Banking bedeutet die unmittelbare Belastung des Kunden-Bankkontos durch die Warenhaus-Kasse), mobiler Datenerfassung, Verbundsystem-Waage-Kasse einschließlich der dazu notwendigen Supportvorrichtungen sind die Komponenten der Informationstechnik weitestgehend benannt. Zwischen den konkurrierenden bzw. kooperierenden Interessengruppen herrschen aber, wie das Beispiel "POS-Banking" belegt, sehr unterschiedliche Vorstellungen hinsichtlich des Einsatzes und der damit verbundenen Kostenaufteilungen.

Radius der Lager- und Transporttechnik
Im Handel kommen zwei große Lagerkomplexe in Betracht. Denkt man von der Produktion her, dann können die vom Handel zu verteilenden Waren, bevor sie in die häufig dezentralen Verkaufseinheiten gelangen, zwischengelagert werden. Diese Zwischenlager sind zumeist geographisch-regional positioniert und als Hochregallager oder Fließlager organisiert.

Die Hochregallagertechnik ist im einzelnen zwar nicht spektakulär. Ihr zugeordnet werden müssen aber die rechnergesteuerten Kommissioniereinrichtungen (Kommissionierroboter), die lagerspezifischen Transporteinrichtungen, Waage-Computerelemente sowie die Großkühltechnik. So entsteht insgesamt eine logistische Optimierung. Neben den Hochregallagern spielen die Fließlager im Obst-, Gemüse- und Blumenbereich eine Rolle. In Fließlagern werden die sogenannten "Schnelldreher" eingelagert, d.h. Waren, die sich rasch umsetzen und in großen Mengen zur Auslieferung gelangen. Die Fließlager bestehen häufig aus drei Ebenen mit jeweils acht bis zehn Kanälen. Sie sind so eingerichtet, daß die beiden oberen Ebenen zur unteren Kommissionierebene gegenläufig angeordnet sind. So können die Kommissionierer bzw. die entsprechenden Handhabungsgeräte (Robotor) auf der Entnahmeseite ungestört arbeiten, während auf der Rückseite des Lagers bei Bedarf die Paletten aus den beiden oberen Ebenen in die unteren Kanäle (automatisch) umgelagert werden. Übriggebliebene Ware wird nach Beendigung des Kommissioniervorgangs ins Kühlhaus gebracht und später dann als erste wieder eingelagert.

Der zweite Typus von Lager im Handelsbereich ist das "rollende Lager" und das Lager der strategischen Geschäftseinheiten, in denen die Ware letztlich umgesetzt wird. Das rollende Lager gehört zur Transporttechnik und meint insbesondere die Containertechnik als Verkehrstechnik. Dabei handelt es sich vor allem um die Abstimmung der Volumina der Container in Bezug auf die zu kommissionierende Ware und die Anzahl der zu beliefernden Stationen. Je nach Unternehmensgröße und Unternehmensphilosophie werden die Geschäfte des Einzelhandels direkt oder über den Großhandel beliefert, wobei der Einzelhandel gegenüber den Produzenten immer mehr über die Art der Anlieferung bestimmt. Das führt dazu, daß die Hersteller ihrerseits immer mehr die Transportleistungen auf Dienstleister übertragen. Solche Dienstleister (Speditionen), aber auch die Fahrzeughersteller selbst bieten heute Logistikkonzeptionen an, die weit über die klassischen Transportfunktionen hinausgehen. Sie reichen von der Rampe des Herstellers bis ins Regal des Handels. So gestaltet z.B. Daimler-Benz die Tourenplanung für Langnese, und Siemens drängt in den gleichen Markt als Anbieter elektronischer Distributionshilfen.

Die Lager- und Transportlogistik im Einzelhandel orientiert sich an den Selos-Regeln. Sie werden von der Centrale für Coorganisation (CCG) ausgearbeitet, der auch die "Verwaltung" bzw. Etablierung der EAN-Benummerungsrationalität in der Bundesrepublik unterliegt (vgl. dazu Huisinga 1996). Die Standardregeln einheitlicher Logistiksysteme betreffen Ladehöhen für Paletten, Empfehlungen für den Warenfluß, den Warenrückruf, Codierung von Transporteinheiten und Tauschkriterien für EURO-II-Paletten (vgl. CCG-Arbeitsbericht 1989).

Bei den hier beschriebenen bzw. benannten Bausteinen handelt es sich vor allem um die "großformatigen" technischen Einheiten. Daneben existieren eine ganze Reihe von "kleinformatigen" Organisationsmitteln wie z.B. die Palettentechnik oder die Bürotechnik, welche die technische Ausstattung insgesamt vervollständigen.

Zusammenfassung
Was für den Dienstleistungsbereich des Handels ausgeführte wurde, nämlich dessen Informatisierung auf der Basis von Warenwirtschaftssystemen, gilt in ähnlichem Ausmaß auch für Banken- und Versicherungswesen. Im Bankenbereich kennzeichnet der Begriff "Electronic-Banking" den Prozeß der Informatisierung, und im Versicherungswesen wird von "Allfinanz" gesprochen. Die Informatisierung des Dienstleistungssektors dürfte, berücksichtigt man die gegenwärtigen Entwicklungen von Telematik und Multimedia, noch nicht zum Abschluß gelangt sein. Und selbst dort, wo traditionellerweise der Technisierungsgrad der Handlungsvollzüge gering war, nämlich im Rechtswesen, hat sich die Situation grundlegend geändert. Vor dem Hintergrund dieser Befunde ist die Dienstleistungshypothese mit der gebotenen Sorgfalt zu verwenden.

4. Strukturwandel auch im Dienstleistungsbereich

Im vorhergehenden Abschnitt wurde dargelegt, daß die Dienstleistungshypothese mit ihrer Unterstellung steigender Beschäftigtenzahlen im Dienstleistungsbereich in ihrer Pauschalisierung wissenschaftlich nicht haltbar ist, allenfalls für eine begrenzte Entwicklung Gültigkeit besitzt. Wenn im folgenden eine Hinwendung zur *qualitativen* Sozialforschung erfolgt, dann geschieht das eben nicht auf der Basis der Dienstleistungshypothese.

Seit mehr als 50 Jahren gibt es bezüglich der Dienstleistungsarbeit eine umfangreiche Forschung, insbesondere über die Arbeit der Angestellten sowie über deren Bewußtsein und gesellschaftlichen Status (vgl. Lederer 1912; Croner 1953; Mills 1955; Bahrdt 1958; Neundörfer 1961; Croner 1962; Braun 1964; Braun 1970; Bravermann 1980; Brandt 1987). Anhand einer neueren Studie von Martin Baethge und Herbert Oberbeck wird den Entwicklungen der Informatisierung der Dienstleistungsarbeit in Büro und Verwaltung nachgegangen.

Die Perspektive der Betrachtung
Mit ihrer Studie treten Baethge und Oberbeck (1986) aus der industriesoziologischen Qualifikationsanalyse heraus und untersuchen die Auswirkungen der Informations- und Kommunikationstechnik auf die Arbeitsprozesse und -strukturen im Dienstleistungsbereich. Die verbindende Linie zum klassischen industriesoziologischen Ansatz bildet einerseits die Analyse der Automatisierungen und Rationalisierungen, andererseits die Zusammenschau der Änderungen im Tätigkeits- und Qualifikationsprofil, in den Berufsstrukturen und Berufsperspektiven. Hier liegt auch der Grund dafür, daß die Studie für die Arbeitslehre von besonderem Interesse ist.

Die von Baethge/Oberbeck untersuchten Dienstleistungsbereiche des Handels, der Industrieverwaltung und der kommunalen Verwaltung, der Versicherungen und Banken zeichnen sich dadurch aus, daß sie die gesellschaftlichen Zirkulationsprozesse organisieren, indem sie sich der Anwendung neuer Informations- und Kommunikationstechnik bedienen, wobei es zur "weitreichenden Umgestaltung der Beschäftigungsverhältnisse, der Formen der gesellschaftlichen Kommunikation und der Steuerung betrieblicher Entscheidungsprozesse" (Baethge/Oberbeck 1986, 20) kommt. Die Umgestaltung der genannten Handlungsfelder vollziehe sich nicht mehr so sehr nach dem Prinzip der einzelfunktionbezogenen Rationalität, als vielmehr auf der Basis der systemischen Rationalität. Man könnte sagen, daß unter betriebswirtschaftlichen Gesichtspunkten nicht Substrukturen, sondern Gesamtstrukturen optimiert werden. Die systemischen Rationalisierungsprozesse im Dienstleistungsbereich umfassen:
– den betrieblichen und überbetrieblichen Informationsfluß,
– die Kommunikation über Daten,
– die Kombination von Daten,
– die Organisation von Betriebsabläufen und
– die Steuerung von unterschiedlichen Funktionsbereichen.

Wesentlich für den Typ der systemischen Rationalisierung ist, "daß er sich auf die Veränderung von *Organisationen insgesamt* und auf *ihre Einbettung* in ihre relevanten *gesellschaftlichen Handlungsfelder* (Märkte) richtet, daß er *zeitlich kontinuierlich* und ohne klar definierbare Anfangs- und Endpunkte abläuft, daß er prinzipiell *multifunktional* ansetzt und in seiner *Wirkungstiefe* und seinem *Wirkungsradius* nicht allein betriebliches Arbeits-, sondern überbetriebliches Markt- und Konsumverhalten umformt" (ebd., 405 f.; Hervorh. im Original).

Neben der Frage nach der generellen Gestaltbarkeit solcher Prozesse stellen Baethge/-Oberbeck als ein Ergebnis ihrer theoretischen Reflexionen und empirischen Analysen die Gleichzeitigkeit einer Freisetzung von Arbeitskräften und eines "qualifikatorisch folgenreichen Wandel(s) im Habitus, im alltäglichen Verhaltensstil in der Dienstleistungsarbeit" (ebd., 33) heraus. Als Hauptrichtung der Entwicklung der Qualifikationsanforderungen finde nicht eine breite "Dequalifizierung der verbleibenden Dienstleistungstätigkeiten" (ebd, 32) statt. Diese Entwicklung tritt wohl deshalb nicht ein, weil den verbleibenden Tätigkeiten nach Baethge/Oberbeck die freigesetzten Tätigkeiten gegenüberstehen, was "vor allem ... nicht in Vergessenheit geraten" dürfe (ebd., 32). Insofern müsse der Dequalifizierungsbegriff umgedeutet werden von der "Dequalifizierung *in* der Arbeit" in "Dequalifizierung durch Ausschluß *aus* der Arbeit" (ebd., 32; Hervorh. im Original).

Folgerichtig sprechen sie bei der Bestimmung der Entwicklungsrichtung der Qualifikationsanforderungen immer nur von den "verbleibenden" Angestelltentätigkeiten. Diese hingen in entscheidendem Maße davon ab, welche Hard- und Software effizient zum Einsatz gelange.

Der richtige Einsatz und die richtige Bedienung des Computers zwingt den Angestellten in ein Netz von systemvermittelter Kommunikation und Kontrolle bei gleichzeitiger Verringerung des Erfahrungswissens. In den von den Informations- und Kommunikationstechniken bestimmten Arbeitsbereichen seien neben einem "nach wie vor vorausgesetzten guten beruflichen Wissen" vermehrt "formale Qualifikationen" mit "intellektueller Beweglichkeit" gefordert. Diese Qualifikationen, so Baethge/Oberbeck, werden in den "frühen Sozialisationsprozessen ausgebildet" und können "nur begrenzt noch in der Berufsbildung erworben werden" (ebd., 33 f.). Das spiegle sich auch im großen Interesse der Dienstleistungsunternehmen an Abiturienten und Hochschulabsolventen, was darin begründet liegt, daß diese "in der Schule und in ihren Herkunftsfamilien in stärkerem Maße eine Ausbildung ihrer formalen Intelligenz erfahren haben als die Mehrheit der Haupt- und Realschulabsolventen" (ebd., 34).

Quantitative Berufsperspektiven auf den Dienstleistungsmärkten
Baethge/Oberbeck heben rückläufige Tendenzen der Beschäftigungsverhältnisse vor allem auf den unteren Ebenen der Dienstleistungstätigkeiten und neuerdings auch in den klassischen kaufmännischen Berufen hervor.

So zeigt die Analyse der sozialversicherungspflichtig Beschäftigten der Bundesanstalt für Arbeit im Zeitraum von 1976 bis 1981 einen Rückgang der Einstellungszahlen bei
– Bürohilfskräften und Schreibkräften,
– Rechnungskaufleuten und Kassiererinnen und Kassierern,
– Sekretärinnen, Steno- und Datentypistinnen sowie
– bei nicht näher spezifizierten Berufen (vgl. ebd., 303).

Den Spitzenwert verzeichnen sie im Versicherungsgewerbe bei den Kassiererinnen und Kassierern und Rechnungskaufleuten mit einem Rückgang von 17 Prozent. Demgegenüber steht zwar eine Zunahme an fachlich qualifiziertem Dienstleistungspersonal, so daß die Gesamtbeschäftigung leicht ansteigt, aber die Analyse der Arbeitslosenzahlen und -dauer im Zeitraum von 1975 bis 1983 zeigen, daß der Trend des Beschäftigungsrückgangs von den weniger qualifizierten Beschäftigungen auch auf die Angestellten in qualifizierten kaufmännischen Berufen übergreifen (vgl. ebd., 305). Baethge/Oberbeck sehen die Ursachen in den Rationalisierungsprozessen, deren Effekte aber schwer faßbar wären, was die Zuverlässigkeit von Prognosen schwierig mache. Als trendmäßige Entwicklung der Beschäftigung stellen sie zusammenfassend heraus:
– Der Trend des Bedarfsrückgangs an Bürohilfskräften, zuarbeitendem Personal und Routinesachbearbeitern der Vergangenheit werde sich auch zukünftig fortsetzen.
– Der sich bis 1981 abzeichnende - und damals schon lediglich degressiv steigende - Zuwachs an qualifiziertem Personal werde angesichts neuer Technologien (z.B. Managementinformationssysteme) "gründlich in Frage" gestellt.
– Fachabteilungen würden in Zukunft nicht aufgestockt; es sei mit einer Stagnation, wenn nicht gar mit rückläufigen Tendenzen zu rechnen.
– Unter der Effektivitätssteigerung der Rationalisierungsdynamik im oberen Dienstleistungsbereich werde von Unternehmensseite in Zukunft verstärkt auf Abiturienten und Hochschulabsolventen zurückgegriffen, so daß auch in prosperierenden und noch wachsenden Unternehmen die berufliche Position der Angestellten ins Wanken gerate (vgl. ebd., 312).

Zangenbewegung von externer Angebots- und interner Rationalisierungsdynamik
Die historische Entwicklung des Angestelltenstatus skizzieren die Autoren der Studie wie folgt:
"... einer starken Expansion der Beschäftigungszahlen in den 60er folgt ein degressives Wachstum in den 70er Jahren, das bei Versicherungen und Einzelhandel zur Stagnation tendiert ... In den vier Wirtschaftsbereichen und den Kommunalverwaltungen setzt der Übergang zu einem nur noch relativ leichten Anstieg der Beschäftigungszahlen zu unterschiedlichen Zeitpunkten ein, und in einem Fall, bei den privaten Versicherungsunternehmen, ist bereits ein leichter Rückgang der Beschäftigtenzahlen zu registrieren" (ebd., 299).

Wird in den Dienstleistungsbereichen das Ausmaß des Umsatzanstiegs, des Geschäftsvolumens und der Bruttobeitragseinnahmen in Relation zum Anstieg der Beschäftigten gesetzt, dann kommt deutlich ein Rationalisierungseffekt zum Vorschein. Die damit einhergehende "Verengung der Berufsperspektiven auf dem Arbeitsmarkt" werde sich weiter zuspitzen und sich auch auf die traditionellen Kerne der Fachangestellten ausdehnen. Durch die eigene Freisetzung von Arbeitsplätzen kann dem von Baethge/Oberbeck untersuchten Dienstleistungsbereich keine Kompensationsfunktion zum Ausgleich von Arbeitskraftpotentialen zugesprochen werden; "selbst der *innersektorale Ausgleich* auf den Dienstleistungsmärkten, ja sogar der betriebs- bzw. unternehmensinterne, (wird) schwieriger werden und von bisher nicht bekannten Selektions- und Segmentationsprozessen begleitet sein" (ebd., 310).

Deshalb konstituiere sich das Beschäftigungsniveau der Zukunft in dem Kräftediagramm von Rationalisierungsdruck, Qualifikationsanforderungen und vorhandenem Qualifikationspotential wie folgt:
"Die weitere rationalisierungsbedingte Verengung des externen wie des internen Arbeitsmarktes für Angestellte spitzt sich zusätzlich dadurch zu, daß sie in eine Zeit fällt, in welcher in einer Größenordnung wie nie zuvor in der Geschichte ein wachsendes Angebot von hochqualifizierten Schul- und Hochschulabsolventen in diesen Arbeitsmarkt hineindrängt und den Unternehmen, von der Qualifikationsseite her betrachtet, eine Strategie des Personaleinsatzes gestattet und nahelegt, die über die konsequente Nutzung vorhandener Qualifikationspotentiale eine weitere Effektivierung der Arbeitsprozesse anstrebt. Unter dem Druck dieser Zangenbewegung von externer Angebots- und interner Rationalisierungsdynamik gerät die berufliche Position der Angestellten auch in den prosperierenden und noch wachsenden Unternehmen ins Wanken" (ebd., 311 f.).

Baethge/Oberbeck bestreiten damit die Aussagekraft anderslautender Prognosen, die einen Zusammenhang zwischen technologischen Innovationen und positiven beschäftigungspolitischen Effekten sehen.

Seit Ende der 70er Jahre, dem Einzug der systemischen Rationalisierungen also, ist eine Verengung der innerbetrieblichen Karrierechancen festzustellen. Dieser "Staueffekt" ergebe sich u.a. dadurch, daß die mittleren und höheren Positionen ebenfalls durch die Rationalisierungen erfaßt würden. Außerdem wirkt das niedrige Durchschnittsalter in mittleren und oberen Positionen als Aufstiegsbarriere (ebd., 321 f.).

Auch der Übergang vom mittleren Bereich der qualifizierten Sachbearbeiter in höhere Bereiche der Fach- und Linienabteilungen werde sich in Zukunft erschweren. Die Ursachen liegen in der "*partiellen Defunktionalisierung der unteren und mittleren Führungsebene*" und in den "neuen Konzepten der Unternehmenssteuerung" (ebd., 325; Hervorh. R.H.).

Bei enger werdenden Karrierelaufbahnen richte sich die Hoffnung auf ein Weiterkommen an die Stabsabteilungen wie Organisations-, EDV- und Planungsabteilungen. Diese Aufstiegschance ist gebunden an ein erhebliches Maß an Weiterbildungsanstrengungen. Tatsächlich sind die Unternehmen im Bereich der EDV-Qualifikation an der Verbindung von Organisations- und Systemkompetenz in Kombination mit fachlichen Kenntnissen, betrieblichen Erfahrungen und einer zusätzlichen Qualifizierung an EDV-Systemen interessiert. In den untersuchten Unternehmen seien aber keine Personalwanderungen von unten in die strategisch-konzeptionellen Stabsabteilungen festzustellen gewesen. Es zeigt sich eher ein Trend in umgekehrter Richtung.

Typen qualifizierter Tätigkeiten bzw. Qualifikationsprofile
Bei der Erfassung der Tätigkeitsstrukturen und der Qualifikationsprofile in den Büros von Kreditinstituten, Versicherungen und Handel, in den Industrie- und Kommunalverwaltungen geht es darum, die Auswirkungen der Rationalisierungen inhaltlich genauer zu bestimmen. Die Autoren wenden sich gegen die Sichtweise, die Rationalisierungsfolgen zeitigten einen allgemeinen Trend der Vereinheitlichung von Tätigkeitsstrukturen und Arbeitsabläufen in der Arbeitswelt der Angestellten (vgl. ebd., 182).

Die Autoren arbeiten drei "Hauptfunktionstypen" von Dienstleistungstätigkeiten heraus:

Typ I: Kaufmännische Marktgestalter
Hierzu gehören:
- Akquisition und Gestaltung der Leistungskonditionen und Vertragsmodalitäten,
- Analyse der Marktstrukturen und Auswertung von Geschäftsangeboten und Leistungsbilanzen,
- Regulation der Rahmenbedingungen des innerbetrieblichen Vollzugs abgeschlossener Verträge.

Die Tätigkeitsstrukturen des ersten Funktionstyps lassen sich qualifizieren als:
- unmittelbarer Marktbezug des Arbeitshandelns,
- prinzipielle Offenheit der Kooperationsstruktur,
- begrenzte zeitliche Planbarkeit und damit einhergehende
- Bewältigung von ad-hoc Situationen.

Typ II: Prüfer von Vertragskonditionen und Leistungsansprüchen
Neben einer kundenorientierten Ausgestaltung der Geschäftsbeziehungen zeichnet sich dieser Funktionstyp durch die Ausrichtung der Entscheidungsgrundlagen anhand feststehender Regelungswerke (allgemeine Vertrags- und Gesetzesgrundlagen) aus. Das Arbeitshandeln folgt im Prinzip einer kontinuierlichen und weitgehend gleichförmigen Zeitstruktur.

Typ III: Abwickler von Abschlüssen und Bestandspflegearbeiten
Hierzu gehören Tätigkeiten der Nachbearbeitung, der innerbetrieblichen Administration und der Assistenzleistungen. Die Tätigkeiten im Funktionstyp III besitzen "keinen direkten oder mittelbaren Einfluß auf die Gestaltung von Geschäftsabschlüssen und Leistungsbescheiden" (Baethge/Oberbeck 1986,185).

Die Autoren der Studie gehen davon aus, daß sich alle Dienstleistungstätigkeitsgruppen in diesen drei Funktionstypen widerspiegeln und daß die Tätigkeitsprofile über den "Tätigkeitszuschnitt (Aufgabenumfang und Arbeitsteilung)", die "Arbeitsdurchführung (Arbeitsabläufe und Bearbeitungsweisen einzelner Vorgänge)" sowie durch die Kontrolle der Arbeitsabläufe und des Arbeitshandelns zu erfassen sind (vgl. Baethge/Oberbeck 1986,187).

5. Ausblick

Die von Fourastié getroffene Annahme, daß der Dienstleistungssektor auf der Basis eines geringen Technisierungsgrades sich entwickelt und als Hoffnungsmotiv für eine Vollbeschäftigung trägt, ist fragwürdig geworden. In den großen Wertschöpfungsbereichen Handel und Verkehr, Banken und Kreditgewerbe sowie Versicherungswirtschaft, aber auch in vielen Zweigen der "übrigen Dienstleistungen" ist ein unverkennbarer Zug zur Technisierung und Informatisierung zu beobachten, d.h. zur Ausschöpfung von Produktivitätsreserven. Informationstechnik tritt in diesem Zusammenhang meistens nicht in Reinkultur auf, sondern als sozio-technisches System (vgl. Ropohl 1979). Die Fragestellung allerdings ist geblieben: Welches sind die Wachstumsbranchen, welche Wirtschaftsstrukturen entwickeln sich, welcher Einfluß ist der technischen Entwicklung zuzuschreiben. Von der Dienstleistungsgesellschaft bzw. den Erörterungen um die Entwicklung des Dienstleistungssektors hat sich der Blick heute abgewendet und auf ein neues Objekt verschoben, den sogenannten Wachstumsbereich "Informationssektor" bzw. Multimedia. Zwar fixiert der Blick ein neues Objekt - um nicht zu sagen Opfer -, ob sich mit der Blickverschiebung aber schon die Problemlage ändert, bleibt fragwürdig: Da sich der Mensch als Bürger nur über das Medium der Arbeit voll entfalten kann, bleibt das alte Anliegen von Fourastié virulent, ob nämlich ausreichend Arbeit für alle und der Gesellschaft insgesamt mehr Humanität gesichert wird.

Literatur

Baethge, M.; Oberbeck, H. 1986: Zukunft der Angestellten: Neue Technologien und berufliche Perspektiven in Büro und Verwaltung. Frankfurt/New York: Campus.

Bahrdt, Hans P. 1958: Industriebürokratie, Stuttgart.

Bell, Daniel 1979: Die nachindustrielle Gesellschaft. Frankfurt, New York: Campus.

Brandt, Gerhard u.a. 1987: Computer und Arbeitsprozeß. Frankfurt: Campus.

Braun, Sigfried 1964: Zur Soziologie der Angestellten, Frankfurt.

Braun, Sigfried; Fuhrmann, Jens 1970: Angestelltenmentalität, Neuwied und Berlin.

Braverman, Harry 1980: Die Arbeit im modernen Produktionsprozeß. Frankfurt.

CCG Centrale für Coorganisation GmbH (Hrsg.) 1990: Arbeitsbericht 1989. Köln.

Clark, C. 1940: The Conditions of Economic Progress. London.

Croner, F. 1953: Die Angestellten in der modernen Gesellschaft, Frankfurt.

Croner, F. 1962: Soziologie der Angestellten, Köln und Berlin.

Fisher, A.G.B. 1939: Production, Primary, Secundary and Teriary. In: The Economic Record XV.

Fourastié, Jean 1954: Die große Hoffnung des 20. Jahrhunderts. Köln.

Friedrichs, Günter; Schaff, Adam 1982: Auf Gedeih und Verderb. Wien: Europaverlag.

Galbraith, John Kenneth 1968: Die moderne Industriegesellschaft. München: Droemer Knaur.

Gerhardt, J. 1987: Dienstleistungsproduktion: eine produktionstheorertische Analyse der Dienstleistungsprozesse. Köln.

Halfmann, Jost 1984: Die Entstehung der Mikroelektronik. Zur Produktion des technischen Fortschritts. Frankfurt u. New York: Campus.

Huisinga, Richard 1985: Technikfolgenbewertung. Bestandsaufnahme, Kritik, Perspektiven. Frankfurt am Main: G.A.F.B..

Huisinga, Richard 1986: Informationsgesellschaft morgen: Welche Konsequenzen ergeben sich für Erziehung und Bildung. In: Vorläufe. Zeitschrift für Aufsätze, Entwürfe und Vorträge. Frankfurt am Main, Nr.2.

Huisinga, Richard 1990: Dienstleistungsgesellschaft und Strukturwandel der Ausbildung. Frankfurt am Main: GAFB

Huisinga, Richard 1991: Technikfolgenabschätzung für die Informationstechnik - Anwendung der Informationstechnik in der Chemischen Technik. Hersg. vom VDI Düsseldorf.

Huisinga, Richard 1996: Theorien und gesellschaftliche Praxis technischer Entwicklung - Soziale Verschränkungen in modernen Technisierungsprozessen. Berlin: Gordon & Breach.

Hund, Wulf D. 1976: Ware Nachricht und Informationsfetisch. Zur Theorie der gesellschaftlichen Kommunikation. Neuwied: Luchterhand.

Kalbhen, Uwe; Krückeberg, Fritz; Reese, Jürgen (Hrsg.) 1980: Gesellschaftliche Auswirkungen der Informationstechnologie. Ein internationaler Vergleich. Frankfurt am Main: Campus.

Kern, L. 1976: Probleme der postindustriellen Gesellschaft. Köln.

Lederer, E. 1912: Die Privatangestellten in der modernen Wirtschaftsordnung, Tübingen.

Mills, C.W. 1955: Menschen im Büro, Köln.

Neundörfer, L. 1961: Die Angestellten. Neuer Versuch einer Standortbestimmung, Stuttgart.

Nora, Simon; Minc, Alain 1979: Die Informatisierung der Gesellschaft. Frankfurt am Main: Campus.

Rammert, Werner; Bechmann, Gotthard (Hrsg.) 1989: Technik und Gesellschaft - Jahrbuch 5: Computer, Medien, Gesellschaft. Frankfurt am Main: Campus.

Report Lebensmittelzeitung 1994/95. Markt- und Strukturdaten der Nahrungs- und Genußmittelbranche. Frankfurt am Main: Deutscher Fachverlag 1995.

Resse, Jürgen u.a. 1979: Die politischen Kosten der Datenverarbeitung. Frankfurt am Main: Cmapus.

Resse, Jürgen; Kubicek, Herbert; Lange, Bernd-Peter; Lutterbeck, Bernd; Reese, Uwe 1979: Gefahren der informationstechnologischen Entwicklung. Perspektiven der Wirkungsforschung. Frankfurt am Main: Campus.

Ropohl, Günter u.a. 1978: Maßstäbe der Technikbewertung. Düsseldorf.

Ropohl, Günter 1979: Eine Systemtheorie der Technik. Zur Grundlegung der Allgemeinen Technologie. München und Wien: Hanser.

Ropohl, Günter (Hrsg.) 1981: Interdisziplinäre Technikforschung. Berlin.

Ropohl, Günter 1985: Die unvollkommene Technik. Frankfurt: Suhrkamp.

Ropohl, Günter 1991: Technologische Aufklärung. Beiträge zur Technikphilosophie.

Frankfurt am Main: Suhrkamp.

Schramm, Herbert F.W. 1973: Computer für den Handel. Ungewöhnlich anpassungsfähige Systeme sollen Informationsbedarf des Handels erfüllen. In: Blick durch die Wirtschaft vom 3. Juli 1973. S.1.

Statistisches Bundesamt (Hrsg.)1988, 1989, 1990: Fachserie 18, Reihe S.11. Wiesbaden.

Statistisches Bundesamt (Hrsg.) 1993 bis 1995: Statistische Jahrbücher.

Statistisches Bundesamt (Hrsg.) 1979: Systematik der Wirtschaftszweige mit Erläuterungen. Wiesbaden.

Steinbuch, Karl 1968: Die informierte Gesellschaft. Geschichte und Zukunft der Nachrichtentechnik. Hamburg: Rowohlt.

Uhlenbruck, N. 1975: Dienstleistungen als Innovationspotential für Unternehmungen des verarbeitenden Gewerbes. Köln.

Völker, A. 1984: Allokation von Dienstleistungen. Frankfurt am Main.

Weizenbaum, Josef 1980: Die Macht der Computer und die Ohnmacht der Vernunft. Frankfurt am Main: Suhrkamp.

Wolfe, M. 1955: The Concept of Economic Sectors. In: The Quaterly Journal of Economics Bd. 69 London.

Personalpolitik

Walter A. Oechsler

1. Grundlagen betrieblicher Personalpolitik

Der Begriff der *Personalpolitik* bezieht sich auf die allgemeinen Grundsatzentscheidungen, welche auf das Personal als die Gesamtheit der in einem Unternehmen beschäftigten Arbeitnehmer gerichtet sind (vgl. Macharzina 1992, Sp. 1780). Derartige Grundsatzentscheidungen stehen in einem Wechselverhältnis mit dem externen gesellschaftlichen Kontext und mit den anderen Teilpolitiken im Rahmen der Unternehmenspolitik. Sie konkretisieren sich in personalpolitischen Grundsätzen, Strategien und Zielen.

1.1 Gesellschaftlicher Bezugsrahmen der Personalpolitik

Der gesellschaftliche Bezugsrahmen der Personalpolitik ist durch Einflußfaktoren und Entwicklungstendenzen gekennzeichnet, die einerseits personalpolitische Entscheidungen beeinflussen und die andererseits durch die Personalpolitik zu beeinflussen versucht werden.

Derartige Bereiche sind gegenwärtig vor allem der Arbeitsmarkt, der gesellschaftliche Wertewandel, informations- und kommunikationstechnologische Neuerungen, gesetzliche Entwicklungen sowie die Internationalisierung der Unternehmenstätigkeit (vgl. Macharzina, 1992, Sp. 1785 f.). Personalpolitische Entscheidungen schlagen sich auf dem *Arbeitsmarkt* in Zu- oder Abflüssen nieder, was sich wiederum auf das Image des Arbeitgebers auf dem Arbeitsmarkt auswirkt. Dieses Image wird weiterhin durch die Art beeinflußt, wie personalpolitische Entscheidungen z.B. auf den *Wertewandel* ausgerichtet werden. Ausdruck des Wertewandels ist, daß sog. Pflicht- und Akzeptanzwerte in den Hintergrund treten und sog. postmaterialistische Werte, wie die Möglichkeit zur Selbstbestimmung und eine hohe Lebensqualität immer bedeutender werden. Personalpolitisch kann auf diesen Wertewandel durch Grundsätze der Arbeitsorganisation und der Anreizpolitik reagiert werden. *Neue Technologien*, insbes. Informationstechnologien, stellen hohe Anforderungen an technologischen Wandel und Qualifikationsanpassung, die sich personalpolitisch als Problem der Prognose personeller Auswirkungen technischer Neuerungen auswirken. *Gesetzliche Regelungen* determinieren personalpolitische Handlungsspielräume, wobei auf gesetzlicher Ebene in der Regel Schutzbestimmungen als absolute Determinanten personalpolitischer Entscheidungen festgelegt, auf tariflicher Ebene materielle Arbeitsbedingungen zwischen den Sozialpartnern ausgehandelt und im Rahmen der betrieblichen Mitbestimmung soziale Angelegenheiten mit den Arbeitnehmervertretungsorganen vereinbart werden. Schließlich stellt sich bei zunehmender *Internationalisierung* der Unternehmenstätigkeit im Rahmen der Personalpolitik das Problem der Vereinbarkeit verschiedener kultureller Kontexte und auch Wert- und Normensysteme.

1.2 Stellung der Personalpolitik im Rahmen der Unternehmenspolitik

Unternehmensintern stellt die Personalpolitik keinen unabhängigen eigenständigen Entscheidungsbereich dar. Die *Unternehmenspolitik* setzt sich aus verschiedenen Teilpolitiken zusammen, wie z.B. der Absatzpolitik, der Produktionspolitik, der Investitions- und

Finanzpolitik und der Personalpolitik. Die Personalpolitik ist in ihren Zusammenhängen zu den übrigen Teilpolitiken und hinsichtlich ihrer Integration in die Unternehmenspolitik zu sehen.

Aus theoretischer Sicht wird diesem Interdependenz- und Integrationsproblem im Rahmen des *Human Resource Management Ansatzes* Rechnung getragen, bei dem eine Integration von Produktstrategie, Organisationsstruktur und Human Resource Management stattfindet. Dies bedeutet, daß simultan mit der Festlegung des Produktionsprogramms, die Organisationsstruktur eines Unternehmens und auch die "human resource policies" (= Personalpolitik) festgelegt werden müssen (vgl. Liebel/Oechsler 1994, 7; Devanna et al. 1984).

Abb. 1: Integration von Strategie, Organisationsstruktur und Human Resource Management

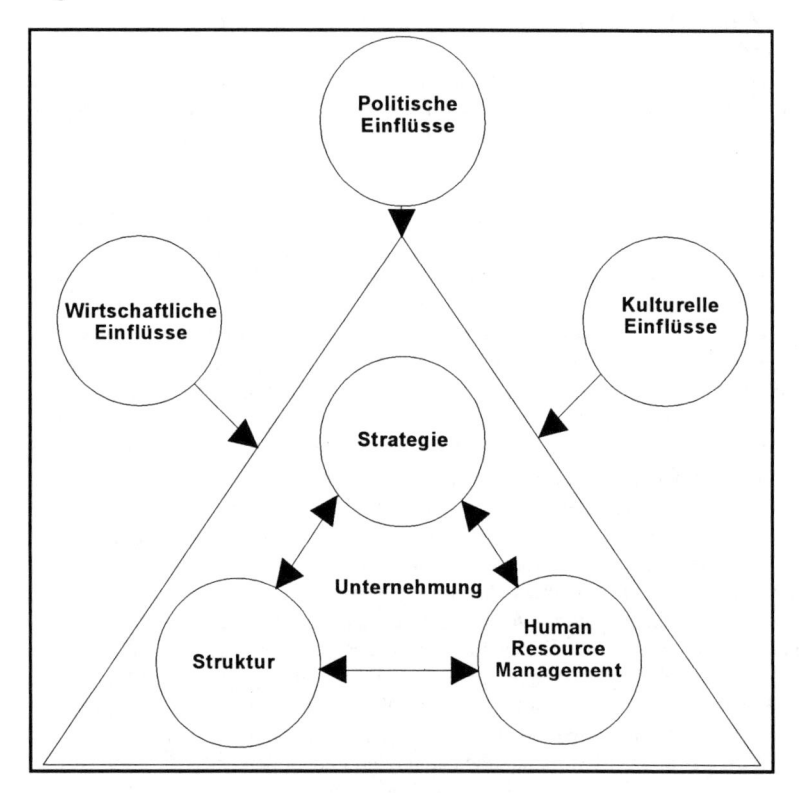

Die *integrative Abstimmung* von Strategie (Produkt-Markt-Konzept), Struktur und Human Resource Management konkretisiert als Personalpolitik ist erforderlich, um strategische Erfolgsfaktoren und auch Engpaßfaktoren in diesen Bereichen erkennen zu können. Eine noch so gute Produktstrategie wird kaum erfolgreich sein, wenn nicht die entsprechenden Vertriebsstrukturen und Qualifikationen des Personals vorhanden sind. Daraus ergibt sich weiterhin, daß die Personalpolitik Entscheidungen in der Unternehmung über Grundsätze, Ziele und Strategien mit unternehmenspolitischen Maximen abstimmen muß.

1.3 Personalpolitische Grundsätze, Strategien und Ziele

Die Formulierung personalpolitischer Grundsätze, Strategien und Ziele stellt somit eine mit der gesamten Unternehmenspolitik abgestimmte Grundhaltung gegenüber erwarteten Herausforderungen des Umweltkontextes dar. Neben der Orientierung am externen Kontext werden auch Verknüpfungen bzw. Wechselwirkungen innerhalb der Organisation berücksichtigt (vgl. Oechsler 1997, 83).

Personalpolitische *Grundsätze* ergeben sich bspw. durch Ausrichten am Wettbewerb, was dazu führt, daß Dezentralisierungs- und Flexibilisierungstendenzen sowie flachere Hierarchien und verkürzte Entscheidungswege angestrebt werden. Derartige Grundsätze sind auf die einheitliche Ausrichtung personalpolitischer Einzelentscheidungen gerichtet. Dies vermitteln personalpolitische *Strategien*, indem lang- und mittelfristig zu erreichende unternehmerische Erfolgsgrößen mit entsprechenden Qualifikationsniveaus gekoppelt werden. Diese werden in Form personalpolitischer Ziele weiter konkretisiert und kurzfristig ausgerichtet.

Personalpolitische *Ziele* sind in der Regel durch eine Dualität der Zielsetzung gekennzeichnet. Zum einen ergibt sich aus dem marktwirtschaftlichen System ein formales *Leistungsziel*, das sich in Rentabilität konkretisiert. Dies bedeutet, daß sich eingesetztes Kapital langfristig in Form von Gewinn verzinsen muß. Personalpolitisch steht weiterhin das Humanisierungsziel im Vordergrund, das sich darum zentriert, dem Personal menschengerechte Arbeitsplätze zur Verfügung zu stellen. Zwischen diesen Zielen können ebenso Konfliktbeziehungen entstehen wie zwischen personalpolitischen Strategien, die zum einen auf den Aufbau und die Weiterentwicklung von Mitarbeiterpotentialen gerichtet sein können, aber auch auf deren unmittelbare Verwertbarkeit im Produktionsprozeß oder auch Freisetzung.

Grundsätze, Strategien und Ziele der Personalpolitik sollen im internen Kontext bestimmte Funktionen auf das personalpolitische Instrumentarium haben. Das personalpolitische Instrumentarium wird hier systematisiert in Anlehnung an den im Rahmen des Human Resource Management Ansatzes entwickelten Human Resource Kreislauf, der von der Personalplanung und -beschaffung über die Personalauswahl und -einstellung etc. bis zur Personalfreistellung reicht (siehe Abb. 2 auf der folgenden Seite).

2. Funktionen betrieblicher Personalpolitik

Unternehmensintern erfüllt die betriebliche Personalpolitik die Funktion der sozialen Kontrolle (vgl. Krell 1994, 15 ff.), indem sie das Individuum in die Unternehmung integriert, personalpolitische Instrumentarien koordiniert und ordnet und schließlich auf emotionaler Ebene das Personal zur Leistung motivieren soll.

2.1 Integrationsfunktion

Die *Integrationsfunktion* besteht darin, daß Personal, mit dem eine arbeitsvertragliche Bindung eingegangen wurde, in eine Organisation integriert wird. Per Arbeitsvertrag kann auf dem Arbeitsmarkt allerdings weder die Person noch eine hinsichtlich ihrer Qualität und Quantität eindeutig bestimmte Arbeitsleistung gekauft werden, sondern nur das Arbeitsvermögen bzw. die Arbeitskraft des zum Personal gewordenen Menschen (vgl. Krell 1994, 15). Mit dieser Integrationsfunktion soll ein zweifaches Transforma-

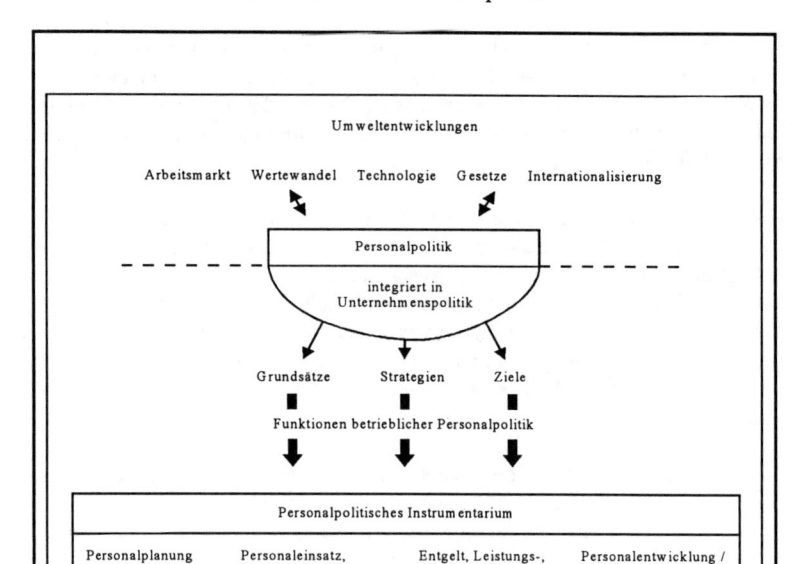

Abb. 2   Interner und externer Kontext der Personalpolitik

```
                          Umweltentwicklungen

         Arbeitsmarkt  Wertewandel  Technologie  Gesetze  Internationalisierung
                              ↘         ↓         ↙
                         ┌─────────────────────────┐
                         │    Personalpolitik      │
  - - - - - - - - - - - -│     integriert in       │- - - - - - - - -
                         │   Unternehmenspolitik   │
                         └─────────────────────────┘
                              ↓         ↓         ↓
                         Grundsätze  Strategien  Ziele
                              ■         ■         ■
                         Funktionen betrieblicher Personalpolitik
                              ↓         ↓         ↓

                    Personalpolitisches Instrumentarium
   Personalplanung   Personaleinsatz,    Entgelt, Leistungs-,   Personalentwicklung /
   und -beschaffung  Personalauswahl     Anreiz- und            Personalfreisetzung
                     und -einstellung    Belohnungssysteme
```

tionsproblem gelöst werden, daß nämlich Menschen mit bestimmten Einstellungen, Fähigkeiten und auch Emotionen über den Arbeitsvertrag zu Personal transformiert werden, das nur eine bestimmte Arbeitsleistung zu erbringen hat. Beim Vollzug von Arbeit taucht das zweite Transformationsproblem auf, daß nämlich der Mensch nicht nur auf Arbeitskraft und -leistung reduzierbar ist, sondern bei der Arbeit z.B. Emotionen und Gefühle zeigt. Mit Blick auf dieses zweifache Transformationsproblem stellen sämtliche personalpolitische Aktivitäten Medien sozialer Kontrolle und damit Beiträge zur Lösung des zweifachen Transformationsproblems dar.

2.2   Koordinations- und Ordnungsfunktion

Der Personalpolitik kommt eine *Koordinationsfunktion* hinsichtlich struktureller Interessenkonflikte zwischen Unternehmensleitung und Personal bzw. den Arbeitnehmervertretern zu. Der strukturelle Interessengegensatz besteht darin, daß Zuwendungen an das Personal z.B. in Form von Löhnen und Gehältern als Aufwendungen den erreichbaren Gewinn des Unternehmens mindern. Personalpolitische Entscheidungen bestehen in diesem Zusammenhang aus generellen und grundsätzlichen Entscheidungen, welche auf den Interessenausgleich zwischen Arbeitnehmern und Unternehmensleitung ausgerichtet sind, um gemeinsames Handeln zu ermöglichen (vgl. Macharzina 1992, Sp. 1781). Dies zeigt sich z.B. in der Vereinbarung von Entgeltgrundsätzen und -systemen (vgl. Arbeitsbewertung und Entgelt), um den genannten Verteilungskonflikt zu lösen. Weiterhin kommt der Personalpolitik eine *Ordnungsfunktion* zu, indem personalpolitische Systeme bereitgestellt werden, die eine Gleichbehandlung des Personals gewährleisten sollen. Hierzu gehören bspw. Systeme der Personalauswahl, ferner Systeme der Entgeltfindung und der Personalentwicklung.

2.3 Motivationsfunktion

Die Personalpolitik soll Anreize für das Personal bereitstellen, um bestimmte Leistungen zu erbringen. In dieser Hinsicht kommt der Personalpolitik eine *Motivationsfunktion* zu. Die Formulierung der Personalpolitik stellt einen Prozeß dar, der als Ergebnisse Grundsätze, Strategien und Ziele hervorbringt, die für die Mitarbeiter handlungsleitend in Arbeitssituationen sein sollen. Dies bedeutet, daß die Mitarbeiter motiviert werden, ein entsprechend zielorientiertes Verhalten zu zeigen (vgl. Oechsler 1997, 102 ff.).

Aus personalpolitischer Sicht kommt es dabei darauf an, ein motivierendes Klima zu schaffen, das in einer Organisationskultur resultiert, mit der sich das Personal identifizieren kann. Die *Organisationskultur* ist ein Produkt der Integrations-, Koordinations- und Motivationsbemühungen. Sie resultiert aus dem Anreizspektrum, das mit dem Einsatz der folgenden personalpolitischen Instrumente verbunden ist.

3. Personalpolitische Instrumente

Personalpolitische Instrumente sind diejenigen Aktionsparameter, die zur Verfügung stehen, um die Funktionen der Personalpolitik zu entfalten sowie personalpolitische Grundsätze, Strategien und Ziele in die Realität umzusetzen (vgl. v. Eckardstein/ Schnellinger 1978, 69). Die personalpolitischen Instrumente beziehen sich dabei auf sämtliche personalwirtschaftliche Gestaltungsbereiche von der Personalplanung und der Personalbeschaffung über die Personalauswahl und Personaleinstellung zur Leistungserstellung, dem Personaleinsatz, Entgelt und der Gestaltung von Anreiz- und Belohnungssystemen sowie der Personalentwicklung bis zur Freisetzung.

3.1 Personalplanung und Personalbeschaffung

Die *Personalplanung* dient der Konkretisierung der Personalpolitik in Form von Handlungsentwürfen. Durch sie wird kurz-, mittel- und langfristig der qualitative und quantitative Personalbedarf analysiert und prognostiziert.

Aus personalpolitischer Sicht kommt der Personalplanung vor allem die Funktion der Integration mit der Unternehmensplanung zu. Dies kann z.B. geleistet werden durch eine integrierte Investitions- und Personalplanung, bei der simultan eine Analyse personalpolitischer Auswirkungen von Investitionen durchgeführt wird (vgl. Strohmeier 1995). Dies läßt sich am Beispiel der Automobilindustrie veranschaulichen. Sobald dort Entscheidungen über Investitionen in Fertigungsverfahren und über Fertigungstechnologien getroffen wurden, kann eine Analyse stattfinden, wie sich die neuen Fertigungsverfahren auf den qualitativen und quantitativen Personalbedarf auswirken. Als Ergebnis dieser Analyse kann z.B. auch die Investitionspolitik durch die personalpolitisch gewünschte Qualifikationsstruktur beeinflußt werden. Bei hochkomplexen Technologien stellt die Qualifikationsstruktur des Personals durchaus einen Engpaßfaktor und damit Erfolgs- oder Mißerfolgsfaktor für die gesamte Unternehmenspolitik dar (vgl. Oechsler 1997, 111 ff.).

In diesem Zusammenhang kommt der *Personalbeschaffung* eine Schlüsselfunktion zu. Personalpolitisch kann nämlich Personalbedarf über den internen Arbeitsmarkt oder über den externen Arbeitsmarkt gedeckt werden. Der interne Arbeitsmarkt besteht aus dem vorhandenen Humanvermögen, das einen Bestand an Fachkenntnissen und sozialen Fähigkeiten aufweist. Die Pflege des internen Arbeitsmarktes und dessen Erhöhung durch Humankapital-Investitionen in Form von Weiterbildungsmaßnahmen sind ebenso personalpolitische Zielsetzungen wie die interne Personalbeschaffung, um Entwicklungsmöglichkeiten zu bieten.

Der externe Arbeitsmarkt stellt personalpolitisch eine Alternative zum internen Arbeitsmarkt dar. Bei externer Personalbeschaffung wurden die Humankapital-Investitionen von anderer Seite getätigt. Dieser Arbeitsmarkt ist allerdings intransparenter und erfordert unternehmerische Arbeitsmarktforschung (vgl. Scherm 1990).

3.2 Personalauswahl und -einstellung

Personalpolitisches Grundprinzip bei der *Personalauswahl* ist ein Abgleich des Anforderungsprofils von zu besetzenden Stellen mit Eignungsprofilen von Bewerbern. Ausgangspunkt hierfür ist eine Arbeitsanalyse der zu besetzenden Stelle. Aus der Arbeitsanalyse läßt sich ein Anforderungsprofil der Stelle ableiten, das Auskunft gibt z.B. über das Ausmaß an dispositiver Planungstätigkeit, ausführender Tätigkeit, kontrollierender Tätigkeit und der Verantwortung in finanzieller und personeller Hinsicht. An diesem Anforderungsprofil werden dann Bewerberinnen und Bewerber gemessen. Die entsprechenden Eignungsprofile kann man über einen biographischen Fragebogen erhalten, bei dem Bildungs- und Ausbildungsabschlüsse sowie praktische Tätigkeiten erhoben werden. Die Auswertung derartiger Bewerbungsunterlagen dient in aller Regel der Personalvorauswahl. Dieser schließt sich in der Regel ein Auswahlgespräch für die in die engere Wahl genommenen Bewerberinnen und Bewerber an. Ein solches Vorstellungsgespräch dient der Analyse des Ausdrucks- und des Sozialverhaltens und auch der Erforschung von Motivationslagen. Zusätzlich zum Auswahlgespräch können Auswahltests und auch sog. Assessment Center durchgeführt werden (vgl. Oechsler 1997, 176 ff, ferner 3.5).

Der *Personaleinstellung* liegt der Abschluß eines Arbeitsvertrages zugrunde. Der Arbeitsvertrag kann aus einem unbefristeten Vollarbeitsverhältnis bestehen oder aber auch aus einem Teilzeitarbeitsverhältnis bzw. einem befristeten Arbeitsverhältnis. Aus personalpolitischer Sicht kann ein Unternehmen damit eher auf Dauerarbeitsverhältnisse abstellen oder auch flexibel auf Beschäftigungsspitzen reagieren.

3.3 Personaleinsatz, Entgelt und Leistung

Personalpolitischer Grundsatz beim *Personaleinsatz* ist das Vermeiden von Anforderungs- oder Eignungsunterdeckungen bzw. -überhängen. Personal soll damit auf den Stellen eingesetzt werden, bei denen das Anforderungsprofil der Stelle und Eignungsprofil des Personals übereinstimmen. Der Anforderungscharakter der Stelle wird auch der *Entgeltfindung* zugrunde gelegt, indem Grundentgelte über Arbeitsbewertung anforderungsgerecht abgestuft werden. Höheres Grundentgelt ist damit nur möglich über Einsatz auf einer höher bewerteten Stelle (vgl. Beitrag Arbeitsbewertung und Entgelt).

Weiterhin wird bei der Entgeltfindung nach *Leistung* differenziert. Damit soll dem Umstand Rechnung getragen werden, daß auf gleichbewerteten Stellen Mitarbeiter unterschiedliche Leistungen erbringen. Voraussetzung der Leistungsbeurteilung ist die Festlegung von Leistungserwartungen als Soll-Größen. Am Ende eines Beurteilungszeitraums (üblicherweise 1 Jahr) wird ein Soll-Ist-Vergleich durchgeführt und auf dieser Grundlage evtl. eine Leistungszulage vergeben. In der leistungsorientierten Entgeltkomponente schlägt sich die Realisierung des personalpolitischen Leistungsziels nieder.

3.4 Anreiz- und Belohnungssysteme

Die Funktion von *Anreizsystemen* besteht darin, Motivation zu erzeugen und damit zu Leistungen anzuspornen. Finanzielle Leistungszulagen bis zu 20 - 25 % des Grundentgelts dienen ebenso als Anreizfaktor wie Beförderung auf der Grundlage guter Leistungen.

Im Zuge des Wertewandels hat es sich allerdings herausgestellt, daß nicht nur finanzielle Anreize eine Motivationswirkung erzielen, sondern auch immaterielle *Belohnungen* eine große Motivationswirkung erreichen können. Hierzu gehört die Anerkennung von Leistungen und auch die größere Selbstbestimmung bei der Arbeit und z.B. auch bei der Wahl der Entgeltbestandteile.

In diesem Zusammenhang wurden sog. *Cafeteria-Systeme* entwickelt, bei denen das Personal Entgeltbestandteile aus einer Angebotspalette wie ein Menü zusammenstellen kann. Zu diesen Angeboten gehören neben dem Direktentgelt Versicherungsleistungen, Arbeitszeit (Verkürzung oder Sonderurlaube), Zusatzrentenversicherungen, Leasing-Wagen etc. Allerdings werden die Gestaltungsspielräume von Cafeteria-Systemen durch gesetzliche und tarifliche Regelungen stark eingeschränkt.

Für Führungskräfte kommen zunehmend strategisch orientierte Anreiz- und Belohnungssysteme zur Anwendung. Durch die Kopplung von Belohnungen an langfristig zu erreichende Zielsetzungen, wie z.B. Marktanteile, soll nicht nur strategisches Denken gefördert werden, sondern auch kurzfristiger Einkommensmaximierung über jährliche Leistungszulagen vorgebeugt werden (vgl. Becker 1990).

3.5 Personalentwicklung

Im Zuge der ständigen vor allem auf den Einsatz neuer Technologien zurückzuführenden Höherqualifizierungstendenz wird eine entwicklungsorientierte Personalpolitik immer wichtiger (vgl. Engelhard 1984). *Personalentwicklung* setzt systematisch bei der Leistungsbeurteilung an, indem im Anschluß an die Leistungsbeurteilung ein Mitarbeiterbeurteilungs- und -fördergespräch durchgeführt wird. Die Thematisierung von Stärken und Schwächen bei der Leistung in diesem Gespräch leitet in die Diskussion von Personalentwicklungsmaßnahmen über. Hierbei kann es sich sowohl um die Verbesserung von Leistungen durch Schulungs- und Weiterbildungsmaßnahmen handeln oder die Honorierung guter Leistung durch Beförderungen.

Dabei ist allerdings zu beachten, daß Leistungsbeurteilung immer nur auf einen abgelaufenen Zeitraum gerichtet ist und damit keine prognosefähigen Aussagen über potentiell gute Leistung in einer höher bewerteten Position möglich sind. Hierfür kann das Instrument des Assessment Centers eingesetzt werden, bei dem in Laborsituationen die Anforderungen höher bewerteter Stellen simuliert werden und die Probanden von einer Mehrheit von geschulten Beurteilern bewertet werden. Personalentwicklung dient damit vor allem der Förderung von Mobilität auf dem internen Arbeitsmarkt.

3.6 Personalfreisetzung

Unter *Personalfreisetzung* wird die Beendigung des Arbeitsverhältnisses verstanden. Befristete bzw. bedingte Arbeitsverhältnisse enden in der Regel durch Fristablauf bzw. Eintritt der Bedingung. Weiterhin kann ein Arbeitsverhältnis durch Aufhebungsvertrag beendet werden. Für Führungskräfte sind Aufhebungsverträge mit Unterstützung beim Finden einer neuen Arbeitsstelle in Form des *Outplacement* weit verbreitet, da insbesondere bei diesem Mitarbeiterkreis neben den rechtlichen und finanziellen Aspekten der Auflösung eines Arbeitsvertrages auch die Wirkung auf das Unternehmensimage am Arbeitsmarkt zu beachten ist.

Wichtigste Art der Personalfreisetzung ist die *Kündigung*, die sich als außerordentliche Kündigung bei einer schwerwiegenden Störung der sich aus dem Arbeitsverhältnis ergebenden Arbeitnehmerpflichten ergeben kann, welche die Fortsetzung des Arbeitsverhältnisses unzumutbar macht. Der Normalfall stellt die ordentliche Kündigung dar, bei der eine Kündigungsfrist zu beachten ist und für die das sog. ultima-ratio-Prinzip gilt. Das ultima-ratio-Prinzip bedeutet, daß der Arbeitgeber alle Möglichkeiten der Kündigungsvermeidung ausschöpfen muß, insbes. die Weiterbeschäftigung auf einem anderen Arbeitsplatz prüfen muß, bevor er zur Kündigung schreitet. Nach Kündigungsschutzgesetz sind Gründe für eine sozial gerechtfertigte Kündigung die verhaltensbedingte Kündigung, die personenbedingte Kündigung und die betriebsbedingte Kündigung (vgl. Oechsler 1997, 215).

Verhaltensbedingte Kündigungsgründe können im vertragswidrigen Verhalten des Arbeitnehmers liegen und setzen eine Abmahnung durch den Arbeitgeber voraus. Personenbedingte Kündigungsgründe liegen in dem Verlust der Fähigkeit zur Erbringung der Arbeitsleistung. Betriebsbedingte Kündigungsgründe stellen die Anpassung des realen Personalbestandes an den tatsächlichen Personalbedarf dar und erfordern bei dieser Personalanpassung eine sog. Sozialauswahl. Für die Sozialauswahl hat der Arbeitgeber den Kreis der zu kündigenden Arbeitnehmer zu definieren, eine Rangfolge nach sozialen Gesichtspunkten aufzustellen und ggfs. begründet unentbehrliche Arbeitnehmer auszusondern. Massenentlassungen sind an eine Anzeigepflicht gegenüber Arbeitsamt und Betriebsrat gebunden und erfordern einen mitbestimmungspflichtigen Interessenausgleich und einen Sozialplan (vgl. Oechsler 1997, 221).

Der Betriebsrat ist vor jeder Kündigung zu informieren und innerhalb einer bestimmten Frist anzuhören, wobei er von einem Widerspruchsrecht Gebrauch machen kann. Der gekündigte Arbeitnehmer kann vor dem Arbeitsgericht Kündigungsschutzklage erheben, um ggfs. überprüfen zu lassen, ob eine Kündigung sozial gerechtfertigt ist. (vgl. Abb. 3 u. 4 auf den folgenden Seiten)

Personalpolitisch bedeutet das Regelwerk zur Personalfreisetzung, daß der Arbeitgeber dazu angehalten wird, Personalfreisetzung als ultima ratio einzusetzen (vgl. Oechsler 1997, 215 ff.).

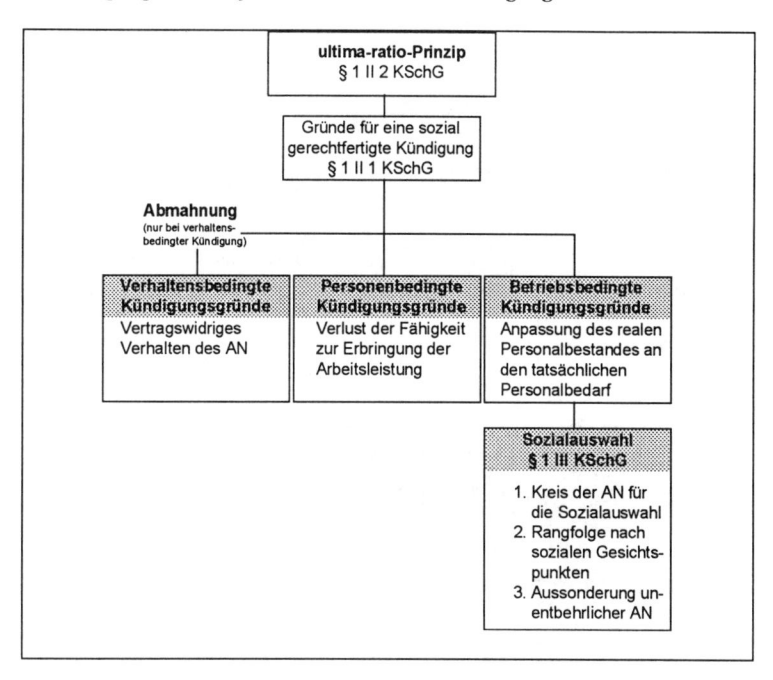

Abb. 3: Kündigungsvorschriften bei ordentlicher Kündigung

```
                    ┌─────────────────────────┐
                    │   ultima-ratio-Prinzip  │
                    │      § 1 II 2 KSchG     │
                    └─────────────────────────┘
                                │
                    ┌─────────────────────────┐
                    │  Gründe für eine sozial │
                    │  gerechtfertigte Kündigung│
                    │      § 1 II 1 KSchG     │
                    └─────────────────────────┘
┌──────────────┐           │
│  Abmahnung   │           │
│(nur bei      │───────────┤
│verhaltens-   │           │
│bedingter     │           │
│Kündigung)    │           │
└──────────────┘           │
        ┌──────────────┬───┴──────────┬──────────────┐
        │Verhaltens-   │Personen-     │Betriebs-     │
        │bedingte      │bedingte      │bedingte      │
        │Kündigungs-   │Kündigungs-   │Kündigungs-   │
        │gründe        │gründe        │gründe        │
        │Vertragswidriges│Verlust der │Anpassung des │
        │Verhalten des AN│Fähigkeit   │realen        │
        │              │zur Erbringung│Personalbestandes│
        │              │der Arbeits-  │an den tatsäch-│
        │              │leistung      │lichen Personal-│
        │              │              │bedarf        │
        └──────────────┴──────────────┴──────────────┘
                                            │
                                ┌─────────────────────┐
                                │   Sozialauswahl     │
                                │    § 1 III KSchG    │
                                └─────────────────────┘
                                1. Kreis der AN für
                                   die Sozialauswahl
                                2. Rangfolge nach
                                   sozialen Gesichts-
                                   punkten
                                3. Aussonderung un-
                                   entbehrlicher AN
```

4. Arbeitsrechtlicher Regelungsrahmen personalpolitischer Instrumente

Das Arbeitsrecht stellt für die Personalpolitik und insbes. für den Einsatz personalpolitischer Instrumente einen Regelungsrahmen dar, der personalpolitische Optionen einschränkt, wie dies am Beispiel der Personalfreisetzung deutlich wurde.

Die Logik des arbeitsrechtlichen Regelungsrahmens stellt sich so dar, daß der Arbeitgeber bei Personalplanung und -auswahl relativ frei entscheiden kann, während er bei der Personalentwicklung und vor allem -freisetzung aus rechtlicher Sicht stark in die Pflicht genommen wird.

Hinsichtlich der *Personalplanung* ist es dem Arbeitgeber nämlich freigestellt, ob er überhaupt eine Personalplanung durchführt. Sofern er dies tut, unterliegt er Informations- und Erörterungsrechten mit dem Betriebsrat.

Bei der *Personaleinstellung* hat der Betriebsrat ein Widerspruchsrecht, das allerdings an im Gesetz definierte Gründe gebunden ist (z.B. Widerspruchsrecht bei einem Arbeitnehmer, der erwarten läßt, daß er den Betriebsfrieden stört). Hinsichtlich der Gestaltung des Arbeitsverhältnisses wurden mit dem Beschäftigungsförderungsgesetz 1985 (verlängert 1990 und 1994) Flexibilisierungsmöglichkeiten im Arbeitsvertragsrecht eröffnet. Damit sind befristete Arbeitsverhältnisse und Teilzeitarbeitsverhältnisse als sog. prekäre Arbeitsverhältnisse ohne ökonomischen Grund möglich. Weiterhin wurden job-sharing-Arbeitsverhältnisse ermöglicht und die Arbeitnehmerüberlassung liberalisiert.

Abb. 4: Ordentliche und außerordentliche Kündigung in Betrieben mit Betriebsrat (in Betrieben mit i.d.R. > 10 AN)

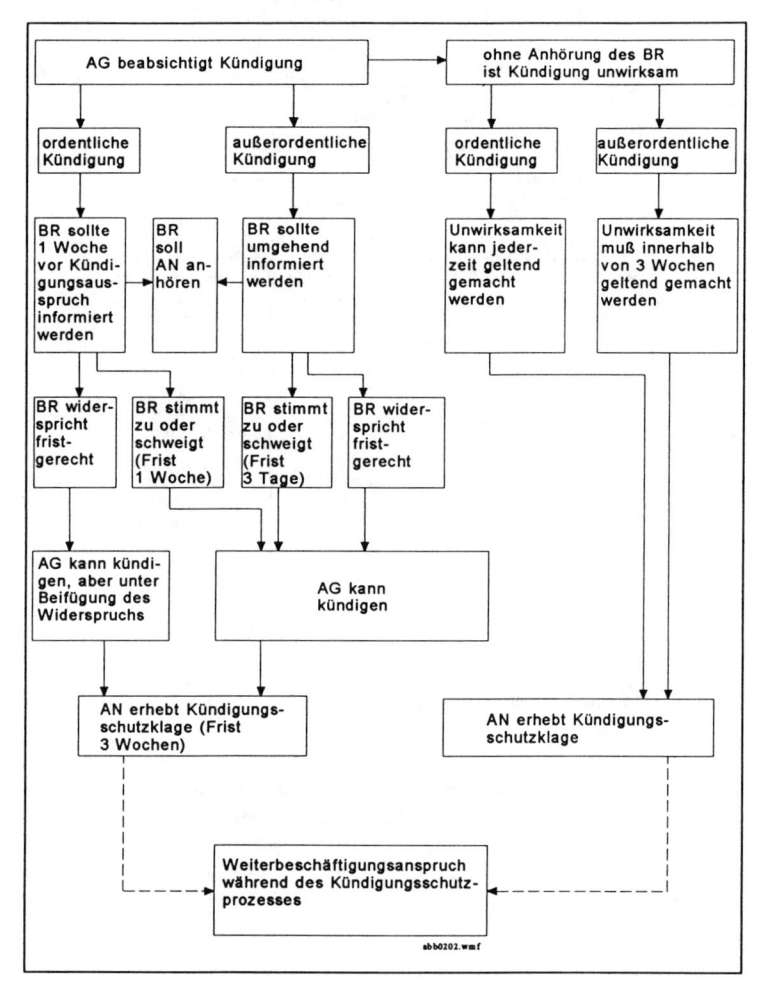

Die Gestaltung materieller Arbeitsbedingungen, insbes. die *Entgeltfindung*, ist klassischerweise eine Regelungsangelegenheit der Tarifvertragsebene. Es zeigt sich allerdings, daß Unternehmen immer stärker von Öffnungsklauseln in Tarifverträgen Gebrauch machen und diese Regelungsmaterie auf Betriebsebene über Betriebsvereinbarungen regeln (vgl. Oechsler 1995).

Hinsichtlich der *Personalentwicklung* sind rechtliche Regelungen zu beachten, die sich auf die berufliche Bildung beziehen. In diesem Zusammenhang erhält der Betriebsrat weitgehende Mitbestimmungsrechte (z.B. hinsichtlich der Bestellung des Beauftragten für die Bildung und der Auswahl von Teilnehmern für Bildungsmaßnahmen).

Die größte Normendichte ist hinsichtlich der *Personalfreisetzung* festzustellen, bei der einmal die Kündigungsfristen des Bürgerlichen Gesetzbuches zu beachten sind. Zum anderen sind die Vorschriften des Kündigungsschutzgesetzes anzuwenden, wie dies bei der Personalfreisetzung skizziert wurde, und schließlich hat der Betriebsrat Beteiligungsrechte beim Kündigungsverfahren und bei der Aufstellung von Interessenausgleich und Sozialplan.

Abschließend zu diesen rechtlichen Vorschriften ist festzustellen, daß die Tendenz des Gesetzgebers, den Arbeitgeber bei der Personalfreisetzung in die Pflicht zu nehmen, dazu führt, daß personalpolitisch die Beschäftigung mit Personalfreisetzung und Sozialplänen stärker im Vordergrund steht als die Beschäftigung mit Personalplanung und der Erarbeitung von Beschäftigungsplänen. Dies ist darauf zurückzuführen, daß der arbeitsrechtliche Regelungsrahmen aus der stabilen Industriegesellschaft mit Vollbeschäftigung und anhaltendem Wirtschaftswachstum stammt (Tarifvertragsgesetz 1969, Betriebsverfassungsgesetz 1952/1972). Zwischenzeitlich hat sich durch die Änderung der Schlüsseltechnologie ein Übergang in die flexible Informationsgesellschaft vollzogen, die neue Anforderungen an das personalpolitische Instrumentarium stellt, denen der arbeitsrechtliche Regelungsrahmen nicht mehr adäquat ist (vgl. Oechsler 1995).

Literatur

Becker, F. G. 1990: Anreizsysteme für Führungskräfte, Möglichkeiten zur strategischorientierten Steuerung des Manangements, Stuttgart.

Devanna, M. A.; Fombrun, C. J., Tichy, N. 1984: Framework for Strategic Human Resource Management, in: Devanna, M. A., Fombrun, C. J., Tichy, N. (Hrsg.) Strategic Human Resource Management, New York, 33-51.

Eckardstein, D.; Schnellinger, F. 1978: Betriebliche Personalpolitik, 3. Aufl., München.

Engelhard, J. 1984: Entwicklungsorientierte Personalpolitik, Theoretische Grundlagen und empirische Untersuchung, Wiesbaden.

Krell, G. 1994: Vergemeinschaftende Personalpolitik, München.

Liebel, H. J.; Oechsler, W. A. 1994: Handbuch Human Resource Management, Wiesbaden.

Macharzina, K. 1992: Personalpolitik, in: Gaugler, E., Weber, W. (Hrsg.), Handwörterbuch des Personalwesens, 2. Aufl., Stuttgart, Sp. 1780-1797.

Oechsler, W. A. 1995: Flexibilisierungsbedarf auf Betriebsebene, in: Rieder, H. D. (Hrsg.), Die Zukunft der Arbeitswelt - Flexibilisierung von Arbeitsbeziehungen, Münster, 13-37.

Oechsler, W. A. 1997: Personal und Arbeit, Einführung in die Personalwirtschaft, 6. Aufl., München/Wien.

Scherm, E. 1990: Unternehmerische Arbeitsmarktforschung, München.

Strohmeier, S. 1995: Die Integration von Unternehmens- und Personalplanung, Wiesbaden.

Arbeitsbewertung und Entgelt

Walter A. Oechsler

Arbeitsbewertung oder auch *Arbeitsplatzbewertung* dient der Anforderungsermittlung mit dem Verwendungszweck der Entgeltdifferenzierung (vgl. Hentze 1991, 73). Dabei wird die Höhe des Grundentgelts differenziert durch Messen und Erfassen objektiver Unterschiede in den Arbeitsschwierigkeiten, die aufgrund der verschiedenen Anforderungen an den einzelnen Arbeitsplätzen oder bei Arbeitsvorgängen entstehen und von dem Mitarbeiter bei einer üblichen Leistung überwunden werden müssen (vgl. Knebel/Zander 1989, 18). Die Arbeitsbewertung ist damit Ausgangspunkt und Grundlage bei der Systematik der Entgeltfindung.

1. Systematik der Entgeltfindung

Die Bestimmung des Entgelts aufgrund der Anforderungen der Stellen/Arbeitsplätze über Arbeitsbewertung einerseits und der persönlichen Leistung des Stelleninhabers über Leistungsbewertung andererseits wird aufgabenbezogenen (Stellenanforderungen) und personenbezogenen (individuelle Leistungsunterschiede) Kriterien bei der Entgeltbemessung gerecht. Eine korrekt erstellte *Stellenbeschreibung* ist Voraussetzung für eine stelleninhaberunabhängige Arbeitsbewertung, welche die anforderungsabhängige Entgeltkomponente - das Grundentgelt - bestimmt (vgl. Oechsler 1994, 300 f.).

Abb. 1: Systematik der Entgeltfindung (Oechsler, 1994, 300)

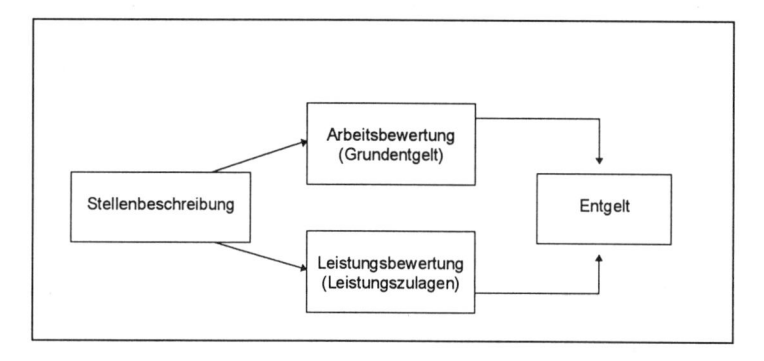

Grundentgelt und Leistungszulagen ergeben die Höhe des Entgelts, zu dem allenfalls noch sog. Marktzulagen gewährt werden, wenn aufgrund von Knappheitssituationen bestimmte Berufsgruppen nicht zu dem systematisch ermittelten Entgelt zu bekommen sind.

2. Funktionen und Verfahren der Arbeitsbewertung

2.1 Funktion der Grundentgeltdifferenzierung

Arbeitsbewertung dient im Rahmen der Entgeltfindung dazu, die Höhe des Grundentgelts eines Arbeitsplatzes zu bestimmen. Das Grundentgelt, welches für eine bestimmte Arbeit gezahlt wird, ist unabhängig vom Stelleninhaber (vgl. z.B. Oechsler 1994, 300; vgl. auch Lang/Meine/Ohl 1990, 171).

Das Grundentgelt (Lohn oder Gehalt) ist der Teil des Arbeitseinkommens, der Arbeitnehmerinnen und Arbeitnehmern aufgrund gesetzlicher oder tarifvertraglich vereinbarter Anforderungsmerkmale gezahlt wird (vgl. Lang/Meine/Ohl 1990, 171). Auch bei außertariflich Angestellten findet die Grundentgeltdifferenzierung über Arbeitsbewertung statt und wird meist im Arbeitsvertrag geregelt.

2.2 Arbeitsbewertungsverfahren

Zur Bestimmung des Grundentgelts ist es deshalb erforderlich, z.B. in Tarifverträgen Verfahren der Arbeitsbewertung zu vereinbaren, mit denen Stellen bewertet und entsprechende Zuordnungen der Entgelthöhe vorgenommen werden können. Diese Verfahren können auch auf Betriebsebene in Form einer Betriebsvereinbarung geregelt werden, sofern der Tarifvertrag eine Öffnungsklausel vorsieht. Dem Betriebsrat kommt dann ein Mitbestimmungsrecht zu.

Innerhalb der Arbeitsbewertungsverfahren werden summarische und analytische Verfahren unterschieden, die nach Reihung oder Stufung eingeteilt werden können. *Summarische Verfahren* beschränken sich auf eine globale Erfassung der Arbeitsschwierigkeiten, während bei *analytischen Methoden* Anforderungsarten des Arbeitsplatzes einzeln bewertet werden (vgl. Hentze 1991, 74). Bei der *Reihung* werden Arbeiten nach Schwierigkeitsgrad in eine Reihe von niedrigster bis höchster Schwierigkeit gebracht, während bei der *Stufung* alle gleichschwierigen Arbeiten in die gleiche Stufe eingeordnet werden (vgl. Hentze 1991, 74, sowie Oechsler 1994, 310). (vgl. Abb. 2 auf der folgenden Seite)

2.2.1 Summarische Verfahren

Bei summarischen Verfahren findet ein Vergleich der einzelnen Arbeitsplätze durch Gesamteinschätzung der Anforderungen unter Verzicht auf eine systematische Analyse der einzelnen Anforderungsarten statt (vgl. Zander 1990, 47).

Bei dem Lohngruppenverfahren als relativ einfachem Verfahren wird die Art der Tätigkeit nach dem Schwierigkeitsgrad jeweils einer Lohngruppe zugeordnet. Beim *Rangfolgeverfahren* werden die Anforderungen an Stellen als Ganzes verglichen und in eine Rangfolge gebracht.

Mit den summarischen Verfahren läßt sich allerdings nur eine grobe Entgeltdifferenzierung erreichen, da die Problematik unterschiedlicher Abstände zwischen den einzelnen Stellen besteht (vgl. Oechsler 1994, 311). Weiterhin liegt der generelle Nachteil von summarischen Verfahren der Arbeitsbewertung darin, daß Stellen über relativ undifferenzierte globale Tätigkeitsangaben in eine Rangordnung gebracht bzw. in einen sehr pauschalen Katalog eingestuft werden (vgl. Oechsler 1994, 312). Diesen Nachteilen soll durch differenzierte Betrachtung der Arbeitsplatzanforderungen bei der analytischen Arbeitsbewertung abgeholfen werden (vgl. Zander 1990, 49).

Abb. 2: Arbeitsbewertungsverfahren (vgl. Oechsler 1994, 311; vgl. auch Zander 1989, 20)

	Arbeitsbewertungsverfahren:	
	summarisch Bewertung der Gesamtanforderung als Ganzes	*analytisch* Bewertung der Einzelkriterien der Gesamtanforderung und Bildung einer Wertsumme
Reihung	*Rangfolgeverfahren* Alle Gesamtanforderungen werden als Ganzes verglichen und in eine Rangfolge gebracht (Ranking Method)	*Rangreihenverfahren* Die Einzelkriterien der Gesamtanforderung werden verglichen und einer Rangreihe zugeordnet (Factor Ranking Method)
Stufung	*Lohngruppenverfahren/ Katalogverfahren* Alle Gesamtanforderungen werden als Ganzes mit Richtbeispielen verglichen und zugeordnet (classification)	*Wertzahlverfahren* Die Einzelkriterien der Gesamtanforderungen werden nach einem gewichteten Schema (Wertzahlen) bewertet (Point Rating Method)

2.2.2 Analytische Verfahren

Bei analytischen Arbeitsbewertungsverfahren findet eine Aufgliederung der Arbeitsschwierigkeiten in für den jeweiligen Betrieb typische Anforderungsarten statt (vgl. Zander 1990, 49), was zu einer differenzierten Bewertung der Teilanforderungen an eine Stelle führt, die abschließend zu einer Gesamtbewertung zusammengefaßt werden (vgl. Oechsler 1994, 310).

Die meisten Methoden der analytischen Arbeitsbewertung beruhen auf den im sog. Genfer Schema festgelegten Anforderungsarten (vgl. Oechsler 1994, 312; beim Genfer Schema handelt es sich um eine Konvention unter Arbeitswissenschaftlern).

Abb. 3: Genfer Schema (vgl. z.B. Hentze 1991, 80, oder Bartölke 1981, 30; ferner Zülch 1992, Sp. 77)

1. Geistige Anforderungen
2. Körperliche Anforderungen
3. Verantwortung
4. Arbeitsbedingungen

Beim *Rangreihenverfahren* wird eine Rangreihe für jede Anforderungsart gebildet, wobei die größte (niedrigste) Anforderung an den Arbeitnehmer dem obersten (untersten) Platz der Rangreihe zugeordnet wird und die restlichen Arbeitsplätze entsprechend ihrer Schwierigkeit dazwischen eingereiht werden (vgl. Oechsler 1994, 314, sowie Zander 1990, 49). Durch die Position einer Stelle innerhalb der einzelnen Rangreihen ergeben sich die einzelnen Teilarbeitswerte eines Arbeitsplatzes, welche in der Summe den Gesamtarbeitswert darstellen.

Beim *(Stufen-)Wertzahlverfahren* als der am weitesten verbreiteten Methode (vgl. Zander 1990, 50) werden festgelegte Teilanforderungen nach einem gewichteten Schema bewertet, indem Bewertungsstufen für jede Teilanforderungsart definiert sowie bestimmte Wertzahlen zu den Bewertungsstufen zugeordnet werden. Abschließend werden die Wertzahlen der einzelnen Teilanforderungen zu einem Gesamtwert summiert (vgl. Oechsler 1994, 314 f., sowie Zander 1990, 50).

Abb. 4: Stufung innerhalb des Wertzahlverfahrens (vgl. Oechsler 1994, 314)

Anforderungsart	Bewertungsstufe	Wertzahl
Fachkönnen	äußerst gering	0
	gering	2
	mittel	4
	groß	6
	sehr groß	8
	extrem groß	10

Die Problematik besteht dabei darin, daß sowohl die Bestimmung der Anforderungsarten als auch deren Gewichtung Ergebnis des Aushandlungsprozesses der Tarifpartner bzw. von Arbeitgeber und Betriebsrat sind. Methodisch könnte dieses Problem durch Anwendung von Verfahren der Arbeitsanalyse gelöst werden, die allerdings sehr aufwendig sind (vgl. Oechsler 1994, 306 ff.). Insgesamt gesehen erfordern die analytischen Arbeitsbewertungsverfahren einen hohen Verwaltungsaufwand bei Erstellung und Fortschreibung.

2.2.3 Mischtypen

In der Praxis haben sich durch Kopplung summarischer und analytischer Verfahren („summalytische" Verfahren) Mischtypen entwickelt, um eine Reduzierung des Bewertungsaufwands und eine Erhöhung der Treffsicherheit zu erreichen (vgl. Knebel/Zander 1989, 27). Ein Beispiel für einen solchen Mischtyp ist der Bundesangestelltentarifvertrag (BAT), der auf die Angestellten des öffentlichen Dienstes Anwendung findet.

Da weiterhin z.B. beim Stufenwertzahlverfahren der Nachteil besteht, daß die Anforderungen in den Stufen normalerweise nur geschätzt und nicht gemessen werden, bietet es sich an, Stufenwertzahl- und Rangreihenverfahren miteinander zu kombinieren. Dann werden zuerst Rangfolgen typischer Arbeitsplätze aufgestellt und danach mit dem Stufenwertzahlverfahren bewertet (vgl. Ridder 1982, 47). Aber auch diese Kombinationsmöglichkeiten ändern nichts an dem Grundproblem des mit Arbeitsbewertungsverfahren verbundenen Konventionalismus.

3. Einflußfaktoren und Tendenzen für die Arbeitsbewertung

3.1 Neue Technologien

Technologischer Wandel führt tendenziell zur Verlagerung von physischen/manuellen Tätigkeiten hin zu Tätigkeiten in den Bereichen der Kreativität, Überwachung, Steuerung und Verantwortung, wobei gleichzeitig Umgebungseinflüsse an Bedeutung verlieren und neue Phänomene wie Streß auftauchen, die in herkömmlichen Arbeitsbewertungsverfahren keine Berücksichtigung finden.

Die angewandte Technologie und vor allem deren ständiger Fortschritt wirken sich auf Aufgabenstruktur, Leistung und Entgelt aus, indem z.B. durch technologischen Wandel Arbeitsinhalte, Arbeitsorganisation und Aufgabenumfeld ständigen Veränderungen unterworfen sind. Dies führt zu einem permanenten Neubewertungsaufwand, um die Entgeltfindung den tatsächlichen Entwicklungen anzupassen.

Aufgrund technologischer Veränderungen ist eine Tendenz zu *pauschalierter Grundentgeltfindung*, also zu summarischer Arbeitsbewertung festzustellen, und es wurden *neue Entgeltsysteme* entwickelt, bei denen die zukünftig erwartete Leistung in Form eines Pensumlohns im Vordergrund steht (vgl. Oechsler 1994, 343).

Im Rahmen des Pensumlohns einigen sich Arbeitnehmer und Arbeitgeber für einen bestimmten Zeitraum auf ein bestimmtes Entgelt für eine entsprechende Arbeitsleistung (Pensum), wodurch Arbeitsbewertung in der herkömmlichen Form überflüssig wird. Als besondere Form des Pensumlohns gilt der Programmlohn, bei dem Arbeitsgruppen für Teilfertigung eine Gruppenprämie erhalten, wenn sie die vorgegebenen Zeiten (Programme) einhalten (vgl. Hentze 1991, 107).

Neue technologie-orientierte Entgeltformen sind weiterhin darauf ausgerichtet, eine Neubewertung der Aufgaben ohne großen Verwaltungsaufwand durchzuführen und neue Formen der Entgeltfindung zu entwickeln, um aufgrund der veränderten Wertvorstellungen der betroffenen Mitarbeiter Anreizwirkungen zu erzeugen und dem neuen Charakter von Leistung, nämlich Qualität vor Quantität, zu entsprechen (vgl. Hamel 1991, 118).

Mit Blick auf den damit verbundenen Verwaltungsaufwand kann der personalwirtschaftliche Funktionsbereich Arbeitsbewertung teilweise durch EDV unterstützt werden; insbesondere bei zeit- und konzentrationsintensiven Routinearbeiten wie Statistiken, Auswertungen etc. (vgl. Oechsler/Strohmeier 1995, 90). Ein Rationalisierungspotential besteht insbesondere aufgrund der hohen Arbeits- und Zeitbelastung, die bei der praktischen Durchführung der Arbeitsbewertung entsteht. Auch wenn damit ein Vereinheitlichungs- und Fehlerreduktionspotential gegeben ist, bleiben die problematischen Entscheidungsaufgaben wie Auswahl und Gewichtung der Anforderungsarten nach wie vor dem Menschen überlassen.

3.2 Gruppen- und teamorientierte Produktion

Allgemein wird unter *Team- und Gruppenarbeit* das Zusammenwirken mehrerer Menschen im Rahmen einer gemeinsamen Arbeitsaufgabe verstanden (vgl. Ohl 1990, 125). In der Regel umfaßt gruppen- und teamorientierte Produktion die selbständige Aufteilung der Arbeit untereinander inklusive Arbeiten aus vor- und nachgelagerten Tätigkeiten (bspw. Planung, Disposition, Kontrolle) (vgl. Ohl 1990, 128).

Während Arbeitsbewertungsverfahren herkömmlicherweise auf einzelne Stellen bzw. Arbeitsplätze ausgerichtet sind, werden mit gruppen- und teamorientierter Produktion Bedingungen geschaffen, bei denen die Mitglieder wechselweise Funktionen übernehmen, die mehr oder weniger dispositive, ausführende oder kontrollierende Inhalte haben. Differenzierte analytische Arbeitsbewertungsverfahren versagen unter diesen Bedingungen und werden in der Praxis z.B. durch Entgeltdifferenzierung nach globalen *Arbeitssystemen* abgelöst, bei denen Technologie, Arbeitsorganisation, Aufgabeninhalte und -umgebung annähernd gleich sind (vgl. Oechsler 1994, 344 ff.). Dadurch wird Arbeitsbewertung nicht auf Stellen, sondern auf breiter angelegte Arbeitsbereiche bezogen, die der Verfahrensherrschaft von Gruppen und Teams unterliegen.

3.3 Qualifikationsorientierung

Mitarbeiter bewältigen gerade bei neuen Produktions- und Organisationskonzepten immer mehr Aufgaben, welche nicht durch die eng definierten Anforderungskriterien z.B. des Genfer Schemas erfaßt und bewertet werden können. Um der Forderung nach ganzheitlicher Bewertung der Arbeit gerecht zu werden, wird der verwertbaren oder vereinbarten *Qualifikation* zur Aufgabenbewältigung ein immer höherer Stellenwert eingeräumt (vgl. Wagner 1995, 113).

Aufgrund der veränderten Anforderungen, welche durch den technologischen Wandel bedingt sind, besteht eine verstärkte Tendenz, Entgeltsysteme zu überdenken und ggfs. zu erweitern oder innovativ auszurichten. Unter Beibehaltung eines pauschalierten anforderungsabhängigen Grundentgelts wird deshalb die Einteilung in eine Entgeltgruppe zunehmend auf der Basis der für die Arbeitserfüllung erforderlichen Qualifikation vorgenommen (vgl. Büge 1994, 10 ff.).

Qualifikationsorientierte Entgeltfindung honoriert die betriebsrelevanten Qualifikationen der Mitarbeiter nach dem Prinzip der Qualifikationsgerechtigkeit („gleicher Lohn für gleiche Befähigung") unter Beibehaltung des Leistungsgedankens (vgl. Becker 1991, 580). Das Ersetzen von Anforderungsorientierung durch Qualifikationsorientierung bedeutet ein weiteres Zurückdrängen der Arbeitsbewertung in der Praxis.

Wesentliche Gründe für die Einführung qualifikationsorientierten Entgelts liegen darin, daß Mitarbeiter mit höherer Qualifikation vor allem in Unternehmen mit Innovationsorientierung im Produkt- und Verfahrensbereich gerade wegen interpersoneller Schlüsselqualifikationen unentbehrlich sind (vgl. Becker 1991, 580 f.). Die höhere Qualifikation der Mitarbeiter ermöglicht auch eine Kostensenkung durch kürzere Einführungsphasen von Veränderungen sowie schnelleren Anpassungsprozessen und den damit verbundenen flexiblen Personaleinsatz. Darüber hinaus besteht ein monetärer Anreiz zur Weiterbildung der Mitarbeiter, was für die Einführung und den Umgang mit neuen Technologien förderlich ist.

Qualifikationsorientierung ist ein Merkmal neuerer Entgeltsysteme, welche sich von der immer unbedeutender werdenden rein mengenmäßigen Leistungsvergütung dahingehend abhebt, daß die Qualifikationspotentiale der Arbeitnehmer honoriert werden, selbst wenn bestimmte Qualifikationen für die Aufgabenbewältigung nicht oder nicht immer notwendig sind. Das Ziel dabei ist die Erhöhung der Personaleinsatzflexibilität durch kontinuierlichen Qualifikationsaufbau und das Erreichen eines hohen Qualitätsniveaus (vgl. Oechsler 1994, 343).

Aus diesen Tendenzen wird deutlich, daß analytische Arbeitsbewertungsverfahren zunächst im Produktionsbereich stark an Bedeutung verloren haben und von summarischen Verfahren zur pauschalierten Grundentgeltdifferenzierung ersetzt wurden oder durch qualifikationsorientierte Entgeltfindung abgelöst werden. Eine ähnliche Tendenz dürfte für den Verwaltungsbereich zu erwarten sein, da neue Informationstechnologien und teamorientierte Organisationskonzepte auch dort denselben Tendenzen unterliegen.

4. Leistungsbeurteilung

Während durch die Wertigkeit von Stellen das Grundentgelt ermittelt werden soll, ist die Leistungsbeurteilung auf die Bewertung der individuellen Leistung von Mitarbeitern gerichtet (vgl. Zander 1991, 109, sowie Oechsler 1994, 317). Ziel der Leistungsbeurteilungsverfahren ist primär die Ermittlung des individuellen Leistungsbeitrags oder der Gruppen- und Teamleistung, um zuzüglich zum Grundentgelt eine Leistungszulage zu gewähren.

Die Leistungsbeurteilung zielt darüber hinaus auch auf die Förderung und Führung des Personals ab (vgl. Oechsler 1994, 317 f.; ferner Hentze 1991, 73), da die Leistung in einem Beurteilungsgespräch thematisiert wird und Programme zur Verbesserung der Leistung vereinbart werden können. Im Gegensatz zu den Verfahren der Arbeitsbewertung kommt den im folgenden dargestellten Leistungsbeurteilungsverfahren in der Praxis immer größere Bedeutung zu. 8vgl. Abb. 5 auf der folgenden Seite)

Nach der Strukturierung der Verfahren lassen sich zunächst freie und gebundene Verfahren der Leistungsbeurteilung unterscheiden.

Freie Verfahren binden den Beurteiler im Gegensatz zu den gebundenen Verfahren nicht an eine bestimmte Verfahrensprozedur.

Ein sehr einfaches Verfahren ist dabei die *freie Eindrucksschilderung*, die in Form von Kurzgutachten mit oder ohne Merkmalsvorgabe, auf die Bezug genommen werden muß, arbeitet. Sinnvoll ist dieses Verfahren dann, wenn der Beurteiler leistungswirksames oder -schädliches Verhalten heranzieht und damit tätigkeitsbezogen beurteilt. Problematisch an einer freien Eindrucksschilderung gestaltet sich dabei die unterschiedliche Ausdrucksfähigkeit und das uneinheitliche Sprachverständnis der Beurteiler. Die Probleme verschärfen sich, wenn irrelevante Eindrücke aus dem Arbeitsverhalten zur Beurteilung herangezogen werden. Aus diesen Gründen eignen sich freie Verfahren kaum für die dargestellten Ziele und Indikatoren und lassen sich auch nur schlecht für Leistungsvergleiche heranziehen (vgl. Oechsler 1992, 21).

Abb. 5: Verfahren der Leistungsbeurteilung

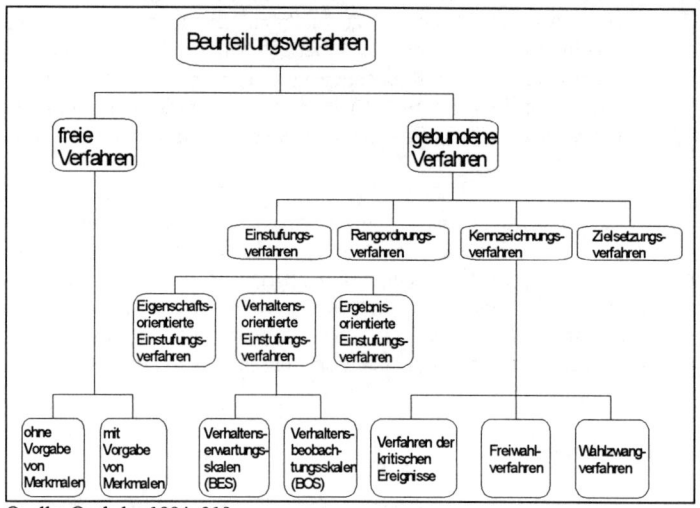

```
                          Beurteilungsverfahren
                         /                    \
                   freie                    gebundene
                   Verfahren                Verfahren
                                    /        |         |         \
                            Einstufungs-  Rangordnungs- Kennzeichnungs- Zielsetzungs-
                            verfahren     verfahren     verfahren       verfahren
                         /       |        \
                 Eigenschafts- Verhaltens- Ergebnis-
                 orientierte   orientierte orientierte
                 Einstufungs-  Einstufungs- Einstufungs-
                 verfahren     verfahren    verfahren
                /    \         /    \           |
           ohne    mit    Verhaltens- Verhaltens-  Verfahren der  Freiwahl-  Wahlzwang-
           Vorgabe Vorgabe erwartungs- beobach-    kritischen     verfahren  verfahren
           von     von     skalen     tungsskalen Ereignisse
           Merkmalen Merkmalen (BES)  (BOS)
```

Quelle: Oechsler 1994, 319

Gemeinsames methodisches Grundprinzip von Einstufungsverfahren ist die "Einstufung" von Verhaltensbeobachtungen, Merkmals- und Leistungseinschätzungen in eine mehrstufige Skala. Die Beurteilungsstufen bestehen dabei überwiegend aus graphischen Skalen mit numerischer oder alphanumerischer Bezeichnung; verbale Verhaltensbeschreibungen sind eher selten (vgl. Schuler 1989, 412). Wichtigster Grund für die weite Verbreitung von Einstufungsverfahren in der Wirtschafts- und Verwaltungspraxis ist die Vergleichbarkeit von Beurteilungen, die mit solchen Verfahren erreicht werden kann. Grundsätzlich kann zwischen eigenschafts-, verhaltens- und ergebnisorientierten Einstufungsverfahren unterschieden werden.

Eigenschaftsorientierte Einstufungsverfahren versuchen eine Einstufung des zu Beurteilenden in globale Eigenschaftskonstrukte wie "Kreativität" oder "Leistungsbereitschaft". Dabei ergibt sich das Problem, daß die verwendeten Eigenschaften zunächst auch tatsächliche Indikatoren für Leistungs- und Arbeitsverhalten sein müssen und weiter gerade abstrakte Konstrukte wie "Kreativität" auf ein äußerst uneinheitliches Begriffsverständnis stoßen (vgl. Oechsler 1992, 24).

Bisher v. a. in der US-amerikanischen Literatur diskutierte verhaltensorientierte Einstufungsverfahren (behaviorally anchored rating scales/"BARS") weisen Skalen in unterschiedlichen Formen auf (vgl. Schuler 1989, 412). Grundsätzlich lassen sich Verhaltenserwartungsskalen (behavioral expectation scales) und Verhaltensbeobachtungsskalen (behavioral observation scales) unterscheiden.

Verhaltenserwartungsskalen enthalten Beschreibungen von tätigkeitsrelevanten Verhaltensweisen, die in eine positive, neutrale oder negative Ausprägung aufgespalten werden, was einen hohen Konstruktionsaufwand erfordert. Eine etwas einfachere Version stellen Verhaltensbeobachtungsskalen dar, die sich ausschließlich auf beobachtbares Arbeitsverhalten (z. B. "Bereitet sich auf Besprechungen vor", "Hält Termine immer ein") beziehen. Diese Aussagen werden mit Häufigkeitsbezeichnungen (z.b. "immer" bis "nie") versehen, die vom Beurteiler eingeschätzt werden müssen.

Als Vorteil von verhaltensorientierten Einstufungsverfahren wird die strikte Verhaltensorientierung genannt, die gute Grundlagen für eine Personalbeurteilung als Führungsmittel abgibt. Aufgaben- und ergebnisbezogene Varianten von Einstufungsverfahren haben schließlich die Erfüllung qualitativer und quantitativer Leistungskriterien zum Inhalt.

Mit Einstufungsverfahren werden allerdings Urteilstendenzen wie mangelnde Differenzierung, Tendenz zur Mitte, Beschönigung und Hierarchieeffekte in Verbindung gebracht (vgl. Oechsler 1992, 23).

Rangordnungsverfahren eignen sich in überschaubaren Mitarbeiterbereichen, um einer mangelnden Differenzierung entgegenzuwirken. Dabei wird der Beurteiler gezwungen, eine Gruppe von zu Beurteilenden untereinander zu vergleichen und ihnen verschiedene Rangplätze (bester Mitarbeiter bis schlechtester Mitarbeiter) zuzuweisen. In einer summarischen Variante (Rangfolgeverfahren) werden die Mitarbeiter summarisch als "Ganzes" beurteilt. Häufiger ist die analytische Methode (Rangreiheverfahren) zu finden, die die zu Beurteilenden hinsichtlich bestimmter Beurteilungskriterien (z.B. "Sorgfalt", "Kreativität" etc.) in eine Rangreihe bringt. Hier ist eine zusätzliche Aggregation der Einzelrangreihen zu einem Gesamtergebnis notwendig. Dabei sind unterschiedliche Rangordnungen, wie etwa Rangreihen aus zwei verschiedenen Organisationseinheiten, nicht miteinander vergleichbar, was einen erheblichen Mangel dieses Verfahrenstyps darstellt (vgl. Oechsler 1992, 29 ff.).

Gemeinsames Prinzip von *Kennzeichnungsverfahren* ist es, dem Beurteiler eine größere Anzahl von Verhaltensbeschreibungen vorzugeben, die dieser danach beurteilen muß, ob sie für den Beurteilten zutreffen oder nicht. Die "Einschätzung" oder "Bewertung" der aufgeführten Verhaltensformen bleibt zur Vermeidung von Beurteilungsfehlern dem Beurteiler oft unbekannt und wird erst von einer nachgelagerten Auswertungsinstanz (z.B. Personalabteilung) zugeordnet, was sowohl mit Blick auf die Verfahrenskonstruktion als auch auf die Auswertung an Grenzen der Wirtschaftlichkeit stößt.

Als methodisch vertretbar kann die Verfahrensgruppe der *kritischen Ereignisse* (vgl. Flanagan 1954; ferner Oechsler 1992, 28 und 66 ff.; ferner Liebel 1992, 152 ff.; Liebel/ Oechsler 1994, 231 ff.) gelten, von denen sich vor allem Verfahren der kritischen Arbeitsinhalte (critical job elements) bewährt haben. Den Ausgangspunkt für die Ermittlung kritischer Arbeitsinhalte stellt dabei die Analyse kritischer Erfolgs- und Mißerfolgsfaktoren anhand eines Leitfadens für die Hauptbereiche einer Arbeit dar. Dies hat den Vorteil, daß nur beobachtbar und nachprüfbar für Erfolg oder Mißerfolg verantwortliches Arbeitsverhalten beurteilt und besprochen wird (vgl. Oechsler 1992, 66).

Beim *Freiwahlverfahren* (Check-List-Method) kreuzt der Beurteiler auf einer Liste von Einzelaussagen an, ob die Aussagen für den zu Beurteilenden zutreffen oder nicht. Über die dem Beurteiler unbekannten, vorher zugeordneten Skalenwerte dieser Aussagen wird anschließend ein Gesamtwert ermittelt.

Beim *Wahlzwangverfahren* muß der Beurteiler zwischen zwei oder mehr Aussagen wählen, die zunächst relativ gleich erscheinen, aber eine unterschiedliche Erfolgsrelevanz besitzen.

Zielsetzungsverfahren sind üblicherweise in umfassende Management-by-Objectives Konzeptionen integriert. Die Leistung der Mitarbeiter wird hier im Lichte ihres Beitrags zu den Organisationszielen aufgefaßt und bewertet. Die Leistungsbeurteilung erfolgt durch einen Vergleich von vorgegeben oder u.U. gemeinsam mit dem zu Beurteilenden zu Beginn des Beurteilungszeitraumes erarbeiteten Sollvorgaben mit dem am Ende des Beurteilungszeitraumes tatsächlich eingetretenen Ist-Zustand.

Als Vorteil von Zielsetzungsverfahren wird insbesondere ihre Anforderungsbezogenheit und die damit verbundene bessere Beurteilungsgrundlage genannt.

5. Cafeteria-Systeme

In Ergänzung zu dem über Arbeitsbewertungs- und Leistungsbeurteilungsverfahren zu erhaltenen Entgelt wurden sog. Cafeteria-Systeme entwickelt, die Flexibilität bei der Zusammensetzung von Entgeltbestandteilen zulassen. Im Rahmen von *Cafeteria-Systemen* haben Mitarbeiter die Möglichkeit, ihr in der Höhe ermitteltes Entgelt aus verschiedenen Optionen zusammenzustellen. Es existiert - wie in einer Cafeteria - ein Auswahlangebot, aus dem die Arbeitnehmer periodisch wiederkehrend diejenigen Alternativen wählen können, die ihrer aktuellen Bedürfnis- und Finanzlage entsprechen (vgl. Oechsler 1994, 360). Dabei stehen die folgenden Auswahlkomponenten zur Wahl:

Abb. 6: Übersicht über mögliche Auswahlkomponenten (vgl. Wagner 1993, 53, sowie Wagner 1991, 101)

Geldangebote	Zeitangebote	Versicherungsleistungen	Bildungsangebote
– Urlaubsgeld – Weihnachtsgeld – Arbeitgeberdarlehen – Höhere Altersversorgung – Deferred Compensation (= Verlagerung von Entgeltzahlungen auf einen späteren Zeitpunkt)	– Zusatzurlaub – kürzere Wochenarbeitszeit – frühere Pensionierung – Langzeiturlaub – kürzere Jahresarbeitszeit	– Lebensversicherung – Unfallversicherung – Berufsunfähigkeitsversicherung – Krankenzusatzversicherung	– Sprachkurse – Bildungsurlaube / Seminare im Ausland – EDV-Kurse – MBA Programme
Sachleistungen – Werkswohnung – Häuser – Sportmöglichkeiten – Dienstwagen (Leasing)	*Vorsorge/Beratung* – Medizinische Betreuung – Sportprogramme – Rechtsberatung – Steuer- /Finanzberatung	*Beteiligungen* z.B. Belegschaftsaktien/ Genußscheine	

Bei der Einführung von Cafeteria-Systemen ist zu beachten, daß der Aktionsraum durch rechtliche und tarifvertragliche Regelungen begrenzt ist. Sie sind nur dann attraktiv für die Mitarbeiter, wenn sich das Nettoeinkommen erhöht oder sich der Nutzen des Gesamtentgelts individuell meßbar vergrößert. Dies kann z.b. über Gruppenversicherungsverträge erreicht werden, die bessere Konditionen aufweisen.

Hauptvorteil von Cafeteria-Systemen bzgl. der Wirkung freier Sozialleistungen ist, daß diese Leistungen nicht mehr wie bisher automatisch über einen langen Zeitraum gewährt werden (Oechsler/Kastura 1993, 356). Durch automatische und undifferenzierte Zuteilung werden die Sozialleistungen als selbstverständlich hingenommen und verlieren ihre Motivationswirkung. Eine positive Anreizwirkung entsteht, wenn die Mitarbeiter selbst die angebotene Leistung bewußt auswählen. Die damit verbundene Individualisierung der Leistungen führt zu einer besseren Ressourcenallokation, da keine Leistungen ausgewählt werden, in denen die Nachfrager keinen Nutzen sehen (vgl. Wagner 1991, 97).

Cafeteria-Systeme gewähren Flexibilität durch ein breites Angebot, welches im Zeitablauf den Wertschätzungen der Mitarbeiter angepaßt werden kann und stellen Transparenz her für gut informierte Mitarbeiter, die mehr Sicherheit und Eigenverantwortung bei der Gestaltung der Entgeltkomponenten entwickeln.

Nachteile bei Cafeteria-Systemen bestehen aus der zeitlichen Bindung bestimmter Optionen wie Lebensversicherungen und der Höhe des Verwaltungsaufwands sowie der Komplexität der Abwicklung (vgl. Zander 1990, 414). Auch die Verrechnung von Zeiteinheiten untereinander oder von Geld- und Zeiteinheiten ist problematisch (vgl. Drumm 1995, 138). Schließlich ist die Effizienz im Sinne ökonomischer Vorteilhaftigkeit von Anreizsystemen kaum exakt meßbar, da der Einfluß von Anreizsystemen auf Unternehmen immer partiell und indirekt ist (vgl. Kossbiel 1993, 80).

Die Abkehr von konventionellen Methoden der Entgeltpolitik und das Bemühen um eine individuelle Ausrichtung macht dieses Verfahren allerdings zu einem zukunftsträchtigen und innovativen Ansatz (Wagner 1991, 107).

Literatur

Bartölke, K.; Foit, O.; Gohl, J.; Kappler, E.; Ridder, H.-G.; Schumann, U. 1981: Konfliktfeld Arbeitsbewertung: Grundprobleme und Einführungspraxis, Frankfurt a.M.

Becker, F. 1991: Innovationsfördernde Anreizsysteme, in: Schanz, G. (Hrsg.), Handbuch Anreizsysteme in Wirtschaft und Verwaltung, Stuttgart, 567-593.

Büge, H. 1994: Leistung und Lohn, in: Büge, H.; Eberhardt, H. (Hrsg.), Lean Production und Entgelt. Zielvereinbarung ja, ein Praxisbeispiel, Bergisch Gladbach, 3-16.

Drumm, H. J. 1995: Personalwirtschaftslehre, 3. Aufl., Berlin, Heidelberg et al.

Flanagan, J. C. 1954: The Critical Incident Technique, in: Psychological Bulletin, 51. Jg., 327-358.

Hamel, W. 1991: Entgeltformen bei veränderten Technologien und Arbeitsstrukturen, in: Schanz, G. (Hrsg.), Handbuch Anreizsysteme in Wirtschaft und Verwaltung, Stuttgart, 113-126.

Hentze, J. 1991: Personalwirtschaftslehre, 5. Aufl., Stuttgart.

Knebel, H.; Zander, E. 1989: Arbeitsbewertung und Eingruppierung: Ein Leitfaden für die Entgeltfestsetzung, 2. Aufl, Heidelberg.

Kossbiel, H. 1993: Beiträge verhaltens- und wirtschaftswissenschaftlicher Theorien zur Beurteilung der Effizienz betrieblicher Anreizsysteme in: Weber, W., (Hrsg.) Entgeltsysteme: Lohn, Mitarbeiterbeteiligung und Zusatzleistungen, Stuttgart, 79-103.

Lang, K.; Meine, H.; Ohl, K. 1990: Arbeit-Entgelt-Leistung: Handbuch Tarifarbeit im Betrieb, Köln.

Liebel, H. J. 1992: Personalentwicklung durch Verhaltens- und Leistungsbewertung, in: Liebel, H. J.; Oechsler, W. A., Personalbeurteilung: Neue Wege zur Bewertung von Leistung, Verhalten und Potential, Wiesbaden, 11-102.

Liebel, H. J.; Oechsler, W. A. 1994: Handbuch Human Resource Management, Wiesbaden.

Oechsler, W. A. 1992: Personalführung durch tätigkeitsbezogene Leistungsbewertung, in: Liebel, H. J.; Oechsler, W. A., Personalbeurteilung: Neue Wege zur Bewertung von Leistung, Verhalten und Potential, Wiesbaden, 11-102.

Oechsler, W. A.; Kastura, B. 1993: Betriebliche Sozialleistungen - Entwicklungen und Perspektiven, in: Weber, W. (Hrsg.), Entgeltsysteme: Lohn, Mitarbeiterbeteiligung und Zusatzleistungen, Stuttgart, 341-363.

Oechsler, W. A.; Strohmeier, S. 1995: Software zur Arbeitsbewertung - Eine Analyse, in: Computergestützte Personalarbeit 2, 84-92.

Oechsler, W. A. 1994: Personal und Arbeit, Einführung in die Personalwirtschaft, 5. Aufl., München.

Ohl, K. 1990: Neue Technik - alte Konflikte: Technik und Arbeitsorganisation als gewerkschaftliche Gestaltungsaufgabe, in: Lang, K.; Meine, H.; Ohl, K. (Hrsg.), Arbeit-Entgelt-Leistung: Handbuch Tarifarbeit im Betrieb, Köln, 95-144.

Ridder, H.-G. 1982: Funktionen der Arbeitsbewertung: Ein Beitrag zur Neuorientierung der Arbeitswissenschaft, Bonn.

Schuler, H. 1989: Leistungsbeurteilung, in: E. Roth (Hrsg.), Organisationspsychologie: Enzyklopädie der Psychologie, Themenbereich D, Serie III, Bd. 3, Göttingen Toronto/ Zürich, 399-430.

Wagner, D. 1991: Anreizpotentiale und Gestaltungsmöglichkeiten von Cafeteria Systemen, in: Schanz, G. (Hrsg.), Handbuch Anreizsysteme in Wirtschaft und Verwaltung, Stuttgart, 91-109.

Wagner, D. 1993: Cafeteria-Modelle in der Unternehmenspraxis, in: Personalwirtschaft, Heft 3/1993, 53-56.

Wagner, H. 1995: Entgelt 2000: Vergütungssysteme der Zukunft, in: Hromadka, W. (Hrsg.), Die Mitarbeitervergütung: Entgeltsysteme der Zukunft, Stuttgart, 109-117.

Zander, E. 1990: Handbuch der Gehaltsfestsetzung, 5. Aufl., München.

Zander, E. 1991: Lohn- und Gehaltsfestsetzung in Klein- und Mittelbetrieben, 9. Aufl., Freiburg.

Zülch, G. 1992: Arbeitsbewertung, in: Gaugler, E., Weber, W. (Hrsg.), Handwörterbuch des Personalwesens, 2. Aufl., Stuttgart, Sp. 70-83.

Arbeitsgestaltung und Humanisierung

Georg Schreyögg, Ulrich Reuther

1. Einleitung

Das Thema Arbeitsgestaltung wird in der Regel unter drei ineinandergreifenden Teilaspekten diskutiert: Arbeitsumgebung, Arbeitsplatz und Arbeitsorganisation. Im folgenden wird vorrangig der Aspekt der arbeitsorganisatorischen Gestaltung behandelt und von dort aus eine Brücke zum Konzept der Humanisierung geschlagen.

2. Arbeitsgestaltung und „Scientific Management"

Arbeitsgestaltung bezeichnet „das Schaffen eines aufgabengerechten, optimalen Zusammenwirkens von arbeitenden Menschen, Betriebsmitteln und Arbeitsgegenständen durch zweckmäßige Organisation von Arbeitssystemen unter Beachtung der menschlichen Leistungsfähigkeit und Bedürfnisse" (vgl. REFA 1972, 64).

Sie untergliedert sich in die Gestaltung der Arbeitsumgebung, des Arbeitsplatzes und der Arbeitsorganisation (vgl. Bokranz/Landau 1991). Die Gestaltung der Arbeitsumgebung beinhaltet vor allem die folgenden Aspekte: Beleuchtung, Lärm, Klima, Belüftung, Schadstoffe, allgemeiner Arbeitsschutz (vgl. Opfermann/Streit 1987). Maßnahmen zur Arbeitsplatzgestaltung (Ergonomie im engeren Sinne) umgreifen: Körperstellung und -haltung, Bewegungsspielraum, Sehraum, Arbeitsfläche, Geräte zur Körperunterstützung (Sitze, Stehhilfen usw.), Anzeigeeinrichtungen (Größe, Farbe usw.), Bewegungsabläufe (auf der Basis von Bewegungsstudien, Arbeitsphysiologie und arbeitspsychologischen Erkenntnissen), Arbeitszeit und Pausen, Arbeitsschutz (vgl. Bokranz/Landau 1991).

Die Arbeitsorganisation, häufig auch Arbeitsstrukturierung genannt, bezieht sich schließlich auf die Gestaltung von Arbeitsinhalten und Arbeitsabläufen, sie zog unter dem Stichwort Neue Formen der Arbeitsorganisation eine hohe Aufmerksamkeit auf sich.

Die Vorstellungen über Arbeitsgestaltung waren in Theorie und Praxis lange Zeit beherrscht von den Arbeiten Taylors, der ausgehend von gezielten Zeit- und Bewegungsstudien die Arbeitsorganisation vor allem unter Rationalisierungsgesichtspunkten umgestaltet hat (vgl. Taylor 1911). Mit dem rationellen Einsatz von Menschen und Maschinen als Leitbild empfiehlt Taylor ein "Scientific Management", das zur Orientierung für die gesamte westliche industrielle Produktion wurde.

Bezogen auf die Organisation der Arbeit führte der Taylorismus in der Folge zur Fließfertigung, bei der einzelne Arbeiter hochspezialisiert kleine Fragmente einer Arbeitsaufgabe erledigen. Der Mensch soll hier wie ein Rädchen in einem Uhrwerk störungsfrei funktionieren und routiniert kleingeschnittene Arbeitsfragmente ableisten. Jede Abweichung vom vorgeplanten Verhalten führt in diesem Konzept zu einer Störung des Arbeitssystems und ist damit negativ zu bewerten. An dieser Konzeption entzündete sich die Debatte um die Humanisierung der Arbeitswelt.

3. Humanisierung der Arbeit

In den 70er Jahren wurden zunehmend emanzipatorische Handlungs- und Gestaltungskonzepte geschaffen, die sich als Antwort auf menschenunwürdige Fremdbestimmung und Monotonie sowohl in der industriellen Arbeitswelt als auch der Verwaltung verstanden (vgl. Vilmar 1973; Schreyögg/Steinmann/Zauner 1978). Befördert durch das Aktionsprogramm „Humanisierung des Arbeitslebens" der Bundesregierung Anfang der 70er Jahre etablierte sich der Begriff Humanisierung stellvertretend für die Bemühungen, ethische Grundsätze zur Würde des Menschen in den Arbeitsbedingungen aufscheinen zu lassen. Konkreter soll analog zur Würde des Menschen im politischen Bereich ein menschenwürdiger Kontext geschaffen werden, in dem die Arbeitenden nicht nur ihren Bedürfnissen angemessene Arbeitsbedingungen vorfinden, sondern auch mit Rechten ausgestattet sind, die eine angemessene Mitberatung, Mitwirkung und Mitbestimmung ermöglichen (vgl. Brakelmann 1993). Menschengerecht installierte Technik (Ergonomie), Kooperation und Kommunikation, Subjekthaftigkeit und der Mensch selbst rücken in den Mittelpunkt der Überlegungen zur Arbeitsgestaltung.

Die Erkenntnis, daß bedürfnisgerechte Arbeitsbedingungen und psychisches Wohlergehen auch die Leistung positiv beeinflussen, beflügelte die Humanisierungsdebatte zusätzlich. Es brachte allerdings auch den Vorwurf (vgl. Strauß-Fehlberg 1979), Arbeitshumanisierung laufe Gefahr, nichts anderes darzustellen als den Menschen auf verdeckte und geschickte Art und Weise noch besser, als dies vorher der Fall war, in einen Effizienzkalkül einzubinden. Wie das Verhältnis von Humanisierung und Effizienz ethisch bewertet werden soll, ist bis heute eine offene Fragestellung geblieben.

4. Theoretische Grundlagen der Arbeitsorganisation

4.1 Der soziotechnische Systemansatz

Die theoretische Fundierung nachtayloristischer Formen der Arbeitsgestaltung kam vor allem von dem soziotechnischen Systemansatz und Motivationstheorien aus der humanistischen Psychologie.

Das Tavistock Institute of Human Relations hat auf dem Gebiet der Einführung neuer Arbeitsstrukturierung bzw. -organisation Pionierarbeit geleistet. Der dort entwickelte soziotechnische Systemansatz strebt eine gemeinsame Optimierung des technischen und des sozialen Systems an (vgl. Rice 1958; Emery/Trist 1960; Alioth 1980, 24 ff.). Das Konzept des soziotechnischen Systems hebt u.a. darauf ab, daß Arbeitsgruppen Möglichkeiten zur Selbstregulation haben sollen, um unvorhergesehene Systemschwankungen selbst auffangen zu können, und daß die Aufgaben so miteinander verknüpft sein sollen, daß der einzelne seine Tätigkeit als sinnvoll erlebt.

Während sich der soziotechnische Systemansatz eher noch abstrakt vorrangig mit den Beziehungen in und zwischen Systemen befaßt, lassen sich die psychologischen Auswirkungen arbeitsgestalterischer Maßnahmen konkreter mit Motivationstheorien beschreiben, auf die im folgenden näher eingegangen werden soll.

4.2 Motivationstheorien

Die Humanwissenschaften haben zahlreiche Konzepte zum Verständnis individuellen Handelns entwickelt. Für die Arbeitsorganisation sind vorrangig die Bedürfnisspannungs-Theorien, auch Inhaltstheorien genannt, als wesentlich anzusehen.

4.2.1 Die Hierarchie der Bedürfnisse nach Maslow

Inhaltliche Motivationstheorien konzipieren den Menschen als "bedürftiges" Wesen, das ausgehend von seinen (arbeitsrelevanten) Bedürfnissen konkrete Erwartungen an seine Arbeit heranträgt.

Die für die Arbeitsgestaltung wohl relevanteste Bedürfnisspannungs-Theorie ist die sogenannte Bedürfnispyramide von Abraham Maslow (1954). Er unterscheidet fünf allgemeine Klassen von Bedürfnissen, die im Hinblick auf ihre Dringlichkeit hierarchisch geordnet sind:
1. Die physiologischen Bedürfnisse umfassen das elementare Verlangen nach Essen, Trinken, Kleidung und Wohnung.
2. Das Sicherheitsbedürfnis drückt sich aus in dem Verlangen nach Schutz vor unvorhersehbaren Ereignissen des Lebens (Unfall, Beraubung, Invalidität, Krankheit etc.), welche die Befriedigung der physiologischen Bedürfnisse gefährden können.
3. Die sozialen Bedürfnisse umfassen das Streben nach Gemeinschaft, Zusammengehörigkeit und befriedigenden Sozialbeziehungen.
4. Wertschätzungsbedürfnisse spiegeln den Wunsch nach Anerkennung und Achtung wider. Dieser Wunsch bezieht sich sowohl auf Anerkennung von anderen Personen als auch auf Selbstachtung und Selbstvertrauen.
5. Als letzte und höchste Klasse werden die Selbstverwirklichungsbedürfnisse genannt. Damit ist das Streben nach Unabhängigkeit, nach Entfaltung der eigenen Persönlichkeit im Lebensvollzug, nach gestaltsetzenden Aktivitäten gemeint.

Motivation kommt in diesem Ansatz nur durch die hierarchisch niedrigste und noch unbefriedigte Bedürfnisklasse zustande. Der Ansatz von Maslow hat erstmals auf die Relevanz höherrangiger Bedürfnisse bei der Gestaltung einer menschengerechten und motivierenden Arbeit hingewiesen.

4.2.2 Die Zwei-Faktoren-Theorie von Herzberg

Ein ähnlicher, aber enger an die Arbeitsgestaltung anknüpfender Ansatz kommt von Herzberg (vgl. Herzberg et al. 1967). Er leitet aus empirischen Beobachtungen die Vorstellung ab, daß Zufriedenheit und Unzufriedenheit nicht länger als Extrempunkte eines Kontinuums gesehen werden dürfen, sondern als zwei unabhängige Dimensionen (vgl. Herzberg 1968, 57):
– Unzufriedenheit wird durch (externe) Faktoren der Arbeitsumwelt (dissatisfiers) hervorgerufen. Die wichtigsten "dissatisfiers" oder *"Hygiene-Faktoren"* sind: Personalpolitik und -verwaltung, Status, fachliche Kompetenz des Vorgesetzten, Beziehung zu Vorgesetzten, Kollegen und Mitarbeitern, Arbeitsplatzverhältnisse (Klima, Licht, Schmutz usw.), Arbeitssicherheit, Entlohnung u.a. Eine ausreichende Berücksichtigung dieser Faktoren führt nur zum Fortfall von Unzufriedenheit, nicht aber zu Zufriedenheit.

– Zufriedenheit kann nur über Faktoren erreicht werden, die sich auf den Arbeitsinhalt beziehen. Die wichtigsten "satisfiers" bzw. *"Motivatoren"* sind: Leistungs- bzw. Erfolgserlebnisse, Anerkennung für geleistete Arbeit, die Arbeit selbst, Verantwortung, Aufstieg und Möglichkeiten zur Persönlichkeitsentfaltung.

Herzberg hat aus seinen Untersuchungen den Schluß gezogen, daß nur solche Faktoren eine wirkliche Motivationskraft freisetzen können, die sich auf den *Arbeitsinhalt* und auf die Befriedigung höherer Bedürfnisse im Sinne Maslows beziehen. Die Hygiene-Faktoren beziehen sich auf die Arbeitsumgebung, ihre Verhaltenswirkung erklärt sich aus dem Bestreben, (Arbeits-)Leid zu vermeiden.

Diese Differenzierung der Antriebsfaktoren hat weitreichende praktische Implikationen. Arbeitsgestaltung muß demnach immer zweidimensional gedacht werden: Arbeitsleid abbauen und Motivationsmöglichkeiten schaffen. Die in den Motivatoren angelegte Entfaltung in der Arbeit als zentrale zufriedenheitsstiftende und leistungsstimulierende Kraft kann nur zum Ausdruck kommen auf der Basis einer entsprechend gestalteten Arbeitsumgebung. Starke Unzufriedenheit behindert im Resultat die Wirkungskraft der Motivatoren.

Zwar gibt es eine Reihe einschlägiger Kritikpunkte an der Theorie Herzbergs, trotzdem bleibt es das Verdienst dieser Theorie, einen dramatischen Wandel herbeigeführt zu haben. Das dominierende Denken in externen Anreizen als Gestaltungsgrundlage wurde zugunsten einer Perspektive zurückgedrängt, bei der die intrinsische Motivation die zentrale Rolle spielt. Die Zwei-Faktoren-Theorie ist der zentrale Wegbereiter für neue Formen der Arbeitsorganisation gewesen.

4.2.3 Motivierende Arbeitsgestaltung

Aus den inhaltlichen Motivationstheorien lassen sich Schlußfolgerungen für Maßnahmen zur Umgestaltung der Arbeit ziehen. Die Leitmaxime heißt dann: bedürfnisorientierte und menschengerechte Gestaltung der Arbeit, bei der Individual- und Organisationsziele gleichermaßen befördert werden. Diese Konzeption steht damit inhaltlich einer Arbeitsgestaltung in der Tradition Taylors diametral gegenüber, wo mit radikalen Arbeitsvereinfachungen Übungs- und Routinisierungsgewinne erzielt werden sollen.

Um die zentrale Gestaltungsidee, Arbeit bedürfnisgerecht „anzureichern" („job enrichment"), in die betriebliche Praxis umzusetzen, muß der arbeitsorganisatorische Rahmen näher umrissen werden.

Die Basis bildet für gewöhnlich das Konzept des Handlungsspielraums, den das einzelne Organisationsmitglied bei seiner Tätigkeit hat. Dieser differenziert sich in zwei Hauptdimensionen, nämlich den *Tätigkeitsspielraum* einerseits und den *Entscheidungs- und Kontrollspielraum* andererseits (vgl. Ulich/Groskurth /Bruggemann 1973, 64 f.). Unter Tätigkeitsspielraum ist der Grad an Varietät in den Tätigkeiten zu verstehen, wobei sich die Varietät nicht nur nach der Zahl unterschiedlicher Operationen, sondern auch nach dem qualitativen Ausmaß der Unterschiedlichkeit (Distanz) richtet. Der Entscheidungs- und Kontrollspielraum ist durch das Ausmaß selbständiger Planungs-, Organisations- und Kontrollbefugnisse bestimmt. Interpretiert man diese beiden Dimensionen als unabhängig (orthogonal) voneinander, so läßt sich der Handlungsspielraum in einem zweidimensionalen Koordinatensystem wie in Abbildung 1 darstellen.

4.2.4 Das „Job-Characteristics-Modell"

Das Konzept des Handlungsspielraums erfuhr von Hackman und Oldham eine fruchtbare Erweiterung (vgl. Hackman/Oldham et al. 1975, 57-71). Sie entwickelten das sogenannte Job-Characteristics-Modell mit folgenden fünf Dimensionen:
a) *Aufgabenvielfalt* (Skill Variety), d.h. das Ausmaß, in dem die Ausführung einer Arbeit unterschiedliche Fähigkeiten und Fertigkeiten verlangt (z.B. Fließbandarbeit versus Konstruktion).
b) *Ganzheitscharakter der Aufgabe* (Task Identity), d.h. das Ausmaß, in dem die Tätigkeit die Erstellung eines abgeschlossenen und eigenständig identifizierbaren "Arbeitsstückes" verlangt (z.B. Kunstschlosser versus Kondensatorenlöter).

Abb. 1: Der Handlungsspielraum eines Arbeitsplatzes

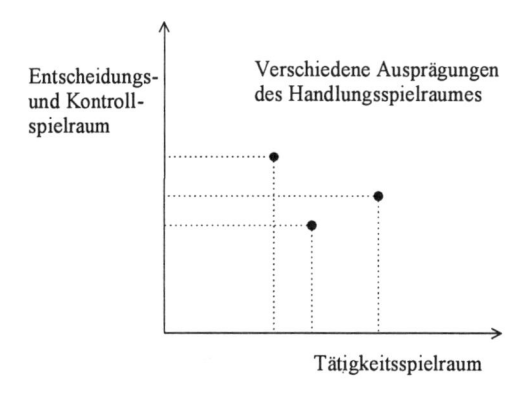

c) Bedeutungsgehalt der Aufgabe (Task Significance), d.h. das Ausmaß, in dem die Tätigkeit einen bedeutsamen und wahrnehmbaren Nutzen für andere innerhalb und außerhalb der Organisation hat (z.B. Krankenschwester versus Bedienung in einem Spielsalon).
d) Autonomie des Handelns (Autonomy), d.h. das Ausmaß, in dem die Arbeit dem Beschäftigten Unabhängigkeit und einen zeitlichen und sachlichen Spielraum bei der Arbeitsausführung läßt (z.B. Lehrerin versus Telefonistin).
e) Rückkoppelung (Feedback from Job), d.h. das Ausmaß an Information, das der Arbeitsplatzinhaber über die Ergebnisse seiner Arbeit erhält (z.B. Hausbote versus Reisender).

Zwei der fünf Kerndimensionen von Hackman und Oldham entsprechen in etwa den Dimensionen des Handlungsspielraum-Konzeptes: die Aufgabenvielfalt (Skill Variety) dem Tätigkeitsspielraum und die Autonomie des Handelns (Autonomy) dem Entscheidungs- und Kontrollspielraum. Die Dimension "Ganzheitscharakter der Aufgabe" (Task Identity) stellt eine wichtige Ergänzung dar. Sie verweist auf die Bedeutung, welche die Erstellung eines abgeschlossenen und eigenständig identifizierbaren Arbeitsstückes für ein positives Erleben der Arbeitssituation hat. Eine Erhöhung des Variationsgrades der Arbeitsvollzüge geht nicht automatisch mit einer Komplettierung der Arbeitsvollzüge in Richtung auf ein in sich abgeschlossenes Arbeitsstück einher. Deshalb erscheint der Vorschlag von Hackman und Oldham einsichtig, diesen Aspekt als eigenständige Dimension des Arbeitsinhaltes anzusehen.

Die Dimension "Rückkoppelung des Arbeitsergebnisses" verweist auf die Bedeutung, welche die Rückmeldung über den Aufgabenerfolg für das Arbeitserlebnis des Individuums hat. Die Dimension "Bedeutungsgehalt der Aufgabe" geht sehr stark vom Verwendungskontext der Produkte und dessen Bewertung, weniger vom Arbeitsinhalt aus. Der Bedeutungsgehalt einer Aufgabe läßt sich deshalb schlecht durch motivationsfördernde Maßnahmen steigern, sondern ist eher als ein übergreifendes Problem anzusehen (vgl. Schreyögg/Steinmann/Zauner 1978, 39).

Abb. 2: Motivationspotential von Tätigkeiten im Vergleich

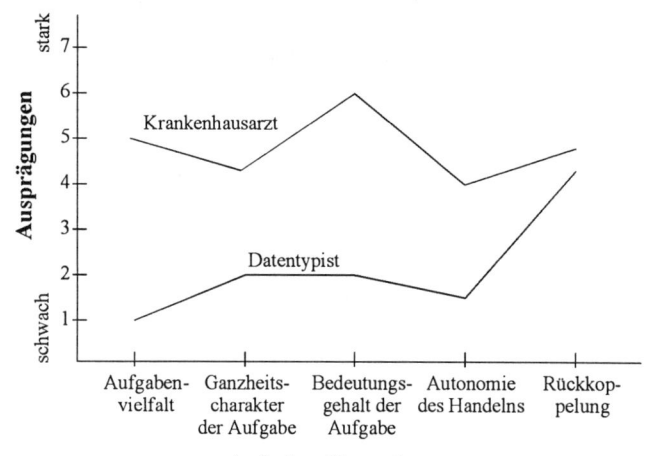

Die fünf Dimensionen leiten nicht nur zur Arbeitsgestaltung an, sondern eignen sich auch als Meßinstrument, um das Motivationspotential vorhandener Tätigkeitsprofile zu bestimmen (vgl. hierzu den Job Diagnostic Survey, Hackman/Oldham 1980; Kulik/Oldham 1988). Für eine Potentialmessung kann man sich z.B. mehrstufiger Einschätzskalen bedienen, die dem Arbeitsplatzinhaber und/oder Organisationsexperten vorgelegt werden. Als Ergebnis kann man das Motivationspotential der verschiedenen Tätigkeiten in einem Profil-Tableau vergleichend gegenüberstellen und ggfs. zum Ausgangspunkt neuerlicher Arbeitsgestaltungsmaßnahmen machen (vgl. Abb.2).

5. Neue Formen der Arbeitsgestaltung

Um die Vorstellungen, die aus dem soziotechnischen Ansatz und den Motivationstheorien vor dem Hintergrund der Humanisierungsdebatte abgeleitet wurden, konkret in die Praxis umzusetzen, sind im wesentlichen vier arbeitsorganisatorische Modelle entwickelt worden. Wie ein Abb. 3 dargestellt, wirken sich die Gestaltungsmaßnahmen Job Rotation und Job Enlargement nur auf den Tätigkeitsspielraum aus, während Maßnahmen des Job Enrichment auf Individual- und auf Gruppenebene zusätzlich den Entscheidungs- und Kontrollspielraum vergrößern. Dies soll nachfolgend genauer beschrieben werden.

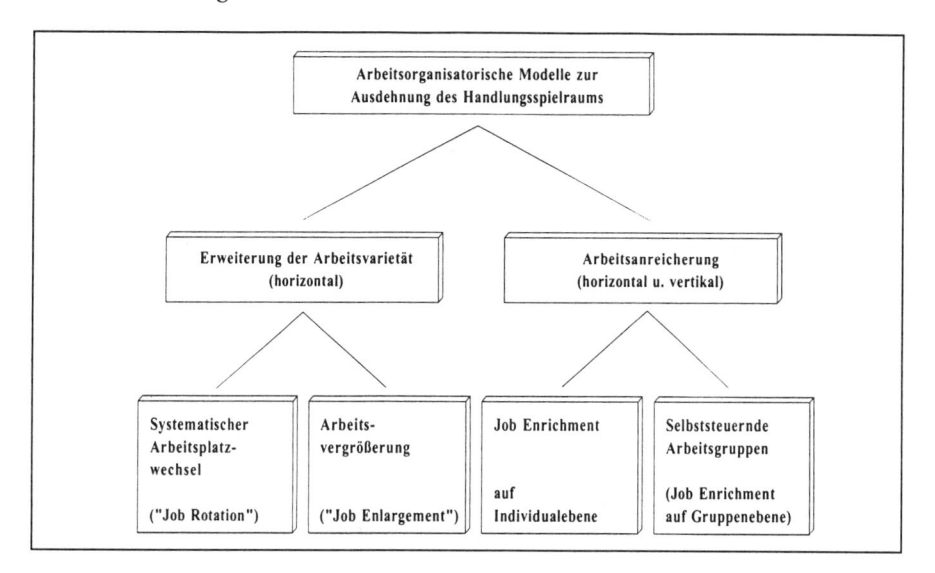

Abb. 3: Arbeitsorganisatorische Modelle im Überblick

```
                    ┌─────────────────────────────────────┐
                    │  Arbeitsorganisatorische Modelle zur │
                    │  Ausdehnung des Handlungsspielraums  │
                    └─────────────────────────────────────┘
                         /                            \
            ┌──────────────────────┐         ┌──────────────────────┐
            │ Erweiterung der      │         │ Arbeitsanreicherung  │
            │ Arbeitsvarietät      │         │ (horizontal u.       │
            │ (horizontal)         │         │  vertikal)           │
            └──────────────────────┘         └──────────────────────┘
              /              \                  /              \
    ┌──────────────┐  ┌──────────────┐  ┌──────────────┐  ┌──────────────┐
    │Systematischer│  │ Arbeits-     │  │Job Enrichment│  │Selbststeuernde│
    │Arbeitsplatz- │  │ vergrößerung │  │              │  │Arbeitsgruppen │
    │wechsel       │  │              │  │              │  │               │
    │              │  │              │  │ auf          │  │(Job Enrichment│
    │("Job Rotation│  │("Job         │  │Individualebene│ │auf Gruppenebene)│
    │")            │  │Enlargement") │  │              │  │               │
    └──────────────┘  └──────────────┘  └──────────────┘  └──────────────┘
```

5.1. Geplanter Arbeitsplatzwechsel (Job Rotation)

Hier wechseln die Mitarbeiter nach vorgeschriebenen oder selbst gewählter Zeit- und Reihenfolge ihre Arbeitsplätze bis hin zu einem totalen Rundumwechsel. Man erreicht auf diese Weise ohne gestalterische Eingriffe in die Arbeitsplätze, daß sich für den wechselnden Arbeiter die Vielfalt seiner Arbeitsaufgaben erhöht. Je gleichartiger die Arbeitsplätze sind, umso leichter läßt sich Job Rotation durchführen.

In der Beschränkung auf die gegebenen Arbeitsplätze liegt ganz offenkundig eine der wesentlichen Grenzen dieses Modells: Die Aufgabenvielfalt kann nur nach Maßgabe der vorhandenen Arbeitsplätze variieren. Hinzu kommt, daß die anderen Dimensionen des Arbeitsinhalts unberührt bleiben.

5.2. Arbeitsvergrößerung (Job-Enlargement)

Ebenfalls auf eine Ausweitung der Aufgabenvielfalt, jetzt allerdings durch gestalterische Eingriffe in den Arbeitsablauf, ist die Arbeitsvergrößerung gerichtet. Hier werden strukturell gleichartige, stark zersplitterte Tätigkeiten, die ursprünglich von verschiedenen Arbeitern durchgeführt wurden, wieder an einem Arbeitsplatz zusammengefaßt. Die Erweiterung der Arbeit besteht in einer zahlenmäßigen Vergrößerung qualitativ gleichartiger Operationen. Im Gegensatz zum Job-Rotation kann die Arbeitsvergrößerung aber hier u.U. ein Mehr an Ganzheitlichkeit einschließen.

Wie auch beim Arbeitsplatzwechsel sieht die Aufgabenvergrößerung keine Einbeziehung des Entscheidungs- und Kontrollspielraums in die Umstrukturierung der Arbeit vor. Beide Maßnahmen sind deshalb als wenig geeignete Konzepte zu beurteilen, um die Motivation in signifikantem Maße zu steigern. Gleichwohl vermögen sie zweifellos im Einzelfall geeignet sein, stark belastende Arbeitssituationen abzumildern und eine positivere

Arbeitssituation herbeizuführen. Eine generelle Abwertung erscheint deshalb nicht angebracht (vgl. Steinmann/Schreyögg 1993, 490 ff.).

5.3 Arbeitsanreicherung (Job-Enrichment)

Im Unterschied zu den bisher dargestellten Konzepten stößt die Arbeitsanreicherung in den Entscheidungs- und Kontrollspielraum vor und hebt damit am unteren Ende der Management-Hierarchie die traditionelle Trennung von leitender und ausführender Tätigkeit ansatzweise auf. Die Ausweitung des Entscheidungs- und Kontrollspielraums ("vertikale Ladung") ist daher die notwendige Bedingung, wenn man von Job-Enrichment sprechen will. Diese Ausweitung gewinnt um so mehr an Gewicht, je mehr sie im Sinne einer Ganzheitlichkeit angelegt ist.

Die Qualität von Job-Enrichment-Maßnahmen bestimmt sich weiterhin nach Art und Umfang der erreichten neuen Aufgabenvielfalt. Es macht einen qualitativen Unterschied, ob z.B. chemo-technischen Assistenten zu ihrer bisherigen Analysetätigkeit im Labor zusätzlich die Säuberung der Geräte oder das Abfassen von Untersuchungsberichten über ihre Analysen übertragen wird. Auch bezüglich der Aufgabenvielfalt hat die erreichte Ganzheitlichkeit des Aufgabenvollzuges einen wesentlichen Einfluß auf das erreichte Job-Enrichment-Niveau.

Ein Fallbeispiel:
Die Plus Küchen GmbH ist ein Einbauküchen-Hersteller. Die Einführung von Job-Enrichment sollte vorwiegend im Bereich der Auftragsabwicklung der bisher funktional ausgerichteten Arbeitsaufteilung stattfinden. Aufträge wurden bisher linear erfaßt und bearbeitet, von der Auftragsannahme über die Datenverwaltung/-erfassung und Auftragsbestätigung zur Buchhaltung usw.. Die Arbeit wurde von den Mitarbeitern durch genau umrissene gleichartige Aufgabenbeschreibungen erledigt und nach Erledigung an die nächste Stelle weitergereicht. Probleme bei der Länge der Bearbeitungszeit und des monotonen Arbeitsablaufs gekoppelt an hohe Fluktuation der Mitarbeiter traten auf.
Als Job-Enrichment-Maßnahme wurden alle anfallenden Auftragsabwicklungstätigkeiten konzentriert und auf die einzelnen Aufgabenträger verteilt, was zu einer erheblichen Erweiterung des Aufgabenprofils jedes Mitarbeiters führte. Im Mittelpunkt steht der einzelne Komplett-Vorgang von der Auftragsannahme über die Erstellung der Fertigungsanweisungen, bis hin zur Steuerung der Auslieferung und ggfs. der Reklamation, den der Mitarbeiter anhand aller notwendigen Informationen durch ein DV-System bearbeitet. Hierbei werden die unterschiedlichsten Funktionen wahrgenommen, wie z.B. Überprüfung auf Stimmigkeit des Auftrages, Klärung von Inkonsistenzen mit dem Kunden, Vornahme von Umdispositionen, Auftragsbestätigungen, etc...
Die Einführung von Job-Enrichment wurde von den Mitarbeitern positiv beurteilt, Bearbeitungszeiten wurden wesentlich verkürzt und zuverlässiger, die Zufriedenheit der Mitarbeiter nahm deutlich zu (eigene Erhebung, 1994).

In der amerikanischen Literatur wird Job-Enrichment für gewöhnlich als auf den einzelnen Arbeitsplatz gerichtetes Konzept betrachtet ("individuo-zentrischer Ansatz"). Wenn man bedenkt, daß es bei der Ausweitung des Entscheidungs- und Kontrollspielraums im Grunde um den Einbau von Vorgesetztenfunktionen in die Aufgabe des Mitarbeiters geht, so wird unmittelbar deutlich, daß die Beschränkung auf die Individualebene eine deutliche Begrenzung der Arbeitsanreicherungsmöglichkeiten darstellt. Einer solchen

Beschränkung unterliegt das ursprünglich aus Skandinavien kommende (vgl. Emery/ Thorsrud 1982; Steinmann/Heinrich/Schreyögg 1976) und heute breit diskutierte Modell der "selbststeuernden Arbeitsgruppen" nicht. Es kann als eine spezielle Variante der Arbeitsanreicherung angesehen werden.

5.4 Arbeitsanreicherung auf Gruppenbasis (Teilautonome Arbeitsgruppen)

Abb. 4: Der Autonomiegrad selbststeuernder Arbeitsgruppen (nach Gulowsen, 1972, 387)

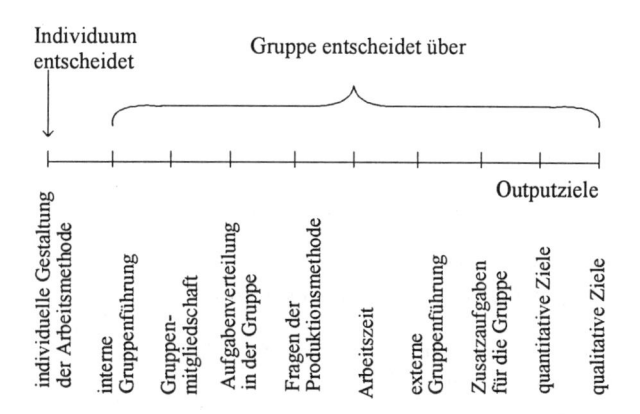

```
  Individuum        Gruppe entscheidet über
  entscheidet
       ↓         ⌢‾‾‾‾‾‾‾‾‾‾‾‾‾‾‾‾‾‾‾‾‾‾‾‾‾‾‾‾‾⌢
  ├─────┼─────┼─────┼─────┼─────┼─────┼─────┼─────┤
                                                      Outputziele

  individuelle Gestaltung der Arbeitsmethode
        interne Gruppenführung
              Gruppenmitgliedschaft
                    Aufgabenverteilung in der Gruppe
                          Fragen der Produktionsmethode
                                Arbeitszeit
                                      externe Gruppenführung
                                            Zusatzaufgaben für die Gruppe
                                                  quantitative Ziele
                                                        qualitative Ziele
```

Seit den Tavistock Studien (vgl. Trist et al. 1963) im englischen Kohlebergbau Anfang der 50er Jahre gilt ein besonderes Augenmerk der motivierenden Arbeitsgestaltung selbstregulativer Gruppenarbeit (vgl. Herbst 1962). Selbststeuernde Arbeitsgruppen sind Kleingruppen im Gesamtsystem der Unternehmung, deren Mitglieder zusammenhängende Aufgabenvollzüge gemeinsam eigenverantwortlich zu erfüllen haben, und die zur Wahrnehmung dieser Funktion über entsprechende - vormals auf höheren hierarchischen Ebenen angesiedelte - Entscheidungs- und Kontrollkompetenzen verfügen. Je nach den Sachverhalten, die der Arbeitsgruppe zur eigenverantwortlichen Wahrnehmung übertragen werden, kann man verschiedene Grade der Selbststeuerung unterscheiden (vgl. Gulowsen 1972; Berggren 1992).

Selbstabstimmung in teilautonomen Arbeitsgruppen entlastet die Hierarchie von Anweisungs- und Kontrollaufgaben. Alle zur Aufgabenerfüllung benötigten Ressourcen, z.B. Mitarbeiter, Geld, Zeit, werden der Arbeitsgruppe zur eigenen Verwaltung übertragen.

Ein Fallbeispiel:
Eine schwedische Autokarosseriefabrik stellte im Jahre 1975 die Arbeitsorganisation der Produktion von Fließfertigung auf teilautonome Arbeitsgruppen um. Diesen Gruppen, die sich großenteils aus angelernten Arbeitskräften zusammensetzen, wird jeweils die Verantwortung für einen bestimmten umfangreichen Aufgabenbereich übertragen. Um die Arbeitsgruppe nach außen zu vertreten, wird jede Woche im Rotationsverfahren ein neuer Gruppensprecher bestimmt. In der Abbildung 5 ist die Verteilung der Aufgaben- und Verantwortungsbereiche exemplarisch dargestellt.

Abb. 5: Verantwortungsbereiche innerhalb einer teilautonomen Arbeitsgruppe

```
                    ┌──────────┐
                    │ Meister  │
                    └────┬─────┘
                         ┊
┌─────────────────────┐  ┊   ┌─────────────────────────┐
│                     │◄─┴───│     Gruppensprecher     │
├─────────────────────┤      ├─────────────────────────┤
│ Verantwortungs-     │      │ Verantwortungsbereich   │
│ bereich der Führung │      │ der teilautonomen Gruppe│
│                     │      │                         │
│ Fertigungsplanung   │      │ Einrichtung, Prüfung,   │
│ Finanzplanung       │─────►│ Instandhaltung der      │
│ allg. soziale Fragen│      │ Arbeitsmittel           │
│ allg. Verwaltungs-  │      │                         │
│ aufgaben            │      │ Alle Aufgaben im unmit- │
│ sonstige Manage-    │      │ telbaren Produktions-   │
│ mentfunktionen      │      │ zusammenhang            │
│                     │      │                         │
│                     │      │ Anlernen neuer Mitarbeiter│
│                     │      │                         │
│                     │      │ Arbeitszeitregelungen   │
└─────────────────────┘      └─────────────────────────┘
```

Qualität, Quantität und Kostenvorgaben werden gemeinsam mit dem Management in einem Zielfestlegungsprozess erarbeitet (Management by Objectives), die Zielerreichung wird jede Woche mit dem vorgesetzten Meister ausführlich ca. 1 Stunde lang besprochen. Außerdem wird der Gruppe täglich die Qualität der geleisteten Arbeit rückgekoppelt.

Nach sechsjähriger Erfahrung mit teilautonomen Arbeitsgruppen berichtete die Werksleitung, daß sich, verglichen mit der herkömmlichen Fließfertigung, die Qualität steigern ließ und Kosten reduziert werden konnten. Senkung der Fluktuation, Verringerung des Aufwandes für Qualitätskontrolle und Nachbesserung, gesunkene Kapitalbindung und Platzersparnis durch kleinere Pufferlager und eine allgemein erhöhte Produktionsstabilität brachten deutliche Effizienzverbesserungen.

Mitte der achziger Jahre wurde jede Arbeitsgruppe zur Unterstützung administrativer Aufgaben mit Personalcomputern ausgestattet. Um die Eigenständigkeit und Autonomie der Gruppen auch hier deutlich hervorzuheben, wurden bewußt zum Gesamtsystem inkompatible Computer gekauft (vgl. Ulich 1983; Ulich/Baitsch/ Alioth 1987).

Das Beispiel zeigt zugleich, daß im Falle selbststeuernder Gruppen die Frage der Führung einer speziellen Gestaltung bedarf. Hier sind kontrastierend zwei unterschiedliche Lösungsansätze in der Diskussion:

a) Die Führungsrolle wird von einem formellen Gruppenführer, also einem traditionellen Vorgesetzten wahrgenommen. Diese Führungsrolle kann mit der eines Teamcoachs verglichen werden. Die Führungsperson hat dann die primäre Funktion, den Gruppenprozeß zu ermöglichen und die Gruppe in die Lage zu versetzen, ihre Arbeitsaufgaben zu bewältigen (vgl. Manz/Sims 1995). Manz (1986) bezeichnet diese Art der Führung als "Super-Führung" mit dem Ziel der Selbstführung der Gruppe. Dabei ist der formelle Gruppenführer quasi ein Führer auf Abruf, der sich letztlich selbst überflüssig macht.

b) Ein Mitglied der Arbeitsgruppe übernimmt die Rolle des Gruppensprechers neben seiner Tätigkeit im Produktionsprozeß (vgl. Abb.5). Seine Aufgaben sind dann primär die interne Abstimmung und die Funktion des Sprechers nach außen. Häufig wird diese Position im Rotationsverfahren übernommen. Solchen Gruppensprechern kommt für die übergreifende Abstimmung im Leistungsprozeß eine Schlüsselrolle zu (vgl. Dörre/Neubert 1995).

Herzberg (vgl. 1975, 5 ff.) lehnt das "sozio-zentrische" Modell der Arbeitsstrukturierung ab mit der Behauptung, daß der Einzelne in erster Linie in der Auseinandersetzung mit seiner Arbeit wachse. Diese Begründung vermag nicht zu überzeugen. Zunächst einmal ist daran zu erinnern, daß bei einer Beschränkung auf den individuellen Arbeitsplatz einer Ausdehnung des Entscheidungs- und Kontrollspielraums relativ enge Grenzen gesetzt sind. Diese werden sich insbesondere dann bemerkbar machen, wenn man die Arbeitsanreicherung als einen dynamischen Prozeß begreift. Darüber hinaus werden durch individuo-zentrische Ansätze des Job-Enrichment wichtige Entfaltungsdimensionen des Menschen gar nicht angesprochen. Dazu gehört vor allem der Erwerb interpersonaler Kompetenz und der Aufbau befriedigender sozialer Beziehungen.

Einsatzgrenzen: Neben unflexiblen technologischen Rahmenbedingungen werden häufig (stabile) persönliche Dispositionen der Mitarbeiter als Grenzen für den Einsatz von Enrichment-Programmen verantwortlich gemacht. Man verweist auf die z.T. mangelnde Bereitschaft, das fehlende Bedürfnis und die häufig zu geringe geistige Kapazität von Mitarbeitern, um mit der Arbeitsanreicherung Erfolg zu haben. Als unmittelbare Konsequenz dieser Argumentation wird dann vorgeschlagen, die Arbeitsgestaltung nach Maßgabe der vorgefundenen Unterschiede in den persönlichen Dispositionen der Mitarbeiter zu differenzieren: Job-Enrichment kann dann nur dort als sinnvolle Arbeitsgestaltungsmaßnahme angesehen werden, wo die erwähnten personellen Voraussetzungen vorhanden sind (vgl. Hulin 1971).

Ulich (1991) greift diesen Gedanken auf und fordert eine differentielle Arbeitsgestaltung. Er strebt eine individualisierte Arbeitsorganisation an, die es jedem Mitarbeiter erlauben soll, sich aus verschiedenartigen Arbeitssituationen die für ihn passende auszuwählen. Statt voreiliger Gleichmacherei soll hier den Unterschieden zwischen den Menschen umfänglich Rechnung getragen werden. Diese Position verstellt indessen den Blick auf die unverzichtbare Frage nach der Vorgeschichte der unterschiedlichen Dispositionen. Arbeitsrelevante Persönlichkeitsmerkmale sind nicht naturhaft vorgegeben, sondern -jedenfalls zu einem erheblichen Teil - gewachsen, durch die berufliche Sozialisation und durch die Arbeitsorganisation geformt (vgl. Groskurth 1979) und somit auch durch diese veränderbar. Eine Lernbereitschaft in der Arbeit wird vor allem derjenige zeigen, dem in der Vergangenheit die Möglichkeit dazu gegeben worden war (vgl. Lempert 1979). Es ist auch die Beobachtung in zahllosen Job-Enrichment-Experimenten, daß die Persönlichkeiten der Beschäftigten eine deutliche Veränderung durch die neue Arbeitsorganisation erfuhr. Das Argument, das eine Übereinstimmung von Persönlichkeit und Arbeitsstruktur einfordert, gerät also allzu leicht zirkulär.

6. Ausblick

Obwohl es in den 80er Jahren um die Neuen Formen der Arbeitsorganisation eher still geworden war, ist die Beschäftigung mit den Grundgedanken wieder aktuell geworden. Die Gestaltungstrends der 90er Jahre knüpfen im Ergebnis wieder stark an die Ideen der Arbeitsgestaltung an, allerdings aus einer erklärtermaßen andersartigen Motivlage heraus (Berggren 1992). So ist bei den Konzepten „flache Hierarchien", „Teamarbeit" oder „Empowerment" der Mensch die zentrale Gestaltungskategorie, weil hier vor allem Rationalisierungspotentiale und Effizienzvorteile vermutet werden. Die Neuen Formen der Arbeitsorganisation werden jetzt als die wirtschaftlich überlegenste Form der Arbeitsgestaltung dargestellt. Für die alte Humanisierungsdiskussion ergibt sich der glückliche Fall, daß die Wirtschaftlichkeit ungewollt die Humanisierungsidee befördert

- was aber, wenn sich die praktischen Erfahrungen nicht mit den behaupteten Effizienzvorteilen decken?

* Die Verfasser danken Frau Bettina Lampertius für einige vorbereitende Arbeit zu diesem Beitrag

Literatur

Alioth, A. 1980: Entwicklung und Einführung alternativer Arbeitsformen, Bern u.a.

Berggren, C. 1992: Alternatives to lean production, Ithaca, NY.

Bokranz, R.; Landau, K. 1991: Einführung in die Arbeitswissenschaft, Stuttgart.

Brakelmann, G. 1993: Humanisierung der Arbeit, in: Enderle, G. et al. (Hrsg.) (1993): Lexikon der Wirtschaftsethik. Freiburg i.B. etc., 431 ff.

Dörre K.; Neubert J. 1995: Neue Managementkonzepte und industrielle Beziehungen: Aushandlungsbedarf statt „Sachzwang Reorganisation", in: Schreyögg, G.; Sydow, J. (Hrsg.): Managementforschung 5. Empirische Studien, Berlin, New York, 167 ff.

Emery, F. E.; Trist, E.L. 1960: Socio-technical Systems, in: Churchman,C.W.; Verhulst, M. (Hrsg.), Management science, models and techniques, Vol.2, Oxford, 1960.

Emery, F. W.; Thorsrud, E. 1982: Industrielle Demokratie, Bern.

Groskurth, P. (Hrsg.) 1979: Arbeit und Persönlichkeit, Reinbek b. Hamburg.

Gulowsen, J. A. 1972: Measure of work-group-autonomy, in: Davis, L. A.; Taylor, J. C. (Hrsg.) (1972): Design of jobs, Harmondsworth.

Hackman, J. R.; Oldham, G. et al. 1975: A new strategy for job enrichment, in: California Management Review 171975, 57 ff.

Hackman, J. R.; Oldham, G.R. 1980: Work redesign, Reading/Mass.

Herbst, P. 1962: Autonomous group functioning, London.

Herzberg, F.; Mausner, B.; Snyderman, B. D. 1967: The motivation to work, 2. Aufl., New York.

Herzberg, F. 1968: „One more time: How do you motivate employees?", in: Harvard Business Review, Vol.46(1968), 53 ff.

Herzberg, F. 1975: Der weise alte Türke (Übers.a.d. Engl.), in: Fortschrittliche Betriebsführung und Industrial Engineering 24 (1975), 5.

Hulin, C. L. 1971: Individual differences and job enrichment - the case against general treatments, in: Maher, J. R. (Hrsg.): New perspectives in job enrichment, New York u.a. 1971, 159 ff.

Kulik, C. T.; Oldham, G. R. 1988: Job Diagnostic Survey, in: Gael, S. (Hrsg.) 1988: Job analysis handbook for business, industry and government, Vol. 2, New York, 936-959.

Lempert, W. 1979: Konzeption der Analyse der Sozialisation durch Arbeit, Berlin.

Manz, C. C. 1986: Self Leadership: Towards an expanded theory of self-Influence processes in organizations, in: Academy of Management Review, 11(1986), 585 ff.

Manz, C. C.;Sims, H. P. 1995: Selbststeuernde Gruppen, Führung in, in: Kieser, A.; Reber, G.; Wunderer, R. (Hrsg.) (1995), Handwörterbuch der Führung, 2.Aufl., Stuttgart, Sp. 1873-1894.

Maslow, A. 1954: Motivation and personalitiy, New York

Opfermann, R.; Streit, W. 1987: Arbeitsstätten, Wiesbaden.

REFA 1972: Methodenlehre des Arbeitsstudiums.T.3: Kostenrechnung, Arbeitsgestaltung. 2.A., München.

Rice, A. K. 1958: Producitvity and social organization: The ahamedabad experiment. London/Tavistock.

Schreyögg, G.; Steinmann, H.; Zauner,B. 1978: Arbeitshumanisierung für Angestellte, Stuttgart u.a.

Steinmann, H.; Heinrich, M.; Schreyögg, G. 1976: Theorie und Praxis selbststeuernder Arbeitsgruppen, Köln.

Steinmann, H.; Schreyögg, G. 1993: Management-Grundlagen der Unternehmensführung, 3. Aufl., Wiesbaden.

Strauss-Fehlberg, G. 1978: Die Forderung nach Humanisierung der Arbeitswelt, Köln.

Taylor, F. W. 1911: The principles of scientific management, New York.

Trist, E. L.; Higgin, G. W.; Murray, H.; Pollock, A. B. 1963: Organizational choice. London.

Ulich, E. 1983: Alternative Arbeitsstrukturen - dargestellt am Beispiel der Automobilindustrie. In: Zeitschrift für Arbeits- und Organisationspsychologie, 27 (1983), 70 ff.

Ulich, E. 1991: Arbeitspsychologie, Zürich.

Ulich, E.; Groskurth, P.; Bruggemann, A. 1973: Neue Formen der Arbeitsgestaltung - Möglichkeiten und Probleme einer Verbesserung der Qualität des Arbeitslebens, Frankfurt/M.

Ulich, E.; Baitsch, C.; Alioth, A. 1987: Führung und Organisation. In: Schriftenreihe „Die Orientierung", H.81, hrsg. von Schweizerische Volksbank. 2. Aufl. Bern.

Vilmar, F. (Hrsg.) 1973: Die Menschenwürde im Betrieb, Reinbeck bei Hamburg.

Betriebliche Berufsausbildung

Richard Huisinga

Bildungsexpertinnen und -experten sehen die Jugendphase seit den 70er Jahren durch widersprüchliche Entwicklungstendenzen gekennzeichnet: Zeitlich ausgedehnt durch einen längeren Verbleib im Bildungssystem einerseits, wird dieser Bildungsphase andererseits gleichzeitig die Bezugsgrundlage durch die wirtschaftlichen und beschäftigungsstrukturell ungünstigen Bedingungen in Frage gestellt. Arbeitsmarktbezogene Ungleichgewichte markieren nämlich die Übergänge von der Schule in die Arbeit (vgl. schon Schober 1986), wenn Jugendliche in chancenlose Ausgangspositionen kanalisiert werden. So entwertet die Gesellschaft eine ganze Generation junger Menschen. Wenn darüberhinaus zugleich der gesellschaftliche Königsweg der Integration, nämlich die betriebliche Berufsausbildung, einem Schließungsmechanismus ausgesetzt wird, dann darf nicht vergessen werden, daß nach wie vor für viele Schülerinnen und Schüler eine erfolgreich bestandene Berufsausbildung als Mindestvoraussetzung für den Start in eine kontinuierliche Erwerbsbiographie gilt. Dies gilt auch, wenn neuere Studien (vgl. Greinert 1995; Kruse/Kohlhoff 1987) zeigen können, daß die berufliche Erstausbildung weder hinreichend noch notwendig eine Voraussetzung für die Ausübung qualifizierter Fach- oder Sacharbeit sein muß.

Sozialpolitisch ist hinlänglich bekannt, daß eine Berufseinmündung unter ungünstigen Bedingungen im späteren Erwerbsleben kaum noch ausgeglichen werden kann, die Benachteiligung beim Berufsstart den gesamten Lebenslauf prägt. Ob diese Übergänge vom Bildungs- ins Beschäftigungssystem zu "Karrieren" führen oder in "Sackgassen" enden, entscheidet sich letztlich an den Entwicklungstendenzen der regionalen Arbeitsmärkte und dem jeweiligen Agieren der Betriebe. Aber auch die Handlungsstrategien der Jugendlichen selbst wirken darauf zurück.

Welche Anforderungen stellen Betriebe nun konkret und welche Selektionsformen werden zunehmend eingesetzt? Wie agieren Betriebe und welches sind vorherrschende Kalküle und Argumentationen, wenn es um die bedarfsgerechte Sicherung der Arbeitsvolumina auf der Ebene von Sach- und Facharbeit geht? Und schließlich, wie verändert sich die Regulation, insofern die Wettbewerbslage in besonderem Maße auf Anforderungen und Kalküle durchschlägt?

1. Personalpolitisch zentrierte Leitgesichtspunkte der Betriebe

Die Personalpolitik der Betriebe und besonders die Einstellungspolitik in Bezug auf Auszubildende läßt sich kaum auf einen Generalnenner bringen, wenn es um genauere Motive geht. Folgt die Einstellungspolitik der allgemeinen Konjunkturlage? Orientiert sie sich an der politischen Großwetterlage bzw. der Verbandsraison? Sind strukturelle Überlegungen im Spiel? Mangelt es einfach an Geld, um die Ausbildung zu finanzieren oder genügen umgekehrt die Nachfrager nicht den Anforderungen, weshalb Betriebe letztendlich keine oder nicht genügend Ausbildungsverträge abschließen? Auch wenn eine differenzierte Materiallage fehlt, welche die erste Schwelle, also den Übergang vom Bildungs- ins Beschäftigungssystem, aus dem Blickwinkel der Betriebe beschreibt und erklärt, so lassen sich für die Einstellungspraxis von Auszubildenden doch leitende Gesichtspunkte angeben. Drei dieser Gesichtspunkte, nämlich die Erwartungshaltung der

Betriebe, das Kostenargument und die Frage des Nutzens sollen im folgenden im Vordergrund der Betrachtung stehen.

1.1 Personalpolitische Erwartungshaltung

Die Erwartungshaltungen in den Betrieben, welche durchaus verallgemeinerbar sind, richten sich zunächst auf das Informationsverhalten der Bewerberinnen und Bewerber, ferner auf die Gestaltung der Bewerbungsunterlagen, auf das Erscheinungsbild beim Vorstellungsgespräch und schließlich auf das Können bei den Eignungsprüfungen.

In einem ersten Schritt wird von den meisten Betrieben geprüft, ob sich die Bewerbenden gründlich und gezielt bei der Suche nach einer Lehrstelle verhalten haben. In fast allen Werbetexten und Broschüren von Betrieben, überbetrieblichen Ausbildungseinrichtungen oder Verbänden der gewerblichen Wirtschaft finden sich dabei Sätze wie: "Es gehört heute mehr dazu, als Anschreiben, Lebenslauf und Zeugnisse in einen Ordner zu stecken und diesen fristgerecht abzuschicken". Zielgerechtes Verhalten bei der Suche nach einer Lehrstelle setzt voraus, die öffentlichen Informationsquellen genutzt zu haben. Hierzu rechnen die Serviceleistungen der Arbeitsämter (z.B. Berufsinformationszentren [BIZ], Berufsberatung oder Blätter zur Berufskunde). Für jede Branche, für jedes Handwerk gibt es zumeist mehrere Fachzeitschriften. Sie in öffentlichen Bibliotheken oder den Einrichtungen der Handwerks- bzw. Industrie- und Handelskammern einzusehen, zählt ebenfalls zur Nutzung öffentlicher Informationsquellen. Diese aktive Suche nach einem Ausbildungsplatz im öffentlichen Informationsverbund ergänzt die Suche im privaten Medienverbund. Als selbstverständlich gilt, Stellenausschreibungen aus Tageszeitungen oder Fachzeitschriften zu sichten und sie aufbereitet vorzulegen. Im Umkehrverfahren wird zugleich erwartet, selbst eine Anzeige zu schalten.

Diese noch insgesamt distanzierte Informations- und Kontaktaufnahme durch Anzeige komplettiert die heute empfohlene Inititativbewerbung. Die sich Bewerbenden zeigen darin eine gewisse Produkt- und Marktkenntnis und treten mit Betrieben ihrer Wahl in einen Aushandlungsprozeß ein. Zwar riskieren sie in solchen Fällen eine Absage, die jedoch als ein normales Marktrisiko gewertet wird. Hierin deutet sich bereits eine gewisse Umkehr in der Personalpolitik an: eine Entwicklung vom "Verkäufermarkt" zum "Käufermarkt". Damit ist gemeint, daß aus der Sicht der Betriebe generell ein Angebotsüberschuß an Ware Arbeit vorhanden ist bei gleichzeitig konstanter bzw. sinkender Nachfrage. Plakativ formuliert heißt dies: Warum sollte ein Betrieb ausbilden, wenn er auf dem Arbeitsmarkt die gewünschte Arbeitsqualifikation günstig einkaufen kann. Und anders formuliert: Die personalpolitische Position erwartet demgemäß von den zukünftigen Auszubildenden, daß diese sich in besonderem Maße ihrer persönlichen Stärken und Schwächen im Sinne eines Ressourcengitters bewußt geworden sein müssen, wenn sie damit rechnen wollen, einen Ausbildungsplatz zu erhalten (vgl. Übersicht 1).

Auf die Ausschreibung einer Lehrstelle erhalten Personalabteilungen größerer Unternehmen bis zu 400 Bewerbungen. Allein die quantitative Situation zwingt die Mitarbeiterinnen und Mitarbeiter in den Personalabteilungen bei der Auswahl zu einer systematischen Vorgehensweise. Die Systematik folgt dabei einer einfachen Entscheidungsregel: Unvollständige und unsaubere Unterlagen werden sofort beiseite gelegt und ohne inhaltliche Prüfung zurückgeschickt. Empfehlungen, wie sie Personalabteilungen immer wieder aussprechen, finden sich in Übersicht 2.

Ähnliche Gütekriterien werden auch zur Beurteilung der übrigen Bewerbungsunterlagen herangezogen, wobei der Lebenslauf durch ein aktuelles Bewerbungsfoto, die persönlichen Daten, Schulbildung, möglichst Praktika, eventuelle besondere Fähigkeiten aus der Jugendarbeit, Sprach- und Computerkenntnisse, Freizeitaktivitäten an Aussagekraft gewinnt. Ausführliche Anleitungen, Hinweise und Checklisten zum Gestalten von Bewerbungsunterlagen hält jedes Personalleiterhandbuch bereit. Die Ergebnisse der Auswertung faßen Betriebe in einfachen Vergleichslisten, wie sie in Übersicht 3 wiedergeben sind, zusammen.

Die schriftlichen Eignungsprüfungen stellen eine zweite Selektionsschwelle dar und beziehen sich auf den Kanon der allgemeinbildenden Fächer (sprachliche Fähigkeiten, Zahlenverständnis, logisches Denken, figürliches Vorstellungsvermögen, handlungsbezogene Fähigkeiten). Die Eignungstests werden sowohl in der außer- und überbetrieblichen als auch in der betrieblichen Ausbildung zunehmend durch Assessments ergänzt (vgl. dazu Breisig 1990, 113 ff). Assessments sind also nicht nur oder nicht mehr nur auf die Eignung von Führungskräften abstellende Testverfahren zur Prognose des Erfolgs. Das Vorstellungsgespräch soll schließlich die Ergebnisse der schriftlichen Eignungsprüfung bzw. des Assessments abrunden. Gemäß den Hinweisen der Betriebe dominieren Bewertungen bezüglich der sogenannten extrafunktionalen Qualifikation, wobei der souveräne Umgang mit Fragen (vgl. Übersicht 4) gegenüber der äußeren Erscheinungsweise und der Körpersprache überwiegt. Die personalpolitische Haltung, so läßt sich zusammenfassen, folgt zunehmend einem Modus, bei dem die Betriebe immer weniger Stellen ausschreiben, ja umgekehrt ein Nachsuchen erwarten. Zugespitzt formuliert: Die Bewerberin bzw. der Bewerber hat zu zeigen, daß nur sie bzw. er die für den betrieblichen Leistungszusammenhang geeignete Person ist. Das Augenmerk bei den Auswahlprozessen stellt auf mögliche Motivationsdefizite respektive Leistungsbereitschaft und Aktivitätspotential der Bewerbenden ab. Dementsprechend kommen verfeinerte personalpolitische Instrumente zum Einsatz, die bis in die Ausbildung selbst eindringen. Besonders am Methodenboom (vgl. dazu Huisinga 1994) läßt sich dies zeigen.

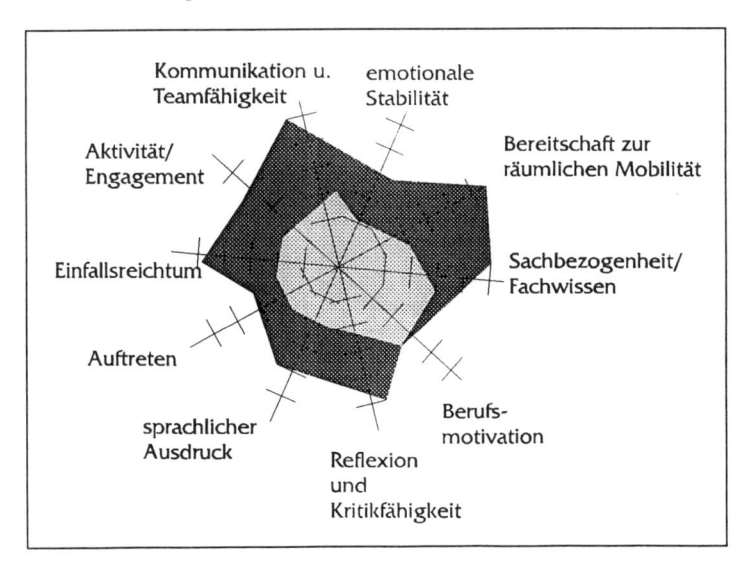

Übersicht 1: Ressourcengitter

Übersicht 2: Beurteilungsraster von Personalabteilungen

Bewerbungsbrief:
Inhalt:
a) Die Fragen der Stellenanzeige sind positiv beantwortet.
b) Die Fragen der Stellenanzeige sind teils positiv, teils negativ beantwortet.
c) Die Fragen der Stellenanzeige sind nur teilweise beantwortet.

Aussehen:
    a) herausstechend
    b) ordentlich
    c) schludrig

Sprache:
    a) klar - unklar
    b) kurz - ausführlich
    c) floskelhaft - eigenständig

Einstellung:
    a) gefühlsbetont - sachbetont
    b) ich bezogen - unternehmensbezogen

Zeugnisse:
    Art des Schulabschlußzeugnisses
    Gesamtniveau
    Besonderheiten
    Art sonstiger Ausbildungs-Abschlußbeurteilungen mit
    Angabe der Gesamtnote oder des Gesamtniveaus

Aussteller der Zeugnisse,
Gesamteindruck der Zeugnisse (sehr gut bis mangelhaft)

Tabellarischer Lebenslauf:
Das Schema ist:
    a) ansprechend und aussagekräftig
    b) brauchbar
    c) schwach

Zeitablauf:
    a) lückenlos
    b) lückenhaft

Sprachliche Darstellung:
    a) einfach - gehoben
    b) klar - unklar
    c) logisch - unlogisch

Handschriftprobe (nur wenn Lebenslauf handschriftlich gefordert wurde)

Übersicht 3: Anforderungen von Personalabteilungen

Bewerbungsunterlagen:
keine formalen Fehler, d.h. – hochwertiges Schreibmaschinenpapier; – Aufbau wie Geschäftsbrief; – handschriftliche Unterzeichnung; – auf Anlagen hingewiesen; – Anschreiben an eine konkrete Person gerichtet; – individuelle Gestaltung; keine inhaltlichen Fehler, d.h. – auf Fähigkeiten, Fertigkeiten und Können aufmerksam gemacht; – Interesse geweckt; – Bezug hergestellt zur Anzeige; – Begründung, warum man sich bewirbt; – ...

Übersicht 4: Fragen, die Sie erwarten dürfen

Fragen	Folgerungen
Warum haben Sie gerade diesen Beruf gewählt? Wie sind Sie auf diesen Beruf gekommen?	Ob Ihre Motive persönlich sind und Sie diese plausibel vortragen können.
Was wissen Sie über diesen Beruf und die Ausbildung? Warum bewerben Sie sich gerade bei uns? Was wissen Sie über unsere Firma?	Ob Sie ein Mensch sind, der das Wissen über den Beruf in Beziehung zum Unternehmen setzen kann
Welche Schulfächer lagen Ihnen am meisten und warum? Welche anderen Berufe könnten Ihnen noch zusagen, warum?	Ob Sie sich Gedanken darüber gemacht haben, Ihre Interessen beruflich sinnvoll einzusetzen.
Welche Schulfächer fielen Ihnen am schwersten und warum? Wie erklären Sie die Bemerkungen auf Ihren Zeugnissen (Fehlzeiten etc.)?	Ob sich Ihre Schwächen eventuell bei der Berufsausübung auswirken können.
Welche Vor- und Nachteile dieses Berufes sehen Sie? Wo sehen Sie Chancen, und wie wollen Sie mit den Nachteilen zurechtkommen?	Ob Sie ein der Realität angemessenes Berufsverständnis artikulieren können
Welche beruflichen Pläne haben Sie? Was glauben Sie, wo werden Sie in fünf Jahren beruflich stehen?	Ob Sie ein vorausschauender Mensch sind und Bereitschaft zur beruflichen Entwicklung mitbringen.
Wie ist das Verhältnis zu Ihren Eltern und Ihren Geschwistern? Erzählen Sie uns etwas über Ihre Freunde.	Ob durch Ihr Sozialverhalten Konfliktpotential in den Betrieb eingebracht wird.
Was machen Sie überwiegend in Ihrer Freizeit? Was sind Ihre Hobbys? Sind Sie in einem Verein?	Ob Sie sich engagieren und teamfähig sind. Ob Sie besondere Fähigkeiten mitbringen.

1.2 Das ökonomische Kalkül

Geht man davon aus, daß Betriebe auch in Zukunft ihren Personalbedarf im Inland decken müssen und wollen, dann stehen sie vor der Entscheidung, nach welchem ökonomischen Kalkül, nämlich "make or buy", dies geschehen soll. Wer in dieser Entscheidungssituation von den sozialpolitischen Motiven und gesellschaftlich moralischen Überlegungen absieht, dem gilt, daß die Deckung des mittelfristigen Personalbedarfs am Markt erfolgt, wenn die Aufwendungen der Eigenausbildung höher als die erwarteten Erträge ausfallen. Umgekehrt müßten die Betriebe der Ratio der Eigenausbildung folgen, wenn damit eine Rentabilität gegeben ist. Innerhalb der Diskussionen um die betriebliche Berufsausbildung ist dieses Problem in der Bundesrepublik Deutschland von Beginn an als Finanzierungsdebatte geführt worden.

Bereits Ende der 50er Jahre löste die von *H. Wahrmut* (vgl. Wahrmut 1957) publizierte Untersuchung über "die Kosten und Erträge der Lehrlingshaltung im Handwerk" eine breite Kontroverse aus, zumal *F. Schlieper* schon 1954 schrieb, daß "die weitaus meisten Lehrverhältnisse unrentabel sind" (Schlieper 1954,78). Die Diskussion um die Rentabilität bzw. die Kosten der Berufsausbildung bezog sich dabei nie auf deren absolute Höhe. Sie war und ist immer noch verschränkt - und das macht ihre Eigentümlichkeit aus - mit Fragen der Berufsbildungsreform. Die Finanzierungs- und Kostendebatte ist deshalb eine um die Reformierbarkeit des Berufsbildungssystems. Besonders deutlich zeigt das *K. Stratmann* in seinem Gutachten über das duale System der Berufsbildung für die Enquete-Kommission "Zukünftige Bildungspolitik - Bildung 2000" des Deutschen Bundestages (vgl. Stratmann/Schlösser 1990, 209 ff.). Die Stationen der Auseinandersetzung um mögliche Finanzierungen (vgl. Übersicht 5) lassen sich über zwanzig Jahre anhand der verschiedenen Gutachten und den darauf bezogenen Stellungnahmen verfolgen:

- KMK-Gutachten zur Berufsausbildung von 1952 (Umlagefinanzierung);
- DGB-Entwurf eines Berufsausbildungsgesetzes von 1959 (Modell Berufsausbildungsabgabe - Zuschußmodell);
- Deutscher Bildungsrat: Empfehlungen der Bildungskommission zur Verbesserung der Lehrlingsausbildung [Lehrlingsempfehlungen] von 1969 (Zwischenbetriebliches Ausgleichsmodell);
- "Edding-Kommission" - Sachverständigenkommission "Kosten und Finanzierung der beruflichen Bildung" 1974 (Fondsfinanzierung - Umlagefinanzierung).
- Akutell wird das Thema Finanzierung bzw. Kosten und Nutzen der Ausbildung wieder diskutiert im Berufsbildungsbericht von 1995 (BMBWFT 1995), für den eine Reihe von Untersuchungen vorgelegt wurden, die zeigen sollen, daß die Ausbildung doch rentabel sei.

Übersicht 5: Finanzierungsmodelle

Die Finanzierung der betrieblichen Berufsausbildung wird durch die einzelnen Betriebe getragen. Als grundlegende Strukturmängel dieses einzelbetrieblichen Finanzierungsmodells wurde immer wieder diskutiert, daß

- zwischen ausbildenden und nichtausbildenden Betrieben eine ökonomisch-wettbewerbsverzerrende Grundsituation bestehe;
- sie insgesamt zu einer Unterinvestition in die Ausbildung bei den Betrieben führe;
- die Nettoerträge der Ausbildung zu einer Fehlallokation führten, weil überproportional zum Wachstumstempo und Strukturwandel ausgebildet werde;
- die Kostenorientierung der Ausbildung eine starke konjunkturzyklische Komponente des Bedarfs der Betriebe nach sich zöge.

Als alternative Modelle gelten Finanzierungssysteme auf überbetrieblicher Finanzierungsbasis. Dazu gehören:

- Überbetriebliche Zentralfonds-Dauerfinanzierungssysteme
  Ein solches Modell geht von einer permanenten gesetzlichen Berufsausbildungsabgabe aller privaten und öffentlichen Arbeitgeber als Prozentsatz z.B. der Bruttolohn- und Gehaltssumme aus. Durch den Fonds wird ein Lastenausgleich zwischen den ausbildenden und nichtausbildenden Betrieben finanziert.
- Modell der überbetrieblichen Bedarfs- und Notfallfinanzierung (Kleine Fondslösung)
  Eine befristete gesetzliche Berufsausbildungsabgabe wird bei allen privaten und öffentlichen Arbeitgebern zum Zwecke der Sicherung des Ausbildungsplatzangebotes erhoben. Die Dauer der Finanzierung wird beschränkt, Freistellungen sind möglich.
- Tariffonds-Finanzierung
  Ein Tariffonds stellt eine aus Arbeitgeberumlagen gespeiste Finanzierungsquelle dar. Die Tarifparteien legen dabei die Modalitäten der Erhebung wie der Vergabe der Mittel tarifvertraglich fest. Im Vordergrund steht die Vermeidung staatlicher Eingriffe.
- Sonderformen
  Als Sonderformen der kollektiven überbetrieblichen Finanzierung der betrieblichen Berufsausbildung werden Branchenfonds, Regionalfonds und Kammerumlagen erörtert. An der Kammerumlage kann gezeigt werden, daß sie nicht einem Lastenausgleich unter den Betrieben folgt, sondern als Finanzierung von Kammeraufgaben herangezogen wird, insbesondere bei der Unterhaltung überbetrieblicher Ausbildungsstätten.

Als Mischfinanzierung gelten solche Ordnungen, die zwar eine betriebliche Grundfinanzierung beibehalten, jedoch durch staatliche Anreize beeinflußt werden. Dazu können zählen: steuerliche Anreize (z.B. Sonderabschreibungen, Rückstellungsmöglichkeiten, Sozialabgabenbegünstigung, Rücklagen- und Zulagensysteme) oder direkte staatliche Hilfen (z.B. in Form von Modellversuchen oder Subventionen).

1.3 Kosten der betrieblichen Ausbildung

Die Eddingkommission bzw. die Sachverständigenkommission des Deutschen Bildungsrates von 1974 hat das Feld grundlegend vorstrukturiert, indem sie ein betriebswirtschaftliches Kostenmodell schuf, welches auch der Erhebung von 1992 durch das Bundesinstitut für Berufsbildung zugrunde liegt (vgl. Bardeleben/Beicht 1996, 22 ff.). Die repräsentative Untersuchung erfaßt vier große Kostenblöcke: Personalkosten der Auszubildenden, Kosten des Ausbildungspersonals, Anlage- und Sachkosten der Ausbildung, sonstige Ausbildungskosten. Auf der Basis von Vollkosten betragen die Bruttokosten 1992 im Durchschnitt rund 30.000 DM pro Auszubildenden und Jahr, wobei sich die Personalkosten der Auszubildenden auf knapp 50 Prozent davon belaufen. Differenziert nach Kammerbereichen erreichen Industrie und Handel in Durchschnitt knapp 32.000 DM, die Kosten im Handwerk dagegen summieren sich auf knapp 25.000 DM pro Auszubildenden im Jahr. In der Übersicht 6 sind beispielhaft die tarifvertraglichen Ausbildungsvergütungen nach einzelnen Branchen in DM wiedergegeben.

Übersicht 6: Tarifliche Ausbildungsvergütungen 1. Lehrjahr 1996

Branche	Ost	West
Versicherungen	1.132	1.230
Druckindustrie	1.178	1.178
Banken	1.000	1.145
Papierindustrie	800	1.124
Steinkohlenbergbau		1.080
Metall- und Elektroindustrie	977	1.076
Öffentliche Dienst	888	1.058
Baugewerbe	943	1.025
Chemische Industrie	757	1.010
Durchschnitt	843	986
Groß- und Außenhandel	880	970
Eisen- und Stahlindustrie	823	964
Braunkohlebergbau	746	912
Süßwarenindustrie	604	889
Textilindustrie	642	877
Bekleidungsindustrie	522	786
Holzverarbeitende Industrie	744	773

Quelle: Bundesministerium für Arbeit und Sozialordnung

Die Kosten selbst nach Abzug möglicher Erträge aus der Ausbildung werden immer wieder als zu hoch eingestuft. So beklagt der Informationsdienst des Instituts der Deutschen Wirtschaft die hohe Dynamik der Ausbildungsvergütungen, die seit 1985 um 70 Prozent und damit anderthalbmal so schnell wie die Tariflöhne gestiegen seien (vgl. iwd 32/1996, 1). Mit Blick auf die volkswirtschaftlichen Gesamtkosten von 43 Milliarden DM im Jahre 1992 fragen sich deshalb viele Betriebe und ihre Verbände, ob bei der Höhe dieser Belastung nicht eine effizientere Ausbildung denkbar und möglich ist.

1.4 Das Nutzenkalkül in der betrieblichen Berufsausbildung

Den Kostenargumenten ist immer wieder der Nutzen der betrieblichen Berufsausbildung gegenübergestellt worden. Die Existenz einer Nutzenfunktion ist jedoch nicht gesichert - schon gar nicht in der Berufsausbildung. Insofern ist *R. v. Bardeleben/U. Beicht* zuzustimmen, wenn sie schreiben: "Eine solche monetäre Bestimmung des Nutzens der Ausbildung ist noch ungleich schwieriger als die Erfassung der Ausbildungskosten. Ohne eine Gegenüberstellung von Kosten und Nutzen der Ausbildung läßt sich jedoch unter betriebswirtschaftlichen Gesichtspunkten die Zweckmäßigkeit der eigenen betrieblichen Ausbildung nicht beurteilen. Dies gilt insbesondere, wenn man die Ausbildung als eine Investition in die Zukunft betrachtet." (Bardeleben/Beicht 1996, 36).

Im Berufsbildungsbericht von 1995 wird angemahnt, eine "rationalere Kosten-Nutzen-Diskussion" zu führen. Vor allem müssen die "in Ausbildungsbetrieben nach der Ausbildung zu erwartenden längerfristigen Einsparungen durch Vermeidung jener Kosten, die in Betrieben anfallen, wenn der Fachkräftebedarf statt durch Ausbildung am externen Arbeitsmarkt gedeckt wird" (BMBWFT 1995, 7), bedacht werden. Die Plausibilitäten, auf die sich ein solcher Argumentationszusammenhang stützt, heißen dann:
– Mitarbeitende, die am Arbeitsmarkt angeworbenen werden, verursachen Kosten, die durch die notwendigen Einarbeitungszeiten entstehen. Auch können Anpassungsqualifizierungen erforderlich werden;
– Extern rekrutierte Mitarbeiterinnen und Mitarbeiter können unbeabsichtigte Verschiebungen in der Lohnstruktur bewirken;
– Eine Einstellung von "Fremdkräften" geht mit dem Risiko der Fehlbesetzung einher;
– Ein Betrieb, der ausbildet wird insgesamt geringere Personalbeschaffungskosten haben;
– Die Fluktuationskosten der betriebsintern Ausgebildeten liegen deutlich unter dem Niveau der auf dem Arbeitsmarkt geworbenen Mitarbeitenden;
– Das Image des ausbildenden Betriebes führt nach innen und außen zu sogenannten soft-savings.

Bei aller Plausibilität jedes einzelnen Punktes lassen sich zu den jeweiligen Aussagen auch ökonomisch sinnvolle Alternativen oder Gegenargumenten formulieren. So hängt es von den ökonomischen Leitvorstellungen ab, ob schließlich ausgebildet wird oder nicht. Darüberhinaus wird der kritische Betrachter fragen, ob denn eine ökonomisch geführte Diskussion nicht in Sackgassen endet und ob es, gemessen am gesellschaftlichen Integrationsproblem von Jugend, nicht sogar unangemessen ist, sie ökonomisch zu führen. In diesem Zusammenhang wäre auch zu prüfen, ob statt des betriebswirtschaftlichen Kalküls nicht eine gesamtgesellschaftliche Sicht zu verfolgen wäre. So betrachtet muß dann allerdings die Frage der *gesellschaftlichen Finanzierung* unter neuem Vorzeichen *politisch* aufgenommen werden. Die Kosten- und Nutzenkalküle, so läßt sich die Sicht hier zusammenfassen, stellen mithin ein sehr fragwürdiges Instrument der Regulation des Zugangs zum Ausbildungsmarkt dar.

Wie aber reguliert sich der Zugang angesichts der aktuellen Wettbewerbslage und wie verschiebt sich das Verhalten der Betriebe im Ausbildungsmarkt? Dieser Fragestellung sind die weiteren Ausführungen gewidmet.

2. Wandel in der betrieblichen Leistungsstruktur

Der Fabrik- und Betriebstypus der "großen Industrie" ist überholt, weil die Leistungsstrukturen sich im Zuge der Modernisierungsstrategien verändert haben, um den Ansprüchen intensiverer Wertschöpfung zu genügen. Die Leistungsstruktur beschreibt ein sozialökonomisches Zusammenwirken der betrieblichen Potentialfaktoren Produktgestaltung, Verfahrens- und Fertigungstechnik, Fabriklayout, Daten- und Informationsverarbeitung, Personalmanagement, Forschung und Entwicklung sowie Organisation. Dieses Zusammenwirken gilt es - einfach gesagt - zu optimieren.

Die Konzepte zur Veränderung der Leistungsstruktur sind dabei sehr vielfältig. Sie lassen sich vom Standpunkt des betrieblichen Geschehens aus skizzenhaft wie folgt angeben, wobei bedacht sein sollte, daß die konkrete Form von Unternehmen zu Unternehmen sicherlich variiert:

- Die Produktgestaltung ist eine primäre Quelle für Kosten, Qualität und Betriebsdurchlaufzeiten, insofern beispielsweise Material- und Montagekosten konstruktiv determiniert werden. Strategien wie z.B. das Simultaneous Engineering, das fertigungsgerechte Konstruieren oder das Konzept der Teilefamilien strukturieren das betriebliche Leistungsgefüge in einer solchen Weise um, daß betriebliche Berufsausbildung unmittelbar betroffen sein kann. Bezüglich des Ausbildungsspektrums können die genannten Strategien bewirken, daß ganze Qualifikationsbündel technisch substituiert werden.
- Neben der Produktgestaltung wird die betriebliche Leistungsstruktur stark durch die Verfahrens- und Fertigungstechnik beeinflußt, weil die Einführung neuer und die Veränderung bestehender Produkte sowie die Notwendigkeit, verschlissene Maschinen zu ersetzen, die Investitionsentscheidungen (Fixkostenblock) dominieren. Dabei finden die strategischen Konzepte der *C*omputer-*A*ided-*T*echnik immer mehr an Beachtung, wobei es auf deren "flexible Auslegung" ankommt. In solchen Fällen entfallen stationäre Arbeitsplätze und Qualifikationen, was erhebliche folgen für die Berufsausbildung hat, soll diese produktionsnah erfolgen.
- Fabriklayout meint das Problem der Komplexitätsreduktion. Die Konzepte der Komplexitätsreduktion sind in der betrieblichen Praxis häufig mit der Verlagerung der Fertigung in völlig neue Betriebsstätten verbunden. Eine solche Übung hat auch sicherzustellen, daß die neu zu reorganisierende Arbeit und Produktion frei von obsoleten Arbeitspraktiken bleiben. Die notwendigen Qualifikationen werden in solchen Fällen oft in vorgeschalteten Qualifikationsgesellschaften (vgl. z.B. Opel Eisenach) generiert, womit die betriebliche Berufsausbildung entfällt.
- Vom Standpunkt der betrieblichen Leistungsstruktur aus betrachtet geht es bei den Beschaffungsbeziehungen zu Lieferanten nicht nur um den kostengünstigeren Mix zwischen Fremdbezug und Eigenherstellung, sondern auch darum, wie die Fertigungskapazitäten im Unternehmen bzw. in der Wertschöpfungskette zu positionieren sind, um den größtmöglichen Nutzen zu realisieren. Auch in solchen Fällen liegen die Bezüge zu Fragen der Mitarbeiterqualifizierung auf der Hand: Funktionen und Qualifikationen werden aufgespalten oder auf vorgelagerte Bereiche verschoben und müssen zugleich in andere Leistungsstrukturen integriert werden.

Was in diesem Abschnitt nur angedeutet und nicht erschöpfend ausgeführt werden kann ist die Tatsache, daß sich vor allem auf der Basis der Modernisierungsstrategien "Wissensformation" und "ökonomische Angebotspolitik" die Leistungsstruktur der Betriebe massiv verändert. Die der Leistungsstruktur entsprechenden Konzepte wie z.B. "just in time", "Simultaneous Engineering", "Total Qualitiy Management", "Reengineering" etc. belegen, wie durchgreifend sich die Veränderung vollzieht. Vor diesem Hintergrund sind die zu beobachtenden bzw. sich abzeichnenden Entwicklungen in der betrieblichen Berufsausbildung Ausdruck der neuen Leistungsstruktur der Unternehmen und folglich von dieser her zu beurteilen.

Auf dem Hintergrund der Verschiebungen in den betrieblichen Leistungsstrukturen wird nun versucht, einige vorherrschende Entwicklungen von Berufsausbildung zu skizzieren. Deutlich ausgesprochen werden soll in diesem Zusammenhang, daß angesichts der gesamten Dynamik nur wahrscheinliche Entwicklungen in den Blick genommen werden können. Welche davon sich durchsetzen werden und welche nicht, das muß an dieser

Stelle offen bleiben. Aus Platzgründen bleibt die Betrachtung auch auf die Industrie beschränkt.

3. Verwerfungen in der Berufsausbildung

Die *Modernisierungswechselwirkungen* verlaufen weder linear noch widerspruchsfrei. Ihre Spannweite kann in diesem Beitrag auch nicht in allen Zügen dargestellt werden. Es lassen sich aber die nachfolgenden prototypischen Komplexe identifizieren:

3.1 Neuordnung als Ausdruck rationeller Planungspraxis und Wissensorientierung

Eine erste Verwerfung mit starker Ausprägung zeigt sich in der Bundesrepublik seit der ökonomischen Krise Mitte der 70er Jahre. Die Arbeitslosigkeit belegte, daß die Berufsausbildung in ihrer ordnungspolitischen Verfaßtheit nicht den arbeitsmarktpolitischen Mobilitäts-, Disponibilitäts- und Flexibilitätsbedürfnissen entsprach. So wundert es nicht, wenn die Bundesanstalt für Arbeit nach einem Ausweg suchte, das Berufskonzept aufgab und das Tätigkeitskonzept sowie das Konzept der Schlüsselqualifikationen in die Erörterung einbrachte, ohne damit jedoch den der Berufsausbildung innewohnenden ordnungspolitischen Erstarrungstendenzen eines "modernen Ständesystems" wirkungsvoll entgegen zu wirken. Das von *D. Mertens* und Mitarbeitern entwickelte Konzept der Schlüsselqualifikationen (vgl. Huisinga 1990) sowie die Neuordnungsverfahren (vgl. Kutscha, Berufsbildungspolitik, in diesem Band) am Ende der 70er Jahre, die zunächst im Bereich der industriellen Metall- und Elektroberufe, später auch im kaufmännisch-verwaltenden Berufsfeld einsetzten, kann als Klammer um den Widerspruch zwischen Arbeitsmarktpolitik als Staatspolitik bei gleichzeitiger Staatspolitik als Wirtschaftspolitik gelten.

Die Neuordnungsverfahren für die industriellen Metall- und Elektroberufe umspannen, von der Beratung der Eckwerte bis zum Inkrafttreten der Ausbildungsrahmenpläne, fast ein Jahrzehnt. Nachhaltig sind deshalb von seiten des Kuratoriums der deutschen Wirtschaft für Berufsbildung effizientere und zügigere Verfahrensmodalitäten eingeklagt worden, was dazu führte, daß Bundesregierung, Wirtschaft und Gewerkschaften im Juli 1995 sich auf ein beschleunigtes Verfahren zum Erlaß von Ordnungen verständigt haben (vgl. iwd 37/1995, 6). In den angemahnten zügigen Verfahren drückt sich eine Entwicklung aus, die den flexibler werdenden betrieblichen Leistungsstrukturen entspricht.

Die Neuordnungsverfahren sind darüber hinaus in mehrfacher Weise Ausdruck des Modernisierungsprozesses wie der veränderten betrieblichen Leistungsstruktur. Mit den Neuordnungen hat die von *D. Bell* herausgestellte Diffundierung des wissenschaftlichen Wissens auch die über lange Phasen mit traditions- und erfahrungsbezogenem Wissen operierende Berufsausbildung erfaßt. Zum Zeitpunkt des Beginns der Neuordnungsverfahren entstammten nicht wenige Ausbildungsordnungen der Vorkriegszeit. Am Ende eines durchaus komplizierten Erarbeitungs-, Abstimmungs- und Aushandlungsprozesses - die Rolle der unterschiedlichen Akteure in diesem Aushandlungsprozeß kann hier nicht vertieft werden - scheinen die Ausbildungsrahmenpläne den verwissenschaftlichten Produktionsstrukturen zu entsprechen. Die Dominanz der bloßen "Kunde" und der "Erfahrung" ist einer Qualifikationsorientierung gewichen, die sich an den Wissenschaften orientiert nach Inhalt und Methode und Fach*theorie* heißt. Letztere nimmt tendenziell den Gedanken der Systemintegration und Flexibilität im Sinne von Eigenständigkeit auf.

Bei den neugeordneten Metallberufen z.B. rückten Technologiekomplexe wie das "Computer Numerical Control (CNC)", die "Hydraulik" und die "Pneumatik" in den Vordergrund der Ausbildung. Neuerdings sind auch Komplexe wie "Prozeßsteuerung" oder "Anlagenoptimierung" in die Erörterung einbezogen. Die eindeutig nachweisbare "Theoretisierung" läßt sich direkt den Ausbildungsrahmenplänen entnehmen (vgl. Übersicht 7).

Übersicht 7: Beispiel fachlich-theoretische Lerninhalte

---

§4 Ausbildungsberufsbild für den Industriemechaniker/für die Industriemechanikerin

(2) Gegenstand der Berufsausbildung in den Fachrichtungen sind *mindestens* die folgenden Fertigkeiten und Kenntnisse:

1. in der Fachrichtung Produktionstechnik:

- Warten von Maschinen und Einrichtungen oder Systemen,
- thermisches Trennen,
- Aufbauen und Prüfen von Hydraulikschaltungen der Steuerungstechnik; Prüfen der Funktionen numerisch gesteuerter Komponenten, Maschinen oder Systeme sowie von elektronischen Komponenten,
- Prüfen und Einstellen von Funktionen an Baugruppen, Maschinen, Systemen und Produktionsanlagen,
- vorbeugendes Instandhalten, Feststellen, Eingrenzen und Beheben von Fehlern und Störungen,
- Inbetriebnahme von Maschinen und Produktionsanlagen,
- Einrichten und Umrüsten von Maschinen, Systemen und Produktionsanlagen; Sicherstellen und Überwachen der Ver- und Entsorgung,
- Bedienen und Programmieren von Maschinen und Produktionsanlagen; Überwachen des Produktionsablaufes und Sichern der Qualität der Produkte.

Quelle: Verordnungstext vom 15. Januar 1985

Die "Theoretisierung" bzw. Wissenschaftsorientierung zeigte allerdings auch nicht beabsichtigte Nebenfolgen: Die Eingangsbarriere bzw. Selektionsfunktion erhält bei der gegebenen Entwicklung objektiv eine stärkere Bedeutung. Schülerinnen und Schüler mit Schulabschlüssen unterhalb des geforderten Eingangsniveaus sind die Leittragenden der Verwissenschaftlichung.

Eine andere Nebenfolge betrifft die Diskrepanz zwischen den ausbildenden "größeren" und "kleineren" Betrieben: Mit der Einführung der fachlich-theoretischen Niveauverschiebung in der betrieblichen Ausbildung ging zugleich der Anteil der ausbildenden kleineren Betriebe zurück, weil sie den erhöhten, d.h. wissenschaftlich-rückbezogenen Anforderungen der neuen Ausbildungsrationalität nicht entsprechen konnten oder wollten, zumindest jedoch verunsichert waren (vgl. Berufsbildungsbericht 1988).

3.2 Neuordnung im Lichte ökonomischer Angebotspolitik

Mit großer öffentlicher Aufmerksamkeit wird seit Beginn der 90er Jahre die stark rückläufige Entwicklung der neu abgeschlossenen Ausbildungsverträge vor allem in den alten Bundesländern registriert (vgl. Übersicht 8). Einzig demographisch erklärt sie sich nicht.

Übersicht 8: Neu abgeschlossene Ausbildungsverträge

Jahr	alte Länder	neue Länder	Gesamt
1989	583,7		
1990	545,6		
1991	539,5		
1992	500,0	95,2	595,2
1993	471,0	99,1	570,1
1994	450,2	117,6	567,8

Quelle: Grund und Strukturdaten 1995/96, 124

Im größten Ausbildungssektor Industrie und Handel ist die Zahl der Auszubildenden im Jahr 1994 um acht Prozent gesunken. Den größten Einbruch verzeichnete der öffentliche Dienst mit knapp zehn Prozent. Demgegenüber konnte das Plus im Handwerk keine kompensierende Wirkung entfalten. "Auf absehbare Zeit", so erklärt H. Pütz in diesem Zusammenhang, "wird das strukturelle Ausbildungsplatzdefizit nicht behoben werden können". ... "Die entscheidende Frage im Hinblick auf die Zukunft der dualen Berufsausbildung und Weiterbildung in Deutschland ist, ob genügend Bewerber für diese Form der Berufsbildung auch in Zukunft zur Verfügung stehen oder ob unsere Berufsbildung dadurch austrocknet, daß zuwenige Jugendliche dazu bereit sind, nach dem Motto: 'Stellt Euch vor, es gibt ein Duales System und keiner geht hin!' Bedroht ist unser System der Berufs- und Weiterbildung aber auch von einem möglichen Nachlassen der Ausbildungsbereitschaft der Betriebe, besonders dadurch, daß Großbetriebe sich immer mehr aus der Ausbildungsverantwortung zurückziehen, den Nutzen der Berufsausbildung auch in ihrer eigenen betriebswirtschaftlichen Beurteilung nicht mehr einsehen und die Berufsausbildung zu einer überwiegenden Handwerksausbildung verkümmert" (Pütz 1996, 4).

H. Pütz stellt im Zitat auf zwei Wirkungssammenhänge ab: Das veränderte Bildungsverhalten von Jugendlichen sowie die Ausbildungsbereitschaft der Unternehmen. Die Ausbildungsbereitschaft der Unternehmen, so die hier vertretene Auffassung, ist aber wohl nur vor dem Hintergrund einer veränderten Sicht auf die Wertschöpfungsfunktion von Betrieben zu verstehen. Sie orientiert sich zunehmend am "Core-Business-Prinzip" dem alle unternehmerischen Funktionsbereiche genügen müssen. "Core Busines" meint, daß jeweils nur solche unmittelbar wertschöpfenden Tätigkeiten im Unterernehmen verbleiben, die sich kurz- und mittelfristigen Rendite-Interessen beugen, wozu die Berufsausbildung offensichtlich immer weniger gehört (vgl. hierzu auch den Berufsbildungsbericht 1995, 49).

Der zweite Technisierungs- und Informatisierungsschub in den 80er Jahren auf der Basis der ökonomischen Angebotspolitik setzte nämlich die Neuordnungen der 70er Jahre bereits wieder matt. In den Betrieben wurde die Frage nach der ökonomischen Sinnhaftigkeit derartiger Ausbildung im Leistungsprogramm der Betriebe virulent. Andererseits waren die Möglichkeiten der überkommenen "stand-by-Lehre" angesichts des breiteren Einsatzes von "Systemtechnik" fast unmöglich geworden. In dem Maße nämlich, wie die

Verwissenschaftlichung der Produktion zum Einsatz von "Systemtechnik" führt, verringerten sich die Möglichkeiten des Anlernens und Lernens am Arbeitsplatz (vgl. hierzu die neuerliche Diskussion der Modellversuche um ein Lernen am Arbeitsplatz z.B. bei Dehnbostel 1995). Damit fällt aber zugleich ein wesentlicher Begründungszusammenhang für den betrieblichen Lernort Arbeitsplatz in sich zusammen: Die Produktionspraxis erlaubt kein Imitationslernen mehr, selbst kein begleitendes oder computergestütztes. Das Lernen ist auf eigens organisierte Lernorte verwiesen.

In der rückläufigen Zahl der neu abgeschlossenen Ausbildungsverträge bzw. im quantitativen Umschlag manifestiert sich der qualitative Wechsel in der Ausbildungsrationalität, der einen Übergang markiert von einer sozialpolitisch-integrativen zu einer unmittelbar auf Wertschöpfung ausgerichteten Handlungsmaxime der jeweiligen Unternehmen. Insofern ist die sinkende Zahl der Verträge zugleich eine Erscheinungsform der oben skizzierten veränderten Leistungsstruktur, weil sie der Ausbildungsordnung keine Entsprechung in Form von Tätigkeiten, Qualifikationen und Arbeitsplätzen mehr bereitstellt.

3.3 Ausbildung und Weiterbildung als neue institutionelle und funktionale Einheit

Mit der permanenten Organisationsentwicklung gerät auch die betriebliche Berufsausbildung in einen kontinuierlichen Veränderungsprozeß. Damit werden die Grenzen zwischen Aus- und Weiterbildung fließend (vgl. hierzu Geißler/Orthey, Betriebliche Weiterbildungspolitik, und Kutsch, Berufsbildungssystem, Kap. 4, in diesem Band). In diesem Sinne enthalten die neugeordneten Berufe bereits ein Gelenkstück, das sich als "Reißverschluß" begreifen läßt und ursächlich mit dem Paragraphen 26 (Stufenausbildung) des Berufsbildungsgesetzes (BBiG) zusammenhängt. Wegen seiner Bedeutung sei er hier in den wesentlichen Passagen wiedergegeben:

"(2) In einer ersten Stufe beruflicher Grundbildung sollen als breite Grundlage für eine weiterführende berufliche Fachbildung und als Vorbereitung auf eine vielseitige berufliche Tätigkeit Grundfertigkeiten und Grundkenntnisse vermittelt sowie Verhaltensweisen geweckt werden, die einem möglichst großen Bereich von Tätigkeiten gemeinsam sind.
(3) In einer darauf aufbauenden Stufe allgemeiner beruflicher Fachbildung soll die Berufsausbildung für möglichst mehrere Fachrichtungen gemeinsam fortgeführt werden. Dabei ist besonders das fachliche Verständnis zu vertiefen und die Fähigkeit des Auszubildenden zu fördern, sich schnell in neue Aufgaben und Tätigkeiten einzuarbeiten.
(4) In weiteren Stufen der besonderen beruflichen Fachbildung sollen die zur Ausübung einer qualifizierten Berufstätigkeit erforderlichen praktischen und theoretischen Kenntnisse und Fertigkeiten vermittelt werden."

Um die Position der berufsfeldbreiten Grundbildung ist bekanntermaßen stark gestritten worden, und es hat sich kaum ein gesellschaftlicher Konsens gebildet. Die historisch veränderte Situation eröffnet aber nunmehr die Möglichkeit, Grundbildung und Fachbildung auch organisatorisch anders aufeinander zu beziehen, zumal das Gesetz über die institutionelle Anbindung keine Aussagen macht. So ließe sich die Grundbildung z.B. öffentlich-schulisch gestalten, womit die alten Forderungen nach einer entprivatisierten berufsfeldbreiten Grundbildung zu erfüllen wären. Die Fachbildung unterläge bei einer solchen Entwicklung den je spezifischen Betriebsinteressen der Weiterbildung.

Diese Dynamisierung findet Unterstützung durch das Propagieren eines Life-Long-Learning. In der Tat erlaubt eine solche Entwicklung, die starre Bindung des Wissenserwerbs an bestimmte Altersphasen aufzuheben. Einer so gedachten beruflichen Erstausbildung droht allerdings die Gefahr, zu einer auf Anreicherung angewiesene Einstiegsqualifizierung herabzusinken, wenn nicht zweierlei garantiert wird: eine neue, im Niveau angehobene und mit der beruflichen Grundbildung verschränkte Allgemeinbildung und die Abstimmung zwischen der beruflichen Grundbildung und einer darauf bezogenen Weiterbildung auf der Ebene der Fachstufe. Beides wird so zu einem vordringlichen Regelungsproblem der Bildungspolitik.

Der Stellenwert der neuen institutionellen und funktionalen Einheit ist in zweierlei Hinsicht zu beurteilen: Auf der einen Seite eröffnet sich eine Möglichkeit, der immer wieder durch die Betriebe beklagten Inflexibilität zu entkommen, die den nach öffentlichen Konsensualprinzipien gestalteten Ordnungsmitteln innewohnen. Auf der anderen Seite ließe sich an den Reformbestrebungen der Berufsgrundbildung anknüpfen.

3.4 Gewichtsverlagerung in den Markt

Als eine besondere Erscheinungsform der veränderten Ausbildungsrationalität läßt sich die neue marktwirtschaftliche Orientierung begreifen, die über die Verschiebungen zur Weiterbildung und zu eigenständigen Organisationseinheiten, ja sogar wirtschaftlich eigenständigen Rechtsformen führt.

Als potentielle Anbieter von Ausbildung im Marktgeschehen eröffnen sich für die so agierenden Betriebe neue Handlungsoptionen jenseits der starren Ordnungsregularien. Das Beschreiten eines solchen Weges erfüllt zugleich mehrere Anforderungen:
- Die strengen Prinzipien des Core-Business erlauben im Grunde keine Verwendung von Ressourcen zugunsten sogenannter unproduktiver Bereiche. Um die Rationalisierung sozialverträglich zu gestalten, erhalten die betroffenen Funktionsbereiche, in diesem Fall die Ausbildungs- und Bildungsabteilung die Möglichkeit, die bislang im Innenverhältnis der Betriebe erbrachten Leistungen am Markt zu verkaufen.
- Um marktfähige Leistungen verkaufen zu können, bedarf es des betriebsinternen Abbaus von Rückständigkeiten bzw. Abhängigkeiten - was vor allem die Ordnungsmittel betrifft. Durch die Verschiebung bzw. Kopplung an das Segment der Weiterbildung wird ein Liberalisierungsdruck auf die Ordnungsmittel begünstigt.
- Durch die Marktleistung generiert sich ein neues - heute noch nicht genau bestimmbares Feld der Betriebseinmündung. Der klassische Ausbildungsbetrieb als Korrektiv von Angebot und Nachfrage nach Ausbildungsverhältnissen wird freigesetzt. Erfüllt die neue Marktleistung zugleich eine sozialpolitische Integrationsfunktion, entfallen Fragen der Übernahme in den Betrieb nach Abschluß der Ausbildung, weil der öffentliche Anspruch durch die Marktleistung substituiert erscheint. Moralisch einklagbare Ansprüche sind damit auf dieser Ebene gegenstandslos.
- Es entsteht ein neuer Ausbildungsmarkt, der sich in Form von Qualifizierungsgesellschaften zwischen das allgemeine Bildungssystem und das Beschäftigungssystem schiebt. Berufsausbildung als öffentlich-rechtlich konstituiertes Institut könnte damit an Bedeutung verlieren; eine Auffassung also, die nicht davon ausgeht, daß *Berufsbildung als Institution* universell wurde (vgl. Kutscha 1990, 301). Wenn sie universell werden sollte, dann als Markt.

3.5 Allokationsprobleme industrieller Berufsausbildung im Sog internationaler Finanz- und Kapitalmärkte

Die Deutsche Bundesbank berichtet fast monatlich über den Vermögensstatus der Bundesrepublik Deutschland gegenüber dem Ausland, wobei einerseits die Veränderung der deutschen Kapitalanlagen im Ausland und andererseits die ausländischen Kapitalanlagen im Inland rechnerisch bilanziert werden. Wenn nun die betriebliche Berufsausbildung im industriellen Sektor die von *H. Schmidt* in einem Interview mit *R. Seubert* herausgestellte Qualifizierungsbedeutung hat (vgl. Seubert 1995, 230 ff.), dann müßten die deutschen Unternehmen in ihren Niederlassungen oder Beteiligungen im Ausland auf der deutschen Berufsausbildung als Wettbewerbsvorteil bestehen. Umgekehrt müßten ausländische Kapitalinvestoren in der Bundesrepublik Deutschland gleichfalls das deutsche System favorisieren. Von Ausnahmen abgesehen, lassen sich beide Vorgänge aber in der Breite nicht beobachten. Die internationale Standardisierung von Produktionsprozessen und Arbeitsorganisation (Weltmarktfabrikation: vgl. dazu Jürgens/Malsch/Dose 1989) begnügt sich statt dessen mit arbeitsbezogener, modularisierter Ausbildung.

Im oben erwähnten Interview wird zutreffend festgestellt, daß viele ausländische Investoren, vor allem in den neuen Bundesländern, die deutsche Berufsausbildung nicht einmal kennen und auch keinen Anlaß sehen, sich finanzpolitisch zu binden. Sie fordern allenfalls die staatliche Unterstützung in Fragen der Berufsausbildung. Die Unterstützungsstruktur zeigt folgendes Bild: In den neuen Bundesländern sind circa 60 vom Hundert der Ausbildungsplätze staatlich subventioniert und 20 vom Hundert direkt durch die Bundesanstalt für Arbeit gestützt - auch über die Gesellschaften zur Arbeitsförderung, Beschäftigung und Strukturentwicklung (ABS). Diese strukturelle Situation beleuchtet schlaglichtartig die mit dem Finanzierungsproblem verbundenen Bewertungen der Berufsausbildung. Wer ferner bedenkt, daß ostdeutsche Betriebe in tradiertem Bildungsdenken Berufsausbildung als staatliche Aufgabe begreifen, dem werden Folgewirkungen besonders im Hinblick auf die in den alten Bundesländern gewohnte Haltung der einzelnen Betriebe und ihrer Verbände deutlich: Die einheitliche Haltung als korporative Verbandshaltung bricht auseinander. Auf dieser einheitlichen Haltung beruht aber systemisch das Verfahren der Erstellung von Berufsordnungsmitteln. Ähnliche Phänomene der Interessensdivergenz gibt es auf seiten der Arbeitgeberverbände auf der Ebene der Tarifbindung. Und im Aktionsprogramm zur beruflichen Bildung 1995 des Deutschen Gewerkschaftsbundes wird gefordert, den Kammern das Privileg der "zuständigen Stelle" für die Berufsbildung zugunsten einer zukünftigen Bundesanstalt für Arbeit und Berufliche Bildung zu entziehen (vgl. DGB 1995). Im weitesten Sinne stehen dann Finanzierungsfragen zur Freisetzung an sowie Fragen des Korporatismus bzw. der darin wirksamen Regelungsmechanismen als *Modernisierungswechselwirkungen*.

4. Schluß

Die Berufsausbildung war stets eng an das Beschäftigungssystem gekoppelt, so daß sie immer auch die Entwicklung des gesamten Beschäftigungssystems spiegelte. Hieran hat sich bis heute nichts geändert. Wenn man diesen Sachverhalt konzidiert, erübrigt sich, Klagen über den zu beobachtenden massiven Rückgang an Ausbildungsstellen, die Streichung ganzer Ausbildungskontingente oder das Nichtbesetzen neugeordneter Berufe zu führen, weil Berufsausbildung als Teil des Beschäftigungssystem billigend in Kauf genommen wurde. Insofern ist es dann nur konsequent, mittels der Perspektive "betriebliche Leistungsstruktur" nach Freisetzung und Reorganisation von Berufsbildung als Gesamtsystem zu fragen.

Literatur

Abeln, Olaf 1990: Die CA...-Techniken in der industriellen Praxis. Handbuch der computergestützten Ingenieur-Methoden. München und Wien: Hanser Verlag.

Baethge, Martin; Oberbeck, Herbert 1986: Zukunft der Angestellten - Neue Technologien und berufliche Perspektiven in Büro und Verwaltung. Frankfurt am Main: Campus-Verlag.

Bardeleben, Richard von; Beicht, Ursula 1996: "Investitionen in die Zukunft" - eine bildungsökonomische Betrachtung der Berufsausbildung aus betrieblicher Sicht. In: Bardeleben, Richard von; Bolder, Axel; Heid, Helmut (Hrsg.): Kosten und Nutzen beruflicher Bildung. Stuttgart: Steiner Verlag 1996, 22-41.

Bell, Daniel 1989: Die nachindustrielle Gesellschaft. Frankfurt am Main: Campus Verlag.

Breisig, Thomas 1990: Betriebliche Sozialtechniken. Neuwied: Luchterhand.

Bundesminsterium für Bildung und Wissenschaft bzw für Bildung, Wissenschaft, Forschunf und Technologie (BMBWFT), Berufsbildungsbericht 1988; 1991; 1992; 1993; 1995.

Dehnbostel, Peter; Walter-Lezius, Hans-Joachim (Hrsg.) 1995: Didaktik moderner Berufsbildung. Standort, Entwicklungen, Perspektiven. Bielefeld: Bertelsmann-Verlag.

Deutscher Gewerkschaftsbund (Hrsg.) 1995: Gewerkschaftliche Bildungspolitik. 9/10 1995.

Fingerle, Karlheinz; Kell, Adolf 1990: Berufsbildung als System? In: Harney, Klaus; Pätzold, Günter: Arbeit und Ausbildung, Wissenschaft und Politik. Festschrift für Karlwilhelm Stratmann. Frankfurt am Main: GAFB-Verlag, 305-330.

Galbraith, John Kenneth 1968: Die moderne Industriegesellschaft. München: Droemer Knaur.

Geißler, Karlheinz 1991: Das Duale System der industriellen Berufsausbildung hat keine Zukunft. In: Leviatan. Zeitschrift für Sozialwissenschaft. Nr. 1/1991, 68-77.

Greinert, Wolf-Dietrich 1990: Auf dem Wege zum Marktmodell? - Bemerkungen zur heraufziehenden Krise der dualen Berufsausbildung in der Bundesrepublik. In: Harney, Klaus; Pätzold, Günter: Arbeit und Ausbildung, Wissenschaft und Politik. Festschrift für Karlwilhelm Stratmann. Frankfurt am Main: GAFB-Verlag, 275-288.

Greinert, Wolf-Dietrich 1995: Das duale System der Berufsausbildung in der Bundesrepublik Deutschland. Stuttgart: Holland & Josenhans, 2. Auflage.

Heimann, Klaus 1995: Ohne Ausbildungskultur. Experten prüfen neue Berufskonzepte. In: Frankfurter Rundschau vom 8. Dezember 1995.

Huisinga, Richard 1990: Dienstleistungsgesellschaft und Strukturwandel der Ausbildung. Frankfurt am Main: GAFB-Verlag.

Huisinga, Richard 1992: Schlüsselqualifikation und Exemplarik - Genese und Stellenwert. In: Pätzold, Günter (Hrsg.): Handlungsorientierung in der beruflichen Bildung. Frankfurt am Main: GAFB-Verlag, 79-95.

Huisinga, Richard 1994: Von der halbierten Rationalität des Methodenbooms in der betrieblichen Erstausbildung, in Andreas Fischer und Günter Hartmann (Hrsg.), in: Bewegung - Dimensionen der Veränderung von Aus- und Weiterbildung. Bielefeld, 350-359.

Huisinga, Richard 1996: Theorien und gesellschaftliche Praxis technischer Entwicklung - Soziale Verschränkungen in modernen Technisierungsprozessen. Berlin: G+B Verlag Fakultas: Berlin und Amsterdam.

Institut der Deutschen Wirtschaft (Hrsg.) 1995 iwd 21.Jg., Nr.37/1995

Institut der Deutschen Wirtschaft (Hrsg.) 1996: iwd 22.Jg., Nr.32/1996

Jürgens, Ulrich; Malsch, Thomas; Dohse, Knuth 1989: Moderne Zeiten in der Automobilfabrik. Strategien der Produktionsmodernisierung im Länder- und Konzernvergleich. Berlin, Heidelberg, New York: Springer-Verlag.

Kruse, W.; Paul-Kohlhoff, A. 1987: Orientierung und Verarbeitungsweisen beim Übergang in Ausbildung und Beschäftigung. In: Weymann, A. (Hrsg.): Bildung und Beschäftigung. Göttingen, 121-139.

Kutscha, Günter 1990: Öffentlichkeit, Systematisierung, Selektivität - Zur Scheinautonomie des Bildungssystems. In: Harney, Klaus; Pätzold, Günter: Arbeit und Ausbildung, Wissenschaft und Politik. Festschrift für Karlwilhelm Stratmann. Frankfurt am Main: GAFB-Verlag, 289-304.

Lempert, Wolfgang 1974: Die notwendige und mögliche Funktion des Lernortes Betrieb im Verhältnis zu Lehrwerkstätte und Schule unter den Gesichtspunkten des sozialen Lernens und der Funktionalität der Ausbildung. In: Die Bedeutung verschiedener Lernorte in der beruflichen Bildung. Deutscher Bildungsrat. Gutachten und Studien der Bildungskommission Heft 38. Stuttgart.

Lempert, Wolfgang 1995: Das Märchen vom unaufhaltsamen Niedergang des 'dualen Systems'. In: Zeitschrift für Berufs- und Betriebspädagogik. Nr. 3/1995, 225-231.

Lisop, Ingrid 1990: Das Duale System - Realität und zukünftige Entwicklung im Verhältnis zur Weiterbildung. In: Deutscher Bundestag (Hrsg.): Zur Sache. Themen parlamentarischer Beratung. Zukünftige Bildungspolitik - Bildung 2000. Zwischenbericht der Enquete-Kommission des Deutschen Bundestages. Bonn, 259-273.

Lisop, Ingrid 1995: Neue Beruflichkeit - berechtigte und unberechtigte Hoffnungen. In: Arnold, Rolf (Hrsg.): Betriebliche Weiterbildung zwischen Bildung und Qualifizierung. Frankfurt am Main: GAFB-Verlag, 29-54.

Lisop, Ingrid; Huisinga, Richard 1984: Bildung zum Sozialschrott? Ausbildungsbeinträchtigte, 10. Schuljahr und ihre spezielle Pädagogik. Frankfurt am Main: GAFB-Verlag.

Offe, Claus 1975: Berufsbildungsreform. Eine Fallstudie über Reformpolitik. Frankfurt am Main.

Pütz, Helmut 1996: Veränderte Ausbildungslandschaften - welche Zukunft hat das Duale System? In: Berufsbildung in Wissenschaft und Praxis. Heft 1/1996, 3-8.

Rammert, Werner 1983: Soziale Dynamik der technischen Entwicklung. Theoretisch-analytische Überlegungen zu einer Soziologie der Technik am Beispiel der "science based industry". Westdt. Verlag Opladen.

Schlieper, Friedrich 1954: Das Wesen der Erziehungshilfe im Handwerk. In: Berufserziehung im Handwerk. 1. Folge der Untersuchungen des Institutes für Berufserziehung an der Universität zu Köln. Coesfeld.

Schober, Karin 1986: Aktuelle Trends und Strukturen auf dem Teilarbeitsmarkt für Jugendliche. In: Mitt AB 3/86, 370.

Seubert, Rolf 1995: Berufsbildung ist heute ein im gesellschaftlichen Bewußtsein fest verankerter Bestandteil des öffentlichen Bildungswesens. In: Zeitschrift für Berufs- und Wirtschaftspädagogik. 91. Band. Heft 5/1995, 528-548.

Stratmann, Karlwilhelm 1973: Berufliches Ausbildungs- und Schulwesen. In: Groothoff, Hans-Hermann; Reimers, Edgar: Pädagogik. Neuausgabe. Frankfurt am Main, 17-27.

Stratmann, Karlwilhelm; Schlösser, Manfred 1990: Das Duale System der Berufsbildung. Eine historische Analyse seiner Reformdebatten. Frankfurt am Main: GAFB-Verlag.

Wahrmut, Hans 1957: Die Kosten und Erträge der Lehrlingshaltung im Handwerk. Ergebnis einer Untersuchung in einem westfälischen Landkreis. Köln-Deutz 1957.

Betriebliche Weiterbildungspolitik

Karlheinz A. Geißler, Frank Michael Orthey

1. Erfolgsfaktor Personal: Rekrutierungspolitik

Die betriebliche Bildungspolitik zielt auf den 'Erfolgsfaktor Personal'. Sie hat insofern eine Versorgungsfunktion bezüglich personeller und qualifikatorischer Resourcen im Hinblick auf die erfolgreiche Realisierung der betrieblichen Ziele (vgl. Diedrich 1988, 88). In der betrieblichen Bildungspolitik sind Personalwesen und Bildungswesen funktional gekoppelt. Ereignisse und Interventionen betrieblicher Bildungspolitik sind auf die Optimierung des Personalmanagements durch Qualifizierung im Rahmen der unternehmerisch-betrieblichen Zielsetzungen ausgerichtet.

Grundsätzlich steht das Management dabei vor der Alternative, sich die benötigten Qualifikationen vom Arbeitsmarkt zu holen oder sie selbst zu produzieren. Im ersten Fall stellt sich das Problem einer zu optimierenden Rekrutierungsstrategie externer Arbeitskräfte (Ausschreibung, Einschalten von Beratern, Auswahl der Bewerber), im zweiten Fall das der zeilführenden, befriedigenden internen Personalentwicklung.

a) Zur externen Rekrutierungspolitik
Die betriebliche Rekrutierungspolitik hängt im Wesentlichen von den arbeitsmarkt- und qualifikationsstrukturell bedingten Auswahlalternativen ab. Wer kommt überhaupt in Frage? Wie ergiebig ist der Arbeitsmarkt bezüglich des qualifikatorischen Anforderungsprofils? Wie können geeignete Personen angesprochen werden? Wie geschieht die Bewerberauswahl? Diese Fragen müssen in Managemententscheidungen und Umsetzungsstrategien betrieblicher Personalpolitik eine Antwort finden.

Die Rekrutierungspolitik der Betriebe zeigt, daß in den allermeisten Fällen eine relativ starke Auslese betrieben wird und unter den Bewerbern/Bewerberinnen jene ausgewählt werden, die nicht nur unter fachlichen Gesichtspunkten geeignet sind, sondern die auch ganz spezifisch in das jeweilige soziale Profil des Unternehmens, seine bestehende bzw. angestrebte Unternehmenskultur, passen. Insbesondere die größeren Firmen verfügen über breite Möglichkeiten, durch Fachleute in ihren Personalentwicklungsabteilungen mit Hilfe von Tests, Assessment-Centers und Vorstellungsgesprächen eine geeignete Auswahl zu treffen. Bei der Besetzung von Führungspositionen durch externe Bewerber werden häufig Beraterfirmen eingeschaltet, die in enger Kooperation mit dem Einstellungsunternehmen die jeweils notwendigen Entscheidungsprozesse vorbereiten.

b) Zur internen Rekrutierungspolitik
Nicht unabhängig von gesellschaftlichen Vorstrukturierungen geschieht die interne Rekrutierung von Qualifikationen für Betriebszwecke. Die in Deutschland übliche Unterscheidung von beruflicher (Erst-) Ausbildung und Weiterbildung macht es notwendig, eine diesbezügliche Entscheidung zu treffen: Soll die benötigte Qualifikation durch Ausbildung (insbesondere Lehrlingsausbildung) entwickelt und verfügbar gemacht werden oder durch Maßnahmen der beruflich-betrieblichen Weiterbildung? (vgl. zum folgenden auch Huisinga, Betriebliche Berufsausbildung, Kap. 3.3, und Kutscha, Berufsausbildungssystem, Kap. 4, in diesem Band)

Fällt die Entscheidung zugunsten der Ausbildung, so ist die Autonomie des Betriebes im Hinblick auf Inhalt, Methode und Fristigkeit eingeschränkt. Ausgebildet werden darf im Rahmen des dualen Systems der beruflichen Erstausbildung nur in einem gesetzlich festgelegten Beruf und dies dann nach staatlich vorgegebenen Berufsordnungsmitteln. Es sind betriebsfremde Vorgaben zu berücksichtigen.

Die Entscheidung zugunsten von Weiterbildung läßt hingegen dem Betrieb einen erheblich größeren Handlungsspielraum. Der Weiterbildungsbereich, speziell der betriebliche, ist ein quasi gesetzesfreies Aktionsfeld. Weder auf Bundes- noch auf Landesebene gibt es normative Vorgaben, in denen einheitliche Kriterien und Standards für Anbieter und Teilnehmer betrieblicher Weiterbildung verbindlich festgelegt werden. Das bedeutet, daß die Betriebe als Bildungsträger von Einschränkungen weitgehend frei sind und sich in ihren Entscheidungen an Markterfordernissen und an unternehmerischen und betrieblichen Funktionsbedarfen orientieren können.

Das Unternehmen ist bei Weiterbildungsmaßnahmen in zeitlicher, in räumlicher, in inhaltlicher, in sozialer und in finanzieller Hinsicht souverän. Es kann relativ frei entscheiden, wie lange eine Qualifikationsmaßnahme dauern soll, wo sie stattfindet, wer sie durchführt und welche Inhalte sie haben wird.

Eingeschränkt jedoch ist der Handlungsspielraum im Hinblick auf das einzelbetriebliche Weiterbildungsverhalten durch die Regelungen der Mitwirkungs- und Mitbestimmungsrechte im Betriebsverfassungsgesetz. Der Betriebsrat hat gemäß § 96-98 BetrVG unterschiedliche Mitwirkungs- und Beteiligungsrechte bei Fragen der beruflichen Qualifikation für Betriebsangehörige. Ihm wird gemäß § 96 Abs. 1 ein Initiativ- und Beratungsrecht bei der Durchführung betrieblicher Bildungsmaßnahmen sowie gemäß § 98 Abs. 3 ein Mitwirkungsrecht im Hinblick auf die Teilnehmerauswahl zugestanden. Des weiteren kann er über das Vetorecht des § 98 Abs. 2 einen beschränkten Einfluß auf die Auswahl der Lehrpersonen ausüben. Im großen und ganzen sind jedoch die Mitwirkungsmöglichkeiten der Arbeitnehmervertretung auf Folgeentscheidungen beschränkt. Die grundlegende Entscheidungskompetenz über Qualifizierungsmaßnahmen im Bereich der betrieblichen Weiterbildung (insbesondere Umfang und Finanzierung) liegt bei der Unternehmensleitung. Da die Weiterbildung in den letzten Jahren immer mehr zu einer wichtigen Verteilerstelle bezüglich der Karrieren und der Einkommen von Beschäftigten wurde, haben die Gewerkschaften ein zunehmend größeres Interesse, über Tarifverträge und Betriebsvereinbarungen die Berücksichtigung von Arbeitnehmerinteressen in die Steuerungsmechanismen einzubauen. Der Staat stützt dies, um die Marktmechanismen zwischen den beiden Marktparteien Arbeitgeber und Arbeitnehmer im Bereich der Weiterbildung zu stärken. Die Souveränität der betrieblichen Entscheidungsinstanzen ist im Bereich der Weiterbildung nur in jenen Fällen eingeschränkt, in denen für die betreffenden Bildungsmaßnahmen Zuschüsse nach dem Arbeitsförderungsgesetz bei der Bundesanstalt für Arbeit beantragt werden.

Betriebliche Weiterbildung als Form interner Personalrekrutierung schafft die qualifikatorischen Grundlagen zur tätigkeitsbezogenen Stellenbesetzung und ist aufgrund der geringen Einschränkungen, d.h. der weitgehenden rechtlichen Freiheiten, für die Betriebe attraktiv. Das belegen einige Zahlen: So gaben die Betriebe nach einer Hochrechnung des Institutes der Deutschen Wirtschaft 1992 ca. 36,5 Mrd. DM für betriebliche Weiterbildung aus, die befragten Unternehmen wandten durchschnittlich 1924 DM je MitarbeiterIn für Weiterbildung auf (vgl. Bundesministerium für Bildung, Wissenschaft, Forschung und Technologie 1995, 111). Nach den Erhebungen des "Berichtssystems Weiterbildung" nahmen 1992 27% der Erwerbstätigen an Maßnahmen betrieblicher Weiterbildung teil, 31 % an Maßnahmen beruflicher Weiterbildung insgesamt - d.h. daß fast jeder dritte Erwerbstätige sich beruflich weitergebildet hat. Wenn man die besuchten Maßnahmen der beruflichen Weiterbildung (Teilnehmerfälle) beobachtet, wird der hohe Stellenwert der betrieblichen Weiterbildung noch deutlicher: Bundesweit sind 86% der Teilnahmefälle von Erwerbstätigen an beruflicher Weiterbildung der betrieblichen Weiterbildung zuzurechnen. (Bundesministerium für Bildung und Wissenschaft 1994, 36 f.)

Entscheiden sich die Betriebe, bzw. ihre dafür zuständigen Stellen, im Hinblick auf ihren aktuellen Qualifikationsbedarf für eine Weiterbildungsaktivität, so stehen sie vor einer weiteren Wahlalternative: Soll die Bildungsmaßnahme intern oder extern stattfinden? Realistisch ist eine solche Wahlmöglichkeit jedoch nur dort, wo im Betrieb die strukturellen und die qualifikatorischen Voraussetzungen vorhanden sind, den beabsichtigten Qualifikationsprozeß intern auch erfolgreich zu organisieren und zu realisieren. Ansonsten bleibt nur der Weg in den externen, reich bestückten und stark umkämpften Weiterbildungsmarkt.

Abb. 1: Betriebliche Bildungspolitik - Entscheidungsalternativen

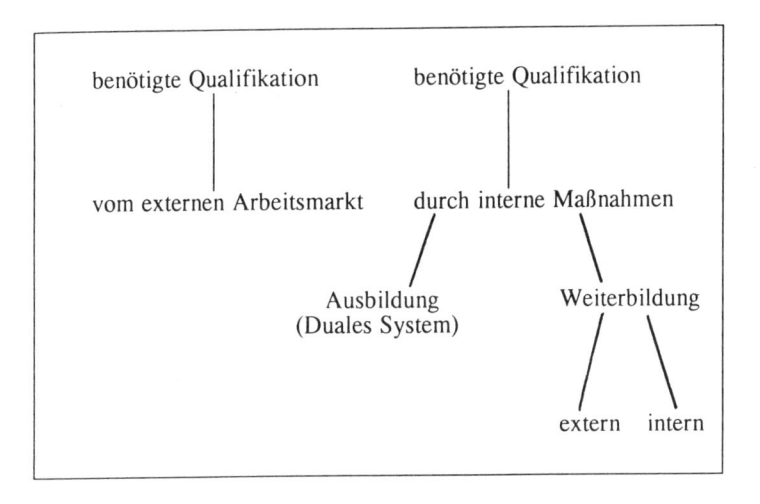

```
   benötigte Qualifikation          benötigte Qualifikation
           |                                |
           |                                |
   vom externen Arbeitsmarkt        durch interne Maßnahmen
                         \          /            \
                          Ausbildung           Weiterbildung
                         (Duales System)         /      \
                                             extern    intern
```

2. Funktion und Leistungen betrieblicher Bildungspolitik

Es ist die Funktion von innerbetrieblicher Bildungspolitik, zur Personalbedarfs- und Qualifikationsbedarfsdeckung beizutragen. Diese mikropolitischen Entscheidungen werden durch die Dynamiken der Angebots- und Nachfragesituation auf den je spezifischen Arbeitsmärkten bestimmt. Neben konjunkturellen Veränderungsprozessen sind dies insbesondere die sich in immer rascherer Folge vollziehenden Wandlungen im Bereich der Technologie, der Organisationstrukturen und -prozesse sowie der sozialen und der gesellschaftlichen Bedingungen.

Bezogen auf die Bedürfnisse von Betrieben und Administrationen ergeben sich dabei drei Schwerpunkte für funktionale Leistungen der Weiterbildung.

a) Weiterbildung zur Bewältigung der technisch-organisatorischen Veränderungen
Die Beschleunigungsdynamik unserer Gesellschaft ist maßgeblich auf den sich immer rascher vollziehenden technischen Wandel zurückzuführen. Und dieser wiederum ist ein Produkt jener ökonomischen Dynamik, die Zeit mit Geld koppelt. Klassisches Beispiel sind die in immer kürzer werdenden Abständen erfolgenden Innovationen in der Informations- und Kommunikationstechnologie. Die Anpassung an diesen Wandel und die in der Folge dieses Wandels auftretenden organisatorischen Veränderungen bedürfen permanent neuer bzw. veränderter Qualifikationen. Hier liegt das Hauptgewicht dessen, was man üblicherweise Anpassungsweiterbildung nennt. Das Lernen im Hinblick auf die Bedienung, die Kontrolle und die Wartung neu eingesetzter technischer Systeme macht den größten Teil der beruflichen Weiterbildung heute - und auch in Zukunft - aus. (Darunter fällt dann z.B. auch ein Englischkurs der notwendig geworden ist, um die Anleitungen für die ausländischen technischen Geräte zu verstehen). Dieses Lernen ist zunehmend von den Lernenden selbst, z.B. mit Selbstlernprogrammen (auch in Arbeitspausen und nach der Arbeit), zu organisieren.

b) Weiterbildung im Hinblick auf die Rationalisierung sozialer Prozesse
Rationell, so das ökonomische Kalkül, sollen im Betrieb nicht nur die maschinelltechnisch strukturierten Arbeitsabläufe sein, sondern ebenso die sozialen Kontakte. Störungen sollen möglichst ausgeschaltet werden. Entscheidungen sollen möglichst effektiv sein, Geschäftsbesprechungen und Konferenzen konfliktfrei und ergiebig, Kundenkontakte erfolgreich. Soziale Techniken, bestimmte Verhaltensmuster sowie ökonomisch erfolgversprechende Haltungen sollen dies gewährleisten.

Die Rationalisierung dieses Interaktionsbereiches wird in Zukunft, so die Tendenzen, die sich abzeichnen, eine sehr große Nachfrage im Weiterbildungssektor auslösen.

Besonders der sogenannte Trainingsbereich ist es, der seit Jahren stetig stärker gefragt wird. Hierzu zählen z.B.: Verkaufstrainings, Kundenberatungstrainings, Konfliktbearbeitungstrainings, Konferenztechniken, Gesprächstechniken, Moderationstechniken, Problemlösungstechniken, Lehrtechniken, Präsentationstechniken usw.

c) Weiterbildung als Beratung für nicht-standardisierbare Situationen
Die Realität des beruflichen Alltags läßt sich weder durch eine detaillierte qualifikationsorientierte Vorbereitung auf die technischen Systeme, noch durch ausgiebige Trainingsqualifikationen im sozialen Bereich umfassend bewältigen. Es kommt eben häufig anders als man glaubt, hofft und meint. Der Alltag ist nicht die Blaupause dessen, auf das man sich mit Weiterbildung vorbereitet hat. Unser Leben ist letztlich nicht standardisierbar (obgleich die Rationalisierungstechniken dies häufig versuchen). Je mehr wir zu standardisieren versuchen, um so deutlicher fallen uns jene Sachverhalte und Prozesse auf, die nicht standardisierbar sind. Solche nicht standardisierbaren Situationen und Prozesse haben etwas mit der Einzigartigkeit (Subjektivität) jener Personen zu tun, die darin verwickelt bzw. damit befaßt sind. Um Personen (Subjekte) in solchen nicht-standardisierten und nicht standardisierbaren Situationen zu stabilisieren und ihnen Entscheidungen zu ermöglichen, bzw. getroffene Entscheidungen zu überprüfen, ist Beratung sinnvoll. Immer häufiger wird bereits heute solche Beratung nachgefragt - insbesondere von Führungskräften. Es gibt dabei unterschiedliche Formen der Beratung: Einzelberatung, Gruppenberatung, Organisationsberatung, Teamberatung, Coaching usw. Ist dies heute noch ein gegenüber den anderen beiden Bereichen kleiner Sektor von Weiterbildung, so wird er in der Zukunft die größten Steigerungsraten aufweisen. Folgende Gründe sprechen dafür:

– Beratung erfolgt direkt an Praxissituationen. Sie geht damit ganz speziell auf die Belange der Betroffenen ein und bezieht konkrete Bedingungen des jeweiligen Handlungszusammenhanges mit ein.
– Beratung ist Hilfe zur Selbsthilfe und damit eine spezifische Form von Kontrolle im Sinne einer vertieften Selbstkontrolle (die ja eine wesentlich höhere Akzeptanz beim Betroffenen besitzt, als die verbreitete Fremdkontrolle). Sie ist aber nicht nur Selbstkontrolle, sondern gleichzeitig auch Weiterbildung mit dem Ziel der Erweiterung von Führungs- und Sozialkompetenz.
– Beratung erfolgt an den Bedürfnissen der Teilnehmer, d.h. an jenen Inhalten, die die Teilnehmer (z.B. Leitende) selbst als Problem sehen.
– Beratung integriert Wissen und Handeln, sie erweitert das Wissen für Führungs- und Projektsituationen und vergrößert das Handlungsrepertoir der darin Agierenden.

Tab1.: Weiterbildungsschwerpunkte im betrieblich-beruflichen Bereich

Weiterbildung zur Bewältigung technisch-organisatorischer Veränderungen	*Weiterbildung im Hinblick auf die rationelle Gestaltung sozialer Prozesse*	*Weiterbildung als Beratung für nicht standardisierbare Situationen*
z.B. – EDV-Kurs – Fachtraining – Englischkurs – Einführung in neue Systeme usw.	z.B. – Moderation – Konferenztechnik – Verkaufstrainings – Konflikttrainings – Problemlösungstechniken – Lehrtechnologien – Präsentationstechniken usw.	z.B. – Teamberatung – Praxisberatung – Kollegiale Beratung – Coaching – Führungsberatung usw.

(Vgl. zu Konzepten, Formen und Methoden betrieblicher Weiterbildung die Beiträge bei Geißler/vom Landsberg/Reinertz 1990-1995)

3. Der Umgang mit dem Pädagogischen im Betrieb

Die Rationalisierungsdynamiken der Unternehmen - speziell das dem ökonomischen Handeln eingewobene Prinzip der Beschleunigung ("Zeit ist Geld") - beeinflussen die betriebliche Bildungspolitik entscheidend. Die Zunahme kurzfristiger Entscheidungsmöglichkeiten, die als "wachsende Flexibilität" ihre ökonomisch positive Bewertung erhält, verändert das Verhältnis von beruflicher Ausbildung einerseits und betrieblicher Weiterbildung andererseits.

Das Management steht immer mehr unter Zeitdruck, so daß sich auch Langfristperspektiven zunehmend durch kurzfristigen Rentabilitätsausweis legitimieren müssen. Dies hat negative Folgen für die weniger flexible und relativ langfristig angelegte beruflich-betriebliche Ausbildung. Für die Systemzeiten des betriebswirtschaftlichen Entscheidens und Handelns ist das Zeitmuster der Lehrlingsausbildung als Qualifikationsressource zunehmend ungeeignet. Es wird daher immer mehr zum Hindernis der Perfektionierung des Einsatzes von Personal und Qualifikation.

Attraktiver hingegen werden dafür konkurrierende Qualifikationssysteme. Dies sind solche, die die Tendenz zu Kurzfristreaktionen des Managements stützen. Zuallererst ist dies das System "Weiterbildung", das sich für die modernisierten Entscheidungsstrukturen der Betriebe als erheblich flexibler darstellt. Und dies ist zum zweiten der externe Qualifikationsmarkt. Dieser bietet durch den Ausbau der Fachhochschulen und des größer gewordenen Angebots von Absolventen dieses Ausbildungssystems, den Entscheidungsträgern der Betriebe eine attraktive Alternative zur Lehrlingsausbildung. Sprechen bereits in den meisten Fällen die, im Vergleich zu den Ausbildungskosten, geringeren Anlernkosten für die Einstellung von Fachhochschülern in Konkurrenz zu ausgebildeten Facharbeitern, so noch viel stärker die dadurch erweiterten zeitlichen Dispositionsmöglichkeiten. Die Entscheidung, ob man selbst ausbildet oder sich am externen Markt mit den benötigten Qualifikationen versorgt, wird Teil der zeitökonomisch-rationalen Kapitalrechnung. Dieser Trend zeigt auch eine Abwendung beruflicher Biographien vom traditionellen Bild der "Meisterschaft" zugunsten einer Verlagerung zu einer Art ständig zu ergänzender "Qualifikationscollage" an (vgl. Geißler 1994).

Solche Modernisierungsdynamiken finden ihren betrieblichen Ausdruck in der Stärkung der Nachfrageorientierung und des Wettbewerbes durch eigenständige und kostenverantwortliche Organisation der Bildungsarbeit. Cost- und Profitcenter sind hierfür die gebräuchlichsten Lösungsmodelle. Die einzelnen Organisationsbereiche erhalten für die vorgegebenen Kostenbudgets Verantwortung oder sie handeln - wie beim Profitcenter - frei innerhalb von Rentabilitätsvorgaben. Inzwischen haben sich viele Großbetriebe entsprechend umstrukturiert. Einige lagern ihre Bildungsabteilung als nicht zum Kernbereich gehörend völlig aus. Sie entscheiden sich für den Fremdbezug von Qualifikationsmaßnahmen - für das, was mit dem Begriff "Outsourcing" abgedeckt wird (Auslagerung). Staudt/Siebecke/Stute (1995) führen in einem graphischen Überblick folgende organisatorischen Varianten für die betriebliche Weiterbildung an.

a) Die Weiterbildungsabteilung im Unternehmen
Dies ist die traditionelle Organisationsform, bei der die Kompetenz für die Entwicklung, die Planung, die Realisierung und die Auswertung von Qualifikationsmaßnahmen bei der internen Bildungsabteilung liegt. Die anfallenden Kosten werden als Gemeinkosten auf die einzelnen Unternehmensbereiche umgelegt. (Abb. 2)

b) Die Weiterbildung als Cost-/Profit-Center
Als Wertschöpfungscenter (Cost- bzw. Profitcenter) fungieren Weiterbildungsabteilungen, wenn sie so organisiert werden, daß ein innerbetrieblicher Angebots- und Nachfragemarkt mit internen Verrechnungspreisen entsteht. Bei solchen Dienstleistungszentren ist Gewinnzielung angestrebt, die beim Profit-Center-Modell auch durch Bildungsangebote an Externe erreicht werden kann (vgl. Abb. 3).

c) Die Ausgliederung der Weiterbildung
Einen Schritt weiter gehen solche Unternehmen, die ihre Bildungsabteilung ausgliedern und zu einem Tochterunternehmen machen (Bildungs-GmbH). Dem Mutterunternehmen werden die Bildungsdienstleistungen dann zu Marktpreisen angeboten. Dies geschieht insbesondere dort, wo die Vermarktung der pädagogischen Leistungen attraktiv erscheint. Am Beispiel der Kompetenzverteilung im Bildungswesen bei der

Bahn AG wird die dreiteilige Entscheidungsstruktur eines solchen Organisationsmodells in einem Großkonzern deutlich (vgl. Abb. 4)

d) Auflösung der Bildungsabteilung
Erheblich seltener kommt es vor, daß Unternehmen ihre Bildungsabteilungen auflösen und sich für den Fremdbezug von Qualifikationsmaßnahmen entscheiden. Dies erhöht zwar die Flexibilität des Managements, macht dessen Entscheidungen aber von externen Bedingungen und Strukturen extrem abhängig. Eine solche Auslegung widerspricht der Rationalisierungsstrategie, mit Hilfe von Lernmaßnahmen Modernisierungsprozesse zu initiieren und zu realisieren.

Abb. 2: Traditionelle Weiterbildungsabteilung

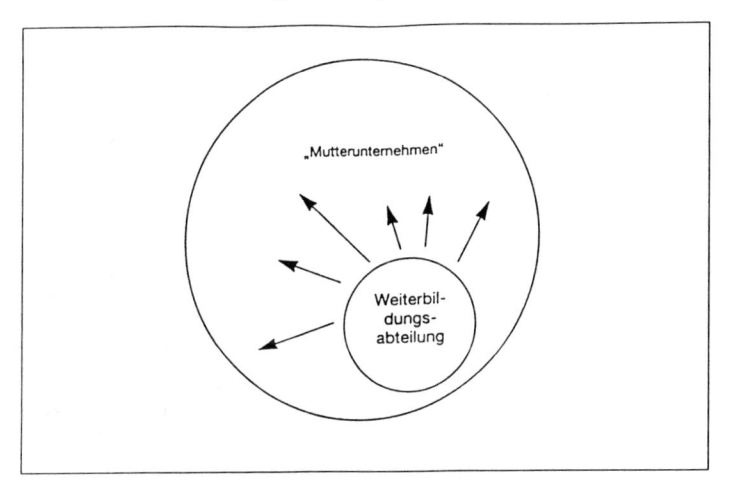

Abb. 3: Cost-/Profit-Center (mit Leistungen an Externe)

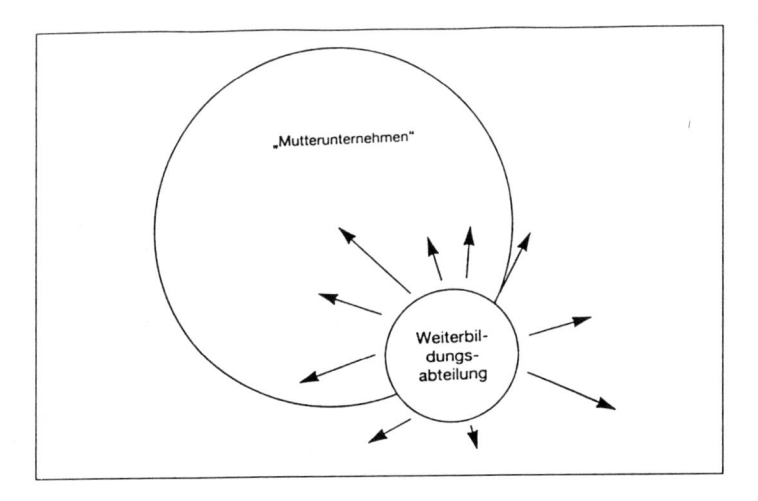

Abb. 4: Ausgliederung der Weiterbildung

```
                    "Mutterunternehmen"

                                        Tochter/
                                        Beteili-
                                        gung
                                        Weiterbil-
                                        dung
```

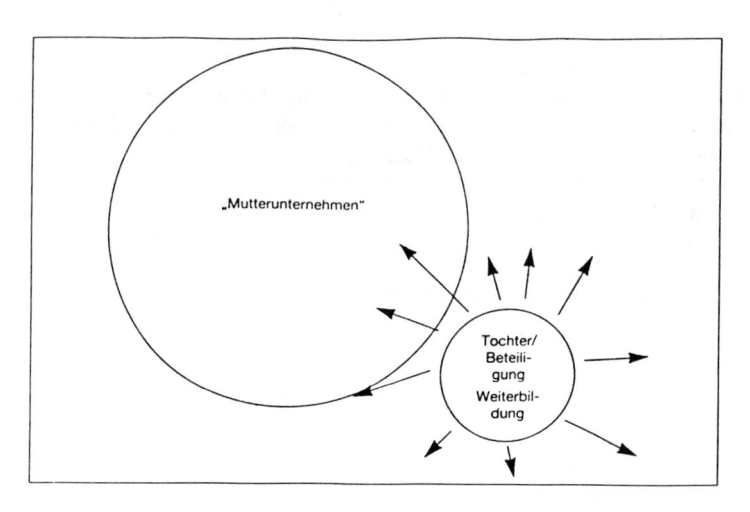

Tab. 2: Kompetenzverteilung im Bildungswesen zwischen Geschäftsbereichen, Konzernleitung und Dienstleistungszentrum "Bildung"

Geschäftsbereiche	Bildungswesen Konzern	Dienstleistungszentrum Bildung
Erarbeitung von Aus- und Fortbildungskonzepten für den jeweiligen Geschäftsbereich	Erarbeitung eines Gesamtbildungskonzepts	Erstellung von Aus- und Fortbildungsprogrammen (im Auftrag)
Weiterentwicklung des quantitativen Bildungskonzeptes	Festlegung von Richtlinien zur konzernweiten Durchführung der Aus- und Fortbildung	Durchführung des Führungskräftetrainings
Ermittlung des Aus- und Fortbildungsbedarfs	Festlegung pädagogischer Standards	Durchführung Geschäftsbereichsübergreifender Bildungsmaßnahmen
Vergabe von Bildungsleistungen (auch an Externe)	Koordination der Geschäftsbereiche in Bildungsfragen	Durchführung Geschäftsbereichsspezifischer Bildungsmaßnahmen
Abschluß der Ausbildungsverträge mit Berufsauszubildenden	Bearbeitung bildungspolitischer Grundsatzfragen	Durchführung der kaufmännischen Berufsbildung
Ausbildung am Arbeitsplatz	Vertretung in Bildungsgremien und -verbänden	Bereitstellung der erforderlichen Bildungskapazitäten (inkl. Medien)
Durchführung der Berufsausbildung (soweit eigene Kapazitäten vorhanden)	Entwicklung von Trainingskonzepten für Führungskräfte	Pädagogische Beratung und Ausbildung der Lehrer/Ausbilder im Geschäftsbereich
	Erstellung zentraler Trainee- und Fortbildungsprogramme	

Literatur

Bundesministerium für Bildung und Wissenschaft 1994: Betriebliche Weiterbildung, Bonn.

Bundesministerium für Bildung, Wissenschaft, Forschung und Technologie 1995: Berufsbildungsbericht 1995. Bad Honnef.

Diedrich, A. 1988: Effizienz betrieblicher Weiterbildung. Köln.

Geißler, Kh. A. 1994: Von der Meisterschaft zur Qualifikationscollage. In: Liesering, S.; Schober, K.; Tessaring, M. (Hg.): Die Zukunft der dualen Berufsausbildung. Nürnberg, 328-334.

Geißler, Kh.A.; von Landsberg; Reinertz, M. (Hg) 1990-1995: Handbuch Personalentwicklung und Training, Loseblattwerk, 3 Bände, Köln.

Staudt, E.; Siebecke, D.; Stute, C. 1995: Outsourcing der Weiterbildung. Kompetenzentwicklung und Innovation. In: QUEM-Report Nr. 34, Berlin.

Betriebliche Sozialisation
Lothar Lappe

1. Einleitung

Unter dem Konzept der betrieblichen Sozialisation ist der Prozeß der Eingliederung Jugendlicher Schulabgänger in betriebliche Produktions- und Arbeitsstrukturen zu verstehen, der zumeist mit dem Übergang von der Schule in die betriebliche Ausbildung verbunden ist. Diese Sichtweise läßt allerdings zwei Probleme außer acht:

Zum einen beschränkt sich Sozialisation in der betrieblichen Ausbildung auf die Einübung in die kognitiven Strukturen der Arbeit. Die Konfrontation mit Belastungs-, Lohn- und komplizierten Kommunikations- und Kooperationsproblemen findet erst nach dem Übergang in den Arbeitsprozeß statt.

Zum zweiten durchläuft ein immer größerer Teil von Jugendlichen keine betriebliche Ausbildung sondern geht aus schulischen Bildungsprozessen ohne berufliche Ausbildung direkt in betriebliche Produktions- und Arbeitsprozesse über. Beide Sachverhalte sind Grund genug, die betriebliche Sozialisation als eine Zeitspanne zu betrachten, die sowohl die Sozialisation in der beruflichen Erstausbildung als auch die Sozialisation durch Arbeit umfaßt.

Generell wirken sich die ersten Arbeits-, Betriebs- und Berufserfahrungen besonders stark auf die Persönlichkeiten der Individuen aus. Viele Jugendlichen, die eine Ausbildung machen, werden hier nachhaltig geprägt. In dem Maße aber, in dem die Lehrlingsausbildung institutionalisiert, "verschult" wird - das ist nicht nur bei der beruflichen Erstausbildung in Großbetrieben, sondern vor allem in Berufsfachschulen der Fall - findet der "Praxisschock" oder auch eine positiv erlebte erste wirkliche Bewährungsprobe nicht schon nach dem Übergang aus der Schule in die Berufsausbildung, sondern erst am ersten Arbeitsplatz nach dem Lehrabschluß statt (Lappe 1993). Dies ist ein weiterer Grund, die betrieblichen Anlernprozesse nach der Erstausbildung mit in die Betrachtung betrieblicher Sozialisation einzubeziehen.

Lempert (1995, 343) weist auf die Schwierigkeiten der Abgrenzung von Lernen und Sozialisation hin. Unter Sozialisation versteht er die Entwicklung, d.h. Veränderung oder auch Stabilisierung von Persönlichkeitsstrukturen durch die Auseinandersetzung (Interaktion/Wechselwirkung) mit sozialer sowie sozial gestalteter gegenständlicher Umwelt. Lernen gilt dagegen als erfahrungsbedingte Erweiterung des Wissens, Könnens und der Handlungsfähigkeit überhaupt. Zwar spielten "sich viele berufliche Lernprozesse auf der Oberfläche bloßen Kenntniserwerbs und reinen Fertigkeitstrainings ab, die die Tiefenstruktur der Persönlichkeit unberührt" ließen. Umgekehrt gebe "es auch Sozialisationsprozesse, die kaum zugleich als Lernprozesse aufgefaßt werden können, weil sie eher zum Verlernen, d.h. zum Qualifikationsverlust und zur Einschränkung subjektiver Handlungsfähigkeit" führten. Schon auf Grund ihrer gesellschaftlichen Verfaßtheit sind die in Betrieben und zum Teil auch in Schulen ablaufenden beruflichen Lernprozesse häufig auch Prozesse beruflicher Sozialisation, sodaß zumindest eine empirische Abgrenzung schwerfallen dürfte. Aus diesen Gründen möchte ich den Begriff der betrieblichen Sozialisation relativ weit fassen:

Ich verstehe unter der betrieblichen Sozialisation von Jugendlichen und jungen Erwachsenen
1. die Ausbildung besonderer sensumotorischer und intellektueller Fähigkeiten, das Erlernen der berufsfachlichen und betriebspezifischen Arbeits- und insbesondere der Qualifikationsanforderungen,
2. die Anpassung an die regulativen Normen eines Betriebes oder Unternehmens sowie die allmähliche Einübung in die nichtnormativen berufs-, arbeitsplatz- oder betriebspezifischen Verhaltensweisen, Einstellungen und Interessen sowie
3. die Entwicklung, d.h. Veränderung oder auch Stabilisierung von Persönlichkeitsstrukturen, die auf die Auseinandersetzung mit den betrieblichen Verhältnissen, den Bedingungen beruflichen Lernens, den konkreten Arbeitsbedingungen, bestimmten Arbeitsmarktstrukturen und der Berufsperspektive zurückgeführt werden können, und die für den Prozeß der Identitätsbildung bedeutsam sind.

Da die Ausbildung der sensumotorischen und intellektuellen Fähigkeiten und die Vermittlung der berufsspeziefischen Qualifikation (1) zentraler Gegenstand der betrieblichen Ausbildung sind, kann hier auf den entsprechenden Artikel in diesem Handbuch verwiesen werden. Die folgenden Ausführungen Konzentrieren sich deshalb auf die Punkte (2) und (3).

2. Entwicklung sozialer Kompetenz - Sozialisationsziel: Team- und Konfliktfähigkeit

Betriebliche Sozialisation ist von Anfang an - und im Laufe der Entwicklung von Industriegesellschaften zunehmend - gesellschaftlich vermitteltes Lernen und Arbeiten, soziale Interaktion, Zusammenarbeit mit anderen Menschen, die aber immer auch die Möglichkeit sozialer Auseinandersetzung einschließt. Insofern werden durch Arbeits- und Lernprozesse auch unsere sozialkognitiven und kommunikativen Fähigkeiten gefördert, transformiert oder verbildet. Sprachlich vermittelte Kommunikation ist einerseits das Medium und andererseits aber auch das Ziel betrieblicher Sozialisation. Wenn dieses Ziel, nämlich die Beherrschung der Kommunikation im betrieblichen Kontext nicht erreicht wird, kann das zu erheblichen Regulationshindernissen bei der Ausführung der Arbeit führen.

Während jedoch zur Entwicklung sensumotorischer und kognitiver Kompetenz eine Vielzahl von Untersuchungen vorliegen, sind arbeitspsychologische Studien und Maßnahmen zur Förderung sozial-kommunikativer Kompetenz in der betrieblichen Ausbildung, die auf handlungsregulationstheoretischer Basis entwickelt wurden, kaum vorhanden. Aus diesem Grund möchte ich auf Ergebnisse einer Berliner Facharbeiterstudie zurückgreifen, die die das Erlernen der Kommunikationsstrukturen nach der Ausbildung mit untersucht hat (Hoff, Lempert, Lappe 1991).

Für ausgelernte junge Facharbeiter und Fachangestellte ist es äußerst wichtig, daß sie sich möglichst schnell in das soziale Beziehungsgeflecht an ihrem Arbeitsplatz integrieren, um von dem Erfahrungswissen der älteren Kollegen profitieren zu können. Gute kollegiale Beziehungen sind für viele junge Facharbeiter von großer Bedeutung und werden auch bei der Bewertung der Arbeit über andere Aspekte der Arbeitssituation gestellt. In der Untersuchung "Arbeit und Persönlichkeit" (Lappe 1993, 188 f.) berichteten viele junge Facharbeiter davon, daß Ihnen die Kollegen am Anfang des Übergangs von der Ausbildung in die Arbeit bei allen Schwierigkeiten geholfen, daß sie von ihnen viele Hinweise darüber bekommen hätten, wie man die Arbeit am besten durchführt, um auf sein Geld zu kommen. Neben allen sachlichen Hinweisen und Hilfestellungen ist dabei sehr wichtig, daß den jungen Facharbeitern das Gefühl der Fremdheit in der ungewohnten, harten Welt der Produktion genommen wird: "Ich mein, wenn man so reinkommt und anfängt in der Abteilung, dann kommt man sich ja ziemlich fremd vor; wenn man sieht, das ist halt eine eingespielte Truppe..." (Befragter in einem untersuchten Betrieb).

Dies hängt damit zusammen, daß der Umgang mit den Kollegen in der Arbeitssituation in einer ganz anderen Weise stattfindet als in der Ausbildung. Zum Teil sind die Kollegen für die jungen Facharbeiter ausgesprochene Vorbilder, von denen sie lernen können, wie man mit schwierigen Arbeiten umgeht und wie man auch in kritischen Situationen ruhig bleibt.

Die jungen Facharbeiter wachsen mit zunehmender Betriebzugehörigkeit in ein immer komplizierteres Sozialgefüge hinein. Aber es wird auch schwieriger, es allen recht zu machen, wenn man beispielsweise einen unerbittlichen Vorgesetzten im Nacken spürt, mit den Terminverfolgern zu tun hat und gleichzeitig seine innerbetriebliche Karriere verfolgen möchte. Schließlich ist die Beherrschung von innerbetrieblichen Kommunikationsnetzen das Mittel zum späteren innerbetrieblichen Fortkommen. Es müssen allerdings Unterschiede gemacht werden zwischen Einzelarbeitsplätzen auf der einen Seite und Tätigkeiten, die von vornherein auf Gruppenarbeit angelegt sind. An den Einzelarbeitsplätzen ist die Kooperation mit dem Schichtablöser, mit dem Erfahrungswissen ausgetauscht wird, geradezu lebensnotwendig. So können beispielsweise einem erfahrenen Schichtablöser für eine gewisse Zeit die komplizierten Einrichterarbeiten überlassen werden, während der "new-comer" die Bedienteile im Arbeitsprozeß übernimmt (wenn es sich um größere Serien handelt, die über mehrere Schichten laufen). Darüber hinaus bestehen lediglich Kontakte mit Meistern, den Qualitätskontrolleuren und eventuell mit den Werkzeugvoreinstellern oder Programmierern. An einem solchen "kommunikationsreduzierten" Einzelarbeitsplatz, der durch einen hohen Lärmpegel, Monotonie und soziale Isolierung gekennzeichnet sein kann, muß die Initiative vom Facharbeiter selbst ausgehen, er muß die Kollegen auf bestimmte Probleme hin ansprechen können. Wenn ihm das nicht gelingt, wenn ihm die kommunikativen Mittel nicht zur Verfügung stehen, dann sieht es für seine Arbeitsleistung und damit für seine berufliche Zukunft schlecht aus. Viele Meister ziehen hieraus die Konsequenz und weisen dem jungen Facharbeiter einen erfahrenen "Paten" zu.

Von der formalen Anforderungsstruktur her sind beispielsweise die Kooperationsstrukturen an den Arbeitsplätzen ausgelernter Industriemechaniker und Werkzeugmechaniker dagegen wesentlich intensiver und nehmen sehr oft die Form teamartiger Kooperation an (in Reparaturkolonnen). Daraus ergibt sich ein hohes Maß an Determinierung der Arbeitsvollzüge im Sinne wechselweiser Einflußnahme auf Arbeitseinsatz und -inhalt, an gegenseitiger Hilfeleistung und an arbeitsbestimmter Kommunikation beim Austausch von Wissen und Erfahrung durch Ratschläge unter Kollegen, bei gemeinsamen Problemlösungen, bei der Verteilung der Arbeit usw. Darüber hinaus besteht aufgrund des sehr weiten Aufgabenspektrums, der Vielfalt der zu bewältigenden Aufgaben (z.T. bedingt durch den heterogenen Maschinenpark) und aufgrund der Tatsache, daß Werkzeugmechaniker und Industriemechaniker "nie ausgelernt haben", ein wesentlich höherer Anlernbedarf, der weniger durch die Meister als vielmehr durch die erfahrenen Teamkollegen und Altgesellen bewältigt wird. Hier stellt dann die Kommunikation das zentrale Medium der Arbeit dar. Es kommt hier nach der Ausbildung zu einer erheblichen Zunahme der kommunikativ/sprachlichen Anteile in der Arbeit, ein Faktum, das z.T. mit schmerzlichen Lernprozessen verbunden ist. Schließlich bedeutet Kommunikation mit Kollegen, Vorgesetzten, Auszubildenden und Experten anderer Betriebsteile nicht nur Austausch von Informationen, Weitergabe von Produktionsdaten oder informelle Gespräche, sondern z.T. auch Konflikt und Auseinandersetzung. Es bleibt nicht aus, daß es beim Übergang in das vollkommen andere Zeitregime mit seinen grundsätzlich anderen Anforderungen als in der Lehrwerkstatt zu Reibereien mit den Vorgesetzten und den Kollegen kommen kann. Konflikte können sich aus der Durchsetzung betrieblicher/industrieller Normen durch Vorgesetzte, Qualitätskontrolleure, Terminverfolger usw. ergeben. Reibungspunkte und Auseinandersetzungen können aus der unüberschaubaren Struktur der Arbeitsorganisation, den teilweise unsinnigen und widersprüchlichen Anweisungen der Meister und Terminverfolger resultieren. Bei schlecht gesteuerten Produktionsprozessen kommt es dann immer wieder zu Grenzüberschreitungen der Vorgesetzten, deren Abwehr erst mühsam in langen Auseinandersetzungen und mit Hilfe der älteren Kollegen gelernt sein will. Hinzu kommt auch, daß die jungen Facharbeiter schon relativ schnell selbständig arbeiten bzw. arbeiten wollen und aufgrund ihrer Ausbildung ein nicht unbeträchtliches Selbstbewußtsein mitbringen, so daß bei ihnen dann von Anfang an der Umgang mit Konflikten und das Erlernen von Konfliktfähigkeit im Zentrum steht. (Lappe 1993, 264 f. u. 334 f.).

Viele moderne Betriebe haben aus diesen und anderen Gründen das Thema Gruppenarbeit bereits sehr früh in ihre Ausbildungs- und Weiterbildungsordnungen übernommen. Die Notwendigkeit besteht vor allem dann, wenn die vorbeugende Instandhaltungsarbeit in die Fertigung integriert wird oder wenn neue Fertigungslinien als Gruppenarbeit konzipiert werden und die Position eines Gruppensprechers von jungen ausgelernten Facharbeitern angestrebt wird. In vielen Betrieben - vor allem der Automobilindustrie - ist die Gruppenarbeit mittlerweile integraler Bestandteil der Ausbildung, wobei die Ausbildungsverantwortlichen sich genau überlegen, was Methoden- und Sozialkompetenz für die Automobilfertigung konkret bedeuten kann und welche Maßnahmen entwickelt werden können, um Schlüsselqualifikationen wie Teamfähigkeit, Moderationsfähigkeit oder die Fähigkeit ein Team anleiten zu können, zu stärken (Berg/Lappe 1996, 10). Zwar wird die Gruppenfähigkeit bereits in der Ausbildung in Form von Projektarbeiten initiiert jedoch "kann Teamfähigkeit nicht einfach als ein Tagesworkshop den Auszubildenden vermittelt werden". Hier sind Zusatzqualifikation vonnöten, die im Betrieb als zusätzliche Trainingsprogramme für Gruppensprecher in die Tat umgesetzt werden. Die Gruppensprecher werden zu Trainern ausgebildet und von der Bandarbeit befreit, um dann selbst das Training übernehmen zu können. Solche "Train-the-Trainer-Seminare" werden über mehrere Tage durchgeführt und haben sich in einem der von uns untersuchten Betriebe mittlerweile als ein Instrument interner, arbeitsbezogener Lehrprozesse bewährt, die weder im Aus- noch im Weiterbildungszentrum simuliert werden können.

In einem der von uns untersuchten Betriebe, sagte uns ein Ausbildungsleiter, daß Gruppenarbeit in Betrieb und Lehrwerkstatt inzwischen so selbstverständlich geworden sei, daß sich die Auszubildenden auch mal schwer tun, alleine zu arbeiten (wie es beispielsweise bei den Ausbildungsprüfungen erforderlich ist) (Berg/Lappe 1996, 34).

3. Regulationsbehinderungen und Sozialisationsbarrieren

Schaut man sich den Inhalt der Berufsbildungspläne für verschiedene Lehrberufe an, so fällt auf, daß nur konkret arbeitsinhaltliches Wissen vermittelt wird (Unfallverhütungsvorschriften ausgenommen). Alle arbeits- und zeitökonomischen Aspekte der zukünftigen Berufsarbeit, die Belastugs-/Beanspruchungsstruktur und insbesondere die verwikkelte Lohnstruktur der Arbeitstätigkeiten wird aus den offiziellen Lernprozessen ausgeblendet und muß als Teil eines "heimlichen Lehrplans" in mühsamen Schritten in der Anfangsphase des Berufsverlaufs angeeignet werden. Die routinierte Handhabung aller mit dem Akkordlohn verbundenen Probleme besitzt jedoch den Charakter einer zweiten Qualifikationsstruktur und ist ebenso mit Lernprozessen von längerer Dauer verbunden wie die Einübung in die sachliche Anforderungsstruktur des Arbeitsplatzes.

Obwohl die genannten Aspekte in hohem Maße sozialisationsrelevant sind, hat sich weder die Berufsbildungsforschung noch die Arbeitspsychologie diesen Problemen in der Phase der Ausbildung besonders zugewandt. Belastungsforschung ist fast ausschließlich auf reguläre Arbeitsprozesse - und hier vor allem in restriktiven Arbeitsbereichen - beschränkt; hier werden vor allem Persönlichkeitsbeeinträchtigungen in Abhängigkeit von Arbeitsbeanspruchungen und Stressoren untersucht. Lediglich eine einzige umfangreiche Lehrlingsstudie (Häfeli/Kraft/Schallberger 1988) bezieht die Belastung/Beanspruchung in der Ausbildungssituation als Determinante für die Persönlichkeitsentwicklung von Jugendlichen mit in das Untersuchungskonzept ein. Ich möchte deshalb kurz die Erweiterung der Handlungsregulationstheorie auf den Bereich der Belastung/Beanspruchung skizzieren und anschließend einige Ergebnisse aus der Berliner Facharbeiterstudie anschließen.

Die Gruppe um Volpert (Leitner u.a. 1987) hat nicht nur das Konzept der Regulationserfordernisse entwickelt, eine Analyse jener Arbeitselemente, die die produktiven Fähigkeiten und die Persönlichkeitsentwicklung von Beschäftigten fördern, sondern sich auch zunehmend mit den sog. Regulationsbehinderungen beschäftigt, Konstellationen, die das Arbeiten und Lernen, die produktiven Fähigkeiten und insbesondere die Persönlichkeitsentwicklung hemmen können. Die Autorengruppe um Volpert hat diese Regulationsbehinderungen, Lernbehinderungen, widersprüchlichen Arbeitsanforderungen usw. nach zwei Gruppen unterschieden:
1. "Als Regulationshindernisse werden Ereignisse oder Zustände definiert, welchen nur durch Zusatzaufwand oder riskantes Handeln begegnet werden kann." (Moldaschl 1991, 87) Hierbei handelt es sich um informatorische oder motorische Erschwerungen bzw. Unterbrechungen des Arbeitsprozesses (unvollständige Zeichnungen, schadhaftes Werkzeug, Materialstau usw.), die zum Abbruch oder Neubeginn des Handelns zwingen können, die Intensität der Arbeit erhöhen und damit zu erheblichen Belastungen beitragen können.
2. "Als Regulationsüberforderungen werden Dauerzustände definiert, welche die Aufmerksamkeits- und Konzentrationsfähigkeit längerfristig, das heißt erst im Verlauf des Arbeitstages überfordern." (Moldaschl 1991, 87) Hierunter werden sowohl monotone Arbeitsbedingungen und Arbeiten unter Zeitdruck gefaßt, als auch aufgabenunspezifische Beanspruchungen, die aus Umgebungsbedingungen wie Lärm, Hitze, Dämpfe usw. resultieren.

Moldaschl hat (1991) in seiner Arbeit insbesondere die Auswirkungen widersprüchlicher Arbeitsanforderungen auf die Handlungsregulation sehr systematisch analysiert und darauf aufmerksam gemacht, daß die genannten Aspekte, die normalerweise in herkömmlichen Belastungsanalysen untersucht werden, als aufgabenimmanente oder aufgabenunspezifische Aneignungsprobleme zu Lern- und Sozialisationsbehinderungen und -hemmnissen führen können.

Für meine Zwecke genügt es, festzuhalten, daß vor allem Extrembelastungen, Dauerbelastungen im schwerdynamischen Bereich, Haltungsarbeit, Umgebungsbelastungen (Lärmbelastung), Monotonie oder Arbeitshetze, sowie der mit bestimmten Lohnstrukturen (Akkord) verbundene Leistungsdruck, soziale Isolation am Arbeitsplatz zu mangelhafter Arbeitsausführung, zur Unterbindung und Verzerrung von Lernprozessen in der Arbeit und damit zur Hemmung von Sozialisationsprozessen führen kann.

3.1 Arbeitsbelastungen als Sozialisationshindernis und ihre Bewältigung als Lernaufgabe

Wie man verschiedenen Untersuchungen entnehmen kann, stellt der Umgang mit den und die Verarbeitung von Arbeitsbelastungen in den ersten Jahren der Berufsausübung ein großes Problem dar, das sich als ein Hindernis für die objektive Handlungsregulation erweisen kann. Um diese Barrieren nicht allzu hoch und unüberwindlich werden zu lassen, muß der Umgang mit den auftretenden Belastungen rasch erlernt werden.

Von nicht wenigen Facharbeitern wird der Übergang von der Ausbildungssituation in die Arbeit als Praxisschock erlebt: Der geringe Bewegungsspielraum, die dauernde Präsenz an der Maschine, das lange Stehen, das Bewegen schwerer Werkstücke, der "Streß in der Halle", die schmutzige Arbeit, die Umstellung auf das Schichtregime und evtl. auf ein Akkordregime, der Lärm und die Hitze, all das macht jungen Facharbeitern in der Anfangszeit schwer zu schaffen.

Schon am Eingangsarbeitsplatz der jungen Produktionsfacharbeiter zeigt sich daher ein unmittelbar sichtbares Vermeidungshandeln im häufigen Verlassen des Arbeitsplatzes: die Maschinenpräsenz, das dauernde Stehen wird zu Beginn des Berufsverlaufs nach Aussagen vieler befragter Meister als starke Beanspruchung empfunden. "Im Gegensatz zur Lehrsituation, wo die Ortsveränderlichkeit sehr groß ist, ist der Arbeiter hier zum ersten Mal gezwungen, acht Stunden lang auf relativ kleinem Fleck vor seiner Maschine stehenzubleiben. Den meisten Jungarbeitern fällt das in den ersten vier bis sechs Wochen sehr schwer .... Insgesamt braucht ein Jungarbeiter wohl ein Jahr bis er vollständig an die Akkordarbeitssituation angepaßt ist" (Meistergespräch; Lappe 1993, 179 ff.).

Entsprechend hoch sind auch die Klagen und Beschwerden der Facharbeiter über genau diese ungewohnten Beanspruchungsmerkmale. Häufig wird ein spezifisches Belastungsmerkmal der Maschinenarbeit, nämlich die *Haltungsarbeit*, in einer bestimmten Zwangshaltung an häufig zu niedrigen Maschinenkonsolen stehen zu müssen, erwähnt. Bei den jungen Produktionsarbeitern in der Automatenfertigung beispielsweise wird das Gefühl, durch zu langes Stehen belastet zu sein, am Anfang unerträglich, was bei dem Bewegungsdrang der jüngeren Männer verständlich scheint.

Im Bereich der *psychischen Beanspruchungen* klagen die Facharbeiter durchweg über Aufmerksamkeits- und Konzentrationsanspannungen in ihrer Einarbeitungszeit. Starke Konzentrationsbelastungen resultieren aus komplizierten Einrichtungsarbeiten, aus der Bedienung vieler unterschiedlicher Maschinen mit all ihren spezifischen Fehlern und Anfälligkeiten. Jede Abwesenheit, jede Konzentrationsschwankung, jede Unaufmerksamkeit führen sofort zum Chaos, vor allem wenn mehrere Maschinen bedient und gewartet werden müssen.

Neben diesem Druck, neben der Tatsache, daß acht Stunden voll durchgearbeitet werden muß (eine im Vergleich zur Ausbildungssituation völlig ungewohnte Erfahrung), müssen sich die jungen Facharbeiter auch an das frühe Aufstehen gewöhnen - durchaus keine Selbstverständlichkeit, wenn man bedenkt, mit welchen Schwierigkeiten der beobachtende Sozialwissenschaftler zu kämpfen hat, wenn er nur ein paarmal frühmorgens um 6 Uhr am Betriebstor stehen soll.

Wesentlich ist ferner, daß die jungen Facharbeiter angesichts der engen Zeitvorgaben und des beständigen Termindrucks einen *eigenen Arbeitsrhythmus* - unterschiedlich intensive Arbeitsphasen über den Tagesverlauf hinweg - herausfinden, um sich Erholzeiten zu verschaffen.

Zu all diesen Beanspruchungen kommt erschwerend hinzu, daß die *Umgebungsbelastungen*, die Leitner (1987) und Moldaschl (1991) zu den Regulationsüberforderungen zählen, nicht einen Moment nachlassen; sie bleiben objektiv entweder gleich oder nehmen zu, man kann sich an sie nur gewöhnen. Da ist der hohe *Lärmpegel* zu nennen, an den sich die Facharbeiter allmählich gewöhnen müssen, der *Schmutz*, der je nach Arbeitsplatz unterschiedliche Ausprägungen haben kann, und ein von der Forschung wenig beachteter Beanspruchungsaspekt: die im Metallbereich typischen Auswasch- und Austauschmittel.

Eine Regulationsüberforderung indirekter Art ist in dem generell geltenden *Schichtregime* in diesen Arbeitsbereichen zu sehen. Die Aussicht, eine Arbeit in kontinuierlicher Wechselschicht verrichten zu müssen, scheint für die jungen Produktionsfacharbeiter als Dauerperspektive nicht akzeptabel zu sein. Die Arbeit im Schichtrhythmus beinhaltet für jüngere Arbeitskräfte die Schwierigkeit, ihr altersspezifisches Privatleben entfalten und aufrechterhalten zu können (z.B. an Gruppenaktivitäten teilzunehmen, sich mit der Freundin zu treffen) und wirkt auf ihre Arbeitsleistung zurück.

In dieser entscheidenden Sozialisationsphase bildet sich bei jungen Produktionsfacharbeitern allmählich ein Gefühl für unerträgliche bzw. akzeptable Belastungen heraus, nicht zuletzt durch die Beobachtung der eigenen Körperreaktionen, wobei gelernt wird, körperliche Symptome wie Hautausschlag, Kreuzschmerzen und Schlafstörungen ihren Verursachern (Öl, Heben schwerer Gegenstände, Maschinenrhythmus) zuzuordnen.

3.2 Sozialisationsziel: Verstetigung der Arbeitsleistung

Das größte Problem der Produktionsfacharbeiter in der Einarbeitungszeit besteht zunächst darin, daß sie allmählich an den Akkord in der Werkstatt herangeführt werden sollen, aber die Normalleistung nicht von Anfang an erbringen können. Häufig wird verlangt, daß ein ausgelernter Facharbeiter nach einer gewissen Zeit 80% der Leistung eines geübten Facharbeiters erbringen soll, was aber, wie die betriebliche Erfahrung zeigt, nicht immer der Fall ist. Die Leistung und auch der Verdienst der Arbeiter im spanabhebenden Bereich unterliegen - wie der Meister der mechanischen Kleinteilefertigung eines untersuchten Betriebes sagte - aufgrund der Neuigkeit der Situation und vielfältiger Anlernprobleme verständlicherweise lange Zeit erheblichen Schwankungen und werden erst nach ca. einem Jahr konstanter (Lappe 1993, 184 ff.). Es ist offensichtlich nicht unerheblich, daß sich gerade in den Massenarbeitsbereichen die bereits beschriebenen ungewohnten Belastungen sehr stark auf Leistung und Verdienst auswirken.

Da das Aushalten dieser Belastungen und der Umgang mit den vielfältigen Problemen der Akkordarbeit nicht Teil der Ausbildung sind, müssen die jungen Facharbeiter in mühsamen Sozialisationsprozessen die Selbstregulierung ihrer Arbeitsleistung einüben, sich das Wissen darüber aneignen, wie gegenüber dem arbeitsorganisatorischen Zugriff des Betriebes vor allem in den Akkordarbeitsbereichen die Arbeitskraft nicht nur verausgabt wird, sondern wie man damit auch "haushalten" kann, wenn nicht langfristig die Zerstörung der Arbeitskraft bewirkt werden soll. Hierzu gehört die Inanspruchnahme vorhandener technischer Arbeitshilfen, vor allem aber - durch Befragen und Beobachten von Kollegen - das Sichaneignen von Tricks und Kniffen zum Herausarbeiten und Wahrnehmen von Pausen, zum Erarbeiten kleiner Zeitpuffer und zum vorbeugenden Warten der Maschinen (Lappe 1993, 179 ff.; 204 ff.; 257 ff.; 328 ff.).

Nach der langen Ausbildungszeit, in der die Arbeit normalerweise ohne jeden Zeitdruck durchgeführt wurde, müssen die Facharbeiter zunächst auch die Relation Lohn - Leistung begreifen lernen. Unter Akkordbedingungen und in Bereichen mit verketteten Arbeitsplätzen, in denen der Produktionsprozeß nur unter Einhaltung der zum Teil recht komplizierten Personaleinsatzpläne aufrechterhalten werden kann, legen die Meister besonders großen Wert auf "Sekundärtugenden" wie Zuverlässigkeit, Pünktlichkeit, gleichmäßiges Arbeitstempo und vor allem Anwesenheit am Arbeitsplatz. Viele der jungen Facharbeiter haben aber nach Beendigung ihrer Ausbildung gerade mit dieser Zeitstruktur des Arbeitstages erhebliche Schwierigkeiten. Sie besitzen - wie der Meister einer Abteilung der Massenfertigung betont - eine ganz andere Auffassung von der Arbeit: "Sie finden das Arbeiten schön, aber nicht dauernd" (Meistergespräch).

Der eine oder andere Meister berichtet, daß er schon mal "energisch eingreifen" müsse, um Herumstehen mit Arbeitskollegen, Abwesenheit vom Arbeitsplatz, langsames Arbeiten usw. zu unterbinden. Vor allem die jüngeren Facharbeiter seien am Anfang noch "unternehmungslustig". Wenn sie nach einer längeren Nacht oder nach einer Fete mal zu spät zur Arbeit kommen oder einen "blauen Montag" einlegen, würde das unter der Voraussetzung, daß sie sich rechtzeitig abmelden, toleriert (Meistergespräch). Im Kampf mit den anfänglichen Zeit- und Akkordschwierigkeiten - für die fast alle befragten Meister Verständnis zeigten - haben sie interessanterweise zwei Verbündete: die Freundin oder Frau des jungen Facharbeiters und den Akkord selbst. Übereinstimmend berichten die Meister, daß sich die ausgedehnten Diskobesuche, feuchtfröhlichen Feten, langen Nächte und die nachfolgenden "blauen Montage", Unpünktlichkeiten und Fehlzeiten von selbst legen, sobald die jungen Männer eine feste Freundin haben oder heiraten. Leistungsschwankungen (langsames, ungenaues Arbeiten, Fehlzeiten usw.) wirken sich an Akkordarbeitsplätzen unmittelbar als Verdiensteinbußen aus, die nach einer Familiengründung oder gar der Geburt eines Kindes empfindliche Löcher ins Budget reißen können. So dauert es zumeist nicht sehr lange, bis der junge Arbeiter begreift, "daß es seine Zeit ist, seine Minuten, die ihm verlorengehen und damit auch sein Verdienst" (Meistergespräch).

In Leistungslohnbereichen besteht das Hauptproblem aber im Begreifen, Durchschauen und Erlernen des komplizierten Systems der Akkordverrechnung. An den *Einzel- und Gruppenakkordplätzen* bedarf es aller möglichen Tricks und Kniffe, um aus der Maschine oder dem Arbeitsplatz den nötigen Verdienst herausholen zu können. Dazu muß sich der junge Facharbeiter mit Lohngruppen, Minutenfaktoren, arbeitsplatzspezifischen Arbeitswertgruppen und unterschiedlichen Akkordrichtsätzen auskennen. Die Aufschlüsselung der Vorgabezeiten nach Rüstzeiten, Grundzeiten, persönlichen sowie sachlichen Verteilzeiten (Wartezeiten, Maschinenstillstandszeiten usw.) sowie ihre routinierte

Handhabung zum Aufbau von Zeitreserven gehört zu den notwendigen arbeitsplatzbezogenen Sozialisationsleistungen. An Arbeitsplätzen mit kleinen bzw. mittleren Serien können durch Routine im Umgang mit Programmänderungen, durch geschicktes Sortieren der einzelnen Aufträge in rationeller Reihenfolge zusätzliche Minuten herausgeholt und damit der Akkord verbessert werden. Mehrfaches Umrüsten am Tag, Maschinenstillstände und Testläufe führen zu Ausfallzeiten, die, werden sie nicht sachgerecht dokumentiert, den Verdienst schmälern können. An den Massenarbeitsplätzen mit ihren sehr langen Laufzeiten und den seltenen Umrüstvorgängen sind solche Möglichkeiten der selbstinitiierten Akkordverbesserung natürlich erheblich reduzierter, so daß es sich manchmal nur um einen Pseudoakkord handelt. Hier werden im Grunde auch nur verdeckte Akkorde in Form von Maschinennutzungsprämien bezahlt (Lappe 1993, 184 ff.; 215 f.).

4. Erlernen des Umgangs mit betrieblichen Herrschaftsformen

Neben den beruflich-fachlichen Anforderungen ist auf eine Besonderheit aufmerksam zu machen, die die betrieblichen Sozialisationsprozesse gegenüber sozialisierenden Aspekten anderer, vorberuflicher Erfahrungsbereiche wie Elternhaus und Schule abgrenzt: auf die disziplinierenden Zwänge betrieblicher Kooperation und unternehmerischer Herrschaft. Unter den technischen, organisatorischen und wirtschaftlichen Bedingungen rationalisierter Produktions- und Dienstleistungsarbeit sind die Handlungsalternativen des Auszubildenden/Beschäftigten zeitlich, sachlich und sozial weit stärker eingeengt als in Elternhaus, Bekanntenkreis, Schule, Hochschule usw. Erlernt werden die betrieblichen und sozialen Verhaltensregeln, also die Normen des Handelns im betrieblichen Rahmen (Schumm 1982; Heid 1985).

Zeitlich spielt die Anpassung an das betriebliche Zeitregime eine entscheidende Rolle. Der Arbeitstag ist relativ lang, sein Anfang und Ende, auch die Pausen sind meist genau festgelegt - die strikte Trennung von Arbeit und Freizeit beginnt für den Jugendlichen erst mit seinem Eintritt in den Betrieb.

In *sachlicher* Hinsicht ist auf die Anforderungen an die präventive Verantwortung (und damit an Aufmerksamkeit und Konzentration) der meisten Beschäftigten hinzuweisen (Einhaltung von Qualitäts- und technischen Normen): Wegen des großen Wirkungskreises der technischen Anlagen und der organisatorischen Interdependenz relativ vieler Arbeitsvollzüge haben Arbeitsfehler oft weitreichende Folgen, ist die Gefährdung von Material, Maschinen und Menschen durch abweichende Verhaltensweisen im Betrieb, speziell in der Produktion durchschnittlich höher als in anderen Lebensbereichen. Im Dienstleistungsbereich spielen bestimmte normative Anforderungen eine immer größere Rolle. (Seitz 1988):

Mit wachsendem Integrationsgrad der Datenverarbeitung in die Arbeits- und Verwaltungsprozesse, mit zunehmendem Ersatz von direkten personalen Kontakten durch "systembedingte Kooperationsformen, durch die Tendenz zur Einmalerfassung der Daten nimmt die Bedeutung von fehlerfreiem Arbeiten, der Einhaltung von Organisationsnormen, Verfahrensregeln und Terminen eher zu. Beim Umgang mit Kunden und Lieferanten sind ebenso betrieblich vorgegebene Verhaltensregeln zu beachten und betriebliche Interessen durchzusetzen. Dies bedingt letztlich ... eine möglichst große Identifikation mit der Aufgabe und den Zielen des Unternehmens. Der ständige Wandel der Arbeitsbedingungen erfordert zudem nicht nur die Bereitschaft und die Fähigkeit zur passiven Anpassung an vorgegebene Veränderungen, sondern auch jene zur aktiven Gestaltung, zur Durchsetzung gemeinsamer und eigener Interessen." (Seitz 1988, 485)

Sozial: Die Einhaltung der betrieblichen Normen wird durch Sanktionen zu sichern versucht, deren Gewicht nicht allein auf dem Interesse am reibungslosen Ablauf der betrieblichen Arbeit beruht, sondern durch das ökonomische Betriebsziel der Gewinnoptimierung motiviert ist. Kommt der Arbeitende der Erwartung, ökonomisch verwertbare Leistungen zu erbringen oder zur ökonomischen Verwertung bereits erbrachter Leistungen beizutragen, nicht genügend nach, so drohen ihm existenzgefährdende materielle Einbußen und identitätsbedrohende Beeinträchtigungen der gesellschaftlichen Stellung. Sowohl die berufliche Karriere als auch die private Zukunft stehen auf dem Spiel. Entsprechend stark ist die Nötigung, das Verlangte zu erfüllen, auch zum Preise des vorzeitigen Verschleißes der eigenen Arbeitskraft.

Es existiert leider nur eine einzige umfangreiche Studie, die das Erlernen des Umgangs mit betrieblichen Herrschaftsnormen in der Ausbildung explizit zum Untersuchungsgegenstand gemacht hat: das Forschungsprojekt von Mayer u.a. (1981). Die anspruchvolle Aufgabe der Autoren bestand darin, die Genese und Entwicklung von Einstellungen gegenüber sozialer Herrschaft bei Jugendlichen zu beschreiben.

Die empirischen Ergebnisse, die an kaufmännischen und gewerblich-technischen Auszubildenden gewonnen wurden, ergaben zunächst einmal, daß die Anforderung, sich sozialer Herrschaft unterzuordnen, zu Beginn der Ausbildung von einem erheblichen Teil der Jugendlichen akzeptiert wurde (Mayer u.a. 1981, 290 ff.). Allerdings unterschieden sich die Einstellungen der gewerblichen und der kaufmännischen Auszubildenden gegenüber sozialer Herrschaft deutlich. Jugendliche, die im kaufmännischen Bereich eine Ausbildung begannen, distanzierten sich wesentlich häufiger und stärker von gesellschaftlichen Anforderungen, die den eigenen Bedürfnissen und Interessen entgegenstanden. Interessant ist, daß sich die "Gewerblichen" stärker von einer Konkurrenzorientierung distanzierten als die Kaufleute, daß andererseits die Kaufleute die bedingungslose Unterordnung unter Abhängigkeitsverhältnisse im Betrieb sehr viel stärker ablehnten als die gewerblichen Auszubildenden. Die großen Differenzen wurden von den Autoren dahingehend interpretiert, daß gewerblich Auszubildende in stärkerem Maße direkten Anforderungen an Pünktlichkeit, Ordnung und Gehorsam ausgesetzt waren, während den kaufmännischen Auszubildenden ein begrenzter eigener Handlungsspielraum zugestanden wurde. (Mayer u.a. 1981, 292)

Diese Kurzdarstellung sollte deutlich gemacht haben, daß - abgesehen von der grundsätzlichen Vernachlässigung betrieblicher Herrschaftformen in Sozialisationsuntersuchungen - eine Nachfolgeuntersuchung notwendig wäre, um den angesprochenen Sachverhalt unter den heute völlig veränderten Organisationsbedingunen betrieblicher Arbeit aufs neue zu untersuchen.

5. Persönlichkeitsentwicklung in der betrieblichen Lerntätigkeit

Viele der älteren Sozialisationsstudien im Jugendalter orientierten sich aus forschungspragmatischen Gründen eher an Berufsausbildungen (Mayer u.a. 1981), Berufsgruppen oder Branchen (Kruse u. a. 1981). Bei solchen Studien wurde eher die Sozialisationseffekte von bestimmten Berufsausbildungen in ausgewählten Branchen für die Wertorientierungen, die Einstellungen und die Berufsperspektive Jugendlicher untersucht.

Andere Studien, die sich stärker auf die jeweilige Fachdidaktik konzentrierten, wiesen eine Disziplinorientierung auf, die sich an den Vorgaben spezialisierter Fächerlehren ausrichtete (Reetz/Seyd 1995, 208), oder eine Situationsorientierung, die eine enge Verbindung von Berufssituation und Ausbildungsqualifikation herstellte (dieselben, 211).

Erst in dem Maße, in dem nicht mehr nur Befunde der Qualifikationsforschung, sondern zunehmend auch solche der Sozialisationsforschung curriculare Gestaltungskraft gewannen, gerieten Probleme der Persönlichkeitsforschung (Reetz/Seyd 1995, 212) und der Persönlichkeitsentwicklung in der Lerntätigkeit in den Vordergrund. In der Trainingsforschung wurden sie zunächst unter dem kognitiven Aspekt der "psychischen Neubildungen" (Selbstregulierung, Kooperation, Innerer Handlungsplan, Theoretisches Denken, Kognitives Interesse, Wissenschaftliches Begriffssystem) abgehandelt (Sonntag 1989, 37). Neben diesen kognitiven Aspekten werden bei neueren Untersuchungen die Interaktionen zwischen den strukturellen betrieblichen Elementen und spezifischen Entwicklungsproblemen der Adoleszenzphase stärker beachtet.

Der Prozeß der betrieblichen Sozialisation findet nämlich in einer biographischen Phase statt, die bestimmte altersspezifische Umstrukturierungen aufweist: zum einen durchlaufen die Jugendlichen in relativ kurzer Zeit verschiedene Institutionen wie Schule, Berufsausbildung und Betrieb und zum anderen finden parallel zu diesem als Adoleszenzphase bezeichneten Lebensabschnitt gravierende Persönlichkeitsveränderungen statt. Ähnlich der familialen oder der schulischen Sozialisation ist die betriebliche Sozialisation von Jugendlichen durch spezifische Entwicklungsaufgaben geprägt, die sich aus der Phase des Übergangs vom Kind zum Erwachsenen ergeben. Gefragt wird zunehmend nach der Relevanz der betrieblichen Sozialisation für diese Entwicklungsprobleme. Nach Häfeli u. a. (1988), Hoff u.a. (1991) und Heinz (1995) stellen gerade die Berufsausbildung und die sich daran anschließende Einmündung in den Arbeitsprozeß für die weitere Persönlichkeitsentwicklung von Jugendlichen Erfahrungsfelder dar, die die altersgemäße Lösung von Entwicklungsaufgaben beeinflussen.

Solche adoleszenzspezifischen Entwicklungsaufgaben können mit Rückgriff auf die entwicklungspsychologische und adoleszenstheoretische Literatur (Piaget, Kohlberg, Oerter, Hoff, Schallberger, Häfeli) neben der Weiterentwicklung der kognitiven Potentiale bzw. der intellektuellen Leistungsfähigkeit als
- Herausbildung eines tragfähigen *Selbstkonzepts,*
- Entwicklung der *moralischen Urteilsfähigkeit,*
- Konkretisierung des eigenen Stellung in der *Gesellschaft,*
- Herausbildung des eigenen *Verhältnisses zu Beruf und Arbeit, Arbeitsinteresse* und der Entwicklung einer individuellen *Berufsperspektive*

formuliert werden.

Betriebliche Sozialisationsprozesse ziehen also immer auch Veränderungen der Lernenden/Arbeitenden nach sich, die nicht "nur" spezielle Kenntnisse, Fertigkeiten, betriebliche Normen sowie Meinungen und Einstellungen betreffen, sondern auch Persönlichkeitsstrukturen, Handlungspotentiale und Wertorientierungen langfristig wirksam transformieren.

Dabei geht es nicht nur um positiv bewertete Veränderungen der Individuen, sondern auch um ambivalente (Prozesse des Umlernens) und negative Veränderungen ihrer Persönlichkeit (Prozesse des Verlernens), der Rückbildung, der (subjektiven) Entfremdung. Beispiele sind psychosomatische Beschwerden, Angst usw. als Folge restriktiver

Arbeitsbedingungen in der Massenproduktion (Greif u.a. 1991), das "burn-out"-Sydrom als Folge von Arbeitsstreß (Heinz 1995), "Innovationsangst" als Überforderung durch die technologische Entwicklung (Greif u.a. 1991).

Durch die Vielzahl und Unterschiedlichkeit von Produktions- und Arbeitsprozessen, auf die hin betriebliche Sozialisationsprozesse orientiert sind und in denen sie nach der beruflichen Erstausbildung stattfinden, wird der Versuch, ein einigermaßen stringentes Bild beruflicher oder betrieblicher Sozialisation zu entwerfen, äußerst schwierig. Gefragt sind nämlich Theorien, die die sozialisationsrelevanten Aspekte des Lernens in der Arbeit identifizieren und die es gleichzeitig erlauben, ihre Annahmen mit persönlichkeitsstrukturellen Variablen zu verknüpfen.

Es gibt nur wenige Untersuchungen, die die Frage beantworten, in welchem Ausmaß und in welchen Hinsichten Unterschiede in der Entwicklung eines Persönlichkeitsmerkmals durch Unterschiede in der Ausbildungssituation erklärt werden können, in denen also Persönlichkeitsentwicklung als Ergebnis betrieblicher Sozialisation gesehen wird. Der überwiegende Teil der - zumeist amerikanischen - Untersuchungen bewegt sich zwar im Feld der Erwachsenensozialisation, soll aber dennoch für meine Darstellung herangezogen werden.

Ich werde versuchen, die persönlichkeitsbezogenen Ergebnisse der Sozialisationsforschung nach der Restriktivität oder Nichrestriktivität sozialisationsrelevanter Merkmale betrieblicher Ausbildung und Arbeit zu ordnen.

5.1 Restriktive Arbeitsbereiche in der Massenproduktion, der Massensachbearbeitung und dem Massenverkauf

Große Bereiche von Industrie und Dienstleistung sind nach wie vor durch die Form der restrikiven und repetitiven Teilarbeiten gekennzeichnet.
– Erstens sind das jene Arbeitsprozesse, vor allem im Dienstleistungsbereich aber auch in den Feldern der Elektromontage, Bekleidungsindustrie usw., in denen beruflich unterschiedlich qualifizierte Frauen ihre ersten Arbeits- und Betriebserfahrungen machen und wo sie - unterfordert eingesetzt - mit Prozessen des Umlernens oder Verlernens konfrontiert werden. Solche geschlechtsspezifischen betrieblichen Sozialisationsprozesse sind bislang nur am Rande untersucht worden.
– Zweitens stellt dieses Einsatzfeld neben dem Handwerk die potentiellen Ungelerntenberufe für die ca. 800.000 Jugendlichen in der Bundesrepublik Deutschland zwischen 20 und 24 Jahren zur Verfügung, die als "Nichtnachfrager" von beruflicher Erstausbildung, "erfolglose Nachfrager" und "Ausbildungsabbrecher" ohne Berufsausbildung geblieben sind. In diesem Tätigkeitsspektrum können sie am ehesten durch Lernen im Arbeitsprozeß als besonderem Element einer nachgeholten Berufsausbildung zu einer beruflichen Qualifikation geführt werden (Pütz 1992).

Schon frühe Studien (z.B. Meissner 1971) belegen, daß sich die Charakteristika repetitiver Teilarbeiten wie technische Restriktionen, Beschränkung der Kommunikation, soziale Isolierung am Arbeitsplatz usw. negativ auf die Kommunikation und Aktivitäten in der Freizeit auswirken, daß die Intelligenzwerte befragter Industriearbeiter/innen in Ungelerntentätigkeiten mit niedrigem Qualifikationsniveau stark absinken (Schleicher 1973). In seiner bahnbrechenden Studie über die Auswirkungen von Tätigkeiten in der industriellen Massenproduktion der Automobilindustrie auf die psychische Verfassung der

Arbeiter wies Kornhauser (1965) nach, daß "mental health" (Angst und emotionale Spannung; Selbstachtung; Feindseligkeit; Kommunikationstendenz; allgemeine Lebenszufriedenheit, psychische Stabilität) durch die Form stark repetitiver Teilarbeit negativ beeinflußt wird.

Neuere Untersuchungen in den Bereichen der Massenproduktion sind eher der Streß- und weniger der betrieblichen Sozialisationsforschung zuzurechnen. Aronsson (1989) konnte nachweisen, daß als Reaktion auf restriktive Arbeitsbedingungen in der Massensachbearbeitung, auf unvorhergesehene Störungen psychische Beanspruchungen in Form des Empfindens mangelnder Kontrollierbarkeit der Arbeitssituation auftraten. Eine Studie von Greif u.a. (1991) ergab, daß ein Zusammenhang zwischen den Arbeitsstressoren Zeitdruck, Unsicherheit und unzureichenden Arbeitsinhalten an Arbeitsplätzen der metallverarbeitenden Industrie und psychosomatischen Beschwerden, Angst, Gereiztheit, Depressivität und Einschränkung des Selbstwertgefühls ein Zusammenhang besteht.

Die einzige neuere betriebliche Sozialisationsstudie mit Längsschnittcharakter in Tätigkeitsbereichen von jugendlichen Anlernlingen, stammt von Städeli (1992), in der deutliche Effekte der Anlernausbildung auf die Entwicklung der Persönlichkeit nachgewiesen werden. Arbeiten, die immer gleich oder ähnlich gelagert sind, wirken sich negativ, Tätigkeiten, die von den Anlernlingen als abwechslungsreich eingestuft werden, wirken sich positiv auf die Entwicklung des Selbstwertgefühls aus. Hemmend auf die Entwicklung verschiedener Aspekte der Person wirken sich Arbeitsabläufe aus, die aus der Sicht der Jugendlichen mangelnde Vielfalt und Problemhaltigkeit aufweisen, zu wenig Spielraum bei der Ausgestaltung der Tätigkeiten offen lassen , bei denen es an zeitlichen Dispositionschancen mangelt und bei denen Umwelteinflüsse wie Hitze, Lärm und Schmutz kaum beeinflußbar sind - alles typische Merkmale restriktiver Arbeitsbedingungen in der Massenproduktion. Sehr interessant ist der Vergleich mit den Ergebnissen aus der Lehrlingsuntersuchung von Häfeli u.a. (1988). Bei den Anlehrlingen haben die Arbeits- und Ausbildungsmerkmale einen ähnlichen Einfluß auf die Entwicklung der Persönlichkeit wie bei den Lehrlingen, Unterschiede zeigen sich nur bei den Beanspruchungen.

5.2 Autonomiefördernde Ausbildungs- und Arbeitsbereiche: wachsende Handlungsspielräume und zunehmende Arbeitsverantwortung

Im Verlauf der Debatten um die Höherqualifizierung der Arbeit ist auch das Interesse der Sozialisationsforschung an jenen Arbeitsbereichen gewachsen, die den Jugendlichen in oder nach einer betrieblichen, schulischen oder Hochschulausbildung hinreichend qualifizierte Lernmöglichkeiten bieten und die sich positiv auf die Persönlichkeit auswirken können.

Ich möchte nur einige wenige Studien herausgreifen, wobei vor allem die fast 30 Jahre während Forschungsarbeiten der Arbeitsgruppe um Kohn und Schooler (z.B. 1982) herausragende Bedeutung besitzen. Nach Kohn stellt der Erfahrungskontext der beruflichen Arbeit den wesentlichen Schnittpunkt zwischen dem Individuum und dem übergreifenden System der Gesellschaft dar, wobei das einflußreichste Faktorenbündel im komplizierten Geflecht von relevanten Arbeitsbedingungen die konkreten Arbeitsinhalte darstellen. Selbstbestimmung im Beruf und die inhaltliche Komplexität der Arbeit führen zu signifikant deutlicher selbstbestimmten Orientierungen (intellektuelle Flexibilität, positives Selbstkonzept und selbstbestimmte gesellschaftliche Orientierungen).

In einer - der wirklich seltenen - Untersuchungen über die betriebliche Sozialisation von Auszubildenden in landwirtschaftlichen, handwerklichen, industriellen, kaufmännischen und verwaltenden Berufen wurden von Häfeli u.a. (1988) bei den Lehrlingen in besonders qualifizierten Berufen überdurchschnittlich positive Sozialisationseffekte festgestellt. Diese betrafen die Intelligenz, das Interesse für Politik, die Auseinandersetzung mit gesellschaftlichen Problemen, intrinsische Arbeitsorientierungen, die Wertschätzung sozialer Beziehungen im Arbeitsbereich sowie die Herausbildung eines tragfähigen Selbstkonzepts (Körperbild, Kompetenzeinschätzung, Depressionslosigkeit, Selbstwertgefühl, Selbstkontrolle).

Die zunehmende Delegation von Verantwortung an Beschäftigte in qualifizierten Sektoren von Industrie und Dienstleistung führt immer mehr dazu, daß die Theorie der Moralentwicklung (Lempert 1988) sowohl in Ansätze der betrieblichen Sozialisationsforschung Eingang findet (Corsten/Lempert 1992), als auch über Modellvorhaben "moralischen Lernens" in die betriebliche Ausbildung integriert wird (Ehrke 1994; Treiber 1994). Oser/Schläfli (1986) haben ein Projekt über die Moralentwicklung bei Schweizer Banklehrlingen durchgeführt; die Forschergruppe um Beck (1995) untersucht in einer quantitativen Längschnittstudie die moralische Urteilsentwicklung im Bereich der beruflichen Bildung bei Einzelhandelskaufleuten, Industriekaufleuten sowie Bank- und Versicherungskaufleuten; Lempert hat zusammen mit Hoff und Lappe (Hoff/Lempert/Lappe 1991) seine moralkognitiven Untersuchungen zunächst an jungen Metallfacharbeitern und neuerdings ebenfalls im Berufsbildungsbereich des tertiären Sektors bei Köchen und Chemiepraktikanten durchgeführt (Corsten/Lempert 1992).

Interessant ist, daß die von der Gruppe um Beck (1996) aufgefundene (Betriebs-) milieutypische Varianz im Reifegrad der Urteilsbildung mit der Lempertschen Vermutung übereinstimmt, daß die Bedingungen der moralischen Entwicklung innerhalb von Branchen und Berufen variieren. Mehr noch: Beck u.a. (1996), bestätigen den deutlichen Zusammenhang zwischen moralischem Urteil und jenen Entwicklungsbedingungen, die Lempert theoretisch und empirisch untersucht hat: "Wertschätzung und Verantwortungszuweisung beeinflussen vor allem die Entwicklung in der affektiven Dimension", "Kommunikations- und Konfliktformen und -frequenzen wirken insbesondere auf die Entwicklung im kognitiven Bereich" und "Kooperation und Handlungschancen schließlich bergen offenkundig Anregungsgehalte in der konnativen Dimension, die zur Entfaltung einer urteilskonformen Verhaltenstendenz beitragen oder sie hemmen". (Beck 1995 S.125)

6. Schlußbetrachtung

Es hat sich herausgestellt, daß es im Grunde nur wenige neuere Untersuchungen zur betrieblichen Sozialisation gibt, die in der Zeitspanne der betrieblichen Erstausbildung angesiedelt sind. Darüberhinaus läßt sich feststellen, daß die Forschungslandschaft zu betrieblicher Sozialisation gespalten ist. Einerseits gibt es auf der Basis handlungstheoretischer Annahmen zunehmend Projekte der Trainings- oder Lehr-Lern-Forschung, die auch komplexe Prozesse kognitiven Lernens in der beruflichen Erstausbildung untersuchen. Auf der anderern Seite existieren nur wenige betriebliche Sozialisationsstudien, die das Potential der beruflichen Erstausbildung für die Persönlichkeitsentwicklung von Jugendlichen zum Gegenstand haben. Zwar werden curriculare Strukturen beruflicher Bildung zunehmend unter dem Aspekt des "Persönlichkeitsprinzips" entwickelt und erforscht, zwar wird von der Arbeitspsychologie und immer stärker von den Vertretern der Handlungsregulationstheorie unter Persönlichkeit die Gesamtheit individueller psychischer und physischer Dispositionen bei der tätigen Auseinandersetzung mit und Aneignung von gesellschaftlicher Realität - also auch Arbeit - verstanden; in den untersuchten Variablen scheint davon jedoch nur wenig auf.

Wünschenswert wäre es, wenn die Untersuchung komplexer kognitiver Strukturen wie z.B. die Anwendung heuristischer Regeln in einem integrierten Forschungsansatz mit genuinen Persönlichkeitsvariablen wie Selbstkonzept, Kontrollbewußtsein oder Moralbewußtsein verbunden würde. Ein Ansatz hierzu scheint mir in der neuesten Veröffentlichung von Beck und Heid (1996) zu "Lehr-Lern-Prozessen in der kaufmännischen Erstausbildung" vorzuliegen. Dem Gegenstand "Jugendliche in der Erstausbildung" angemessener wäre es auch, wenn sich die starke kognitive Forschungsorientierung zur Integration emotionaler Variablen in Bezug auf "Entwicklung des eigenen Körperbildes, des allgemeinen Selbstbildes (Selbstvertrauen, Selbstachtung), Depressionslosigkeit (Stabilität und aktive Orientierung vs. emotionale Gespanntheit) und Kontrollüberzeugungen öffnen könnte. Und schließlich sollte sich die betriebliche Sozialisationsforschung einem schon fast vergessenen Forschungsgegenstand wieder zuwenden: der Einübung des Umgangs mit betrieblicher und unternehmerischer Herrschaft.

Literatur

Arbeitsgruppe Bildungsbericht am Max-Planck-Institut für Bildungsforschung (Hrsg.) 1994: Das Bildungswesen in der Bundesrepublik Deutschland. Reinbek bei Hamburg.

Arnold, R. 1995: Lipsmeier, A. (Hrsg.): Handbuch der Berufsbildung. Leske und Budrich, Opladen.

Baethge, Martin 1985: Individualisierung als Hoffnung und als Verhängnis. Aporien und Paradoxien der Adoleszenz in spätbürgerlichen Gesellschaften oder: die Bedrohung von Subjektivität. In: Soziale Welt 36, 299-312.

Baethge, Martin 1991: Arbeit, Vergesellschaftung, Identität - Zur zunehmenden normativen Subjektivierung der Arbeit. In: Soziale Welt 42, , Heft 1, 6-19.

Baethge, M.; Oberbeck, H. 1986: Zukunft der Angestellten. Neue Technologien und berufliche Perspektiven in Büro und Verwaltung. Campus, Frankfurt am Main.

Bechtle,G.; Düll, K.; Moldaschl, M. 1989: Montagegestaltung und Personalpolitik im internationalen Vergleich. In: Seliger, G. (Hrsg.): Montagetechnik - Tagungsbericht 1989, Berlin, 312-339.

Beck, K. 1995: Aspekte der moralischen Urteilsbildung bei kaufmännischen Lehrlingen - Methodologische Probleme und empirische Befunde. In: Hoff, E.-H.; Lappe, L. (Hrsg.): Verantwortung im Arbeitsleben. Asanger Verlag, Heidelberg.

Beck, K.; Heid, H. (Hrsg.) 1996: Lehr-Lern-Prozesse in der kaufmännischen Erstausbildung. ZBW, Beiheft 13.

Beck, K.; Brütting, B.; Lüdecke-Plümer, S.; Minnameier, G.; Schirmer, U.; Schmid, S. N. 1996: Zur Entwicklung moralischer Urteilskompetenz in der kaufmännischen Erstausbildung - empirische Befunde und praktische Probleme. In: Beck, K.; Heid, H. (Hrsg.). Lehr-Lern-Prozesse in der kaufmännischen Erstausbildung. ZBW, Beiheft 13, 187 - 206.

Berg, U.; Lappe, L. 1996: Zusatzqualifikationen für junge, betrieblich ausgebildete Fachkräfte - ein Weg zur Verbesserung der beruflichen Entwicklungs- und Arbeitsmarktchanchen. Fallstudien. München.

Bundesanstalt für Arbeit (Hrsg.) 1992: Handbuch zur Berufswahlvorbereitung. Nürnberg.

Corsten, M.; Lempert, W. 1992: Moralische Dimensionen der Arbeitsspähre. Literaturbericht, Fallstudien und Bedinungsanalysen zum betrieblichen und beruflichen Handeln und Lernen. In: Materialien aus der Bildungsforschung Nr. 42, Max-Planck-Institut für Bildungsforschung.

Davids, S. 1992: Junge Erwachsene ohne anerkannte Berufsausbildung in den alten Bundesländern. In: DJI (Hrsg.): Ausbildung für alle - Prävention von Ausbildungslosigkeit und Ausbildungsabbruch in der vorberuflichen Bildung. DJI-Arbeitspapier 2-072, München.

Droß, C.; Lempert, W. 1988: Untersuchungen zur Sozialisation in der Arbeit 1977-1988. In: Materialien aus der Bildungsforschung Nr. 34.

Düll, K.; Moldaschl, M. 1988: Personaleinsatz und Personalqualifizierung in automatisierten Montagesystemen - strategische Optionen und Gestaltungsmöglichkeiten. In:VDI-Berichte, Nr. 722, 269-288.

Dubs, R. 1995: Entwicklung von Schlüsselqualifikationen in der Berufsschule. In: Arnold, R.; Lipsmeier, A. (Hrsg.): Handbuch der Berufsbildung. Leske und Budrich, Opladen.

Ehrke, M. 1994: Qualifikation und Moral: Neue Dimensionen einer persönlichkeitsorientierten Berufsbildung. In: Gewerkschaftliche Bildungspolitik, 1/94.

Feldhoff, J.; Jacke, N.; Simolei, J. 1995: Schlüsselqualifikationen für neue Anforderungen in Betrieb und Gesellschaft. Hans-Böckler-Stiftung, Düsseldorf.

Häfeli, K.; Kraft, U.; Schallberger, U. 1988: Berufsausbildung und Persönlichkeitsentwicklung. Eine Längsschnittstudie. Bern, Hans Huber Verlag.

Heid, H. 1995: Werte und Normen in der Berufsbildung. In: Arnold, R.; Lipsmeier, A. (Hrsg.): Handbuch der Berufsbildung. Leske und Budrich, Opladen.

Heinz, W. R. 1988: Selbstsozialisation und Arbeitsmarkt. Jugendliche zwischen Modernisierungsversprechen und Beschäftigungsrisiken. In: Das Argument Nr. 168, 198-207.

Heinz, W. R. 1990: Perspektiven einer künftigen Forschung zur doppelten Sozialisation Erwachsener, in: Hoff, E.-H. (Hrsg): Die doppelte Sozialisation Erwachsener. Zum Verhältnis von beruflichem und privatem Lebensstrang. DJI-Verlag.

Heinz, W. R. 1991: Berufliche und betriebliche Sozialisation. In: Neues Handbuch der Sozialisationsforschung, 4. Auflage, 397-416.

Hoff, E.-H.; Lappe, L. (Hrsg.) 1995: Verantwortung im Arbeitsleben. Asanger Verlag, Heidelberg.

Hoff, Ernst-H.; Lempert, W.; Lappe, L. 1991: Persönlichkeitsentwicklung in Facharbeiterbiographien. In: Schriften zur Arbeitspsychologie, Nr. 50, 54-56.

Kell, A. 1995: Organisation, Recht und Finanzierung der Berufsbildung, in: Arnold, R., Lipsmeier, A. (Hrsg.): Handbuch der Berufsbildung. Leske und Budrich, Opladen.

Kern, H.; Schumann, M. 1984: Das Ende der Arbeitsteilung? Rationalisierung in der industriellen Produktion: Bestandsaufnahme, Trendbestimmung. C. H. Beck, München.

Kohn, M. L.; Schooler, C. 1982: Job conditions and personality: A longitudinal assessment of their reciprocal effects. In: American Journal of Sociology, Vol. 87, 6, 1257 - 1286.

Kornhauser, A. 1965: Mental health of the industrial worker: A Detroit study. New York: Wiley.

Kruse, W.; Kühnlein, G.; Müller, U. 1981: Facharbeiter werden - Facharbeiter bleiben. Campus Verlag, Frankfurt.

Lappe, L. 1993: Berufsperspektiven junger Facharbeiter. Eine qualitative Längsschnittanalyse zum Kernbereich westdeutscher Industriearbeit. Campus.

Lappe, L.; Hoff, E.-H.; Lempert, W. 1991: Berufswege und Persönlichkeitsentwicklung junger Facharbeiter. Ergebnisse einer Längsschnittuntersuchung des Max-Planck-Instituts für Bildungsforschung. In: Gewerkschaftliche Bildungspolitik 3/1991, 62-67.

Lappe, L. 1988: Kontrolle und Kontrollbewußtsein. Beitrag zu einer arbeitsbezogenen Identitätstheorie. In: Sozialwissenschaftliche Tagungsberichte Band 1: Arbeit und Subjektivität, 77-100.

Lappe, L. 1986: Kontrolle des Arbeitsprozesses. Ein Beitrag zur Labour Process-Debatte. In: Journal für Sozialforschung, 26 Jg., Heft 4, 417 - 442.

Lappe, L. 1981: Die Arbeitssituation erwerbstätiger Frauen. Campus, Frankfurt.

Lempert, W., Hoff, E.-H.; Lappe, L. 1990: Berufsbiographien und Persönlichkeitsentwicklung junger Facharbeiter. Eine Längsschnittstudie. In: Zeitschrift für Sozialisationsforschung und Erziehungssoziologie, J., Heft 3, 194 -217.

Lempert, W.1988: Moralisches Denken. Neue Deutsche Schule Essen.

Lempert, W. 1977: Untersuchungen zum Sozialisationspotential gesellschaftlicher Arbeit. Ein Bericht. In: Materialien aus der Bildungsforschung Nr. 12, Max-Planck-Institut für Bildungsforschung.

Lempert, W. 1989: Feilen, bis einem die Arme abfallen. Erinnerungen junger Facharbeiter an ihre metallhandwerkliche Grundausbildung in der Lehrwerkstatt. In: Arnold, R.; Lipsmeier, A. (Hrsg.): Betriebspädagogik in nationaler und internationaler Perspektive. (197-209). Baden-Baden.

Lipsmeier, A. 1995: Didaktik gewerblich-technischer Berufsausbildung (Technikdidaktik). In: Arnold, R.; Lipsmeier, A. (Hrsg.): Handbuch der Berufsbildung. Leske und Budrich, Opladen.

Littek, W.; Rammert, W.; Wachtler, G. (Hrsg.) 1982: Einführung in die Arbeits- und Industriesoziologie. Campus Verlag, Frankfurt.

Mayer, E.; Schumm, W.; Flaake, K.; Gerberding, H.; Reuling, J. 1981: Betriebliche Ausbildung und gesellschaftliches Bewußtsein. Die berufliche Sozialisation Jugendlicher. Campus Verlag, Frankfurt/New York.

Meissner, M. 1971: The long arm of the job: A study of work and leisure. In: Industrial Relations, Vol.10, No. 3, 239 - 255.

Mendius, H. G. 1988: Nutzung und Herstellung berufsfachlicher Qualifikation in Kleinbetrieben. SAMF Arbeitspapier 1988/8.

Moldaschl, M. 1991: Frauenarbeit oder Facharbeit?. Montagerationalisierung in der Elektroindustrie II. Frankfurt a.M./New York.

Pütz, H. 1992: Benachteiligte Jugendliche in der beruflichen Bildung. In: DJI (Hrsg.): Ausbildung für alle - Prävention von Ausbildungslosigkeit und Ausbildungsabbruch in der vorberuflichen Bildung. DJI-Arbeitspapier 2-072, München.

Reetz, L. 1990: Zur Bedeutung der Schlüsselqualifikationen in der Berufsbildung. In: Reetz, L.; Reitmann, T. (Hrsg.): Schlüsselqualifikationen. Hamburg.

Reetz, L.; Seyd, W. 1995: Curriculare Strukturen beruflicher Bildung. In: Arnold, R., Lipsmeier, A. (Hrsg.): Handbuch der Berufsbildung. Leske und Budrich, Opladen.

Schelten, A. 1995: Berufsmotorisches Lernen. In: Arnold, R., Lipsmeier, A. (Hrsg.): Handbuch der Berufsbildung. Leske und Budrich, Opladen.

Schleicher, R. 1973: Die Intelligenzleistung Erwachsener in Abhängigkeit von Niveau der beruflichen Tätigkeit. In: Probleme und Ergebnisse der Psychologie, Bd. 44, 25-55.

Schumann, M.; Baethge-Kinsky, V.; Kuhlmann, M.; Kurz, C.; Neumann, U. (1994a): Der Wandel der Produktionsarbeit im Zugriff neuer Produktionskonzepte. In: Beckenbach, N.; van Treeck, W. (Hg.): "Umbrüche gesellschaftlicher Arbeit", Soziale Welt, Sonderband 9, 11-43.

Schumann, M.; Baethge-Kinsky, V.; Kuhlmann, M.; Kurz, C.; Neumann, U. (1994b): Trendreport Rationalisierung. Automobilindustrie, Werkzeugmaschinenbau, Chemische Industrie. Berlin.

Seitz, H. 1988: Einige Gedanken zum Wandel der Anforderungen und zur Neustrukturierung der Ausbildung in kaufmännischen Berufen. In: Achtenhagen, F.; John, E. G. (Hrsg.): Lernprozesse und Lernorte in der beruflichen Bildung. Göttingen, 481 - 494.

Sonntag, K. 1989: Trainingsforschung in der Arbeitspsychologie. Verlag Hans Huber, Bern.

Städeli, CH. 1992: Berufsausbildung, Persönlichkeitsentwicklung und berufliche Integration bei Anlehrlingen - Eine Längsschnittuntersuchung. Verlag Waxmann, Münster/ New York.

Treiber, B. 1994: Förderung moralischer Kompetenz - ein Berufsbildungsprojekt zur Unterstützung der Gruppenarbeit bei der Mercedes-Benz AG. In: Gewerkschaftliche Bildungspolitik 1/94, 9 - 18.

Volmerg, U. 1978: Identität und Arbeitserfahrung. Eine theoretische Konzeption zu einer Sozialpsychologie der Arbeit. In: Edition Suhrkamp 941.

Weinbrenner, P. 1995: Allgemeinbildende Inhalte in der beruflichen Bildung. In: Arnold, R.; Lipsmeier, A. (Hrsg.): Handbuch der Berufsbildung. Leske und Budrich, Opladen.

Betriebliche Arbeitszeitpolitik

Aida Bosch, Peter Ellguth

1. Einführung und Grundbegriffe

Die betriebliche Arbeitszeit der Beschäftigten ist Gegenstand von Aushandlungsprozessen zwischen Arbeitnehmern und Arbeitgebern. In der Geschichte der industriellen Entwicklung in Deutschland gab es immer wieder Phasen des Konfliktes um die Arbeitszeit. Die Ergebnisse dieser Auseinandersetzungen sind im Verlauf des historischen Prozesses in Form von *Gesetzen, Tarifverträgen* und *betrieblichen Regelungen* 'geronnen'; diese drei institutionellen Ebenen geben somit die Rahmenbedingungen für die Gestaltung von Arbeitszeit vor. Im Arbeitszeitgesetz (Neuregelung von 1994) wird eine mehr oder weniger abstrakte Bandbreite vorgegeben, innerhalb derer verschiedenste Arbeitszeitregelungen möglich sind. In tariflichen Vereinbarungen werden die wichtigsten branchenspezifische Vorgaben zur Regulierung betrieblicher Arbeitszeit gemacht. Die Aufgabe auf betrieblicher Ebene ist schließlich, die Tarifbestimmungen zur Arbeitszeit in Form von Betriebsvereinbarungen umzusetzen. Daneben ist die Arbeitszeit auch Gegenstand individueller Arbeitsverträge - beispielsweise bei außertariflichen Angestellten.

Arbeitszeitpolitik auf diesen institutionellen Ebenen beinhaltet verschiedene *Dimensionen der Gestaltung* von Arbeitszeit: *ihre Dauer, ihre Lage und ihre Verteilung.*

Die *Dauer der Arbeitszeit* regelt das *quantitative Ausmaß* der dem Betrieb zur Verfügung zu stellenden Zeit. Die Dauer der Arbeitszeit kann verschieden festgelegt werden: auf den Tag bezogen (z.B. 8-Stunden-Tag), auf die Woche bezogen (beispielsweise 40- oder 35-Stunden-Woche), auf das Jahr (verschiedene Jahresarbeitszeitverträge) oder auf die Lebensspanne bezogen (hier sind unter anderem Pensionierungsgrenzen und Vorruhestandsregelungen berührt). Eine wichtige Frage dabei ist, ob die Dauer der Arbeitszeit für nahezu alle Beschäftigten gleich ist, oder ob sie je nach subjektiven Bedürfnissen oder auch betrieblichen Erfordernissen individuell verschieden gestaltet werden kann.

Die *zweite Gestaltungsdimension* der Arbeitszeit ist ihre *Lage* - das ist die Positionierung der Arbeitszeit über den Tag (z.B. Arbeitsbeginn 8 Uhr, Arbeitsende 16.30 Uhr). Besondere Gestaltungsmöglichkeiten der Lage der Arbeitszeit, die von der sogenannten Normalarbeitszeit abweichen, bietet zum Beispiel die Gleitzeit, die eine täglich veränderte Lage der Arbeitszeit ermöglicht. Auch Schicht- und Nachtarbeit stellen besondere Formen der Arbeitszeit-Lage dar.

Die *dritte Gestaltungsdimension* der Arbeitszeit ist ihre regelmäßige oder unregelmäßige *Verteilung* innerhalb eines bestimmten Zeitraums. Beispielsweise stellt ein 'kurzer Freitag' eine unregelmäßige Verteilung der Arbeitszeit über die Woche dar. Unregelmäßige Verteilungen der Arbeitszeit können jedoch auch in Tarifverträgen vorgesehen sein, beispielsweise um saisonale Schwankungen der betrieblichen Auftrags- und Arbeitsmengen auffangen zu können. Für die Metallindustrie wurde beispielsweise tariflich vereinbart, daß die individuelle, regelmäßige wöchentliche Arbeitszeit (Abk.:IRWAZ; sie kann zum Beispiel 35 Stunden/Woche betragen) nicht von Woche zu Woche gleichermaßen eingehalten werden muß, sondern erst im Durchschnitt innerhalb eines Zeitraums von sechs Monaten rechnerisch erreicht werden muß.

Betrachtet man die Gestaltung der Arbeitszeit im *historischen Prozeß der Industrialisierung*, so fallen besonders zwei Entwicklungen ins Auge: ihre nachhaltige *Verkürzung* einerseits und die Tendenz der *Normierung* und *Standardisierung* andererseits. In der Mitte des 19. Jahrhunderts lag die durchschnittliche Länge der Arbeitszeit in der Industrie zwischen 75 und 80 Stunden pro Woche (vgl. Deutschmann 1983). Die exzessiv ausgedehnten Arbeitszeiten in der ersten Phase der Industrialisierung waren hauptsächlich eine Begleiterscheinung der ländlichen Industrie mit einem hohen Anteil an Heimarbeit. Beispielsweise waren in der Textilindustrie noch um 1875 tägliche Arbeitszeiten von 13 Stunden nicht selten. Erst 1891 wurde eine Höchstgrenze der Arbeitszeit von 11 Stunden eingeführt. Der Kampf um die Verkürzung der Arbeitszeit ist untrennbar mit der Geschichte der Gewerkschaftsbewegung verbunden; im Zuge dieser Auseinandersetzung entwickelten sich die Gewerkschaften zu einer Massenbewegung und bildeten ihre charakteristischen Organisationsformen aus. Ab 1889 setzte in Deutschland eine breite Kampagne für den Acht-Stunden-Normalarbeitstag ein, der schließlich mit der Revolution von 1918 durchgesetzt werden konnte. Seither hatten sich der Acht-Stunden-Tag und die Institutionen des 'Normalarbeitstages' für einen mehr als sechzig Jahre währenden historischen Abschnitt immer mehr verfestigt. Mit der Verkürzung und Institutionalisierung der Arbeitszeit rückten zudem die Frage nach der Intensität der Arbeit und damit technische und arbeitsorganisatorische Rationalisierungen in den Vordergrund der unternehmerischen Bemühungen. In den 60er Jahren kam es zu einer weiteren Phase der Arbeitszeitverkürzung im Zuge der Auseinandersetzung um den Samstag - die Gewerkschaften konnten unter der Forderung 'Samstags gehört Vati mir' die Etablierung des arbeitsfreien Wochenendes und der 40-Stunden-Woche durchsetzen.

Bis in die 80er Jahre hinein waren die gesetzlichen und tariflichen Regelungen der Arbeitszeit in einem hohen Maße verbindlich und galten für einen großen Teil der Beschäftigten. Dauer (40 Stunden/Woche), Lage (täglich fixiert) und Verteilung (regelmäßig) der Arbeitszeit waren weitgehend festgelegt und bestimmten die sogenannte 'Normalarbeitszeit'. Die 'Normalarbeitszeit' bildete einen Bestandteil des 'Normalarbeitsverhältnisses', das sich am Arbeitnehmer, der dauerhaft vollbeschäftigt, ohne biographische Unterbrechungen, täglich regelmäßig erwerbstätig ist, orientierte. Natürlich galt das 'Normalarbeitsverhältnis' und die 'Normalarbeitszeit' niemals für alle Beschäftigten - insbesondere bei erwerbstätigen Frauen gab es schon früher Phasen der Nichterwerbstätigkeit in der Biographie oder auch Teilzeitarbeit. Auch wurde die 'Normalarbeitszeit' schon damals ergänzt durch Mehr- oder Kurzarbeit, die eine gewisse Flexibilität der Arbeitszeit für die Anpassung an Schwankungen der betrieblichen Produktion ermöglichten. Dieses Nebeneinander von hoher Standardisierung der Arbeitszeit und einigen wenigen flankierenden Flexibilisierungsmaßnahmen hat bis zum Ende der 70er Jahre unhinterfragt funktioniert; dann geriet dieses Arrangement, das für alle Beteiligten eine hohe Berechenbarkeit in den alltäglichen Abläufen, jedoch nur geringe Variationsmöglichkeiten erlaubte, zunehmend unter Druck.

2. Arbeitszeitregulierung im Wandel

Seit Beginn der 80er Jahren sind verstärkt Auflösungsprozesse der 'Normalarbeitszeit' festzustellen. Verschiedene Interessengruppen übten jeweils mit unterschiedlichen Motiven Kritik an den herkömmlichen standardisierten, wenig flexiblen und für alle Beschäftigtengruppen verbindlichen Arbeitszeitmodellen. Die Arbeitszeit wurde damit erneut zum heiß umkämpften Gegenstand tarifpolitischer Konflikte zwischen Arbeitgebern und Arbeitnehmern. Die dadurch angestoßenen Entwicklungstrends der *Verkürzung*, der *Flexibilisierung* und der *Dezentralisierung* der Arbeitszeitregelungen, die bis heute noch nicht zu ihrem Abschluß gekommen sind, haben die tariflichen und betrieblichen Arbeitszeitregelungen stark verändert.

Bevor im folgenden auf diese drei Entwicklungstrends der Arbeitszeit genauer eingegangen wird, sollen zunächst die Ursachen dieser Veränderungen und die zugrundeliegenden verschiedenen Interessenlagen skizziert werden.

2.1 Betriebliche und gesellschaftliche Ursachen der Erosion der 'Normalarbeitszeit'

Die Ursachen für diese erneuten Auseinandersetzungen um die Regelung der Arbeitszeitfrage liegen in verschiedenen veränderten betrieblichen und gesellschaftlichen Rahmenbedingungen, die sich zu drei Problemkomplexen bündeln lassen: Veränderte betriebliche Rahmenbedingungen, veränderte Optionen der Beschäftigten und eine dauerhaft veränderte Arbeitsmarktlage stellen seit den späten 70er Jahren neue Herausforderungen für die betriebliche Arbeitszeitpolitik dar.

a) Zum einen haben sich die *Anforderungen an die betriebliche Arbeitsorganisation* verändert: Durch immer kostenintensivere technologische Anlagen, die für die betriebliche Konkurrenzfähigkeit notwendig sind, ist das Interesse der Unternehmen an *verlängerten Nutzungszeiten der Produktionstechnologie* stark gestiegen, um die Rentabilität zu steigern und die Amortisation der Anlagen zu beschleunigen. Diesem Interesse läßt sich entweder durch verlängerte Arbeitszeiten der Beschäftigten nachkommen - was jedoch eine Lösung ist, die tarifpolitisch nur schwer durchsetzbar ist - oder durch eine Entkoppelung von Betriebs- und Arbeitszeiten, was sich z. B. durch eine vermehrte Nutzung von Schichtarbeit oder versetzten Arbeitszeiten erreichen läßt. Doch nicht nur die technologische Binnenstruktur, sondern auch die Marktanforderungen an die Betriebe haben sich verändert. Eine verschäfte internationale Konkurrenz, differenziertere und raschem Wandel unterworfene Produktpaletten, beschleunigte Innovationszyklen und die dementsprechenden Produktionsweisen verlangen einen wesentlich *flexibleren Qualifikations- und Arbeitszeiteinsatz* sowie eine höhere Selbstverantwortlichkeit der Beschäftigten im alltäglichen Arbeitsprozeß. Auf sich verändernde Kundenwünsche, auf Zulieferbedingungen sowie auf marktbedingte saisonale Schwankungen muß von betrieblicher Seite schneller und flexibler reagiert werden - diese Anforderungen geraten leicht in Konflikt mit standardisierten, täglich regelmäßigen Arbeitszeiten und erfordern neue, flexible Arbeitszeitstrukturen.

b) Das zweite Ursachenbündel für die Erosion der Normalarbeitszeit liegt in *veränderten Optionen der Beschäftigten*. Seit der Nachkriegszeit stark gewachsene Einkommen und damit die Befriedigung materieller Konsumbedürfnisse bei der breiten Bevölkerung haben Fragen sozialer Ungleichheit relativiert. Dadurch wurde seit den 70er Jahren ein gewisser Wertewandel angestoßen, durch den sich die Präferenzen der Beschäftigten von der in der Nachkriegskeit starken Orientierung auf materielle Gegenstände, auf Einkommen und betrieblichen Status hin zu 'post-materiellen' Werten zu verlagern begannen - *Freizeitinteressen und gestiegene Wünsche nach Zeitsouveränität* gewannen in der Folge an Bedeutung. Zudem haben sich die Lebenslagen der Menschen pluralisiert und heterogenisiert (z.B. Familienformen, Single-Lebensform usw.); damit ist auch das Bedürfnis gewachsen, die Arbeitszeit der individuellen Lebenssituation anzupassen. Auch hat sich seit der Nachkriegszeit die Qualifikationsstruktur der Belegschaften stark verändert; durch die Bildungsexpansion sowie durch veränderte betriebliche Strukturen ist der Anteil an Angestellten sowie der Anteil an hochqualifiziertem Personal wesentlich höher als dies in den 60er und 70er Jahren der Fall war - mit dieser Entwicklung ist das Bedürfnis nach Selbstverantwortlichkeit in der Arbeit, auch nach selbstbestimmten Arbeitszeiten gestiegen. Das Flexibilitätspotential und die Flexibilitätsbereitschaft im Alltag, aber auch hinsichtlich biographischer Entscheidungen, ist insbesondere bei den jüngeren Generationen der Beschäftigten - im Vergleich zur Nachkriegszeit - enorm hoch.

c) Ein dritter Problemzusammenhang, der zu einer Veränderung der Arbeitszeit-Standards führt, liegt auf einer *politisch-volkswirtschaftlichen Ebene*: Die strukturell bedingte, wachsende *Sockelarbeitslosigkeit* in der Bundesrepublik Deutschland legt die Suche nach neuen Lösungsmustern nahe. Seit Mitte der 70er Jahre stecken die westlichen Industrienationen in einer strukturell bedingten, dauerhaften Beschäftigungskrise, die die konjunkturellen Zyklen überlagert. Strukturelle Ursachen von Arbeitslosigkeit sind fortlaufende technologische Innovationen und Rationalisierungen, durch die die gleiche Produktionsmenge mit einem immer geringeren menschlichen Arbeitsvolumen hergestellt werden kann. Die mit der 'mikroelektronischen Revolution' einhergehenden Rationalisierungsschübe führten in den letzten 20 Jahren zu einem entsprechend raschen Abbau von Arbeitsplätzen im industriellen Sektor, der nicht mehr durch beständiges ökonomisches Wachstum ausgeglichen werden konnte. Auch das Anwachsen des Dienstleistungssektors konnte das im industriellen Sektor freigesetzte Beschäftigungsvolumen nicht kompensieren. Eine durch die ökonomischen Zyklen hindurch zwar schwankende, aber dennoch kontinuierlich wachsende Arbeitslosigkeit ist die Folge dieser Entwicklung. Veränderungen der Arbeitszeiten, insbesondere kollektive (Verkürzung der Wochenarbeitszeit) oder individuelle *Arbeitszeit-Verkürzungen* (beispielsweise der breitere Einsatz von Teilzeitarbeit) können als beschäftigungspolitisches Instrument eingesetzt werden. Wenn die Zahl der Arbeitsplätze dauerhaft gesamtgesellschaftlich nicht mehr ausreicht, so kann das durchschnittliche Arbeitsvolumen pro Arbeitsplatz verkleinert werden, um mehr Arbeitsplätze zu schaffen oder um zumindest die bestehenden Arbeitsplätze zu sichern. Mit diesem Argument wurde von den Gewerkschaften schon Ende der 70er Jahre für Arbeitszeitverkürzung als beschäftigungswirksame Maßnahmen plädiert. Lange Zeit hochgradig politisiert und umstritten (Stichwort: 35-Stunden-Woche), findet diese Argumentation mit der schweren Rezession zu Anfang der 90er Jahre wieder verstärkt Eingang in die wirtschaftspolitischen Diskussionen. Durch die Medien bekannt gewordene Unternehmens-Beispiele für Arbeitszeitverkürzungs-Regelungen wie die '4-Tage-Woche' bei der Volkswagen AG zeigen, daß derartige Maßnahmen aufgrund der dabei vereinbarten Lohneinbußen zwar nicht unproblematisch sind, jedoch durchaus beträchtliche beschäftigungspolitische Effekte aufweisen.

Die beschriebenen Motiv- und Ursachenbündel für eine veränderte Arbeitszeitpolitik zeigen, daß sehr verschiedene Interessen und Problemlagen beim Aushandlungsgegenstand Arbeitszeit eine Rolle spielen. Diese verschiedenen Motive spielten beim Entwicklungsprozeß der Arbeitszeitregulierung seit den 80er Jahren eine große Rolle, wobei nicht immer alle dieser Interessen gleichermaßen befriedigt werden konnten. Der Prozeß der Erosion der 'Normalarbeitszeit', der noch nicht zum Abschluß gekommen ist, und die konkreten Veränderungen der Arbeitszeitregulierung sollen im folgenden Abschnitt insbesondere am Beispiel der Metallindustrie, in der der Veränderungsprozeß der Arbeitszeitregulierung auf Branchenebene am weitesten fortgeschritten ist, beschrieben werden.

2.2 Entwicklungstrends der Arbeitszeitpolitik

Zu Beginn der 80er Jahre wurde erstmals nicht nur das Gesamtvolumen, d.h. die Dauer der Arbeitszeit, Gegenstand des Konflikts zwischen Arbeitgebern und Arbeitnehmern, sondern auch die Flexibilität ihrer Lage und Verteilung. Von den Gewerkschaften wurde massiv die Forderung nach Arbeitszeitverkürzung in die Tarifverhandlungen eingebracht, während die Unternehmensverbände auf einer Flexibilisierung der Arbeitszeit bestanden. Ergebnis dieser Tarifauseinandersetzungen war ein 'Stückwerk-Kompromiß', der zum einen schrittweise eine Verkürzung der Arbeitszeit in verschiedenen Stufen von 1985 bis 1995 auf letztendlich 35 Stunden sowie zum anderen nach und nach eingeführte Flexibilisierungsinstrumente vorsah. Dabei wurden tarifvertraglich Rahmenregelungen für die Arbeitszeit festgelegt - die konkrete Ausgestaltung dieses Rahmens wurde den Betrieben überlassen.

2.2.1 Verkürzung der Arbeitzeit

Seit den frühen 80er Jahren ist eine deutliche Verkürzung der Arbeitszeit tarifpolitisch vereinbart worden. In der Metallindustrie gilt seit 1.10.1995 die 35-Stunden Woche. Die Verkürzung wurde dabei in vielen Schritten über einen längeren Zeitraum durchgeführt: 1985 wurde die 38,5-Stunden-Woche eingeführt, ab 1988 galt eine Arbeitszeit von 37,5 Stunden, 1989 wurde sie auf 37 Stunden verkürzt, 1993 auf 36 Stunden, bis schließlich 1995 der vorläufige Endpunkt der Entwicklung erreicht war.

Diese Entwicklung der Verkürzung der Arbeitszeit klafft jedoch zwischen den verschiedenen Wirtschaftszweigen erheblich auseinander - nicht alle Branchen haben entsprechend mitgezogen. Im Gesamt-Branchen-Durchschnitt ergab sich 1995 eine Arbeitszeit von ca. 38 Stunden. Auch innerhalb der einzelnen Branchen bahnt sich ein beachtliches Maß an Ausdifferenzierung an: Neben dem VW-Konzern haben auch andere Automobilhersteller bzw. Großbetriebe der metallverarbeitenden Industrie sowie der Chemie-Industrie weitere, vom Branchen-Standardabweichende Arbeitszeitverkürzungen von bis zu 32 Stunden/Woche (bzw. bei VW: 28,8 Stunden) vereinbart. Es handelt sich dabei meist um Großbetriebe mit hohem Rationalisierungsgrad und begrenzten Märkten. Die 35-Stunden-Woche stellt für einen beträchtlichen Teil der Beschäftigten offenbar noch lange nicht den Endpunkt der Arbeitszeitverkürzung dar. Wiederum andere Belegschaften oder Beschäftigtengruppen haben jedoch wesentlich längere Arbeitszeiten.

2.2.2 Flexibilisierung der Arbeitzeit

Seit Mitte der 80er Jahre wurden stufenweise auch verschiedene Flexibilisierungsmöglichkeiten der Arbeitszeit tariflich vereinbart. In der Metallindustrie wurde beispielsweise 1985 ein Modell *differenzierter Arbeitszeiten* tarifvertraglich ermöglicht: Dies bedeutet, daß die vorgegebene Wochenarbeitszeit von 38,5 Stunden nicht für alle Beschäftigten gelten muß, sondern die individuelle regelmäßige Wochenarbeitszeit zwischen 37 und 40 Stunden liegen kann - lediglich im Betriebsdurchschnitt muß sich die rechnerische Zahl der 'Normalarbeitszeit' ergeben. Mit dieser Regelung konnten beispielsweise Arbeiter an Engpaß-Maschinen oder Beschäftigte mit seltenen Qualifikationen länger arbeiten; andere Mitarbeiter arbeiteten dafür kürzer.

Daneben wurde auch die Möglichkeit einer *Variabilisierung der Arbeitszeit* tarifvertraglich vereinbart: Dies bedeutet, daß die wöchentliche Arbeitszeit auf einen längeren Ausgleichszeitraum (zunächst wurden 2, später 6 Monate vereinbart) ungleichmäßig verteilt werden kann. Damit konnten die Betriebe innerhalb gewisser Grenzen auf saisonale Schwankungen der Auftragslage flexibel reagieren, ohne Mehrarbeit einzusetzen. In den folgenden Jahren gelang es den Arbeitgebern, die Möglichkeit zur Differenzierung und zur Variabilisierung etwas auszubauen. 1990 wurden in der Metallindustrie die differenzierten Arbeitszeiten schließlich durch die *13/18%-Regelung* ersetzt: Je nach Tarifgebiet konnte nun mit bis zu 13% (außertarifliche Angestellte nicht mitgerechnet) bzw. 18% (außertarifliche Angestellte mitgerechnet) der Beschäftigten eines Betriebes eine Arbeitszeit von bis zu 40 Stunden individuell vereinbart werden. Eine 'Ausgleichsgruppe', die entsprechend weniger arbeitet, war mit dieser Regelung nicht mehr notwendig. Der wöchentliche Überschuß der geleisteten Arbeitszeit konnte entweder durch eine Mehrbezahlung (ohne Mehrarbeitszuschläge) oder in Form von Freizeit individuell abgegolten werden.

Alle einschlägigen empirischen Untersuchungen weisen jedoch darauf hin, daß diese Flexibilisierungsmöglichkeiten entgegen der von den Arbeitgeberverbänden bei den Tarifauseinandersetzungen proklamierten Dringlichkeit von den Unternehmen in geringerem Ausmaß als erwartet genutzt werden (vgl. Bosch, G. u.a. 1988; Promberger/Trinczek 1993). So gab es differenzierte Arbeitszeiten faktisch nur in weniger als 15% der in Frage kommenden Betriebe; die ermöglichte Variabilisierung der Arbeitszeiten wurde in noch weit geringerem Ausmaß genutzt. Von der 13/18%-Regelung machten 1993 etwa 18% der Metallbetriebe Gebrauch, insgesamt waren aber lediglich ca. 2,25% der Beschäftigten in dieser Branche von dieser Regelung direkt betroffen (vgl. Promberger/Trinczek 1993). Überwiegend werden von den Unternehmen immer noch vor allem eingespielte und 'konfliktarme' Flexibilisierungsmöglichkeiten eingesetzt, um Schwankungen im Arbeitsvolumen abzufedern - beispielsweise Mehrarbeit, befristete Beschäftigungsverhältnisse, Kurzarbeit und Systeme gleitender Arbeitszeit. Insbesondere die Gleitzeit erfreut sich seit längerer Zeit wachsender Beliebtheit, da sie sowohl den Flexibilisierungswünschen der Unternehmen als auch den Bedürfnissen der Beschäftigten nach Zeitsouveränität entgegenkommt. Die unterschiedlichen Lebenslagen und Optionen der Mitarbeiter einserseits und die gerade aktuelle betriebliche oder auch Abteilungs- oder gruppenspezifische Arbeitssituation können hier in einen alltäglichen Aushandlungsprozeß Eingang finden und 'täglich maßgeschneiderte' Lösungen der Arbeitszeit ermöglichen. Neben Gleitzeitsystemen werden in bestimmten Bereichen (z.B. in hochqualifizierten Angestellten-Betrieben) auch zunehmend andere 'maßgeschneiderte', flexible Arbeitszeit-Modelle vereinbart - beispielsweise Jahresarbeitszeitverträge, stark ausgeweitete Gleitzeitformen oder flexible Teilzeitarbeit.

2.2.3 Verbetrieblichung und Dezentralisierung der Arbeitzeitregulierung

Mit dieser jüngsten Phase der Verkürzung und Flexibilisierung der Arbeitszeit einher ging ein weiterer Trend: die *Dezentralisierung* der Arbeitzeitregulierung. Tarifliche Vereinbarungen verlieren an Regelungstiefe und Verbindlichkeit zugunsten der *betrieblichen und individualvertraglichen Regulierung* der Arbeitszeit. Kollektive Normierung büßt entsprechend an Bedeutung ein; an ihre Stelle treten zunehmend betriebsspezifische oder individuelle Lösungen. Zwar werden durch Tarifverträge nach wie vor verbindliche Rahmen vorgegeben, dabei bleiben jedoch verschiedene, breiter werdende, Möglichkeiten oder 'Korridore' der Ausführung den Betrieben vorbehalten. Die betriebliche Arbeitszeitpolitik gewinnt zunehmend an Bedeutung. Mit dieser Entwicklung werden einerseits an die betriebliche bzw. an die individuelle Situation besser angepaßte Regelungen der Arbeitszeit ermöglicht; andererseits sind die individuellen oder gruppenspezifischen Durchsetzungschancen der ArbeitnehmerInnen und ihrer Interessen möglicherweise geringer als die kollektive Macht und Durchsetzungskraft der Tarifparteien. Damit besteht neben den wachsenden Möglichkeiten der Zeitsouveränität auch ein zunehmendes Risiko von Arbeitszeiten, die den Lebenssituationen und Wünschen der Beschäftigten zuwiderlaufen.

Zusammenfassend läßt sich festhalten, daß die bis in die 80er Jahre hinein recht übersichtliche Arbeitszeit-Landschaft der Bundesrepublik zunehmend von den Rändern her aufgelöst wird: Dauer, Lage und Verteilung der Arbeitszeit differieren stark nach Branchen, jedoch auch innerhalb von Branchen und sogar innerhalb von Betrieben. Zwar hat die 'Normalarbeitszeit' noch nicht völlig ihre Bedeutung verloren, sondern bildet nach wie vor eine Orientierungsgröße; die betriebsspezifischen Umsetzungen der Arbeitzeit-verkürzung und Flexibilisierung gleichen jedoch zunehmend einem Patchwork-Muster, in das die unterschiedlichsten Interessen und Lösungsmöglichkeiten Eingang finden.

Trotz aller Flexibilisierungstendenzen gibt es einen nach wie vor wichtigen, aber heiß umstrittenen 'Eckpfeiler' des traditionellen, etablierten Arbeitszeitstandards - das freie Wochenende. Durch das hohe unternehmerische Interesse an der Ausweitung der Betriebs- und Maschinennutzungszeiten zwar immer wieder bedroht, bildet es eine massiv verteidigte 'Bastion' kollektiver Standards. Selbst für die jüngeren Generationen der Beschäftigten mit ihren sonst höheren Bedürfnissen nach Flexibilität und Zeitsouveränität ist das freie Wochenende eine wertvolle Freizeit-Institution, die auf unkomplizierte Weise Familienzeiten, Verabredungen mit Freunden und sonstige soziale Freizeitaktivitäten ermöglicht. In vielen Betrieben wurde die Arbeitzeitverkürzung entsprechend den Wünschen der ArbeitnehmerInnen auf eine Weise umgesetzt, die das Wochenende verlängerte (z.B. deutlich kürzere Arbeitszeit am Freitag). In einigen betrieblichen Sonderregelungen (beispielsweise im Arbeitszeit-Modell bei BMW) ist das freie Wochenende als Institution zwar 'gefallen', konnte aber nur durch entsprechend hohen Lohn- und Freizeit-Ausgleich 'erkauft' werden.

3. Modelle betrieblicher Arbeitszeitflexibilisierung

Die beschriebenen Flexibilisierungstendenzen der betrieblichen Arbeitszeitgestaltung äußern sich in einer Reihe mehr oder weniger stark vom 'Normalarbeitstag' abweichenden Arbeitszeitformen. Die in der betrieblichen Praxis am weitesten verbreiteten Modelle werden nun abschließend kurz vorgestellt, d.h. nach einer kurzen Begriffsbestimmung und Beschreibung der formalen Bestandteile wird jeweils auf den Verbreitungsgrad und die künftigen Entwicklungstrends sowie die unterschiedlichen Interessen- und Problemlagen bei Beschäftigten und Arbeitgebern eingegangen. Es sind dies: Mehrarbeit, Schicht-, Nacht- und Wochenendarbeit, Teilzeitarbeit, Gleitzeit und Jahresarbeitszeit.

Mehrarbeit ist eine in der betrieblichen Praxis weitverbreitete Arbeitszeitmaßnahme zum Ausgleich von konjunkturellen, marktbedingten oder sonstigen Schwankungen bzw. Spitzen (z.B. Maschinenausfälle, Personalengpässe) im Arbeitsanfall, von der ein erheblicher Teil der Beschäftigten betroffen ist. Angesichts ihrer Bedeutung führt die Mehrarbeit in der öffentlichen Diskussion um Arbeitszeit eher ein 'Schattendasein', mit dem 'Image' einer unspektakulären und 'unproblematischen' Flexibilisierungsmaßnahme.

Unter Mehrarbeit (Überstunden) versteht man diejenigen Arbeitsstunden, die vom Arbeitnehmer über die 'eigentliche' Dauer der Arbeitszeit (sei es die tariflich oder einzelvertraglich vereinbarte) hinaus erbracht werden. Sie müssen auf Anordnung des Arbeitgebers innerhalb bestimmter Grenzen und unter bestimmten Bedingungen geleistet werden. Den rechtlichen Rahmen bilden einerseits die Regelungen des Arbeitszeitgesetzes (vgl. Bundesministerium für Arbeit und Sozialordnung, 1994) zur maximalen täglichen bzw. wöchentlichen Arbeitszeit sowie den einzuhaltenden Ruhepausen, außerdem die verschiedenen Bestimmungen des Mutter- bzw. Jugendschutzgesetzes. Auf der anderen Seite werden die Grenzen, Ausgleichsformen und Zuschläge für Mehrarbeit oftmals tarifvertraglich reguliert. Während diese Bestimmungen nur den groben Rahmen für die Nutzung von Mehrarbeit bilden, vollzieht sich die konkrete Ausgestaltung auf betrieblicher Ebene. Als mitbestimmungspflichtiger Regelungsbestand obliegt dem Betriebsrat die Genehmigung von Überstunden, wobei die tatsächliche 'Zustimmungspraxis' abhängig von den jeweiligen innerbetrieblichen Austauschbeziehungen und der betriebspolitischen Linie des Betriebsrats zwischen 'sehr restriktiv' und 'praktisch uneingeschränkt' variieren kann. In den meisten Betrieben ist die Ableistung von Überstunden faktisch Aushandlungsgegenstand zwischen den einzelnen Beschäftigten und ihren Vorgesetzen.

Unterschieden wird Mehrarbeit vor allem nach den Formen ihrer Kompensation und den Formen eventuell vergüteter Zuschläge. Prinzipiell lassen sich Überstunden in Freizeit (Zeitausgleich) oder aber finanziell (Geldausgleich) abgelten. In der betrieblichen Praxis überwiegt eindeutig der Geldausgleich. Unabhängig von der Art des Ausgleichs ist die Gewährung von Zuschlägen, die zumeist in Geldform entrichtet werden. Es ist allerdings von einem beträchtlichen Volumen 'verdeckter' Überstunden auszugehen, für die keinerlei Vergütung erfolgt. Der Umfang bzw. Verbreitungsgrad von Überstunden variiert branchen- und betriebsspezifisch. Es ist davon auszugehen, daß in einem Großteil der Betriebe in irgendeiner Form von diesem Mittel der kurzfristigen Arbeitszeitausdehnung Gebrauch gemacht wird. Für 1994 ermittelte das IAB bundesweit ein Volumen von ca. 1,6 Milliarden Überstunden (MittAB 4/1994). So problematisch derartige Rechnungen auch sein mögen, so beachtlich ist es doch, daß diese Zahl rein rechnerisch rund 900000 neu geschaffenen Arbeitsplätzen entspräche.

Die weitere Nutzung von Mehrarbeit in der betrieblichen Praxis hängt neben der konjunkturellen Entwicklung in erster Linie von grundsätzlichen (tarif-)politischen Weichenstellungen ab. Die möglichen Positionen bewegen sich dabei zwischen der zur Senkung der Lohnkosten als notwendig erachteten 'Verbilligung' von Mehrarbeit (d.h. Wegfall von Zuschlägen) und deren 'Umwandlung' in zusätzliche reguläre Arbeitsplätze durch die ausschließliche Gewährung von Zeitausgleich oder gar Umwandlung der Zuschläge in Freizeit (Neueinstellungen sind dadurch unvermeidlich, da die Überstunden leistende Arbeitskraft auf jeden Fall zu einem anderen Zeitpunkt dem Betrieb nicht zur Verfügung steht). Ein weiterer Faktor ergibt sich aus der möglichen künftigen Nutzung anderer (u.U. kostengünstigerer) Flexibilisierungsformen, z.B. Gleitzeit, Jahresarbeitszeit, durch die das 'klassische' Mittel Mehrarbeit an Bedeutung verlieren könnte.

Teilzeitarbeit definiert sich dadurch, daß die betroffenen Beschäftigten die Dauer der 'üblichen' Arbeitszeit unterschreiten. Den Bezugspunkt für Teilzeitarbeit liefert die jeweils tarifvertraglich, betrieblich oder individualvertraglich gültige Vollarbeitszeit. Das als Teilzeit vereinbarte Arbeitszeitvolumen kann jedes Ausmaß unterhalb des Vollarbeitsverhältnisses annehmen, wobei verschiedene Schwellenwerte für die soziale Absicherung der Beschäftigten (Geringfügigkeitsgrenze, Grenze der Arbeitslosenversicherungspflicht) zu beachten sind. Auch für die Lage und Verteilung der Arbeitszeit gibt es keine speziellen Bestimmungen, d.h. es ist unerheblich zu welcher Tages- oder Nachtzeit das reduzierte Arbeitsvolumen geleistet wird, ob regelmäßig oder unregelmäßig, in ganzen oder halben Tagen oder stundenweise. Als *jobsharing* wird ein Spezialfall der Teilzeitarbeit bezeichnet, bei dem sich zwei oder auch mehr Arbeitnehmer einen Arbeitsplatz und damit nicht nur die Arbeitszeit sondern auch die Arbeitsaufgaben mehr oder weniger selbstverantwortlich teilen.

Auch Teilzeitarbeit ist, wie andere 'abweichende' Arbeitszeitformen, gesetzlich nicht explizit geregelt, d.h. der Gesetzgeber unterscheidet nicht nach Voll- bzw. Teilzeitarbeit. Soweit Teilzeitarbeit Gegenstand tariflicher Regelungen ist, betrifft das zumeist deren sozialverträgliche Ausgestaltung (z.B. Vergütung von Mehrarbeit, Rückkehrrecht auf eine Vollzeitstelle). Die konkrete Anwendung reduzierter Arbeitszeiten bedarf der einzelvertraglichen Vereinbarung; es bestehen jedoch auch hier Einwirkungsmöglichkeiten des Betriebsrats.

Teilzeitarbeit ist ebenfalls eine sehr weitverbreitete Arbeitszeitform, die sich auch weiterhin ausdehnt. Zwischen Anfang der 60er und Anfang der 90er Jahre hat sich die Teilzeitquote in der Bundesrepublik verfünffacht. 1994 arbeiteten knapp 20% der abhängig Beschäftigten in einem entsprechenden Arbeitsverhältnis, davon ca. ein Drittel nicht sozialversicherungspflichtig (MittAB 1/1995). Dabei ist Teilzeit ein ausgesprochenes 'Frauenphänomen': vier Fünftel aller Teilzeitarbeitenden sind weiblich; von den abhängig beschäftigten Frauen arbeitet ca. ein Drittel mit reduziertem Arbeitsvolumen, von den Männern dagegen nicht einmal jeder zwanzigste. Typischerweise ist Teilzeitarbeit vor allem im Dienstleistungsbereich verbreitet.

Die geringe gesetzliche und tarifliche Regulierung von Teilzeitarbeit ermöglicht eine große Bandbreite an betrieblich praktizierten Modellen, wobei die große Mehrheit der Arbeitsverhältnisse eine Arbeitszeit von 15 bis 30 Stunden pro Woche beinhaltet. Die klassische Halbtagsbeschäftigung liefert nach wie vor eine gewisse Orientierungsmarke.

Der Einsatz von Teilzeitarbeit entspringt auf Arbeitgeberseite vor allem folgenden Interessen: Flexibilität, Ausdehnung der Betriebszeiten, auslastungsgerechter Personaleinsatz, höhere Produktivität, geringere Fehlzeiten; nicht zuletzt wird damit auch dem Wunsch der Beschäftigten entsprochen: Aus Arbeitnehmerperspektive ist es zum einen das Motiv der besseren Vereinbarkeit von Erwerbstätigkeit und familiären Verpflichtungen, die oft eine Vollzeitbeschäftigung ausschließt. Zunehmend ist der Wunsch nach reduzierten Arbeitszeiten auch Ausdruck des gesellschaftlichen Wertewandels, der tendenziell zu einer Neubestimmung des Verhältnisses von Arbeit und Freizeit bzw. arbeitsfreier Zeit führt (Stichwort 'Zeitpioniere', vgl. Hörning u.a. 1990) und gerade höherqualifizierte und männliche Arbeitnehmer betrifft. In der betrieblichen Praxis stoßen die Wünsche dieser Beschäftigtengruppen nach verkürzten Arbeitszeiten allerdings häufig noch auf 'kulturelle' Barrieren bei den Arbeitgebern.

Unter dem Begriff *Schichtarbeit* werden Arbeitszeitregelungen verstanden, die in ihrer Lage und/oder Verteilung vom Normalarbeitstag und der Normalarbeitswoche abweichen. Charakteristisch ist dabei, daß die gleiche Tätigkeit von verschiedenen Arbeitnehmern zu verschiedenen Abschnitten des 24-Stunden-Tages am gleichen Arbeitsplatz ausgeführt wird. Grundsätzlich werden permanente (z.B. Dauernachtschicht) und wechselnde Schichtsysteme (z.B. Früh- und Spätschicht im wöchentlichen Wechsel) unterschieden, weiterhin wird nach dem Vorhandensein von *Nachtarbeit* und/oder Wochenendarbeit differenziert. In der Praxis findet je nach den betrieblichen Erfordernissen eine große Vielzahl unterschiedlicher Schichtmodelle Anwendung.

Schicht- bzw. Nachtarbeit findet im Arbeitszeitgesetz und den verschiedenen Schutzgesetzen sowie der Gewerbeordnung nur einen sehr weiten gesetzlichen Rahmen. Auch in Tarifverträgen gibt es außer zur Entlohnung nur ausnahmsweise konkrete Bestimmungen zu diesen Arbeitszeitformen (z.B. besondere Zusatzurlaubsregelungen für Schichtarbeiter). Der Einsatz von Schicht- und Nachtarbeit wird somit in erster Linie auf betrieblicher Ebene geregelt, und richtet sich grundsätzlich nach den arbeitsvertraglichen Vereinbarungen. Der Betriebsrat kann im Rahmen seiner Mitbestimmungsrechte das Ausmaß von Schicht- und Nachtarbeit beeinflussen.

Schicht- bzw. Nachtarbeit ist ein Phänomen, von dem ein erheblicher Teil der Bevölkerung unmittelbar oder mittelbar (z.B. über Familienangehörige) betroffen ist. Aufgrund der schlechten Datenlage lassen sich allerdings nur grobe bzw. sehr begrenzte Aussagen über die Verbreitung dieser Arbeitszeitformen machen. Nach Angaben des Mikrozensus betrug 1993 in der Bundesrepublik der Anteil der Schichtarbeitenden an den abhängig Beschäftigten ca. 13% (vgl. Seifert 1995). Gab es in den 60er und 70er Jahren einen beträchtlichen Anstieg der Schichtarbeitsquote, so ist Ende der 80er und Anfang der 90er Jahre ein leichter Rückgang zu konstatieren. Etwas anders verhält es sich mit Nachtarbeit, deren Anteil sich seit Mitte der

70er Jahre fast unverändert bei rund 13% aller Beschäftigten bewegt (davon knapp zwei Drittel regelmäßig oder ständig und ein gutes Drittel gelegentlich). Bemerkenswert ist dabei, daß sich der Schwerpunkt von Schicht- und Nachtarbeit nach wie vor auf den Dienstleistungssektor verlagert.

Den Einsatz von Schicht- und Nachtarbeit können technologische Gründe notwendig machen; klassisches Beispiel ist hier die ununterbrochene bzw. ununterbrechbare Arbeit am Hochofen. Des weiteren bringt die Versorgung der Bevölkerung mit bestimmten Diensten und Serviceleistung über den Normalarbeitstag hinaus Schichtarbeit mit sich, ob es sich nun z.B. um die Gewährleistung der medizinischen Versorgung, oder den immer weiter anwachsenden Freizeitbereich handelt. Daneben führen vor allem auch wirtschaftliche Überlegungen zu einer Anwendung von Schichtarbeit als der 'klassischen' Maßnahme zur Ausdehnung der Betriebsnutzungszeiten bei kapitalintensiver Produktion. Sich weiter verkürzende Innovationszyklen bei steigenden Investitionskosten forcieren diese Entwicklung der Abkopplung von Maschinenlaufzeit und individueller Arbeitszeit.

Als problematisch gilt der Einsatz von Schicht- und insbesondere Nachtarbeit aufgrund der damit verbundenen, zum Teil gravierenden Auswirkungen auf die betroffenen Arbeitnehmer. Es sind dies vor allem soziale Belastungen durch die je nach Schichtmodell mehr oder weniger weitgehende Abkopplung vom sozialen Umfeld, sowie körperliche Belastungen durch das Arbeiten gegen den eigenen physiologischen Rhythmus, was (meist gepaart mit weiteren Belastungsfaktoren) nachweislich zu gesundheitlichen Beschwerden und Erkrankungen führt (vgl. Rutenfranz 1987). In diesem Zusammenhang gibt es eine Reihe von Ansätzen, die negativen Folgen von Schichtarbeit zu mindern. Dazu gehört v.a. die Gestaltung der Schichtpläne (z.B. 'eingestreute' oder verkürzte Nachtschichten), die Verbesserung der sonstigen Arbeitsbedingungen (z.B. keine zusätzliche Belastung durch Lärm etc.), die Verbesserung der Lebensbedingungen (z.B. lärmberuhigte Wohngegenden). Von den Beschäftigten werden als die wichtigsten Gründe, Schichtarbeit zu leisten (vgl. Münstermann/Preiser 1978) zuerst der zusätzliche (oft unentbehrliche) Verdienst genannt, gefolgt vom Fehlen einer Alternative zum betreffenden Arbeitsplatz und dem Argument, daß Schichtarbeit eben zum Berufsbild (z.B. Krankenschwester bzw. -pfleger) gehört.

Bei der Betrachtung von *Wochenendarbeit* muß der arbeitsfreie Sonntag als in der christlichen Tradition verankerter Ruhetag und der arbeitsfreie Samstag als Errungenschaft der Arbeiter- bzw. Gewerkschaftsbewegung sowohl unter sozialkulturellen als auch gesetzlichen Gesichtspunkten unterschieden werden. Der Samstag wird vom Gesetzgeber als 'normaler' Arbeitstag betrachtet. Der i.d.R. arbeitsfreie Samstag ist das Ergebnis tarifvertraglicher Vereinbarungen, wird in der betrieblichen Praxis aber nicht selten in Form von Mehrarbeit oder im Rahmen von Schichtsystemen in die Arbeitswoche integriert. 1993 leistete ca. ein Drittel der abhängig Beschäftigten gelegentlich oder regelmäßig Samstagsarbeit, mit einem leichten Rückgang in den letzten Jahren (vgl. Seifert 1995).

Die Gründe für den Einsatz von Samstagsarbeit entsprechen weitgehend denen bei Schichtarbeit. Die Vorbehalte dagegen beziehen sich in erster Linie auf die soziale Bedeutung des Wochenendes - inklusive des Samstags - als kollektiver Bezugspunkt für Kontakte und Freizeitaktivitäten oder auch 'nur' als legitimer Zeitraum für Ruhe und Erholung. Freie Tage unter der Woche können diese Funktionen nicht im gleichen Ausmaß erfüllen.

Der Sonntag steht unter gesetzlichem Schutz und gilt nicht als Regelarbeitstag. Im Arbeitszeit-Gesetz bestehen allerdings eine Reihe von Ausnahmen, die eine Beschäftigung an Sonntagen (und Feiertagen) zulassen (z.B. zur Aufrechterhaltung der öffentlichen Sicherheit oder in Krankenhäusern). In seiner Neufassung wird erstmals auch die Konkurrenzfähigkeit im Vergleich zu ausländischen Betrieben als möglicher Grund für Sonntagsarbeit ausgewiesen. Insgesamt mußte 1993 gut jeder sechste Beschäftigte am Sonntag arbeiten, davon ca. die Hälfte ständig bzw. regelmäßig, wobei Männer in stärkerem Maße betroffen waren als Frauen (vgl. Seifert 1995). Der arbeitsfreie Sonntag wird in unserer Gesellschaft allgemein als zu schützendes kulturelles Gut betrachte, das nicht ohne weiteres wirtschaftlichen Interessen preisgegeben werden sollte.

Mit *gleitenden Arbeitszeiten* kam Anfang der 70er Jahre ein Arbeitszeitmodell auf, daß sowohl dem Arbeitgeber gewisse Flexibilisierungsmöglichkeiten als auch den Beschäftigten bestimmte Autonomiespielräume eröffnet. Gleitzeit bezeichnet eine Vielzahl unterschiedlicher Formen der Arbeitszeitorganisation, die Abweichungen von den üblichen konstanten Regelarbeitszeiten hinsichtlich der Lage und der Verteilung zulassen bzw. vorsehen. Sie zeichnet sich dadurch aus, daß einer nach Dauer und Lage definierten Kernzeit, während der Anwesenheitspflicht besteht, Gleitspannen vor- und nachgelagert sind, innerhalb derer die Beschäftigten ihre Arbeitszeit nach eigenem Ermessen allerdings in der Regel nicht völlig unabhängig von den betrieblichen Erfordernissen selbst festlegen können. Als Sollarbeitszeit wird dabei die in einem bestimmten (täglichen bzw. wöchentlichen) Abrechnungszeitraum zu erbringende Arbeitszeit bezeichnet. Durch ein Abweichen von dieser rechnerischen Orientierungsmarke besteht für die Beschäftigten die Möglichkeit, innerhalb eines festgelegten Rahmens Zeitguthaben bzw. Zeitschulden zu machen. Besonders attraktiv ist in diesem Zusammenhang die in den meisten Vereinbarungen zu gleitenden Arbeitszeiten bestehende Option der Kernzeitentnahme, bei der angesammelte Zeitguthaben in größeren 'Brocken' (z.B. in halben oder ganzen Tagen) während der Kernzeit ausgeglichen werden können.

Auch die Regelung der gleitenden Arbeitszeit vollzieht sich auf betrieblicher Ebene und wird im allgemeinen in einer zwischen Betriebsrat und Unternehmen ausgehandelten Betriebsvereinbarung unter Beachtung der einschlägigen gesetzlichen Bestimmungen (Arbeitszeit-Gesetz, Arbeitnehmerschutzgesetze) und der geltenden Tarifverträge festgelegt. Die Variation der verschiedenen Gleitzeit-Parameter (z.B. Ausmaß und Bedingungen der Kernzeitentnahme, Saldogrenzen) je nach betrieblichen Interessenlagen führt in der Praxis zu einer großen Spannbreite verschiedener Regelungen mit jeweils sehr unterschiedlichen Nutzungsspielräumen für die Arbeitnehmer.

Trotz der unbefriedigenden Datenlage läßt sich ein klarer Trend der zunehmenden Verbreitung von Modellen gleitender Arbeitszeiten feststellen. Es wird davon ausgegangen, daß mittlerweile etwa jeder Fünfte Beschäftigte in Gleitzeit arbeitet, wobei die Schwerpunkte im Dienstleistungsbereich und im öffentlichen Dienst liegen. Obwohl entsprechende Regelungen nach wie vor wesentlich stärker im Angestelltenbereich verbreitet sind, geht die Tendenz hin zu einer Einbeziehung der gewerblichen Arbeitnehmer.

Die konkrete Ausgestaltung bzw. Nutzung der gleitenden Arbeitszeit ist das Ergebnis eines komplexen Geflechts von betrieblichen und Beschäftigteninteressen. Neben handfesten ökonomischen und arbeitsorganisatorischen Motiven (flexible Anpassung an den Arbeitsanfall, Wegfall der Kosten für Überstunden, permanente Zeitguthaben quasi als zinsloser Kredit an das Unternehmen, Ausdehnung der Ansprechzeiten) liefern aus Arbeitgeberperspektive auch ökonomisch schwer quantifizierbare Faktoren (Zufriedenheit der Arbeitnehmer, höhere Selbstverantwortlichkeit, Attraktivität des Unternehmens auf dem Arbeitsmarkt) starke Argumente für Gleitzeit. Von Seiten der Beschäftigten werden vor allem die Möglichkeiten des souveränen und eigenverantwortlichen Umgangs mit der eigenen Arbeitszeit geschätzt, die sowohl eine bessere Anpassung an den individuellen Arbeitsrhythmus zulassen, als auch die

Koordination von Arbeit und außerbetrieblichen Aktivitäten und Verpflichtungen (Familie, Freizeit, Weiterbildung) erleichtern. Beklagt werden demgegenüber vor allem die Intensivierung der Arbeit sowie der weitgehende Verlust bezahlter Überstunden. Generell wird Gleitzeit von den Arbeitnehmern sehr positiv eingeschätzt, ihre Attraktivität hängt allerdings im konkreten Fall davon ab, inwieweit einzelne Beschäftigte(ngruppen) ihre Zeitverwendungswünsche tatsächlich auch realisieren können.

Jahresarbeitszeit ist eine relativ junge und allem Anschein nach 'zukunftsträchtige' Arbeitszeitform, die eine ungleichmäßige Verteilung der Arbeitszeit im Jahresverlauf ermöglicht. Ziel ist eine bessere Anpassung des betrieblichen Arbeitszeitvolumens an das saisonal, konjunkturell, witterungs- oder konsumbedingt schwankende Auftrags- bzw. Produktionsvolumen. Charakteristisch für die entsprechenden Modelle ist eine Aufhebung der regelmäßigen wöchentlichen Arbeitszeit zugunsten des Jahres als Bezugsgröße. Die Arbeitnehmer müssen danach ihre (fiktive) wöchentliche Arbeitszeit 'nur' noch im Jahresdurchschnitt erreichen, während die tatsächliche Ableistung der Arbeitspensen im Jahresverlauf innerhalb festgelegter Grenzen variiert. Jahresarbeitszeit ist sowohl auf Vollzeit- als auch auf Teilzeitarbeitsverhältnisse anwendbar; prinzipiell stehen dabei die Länge, die Lage und auch die Verteilung der täglichen Arbeitszeit zur Disposition. Weiterhin konstant bleibt dagegen in der Regel das Arbeitsentgelt, daß in 12 gleichen Teilen ausgezahlt wird.

Jahresarbeitszeitmodelle können sowohl betriebseinheitlich als auch individualvertraglich vereinbart werden. Entsprechende Regelungen müssen sich im Rahmen der Arbeitsgesetzgebung und der geltenden Tarifverträge bewegen. Tendenziell wird versucht, in den kollektivvertraglichen Bestimmung dem Aufkommen von Jahresarbeitszeit Rechnung zu tragen und die entsprechenden Rahmenbedingungen zu schaffen. Über die Verbreitung von Jahresarbeitszeitmodellen lassen sich keine genauen Angaben machen. Festzustellen ist aber, daß in vielen Betrieben konkrete Überlegungen in diese Richtung angestellt werden. Praktizierten Regelungen wird allerdings vielfach noch 'Pilotfunktion' zugeschrieben.

Mit Jahresarbeitszeitmodellen steht den Arbeitgebern eine Alternative zu bisher praktizierten Anpassungsstrategien (Einstellungen/Entlassungen, befristete Arbeitsverhältnisse, Zusatzschichten, Überstunden/Kurzarbeit) zur Verfügung, von der man sich vor allem Kostenvorteile (keine Überstunden- und Schichtzuschläge, Wegfall von unproduktiven Arbeitszeiten) und personalorganisatorische Vorteile durch die Konzentration auf die Stammbelegschaft (höhere Betriebsbindung, besseres Betriebsklima) verspricht.

Das Interesse der Arbeitnehmer an Jahresarbeitszeit beruht auf der Möglichkeit, mit einer im Jahresverlauf wechselnden Dauer der Arbeitszeit den eigenen Vorstellung und Bedürfnissen mehr entsprechen sowie betriebliche und außerbetriebliche Sphäre besser vereinbaren zu können. Neben der generellen Vorliebe, im Sommer kürzer, dafür im Winter länger arbeiten zu wollen, geht es den Beschäftigten vor allem um eine bessere Anpassung der Arbeitsvolumen an die eigene Leistungsbereitschaft, um die Berücksichtigung biographischer Besonderheiten und um die Erhöhung der Dispositionschancen für die eigene arbeitsfreie Zeit. Ob die möglichen Vorteile der Jahresarbeitszeit für die Arbeitnehmer tatsächlich zum Tragen kommen, hängt in erster Linie davon ab, inwieweit die betrieblichen Arbeitszeiterfordernisse mit den Wunscharbeitszeiten der Beschäftigten kompatibel sind, bzw. welche Einflußmöglichkeiten auf die individuelle Gestaltung der eigenen Arbeitszeit bestehen.

Resümierend läßt sich festhalten, daß betriebliche Arbeitszeitarrangements durch das Nebeneinander einer zunehmenden Vielzahl unterschiedlicher Arbeitszeitformen gekennzeichnet sind, und das Ergebnis je spezifischer Interessenlagen und Machtkonstellationen darstellen.

Neben dem nach wie vor existierenden 'Normalarbeitstag' bestehen einerseits 'traditionelle' Maßnahmen zur Arbeitszeitgestaltung (z.B. Mehrarbeit, Schichtarbeit) die mehr oder weniger von 'modernen' Flexibilisierungsinstrumenten wie Gleitzeit oder Jahresarbeitzeit wenn nicht ersetzt so doch flankiert werden, um den steigenden Anpassungsanforderungen, denen sich die Betriebe gegenüberstehen, sowie den Arbeitszeitwünschen der Beschäftigten gerecht zu werden. Erstaunlich ist in diesem Zusammenhang allerdings die feststellbare Diskrepanz zwischen vielfach proklamiertem Flexibilisierungsbedarf und der geringen Ausnutzung bestehender Spielräume in der betrieblichen Praxis (vgl. Bispinck 1993).

Literatur

Baillod, J.; Holenweger, T.; Ley, K.; Saxenhofer, P. 1989: Handbuch Arbeitszeit. Zürich.

Bauer, F.; Groß, H.; Schilling, G. 1994: Arbeitszeit '93, hrsg. vom Ministerium für Arbeit, Gesundheit und Sozialordnung des Landes NRW. Düsseldorf.

Bispinck, R. 1993: Das Märchen vom starren Arbeitszeitkorsett. In: Seifert, H. (Hg.): Jenseits der Normalarbeitszeit. Köln.

Bosch, G. 1989: Wettlauf rund um die Uhr? Betriebs- und Arbeitszeiten in Europa. Bonn.

Bosch, G.; Engelhardt, N.; Hermann, K.; Kurz-Scherf, I.; Seifert, H., 1988: Arbeitszeitverkürzung im Betrieb. Köln.

Buber Agassi, J.; Heycock, St. (Hg.) 1989: The Redesign of Working Time: Promise or Threat? Berlin.

Bundesministerium für Arbeit und Sozialordnung 1994: Das Arbeitszeitgesetz. Bonn.

Deutschmann, Ch. 1983: Zeitflexibilität und Arbeitsmarkt. Zur Entstehungsgeschichte und Funktion des Normalarbeitstages. In: Offe, C.; Hinrichs, K.; Wiesenthal, H. (Hg.): Arbeitszeitpolitik. Formen und Folgen einer Neuverteilung der Arbeitszeit. Frankfurt a.M./New York.

Hinrichs, K. 1988: Motive und Interessen im Arbeitszeitkonflikt. Eine Analyse der Entwicklung von Normalarbeitszeitstandards. Frankfurt a.M./New York.

Hörning, K. H.; Gerhard, A.; Michailow, M. 1990: Zeitpioniere. Frankfurt a.M.

MittAB 4/1994 (Mitteilungen aus der Arbeitsmarkt- und Berufsforschung), 269-299. Stuttgart.

MittAB 1/1995 (Mitteilungen aus der Arbeitsmarkt- und Berufsforschung), 51. Stuttgart.

Münstermann, J.; Preiser, K. 1978: Schichtarbeit in der Bundesrepublik Deutschland, Forschungsbericht Nr.8 des BMAS. Bonn.

Promberger, M.; Rosdücher, J.; Seifert, H.; Trinczek, R. 1995: Beschäftigungssicherung durch Arbeitszeitpolitik. In: WSI-Mitteilungen 7/1995.

Promberger, M.; Trinczek, R. 1993: "Stell Dir vor, es gibt Möglichkeiten zur flexiblen Gestaltung der Arbeitszeit, und sie werden kaum genutzt!" Erfahrungen aus der betrieblichen Umsetzung von Tarifverträgen. In: Seifert, H. (Hg.): Jenseits der Normalarbeitszeit. Köln.

Rutenfranz, J. 1987: Arbeitsmedizinisches Gutachten zur Nachtarbeit, erstellt im Auftrag des BMAS. Bonn.

Seifert, H. 1995: Rückläufige Entwicklung bei Schicht,- Nacht- und Wochenendarbeit. In: WSI-Mitteilungen 3/1995.

Mitbestimmung im Betrieb

Walther Müller-Jentsch

Daß die Menschen über die Verhältnisse, unter denen sie leben, mitbestimmen wollen, ist ein fundamentales demokratisches Prinzip, das in modernen Gesellschaften für den politischen Bereich heute universelle Geltung beanspruchen kann. Politische Partizipation gehört zu den unbestrittenen Bürgerrechten in den westlichen Demokratien. Nicht ebenso selbstverständlich gilt dieses Prinzip indessen für jenen wirtschaftlichen Bereich, in dem die große Mehrheit der Bevölkerung abhängige Arbeit leistet.

Gleichwohl hat auch die Mitbestimmung im Betrieb eine längere Vorgeschichte. Sie ist das Ergebnis eines langwierigen, interaktiven Lernprozesses zwischen den die beiden Konfliktparteien - Kapital und Arbeit - repräsentierenden Akteuren, und dem Staat, der in historischen Knotenpunkten als Gesetzgeber eine wichtige Rolle übernahm.

1. Geschichtliche Entwicklung

Bereits dem ersten deutschen Parlament, der Frankfurter Nationalversammlung von 1848, lag ein Gesetzesentwurf über betriebliche Mitbestimmung in Form eines durch die Arbeiter zu wählenden Fabrikausschusses vor. Zwar dauerte es ein weiteres halbes Jahrhundert, ehe die ersten gesetzlichen Regelungen über obligatorische Arbeiterausschüsse verabschiedet wurden, aber einige weitblickende und liberal denkende Unternehmer hatten in ihren Betrieben schon im späten 19. Jahrhundert auf freiwilliger Grundlage Arbeiterausschüsse wählen lassen. Erstmals 1891 sah eine Gewerbeordnungsnovelle die Einrichtung von fakultativen Arbeiterausschüssen vor, welche 1905, nach einem großen Streik im Kohlenbergbau, zunächst für alle größeren Bergwerke gesetzlich vorgeschrieben wurden; für die übrigen Wirtschaftszweige blieben sie bis 1916 weiterhin optional. Sozialdemokratie und Gewerkschaften lehnten zu dieser Zeit die Fabrik- und Arbeiterausschüsse noch prinzipiell ab. Aufgrund ihrer Erfahrungen mit den von den Arbeitgebern gegründeten wirtschaftsfriedlichen „Werkvereinen" hatten die Gewerkschaften große Vorbehalte gegen eigenständige Betriebsorganisationen.

Im Zuge der „Burgfriedenspolitik" während des Ersten Weltkriegs gaben die freien Gewerkschaften indessen ihre Vorbehalte gegen gesonderte betriebliche Vertretungsorgane auf. Die mit dem „Gesetz über den Vaterländischen Hilfsdienst" von 1916 vollzogene Anerkennung der Gewerkschaften sowie die vorgeschriebene Einrichtung von Arbeiterausschüssen in allen Betrieben mit über 50 Beschäftigten feierte die Gewerkschaftsführung als bedeutenden Erfolg und „als wichtigen Schritt auf dem Weg zur Verwirklichung ihrer sozialpolitischen Reformvorstellungen." (Schönhoven 1987, 260).

Unmittelbar nach Kriegsende bestimmten allerdings nicht die mit dem Hilfsdienstgesetz für alle Wirtschaftsbereiche obligatorisch gemachten Arbeiterausschüsse, sondern die revolutionäre Rätebewegung die sozialpolitische Dynamik der jungen deutschen Republik. Das Betriebsrätegesetz von 1920 sollte, mit Unterstützung der Gewerkschaften, diese Bewegung kanalisieren. Es knüpfte inhaltlich an die Institution der Arbeiterausschüsse an, wenngleich es deren Rechte wesentlich erweiterte. Vom Rätegedanken selbst blieb kaum etwas übrig; lediglich das Wort „Räte" erinnerte noch an die Rätebewegung, deren Ziele im Kern auf eine politische und wirtschaftliche Arbeiterselbstverwaltung gerichtet waren. Erwartungsgemäß opponierten die Protagonisten der Rätebewegung heftigst gegen das Gesetz. Am Vorabend seiner zweiten Lesung kam es zu Demonstrationen und Tumulten vor dem Parlament, in deren Verlauf die Polizei 42 Menschen erschoß und über hundert Demonstranten verletzte.

Die Weimarer Betriebsräte waren zwar schon nach den gleichen Konstruktionsprinzipien wie die späteren Betriebsräte der Bonner Republik ins Leben gerufen worden, aber die restriktiven politischen Bedingungen und wirtschaftlichen Krisen jener Jahre beschränkten ihre Regulierungspotentiale. Die Unternehmer, die in ihrer überwiegenden Mehrheit das Betriebsverfassungsgesetz ablehnten, verfolgten eine Politik der taktischen Assimilierung und strategischen Paralysierung der Betriebsvertretungen (vgl. dazu Brigl-Matthiaß 1926, 76). Die Gewerkschaften waren bestrebt, die Betriebsräte zu einer Art untergeordneter, betrieblicher „Tarifpolizei" zu funktionalisieren, welche vornehmlich die tarifvertraglichen und gesetzlichen Bestimmungen zu überwachen habe. Ohne Widerstand ließen die Unternehmer die schleichende „Vergewerkschaftlichung" der Betriebsvertretungen zu, weil sie von den Gewerkschaften einen domestizierenden Einfluß erhoffen konnten.

Die Weimarer Republik ließ nicht nur zu wenig Zeit, sondern bot schon aufgrund ihrer extremen politischen und wirtschaftlichen Instabilitäten einen äußerst ungünstigen Nährboden für die Entfaltung der Institution des Betriebsrats. Erst in der Bonner Republik konnte diese Institution ihr Potential voll entfalten. Aber auch dies nicht ohne langwierige und konfliktreiche Lernprozesse.

Als nach dem Zweiten Weltkrieg die während des Naziregimes aufgelösten Betriebsräte mit dem Betriebsverfassungsgesetz von 1952 wieder gesetzlich eingerichtet wurden, opponierten dieses Mal die Gewerkschaften heftig gegen dieses Gesetz, weil es
1. den gewerkschaftlichen Einfluß und Betriebszugang einschränkte,
2. die Arbeitnehmervertretung in den Aufsichtsräten außerhalb der Montanindustrie auf ein Drittel der Aufsichtsratsmandate reduzierte und
3. für den öffentlichen Dienst gesonderte Regelungen vorsah.

Aber die konservative Gesetzgebungsmehrheit verabschiedete das Gesetz, ohne die Wünsche des DGB zu berücksichtigen. In der Folgezeit arrangierten sich die DGB-Gewerkschaften mit der Tatsache eigenständiger betrieblicher Interessenvertretungen und versuchten, der im Gesetz angelegten und von den Unternehmern verstärkten Tendenz zur gewerkschaftlichen „Neutralisierung" der Betriebsvertretungen durch eine gezielte Politik der Betriebsräte-Beratung und -Schulung entgegenzuwirken.

Als die sozialliberale Koalition (Regierung Brandt/Scheel) im Rahmen ihrer Reformpolitik Anfang der siebziger Jahre das Betriebsverfassungsgesetz novellierte, trug sie den veränderten und real erweiterten Aufgaben der Betriebsräte Rechnung, indem sie ihre Mitwirkungsrechte erweiterte und stärkte und zugleich den gewerkschaftlichen Betriebszugang verbesserte, schlug wiederum die andere Seite, die Repräsentanten der Unternehmer, Alarm. Sie befürchteten die „Aushöhlung der sozialen Marktwirtschaft" und eine „Vergewerkschaftlichung der Wirtschaft". Aber auch die Unternehmer lernten in den folgenden Jahren, mit diesem Gesetz zu leben. - Heute ist die Institution Betriebsrat weniger umstritten denn je. (Zur geschichtlichen Entwicklung der betrieblichen Mitbestimmung vgl. Teuteberg 1961; Braun et al. 1992; Müller-Jentsch 1995).

2. Theoretische Verortung

Das Prinzip der Mitbestimmung in Arbeitsstätten (sei es Fabrik, Büro oder Behörde) bedeutet die Ersetzung einseitiger Anordnungen (von Chefs, Vorgesetzten etc.) durch bilaterale Vereinbarungen, die häufig als Endresultat von Konflikten, Kompromissen und Verhandlungen stehen. Diese Form der Mitbestimmung wird typischerweise "stellvertretend" - d.h. durch Repräsentanten der Arbeitnehmer - ausgeübt. Mit der Durchsetzung von Tarifverträgen (vgl. hierzu Kahsnitz, Tarifvertrag und Tarifentwicklung, in diesem Band) einerseits und der Einführung der betrieblichen Interessenvertretung andererseits erhielten die Arbeitnehmer die Chance zur Mitbestimmung über ihre Arbeits- und Entlohnungsbedingungen durch repräsentative Organe (Gewerkschaft und Betriebsrat).

In den angelsächsischen Ländern und in Japan ist es verbreitete Praxis, daß die Gewerkschaften, soweit sie im Betrieb vertreten sind, lokale Tarifverträge abzuschließen, deren Geltungbereich nur das betreffende Unternehmen, den Betrieb oder gar nur einzelne Abteilungen umfaßt. In Deutschland schließen die Gewerkschaften üblicherweise Tarifverträge für ganze Branchen und Wirtschaftszweige ab, während sich der Betriebsrat - als eine von den Gewerkschaften unabhängige, gesetzliche Institution - um die betrieblichen Belange der Beschäftigten kümmert. Man spricht daher auch von einem „dualen System der Interessenvertretung" in Deutschland, welches neben der überbetrieblichen Regulierungsebene der Tarifautonomie, für die die Gewerkschaften zuständig sind, als weitere und eigenständige Regulierungsarena die betriebliche Mitbestimmung durch Betriebsräte kennt.

Der Betriebsrat ist eine gesetzliche Institution mit einem „intermediären Programm" (Müller-Jentsch 1995), d. h. er muß zwei unterschiedliche, wenn nicht gegensätzliche Interessenorientierungen und Handlungslogiken miteinander vermitteln; in concreto: die Interessen der abhängig Beschäftigten unter gleichzeitiger Berücksichtigung der wirtschaftlichen Betriebsziele vertreten. Die häufig auch als Doppelloyalität (gegenüber der Belegschaft und dem Management) oder als „Grenzinstitution" (Fürstenberg 1958) beschriebene Bedingungskonstellation des Betriebsrats zwingt diesen immer wieder, nicht nur die Interessen der eigenen Klientel wahrzunehmen, sondern auch die der Gegenseite ins Kalkül zu ziehen. Dahrendorf sah darin eine belastende und strukturwidrige „Zwitterrolle" der Betriebsräte (1962, 106). Wahrscheinlich macht aber die - als strukturelle Schwäche diagnostizierte - prekäre Grenzstellung erst die eigentliche Stärke und Überlebensfähigkeit dieser Institution aus.

Wie die wechselvolle Geschichte dieser Institution zeigt, war sie zwar nicht selten eine höchst umstrittene Institution, die mal von der einen, mal von der anderen Seite heftigst bekämpft oder abgelehnt wurde. Aber dadurch, daß der Staat ihr den Charakter einer gesetzlichen Institution mit eben jener „Zwitterrolle" verliehen hatte, konnte er sie - vor allem in Zeiten verschärfter Interessenkämpfe - auch dem Zugriff der einen oder anderen Seite entziehen. Beide Seiten mußten sich à la longue mit ihrer Existenz abfinden.

Insofern kann die Mitbestimmung auch als ein kollektiver Lernprozeß durch Institutionen begriffen werden. Im Verlauf dieses Prozesses lernten die individuellen und kollektiven Akteure, mit der Institution Betriebsrat umzugehen und sie nach ihren Interessen und Zielen zu handhaben und zu modifizieren.

Anknüpfend an das von Hirschman (1974) zur Charakterisierung von Kundenreaktionen auf den Leistungsabfall von Unternehmen eingeführte - und mittlerweile weit darüber hinaus angewandte - Begriffspaar von „Exit" (Abwanderung) und „Voice" (Widerspruch) läßt sich, mit Freeman/Medoff (1984), die betriebliche Arbeitnehmervertretung auch als eine „Collective Voice" begreifen; mit anderen Worten: als ein Medium, durch das die Beschäftigten mit dem Management kollektiv kommunizieren und Widerspruch anmelden können. Somit können Unzufriedenheiten in der Belegschaft thematisiert und durch Verhandlungen beseitigt werden, so daß die Beschäftigten die alternative Option der Abwanderung („Abstimmng mit den Füßen") weniger wählen, wodurch die Betriebe durch Fehlzeiten und Fluktuation verursachte Kosten vermeiden können. In diesem theoretischen Verständnis trägt die betriebliche Interessenvertetung auch zur Verbesserung des Betriebsklimas und zur Erhöhung der Arbeitsproduktivität bei.

3. Die Institution Betriebsrat

Der Betriebsrat stellt gewissermaßen eine Organisation in der Organisation dar. Als betriebliche Interessenvertretung der Arbeitnehmer ist er der betrieblichen Arbeitsorganisation quasi implantiert worden. Nach dem Betriebsverfassungsgesetz von 1952 (novelliert 1972 und 1988) ist er eine gewerkschaftsunabhängige Vertretung der Gesamtbelegschaft eines Betriebes.

Grundeinheit der Betriebsverfassung ist der Betrieb und nicht das Unternehmen. Das Unternehmen ist das eigentlich handelnde Wirtschaftssubjekt, nach Rürup ist es eine „renditegesteuerte wirtschaftliche Einrichtung" (1995, 279), dem der Betrieb als technische und organisatorische Einheit zur Erstellung von Gütern und Dienstleistungen zur Realisierung seiner wirtschaftlichen Ziele dient. Einem Unternehmen können durchaus mehrere Betriebe zugehören.

Vorgeschrieben ist der Betriebsrat für Betriebe mit fünf und mehr Beschäftigten. Die Zahl der Betriebsratsmitglieder wächst mit der Zahl der Beschäftigten eines Betriebes. Z.B. besteht in einem Betrieb mit 100 Beschäftigten der Betriebsrat aus 5 Mitgliedern, bei 500 Beschäftigten besteht er aus 9 und bei über 1.000 Beschäftigten aus 15 Mitgliedern. In Betrieben mit mehr als 300 Beschäftigten ist überdies vorgesschrieben, daß einzelne Mitglieder des Betriebsrats von ihrer beruflichen Arbeit für die Betriebsratstätigkeit völlig freigestellt werden. Die Zahl der Freigestellten wächst mit der Größe der Betriebe; bei 301 bis 600 Beschäftigten liegt sie bei einem, bei 1001 bis 2000 Beschäftigten bei drei freigestellten Mitgliedern. Gehören zu einem Unternehmen mehrere Betriebe, dann ist für jeden Betrieb ein gesonderter Betriebsrat zu wählen. In den überdies zu bildenden Gesamtbetriebsrat entsenden die einzelnen Betriebsräte jeweils zwei Vertreter (einen aus der Gruppe der Arbeiter und einen aus der der Angestellten). Für Konzerne ist die Bildung von Konzernbetriebsräten optional; er kommt zustande, wenn dies eine qualitative Mehrheit der Gesamtbetriebsräte der Konzernunternehmen beschließt.

Bei der letzten Betriebsratswahl 1994 wurden in rund 40.000 Betrieben 220.000 Betriebsratsmitglieder gewählt; dabei entfielen rund 75 Prozent der Mandate auf Mitglieder von DGB-Gewerkschaften. Mit etwa einem Viertel der Betriebsratsmandate für Frauen und rund vier Prozent für ausländische Arbeitnehmer blieb die Repräsentanz dieser beiden Arbeitnehmergruppen deutlich hinter ihrem Anteil an den Beschäftigten zurück (alle Angaben nach DGB-Berechnungen. Es gibt keine amtliche Statistik über Betriebsräte und Betriebsratswahlen; die von den Verbänden erhobenen Daten werden indessen als relativ zuverlässig angesehen).

Schätzungsweise wird nur in einem Drittel der Betriebe, die nach dem Betriebsverfassungsgesetz „betriebsratpflichtig" sind, auch wirklich ein Betriebsrat gewählt. Bei den Betrieben ohne Betriebsrat handelt sich in der Regel um Klein- und Mittelbetriebe unter 100 Beschäftigten; schwerlich wird man einen Betrieb ab 500 Beschäftigten ohne einen Betriebsrat finden. Da die Großbetriebe in aller Regel einen Betriebsrat haben, ist die Schätzung, bezogen auf die Arbeitnehmer wesentlich optimistischer: zwei Drittel aller in „betriebsratspflichtigen" Betrieben Arbeitenden werden demnach von einem Betriebsrat vertreten.

Die hohe Wahlbeteiligung, die seit Mitte der siebziger Jahre zwischen 78 und 84 Prozent liegt, läßt auf ein großes Interesse der Arbeitnehmer an dieser Institution schließen; nur die allgemeinen politischen Wahlen weisen eine vergleichbar hohe Wahlbeteiligung auf.

Der Betriebsrat ist ein Repräsentativorgan der Gesamtbelegschaft. Er ist nicht an Aufträge seiner Wählerschaft gebunden, sondern seinen gesetzlichen Funktionen (zu denen die Berücksichtigung der Interessen des Betriebes gehört) verpflichtet. Nur über den - mittlerweile im vierjährigen Turnus stattfindenden - Wahlakt bleibt er an die durch ihn Repräsentierten gebunden. Freilich ist er diesen gegenüber rechenschaftspflichtig; auf den vierteljährlichen Betriebsversammlungen können ihn die Beschäftigten zur Rede stellen, aber nicht abwählen; sie können ihm zwar Anträge unterbreiten und zu seinen Beschlüssen Stellung nehmen (§ 45), freilich ohne ihn dadurch zu binden.

Der repräsentative Charakter des Betriebsrates ist eine Ursache der zuweilen beklagten Distanz des Betriebsrats zur Belegschaft, eine andere ist die in der Praxis zu beobachtende Tendenz zur Verberuflichung (*Professionalisierung*) des Betriebsratsamtes. Insbesondere die beruflich freigestellten Mitglieder des Betriebsrates entwickeln mit wachsender zeitlicher Distanz zu ihrer ursprünglichen Berufsarbeit das verständliche Interesse, weiterhin als Betriebsrat tätig zu sein. Von den 1994 gewählten Betriebsratsmitgliedern wurden rund 40 Prozent neu in den Betriebsrat gewählt; für rund 60 Prozent erfolgte eine Wiederwahl.

4. Der rechtliche Rahmen: Betriebsverfassungsgesetz

Däubler (1982) beschreibt den vom Gesetzgeber abgesteckten Handlungsrahmen des Betriebsrates mit den Begriffen *Vertrauen, Frieden, Diskretion.*

Vertrauen. Die Tätigkeit des Betriebsrates steht unter der im § 2 explizierten Generalnorm der "vertrauensvollen Zusammenarbeit" mit dem Arbeitgeber. Diese verpflichtet den Betriebsrat dazu, "bei seiner gesamten Tätigkeit (...) kooperativ, nicht konfliktorientiert vorzugehen" und "nicht nur das Wohl der Arbeitnehmer, sondern auch das des Betriebes zu verfolgen (vgl. Däubler, 1982, 238).
Frieden, Für den Betriebsrat gilt nicht nur eine absolute Friedenspflicht: "Maßnahmen des Arbeitskampfes zwischen Arbeitgeber und Betriebsrat sind unzulässig (...). Arbeitgeber und Betriebsrat haben Betätigungen zu unterlassen, durch die der Arbeitsablauf oder der Frieden des Betriebs beeinträchtigt werden" (§ 74 Abs. 2, Satz 1 u. 2), sondern auch das Verbot der parteipolitischen Betätigung (§ 74 Abs. 2, Satz 3).
Diskretion. Der Betriebsrat unterliegt der Schweigepflicht bei Betriebs- oder Geschäftsgeheimnissen, die ihm als Betriebsrat bekanntgeworden und vom Arbeitgeber ausdrücklich als geheimhaltungsbedürftig bezeichnet worden sind (§ 79 Abs. 1).

Neben den allgemeinen - im § 80 aufgelisteten - Aufgaben der *Kontrolle* (über die Einhaltung der die Arbeitnehmer schützenden und begünstigenden Rechts- und Tarifnormen), der *Initiative* gegenüber dem Arbeitgeber (zwecks Beantragung von Maßnahmen und Weiterleitung von Anregungen aus der Belegschaft) und der *Fürsorge* für schutzbedürftige Gruppen (schwerbehinderte, ältere und ausländische Arbeitnehmer) sind es im wesentlichen die Beteiligungsrechte, die den Betriebsrat zur Mitbestimmung und Mitwirkung des betrieblichen Geschehens autorisieren.

Die inhaltliche Beteiligungsrechte des Betriebsrates lassen sich nach zwei Dimensionen hin auffächern. In der Dimension der Sachbereiche handelt es sich um soziale, personelle und wirtschaftliche Angelegenheiten. Nach der Intensität der Teilhabe lassen sich
a.) Informationsrechte,
b.) Anhörungsrechte und Beratungsrechte,
c.) Widerspruchsrechte und
d.) erzwingbare Mitbestimmungsrechte unterscheiden (vgl. Übersicht 1).

Erzwingbare Mitbestimmungsrechte werden dem Betriebsrat in *sozialen* Angelegenheiten eingeräumt. Der § 87, der als das "Herzstück der Betriebsverfassung" gilt, spezifiziert zwölf Fallgruppen, unter ihnen:
- die Festlegung von Entlohnungsgrundsätzen, insbesondere die Anwendung neuer Entlohnungsmethoden;
- die Festsetzung leistungsbezogener Entgelte (Akkord- und Prämiensätze);
- die Regelung der geltenden Arbeitszeiten einschließlich Pausen;
- die Anordnung von Überstunden und Kurzarbeit;
- die Aufstellung allgemeiner Urlaubsgrundsätze und des Urlaubsplanes;
- die Einführung und Anwendung von technischen Einrichtungen, die das Verhalten oder die Leistung der Arbeitnehmer überwachen sollen;
- die Regelung über die Verhütung von Arbeitsunfällen und Berufskrankheiten sowie über den Gesundheitsschutz;
- die Grundsätze über das betriebliche Vorschlagswesen.

Bei *personellen* Angelegenheiten bestehen echte Mitbestimmungsrechte bei der Erstellung von Personalfragebögen (§ 94) und der Aufstellung von allgemeinen Auswahlrichtlinien für Einstellungen, Versetzungen, Umgruppierungen und Kündigungen (§ 95). Bei den personellen Einzelmaßnahmen der Einstellung, Eingruppierung, Umgruppierung und Versetzung hat der Betriebsrat indessen nur ein Veto-Recht (§ 99). Verweigert der Betriebsrat seine Zustimmung, so bleibt die entsprechende Maßnahme des Arbeitgebers bis zur evtl. Entscheidung des Arbeitsgerichtes unwirksam. Im Falle von Kündigungen hat der Betriebsrat nur ein Anhörungsrecht; widersprechen kann er nur, wenn der Arbeitgeber gegen bestimmte, im Gesetz spezifizierte Grundsätze verstößt (§ 102).

Bei der *Gestaltung von Arbeitsplatz, Arbeitsablauf und Arbeitsumgebung* stehen dem Betriebsrat allein Unterrichtungs- und Beratungsrechte zu (§ 90); ein Mitbestimmungsrecht ergibt sich erst, wenn durch die Änderungen "die den gesicherten arbeitswissenschaftlichen Erkenntnissen über die menschengerechte Gestaltung der Arbeit offensichtlich widersprechende" Belastungen für die Arbeitnehmer auftreten (§ 91).

Hinsichtlich der *wirtschaftlichen* Entscheidungen stehen dem Betriebsrat nur noch Informationsrechte zu. So hat der Unternehmer den in Betrieben von über 100 ständig beschäftigten Arbeitnehmern - als eigenständiges Organ oder Ausschuß des Betriebsrates - zu bildenden Wirtschaftsausschuß "rechtzeitig und umfassend über die wirtschaftlichen

Übersicht 1: Beteiligungsrechte des Betriebsrates

Gegenstand / Intensität	Soziale Angelegenheiten	Personelle Angelegenheiten	Wirtschaftliche Angelegenheiten
erzwingbare Mitbestimmungsrechte	§ 87: Beginn u. Ende der tgl. Arbeitszeit; Urlaubsgrundsätze/ Urlaubsplan; Lohngestaltung; Akkord- und Prämiensätze § 91: menschengerechte Gestaltung der Arbeit (nach "gesicherten arbeitswissenschaftlichen Erkenntnissen")	§ 94: Personalfragebogen § 95: Auswahlrichtlinien § 98: Betriebliche Bildungsmaßnahmen	§ 112: Sozialplan
Widerspruchsrechte		§ 99: Einstellung / Eingruppierung / Umgruppierung / Versetzung § 102: Kündigung	
Mitwirkungs- (Informations-, Anhörungs-, Beratungs-)rechte	§ 89: Arbeitsschutz/ Unfallverhütung	§ 92: Unterrichtung u. Beratung über Personalplanung § 102: Anhörung vor Kündigungen	§ 90: Unterrichtung über Planung/ Beratung über Auswirkungen von: Neu-, Um- und Erweiterungsbauten; techn. Anlagen; Arbeitsverfahren/ Arbeitsabläufe § 106: Wirtschaftsausschuß § 111: Unterrichtung über Betriebsänderungen

Angelegenheiten des Unternehmens" zu unterrichten (§ 106). Ebenfalls zu unterrichten ist der Betriebsrat bei Betriebsänderungen, "die wesentliche Nachteile für die Belegschaft" zur Folge haben können (§ 111). Allein über den Ausgleich oder die Milderung der wirtschaftlichen Nachteile, die den Arbeitnehmern entstehen, hat der Betriebsrat insofern ein Mitbestimmungsrecht, als er einen Sozialplan erzwingen kann (§ 112).

Mit der Novellierung des Betriebsverfassungsgesetzes 1988 wurden die Unterrichtungs- und Beratungsrechte des Betriebsrates über die Planung neuer technischer Anlagen, Arbeitsverfahren und Arbeitsabläufe verbessert (§ 90 neue Fassung). Der Arbeitgeber muß den Betriebsrat über seine Planungen rechtzeitig unterrichten und ihm die erforderlichen Unterlagen vorlegen; außerdem muß er mit ihm über die sich daraus ergebenden Auswirkungen für die Arbeitnehmer so rechtzeitig beraten, daß Vorschläge und Bedenken des Betriebsrates bei der Planung berücksichtigt werden können.

Auch die Unterrichtungs- und Erörterungspflicht des Arbeitgebers gegenüber potentiell betroffenen Arbeitnehmern ist verstärkt worden (§ 81 neue Fassung). Demnach hat der Arbeitgeber "sobald feststeht, daß sich die Tätigkeit des Arbeitnehmers ändern wird und seine beruflichen Kenntnisse und Fähigkeiten zu Erfüllung seiner Aufgaben nicht ausreichen, (...) mit dem Arbeitnehmer zu erörtern, wie dessen berufliche Kenntnisse und Fähigkeiten (...) den künftigen Anforderungen angepaßt werden können." Bei der Erörterung kann der Arbeitnehmer ein Mitglied des Betriebsrates hinzuziehen.

Als generelle Tendenz des Betriebsverfassungsgesetzes wird erkennbar, daß die Beteiligungsrechte in *sozialen* Fragen am stärksten, bei *personellen* Angelegenheiten bereits abgeschwächt greifen und in *wirtschaftlichen* Fragen sich auf reine Informationsrechte beschränken. Mit anderen Worten, die Eingriffsmöglichkeiten und Beteiligungsrechte des Betriebsrates sind um so größer, je weiter sie von den strategischen Unternehmensentscheidungen (z.B. über Ziele und Inhalte der Produktion) entfernt sind. Hierbei zeigt sich, daß der Betriebsrat als ein Organ des Interessenausgleichs zwischen Management und Belegschaft angelegt ist, und seine Funktionen die betriebliche Herrschaft zwar begrenzen, aber grundsätzlich nicht in Frage stellen. Gleichwohl kann ein erfahrener Betriebsrat seine starken Mitbestimmungsrechte (etwa bei der Entscheidung über Überstunden) dazu nutzen, um Konzessionen des Managements in anderen Fragen zu erlangen.

Der restriktive Handlungsrahmen sowie die gegenüber der Belegschaft repräsentative und gegenüber den Gewerkschaften unabhängige Position der Betriebsräte erklärt ihre eingeschränkte "bargaining power" und begrenzten Sanktionsmöglichkeiten. Die Institution des Betriebsrats ist primär auf Konsens und Kooperation angelegt. Bei Auftreten innerbetrieblicher Konflikte zwischen Management und Betriebsrat sieht das Gesetz eine betriebliche Zwangsschlichtung durch die Einigungsstelle vor, die paritätisch besetzt ist, einen unparteiischen Vorsitzenden hat und deren Spruch die Einigung zwischen den beiden Parteien ersetzt (§ 76). In allen Fällen, in denen ein erzwingbares Mitbestimmungsrecht des Betriebsrats besteht und keine Einigung zwischen Mangement und Betriebsrat zustande kommt, kann die Einigungsstelle auf Antrag einer Seite tätig werden. Ansonsten wird sie nur auf Antrag beider Seiten tätig. Als eine weitere Möglichkeit externer Konfliktlösung bleibt dem Betriebsrat die Anrufung des Arbeitsgerichts. Ist die Einigungsstelle für *Regelungsstreitigkeiten* zwischen Arbeitgeber und Management zuständig, dann das Arbeitsgericht für *Rechtsstreitigkeiten* sowohl individualrechtlicher (z.B. Klage eines Arbeitnehmers gegen Entlassung) wie kollektivrechtlicher Art (z.B. Streitigkeiten über betriebsverfassungsrechtliche Fragen).

Zur Wahrung der „besonderen Belange" der jugendlichen Arbeitnehmer (bis 18 Jahren) und Auszubildenden (bis 25 Jahren) schreibt das Betriebsverfassungsgesetz überdies eine Jugend- und Auszubildendenvertretung im Rahmen des Betriebsrats vor (§§ 60-73). Die der Jugendvertretung eingeräumten Rechte bestehen jedoch nicht gegenüber dem Arbeitgeber, sondern gegenüber dem Betriebsrat; er ist direkter Adressat und Vermittler ihrer Forderungen. Zu allen Betriebsratssitzungen kann die Jugendvertretung einen Vertreter entsenden. Bei Angelegenheiten, die besonders jugendliche Arbeitnehmer und Auszubildende betreffen, kann die gesamte Jugendvertretung an der Betriebsratssitzung mit Stimmrecht teilnehmen.

Auf Betriebe, die unmittelbar und überwiegend geistig-ideellen Zielsetzungen dienen (sog. Tendenzbetriebe, z.B. kirchliche Einrichtungen) findet das Betriebsverfassungsgesetz keine Anwendung.

Mit einem gesonderten Gesetz (Sprecherausschußgesetz) wurde 1988, als weiteres betriebliches Vertretungsorgan, der "Sprecherausschuß der leitenden Angestellten" ins Leben gerufen. Weder der DGB noch die BDA wollten eine formelle Vertretung dieser Art, aber die FDP konnte sich in der Regierungskoalition erfolgreich für die Interessen der leitenden Angestellten (etwa 2 Prozent der abhängig Beschäftigten) durchsetzen. Weil diese nach dem Betriebsverfassungsgesetz weder passives noch aktives Wahlrecht zum Betriebsrat haben, hat die Union der leitenden Angestellten (die etwa 10 Prozent dieser Gruppe organisiert) seit langem die Institutionalisierung eines solchen Vertretungsorgans gefordert.

5. Gewerkschaftliche Vertrauensleute

Keine rechtliche Institution sind die gewerkschaftlichen Vertrauensleutekörper. Die Vertrauensleute sind, formal gesehen, die eigentlichen Repräsentanten der Gewerkschaften im Betrieb. Die vom Gesetzgeber vollzogene Trennung der Institution Betriebsrat von der Gewerkschaft und dessen Verpflichtung zur absoluten Friedenspflicht haben eine Reihe von Gewerkschaften zum Anlaß genommen, ein eigenes System von Vertrauensleuten vor allem in den größeren Betrieben aufzubauen. Diese werden nur von den Gewerkschaftsmitgliedern (in einer Abteilung oder einem Betriebsteil) gewählt; gewöhnlich vertritt eine Vertrauensfrau oder ein Vertrauensmann 30 bis 50 Kolleginnen und Kollegen des jeweiligen Arbeitsbereichs. Zu den Aufgaben der Vertrauensleute gehören vornehmlich Dienstleistungen für die gewerkschaftliche Organisation wie Beratung und Aufklärung der Mitglieder, Mitgliederwerbung und Verteilung gewerkschaftlichen Informationsmaterials.

Die Beziehungen zwischen Betriebsrat und Vertrauensleuten waren in der Vergangenheit teilweise durch Konkurrenz bestimmt. Es gab in den sechziger und frühen siebziger Jahren in einigen Gewerkschaften Bestrebungen, die Vertrauensleutekörper als Gegengewicht zu den Betriebsräten aufzubauen. Bei den Konflikten und Rivalitäten zwischen den beiden Gruppen behielten die Betriebsräte die Oberhand. Nicht die Kontrolle, sondern die Unterstützung der Betriebsratsarbeit wird heute von den Vertrauensleuten erwartet. In der Mehrzahl der Betriebe sind sie zum verlängerten Arm des Betriebsrats geworden. Generell hat die Funktion des Vertrauensmannes bzw. der Vertrauensfrau an Attraktivität verloren. Die Gewerkschaften sehen sich gegenwärtig mit dem Problem konfrontiert, noch genügend aktive Mitglieder für diese Funktion zu gewinnen.

6. Betriebliche Mitbestimmung im öffentlichen Dienst

Im Gegensatz zur Weimarer Republik, die noch eine einheitliche betriebliche Mitbestimmung in der Privatwirtschaft wie im öffentlichen Dienst kannte, gelten in der heutigen Bundesrepublik in den Verwaltungen des Bundes, der Länder, der Gemeinden und sonstiger Körperschaften des öffentlichen Rechts statt des Betriebsverfassungsgesetzes die Personalvertretungsgesetze des Bundes und der Länder. Allerdings gilt diese Ausnahme nicht für die sog. Regiebetriebe, deren Kapitalanteile sich in öffentlicher Hand befinden (dazu gehören z.B. die Betriebe der kommunalen Energieversorgung, des Personennahverkehrs und und seit jüngstem auch die Betriebe der „privatisierten" Aktiengesellschaften der Post, Telekom, Postbank und Deutschen Bahn); für sie gilt auch das Betriebsverfassungsgesetz.

Analog zum Betriebsverfassungsgesetz sehen die Personalvertretungsgesetze für die behördlichen Verwaltungen, Gerichte und bundesunmittelbaren Körperschaften die Bildung von Personalräten in allen Dienststellen mit mindestens fünf wahlberechtigten Beschäftigten vor. Ihre Aufgaben und Funktionen entsprechen im großen und ganzen denen der Betriebsräte, obwohl ihre Mitwirkungsrechte im allgemeinen schwächer sind als die der Betriebsräte.

7. Mitbestimmung auf Unternehmensebene

Neben der Mitbestimmung durch Betriebsräte kennt das deutsche System auch die Mitbestimmung im Unternehmen, d.h. die Repräsentanz von Arbeitnehmervertretern im Aufsichtsrat von Kapitalgesellschaften. Die Unternehmensmitbestimmung gibt es in drei verschiedenen Formen:
1. Die *paritätische* Mitbestimmung in der Montanindustrie nach dem "Gesetz über die Mitbestimmung der Arbeitnehmer in den Aufsichtsräten und Vorständen der Unternehmen des Bergbaues und der eisen- und stahlerzeugenden Industrie" von 1951;
2. die *unterparitätische* Mitbestimmung in den großen Kapitalgesellschaften mit über 2.000 Beschäftigten nach dem Mitbestimmungsgesetz von 1976;
3. die *drittelparitätische* Mitbestimmung in Kapitalgesellschaften mit 500 bis 2.000 Beschäftigten nach dem Betriebsverfassungsgesetz von 1952/1972.

Das in der Vergangenheit für die Mitbestimmungswirklichkeit so wichtige Modell der Montanmitbestimmung (mit voller Parität und starker gewerkschaftlicher Repräsentation im Aufsichtsrat sowie einem Arbeitsdirektor als gleichberechtigtes Vorstandsmitglied) ist als Resultat des fortschreitenden Schrumpfungsprozesses der Kohle- und Stahlindustrie in einem unaufhaltsamen Niedergang begriffen. Ende der achtziger Jahre arbeiteten weniger als 400.000 Beschäftigte in 30 Unternehmen der Montanindustrie; ein weiterer Abbau der Beschäftigten ist beabsichtigt.

Die zweite Form der Mitbestimmung sieht der DGB als sozialen Rückschritt an, weil sie, obwohl 50 Prozent der Aufsichtsratsmitglieder von Arbeitnehmerseite gestellt werden, unterhalb der Parität bleibt (der Aufsichtsratsvorsitzende hat doppeltes Stimmrecht; mindestens ein Arbeitnehmervertreter kommt aus den Reihen der leitenden Angestellten). Sie gilt für knapp 500 Unternehmen mit insgesamt etwa 4,5 Millionen Beschäftigten. Eine Untersuchung der Sozialforschungsstelle Dortmund (vgl. Bamberg et al. 1987) über die Wirksamkeit dieser Mitbestimmungsform in der Vertretung von Arbeitnehmerinteressen kommt zu ernüchternden Ergebnissen. Demnach hat die Mitbestimmung im Aufsichtsrat weitgehend dienende Funktionen für die gewerkschaftliche Betriebspolitik, etwa durch zusätzliche Informationsbeschaffung. Fallweise wird sie auch zur Stützung der betrieblichen Interessenvertretung, etwa bei Rationalisierungs- und Umstrukturierungsmaßnahmen, benutzt. Erleichtert wird dies durch die Tatsache, daß viele Betriebsratsvorsitzende in Personalunion Aufsichtsratsmitglieder sind.

Ist schon die Wirksamkeit der Unternehmensmitbestimmung von 1976 als begrenzt einzuschätzen, dann die der dritten und schwächsten Form der Mitbestimmung (die nur ein Drittel der Aufsichtsratssitze für die Arbeitnehmervertreter vorsieht) als nahezu irrelevant.

Der schrumpfende Unternehmenssektor der Montanmitbestimmung und die Vertretungsdefizite der anderen Mitbestimmungsformen haben, auch im Selbstverständnis des DGB, die Bedeutung der Arena Unternehmensmitbestimmung herabgesetzt zugunsten anderer gewerkschaftlicher Handlungsfelder, insbesondere in den Arenen Tarifautonomie und Betriebsverfassung.

8. Die betriebliche Mitbestimmung in der Praxis

Die Mindeststandards (Lohn, Arbeitszeit, Urlaubsdauer etc.) der meisten Arbeitsverhältnisse werden durch sogenannte Flächen- oder Verbandstarifverträge, d.h. für ganze Sektoren (Branchen oder Wirtschaftszweige) geltende Abkommen, zwischen Gewerkschaften und Arbeitgeberverbänden, geregelt (vgl. hierzu Kahsnitz, Tarifvertrag und Tarifentwicklung, in diesem Band). Im Gegensatz zu Ländern wie Groß-britannien und Japan, wo Firmentarifverträge im privatwirtschaftlichen Sektor die wichtigste Form der kollektiven Regelung von Lohn- und Arbeitsbedingungen ist, ist diese Vertragsform in Deutschland bisher nur von geringer, ergänzender Bedeutung gewesen. Seit einigen Jahren wird jedoch im Arbeitgeberlager und der wirtschaftlichen Publizistik eine Diskussion darüber geführt, ob unter dem starken internationalen Wettbewerbsdruck der Flächentarifvertrag mit seinen standardisierenden Regelungen für Lohn, Arbeitszeit und andere Arbeitsbedingungen zugunsten von Firmentarifverträgen aufgegeben werden sollte.

Zur Zeit werden Firmentarifverträge in der Regel nur mit solchen Unternehmen abgeschlossen, die keinem Arbeitgeberverband angehören. Dies trifft für viele kleinere und mittlere Unternehmen zu, während die großen Unternehmen fast ausnahmslos Mitglied eines Arbeitgeberverbandes sind. Das prominenteste Beispiel eines großen Unternehmens, das nicht dem Arbeitgeberverband angehört, ist die Volkswagen AG, die lange Zeit ganz, heute noch teilweise im Besitz der öffentlichen Hand ist. Mit ihr schließt die IG Metall Firmentarifverträge ab, die häufig den Charakter von sozialpolitischen Pilotabkommen haben.

Aber nicht mit allen unorganisierten Unternehmen vereinbart die zuständige Gewerkschaft einen Firmentarifvertrag; vor allem mit Klein- und Kleinstunternehmen wird kein Tarifvertrag abgeschlossen, was indessen nicht bedeutet, daß diese sich nicht auch - zumindest bei der Entlohnung, der Arbeitszeit und der Urlaubsdauer - an dem für ihre Branche üblichen Tarifnormen orientierten.

Wenn in vielen Großbetrieben übertarifliche Löhne gezahlt werden, dann sind, formell gesehen, Betriebsräte nicht an der Festsetzung der Lohnhöhe beteiligt. Ein Beteiligungsrecht haben sie nur, wenn es sich um leistungsabhängige Bestandteile des Lohnes oder um unternehmensspezifische Entlohnungsgrundsätze und -methoden handelt. In der Praxis aber werden die Betriebsräte auch bei der übertariflichen Lohnfindung häufig eingeschaltet. In jedem Fall müssen Betriebsräte einen beachtlichen Teil ihrer Arbeit der Lohnfrage widmen. Da die Mehrzahl der geltenden Lohnsysteme auf der Bewertung der einzelnen Arbeitsplätze (summarische oder analytische Arbeitsbewertung) beruht, muß ihre Bewertung bzw. Zuordnung zur entsprechenden Lohngruppe zwischen Management und Betriebsrat jeweils ausgehandelt werden; dies gilt natürlich auch nach Veränderungen der Umweltbedingungen oder der technischen Ausstattung von Arbeitsplätzen.

Auch die wöchentliche Arbeitszeit gehört traditionsgemäß zu den Regelungsgegenständen sektoraler Tarifverträge. Bis 1984 konnten die Betriebsräte mit dem Management nur über Anfang und Ende der täglichen Arbeitszeit, über Pausen und Überstunden mit dem Management verhandeln. Seit dem Doppel-Arbeitskampf (in der Metall- und Druckindustrie) um den "Einstieg in die 35-Stunden-Woche" im Jahre 1984 hat sich die Situation insofern verändert, als die Gewerkschaften das unternehmerische Zugeständnis zu einer Verkürzung der Wochenarbeitszeit mit einer Flexibilisierung und Differenzierung der Arbeitszeit nach betrieblichen Erfordernissen kompensieren mußten. Die generellen Regelungen des Tarifvertrags wurden durch eine Öffnungsklausel insofern verflüssigt, als die Betriebsverfassungsparteien, Management und Betriebsrat, Betriebsvereinbarungen abschließen konnten, die die Variation der Arbeitszeit für einzelne oder Gruppen von Beschäftigten erlaubte, sofern im Durchschnitt aller Beschäftigten über einen bestimmten Zeitraum die tariflich vereinbarte Wochenarbeitszeit eingehalten wurde. Ohne Frage bedeutete dieses Vorgehen eine Übertragung von genuinen Regelungskompetenzen der Tarifvertragsparteien auf die Betriebsverfassungsparteien. Andererseits zwang diese Praxis die Gewerkschaften zu einer intensiveren Kooperation mit den Betriebsräten; so gab die IG Metall den Betriebsräten Modellösungen und Leitlinien an die Hand, die sie bei der flexiblen und variablen Umsetzung der generellen Arbeitszeit-Norm beachten sollten (vgl. auch Bosch/Ellguth, Betriebliche Arbeitszeitpolitik, in diesem Band).

Regelungsgegenstände von Betriebsvereinbarungen, die in den letzten zwanzig Jahren eine besondere Bedeutung erhielten, sind: Rationalisierungsschutz, Personalabbau, technischer Wandel, Arbeitsorganisation, Team- und Gruppenarbeit, betriebliche Weiterbildung, Qualitätszirkel. Zwar haben die Tarifvertragsparteien für einige dieser Regelungsgegenstände sektorale Tarifverträge mit generellen Normen oder Rahmenregelungen vereinbart, aber selbst in diesem Fall müssen die Betriebsräte sich vielfach auf neue Praxisfelder begeben. Insgesamt gesehen, kann auch in Deutschland eine Tendenz zur stärkeren Dezentralisierung der bilateralen Regelungen beobachtet werden.

In der Regel blockieren Gewerkschaften und Betriebsräte weder die unternehmerischen Rationalisierungs- und Modernisierungsmaßnahmen zur Verbesserung der Wettbewerbsfähigkeit auf dem Weltmarkt noch lehnen sie das neue managerielle Konzept der "lean production" (vgl. Womack et al., 1990) ab. Sie erkennen darin auch Chancen für die Durchsetzung ihrer eigenen Ziele in bezug auf die Weiterqualifizierung und humane Gestaltung der Arbeitsorganisation. In großen und exponierten Firmen bilden Betriebsräte und Management bereits "Produktivitätskoalitionen" (vgl. dazu Kern/Schumann, 1984; Kreikebaum/Herbert 1990; Hans-Böckler-Stiftung, 1992). Jene Betriebsräte, die - vor allem in der Automobilindustrie - Betriebsvereinbarungen über die Errichtung von Qualitätszirkeln und Gruppenarbeit abgeschlossen haben, taten dies mit der Erwartung, daß sie sich an Positivsummenspielen beteiligen, die als Ergebnis nicht nur eine Erhöhung der Arbeitsproduktivität, sondern auch eine Verbesserung der Arbeitsbedingungen (bzw. eine Reduzierung des Arbeitsleids) zeitigen.

Auch bei so prekären Fragen wie der Verringerung der Belegschaften suchen Management und Betriebsrat gewöhnlich nach einvernehmlichen, sozialverträglichen Lösungen. So wurden beispielsweise Betriebsvereinbarungen abgeschlossen, die den Beschäftigten einen finanziellen Anreiz bieten, freiwillig das Beschäftigungsverhältnis zu lösen (Aufhebungsverträge) oder ihnen ohne große finanzielle Einbußen anbieten, bereits mit 58 Jahren in den Ruhestand zu treten (Vorruhestandsregelung).

Befunde jüngerer Untersuchungen zeigen, daß Unternehmensleitung und Management die Institution Betriebsrat heute wesentlich positiver sehen als sie es noch in den siebziger Jahren taten. Eine Untersuchung von Kotthoff (1981) über die Arbeitsbeziehungen in über sechzig Unternehmen der verarbeitenden Industrie, die Mitte der siebziger Jahre (also kurz nach der Novellierung des Betriebsverfassungsgesetzes) durchgeführt wurde, zeichnete noch ein recht negatives Bild der Beziehungen zwischen Management und Betriebsrat: In nur einem Drittel der untersuchten Betriebe war ein effektiver und respektierter Betriebsrat vorhanden; in den übrigen zwei Dritteln der Betriebe war die Interessenvertretung behindert, defizient oder gar pervertiert. Etwa fünfzehn Jahre später kommt Kotthoff mit einer Nachfolgestudie (1994) in den gleichen Betrieben zu wesentlich positiveren Befunde. Ihnen zufolge haben sich die Beziehungen zwischen Management und Betriebsrat in den meisten Unternehmen verbessert. Selbst oder gerade unter dem Druck der wirtschaftlichen Rezession und dem Zwang zur Modernisierung der Produktion hat das Management die Betriebsverfassung als wichtigste Institution zur Konfliktlösung schätzen gelernt und sogar den "Geist der Mitbestimmung" akzeptiert.

Die Befunde Kotthoffs werden auch durch andere Untersuchungen aus den letzten Jahren bestätigt. Eberwein und Tholen (1990) haben 111 Manager der oberen Unternehmensebene befragt, von denen sich nur eine verschwindende Minderheit (4 Prozent) abschätzig über die Rolle des Betriebsrats äußerte. 50 Prozent sahen in ihm einen Ansprechpartner für die Unternehmensleitung, 29 Prozent hielten ihn für wichtig als Organ der Interessenartikulation der Belegschaft, 17 Prozent schätzten ihn als Informationsvermittler zwischen Unternehmensleitung und Belegschaft oder nutzten ihn als Teil der Personalabteilung. Oft hörten die Forscher von den Managern die Meinung: "Wenn es den Betriebsrat nicht gäbe, müßte man ihn erfinden" (Eberwein/Tholen 1990, 263).

Nach einer Umfrage des Instituts der deutschen Wirtschaft (das von den Arbeitgeberverbänden unterhalten wird) in rund 5oo Unternehmen mit 3.000 Betrieben sind die befragten Unternehmer zu 80 Prozent der Meinung, daß das Organ des Betriebsrats nicht nur zu akzeptieren, sondern die konkrete Gestaltung der vertrauensvollen Zusammenarbeit auch voranzutreiben sei (Niedenhoff 1994, 19). Überdies sehen sie im Betriebsrat eine „betriebliche Führungskraft" (67%), ein „Mitentscheidungsorgan" (48%) und einen „wichtigen Produktionsfaktor" (45%) (ebd.).

Auch wenn Betriebsräte und Gewerkschaften bei der Gestaltung der Arbeitsorganisation teilweise die Rolle eines Co-Managements übernehmen, sind ihre Interessenprioritäten natürlich nicht mit denen des Managements identisch. Das Management der Arbeit denkt primär in Terms von Produktivitätssteigerung, Qualitätsverbesserung und Erhöhung der Fertigungsflexibilität; die Interessenvertretung der Arbeitnehmer indessen in Terms von Humanisierung der Arbeit, Arbeitsplatzsicherung und Weiterqualifizierung aller Arbeitnehmer. Zwar weiß jede Seite, daß sie ihre Interessen nicht ohne Berücksichtigung der anderen Seite durchsetzen kann, aber gleichwohl hat die Kompatibilität der Interessen ihre Grenzen. Die grundsätzliche Entscheidung für die Kooperation schließt weder hartes Bargaining über betriebliche Lösungen noch große überbetriebliche Arbeitskämpfe über Grundsatzfragen aus.

9. Ausblick

Die gesetzliche Grundlage und die insgesamt erfolgreiche Praxis haben den Betriebsrat zu einer der stabilsten Institutionen im System der deutschen Arbeitsbeziehungen werden lassen. Die Gewerkschaften haben nach anfänglichem Widerstand eine Betriebsvertretung akzeptiert, die nicht integraler Bestandteil ihrer Organisation ist und über eine eigene Wählerbasis verfügt. Ihr *intermediärer* Charakter - das heißt der Zwang zur Vermittlung pluraler, auch gegensätzlicher Interessen - sowie der Ausschluß des Arbeitskampfes als innerbetriebliches Ordnungs- und Gestaltungsmittel machten den Betriebsrat letztlich auch für das Management zu einer geschätzten Institution. Heute trägt er in vielen Unternehmen eine Mitverantwortung für Produktivität und wirtschaftlichen Erfolg.

Gleichwohl ist die gegenwärtige Stabilität der Institution Betriebsrat kein sicherer Wechsel auf die Zukunft. Sie steht vor neuen Herausforderungen. Zu diesen gehören einmal die Ablösung und Relativierung von Flächentarifverträgen durch betriebliche Vereinbarungen („Verbetrieblichung der Tarifpolitik"), zum anderen die Ausbreitung von Formen direkter Partizipation (Gruppenarbeit, Qualitätszirkel etc.) und zum dritten die Auflösung des Betriebs als wirtschaftliche und soziale Einheit.

Die erste Tendenz könnte zur Überforderung der Regelungskompetenzen des Betriebsrats und zum Bedeutungsverlust der Gewerkschaften führen, mit der Konsequenz, daß die eingespielte Arbeitsteilung zwischen beiden Akteuren aufs Spiel gesetzt und zudem die für die betriebliche Interessenvertretung notwendige gewerkschaftliche Unterstützung geschwächt würde. Unter dem Druck verschärfter Konkurrenz und wirtschaftlicher Schwierigkeiten sind Betriebsräte erpreßbar; in einigen Fällen haben sie schon mit dem Management Regelungen vereinbart, die die tariflichen Bestimmungen unterschreiten - teils mit Tolerierung, teils gegen den Widerstand der zuständigen Gewerkschaft. Um das System der sektoralen Tarifverträge zu erhalten, wird es indessen erforderlich sein, daß ein flexibleres Tarifvertragssystem geschaffen wird, das die tarifliche mit der betrieblichen Ebene stärker vernetzt und die Kooperation zwischen Gewerkschaft und Betriebsrat fördert.

Die zweite Tendenz läßt auf eine zunehmende Bedeutung der direkten Beteiligung der Arbeitnehmer schließen. Die "Mitbestimmung in der ersten Person" erschüttert das traditionelle Rollenverständnis des Betriebsrats als Interessen*vertreter*. Die direkte Partizipation könnte die Funktion der repräsentativen Mitbestimmung stark relativieren, aber auch sinnvoll ergänzen, wenn - wofür Anzeichen vorliegen - die neuen Beteiligungsformen durch Betriebsvereinbarungen abgesichert würden und die Betriebsräte in die Rolle von Moderatoren und Interessenmanagern hineinwüchsen.

Die letzte Tendenz, die sich in Betriebsaufsplitterungen, Ausgründungen, zunehmenden Subkontraktverhältnissen und zwischenbetrieblichen Netzwerken manifestiert, gefährdet die Einheitlichkeit und Kohäsion der betrieblichen Interessenvertretung, wenn es nicht zu rechtlichen Innovationen für die Neuschneidung von Zuständigkeitsbereichen der betrieblichen Mitbestimmung kommt. Diesbezügliche Vorschläge zur Novellierung des Betriebsverfassungsgesetzes sehen beispielsweise für den gleichen Produktionsstandort auch dann eine einheitliche Interessenvertretung vor, wenn unterschiedliche Firmen dort tätig sind; auch die Erweiterung der betrieblichen Mitbestimmung entlang der Logistik- und Wertschöpfungsketten wird in diesem Zusammenhang diskutiert.

Literatur

Bamberg, U.; Bürger M.; Mahnkopf, B.; Martens, H.; Tiemann, J. 1987: Aber ob die Karten voll ausgereizt sind...? 10 Jahre Mitbestimmungsgesetz in der Bilanz. Köln.

Braun, S.; Eberwein, W.; Tholen, J. 1992: Belegschaften und Unternehmer. Zur Geschichte und Soziologie der deutschen Betriebsverfassung und Belegschaftsmitbestimmung. Frankfurt/Main; New York.

Brigl-Matthiaß, K. 1926: Das Betriebsräteproblem. Berlin; Leipzig.

Dahrendorf, R. 1962: Industrie- und Betriebssoziologie. 2. Aufl., Berlin.

Däubler, W. 1982: Das Arbeitsrecht. Bd. 1: Von der Kinderarbeit zur Betriebsverfassung. 2. Aufl., Hamburg.

Eberwein, W.; Tholen, J. 1990: Managermentalität. Frankfurt/Main.

Freeman, R. B.; Medoff, J. L. 1984: What do Unions Do? New York.

Fürstenberg, F. 1958: Der Betriebsrat - Strukturanalyse einer Grenzinstitution. In: Kölner Zeitschrift für Soziologie und Sozialpsychologie 10, 418-429.

Hans-Böckler-Stiftung/Industriegewerkschaft Metall (Hg.) 1992: Lean Production. Kern einer neuen Unternehmenskultur und einer innovativen und sozialen Arbeitsorganisation? Baden-Baden.

Hirschman, A. O., 1974: Abwanderung und Widerspruch. Reaktionen auf Leistungsabfall bei Unternehmungen, Organisationen und Staaten. Tübingen.

Kern, H.; Schumann, M. 1984: Das Ende der Arbeitsteilung? München.

Kotthoff, H. 1981: Betriebsräte und betriebliche Herrschaft. Frankfurt/Main.

Kotthoff, H. 1994: Betriebsräte und Bürgerstatus. Wandel und Kontinuität betrieblicher Mitbestimmung. München; Mering.

Kreikebaum, H.; Herbert, K.-J. 1990: Arbeitsgestaltung und Betriebsverfassung. Berlin.

Müller-Jentsch, W. 1995: Mitbestimmung als kollektiver Lernprozeß. Versuch über die Betriebsverfassung. In: K. Rudolph/C. Wickert (Hg.), Geschichte als Möglichkeit. Über die Chancen von Demokratie (Festschrift für Helga Grebing). Essen, 42-54.

Niedenhoff, H.-U., 1994: Die Kosten der Anwendung der Betriebsverfassungsgesetzes. Köln.

Rürup, B. 1995: Fischer Wirtschaftslexikon. Frankfurt/M.

Schönhoven, K. 1987: Die Gewerkschaften als Massenbewegung im Wilhelminischen Kaiserreich 1890 bis 1918. In: U. Borsdorf (Hg.), Geschichte der deutschen Gewerkschaften von den Anfängen bis 1945. Köln, 167-278.

Teuteberg, H.J. 1961: Geschichte der industriellen Mitbestimmung in Deutschland. Ursprung und Entwicklung ihrer Vorläufer im Denken und in der Wirklichkeit des 19. Jahrhunderts. Tübingen.

Womack, J.P.; Jones; D.;Roos, D. 1990: The machine that changed the world. New York.

Betrieb und Umweltschutz

Lutz Wicke

1. Die Aufgaben der betrieblichen Umweltökonomie

Betriebliche Umweltökonomie ist die Teildisziplin der Betriebswirtschaftslehre, die die Beziehungen des Betriebes zu seiner natürlichen Umwelt und die Einwirkungen der Umwelt und ihrer Qualität sowie der Umweltpolitik auf den Betrieb darstellt und analysiert und die die Möglichkeiten des Betriebes aufzeigt, wie er entsprechend seiner Zielsetzungen, z. B. der langfristigen Gewinnmaximierung und der Sicherung seiner Existenz, den umweltbezogenen Erfordernissen am besten gerecht wird. Die Aufgaben der betrieblichen Umweltökonomie lassen sich ausgehend von dieser Definition wie folgt beschreiben:

1. Es müssen die sich gegenseitig beeinflussenden Beziehungen zwischen dem Betrieb, der Umwelt und der Umweltpolitik (einschließlich der Anforderungen der Gesellschaft und des Marktes an den Betrieb) sowie der Einfluß der Umweltschutzziele auf die betrieblichen Ziele dargestellt werden.
2. Die betriebliche Umweltökonomie muß die am besten geeignete Organisation und Integration des Umweltschutzes im Betrieb aufzeigen. Dazu müssen unter anderem die folgenden Fragen beantwortet werden: Wie erfolgt die Einbindung der Umweltschutzaufgaben in die Unternehmensorganisation und welche Rolle spielt dabei der Umweltschutzbeauftragte? Wie können die betrieblichen Umweltschutzerfordernisse ablauforganisatorisch bewältigt werden? Wie wirken Umweltschutz und Umweltsituation auf die betriebliche Standortwahl? Wie können die freiwilligen, nichtobligatorischen Umweltschutzmaßnahmen organisatorisch bewältigt werden?
3. Aufgabe der umweltorientierten Beschaffung und Produktion ist es, das Beziehungsgeflecht zwischen der Umwelt und allen Stufen der Leistungserstellung in Form der Entnahme der zur Produktion benötigten Einsatzstoffe aus der natürlichen Umwelt, des Transportes, der Umformung bzw. der Umwandlung in der Produktion, Zwischen- und Endlagerung und Rückgabe der Einsatzstoffe oder der Umwandlungsprodukte nach dem Produktions- oder dem Konsumprozeß in die natürliche Umwelt, optimal zu gestalten. Dabei muß einerseits eine wirtschaftliche Leistungserstellung gewährleistet, andererseits aber die Umweltinanspruchnahme bzw. -belastung so weit wie möglich vermieden oder vermindert, auf jeden Fall unter den gesetzlichen Anforderungen gehalten werden. Hierfür stehen dem Betrieb mehrere Anpassungsmaßnahmen wie z. B. Verfahrensumstellungen, Material- und Produktsubstitution sowie Recyclingkonzepte zur Verfügung.
4. Im Rahmen einer umweltbezogenen Kosten- und Investitionsrechnung werden sowohl durch die Erfassung und Verrechnung umweltschutzrelevanter Kosten und Investitionen im betrieblichen Rechnungswesen als auch durch die Bereitstellung von um Umweltaspekte erweiterte Verfahren zur Analyse und Bewertung von Investitionsalternativen Entscheidungshilfen für eine betriebliche Umweltökonomie angeboten.
5. Des weiteren hat die betriebliche Umweltökonomie die Aufgabe, den Einfluß von Umweltschutzaufgaben und -maßnahmen auf die lang- und kurzfristige Finanzplanung aufzuzeigen und darzustellen, wie der betriebliche Umweltschutz die Finanzierungsplanung tangiert. Insbesondere ist aber auch darzustellen, wie den Betrieben durch technische, organisatorische (Beratung) und finanzielle staatliche Hilfen die Durchführung ihrer Umweltschutzaufgaben erleichtert wird und wie die Betriebe diese Hilfen in Anspruch nehmen können.

6. Da das Umweltbewußtsein alle Nachfragergruppen in immer stärkerem Maße zu einem umweltbewußten Kaufverhalten veranlaßt, sind die Betriebe zunehmend vom Markt her „gezwungen", ein umweltorientiertes Marketing zu betreiben. Deshalb muß die betriebliche Umweltökonomie aufzeigen, wie durch den Einsatz des vielfältigen Marketinginstrumentariums der Betrieb angemessen auf die ökologieorientierten Anforderungen des Marktes reagieren. bzw. wie er durch ein betont umweltorientiertes Marketing seine Marktchancen und damit auch seine (langfristige) Gewinnsituation verbessern kann.
7. Die betriebliche Umweltökonomie muß ferner aufzeigen, wie die notwendigen Umweltinformationen in betriebliche Umweltinformationssysteme zu integrieren sind, um damit nach außen die interessierte Öffentlichkeit und die Geschäftspartner angemessen zu informieren bzw. im Inneren des Betriebes angemessen umweltbezogen planen, entwickeln, steuern und kontrollieren zu können. Hierbei sind insbesondere der Einfluß des Umweltschutzes auf den Jahresabschluß und die Darstellung der Umweltaspekte im Jahresabschluß als auch die Voraussetzungen für ein wirksames Umweltcontrolling aufzuzeigen.
8. Im Rahmen der betrieblichen Umweltökonomie müssen schließlich die beiden grundsätzlich möglichen umweltorientierten Managementstrategien, das - bisher - zumeist praktizierte defensive Umweltmanagement und das offensive Umweltmanagement diskutiert werden. Hieraus kann die Empfehlung an die Betriebe abgeleitet werden, sich aus (langfristigem) betrieblichem Eigeninteresse, aber auch aus gesellschaftspolitischer und umweltethischer Verantwortung heraus, den umweltbezogenen Problemen, Risiken und Chancen aktiv zu stellen und soweit wie möglich ein offensives anstatt ein defensives Umweltmanagement zu betreiben.

2. Offensives Umweltmanagement als angemessenes betriebliches und gesellschaftliches Verhalten

Im Rahmen des Beitrages soll nur erläutert werden, wie sich der Betrieb den zunehmenden umweltbezogenen Anforderungen der Gesellschaft, der Marktteilnehmer und des Staates im Interesse des Betriebes und der Umwelt erhalten sollte. Analysiert man das gesellschaftliche Umfeld und das betriebliche Verhalten, stellt man fest, daß
1. die Soziale Marktwirtschaft durch einen stärker durchgesetzten umweltrechtlichen Rahmen und insbesondere aber durch den Einbau marktorientierter Elemente in die Umweltpolitik zu einer Öko-Sozialen Marktwirtschaft weiterentwickelt wird,
2. die Unternehmen trotz gestiegenen Umweltbewußtseins weithin nach wie vor ein eher defensives Umweltmanagement betreiben, d. h. in der Regel nur passiv auf die Umweltschutzanforderungen reagieren,
3. die ökonomischen und umweltrechtlichen Rahmenbedingungen "in Form"*steigender* umweltschutzorientierter Nachfrage aller Gruppen, steigender umwelt-rechtlicher Anforderungen an Produkte und Produktionsverfahren und*zusätzlicher* Anforderungen durch die EU-Umweltpolitik und die Schaffung des *EU-Binnenmarkts* für eine stärker umweltorientierte Unternehmensführung sprechen und daß
4. der "umweltethische kategorische Imperativ" ein glaubwürdiges und entschiedenes Umweltengagement der Unternehmen bei gleichzeitig hinreichender Wahrung ihrer primären betrieblichen Interessen erfordert.

Auf all diese vom Wirtschaftssystem, vom Markt, von der Gesellschaft, von der Umweltpolitik des Staates und von der Europäischen Gemeinschaft, d. h. von "außen" auf das Unternehmen einwirkenden Einfluß- und Bestimmungsfaktoren und auf die "von innen" aus den Unternehmen, d. h. aus der Umweltethik der Mitarbeiter und der Manager der Unternehmen kommenden Impulse, sollten die Unternehmen im gesellschafts- und umweltpolitischen Interesse mit einem "offensiven Umweltmanagement" reagieren.

Bei einer vollständigen Anwendung dieses Konzeptes des "offensiven Umweltmanagements" werden die Unternehmen bestrebt sein, in allen betrieblichen Bereichen und Funktionen die Umweltschutzanforderungen, die vom Staat oder vom Markt ausgehen, in die betrieblichen Abläufe offensiv zu integrieren. Zielsetzung ist es in diesem Zusammenhang nicht nur, diese Anforderungen "nur" zu erfüllen, sondern sie geradezu als betriebswirtschaftliches "Instrument" zu benutzen, um möglichst alle denkbaren Vorteile eines umweltbewußten Verhaltens für den Betrieb zu erhalten. Mit einem "offensiven Umweltschutzkonzept" wird also versucht, sowohl die traditionellen betriebswirtschaftlichen Ziele, z. B. das der Existenzsicherung des Betriebes als auch die Umweltanliegen soweit wie möglich gemeinsam zu erreichen. Bei gesellschafts- und umweltpolitisch unabweisbaren Notwendigkeiten beinhaltet dieses Management auch die (temporäre) Hinnahme von Gewinnminderungen.

Das offensive Umweltmanagement kann von den Unternehmen bei völlig unterschiedlicher "Ausgangslage" realisiert werden, wie in Abb. 1 dargestellt:

Abb. 1: Offensives Umweltmanagement

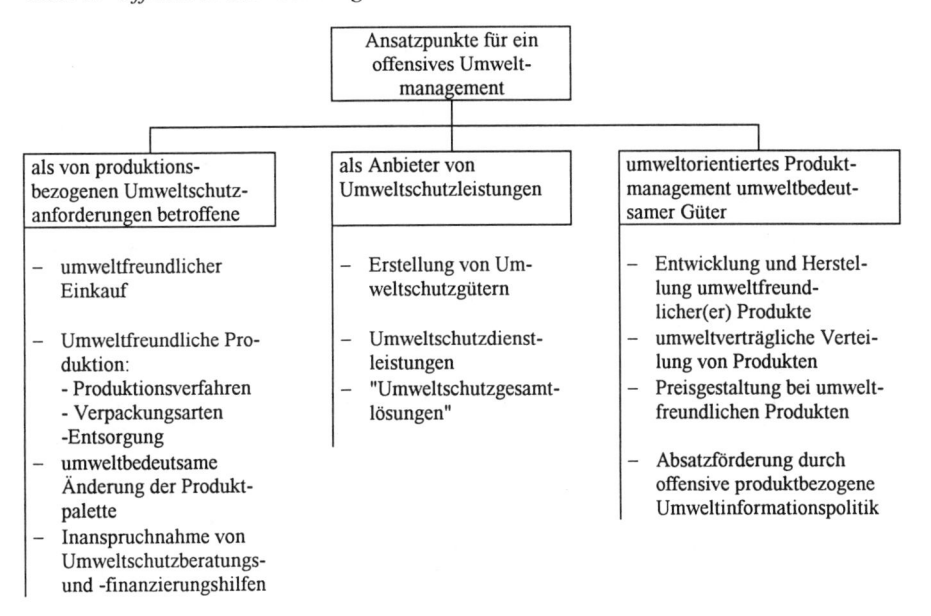

als von produktionsbezogenen Umweltschutzanforderungen betroffene	als Anbieter von Umweltschutzleistungen	umweltorientiertes Produktmanagement umweltbedeutsamer Güter

– umweltfreundlicher Einkauf
– Umweltfreundliche Produktion:
  - Produktionsverfahren
  - Verpackungsarten
  - Entsorgung
– umweltbedeutsame Änderung der Produktpalette
– Inanspruchnahme von Umweltschutzberatungs- und -finanzierungshilfen
	– Erstellung von Umweltschutzgütern
	– Umweltschutzdienstleistungen
	– "Umweltschutzgesamtlösungen"
		– Entwicklung und Herstellung umweltfreundlicher(er) Produkte
		– umweltverträgliche Verteilung von Produkten
		– Preisgestaltung bei umweltfreundlichen Produkten
		– Absatzförderung durch offensive produktbezogene Umweltinformationspolitik

Ansatzpunkte für ein offensives Umweltmanagement

– Die Unternehmen können von produktionsbezogenen Umweltschutzanforderungen des Staates, des Marktes und der Gesellschaft betroffen sein, und hierdurch veranlaßt werden, ihren Betriebsprozeß im Einkauf, in der Produktion und im Absatz umweltfreundlicher zu gestalten, was mit Umstellungsproblemen und - zumindest prima vista - mit höheren Kosten verbunden sein kann (nicht muß!). Hier gilt es, primär betriebswirtschaftliche Nachteile zu minimieren.

- Die Unternehmen können Anbieter von Umweltschutzleistungen, d. h. von direkt umweltverbessernden Gütern und Dienstleistungen sein, und von erhöhten Umweltschutzanforderungen - bei richtiger betrieblicher Reaktion - profitieren, und
- die Unternehmen können als Hersteller von als umweltbeeinträchtigend angesehenen Produkten ihre Produktpalette durch ein offensives umweltorientiertes (Produkt)-management so gestalten, daß aus potentiell negativ vom Umweltschutz Betroffenen Nutznießer der Umweltschutzanforderungen werden.

Viele Unternehmen können sowohl Umweltschutzbetroffene als auch zugleich Anbieter von Umweltschutzleistungen und zudem auch Nutznießer des Angebotes umweltfreundlicher Produkte im Rahmen eines offensiven umweltorientierten Produktmanagements sein. Dazu zwei Beispiele:
a) Das Baugewerbe muß Lärm-, Staub- und Asbestemissionen reduzieren und Bauschutt ordnungsgemäß entsorgen, kann andererseits aber von zusätzlichen umweltschutzbedingten Aufträgen, z. B. zur Lärm- und Wärmedämmung oder im Gewässerschutz der Luftreinhaltung sowie der Entsorgung zusätzliche Umweltschutzleistungen verkaufen.
b) Das Kraftfahrzeughandwerk hat Probleme mit mineralölhaltigen Abwässern, Lösemittelemissionen aus Lackierereien und erhebliche Kosten der Entsorgung von Kfz-Chemikalien und Ölabscheider-Rückständen. Andererseits kann die Branche zusätzliche Umweltschutzleistungen durch Abgassonderuntersuchungen und Umrüstungen von Pkw auf schadstoffmindernde Vorrichtungen realisieren. Außerdem können die Kraftfahrzeughändler umweltfreundlichere - z. B. mit Katalysator ausgerüstete und meist teurere und damit für die Händler tendenziell gewinnsteigernde - Pkw verkaufen.

3. Offensives Umweltmanagement der von Umweltschutzanforderungen betroffenen Unternehmen

Wie in Abb.1 wiedergegeben, können Unternehmen, die sich mit steigenden Umweltschutzanforderung konfrontiert sehen, mit Hilfe
- eines umweltfreundlichen betrieblichen Einkaufs,
- kostensenkender umweltfreundlicher Produktions-, Verpackungs- und Entsorgungsverfahren,
- der Absatz- und Umsatzförderung durch betont umweltfreundliche Leistungen und
- der Inanspruchnahme wirkungsvoller Umweltschutzberatungs- und -finanzierungshilfen die Belastungen, die ihnen durch den Umweltschutz entstehen, senken oder sogar die Ertragssituation des Betriebes verbessern. Sofern die Betriebe umweltbedeutsame Produkte herstellen, können sie mit einem offensiven umweltorientierten Produktmanagement ihre Position verbessern.

3.1 Umweltfreundlicher Einkauf

Abgesehen vom (privaten) Umweltschutzengagement der Unternehmer, Manager und Einkäufer der Unternehmen gibt es betriebswirtschaftliche Gründe, weshalb die Betriebe möglichst umweltfreundliche Vorprodukte, d. h. Roh-, Hilfs- und Betriebsstoffe, aber auch weiter bei den Kunden zu verwendende Endprodukte einkaufen sollen:

a) Oft, wenn auch keinesfalls immer, sind umweltfreundliche Produkte kostengünstiger als herkömmliche, (stärker) die Umwelt belastende Produkte. Beispiele dafür sind u. a. der Kauf von Papierprodukten auf Altpapierbasis, der Kauf von teureren Langzeitleuchtstofflampen mit erheblichen Energie(kosten)ersparnissen und der Einkauf von Lacken, die keine problematischen Lösemittel enthalten, wodurch teure nachgeschaltete Absaug- und Reinigungsanlagen in der Produktion von lackierten Teilen vermieden werden können.

b) Die Betriebe, die umwelt- und ressourcenschonende Vorprodukte in ihrer Produktion verwenden, können darauf bei ihren Angeboten hinweisen und haben damit ein weiteres absatz- und umsatzsteigerndes Argument neben dem günstigen Preis und dem Ausweis bzw. dem Ruf der qualitativ hochstehenden Leistung. So werden beispielsweise Installateure auf die Umweltverträglichkeit und Kostenersparnisse von besonders energieeinsparenden und umweltfreundlichen Heizungs-, Brauchwasseranlagen und sonstigen von ihnen zu installierenden Haushaltsgeräten verkaufsfördernd hinweisen können.

c) Ein mindestens ebenso wichtiger Beweggrund für einen umweltfreundlichen Einkauf, der gleichzusetzen ist mit geringeren Gefährdungen der Mitarbeiter, der Kunden, des Betriebsgeländes und der Umwelt, ist die bereits realisierte und die absehbare Verschärfung der Haftung auf den sich überschneidenden Sektoren des Umwelt- und des Verbraucherschutzes. Durch den Einkauf von umweltfreundlichen Vorprodukten kann das Risiko im Produktions-, Lagerungs-, Entsorgungs- sowie im Absatzbereich vermindert werden.

Die Unternehmen haben neben der Orientierung am Umweltzeichen auch die Möglichkeit, sich auf die einfachste Art des umweltgerechten Einkaufs zu stützen, den Kaufvertrag. Wenn sie sich von ihren Lieferanten vertraglich eine besondere Umweltfreundlichkeit der Vorprodukte oder die Haftung der Vorlieferanten für eventuelle umweltbezogene Folgeschäden vertraglich zusichern lassen, wird davon sehr großer Druck auf die Lieferanten ausgehen, alles in ihrer Kenntnis und Macht stehende zu tun, um Regreßansprüchen zu entgehen: Die Umweltfreundlichkeit des betrieblichen Einkaufs wäre auf diese Weise gesichert.

3.2 Kostensenkungen durch umwelt- und ressourcenschonende Produktion

Auch durch eine Umstellung des Produktionsprozesses, durch andere Verteilungs-, insbesondere andere Verpackungstechniken und durch eine umweltfreundliche und kostensparende Entsorgung kann der Betrieb erhebliche Kostenvortele realisieren.

Umweltschonende, kostensparende Produkionsverfahren
Umweltfreundliche Produktionstechniken und -verfahren können auf verschiedenen Wegen als Instrument des offensiven Umweltmanagements und zur Verbesserung der Ertragssituation des Betriebes beitragen:

Energiesparendes Produktionsverfahren
Die in der Praxis am häufigsten vorkommenden kostensparenden und zugleich umweltfreundlichen Produktionsverfahren sind die, in denen Energie rationell und sparsam eingesetzt wird. Von den knapp 30 Prozent aller Betriebe, die bei einer Umfrage des *Bundesverbandes Junger Unternehmer* angaben, daß sie durch Umweltschutz Geld gespart hätten, bezogen sich wiederum etwa 30 Prozent auf Energieeinspartechniken.

Wenn etwa
- durch Heizen mit Abluft Brennstoffe eingespart,
- oder Aufheizkosten durch Verbrennungsluftvorwärmung mit Abgasen deutlich reduziert werden,
- wenn durch - wie vielfach praktiziert - energetisch inhaltsreiche Abfälle zur Wärmegewinnung in modernen umweltfreundlichen Öfen verwendet werden (Beispiel Tischlereien) oder
- wenn Außenwände und Fenster lärm- und wärmegedämmt werden (mit der Folge erheblicher Energieeinsparungen),

so reduziert dies zumeist nicht nur die Umweltbelastung, sondern auch die betrieblichen Kosten. Dies gilt auch für außenlichtgesteuerte Beleuchtungsanlagen, die den Strombedarf senken und sich in ein bis zwei Jahren amortisieren. Damit wird die Umwelt zugleich direkt (verringerte Leistung der Heizungs- und ggf. Energieerzeugungsanlage) oder indirekt durch geringere Produktion und geringen Schadstoffausstoß der Kraftwerke entlastet.

Rationellerer Einsatz von Roh-, Hilfs- und Betriebsstoffen
Große Einsparpotentiale liegen aber auch darin begründet, daß Roh-, Hilfs- und Betriebsstoffe rationeller eingesetzt werden, wodurch geringere Emissionen entstehen und die Umwelt entlastet wird. So können - wie an anderer Stelle ausführlicher dargestellt - mit modernen galvanotechnischen Anlagen (Stichwort "geschlossene Wasserkreisläufe") teure Rohstoffe wesentlich besser ausgenutzt, Abfallstoffe recyclert, Frischwasser und Energie eingespart und die Zahlung von Abwassergebühren und Abwasserabgaben gesenkt werden. Dies ist ein typischer Fall des - stark - umweltentlastenden und betriebswirtschaftlich vorteilhaften "integrierten Umweltschutzes", bei dem Umweltbelastungen bereits an der Quelle, d. h. im Produktionsprozeß vermieden werden und nachgeschaltete Umweltschutzmaßnahmen weitgehend überflüssig werden. In Lackierereien können durch die Investition einer Lösemittelrückgewinnungsanlage nicht nur die Gesundheit der Arbeitnehmer und die Umwelt geschützt werden, sondern auch die Kosten durch den Kreislaufbetrieb vermindert werden.

Vermeidung aufwendiger nachgeschalteter Reinigungsverfahren durch "integrierten Umweltschutz"
Umweltschutz wird von den meisten Betriebspraktikern noch immer als bedeutender Kostenfaktor angesehen, weil unter Umweltschutzmaßnahmen überwiegend nachgeschaltete Reinigungsverfahren, die zusätzliche Kosten verursachen, verstanden werden. Tatsächlich gibt es neben dem dargestellten galvanotechnischen Beispiel zahlreiche weitere Beispiele für integrierten Umweltschutz, bei dem durch Wahl eines anderen umweltschonenderen Produktionsverfahrens weitgehend auf nachgeschaltete und teure Reinigungs- oder allgemeine Umweltschutzmaßnahmen verzichtet werden kann. Ein sehr bekanntes Beispiel für integrierten Umweltschutz in der Luftreinhaltung ist die Wirbelschichtfeuerung: Bei ihr wird neben den feingemahlenen Kohle-Brennstoffteilchen gleichzeitig feingemahlener Kalk in die Wirbelschicht eingeblasen, in der der Verbrennungsvorgang stattfindet. Das bei der Verbrennung infolge der Schwefelbestandteile der Kohle entstehende Schwefeldioxid verbindet sich mit dem eingeblasenen Kalk zu Gips. Die Gipspartikel werden genau wie die sonstige Asche mit mechanischen und elektrostatischen Filtern aus dem Abgas entfernt.

Mindestens 60 Prozent des sonst anfallenden Schwefeldioxides wird dem Abgas aufgrund dieses Verfahrens entzogen. Insbesondere bei kleineren Verbrennungsanlagen, bei denen nachgeschaltete Entschwefelungsanlagen sehr kostenaufwendig sind, empfiehlt sich dieses integrierte Umweltschutzverfahren. Ebenso konnte ein Schmiedebetrieb Investitionsaufwendungen für den Lärmschutz bzw. eine eventuell notwendige Betriebsverlagerung aufgrund von Lärmbelästigungen vermeiden, indem vom Schmiedehammer- zum Schmiedepressenverfahren übergegangen wurde. Gleichzeitig konnte der kostensenkende Zweischichtbetrieb eingeführt werden.

Verbesserung der Effizienz "herkömmlicher" nachgeschalteter Reinigungsverfahren
Nachgeschaltete Umweltschutzanlagen bedeuten in der Regel eine Verteuerung der Produktion (Ausnahme: Zurückhaltung teurer wiedereinsetzbarer Rohstoffe). Allerdings können durch die Verbesserung und Optimierung dieser herkömmlichen - nicht integrierten - Umweltschutzanlagen auch die Kosten des Umweltschutzes bei gleichem Produktionsausstoß gesenkt werden. Anders ausgedrückt: Effizientere Umweltschutzanlagen senken die spezifischen umweltschutzbedingten Zusatzkosten der Betriebe. Beispiel einer Drahtzieherei: Bisher wurde die bei der Drahtherstellung anfallende Eisenoxidschicht auf chemische Weise entfernt, wobei Säuredämpfe und Neutralisierungsrückstände anfielen. Bei einem neu entwickelten mechanischen Verfahren entfallen sämtliche Probleme, die bei der Verwendung von Säurelösungen anfielen (säureresistenter Anlagenbereich, Behandlung der Säurerückstände). Luftverunreinigung und Rückstände werden vermieden.

Substitution von umweltgefährdenden Produkten
Eine weitere Möglichkeit, in diesem Sinne kostensenkende oder gewinnbringende und absatzfördernde Umweltschutzmaßnahmen zu ergreifen, besteht darin, solche Produkte, deren Produktion oder die selbst umweltgefährdend sind, durch andere umweltfreundlichere Produkte mit gleichen, ähnlichen, ggf. sogar besseren Gebrauchseigenschaften zu ersetzen. Eines der spektakulärsten und in der Öffentlichkeit am meisten diskutierten Beispiele dieser Art ist die Substitution von Asbestzement-Baumaterialien durch Nichtasbestfaserzement. Auch wenn die Umstellung auf Faserzementprodukte in erster Linie absatzfördernde Ziele hatte, verringert sich jedoch gleichzeitig die Notwendigkeit für kostenaufwendige nachgeschaltete Luftreinhaltemaßnahmen nach der Produktion. Auch durch die teilweise Substitution von Farben und Lacken mit viel Kohlenwasserstoff enthaltenden Lösemitteln durch "lösemittelarme bzw. -freie" Farben und Lacke (Lösemittel: Wasser) verringern die Hersteller solcher umweltfreundlicherer Farben und Lacke die Notwendigkeit, im Betriebsprozeß für kostenaufwendige Lösemittelrückgewinnungs- oder - aufbereitungsanlagen zu sorgen, und erweitern gleichzeitig die Möglichkeit zur Absatzsteigerung.

Umweltschonende und kostengünstige Verpackungsarten
Durch die Wahl der Verpackungsart können ebenfalls Umweltentlastungseffekte und zugleich Kosteneinsparungen und sonstige Vorteile erreicht werden. Beispiele dafür gibt es in vielen Verpackungsbereichen, wobei z. B. die umweltfreundliche Transportverpackung in Form einer zusammenlegbaren Mehrwegverpackung "Collico" der *Deutschen Bundesbahn* zur Senkung der Verpackungs- und Abfallkosten führt.

Kostengünstige und gewinnbringende Entsorgung
In vielen Unternehmen stellen die Entsorgungskosten infolge gestiegener Anforderungen an die sachgerechte Abfallbeseitigung einen spürbaren Anteil an den Gesamtkosten, und in ihrer Verminderung besteht prinzipiell ein großes Kosteneinsparpotential. Dies kann geschehen durch
- Verminderung der Menge und/oder der Gefährlichkeit der Abfälle (hausmüllähnliche versus (teuer zu entsorgende) 'Sonderabfälle'),

– besonders 'kostengünstige' Entsorgungstechniken (z. B. durch Abfall-Preßcontainer) oder
– durch den innerbetrieblichen oder außerbetrieblichen kostensparenden oder sogar ertragbringenden Wiedereinsatz von Abfällen als Sekundärrohstoffe.

3.3 Umweltbedeutsame Änderungen der Produktpalette

Die Unternehmen können aber auch auf die produktionsbezogenen Umweltschutzanforderungen durch Änderungen ihrer Produkte bzw. ihrer Produktpalette reagieren: Werden - um bei einem bereits erwähnten Beispiel zu bleiben - die Farben- und Lackhersteller aufgefordert, ihre Emissionen an Lösemitteln deutlich zu. senken, können sie durch den Ersatz von chemielösemittelhaltigen Lacken durch Lacke, deren Lösemittel Wasser ist, gleichzeitig eine nachgeschaltete Luftreinhalteanlage vermeiden. Dies gilt auch für die Eliminierung derjenigen Produkte aus der Produktpalette, bei deren Produktion nur aufwendig zu beseitigende Emissionen entstehen. Es ist auch möglich, daß solche Produkte von anderen Herstellern bezogen und sie dann unter eigenem Namen vertrieben werden (d. h. Reduzierung der Produktionstiefe von - in der Produktion - emissionsstarken Produkten).

3.4 Inanspruchnahme von Umweltschutzberatungs- und -finanzierungshilfen

Insbesondere kleine und mittlere Unternehmen haben spezifische Probleme bei der Erfüllung der umweltpolitischen Anforderungen des Staates und des Marktes. Deshalb werden von der Bundesregierung, einigen Landesregierungen und von Selbsthilfeeinrichtungen der Wirtschaft wie den Industrie- und Handelskammern und -zentralverbänden und dem RKW mehr oder weniger stark subventionierte Beratungsleistungen für mittelständische Unternehmen angeboten. Gerade weil mittelständische Betriebe durch die (zusätzlichen) Umweltschutzanforderungen in der betrieblichen Praxis aus Personal-, Zeit- und Kostengründen oft überfordert sind, sollten sie kostengünstige und seriöse Beratungsangebote annehmen. Werden ihnen gangbare Lösungen aufgezeigt, so erspart dies oft große Probleme mit Behörden und Nachbarn. Außerdem werden die Berater oft kostengünstigere (ggf. sogar gewinnsteigernde) Lösungen aufzeigen können - Lösungen, die kaum im Blickfeld von umweltschutzunkundigen Betriebsleitern liegen. Auch werden interessengebundene Umweltschutzunternehmen oft nicht die für den Betrieb optimale Lösung anbieten.

Bei diesen Beratungen oder bei Beratungen durch die Hausbanken der Unternehmen sollte man sich über die Finanzierungs- bzw. Investitionshilfen im Umweltschutz intensiv informieren. Es hat sich herausgestellt, daß kleine und mittlere Unternehmen über diese Hilfen wenig informiert sind und sie deshalb sehr selten in Anspruch nehmen. Das ist besonders bedauerlich, weil diese Hilfen die Finanzierung gerade für kleine und mittlere Unternehmen erleichtern würden. Zwar ist fachkundige Beratung durch Umweltschutzspezialisten auch für größere Unternehmen angezeigt, weil auch sie nicht in allen betrieblichen Umweltschutzfragen über die optimale Lösung informiert sind. Jedoch nehmen die Informationsdefizite mit abnehmender Betriebsgröße zu. Für kleine und mittlere Unternehmen ohne Fachpersonal erscheint eine solche Beratung deshalb von allergrößter Bedeutung, um insbesondere die kostensenkenden und gegebenenfalls ertragssteigernden Möglichkeiten durch sinnvolle Umweltschutzmaßnahmen im Rahmen eines offensiven Umweltmanagements realisieren und ausnutzen zu können.

4. Die Realisierung eines offensiven umweltorientierten Produktmanagements

Im Gegensatz zum dargestellten Umweltschutzgüter- und Dienstleistungsmanagement handelt es sich bei einem umweltorientierten offensiven Produktmanagement um den Versuch einer möglichst optimalen Anpassung des Angebots von Unternehmen an die veränderten Marktgegebenheiten für umweltbedeutsame und -belastende Produkte. Bei der Realisierung eines offensiven umweltorientierten Produktmanagements werden die steigende Nachfrage nach umweltfreundlichen Produkten, die sich im Zeitablauf verschärfenden umwelt- und gesundheitsrechtlichen Anforderungen und die umweltethischen Verpflichtungen zum Anlaß genommen, um durch Herstellung und/oder Vertrieb von umweltfreundlichen Produkten (umweltfreundlich möglichst in allen Produktlebensphasen - Gesamtbetrachtung!) sowie durch umweltschonende Vertriebsformen die Wettbewerbssituation des Unternehmens langfristig zu sichern und zu optimieren, wobei ggf. auch temporäre Gewinneinbußen in Kauf genommen werden. Die von "außen" an den Betrieb herangetragenen umweltrelevanten Forderungen und die betrieblichen Ziele sollen also möglichst gemeinsam angestrebt werden. Soweit eine solche Komplementarität zwischen Umweltschutz und traditionellen betriebswirtschaftlichen (Gewinn-) Zielen besteht oder dieser durch gezielte Managemententscheidungen und -maßnahmen entsprochen werden kann, sollte "Umweltschutz als Chance wahrgenommen werden, Produkte und Verfahren im Sinne der Umweltverträglichkeit zu innovieren, so daß eine Kopplung zwischen Kosten- und Ertragsverbesserungen und ökologischen Verbesserungen möglich wird" (Abb. 2 gibt eine Übersicht über die Ansatzpunkte für ein solches Produktmanagement.)

4.1 Entwicklung und Herstellung umweltschonender Produkte

Marketing "wird mehr als je zuvor die Aufgabe haben, den Verbraucher davon zu überzeugen, daß Herstellung, Gebrauch bzw. Verbrauch und Entsorgung eines Produktes mit den damit zusammenhängenden Kreisläufen vereinbar ist. Produkte werden in Zukunft nicht nur nach ihrem Nutzwert beurteilt, sondern auch danach, ob sie nach dem jeweiligen Stand wissenschaftlicher Erkenntnis ökologisch unbedenklich sind. Für das danach erforderliche umweltorientierte Produktmanagement ist eine wesentliche Grundvoraussetzung zunächst die Entwicklung und Produktion von umweltschonenden bzw. von im Vergleich zu den traditionellen Produkten der gleichen Güterkategorie (z. B. Pkw) relativ umweltfreundlichen Produkten. Das heißt: Diese Güter sollen in der Herstellungs-, der Vertriebs-, der Ge- und Verbrauchs- sowie in der Entsorgungsphase (relativ) umweltfreundlich sein. Außerdem sollten sie auch möglichst so hergestellt werden, daß bei ihrer Produktion und der Beschaffung der für sie benötigten Roh-, Hilfs- und Betriebsstoffe möglichst wenig Umweltbelastungen und ein geringer Ressourcenverbrauch entstehen. Konsequenterweise sollte die Betrachtung auch auf die vorgelagerten Bereiche (Vorprodukte, Lieferanten) ausgedehnt werden. Neben anderen eher funktionsbezogenen Kriterien sollten diese Produkte kumulativ möglichst zahlreiche der nachfolgend aufgezählten Umweltkriterien in ihren verschiedenen Produktlebensphasen erfüllen.

Abb. 2: Ansatzpunkte für ein offensives umweltorientiertes Produktmanagement

Planung und Entscheidungsprozeß

- umweltrechtliche Vorschriften, Verbraucheranforderungen und sonstiges Nachfrageverhalten
- Umweltrelevanz der eigenen sowie der Konkurrenzprodukte
- erforderliche Forschungs- und Entwicklungsarbeiten, daraus resultierende Produktions- und Einsatzstoffänderungen
- Investitions- und Kostenauswirkungen
- Auswirkungen auf die Liquiditätslage und die Finanzierungssituation
- Preisstellungsmöglichkeiten und Abnahmebereitschaft des Marktes
- Konkurrenzreaktionen
- Änderungen im Abnehmerkreis und im Vertriebssystem
- positive/negative Nebeneffekte umweltschonender Produkte
- → Vorteilhaftigkeit verschiedener Alternativen eines offensiven umweltorientierten Produktmanagements

Entwicklung und Herstellung umwelt- und ressourcenschonender Produkte	Umweltverträglicher Vertrieb	Preisgestaltung bei umweltfreundlichen Produkten	Preisgestaltung bei umweltfreundlichen Produkten
Produktbezogene (Umweltschutz)kriterien für die Phasen - Erstellung - Verkauf - Ge- und Verbrauch - Entsorgung Grundsatz: nur besonders umweltfreundliche und zugleich voll gebrauchs-taugliche Produkte können bei umwelt-bewußten, kritischen Verbrauchern bestehen	- Umweltfreundliche Transport- und Auslieferungssysteme - Einführung bzw. Verstärkung von Re-Distributionssystemen (Zweibahnverfahren)	- Umweltfreundliche (u. F.) Produkte mit Kostenvorteilen gegenüber trad. Produkten - u. f. Produkte mit großem Einsparpotential - Preisdifferenzierungsmöglichkeiten - u. f. Produkte mit Kostennachteilen gegenüber trad. Produkten	- direkte Produktinformation und -werbung - produktbezogene Werbung - Umwelt-PR der Unternehmen und ihrer Verbände

Umweltkriterien in der Absatz-, der Vertriebs- sowie der Ge- und Verbrauchsphase:
- Umwelt- und Gesundheitsrelevanz der Verpackung;
- Wiederverwend- bzw. Weiterverwertbarkeit der Verpackung;
- möglichst geringes Produkt- und Verpackungsvolumen;
- Gesundheitsaspekte bei Ge- und Verbrauch,
- Emissionen beim Ge- und Verbrauch (Luft- und Gewässerbeeinträchtigung);
- energieeffiziente Ge- und Verbrauchsphase;
- lärmarme Ge- und Verbrauchsphase;
- Erleichterung des möglichst umweltschonenden und insgesamt rationalen Gebrauchs (Produkthinweise, Service und Beratung);
- Erhöhung der Reparatur- und Wartungsfreundlichkeit, leichte Austauschfähigkeit von Verschleißteilen;
- sonstige Erhöhung der Langlebigkeit (technische und wirtschaftliche Lebensdauer erhöhen).

Umweltkriterien in der Entsorgungsphase:
- geringes Abfallvolumen;
- Deponier-, Verbrennungs- oder Kompostierungsverhalten;
- Grad der Wiederverwertbarkeit (auch partiell);
- Recyclingfähigkeit der Abfallprodukte;
- Bedeutung der Wiederverwertung oder getrennte Sammlung und Beseitigungsmöglichkeiten von Sonderabfall zu entsorgenden Produkten;
- energetische Verwendung durch Abfallverbrennung.

Umweltkriterien in der Erstellungsphase:
- Einsatz umweltfreundlicher und wenig energieintensiver Roh-, Hilfs- und Betriebsstoffe;
- Einsatz reichlich vorhandener beziehungsweise erneuerbarer Rohstoffe;
- Minimierung der Ressourcenverschwendung;
- Langlebigkeit der Produkte erhöhen (s. o.)
- Verstärkung von Produktion (und Absatz) nicht nur relativ umweltfreundlicher Produkte (z. B. leise Kat-Autos), sondern von per se umweltfreundlichen Produkten (z. B. Fahrräder).

Eine Reihe von Produkten erfüllt zahlreiche dieser umweltschutzbezogenen Kriterien bereits jetzt oder kann sie durch vergleichsweise geringe Modifikationen einhalten. Doch ist der Verbraucher in vielen Fällen hierüber nicht informiert. Hier kommt es darauf an, daß solche umweltfreundliche Produkte gekennzeichnet und mit Hinweisen, zum Beispiel durch neutrale Umweltestate - wie das Umweltzeichen - versehen werden. Allerdings gilt sowohl für vorhandene, wie auch für neuentwickelte, umweltfreundliche Produkte: Die Umweltfreundlichkeit kann und sollte nur dann herausgestellt werden, wenn die umweltrechtlichen Anforderungen und die Erwartungen von Umwelt- und Verbraucherinstitutionen und -verbänden deutlich übertroffen werden. Außerdem dürfen die positiven Eigenschaften nicht durch bestimmte umweltnachteilige Eigenschaften der Produkte kompensiert bzw. überkompensiert werden (z. B. wird ein leiser 250 PS-starker Sportwagen mit Katalysator kaum als umweltfreundliches Produkt akzeptiert werden).

Die Umwelteigenschaften von als umweltfreundlich einzustufenden Produkten müssen also den strengen Gebrauchsanforderungen genügen, z. B. den Kriterien der Jury *Um-*

weltzeichen oder den Prüfanforderungen der Stiftung *Warentest*. Gerade bei letzterer zeigt sich allerdings, daß beim Warentest der Gebrauchstest und dessen Resultat im Vordergrund steht. Das heißt: Umweltfreundliche Produkte mit positivem Umweltverträglichkeitstestat landen nur dann im Vordergrund der Testergebnisse, wenn sie in ihren Gebrauchseigenschaften und in ihrer Sicherheit weitgehend den traditionellen Produkten entsprechen oder sie gar noch übertreffen.

Für den Markterfolg umweltfreundlicher Produkte hat die Verpackung eine ganz entscheidende Bedeutung: Aus der Sicht der umweltbewußten Konsumenten sind umweltverträglichere, praktischere, einfachere und materialsparendere Verpackungen erstrebenswert. Die optimale Lösung ist immer dann gefunden, wenn die Verpackungsmittelflut eingedämmt bzw. das Recycling der Verpackung erleichtert worden ist, ohne die Schutz-, Transport-, Akquisitions- und Informationsfunktion der Verpackung zu stark zu beeinträchtigen.

Eine umweltorientierte Verpackungspolitik schafft wichtige Voraussetzungen für den Aufbau eines den Umweltaspekt betonenden Produktimages. Soll ein Produkt im Segment der umweltbewußten, kritischen Verbraucher nachhaltig profiliert werden, sind in jedem Fall Verpackungs- und Markenpolitik aufeinander abzustimmen. Umweltfreundliche Produktgestaltung, umweltverträglichere Verpackung und auf das Marktsegment abgestimmte Markierungen u. U. mit Hilfe des Umweltzeichens tragen dann zu einer eigenständigen Markenpersönlichkeit mit Schwerpunkt auf ökologischen Werten bei.

4.2 Umweltverträglicher Vertrieb von Produkten

Die Verwendung umwelt- und ressourcenschonender Verpackungen sind Teil der Produktverteilungs- bzw. Distributionspolitik. Gerade auch die Umweltrelevanz der Verteilung von Waren hat einen großen Einfluß auf den Erfolg eines umweltorientierten Produktmanagements. Ferner ist die Preisgestaltung - gleiche oder höhere Preise umweltfreundlicher Produkte? - von großer Bedeutung für ein umweltorientiertes Produktmanagement. Prinzipiell sollte angestrebt werden, daß - nach außen erkennbar- (relativ) umweltfreundliche Produkte auf umweltverträglichen Wegen und mit umweltschonenden Transportmitteln an die nachfolgenden Wirtschaftsstufen verteilt und - ggf. nach Gebrauch - Produkte bzw. Produktteile (z. B. Verpackungen) wieder zum Hersteller zur Wieder- und Weiterverwendung zurückgeführt werden.

Abgesehen davon, daß im Getränkebereich mit den Mehrwegsystemen sog. „Re-Distributions-Systeme" bereits ökonomisch wie ökologisch erfolgreich arbeiten, bedeutet der Übergang auf umweltfreundliche Verteilungssysteme in vielen Bereichen einen deutlichen Eingriff in bestehende Strukturen, da Hersteller und Vertreiber es bislang gewohnt sind, die durch Transport, Verteilung und Abfallbeseitigung entstehenden Umweltkosten soweit wie möglich der Allgemeinheit anzulasten. Ein umweltschonenderes Verteilungssystem muß allerdings keineswegs nur Kostennachteile mit sich bringen, sondern es kann und wird sich in vielen Fällen auch direkt (d. h. nicht nur durch positive Nebeneffekte) für den Hersteller und den Vertreiber "rechnen":

Umweltschonende Transport- und Vertriebssysteme
Ein (umweltfreundlicher) Fuhrpark kann durch Beschaffung umweltschonender Fahrzeuge, umweltbewußte Wartung und umweltfreundliches Fahren nicht nur die Um-

weltbelastung vermindern helfen, sondern auch Energie und Kostenersparnisse bringen. Ähnliches gilt für
- flächensparende Haupt- und Auslieferungslager (Hochregallagerung);
- eine optimale Organisation von Lagerhaltung, Produktion, Verteilung und Transport;
- der generelle oder überwiegende Einsatz umweltfreundlicher Transportsysteme wie die Bahn oder die Binnenschiffahrt;
- die Förderung von Selbstabholersystemen (z. B. im Möbelbereich - Kunde prüft, kauft, bezahlt, nimmt zusammengelegte Möbel mit und baut selber auf).

Einführung bzw. Verstärkung von Redistributionssystemen
Dies gilt unter anderem für
- die eingeführte Mehrwegflasche in vielen Getränkebereichen;
- Rücknahme von flüssigen Abfällen durch Tankfahrzeuge;
- Rücknahme von gebrauchten Haushaltsgeräten bei Neulieferung;
- Ausweitung bzw. Begründung einer neuen "Entsorgungsdienstleistung" neben der traditionellen Verkaufsdistribution im Rahmen der zukünftig zu erwartenden Entsorgungs-, Rückgabe- und Rücknahmeverpflichtung des § 14 Abfallgesetz.

Auch wenn bei diesen und weiteren Systemen umweltfreundlicher Distribution und Redistribution die betriebswirtschaftliche Gesamtrentabilität geprüft werden muß, bevor sie realisiert werden sollte, gibt es mit Sicherheit eine große Anzahl von bisher nicht realisierten Möglichkeiten, die Distributionspolitik umweltfreundlicher und zugleich rentabel zu gestalten. Selbst eine im Distributionsbereich selbst auftretende - geringe - Nicht-Rentabilität kann sich per saldo wegen des möglichen Beitrages zum betriebswirtschaftlichen Gesamterfolg des offensiven umweltorientierten Produktmanagements - z B. durch einen steigenden Absatz - für die Betriebe auszahlen.

4.3 Preisgestaltung bei umweltfreundlichen Produkten

Wie bereits erwähnt, werden bei (völlig) neuentwickelten umweltfreundlichen Produkten wegen der Forschungs- und Entwicklungs-, Werbungs- und PR-Kosten sowie wegen zumindest anfangs geringer Absatz- und Produktionszahlen sehr oft höhere Stückkosten auftreten. Andererseits werden aber auch häufig die Produktionskosten solcher Produkte gegenüber vergleichbaren, weniger umweltfreundlichen Produkten oft eher geringer sein, bzw. diese Produkte werden für den Konsumenten wegen sonstiger ökonomischer Vorteile (Energie-, Wasser/Abwasser-, Material- und Ersatzteil(kosten-)reduzierungen) sowie verbesserter Wartungsmöglichkeiten oft auch wirtschaftlich attraktiver sein. Dies gilt für einen großen Teil der Produktgruppen, die das Umweltzeichen erhalten
- angesichts des „dramatischen" Wachstums des Anteils umweltbewußter Haushalte in der Bundesrepublik Deutschland und der zumindest in diesem Käufersegment zugenommenen Zahlungsbereitschaft für umweltfreundliche Produkte sowie
- der geänderten Verdingungsordnung für Leistungen, die dem Beschaffer den Spielraum einräumt, moderat höhere Preise zu akzeptieren und
- der in Teilbereichen bereits vorhandenen Kostenvorteile von umweltfreundlichen Produkten müssen insgesamt die Möglichkeiten zur Erzielung kostendeckender (und höherer) Preise für umweltfreundliche Produkte mit vergleichbaren Produkteigenschaften wie die traditioneller Konkurrenzprodukte positiver eingeschätzt werden, als dies bisher in der Literatur geschieht.

4.4 Absatzförderung durch eine offensive produktbezogene Umweltinformationspolitik

Diese Einschätzung über die Möglichkeit zur Durchsetzung kostendeckender Preise, selbst bei umweltfreundlichen Produkten mit höheren Produktionskosten, gilt vor allem unter der Voraussetzung, daß Hersteller und Handel eine sachgerechte offensive Informationspolitik zur Einführung und Durchsetzung dieser Produkte leisten.

In Anbetracht der deutlich gestiegenen Präferenzen für umweltfreundliche Produkte haben die Unternehmen heute nicht nur die Möglichkeit, sich geänderten Konsumstrukturen anzupassen, die aus der Bereitschaft der Konsumenten (und der sonstigen Nachfragegruppen) entstehen, ökologische Aspekte in ihre Kaufentscheidung einzubeziehen, sondern die Unternehmen haben gute Chancen, die vorhandenen umweltbezogenen Präferenzen durch eine offensive produktbezogene Kommunikationspolitik in ein verstärktes umweltfreundliches Kaufverhalten umzumünzen.

Zielsetzung der einzusetzenden Maßnahmebündel muß es sein
- durch direkte Werbe- und Informationsmaßnahmen für spezielle Produkte,
- durch branchenbezogene Maßnahmen für umweltfreundliche Produktkategorien,
- durch Werbe- und Informationsmaßnahmen in Abstimmung und Anlehnung an entsprechende Aktivitäten von Umwelt- und Verbraucherverbänden,
- durch allgemeine, das Umweltimage des Unternehmens verbessernde Maßnahmen
eine Erweiterung des Marktpotentials der umweltfreundlichen Produkte des Unternehmens zu erreichen.

Werbung für umweltfreundliche Produkte
Kaum ein Hersteller aus den von der Umweltproblematik ihrer Produkte besonders betroffenen Branchen verzichtet heute bei der Werbung auf die Herausstellung der angeblichen oder tatsächlichen (relativen) Umweltfreundlichkeit der angebotenen Produkte. Dies steigert die Notwendigkeit der Konkurrenzanbieter und des Handels, auch bei ihren Produkten und ihrem Sortiment, die Umweltkomponente zu betonen, da ansonsten das angeblich oder tatsächlich umweltfreundliche Konkurrenzprodukt einen Wettbewerbsvorteil erhält.

Bei umweltfreundlichen „Nischenprodukten" (kleines Machtpotential) werden sich die Hersteller und der Handel eher auf umweltbezogene Informationen auf den Produkten bzw. ihren Verpackungen beschränken müssen. Dabei sind verläßliche Umwelttestate wie das Umweltzeichen oder das Umweltverträglichkeitstestat der *Stiftung Warentest* oder die Urteile anderer anerkannter und neutraler Stellen besonders geeignet.

Bei kleinem Marktvolumen einzelner Anbieter oder der einzelnen Produkte bieten sich auch eine produktgruppenbezogene Werbung oder entsprechende PR-Aktionen für die gesamte Produktgruppe an. So konnte die Lackindustrie über eine Selbstverpflichtung ihrer Mitgliedsfirmen gegenüber der Bundesregierung zur Reduzierung der Anteile von Lösemitteln und Schwermetallverbindungen in Lacken und Farben und eine entsprechende Information darüber, die Öffentlichkeit PR-wirksam über die relative Umweltfreundlichkeit ihrer Produkte informieren. Außerdem können sinnvolle Umweltschutzaktivitäten sehr günstig mit einer Förderung des Unternehmensimages verknüpft werden (z. B. Förderung der Wiedereinführung des Uhu durch die Uhu*Werke)* und damit Umwelt-PR für das Unternehmen betrieben werden.

Insgesamt haben Unternehmen und Unternehmensverbände infolge des deutlich gestiegenen Umweltbewußtseins aller Nachfragergruppen sehr gute Möglichkeiten, durch offensive produktbezogene Umweltinformationspolitik, durch sachbezogene Information über die Umweltfreundlichkeit von Produkten und Produktgruppen das tatsächliche Kaufverhalten aller Nachfragergruppen in Richtung umweltfreundliche Produkte zu verändern und damit deren Marktvolumen deutlich zu erweitern. Die Benutzung verläßlicher Umwelttestate ist dabei sehr förderlich. Allerdings werden diese Anstrengungen nur eine geringe Glaubwürdigkeit haben, wenn sie nicht durch ein umweltschonendes Verhalten im Produktionsbereich bestätigt werden. Insbesondere ist es für die Erhaltung der Glaubwürdigkeit der Unternehmen notwendig, über umweltbezogene Produktions- und Produktrisiken zu informieren und bei Unglücken oder Störfällen keine Informationen oder Warnhinweise zurückzuhalten und ggf. - freiwillig - Entschädigungs- oder Kompensationszahlungen zu leisten.

5. Möglichst ganzheitlich umweltorientierte Unternehmensführung am Markt

Zusammengefaßt bedeutet dies für die Unternehmen: Sie sollten nicht nur aus betriebswirtschaftlichem Eigeninteresse - aufgrund zunehmender Umweltschutzanforderungen vom Markt, des Staates und der Gesellschaft- und aus umweltethischer Überzeugung ein umweltorientiertes Produktmanagement betreiben. Sie sollten insbesondere auch als - zunächst - von produktionsbezogenen Umweltschutzanforderungen Betroffene ein offensives Umweltmanagement betreiben, um soweit wie möglich die betrieblichen Zielsetzungen und ihre umweltbezogenen gesellschaftspolitischen Verpflichtungen gemeinsam zu realisieren. Neben der Erfüllung dieser auch aus der Umweltethik hergeleiteten Verpflichtungen wurde an zahlreichen Beispielen gezeigt, daß ein offensives Umweltmanagement in Beschaffung, Produktion, Absatz sowie in der Investitionsphase und bei den Finanzierungsentscheidungen interessante betriebswirtschaftliche Vorteile mit sich bringen kann. Das heißt: Sehr oft ist ein offensives Umweltschutzmanagement gegenüber einem defensiven Umweltmanagementkonzept kurz-, vor allem aber mittel- und langfristig betriebswirtschaftlich vorteilhafter. Zumeist dürfte der Weg zu einem offensiven Umweltmanagement darin bestehen, stufenweise einzelne Elemente einzuführen. Dies könnte z. B. das Produktmanagement sein. Wie in vielen anderen Bereichen muß auch hier vor einem abrupten Strukturbruch gewarnt werden. Ein sofortiges totales "Umsteuern" in allen betrieblichen Bereichen unter der neuen Flagge eines offensiven Umweltmanagements wird angesichts der dadurch in der Regel kurzfristig verursachten betriebswirtschaftlichen Probleme kaum möglich sein. Entscheidend ist in jedem Falle, daß sich die Unternehmensleitungen mehr und mehr der Chancen einer umweltorientierten Ausrichtung von Produktion und Produkten bewußt werden. Sind diese Chancen erst einmal erkannt, ist es meist nur eine Frage der Zeit, bis in immer zahlreicheren betrieblichen Bereichen den vom Markt, von der Gesellschaft und von den Behörden ausgehenden Umweltschutzanforderungen offensiv begegnet wird.

Literatur

Wicke, L., u. a. 1992: Betriebliche Umweltökonomie - Eine praxisorientierte Einführung - Verlag Franz Vahlen, München.

Teil IV

Arbeitsmarkt

Arbeitsmarktordnung

Heinz Lampert

1. Die Arbeitsmarktordnung als integraler Bestandteil der Wirtschafts- und Sozialordnung

Die Arbeitsmarktordnung ist ein zentraler und bedeutender Teil der Wirtschafts- und Sozialordnung, weil die ganz überwiegende Mehrzahl aller Gesellschaftsmitglieder zur Existenzsicherung auf die vertraglich abgesicherte Verwertung ihrer Arbeitskraft auf den Arbeitsmärkten angewiesen ist. Die Qualität dieser Märkte und die auf ihnen gegebenen bzw. zustandekommenden Bedingungen bestimmen Lebensqualität und Lebenslage von vielen Millionen Arbeitnehmern nachhaltig. Denn die Arbeitsmarktordnung beeinflußt die Chancen der Verwertung der Arbeitskraft, die Höhe und die Stetigkeit des Arbeitseinkommens als entscheidender Lebensgrundlage der meisten Gesellschaftsmitglieder, die rechtlichen und faktischen Möglichkeiten des Markteintritts und des Qualifikationserwerbs, die Arbeitszeit, die Arbeitsplatzausstattung, die Rechte und Pflichten der Arbeitgeber und der Arbeitnehmer sowie die Arbeitsplatzsicherheit und die betrieblichen Sozialleistungen.

Um so erstaunlicher ist es, daß in den Veröffentlichungen maßgeblicher geistiger Schöpfer des Konzepts der Sozialen Marktwirtschaft, so z. B. bei Walter Eucken, Wilhelm Röpke, Alexander Rüstow und Alfred Müller-Armack, nur Fragmente einer arbeitsmarktpolitischen Konzeption existieren und nur sporadische Äußerungen und Anregungen zur Arbeitsmarktpolitik zu finden sind (vgl. dazu Lampert 1981, 756 ff.). Trotz dieses Defizits in der ordnungspolitischen Konzeption hat der Gesetzgeber in der Bundesrepublik eine Arbeitsmarktordnung geschaffen, die konform zur Wirtschafts- und Sozialordnung, d.h. zur Sozialen Marktwirtschaft, und zu den relevanten Grundgesetznormen ist.

Entsprechend der Grundidee der Sozialen Marktwirtschaft, eine Synthese zwischen wirtschaftlicher Freiheit als untrennbarem Teil persönlicher und politischer Freiheit einerseits und den sozialstaatlichen Zielen sozialer Sicherheit und sozialer Gerechtigkeit andererseits zu schaffen, sollen die wirtschaftlichen Beziehungen und Aktivitäten prinzipiell im Rahmen wettbewerblich gestalteter Märkte von den Wirtschaftssubjekten koordiniert und gesteuert werden - soweit durch eine marktwirtschaftliche Steuerung soziale Ziele nicht verletzt werden. Die Märkte sollen nach Möglichkeit so geordnet werden, daß sie von vornherein sozialen Zielen entsprechen, insbesondere der Gleichheit der formalen Freiheit, der rechtlichen Gleichheit der Startbedingungen und der Leistungsgerechtigkeit. Wenn funktionsfähiger Wettbewerb nicht herstellbar ist, soll Prozeßpolitik betrieben werden, bei Nichtverfügbarkeit oder bei Versagen marktkonformer Instrumente notfalls durch den Einsatz nicht marktkonformer Instrumente.

Als ordnungspolitische Postulate, denen die Arbeitsmarktordnung vom Leitbild der Sozialen Marktwirtschaft und vom Grundgesetz her zu genügen hat, sind folgende acht Postulate bzw. grundgesetzlich vorgegebenen Ziele zu nennen:
a) der Schutz der Menschenwürde, der sich selbstverständlich auch auf den Bereich des Arbeitslebens erstreckt (Art. 1 GG);

b) das Recht auf freie Entfaltung der Persönlichkeit (Art.2, Abs. I GG), das auch den Schutz der allgemeinen Handlungsfreiheit auf wirtschaftlichem Gebiet einschließt, also auch den Schutz der Wettbewerbsfreiheit im Arbeitsleben;
c) gleiche rechtliche Startchancen für alle, Gleichberechtigung von Mann und Frau und das Verbot der Diskriminierung von Personen wegen ihres Geschlechtes, ihrer Abstammung, ihrer Rasse, ihrer Heimat und Herkunft, ihres Glaubens, ihrer Religion oder ihrer politischen Anschauungen (Art. 3, Abs. II und III GG);
d) die Koalitionsfreiheit, nach der jedermann und alle Berufe das Recht haben, zur Wahrung und Förderung der Arbeits- und Wirtschaftsbedingungen Vereinigungen zu bilden und ihnen beizutreten (Art. 9, Abs. III GG);
e) die persönliche Freizügigkeit als Bestandteil der persönlichen Freiheit (Art. 11 GG);
f) die Freiheit der Berufs- und Arbeitsplatzwahl (Art. 12 GG);
g) die Gewährleistung des Privateigentums an Produktionsmitteln (Art. 14 GG), das eine wesentliche Grundlage für marktwirtschaftliche Unternehmens- und Betriebsverfassungen ist. Die Bedeutung dieser Gewährleistung liegt zum einen darin, daß sie Privatpersonen zu Arbeitgebern macht, die Arbeitsverhältnissse begründen, aber auch auflösen können, also über die Beschäftigung entscheiden, zum anderen darin, daß mit der Dispositionsbefugnis der Eigentümer an Produktionsmitteln auch die Befugnis gekoppelt ist, die Unternehmensleitung zu bestellen und über den Faktoreinsatz, über die Verwertung des Produktes und über den Produktionsertrag zu disponieren. *Daraus, insbesondere aus der Dispositionsbefugnis der Arbeitgeber über den Einsatz des Produktionsfaktors Arbeit, ergibt sich ein Schutzbedürfnis der Arbeitnehmer;*
h) *die sozialrechtlichen Verbürgungen der Sozialen Marktwirtschaft bzw. die Sozialstaatsklausel des Grundgesetzes (Art. 20, Abs. I und Art. 28, Abs. I), die eine besondere Verantwortung des Staates für die Herstellung und Wahrung sozialer Gerechtigkeit begründet und auf die Ausgestaltung mehrerer Dimensionen der Arbeitsmarktordnung einwirkt, nämlich auf die Arbeitnehmerschutzrechte, auf die Form und die Verfassung der Arbeitsmärkte im Sinne des Grades der Vollkommenheit bzw. der Unvollkommenheit der Arbeitsmärkte und auf die Rechte der Arbeitnehmer.*

Aus diesen Normen ergeben sich für die Arbeitsmarktordnung folgende Merkmale: Die Arbeitsmärkte sind freie Märkte mit freiem Marktzugang in dem Sinn, daß jeder Arbeitsfähige und Arbeitswillige auf der Grundlage der Freiheit der Berufswahl und der Arbeitsplatzwahl sowie der Freizügigkeit mit anderen Arbeitsfähigen und Arbeitswilligen um bestimmte Arbeitsplätze und jeder Gewerbetreibende auf der Grundlage der Arbeitsvertragsfreiheit mit anderen Gewerbetreibenden um die Arbeitskräfte in Wettbewerb treten kann. *Aus diesem freien Zugang zu den Arbeitsmärkten, der Arbeitsvertragsfreiheit, der persönlichen Verantwortung der Arbeitskräfte für ihre Erwerbschancen und der Privatheit der Arbeitsverhältnisse ergibt sich die Notwendigkeit, durch wirtschafts-, insbesondere beschäftigungs- und arbeitsmarktpolitische Maßnahmen dafür zu sorgen, daß jeder Arbeitsfähige und Arbeitswillige auch eine Chance hat, Beschäftigung zu finden.* Der Schutz der Menschenwürde und das Ziel der sozialen Gerechtigkeit gebieten es, angesichts der Dispositionsbefugnisse der Arbeitgeber und je nach der Beschaffenheit der Arbeitsmärkte, insbesondere ihrer Fähigkeit, elementare Interessen der Arbeitnehmer zu gewährleisten, die Ordnung der Arbeitsmärkte und den Grad ihrer Vollkommenheit so zu beeinflussen, daß Menschenwürde und soziale Gerechtigkeit nicht verletzt werden.

2. Arbeitsmarktpolitische Zielsetzungen

Die arbeitsmarktpolitischen Zielsetzungen der Bundesrepublik lassen sich zusammenfassen in dem wesentlichen Ziel, die Arbeitsmärkte als die für die Beschäftigungsmöglichkeiten und für die Beschäftigungsbedingungen der Arbeitnehmer entscheidenden Märkte so zu beeinflussen, daß für alle Arbeitsfähigen und Arbeitswilligen eine möglichst ununterbrochene, ihren Neigungen und Fähigkeiten entsprechende Beschäftigung zu bestmöglichen Bedingungen gesichert und die Nachfrage nach Arbeit auf den verschiedenen Arbeitsmärkten gedeckt wird.

Diese Zielformulierung trägt den oben genannten Grundforderungen der Wirtschafts- und Sozialordnung, insbesondere den Forderungen nach freier Entfaltung der Persönlichkeit, Freiheit der Berufswahl und der Arbeitsplatzwahl, Freizügigkeit, Wettbewerbsfreiheit und - mit der konkretisierungsbedürftigen Formulierung „zu bestmöglichen Beschäftigungsbedingungen" - auch der Forderung nach Sozialstaatlichkeit Rechnung. Die Zielformulierung schließt außerdem die im folgenden explizierten Teilziele in sich:
a) Bei einem gesamtwirtschaftlichen Überangebot an Arbeit stellt sich das Ziel der Beseitigung des Ungleichgewichtes, d. h. der Beseitigung der Arbeitslosigkeit. Die Aufgabe, die arbeitsmarktpolitischen Maßnahmen „im Rahmen der Sozial- und Wirtschaftspolitik der Bundesregierung darauf auszurichten, daß ein hoher Beschäftigungsstand erzielt und aufrechterhalten ... wird", ist in § 1 des Arbeitsförderungsgesetzes festgelegt.
b) Betrachtet man die Nachfrage nach Arbeit und das Angebot an Arbeit jeweils nach Umfang und Struktur als gegeben, dann stellt sich - unabhängig davon, ob der Gesamtarbeitsmarkt im Gleichgewicht ist oder nicht - die Aufgabe, die vorhandenen Arbeitsplätze unter Berücksichtigung der Neigungen der Arbeitskräfte jeweils mit den geeignetsten, leistungsfähigsten Arbeitskräften zu besetzen, also eine optimale Allokation des Faktors Arbeit zu bewirken.
c) Geht man davon aus, daß sich die Struktur der Nachfrage nach Arbeit ändert, weil sich die Struktur der Nachfrage nach Gütern oder - durch Veränderungen der Preisstruktur oder der Produktionstechnik bedingt - das Faktoreinsatzverhältnis ändert, so daß die Nachfrage nach bestimmten Arbeitsqualifikationen steigt oder sinkt, dann wird die Aufgabe erkennbar, derartige strukturelle Arbeitsmarktungleichgewichte auf Teilarbeitsmärkten zu verringern oder zu beseitigen. Das Instrumentarium dazu enthält die im Arbeitsförderungsgesetz verankerte Arbeitsmarktausgleichspolitik (vgl. dazu Mertens/Kühl 1977, 284 ff.).
d) Die in der obigen obersten arbeitsmarktpolitischen Zielsetzung enthaltene Formulierung „zu bestmöglichen Beschäftigungsbedingungen" stellt auf alle Dimensionen der Arbeitsausübung ab. Die wichtigsten und meisten dieser Dimensionen lassen sich durch zwei Zielgrößen erfassen: zum einen ist von großer Bedeutung die Höhe des Arbeitsentgelts, zum anderen all das, was sich unter das Stichwort „humane Arbeitsplätze" subsumieren läßt. Dazu gehören in erster Linie a) tägliche, wöchentliche, jährliche und Lebensarbeitszeiten, die die Gesundheit nicht beeinträchtigen und die nicht nur eine Regeneration ermöglichen, sondern auch familienfreundlich sind und eine Teilnahme der Erwerbstätigen am politischen, kulturellen und religiösen Leben sowie an Fortbildungsmaßnahmen ermöglichen; b) eine möglichst gesundheitsneutrale und familiengerechte Verteilung der Arbeitszeit im Zeitkontinuum; c) Schutz der Gesundheit durch Gesundheits- und Unfallschutz, insbesondere im Wege der Substitution körperlicher Arbeit durch Maschinenarbeit und mit Hilfe der Vermeidung psychischer Überlastungen; d) Vermeidung menschenunwürdiger Behandlung von Arbeitnehmern; e) Reduzierung der Fremdbestimmtheit der Arbeit und Förderung der Entfaltung der

Persönlichkeit. Unter Fremdbestimmtheit der Arbeit wird die Tatsache verstanden, daß Arbeitnehmer der Anweisungsbefugnis des Arbeitgebers bzw. seiner Vertreter unterstehen und daß zahlreiche Entscheidungen, die die Inhalte und die Bedingungen der Arbeitsausführung betreffen, ohne die Beteiligung der betroffenen Arbeitnehmer erfolgen. Diese Fremdbestimmtheit der Arbeit ist durch die Betriebsverfassungsgesetzgebung erheblich reduziert worden.

Neben den eben explizierten, unmittelbaren arbeitsmarktpolitischen Zielsetzungen sind für die Ableitung arbeitsmarktpolitischer Konzeptionen auch arbeitsmarktpolitisch *relevante* Zielsetzungen zu berücksichtigen. Damit sind gemeint:
a) Zielsetzungen, auf die die Arbeitsmarktpolitik indirekt durch die Erreichung oder das Verfehlen arbeitsmarktpolitischer Ziele einwirkt und die umgekehrt den Zielerreichungsgrad der Arbeitsmarktpolitik, vor allem den Beschäftigungsgrad, beeinflussen, wie z. B. das Wirtschaftswachstum;
b) Zielsetzungen, die zu verfolgen der Arbeitsmarktpolitik aus übergeordneten Gesichtspunkten, z. B. aus dem sozialer Gerechtigkeit, aufgegeben ist;
c) Zielsetzungen, die die Arbeitsmarktpolitik als Nebenbedingungen beachten muß, die sie also nicht beeinträchtigen soll, wie z. B. die Geldwertstabilität.

Nicht selten wird den Gewerkschaften und teilweise den Arbeitgebervereinigungen vorgeworfen, das Ziel der Geldwertstabilität zu verletzen, weil die Tarifautonomie unter bestimmten Bedingungen die Gefahr mit sich bringt, daß über das Ingangsetzen einer Lohn-Preis-Spirale der Geldwert beeinträchtigt wird. Als ein weiteres Ziel, das durch die Verlagerung eines Teils der arbeitsmarktpolitischen, insbesondere der lohnpolitischen, Befugnisse im Rahmen der Tarifautonomie auf die Organisationen der Arbeitnehmer und der Arbeitgeber als gefährdet gilt, ist die internationale Wettbewerbsfähigkeit einer Volkswirtschaft zu erwähnen.

3. Konsequenzen des Zielsystems für die Ordnung der Arbeitsmärkte

3.1 Individuelle Arbeitsvertragsfreiheit und Wettbewerb als Elemente der Arbeitsmarktordnung

Ein grundlegendes und wohl das wesentlichste Merkmal der Arbeitsmarktordnung wird durch das Grundrecht auf freie Entfaltung der Persönlichkeit in Verbindung mit dem Privateigentum an Produktionsmitteln konstituiert, nämlich die individuelle Arbeitsvertragsfreiheit. Diese ist eine der elementaren wirtschaftlichen Grundfreiheiten eines Gesellschafts- und Wirtschaftssystems, das auf einer individualistisch geprägten, gleichwohl sozial orientierten Sozialphilosophie beruht und daher dezentral gesteuert wird.

Diese individuelle Arbeitsvertragsfreiheit wird ergänzt durch das Prinzip eines geordneten Wettbewerbes zwischen den Anbietern und den Nachfragern, der sowohl der Verwirklichung des Rechtes auf freie Wahl des Berufes und des Arbeitsplatzes wie auch der effizienten Nutzung des Privateigentums an Produktionsmittel dienen soll.

Für die Ableitung arbeitsmarktpolitischer Konzeptionen ganz entscheidend ist es, daß dieser individuellen Arbeitsvertragsfreiheit und der Wettbewerbsfreiheit aus wenigstens zwei Gründen ein begrenzender Rahmen gezogen wird. Der erste Grund liegt darin, daß - erfahrungsgemäß nicht nur auf den Arbeitsmärkten und nicht nur im wirtschaftlichen Bereich - die unbeschränkte Freiheit einzelner und ein ungeordneter Wettbewerb aufgrund *ungleicher* persönlicher, ökonomischer und sozialer Fähigkeiten, Begabungen, Lebenslagen und Positionen zwangsläufig *Einschränkungen der Freiheit der weniger Fähigen, der weniger Begabten und der weniger Starken zur Folge hat* (Seraphim 1955, 78 ff.); der zweite Grund liegt darin, daß eine unbeschränkte individuelle Arbeitsvertragsfreiheit und ein ungeordneter Wettbewerb aufgrund spezifischer Eigenschaften von Arbeitsmärkten mit metaökonomischen Zielen in Konflikt geraten würden, insbesondere in bezug auf die soziale Gerechtigkeit, die soziale Sicherheit und den sozialen Frieden. Dies gilt selbst dann, wenn ökonomische und soziale Stärken nicht bewußt auf Kosten ökonomisch und sozial Schwacher ausgenutzt werden.

3.2 Die Notwendigkeit der Begrenzung individueller Arbeitsvertragsfreiheit und die Notwendigkeit der Regulierung des Wettbewerbs

Die spezifischen Eigenschaften von Arbeitsmärkten, die besondere Begrenzungen der individuellen Arbeitsvertragsfreiheit und Regulierungen des Wettbewerbs notwendig erscheinen lassen, lassen sich zwei Gründen zuordnen: es sind einerseits *Marktunvollkommenheiten*, die die Funktionsfähigkeit des Wettbewerbs beeinträchtigen und arbeitsmarktpolitische Aktivität erforderlich machen, und andererseits die *Formen der Arbeitsmärkte*, die in Verbindung mit Marktunvollkommenheiten und bestimmten Ausprägungen der Lebenslage der Anbieter von Arbeitsleistungen eine Begrenzung der Arbeitsvertragsfreiheit und des Wettbewerbs bedingen.

Zunächst sollen die Marktunvollkommenheiten und ihre Wirkungen, dann die Marktformenprobleme skizziert und anschließend die notwendigen Einschränkungen der individuellen Arbeitsvertragsfreiheit sowie die erforderlichen Regulierungen des Wettbewerbs auf den Arbeitsmärkten abgeleitet werden.

3.2.1 Unvollkommenheiten der Arbeitsmärkte als Ursache arbeitsmarktpolitischer Eingriffe

Die Unvollkommenheiten der Arbeitsmärkte sind so häufig und ausführlich beschrieben worden (vgl. dazu nur Rothschild 1975 und Brinkmann 1981, Bd.1, 287 ff.). daß es hier genügt, die wesentlichen Friktionen auf den Arbeitsmärkten knapp zu beschreiben.

Im Sinne der Markttheorie von Heinrich von Stackelberg ist der Gesamtarbeitsmarkt ein typisch unvollkommener Markt. Er setzt sich aus Tausenden von Märkten zusammen, die sich fachlich-beruflich, nach dem Qualifikationsniveau der angebotenen und nachgefragten Arbeit sowie personell, d. h. nach dem Geschlecht, dem Familienstand und dem Lebensalter der Arbeitnehmer, unterscheiden. Die Vielzahl der durch die Heterogenität der Arbeitskräfte voneinander getrennten Elementarmärkte wird durch die räumliche Dimension der Arbeitsmärkte, d. h. durch die Tatsache vervielfacht, daß für jede homogene Arbeitsqualität regionale und lokale Märkte existieren, die durch die Kosten der Raumüberwindung voneinander getrennt sind.

Die Wirkungen der Marktunvollkommenheiten bestehen nicht nur in Beeinträchtigungen des Zieles optimaler Allokation der Arbeit, so daß die Arbeitskräfte nicht in *die* Verwendungen gelenkt werden, in denen sie jeweils ihre höchste Produktivität erreichen, sondern auch in der Entstehung bzw. Aufrechterhaltung von Ungleichgewichten auf bestimmten fachlichen und regionalen Teilmärkten, insbesondere auch in strukturellen

Ungleichgewichten, die den gesamtwirtschaftlichen Beschäftigungsgrad beeinträchtigen. Aus diesen Unvollkommenheiten der Arbeitsmärkte ergibt sich die Notwendigkeit, zur Förderung des Arbeitsmarktausgleiches und zur Förderung optimaler Allokation der Arbeit die Marktunvollkommenheiten wenigstens graduell zu verringern. Instrumente dazu sind die Arbeitsvermittlung, die Arbeitsberatung und die Berufsberatung, die Förderung der beruflichen Bildung und Umschulung, der Fort- und der Weiterbildung und die Förderung der regionalen Mobilität (vgl. zur Arbeitsmarktausgleichspolitik Mertens/Kühl 1977, 284 ff. und Lampert 1994, 180 ff.).

3.2.2 Die Konsequenzen nicht wettbewerblicher Arbeitsmarktformen als Ursache arbeitsmarktpolitischer Eingriffe

Unter den Bedingungen individueller Arbeitsvertragsfreiheit und freien Wettbewerbs auf den Arbeitsmärkten sind Arbeitnehmer und Arbeitgeber formalrechtlich gleichgestellt. De facto aber sind sie in einer ungleichgewichtigen Position, die sich aus folgenden Fakten ergibt:
a) Auch in entwickelten Wirtschaftsgesellschaften sind die meisten Gesellschaftsmitglieder darauf angewiesen, zur Sicherung ihrer Existenz ihre Arbeitsfähigkeit ökonomisch zu verwerten, d. h. sie stehen unter *Angebotszwang*. Demgegenüber ist bei den Kapitaleignern zwar prinzipiell ein Druck zur Verwertung des Kapitals gegeben, dieser Druck ist jedoch nicht so intensiv wie der Angebotsdruck der Arbeitnehmer und zeitlich nicht so unmittelbar wirksam.
b) Die in der Regel oligopsonistische bzw. monopsonistische Struktur der Arbeitsmärkte, d. h. die Tatsache, daß auf einem Arbeitsmarkt die Zahl der Anbieter von Arbeitsleistungen größer ist als die Zahl der Nachfrager, daß also die Anbieter von Arbeitsplätzen über ein gewisses Maß an Marktmacht verfügen.
c) Bei sinkendem Arbeitseinkommen reagiert das Arbeitsangebot „anomal", wenn die Arbeitsanbieter das gegebene Lohnniveau als zu niedrig ansehen, um einen bestimmten Lebensstandard zu sichern. Diese Angebotsausweitung bei niedrigen und bei sinkenden Arbeitseinkommen kann Lohnsenkungen bewirken.
d) Die Marktüberlegenheit der Arbeitgeber wird durch die im vorigen Abschnitt dargestellten Marktunvollkommenheiten verstärkt, weil die Marktunvollkommenheiten die Mobilität der Arbeitnehmer und ihre Markttransparenz einschränken.

Um diese Gefahren zu bannen, hat der Gesetzgeber bereits nach dem ersten Weltkrieg durch die Einführung der Koalitionsfreiheit der Arbeitnehmer und der Arbeitgeber und durch die Einführung der Tarifautonomie die monopsonistischen und oligopsonistischen Arbeitmärkte in die Form des *zweiseitigen* Monopols bzw. Oligopols transformiert. Diese Arbeitsmarktordnungspolitik wurde in der Bundesrepublik fortgesetzt, nachdem die Nationalsozialisten im Dritten Reich den Arbeitsmarkt staatlicher Lenkung unterworfen, die Koalitionsfreiheit und die Tarifautonomie aufgehoben und die Gewerkschaften aufgelöst hatten.

Aufgrund der Übertragung lohnpolitischer Befugnisse auf die Arbeitsmarktparteien können diese im Rahmen der geltenden Rechtsnormen selbstgewählte Ziele setzen und durch kollektive Vertragsverhandlungen - erforderlichenfalls nach Führung eines Arbeitskampfes - Arbeitsvertragsnsormen vereinbaren, die vom Gesetzgeber als Mindestnormen mit unmittelbarer und zwingender Wirkung für die Mitglieder der tarifschließenden Parteien anerkannt werden.

Die Tarifautonomie bewirkt eine Ausschaltung des Unterbietungswettbewerbs der Arbeitnehmer, sie kompensiert die originäre Marktmacht der Arbeitgeber durch die gewerkschaftliche Organisation, d.h. die Bildung gegengewichtiger Marktmacht, und sichert die Vertretung der Interessen der Arbeitnehmer durch geschulte, verhandlungserfahrene Berufsfunktionäre, die durch die Gewerkschaften gestützt werden.

Hinter dem Konzept der Tarifautonomie steht die Überzeugung, daß a) Koalitionsfreiheit und Tarifautonomie zu einer gleichgewichtigen Arbeitsmarktform führen und b) durch die Tarifautonomie eine Lösung des Konfliktes um die Verteilung des Produktionsertrages auf Arbeit und Kapital möglich wird, die sowohl ökonomisch vertretbar als auch möglichst gerecht ist.

Dieser Konflikt ergibt sich daraus, daß in einer Gesellschaft mit Privateigentum an Produktionsmitteln die Kapitaleigentümer die Produktion organisieren und daß ihnen das Recht der freien Verfügung über das erzeugte Produkt und über den Produktionsertrag zusteht. Daher beziehen die Kapitaleigentümer außer der marktgerechten Verzinsung des eingesetzten Kapitals im Falle wirtschaftlichen Erfolges noch ein Gewinneinkommen, während die Arbeitskräfte durch das vertraglich vereinbarte Entgelt entlohnt werden und keinen Rechtsanspruch auf Gewinnanteile haben - unabhängig davon, daß der ökonomische Wert der Arbeitsleistung erst *nach* der Verwertung des Arbeitsprodukts auf dem Markt feststeht. Aus diesem Zusammenhang ergibt sich das sogenannte Zurechungsproblem, d.h. das Problem, den Produktionsertrag auf die Produktionsfaktoren *entsprechend ihrem Beitrag zum Gesamtprodukt* aufzuteilen. Für diese Aufteilung gibt es keine objektiven Maßstäbe.

Sicher ist, daß der Gewinn weder der ökonomischen Leistung des Kapitals noch der Leistung der Unternehmensführung allein zurechenbar ist, weil er *Ergebnis des Zusammenwirkens aller an der Produktion beteiligten Faktoren ist* (vgl. dazu Briefs 1926, 145 ff.). Es gibt aber keine objektive Methode, d.h. keine in der Natur der Sache liegenden Kriterien, für eine ökonomisch eindeutige und von allen Beteiligten als gerecht angesehene Verteilung des Ertrages auf die Faktoren Boden, Arbeit, Kapital und Unternehmerleistung. Die Verteilungsfrage läßt sich also *wissenschaftlich nicht beantworten*.

Mit einem sehr bedingten Anspruch auf Gültigkeit kann die Wissenschaft Grenzen einer Lohnerhöhung herausarbeiten, deren Überschreitung mit großer Wahrscheinlichkeit negative wirtschaftliche oder soziale Folgen haben wird. Sie kann auch Aussagen darüber ableiten, welche Kosten-, Preis-, Beschäftigungs- und Verteilungswirkungen durch Lohnniveauerhöhungen bestimmten Ausmaßes und durch Lohnstrukturveränderungen bestimmter Art mit hoher Wahrscheinlichkeit eintreten werden. Eindeutige Antworten sind jedoch ausgeschlossen, denn Urteile über Lohnwirkungen sind immer Prognosen, die ihrer Natur nach mit Unsicherheit behaftet sind. Erschwerend kommt hinzu, daß die Prognosen von Lohnwirkungen wegen außerordentlich zahlreicher wirtschaftlicher Interdependenzen eine Vielzahl von reallohnbeeinflussenden Faktoren und eine Vielzahl von lohnbeeinflußten Faktoren zu berücksichtigen haben, und daß bestimmte wirtschaftliche Erscheinungen - etwa Preisniveauerhöhungen oder Beschäftigungsveränderungen - nicht eindeutig auf Lohnänderungen zurückführbar sind, weil sich ja zahlreiche Größen des ökonomischen Kosmos gleichzeitig und fast ständig verändern (vgl. dazu E. Arndt 1957 und H. Arndt 1969).

Aufgrund der Unmöglichkeit, die Verteilungsproblematik mit Hilfe objektiver Kriterien zu lösen, ist ein sozialer Konsens über die Verteilung des Produktionsertrages nötig. Dieser Konsens kann mit Hilfe der Tarifautonomie gesucht und gefunden werden. In dieser Möglichkeit, sozialen Konsens in der Verteilungsfrage (und in bezug auf die Lösung anderer Arbeitgeber-Arbeitnehmerprobleme) zu finden, liegt der tiefere Sinn der Tarifautonomie und der Sozialpartnerschaft.

In jüngster Zeit stellen einige Ökonomen die Notwendigkeit einer Einschränkung wettbewerblicher Lohnbildung in Frage, weil die Bedeutung der anomalen Angebotsreaktion, des Angebotszwanges und der Lohnkonkurrenz der Arbeitnehmer so stark zurückgegangen sei, daß eine Organisation des Angebots durch die Gewerkschaften fragwürdig werde. Ich halte die im Zuge der wirtschaftlichen Entwicklung eingetretenen Änderungen der Angebotsbedingungen nicht für so gravierend, daß sie die prinzipielle Marktunterlegenheit der Arbeitskräfte gegenüber dem Kapital aufheben (vgl. zu diesem Problemkreis Lampert/Englberger/Schüle 1991).

Der Mechanismus freier Märkte ist auf den Arbeitsmärkten nicht nur aus den bisher dargestellten Gründen nicht funktionsfähig und würde Ziele wie soziale Sicherheit (durch niedrige Arbeitseinkommen) und soziale Gerechtigkeit - z.B. durch Lohndiskriminierung von Frauen - gefährden. Vielmehr ist noch eine spezifisch wirtschaftsethische Dimension zu berücksichtigen. Sie ergibt sich daraus, daß die Arbeitskraft von ihrem Träger, nämlich vom Menschen, nicht zu trennen ist. *Das macht es zum einen erforderlich, die Arbeitsmärkte und die Arbeitsbedingungen so auszugestalten, daß die Menschenwürde, die Gesundheit und die Substanz der Arbeitskraft geschützt werden und zum andern, daß das Problem der Verteilung des Produktionsertrages auf die an der Produktion beteiligten Produktionsfaktoren so gelöst wird, daß dabei neben ökonomischen Kriterien auch das Ziel sozialer Gerechtigkeit berücksichtigt wird.*

Ökonomische Kriterien, denen die Ordnung der Arbeitsmärkte genügen sollte, sind:
a) daß metaökonomische Ziele und ökonomische Ziele aus dem oben dargestellten und interpretierten Zielkatalog nicht oder allenfalls geringfügig beeinträchtigt werden. Genannt seien hier insbesondere: die Wahrung der Menschenwürde, die sozialstaatlichen Verbürgungen des Grundgesetzes, ein hoher Beschäftigungsgrad, die Preisniveaustabilität, die internationale Wettbewerbsfähigkeit der Volkswirtschaft und die optimale Allokation des Faktors Arbeit;
b) der Doppelcharakter der Löhne als Arbeitsentgelt, d.h. als Kostenfaktor und als Quelle der Massenkaufkraft, die die volkswirtschaftliche Nachfrage maßgeblich mitbestimmt. Dies bedeutet einerseits, daß die Lohnkosten die Vollbeschäftigung und die Preisniveaustabilität nicht gefährden sollen, daß sie aber andererseits so hoch sein sollten, daß das Wachstum der Konsumgüternachfrage nicht hinter dem Wachstum der Produktivität zurückbleibt.

Die Begrenzung der individuellen Vertragsfreiheit und des Wettbewerbs auf den Arbeitsmärkten reicht noch nicht aus, um die oben genannten arbeitsmarktpolitischen und für die Arbeitsmärkte relevanten Ziele zu erreichen. Vielmehr ist es dazu und vor allem zur Sicherung sozialer Gerechtigkeit und sozialen Friedens auch nötig, Mindestnormen zu setzen und ihre Einhaltung zu überwachen. Diese Mindestnormen müssen sich, wenn die im relevanten Zielsystem enthaltenen sozialen Ziele erreicht werden sollen, auf drei Bereiche richten:
a) auf den Schutz der Arbeitnehmer vor Gefährdungen, die aus der Arbeit im Betrieb und aus dem Arbeitsverhältnis erwachsen können;
b) auf die Arbeitsentgelte;
c) auf die Betriebs- und Unternehmensverfassung.

3.3.1 Mindestnormen des Arbeitnehmerschutzes

Aus der Arbeitsausübung in den Betrieben können den Arbeitnehmern zahlreiche Gefahren drohen (vgl. zum Gefahrenschutz Lampert 1994, Kapitel VI), insbesondere
- Beeinträchtigungen der Gesundheit, der Arbeitsfähigkeit, der zeitlichen Voraussetzungen für die Entfaltung der Persönlichkeit und Beeinträchtigungen der Wahrnehmung von Aufgaben für die Familie durch zu lange Arbeitszeiten und zu geringe Ruhe- und Erholungspausen;
- Beeinträchtigungen der Gesundheit und des Arbeitsvermögens durch den Umgang mit gesundheitsgefährdenden Roh-, Betriebs- und Hilfsstoffen sowie mit gefährlichen technischen Anlagen und Beeinträchtigungen durch die Arbeitsplatzumwelt;
- Beeinträchtigungen der Lebenslage, insbesondere eines Minimums an Lebens- und Planungssicherheit, die durch die Befristung bzw. kurzfristig mögliche Kündigung von Arbeitsverhältnissen eintreten können.

Als besonders schutzbedürftig gelten Jugendliche, Mütter und Schwerbeschädigte. Für die Lebenslage und Lebensqualität der Arbeitnehmer, aber auch für die Eigentumsrechte der Unternehmungseigentümer haben die Regelungen des Arbeitszeitschutzes, des Gefahrenschutzes und des Bestandsschutzes der Arbeitsverhältnnisse so grundlegende Bedeutung, daß Träger des Arbeitnehmerschutzes nur der auf die Wahrung des Gemeinwohlinteresses verpflichtete Gesetzgeber sein kann, nicht die Tarifvertragsparteien.

3.3.2 Mindestnormen für die Arbeitsentgelte

Um sicherzustellen, daß auch niedrige Arbeitsentgelte bei Vollzeiterwerbstätigkeit einer „Normal"-Arbeitskraft existenzsichernd sind und um eine aus Marktüberlegenheit resultierende Ausbeutung von Arbeitnehmern zu verhindern, ist es unverzichtbar, Mindestlöhne zu setzen. Als zuständige Institution ist entweder eine staatliche Stelle oder die Übertragung entsprechender lohnpolitischer Befugnisse auf die organisierten Arbeitsmarktparteien, d. h. die Einführung kollektivvertraglicher Regelungen, denkbar.

Die Beurteilung dieser beiden Möglichkeiten hängt davon ab, inwieweit sie zu einem Interessenausgleich zwischen den Konfliktparteien führen können, ohne die arbeitsmarktpolitischen Ziele zu verletzen, aber auch davon, inwieweit durch das gewählte Verfahren der Mindestlohnfestlegung die Interessen Dritter, insbesondere der Gesamtgesellschaft, berührt werden.

Verhandlungen und Vereinbarungen zwischen den organisierten Arbeitsmarktparteien haben im Vergleich zur staatlichen Festlegung von Mindestlöhnen für sich
a) daß der gefundene Kompromiß für beide Seiten akzeptabel erscheint. Dadurch ist auch ein Beitrag zum sozialen Frieden geleistet;
b) daß die Entscheidung jenen übertragen ist, die die besten Informationen über die wirtschaftlichen und sozialen Verhältnisse der relevanten Betriebs- und Arbeitswelt haben;
c) daß sie den Gewerkschaften die größte Chance einräumen, die Arbeitsnormen unter den gegebenen ökonomischen Rahmenbedingungen an die mögliche Obergrenze zu drücken und im ungünstigsten Fall eine Reduzierung der Nominallöhne zu verhindern;
d) daß sie dem für die Soziale Marktwirtschaft geltenden Subsidiaritätsprinzip entsprechen;

e) daß sie es erlauben, bei der Lohnfestsetzung für die Arbeitnehmer verschiedener Regionen, Branchen, verschiedenen Geschlechtes und verschiedener Qualifikation die Lohn- und Gehaltsstruktur unter sozialen Gesichtspunkten zu modifizieren.

Als Probleme sind mit den Verhandlungslösungen verbunden:
a) die Gefahr einer Beeinträchtigung der Preisniveaustabilität und der Wettbewerbsfähigkeit;
b) die Gefahr der Beeinträchtigung der Lenkungsfunktion der Lohn- und Gehaltsstruktur, d. h. der optimalen Allokation des Faktors Arbeit, wenn die Lohnunterschiede zu stark gegen Marktentwicklungen verringert werden oder wenn eine Verringerung von Lohnunterschieden gegen die Marktentwicklung verhindert wird.

3.3.3 Mindestnormen für die Betriebsverfassung

Es wurde bereits herausgestellt, daß die Arbeitskraft von ihrem Träger nicht zu trennen ist und daß sich daraus die Notwendigkeit ergibt, die Menschenwürde und andere elementare Interessen der Arbeitnehmer in den Betrieben zu schützen. Zu diesen Interessen gehören insbesondere das Interesse, vor Überforderungen geschützt zu sein, gleichbehandelt und leistungsgerecht entlohnt zu werden. Besonderes Gewicht erhält dieses Schutzbedürfnis dadurch, daß das wirtschaftliche Schicksal der Arbeitnehmer und die Qualität ihres Arbeitslebens weitgehend durch Arbeitgeberentscheidungen bestimmt werden und diese Entscheidungen notwendigerweise primär an ökonomischen, nicht an sozialen Kriterien, orientiert sind. Deswegen erscheint es geboten, Vorkehrungen dafür zu treffen, daß die Einhaltung geltender staatlicher und tariflich vereinbarter Mindestnormen in den Betrieben kontrolliert wird und daß bei betrieblichen Entscheidungen, soweit es ökonomisch vertretbar erscheint, soziale Interessen der Belegschaft berücksichtigt werden. Die sozialen Mindestnormen für eine solche Betriebsverfassung sind, da es um die Schaffung der Voraussetzungen für die Verwirklichung wesentlicher metaökonomischer Ziele geht, vom Gesetzgeber zu setzen. Sie sind im Betriebsverfassungsgesetz zusammengefaßt (vgl. zur Mitbestimmung im Betrieb Gaugler 1980).

3.3.4 Soziale Sicherung im Falle der Arbeitslosigkeit

Da Vollbeschäftigung nicht jederzeit gesichert werden kann, wie die letzten 20 Jahre entgegen den in den 60er Jahren dominierenden Erwartungen gezeigt haben, gehören zu einer arbeitsmarktpolitischen Konzeption, die einer Sozialen Marktwirtschaft entspricht, Lohnersatzleistungen im Falle der Arbeitslosigkeit. Diese Lohnersatzleistungen sollten so ausgestaltet sein, daß sie die Bereitschaft zur Erwerbstätigkeit nicht durch vergleichsweise hohe Arbeitslosenunterstützungen und durch eine lange Bezugsdauer beeinträchtigen. Solche Lohnersatzleistungen sind auch deswegen erforderlich, weil selbst bei hohem Beschäftigungsgrad im Zusammenhang mit dem permanent ablaufenden Strukturwandel und der Ausübung des Rechtes auf freie Berufs- und Arbeitsplatzwahl friktionelle Arbeitslosigkeit auftritt.

4. Zusammenfassende Charakterisierung der Arbeitsmarktordnung in der Bundesrepublik

Mit der bisherigen Darstellung sind folgende Elemente einer Arbeitsmarktordnung abgeleitet, die einer sozialen Marktwirtschaft entspricht (vgl. dazu auch Kleinhenz 1979):

a) die Sicherung grundlegender Freiheitsrechte (freie Entfaltung der Persönlichkeit, Freiheit der Berufs- und Arbeitsplatzwahl, Freizügigkeit und Freiheit der Nutzung der Eigentumsrechte an produzierten Produktionsmitteln) einerseits sowie die Sicherung sozialer Ziele (Wahrung der Menschenwürde, Gleichheit der Startchancen, soziale Gerechtigkeit, soziale Sicherheit und sozialer Friede) andererseits durch eine Kombination von a) individueller Arbeitsvertragsfreiheit und Wettbewerb auf beiden Arbeitsmarktseiten mit b) kollektiven, auf der Grundlage der Tarifautonomie geschlossenen Arbeitsverträgen sowie staatlich gesetzten Arbeitnehmerschutzrechten. Durch die Tarifvertragspolitik und die Arbeitnehmerschutzrechte soll die optimale Faktorallokation möglichst wenig beeinträchtigt werden;

b) die Institutionalisierung der Arbeitsmärkte im Sinne der Schaffung von Einrichtungen zur Minimierung und Überwindung von Arbeitsmarktunvollkommenheiten, d. h. zur Sicherung des Arbeitsmarktausgleichs durch Berufs- und Arbeitsberatung, Arbeitsvermittlung sowie Förderung der beruflichen und regionalen Mobilität;

c) eine zieladäquate Ausgestaltung der Betriebs- und Unternehmensverfassung durch den Gesetzgeber;

d) das zentrale Ziel einer am Leitbild der Sozialen Marktwirtschaft orientierten Arbeitsmarktpolitik, nämlich das Ziel, für alle Arbeitsfähigen und Arbeitswilligen eine ununterbrochene, den individuellen Neigungen und Fähigkeiten entsprechende Beschäftigung zu bestmöglichen Bedingungen - insbesondere in bezug auf das Arbeitsentgelt und die Arbeitszeit - zu sichern. Als Unterziele sind erforderlich: a) die Herstellung und Erhaltung der Vollbeschäftigung mit Hilfe systemkonformer, d. h. im wesentlichen global wirkender Instrumente der Geld- und Fiskalpolitik; b) die Integration wirtschaftlich und sozial in besonderer Weise im Wettbewerb um Arbeitsplätze benachteiligter Personen, insbesondere behinderter, gesundheitlich beeinträchtigter und älterer Personen;

e) eine Sicherung der Existenz unverschuldet arbeitslos gewordener, arbeitswilliger und arbeitsfähiger Personen durch die Zahlung von Lohnersatz;

f) die eingesetzten Instrumente der Arbeitsmarktpolitik sollen - abgesehen von ihrer Zielkonformität - soweit wie möglich marktkonform sein, d.h. die Funktionsfähigkeit der Arbeitsmärkte nicht bzw. möglichst wenig beeinträchtigen.

Überprüft man die in der Bundesrepublik verwirklichten Arbeitsmarktordnungen und die betriebene Arbeitsmarktprozeß- und Arbeitsmarktstrukturpolitik, dann ergibt sich ein sehr hohes Maß an Leitbildkonformität in bezug auf die Grundorientierung des Leitbildes an einer ausgewogenen Synthese zwischen individualrechtlichen Freiheitsverbürgungen und sozialstaatlichen Normen, wie soziale Gerechtigkeit, soziale Sicherheit und sozialer Schutz im Arbeitsleben sie darstellen. An der grundsätzlich freiheitlichen und wettbewerblichen Orientierung der Arbeitsmarktordnung sind keine Zweifel angebracht, wenngleich durch die anhaltend hohe Arbeitslosigkeit der materiale Gehalt der Freiheit der Berufswahl und der Arbeitsplatzwahl geringer ist als er bei höherem Beschäftigungsgrad wäre. Der Wettbewerb um die Arbeitskräfte ist auf beiden Marktseiten funktionsfähig: die Märkte sind ganz überwiegend offene Märkte, den Arbeitsmarktakteuren stehen oberhalb der gesetzten Mindestnormen zahlreiche Aktionsparameter zur Verfügung und die Arbeitsmarktpolitik baut - wenn auch vielfach nicht in dem erwünschten Umfang - Arbeitsmarktunvollkommenheiten ab.

Die neuralgischen Bereiche der Arbeitsmarktordnung und die Problembereiche der Arbeitsmarktpolitik sollen im folgenden dargestellt werden.

5. Problembereiche der Arbeitsmarktordnung

Wenn man die potentielle oder auch die tatsächliche Beeinträchtigung metaökonomischer, wirtschafts- und sozialpolitischer bzw. arbeitsmarktpolitischer Ziele als Maßstab zugrundelegt, können folgende Problembereiche der Arbeitsmarktordnung festgestellt werden (vgl. dazu die ausführliche Darstellung in Lampert/Englberger/Schüle 1991, 40 ff.):

a) Die Tarifautonomie; sie kann die Preisniveaustabilität, die internationale Wettbewerbsfähigkeit, das außenwirtschaftliche Gleichgewicht, das Vollbeschäftigungsziel und die optimale Faktorallokation beeinträchtigen.

b) Die Verteilung des Risikos der Unterbeschäftigung in der Gesellschaft, das überwiegend die Arbeitnehmer und hier wiederum die wirtschaftlich und sozial Schwächeren trifft.

c) Eine unzulängliche Abstimmung von Bildungssystem und Beschäftigungssystem; sie kann dazu führen, daß Diskrepanzen zwischen Arbeitskräfteangebot und Arbeitskräftenachfrage bestehen, die nur mit hohen ökonomischen und sozialen Kosten wieder beseitigt werden können (vgl. dazu Kommission für wirtschaftlichen und sozialen Wandel 1977, 483 und 90 ff. sowie Winterhager 1973).

d) Die Finanzierung der Aufgaben der Bundesanstalt; diese Finanzierung ist unter dem Aspekt gerechter Lastenverteilung fragwürdig, weil die Finanzierung der Arbeitsvermittlung, der Berufsberatung und der Förderung der individuellen beruflichen Bildung oder auch der Sprachförderung für Ausländer allgemeine wirtschafts- und arbeitsmarktpolitische Aufgaben sind, die mit Steuermitteln und nicht mit Sozialversicherungsbeiträgen finanziert werden sollten.

e) Die Diskontinuität und Instabilität des Aufgabenvollzugs der Arbeitsmarktpolitik durch die Bundesanstalt für Arbeit aufgrund zahlreicher diskretionärer Eingriffe des Gesetzgebers in das Arbeitsförderungsgesetz und seinen Vollzug (vgl. dazu Lampert 1989, 185 f.).

f) Die Trägerschaft der Arbeitslosenversicherung durch eine Bundesanstalt. Diese Trägerschaft stellt die Arbeitsmarktparteien von einer mit finanziellen Sanktionen gekoppelten Beschäftigungsverantwortung frei (vgl. dazu Vaubel 1989, 28). Die Verwirklichung der im Grundsatz richtigen Idee, die Gewerkschaften an der Finanzierung einer durch ihre Lohnpolitik verursachten Arbeitslosigkeit zu beteiligen, ist jedoch nicht realisierbar, weil die vielfältigen Ursachen einer Arbeitslosigkeit nicht zuverlässig bestimmbar sind.

g) Bestimmte Mindestnormen des Arbeitnehmerschutzes, die beschäftigungshemmend und für die geschützten Personenkreise kontraproduktiv wirken können, vor allem bei gesamtwirtschaftlich verursachter Unterbeschäftigung. Eine arbeitnehmerschutzinduzierte Arbeitslosigkeit kann dadurch entstehen, daß aufgrund bestimmter Schutzvorschriften, z.B. für Schwerbeschädigte, Jugendliche oder Mütter, die geschützten Arbeitskräfte im Vergleich zu anderen Arbeitnehmergruppen zu teuer und daher entlassen oder nicht eingestellt werden.

Die sozialen Schutznormen in den Bereichen Arbeitszeitschutz, Gefahrenschutz, Bestandsschutz der Arbeitsverhältnisse und Sicherung von Arbeitnehmerrechten durch die Betriebsverfassung sind im großen und ganzen hochentwickelt - zum Teil so weit, daß nicht selten eine zu starke Beeinträchtigung der ökonomischen Effizienz befürchtet wird und die Schutzregelungen für kontraproduktiv gehalten werden. Auch die Tarifautonomie erfüllt ihre Schutzfunktion. Doch auch in diesem Bereich werden seit einigen Jahren Funktionsmängel diagnostiziert, insbesondere wird in der Tarifautonomie eine Ursache für die Arbeitslosigkeit in der Gesamtwirtschaft und auf Teilmärkten gesehen. Die Tatsache, daß - soweit Reformen angeregt werden - ganz überwiegend „*Modifikationen*" der Tarifautonomie gefordert werden, nicht jedoch ihre Beseitigung, *spricht dafür, daß die Tarifautonomie als Qualitätsmerkmal der Arbeitsmarktordnung nicht grundsätzlich in Frage gestellt wird.* Daher läßt sich festhalten: die Arbeitsmarktordnung der Bundesrepublik weist eine hohe Leitbildkonformität auf - ungeachtet der Tatsache, daß Anlaß besteht, Verbesserungen dieser Ordnung zu diskutieren.

Literatur

Arndt, E. 1957: Theoretische Grundlagen der Lohnpolitik, Tübingen.

Arndt, H. 1984: Vollbeschäftigung, Berlin.

Briefs, G. 1926: Das gewerbliche Proletariat, in: Grundriß der Sozialökonomik, IX. Abteilung, Tübingen, 142 ff.

Brinkmann, G. 1981: Ökonomik der Arbeit, 3 Bände, Stuttgart.

Gaugler, E. 1980: Mitbestimmung im Betrieb, in: Handwörterbuch der Wirtschaftswissenschaft, Band 5, Stuttgart u.a.

Kleinhenz, G. 1979: Verfassung und Struktur der Arbeitsmärkte in marktwirtschaftlichen Systemen, in Lampert H. (Hrsg.), Arbeitsmarktpolitik, Stuttgart.

Kommission für wirtschaftlichen und sozialen Wandel 1977: Wirtschaftlicher und sozialer Wandel in der Bundesrepublik Deutschland, Gutachten, Göttingen.

Lampert, H. 1981: Arbeitsmarktpolitik in der Sozialen Marktwirtschaft, in: Issing O. (Hrsg.), Zukunftprobleme der Sozialen Marktwirtschaft, Schriften des Vereins für Socialpolitik, Neue Folge Band 116, 753 ff.

Lampert, H. 1989: 20 Jahre Arbeitsförderungsgesetz, in: Mitteilungen aus der Arbeitsmarkt- und Berufsforschung, 173 ff.

Lampert, H. 1994: Lehrbuch der Sozialpolitik, 3.Aufl., Berlin u.a.

Lampert, H.; Englberger J.; Schüle U. 1991: Ordnungs- und prozeßpolitische Probleme der Arbeitsmarktpolitik in der Bundesrepublik Deutschland, Berlin.

Mertens, D.; Kühl, J. 1977: Arbeitsmarktpolitik, in: Handwörterbuch der Wirtschaftswissenschaft, Band 1, Stuttgart, 279 ff.

Rothschild, K. W. 1975: Theoretische Grundlagen der Arbeitsmarktpolitik, in: Butschek, F. (Hrsg.), Die ökonomischen Aspekte der Arbeitsmarktpolitik, Wien, 11 ff.

Seraphim, H. J. 1955: Theorie der allgemeinen Wirtschaftspolitik, Göttingen.

Vaubel, R. 1989: Möglichkeiten einer erfolgreichen Beschäftigungspolitik, in: Scherf, H. (Hrsg.), Beschäftigungsprobleme hochentwickelter Volkswirtschaften, Schriften des Vereins für Socialpolitik, Neue Folge Band 178, Berlin, 17 ff.

Winterhager, W. D. 1973: Anforderungen an ein Berufsbildungssystem aus gesellschaftlicher, individueller und betrieblicher Sicht, Göttingen.

Arbeitsmarkt und Arbeitsmarktpolitik

Gerald Gaß

Am Arbeitsmarkt treffen Anbieter und Nachfrager zusammen, um einen Ausgleich zwischen dem Arbeitskräfteangebot und der Arbeitskräftenachfrage herzustellen. Neben dieser ökonomisch abstrakten Definition des Arbeitsmarktes ist dieser auch der Ort, an dem die Beschäftigungschancen der einzelnen Arbeitnehmer bestimmt werden. In einer modernen Industriegesellschaft ist Erwerbsarbeit mehr als nur materielle Existenzsicherung. Erwerbsarbeit definiert in hohem Maße die Position eines Individuums in der Gesellschaft. Mit der Erwerbsarbeit sind gesellschaftliches Ansehen und sinnstiftende Lebensgestaltung verbunden. Diese Bedingungen gelten nicht nur für den Arbeitnehmer selbst, sondern auch für die nicht erwerbstätigen Personen aus seinem Lebensumfeld. Erwerbsarbeit gilt als der zentrale gesellschaftliche Tatbestand (vgl. Offe 1984, 13). Der Arbeitsmarkt ist damit ein herausragender Markt, dessen gesellschaftlicher und ökonomischer Bedeutung im Rahmen der Arbeitslehre Rechnung zu tragen ist.

Im folgenden werden die theoretischen Überlegungen dargestellt, nach denen sich der Arbeitsmarkt aufgrund der dort vorliegenden Besonderheiten im Vergleich zu den Gütermärkten abgrenzt. Anschließend wird in einem empirischen Überblick auf die Arbeitsmarktentwicklung und die Arbeitsmarktstruktur in der Bundesrepublik Deutschland eingegangen. Den Abschluß bildet eine zusammenfassende Darstellung der Arbeitsmarktpolitik, die die Aufgabe hat, die Funktionsfähigkeit des Arbeitsmarktes zu verbessern und für einen sozialen Ausgleich am Arbeitsmarkt zu sorgen.

1. Der Arbeitsmarkt in Abgrenzung zu anderen Märkten

In der neoklassischen Theorie wird kein Unterschied zwischen den Marktbedingungen und Marktprozessen am Arbeitsmarkt und an anderen Märkten (z.B. Gütermärkten) gemacht. Demgegenüber werden von den Vertretern der institutionalistisch orientierten Arbeitsvertragstheorien die Spezifika des Arbeitsmarktes gegenüber anderen Märkten betont. Der Arbeitsmarkt gilt als ein besonderer Markt. Die gehandelte "Ware" und die Verträge zwischen Käufer und Verkäufer unterscheiden sich nach deren Ansicht in zentralen Punkten von denen anderer Märkte. Die wesentlichen Spezifika sind (vgl. Hardes 1989, 540 ff.; Brandes/Buttler/Dorndorf 1989, 489 ff.; Brandes/Weise 1991, 11 ff.):
- die Übertragbarkeit der Eigentumsrechte vom Verkäufer zum Käufer sind eingeschränkt;
- die zu erbringenden Leistungen des Verkäufers sind im Arbeitsvertrag nur unvollständig geregelt;
- es besteht kein gleichberechtigtes Verhältnis zwischen Käufer und Verkäufer.

Die am Arbeitsmarkt gehandelte Ware ist die Arbeitsleistung des einzelnen Arbeitnehmers im Tausch gegen das Arbeitsentgelt. Der zentrale Unterschied des Warentauschs am Güter- und am Arbeitsmarkt ist die Übertragbarkeit der Eigentums- und Verfügungsrechte. Der Warentausch an den Gütermärkten ist durch die Übertragung der Eigentumsrechte an einer bestimmten Ware vom Verkäufer auf den Käufer gekennzeichnet. Im Gegensatz zum Gütermarkt ist die Ware Arbeitsleistung untrennbar mit der Person des Arbeitnehmers verbunden, d. h. auch bei einem Tausch zwischen Arbeitnehmer und Arbeitgeber bleiben die Eigentumsrechte am Tauschobjekt beim Verkäufer (Arbeitnehmer). Der Käufer (Arbeitgeber) erwirbt lediglich das Recht, in bestimmtem Maße über die Arbeitsleistung des Arbeitnehmers zu verfügen. Die im Arbeitsvertrag gehandelte Arbeitsleistung geht zwar rechtlich in den Dispositionsbereich des Käufers (Arbeitgeber) über, sie verbleibt aber faktisch in der Kontrolle des Verkäufers (Arbeitnehmer) (vgl. Brandes/Buttler/Dorndorf 1989, 491 ff.). Aus dieser eingeschränkten Übertragbarkeit der Verfügungsrechte ergeben sich Kontrollprobleme des Käufers bei der Überprüfung und Sicherstellung der vereinbarten Arbeitsleistung, wie sie bei Verträgen an anderen Märkten i.d.R. nicht auftreten.

Ein zweiter wesentlicher Unterschied des Tauschs von Arbeitsleistung und von Gütern ist die fehlende Spezifizierung der zu erbringenden Arbeitsleistung im Arbeitsvertrag. Der Einsatz des Faktors Arbeitskraft unterliegt einer erheblich größeren Flexibilität als der anderer Produktionsfaktoren. Die konkrete Tätigkeit und die damit verbundenen Arbeitsanforderungen unterliegen Schwankungen, die sich aus der betrieblichen Unsicherheit über zukünftige Marktentwicklungen ergeben. Daraus folgt, daß die zu erbringende Arbeitsleistung im Gegensatz zur Höhe des Arbeitsentgelts im Arbeitsvertrag nur unspezifisch festgelegt ist. Grund dafür sind die oben angesprochenen Flexibilitätserfordernisse, die sich in den konkreten Arbeitsanforderungen niederschlagen. Bei sich ändernden Arbeitsanforderungen müßte ein bestehender Arbeitsvertrag an die neuen Bedingungen angepaßt werden. Eine detaillierte Spezifikation der Arbeitsanforderungen im Arbeitsvertrag wäre, soweit überhaupt möglich, aufwendig und würde zu hohen Verhandlungskosten für beide Vertragspartner führen.

Eine weitere Besonderheit des Arbeitsmarktes ist das hierarchische Verhältnis zwischen Käufer und Verkäufer. Der Arbeitnehmer als Verkäufer von Arbeitsleistung ist aus Gründen der Existenzsicherung darauf angewiesen, seine Arbeitskraft am Arbeitsmarkt anzubieten. Er verfügt nur eingeschränkt über die Möglichkeit, sein Angebot aus strategischen Gründen vom Markt zurückzuziehen. Das am Arbeitsmarkt eingesetzte Kapital des Arbeitgebers ist dagegen erheblich "mobiler" und kann vergleichsweise einfach in alternative Verwendungsmöglichkeiten investiert werden. Diese unterschiedlichen Handlungsspielräume begründen das Machtverhältnis zwischen Arbeitnehmer und Arbeitgeber. Daraus folgt allgemein, daß die Marktstellung des Arbeitgebers gegenüber der des Arbeitnehmers bedeutend stärker ist.

2. Arbeitsmarktentwicklung in der Bundesrepublik Deutschland

In diesem Abschnitt wird ein kurzer Überblick über die Entwicklung des Arbeitsmarktes in der Bundesrepublik gegeben. Im Vordergrund steht der sektorale Strukturwandel, die Qualifikationsstruktur der Beschäftigten und die Entwicklung der Arbeitsproduktivität. Abschließend wird in einem besonderen Abschnitt die Struktur der Arbeitslosigkeit zusammenfassend dargestellt, (zur allgemeinen Entwicklung von Beschäftigung und Arbeitslosigkeit vgl. den Beitrag Schmid, Beschäftigungspolitik, in diesem Band). Zielsetzung dieses Abschnitts ist es, folgende Fragen zu beantworten:
- In welchem Zusammenhang stehen Wirtschaftswachstum und Arbeitsmarktentwicklung? Welche Rolle spielt dabei die Veränderung der Arbeitsproduktivität?
- Wie hat sich der sektorale Wandel der Wirtschaftsstruktur in der Beschäftigtenstruktur niedergeschlagen?
- Gibt es einen Zusammenhang zwischen der sektoralen Wirtschaftsstruktur und der Qualifikationsstruktur der Beschäftigten?

- Welche Arten von Arbeitslosigkeit unterscheidet man?
- Sind bestimmte Personengruppen besonders von Arbeitslosigkeit betroffen?

2.1 Sektorale Beschäftigungsentwicklung

Unter der sektoralen Struktur einer Volkswirtschaft versteht man das Verhältnis der Wirtschaftssektoren zueinander und ihren jeweiligen Anteil an der gesamten Volkswirtschaft. Dieses Verhältnis läßt sich z.B. durch die Anzahl der Beschäftigten in den einzelnen Sektoren und ihrem Anteil an der Gesamtbeschäftigung beschreiben. Als sektorale Einteilung wird hier die Unterscheidung in die drei Sektoren:
a) Land-, Forstwirtschaft, Fischerei (primärer Sektor),
b) Warenproduzierendes Gewerbe (sekundärer Sektor) und
c) Dienstleistungsgewerbe (tertiärer Sektor) gewählt.

Betrachtet man die sektorale Entwicklung der Beschäftigung so zeigt sich, daß hinter der allgemeinen Niveauentwicklung am Arbeitsmarkt differenzierte Veränderungen in den einzelnen Sektoren stehen. Im primären Sektor gingen mehr als zwei Drittel der Arbeitsplätze im Beobachtungszeitraum (1960-1994) verloren. Ein absoluter Rückgang an Arbeitsplätzen läßt sich auch im ehemals größten Sektor, dem Produzierenden Gewerbe, verzeichnen. Der Dienstleistungsbereich dagegen hat deutlich an Bedeutung gewonnen und ist heute der Sektor mit den weitaus meisten Beschäftigten. In den Dienstleistungssektor fallen neben den klassischen Branchen wie Handel, Banken, Versicherungen usw. auch der Staat, somit die Beschäftigten des Bundes, der Länder und der Gemeinden. Daneben werden auch die Beschäftigten der sonstigen Organisationen ohne Erwerbscharakter zum Dienstleistungssektor gezählt.

Die absolute Veränderung der Beschäftigtenzahlen in den einzelnen Sektoren beschreibt den Strukturwandel jedoch nur unzureichend. Ein deutlicherer Indikator sind die relativen Anteile der Sektoren an der Gesamtbeschäftigung (vgl. Tab. 1). Hier hat es z. T. dramatische Verschiebungen gegeben. Während 1960 noch fast jeder siebte Erwerbstätige im primären Sektor arbeitete, war es im Jahr 1994 nur noch jeder 34. Noch bedeutender sind die Veränderungen im sekundären und im tertiären Sektor. Diese Veränderung der Wirtschaftsstruktur ist nicht auf die Bundesrepublik beschränkt, sondern in ähnlicher Weise in allen hochentwickelten Industriestaaten zu beobachten. Hinter dieser Entwicklung stehen mehrere Ursachen. Zum einen hat eine Verschiebung der Nachfrage hin zu mehr Dienstleistungen stattgefunden. Zum zweiten ist die Produktivität im Produzierenden Gewerbe erheblich stärker gestiegen als im Dienstleistungssektor. Dies hat dazu geführt, daß auch der Einsatz von Arbeitskräften im Produzierenden Gewerbe relativ zurückgegangen ist. Und nicht zuletzt besteht die Tendenz, daß Bereiche des Produzierenden Gewerbes in Staaten verlagert werden, in denen aufgrund niedriger Lohnkosten eine günstigere Wettbewerbssituation für die Unternehmen besteht. Dies betrifft in erster Linie Industrien mit einem hohen Anteil an gering qualifizierten Beschäftigten. Das Dienstleistungsgewerbe ist aus zwei Gründen von diesem Verlagerungsprozeß in geringerer Weise betroffen. Erstens müssen Dienstleistungen zum überwiegenden Teil an dem Ort produziert werden, an dem sie auch "konsumiert" werden, sie sind damit weniger mobil als Güter. Und zum zweiten ist die Qualifikationsstruktur im Dienstleistungsgewerbe anders als im Produzierenden Sektor. Der Anteil an gut ausgebildeten Beschäftigten ist dort erheblich höher (vgl. auch Abschnitt 2.2). Auch dieser Aspekt schränkt die Verlagerung in Staaten mit weniger gut ausgebildeten Erwerbspersonen ein.

Tab. 1: *Beschäftigte in den Sektoren*
- Anteil an den Erwerbstätigen im Inland, in Prozent -

Jahr	primärer Sektor	sekundärer Sektor	tertiärer Sektor
1960	13,7	48,0	38,3
1970	8,5	48,9	42,6
1980	5,2	43,4	51,4
1990	3,4	39,9	56,7
1994	2,9	36,3	60,8

Quelle: Statistisches Bundesamt, alle Angaben für die Bundesrepublik (West)

2.2 Qualifikations- und Tätigkeitsstruktur der Beschäftigten

Die Qualifikationsstruktur der Beschäftigten hat sich seit Bestehen der Bundesrepublik deutlich verändert. Das Qualifikationsniveau ist stetig gestiegen (vgl. Jansen/Stooß (Hrsg.) 1993). Dies zeigt sich besonders an zwei Indikatoren, der Quote der ungelernten Arbeitnehmer und dem Anteil an Akademikern. Der Anteil der Beschäftigten ohne Berufsabschluß hat sich im Zeitverlauf deutlich verringert. Gleichzeitig hat sich der Beschäftigungsanteil von Arbeitnehmern mit FH- oder Hochschulabschluß mehr als verdoppelt. In dieser Veränderung der Qualifikationsstruktur schlägt sich auch der oben angesprochene sektorale Wirtschaftswandel nieder. Tätigkeiten mit geringen Qualifikationsanforderungen werden automatisiert oder in Niedriglohnländer verlagert. Das starke Wachstum des Dienstleistungssektors ist der wesentliche Grund für den zunehmenden Anteil an Akademikern unter den Beschäftigten.

Tab. 2: *Qualifikationsstruktur der Erwerbstätigen (incl. Auszubildende), Anteile in Prozent*

Jahr	ohne Berufs-ausbildung	mit Berufs-ausbildung	davon mit Universitäts oder FH- Abschluß
DEUTSCHLAND (WEST)			
1976	34,4	65,6	7,2
1985	27,2	72,8	9,7
1993	27,8	72,2	11,5
DEUTSCHLAND (OST)			
1993	14,2	85,8	12,9

Quelle: Institut der deutschen Wirtschaft 1995, 16: Zahlen der wirtschaftlichen Entwicklung

Ein Blick auf die Qualifikationsstruktur der Beschäftigten in Ostdeutschland zeigt das dort vorliegende hohe formale Qualifikationsniveau. Die ehemalige Planwirtschaft in der DDR garantierte im Prinzip jedem Erwerbsfähigen eine Berufsausbildung.

Die Tätigkeitsstruktur ist der zweite Indikator, der den Wandel in den Arbeitsanforderungen am Arbeitsmarkt deutlich macht. Üblicherweise werden drei unterschiedliche Tätigkeitsbereiche differenziert:
a) *Produktionsorientierte Tätigkeiten* - hierunter fallen Tätigkeiten wie Anbauen, Gewinnen, handwerkliches Arbeiten, Maschinen einrichten und Bedienen, Programmieren, Reparieren usw.

b) *Primäre Dienstleistungen* - dieser Begriff umschreibt Aufgaben wie Lager-, Versandarbeiten, Verkaufen, Beraten, Werben, Schreibarbeiten, allgemeine Bürotätigkeiten, EDV-Tätigkeiten, Bewirten, Reinigen, Bewachen usw.

c) *Sekundäre Dienstleistungen* - diese entsprechen Tätigkeiten wie Analysieren, Forschen, Planen, Konstruieren, Anleiten, Disponieren, Organisieren, Erziehen, Lehren, Pflegen, Publizieren, Rechtspflege usw.

Das Institut für Arbeitsmarkt- und Berufsforschung hat den Wandel der Tätigkeitsstruktur in den letzten 20 Jahren für die Bundesrepublik analysiert und eine Prognose für die weitere Entwicklung angestellt. Dabei zeigte sich, daß produktionsorientierte Tätigkeiten auch weiterhin in ihrem Anteil zurückgehen, während sekundäre Dienstleistungen erheblich zunehmen werden (vgl. Tab. 3).

Tab. 3: Wandel der Tätigkeitsstrukturen zwischen 1973 und 2010, Anteile in Prozent

Tätigkeitsbereich	1973	1982	1985	1992	2000	2010
a. produktorientierte Tätigkeiten	41	35	35	32	31	28
b. primäre Dienstleistungen	42	44	42	41	38	37
c. sekundäre Dienstleistungen	17	21	23	27	31	35

Quelle: Jansen/Stoß (Hrsg.) 1993, 68.

Der oben bereits angedeutete Zusammenhang zwischen der Veränderung der Qualifikationsstruktur und den sektoralen Strukturveränderungen wird besonders deutlich, wenn man das Qualifikationsniveau der Beschäftigten in den drei Tätigkeitsbereichen analysiert (vgl. Tab. 4).

Tab. 4: Qualifikationsstruktur in den einzelnen Tätigkeitsbereichen, Anteile in Prozent 1992

Qualifikation	produktions- orientierte Tätigkeiten	primäre Dienst- leistungen	sekundäre Dienst- leistungen
ohne Berufsabschluß	22	23	8
Facharbeiterabschluß	65	62	41
Fachschulabschluß	12	10	21
Hochschulabschluß	1	5	30

Quelle: Jansen/Stoß (Hrsg.) 1993, 65

Der Anteil von Tätigkeiten, die dem Bereich der sekundären Dienstleistungen zugerechnet werden, stieg von 1973 bis 1992 von 17 auf 27%, während die beiden anderen Bereiche rückläufig waren. Ein ähnlicher Trend wird auch für die nächsten Jahre prognostiziert. Die Beschäftigten in diesem Tätigkeitsbereich sind von ihrer Qualifikationsstruktur her am besten ausgebildet. Hier arbeiten die meisten Akademiker und die wenigsten ungelernten Arbeitnehmer. Jeder dritte Arbeitnehmer verfügt in diesem Bereich über einen akademischen Bildungsabschluß.

2.3 Arbeitslosigkeit

Arbeitslosigkeit hat keine einheitliche Form. Sowohl die Struktur der Arbeitslosigkeit als auch die Gründe für das Entstehen von Arbeitslosigkeit sind vielfältig. Im wesentlichen unterscheidet man vier Arten von Arbeitslosigkeit, die auf unterschiedliche Ursachen zurückgeführt werden:
1. die *konjunkturelle Arbeitslosigkeit*, die den Teil der Arbeitslosigkeit umschreibt, der durch die zyklischen Nachfrageschwankungen an den Gütermärkten ausgelöst wird,
2. die *saisonale Arbeitslosigkeit*, die auf jahreszeitlichen Einflüssen beruht,
3. die *friktionelle Arbeitslosigkeit*, die durch Suchprozesse von Arbeitnehmern und Arbeitgebern bedingt ist,
4. und die *strukturelle Arbeitslosigkeit*, die durch strukturelle Umbrüche in sektoralen, qualifikationsbezogenen oder regionalen Teilarbeitsmärkten entsteht.

2.4 Struktur der Arbeitslosigkeit und Problemgruppen

Neben der absoluten Zahl der Arbeitslosen und der Arbeitslosenquote ist die Struktur der Arbeitslosen nach bestimmten Personengruppen und nach der Dauer der Arbeitslosigkeit bedeutsam für die Charakterisierung der Arbeitslosigkeit. Im gesamten Arbeitslosenbestand sind im wesentlichen drei Gruppen überrepräsentiert, d.h. sie tragen ein erhöhtes Risiko arbeitslos zu werden, oder haben geringere Aussichten wieder in ein Beschäftigungsverhältnis zu gelangen. Zu den Personen, die ein erhöhtes Entlassungsrisiko tragen, zählen in erster Linie Ungelernte. Auslöser für diese Situation sind die Entscheidungen der Unternehmen. Im Falle eines konjunkturellen Einbruchs entlassen die Unternehmen zunächst die Arbeitnehmer, die über keine besonderen Qualifikationen verfügen, und die deshalb relativ einfach ersetzt werden können. Zu Beginn einer Rezession sind es deshalb vorrangig die Ungelernten, die den Weg zum Arbeitsamt antreten müssen.

Andere Problemgruppen des Arbeitsmarktes haben erhebliche Schwierigkeiten, aus der Arbeitslosigkeit wieder in den Erwerbsprozeß zurückzukehren. Zu diesen Problemgruppen, die zwar kein erhöhtes Entlassungsrisiko aber ein hohes Verbleibrisiko tragen, gehören im wesentlichen Ältere und gesundheitlich eingeschränkte Arbeitslose. Diese beiden Gruppen haben im Arbeitsplatzwettbewerb aus zwei Gründen geringere Chancen. Bei den gesundheitlich Eingeschränkten ist dies die angenommene geringere Leistungsfähigkeit, und bei den Älteren ist es die ihnen zugeschriebene geringere Flexibilität, die bessere Einstellungschancen verhindert. Dieses Verbleibrisiko führt zu deutlich längeren Arbeitslosigkeitsperioden dieser beiden Problemgruppen. Unter den Langzeitarbeitslosen (länger als 1 Jahr arbeitslos) sind diese beiden Gruppen daher erheblich überrepräsentiert.

Neben diesen sogenannten vermittlungshemmenden Merkmalen, fehlende Qualifikation, höheres Alter und gesundheitliche Einschränkungen spielt die Dauer der Arbeitslosigkeit selbst eine wichtige Rolle bei der Verteilung der Beschäftigungschancen. Längerfristig Arbeitslose, unabhängig von der Art ihrer Qualifikation, ihrem Alter und ihrer physischen Verfassung, haben deutlich schlechtere Wiedereingliederungschancen in den Arbeitsmarkt als Arbeitslose, die erst seit kurzer Zeit ohne Beschäftigung sind. Von seiten der Arbeitgeber bestehen erhebliche Vorbehalte bei der Rekrutierung von Langzeitarbeitslosen. Es wird unterstellt, daß die lange Arbeitslosigkeitsdauer zu einem Abbau von Humankapital geführt hat, so daß die Leistungsfähigkeit von Langzeitarbeitslosen eingeschränkt ist (vgl. ausführlich zum Thema Langzeitarbeitslosigkeit Klems/Schmid 1990 und Schmid u.a. 1994).

3. Arbeitsmarktpolitik

Träger der Arbeitsmarktpolitik ist die Bundesanstalt für Arbeit (BA). Diese gliedert sich von der Hauptstelle in Nürnberg über die einzelnen Landesarbeitsämter bis hin zu den lokalen Arbeitsämtern. Der Bundesanstalt für Arbeit angeschlossen ist das Institut für Arbeitsmarkt und Berufsforschung (IAB).
Bei der Darstellung bundesdeutscher Arbeitsmarktpolitik stehen folgende Fragen im Mittelpunkt des Interesses:
- Welche Ziele werden im Rahmen der Arbeitsmarktpolitik verfolgt?
- Welche Maßnahmen werden ergriffen?
- Wie wirksam sind die arbeitsmarktpolitischen Maßnahmen?

3.1 Zielsetzungen der Arbeitsmarktpolitik

Die Angemessenheit und der Erfolg der Arbeitsmarktpolitik muß an ihren eigenen Zielsetzungen gemessen werden. Die Ziele der Arbeitsmarktpolitik sind (vgl. AFG §2):
- die Verhinderung und ggf. Beseitigung von Arbeitslosigkeit, unterwertiger Beschäftigung und Arbeitskräftemangel;
- die Förderung der beruflichen Mobilität der Erwerbspersonen;
- die Überwindung von Problemen, die sich aus dem strukturellen Wandel und dem technischen Fortschritt ergeben;
- die Erhöhung der Integrationschancen von behinderten Erwerbspersonen;
- die Überwindung geschlechtsspezifischer Unterscheidungen und Nachteile am Ausbildungs- und Arbeitsmarkt;
- die Verbesserung der Chancen älterer Arbeitnehmer;
- die Beeinflussung der regionalen und sektoralen Beschäftigungsstruktur;
- die Bekämpfung der illegalen Beschäftigung.

Die Arbeitsmarktpolitik verfolgt zusammengefaßt die Ziele, die Funktionsfähigkeit des Arbeitsmarktes zu gewährleisten, strukturelle Ungleichgewichte zu beseitigen und ein hohes Beschäftigungsniveau zu sichern. Diese expliziten Zielsetzungen der Arbeitsmarktpolitik spiegeln einerseits die Grundforderungen der Wirtschafts- und Sozialordnung der Bundesrepublik Deutschland (freie Berufswahl, Chancengleichheit, sozialer Ausgleich) wider, andererseits können diese Zielsetzungen auch nicht isoliert verfolgt werden, ohne andere wirtschafts- und sozialpolitische Orientierungen als Nebenbedingungen zu akzeptieren (vgl. Lampert/Engelberger/Schüle 1991, 22 ff.). Die beiden zentralen Nebenbedingungen, die die Arbeitsmarktpolitik bei der Verfolgung ihrer expliziten Zielsetzungen zu beachten hat, ist die Geldwertstabilität und die Wettbewerbsfähigkeit der Volkswirtschaft. Die Verletzung dieser beiden Bedingungen hat mittel- und langfristig negative Folgen für das allgemeine Beschäftigungsniveau und widerspricht damit dem postulierten Vollbeschäftigungsziel.

Die bisher genannten Zielsetzungen der Arbeitsmarktpolitik betreffen ausschließlich die sogenannte *aktive Arbeitsmarktpolitik*. Neben dieser aktiven Politik hat die Bundesanstalt für Arbeit die Aufgabe, die individuellen finanziellen Folgen der Arbeitslosigkeit im Rahmen der Arbeitslosenversicherung abzusichern und die Zahlung von Arbeitslosengeld und -hilfe zu gewährleisten (vgl. AFG §3). Dies bezeichnet man als *passive Arbeitsmarktpolitik*, die das Ziel verfolgt, den einzelnen Erwerbstätigen im Falle der Arbeitslosigkeit finanziell abzusichern.

3.2 Passive Arbeitsmarktpolitik

Im Rahmen der passiven Arbeitsmarktpolitik gewährt die Bundesanstalt für Arbeit die Zahlung von Arbeitslosengeld im Rahmen der Arbeitslosenversicherung. Jeder sozialversicherungspflichtig Beschäftigte ist bei der BA für den Fall der Arbeitslosigkeit versichert. Die Beiträge zur Arbeitslosenversicherung werden je zur Hälfte vom Arbeitnehmer und vom Arbeitgeber aufgebracht. Das Arbeitslosengeld variiert in seiner Höhe und in der Anspruchsdauer mit der bisherigen Beschäftigungsdauer und Einkommenshöhe. Arbeitslose, die keinen Anspruch (mehr) auf die Zahlung von Arbeitslosengeld haben, können Arbeitslosenhilfe beantragen. Diese Unterstützungsleistungen werden nicht im Rahmen der Arbeitslosenversicherung gewährleistet, sondern aus dem Bundeshaushalt finanziert.

3.3 Aktive Arbeitsmarktpolitik

In der aktiven Arbeitsmarktpolitik werden drei Schwerpunkte gesetzt:
- Funktionsverbesserung,
- Strukturverbesserung und
- Erhaltung oder Schaffung von Arbeitsplätzen.

Die Maßnahmen der aktiven Arbeitsmarktpolitik lassen sich diesen drei Schwerpunkten zuordnen, wobei sich aber z. T. auch Überschneidungen ergeben.

3.3.1 Maßnahmen zur Verbesserung der Funktionsfähigkeit des Arbeitsmarktes

Der Arbeitsmarkt ist durch unvollständige Information beider Marktseiten gekennzeichnet. Arbeitnehmer verfügen nur über unzureichende Informationen über die konkreten Arbeitsanforderungen, die regionale Verteilung und die Gratifikation der angebotenen Arbeitsplätze. Gleichfalls sind die arbeitskräftesuchenden Unternehmen nicht in der Lage, die Qualifikationen und Fähigkeiten der heterogenen Arbeitsuchenden zu überblicken. Die Bundesanstalt für Arbeit hat die Aufgabe, durch ihre Vermittlungs- und Beratungstätigkeiten, die Funktionsfähigkeit des Arbeitsmarktes hinsichtlich dieses Informationsdefizites zu verbessern. Darüber hinaus sorgt die BA mit dem IAB für die Bereitstellung statistischer Daten, Analysen und Prognosen, um damit die Informationsgrundlage für eine effiziente und angemessene Arbeitsmarktpolitik zu schaffen. Diese Aufgaben der BA haben erhebliche volkswirtschaftliche Bedeutung, da sie dazu beitragen, die Allokation der Arbeitskräfte zu optimieren und damit Fehlinvestitionen und Friktionen zu vermeiden.

- Beratung und Vermittlung
Die lokalen Arbeitsämter bieten allen Arbeitsuchenden eine kostenlose Berufsberatung durch entsprechend ausgebildete Fachkräfte an. Im Rahmen dieser Beratung werden individuelle Entwicklungsmöglichkeiten erarbeitet und Eignungsprofile erstellt. Solche Berufsberatungen können dazu führen, daß ein Bewerber, der nicht unmittelbar vermittelt werden kann, die Möglichkeit hat, in arbeitsmarktpolitische Maßnahmen (berufliche Bildung, Beschäftigung) der BA einzutreten.

Die Anzahl der Arbeitsvermittlungen durch die BA verdeutlicht die Dynamik, die sich trotz relativ hoher Arbeitslosenquote hinter den Zahlen der offenen Stellen und Arbeitslosen verbirgt. Zwischen 1982 und 1994 sind die Vermittlungen in Westdeutschland von ca. 1,4 Millionen auf fast 2,4 Millionen p.a. angestiegen. Dies entspricht ungefähr 7 bzw. 10% der im Jahresdurchschnitt sozialversicherungspflichtig Beschäftigten. Die Arbeitsämter hatten bis zum Jahr 1994 das Vermittlungsmonopol am Arbeitsmarkt. Seit diesem Jahr werden ähnlich wie in anderen europäischen Staaten auch private Vermittler am deutschen Arbeitsmarkt zugelassen (vgl. Deeke 1995, 276 ff.). Ihr Anteil an allen Vermittlungen liegt jedoch nur bei zwei bis vier Prozent.

- *Bereitstellung von statistischen Informationen zum Arbeitsmarkt*
Das der BA angeschlossene Institut für Arbeitsmarkt und Berufsforschung veröffentlicht u.a. regelmäßig statistische Informationen, Analysen und Prognosen zur Entwicklung des Arbeitsmarktes. Diese Informationen sollen die Arbeitsmarktakteure in die Lage versetzen, ihre den Arbeitsmarkt betreffenden Entscheidungen auf einer fundierten Grundlage zu treffen.

3.3.2 Maßnahmen zur Strukturverbesserung

Die Arbeitsanforderungen der Arbeitsplätze unterliegen einem beständigen Wandel. Arbeitsplätze in traditionellen Industriesektoren und in der Landwirtschaft gehen verloren, im Dienstleistungsbereich entstehen zusätzliche Arbeitsplätze. Aber auch innerhalb der Sektoren verändern sich die Qualifikationsanforderungen an die Arbeitnehmer. Moderne Formen der Arbeitsorganisation und der technische Wandel bedingen einen permanenten Anpassungsbedarf der Erwerbstätigen. Ein Ziel aktiver Arbeitsmarktpolitik ist die Unterstützung dieses Anpassungsprozesses. Arbeitsmarktpolitische Maßnahmen zur Verbesserung der Arbeitsmarktstruktur verfolgen deshalb einerseits das Ziel, die mangelnde Übereinstimmung von Arbeitskräfteangebot und Arbeitskräftenachfrage (mismatch) in sektoraler, qualifikatorischer und regionaler Hinsicht zu verbessern. Andererseits dienen sie aber auch der zielgruppenorientierten Förderung der Vermittlungschancen benachteiligter Personengruppen am Arbeitsmarkt.

- *Förderung der beruflichen Bildung*
Die im AFG beschriebene Förderung der beruflichen Bildung umfaßt drei Bereiche (Ausbildung, Fortbildung, Umschulung). Der erstgenannte Bereich, die berufliche Ausbildung, hat nur ergänzenden Charakter. Die zentralen Maßnahmen zur Strukturverbesserung sind Fortbildungs- und Umschulungsmaßnahmen. Zielgruppe von Fortbildungs- und Umschulungsmaßnahmen sind Arbeitslose, deren aktuelle Qualifikation am Arbeitsmarkt nicht oder nicht mehr nachgefragt wird. Mit diesen Maßnahmen wird das Ziel verfolgt, diesen Personen durch eine Höherqualifizierung (Fortbildung) oder durch die Vermittlung einer anderen, marktgängigeren Qualifikation (Umschulung), eine Chance am Arbeitsmarkt zu eröffnen. Hinter solchen Qualifizierungsmaßnahmen steht die Annahme, daß für diese im Rahmen der Maßnahmen vermittelten Qualifikationen auch eine Nachfrage am Arbeitsmarkt besteht. D. h. bestehende Arbeitsplätze konnten bisher wegen mangelnder Fachkräfte nicht oder nur unzureichend besetzt werden. Diese Voraussetzungen sind bei der heutigen Arbeitsmarktlage nur noch in spezifischen, abgegrenzten regionalen und fachlichen Teilarbeitsmärkten gegeben. Generell gilt, daß die derzeit herrschende Massenarbeitslosigkeit auch in hohem Maße gut ausgebildete Facharbeiter betrifft. Damit stellt sich das Problem, daß für die Arbeitslosen auch nach Abschluß der Fortbildungs- oder Umschulungsmaßnahmen kaum Arbeitsplätze zur Verfügung stehen. Die Bewertung solcher Qualifizierungsmaßnahmen fällt auf dem Hintergrund des Transformationsprozesses in Ostdeutschland anders aus. Ein Teil der in der

früheren Planwirtschaft erworbenen Qualifikationen der Arbeitnehmer war nach der Transformation nicht mehr adäquat. Hier hat die Arbeitsmarktpolitik einen wichtigen Beitrag zum strukturellen Wandel geleistet, indem erforderliche, aber bisher nicht verfügbare Qualifikationen vermittelt wurden (vgl. Blaschke/Nagel 1992). Dennoch zeigen sich auch hier die finanziellen Grenzen der Arbeitsmarktpolitik. Der starke Anstieg der Arbeitslosigkeit auch in Westdeutschland hat dazu geführt, daß die Mittel für FuU-Maßnahmen gekürzt werden mußten. Dies zeigt sich deutlich an den gesunkenen Teilnehmerzahlen. 1994 sind in Ostdeutschland die Eintritte in FuU-Maßnahmen auf nur noch ein Drittel der Zahlen für 1992 gefallen (vgl. Tab. 5).

Tab. 5 Eintritte in Maßnahmen der FuU, Ost- und Westdeutschland, in Tausend und Arbeitslosenquoten in Prozent

Jahr	Eintritte West	Arbeitslosen-quote-West[1]	Eintritte Ost	Arbeitslosen-quote-Ost[1]
1980	246 975	3,8		
1985	409 324	9,3		
1990	574 031	7,2	n.v.	7,3
1992	581 644	6,6	887 555	14,8
1994	307 527	9,2	286 928	16,0

n.v. = nicht Verfügbar
[1] Arbeitslosenquote bezogen auf alle abhängigen Erwerbspersonen
Quelle: Bundesanstalt für Arbeit

Ein weiterer Bereich zur Verbesserung der Anpassung von Arbeitskräftebedarf und Arbeitskräfteangebot sind die Einarbeitungszuschüsse. Hierbei handelt es sich um finanzielle Leistungen, die die Bundesanstalt für Arbeit unter bestimmten Voraussetzungen an einen Arbeitgeber zahlt, wenn die Arbeitnehmer "... ihre volle Leistung am Arbeitsplatz erst nach einer Einarbeitungszeit erreichen können ..."(AFG, §49). Dies gilt zum Beispiel für Berufsrückkehrerinnen nach Zeiten der Kindererziehung.

3.3.3 Maßnahmen zur Erhaltung oder zur Schaffung von Arbeitsplätzen

Diese Maßnahmen des AFG haben das Ziel, zusätzliche Arbeitsplätze zu schaffen oder bestehende Arbeitsverhältnisse zu sichern, die ohne arbeitsmarktpolitische Aktivitäten in ihrem Bestand gefährdet wären. Hierzu zählt insbesondere die finanzielle Förderung von Kurzarbeit sowie die Winterbauförderung und das Schlechtwettergeld. Durch diese Art von finanzieller Unterstützung soll der Anstieg der konjunkturellen und der saisonalen Arbeitslosigkeit begrenzt werden. Ein vorübergehender Nachfrageausfall in einzelnen Unternehmen oder Branchen kann durch Kurzarbeit überbrückt werden, während ohne dieses Instrument in diesem Fall Entlassungen zu erwarten sind. Ähnliche Überlegungen bestehen auch bei der Winterbauförderung und dem Schlechtwettergeld. Ziel ist es auch hier, die saisonalen Beschäftigungsschwankungen möglichst auszugleichen und die negativen Folgen der Arbeitslosigkeit (u.a. Verlust von Humankapital) zu vermeiden.

– Arbeitsbeschaffungsmaßnahmen
Arbeitsbeschaffungsmaßnahmen (ABM) sind die klassischen Maßnahmen des AFG, die dazu dienen, zusätzliche Arbeitsplätze zu schaffen. ABM werden fast ausschließlich durch öffentliche und gemeinnützige Träger durchgeführt und von der Bundesanstalt für Arbeit finanziert. Die konkrete Ausgestaltung der ABM ist sehr vielfältig. Sie reicht von

sozialen Diensten über Arbeiten im Bereich Umweltschutz bis hin zu Beratungseinrichtungen. Den Trägern steht eine finanzielle Förderung zur Finanzierung der vormals arbeitslosen Maßnahmeteilnehmer und eines Teils der entstehenden Sachkosten zu. An die Durchführung solcher Maßnahmen werden relativ strenge Maßstäbe gesetzt, die verhindern sollen, daß die in ABM geschaffenen Arbeitsplätze in Konkurrenz zu nicht subventionierten normalen Beschäftigungsverhältnissen treten. Substitutions- und Mitnahmeeffekte sollen damit vermieden werden.

Tab. 6: Teilnehmer an ABM in Ost- und Westdeutschland in Tausend und Arbeitslosenquote in Prozent

Jahr	Teilnehmer West	Arbeitslosenquote-West[1]	Teilnehmer Ost	Arbeitslosenquote-Ost[1]
1980	41 251	3,8		
1985	87 026	9,3		
1990	83 350	7,2	n.v.	7,3
1992	78 179	6,6	388 056	14,8
1994	57 441	9,2	192 492	16,0

n.v. = nicht Verfügbar
[1] Arbeitslosenquote bezogen auf alle abhängigen Erwerbspersonen
Quelle: Bundesanstalt für Arbeit

Ein Blick auf die Teilnehmerzahlen in Arbeitsbeschaffungsmaßnahmen zeigt die Problematik, in der sich die Arbeitsmarktpolitik in ihrer derzeitigen Institutionalisierungsform befindet (vgl. Tab. 6). In Zeiten hoher Arbeitslosigkeit reichen die finanziellen Mittel der BA nicht aus, um gleichzeitig hohe Lohnersatzleistungen und eine aktive Bekämpfung der Arbeitslosigkeit zu finanzieren. Noch deutlicher wird dieses Finanzierungsproblem, wenn man das Verhältnis der Ausgaben für aktive und passive Arbeitsmarktpolitik betrachtet. Der Anteil aktiver Arbeitsmarktpolitik an den Gesamtausgaben der BA geht in Zeiten hoher Arbeitslosigkeit nicht nur relativ, sondern auch absolut zurück. So sind in den letzten drei Jahren die Ausgaben um über 8 Milliarden DM gesunken, während die gesamtdeutsche Arbeitslosenquote von 8,5 auf 10,6% angestiegen ist (vgl. Bundesanstalt für Arbeit 1995, 67).

Über die genannten Regelmaßnahmen des AFG hinaus existieren verschiedene arbeitsmarktpolitische Sonderprogramme von Bund und Ländern, die zeitlich befristet und zielgruppenspezifisch die Eingliederungschancen bestimmter Personengruppen in den Arbeitsmarkt fördern sollen. Ein aktuelles Beispiel ist das Lohnkostenzuschußprogramm des Bundes zur Verbesserung der Wiedereingliederungschancen von Langzeitarbeitslosen.

3.4 Beitrag der Arbeitsmarktpolitik zur Bekämpfung der Arbeitslosigkeit

Neben der Verbesserung der Funktionsweise und der Strukturverbesserung ist die Bekämpfung der Arbeitslosigkeit das zentrale Ziel der Arbeitsmarktpolitik. Um einen gewissen Eindruck von den Größenordnungen zu vermitteln, die als Erfolg bei der Bekämpfung der Arbeitslosigkeit erzielt wurden, sind in Tab. 7 die Beschäftigungswirkungen und die Entlastungswirkungen der drei wichtigsten arbeitsmarktpolitischen Maßnahmen dargestellt. Unter der *Beschäftigungswirkung* versteht man die Anzahl der Personen, die durch die Maßnahme unmittelbar eine Beschäftigung erhalten. Die *Entlastungswirkung* dagegen zählt nur die Personen, die ohne diese Maßnahme als registrierte Arbeitslose erfaßt werden würden. D.h. Personen, die im Rahmen solcher Maßnahmen eine Beschäftigung finden, die jedoch nicht als Arbeitslose registriert waren (Stille Reserve, Schulabgänger usw.), werden bei der Entlastungswirkung nicht mitgezählt. Die Entlastungswirkung ist deshalb regelmäßig geringer als die Beschäftigungswirkung. Im Jahr 1990 hätte die Arbeitslosigkeit in Westdeutschland ohne diese arbeitsmarktpolitischen Maßnahmen bei 2,2 Millionen und nicht wie tatsächlich bei 1,8 Millionen gelegen. Es muß aber erneut darauf hingewiesen werden, daß der Erfolg der Arbeitsmarktpolitik von den zur Verfügung stehenden finanziellen Mitteln abhängt. Die Einnahmen der BA, die sich im wesentlichen aus den Beiträgen der Arbeitnehmer und Arbeitgeber speisen, fließen in Zeiten hoher Arbeitslosigkeit spärlicher. Gleichzeitig steigen die Ausgaben für passive Maßnahmen (Lohnersatzleistungen). Aber gerade in den Zeiten hoher Arbeitslosigkeit wäre eine Ausdehnung der aktiven Arbeitsmarktpolitik sinnvoll.

Tab. 7: Beschäftigungs- und Entlastungswirkungen aktiver Arbeitsmarktpolitik, in tausend Personen (Westdeutschland), 1973 - 1993

Jahr	Beschäftigungswirkung				Entlastungswirkung			
	Kurzarbeit	ABM	FuU	Summe	Kurzarbeit	ABM	FuU	Summe
1973	16	4	100	120	11	3	68	82
1976	96	75	97	268	63	58	76	197
1978	50	90	63	203	33	77	52	162
1981	108	63	111	282	72	55	92	219
1984	132	105	128	365	92	95	118	305
1986	75	142	154	371	53	129	143	325
1988	70	161	199	430	49	146	181	376
1990	20	116	215	351	13	105	191	309
1992	88	110	250	448	59	99	220	388
1993	228	61	238	527	152	55	207	414

n.v. = nicht verfügbar
Quelle: Schmid, 1995, S. 246; BA, ANBA, 1994, Der Arbeitsmarkt 1993, 61, Autorengemeinschaft, 1996, 34.

4. Resümee

Der relative Erfolg der Arbeitsmarktpolitik nach dem AFG von 1969 sollte nicht darüber hinwegtäuschen, daß dieses Gesetz und die mit ihm verbundenen Maßnahmearten und Finanzierungsmodalitäten aus einer Zeit stammen, in der Massenarbeitslosigkeit unbekannt und in dem heutigen Ausmaß auch nicht vorstellbar war. Eine Vielzahl von Überarbeitungen des AFG und sporadisch aufgelegte arbeitsmarktpolitische Sonderprogramme des Bundes und der Länder zeigen den grundlegenden Anpassungsbedarf an die aktuellen Gegebenheiten. Spätestens die massiv aufgetretenen strukturellen Arbeitsmarktprobleme in den neuen Bundesländern erfordern eine grundlegende institutionelle Reformierung der Arbeitsmarktpolitik (vgl. dazu auch Seifert (Hrsg.) 1995).

Die überwiegende Finanzierung arbeitsmarktpolitischer Maßnahmen aus den Beiträgen der Arbeitnehmer führt in Zeiten hoher Arbeitslosigkeit zwangsläufig zu kontraproduktiven Effekten. Entweder müssen die Beitragssätze angehoben werden, was die Beschäftigungssituation zusätzlich belastet, oder die finanziellen Mittel reichen nicht für einen bedarfsgerechten Einsatz aktiver Arbeitsmarktpolitik aus. Eine über allgemeine Steuereinnahmen finanzierte aktive Arbeitsmarktpolitik könnte diesen negativen Zusammenhang wenn nicht auflösen, so doch zumindest entschärfen. Gerade in Zeiten hoher Arbeitslosigkeit muß der Schwerpunkt der Arbeitsmarktpolitik auf den aktiven Maßnahmen zur Beschäftigungsförderung und nicht auf der passiven Unterstützung der Arbeitslosigkeit liegen. Daß diese Tendenz in der Vergangenheit entgegengesetzt war, ist eine Folge der bisherigen Finanzierung.

Inhaltlich sind zwei grundlegende Neuorientierungen einzufordern. Zum einen eine stärkeres Gewicht auf die präventiven Maßnahmen insbesondere zur Verhinderung von Langzeitarbeitslosigkeit. Hier kann von positiven internationalen Erfahrungen (z.B. Dänemark) profitiert werden. Zum zweiten könnte eine noch stärkere Zielgruppenorientierung die Wirksamkeit arbeitsmarktpolitischer Maßnahmen steigern, da sich in der Vergangenheit gezeigt hat, daß einzelne Maßnahmen i.d.R. nur für bestimmte Gruppen erfolgreich waren, und unterschiedliche Gruppen differenzierter Hilfen bedurften.

Literatur

Autorengemeinschaft 1996: Der Arbeitsmarkt 1995 und 1996 in der Bundesrepublik Deutschland, in: MittAB, 29. Jg., 5 ff.

Blaschke, D.; Nagel, E. 1992: IAB-Kurzbericht Nr. 21, Nürnberg.

Brandes, W.; Buttler, F.; Dorndorf, E. 1989: Arbeitsmarkttheorie und Arbeitsrechtswissenschaft: Analoge Probleme und Diskussionsschwerpunkte im Hinblick auf die Funktionsfähigkeit der Arbeitsmärkte, in: Währungsreform und Soziale Marktwirtschaft, Jahrestagung des Vereins für Socialpolitik, Freiburg, 489 ff.

Brandes, W.; Weise, P. 1991: Arbeitsbeziehungen zwischen Markt und Hierarchie, in: Müller-Jentsch, W. (Hrsg.): Konfliktpartnerschaft, München, 11 ff.

Bundesanstalt für Arbeit 1994: Arbeitsmarkt 1993, Sonderheft der ANBA, Nürnberg.

Bundesanstalt für Arbeit 1995: Arbeitsmarkt 1994, Sonderheft der ANBA, Nürnberg.

Deeke, A. 1995: Öffentliche und private Arbeitsvermittlung, in: Seifert, H. (Hg.), Reform der Arbeitsmarktpolitik, Köln, 276 ff.

Hardes, H.-D. 1989: Zur Bedeutung längerfristiger Beschäftigungsbeziehungen und betriebsinterner Arbeitsmärkte, in: MittAB, 22. Jg., 540 ff.

Hardes, H.-D., u.a. 1995: Volkswirtschaftslehre - problemorientiert, Tübingen.

Institut der deutschen Wirtschaft (Hrsg.) 1995: Zahlen zur wirtschaftlichen Entwicklung der Bundesrepublik Deutschland, Köln.

Jansen, R.; Stooß, F. (Hrsg.) 1993: Qualifikation und Erwerbsstruktur im geeinten Deutschland, Berlin, Bonn.

Klems, W.; Schmid, A. 1990: Langzeitarbeitslosigkeit. Theorie und Empirie am Beispiel des Arbeitsmarktes Frankfurt/Main, Berlin.

Lampert, H.; Englberger, J.; Schüle, U. 1991: Ordnungs- und prozeßpolitische Probleme der Arbeitsmarktpolitik in der Bundesrepublik Deutschland, Berlin.

Offe, C. 1984: Arbeit als soziologische Schlüsselkategorie, in: Offe, C. Arbeitsgesellschaft. Strukturprobleme und Zukunftsperspektiven, Frankfurt, New York, 13 ff.

Schmid, A., u.a. 1994: Neue Wege der Arbeitsmarktpolitik für Langzeitarbeitslose, Berlin.

Schmid, A. 1995: Arbeitsmarktpolitik, in: May, H., Handbuch zur ökonomischen Bildung, München, Wien, 229 ff.

Seifert, H. 1995: Reform der Arbeitsmarktpolitik, Köln.

Lohnpolitik und Lohnentwicklung

Gerald Gaß

Die Lohnpolitik mit ihren Auswirkungen auf die Lohnentwicklung und die Lohnstruktur ist der bestimmende Faktor für die Verteilung des Volkseinkommens auf die Haushalte und die Unternehmen. Aber auch für die Preisstabilität, die Höhe der Beschäftigung, die Binnennachfrage, die Kosten der Produktion und die internationale Wettbewerbsposition der Unternehmen sind die Löhne und damit auch die Lohnpolitik ein maßgeblicher Faktor.

Ziel dieses Beitrages ist es, die volkswirtschaftliche Bedeutung der Lohnpolitik und die empirische Entwicklung und Struktur der Löhne darzustellen. Hierzu werden drei inhaltliche Schwerpunkte gesetzt:
1. die gesamtwirtschaftlichen Aspekte des Lohnes und der Lohnpolitik;
2. die in der Bundesrepublik relevanten lohnpolitischen Konzepte;
3. die Entwicklung und Struktur der Löhne als Ergebnis der Lohnpolitik.

In einem einführenden Abschnitt werden zunächst ökonomische Begriffe definiert, die bei der Darstellung der Lohnpolitik eine wichtige Bedeutung haben. Wegen der oben angesprochenen, über einzelne Unternehmen und Branchen hinausgehenden Bedeutung der Lohnpolitik werden anschließend die gesamtwirtschaftlichen Aspekte aufgezeigt. Vor diesem Hintergrund erfolgt dann die Darstellung und Einordnung der lohnpolitischen Konzepte der Tarifpartner und des Sachverständigenrates. Anschließend wird auf die Mikroebene der Lohnpolitik eingegangen. Die unterschiedlichen Formen der betrieblichen Entlohnung und die damit verbundenen Vorzüge und Probleme werden untersucht. Zuletzt erfolgt die Darstellung der empirischen Lohnentwicklung in der Bundesrepublik Deutschland unter Einbeziehung der besonderen Entwicklungen in den neuen Bundesländern.

1. Definition

Der Begriff Lohn kann aus zwei unterschiedlichen Blickwinkeln definiert werden (vgl. Molitor 1988, 29f.). Zunächst versteht man unter Lohn das Entgelt für geleistete Arbeit. Lohn in der engeren Definition ist damit das Arbeitseinkommen für abhängig Beschäftigte, der *Arbeitslohn*. In einer weiteren Definition erfaßt der Begriff aber auch das Einkommen der Selbständigen, den *Unternehmerlohn*. Das eigentliche Gewinneinkommen eines Unternehmers, das er aus seinem Kapitaleinsatz bezieht, zählt nicht zu diesem Unternehmerlohn. Beim Unternehmerlohn handelt es sich lediglich um den kalkulatorischen Lohn, den ein Selbständiger aus seiner aktiven Mitarbeit bezieht.

Neben dieser Definition des Lohnes als Einkommen von abhängig Beschäftigten und Selbständigen existiert eine ökonomische Definition des Lohnes aus gesamtwirtschaftlicher Sichtweise - der Lohn als Kostenfaktor in der Produktion, als Preis für den Faktor Arbeit. Im Rahmen der volkswirtschaftlichen Gesamtrechnung wird der Bruttolohn aller abhängig Beschäftigten in einer Periode summiert zur *Lohnsumme*. Mithilfe dieser Lohnsumme kann die *Lohnquote* berechnet werden. Die Lohnquote beschreibt den Anteil der Lohnsumme am gesamten volkswirtschaftlichen Einkommen, also den Anteil des gesamten Volkseinkommens, der auf die abhängig Beschäftigten entfällt. Neben dieser tatsächlichen Lohnquote existiert auch eine Definition für eine *Arbeitseinkommensquote*. Diese erfaßt zusätzlich den Unternehmerlohn. Die ergänzte Lohnquote spiegelt damit den gesamten Anteil des Produktionsfaktors Arbeit am Volkseinkommen wider. Demgegenüber steht der Teil des Volkseinkommens, der auf die Gewinne entfällt. Beim Vergleich des Volkseinkommens aus Gewinnen einerseits und aus Arbeit andererseits spricht man in der Volkswirtschaftslehre von der Einkommensverteilung (vgl. hierzu Hardes, Einkommensverteilung, in diesem Band).

Die *Lohnpolitik* schließlich umschreibt alle Maßnahmen der Tarifparteien und des Staates, die das Ziel haben, auf die Lohnhöhe, die Lohnstruktur und die Einkommensverteilung einzuwirken (vgl. Dichtl/Issing (Hrsg.) 1994, 1340 sowie Kahsnitz, Tarifvertrag und Tarifentwicklung, in diesem Band).

2. Lohnpolitik

Lohnpolitische Akteure in der Bundesrepublik sind der Staat und die Tarifpartner. Staatliche Lohnpolitik kann sich auf Appelle an die Tarifpartner und Beratungsfunktionen beschränken, sie kann aber auch dirigistische Maßnahmen umfassen. In der Bundesrepublik herrscht Tarifautonomie, d.h. der Staat beschränkt sich auf Appelle an die Tarifpartner. Primäre Zielsetzung solcher staatlicher Appelle ist die Stabilität des gesamtwirtschaftlichen Preisniveaus und die Erreichung eines hohen Beschäftigungsstandes.

Zu den dirigistischen Eingriffen im Rahmen staatlicher Lohnpolitik, wie sie zum Teil in anderen Staaten praktiziert wird, zählt die Festsetzung verbindlicher Mindestlöhne, die Indexierung der Tariflöhne und die Vorgabe von Lohnstops (vgl. Külp 1994, 287 f.).

Die Lohnpolitik der Tarifpartner orientiert sich in erster Linie an verteilungspolitischen Zielen. Beide Seiten, Gewerkschaften und Arbeitgeberverbände, versuchen ihren Anteil am gesamten Volkseinkommen festzuschreiben bzw. auszubauen. Daneben kämpfen die Gewerkschaften um Reallohnsteigerungen, die zumindest in Höhe der allgemeinen Preissteigerungsrate liegen, um die Kaufkraft der Arbeitnehmer zu sichern. Die Arbeitgeber dagegen zielen auf einen möglichst niedrigen Reallohnanstieg, um die Produktionskosten des Unternehmens zu begrenzen, und damit die Wettbewerbsposition und die Gewinnaussichten zu verbessern.

Diese unterschiedlichen Zielsetzungen der Tarifpartner und die übergeordneten volkswirtschaftlichen Ziele des Staates kommen in den verschiedenen lohnpolitischen Konzepten zum Ausdruck, die der praktizierten Lohnpolitik dieser Akteure zugrunde liegen. Da diese Konzepte bei der nachfolgenden Darstellung auch in ihren volkswirtschaftlichen Wirkungen beurteilt werden, wird zunächst auf die gesamtwirtschaftlichen Aspekte der Lohnpolitik eingegangen.

2.1 Gesamtwirtschaftliche Aspekte der Lohnpolitik

Die Löhne sind einerseits ein wesentlicher Bestandteil des Volkseinkommens und damit eine zentrale Größe der volkswirtschaftlichen Nachfrage. Andererseits bestimmt die Lohnhöhe maßgeblich die Kosten des Produktionsfaktors Arbeit und damit u.a. die Nachfrage nach Arbeitskräften. Zentrales Bindeglied zwischen der Lohnentwicklung und möglichen gesamtwirtschaftlichen Auswirkungen auf das Preisniveau, die Beschäftigungshöhe und die Einkommensverteilung ist die Produktivität. Nachfolgend wird auf diese Zusammenhänge im einzelnen eingegangen.

2.1.1 Lohnhöhe und Produktivität

Die Löhne sind aus der Sicht der Unternehmen die Kosten für den Einsatz des Produktionsfaktors Arbeit. Wenn die Löhne sich verändern, steigen oder sinken demnach die Arbeitskosten. Welche Auswirkungen diese Veränderung der Kosten auf zentrale volkswirtschaftliche Größen haben, hängt wesentlich von der Produktivität ab.

Die Arbeitsproduktivität beschreibt den Zusammenhang zwischen der geleisteten Arbeit und dem Output an erzeugten Gütern und Dienstleistungen. Steigt bei ansonsten unveränderten Bedingungen die Arbeitsproduktivität, wird mit der gleichen Menge an eingesetzter Arbeit ein Mehr an Gütern produziert. Bei unveränderten Lohnkosten verbilligt sich demnach der Produktionsfaktor Arbeit im Verhältnis zum erzeugten Output. Daraus folgt, daß sich in diesem Fall der Gewinn des Unternehmens erhöht, da mit konstanten Kosten ein höherer Output erzeugt wurde. Die Lohneinkommen bleiben konstant und die Einkommen aus Unternehmertätigkeit steigen. Das Verhältnis von Lohneinkommen und Gewinneinkommen verändert sich zugunsten der Gewinneinkommen. Dieser Zusammenhang soll anhand eines einfachen Beispiels deutlich gemacht werden. Wir gehen von einem Unternehmen aus, das nur ein Produkt erzeugt und einzig den Produktionsfaktor Arbeit einsetzt. Die gesamte Produktion kann abgesetzt werden. Die Absatzpreise bleiben konstant.

In dem Beispiel wurden in der Periode 1 mithilfe von 100 Arbeitsstunden bei einer Produktivität von eins 100 Einheiten Output produziert.

Periode 1:
Arbeitsmenge (100) x Arbeitsproduktivität (1,0) = Output (100)

Der Preis der Arbeitsstunde liegt bei 10 Geldeinheiten. Der Preis pro verkaufter Outputeinheit liegt bei 12 Geldeinheiten.

Periode 1:
Output (100) x Preis (12) - Arbeitsmenge (100) x Lohnsatz (10)
= Gewinn (200)

In der Periode 1 liegt damit das Lohneinkommen aus Arbeitnehmertätigkeit bei 1000 und das Gewinneinkommen aus Unternehmertätigkeit bei 200. Das heißt, das gesamte Einkommen verteilt sich zu 16,6% auf Gewinn- und zu 83,4% auf Lohneinkommen.

In der Folgeperiode bleibt der Lohnsatz konstant, aber die Arbeitsproduktivität steigt um 10% von 1,0 auf 1,1.

Periode 2:
Arbeitsmenge (100) x Arbeitsproduktivität (1,1) = Output (110)
Periode 2:
Output (110) x Preis (12) - Arbeitsmenge (100) x Lohnsatz (10)
= Gewinn (320)

In der Periode 2 bleibt damit das Lohneinkommen aus Arbeitnehmertätigkeit konstant bei 1000 und das Einkommen aus Unternehmertätigkeit steigt auf 320. Das Verhältnis von Gewinn- zu Lohneinkommen verbessert sich zugunsten des Gewinneinkommens (24,2% zu 75,8%).

Im Rahmen dieser formalen Zusammenhänge lassen sich auch die Wirkungen unterschiedlicher Lohnsteigerungen auf die Einkommensverteilung abbilden. Steigen die Reallöhne in gleichem Maße wie die Produktivität, verändert sich das Verhältnis von Lohn- zu Gewinneinkommen nicht. Steigen die Reallöhne stärker als die Produktivität, verändert sich dieses Verhältnis zu Ungunsten der Lohneinkommen.

Diese theoretischen Auswirkungen des Zusammenhangs von Reallohnsteigerungen und Produktivitätsveränderungen sind grundlegend für das Verständnis der gesamtwirtschaftlichen Wirkungen von Lohnerhöhungen.

2.1.2 Lohnhöhe und Inflation

In den Diskussionen um den richtigen Weg der Lohnpolitik wird immer wieder auf den Zusammenhang von Lohnerhöhungen und Preisniveaustabilität hingewiesen. Eine zentrale Hypothese dieses Zusammenhangs besagt, daß Lohnsteigerungen, die die Wachstumsraten der Produktivität überschreiten, zu Preissteigerungen führen. Diese Hypothese zielt auf den kosten- und den nachfrageinduzierten Erklärungsansatz von Inflation.

Die kosteninduzierte Erklärung betont, daß steigende Produktionskosten von den Unternehmen auf die Preise der Güter und Dienstleistungen überwälzt werden und damit zu einem allgemeinen Anstieg des Preisniveaus führen. Die Löhne sind ein wichtiger Faktor der Produktionskosten. Werden die Löhne als Ergebnis lohnpolitischer Verhandlungen in einem Maß erhöht, das über die Wachstumsrate der Produktivität hinausgeht, steigen dadurch die Lohnkosten überproportional zum Gegenwert des erzeugten Outputs an Gütern und Dienstleistungen. Die kosteninduzierte Erklärung von Preissteigerungen besagt, daß die Unternehmen in dieser Situation ihre Absatzpreise erhöhen, um die gestiegenen Kosten auszugleichen. Die Folge dieser Preiserhöhungen ist ein allgemeiner Anstieg des Preisniveaus.

Diese formulierte Wirkungskette tritt jedoch nur unter bestimmten Voraussetzungen ein. Bei einer Lohnerhöhung, die über dem Produktivitätszuwachs liegt, kommt es nur dann zu Preissteigerungen am Gütermarkt, wenn die Unternehmen die gestiegenen Lohnkosten auf ihre Absatzpreise überwälzen können. Läßt die Wettbewerbssituation keine Preissteigerungen zu, ist mit Einbußen beim Gewinn zu rechnen. Dies verändert die Einkommensverteilung zwischen Lohn- und Gewinneinkommen, führt aber nicht zu Preissteigerungen. Ein weiterer Aspekt ist die Kostenentwicklung anderer Produktionsfaktoren. Wenn deren Preissteigerungen hinter dem Produktivitätszuwachs zurückbleiben, können die Löhne stärker als die Produktivität wachsen, ohne daß eine allgemeine Steigerung der Produktionskosten die Folge ist. Diese Einschränkungen zeigen, daß ein Anstieg des allgemeinen Preisniveaus keineswegs eine zwangsläufige Folge von Lohnerhöhungen oberhalb des Produktivitätszuwachses ist.

Auch der nachfrageorientierte Erklärungsansatz von Inflation betont einen Zusammenhang mit Lohnerhöhungen oberhalb des Produktivitätszuwachses und allgemeinen Preissteigerungen. Werden die Löhne stärker erhöht, als der Output wächst, dann trifft eine gestiegene Einkommensumme auf eine relativ konstante Angebotsmenge an Gütern und Dienstleistungen. Dieser Nachfrageüberhang löst Preiserhöhungen aus und heizt damit die Inflation an. Auch der in der nachfrageorientierten Erklärung zugrundegelegte Zusammenhang von Lohn- und Preiserhöhungen kann durch verschiedene andere Faktoren durchbrochen werden. Ein wichtiger Faktor ist das Verhalten des Staates. Der Staat als Nachfrager an den Gütermärkten kann durch sein Verhalten die Summe der gesamten volkswirtschaftlichen Nachfrage beeinflußen. Reduziert der Staat in der oben beschrieben Situation seine Nachfrage, kann das gesamte Nachfrageniveau konstant gehalten und damit ein Nachfrageüberhang vermieden werden.

Diese beiden Erklärungsansätze zeigen, daß eine Erhöhung des allgemeinen Preisniveaus durch überproportionale Lohnerhöhungen ausgelöst werden kann. Es zeigt sich aber auch, daß kein deterministischer Zusammenhang besteht, sondern daß ganz bestimmte Nachfragebedingungen, Kostenstrukturen und Verhaltensweisen der beteiligten Akteure vorliegen müssen, um durch Lohnerhöhungen eine Inflation auszulösen oder diese anzuheizen.

2.1.3 Lohnhöhe und Beschäftigung

Der dominierende ökonomische Ansatz zur Erklärung des Zusammenhang zwischen Lohnhöhe und Beschäftigung ist die neoklassischen Grenzproduktivitätstheorie (vgl. Hardes u.a. 1995, 460 ff.). Im Rahmen der Grenzproduktivitätstheorie ist der Reallohnsatz die zentrale Größe, die das Niveau der Beschäftigung determiniert. Demnach sinkt mit steigendem Reallohn die Nachfrage nach Arbeit.

Im Grundmodell dieser Theorie wird von einem Gleichgewichtslohnsatz ausgegangen, bei dem Vollbeschäftigung herrscht. Vollbeschäftigung im Sinne der Neoklassik bedeutet nicht, daß alle arbeitswilligen Personen einen Arbeitsplatz erhalten. Bei neoklassischer Vollbeschäftigung besteht freiwillige Arbeitslosigkeit. D.h. Arbeitswillige, die einen Lohnsatz fordern, der über dem Gleichgewichtslohnsatz liegt, finden nur dann einen Arbeitsplatz, wenn sie ihre Lohnforderungen senken. Das gesamte Arbeitsangebot steigt bei höheren Lohnsätzen an, da in diesem Fall mehr Personen bereit sind, „Arbeitsleid" auf sich zu nehmen. Die Nachfrage nach Arbeitskräften dagegen steigt mit sinkenden Reallohnsätzen, da sich der Arbeitseinsatz in einer wachsenden Anzahl von Bereichen „lohnt" (Grenzproduktivitätstheorie). Die Unternehmen stellen so viele Arbeitnehmer ein (oder fragen Arbeitsstunden nach) bis die Kosten des zuletzt eingestellten Arbeitnehmers (Grenzkosten des Arbeitseinsatzes) gleich sind dem Ertrag, den dieser Arbeitnehmer mit seiner Arbeitskraft erzeugt (Grenzproduktivität).(vgl. auch Schmid, Beschäftigungspolitik, in diesem Band). Dieses grundlegende Modell der sinkenden Arbeitskräftenachfrage bei steigenden Reallohnsätzen wurde vielfach modifiziert und an die realen Marktbedingungen angepaßt. Die hier angesprochenen zentralen Bedingungen bleiben aber bei allen Weiterentwicklungen gültig.

2.2 Lohnpolitische Konzepte

Die Lohnpolitik des Staates und der Tarifpartner beruht auf theoretischen Überlegungen, die die Wirkungen lohnpolitischer Entscheidungen auf verschiedene gesamtwirtschaftliche Indikatoren abschätzen. Entsprechend den unterschiedlichen lohnpolitischen Zielen der beteiligten Akteure (Staat, Arbeitgeber und Arbeitnehmer) existieren differenzierte

Konzepte, mit denen diese unterschiedlichen Zielsetzungen erreicht werden sollen. Wie bereits angesprochen verfolgen die beiden Tarifpartner im Rahmen ihrer lohnpolitischen Strategien in erster Linie verteilungspolitische Ziele. Der Staat dagegen orientiert sich in seinen Zielsetzungen primär an den volkswirtschaftlichen Stabilitätsgrößen Preisniveaustabilität und hohes Beschäftigungsniveau (vgl. Kruber 1995, 185 ff.).

Im wesentlichen unterscheidet man drei grundlegende lohnpolitische Konzepte:
1. die produktivitätsorientierte Lohnpolitik;
2. die expansive Lohnpolitik;
3. die kostenniveauneutrale Lohnpolitik.

Diese Konzepte werden nachfolgend im einzelnen behandelt, ihr theoretischer Hintergrund erläutert, die Zielsetzungen dargestellt, Beschränkungen aufgezeigt und Konfliktfelder mit anderen Zielsetzungen untersucht.

2.2.1 Produktivitätsorientierte Lohnpolitik

Das Konzept der produktivitätsorientierten Lohnpolitik wird insbesondere von den Unternehmen vorgeschlagen und bei ihren Lohnverhandlungen mit den Gewerkschaften vertreten. Die Kernaussage dieses Konzeptes lautet:

"Die Nominallöhne sollen in sich in dem gleichem Maße verändern, wie sich auch die Produktivität entwickelt."

Der theoretische Hintergrund einer produktivitätsorientierten Lohnpolitik ist ein zweifacher (vgl. Külp 1994, 297 ff.). Erstens sind es verteilungstheoretische Überlegungen und zweitens inflationstheoretische Annahmen, die zur Begründung dieses Konzeptes dienen. Mit diesem Konzept soll die vorhandene Einkommensverteilung konstant gehalten und negative Einflüsse auf das Preisniveau ausgeschaltet werden.

Verteilungstheoretisch führt diese Forderung bei konstantem Preisniveau zu einer Festschreibung der vorhandenen gesamtwirtschaftlichen Relation des Einkommens aus abhängiger Beschäftigung (Lohneinkommen) und des Einkommens aus Unternehmertätigkeit (Gewinneinkommen). Hintergrund dieser Feststellung ist, daß Änderungen der bestehenden Einkommensverteilung nur durch Wachstumsraten des Lohneinkommens erreicht werden können, die von denen der Produktivität abweichen. Lohnsteigerungen, die über denen des Produktivitätsfortschrittes liegen, gehen zu Lasten der Gewinneinkommen, da an die Arbeitnehmer mehr verteilt wird, als zusätzlich verdient wurde. Damit verändert sich das Verhältnis von Lohn- und Gewinneinkommen zugunsten der Arbeitnehmer. Im umgekehrten Fall, wenn die Lohnzuwächse unterhalb denen der Produktivität liegen, steigt der Anteil der Gewinneinkommen. Diese Überlegungen gelten jedoch nur bei konstantem Preisniveau. Genau dies glauben die Vertreter der produktivitätsorientierten Lohnpolitik zu erreichen. Auf der Basis des nachfrageorientierten Ansatzes zur Erklärung von Inflation sehen sie sich in ihrer Forderung bestätigt. Produktivitätsorientierte Nominallohnzuwächse sollen Preissteigerungen aufgrund einer Nachfrageerhöhung verhindern. Unter der Annahme der damit erzielten Preisniveaustabilität sind die nominalen Zuwächse identisch mit einer realen Steigerung des Einkommens und führen nicht zu einer Veränderung der Einkommensverteilung zuungunsten der Lohnbezieher. Eben diese Bedingung ruft jedoch die Kritik der Gewerkschaften hervor. Im Falle von allgemeinen Preissteigerungen führen nominale Lohnsteigerungen in Höhe der Produktivitätszuwächse nämlich zu einer Verschiebung der Einkommensverteilung, da die Unternehmen höhere Preise auf den Absatzmärkten erzielen; diese von dem Produktivitätszuwachs unabhängigen zusätzlichen Einnahmen aber nicht an ihre Beschäftigten weitergeben. Solche allgemeinen Preissteigerungen sind aus den in Abschnitt 2.1.2 genannten Gründen trotz Lohnzurückhaltung nicht ausgeschlossen. Auch verfügen die Unternehmen teilweise über die Marktmacht, unabhängig von den ihnen entstandenen Kosten, Preissteigerungen durchzusetzen.

2.2.2 Expansive Lohnpolitik

Von gewerkschaftlicher Seite wird das Konzept der expansiven Lohnpolitik favorisiert. Als Ergebnis dieses Konzeptes wird gefordert:

"Die Löhne sollen stärker steigen als der Produktivitätsfortschritt."

Die Gewerkschaften begründen diese Forderung mit zwei Zielsetzungen. Einerseits wird beabsichtigt, die bestehende Einkommensverteilung zugunsten der Lohnabhängigen zu verändern, um dadurch die gesamtwirtschaftliche Nachfrage zu erhöhen. Zum anderen soll ein weiterer Produktivitätsfortschritt ausgelöst werden, der ein zusätzliches Wirtschaftswachstum induziert.

Die Erhöhung der gesamtwirtschaftlichen Nachfrage durch die Veränderung der Einkommensverteilung beruht auf der theoretischen Annahme einer sinkenden Konsumquote. Im Rahmen der keynesianischen Theorie wird diese Annahme damit begründet, daß die wesentlichen Konsumbedürfnisse bei Einkommensbeziehern mit hohem Einkommen bereits befriedigt sind. In gleichem Maße, wie mit steigendem Einkommen die Konsumquote sinkt, steigt die Sparquote bei diesen Haushalten. Für die gewerkschaftliche Argumentation zur Begründung einer expansiven Lohnpolitik bedeutet dies, daß eine Einkommensumverteilung zugunsten der Einkommensbezieher mit niedrigem Einkommen zu einer Stärkung der Konsumnachfrage und damit zur gesamtwirtschaftlichen Nachfrage führt. Diese gestiegene Massenkaufkraft führe in letzter Konsequenz auch zu einem Anstieg der Beschäftigung, da im Rahmen einer höheren Güternachfrage auch Arbeitsplätze geschaffen werden.

Der zusätzlich induzierte Produktivitätsfortschritt wird aufgrund der Wettbewerbssituation der Unternehmen erwartet. Um trotz gestiegener Lohnkosten konkurrenzfähig bleiben zu können, werden die Unternehmen versuchen, diese Kosten durch Rationalisierungsmaßnahmen und Innovationen aufzufangen. Dies verringert einerseits den Kostendruck für die Unternehmen und vergrößert andererseits das gesamtwirtschaftliche Angebot und führt damit zu einem zusätzlichen Wirtschaftswachstum.

An dieser Argumentation wird sowohl von seiten der Unternehmen, als auch teilweise von der Wissenschaft Kritik geübt. Die verteilungspolitische Argumentation der Steigerung der Massenkaufkraft zu Lasten der Sparquote bedeutet gleichzeitig eine Verschlechterung des Investitionsklimas für die Unternehmen. Sinkende Spartätigkeit der Bevölkerung führt zu einer Verknappung des Geldangebotes, folglich steigt der Zins für Kredite. Diese Verschlechterung der Investitionsbedingungen kann mittel- und langfristig mit negativen Folgen für die Beschäftigung einhergehen. Daneben sind steigende Löhne für die Unternehmen zunächst einmal höhere Kosten, die auf die Preise überwälzt werden. Diese Annahme, die im Gegensatz zu den eigentlich induzierten Rationalisierungen steht, wird durch die nominal steigende Kaufkraft begünstigt. Solche Überwälzungen beinhalten die Gefahr, daß die durchgesetzten Nominallohnsteigerungen letztendlich niedriger liegen als die dadurch ausgelösten Preissteigerungen. Die Folge sind Reallohneinbußen, sinkende Nachfrage und sinkende Beschäftigung.

2.2.3 Kostenniveauneutrale Lohnpolitik

Dieses lohnpolitische Konzept wird vom „Sachverständigenrat zur Begutachtung der gesamtwirtschaftlichen Entwicklung" vorgeschlagen (vgl. Sachverständigenrat 1993, Tz. 345 ff.). Hauptforderung ist:

"Die Löhne in dem Maße zu erhöhen, daß das gesamtwirtschaftliche Kostenniveau unverändert bleibt."

Hintergrund dieser Forderung ist die Überlegung, daß die Veränderung der Löhne als wesentlicher Faktor der Produktionskosten einen wichtigen Einfluß auf das gesamte Preisniveau hat. In der Konsequenz bedeutet dies, daß die Nominallöhne in Abhängigkeit vom Produktivitätsfortschritt und von erwarteten Preisniveauänderungen anderer Kostenfaktoren (terms of trade, realer Kapitaleinsatz je Produkteinheit, Zinssatz des eingesetzten Kapitals) verändert werden sollen. Steigen die Preise dieser Kostenfaktoren, so müßten die Löhne entsprechend geringer als der Produktivitätsforschritt wachsen.

Die Hauptkritik an dem vom SVR vorgeschlagenen Konzept richtet sich von gewerkschaftlicher Seite gegen die damit begründete Fixierung der bestehenden Einkommensverteilung. Auch wird die Gefahr angesprochen, daß unvorhergesehene, von den Unternehmen durchgesetzte Preissteigerungen zu einer Umverteilung zuungunsten der Lohnbezieher führen würden.

2.3 Lohnformen

Gegenstand betrieblicher Lohnpolitik sind die Lohnformen (vgl. Jung 1995, 576 ff.). Differenzierte Lohnformen dienen unterschiedlichen Zielsetzungen. Zum einen sollen die Lohnformen einen leistungsgerechten Lohn für die Arbeitnehmer garantieren. D.h. unterschiedliche Leistungs- und Qualifikationsanforderungen der Arbeitsplätze und differenzierte Leistungsfähigkeit der Arbeitnehmer sollen sich in der Lohnhöhe niederschlagen. Zum anderen haben bestimmte Lohnformen die Aufgabe, die Mitarbeiter im betrieblichen Sinne zu motivieren (vgl. Oechsler 1994, 298 f.). Die innerbetriebliche Lohnstruktur, die im wesentlichen durch die eingesetzten Lohnformen determiniert wird, ist Ausdruck dieser unterschiedlichen Zielsetzungen.

Zur Differenzierung der Lohnformen bietet sich die Unterscheidung in Lohnformen mit und ohne leistungsabhängige Komponenten an. Leistungsabhängige Lohnformen sind dadurch gekennzeichnet, daß die an einen Arbeitnehmer ausgezahlte Lohnhöhe von der tatsächlich erbrachten Leistung abhängt. Zu diesen Lohnformen zählen in erster Linie der Akkordlohn, der Prämienlohn und der Zeitlohn mit Leistungszulage.

2.3.1 Lohnformen ohne leistungsabhängige Komponenten

Lohnformen ohne leistungsabhängige Komponenten sind die *Zeitlöhne* (Stundenlohn, Wochenlohn, Monatslohn usw.), die in Abhängigkeit der absolvierten Arbeitszeit gezahlt werden. Die Höhe des Zeitlohns orientiert sich an den Arbeitsanforderungen, die an den Arbeitnehmer gestellt werden, und dessen Qualifikationsniveau. Die tatsächlich erbrachte Arbeitsleistung hat keinen unmittelbaren Einfluß auf die Höhe des Zeitlohns. Typische Beispiele für den Zeitlohn sind der Stundenlohn eines Handwerkers oder das Monatsgehalt eines Angestellten oder Beamten. Der Zeitlohn wird immer dann eingesetzt, wenn die tatsächliche Arbeitsleistung, ausgedrückt in der Menge produzierter Einheiten, nicht oder nur mit sehr aufwendigen Methoden gemessen werden kann. So ist beispielsweise der produzierte Output eines Lehrers kaum meßbar und kann daher auch nicht durch einen leistungsabhängigen Lohnsatz bewertet werden.

2.3.2 Lohnformen mit leistungsabhängigen Komponenten

Lohnformen mit leistungsabhängiger Entlohnung (Akkordlohn, Prämienlohn) berücksichtigen zusätzlich zu den spezifischen Arbeitsanforderungen auch die während der Arbeitszeit erbrachte Arbeitsleistung.

Beim *Akkordlohn* unterscheidet man Geldakkord, Zeitakkord und Gruppenakkord. Die Lohnhöhe richtet sich grundsätzlich nach der tatsächlich erbrachten Leistungsmenge. Die konkrete Berechnung unterscheidet sich allerdings. Beim *Geldakkord* wird pro produzierter Einheit ein bestimmter Geldbetrag festgelegt. Der Stundenlohn des Arbeitnehmers errechnet sich dann folgendermaßen:

Geldakkord

Produzierte Stückzahl pro Stunde x Lohn pro Stück = Lohn pro Stunde

---

Beim *Zeitakkord* wird pro produzierter Einheit eine bestimmte Normarbeitszeit vorgegeben. Der Arbeitnehmer erhält den Stundenlohn ausgezahlt, der sich aufgrund der produzierten Einheiten berechnet, unabhängig davon, wieviel Zeit tatsächlich aufgewendet wurde. Gibt der Betrieb beispielsweise pro Stück 10 Minuten als Vorgabezeit vor, dann erhält der Arbeitnehmer, der 6 Stück innerhalb einer Zeitstunde produziert, genau den tariflichen Stundenlohn. Wird innerhalb einer Zeitstunde mehr oder weniger produziert, so wird der Arbeitnehmer entsprechend höher oder niedriger bezahlt. Der tatsächlich gezahlte Lohn berechnet sich folglich immer nach den mit den produzierten Einheit verbundenen Vorgabezeiten:

Zeitakkord

Vorgabezeit (Minuten) pro Stück x produzierte Stückzahl
= zu entlohnende Minuten
zu entlohnende Minuten x Tariflohnsatz pro Minute = Lohnhöhe

Der *Gruppenakkord* ist eine leistungsabhängige Entlohnung für eine Arbeitsgruppe nach einer der oben beschriebenen Formen. Der Gruppenakkord wird dann angewendet, wenn es nicht möglich ist, die innerhalb einer Arbeitsgruppe erbrachte Leistung nach den einzelnen Gruppenmitgliedern zu differenzieren.

Beim Prämienlohn wird zusätzlich zum leistungsunabhängigen Zeitlohn eine Prämie für die Erreichung bestimmter Outputvorgaben oder Unternehmensziele ausgezahlt. In modernen Industriestaaten wie der Bundesrepublik Deutschland wird der Akkordlohn immer seltener angewendet. Grund dafür sind die neuen Arbeitsorganisationsformen, in denen die extreme Arbeitsteilung durch verantwortungsvollere und umfassendere Arbeitsabläufe ersetzt wird. Diese Form der Arbeitsorganisation macht eine quantitative individuelle Zurechnung der erbrachten Arbeitsleistung fast unmöglich. Auch widerspricht die alleinige Orientierung an der Outputmenge den Zielsetzungen dieser Organisationsformen, die den mitdenkenden und verantwortungsbewußten Mitarbeiter fördern sollen (vgl. Schmalen 1992, 194 ff.).

3 Lohnentwicklung

Die Lohnentwicklung in der Bundesrepublik Deutschland wird nachfolgend unter mehreren Fragestellungen analysiert.
- Gab es vergleichbare Entwicklungen bei den Wachstumsraten von Löhnen und Gehältern bei Arbeitern und Angestellten?
- Wie verlief die Lohnentwicklung in unterschiedlichen Branchen der Industrie und des Dienstleistungsgewerbes?
- Gab es geschlechtsspezifische Unterschiede bei der Lohnentwicklung von Männern und Frauen?
- Wie verläuft die Lohnentwicklung in den neuen Bundesländern in Bezug auf die Anpassung an westdeutsche Gehaltsstrukturen?

Die längerfristige Lohnentwicklung von Arbeitern und Angestellten wird anhand der Indizes der durchschnittlichen Bruttowochenlöhne (Arbeiter) bzw. der Bruttomonatslöhne (Angestellte) in der Industrie untersucht (vgl. Tab. 1 und 2). Dieser erste Überblick zeigt eine relativ einheitliche Entwicklung zwischen den Arbeiterlöhnen einerseits und den Angestelltengehältern andererseits. Ausgehend vom Jahr 1960 bis zu den Daten des Jahres 1994 verläuft die Lohn- und Gehaltsentwicklung gleichmäßig, d.h. zwischen beiden Arbeitnehmergruppen haben keine Veränderungen ihrer relativen Einkommensposition stattgefunden. Die Einkommensunterschiede zwischen Arbeitern und Angestellten sind heute in etwa identisch mit denen des Jahres 1960. Diese annähernd gleichlaufende Entwicklung von Löhnen und Gehältern bezieht sich nicht nur auf die aggregierten Daten sondern auch auf die einzelnen Branchen des industriellen Sektors. Auch hier partizipieren Arbeiter und Angestellte in gleicher Weise an der allgemeinen Entwicklung (vgl. Tab. 1 und 2). Einzige Ausnahme sind die Arbeitnehmer im Handwerk (umfaßt in dieser Einteilung auch den Hoch- und Tiefbau). Hier konnten die Arbeiter und Angestellten in der jüngsten Vergangenheit von der Sonderkonjunktur durch die Wiedervereinigung und den dadurch mit ausgelösten Bauboom in besonderer Weise teilhaben. Sie verbesserten ihre relative Einkommensposition gegenüber den anderen Arbeitnehmern seit 1990 deutlich.

Anhand dieses ersten Überblicks zur längerfristigen Lohnentwicklung können jedoch noch keine Aussagen zu strukturellen Unterschieden der Lohnhöhe getroffen werden. Um die vorhandenen Differenzen deutlich zu machen, betrachten wir die Bruttomonatslöhne bei Arbeitern und Angestellten in unterschiedlichen Branchen (vgl. Abb. 1 u. 2). Sowohl bei Arbeitern wie auch bei Angestellten variiert der durchschnittliche monatliche Bruttolohn erheblich, wenn man einzelne Branchen des industriellen Sektors und des Dienstleistungssektors betrachtet. Die Mineralölverarbeitung und der Straßenfahrzeugbau liegen in der Lohnhöhe deutlich über dem Durchschnitt aller Sektoren. Eher unterdurchschnittliche Gehälter werden im Angestelltenbereich des Dienstleistungssektors bezahlt.

Tab. 1: Entwicklung der durchschnittlichen Bruttowochenlöhne der Arbeiter in der Industrie[1]

- 1985 = 100 -

	Industrie (insgesamt)	Grundstoff- u. Produktionsgüterindustrie	Investitionsgüterindustrie	Handwerk (einschl. Hoch- u. Tiefbau)
1960	17	n.v.	n.v.	n.v.
1970	38	41	40	44
1980	84	83	84	86
1990	120	120	119	122
1992	132	132	132	137
1994	140	141	139	147

[1] einschließlich Energie- und Wasserversorgung, Hoch- und Tiefbau
n.v. = nicht verfügbar
Quelle: Statistisches Jahrbuch, div. Jahrgänge

Tab. 2: Entwicklung der durchschnittlichen Bruttomonatslöhne der Angestellten in der Industrie[1]

- 1985 = 100 -

	Industrie (insgesamt)	Grundstoff- u. Produktionsgüterindustrie	Investitionsgüterindustrie	Handwerk (einschl. Hoch- u. Tiefbau)
1960	19	n.v.	n.v.	n.v.
1970	38	35	33	39
1980	82	81	80	85
1990	120	120	120	120
1992	134	134	134	135
1994	142	141	142	147

[1] einschließlich Energie- und Wasserversorgung, Hoch- und Tiefbau
n.v. = nicht verfügbar
Quelle: Statistisches Jahrbuch, div. Jahrgänge

Aber nicht nur die Branchenunterschiede sind auffallend, sondern auch die geschlechtsspezifischen Unterschiede zwischen Männern und Frauen. Sowohl bei den Arbeitern wie auch im Angestelltenbereich liegen die durchschnittlichen Bruttolöhne für Männer deutlich über denen für Frauen. Hier ist zu berücksichtigen, daß diese durchschnittliche Lohnhöhe hinsichtlich der branchen- wie auch der geschlechtsspezifischen Differenzen in erster Linie auf Unterschieden im Qualifikationsniveau der Beschäftigten beruhen. So sind nicht nur sektorale Unterschiede im Qualifikationsniveau vorhanden, sondern auch Unterschiede zwischen der durchschnittlichen Qualifikation von Männern und Frauen. Weitere Gründe für die festgestellten geschlechtsspezifischen Unterschiede sind der höhere Anteil an Teilzeitbeschäftigten unter den Frauen, und nicht zuletzt die teilweise immer noch existierende niedrigere Bezahlung von weiblichen Beschäftigten bei vergleichbaren Tätigkeiten.

Ein besonderer Aspekt bei der Lohnentwicklung in der Bundesrepublik ist die Entwicklung der Lohnhöhe in den neuen Bundesländern. Hier wird in der aktuellen Diskussion insbesondere von seiten der Arbeitgeber aber auch des Sachverständigenrates darauf verwiesen, daß die hohen Lohnsteigerungen in den neuen Ländern zu wirtschaftlichen Schwierigkeiten bei weiten Teilen der dort ansässigen Unternehmen geführt haben oder führen werden (vgl. Sachverständigenrat 1993, Tz. 351 ff.).

Abb. 1: Bruttomonatsverdienste der Angestellten in Westdeutschland, 1994, Angaben in DM

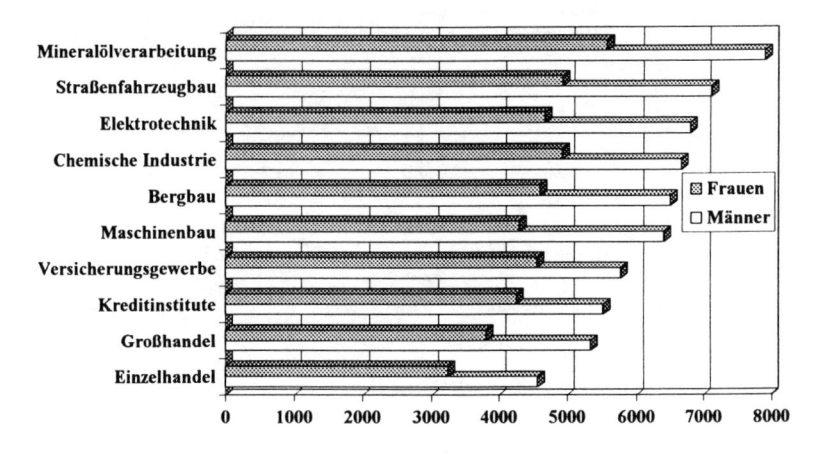

Quelle: Statistisches Bundesamt

Abb. 2: Bruttomonatsverdienste der Arbeiterinnen und Arbeiter in Westdeutschland, 1994, Angaben in DM

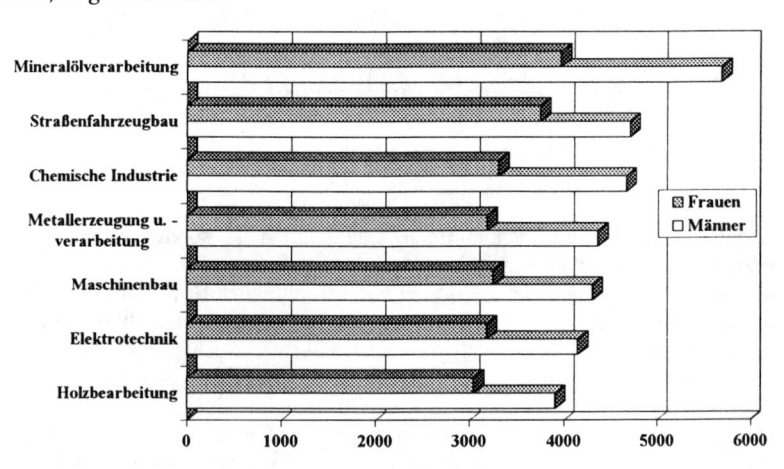

Quelle: Statistisches Bundesamt

Von gewerkschaftlicher Seite wird die Forderung erhoben, eine schnelle Angleichung der Löhne zwischen Ost und West anzustreben, um gleiche Lebensbedingungen zu schaffen und Wanderungsbewegungen aufgrund der Lohnunterschiede vorzubeugen. Diese unterschiedlichen Einschätzungen können im Rahmen dieser Betrachtung nicht beurteilt werden. Einige empirische Hinweise zur Einschätzung dieser Problematik sollen aber gegeben werden.

Die Entwicklung der nominalen Bruttolöhne in den neuen Bundesländern in den Jahren 1991 bis 1994 war durch einen rasanten Anstieg geprägt, der sich inzwischen etwas verlangsamt hat. Dennoch führte dieser starke Anstieg in einigen Bereichen zu nominalen Lohnsteigerungen von bis zu 100% innerhalb von drei Jahren. Im Durchschnitt sind Nominallohnsteigerungen von ca. 80% in diesem Zeitraum erzielt worden (vgl. Abb. 3).

Abb. 3: Entwicklung der Bruttomonatsverdienste der Angestellten in Ostdeutschland, Angaben in DM

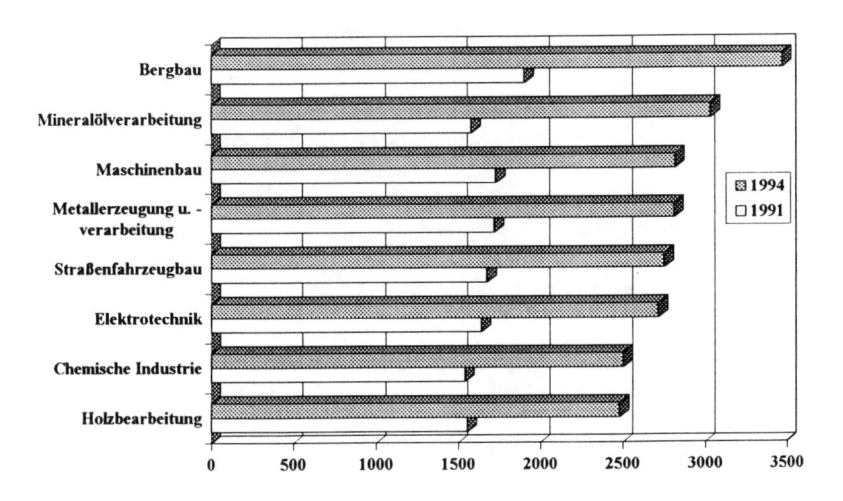

Quelle: Statistisches Bundesamt

Diese außergewöhnlichen Wachstumsraten dürfen jedoch nicht darüber hinwegtäuschen, daß auch aktuell noch ein beträchtlicher Unterschied in der Lohnhöhe zwischen Ost- und Westdeutschland besteht (vgl. Abb. 4).

In allen Branchen liegen die Löhne in Ostdeutschland weiterhin erheblich unter denen in Westdeutschland. So verdienen die ostdeutschen Angestellten in der Mineralölverarbeitung trotz enormer Lohnsteigerungen auch aktuell nur etwas mehr als die Hälfte des Lohnes ihrer westdeutschen Kollegen. Aber auch in größeren Branchen wie dem Straßenfahrzeugbau oder der chemischen Industrie sind die Lohnunterschiede nach wie vor bedeutend. Auch für die Zukunft werden die Unternehmen in Ostdeutschland wohl mit überdurchschnittlichen Lohnsteigerungen rechnen müssen. Für die Arbeitnehmer gilt, daß sie angesichts der niedrigeren Produktivität ihrerseits noch einige Jahre abwarten müssen, bis eine Angleichung an das westdeutsche Niveau erreicht ist, da Lohnsteigerungen in dem Maß der Vergangenheit in der Zukunft wohl kaum durchsetzbar sein dürften und im Sinne eines hohen Beschäftigungsniveaus auch nicht sinnvoll wären (vgl. Sachverständigenrat 1993, Tz. 351 ff.).

Abb. 4: Bruttomonatsverdienste der Angestellten in Ost- und Westdeutschland, 1994, Angaben in DM

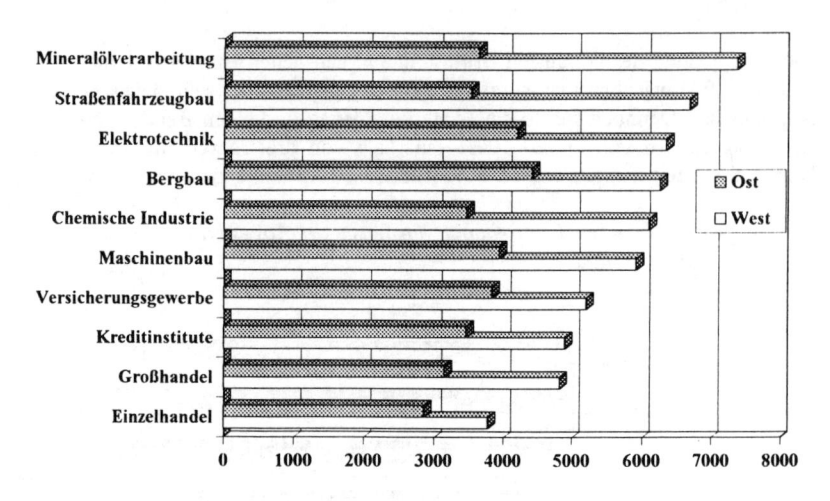

Quelle: Statistisches Bundesamt

4. Zusammenfassung

Die Lohnpolitik beeinflußt gesamtwirtschaftliche Größen wie Einkommensverteilung, Preisniveaustabilität und Beschäftigungshöhe. Die Wirkungen der Lohnpolitik auf diese Schlüsselgrößen sind jedoch nicht eindeutig und hängen auch von anderen ökonomischen Faktoren wie z.b. der Produktivitätsentwicklung, der Preisniveauentwicklung anderer Produktionsfaktoren und der Wettbewerbssituation der Unternehmen ab.

Die Akteure der Lohnpolitik (Unternehmensverbände, Gewerkschaften, Staat) versuchen, ihre Zielsetzungen im Rahmen unterschiedlicher lohnpolitischer Konzepte durchzusetzen. Die Unternehmensverbände haben das Ziel, reale Kostensteigerungen beim Faktor Arbeit durch eine produktivitätsorientierte Lohnpolitik zu vermeiden. Die Gewerkschaften beabsichtigen im Rahmen eine expansiven Lohnpolitik eine Verschiebung der Einkommens-verteilung zugunsten der Lohnempfänger. Der Sachverständigenrat favorisiert das Konzept der kostenniveauneutralen Lohnpolitik, um Preisniveaustabilität zu gewährleisten.

Die Lohnpolitik auf betrieblicher Ebene kommt insbesondere durch den Einsatz differenzierter Lohnformen zum Ausdruck. Je nach betrieblicher Organisation und Zielsetzung werden Lohnformen mit und ohne leistungsabhängige Komponenten eingesetzt.

Die Lohnentwicklung in der Bundesrepublik verlief relativ gleichmäßig. Sektorale und geschlechtsspezifische Unterschiede der Lohnstruktur haben sich in den vergangenen 35 Jahren kaum verändert. Die Lohnsteigerungen in den neuen Bundesländern lagen in den ersten Jahren der Wiedervereinigung weit über denen in Westdeutschland. Diese Anpassung hat sich jedoch aufgrund der massiven Arbeitsmarktprobleme insbesondere in Ostdeutschland deutlich verlangsamt. Auch aktuell bestehen noch deutliche Lohnunterschiede zwischen den neuen und alten Bundesländern.

Literatur

Dichtl, E.; Issing, O. (Hrsg.) 1994: Vahlens Großes Wirtschaftslexikon, München.

Hardes, H.-D. u.a. 1995: Volkswirtschaftslehre - problemorientiert, Tübingen.

Jung, H. 1995: Personalwirtschaft, München, Wien.

Kruber, K.-P. 1995: Gewerkschaften und Arbeitgeberverbände - Interessengruppen am Arbeitsmarkt und in der Wirtschaftspolitik, in: May, H. (Hg.), Handbuch zur ökonomischen Bildung, München, Wien.

Külp, B. 1994: Verteilung. Theorie und Politik, Stuttgart, Jena.

Molitor, B. 1988: Lohn- und Arbeitsmarktpolitik, München.

Oechsler, W. 1994: Personal und Arbeit. Einführung in die Personalwirtschaft, München, Wien.

Sachverständigenrat 1993: Jahresgutachten 1993/94, Bonn.

Schmalen, H. 1992: Grundlagen und Probleme der Betriebswirtschaft, Köln.

Tarifvertrag und Tarifentwicklung

Dietmar Kahsnitz

Ein Tarifvertrag ist der schriftliche Vertrag zwischen einem oder mehreren Arbeitgebern oder Arbeitgeberverbänden und einer oder mehreren Gewerkschaften zur Regelung von arbeitsrechtlichen Rechten und Pflichten der Tarifvertragsparteien (schuldrechtlicher oder obligatorischer Teil) und zur Festsetzung von Rechtsnormen über Inhalt, Abschluß und Beendigung von Arbeitsverhältnissen sowie über betriebliche und betriebsverfassungsrechtliche Fragen und gemeinsame Einrichtungen der Vertragsparteien (normativer Teil).

Tarifverträge sind in kapitalistischen Marktwirtschaften das zentrale Mittel der gewerkschaftlich organisierten Arbeitnehmer, ihre Arbeitsbedingungen (wie z.B. Arbeitsentgelt, Arbeitszeit, Arbeitsschutz, rechtliche Stellung im Betrieb, Beschäftigungssicherung, Mitbestimmung im Betrieb) auf vertraglichem Weg mit dem(den) Arbeitgeber(n) zu verbessern. Durch Kollektivverhandlungen und -vereinbarungen soll ein Gegengewicht zur überlegenen Verhandlungsmacht der Unternehmen gegenüber den einzelnen Arbeitnehmern gebildet werden.

1. Historische Entwicklung

Die Entwicklung von Tarifverträgen ist wesentlich mit der Industrialisierung, der schnell wachsenden neuen sozialen Gruppe der Industriearbeiter, den daraus entstehenden sozialen Konflikten und der Geschichte der Gewerkschaften verbunden.

In Deutschland wurde der erste bedeutende Tarifvertrag 1873 von den Buchdruckern abgeschlossen, doch dauerte es noch ca. 3 - 4 Jahrzehnte, ehe Tarifverträge eine größere Bedeutung erlangten (vgl. Zachert 1979, 72). Die Gründe hierfür waren vor allem rechtliche, ideologische, ökonomische und organisatorische Beschränkungen:

a) Erst 1869 wurde den gewerblichen Arbeitern in der Gewerbeordnung für den norddeutschen Bund und dann für das Kaiserreich das Recht eingeräumt, „Verabredungen und Vereinigungen zum Behufe der Erlangung günstiger Lohn- und Arbeitsbedingungen, insbesondere mittels Einstellung der Arbeit ... zu bilden" (§ 152), doch war das Koalitionsrecht noch sehr restriktiv gestaltet: „Wer andere durch die Anwendung körperlichen Zwangs, durch Drohungen, durch Ehrverletzungen oder durch Verrufserklärungen (=Boykottaufruf) bestimmt oder zu bestimmen versucht, an solchen Verabredungen (§152) teilzunehmen, wird mit Gefängnis bis zu 3 Monaten bestraft, sofern nach dem Allgemeinen Strafgesetz nicht härtere Strafe eintritt." (§153). Der Vorsitzende des Deutschen Buchdruckverbandes wurde z.B. 1873 zu 6 Wochen Gefängnis verurteilt, nur weil er sich in der Gewerkschaftszeitung gegen die Beschäftigung von Streikbrechern gewandt hatte (vgl. Zachert 1979, 72). Unter Strafe war auch der Ausschluß von Streikbrechern aus Gewerkschaften gestellt. Ferner machten sich die Arbeiter durch Streiks schadenersatzpflichtig, wenn sie nicht zuvor ordnungsmäßig gekündigt hatten (vgl. Zachert 1979, 73).

Kam es zu einem Tarifvertrag, wurde dessen Inhalt nicht unmittelbar und zwingend Bestandteil der individuellen Arbeitsverträge. Von Rechts wegen war es dem Unternehmer freigestellt, die tarifvertraglichen Bedingungen für den einzelnen Arbeiter zu übernehmen oder mit diesem untertarifliche Bedingungen auszuhandeln („abzudingen"). Hiervor wie auch vor Nichtwiedereinstellungen, Kündigungen von Streikenden oder Streikorganisatoren schützte wieder nur die Verhandlungs- und Kampfkraft der Gewerkschaften.

Zusätzliche Beschränkungen brachten die sogenannten Sozialistengesetze, die von 1878 - 1890 galten. Von dem Verbot von „Vereine(n), welche durch sozialdemokratische, sozialistische oder kommunistische Bestrebungen den Umsturz der bestehenden Staats- oder Gesellschaftsordnung bezweck(t)en" (§ 1 des Gesetzes gegen die gemeingefährlichen Bestrebungen der Sozialdemokratie) wurden zwar nicht formal, jedoch durch die Rechtsprechung auch die sozialistischen (= die freien) Gewerkschaften, die wichtigsten Gewerkschaftsorganisationen, betroffen.

b) Neben den rechtlichen Restriktionen waren es vor allem ideologische Gründe, die bis zur Jahrhundertwende die Entwicklung der freien Gewerkschaften von Organisationen, die Selbsthilfe, kulturelle Identität und Zukunftsperspektiven vermittelten, zu Tarifparteien behinderten:

Die Anhänger des „ehernen Lohngesetzes" von Ferdinand Lassalle vertraten die These, daß die Arbeiter im kapitalistischen System aufgrund ökonomischer Gesetzmäßigkeiten ohnehin keine Chance haben, den Lohn über das Existenzminimum zu heben. Andere (freie) Gewerkschaftsführer befürchteten dagegen, daß es durch Tarifverträge zu einer Zusammenarbeit und Harmonie mit dem Klassengegner käme und die Arbeiterbewegung von ihrem eigentlichen Ziel, der sozialistischen Umgestaltung der Wirtschaft, abgelenkt würde.

Erst um die Jahrhundertwende setzte sich die Ansicht durch, Tarifverträge seien Ausdruck der Anerkennung der Gleichberechtigung des Arbeiters durch die Unternehmer, sie seien kein Friedensvertrag mit den Unternehmern, sondern ein zeitlich begrenzter Waffenstillstand, eine Etappe auf dem Weg zum Sozialismus.

c) Ferner behinderten organisatorische und finanzielle Schwächen der Gewerkschaften und Arbeitslosigkeit eine schnellere und umfassendere Entwicklung der Tarifbewegung.

Die Organisation der Gewerkschaften nach Berufen schuf bei Tarifkämpfen Kooperations- und Koordinationsprobleme. Die zunächst stark dezentrale Organisation barg die Gefahr der Verzettelung der knappen Mittel und des Scheiterns von Streiks.

Der Organisationsgrad der Arbeiter hielt sich in Grenzen: Von über 15 Mio. Arbeitern waren 1914 ca. 2,5 Mio. in den freien Gewerkschaften, 0,034 Mio. in den christlichen Gewerkschaften und 0,01 Mio. in liberalen Gewerkvereinen (vgl. BMAS 1991, 273) organisiert.

Die Berufsgewerkschaften strebten stets Tarifverträge mit einzelnen Betrieben oder den Betrieben eines Ortes an. Die Arbeitgeber schlossen sich zur Abwehr dieser Strategie in Arbeitgeberverbänden zusammen und beantworteten die begrenzten Streiks mit umfassenden Aussperrungen in einem größeren Bezirk, um die Gewerkschaften finanziell zu erschöpfen und in der Hoffnung, die nichtgewerkschaftlichen Arbeiter gegen die gewerkschaftlichen aufzubringen. In der Regel mußten deshalb die Gewerkschaften bei weitem mehr Unterstützungszahlungen an ausgesperrte als an streikende Mitglieder zahlen (vgl. Schneider 1971, 64). 1913 gab es 10.885 Tarifverträge für 1,4 Mio. Arbeiter in rund 143.000 Betrieben. Damit war aber erst 13% der gewerblichen Arbeiterschaft erfaßt (vgl. Hentschel 1983, 52). Überwiegend handelte es sich um Betriebstarifverträge mit Klein- und Mittelbetrieben der Verbrauchsgüter- und der Bauindustrie, die wegen ihrer wirtschaftlichen Situation dem Druck der Gewerkschaften nicht standhalten konnten.

Die prosperierenden, z.T. hoch konzentrierten und damit leicht organisierbaren Wachstumsindustrien, namentlich Bergbau- und Hütten-, Elektro-, Chemische, aber auch die Maschinenbau- und selbst die Textilindustrie schlossen vor dem Ende des ersten Weltkriegs dagegen so gut wie keine Tarifverträge mit den Gewerkschaften ab (vgl. Hentschel 1983, 52). Sie konnten Streiks ökonomisch leicht verkraften, durch umfassende Aussperrungen beantworten und deswegen schon im Keim ersticken. In ihrem Kampf gegen die Gewerkschaften unterstützten die Großunternehmen auch betriebliche Werksvereine, (sogen. „gelbe" Vereine), die dem Streikrecht entsagten, mit Geld und Vergünstigungen für deren Mitglieder und machten sie z.T. die Beschäftigung von der Mitgliedschaft in diesen Werkvereinen abhängig (vgl. Hentschel 1983, 42).

Die bescheidene Verbesserung der Lage der Arbeiter vor dem 1. Weltkrieg, ist deshalb weniger auf die Tarifbewegung zurückzuführen, als auf eine allgemein günstigere Arbeitsmarktlage für die Arbeiter sowie auf freiwillige Lohnverbesserungen und Sozialleistungen einzelner Unternehmer. Hinzu kamen die in ihren Leistungen zunächst noch sehr begrenzten, aber strukturell bahnbrechenden gesetzlichen Sozialversicherungen und Arbeitsschutzgesetzgebungen wie z.B. Vorschriften über die Verhütung von Gefahren für Leben und Gesundheit der Arbeiter, Bestimmungen über die Arbeitszeit, (Sonntagsruhe in der Industrie, 11stündige Arbeitszeit für Arbeiterinnen, 10-Stunden-Tag und Verbot der Nachtarbeit für jugendliche Arbeiter und für Frauen) und das Verbot der Beschäftigung von Kindern unter 13 Jahren in den Industriebetrieben (vgl. Grebing 1966, 97).

Der erste Weltkrieg brachte den Gewerkschaften eine zunehmende gesellschaftliche Anerkennung, letztlich auch von der Großindustrie, da diese die Unterstützung der Gewerkschaften für die Aufrechterhaltung der Kriegswirtschaft und für den Aufbau einer Friedenswirtschaft auf privatwirtschaftlicher Grundlage nach dem Krieg für notwendig hielt. (vgl. Hentschel 1983, 57 ff). Das Abkommen zwischen Großindustrie und freien Gewerkschaften kurz vor Kriegsende (Stinnes-Legien-Abkommen vom 9.11.1918) strukturierte wesentlich die späteren gesetzlichen Regelungen der Arbeitsbeziehungen in der Weimarer Republik: „Die Vereinigungsfreiheit zur Wahrung und Förderung der Arbeits- und Wirtschaftsbedingungen" wurde von der Reichsverfassung „jedem und für alle Berufe gewährleistet" (Artikel 159) und nicht nur wie zuvor den gewerblichen Arbeitnehmern (und Arbeitgebern) eingeräumt. Die Vereinbarungen der Tarifverträge bekamen eine unmittelbar zwingende Wirkung für die Einzelarbeitsverträge der Gewerkschaftsmitglieder. Von ihnen konnte grundsätzlich nur zu Gunsten der Arbeitnehmer abgewichen werden. Die Möglichkeit einer staatlichen Allgemeinverbindlichkeitserklärung von bedeutenden Tarifverträgen war gegeben. Über die Einhaltung der Tarifverträge in den Betrieben hatten auch die Betriebsräte zu wachen. Die Kriminalisierung der Tarifkämpfe durch § 153 der Gewerbeordnung war bereits 1918 entfallen.

Die grundsätzliche Autonomie von Gewerkschaften und Arbeitgebern, die Arbeitsbedingungen in einem staatsfreien Raum vertraglich zu regeln (Tarifautonomie), wurde aber zunehmend durch die staatliche Zwangsschlichtung bei Tarifauseinandersetzungen ausgehöhlt:

Die Schlichtungsverordnung von 1923 sah vor, daß ein amtlicher Schlichtungsausschuß - paritätisch von Arbeitgebern und Gewerkschaften zusammengesetzt, aber unter der Leitung eines Staatsbeamten - auf Antrag einer Partei oder aus eigenem Entschluß bei Tarifstreitigkeiten tätig werden konnte. Mißlang die Schlichtung, konnte der amtliche Vorsitzende einen Schiedsspruch fällen, der als Tarifvertrag übernommen werden mußte. Für die Partei, die im Tarifkampf zu unterliegen drohte, konnte der Schiedsspruch einen Schutz vor der Übermacht des Tarifgegners sein. Der weitaus überwiegende Anteil der Schiedsverfahren kam deshalb auf Antrag der Gewerkschaft zustande, deren Kampfkraft durch Arbeitslosigkeit, ökonomische Krisen, Organisationsgrad und Finanzmittel weiterhin begrenzt war. Von den Ende 1929 für rund 10 Mio. Arbeitern geltenden Tarifverträgen waren die Tarifverträge für 5,1 Mio. durch Schiedsspruch zustande gekommen (vgl. Kahn-Freund 1966 (1932), 226).

Gegen Ende der Weimarer Republik nutzte der Staat das Schlichtungswesen in Verbindung mit Notverordnungen zur Durchsetzung einer staatlichen Lohnsenkungspolitik. Nach der Machtübernahme der Nationalsozialisten wurden dann die Gewerkschaften zerschlagen, ebenso die Arbeitgeberverbände verboten und die Tarifautonomie abgeschafft.

Die gesetzlichen Regelungen des Tarifvertrags in der Bundesrepublik Deutschland greifen weitgehend auf die der Weimarer Republik zurück, allerdings ohne die Möglichkeit einer staatlichen Zwangsschlichtung. Entsprechende Anfänge wurden schon von den westlichen Alliierten in ihren Besatzungszonen gelegt. Für die DDR wurde dagegen die Einrichtung des Tarifvertrags, der ja die Beziehung zwischen Kapital und Arbeit vertraglich regeln soll, mit der Einführung der sozialistischen Planwirtschaft gegenstandslos.

2. Das Tarifvertragssystem in der Bundesrepublik Deutschland

2.1 Gesetzliche Grundlagen

Gemäß Artikel 9, Abs. 3 des Grundgesetzes ist „das Recht, zur Wahrung und Förderung der Arbeits- und Wirtschaftsbedingungen Vereinigungen zu bilden, ... für jedermann und alle Berufe gewährleistet." Auch wenn der Artikel nicht explizit die Tarifautonomie anspricht, geht die Rechtsprechung davon aus, daß die darin garantierte Koalitionsfreiheit auch das Recht für Koalitionen umfaßte, Tarifverträge in eigener Verantwortung abzuschließen. Zur Sicherung der Koalitionsfreiheit hat der Staat ein Tarifvertragssystem bereitzustellen, das den Tarifparteien einen staatsfreien Gestaltungsraum für die Arbeitsbedingungen beläßt. Der Gesetzgeber kann jedoch Ober- und Untergrenzen aufstellen (vgl. Schaub 1992, § 198 IV). Die grundgesetzlich garantierte Tarifautonomie schließt staatliche Zwangsschlichtungen aus.

Nähere Bestimmungen des Tarifvertragssystems enthält insbesondere das Tarifvertragsgesetz (TVG): Tarifverträge werden danach (§ 1) zwischen Gewerkschaften und einem Arbeitgeber oder Arbeitgeberverbänden abgeschlossen. Sie können das Verhältnis der Tarifparteien zueinander regeln und Rechtsnormen enthalten, die den Inhalt, den Abschluß und die Beendigung von Arbeitsverhältnissen sowie betriebliche und betriebsverfassungsrechtliche Fragen ordnen können. Tarifverträge können auch für Heimarbeiter und arbeitnehmerähnliche Personen abgeschlossen werden (§ 12a). Weiterhin können Tarifverträge für allgemeinverbindlich erklärt werden (§ 5).

2.2 Tarifvertragsparteien

Tarifvertragsparteien sind Gewerkschaften, einzelne Arbeitgeber und Vereinigungen von Arbeitgebern. Unter bestimmten Bedingungen können auch Zusammenschlüsse von Gewerkschaften und Arbeitgebervereinigungen, die sogenannten Spitzenverbände, Tarifverträge abschließen (§ 1 TVG).

Um als tariffähig anerkannt zu werden, müssen die Arbeitnehmer- und Arbeitgebervereinigungen (Koalitionen) bestimmte Voraussetzungen erfüllen. Die wichtigsten sind:

- freiwilliger privatrechtlicher Zusammenschluß: Die Mitgliedschaft (Ein- und Austritt) muß freiwillig sein (positive und negative Koalitionsfreiheit). Erfüllt ein Bewerber die satzungsmäßigen Voraussetzungen, besteht ein Rechtsanspruch auf Aufnahme. Vertritt ein Bewerber dagegen z.B. abweichende Auffassungen zu gewerkschaftspolitischen Kernfragen, muß er nicht aufgenommen werden (vgl. BMAS 1991, 282). Tarifvertragliche Vereinbarungen, die einen Druck ausüben, Mitglied zu werden, sind deshalb nichtig: Der Arbeitgeber darf z.B. nicht verpflichtet werden, nur Gewerkschaftsmitglieder zu beschäftigen („closed shop") oder Nichtmitgliedern von Gewerkschaften geringere Entgelte zu zahlen (Differenzierungsklausel). Entsprechend darf der Arbeitgeber die Beschäftigung nicht vom Austritt aus oder der Mitgliedschaft in einer bestimmten Gewerkschaft abhängig machen.

Innungen hat der Gesetzgeber die Tariffähigkeit zuerkannt, obwohl sie öffentlich-rechtliche Verbände sind (vgl. Schaub 1992, § 187, II, 2 u. 4).

- Gegnerunabhängigkeit und -freiheit: Historisch richtet sich dieses Erfordernis primär gegen die von Arbeitgebern abhängigen betrieblichen („gelben") Werkvereine. Da der Mitgliederbestand von Betriebsgewerkschaften durch die Einstellungspolitik des Arbeitgebers beeinflußt werden könnte, müssen Gewerkschaften im allgemeinen überbetrieblich organisiert sein. (Ausnahme wegen der Größe der Unternehmungen: Gewerkschaften der Postbediensteten und der Eisenbahner). Lt. BVG-Urteil von 1.3.1979 wird die Gegnerunabhängigkeit auch nicht durch die Vertretung der Arbeitnehmer im Aufsichtsrat von Kapitalgesellschaften nach dem Mitbestimmungsgesetz von 1976 aufgehoben, weil die Arbeitnehmervertreter rechtlich gebunden sind, ihre Aufgaben im Interesse der Unternehmungen wahrzunehmen.

- auf Dauer angelegt und demokratisch organisiert

- Anerkennung des geltenden Tarifrechts

- Mächtigkeit: Arbeitnehmervereinigungen müssen aufgrund der Zahl ihrer Mitglieder oder deren Stellung im Arbeitsleben in Tarifauseinandersetzungen Druck auf den (die) Arbeitgeber ausüben können, um wirkungsvoll die Interessen ihrer Mitglieder zu vertreten. Die Bereitschaft und Fähigkeit zu streiken, wird überwiegend nicht als Voraussetzung angesehen.

- weisungsfrei von Staat, Kirchen und Parteien

2.2.1 Gewerkschaften

Die größte Gewerkschaftsgruppe bilden die im Deutschen Gewerkschaftsbund (DGB) vereinigten 16 Einzelgewerkschaften mit insgesamt 9,35 Mio. Mitgliedern (1995) (vgl. Übersicht 1). Um die gewerkschaftlichen Zersplitterungen der Vergangenheit zu überwinden sind sie als Einheitsgewerkschaften, d.h. weltanschaulich neutral, und als Industrie- bzw. Branchengewerkschaften organisiert. Als Industrie- bzw. Branchengewerkschaften sind sie Vereinigungen von Arbeitnehmern eines oder mehrerer Wirtschaftszweige unabhängig von deren arbeitsrechtlichen Status (Arbeiter, Angestellte, Beamte, Auszubildende). Für einen Betrieb ist deshalb nur jeweils eine DGB-Gewerkschaft zuständig. Die bei weitem mitgliederstärksten Einzelgewerkschaften sind die IG Metall (1995: rd. 2,9 Mio.) und die Gewerkschaft Öffentliche Dienste, Transport und Verkehr (ÖTV) (1995: rd. 1,8 Mio.).

Um die Angestellten konkurriert vor allem die Deutsche Angestelltengewerkschaft (DAG) (1995: 0,507 Mio.) (vgl. Übersicht 2) mit den DGB-Gewerkschaften (1995: 2,652 Mio.). Sie ist nach (acht) Berufsgruppen organisiert (vgl. Hromadka 1982, 25). Weitere Gewerkschaften sind u.a. die ebenfalls nach Berufsgruppen gegliederten Christlichen Gewerkschaften (1995: 0,304 Mio.), der Verband angestellter Akademiker und leitender Angestellter der chemischen Industrie (VAA, 1995: rd. 27 Tsd. Mitglieder), der Verband angestellter Ärzte Deutschlands (Marburger Bund, 1995: ca. 60 Tsd.) (vgl. Schaub 1992, § 189 I).

Soweit die Arbeitsbedingungen für Beamte durch Gesetz geregelt werden (z.B. Besoldung, Urlaub), stellt sich für Beamtengewerkschaften wie dem Deutschen Beamtenbund (1995: 1,076 Mio. Mitglieder) die Frage nach der Tariffähigkeit nicht.

Übersicht 1

Gewerkschaftsmitglieder
Deutscher Gewerkschaftsbund

Stichtag 31.12. Gewerkschaften	Mitglieder			Arbeiter/-innen			Angestellte			Beamte/-innen	
	Insgesamt	männl.	weibl.	zusamm.	weibl.		zusamm.	weibl.		zusamm.	weibl.
1992	11 015 612	7 479 986	3 535 626	6 896 064	1 489 873		3 225 578	1 820 400		803 327	179 246
1993	10 290 152	7 054 556	3 235 596	6 441 060	1 354 850		2 957 059	1 642 947		773 362	177 680
1994	9 768 373	6 749 325	3 019 049	6 015 078	1 199 066		2 784 249	1 526 241		762 695	178 461
1995	9 354 670	6 493 216	2 861 454	5 727 395	1 118 934		2 651 502	1 443 225		748 151	179 170
davon (1995)											
Bau, Steine Erden *	639 851	577 890	61 961	575 382	41 960		64 469	20 001		-	-
Bergbau und Energie	376 366	348 434	27 932	289 924	10 119		86 210	17 813		232	-
Chemie, Papier, Keramik	723 240	554 944	168 296	573 915	117 081		149 325	51 215		-	-
Eisenbahner Deutschlands	389 404	322 674	75 730	205 960	36 644		60 165	25 803		132 279	13 283
Erziehung und Wissenschaft	306 448	98 580	207 868	-	-		143 454	113 330		119 666	68 717
Gartenbau, Land- u. Forstwirtschaft *	82 725	59 336	23 389	67 556	17 319		12 573	5 959		2 596	111
Handel, Banken u. Versicherungen	520 166	169 707	350 459	59 711	23 247		460 455	327 212		-	-
Holz und Kunststoff	170 908	139 174	31 734	134 306	19 952		12 532	4 309		-	-
Leder	23 081	12 302	10 779	20 842	9 958		2 239	821		-	-
Medien	206 786	139 142	67 644	88 932	21 213		48 464	18 963		-	-
Metall	2 869 469	2 357 734	511 735	2 363 947	357 884		505 522	153 851		-	-
Nahrung, Genuß, Gaststätten	322 019	193 888	128 131	252 401	89 732		69 618	39 399		-	-
Öffentl. Dienste, Transport u. Verkehr	1 770 789	956 404	814 386	779 727	212 743		919 322	587 455		71 740	14 187
Polizei	198 897	171 043	27 854	10 745	3 112		22 729	11 695		165 423	13 047
Deutsche Postgewerkschaft	529 233	304 576	224 657	196 297	97 801		76 721	57 031		256 215	69 825
Textil - Bekleidung	216 288	87 388	128 900	107 750	60 169		17 704	9 368		-	-

* Seit 1.1.1996 zur Industriegewerkschaft Bauen - Agrar - Umwelt (BAU) fusioniert
Quelle: Angaben der betr. Gewerkschaften
StBa, Statist. Jahrbuch 1996

Übersicht 2

Deutsche Angestellten Gewerkschaft

Stichtag 31.12. Wirtschaftsgruppe	Mitglieder		
	insgesamt	männl.	weibl.
1991	584 775	290 605	294 170
1992	578 352	287 476	290 876
1993	527 888	245 250	282 638
1994	520 709	242 792	277 917
1995	507 478	233 995	273 483
davon 1995			
Industrie	73 111	53 017	20 094
Private Dienste	185 041	64 211	120 830
Banken u. Versicher.	67 016	34 844	32 172
Öffentlicher Dienst	182 310	81 923	100 387

Christlicher Gewerkschaftsbund Deutschlands

Stichtag 31.12.	Mitglieder		
	insgesamt	männl.	weibl.
1992	315 550	238 124	77 426
1993	310 677	235 813	74 864
1994	306 481	231 915	74 566
1995	303 840	227 453	76 387
dar. (1995) Deutscher Handel- u. Industrieangestellten-Verband	69 790	46 678	23 112

Deutscher Beamtenbund
(Bund der Gewerkschaften des öffentlichen Dienstes)

Stichtag 30.9.	Mitglieder		
	insgesamt	männl.	weibl.
1992	1 095 399	773 792	321 607
1993	1 078 794	759 214	319 580
1994	1 089 213	766 802	322 411
1995	1 075 652	757 120	318 532

Quelle: Angaben der betreffenden Gewerkschaften
StBA, Statistisches Jahrbuch 1996

2.2.2. Arbeitgeberverbände

Die Arbeitgeberverbände sind wie die Gewerkschaften zumeist nach Wirtschaftsbereichen organisiert. In der Regel sind diese Branchenfachverbände wieder in Bundes-, Landes- und oft auch noch in Bezirks- und Ortsverbände gegliedert. (z.B. Bundes-, Landes- und Bezirksarbeitgeberverbände der Chemie). In der Bundesvereinigung Deutscher Arbeitgeberverbände (BDA) sind die fachlichen Spitzenverbände (z.B. Bundesarbeitgeberverband Chemie, Bundesarbeitgeberverband der Metallindustrie) und die Landesarbeitgeberverbände (z.B. Vereinigung der Arbeitgeberverbände in Hamburg, in Bayern) vertreten. Nicht Mitglied der BDA sind die öffentlichen Arbeitgeber (Tarifgemeinschaft Deutscher Länder, Vereinigung der kommunalen Arbeitgeberverbände) und der Arbeitgeberverband der Eisen- und Stahlindustrie. Letzterer wird von der BDA nicht aufgenommen, da seine Gegnerunabhängigkeit wegen der Montanmitbestimmung in Frage gestellt wird: Der Arbeitsdirektor im Vorstand dieser Montanunternehmen kann nur mit Zustimmung der Gewerkschaften bestellt werden (vgl. Hromadka 1982, 34; Schaub 1992, § 189, V).

Ca. 80% der privaten westdeutschen Unternehmen sollen in Arbeitgeberverbänden vertreten sein. In Ostdeutschland ist der Organisationsgrad der Arbeitgeber (noch?) deutlich geringer. Überprüfbare Zahlenangaben hierzu liegen nicht vor.

2.3 Tarifvertragsarten

Wegen unterschiedlicher Laufzeiten und räumlicher Geltung haben sich in der Praxis inhaltlich verschiedene Arten von Tarifverträgen herausgebildet:

- Lohn- und Gehaltstarifverträge legen z.B. für die einzelnen Lohn- und Gehaltsgruppen sowie für Zeit- und Akkordlohn die Höhe des Arbeitsentgelts fest.
- Lohn- und Gehaltsrahmen(mantel)-Tarifverträge regeln vor allem die Lohnarten (z.B. Zeit-, Akkord-, Prämienlohn), Arbeitsbewertungsverfahren, die Anzahl der Lohn- und Gehaltsgruppen sowie die Kriterien, nach denen die Arbeitnehmer den Lohn- und Gehaltsgruppen zugeordnet werden.
- Mantel(oder Rahmen-)tarifverträge enthalten Bestimmungen über sonstige Arbeitsbedingungen wie z.B. Arbeitszeit, Urlaub, Zuschläge für Mehr,- Nacht- und Schichtarbeit, Kündigungsvoraussetzungen und -fristen etc., sofern für sie nicht
- Sondertarifverträge bestehen. Hierzu können z.B. Tarifverträge über vermögenswirksame Leistungen, zusätzliches Urlaubsgeld, Jahresabschlußzahlungen, Rationalisierungsschutz- und Schlichtungsabkommen und über gewerkschaftliche Vertrauensleute gehören.

2.4 Geltungsbereiche von Tarifverträgen

Es wird zwischen fachlichen, räumlichen, persönlichen und zeitlichen Geltungsbereichen der Tarifverträge unterschieden:

- Fachlich: Die Tarifvertragsparteien bestimmen für welche Wirtschaftszweige (z.B. Chemische Industrie; Groß- oder Einzelhandel) oder Betriebe eine Tarifvertrag gelten soll.
- Räumlich: Tarifverträge können von Gewerkschaften mit Arbeitgeberverbänden (Verbandstarifverträge) als Flächentarifverträge für die Betriebe des ganzen Bundesgebietes, einzelner Bundesländer, begrenzter Bezirke (z.B. für Nordwürttemberg/ Nordbaden in der Metallindustrie), einzelner Orte oder mit einem einzelnen Arbeitgeber für dessen Betriebe (Haus-, Werks- oder Firmentarifvertrag) abgeschlossen werden.

In Deutschland dominieren Verbandstarifverträge gegenüber Firmentarifverträgen. Die meisten Verbandstarifverträge werden auf Landes- und Bezirksebene abgeschlossen (vgl. Hromadka 1982, 41). Von den großen Arbeitgebern haben z.b. VW, Lufthansa und IBM Firmentarifverträge.
- Persönlich: Tarifverträge können für einzelne Arbeitnehmergruppen, z.b. Arbeiter, Heimarbeiter, kaufmännische oder technische Angestellte, Akademiker, aber auch für mehrere Gruppen gelten. Ziel der DGB-Gewerkschaften ist es z.b., unterschiedliche Behandlungen von Arbeitern und Angestellten aufzuheben und für beide einheitliche Tarifverträge abzuschließen.
- Zeitlich: Lohn- und Gehalts- bzw. Entgelttarifverträge werden i.d.R. für ein Jahr abgeschlossen, um sie flexibel an schwer voraussehbare ökonomische Entwicklungen anpassen zu können. Lohn- und Gehaltsrahmen- sowie Manteltarifverträge werden i.d.R. für ca. drei Jahre abgeschlossen. Meist gelten sie auch für größere räumliche Bereiche (z.b. für alle neuen Bundesländer). In den Zeiten zwischen dem Auslaufen des alten Tarifvertrages und dem Abschluß des neuen wirkt der alte weiter, allerdings nicht mehr mit zwingender Wirkung (vgl. 2.5.1), sofern tarifvertraglich nichts Gegenteiliges festgelegt ist. Häufig wird der neue Tarifvertrag rückwirkend abgeschlossen.

2.5 Wirkungen des Tarifvertrages

2.5.1 Normative Wirkungen

Die Vereinbarungen im Tarifvertrag über den Inhalt, den Abschluß und die Beendigung von Arbeitsverhältnissen haben für die Mitglieder der Tarifvertragsparteien, sofern sie in den Geltungsbereich des Tarifvertrags fallen, unmittelbar und zwingend gesetzmäßige Wirkung.

Unmittelbar wirken sie, weil die Tarifvereinbarungen für das Arbeitsverhältnis zwischen Arbeitgeber und Arbeitnehmer gelten, ohne daß sie in die individuellen Arbeitsverträge aufgenommen werden müßten.

Zwingend sind sie als Mindestbedingungen. Es kann von ihnen nur zugunsten (sog. Günstigkeitsprinzip) des Arbeitnehmers im Einzelvertrag abgewichen werden, es sei denn der Tarifvertrag enthält sog. Öffnungsklauseln für bestimmte Ausnahmen.

Versuche der Gewerkschaften, übertarifliche Zahlungen (Lohnspanne oder wage gap) mit Hilfe von Effektivklauseln gegen eine Verrechnung mit Tariferhöhungen (was allerdings in der Praxis nur begrenzt geschieht) tarifvertraglich abzusichern, sind rechtlich unzulässig, weil der Tarifvertrag nur Mindestnormen festsetzen kann (vgl. Zachert 1979, 172). Verdienstsicherungsklauseln, die z.b. anläßlich bestimmter Sachverhalte wie Alter, Krankheit oder Rationalisierungsmaßnahmen den bisherigen Verdienst sichern sollen, sind dagegen zulässig (vgl. Zachert 1979, 174).

Die normativen Wirkungen von Tarifverträgen gelten nur für die Mitglieder der Tarifvertragsparteien. Nicht organisierten Arbeitnehmern werden aber meist die gleichen Leistungen eingeräumt. Andernfalls könnten sie den Rechtsanspruch auf tarifliche Leistungen durch Gewerkschaftseintritt sofort erwerben.

Tarifvertragliche Abmachungen, die den Betrieb (z.B. Gefahren- und Gesundheitsschutz, Betriebsordnung) und die Betriebsverfassung betreffen, gelten für die tarifgebundenen Arbeitgeber und entfalten ihre normative Wirkung für alle Arbeitnehmer eines Betriebes.

2.5.2 Schuldrechtliche Wirkungen

Im Tarifvertrag können auch Pflichten und Rechte der vertragsschließenden Tarifparteien untereinander geregelt werden (z.B. über den Ablauf von Tarifverhandlungen, über

Schlichtungsverfahren oder Verfahrensregeln bei kontroversen Interpretationen von Tarifverträgen) Die wichtigsten Verpflichtungen, nämlich Friedens- und Durchführungspflicht, gelten, ohne daß sie im Tarifvertrag oder im Tarifvertragsgesetz explizit benannt werden.

Durch die Friedenspflicht sind die Tarifparteien gebunden, während der Laufzeit eines Tarifvertrags hinsichtlich der im Tarifvertrag geregelten Fragen den Arbeitsfrieden zu wahren. Sie haben alle Aktionen, die einen Arbeitskampf vorbereiten oder einleiten, zu unterlassen und auf ihre Mitglieder einzuwirken, den Arbeitsfrieden zu wahren. Weitergehende Friedenspflichten können vereinbart werden.

Die Durchführungspflicht verlangt von den Parteien, ihre Mitglieder zur Anwendung der Tarifvertragsnormen anzuhalten.

2.6 Allgemeinverbindlicherklärung von Tarifvertägen

Der Bundesminister für Arbeit und Sozialordnung kann auf Antrag einer Tarifpartei und wenn ein aus je drei Vertretern der Spitzenorganisationen der Arbeitgeber und Arbeitnehmer bestehender Ausschuß dem mehrheitlich zustimmt, einen Tarifvertrag für allgemeinverbindlich erklären. Weitere Voraussetzungen dafür sind, daß a) die bisher tarifgebundenen Arbeitgeber mindestens 50% der unter den Geltungsbereich des Tarifvertrags fallenden Arbeitnehmer beschäftigen und daß die Allgemeinverbindlicherklärung im öffentlichen Interesse geboten oder daß sie b) zur Behebung eines sozialen Notstands erforderlich erscheint. Der Tarifvertrag gilt dann auch für die nichtorganisierten Arbeitnehmer und Arbeitgeber des Tarifgebiets.

Die meisten Allgemeinverbindlicherklärungen gibt es im Baugewerbe und im Handel, d.h. in Branchen mit vielen kleinen, schwer organisierbaren Arbeitgebern und Arbeitnehmern, in denen aber aus sozialpolitischen Gründen einheitliche (Mindest-)Arbeitsbedingungen erwünscht sind (vgl.Hromadka 1982, 43). Durch die Allgemeinverbindlicherklärung können gemeinsame Einrichtungen von Branchen wie z.B. zur Altersversorgung, zur Einrichtung von Urlaubskassen oder zur Finanzierung der beruflichen Ausbildung (so z.B. im Baugewerbe) abgesichert werden. Der Wunsch tarifgebundener Arbeitgeber, Wettbewerbsvorteile der nicht tarifgebundenen Arbeitgeber zu beheben, begründet kein öffentliches Interesse für eine Allgemeinverbindlicherklärung.

2.7 Tarif- und Schlichtungsverhandlungen

Sind Tarife ausgelaufen oder gekündigt, wird i.d.R. über neue verhandelt. Den formellen Ablauf der Verhandlung können die Parteien frei gestalten. Beide Parteien bilden Verhandlungskommissionen, die teils verbindliche Vereinbarungen treffen können, teils nur Vertragsentwürfe ausarbeiten, über die dann die eigentlichen Entscheidungsgremien der Tarifparteien (oft Tarifkommissionen) befinden.

Für den Fall, daß keine Einigung zustande kommt, haben viele Tarifparteien freiwillige Schlichtungsverfahren vereinbart. Es wird dann eine von beiden Seiten paritätisch besetzte Schlichtungsstelle gebildet. Es kann auch vorgesehen sein, daß eine neutrale Person als Vorsitzender hinzugezogen wird. Schlichtungsstellen dürfen je nach Vereinbarung einen verbindlichen Spruch fällen oder den Tarifparteien (oder Tarifkommissionen) nur Einigungsvorschläge unterbreiten.

Schlichtungsverfahren sind häufig erfolgreich, weil deren Sprüche bzw. Vorschläge einen Kompromiß darstellen, der es beiden Parteien erlaubt, ohne Ansehensverlust Zugeständnisse zu machen, um einen kostspieligen Arbeitskampf mit unsicherem Ausgang zu vermeiden.

3. Arbeitskämpfe

Sind Tarif- und, falls vorgesehen, Schlichtungsverhandlungen gescheitert, können die Tarifparteien ihre letzten Druckmittel, Streik und Aussperrung, einsetzen. Diese Arbeitskämpfe unterliegen rechtlichen Normen, die wesentlich durch die Rechtsprechung (Richterrecht) gebildet wurden.

3.1 Streik

Streik ist die kollektiv und planmäßig durchgeführte Arbeitseinstellung von Arbeitnehmern zur Erreichung eines bestimmten Ziels. Das Recht zu streiken ist durch die grundgesetzliche Garantie der Koalitionsfreiheit und Tarifautonomie (Art. 9 III GG) abgedeckt.

Um rechtmäßig zu sein, muß ein Streik u.a. folgende Bedingungen erfüllen:

- Er muß gegen den Tarifpartner um ein tariflich regelbares Ziel (§ 1 TVG) geführt werden. Politische Streiks sind grundsätzlich verboten.
- Er muß von einer Gewerkschaft getragen sein. Andere, sog. wilde Streiks, sind rechtswidrig.
- Streiks, Streikurabstimmungen und deren Vorbereitung dürfen nicht während der Laufzeit eines Tarifvertrags durchgeführt werden (tarifliche Friedenspflicht).
- Er darf erst nach Ausschöpfung aller anderer Handlungsmöglichkeiten ergriffen werden (ultima ratio). Ist ein Tarifvertrag ausgelaufen, sind allerdings kurze Warnstreiks bereits während der Tarif- und Schlichtungsverhandlungen erlaubt.
- Er darf nicht gegen die Gebote einer fairen und verhältnismäßigen Kampfführung verstoßen. So müssen z.B. Erhaltungsarbeiten an Produktionsanlagen und Notstandsarbeiten zur Gewährleistung der öffentlichen Sicherheit und Versorgung der Bevölkerung mit lebenswichtigen Gütern ausgeführt werden und die Streikleitung darf keine gewaltsamen Behinderungen von Arbeitswilligen (Streikbrechern) durch Streikposten dulden.
- Streiken darf grundsätzlich jeder, für den Tarifverträge gelten würden, wenn er gewerkschaftlich organisiert wäre, also nicht nur Gewerkschaftsmitglieder. Streiken dürfen auch die außertariflichen Angestellten, deren Gehaltseingruppierung oberhalb der vom Tarifvertrag geregelten Gehaltsgruppen liegt, nicht jedoch lt. vorherrschender Meinung die leitenden Angestellten wegen ihrer Funktion als Unternehmer- bzw. Arbeitgebervertreter. Auszubildende sind keine Arbeitnehmer und damit entfällt für sie das Streikrecht. Streikverbot besteht für Beamte.

Den Streikbeschluß fällen lt. Satzung in letzter Instanz stets die zentralen Gremien der Gewerkschaften. Streikrichtlinien können vorsehen, daß zuvor eine Urabstimmung unter den Mitgliedern durchgeführt wird. Der Streik kann dann nur beschlossen werden, wenn sich i.d.R. mindestens 75% der abgegebenen Stimmen dafür aussprechen.

Streiks können als Voll- bzw. Flächenstreik (Streik aller organisierten Mitglieder in allen Betrieben des Tarifgebiets), als Teilstreik (Stillegung der Produktion durch Arbeitsniederlegung einzelner Arbeitnehmergruppen) oder Schwerpunktstreik (Streik in einzelnen Betrieben des Tarifgebiets) durchgeführt werden.

Über die Beendigung des Streiks oder die - einen Streik beendende - Annahme eines Tarifvorschlags entscheiden je nach Satzung entweder der Hauptvorstand der Gewerkschaft, die Tarifkommission oder die Mitglieder in einer erneuten Urabstimmung.

Im internationalen Vergleich gehört die Deutschland zu den streikärmsten Ländern. Von 1970 - 1993 gingen im Jahresdurchschnitt 37 Arbeitstage je 1000 Beschäftigte durch Streik verloren. Bei den bedeutenden Handelspartnern und internationalen Wettbewerbern waren es z.B.: USA - 270 Tage, Frankreich - 124, Großbritannien - 382, Kanada -

640 und Japan - 56 (vgl. Schnabel 1995a, 49). Ursache hierfür sind u.a. die rechtliche Beschränkung von Streiks auf Tarifauseinandersetzungen; wirtschaftlich vertretbare Tarifziele der Gewerkschaften; die Organisation der Arbeitnehmer in Einheits- und Wirtschaftszweiggewerkschaften, wodurch die vielfältigen Arbeitnehmerinteressen bereits aufeinander abgestimmt in die Verhandlungen eingebracht werden und nicht - wie z.B. in Großbritannien - eine Vielzahl von Berufsgewerkschaften in getrennten Tarifauseinandersetzungen um einen möglichst großen Anteil an den Unternehmensverträgen konkurrieren; die Möglichkeit, Arbeitnehmerinteressen noch durch andere Institutionen als den Tarifvertrag (Mitbestimmung, Arbeitsschutz- und Sozialgesetzgebung, politische Parteien und Wahlen) wahrzunehmen.

3.2 Aussperrung

Aussperrung ist die von einem oder mehreren Arbeitgebern planmäßig vorgenommene Nichtzulassung einer Gruppe von Arbeitnehmern zur Arbeitsleistung, um ein tarifvertragliches Ziel zu erreichen (§ 1 TVG). Sie ist nach herrschender Meinung ebenfalls durch Art. 9 III GG garantiert, weil sie die Kampfparität zwischen den Tarifparteien sichert. Von Gewerkschaftsseite wird dagegen ein Verbot der Aussperrung gefordert, da Streiks bestenfalls die ökonomische Übermacht der Arbeitgeber ausgleichen könnten, die Aussperrung deren Übergewicht aber wieder herstellten.

Angriffsaussperrungen mit dem Ziel, die Arbeitsbedingungen zugunsten der Arbeitgeber zu verbessern, hatten in der BRD bisher praktisch keine Bedeutung.

Abwehraussperrungen können eine Antwort auf Schwerpunkt- und Teilstreiks der Gewerkschaften sein. Durch die zusätzliche Aussperrung bisher nicht Streikender wird der wirtschaftliche Druck auf Arbeitnehmer und Gewerkschaften zum Nachgeben erhöht. Ausgesperrt werden können auch Nichtgewerkschaftsmitglieder. Die Aussperrung zusätzlicher Arbeitnehmer unterliegt einem Verhältnismäßigkeitsgebot: Ist der Streik z.B. auf weniger als 25% der Arbeitnehmer des Tarifgebiets beschränkt, dürfen die Arbeitgeber nur bis zu weiteren 25% der Arbeitnehmer aussperren.

Über Aussperrungsmaßnahmen der Arbeitgeber beschließt je nach Satzung der Vorstand, der (u.U. erweiterte) Mitgliederrat oder die Mitgliederversammlung des zuständigen Arbeitgeberverbandes.

(Abwehr)Aussperrungen wurden in der BRD relativ selten verhängt, u.a. weil derartige Verschärfungen des Arbeitskampfes zu nachhaltigen Störungen des Betriebsklimas und zu verstärkten Gewerkschaftsbeitritten von Ausgesperrten führen. Ein beachtliches Ausmaß erreichten sie nur 1963, 1971 und 1978.

3.3 Rechtsfolgen

Rechtmäßige Streiks und Aussperrungen lösen weder das Arbeitsverhältnis, noch ist durch die Verweigerung der individuellen Arbeitsvertragsverpflichtungen ein Grund zur Kündigung gegeben. Während des Arbeitskampfes sind lediglich die gegenseitigen Rechte und Pflichten von Arbeitnehmern und Arbeitgebern suspendiert (d.h., sie ruhen).

Streikende und ausgesperrte Arbeitnehmer beziehen kein Arbeitsentgelt. Können arbeitswillige Arbeitnehmer eines bestreikten Betriebes (i.d.R. nicht gewerkschaftlich organisierte) oder von Betrieben, für die der Tarifvertrag auch erstreikt werden soll, infolge des Streiks, z.B. weil notwendige Produktionsteile fehlen, nicht beschäftigt werden, entfällt für den Arbeitgeber die Lohnzahlungspflicht, ohne daß es einer Aussperrungserklärung bedürfte. Man spricht in diesem Fall von einer „kalten Aussperrung".

Wegen der Neutralitätspflicht des Staates bei Arbeitskämpfen darf an Streikende und Ausgesperrte (auch kalt Ausgesperrte) kein Kurzarbeiter- oder Arbeitslosengeld gezahlt werden. Notfalls müssen diese die Sozialhilfe in Anspruch nehmen. Streikende und ausgesperrte Gewerkschaftsmitglieder erhalten von ihrer Organisation Unterstützungszahlungen, von der IG Metall z.B. je nach Dauer der Mitgliedschaft ca. 75% bis 80% des Nettolohns.

Die arbeitskampfbedingten Einbußen bzw. Verluste von Unternehmen sind von diesen zu tragen. Die Mitgliedsunternehmen von Arbeitgeberverbänden erhalten jedoch i.d.R. verbandliche Unterstützungszahlungen. Im Bereich der Metall- und Elektroindustrie erhalten die Unternehmen z.B. in pauschalisierter Form einen Ausgleich für die während des Arbeitskampfes weiterlaufenden Kosten (wie z.B. Zinsen, Steuern, Versicherungsprämien, Personalkosten für Notstandsarbeiten und leitende Angestellte). Darüber hinausgehende Verluste durch den Produktions- und Umsatzausfall müssen die Unternehmen tragen. Bestritten werden die Unterstützungszahlungen aus den durch Mitgliedsbeiträge finanzierten Unterstützungsfonds der regionalen Arbeitgeberverbände und gegebenenfalls durch Umlagen auf die „Gefahrengemeinschaft" aller regionalen Arbeitgeberverbände der Metall- und Elektroindustrie und auch anderer wichtiger Arbeitgeberorganisationen (z.B. chemische Industrie und Textilindustrie).

Die Teilnahme an rechtswidrigen Arbeitskämpfen verstößt gegen den Arbeitsvertrag. Die Gegenseite kann deshalb kündigen. Zusätzlich machen sich die Teilnehmer noch schadenersatzpflichtig.

4. Verhandlungsmacht und Kampfkraft der Parteien

Die Chancen der Tarifparteien, ihre Ziele durchzusetzen, hängen von einer Vielzahl von Faktoren ab. Einige sollen kurz skizziert werden.

– Die Verhandlungsmacht der Gewerkschaften beruht wesentlich auf ihrer Kampfkraft, ihrer Fähigkeit, im äußersten Falle der Tarifauseinandersetzungen die Leistungserstellung und -verwertung der Betriebe stillegen zu können. Ein Indikator für die Kampfkraft der Gewerkschaften ist der Organisationsgrad der Arbeitnehmer. Traditionell hoch ist der Organisationsgrad der Arbeiter und hier wieder vor allem in den alten industriellen Ballungsgebieten und in Großbetrieben. Der durchschnittliche Organisationsgrad der Arbeiter (bezogen auf die DGB-Gewerkschaften) betrug 1994 ca. 45% gegenüber nur ca. 20% bei den Angestellten (DGB und DAG). Entsprechend geringer ist der durchschnittliche Organisationsgrad in den Dienstleistungsbereichen (z.B. ca. 10% im Bereich der Gewerkschaft Handel, Banken und Versicherung gegenüber ca. 40% im Bereich der IG Metall. In der Stahlindustrie liegt er z.B. über 80%). Besonders gering ist die Mitgliedschaft von kaufmännischen Angestellten im Vergleich zu technischen Angestellten und Meistern in den Gewerkschaften. Im Bereich der IG Metall waren 1987 z.B. nur 19% der kaufmännischen gegenüber 28% der technischen Angestellten und 42% der Meister organisiert (vgl. Bleicher 1988, 17; Stück 1988, 51).

Gründe für die geringere Gewerkschaftsmitgliedschaft von Angestellten sind neben einer traditionellen sozialen Distanz zu Arbeitern und ihren Organisationen eine häufig anzutreffende individualistische Karriereorientierung. Gewerkschaftsmitgliedschaft wird als hinderlich für den beruflichen Aufstieg, weil im Gegensatz zu den Gewinn- und Machtinteressen der Unternehmensleitung gesehen. Für die Verhandlungs- und Kampfkraft der Gewerkschaften ist dieses Verhalten der Angestellten insofern ein Problem, weil es heute bereits mehr Angestellte als Arbeiter gibt und der Anteil der Angestellten an der Erwerbsbevölkerung weiter zu- und der der Arbeiter abnehmen wird.

Negativ auf den gewerkschaftlichen Organisationsgrad wirkt sich ferner aus, daß der gewerkschaftliche Organisationsgrad der Frauen nur gut halb so groß ist wie der der Männer (ca. 25% gegenüber ca. 46%, 1994) und vor allem jene Bereiche expandieren, in denen der Frauenanteil an den Erwerbstätigen besonders hoch ist (Dienstleistungsbereiche).

Rekrutierungsprobleme haben die Gewerkschaften auch unter den jungen Arbeitnehmern, die zunehmend eine instrumentelle, auf ökonomischen Kosten- und Nutzenkalkülen beruhende Haltung zu ihnen einnehmen.

Etwas anders sieht die Situation im Öffentlichen Dienst aus, da hier die Gewerkschaftsmitgliedschaft nicht karrierehemmend, z.t. sogar als karrierefördernd angesehen wird. Entsprechend höher ist hier der Organisationsgrad der Angestellten und auch der der Frauen.

In den neuen Bundesländern ist der durchschnittliche Organisationsgrad in den DGB-Gewerkschaften (1993: ca. 45%) und auch der Frauenanteil (1994: 46,4%) deutlich höher als in den alten Bundesländern (ca. 30% bzw. 25,3%). Jedoch deuten die Mitgliederentwicklungen seit 1991 auf eine Annäherung an die westdeutschen Verhältnisse hin (vgl. Löhrlein 1995, 87 ff.; DGB 1995).

Nutznießer der verhandlungs- und kampfstarken Gewerkschaften bzw. des organisatorischen und finanziellen Engagements von deren Mitglieder waren bisher nicht nur die unorganisierten Arbeitnehmer in den Bereichen, für die die Tarifverträge ausgehandelt wurden (die sogenannten Trittbrettfahrer), sondern auch viele Arbeitnehmer in den weniger gewerkschaftlich erfaßten Branchen, da die Tarifergebnisse der starken Gewerkschaften in anderen Branchen häufig als Orientierungsdaten wirkten.

- Der Kampfkraft und damit Verhandlungsmacht der Gewerkschaften werden auch durch ihre Finanzlage Grenzen gesetzt. Ein Großteil der Mitgliederbeiträge wird für Personal- und Sachmittel der Gewerkschaftsorganisation, für Dachverbände, Mitgliederschulungen und Informationen sowie für arbeitsrechtliche Beratung und Vertretung verwendet. Die Streikrücklagen können deshalb bei längeren Schwerpunkt- oder Flächenstreiks bald durch Streikunterstützung und andere Kosten aufgebraucht sein, wie der Druckerstreik von 1978 zeigte. Darüber hinausgehende Aussperrungen und die damit verbundenen zusätzlichen Unterstützungszahlungen ziehen die finanziellen Grenzen noch enger.

Wegen der hohen laufenden Kosten der Gewerkschaften wirkt sich ein Mitgliederschwund infolge eines Abbaus von Arbeitsplätzen und des Strukturwandels der Arbeitnehmerschaft besonders negativ auf die Finanzen der Gewerkschaften aus. Von Ende 1991 bis Ende 1995 verloren z.B. die DGB Gewerkschaften insgesamt ca. 2,4 Mio. bzw. 20% ihrer Mitglieder. Zur Erhaltung ihrer Finanzkraft müssen auch die Gewerkschaften Personal abbauen und sehen sie sich zu Fusionen gezwungen. So beschlossen z.B. 1995 die Gewerkschaften IG Bau - Steine - Erden und IG Gartenbau, Land- und Forstwirtschaft ihre Zusammenlegung zur IG Bauen - Agrar - Umwelt (BAU) sowie die IG Chemie, Papier, Keramik, die IG Bergbau und Energie und die IG Leder ihr Zusammengehen in eine IG Bergbau, Chemie und Energie ab 1997.

- Bedeutsam ist ferner die Wirtschaftslage. In Phasen ökonomischer Prosperität sind die Unternehmen kompromißbereiter, um Streiks zu vermeiden, die schnell größere Gewinnausfälle bewirken würden. In Phasen mangelnder Kapazitätsauslastung stellen Streiks dagegen eine geringere Drohung dar. Produktionsausfälle können durch vorherige höhere Produktion und Lagerhaltung bei den Kunden oder durch nachfolgende Produktionssteigerungen teilweise ausgeglichen werden. Streiks müßten demnach länger dauern, um die Unternehmer nachhaltig unter Druck zu setzen, und es bestünde dann die Gefahr, daß sie die wirtschaftliche Kampfkraft der Streikenden und der Gewerkschaften überfordern.

- Rechtliche Rahmenbedingungen üben gleichfalls Einfluß auf die Kampfkraft aus. Die Position der Gewerkschaften wird geschwächt durch die Befreiung der Arbeitgeber von der Lohnzahlungspflicht gegenüber den Arbeitswilligen, für die streikbedingt keine Beschäftigungsmöglichkeit besteht, durch das Verbot, an Streikende und Ausgesperrte (auch „kalt" Ausgesperrte) Arbeitslosengeld zu zahlen und durch das Verbot, Arbeitswillige durch Streikposten gewaltsam an der Arbeitsaufnahme zu hindern.

Die Neufassung des § 116 Arbeitsförderungsgesetz von 1986 (kein Arbeitslosengeld mehr für streikbedingt Arbeitslose außerhalb des Tarifkampfbereichs, wenn sie fachlich dem Geltungsbereich des umkämpften Tarifvertrags zuzuordnen sind und in ihrem Tarifbezirk eine Tarifforderung erhoben wurde, die einer Hauptforderung in dem umkämpften Tarifvertrag entspricht - sogenannter stellvertretender Arbeitskampf) hat ebenfalls je nach Sachlage erhebliche Konsequenzen für die Kampfkraft der Gewerkschaften. Konnte sich z.B. die IG Metall zuvor in einem umkämpften Tarifgebiet auf Zulieferbetriebe konzentrieren, um mit begrenztem finanziellen Aufwand eine Vielzahl von Betrieben im gesamten Bundesgebiet durch den Streik zu treffen, die unter den fachlichen Geltungsbereich des Tarifvertrags fallen, mußte sie sich bei den Streiks von 1995 in Bayern auf Endproduzenten (sogenannte Finalbetriebe) konzentrieren, um außerhalb des umkämpften Tarifgebiets nicht Arbeitseinstellungen und gewerkschaftliche Unterstützungsverpflichtungen zu verursachen.

Untersagt sind ferner Differenzierungsklauseln in Tarifvereinbarungen, durch die unorganisierte Arbeitnehmer von den tariflichen Leistungen ausgeschlossen werden sollen, um sie zum Gewerkschaftsbeitritt zu drängen.

Die rechtliche Beschränkung des Umfangs von Aussperrungen wiederum begrenzt die Macht der Arbeitgeber gegenüber den Gewerkschaften.

5. Anzahl und Reichweite von Tarifverträgen

Obwohl Tarifverträge (soweit sie nicht die Betriebsverfassung betreffen und dann für alle Betriebsangehörigen gelten) unmittelbar nur für die Mitglieder der Gewerkschaften gelten, haben sie eine weit darüber hinausgehende Wirkung entfaltet. Meist wenden die tarifgebundenen Arbeitgeber die Bestimmungen des Tarifvertrags einheitlich auf alle Arbeitnehmer des Betriebes an. Z.T. ist das sogar in den Einzelarbeitsverträgen so festgelegt. 1994 bestanden z.B. in Westdeutschland Verbands- und Firmentarifverträge für Betriebe, in denen ca. 90% der sozialversicherungspflichtigen Arbeitnehmer beschäftigt waren. Nur für wenige Branchen, vor allem in Teilen des Dienstleistungssektors, bestehen keine Tarifverträge (z.B. in weiten Bereichen der freien Berufe und Religionsgemeinschaften) (vgl. BMAS 1995a, 3). Kennzeichnend für Ostdeutschland ist u.a., daß relativ viele Arbeitgeber nicht den Arbeitgeberverbänden beigetreten oder sogar wieder ausgetreten sind, um nicht tarifgebunden zu sein. Insofern ist die Reichweite der Tarifverträge im Osten geringer als im Westen. .

Ende 1994 (vgl. zum Folgenden BMAS 1995a, 3 f.) gab es rd. 43.000 gültige Tarifverträge, davon rd. 20.000 Ursprungs- und rd. 23.000 Änderungs- und Paralleltarifverträge. Paralleltarifverträge sind solche, die noch mit weiteren Gewerkschaften abgeschlossen werden. Änderungstarifverträge beinhalten Änderungen zu den weiterhin bestehenden Ursprungstarifverträgen.

Rd. 14.000 der gültigen Tarifverträge waren Firmentarifverträge, die mit rd. 4.100 Firmen abgeschlossen wurden. I.d.R. unterscheiden sich die Firmentarifverträge nicht gravierend von entsprechenden (rd. 29.000) Verbandstarifverträgen ihrer Branche (vgl. Revell 1994, 76).

Die Vielzahl der Tarifverträge erklärt sich u.a. daraus, daß es z.B. allein für die Verbandstarifverträge über Vergütungen in Westdeutschland ca. 1.450 nach Regionen und

Branchen differenzierte Tarifbereiche gibt, in denen häufig gleichzeitig mehrere Tarifverträge (z.B. für Arbeiter, Angestellte, Auszubildende) abgeschlossen werden. Entsprechend existieren ca. 1.100 unterschiedliche Tarifbereiche für die vielen verschiedenen Manteltarifverträge.

Von den rd. 43.000 Tarifverträgen waren Mitte 1995: 512 für allgemeinverbindlich erklärt. Vergütungstarifverträge (insgesamt nur 75) wurden insbesondere in Niedriglohnbranchen (z.B. Friseurhandwerk, Bewachungsgewerbe, Einzelhandel) für allgemeinverbindlich erklärt. Eine neue Tarifbindung entstand 1994 durch Allgemeinverbindlichkeitserklärungen nur für 1 Mio. (= 3,5% aller) sozialversicherungspflichtigen Arbeitnehmer (BMAS 1995 b, 5 f.; BMAS 1995 c, 6).

6. Tarifentwicklung

Trotz anfänglich noch antikapitalistischer Programmatik des DGB verfolgten die Einzelgewerkschaften von Beginn an praktisch und schließlich auch programmatisch das Ziel, innerhalb des Systems der sozialen Marktwirtschaft die materiellen und sozialen Lebensbedingungen der Arbeitnehmer zu verbessern. Auf eine umfassende Verteilung des Volkseinkommens wurde verzichtet, um das Wachstum und die Preisstabilität nicht zu gefährden. Zu Beginn der 60er Jahre bildete sich bei den Tarifparteien das gesamtwirtschaftliche Produktivitätswachstum zuzüglich der Steigerungsrate der Lebenshaltungskosten als verteilungsneutrale Richtschnur für Tarifverbesserungen heraus. In den konkreten Tarifverhandlungen gab es jedoch weiterhin Kontroversen z.B. über die Berücksichtigung branchenspezifischer Abweichungen von der gesamtwirtschaftlichen Entwicklung, über Prognosen von Produktivitätswachstum und Preissteigerungen für die zukünftige Tarifperiode, über Korrekturen von vorangegangenen Prognosefehlern in den folgenden Tarifverträgen und die Kostenwirksamkeit von Verbesserungen der Arbeitsbedingungen. Das erklärt, warum trotz der grundsätzlich sozialpartnerschaftlichen Einstellung der Tarifparteien und dem Streben nach kooperativem Interessenausgleich Tarifkämpfe nicht ausblieben und ausbleiben.

Im Zentrum der gewerkschaftlichen Tarifpolitik standen zunächst Einkommensverbesserungen. Bis Ende der 70er Jahre konnten die Arbeitnehmer durchweg - konjunkturell schwankend - reale jährliche Bruttoeinkommensverbesserungen verzeichnen: von 1951 bis 1972 durchschnittlich 5,6% jährlich (Bergmann u.a. 1979, 455) bei gleichzeitiger Reduzierung der tariflichen Wochenarbeitszeit von 48 auf 40 Stunden (vgl. unten) und von 1973 bis 1979 durchschnittlich 2,8% (Sachverständigenrat 1980, 316 u. 318) trotz bereits steigender Arbeitslosigkeit. Seit 1980 sind die Bedingungen für Einkommenstgeigerungen deutlich schlechter geworden. Gesunkene Produktivitätszuwächse und erhöhter (Preis)Wettbewerb haben die verteilbaren Einkommenszuwächse reduziert. Zusätzlich haben Arbeitslosigkeit und Branchenkrisen die Verhandlungs- und Kampfkraft der Gewerkschaften geschwächt. In den Jahren 1980 und 1981 sowie 1993 und 1994 lagen die durchschnittlichen Bruttoeinkommenssteigerungen sogar unter den Preissteigerungsraten und mußten die Arbeitnehmer im Durchschnitt reale Bruttoeinkommensverschlechterungen hinnehmen.

Von diesen Durchschnittsentwicklungen weicht die Entwicklung in den einzelnen Branchen, aber auch in einzelnen Tarifbezirken gleicher Branchen, z.T. erheblich ab: So differierten z.B. Ende 1994 die höchsten und geringsten tarifvertraglichen Facharbeitereclöhne zwischen DM 4.277,-- (Energiewirtschaft, im Gas-, Wasser und Elektrizitätsbereich von Nordrhein-Westfalen) und DM 2.232,-- (Schuhindustrie, alte Bundesländer) in Westdeutschland und DM 4.009,-- (Baugewerbe Ostberlin) und DM 1.653,-- (Bekleidungsindustrie, neue Bundesländer) im Osten (vgl. BMAS 1995 a, 65 f.). In der Metallindustrie differierte z.B. Ende 1995 der Monatsgrundlohn für die Lohngruppe VI zwischen DM 3.237,-- in Berlin und DM 2.707,-- im Tarifbezirk Unterweser (vgl. IG Metall 1995, 46).

Die Bruttoeinkommen setzten sich aus der tariflichen Vergütung für die tarifliche Arbeitszeit, ggfs. freiwillige übertariflichen Zulagen der Arbeitgeber, Zuschlägen zu der normalen tariflichen Vergütung und Zusatzleistungen zusammen:
- Wegen der Ausrichtung der Flächentarifverträge auf die wirtschaftlich schwächeren Unternehmen kommen übertarifliche Zuschläge in den alten Bundesländern relativ häufig vor. Gemäß einer repräsentativen Betriebsbefragung des Instituts für Arbeitsmarkt- und Berufsforschung (IAB) in den alten Bundesländern zahlten 1993: 57% der tarifgebundenen Betriebe (72%) über Tarif. Die Lohnspanne betrug bei ihnen im Durchschnitt 13,4% (Bellmann, Kohaut 1995, 64 ff.). Befragungen im Verarbeitenden Gewerbe Westdeutschlands ergaben, daß rd. 84% der Betriebe tarifvertraglich gebunden sind und je nach Erhebungsjahr und regionalem Umfang der Befragung 70% - 90% der Betriebe übertariflich entlohnen. Die Schätzungen der relativen Lohnspanne bewegten sich zwischen 9% und 11,7%. Analysen der gesamtwirtschaftlichen Lohndrift ergeben, daß in den 60er Jahren die Effektivverdienste durchweg stärker stiegen als die Tarifentgelte. Seitdem wechseln sich Jahre mit höheren und geringeren Effektivlohnsteigerungen als Tariflohnsteigerungen ab und blieb deren Relation im Durchschnitt annähernd gleich (Schnabel 1995 b, 350 ff.).
- Tarifliche Zuschläge - in ihrer Höhe je nach Tarifvertrag differierend - gibt es üblicherweise für Überstunden (25% in den ersten 2 Stunden am Tag, 50% für die weiteren); Schichtarbeit (10 - 20%) und Nachtarbeit (15 - 50%), Arbeiten am Sonntag (50 - 70%) und an Feiertagen (i.d.R. 150%) (alle Zahlen für 1995 in der Metallindustrie; vgl. IG Metall 1995, 76 f.).
- Die wichtigsten tariflichen finanziellen Zusatzleistungen sind zusätzliches Urlaubsgeld und/oder Jahressonderzahlungen. Durchschnittlich beliefen sich die Summen dieser Zusatzleistungen 1994 in Westdeutschland auf 98% eines tariflichen Monatseinkommens (gegenüber 100% für 1993 und 68% für 1974) und in Ostdeutschland auf 77% (1993: 75%), (BMAS 1995 a, 28 u. 74).

Anspruch auf vermögenswirksame Leistungen hatten 1994 im Westen 95% der tarifvertraglich erfaßten Arbeitnehmer (1974: 77%) mit einem Anspruch auf durchschnittlich DM 532,-- (1976: DM 372;--). Im Osten hatten durchschnittlich 58% einen Anspruch auf durchschnittlich DM 205,-- (vgl. BMAS 1995 a, 75).

Bei der tariflichen Wochenarbeitszeit wurden ab Mitte der 50er Jahre sukzessiv Reduzierungen von der bis dahin üblichen 48-Stunden-Woche vorgenommen. Ab Ende der 60er Jahre galt zunehmend die 40-Stunden-Woche als Regelarbeitszeit (in der Metallindustrie z.B. ab 1967). 1984 gelang erstmals der Einstieg in die 35-Stunden-Woche (mit dem Ziel Arbeitsplätze durch Arbeitszeitverkürzungen zu sichern). 1994 betrug die durchschnittliche tarifliche Wochenarbeitszeit im Westen 37,7 Stunden (im Osten 39,7 Stunden) und waren bereits für 4,8 Mio. Arbeitnehmer Verkürzungen auf 35 Wochenstunden ab 1995 und später vereinbart (vgl. BMAS 1995 a, 22 u.72; IG Metall 1995, 85 u. 86). Die Tarifverträge von 1994, die die Wochenarbeitszeit regeln, sehen durchweg Flexibilisierungsmöglichkeiten der Arbeitszeit vor, z.B. eine ungleiche Verteilung der Arbeitszeit auf Tage, Wochen, Monate und selbst Jahre (unter Wegfall von Mehrarbeitszuschlägen), Abweichungen von der Regelarbeitszeit in bestimmten Grenzen nach oben und unten (Arbeitszeitkorridor) für einzelne Arbeitnehmergruppen, jeweils mit entsprechenden Entgelterhöhungen oder -reduzierungen, erneute Einbeziehung des Samstags in die Regelarbeitszeit; Schichtarbeit (BMAS 1995 a, 23 f.).(Vgl. hierzu auch Bosch/Ellguth, Betriebliche Arbeitszeitpolitik, in diesem Band)

Anfang der 70er Jahre war weitgehend ein vierwöchiger Mindesturlaub für die Arbeitnehmer erreicht. Seit Anfang der 80er Jahre setzt sich der Trend zum sechswöchigen Mindesturlaub durch (durchschnittlicher Urlaubsanspruch 1994: 29,5 Arbeitstage im Westen und 27,5 im Osten (BMAS 1995 a, 73).

Seit Ende der 60er Jahre wurden zunehmend Rationalisierungsschutzabkommen abgeschlossen. Durch betriebliche Umsetzungen, Umschulungsmaßnahmen, finanzielle Besitzstandswahrung (i.d.R. für eine begrenzte Zeit) bei Lohn- bzw. Gehaltsgruppeneinstufungen sollen Beschäftigung und Einkommen der Betriebsangehörigen erhalten bleiben. Unvermeidliche Entlassungen werden durch verlängerte Kündigungsfristen und Abfindungen gemildert.

Tarifverträge zur Beschäftigungssicherung wurden erstmals Ende 1993 für die Volkswagen AG abgeschlossen. Statt ca. 30.000 Arbeitnehmern betriebsbedingt zu kündigen, wurde vereinbart, die Arbeitszeit und die Entgelte um 20% zu senken. Die ersten Verbandstarife zur Beschäftigungssicherung kamen 1994 für die Metall- und Elektroindustrie zustande. Um betriebsbedingte Kündigungen zu vermeiden, können danach Arbeitgeber und Betriebsrat - zusätzlich zu den bereits existierenden Möglichkeiten der Arbeitszeitflexibilisierung - u.a. vereinbaren, die regelmäßige Wochenarbeitszeit bis zu 30 Wochenstunden für alle Beschäftigten mit entsprechenden Entgeltminderungen zu reduzieren. I.d.R. sollen auch die Auszubildenden nach ihrer Ausbildung für mindestens 6 Monate übernommen werden. Der Beschäftigungssicherungsvertrag für die chemische Industrie von 1994 enthält die Möglichkeit, die Arbeitszeit für einzelne Arbeitnehmergruppen bis zu 2 Stunden nach oben oder unten von der Regelarbeitszeit pro Woche abweichen zu lassen (Arbeitszeitkorridor). Mit den „Einstiegsentgelten" enthält er ein weiteres neues Moment: Zur Förderung der Beschäftigung können neu eingestellte Arbeitnehmer zu 95% bzw. 92,5% (je nach Lohngruppe) der sonst geltenden Tarifsätze im ersten Jahr entlohnt werden. Für länger bzw. Langzeitarbeitslose beträgt der Einstiegstarif 90%. Zu weiteren Beschäftigungssicherungsverträgen kam es 1994 u.a. noch im Steinkohlebergbau, in der Stahlindustrie, der Papier und Pappe verarbeitenden Industrie, Lederindustrie, Teilen des Groß- und Außenhandels, der keramischen und der Kautschukindustrie sowie der Papierindustrie (BMAS 1995 a, 7 ff.).

Einen Sonderfall stellt die Tarifentwicklung in den neuen Bundesländern dar (vgl. Göbel 1994 a, 1994 b; BMAS 1995 a, 15 ff. u. 72 ff.), auf die die Tarifvertragsparteien die Struktur des westdeutschen Tarifvertragssystems übertrugen. Unabhängig von der tatsächlichen - häufig weit geringeren - Produktivität der Unternehmen wurden in der ersten Tarifrunde von 1990 Entgelte in Höhe von 40 - 45% der westdeutschen Entgelte vereinbart. Dadurch sollte der Abwanderung von Fachkräften in den Westen entgegengewirkt werden. In einigen Branchen wurde auch bereits die stufenweise Angleichung an das Westniveau festgelegt. In der Metall- und Elektroindustrie sollte z.B. 1994 die 100%ige Angleichung der Entgelte erreicht sein. Ebenfalls sollten die Arbeitszeit (durchschnittlich ca. 2 Stunden mehr in Ostdeutschland), der Urlaub (durchschnittlich 3 Tage weniger) und andere Leistungen wie z.B. Jahressonderzahlungen und Urlaubsgeld (durchschnittlich 41% weniger vom tariflichen Monatseinkommen) stufenweise angeglichen werden. Aufgrund ungünstiger wirtschaftlicher Entwicklungen setzten die Arbeitgeber 1993 in der Elektro- und Metallindustrie (trotz Streik) und in anderen Branchen zeitliche Strekkungen der vereinbarten Stufenangleichungen durch. Revisionsklauseln in den Tarifverträgen sahen diese Möglichkeit vor. Stufenanhebungen auf 100% des Westniveaus sind z.B. ab 1995 vereinbart für das Dachdeckerhandwerk, die Druckindustrie und die Wohnungswirtschaft. Die Relation der durchschnittlichen Tarifentgelte von Ost- zu Westdeutschland betrug 1994: 84% (Ende 1991: 60%). Diese Tarifrelation variierte 1994 in den größeren Tarifbereichen zwischen 97,5 (Dachdeckerhandwerk) und 71% (Papiererzeugende Industrie). Bezogen auf die tatsächlichen durchschnittlichen Bruttoeinkommen ist die Ost-West Relation jedoch geringer als die tarifvertragliche Ost-West Relation. Denn einerseits wird in den alten Bundesländern in fast allen Bereichen - mit Ausnahme des öffentlichen Dienstes - übertariflich bezahlt und liegen die tariflichen Zusatzleistungen über denen im Osten und andererseits zahlen im Osten wegen geringerer Mitgliedschaft in Arbeitgeberverbänden mehr Arbeitgeber untertarifliche Löhne und Gehälter.

Zu den aktuellen Problemen der weiteren Tarifentwicklung gehört die Frage, wie der Situation von wirtschaftlich schwächeren Unternehmen in Flächentarifverträgen Rechnung getragen werden kann. Austritte aus Arbeitgeberverbänden, Ausgründungen von Unternehmensteilen, verbunden mit dem Wechsel in fachliche Tarifverträge mit geringeren Tarifentgelten, sowie Berichte von zunehmenden Verstößen gegen Tarifverträge verdeutlichen das Problem. Grundsätzlich halten Arbeitgeber und Gewerkschaften an Verbands- bzw. Flächentarifen fest. Zentrale Verhandlungen reduzieren die Kosten der Tarifverhandlungen, den Umfang von Tarifkämpfen, tragen zum Betriebsfrieden in den Unternehmen bei und sichern gleiche Wettbewerbssituationen für die konkurrierenden Unternehmen. Eine Möglichkeit, dennoch Differenzierungen vorzunehmen, wären z.B. Härteklauseln. Wirtschaftlich schwächere oder gefährdete Betriebe dürften dann mit Genehmigung der Tarifparteien die Tarife unterschreiten. Dieser Weg wurde 1993 in der Metallindustrie Ostdeutschlands beschritten. Ein weiterer Weg wären tarifliche Ober- und Untergrenzen für Lohnerhöhungen und Vereinbarungen auf betrieblicher Ebene über Lohnsteigerungen im Rahmen des tariflich vorgegebenen Korridors. Zusätzlich müßten Verfahrensregeln vereinbart werden, die zum Zuge kommen, wenn Betriebsrat und Unternehmensleitung sich nicht einigen können.

Ein weiteres Problem stellt die tarifvertragliche Aufrechterhaltung des Prinzips: gleicher Lohn für gleiche Arbeit am gleichen Arbeitsplatz dar. Von ihr wurde schon in einigen Beschäftigungssicherungsverträgen abgewichen (vgl. oben). Gewerkschaften und insbesondere das Handwerk im Baugewerbe fordern z.B., daß ausländische Unternehmen ihre Arbeitskräfte auf deutschen Baustellen zu deutschen Tarifen entlohnen. Die Bezahlung zu den erheblich geringeren ausländischen Löhnen hat zur Verdrängung und Arbeitslosigkeit von deutschen Bauarbeitern geführt. Mit dem zunächst auf dreieinhalb Jahre befristeten Entsendegesetz vom 1.3.1996 wird dem Bundesminister für Arbeit und Soziales eingeräumt, tarifliche Mindestlöhne und tarifliche Bestimmungen zur Dauer des Erholungsurlaubs, des Urlaubsentgelts oder eines zusäztlichen Urlaubsgeldes im Baugewerbe und im Bereich der Seeschiffahrtsassistenz auch für die Arbeitnehmer ausländischer Unternehmen für allgemeinverbindlich zu erklären. Den ersten Antrag auf Allgemeinverbindlicherklärung für das Baugewerbe lehnten die Arbeitgebervertreter im Tarifausschuß beim Bundesarbeitsminister mit der Begründung ab, der tarifliche Mindestlohn sei zu hoch. Nach Absenkung des tariflichen Mindestlohns auf DM 17,-- (West) bzw. DM 15,64 (Ost) wurde dieser mit Wirkung vom 1.1.1997 für allgemeinverbindlich erklärt

Inzwischen hat auch die EU eine Entsenderichtlinie (96/71/EU) verabschiedet, die innerhalb von drei Jahren nach ihrer Veröffentlichung (Abl.Nr. L 18/1 v. 21.1.97) in nationales Recht umzusetzen ist. Danach sind grundsätzlich allen von ausländischen Unternehmen entsandten Arbeitnehmern spezifische Arbeits- und Beschäftigungsbedingungen zu garantieren, die in dem Mitgliedstaat, in dessen Hoheitsgebiet die Arbeitsleistung erbracht wird, durch Rechts- oder Verwaltungsvorschriften und/oder für allgemeinverbindlich erklärte Tarifverträge oder Schiedssprüche festgelegt sind. Hierunter fallen u.a. Höchstarbeitszeiten und Mindestruhezeiten, bezahlter Mindestjahresurlaub und Mindestlohnsätze einschließlich Überstundensätze.

Zusammenfassend läßt sich sagen, daß sich das deutsche Tarifvertragssystem, die Tarifvertragsparteien und die Tarifentwicklung in der gegenwärtigen angespannten ökonomischen und sozialen Situation als anpassungsfähiger erweisen, als viele Kritiker der Tarifautonomie behaupten.

Literatur

Bellmann, L.; Kohaut, S. 1995: Betriebliche Determinanten der Lohnhöhe und der übertariflichen Bezahlung; in: Mitteilungen zur Arbeitsmarkt- und Berufsforschung (MittAB), H. 1/1995, 62 ff.

Bergmann, J.; Jacobi, O.; Müller-Jentsch, W. 1979: Gewerkschaften in der Bundesrepublik; Bd. 1 - Gewerkschaftliche Lohnpolitik zwischen Mitgliederinteressen und ökonomischen Systemzwängen, Frankfurt/M., New York.

Bergmann, J.; Müller-Jentsch, W. 1977: Gewerkschaften in der Bundesrepublik; Bd. 2 - Gerwerkschaftliche Lohnpolitik im Bewußtsein der Funktionäre, Frankfurt/M.

Bispinck, R. (Hrsg.) 1995: Tarifpolitik der Zukunft. Was wird aus dem Flächentarifvertrag? Hamburg.

Bleicher, S. 1988: Das Neue muß den ganzen Menschen haben; in: Steinkühler/Bleicher (Hrsg.): Zwischen Aufstieg und Rationalisierung, Hamburg.

Bundesminister f. Arbeit und Sozialordnung (BMAS) (Hrsg.) 1991: Übersicht über das Recht der Arbeit, Bonn.

Bundesminister f. Arbeit und Sozialordnung (BMAS) (Hrsg.) 1995 a: Tarifvertragliche Arbeitsbedingungen im Jahre 1994, Bonn.

Bundesminister f. Arbeit und Sozialordnung (BMAS) (Hrsg.) 1995 b: Tarifvertragliche Regelungen in ausgewählten Wirtschaftszweigen, Bonn.

Bundesminister f. Arbeit und Sozialordnung (BMAS) (Hrsg.) 1995c: Verzeichnis der für allgemeinverbindlich erklärten Tarifverträge, Bonn.

DGB (Deutscher Gewerkschaftsbund) 1995: Mitgliederstatistik der DGB-Landesbzirke mit Stand 31.12.1994, Düsseldorf.

Göbel, J. 1994 a: Tarifanpassung Ost-West. Eine Zwischenbilanz (I); in: Arbeitgeber 19/46, 652 ff..

Göbel, J. 1994 b: Tarifanpassung Ost-West. Eine Zwischenbilanz (II); in: Arbeitgeber 20/46, S. 705 ff.

Grebing, H. 1966: Geschichte der deutschen Arbeiterbewegung, München.

Hanau, P.; Adomeit, K. 1981: Arbeitsrecht. Juristische Lernbücher, Bd, 1, Frankfurt/M.

Hentschel, V. 1983: Geschichte der deutschen Sozialpolitik 1880 - 1980, Frankfurt/M.

Hromadka, W. 1982: Tariffibel. Tarifvertrag, Tarifverhandlungen, Schlichtung, Arbeitskampf, Köln.

IG Metall 1995: Daten, Fakten, Informationen 1995, Frankfurt/M.

Kahn-Freund, O. 1966 (1932): Die Funktionswahl des Arbeitsrechts; in: T. Ramm: Arbeitsrecht und Politik. Quellentexte 1918 - 1933, Neuwied, Spandau, 211 ff.

Kittner; M. 1995: Arbeits- und Sozialordnung. Ausgewählte und eingeleitete Gesetzestexte, Köln.

Kittner, M. (Hrsg.) 1995: Gewerkschaften Heute. Jahrbuch für Arbeitnehmerfragen 1995 Köln.

Löhrlein, K. 1995: Mitgliederentwicklung; in: M. Kittner (Hrsg.): Gewerkschaften Heute, Köln, 85 ff.

Revel, S. W. 1994: Tarifverhandlungen in der Bundesrepublik Deutschland, Baden-Baden.

Sachverständigenrat zur Begutachtung der gesamtwirtschaftlichen Entwicklung 1980: Jahresgutachten 1980/81, Bundestagsdrucksache 9/17 vom 25.11.1980.

Schaub, G. 1992: Arbeitsrechtshandbuch, München, 7. Aufl.

Schnabel, C. 1995 a: Arbeitskämpfe im internationalen Vergleich; in: IW-trends, hrsg. vom Institut der Deutschen Wirtschaft Köln, 22. Jg., H. 1/1995, 43 ff.

Schnabel, C. 1995 b: Die übertarfiliche Entlohnung; in: WiSt, H. 7/1995, S. 348 ff.

Schneider, D. 1971: Der Streik, Begriff und Geschichte, in: D. Schneider (Hrsg.): Zur Theorie und Praxis des Streiks, Frankfurt/M., 7 ff.

Schönhoven, K. 1987: Die deutschen Gewerkschaften, Frankfurt/M.

Steinkühler, F.; Bleicher, S. (Hrsg.) 1988: Zwischen Aufstieg und Rationalisierung, Hamburg.

Streeck, W. 1981: Gewerkschaftliche Organisationsprobleme in der sozialstaaatlichen Demokratie, Königstein/Ts.

Stück, H. 1988: Angestellte und Gewerkschaften; in: Steinkühler/Bleicher (Hrsg.): Zwischen Aufstieg und Rationalisierung, Hamburg.

WSI (Wirtschafts- und Sozialwissenschaftliches Institut in der Hans-Böckler Stiftung) (Hrsg.) 1995: Tarifpolitisches Tachenbuch '95/96, Köln.

Zachert, U. 1979: Tarifvertrag. Eine problemorientierte Einführung, Köln.

Produktivität:
Das Verhältnis der gesamten Produktionsmenge zur Einsatzmenge eines einzigen Produktionsfaktors.

Arbeitsproduktivität:

$$\frac{Produktionsmenge}{1\ Arbeitsstunde}$$

Technischer Wandel und Beschäftigung

Alfons Schmid

1. Einleitung

Die Diskussion des Zusammenhangs zwischen technischem Wandel und Beschäftigung hat in den Wirtschafts- und Sozialwissenschaften eine lange Tradition. Sie wurde bereits in der ökonomischen Klassik geführt. Zwei grundlegende Einschätzungen lassen sich unterscheiden: Zum einen die "Produktivitätsthese" der klassischen Ökonomie (Smith), nach der der technische Fortschritt eine Steigerung der Arbeitsproduktivität und des Wohlstands ermöglicht. Zum andern die "Entfremdungsthese" (Marx), nach der durch den forcierten Technikeinsatz die Identifikation der Arbeitnehmer mit den von ihnen produzierten Gütern verloren geht. In diesen beiden Grundeinschätzungen spiegeln sich, in unterschiedlicher Akzentuierung, bis heute die Sichtweisen und Auseinandersetzungen über das Verhältnis von Arbeit und Technik wider.

Die Diskussion über den Zusammenhang von technischem Wandel und Beschäftigung wurde nicht kontinuierlich geführt. Insbesondere wenn hohe Arbeitslosigkeit auftrat und längere Zeit bestand, hatte sie "Konjunktur". So wurde in den 20er und 30er Jahren intensiv über "technologische Arbeitslosigkeit" diskutiert. Die anhaltende hohe Arbeitslosigkeit in den letzten beiden Jahrzehnten führte erneut dazu, daß die Auswirkungen vor allem der neuen Informations- und Kommunikationstechnologien (IuK) für die Beschäftigungs- und Arbeitsmarktentwicklung thematisiert wurden.

Welche Beschäftigungseffekte mit der Einführung von IuK-Technologien verbunden sind, darüber gehen die Meinungen und Einschätzungen auseinander. Sie gelten als "Job-Knüller" und als "Job-Killer". Ihrer Einführung werden steigende wie sinkende Qualifikationsanforderungen zugeschrieben. Unterschiedliche Auffassungen bestehen auch darüber, ob Hierarchie und Kontrolle in den Betrieben mit den IuK-Technologien steigen oder sinken, sich dezentrale Arbeitsformen und die Automonie der Beschäftigten ausweiten oder nicht, die Belastungen für die Arbeitnehmer zu- oder abnehmen.

Von dieser Vielzahl der mit dem technologischen Wandel, insbesondere den IuK-Technologien verbundenen Auswirkungen auf Beschäftigung und Arbeitsmarkt stehen in diesem Beitrag die quantitativen Arbeitsmarktwirkungen im Mittelpunkt. Es soll die Frage beantwortet werden, ob die neuen Technologien zu technologischer Arbeitslosigkeit führen oder nicht. Außerdem werden Qualifikationswirkungen der neuen Technologien angesprochen. Nach einer Klärung des Begriffs "Technik" und "technologische Arbeitslosigkeit" wird ein systematischer Überblick über die potentiellen Beschäftigungseffekte technischer Neuerungen sowie die theoretische Diskussion des Zusammenhangs von technischem Wandel und Beschäftigung gegeben. Abschließend werden einige ausgewählte empirische Befunde referiert.

2. Technik und neue Technologien

Die Begriffe Technik und Technologie werden unterschiedlich verwandt. Aus ökonomischer Sicht umfaßt Technik bzw. technischer Fortschritt folgende Dimensionen:

- die Entwicklung neuer Maschinen und Materialien als Inputs in den Produktionsprozeß;
- die Anwendung neuer Produktionsverfahren bei der Herstellung von Gütern und Dienstleistungen: Prozeßinnovationen;
- die Entwicklung neuer oder qualitativ verbesserter Güter: Produktinnovationen.

Diese Dimensionen verdeutlichen, daß sich der technische Wandel nicht nur auf die Arbeit, sondern auch auf andere Produktionsfaktoren auswirkt. Der technische Fortschritt kann arbeitssparend, kapitalsparend, energiesparend, materialsparend und umweltsparend sein.

Unter Technik werden in der Regel künstliche Objekte (Artefakte) verstanden, die durch Menschen hergestellt und im Rahmen zweckorientierten Handelns verwandt werden. Der Begriff Technologie schließt auch das Wissen und die soziale Organisation der technologischen Entwicklung mit ein. Wir differenzieren in diesem Beitrag nicht zwischen den beiden Begriffen Technik und Technologie.

Die technologische Entwicklung wird üblicherweise in die drei Phasen Invention, Innovation und Diffusion unterteilt. Die Produktion neuen Wissens, die Invention, erfolgt primär in staatlichen und intermediären Institutionen, obwohl auch Unternehmen Grundlagenforschung betreiben. Innovationen, die (erstmalige) Einführung neuer Produktionsverfahren oder neuer Produkte, werden überwiegend von Betrieben durchgeführt. Die Diffusion umfaßt die Ausbreitung von technischen Neuerungen. In neueren, evolutionstheoretisch orientierten Arbeiten wird dieses Drei-Phasen-Schema als der technologischen Entwicklung nicht adäquat betrachtet. Charakteristisch sei für die Technologie u.a. ihre kontinuierliche und kumulative Entwicklung, in der Invention, Innovation und Diffusion als ein einheitlicher und rekursiver Prozeß zu sehen sind (vgl. z.B. Dosi, Orsenigo 1989, 13 ff.).

Gegenwärtig sind es vor allem die neuen Technologien, die das Interesse am Zusammenhang zwischen technischem Wandel und Beschäftigung hervorrufen. Was allerdings unter neuen Technologien zu verstehen ist, darüber gibt es keine einheitliche Auffassung. Ein Grund dafür liegt darin, daß neue Technologien noch nicht bekannt sind. Neue Technologien sind eigentlich schon bekannte Technologien, die neueren Datums sind. Der Gebrauch des Begriffes "neu" ist daher ungenau.

Als neue Technologien gelten gegenwärtig die Informations- und Kommunikationstechnologien, die Biotechnologie sowie neue Werkstoffe. Als neue Technologien des 21. Jahrhunderts werden u.a. die Nanotechnologie (winzige Strukturen, Schalter und Funktionselemente), die Sensortechnik (miniaturisierte Meßfühler), die Adaptronik (selbständiges Anpassen an wechselnde Bedingungen), die Photonik und Optoelektronik (Informationsspeicherung mittels Lichtteilchen anstelle von Elektronen) sowie die Neuroinformatik und die künstliche Intelligenz (Nachahmung intelligenter Leistungen des menschlichen Gehirns) genannt (vgl. Bundesministerium für Forschung und Technologie 1993). Wir beschränken uns bei den folgenden Ausführungen auf die zur Zeit wichtigsten dieser neuen Technologien für Arbeitsmarkt und Beschäftigung, die Informations- und Kommunikationstechnologien.

Was ist das Neue an diesen neuen IuK-Technologien? Die erste industrielle Revolution war dadurch gekennzeichnet, daß sie körperliche Energie durch Maschinen ersetzte. In der zweiten Revolution erfolgte eine enorme Teilung und Zerlegung der menschlichen Arbeit (Taylorismus), die einmal eine starke Erhöhung der Arbeitsproduktivität und damit der Einkommen zur Folge hatte, zum andern aber auch zu Entfremdung und zur Kontrolle der Arbeit führte. Die dritte, auf der Mikroelektronik basierende Revolution bezieht sich auf die Information als neuen "Produktionsfaktor". Die Komplexität hochentwickelter Gesellschaften und die zunehmende internationale Arbeitsteilung implizieren eine große Bedeutung der Information für die Funktionsweise von Wirtschaft und Gesellschaft. Die neuen IuK-Technologien beinhalten das Potential und bieten die Möglichkeit, um den Informationsprozeß zu rationalisieren und auch solche Sektoren einer Rationalisierung zugänglich zu machen, die sich bisher einer Technisierung weitgehend entzogen, also auch den Büro- und Dienstleistungsbereich (vgl. hierzu die Beiträge Ropohl und auch Huisinga, Informationstechnik und Dienstleistungen, in diesem Band; vgl. auch z.B. Gergely 1985; Rasmussen 1988; Mueller, Schmid 1989).

Was ist das Spezifische der neuen Informations- und Kommunikationstechnologien? Führen sie zu neuen Produkten und Produktionsverfahren? Nach weitgehend übereinstimmender Auffassung dominiert bei den neuen Technologien nicht diese Neuartigkeit. Vielmehr führen die meisten Mikroelektronikanwendungen zu einer Verbesserung bereits vorhandener Produkte und Produktionsverfahren. Sie beinhalten die Möglichkeit einer Verknüpfung verschiedener traditioneller Technikbereiche mit der Implikation, daß die Kombination verschiedener technischer Entwicklungen mehr ist als die Summe der einzelnen Teile. Die auf der Mikroelektronik basierenden IuK-Technologien stellen die Basis für eine Speicherung, Übertragung, Verarbeitung und Verwendung von Informationen sowie ihrer Integration zur Verfügung. Der Begriff Information umfaßt: Schrift, Bild und Ton.

Die innovativen Dimensionen der neuen IuK-Technologien haben zur Folge, daß sie in fast allen Bereichen, in denen Informationsprozesse eine Rolle spielen, angewandt werden können. Vor allem zwei Elemente sind es, die die auf der Mikroelektronik basierenden IuK-Technologien in ihrer Bedeutung für den betrieblichen Einsatz kennzeichnen: Flexibilität und Integration. Flexibilität beinhaltet die Möglichkeit, hinsichtlich der Aufträge, der Produktion und des Produktes eine schnelle und hohe Anpassungsfähigkeit zu haben. Integration ermöglicht die inner- und zwischenbetriebliche Verknüpfung verschiedener Unternehmensbereiche und -funktionen (vgl. hierzu Mueller, Schmid 1989, 62 ff.).

Wie verbreitet sind die IuK-Technologien? In der öffentlichen Diskussion entsteht häufig der Eindruck, daß die Herstellung von Gütern und Dienstleistungen überwiegend bereits mittels der neuen IuK-Technologien erfolgt. Dabei wird häufig auf das Potential dieser Technologien rekurriert. Davon zu unterscheiden ist aber ihr tatsächlicher Verbreitungsgrad. Abb.1 (Folgeseite) zeigt die Entwicklung.

Die Verwendung von IuK-Technologien hat im Beobachtungszeitraum beträchtlich zugenommen. Trotzdem arbeitete 1992 nur etwa jeder sechste Beschäftigte hauptsächlich mit Computertechnologien. Allerdings beschleunigte sich seit Mitte der achtziger Jahre ihre Verwendung erheblich. Berücksichtigt man noch die gelegentliche Verwendung von IuK-Technologien, so nutzten 1992 37% der Beschäftigten diese Technologien, gegenüber 14% 1979 und 21% 1985. Die Bedeutung der Informations- und Kommunikationstechniken hat also erheblich zugenommen und wird weiter zunehmen.

Die Analyse der Technik und der Technikfolgen unterlag in den letzten beiden Jahrzehnten erheblichen Veränderungen. Bis in die siebziger Jahre herrschte in der Ökonomie wie in der Soziologie ein technologischer Determinismus vor. Danach folgte die Technik einer Art Eigenlogik und wurde als linearer Prozeß gesehen, der von der Invention über die Innovation zur Diffusion führte: Technische Neuerungen fielen quasi wie "Manna" vom Himmel und sie waren für alle verfügbar und bekannt. Untersucht wurden die Auswirkungen einer irgendwie vorhandenen Technik u.a. auf verschiedene Aspekte der Arbeit. Zwar gab es immer schon Ansätze, die versuchten, die technologische Entwicklung selbst zu erklären und nicht als exogen gegebene Größe zu betrachten; zu nennen sind hier Marx, Max Weber und vor allem Schumpeter. Größeren Einfluß haben sie bis in die jüngste Zeit nicht ausgeübt.

Abb.1: Hauptsächliche Verwendung von Arbeitsmitteln in Westdeutschland, 1969 - 1992, Erwerbstätige in %

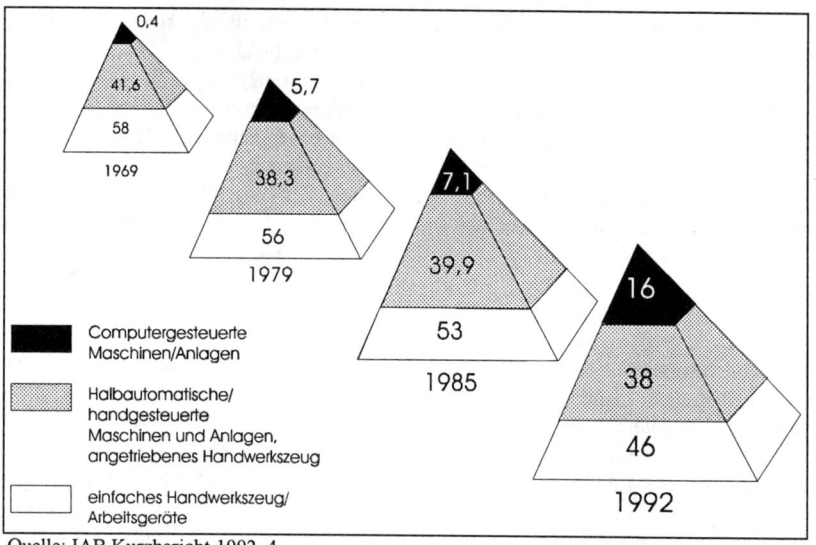

1969: 0,4 / 41,6 / 58
1979: 5,7 / 38,3 / 56
1985: 7,1 / 39,9 / 53
1992: 16 / 38 / 46

■ Computergesteuerte Maschinen/Anlagen
▨ Halbautomatische/handgesteuerte Maschinen und Anlagen, angetriebenes Handwerkszeug
□ einfaches Handwerkszeug/Arbeitsgeräte

Quelle: IAB Kurzbericht 1992, 4.

Die Konsequenz dieser technikdeterministischen Sichtweise bestand darin, daß die Technikfolgenforschung im Mittelpunkt wissenschaftlicher Untersuchungen stand: Ökonomische, politische, psychische und soziale Auswirkungen wurden analysiert. Für die Technologiepolitik beinhaltete diese Sichtweise, daß die Folgen der Technik sozialverträglich abgefedert werden sollten. Ein Beispiel dafür sind die Rationalisierungsschutzabkommen. Die Technik selbst blieb dabei ausgeblendet.

Eine Abkehr vom Technikdeterminismus fand überwiegend in den achtziger Jahren statt. U.a durch international vergleichende und durch historische Untersuchungen wurde herausgearbeitet, daß gleiche Techniken unterschiedliche Auswirkungen hatten bzw. haben. Diese Studien verweisen auf den Einfluß und die Bedeutung institutioneller Regelungen und von Akteursstrategien auf die Entwicklung, Durchsetzung, Verbreitung und Folgen der technologischen Entwicklung. Konzeptionell folgte daraus die Forderung nach einer Endogenisierung der Technik: Die Entstehung, Einführung und Verbreitung der Technik soll erklärt und nicht als gegeben vorausgesetzt werden.

Diese konzeptionelle Neuorientierung erfolgt mittels verschiedener Ansätze, die Technik als evolutorischen und sozialen Prozeß thematisieren. Sie können hier nur benannt werden: In der Ökonomie spielen vor allem evolutionstheoretische Ansätze eine Rolle, die Technik als Prozeß begreifen, der durch Institutionen und Akteursstrategien beeinflußt wird. In der Soziologie wird die Bedeutung von Akteuren betont und verstärkt die Technikgenese analysiert. Technologiepolitisch impliziert dieser Paradigmenwechsel, daß die Entstehung und Einführung von Neuerungen beeinflußt werden kann und soll (vgl. hierzu u.a. Dierkes, Hoffmann, Marz 1992; Bergstermann, Manz (Hg.) 1992; Kubicek, Seeger (Hg.) 1993).

Die folgende Analyse und die angeführten empirischen Untersuchungen über die Beschäftigungseffekte des technischen Wandels erfolgen noch überwiegend im Kontext der technologiedeterministischen Sichtweise: Untersucht werden die Auswirkungen einer exogen gegebenen Technik.

3. Beschäftigungseffekte technischen Wandels

Bei der Diskussion von Beschäftigungswirkungen des technischen Wandels steht die Frage im Vordergrund, ob und in welchem Umfang die Einführung von Neuerungen Arbeitslosigkeit erzeugt. In der Ökonomie konkurrieren bei der Beantwortung dieser Fragen zwei Hypothesen miteinander: die Freisetzungs- und die Kompensationshypothese. Nach der Freisetzungshypothese beinhaltet der technische Fortschritt primär Prozeßinnovationen. Er erhöht das Rationalisierungspotential und führt zur Freisetzung von Arbeitskräften, die durch Kompensationsmechanismen nicht ausgeglichen werden kann. Nach der Kompensationshypothese löst der technische Fortschritt auch marktendogene Effekte aus, die die Freisetzungen wieder kompensieren.

3.1 Ein systematischer Überblick

Bei der Analyse der Beschäftigungseffekte des technischen Wandels besteht das konzeptionelle Problem, wie diese Effekte erfaßt werden sollen. In der Ökonomie herrscht weitgehende Einigkeit, daß mit der Einführung von technischen Neuerungen sowohl Freisetzungs- als auch Kompensationseffekte verbunden sind. Die Auffassungen divergieren aber, wenn die Bedeutung der Effekte beurteilt wird, d.h. ob die Freisetzungs- oder die Kompensationseffekte dominieren. Ein Grund für diese unterschiedlichen Auffassungen liegt darin, daß bei der Beurteilung der Beschäftigungswirkungen des technischen Wandels z.T. nur bestimmte Effekte berücksichtigt, z.T. andere vernachlässigt werden. Um theoretische und empirische Untersuchungen über diese Wirkungen hinsichtlich ihrer Reichweite und Aussagefähigkeit einschätzen zu können, wird im folgenden ein kurzer systematischer Überblick über die potentiellen Beschäftigungswirkungen des technischen Wandels gegeben.

Für diese Systematik sind das Aggregationsniveau sowie die Fristigkeit von zentraler Bedeutung. Anhand dieser beiden Kategorien lassen sich die grundlegenden Beschäftigungseffekte der technologischen Entwicklung ableiten (Mettelsiefen, Barens 1987, 47 ff.):
a) direkte und indirekte Effekte;
b) kurzfristige und langfristige Effekte.

Die indirekten Beschäftigungswirkungen können noch in verstärkende und verlagernde Effekte unterteilt werden. Übersicht 1 faßt diese Beschäftigungseffekte zusammen.

Übersicht 1: Potentielle technologische Beschäftigungseffekte

Beschäftigungs-effekte		Ort / Zeit	direkt	indirekt	
				verstärkend	verlagernd
Niveau der Beschäftigung	Freisetzung	kurzfristig			
		langfristig			
	Kompensation	kurzfristig			
		langfristig			

Quelle: Mettelsiefen, Barens 1987, 47.

Die Freisetzungseffekte lassen sich nach dieser Systematisierung in kurzfristige und langfristige direkte und indirekte (verstärkende und verlagernde) Wirkungen unterteilen. Die Einsparung von Arbeitskräften durch die Einführung neuer Technologien unmittelbar am Einsatzort kann zeitlich mit dem Technikeinsatz zusammenfallen. Die Folge ist eine sofortige Freisetzung von Arbeitskräften ("first-round-effect"). Die Beschäftigungswirkungen können aber auch erst später am Einsatzort der neuen Technologie eintreten, wie z.B. durch die Verringerung künftiger Neueinstellungen ("second-round-effect").

Weitere Freisetzungen sind möglich, die nicht direkt am Einsatzort der neuen Technik eintreten. Diese indirekt verstärkenden Effekte können produktionstechnisch oder über die Nachfrageseite bewirkt werden: "So kann der Einsatz neuer Technologien neben der Reduzierung des Arbeitsinputs auch zu einer Verringerung des Einsatzes von Rohstoffen, Energie und anderen Vorleistungen führen, der bei den betroffenen Lieferanten weitere Arbeitsfreisetzungen hervorrufen kann." (ebenda, 48) Nachfrageseitig bedingte Freisetzungen ergeben sich dann, wenn ein Nachfrageausfall durch die freigesetzten Arbeitskräfte eintritt. Erwähnt sei noch ein tertiärer Beschäftigungseffekt, der auftritt, wenn die Einführung neuer Technologien auf vor- und nachgelagerten Betrieben zu Innovationen führt.

Ein indirekt verlagernder Effekt tritt ein, wenn eine Innovation nicht direkt am Einsatzort, sondern an einer anderen Stelle zu Freisetzungen führt. Diese Verlagerung kann innerbetrieblich, zwischen Sektoren und zwischen Ländern erfolgen. Die Summe aus direkten und indirekten arbeitssparenden Wirkungen ergibt den gesamten Freisetzungseffekt aus der Einführung einer technischen Neuerung.

Bei den Kompensationseffekten lassen sich ebenfalls wieder direkte und indirekte (verstärkende und verlagernde) Effekte unterscheiden. Direkte Kompensationswirkungen treten auf, wenn in Verbindung mit der Einführung einer neuen Technik mehr Arbeitskräfte (relativ zu den nur nach der Freisetzung verbliebenen Arbeitskräfte) unmittelbar am Einsatzort beschäftigt werden. Führt z.B. die durch die neue Technik bewirkte Senkung der Arbeitskosten zu einer Preisreduktion, dann erhöhen sich, abhängig von der

Preiselastizität der Nachfrage, Produktion und Beschäftigung. Ein anderer direkter Kompensationseffekt tritt ein, wenn mit der Einführung von Neuerungen ein zusätzlicher Arbeitskräftebedarf z.B. für Wartung und Reparatur verbunden ist.

Neue Techniken induzieren auch verschiedene indirekte verstärkende Kompensationseffekte. Die durch neue Technologien bewirkten Preis- und Kostensenkungen implizieren einen realen Einkommenseffekt mit dadurch induzierten Veränderungen der Konsum- und Investitionsgüternachfrage. Zusätzlich kann die reale Einkommenserhöhung einen Multiplikatoreffekt bewirken, der die Beschäftigung weiter stimuliert. Von besonderem Interesse ist die Investitionsgüterindustrie. Da der größte Teil des technischen Fortschritts kapitalgebunden ist, führt eine Innovation zu einer zusätzlichen Nachfrage nach Maschinen mit einer entsprechenden Erhöhung der Beschäftigung in der Investitionsgüterindustrie (Maschinenherstellungsargument). Die damit verbundenen höheren Einkommen haben wieder einen Einkommens- und Multiplikatoreffekt.

Eine weiterer indirekter Kompensationseffekt folgt aus Veränderungen der internationalen Nachfrage. Dieser Effekt hängt davon ab, wie sich die internationale Wettbewerbsposition durch Innovationen verändert. Schließlich können positive Beschäftigungseffekte als indirekte verstärkende Kompensationseffekte noch auftreten, wenn Prozeßinnovationen zu Produktinnovationen führen, um "(a) ein gegebenes Produkt qualitativ zu veredeln, (b) ein völlig neues Produkt zu gestalten oder (c) die Marktfähigkeit bestehender Produkte zu erhöhen." (ebenda, 52)

Die meisten der eben skizzierten indirekt verstärkenden Kompensationseffekte beinhalten auch indirekte verlagernde Wirkungen. Wenn Veränderungen der Beschäftigungsstruktur untersucht werden sollen, ist diese Unterscheidung sinnvoll. Die Effekte entsprechen denen unter den indirekten verlagernden Freisetzungseffekten.

Aus diesen Beschäftigungseffekten des technischen Wandels lassen sich die gesamten direkten sowie die gesamten indirekten Beschäftigungseffekte als Saldo aus den direkten Freisetzungs- und Kompensationseffekten und den indirekten Freisetzungs- und Kompensationseffekten ableiten. Die beschäftigungsstrukturverändernden Wirkungen ergeben sich aus den beschäftigungsverlagernden indirekten Effekten.

Ergänzend ist noch anzumerken, daß Freisetzungseffekte eher den Prozeßinnovationen, Kompensationseffekte eher den Produktinnovationen zugerechnet werden. Unter dem Zeitaspekt tritt der Freisetzungseffekt vor allem kurzfristig ein, während der Kompensationseffekt erst in der längeren Periode wirksam wird.

Die Systematik der Beschäftigungseffekte des technischen Wandels erleichtert die Beurteilung vorliegender Untersuchungen hinsichtlich ihrer Aussagefähigkeit und Reichweite. So untersuchen eine Reihe von Studien nur die direkten Freisetzungseffekte und vernachlässigen die anderen Wirkungen. Dies ist sicherlich eine zulässige Vorgehensweise, wenn die Beschränkung deutlich gemacht wird und kein Anspruch auf eine vollständige Erfassung der Beschäftigungseffekte erhoben wird. Nicht zulässig erscheint aber ein Vorgehen, das diese Beschränkung nicht deutlich macht. In der öffentlichen Diskussion werden Ergebnisse von Untersuchungen teilweise als repräsentativ dargestellt, obwohl diese Untersuchungen diesen Anspruch selbst gar nicht erheben. Auch eine solche Verfahrensweise ist, soll eine zutreffende Aussage gemacht werden, unzulässig.

3.2 Theoretische Erklärungsansätze

Die verschiedenen theoretischen Positionen zur Erklärung der technologischen Arbeitslosigkeit stimmen darin überein, daß der technologische Wandel immer einen Freisetzungseffekt hat. Sie differieren in der Einschätzung des Kompensationseffekts, d.h. in der Frage, ob der Freisetzungseffekt ganz durch den Kompensationseffekt ausgeglichen wird oder nicht. Die theoretischen Erklärungsversuche können auf zwei grundlegende Ansätze reduziert werden: die Neoklassik und den akkumulationstheoretischen Ansatz.

3.2.1 Neoklassische Erklärung

Im Rahmen der neoklassischen Theorie kann es eigentlich keine technologische Arbeitslosigkeit geben. Unter bestimmten Annahmen sorgt der Lohn- und Preismechanismus dafür, daß auf dem Güter- und Arbeitsmarkt Angebot und Nachfrage immer ausgeglichen sind. Hat z.B. eine Innovation arbeitssparende Effekte, dann führt bei flexiblen Löhnen und funktionierendem Wettbewerb auf dem Arbeitsmarkt das durch die Freisetzung erhöhte Arbeitsangebot zu sinkenden (Real-)Löhnen. Damit kommt, so die neoklassische Sichtweise, ein Substitutionsprozeß zwischen Arbeit und Kapital in Gang, da sich Arbeit im Verhältnis zu Kapital verbilligt hat: Die Nachfrage nach Arbeit steigt. Der Lohnmechanismus sorgt für eine Wiederherstellung der Vollbeschäftigung.

Technologische Arbeitslosigkeit kann nur dann auftreten, wenn die Substitutionsmöglichkeiten zwischen Arbeit und Kapital beschränkt sind. Besteht z.B. ein Komplementaritätsverhältnis zwischen Arbeit und Kapital, dann bewirken Veränderungen des Faktorpreisverhältnisses zwischen Lohn und Zins keine Wiederherstellung der Vollbeschäftigung. Das Problem mangelnder Substitutionsmöglichkeiten spielte in der Neoklassik aber keine größere Rolle.

Ein andere Variante der neoklassischen Sichtweise geht von einem fixen Kapitalbestand aus, der im Prinzip unbegrenzte Beschäftigungsmöglichkeiten bietet. Eine durch zunehmendes Arbeitsangebot bewirkte Reallohnsenkung führt in diesem Fall zu einer Mehrbeschäftigung bei gegebenem Kapitalbestand, da eine niedrigerer Lohn zusätzliche Arbeitsplätze rentabel macht.

Technologische Arbeitslosigkeit kann es nach der Neoklassik nur bei "Unvollkommenheiten" des Arbeitsmarktes geben. Hier werden vor allem institutionelle Hemmnisse wie staatliche Regulierungen und die gewerkschaftliche Lohnpolitik angeführt. Technologische Arbeitslosigkeit ist nach dieser Sicht eine Form der Mindestlohnarbeitslosigkeit. Sinken die Reallöhne wegen gesetzlicher oder tarifvertraglicher Regelungen nicht in ausreichendem Maß im Gefolge der Einführung neuer Technologien, dann kann technologischer Wandel Arbeitslosigkeit verursachen. Verantwortlich ist dann aber nicht die Technik, sondern die mangelnde Flexibilität der Löhne nach unten: "Viel plausibler ist die Hypothese, daß bei falscher Lohn-Zins-Relation aus den Optionen, die das neue technische Wissen offeriert, vornehmlich jene ausgewählt werden, die besonders viel Arbeit einsparen - zuviel an Arbeit und zuwenig, wenn überhaupt, an Kapital. Dies gilt vor allem für Prozeßinnovationen: Überhöhte Löhne und gedrückte Zinsen locken aus der Schatzkammer des neuen Wissens nicht die Kapitalsparer an, sondern die Job-Killer. Das Ergebnis ist technologische Arbeitslosigkeit,... Aber es ist nicht die Arbeitslosigkeit einer Technik, die vom Himmel gefallen ist, sondern einer Technik, die sich früher oder später herausbildet, wenn die Weichen der Wirtschaft bei Löhnen und Zinsen falsch gestellt werden." (Giersch 1983, 10)

Hier kann keine ausführliche Kritik der neoklassischen Erklärung technologischer Arbeitslosigkeit erfolgen. Erwähnt sei einmal die Kritik am methodologischen Konzept. Die neoklassische Analyse ist statischer Natur und berücksichtigt nicht die dynamischen Prozesse der technologischen Entwicklung. Zum andern ist die grundsätzliche Kritik an der neoklassischen Aussage anzuführen, daß Flexibilität der Löhne Vollbeschäftigung gewährleiste. Dieser Zusammenhang ist nur unter eingeschränkten und realitätsfernen Prämissen gültig. So bleibt z.b. unberücksichtigt, daß bei Erwartung weiter sinkender Löhne keine neuen Arbeitskräfte eingestellt werden. Der Nachfrageausfall sinkender Löhne wird ebensowenig berücksichtigt wie der Zusammenhang zwischen Lohnhöhe und Produktivität, d.h., daß sinkende Löhne auch zu sinkender Produktivität führen können und dann auch nach neoklassischer Analyse bei einer Lohnsenkung nicht mehr Arbeitskräfte eingestellt werden.

3.2.2 Akkumulationstheoretische Erklärung

Der akkumulationstheoretische Ansatz geht von einem kapitalgebundenen technischen Fortschritt aus. Unter dieser Prämisse ist der Kompensationseffekt von der Entwicklung des Realkapitals abhängig. Hier wird neben dem Güter- und dem Arbeitsmarkt mit dem Kapital eine weitere Dimension berücksichtigt. Diese Theorie verweist auf die produktionstechnische Seite des technologischen Wandels und betont die dynamischen Aspekte der Kapitalakkumulation: "Hierin liegt auch jene eher skeptische Kompensationsposition begründet, die auf Ricardo zurückgeht und die Beschäftigungsauswirkungen des technischen Fortschritts primär unter dem Aspekt einer zeit- und kostenerfordernden Anpassung und Veränderung der technisch-materiellen Basis des Produktionssystems betrachtet." (Mettelsiefen, Barens 1987, 19)

Während der nachfragetheoretische Marktansatz auf den Kreislaufprozeß abstellt, betont der akkumulationstheoretische Ansatz die Rolle des Realkapitals. Dabei spielt die Produktion von neuen Maschinen eine besondere Rolle für die Kompensation der Freisetzungseffekte. Es besteht aber weitgehende Einigkeit darüber, daß durch die Herstellung neuer Investitionsgüter nur ein Teil der freigesetzten Arbeitskräfte wieder Beschäftigung finden kann. In der klassischen Theorie wurde kurzfristig von fixen Produktionskoeffizienten ausgegangen, so daß unter dieser Prämisse nur eine Beschleunigung der Akkumulationsrate einen ausreichenden Kompensationseffekt ermöglicht.

Zur Kritik an der akkumulationstheoretischen Position ist primär auf zwei Aspekte zu verweisen. Die Annahme fixer Produktionskoeffizienten begrenzt die Analyse ebenso wie die Vernachlässigung der Nachfrageseite des technologischen Wandels.

Insgesamt bleibt festzuhalten, daß die theoretischen Erklärungsversuche technologischer Arbeitslosigkeit zwar eine Reihe an Einsichten in die Wirkungszusammenhänge bringen und verschiedene Beschäftigungseffekte herausarbeiten. Eine zutreffende Erklärung der technologischen Arbeitslosigkeit leistet aber keine der Theorien. Aus theoretischer Sicht kann nicht eindeutig beurteilt werden, ob der technische Fortschritt zu Arbeitslosigkeit führt oder nicht.

4. Empirischer Befund

Es gibt inzwischen eine kaum noch überschaubare Anzahl an empirischen Untersuchungen über die Auswirkungen insbesondere neuer IuK-Technologien auf die Zahl der Arbeitsplätze (vgl. u.a. Friedrich/Ronning 1985; OECD 1994, 123 ff.). In diesem Beitrag kann nur eine begrenzte Auswahl berücksichtigt werden. Auswahlkriterium waren die Ebene der Untersuchung und eine möglichst weitgehende Berücksichtigung der gesamten direkten und indirekten Wirkungen. Es werden Beispiele für die Makro-, die Meso- und die Mikroebene gegeben.

4.1 Gesamtwirtschaftliche Entwicklung

Der technische Wandel schlägt sich auf der gesamtwirtschaftlichen Ebene in Veränderungen der Produktivität und der Nachfrage nieder. Daher werden bei gesamtwirtschaftlicher Betrachtung als Indikatoren die Arbeitsproduktivität (je Erwerbstätigen oder je Arbeitsstunde) und das reale Bruttosozialprodukt (BSP) oder Bruttoinlandsprodukt (BIP) herangezogen. Abb. 2 illustriert die trendmäßige Entwicklung dieser Größen in der Bundesrepublik.

Abb. 2: *Entwicklung des Bruttoinlandsprodukts und der Arbeitsproduktivität in der BRD, 1951 bis 1992[a)]*

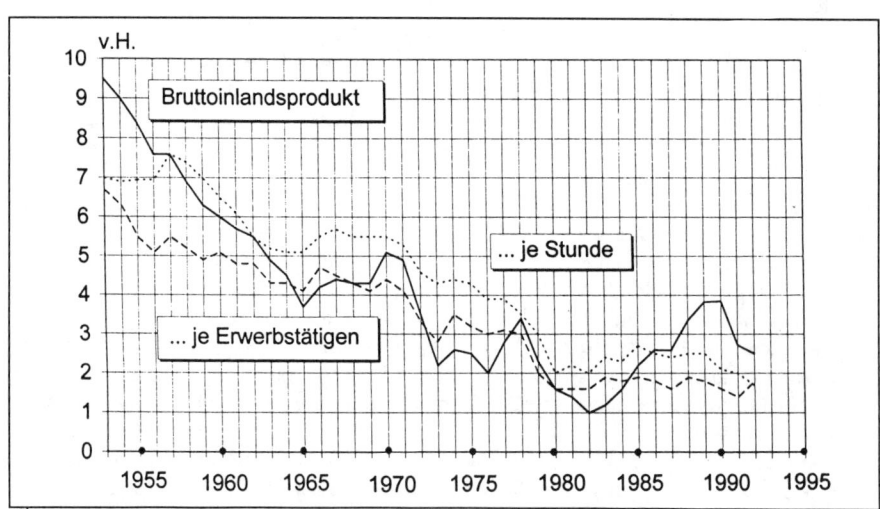

a) gleitende Fünfjahresdurchschnitte
Quelle: Klauder 1988; Jahresgutachten.

Die Wachstumsrate der Arbeitsproduktivität (pro Erwerbstätigen bzw. pro Stunde) nahm in der Bundesrepublik im längerfristigen Trend kontinuierlich ab. Die relative Zunahme des Bruttoinlandsprodukts ist ebenfalls, zwar unter Schwankungen, aber im Trend zurückgegangen. Eine Beschleunigung oder Forcierung des technischen Fortschritts auf der gesamtwirtschaftlichen Ebene läßt sich aus diesen Indikatoren nicht ableiten. Dies gilt sowohl für die Indikatoren der Arbeitsproduktivität als auch für das Verhältnis von

Nachfrage (BIP) und Produktivität. Eine gravierende Auseinanderentwicklung dieser Indikatoren und damit eine Zunahme der technologischen Arbeitslosigkeit wegen verringerter endogener Kompensationseffekte läßt sich ebenfalls nicht feststellen. So liegt die Wachstumsrate der Stundenproduktivität bereits seit Mitte der fünfziger Jahre über dem BIP, die Erwerbstätigenproduktivität folgt seit Mitte der sechziger Jahre dem Trend des BIP, eine zunehmende Scherenentwicklung zwischen beiden Indikatoren ist nicht zu verzeichnen.

Auch Prognosen über die künftige Entwicklung der Arbeitsproduktivität lassen keine Tendenzen erkennen, die auf eine technologisch bedingte Arbeitslosigkeit schließen lassen. Projektionen der wirtschaftlichen Entwicklung bis zum Jahr 2010 schätzen für Westdeutschland eine jahresdurchschnittliche Zunahme der Erwerbstätigenproduktivität von etwa 2% (vgl. PROGNOS 1993; Weisshuhn, Wahse, König 1994). Sollte diese Einschätzung eintreten, dann nehmen künftig die Zuwachsraten der Produktivität nicht mehr dem bisherigen Trend entsprechend weiter ab; eine Trendumkehr in Richtung zunehmender Wachstumsraten der Arbeitsproduktivität läßt sich daraus aber auch nicht ableiten. Einen Trendbruch mit künftig wieder zunehmenden Wachstumsraten der Produktivität hat das Ifo-Institut in einer Befragung des Verarbeitenden Gewerbes diagnostiziert (vgl. IAB-Werkstattbericht 1995) Ob diese erwartete Zunahme auf die Technik zurückzuführen ist, wird aber nicht beantwortet. Die Aussagen lassen arbeitsorganisatorische Gründe vermuten. Insgesamt stützen diese Projektionen eine durch technischen Wandel bedingte Zunahme technologischer Arbeitslosigkeit nicht.

Diese Aussagen sind aus methodischen Gründen mit Vorsicht aufzunehmen. Das Auftreten technologischer Arbeitslosigkeit läßt sich wegen des ungelösten Zurechenbarkeitsproblems mit dem Vergleich der Wachstumsraten von Arbeitsproduktivität und BIP weder begründen noch verneinen. Die Kurven drücken nur eine Korrelation aus, sie beinhalten aber keine Erklärung. Außerdem sind die Produktivitätsveränderungen die Summe verschiedener Einflußfaktoren. Neben der Technik haben u.a. auch eine verbesserte Kapitalausstattung, der Strukturwandel und höher qualifizierte Arbeitskräfte Einfluß auf die Produktivitätsentwicklung. Denkbar ist z.B., daß eine Beschleunigung des technischen Wandels künftig eintreten wird, diese Beschleunigung aber durch eine Verlangsamung anderer Faktoren kompensiert wird, so daß insgesamt keine gravierenden Veränderungen zu verzeichnen sind. So bewirken z.B. Umweltschutzinvestitionen eine Verlangsamung der Produktivitätsentwicklung.

U.a. diese methodischen Begrenzungen haben dazu geführt, in umfangreichen Untersuchungen die Auswirkungen von Innovationen auf Beschäftigung und Arbeitsmarkt zu analysieren. Für die Bundesrepublik erfolgte dies in der sog. Meta-Studie II, in deren Rahmen versucht wurde, von der einzelwirtschaftlichen Ebene über die sektorale Ebene die gesamtwirtschaftlichen Effekte herauszuarbeiten ("bottom-up"-Methode) (vgl. als Überblick Matzner, Schettkat, Wagner 1988; Schettkat, Wagner (Hg.) 1989; Dostal, 1989, 187 ff.). Die Berücksichtigung der gesamten direkten und indirekten Beschäftigungseffekte läßt sich bisher am besten mit der Input-Output-Methode erfassen, nach der die sektorale und gesamtwirtschafliche Ebene integriert werden. Allerdings ist dieser methodische Anspruch in der Meta-Studie II nicht eingelöst worden (vgl. Dostal 1989, 194). Trotzdem dürften die Ergebnisse aus dieser Studie die Auswirkungen des technischen Wandels auf Beschäftigung und Arbeitsmarkt zutreffend wiedergeben.

Das Deutsche Institut für Wirtschaftsforschung (DIW) hat verschiedene Innovationsszenarien und deren Beschäftigungseffekte untersucht. Die Autoren kommen zu folgendem Ergebnis: "Nur unter günstigen Bedingungen führt eine erhöhte Innovationsaktivität zu höherer Beschäftigung als nach der Status-quo-Entwicklung. Aber selbst bei pessimistischen Annahmen erweisen sich beschäftigungspolitisch erhöhte Innovationsanstrengungen vorteilhafter als ein Innovationsverzicht. Vor allem wird aber durch eine stärkere Innovationsaktivität eine höheres Einkommensniveau erreicht." (Matzner, Schettkat, Wagner 1988, 121). Tab. 1 illustriert diese Ergebnisse.

Tab. 1: Beschäftigungsveränderungen bei hoher und geringer Innovationsaktivität (in 1000)

Betriebstyp	Durchschnittliche jährliche Veränderung im Zeitraum 1979-1985 (in %)		
	Umsatz	Produktivität	Beschäftigung
Innovatoren	2,0	2,5	-0,5
darunter:			
– Produktinnovatoren	1,3	2,3	-1,0
– Prozeßinnovatoren	1,4	2,6	-1,2
– Kombinierte Produkt- und Prozeßinnovatoren	2,4	2,5	-0,1
Nichtinnovatoren	-0,8	1,5	-2,3

Quelle: Matzner, Schettkat, Wagner 1988, 121.

Nach der Meta-Studie führt der technologische Wandel insgesamt zu leichten Beschäftigungseinbußen, technologieintensive Branchen sind unter beschäftigungspolitischen Gesichtspunkten aber positiver einzuschätzen als Branchen mit geringer Technologieintensität. Diese Ergebnisse blieben aus methodischen Gründen nicht ohne Widerspruch. So wird kritisiert, daß Aussagen über die relative Entwicklung der Beschäftigung in mehr oder weniger technologieintensiven Sektoren nicht als Antwort auf die Frage mißverstanden werden sollten, ob sich der technologische Wandel auf die Beschäftigung positiv oder negativ auswirkt. Aus einer Untersuchung, die danach fragt, in welchen Sektoren die günstigste Beschäftigungsentwicklung aufgrund der technologischen Entwicklung eintritt, kann nicht abgeleitet werden, wie hoch der Netto-Beschäftigungseffekt der Technik ist (vgl. Kalmbach 1992, 172).

Mittels eines dynamischen Input-Output-Modells, das die direkten und indirekten Freisetzungs- und Kompensationseffekte von mikroeletronik-basierten Technologien auf sektoraler Ebene erfaßt, wurde geschätzt, daß auch nach einem längerem Zeitraum die Beschäftigung niedriger war, als sie ohne Einführung dieser neuen IuK-Technologien gewesen wäre (vgl. ebenda, 178 ff.) So wird ein Rückgang der Beschäftigung innerhalb von 20 Jahren von etwa 3% geschätzt. Der Freisetzungseffekt übertrifft nach dieser Untersuchung also den Kompensationeffekt. Der Nettobeschäftigungseffekt verteilt sich aber auf die einzelnen Branchen unterschiedlich. Allerdings sind auch die Ergebnisse dieser Untersuchung mit Vorsicht aufzunehmen, da diese ebenfalls methodische Probleme beinhaltet, die die Aussagefähigkeit begrenzen (vgl. ebenda, 177 ff.)

Insgesamt stützen empirische Untersuchungen tendenziell die Aussage, daß auf gesamtwirtschaftlicher Ebene "neither the 'job-destroying' nor the 'job-creating' hypotheses have been confirmed" (OECD 1994, 140).

4.2 Strukturelle Entwicklung

In einer Synopse der Strukturberichterstattung von Forschungsinstitutionen kommen Friedrich, Ronning zu folgenden Ergebnissen über strukturelle Auswirkungen vor allem der neuen Technologien (vgl. Friedrich, Ronning 1985, 7 ff.):
- In dem Untersuchungszeitraum von 1970-1982 war das Beschäftigungssystem durch gravierende quantitative und qualitative Veränderungen gekennzeichnet. Diese Veränderungen waren primär durch technisch-organisatorischen Wandel, weniger durch strukturelle Faktoren verursacht. "Insgesamt weisen die `strukturdominierenden Tätigkeiten', d.h. die Berufe und Tätigkeiten, wo der Einfluß des Strukturwandels größer war als der des technisch-organisatorischen Wandels, einen negativen Beschäftigungssaldo von 875.000 (1973-1980) Arbeitsplätzen auf, die "technologiedominierten" Tätigkeiten hingegen einen positiven Saldo von 650.000 Arbeitsplätzen auf."(ebenda, 7)
- Der Trend der Produktivitätssteigerung aufgrund des technisch-organisatorischen Wandels war auch für die Sektoren abnehmend. So wird darauf verwiesen, "daß eine Zunahme an Arbeitsplätzen insbesondere in solchen Branchen zu verzeichnen war, wo ein überdurchschnittlicher Anstieg der Arbeitsproduktivität gegeben war, während Arbeitsplatzverluste in erster Linie in solchen Branchen zu beobachten waren, die als produktivitätsschwach gelten können."(ebenda, 7 f.).

Hinsichtlich der Berufsstrukturveränderungen im Zusammenhang mit der Innovationsaktivität ergibt sich nach dieser Synopse für das Produzierende Gewerbe ein differenziertes Bild. Die Wirtschaftszweige mit ausgeprägter Innovationsaktivität reduzierten die Arbeitskräfte mit direkten Fertigungsaufgaben in relativ großem Umfang. In Branchen mit zurückhaltender Innovationstätigkeit war ein erheblich größerer Anteil mit direkten Fertigungsaufgaben beschäftigt. Dagegen wurden in Wirtschaftszweigen mit ausgeprägter Innovationstätigkeit die produktionsbegleitenden Tätigkeiten relativ stark erhöht. So konnten Arbeitskräfte mit Wartungsaufgaben ihre Beschäftigungsposition in Branchen mit hoher Innovationsaktivität besser behaupten als innovationsschwache Wirtschaftszweige. Als Gewinner erwiesen sich die Beschäftigten im Bereich Forschung und Entwicklung (FuE). Im Verwaltungsbereich vollzieht sich die relative Expansion der Arbeitskräfte vorwiegend auf der Ebene höher qualifizierter Tätigkeiten (Warnken, Ronning 1989, 247 ff.)

Nach international vergleichenden Studien erfolgt in allen Sektoren eine Substitution von Arbeit durch Kapital. Aber die damit verbundenen Preisreduktionen und Produktverbesserungen erhöhen die Nachfrage und kompensieren auf sektoraler Ebene teilweise oder auch ganz die anfänglichen Verluste an Arbeitsplätzen. In einer EU-vergleichenden Studie (der 12) der Auswirkungen neuer IuK-Technologien in ausgewählten Branchen wurde als Haupteffekt die Rekrutierung zusätzlichen Personals genannt: "Of all EC countries, it was Germany that employees were found to be most effected by technological change, with both high recruitment rates and internal transfers and reorganisation within firms." (OECD 1994, 140) Aus methodischer Sicht sind auch für die Branchenstudien ähnliche Vorbehalte zu machen wie bei den Makrostudien.

4.3 Einzelwirtschaftliche Ebene

Mikrostudien haben den Vorteil, daß sie detaillierte Aussagen über die Auswirkungen des technischen Wandels auf unterschiedliche Aspekte und Bereiche betrieblicher Arbeit zulassen (vgl. z.B. Baden, Kober, Schmid 1996). Sie haben aber den Nachteil mangelnder Repräsentativität, sie berücksichtigen nur die direkten, aber nicht die indirekten Effekte und bleiben in der Regel auf den jeweiligen Fall beschränkt.

In einer Erhebung des IAB wurden die Auswirkungen technischer Veränderungen auf Neueinstellungen, Umsetzungen in den Änderungsbereich hinein, Umsetzungen aus dem Änderungsbereich heraus in andere Betriebsbereiche sowie Austritte aus dem Betrieb erfragt (vgl. als Überblick Ulrich 1988, 825 ff.). In den verschiedenen Branchen hätte der technische Wandel zu Freisetzungseffekten bis zu 5% der Gesamtbeschäftigung geführt, wenn nicht Kompensationseffekte vorhanden gewesen wären (fiktiv eingesparte Arbeitskräfte). Ob diese Kompensationseffekte durch die Technik selbst bedingt oder durch andere Faktoren verursacht wurden, wird nicht ausgesagt. In der Mehrzahl der Fälle überwogen die Einstellungen aufgrund der Einführung neuer Techniken die Austritte. Interessant sind auch die innerbetrieblichen Bewegungen. Danach haben branchenmäßig unterschiedliche, aber doch beträchtliche Umsetzungen aus dem Bereich der technischen Neuerungen und in diesen Bereich stattgefunden. Damit wird deutlich, daß nicht nur den Arbeitsmarktwirkungen technischer Veränderungen große Bedeutung zukommt, sondern auch den innerbetrieblichen Personalbewegungen.

Die IAB-Studie verdeutlicht, daß die Technik erhebliche Rationalisierungseffekte zur Folge hat, daß aber offensichtlich auch beträchtliche Kompensationseffekte exogener und endogener Art vorhanden sind, die die Gefahr technologischer Arbeitslosigkeit zumindest in der Vergangenheit weitgehend bannten. Damit ist nicht ausgesagt, daß auch künftig ausreichende Kompensationswirkungen vorliegen werden.

Nach der Meta-Studie II lassen sich die innerbetrieblichen Effekte des Einsatzes computerunterstützter Technologien nur schwer einschätzen. Für das warenproduzierende Gewerbe wird tendenziell festgestellt, daß die direkten Auswirkungen arbeitsplatzsparend sind, daß aber auch indirekte Effekte in den vor- und nachgelagerten Bereichen relativ weit verbreitet sind (vgl. Ewers, Becker, Fritsch, 68 ff.). Im Dienstleistungssektor stehen dem möglichen Rationalisierungseffekt eine Reihe an innerbetrieblichen Produkt- und Service-Innovationen und damit neue Arbeitsaufgaben gegenüber. Die untersuchten Betriebe hatten in der Regel eine Beschäftigungszunahme als Folge der Einführung neuer Techniken, während auf vor- und nachgelagerten Märkten eher negative Beschäftigungseffekte auftraten (vgl. Höflich-Häberlein, Häbler 1989, 110 ff.).

Zu ähnlichen Aussagen kommt die OECD (vgl. OECD 1994, 138 f.) Zwar gibt es auf einzelwirtschaftlicher Ebene in Teilbereichen erhebliche Rationalisierungseffekte von neuen Technologien. Diese werden aber durch betriebliche und branchenmäßige Kompensationseffekte weitgehend ausgeglichen. Festgestellt wurde auch, daß eine hohe positive Korrelation zwischen der Anzahl der eingeführten neuen Technologien und dem Beschäftigungswachstum besteht. Gestützt wird auch die Einschätzung, daß Produktinnovationen eher positive Beschäftigungseffekte haben als Prozeßinnovationen: "At the individual company level, process innovations do not lead to employment cut-backs, while product innovations stimulate expected employment by boosting demand." (König, Buscher, Licht 1995, 75) Allerdings gibt es auch andere Schätzungen, die einen negativen Zusammenhang technischem Wandel und Beschäftigung auf der Mikroebene gefunden haben (vgl. ebenda, 74).

Insgesamt folgert die OECD aus den vorliegenden Mikrostudien, daß die Betriebe, die arbeitsplatzsparende Techniken einführen, auch in der Lage sein könnten, Kompensationseffekte zu kreieren, "whenever they are successful in combining such processes of technological change with product innovation and sound marketing policies." (OECD 1994)

5. Qualifikationseffekte neuer Technologien

Die Auswirkungen neuer Technologien auf die Qualifikation der Beschäftigten zu analysieren, unterliegt erheblichen Schwierigkeiten, da u.a. der Qualifiktionsbegriff selbst nicht einfach und eindeutig zu definieren ist. In der Literatur sind bisher im Kontext der technologischen Entwicklung verschiedene Qualifikationstrends diagnostiziert worden: Dequalifizierung, Polarisierung, Um- und Andersqualifizierung, Anqualifizierung, Requalifizierung, Höherqualifizierung. Hinsichtlich der neuen Technologien gibt es keine eindeutigen Ergebnisse. Wegen des Flexibilitätspotentials der neuen IuK-Technologien kommt der Arbeitsorganisation eine zentrale Rolle bei der Qualifikationsentwicklung zu und diese beinhaltet einen nicht geringen Gestaltungsspielraum bei den Qualifikationsanforderungen, die mit der Einführung dieser neuen Technologien verbunden sind.

Nach den meisten Studien treten Dequalifizierungs- wie Höherqualifzierungstendenzen im Gefolge neuer Technologien auf. Überwiegend wird aber in den Studien die Höherqualifizierungsthese gestützt. So bestätigt z.b. die Meta-Studie II tendenziell diese These (vgl. z.B. Ewers, Becker, Fritsch, 1989, 247 ff.; Höflich-Häberlein, Häbler 1989, 71 ff.). Zu ähnlichen Aussagen kommt ein Litaraturüberblick über die Veränderungen von Qualifikationsanforderungen im Gefolge der Einführung mikroelektronik-basierter Technologien (vgl. OECD 1994, 163; Fournier 1994, 197 ff.). Die Untersuchungen stützen tendenziell die Höherqualifizierungsthese.

Nach Beschäftigungsgruppen unterteilt scheinen unterschiedliche Qualifizierungstrends im Gefolge neuer IuK-Technolgien vorzuherrschen:
"Bei den Ingenieuren, Konstrukteuren, und z.T. den Technikern wird eine Höherqualifizierung erwartet. Eine Umqualifzierung gilt als wahrscheinlich bei den Disponenten, Arbeitsvorbereitern und Meistern, d.h. den Gruppen, deren Rolle sich durch arbeitsorganisatorische Innovationen erheblich verändert, weil sie dann Kompetenzen (...) an die Produktionsarbeiter abgeben. Allerdings können die Meister von einer "semi-dezentralen" Werkstattsteuerung profitieren, wenn sie für die Feindisposition verantwortlichen werden. Dementsprechend rechnet bei den Facharbeitern eine große Expertenmehrheit mit Höherqualifizierung. Diese Trends gehen schließlich zu Lasten der Un- und Angelernten, bei denen eine (weitere) Dequalifizierung bis hin zum Verlust jeglicher Arbeitsmöglichkeiten erwartet wird." (Bauerdick, Eichener, Huppertz 1990, 16)

Hinsichtlich der Art und des Umfangs der Qualifikationsveränderungen, die sich aus der Einführung der neuen Technologien ergeben, sind folgende Tendenzen herausgearbeitet worden (vgl. ebenda, 19 ff.):
– Bei den Fachkompetenzen wird eine Renaissance der Facharbeit erwartet, während unqualifizierte repetitive Teilarbeiten weiter automatisiert werden.

- Die Anforderungen der Fachkompetenz steigen um informationstechnische Qualifikationen.
- Für die Produktionsarbeiter ergeben sich neue Qualifikationsanforderungen im organisatorisch-dispositiven Bereich.
- Der Zuwachs an dispositiven Tätigkeitselementen bedingt steigende Anforderungen an allgemeinen Methodenkompetenzen wie Lernfähigkeit, Systemdenken, analytisches Denken, dispositives Denken, Kooperationsfähigkeit, Informationsverarbeitungsfähigkeit, Transformationsfähigkeit. Als besonders wichtig gelten Lernkompetenzen und sozial-kommunikative Fähigkeiten.

Insgesamt scheint die These einer differentiellen Höherqualifizerung aufgrund technischer und arbeitsorganisatorischer Innovationen theoretische und empirische Evidenz aufzuweisen. Allerdings ist diese These insofern zu modifzieren, als eine Differenzierung der Qualifikationsanforderungen unterschiedliche Wirkungen zeigt. Diese Unterschiede hängen aber eher von den quantitativen Effekten bei den verschiedenen Beschäftigtengruppen als von grundlegenden Veränderungen der Qualifikationsinhalte ab; letztere verändern sich zwar auch im Gefolge der neuen Technologien, aber überwiegend graduell. Für motorische Fähigkeiten auf Arbeitsplätzen mit geringen Anforderungen wird eher die Dequalifizierungshypothese gestützt, ihr Anteil an den Beschäftigten sinkt technologieinduziert, der Anteil der Beschäftigten mit kognitiven und interaktiven Fähigkeiten nimmt zu (vgl. OECD 1994, 163; Baden, Kober, Schmid 1996).

6. Ergebnis

Die Einführung technologischer Neuerungen bewirkt erhebliche direkte und indirekte Beschäftigungseffekte. Nach einer Klärung der beiden zentralen Begriffe und einigen Anmerkungen über die Analyse der technologischen Entwicklung wurde ein Überblick über die potentiellen Beschäftigungseffekte gegeben. Die Diskussion der zentralen Erklärungsansätze, dem Markt- und dem Akkumulationsansatz, verdeutlichte, daß die Theorien jeweils nur bestimmte Beschäftigungseffekte erklären können. Die referierten empirischen Ergebnisse zeigen das grundsätzliche Problem einer Zurechnung der Arbeitslosigkeit und der Beschäftigungsentwicklung zu technischen Veränderungen. Empirische Untersuchungen stützen zumeist die These, daß auf gesamtwirtschaftlicher Ebene bisher und voraussichtlich auch künftig der technologischen Arbeitslosigkeit keine größere Bedeutung zukam bzw. zukommen wird. Einige schätzen die Entwicklung skeptischer ein. Auf struktureller und einzelwirtschaftlicher Ebene sind in bestimmten Bereichen und Branchen erhebliche Arbeitsplatzeffekte des technischen Wandels und der neuen Technologien zu konstatieren, die für einen Teil der Beschäftigten Bereitschaft zu Mobilität und Flexibilität und für die Betriebe Anpassungsbereitschaft und -fähigkeit erfordern. Hinsichtlich der Qualifikationseffekte scheinen die Studien die These einer differentiellen Höherqualifzierungsthese zu bestätigen.

Literatur

Baden, C.; Kober, T.; Schmid, A. 1996: Technologischer Wandel und Arbeitsmarktsegmentation, Berlin.

Bauerdick, J.; Eichener, V.; Huppertz, M. 1990: Qualfikationsanforderungen und berufliche Weiterbildung beim Einsatz von CIM und flexiblen Arbeitssystemen - Ein

Überblick über Ergebnisse sozialwissenschaftlicher Forschung, Ruhr-Universität-Bochum, Sonderforschungsbereich 187, Arbeitspapier.

Bergstermann, J.; Manz, T. (Hg.) 1992: Technik gestalten, Risiken beherrschen, Berlin.

Bundesministerium für Forschung und Technologie 1993: Technologien des 21. Jahrhunderts, Bonn.

Blattner, N. 1986: Technischer Wandel und Beschäftigung: Zum Stand der Diskussion, in: G. Bombach, B. Gahlen, A.E. Ott (Hg.), Technologischer Wandel - Faktoren, Analysen, Perspektiven, Tübingen.

Dierkes, M.; Hoffmann, U.; Marz, L. 1992: Leitbild und Technik, Berlin.

Dosi, G.; Orsenigo, L. 1989: Industrielle Struktur und technologischer Wandel, in: Heertje, A. (Hg.), Technische und Finanzinnovationen: Ihre Auswirkungen auf die Wirtschaft, Frankfurt/M., 13 ff.

Dostal, W. 1989: Arbeitsmarktwirkungen moderner Technologien, Mitteilungen aus der Arbeitsmarkt- und Berufsforschung, 22. Jg., 187 ff.

Ewers, H. J.; Becker, C.; Fritsch, M. 1989: Der Kontext entscheidet: Wirkungen des Einsatzes computergestützter Techniken in Industriebetrieben, in: R. Schettkat, M. Wagner (Hg.), Technologischer Wandel und Beschäftigung, Berlin, New York, 27 ff.

Friedrich, W. Ronning, G. 1985: Arbeitsmarktwirkungen moderner Technologien, Teil I und II, Köln-Konstanz.

Fournier, G. 1994: Informationstechnologien in Wirtschaft und Gesellschaft, Berlin.

Gergely, S. M. 1985: Mikroelektronik, 3. Aufl., München, Zürich.

Giersch, H. 1983: Arbeit, Lohn und Produktivität, Weltwirtschaftliches Archiv, Bd. 119.

Hagemann, H.; Kalmbach, P. 1985: Neue Technologien, Beschäftigung und Arbeitsmarkt, in: Universität Bremen (Hg.), Arbeit und Technik, diskurs Nr. 10, Bremen.

Höflich-Häberlein, L.; Häbler, H. 1989: Diffusion neuer Technologien und ihre Auswirkungen im privaten Dienstleistungssektor, in: R. Schettkat, M. Wagner (Hg.), Technologischer Wandel und Beschäftigung, Berlin, New York, 71 ff.

IAB-Werkstattbericht 1995, Beschäftigung und Arbeitsproduktivität im Verarbeitenden Gewerbe, Nr. 5.

Kalmbach, P. 1992: The Impact of New Technologies on Employment: The State of the Art and Perspectives for Research, in: Clauser, O. u.a., Technological Innovation, Competitiveness, and Economic Growth, Berlin, 169 ff.

Klauder, W. 1988: Technischer Fortschritt und Beschäftigung, WiST, 17. Jg., 113 ff.

König, H.; Buscher, H.S.; Licht, G. 1995: Employment, Investment and Innovation at the Firm Leve, in: OECD, The OECD Jobs Study, Investment, Productivity and Employment, Paris, 67ff.

Kubicek, H.; Seeger, P. (Hg.) 1993: Perspektive Techniksteuerung, Berlin.

Matzner, E.; Schettkat, R.; Wagner, M. 1988: Arbeitsmarktwirkungen moderner Technologien, Berlin.

Mettelsiefen, B.; Barens, I. 1987: Direkte u indirekte Beschäftigungswirkungen technologischer Innovationen, Beiträge aus der Arbeitsmarkt- und Berufsforschung 112.

Mueller, H.-D.; Schmid, A. 1989: Arbeit, Betrieb und neun Technologien, Stuttgart etc.

PROGNOS 1993: Die Bundesrepublik Deutschland 2000-2005-2010. Entwicklung von Wirtschaft und Gesellschaft. Prognos Deutschland Report Nr. 1, Basel.

OECD 1994: The OECD Jobs Study, Part I, Paris.

Rasmussen, T. 1988: Informationstechnik. Arbeit und Automation, München, Wien.

Schettkat, R.; Wagner, M. (Hg.) 1989: Technologischer Wandel und Beschäftigung, Berlin, New York.

Ulrich, E. 1988: Breitenuntersuchung über die Wirkung technischer Änderungen auf Arbeitskräfte, in: D. Mertens (Hg.), Konzepte der Arbeitsmarkt- und Berufsforschung, Beiträge aus der Arbeitsmarkt- und Berufsforschung, Nürnberg, 825 ff.

Warnken, J.; Ronning, G. 1989: Technischer Wandel und Beschäftigungsstrukturen, in: R. Schettkat, M. Wagner (Hg.), Technologischer Wandel und Beschäftigung, Berlin, New York 1989, 247 ff.

Teil V

Arbeit und Gesellschaft

Beschäftigungspolitik

Alfons Schmid

1. Einleitung

In Marktwirtschaften erfolgt die Steuerung der wirtschaftlichen Entwicklung durch Preise, Zinsen und Löhne; durch diese werden Entscheidungen der einzelnen Marktteilnehmer aufeinander abgestimmt werden. Daneben gibt es in den "real existierenden" Marktwirtschaften noch andere Steuerungsmechanismen - Verhandlungen, Hierarchie und Wahlen -, im Vordergrund steht aber die dezentrale Marktkoordination.

Von der Steuerung durch den Markt wird erwartet, daß sich dadurch auch gesamtwirtschaftlich erwünschte Ergebnisse wie Vollbeschäftigung, Wirtschaftswachstum und Stabilität des Preisniveaus ergeben. Die Realität entspricht nicht immer diesen Erwartungen. Diese gesamtwirtschaftliche Instabilität realer marktwirtschaftlicher Systeme tritt raum-zeitbezogen in unterschiedlicher Intensität und unterschiedlichem Ausmaß auf. Zutreffend bleibt aber die Aussage, daß eine Koordination der Entscheidungen einzelner Wirtschaftssubjekte durch den Markt gesamtwirtschaftlich nicht immer die gewünschten Ergebnisse erbringt.

Ein gesamtwirtschaftlich besonders unerwünschtes Ergebnis ist die Arbeitslosigkeit. Da der Markt allein offensichtlich nicht in der Lage ist, Vollbeschäftigung zu gewährleisten, folgt daraus die Notwendigkeit einer Beschäftigungspolitik. Darunter werden hier, im Unterschied zur strukturell orientierten Arbeitsmarktpolitik, die Maßnahmen subsumiert, die das gesamtwirtschaftliche Angebot und die gesamtwirtschaftliche Nachfrage beeinflussen, um damit Vollbeschäftigung zu erreichen bzw. aufrechtzuerhalten.

In diesem Beitrag wird zuerst anhand ausgewählter Indikatoren die empirische Entwicklung der Beschäftigung und der Arbeitslosigkeit in der Bundesrepublik beschrieben. Daran schließt sich ein kurzer Überblick über die wichtigsten Ansätze zur Erklärung der Beschäftigungentwicklung an. Einen weiteren Schwerpunkt bilden Instrumente der Beschäftigungspolitik. Beschäftigungspolitische Konzepte werden anschließend skizziert. Zum Abschluß wird ein kurzer Überblick über die praktizierte Beschäftigungspolitik in der Bundesrepublik gegeben.

2. Beschäftigungsentwicklung in der Bundesrepublik

Die Beschreibung der gesamtwirtschaftlichen Beschäftigungsentwicklung in der Bundesrepublik erfolgt anhand ausgewählter Indikatoren. Das sind quantitative und qualitative Maßzahlen, anhand derer die Daten erhoben, aufbereitet und ausgewertet werden. Welche Indikatoren verwandt werden, ist von der Fragestellung abhängig. Da hinter einer Frage eine mehr oder weniger ausformulierte Theorie steckt, hängt die Auswahl der Indikatoren und empirischen Daten von der jeweiligen theoretischen Position ab. Hier werden entsprechend der Themenstellung gesamtwirtschaftliche, globale Indikatoren verwandt. Das sind aggregierte Maßzahlen, die entweder die Summe aller einzelwirtschaftlichen Größen darstellen oder aus Stichproben gewonnen werden. Ihr Vorteil besteht in ihrer Einfachheit: Anhand einer Maßzahl kann ein Einblick in reale Entwicklungen gewonnen werden. Sie beinhalten allerdings auch erhebliche Beschränkungen. Wegen des hohen Aggregationsniveaus gehen viele Informationen verloren. Was sich hinter dem jeweiligen globalen Indikator an strukturellen oder einzelwirtschaftlichen Veränderungen vollzieht, bleibt verborgen.

Die Beschreibung der Beschäftigungsentwicklung erfolgt hier anhand gesamtwirtschaftlicher Indikatoren. Der bekannteste Indikator ist die Arbeitslosenquote, definiert als Anteil der registrierten Arbeitslosen an den abhängigen Erwerbspersonen (=abhängige Erwerbstätige plus registrierte Arbeitslose) oder neuerdings an den gesamten Erwerbspersonen (=abhängige Erwerbspersonen plus Selbständige). Daneben gibt es auch noch andere Indikatoren, von denen hier einige herangezogen werden, um ein etwas detaillierteres Bild der Beschäftigungsentwicklung zu erhalten.

Tab. 1: Entwicklung der Erwerbstätigkeit und der Arbeitslosigkeit in der Bundesrepublik Deutschland, 1950-1995, ausgewählte Indikatoren, in 1000, Arbeitslosenquote in v.H.

Jahr	Erwerbstätige insgesamt	Erwerbstätige darunter Arbeitnehmer zusammen	Erwerbstätige darunter Arbeitnehmer darunter Ausländer	Arbeitslose	Stille Reserve	Kurzarbeiter	Offene Stellen	Arbeitslosenquote[d]
Bundesrepublik West								
1950[a]	19.997	13.674		1.580			116	10,4
1955	22.830	16.840	80	928			200	5,2
1960	26.247	20.257	279	271	47	3	465	1,3
1965	26.8.87	21.757	1.119	147		1	649	0,7
1970[b]	26.668	22.246	1.807	149		10	795	0,7
1973	27.160	23.222	2.498	273	90	44	572	1,2
1977	26.008	22.686	1.872	1.030	607	231	231	4,3
1980	27.059	23.897	2.018	889	622	137	308	3,6
1983	26.347	23.293	1.694	2.258	1.120	675	76	8,8
1987	27.157	24.141	1.577	2.229	1.031	278	171	8,5
1989	27.761	24.750	1.678	2.038	990	108	251	7,6
1990	28.486	25.460	1.775	1.883	913	56	314	6,9
1991	28.973	25.920	1.891	1.689	1.310	145	331	6,1
1992	29.133	26.066	2.030	1.808	1.511	283	324	6,5
1993	28.680	25.609	2.169	2.270	1.881	767	243	8,1
1994	28.324	25.238	2.141	2.556	1.924	275	234	9,2
1995[c]	28.461	25.357		2.565		128	267	9,3
Bundesrepublik Ost								
1990	8.102			642	1.794			7,3
1991	7.590	7.219		913	1.616		31	11,3
1992	6.725	6.307		1.170	370		33	15,6
1993	6.533	6.071		1.149	181		36	15,9
1994	6.629	6.12		1.142	97		51	15,7
1995[c]	6.416	5.868		1.047	71		55	14,9

[a] 1950-1960 ohne Saarland und Berlin (West)
[b] Aufgrund der Volkszählung von 1987 revidierte Zahlen der Erwerbstätigen ab 1970
[c] vorläufig
[d] Anteil der Arbeitslosen an den abhängigen Erwerbspersonen
Quellen: Jahresgutachten div. Jahrgänge; Bundesanstalt für Arbeit; Statistisches Bundesamt.

Die Gesamtbeschäftigung, erfaßt durch den Indikator Erwerbstätige (Selbständige plus abhängig Beschäftigte), stieg in der Bundesrepublik West bis 1960 stark an und blieb bis 1973 in etwa auf diesem Niveau. Dann ging sie bis 1977 aufgrund der Krisenentwicklung erheblich zurück und nahm bis 1980 wieder zu. Vom Frühjahr 1981 bis Mitte 1984 sank die Beschäftigung drastisch. Bis 1992 hat sie, vor allem zu Beginn der neunziger Jahre, beträchtlich zugenommen. Bis 1994 ist die Erwerbstätigkeit wieder erheblich zurückgegangen. Die Beschäftigungsentwicklung in der Bundesrepublik folgte einem zyklischen Muster des konjunkturellen Auf und Ab.

Noch stärker als die gesamte Erwerbstätigkeit veränderte sich die Anzahl der abhängig Beschäftigten. Bei einer Zunahme bzw. einer Abnahme der Erwerbstätigenzahlen verändert sich die Beschäftigung der Arbeitnehmer überproportional. Darin drückt sich einmal der längerfristige Rückgang der Selbständigen und der entsprechende Anstieg der abhängig Beschäftigten aus. So hat der Anteil der Arbeitnehmer an den gesamten Erwerbstätigen von ca. 68% 1950 auf etwa 89% 1993 zugenommen. Zum anderen wirken sich wirtschaftliche Veränderungen bei den Arbeitnehmern stärker aus als bei den Selbständigen.

Die Entwicklung der ausländischen Arbeitnehmer ist während der Vollbeschäftigungsphase bis 1973 durch einen starken Anstieg gekennzeichnet. Mit Beginn der hohen Arbeitslosigkeit seit 1974 ging ihre Anzahl, abgesehen von dem leichten Anstieg 1978-1980, zurück. Seit 1991 nahm die Beschäftigung ausländischer Arbeitskräfte wieder zu.

Die Arbeitslosenquote als offizieller Indikator für die Arbeitslosigkeit ist nur von begrenzter Aussagefähigkeit. Sie erfaßt nur einen Teil der Erwerbslosigkeit: die offene Arbeitslosigkeit. So berücksichtigt dieser Indikator keine Veränderungen der Arbeitszeit. Kurzarbeit verändert zwar die Anzahl der beschäftigten Arbeitnehmer nicht, wohl aber die Beschäftigung, ausgedrückt in Arbeitsstunden. Eine weitere Begrenzung des Indikators Arbeitslosenquote besteht darin, daß z.T. Arbeitswillige nicht registriert sind, aber arbeiten würden, wenn Arbeitsplätze vorhanden wären. Dieser Teil wird durch den Indikator "Stille Reserve" zu erfassen versucht (latente Arbeitslosigkeit). Nicht enthalten sind in der Arbeitslosenquote auch die Arbeitskräfte, die an arbeitsmarktpolitischen Maßnahmen teilnehmen, ohne diese Maßnahmen aber arbeitslos wären. In Westdeutschland betrug z.B. 1994 diese „verdeckte Arbeitslosigkeit" 581.000 Personen.

"Offene Stellen" sind unbesetzte Arbeitsplätze. Auch dieser Indikator weist Mängel auf, die seine Aussagefähigkeit und Verwendbarkeit beschränken. So wird der Arbeitskräftebedarf nur zu einem Teil offen ausgewiesen, da die Arbeitgeber nicht verpflichtet sind, die freiwerdenden Arbeitsplätze den Arbeitsämtern zu melden. Außerdem kann die Zahl der offenen Stellen vom tatsächlichen Arbeitskräftebedarf der Unternehmen abweichen, da keine Kontrolle besteht, ob die gemeldeten Stellen auch tatsächlich frei sind.

Die beiden Indikatoren "Arbeitslosenquote" und "Offene Stellen" verdeutlichen exemplarisch, mit welchen Problemen Indikatoren behaftet sein können. Die Gründe dafür bestehen in der Diskrepanz zwischen dem theoretischem Anspruch, der der jeweiligen Fragestellung zugrundeliegt, und den unzureichenden empirischen Kenntnissen und/oder den ungenügend entwickelten Indikatoren. Es ist daher erforderlich, sich der Beschränkungen der Indikatoren bewußt zu sein. Da in der Öffentlichkeit noch immer die "Arbeitslosenquote" und die "Offenen Stellen" verwandt werden, wird auch hier weiter auf diese gängigen Indikatoren abgestellt.

Die Gesamtzahl der registrierten Arbeitslosen hat im ersten Jahrzehnt des Bestehens der Bundesrepublik mit dem Anstieg der Erwerbstätigen stark abgenommen. 1960 wurde in etwa Vollbeschäftigung erreicht. Diese Feststellung mag auf den ersten Blick verwundern, da immer noch ca. 250.000 Personen arbeitslos waren. Doch in Wirtschaftsordnungen marktwirtschaftlicher Prägung ist selbst bei Vollbeschäftigung ein gewisser Prozentsatz arbeitslos. Dieser Teil setzt sich aus der Saisonarbeitslosigkeit, verursacht durch jahreszeitliche Einflüsse und soziale Gewohnheiten, und der friktionellen Arbeitslosigkeit, vor allem durch den Wechsel des Arbeitsplatzes bedingt, zusammen. Außerdem unterscheidet man noch die strukturelle Arbeitslosigkeit, bei dem Angebot und Nachfrage auf einem Teilarbeitsmarkt auseinanderfallen, und die konjunkturelle Arbeitslosigkeit, die durch Nachfrageschwankungen verursacht ist.

In den sechziger Jahren bestand mit Ausnahme von 1967 eine geringe Arbeitslosigkeit. Seit 1974 haben die Arbeitslosenzahlen zugenommen und erstmals seit 1954 wieder die Millionengrenze überschritten. Nach einem Rückgang von 1977 bis 1980 ist bis 1984 die Arbeitslosigkeit nochmals stark angestiegen. Nach einer längeren Stagnationsphase nahmen, nicht zuletzt durch den „Vereinigungsboom" bedingt, von 1988 bis 1992 die Zahl der Arbeitslosen und die Arbeitslosenquote ab. Seitdem haben beide wieder erheblich zugenommen. Die Entwicklung seit 1984 verdeutlicht, daß die Beschäftigung und die Arbeitslosigkeit sich nicht immer gegenläufig entwickeln. Während z.B. von 1984 bis 1987 die Zahl der Beschäftigten um ca. 600.000 zunahm, verringerte sich die Zahl der Arbeitslosen in dem gleichen Zeitraum nur um ca. 70.000. Der größte Teil der Beschäftigungszunahme resultierte aus der demografischen Entwicklung (geburtenstarke Jahrgänge), der zunehmenden Erwerbsneigung der Frauen und aus der Stillen Reserve.

Faßt man alle Formen von Unterbeschäftigung und Arbeitslosigkeit zusammen, so betrug 1994 in der Bundesrepublik West die gesamte Erwerbslosigkeit - registrierte Arbeitslose, Stille Reserve, verdeckte Arbeitslosigkeit - etwa 5 Mio. Personen, das entspricht einer (abhängigen) Erwerbslosenquote von etwa 16,7%.

In den neuen Bundesländern verlief die Beschäftigungsentwicklung dramatisch. Die Erwerbstätigkeit ist seit 1990 um etwa 3 Mio. zurückgegangen. Daß sich dieser Rückgang nicht in einer entsprechenden Zunahme der registrierten Arbeitslosigkeit niederschlug, liegt an der hohen verdeckten Arbeitslosigkeit. Seit 1994 sind in Ostdeutschland erste Besserungstendenzen auf dem Arbeitsmarkt feststellbar.

Bei den in Tab. 1 aufgeführten Daten handelt es sich um Betandsgrößen, das heißt um Zahlen, die zu einem bestimmten Zeitpunkt erhoben wurden. Die dahinter liegenden zwischenzeitlichen Bewegungen und Veränderungen werden mit diesen Bestandsgrößen nicht erfaßt. So sind z.B. erheblich mehr beschäftigte Arbeitnehmer von Arbeitslosigkeit betroffen, als es die ausgewiesenen Zahlen zum Ausdruck bringen. Diese Betroffenen haben nach mehr oder weniger langer Arbeitslosigkeit wieder eine Stelle gefunden.

3. Erklärungsansätze

Worauf ist die immer wieder auftretende Arbeitslosigkeit in marktwirtschaftlich organisierten Ländern zurückzuführen? Mit dieser Frage zielen wir auf den Beitrag der Wirtschaftswissenschaft zur Erklärung der Arbeitslosigkeit. In der Ökonomie lassen sich drei grundlegende Theorien (Paradigmen) unterscheiden: die Neoklassik, der Keynesianismus und die marxistische Politische Ökonomie. Wir beschränken uns in diesem Kapitel auf die ersten beiden Ansätze (vgl. als kurzen Überblick über marxistische Krisentheorien z.B. Berger 1979, 129 ff.).

Wir referieren in diesem Beitrag nur die Grundzüge der "traditionellen" Neoklassik und des "traditionellen" Keynesianismus. Auf die seit Anfang der siebziger Jahren erfolgten Weiterentwicklungen und Modifikationen der beiden Paradigmen gehen wir nicht ein (vgl. als kurzen Überblick Hardes u.a. 1995, 205 ff.). Diese Beschränkung ist vertretbar, da die grundlegenden Prämissen und Aussagen der beiden Basismodelle auch in den Weiterentwicklungen gelten. Auch stabilitätspolitisch folgen keine wesentlich neuen Vorschläge aus den neueren Theorieansätzen gegenüber den jeweiligen traditionellen Paradigmen.

3.1 Neoklassik

Die Neoklassik geht, wie das Wort bereits ausdrückt, auf die klassische Nationalökonomie zurück (Smith/Ricardo/J.St. Mill). Die Klassik entwickelte sich auf der Grundlage des Liberalismus. Wichtiges Prinzip dieser Philosophie ist die individuelle Freiheit, der auf der wirtschaftlichen Ebene das Individualprinzip entspricht. Danach verfolgt jedes Wirtschaftssubjekt seine Eigeninteressen. Durch die "unsichtbare Hand des Marktes" und das dort vorherrschende Konkurrenzprinzip führt die Verfolgung der Eigeninteressen dazu, daß gleichzeitig auch der höchstmögliche "Volkswohlstand" erreicht wird.

Im Mittelpunkt der Neoklassik steht die einzelwirtschaftliche (mikroökonomische) Analyse von Anbietern an und Nachfragern nach Gütern und Produktionsfaktoren. Bei völlig freier Preis-, Lohn- und Zinsbildung tendieren die einzelnen Güter, Geld- und Arbeitsmärkte zum Gleichgewicht. Im Gleichgewicht sind die Wirtschaftspläne von Anbietern und Nachfragern erfüllt, es gibt keinen Anlaß zu Planrevisionen und die Märkte sind geräumt. Bei Abweichungen vom Marktgleichgewicht besteht die Tendenz zu seiner Wiederherstellung mittels Anpassung über flexible Preise, Löhne und Zinsen (vgl. als Überblick z.B. Neumann 1983, 617 ff.).

Grundlegende und gemeinsame Elemente der neoklassischen Theorien sind drei Charakteristika:
- ein flexibler Preis-, Lohn- und Zinsmechanismus;
- die Gültigkeit des Say'schen Theorems;
- die Quantitätstheorie des Geldes.

Nach der Neoklassik werden nicht Arbeitskräfte, sondern genau spezifizierte Arbeitsleistungen auf den Arbeitsmärkten gegen den Reallohn getauscht. Diese Sichtweise impliziert, daß keine Unterschiede zwischen den Arbeitsmärkten und sonstigen Märkten gemacht werden. Diese Implikation wird von der institutionalistischen Arbeitsvertragstheorie in Frage gestellt. Danach ist der Arbeitsmarkt durch Besonderheiten - keine eindeutige Trennung von Arbeitskraft und Arbeitsleistung, Asymmetrie in der Leistungsspezifikation - charkterisiert, die eine unterschiedliche Funktionsweise von anderen Märkten bedingen. Darauf kann hier nicht weiter eingegangen werden (vgl. hierzu Buttler 1987, 203 ff.).

Nach der Neoklassik übt der Preismechanismus seine Funktion nicht nur auf dem Güter-, sondern auch auf dem Arbeits- und dem Kapitalmarkt aus. Wir verdeutlichen die Funktionsweise des Preismechanismus am Beispiel des Arbeitsmarktes. Für andere Märkte gelten die Ausführungen analog.

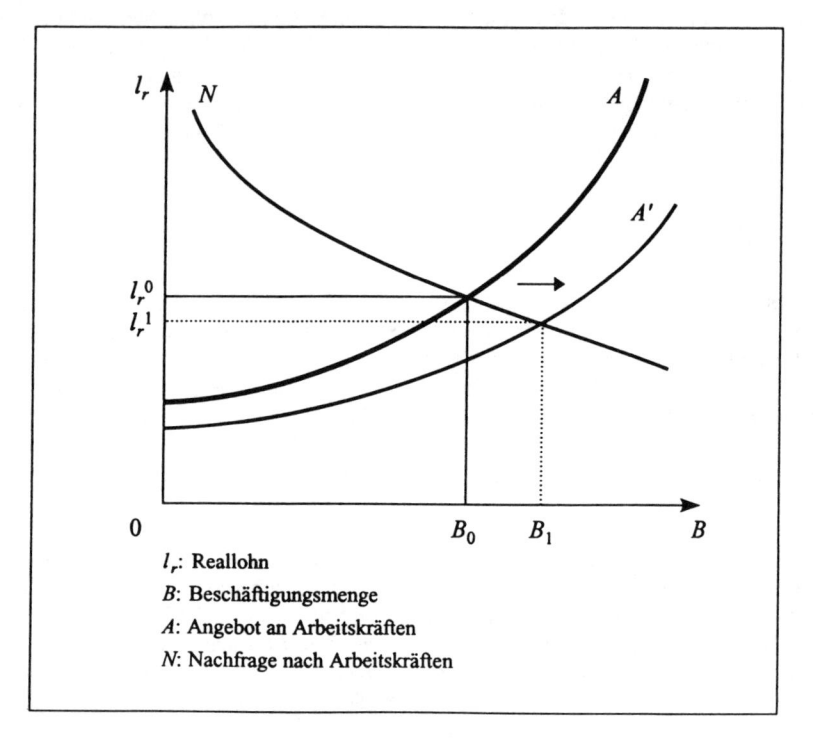

Abb. 1 Neoklassischer Arbeitsmarkt

l_r: Reallohn
B: Beschäftigungsmenge
A: Angebot an Arbeitskräften
N: Nachfrage nach Arbeitskräften

Das Angebot an Arbeitskräften nimmt auf dem Arbeitsmarkt mit steigendem Reallohn (Quotient aus Nominallohn und Güterpreis) zu, da die Arbeitskräfte bei höherem Lohn auf Freizeit verzichten und mehr Arbeit anbieten. Umgekehrt fragen die Unternehmen mehr Arbeit bei sinkendem Reallohn nach, da die Lohnkosten dann niedriger sind und es für sie rentabel ist, mehr Arbeitskräfte einzustellen. Der Gleichgewichtsreallohn l_r^0 in Abb. 1 mit der Beschäftigungsmenge B_0 wird durch den Schnittpunkt der Angebotskurve an Arbeitskräften A und der Nachfragekurve nach Arbeitskräften N bestimmt. Die Pläne der Arbeitskraftanbieter und die der Arbeitskraftnachfrager werden erfüllt: Es herrscht Vollbeschäftigungsgleichgewicht auf dem Arbeitsmarkt. Alle die zum Reallohn l_r^0 arbeiten wollen, erhalten einen Arbeitsplatz. Es gibt also keine unfreiwillige, sondern nur freiwillige Arbeitslosigkeit. Freiwillig arbeitslos sind die Arbeitskräfte, die Arbeit zu einem höherem als dem Gleichgewichtsreallohn anbieten.

Wie wirkt der Lohnmechanismus? Nehmen wir an, daß aufgrund einer starken Zuwanderung in die Bundesrepublik oder einer erhöhten Erwerbsneigung von Frauen sich das Arbeitsangebot erhöht, d.h. zum jeweils gleichen Reallohn mehr Arbeit angeboten wird. Die Arbeitsangebotskurve verschiebt sich von A nach A' in Abb. 1. Besteht vollkommene Konkurrenz zwischen den Arbeitskräften und sind die Löhne flexibel, dann sinken die (Real-)Löhne solange, bis der neue Gleichgewichtsreallohn l_r^1 mit dem neuen Gleichgewicht B_1 realisiert ist. Es werden mehr Arbeitskräfte in B_1 zu einem geringeren Reallohn als vorher beschäftigt. Es besteht wieder Vollbeschäftigung, da alle Arbeiter, die zu diesem niedrigerem Reallohn arbeiten wollen, einen Arbeitsplatz erhalten.

Bisher wurde unterstellt, daß die Unternehmen die Produktion aus der Beschäftigungsmenge B_1 oder B_2 jederzeit verkaufen können, also eine ausreichende Nachfrage vorhanden ist. Diese Bedingung gilt in der Neoklassik als erfüllt und wird als Say'sches Theorem bezeichnet. Es besagt in Kurzform, daß sich jedes Angebot seine Nachfrage schafft. Hinter dieser Aussage steht die Erkenntnis, daß mit der Produktion von Gütern Einkommen geschaffen werden, Einkommen für die Arbeitnehmer und die Unternehmer als Kapitalbesitzer. Diese Einnahmen geben die Besitzer der Produktionsfaktoren wieder aus, um Güter zu kaufen: Konsumgüter für die Lohn- und Kapitaleinkommensbezieher, Investitionsgüter für die Unternehmer.

Die traditionelle Neoklassik unterscheidet zwischen dem realwirtschaftlichen Sektor und dem monetären Sektor. Beide Sektoren sind getrennt ("Dichotomie"). Im Vordergrund der neoklasssichen Betrachtungsweise steht der reale Sektor, in dem über Produktion und Einkommen entschieden wird. Geld dient als Zahlungsmittel der Erleichterung des Tausches, es beeinflußt den realwirtschaftlichen Bereich nicht. Die Geldmenge bestimmt nur die Höhe des Preisniveaus, nicht aber die Verhältnisse der einzelnen Preise zueinander, die sog. relativen Preise. Wird beispielsweise die Geldmenge verdoppelt, so verdoppelt sich auch das Preisniveau. Die Höhe der Produktion und der Beschäftigung bleiben davon ebenso unbeeinflußt wie die Verhältnisse der Preise zueinander, da sich nur die einzelnen Preise verdoppelt haben (Quantitätstheorie des Geldes).

Wie erklärt die traditionelle Neoklassik Arbeitslosigkeit? Unfreiwillige Arbeitslosigkeit kann es nach der traditionellen neoklassischen Arbeitsmarkttheorie bei flexiblen Löhnen nicht geben. Arbeitslosigkeit besteht dann, wenn die Funktionsweise des Lohnmechanismus durch exogene Einflüsse in seiner Wirksamkeit beschränkt ist. Nehmen wir z.B. wie in Abb. 2 (nachfolgende Seite) an, daß durch staatliche Regelungen oder gewerkschaftliche Aktivitäten ein Mindestlohn existiert, dann kann es auch im neoklassischen System Arbeitslosigkeit geben.

Im Ausgangsgleichgewicht herrscht Vollbeschäftigung mit einem Lohn l_r^0 und der Beschäftigungshöhe B_0. Steigt durch die gewerkschaftliche Tarifpolitik der (Real-)Lohn auf l_r^1, dann ergibt sich bei unverändertem Arbeitskräfteangebot und einer unveränderten Arbeitskräftenachfrage im neoklassischen Arbeitsmarktmodell eine Arbeitslosigkeit in Höhe von FG. Angebot und Nachfrage weichen also dann voneinander ab, wenn der Reallohn zu hoch oder zu niedrig ist. Die wirtschaftspolitische Therapie zur Reduktion der Arbeitslosigkeit ergibt sich aus der neoklassischen Erklärung: Der Reallohn muß auf l_r^0 sinken, dann stimmen das Angebot an und die Nachfrage nach Arbeitskräften wieder überein; jeder, der zu diesem Lohn arbeiten will, erhält einen Arbeitsplatz: Es gibt im neoklassischen System bei flexiblen Löhnen keine unfreiwillige Arbeitslosigkeit.

Abb. 2   „Neoklassiche" Arbeitslosigkeit

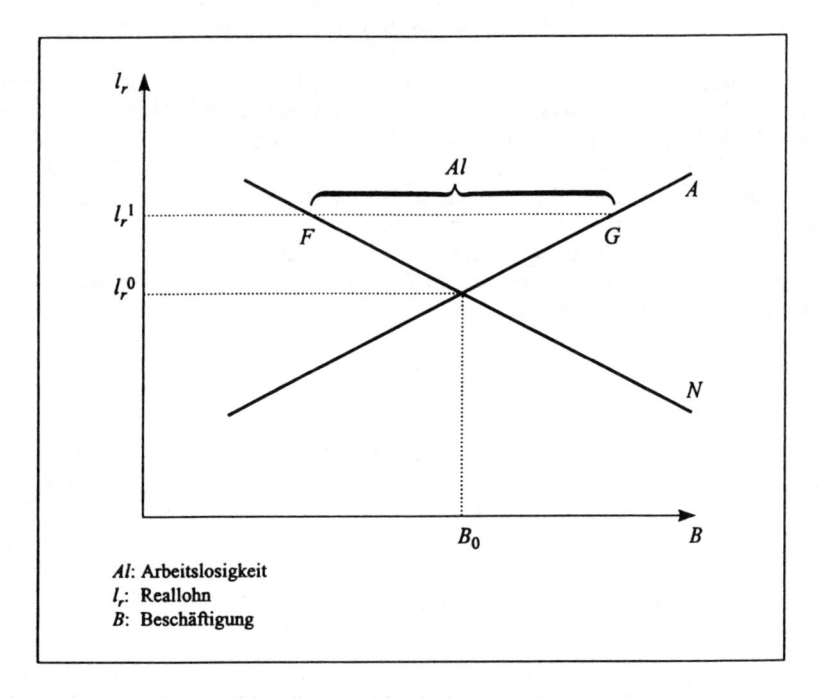

[Diagramm: Achsen l_r (vertikal) und B (horizontal); Angebotskurve A und Nachfragekurve N schneiden sich bei l_r^0 und B_0; bei l_r^1 liegen Punkte F und G, dazwischen die Strecke Al (Arbeitslosigkeit).]

Al: Arbeitslosigkeit
l_r: Reallohn
B: Beschäftigung

Die Bedeutung der traditionellen neoklassischen Arbeitsmarkttheorie für die arbeitsmarktpolitische Diskussion in den achtziger Jahren und Anfang der neunziger Jahre dürfte deutlich geworden sein. Die hohe Arbeitslosigkeit seit Anfang der achtziger Jahre und die Massenarbeitslosigkeit in den neuen Bundesländern wird überwiegend durch die zu hohen Reallöhne und die zu starken Lohnsteigerungen erklärt. Die Zunahme der Beschäftigung Ende der achtziger und Anfang der neunziger Jahre geht danach auf die zurückhaltende Lohnpolitik in diesem Zeitraum zurück.

Übersicht 1: Neoklassik

Prinzipien:
Institutionen: private Verfügungsrechte, Markt, Wettbewerb
Grenzbetrachtung: Marginalismus
Rationalitätsprinzip: Gewinn-, Einkommen-, Nutzenmaximierung
Gleichgewichtsanalyse
Trennung von realem und monetären Sektor
Basiselemente:
Quantitätstheorie: Geldmenge bestimmt das Preisniveau
Marktmechanismus: flexible Preise, Löhne und Zinsen
Say'sches Theorem: ausreichende Güternachfrage
Funktionsweise:
Wirtschaftliches Gleichgewicht und Vollbeschäftigung auf Kapital-, Güter-, und Arbeitsmärkten durch Preismechanismus und Wettbewerb

Durch die Weltwirtschaftskrise in den dreißiger Jahren wurde die traditionelle Neoklassik schwer erschüttert. Sie konnte die damalige Massenarbeitslosigkeit nicht erklären, da sie in ihrem System keinen Platz hatte. Löhne und Preise sanken während der Weltwirtschaftskrise ganz erheblich, trotzdem nahm die Arbeitslosigkeit zu. Diese Hilflosigkeit gegenüber einem so gravierenden Problem forderte Kritik heraus.

3.2 Keynesianismus

Auf dem Hintergrund der Weltwirtschaftskrise entwickelte J.M. Keynes seine Instabilitätshypothese, nach der eine Marktwirtschaft bei Abweichungen vom Gleichgewicht Vollbeschäftigung nicht von sich aus wieder herstellen kann. Die Keynes'sche Theorie beinhaltet folgende zentrale Elemente:
- Der monetäre (Geld) und der reale Sektor (Produktion) sind bei Keynes nicht mehr strikt getrennt. Vielmehr beeinflußt der Geldmarkt auch den realen Wirtschaftsprozeß. Dieser Einfluß kommt dadurch zustande, daß Geld nicht nur allgemeines Tauschmittel ist, sondern von den Wirtschaftssubjekten auch aus Vorsichts- und Spekulationsgründen "gehalten" wird.
- Für Keynes ist die Rolle der Erwartungen von zentraler Bedeutung. Erwartungen bilden sich wegen der Unsicherheit allen Wirtschaftens und resultieren aus unterschiedlichen Einflüssen. Unsicherheit und sich verändernde Erwartungen führen zu Schwankungen der Wirtschaftsaktivitäten. Es gibt keinen marktendogenen Mechanismus, der die Schwankungen kompensiert. Der private Sektor ist daher nach Keynes instabil, d.h. es gibt keine automatische Wiederherstellung der Vollbeschäftigung.
- Auf dem Arbeitsmarkt analysiert Keynes zwei Fälle. Einmal geht er von der empirischen Beobachtung aus, daß die Nominallöhne (nicht die Reallöhne!) nach unten weitgehend starr sind. In diesem Fall ergibt sich bei einem Nachfragerückgang ein Gleichgewicht bei Unterbeschäftigung. Zum andern analysiert er die wirtschaftliche Entwicklung auch unter der Annahme flexibler Löhne und Preise. Hierbei braucht es - entgegen der neoklassischen Lehrmeinung - keine Rückkehr zur Vollbeschäftigung zu geben. Erwarten die Konsumenten und Investoren weitere Lohn- und Preissenkungen, so werden sie ihre Konsum- und Investitionsausgaben hinausschieben. Eine Wiederherstellung der Vollbeschäftigung erfolgt damit auch bei flexiblen Löhnen nicht.

In der Folgezeit ist der Keynes'sche Ansatz weiter entwickelt, modifiziert, neu interpretiert und kritisiert worden. Darauf kann hier nicht weiter eingegangen werden (vgl. als kurzen Überblick Franz 1989, 22 ff.). Von wesentlicher Bedeutung für die Beschäftigungspolitik war die sog. neoklassische Synthese. Diese umfaßt folgende Elemente (vgl. Wagner 1989, 24 f.):
- Der reale Output ist negativ mit dem Reallohn korreliert, d.h. je höher der Reallohn, desto geringer ist die gesamtwirtschaftliche Produktion und umgekehrt. Dieser Zusammenhang entspricht der neoklassischen Theorie, wonach die Beschäftigung nur gesteigert werden kann, wenn der Reallohn sinkt.
- Die gesamtwirtschaftliche effektive Nachfrage wird durch das reale Einkommen (reale Geldmenge) determiniert. Steigt diese, dann nimmt auch die reale Nachfrage zu.
- Die Nominallöhne sind nach unten starr.

Wir skizzieren den traditionellen Keynesianismus, die neoklassische Synthese, wieder am Beispiel des Arbeitsmarktes (vgl. z.B. Neumann 1991, 83 ff.; Samuelson/Nordhaus 1987, 243 ff.). Nach Abb. 3 ist die Arbeitsangebotskurve im traditionellen Keynesianismus bis zur Vollbeschäftigung wegen der nach unten starren Löhne parallel zur Abzisse. Die Begründung für diese Lohnstarrheit liegt bei Keynes darin, daß sich die Arbeitnehmer am Geldlohn orientieren und diesen verteidigen (Mindestlöhne), Geldlohnsenkungen nicht immer zu Mehrbeschäftigung führen und sich die Arbeitnehmer an den relativen Löhnen, d.h. an den Löhnen der nächsthöheren oder -niedrigeren Lohngruppe orientieren. Die Nachfragekurve entspricht dem traditionellen neoklassischen Verlauf: Bei hohem Lohn ist die Beschäftigung gering und umgekehrt. Hierbei ist unterstellt, daß das Preisniveau konstant bleibt, also der hohe Nominallohn auch ein hoher Reallohn ist.

In Abb. 3 realisiert die gesamtwirtschaftliche effektive Nachfragekurve N nach Arbeitskräften nur ein Beschäftigungsvolumen von OB_0. Da der Nominallohn l_0 nach unten starr ist, besteht bei diesem Lohn eine unfreiwillige Arbeitslosigkeit von B_v. Entgegen der Neoklassik besteht im Schnittpunkt der Arbeitsangebots- und der -nachfragekurve ein Gleichgewicht bei Unterbeschäftigung. Der Marktmechanismus bewirkt keine Rückkehr zur Vollbeschäftigung. Das neoklassische Postulat, nach dem die mikroökonomischen Entscheidungen durch die Wirkungsweise von Markt und Wettbewerb indirekt auch die makroökonomischen Ziele, wie hier Vollbeschäftigung, realisieren, trifft nach keynesianischer Aussage nicht zu.

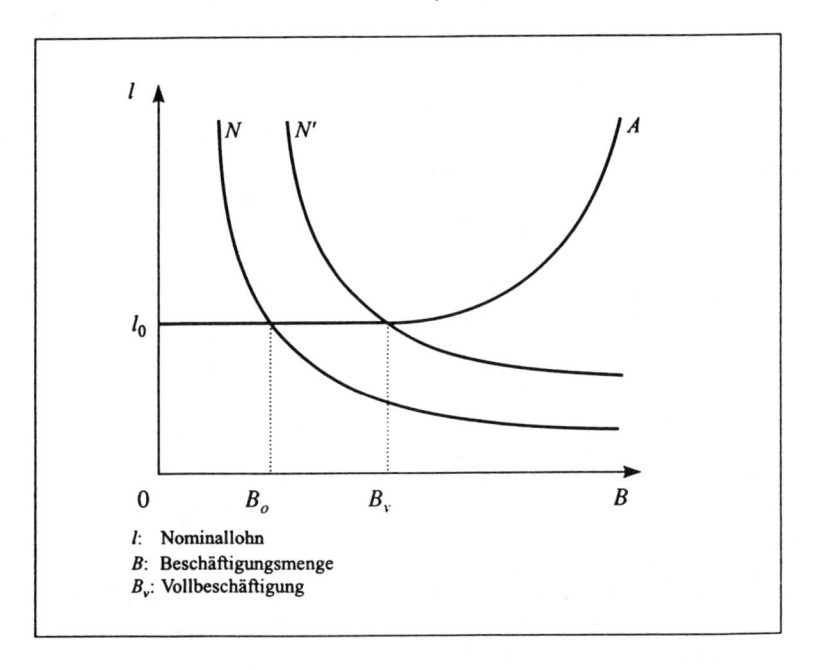

Abb. 3: Der Arbeitsmarkt im traditionellen Keynesianismus

l: Nominallohn
B: Beschäftigungsmenge
B_v: Vollbeschäftigung

Welche Möglichkeit besteht nun, Vollbeschäftigung wieder zu erreichen? Nach Abb. 3 führt eine Verschiebung der Nachfragekurve nach rechts auf N' zu einer Steigerung der Beschäftigung. Aber wie kann die Nachfrage erhöht werden, da die Wirtschaftspläne der Anbieter an und der Nachfrager nach Arbeitskraft im Gleichgewicht sind und daher der Marktmechanismus keine Rückkehr zur Vollbeschäftigung bewirkt?

Die keynesianische Diagnose einer der Marktwirtschaft inhärenten Instabilität beinhaltet gleichzeitig die Therapie: Die erforderliche zusätzliche Nachfrage zur Wiederherstellung der Vollbeschäftigung kann nur von marktexternen Institutionen kommen. Damit war die Notwendigkeit einer staatlichen Konjunkturpolitik begründet. Mit der Etablierung einer staatlichen Beschäftigungspolitik sollte die Marktwirtschaft nicht überwunden, sondern ein "Marktfehler" beseitigt werden. Der Preismechanismus behielt in der neoklassichen Synthese auf der Mikroebene weiterhin seine Bedeutung zur Koordination der Entscheidungen; auf der Makroebene wurde er durch eine staatliche Nachfragesteuerung ergänzt.

Neoklassik und Keynesianismus sind einer vielfältigen Kritik unterzogen worden, auf die hier nicht näher eingegangen werden kann. Dazu wird auf die einschlägige Literatur verwiesen. Festzuhalten bleibt aber aus dieser Kritik, daß die Erkärungsfähigkeit beider Theorien beschränkt ist und sie damit auch als Basis für eine gesamtwirtschaftliche Beschäftigungspolitik nur von begrenzter Verwendbarkeit sind.

Übersicht 2: Keynesianismus

Prinzipien:
Mikrobereich: Gültigkeit der neoklassischen Prinzipien
Makrobereich: Notwendigkeit staatlicher Nachfragesteuerung
Basiselemente:
Liquiditätstheorie des Geldes: Geldnachfrage bestimmt den Zins
Arbeitsmarkt: starre Nominallöhne
Abkehr vom Say'sches Theorem
Funktionsweise:
Effektive gesamtwirtschaftliche Nachfrage bestimmt die Beschäftigung
Notwendigkeit staatlicher Konjunkturpolitik

4. Instrumente der Beschäftigungspolitik

Die Verpflichtung des Staates auf das Vollbeschäftigungsziel ist in der Bundesrepublik Deutschland im Gesetz zur Förderung der Stabilität und des Wachstums von 1967 festgelegt. Danach haben Bund und Länder bei ihren finanzpolitischen Maßnahmen das gesamtwirtschaftliche Gleichgewicht zu beachten, das durch die vier Ziele Stabilität des Preisniveaus, angemessenes und stetiges Wachstum, außenwirtschaftliches Gleichgewicht sowie hoher Beschäftgungsstand konkretisiert wird.

Während über das Vollbeschäftigungsziel noch Einigkeit besteht, gehen die Meinungen darüber, wann Vollbeschäftigung vorherrscht, auseinander. Hierfür gibt es keine eindeutige Definition. Diese variiert je nach Raum-Zeit-Bezug. In der Bundesrepublik hat sich der Zielanspruch in Abhängigkeit von der tatsächlichen Entwicklung der Arbeitslosigkeit beträchtlich verringert. So galt Ende der 60er Jahre Vollbeschäftigung bei einer Arbeitslosenquote von ca. 1% als erreicht. Dieser hohe Anspruch wurde sukzessive immer weiter aufgegeben.

Zur Erreichung der Vollbeschäftigung werden primär geldpolitische und fiskalpolitische Instrumente eingesetzt. Daneben gibt es noch andere Teilpolitiken wie Einkommenspolitik, Außenwirtschaftspolitik, Ordnungspolitik; auf diese wird hier nicht weiter eingegangen.

4.1 Geldpolitik

Geld wird anhand seiner Funktionen definiert. Geld ist danach ein Medium mit einer
- Tauschmittelfunktion (jederzeitige Eintauschbarkeit gegen Güter) ;
- Recheneinheitsfunktion ("Vergleich von Äpfeln und Birnen");
- Wertaufbewahrungsfunktion (Geld als Vermögen).

Heute besteht in den entwickelten Industrieländern Geld aus Münzen, Banknoten und Buchgeld (=Giralgeld). Buchgeld hat keinen »stofflichen Bezug mehr; es erscheint nur als abstrakter Rechtstitel, der auf seiten der Kreditinstitute eine Verbindlichkeit, auf seiten der Nichtbanken eine Forderung darstellt.

Bei der Abgrenzung gibt es Schwierigkeiten. So haben nicht nur Geld, sondern auch geldnahe Finanzaktive (z.B. Sparguthaben, Wertpapiere) eine Wertaufbewahrungsfunktion. Je nach Erkenntnisinteresse werden daher verschiedene Geldmengenbegriffe unterschieden:
M1 = Bargeldumlauf + Sichteinlagen inländischer Nichtbanken;
M2 = M1 + Termingelder inländischer Nichtbanken bis unter 4 Jahren;
M3 = M2 + Sparguthaben.

In der Bundesrepublik ist die Bundesbank für die Geldversorgung und die Geldpolitik zuständig. Sie kann die gesamtwirtschaftlichen Ziele, wie z.B. Preisniveaustabilität oder Vollbeschäftigung nicht direkt erreichen, sondern nur indirekt über monetäre Zwischengrößen. Diese Indikatoren sollen einerseits von der Zentralbank gut kontrollierbar sein, andererseits einen wichtigen Einflußfaktor auf die Zielgröße darstellen und in einen erkennbaren und eindeutigen Zusammenhang damit stehen. Gängige Indikatoren sind der Zins und die Geldmenge. Welcher der beiden Größen eine größere Steuerungsfähigkeit zukommt ist umstritten. Keynesianisch orientierte Konzepte favorisieren den Zinssatz, neoklassisch-monetaristisch orientierte Strategien die Geldmenge. Allerdings hat gerade in der Geldtheorie im letzten Jahrzehnt eine Annäherung zwischen den beiden Richtungen stattgefunden, so daß die ursprünglich gegensätzlichen Positionen nicht mehr so stark sind.

Der Bundesbank stehen eine Reihe geldpolitischer Instrumente zur Verfügung. Wir beschreiben hier in aller Kürze die gebräuchlichen Instrumente (vgl. z.B. Issing 1992):
- Diskont- und Lombardpolitik;
- Mindestreservepolitik und
- Offenmarktpolitik.

Der Lombardsatz ist der Zinssatz, zu dem die Banken bei der Bundesbank Wertpapiere verpfänden können, um sich Zentralbankgeld zu verschaffen. Mit der Diskontpolitik will die Bundesbank durch entsprechende Variationen des Zinssatzes, zu dem sie Wechsel ankauft, Reaktionen bei Banken und Nichtbanken bewirken, die gesamtwirtschaftlich erwünscht sind. Besteht eine hohe Arbeitslosigkeit bei weitgehender Preisniveaustabilität, dann kann die Bundesbank versuchen - wenn es die sonstigen Rahmenbedingungen zulassen -, durch eine Senkung des Diskontsatzes die private Nachfrage anzuregen und dadurch Produktion und Beschäftigung zu steigern.

Die Mindestreservepolitik ist ein Instrument der Mengen- bzw. Liquiditätspolitik. Nach § 16 BBankG kann die Bundesbank „zur Beeinflussung des Geldumlaufs und der Kreditgewährung" verlangen, daß die Geschäftsbanken einen bestimmten Prozentsatz ihrer

Verbindlichkeiten aus Sichteinlagen, befristeten Einlagen und Spareinlagen als zinslose Gutgaben bei der Bundesbank halten. Je nach Art der Verbindlichkeiten gibt es unterschiedliche Mindestreservesätze, die höchsten für kurzfristige Sichteinlagen, die niedrigsten für Sparguthaben. Früher waren die Mindestreserven ein Instrument zur Sicherung der Einlagen. Heute sind sie ein Instrument der Geldpolitik, also der monetären Beeinflussung der realwirtschaftlichen Entwicklung.

Die Offenmarktpolitik als weiteres, häufig eingesetztes Instrument besteht darin, daß die Bundesbank Wertpapiere kauft oder verkauft, um die Geldmenge zu beinflussen (§ 21 BBankG).

Neuerdings tätigt die Bundesbank Wertpapierpensionsgeschäfte. Das sind ebenfalls Offenmarktgeschäfte mit Rückkaufsvereinbarung. Mittels eines Tenderverfahrens (Zins- oder Mengentender) kauft die Bundesbank lombardfähige Wertpapaiere unter der Bedingung, daß diese Wertpapiere per Termin, in der Regel zwischen ein und zwei Monaten von den Banken zurückgekauft werden. Die Wertpapierpensionsgeschäfte dienen zur Steuerung des kurzfristigen Zinssatzes und durch ihre wiederholte Anschlußfinanzierung zur dauerhaften Bereitstellung von Zentralbankgeld.

Eine expansive Offenmarktpolitik will über eine Geldmengenausweitung eine Senkung der Zinsen bewirken und dadurch die Güternachfrage anregen oder bei den Nichtbanken durch Liquidisierung von Vermögenstiteln eine Geldmengenausweitung und zusätzliche Nachfrage bewirken.

Der Bundesbank steht insgesamt ein vielfältiges Instrumentarium zur Beeinflussung der Zinsen und der Geldmenge zur Verfügung. Einsatz und Einschätzung der Wirksamkeit sind nicht unumstritten. Sie hängen von der theoretischen Sichtweise ab: Monetaristen sehen die Rolle und Wirksamkeit der Geldpolitik anders als Keynesianer.

Übersicht 4: Geldpolitik

Träger:	Deutsche Bundesbank
Bereiche:	Refinanzierung
	Mindestreserve
	Geld- und Kapitalmarkt
Instrumente:	Diskont-/Lombardsatz
	Mindestreservesatz
	Offenmarktpolitik
Zwischenziele:	Zins, Geldmenge
Ziele:	Preisniveaustabilität
	Vollbeschäftigung
	außenwirtschaftliches Gleichgewicht

4.2 Fiskalpolitik

Die Finanzpolitik des Staates, seine Ausgaben- und Einnahmenpolitik, dient verschiedenen Zielsetzungen. Wir beschränken uns hier auf die Fiskalpolitik als den Bereich der Finanzpolitik, der die Steuerung der gesamtwirtschaftlichen Nachfrage zur Erreichung der vier Makroziele, vor allem der Vollbeschäftigung und der Preisniveaustabilität, zum Gegenstand hat.

Die Fiskalpolitik erfolgt entweder über die Einnahmen- oder die Ausgabenseite der öffentlichen Haushalte (Bund, Länder, Gemeinden). Den Ausgangspunkt bilden die Nachfragekomponenten des Bruttosozialprodukts (Bsp.):

$$BSP=C+I+A+(X-M)$$

Das BSP ist definiert als Summe aus dem Konsum (C) der privaten Haushalte, den Investitionen (I) der Unternehmen, den Staatsausgaben (A) und der Differenz aus Exporten (X) und Importen (M).

Die gesamtwirtschaftliche Nachfrage nimmt zu (ab), wenn durch entsprechende staatliche Maßnahmen eine oder mehrere oder alle Nachfragekomponenten steigen (sinken). Ein direkter Einfluß geht von einer Ausdehnung der Staatsausgaben aus, da dann die Güternachfrage unmittelbar zunimmt. Der Staat kann entweder seine Investitionen (z.B. Müllverbrennungsanlagen) oder seinen Verbrauch (z.B. Panzer) oder beide zusammen erhöhen. Die zusätzliche Nachfrage bewirkt eine zusätzliche Produktion und höhere Beschäftigung.

Weitere Ansatzpunkte der globalen Nachfragesteuerung sind der private Konsum und die privaten Investitionen. Hierfür kommen ausgaben- und einnahmenpolitische Maßnahmen in Betracht. Über die Ausgabenseite können durch eine Variation der Transferzahlungen (= Leistungen ohne Gegenleistung, z.B. Wohngeld) die Konsumausgaben oder durch Investitionsprämien und -zuschüsse sowie Investitionssteuern die Investitionsausgaben gesteuert werden. Über die Einnahmenseite kommt vor allem eine Veränderung der Steuern (Einkommensteuer, Lohn- und Mehrwertsteuer etc.) in Betracht. Außerdem gibt es für die Investitionen die Möglichkeit einer Variation der Abschreibungen und von Steuererleichterungen.

Die Wirkung einer Veränderung der Transferausgaben ist die gleiche wie die einer Veränderung der Steuern. Gegenüber den Staatsausgaben wirken die einnahmenpolitischen Instrumente indirekt, d.h. es hängt von den Reaktionen der betroffenen Wirtschaftssubjekte ab. Wird z.B. die Lohnsteuer zwecks einer Konsumförderung gesenkt, haben die Konsumenten aber pessimistische Erwartungen, dann wird die Lohnsteuersenkung teilweise nachfrageunwirksam in die Ersparnis fließen, nicht aber zu mehr Konsum führen.

Eine globale Nachfragesteuerung kann auch an den Exporten und Importen ansetzen. Exportsubventionen und zusätzliche Importsteuern sind Beispiele dafür. In der Realität wurde diese Möglichkeit bisher weniger aus gesamtwirtschaftlichen als aus strukturpolitischen Gründen ergriffen (z.B. Stahl-, Werftindustrie).

Die Wirkungsweise der Fiskalpolitik wird je nach theoretischer Grundposition unterschiedlich eingeschätzt. Keynesianer betonen die Nachfragewirkungen, neoklassisch-monetaristisch orientierte Ökonomen stellen die Geldmengeneffekte der Fiskalpolitik in den Mittelpunkt. Ein Beispiel für eine (keynesianisch) orientierte Fiskalpolitik ist das Stabilitätsgesetz.

Übersicht 5: Fiskalpolitik

Träger:	Bund, Länder
Bereiche:	gesamtwirtschaftliche Nachfrage: Staatsausgaben, Staatseinnahmen
Instrumente:	Staatskonsum staatliche Investitionen Steuern Transferausgaben
Ziele:	Vollbeschäftigung Wachstum Preisniveaustabilität außenwirtschaftliches Gleichgewicht

5. Beschäftigungspolitische Konzeptionen

Aus der Neoklassik und dem Keynesianismus folgen unterschiedliche Konzeptionen der Beschäftigungspolitik. Geld- und fiskalpolitische Instrumente als Mittel der Beschäftigungspolitik werden in diesen Konzeptionen unterschiedlichen gewichtet und eingesetzt. In diesem Abschnitt werden kurz Konzepte referiert, die in Wissenschaft und Politik Bedeutung erlangt haben.

5.1 Traditionelle Globalsteuerung

Der traditionelle Keynesianismus führt die Instabilität einer sich selbst überlassenen Marktwirtschaft auf eine unzureichende gesamtwirtschaftliche Nachfrage zurück. Diese Diagnose beinhaltet gleichzeitig die Therapie: Es muß zusätzliche Nachfrage entfaltet werden. Für diese Zusatznachfrage hat der Staat zu sorgen, da der Markt hierzu von sich aus nicht in der Lage ist.

Entsprechend der mikro- und makroökonomischen Differenzierung im Keynesianismus bleibt die staatliche Nachfragesteuerung auf die gesamtwirtschaftliche Ebene beschränkt, die einzelwirtschaftliche Koordination erfolgt weiter über den Marktmechanismus. Die globale Steuerung der Nachfrage hebt das marktwirtschaftliche System nicht auf, da sie indirekter Natur ist. Die einzelnen Wirtschaftssubjekte können weiter entscheiden, ob sie auf die staatlichen Maßnahmen reagieren wollen oder nicht.

Die "Philosophie" der keynesianisch orientierten Globalsteuerung besteht darin, für eine Verstetigung der gesamtwirtschaftlichen Nachfrage im Konjunkturverlauf zu sorgen, so daß weder Arbeitslosigkeit noch Inflation auftreten. Die traditionelle Globalsteuerung ist eine antizyklische Konjunkturpolitik: Bei Arbeitslosigkeit soll durch staatlich induzierte Zusatznachfrage wieder Vollbeschäftigung und bei Inflation durch Abschöpfung überschüssiger Gesamtnachfrage wieder Preisniveaustabilität hergestellt werden. Diese Art der Globalsteuerung wird fallweise bei Bedarf eingesetzt (diskretionäre Konjunkturpolitik), sie ist kurzfristiger Natur.

Nach Auffassung der Keynesianer wirkt die Fiskalpolitik sicherer, direkter und vorhersehbarer als die Geldpolitik. Dies gilt vor allem dann, wenn die Fiskalpolitik über die Staatsausgabenseite betrieben wird. Einnahmepolitische Maßnahmen sind nicht so wirksam, da sie nur indirekt Einfluß auf den privaten Konsum und die privaten Investitionen ausüben. Der Geldpolitik kommt vor allem bei Arbeitslosigkeit nur eine die Fiskalpolitik unterstützende Funktion zu. Dies liegt einmal an der indirekten Wirkungsweise der Geldpolitik. Es liegt aber auch daran, daß die Keynesianer theoretisch abgeleitet haben, daß unter betimmten Bedingungen eine expansive Geldpolitik nicht in der Lage ist ("Liquiditätsfalle"), zusätzliche Nachfrage zur Überwindung der Arbeitslosigkeit anzuregen.

Um der Handlungsmacht von Gruppen und Verbänden, die Wirksamkeit der Globalsteuerung beschränken, zu begegnen, wird von den Keynesianern eine Einkommenspolitik gefordert. Diese Einkommenspolitik, zumeist Lohnpolitik, soll dafür sorgen, daß eine expansive Fiskalpolitik zu Beschäftigungseffekten führt und nicht durch stabilitätswidrige Lohn- und Preissteigerungen konterkariert wird.

Mit dem Auftreten des Inflations- und Stagflationsproblems zu Beginn der siebziger Jahre ist die traditionelle Globalsteuerung stark kritisiert worden. Die Kritik hat sicherlich einige Schwachpunkte der traditionellen Globalsteuerung aufgedeckt; sie hatte aber z.T. auch die Funktion, den staatlichen Einfluß auf die Marktwirtschaft im Sinn eines "Mehr-Markt-Weniger-Staat" zurückzudrängen. Heute spielt die traditionelle keynesianische Globalsteuerung offiziell in kaum einem Land mehr eine Rolle.

Worauf ist die mangelnde Wirksamkeit der keynesianischen Globalsteuerung zurückzuführen? Als Einwände werden u.a. folgende Argumente angeführt:
- Als wesentlicher Kritikpunkt gilt das Verschuldungsproblem. Nach dem ursprünglichen Konzept der Globalsteuerung sollten sich die erforderliche Staatsverschuldung zur Bekämpfung der Arbeitslosigkeit und die Überschüsse zur Bekämpfung der Inflation in etwa entsprechen, so daß längerfristig kein Verschuldungsproblem entstehen würde. Durch die langanhaltende Arbeitslosigkeit seit 1974 hat in fast allen Industrieländern die Staatsverschuldung beträchtlich zugenommen, ohne daß dies Ausdruck einer antizyklischen Fiskalpolitik gewesen wäre.
- Von monetaristisch-neoklassischer Seite wird der Lernprozeß der Wirtschaftssubjekte für die eingetretene Unwirksamkeit der Globalsteuerung verantwortlich gemacht.
- Durch die kurzfristige Orientierung können nur vorhandene Arbeitsplätze durch eine expansive Nachfragepolitik besetzt, aber keine neuen Arbeitsplätze geschaffen werden.
- Ein international stark verflochtenes Land wie die Bundesrepublik kann nicht allein eine expansive Politik betreiben, wenn die anderen Länder einer kontraktiven Konsolidierungspolitik Priorität einräumen.

5.2 Neoklassisch orientierte Strategien

Die Stabilitätsauffassung der Neoklassik impliziert, daß sich der Staat weitgehend aus dem Wirtschaftsprozeß heraushalten soll, weil die Marktwirtschaft per se stabil sei. Auftretende Instabilitäten werden auf staatliche Interventionen in den Markt zurückgeführt. Die neoklassischen Auffassungen über die Rolle des Staates haben sich im Zeitablauf gewandelt. Geblieben ist aber die Meinung, daß der Staat keine Konjunkturpolitik betreiben solle, da diese nur destabilisierend wirke.

5.2.1 Das monetaristische Konzept

Besondere Bedeutung, vor allem für die praktizierte Geldpolitik, hat der Monetarismus erlangt. Aus den Überlegungen der Monetaristen folgt u.a., daß
- der marktwirtschaftliche Sektor stabil ist;
- Instabilitäten primär durch eine kurzfristige, diskretionäre Geld- und Fiskalpolitik verursacht werden;
- die Geldmenge langfristig nur die Inflationsrate bestimmt;
- kurzfristig von Geldmengenveränderungen zwar Produktions- und Beschäftigungseffekte ausgehen können, Wirkungsdauer und Stärke aber unbekannt sind;
- die Fiskalpolitik nur über ihren Einfluß auf die Geldmenge konjunkturpolitische Wirkungen hat.

Aus ihren theoretischen und empirischen Untersuchungen leiten die Monetaristen die Empfehlung ab, die Geldpolitik wegen der mangelnden Kenntnis der kurzfristigen Wirkungen mittelfristig zu orientieren, d.h., daß die Geldmenge jährlich mit einer bestimmten Wachstumsrate, weitgehend unabhängig von der konjunkturellen Entwicklung, zunehmen soll. Diese mittelfristige Verstetigung der Geldmenge führe gleichzeitig zu einer Verstetigung der Erwartungen. Die Folge ist, daß über die Verstetigung der Erwartungen eine Verstetigung der konjunkturellen Entwicklung erreicht werde.

Nicht nur für die Geldpolitik, sondern auch für die Fiskalpolitik wird eine mittelfristige Orientierung gefordert, um destabilisierende Einflüsse zu vermeiden. Hält sich die Wirtschaftspolitik an diese Regeln, dann wird der Marktmechanismus längerfristig für Vollbeschäftigung sorgen und die monetaristische Geldpolitik die Stabilität des Preisniveaus gewährleisten.

Der Monetarismus hat im Zusammenhang mit der weltweiten Inflationsbeschleunigung zu Beginn der siebziger Jahre und dem Versagen der keynesianischen Globalsteuerung bei der Inflationsbekämpfung erheblichen Einfluß auf die praktizierte Wirtschaftspolitik in fast allen Ländern gewonnen. Die Zentralbanken in verschiedenen Ländern sind von der Zins- zur Geldmengensteuerung in mittelfristiger Perspektive übergegangen und es wird überwiegend eine monetaristisch orientierte Geldpolitik betrieben.

Der Monetarismus wurde und wird heftig kritisiert. Thesenartig werden kurz einige wesentliche Punkte, die gegen diese Konzeption vorgebracht werden, referiert:
- Die Argumentation der Monetaristen basiert auf der Prämisse, daß die Marktwirtschaft stabil ist. Die tatsächlichen Instabilitäten in der Bundesrepublik werden daher nicht auf die mangelnde Funktionsweise der Marktwirtschaft, sondern auf das prozyklische Verhalten der staatlichen Akteure und das marktwidrige Verhalten von Verbänden zurückgeführt. Die Prämisse von der Stabilität des privaten Sektors kann aber mit Recht bezweifelt werden. Zwar konnte bisher die Instabilität des privaten Sektors nicht nachgewiesen werden - dies ist auch nicht möglich, da es eine Wirtschaft "ohne Staat" in der Realität nicht gibt -, doch hat gerade der unzureichend funktionierende Marktmechanismus zu einer verstärkten Intervention des Staates geführt.
- Der Monetarismus vernachlässigt Machtprobleme, die eine Beeinträchtigung des Marktmechanismus beinhalten und daher eine wichtige monetaristische Annahme in Frage stellen.

- Die Auffassung, daß der Marktmechanismus zu einer Wiederherstellung der Vollbeschäftigung führt, ist in praxi bisher nicht bestätigt worden. Eine Überwindung der Arbeitslosigkeit ist beim Monetarismus nicht automatisch zu erwarten.
- Ein weiterer Einwand bezieht sich auf die politische Ebene. Den Monetaristen wird politische "Naivität" vorgehalten, da es sich keine Regierung in einem demokratisch-parlamentarischen System leisten könne, längere Zeit eine hohe Arbeitslosigkeit zur Inflationsbekämpfung in Kauf zu nehmen. Dies kann jedoch nach Auffassung der Monetaristen der Fall sein, da es einige Zeit dauert, bis sich die Wirtschaftssubjekte in ihren Erwartungen an die mittelfristige Geldmengenexpansion angepaßt haben. Bisher scheint dieses Argument aber kaum eine Rolle zu spielen, da die bestehende hohe Arbeitslosigkeit überwiegend passiv als "Schicksal" hingenommen wird.

Dem Monetarismus kommt das Verdienst zu, das Problem der Inflation und die Inflationsbekämpfung in den Vordergrund gestellt zu haben. Eine Überwindung der Arbeitslosigkeit läßt dieses Konzept nicht erwarten.

5.2.2 Angebotsorientierte Wirtschaftspolitik

Ebenfalls an einer Stärkung des privatwirtschaftlichen Sektors, einem "Mehr-Markt" und "Weniger-Staat", ist das Konzept einer angebotsorientierten Wirtschaftspolitik orientiert. Während für den Bereich der Geldpolitik keine wesentlichen Unterschiede zum Monetarismus bestehen, wird von der staatlichen Finanzpolitik eine Verbesserung der Angebotsbedingungen gefordert. Nicht über die Nachfrageseite, sondern durch eine Beeinflussung der Produktionsbedingungen, primär der Privatinvestitionen, sollen die bestehenden Probleme gelöst werden. Wegen seiner Bedeutung für die praktizierte Beschäftigungspolitik in der Bundesrepublik wird hier kurz das Konzept des "Sachverständigenrats zur Begutachtung der gesamtwirtschaftlichen Entwicklung" (SVR) dargestellt.

Nach Auffassung des SVR geht die seit 1974 bestehende Krise nicht auf ein Nachfragedefizit, sondern auf Störungen der Angebotsbedingungen zurück. Darunter versteht der SVR alles, "was den individuellen Ertrag des Wirtschaftens beeinträchtigt und damit die Neigung oder Fähigkeit zu arbeiten, zu sparen und Risiken zu übernehmen und was die Flexibilität der Reaktionen auf veränderte Bedingungen einschränkt - beides mit dem Ergebnis, daß Produktion und Beschäftigung hinter dem zurückbleiben was möglich und gewünscht ist". (Jahresgutachten 1981, Tz. 296)

Diese Angebotsprobleme führt der SVR primär auf folgende Ursachen zurück:
- Änderung in den außenwirtschaftlichen Rahmenbedingungen;
- staatlich bedingte Angebotshemmnisse;
- Anpassungsprobleme beim Strukturwandel;
- ein zu hohes Reallohnniveau oder zu starre Lohnstruktur sowie
- die Unsicherheit allen Wirtschaftens.

Der SVR fordert eine mittelfristig ausgerichtete und angebotsorientierte Strategie. Zentraler Ansatzpunkt sind Förderung und Steigerung der Investitionen. Die für die Bewältigung des Strukturwandels und die Schaffung von Arbeitsplätzen geforderte Investitionspolitik bedarf einer längeren Zeitspanne, da das Aufspüren neuer Märkte, die Entwicklung neuer Produkte und Produktionsverfahren und die Herstellung neuer Investitionen Zeit brauchen. Eine Angebotspolitik wirkt daher erst mittelfristig.

Außer einer monetaristisch orientierten Geldmengenpolitik richtet sich die Forderung des SVR primär auf zwei Bereiche, die Finanz- und die Lohnpolitik. Staat und Gewerkschaften sind aufgerufen, sich so zu verhalten, daß die privaten Investitionen nicht behindert und Bedingungen für eine forcierte Investitionstätigkeit geschaffen werden.

Die Staatsausgaben sollen sich mittelfristig entsprechend dem Produktionspotential entwickeln. Dieses Prinzip gilt grundsätzlich auch für die Einnahmenseite. Konjunkturbedingte Defizite sollen aber hingenommen werden, um einen prozyklischen Effekt zu vermeiden. Eine Rückführung der Staatsquote hält der SVR für erforderlich, um den Spielraum für privatwirtschaftliche Aktivitäten zu erhöhen.

Eine wichtige Rolle weist der SVR den Löhnen bzw. der Lohnpolitik zu. Er forderte eine (relative) Senkung der Löhne, ein Zurückbleiben der Reallöhne hinter dem Anstieg der Arbeitsproduktivität, um über eine Lohnkostensenkung eine Rentabilitätssteigerung der Investitionen zu erreichen. Sinkende Lohnkosten führen bei gleichbleibender Nachfrage zu steigenden Gewinnen und diese zu mehr Investitionen und Beschäftigung. Außerdem fordert der SVR eine verstärkte Flexibilisierung des Arbeitsmarktes. Davon erwartet er eine "Steigerung der Beschäftigungschancen auch von Arbeitslosen" (Jahresgutachten 1984, Tz. 1987 und 1995, Tz. 358 ff.).

Als Kritikpunkte am Konzept einer angebotsorientierten Wirtschaftspolitik des SVR werden u.a. genannt:
- In der Bundesrepublik hat sich die praktizierte Wirtschaftspolitik zunehmend am Konzept des SVR orientiert. Ein durchschlagender "Erfolg" ist zumindest für den Abbau der Arbeitslosigkeit bisher nicht festzustellen
- Der vom SVR unterstellte Zusammenhang von Reallohnhöhe und Beschäftigung ist theoretisch und empirisch umstritten. Der unterstellte positive Nachfrageeffekt einer (relativen) Lohnsenkung basiert auf einer recht optimistischen Einschätzung der Nachfrageentwicklung, deren Realitätsbezug begrenzt ist. Daher erscheint es zumindest fraglich, ob durch Lohnzurückhaltung die Beschäftigung zunimmt. Umstritten bleibt auch die Forderung einer stärkeren Differenzierung der Lohnstruktur sowie einer größeren Flexibilisierung des Arbeitsmarktes.
- Eine Schwäche besteht in dem angenommenen Zusammenhang einer Gewinnsteigerung durch Kostensenkung und der dadurch bedingten Zunahme der Investitionen. Die These, daß der Gewinn die Investition bestimme, unterliegt Einschränkungen, da es auch andere Investitionsdeterminanten gibt (z.B. Halten des Marktanteils, Verbesserung der Wettbewerbsposition). Ein Unternehmen investiert außerdem trotz höheren Gewinns nicht zusätzlich, wenn es die erhöhte Produktion nicht absetzen kann.
- Die mittelfristige Orientierung der Angebotspolitik impliziert die Hinnahme einer längeren hohen Arbeitslosigkeit. Die Aufrechterhaltung einer mittelfristigen Politik kann in einer parlamentarischen Demokratie zu einem Problem werden, da in ihr eine eher kurzfristige Orientierung von Regierung und Parteien vorherrscht (Wahlen).

Die angebotsorientierte Strategie des SVR bildet eine begründete und ausformulierte Alternative zur keynesianischen Globalsteuerung. Sie wurde und wird von der Politik und weiten Teilen der Öffentlichkeit übernommen und vertreten. Die Wirksamkeit des Vorschlages "Mehr Markt" bleibt wegen empirischer Schwächen, mangelnder Aussagefähigkeit der theoretischer Basis und möglicher politischer Probleme beschränkt.

5.3 Alternative Wirtschafspolitik

Seit 1975 veröffentlicht eine Gruppe von Ökonomen jährlich erscheinende Memoranden. Ziel dieser Gruppe ist die Entwicklung eines Alternativkonzepts zum SVR, in dem nicht eine Verstärkung des Marktmechanismus propagiert wird, sondern für die Wirtschaftspolitik kurzfristig eine sozialorientierte, politisch durchsetzbare Vollbeschäftigungsstrategie vorgeschlagen und langfristig eine demokratische "Neuordnung der Wirtschaft" gefordert werden. Nach Auffassung der Memorandengruppe ist die Krisenentwicklung markt- und profitgesteuerten Wirtschaftssystemen immanent. Diese Krisenhaftigkeit wird auf ein Nachfragedefizit zurückgeführt, das aus dem Auseinanderfallen der Entwicklung von Produktionskapazitäten und Gesamtnachfrage folgt.

Da die Vorschläge der Memorandumgruppe in der praktizierten Wirtschafts- und Beschäftigungspolitik bisher keine Rolle spielten, wird hier nicht darauf eingegangen (vgl. hierzu z.B. Hardes u.a. 1995, 266 ff.)

5.4 Neuere Überlegungen über eine umfassende Stabilitätspolitik

Sowohl die konzeptionellen Schwächen als auch die empirischen Begrenzungen der Wirksamkeit der einzelnen Strategien haben zu Annäherungen zwischen den nachfrage- und angebotsorientierten Konzeptionen geführt: "Inzwischen gibt es in der wirtschaftswissenschaftlichen Diskussion in wichtigen Bereichen einen Annäherung der Positionen, einerseits aufgrund einer Desillusionierung über die Möglichkeiten der Angebotspolitik, andererseits aufgrund von Veränderungen in der keynesianischen Position." (Kromphardt 1992, 229 ff.)

Diese Annäherungen betreffen vor allem die Rolle des Staates. So sollen die Fiskal- und Geldpolitik nicht mehr primär kurzfristig antizyklisch, sondern mittelfristig verstetigt werden. Bei der Fiskalpolitik sind danach die staatlichen Ausgaben mittelfristig zu orientieren und unabhängig von den Einnahmen stetig zu tätigen. Auf der Einnahmenseite beinhaltet das Verstetigungspostulat, daß keine antizyklische Variation der Steuersätze erfolgen soll, konjunkturbedingte Steuerminder- und -mehreinnahmen aber hinzunehmen sind.

Für die Geldpolitik besteht ebenfalls weitgehende Einigkeit zwischen Vertretern der Neoklassik und des Keynesianismus hinsichtlich einer mittelfristigen Verstetigung. Die theoretischen Begründungen sind natürlich unterschiedlich. So übt eine verstetigte Geldmengenentwicklung nach neoklassischer Auffassung keinen störenden Einfluß auf den stabilen privaten Sektor auf. Nach keynesianischer Sicht impliziert sie antizyklische Momente, da eine stetige Geldmengenentwicklung in der Rezession einen niedrigen Zinssatz und im Boom einen hohen Zinssatz zur Folge hat.

Hinsichtlich der Lohnpolitik bestehen zwischen beiden Richtungen weiterhin erhebliche Unterschiede. Für die Neoklassiker spielen die Löhne insofern keine Rolle, da sie als flexibel betrachtet werden. Im neoklassischen Konzept richten sich die lohnpolitischen Vorschläge auf eine Deregulierung des Arbeitsmarktes, um die Lohnflexibilität zu erhöhen. Dagegen steht bei den (Post-)Keynesianern die Begründung starrer Löhne aus ökonomischen Rationalitätsüberlegungen im Mittelpunkt. In diesem Fall bleiben nach unten flexible Löhne unwirksam und erhöhen die Beschäftigung nicht. Keine expansive Lohnpolitik, sondern eine Orientierung der Löhne an der Produktivität und den "unvermeidlichen" Preissteigerungen fordern auch keynesianisch orientierte Autoren.

Die konstatierte Annäherung zwischen neoklassichen und keynesianischen Positionen betrifft also primär die staatliche Wirtschaftspolitik. Die unterschiedlichen Auffassungen über die Stabilität oder Instabilität des privaten Sektors setzen Grenzen für eine Annäherung.

6. Praktizierte Beschäftigungspolitik

Welche Bedeutung hatten bzw. haben die stabilitätspolitischen Konzepte für die in praxi betriebene Politik? Unter dieser Fragestellung läßt sich die Wirtschaftsgeschichte der Bundesrepublik grob in drei Phasen unterscheiden:
- von der Währungsreform 1948 bis zur Krise 1967;
- von der Wiederherstellung der Vollbeschäftigung 1967/68 bis 1973 und
- seit 1974 als Phase mit hoher Arbeitslosigkeit und teilweisem Vorhandensein stagflationärer Tendenzen.

In der ersten Phase gab es keine direkte Beziehung zwischen wirtschaftswissenschaftlichen Konzepten und praktizierter Wirtschaftspolitik. Indirekt war die Geld- und Finanzpolitik am traditionellen neoklassischen Denkmuster orientiert. Der Staat betrieb keine Konjunkturpolitik, sondern war weitgehend konjunkturpolitisch abstinent. Eine Förderung der privaten Investition zur Forcierung des Wirtschaftswachstums und zur Verringerung der hohen Arbeitslosigkeit in den fünfziger Jahren fand durch Steuer- und Abschreibungserleichterungen statt. Diese Investitionspolitik war längerfristig orientiert. Die Geldpolitik entsprach dem traditionellen Muster einer Zins- und Liquiditätspolitik; oberste Priorität hatte die Preisniveaustabilität.

Mit der Krise 1967 fand ein "Paradigmenwechsel" in der offiziellen stabilitätspolitischen "Philosophie" statt. Mit der Verabschiedung des Stabilitätsgesetzes und seiner Anwendung dominierte die traditionelle keynesianische Globalsteuerung. Zur Überwindung der Rezession von 1967 wurden zwei Konjunkturprogramme eingesetzt. Das Schwergewicht lag auf der Staatsausgabenseite, vor allem im Hoch- und Tiefbau.

Mit der zunehmenden Inflation zu Beginn der siebziger Jahre ergriff die damalige Bundesregierung eine Reihe von Maßnahmen zur Dämpfung der gesamtwirtschaftlichen Nachfrage (z.B. den rückzahlbaren Konjunkturzuschlag von 1970). Diese, der keynesianischen Denkweise entstammenden Maßnahmen, hatten keine große Wirksamkeit, da sie relativ gering dimensioniert waren und durch Einsprüche und Einwände von seiten der Verbände "verwässert" wurden. Die damals betriebene Geldpolitik entsprach ebenfalls dem keynesianischen Konzept der Globalsteuerung: Sie war weitgehend Zinspolitik und unterstützte die im Vordergrund stehende Fiskalpolitik. Probleme ergaben sich für die Geldpolitik bei der Inflationsbekämpfung Anfang der siebziger Jahre aus der internationalen Verflechtung.

Eine Wende der konjunkturpolitischen Rahmenbedingungen trat mit der weitgehenden Freigabe der Wechselkurse im März 1973 und der drastischen Ölpreissteigerung Ende 1973 ein. Die Wechselkursfreigabe stellte die Handlungsfähigkeit der Bundesbank wieder her, da die Interventionspflicht am Devisenmarkt entfiel. Die Ölpreisexplosion konfrontierte die Bundesrepublik ebenso wie die anderen Länder mit dem Stagflationsproblem, dem gleichzeitigen Bestehen von Inflation und Arbeitslosigkeit. Die Änderung der Rahmenbedingungen und die stagflationäre Entwicklung bewirkten bei der Bundesbank 1974 eine Abkehr von einer keynesianisch orientierten Geldpolitik und die weitgehende Übernahme des monetaristischen Konzepts. Die Geldmenge rückte als zentrale Steuerungsvariable in den Vordergrund. Die Bundesbank verkündet seitdem für jeweils ein Jahr im voraus eine Bandbreite für die Geldmengenexpansion. Im Mittelpunkt der Geldpolitik steht die Bekämpfung der Inflation. Die Bundesbank hat ihre monetaristisch orientierte Geldpolitik in einer pragmatischen Form betrieben, kurzfristige Abweichungen vom Geldmengenziel wurden toleriert. Die Geldpolitik der Bundesbank trug sicherlich erheblich zur Begrenzung der Inflation nach den beiden Ölpreissteigerungen und zur Rückkehr zur Preisniveaustabilität bei. Das Beschäftigungsziel blieb zweitrangig und die Arbeitslosigkeit seit 1974 hoch. Diese Entwicklung steht im Einklang mit dem Monetarismus: Er bietet ein Konzept für die Inflationsbekämpfung, er beinhaltet aber keine Theorie der Beschäftigungspolitik.

Die Fiskalpolitik hat auf die Entwicklungen seit 1974 mit einer Anzahl an Programmen und Maßnahmen reagiert, die z.T. arbeitsmarktpoltitischer, z.T. beschäftigungspolitischer Art waren. Den ergriffenen Maßnahmen werden nur geringe bzw. teilweise sogar kontraproduktive Beschäftigungswirkungen zugerechnet.

Die beschäftigungspolitischen Aktivitäten der Fiskalpolitik von 1977 bis Anfang der achtziger Jahre werden als verstetigte Wachstums- und Strukturpolitik charakterisiert.

Dem erneuten Anstieg der Arbeitslosigkeit 1980 begegnete die Bundesregierung nicht mehr mit Beschäftigungsprogrammen keynesianischer Art. Wegen der enormen Zunahme der Staatsverschuldung versuchte sie durch Ausgabenkürzungen sowie durch Steuer- und Beitragserhöhungen den drastischen Anstieg der öffentlichen Verschuldung zu verringern. Erst Anfang 1982 ergriff der Bund wieder beschäftigungspolitische Maßnahmen.

Auf welchem Konzept basierte die Beschäftigungspolitik seit 1974? Sie ist durch eine zunehmende Abkehr von der keynesianischen Globalsteuerung und eine zunehmende Hinwendung zu einer angebotsorientierten Wirtschaftspolitik gekennzeichnet. Die ersten Reaktionen auf die Krise von 1974 entsprachen noch weitgehend dem keynesianischen Muster: Unterbrochen durch Konsolidierungsmaßnahmen, die aus keynesianischer Sicht eine prozyklische und somit krisenverschärfende Politik zur Folge hatten, fand bis Anfang der achtziger Jahre eine immer ausgeprägtere Akzentverschiebung zu einer Angebotsorientierung der Wirtschaftspolitik statt, die eine Stärkung der Privatnachfrage und dabei vor allem der privaten Investitionen zum Ziel hatte. Seit Beginn der CDU-FDP-Koalition dominiert die angebotsorientierte Wirtschaftspolitik auf neoklassischer Grundlage.

7. Zusammenfassung

Für die Beschäftigungsentwicklung in der Bundesrepublik ist festzustellen, daß Phasen der Vollbeschäftigung mit Phasen der Arbeitslosigkeit abwechselten. Die Erklärungen über die Ursachen der Arbeitslosigkeit unterscheiden sich, sind aber im wesentlichen auf die neoklassische oder die Keynes'sche Theorie zurückzuführen. Je nach Erklärung divergieren auch die beschäftigungspolitischen Konzepte: "Mehr Markt und weniger Staat" konkurriert mit "Mehr Staat und weniger Markt". Die praktizierte Beschäftigungspolitik folgte im Zeitablauf unterschiedlichen Konzepten.

Literatur

Berger, J. 1979: Der Grundgedanke der Marx'schen Krisentheorie. In: Alternative Wirtschaftspolitik. Argument Sonderband AS 35, Berlin, 120 ff.

Bombach, G.; Gahlen, B.; Ott, A. E. (Hg.) 1987: Arbeitsmärkte und Beschäftigung. Fakten, Analysen, Perspektiven. Tübungen.

Buttler, F.; Kühl, J.; Rahmann, B. (Hrsg.) 1985: Staat und Beschäftigung. Beiträge zur Arbeitsmarkt- und Berufsforschung 88. Nürnberg.

Engelen-Kefer, U.u.a. 1995: Beschäftigungspolitik, 3. Aufl., Köln.

Franz, W. 1989: Stabilisierungspolitik am Ende der achtziger Jahre. Eine Standortbestimmung aus makrotheoretischer und wirtschaftspolitischer Sicht. In: Konjunkturpolitik, 35. Jg., 22 ff.

Hardes, H.-D.; Kroll, G.-J.; Rahmeyer, F.; Schmid, A. 1995: Volkswirtschaftslehre - problemorientiert, 19. Aufl., Tübingen.

Issing, O. 1992: Einführung in die Geldpolitik. 4. Aufl. München.

Jahresgutachten des Sachverständigenrats zur Begutachtung der gesamtwirtschaftlichen Entwicklung, verschiedene Jahrgänge.

Kromphardt, J. 1992: Plädoyer gegen die Reduzierung von Beschäftigungspolitik auf Arbeitsmarktpolitik, Mitteilungen aus der Arbeitsmarkt- und Berufsforschung, 25. Jg., 221 ff.

Krupp, H.-J.; Rohwehr, B.; Rothschild, K. W. (Hrsg.) 1986: Wege zur Vollbeschäftigung. Freiburg.

Matzner, E.; Kregel, J.; Roncaglia, A. (Hrsg.) 1987: Arbeit für alle ist möglich. Berlin.

Memorandum der Arbeitsgruppe Alternative Wirtschaftspolitik, verschiedene Jahrgänge.

Neumann, M. 1983: Neoklassik. In: Wirtschaftswissenschaftliches Studium (WiSt), 12. Jg., 617 ff.

Samuelson, P. A.; Nordhaus, W. 1987: Volkswirtschaftslehre, Bd. 1. Köln.

Schmid, A. 1984: Beschäftigung und Arbeitsmarkt. Frankfurt.

Wirtschafts- und Sozialwissenschaftliches Institut der Gewerkschaften 1987: Perspektiven der Vollbeschäftigung. Köln.

Einkommensverteilung

Heinz-Dieter Hardes

1. Einführung: Grundbegriffe

Empirische wie theoretische Ausführungen zur Einkommensverteilung bedürfen zunächst einer begrifflichen Klärung: Zu unterscheiden sind
- die funktionelle und die personelle Verteilung,
- die primäre versus sekundäre Einkommensverteilung.

Die *primäre Einkommensverteilung* betrifft im besonderen die Struktur der Bruttoeinkommen vor staatlichen Maßnahmen der Umverteilung. Hierzu werden vielfach Daten von aggregierten Einkommensquoten, z.b. gesamtwirtschaftliche Lohnquoten, verwendet, die im Rahmen der Volkswirtschaftlichen Gesamtrechnung (VGR) des Statistischen Bundesamtes in regelmäßigen Zeitabständen ermittelt und verfügbar gemacht werden. Wegen der kurzfristigen Verfügbarkeit der aggregierten Verteilungsquoten dienen diese vor allem in den Tarifverhandlungen um Lohnerhöhungen und Arbeitszeitregelungen als eine grundlegende argumentative Basis. Die aggregierten Verteilungsquoten der Bruttoeinkommen sind dem Begriff der *funktionellen Einkommensverteilung* zuzuordnen, die im folgenden Teilabschnitt 2.1 dargestellt wird.

Demgegenüber meint der Begriff der *personellen Verteilung* die Verteilung von Brutto- oder verfügbaren Nettoeinkommen nach Personen- oder Haushaltsgruppen. Die personelle Verteilung betrifft die internen Strukturen von aggregierten Einkommensgrößen, differenziert nach Haushalten (Personen) oder verschiedenen sozialen Gruppen; die Aussagen beschreiben, wie ungleichmäßig die Einkommensgrößen zwischen verschiedenen Haushalten oder Personengruppen verteilt sind. Empirische Daten hierzu erfordern größere Erhebungsaufwendungen, zumal die Auskunftsbereitschaft vieler Personen (Haushalte) zur Höhe der eigenen Einkommen in der Regel begrenzt sein dürfte. Im Abschnitt 2.2 werden ausgewählte Aspekte der Verteilung von Erwerbs- und Vermögenseinkommen nach Haushalten und sozialen Gruppen behandelt; darunter auch die Unterschiede zwischen Haushalten in den alten und neuen Bundesländern.

Der letzte Abschnitt wird Merkmale der *sekundären Einkommensverteilung* darstellen, der Verteilung verfügbarer Nettoeinkommen *nach* Maßnahmen staatlicher Umverteilung über Steuern und Abgaben einerseits und Transferleistungen der Sozialversicherungen bzw. öffentlicher Organisationen andererseits. Ausgewählte Bereiche der staatlichen Umverteilung werden behandelt, darunter Fragen der steuerlichen Umverteilung und der Sozialtransfers (Abschnitt 3).

2. Zur Verteilung der Einkommen in Deutschland

2.1 Funktionelle Einkommensverteilung

Gesamtwirtschaftliche Verteilungsmaße, darunter die Lohnquoten, bilden häufig die Bezugsbasis makroökonomischer Analysen zur Einkommensverteilung. Die *Lohnquote* gilt als ein aggregierter Maßstab der relativen Einkommensposition von Erwerbseinkünften aus unselbständiger Arbeit. Ein Anstieg der Lohnqote, wie er in Deutschland (West) seit den 50er/60er Jahren zu beobachten ist (vgl. Tab. 1), mag daher zunächst als Erfolg der

Lohnpolitik gedeutet werden. Denn im Grundsatzprogramm der DGB-Gewerkschaften (1981) heißt es: „Die gegenwärtige Einkommens- und Vermögensverteilung ist ungerecht. Deshalb kämpfen die Gewerkschaften um einen gerechten Anteil der Arbeitnehmer am Ertrag ihrer Arbeit. Der Umfang der Beteiligung der Arbeitnehmer am Ergebnis der wirtschaftlichen Tätigkeit ist ein wesentlicher Maßstab für die soziale Gerechtigkeit ... Der Anteil der Arbeitnehmer am Ertrag der Wirtschaft muß erhöht werden..."

Die Interpretation der empirischen Entwicklung der Lohnquote als Ausdruck eines allgemeinen Ziels der gewerkschaftlichen Tarifpolitik begegnet allerdings bei näherer Analyse erheblichen Einwendungen.

Zur Definition: Die Lohnquote mißt den Anteil sämtlicher Einkommen aus unselbständiger Arbeit (Bruttoentgelte inklusive Sozialbeiträge und zusätzliche Sozialleistungen der Arbeitgeber). Basisgröße bildet das Volkseinkommen, die Summe aller gesamtwirtschaftlichen Faktoreinkommen. Nach der VGR läßt sich das Volkseinkommen in drei aggregierte Einkommensarten zerlegen, die Einkommen aus unselbständiger Tätigkeit sowie die Einkommen aus Unternehmertätigkeit und Vermögen. Die Definition der Lohnquote enthält die relative Einkommensposition der Bruttoeinkommen aus unselbständiger Tätigkeit, wie durch die folgende Umformung gezeigt werden kann:

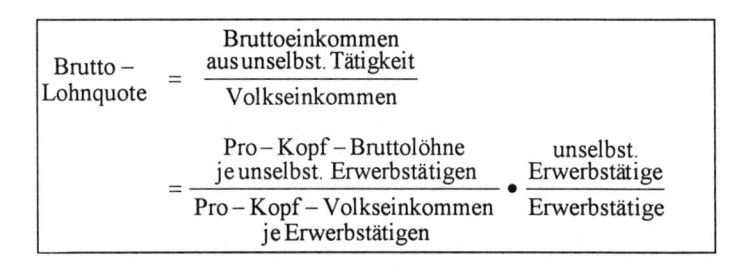

$$\text{Brutto-Lohnquote} = \frac{\text{Bruttoeinkommen aus unselbst. Tätigkeit}}{\text{Volkseinkommen}}$$

$$= \frac{\text{Pro-Kopf-Bruttolöhne je unselbst. Erwerbstätigen}}{\text{Pro-Kopf-Volkseinkommen je Erwerbstätigen}} \cdot \frac{\text{unselbst. Erwerbstätige}}{\text{Erwerbstätige}}$$

Die Umformung macht allerdings deutlich, daß die Entwicklung der Lohnquoten die relative Einkommensposition der unselbständig Erwerbstätigen (1. Faktor der vorstehenden Gleichung) nur dann korrekt mißt, wenn die Strukturanteile der Unselbständigen (2. Faktor) sich im Zeitverlauf nicht ändern. Diese Bedingung war in der Nachkriegsperiode in Deutschland jedoch nicht erfüllt. Im langfristigen Zeitverlauf hat sich vielmehr die Erwerbstätigenstruktur verändert, da die Selbständigenquote sich erheblich reduziert hat. Bedingt durch den langfristigen Strukturwandel (relativer Rückgang der Selbständigen, relativer Anstieg der Unselbständigen) überzeichnet folglich die Entwicklung der gesamtwirtschaftlichen Lohnquote die Veränderungen der relativen Einkommensposition, der Pro-Kopf-Einkommen der Arbeitnehmer.

Um den Verzerrungseffekt durch den langfristigen Strukturwandel rechnerisch zu korrigieren, werden zwei bereinigte Quoten ermittelt: Die *bereinigte Bruttolohnqote* beschreibt die Entwicklung der relativen Pro-Kopf-Einkommen aus unselbständiger Tätigkeit bei rechnerischer Korrektur des Strukturwandeleffekts der Erwerbstätigen (durch Multiplikation des zweiten Faktors in der umgeformten Gleichung mit dessen Kehrwert).

Ähnlich wird bei der *Arbeitseinkommensquote* verfahren, bei der rechnerische Entgelte für die Arbeitsleistung von Selbständigen zu den Bruttolohneinkommen addiert werden, um den Anteil aller Bruttoeinkommen des Faktors Arbeit am Volkseinkommen zu messen. In vereinfachter Zurechnung wird ein kalkulatorischer Pro-Kopf-Lohn als Arbeitseinkommen je Selbständigen eingesetzt. Die bereinigten Quoten weisen somit - nach ähnlichen Verfahren des rechnerischen Ausgleichs der Verzerrungseffekte durch den Strukturwandel der Erwerbstätigen - die relative Einkommensposition der gesamtwirtschaftlichen Arbeitseinkommen aus. Die Entwicklung beider bereinigter Quoten verläuft parallel zueinander.

Ein weiterer Vorbehalt betrifft die *Querverteilung* der Einkommensarten. Selbständige erzielen teils Arbeitseinkünfte, Arbeitnehmer auch Einkommen aus Vermögen (Zinserträge, Einkünfte aus Grundvermögen). Nur bei fiktiver Annahme konstanter Anteile der Komponenten der Querverteilung kann letztlich aus der Entwicklung der bereinigten Quoten der Lohn- bzw. Arbeitseinkommen auf die relative Einkommensposition der Arbeitnehmer bzw. der Arbeitseinkommen geschlossen werden. Somit sind einschränkende Vorbehalte zu beachten, wenn die Entwicklung der Verteilungsquoten als relevante Indikatoren der Lohnpolitik interpretiert werden. Die bereinigten Verteilungsquoten der Lohn- bzw. Arbeitseinkommen in Deutschland deuten demnach im längerfristigen Zeitvergleich über drei Jahrzehnte (zwischen 1960 und 1990) nicht auf globale Umverteilungstrends der relativen Pro-Kopf-Einkommen des Produktionsfaktors Arbeit. Dem relativen Anstieg der durchschnittlichen Arbeitseinkommen im Verlauf der 60er und 70er Jahre folgte ein Rückgang in den 80er Jahren. Die verteilungsaktive Lohnpolitik der Gewerkschaften konnte - u.a. bedingt durch die hohe Arbeitslosigkeit der 80er Jahre - einen längerfristigen Trend zur Umverteilung des Volkseinkommens nicht durchsetzen.

Tab. 1: Entwicklung der Lohnquoten, BRD, West, 1960-1993

	Brutto-lohnquoten	bereinigte Brutto-lohnquote	Quote der Arbeitseinkommen
1960	60,1	60,1	77,9
1970	68,0	62,9	81,5
1980	75,8	66,2	85,5
1990	69,9	60,1	77,9
1993	72,1	62,4	80,8

Quelle: SVR 1994/95, Tab. 24; 21*, 29*

Weitere Komponenten des Volkseinkommens bilden verschiedene Arten von *Vermögenseinkommen*, insbesondere der Einkommen aus Geldvermögen sowie aus Grund- und Wohnungsvermögen. Die empirische Entwicklung der privaten Vermögenseinkommen zeigt in Deutschland (West) einen längerfristigen stetigen Anstieg. Rund ein Zehntel des gesamten Volkseinkommens entfiel Mitte der 90er Jahre auf Einkünfte aus Geld- und Grundvermögen (inkl. Gebäude). Die gestiegenen privaten Vermögenseinkommen sind vor allem ein Reflex des erheblichen Anstiegs der Geldvermögensbestände bei privaten Haushalten. Andererseits resultieren negative Salden der staatlichen Vermögenseinkommen aus den gestiegenen Zinszahlungen für die öffentliche Verschuldung.

Als verteilungspolitische Schlüsselkomponente gilt ferner das Bruttoeinkommen aus Unternehmertätigkeit, darunter - nach Abzug der kalkulatorischen Arbeitsentgelte der Selbständigen, die zu den Arbeitseinkommen gezählt werden - die als Restgröße geschätzten aggregierten *Gewinneinkommen* der Unternehmen. Die Quoten der Gewinneinkommen der westdeutschen Unternehmen verliefen in zyklischen Schwankungen - mit einem leichten Trend zur Reduktion seit der ersten Hälfte der 60er Jahre.

Tab. 2: *Quoten der Gewinn- und Vermögenseinkommen (in v.H. des Volkseinkommens), BRD, West, 1960-93*

	Bruttoeinkommen aus UuV[1]	Gewinneinkommen Unternehmen	Vermögenseinkommen Priv. HH	Staat
1960	39,1	17,9	3,3	0,9
1970	32,0	13,0	5,1	0,4
1980	24,2	8,9	6,4	1,0
1990	30,1	14,7	8,8	-1,5
1993	27,9	11,9	9,5	-2,2

[1] Bruttoeinkommen aus Unternehmertätigkeit und Vermögen
Quelle: SVR 1994/95, Tab., 24, 29*

Im Zusammenhang mit dem Verlauf der Konjunktur interessieren zudem die zyklischen Veränderungen der Verteilungsquoten: Die Entwicklung der relativen Arbeitseinkommen verlief eher in *antizyklischen* Schwankungen, mit zeitlichen Verzögerungen gegenüber den konjunkturellen Zyklen („Lohn-Lag"). Stärker noch als die überwiegend kontraktbestimmten Veränderungen der Arbeitseinkommensquote schwankte kurzfristig die Quote der Unternehmensgewinne, entsprechend deren Charakter als Residualgröße. Die empirischen Zusammenhänge lassen *prozyklische* Schwankungen der Gewinneinkommen erkennen, mit geringem Vorlauf zu den konjunkturellen Veränderungen in der Auslastung des gesamtwirtschaftlichen Produktionspotentials (vgl. Abb. 1)

2.2 Aspekte der personellen Einkommensverteilung

Die personelle Einkommensverteilung beschreibt, wie unterschiedlich die Einkommen nach Haushalten oder sozialen Gruppen verteilt sind. Unabhängig von den Arten und den Quellen der Einkünfte werden die Gesamteinkommen der Haushalte ermittelt. Im Vordergrund steht somit die Bezugsgröße der Haushalte als relevante Einheiten der Einkommensverwendung; gefragt wird nach Unterschieden der Bruttoeinkommen oder der verfügbaren Nettoeinkommen von Haushalten (Haushaltsgruppen).

Als typisches Merkmal gilt die rechtschiefe Struktur der Häufigkeitsverteilungen von Haushaltseinkommen (vgl. Abb. 2). Die Schichtung (relative Häufigkeit) der Einkommen (Brutto- oder Nettoeinkommen) - nach Größenklassen geordnet - entspricht in der Regel nicht einer Normalverteilung, sondern einer *rechtschiefen* Verteilungskurve, bei der die Häufigkeiten in den unteren Einkommensklassen höher sind. Umgekehrt sind die Streuungsmaße der Einkommen eher größer in den höheren Klassen - rechts vom Einkommen mit der größten Häufigkeit (dem Modalwert der Verteilungskurve). Mit anderen Worten: Die Besetzungshäufigkeit der Haushaltseinkommen konzentriert sich relativ stärker im

Bereich der unteren Hälfte der Größenskala, während die obere Hälfte der Einkommen ungleicher über die Größenklassen (der Abszisse) verteilt ist.

Abb. 1:

Zyklische Verläufe der aggregierten Quote der Gewinneinkommen (GEQ) und der Konjunkturentwicklung (PPOT), Deutschland, West, 1960-1993

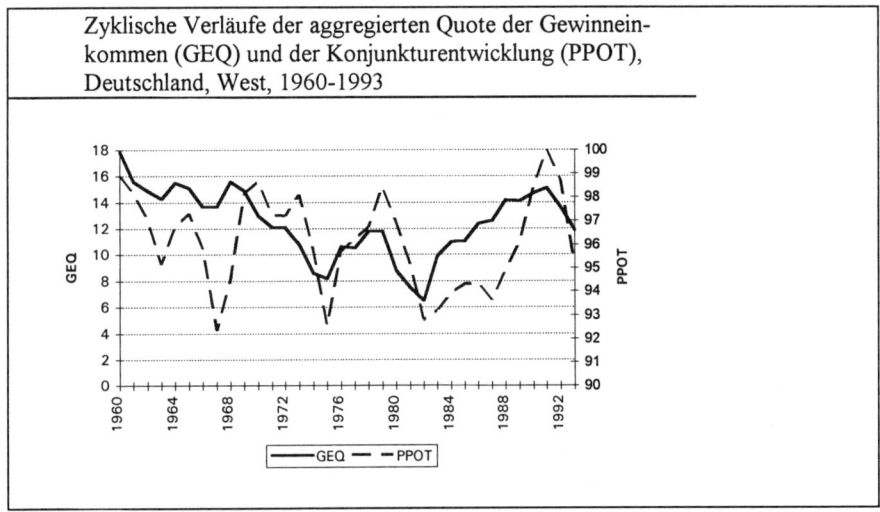

Quelle: SVR 1994/95

Abb. 2:

Typische Häufigkeitsverteilung der Haushaltseinkommen nach Größenklassen

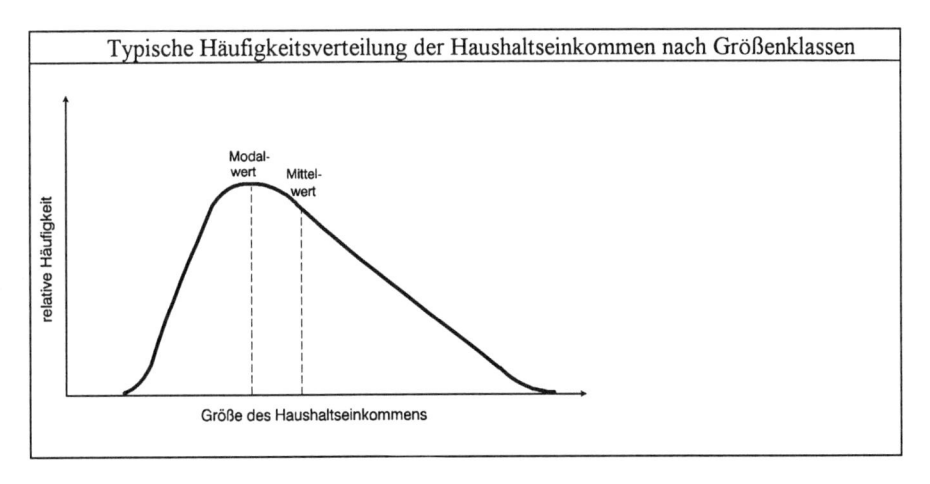

Das Merkmal der rechtsschiefen Häufigkeitsverteilungskurve kann im folgenden mit einem anderen Merkmal verknüpft werden, einer in längerfristigen Zeiträumen relativ stabilen Rangfolge der durchschnittlichen Haushaltseinkommen nach sozialen Gruppen. Die Zuordnung nach Haushaltsgruppen erfolgt dabei nach dem jeweiligen Hauptverdiener des Haushalts. Im allgemeinen gilt: Je höher das Durchschnittseinkommen einer sozialen Gruppe von Haushalten ist, desto größer wird die Streuung der Einkommen innerhalb der sozialen Gruppe sein, weil die Mehrzahl der Haushalte im rechtsschiefen Bereich der Häufigkeitsverteilung oberhalb des Modalwerts der Verteilungskurve angesiedelt ist.

In den 90er Jahren gehörten knapp 7 % der Haushalte in Westdeutschland zur Gruppe der *Selbständigen* (exkl. Landwirte). Das verfügbare Nettoeinkommen lag etwa um das dreifache höher als der Durchschnittsbetrag aller Haushalte, mit größerer Streuung in der internen Struktur der Selbständigen-Haushalte.

Die Einkommen der *Landwirte* blieben demgegenüber im Verlauf der 90er Jahre relativ zurück.

Die Haushalte von Arbeitnehmern umfaßten etwa 50 % aller westdeutschen Haushalte. Die verfügbaren Haushaltseinkommen der *Beamten* lagen vor denen der *Angestellten*, letztere vor denen der *Arbeiter*. Die Mehrheit der Beamten- und Angestelltenhaushalte war rechts des Modalwerts der Häufigkeitsverteilung angesiedelt mit relativ größerer Streuung, während die verfügbaren Haushaltseinkommen der Arbeiter häufiger und konzentrierter um den Modalwert der Einkommensskala lagen.

Zwei Fünftel aller westdeutschen Haushalte gehörten zur Gruppe von Nicht-Erwerbstätigen. Deren verfügbares Haushaltseinkommen war überwiegend in der unteren Hälfte der Einkommensskala einzuordnen, im Durchschnitt die Einkommen der *Rentner/Pensionäre* höher als die Einkommen der Haushalte von *Arbeitslosen*.

Die beschriebene Rangskala der durchschnittlichen Haushaltseinkommen der vorgenannten sozialen Gruppen in Westdeutschland blieb im Zeitverlauf seit den 80er Jahren relativ stabil. Konzentrationsprozesse bei den Selbständigen (Ausscheiden sog. „Grenzunternehmer") haben den Vorsprung der Haushalte von Selbständigen erhöht, während die Einkommen der landwirtschaftlichen Haushalte in den 90er Jahren sich eher ungünstig entwickelt haben (vgl. DIW-Wochenbericht 18/1995, 357 f.).

Tab. 3: Rangfolge der durchschnittlichen Haushaltseinkommen, BRD,West, 1992

	Bruttoeinkommen aus Erwerbstätigkeit und Vermögen		Verfügbares Nettoeinkommen	
	DM/Monat	Rang	DM/Monat	Rang
Selbständige (exkl. Landwirte)	18.066	1	14.865	1
Landwirte	7.473	4	5.225	4
Angestellte	8.873	2	5.387	3
Beamte	7.833	3	6.272	2
Arbeiter	7.221	5	4.408	5
Rentner/Pensionäre	1.476	6	3.455	6
Arbeitslose	1.190	7	2.600	7
alle Haushalte	5.872	•	4.946	•

Quelle: DIW-Wochenbericht 45/1994

Beim Einkommensvergleich zwischen den sozialen Gruppen ist zu berücksichtigen, daß die Zahl der zu versorgenden Personen je Haushalt sich unterscheidet. Bei *bedarfsbezogener* Betrachtungsweise verringern sich die Abstände der Haushalte der Selbständigen etwas, während sich die Position der Rentnerhaushalte verbessert. Ferner ist beim Vergleich der sozialen Gruppen zu beachten, daß Selbständige vielfach erhebliche Teile ihres verfügbaren Einkommens zur Finanzierung ihrer *Vorsorgeleistungen* verwenden, wodurch im allgemeinen die Sparquote der Selbständigen-Haushalte überproportional höher sein mag.

Andererseits wird durch die höheren verfügbaren Haushaltseinkommen und die höheren Sparquoten die Bildung von *Geldvermögen* noch stärker nach sozialen Gruppen differieren, so daß die Haushalte der Selbständigen vielfach höhere *Vermögenseinkommen* erzielen.

Die Disparitäten in der Verteilung der Vermögenseinkommen werden höher als die der Erwerbseinkommen sein - zum einen wegen der hohen Konzentration der Vermögensbestände, zum anderen weil die Anteile hoch verzinslicher Geldanlagen mit größerem Vermögen zunehmen (vgl. Wirtschaft und Statistik 5/1995, 394 f.; DIW-Wochenbericht 25/1995, 439 ff.). Im Trendvergleich sind dadurch die Vermögenseinkommen der Haushalte der Selbständigen und der höheren Einkommensbezieher überproportional gestiegen.

Andererseits ist die Zahl der Haushalte von Nicht-Erwerbstätigen langfristig gestiegen. Die relative Einkommensposition von *Arbeitslosen-Haushalten* hat sich im Verlauf der 80er Jahre verschlechtert. Diese Gruppe befindet sich am Ende der Rangfolge der Haushaltsgruppen (vgl. Tab. 3.).

Unter den beschäftigten Arbeitnehmern ist der Anteil von Frauen deutlich gestiegen. Mitte der 90er Jahre bezogen die unselbständig beschäftigten *Frauen* in Westdeutschland ca. 35 v.H. aller Bruttolöhne, während der Anteil an den Beschäftigten fast 45 v.H. betrug. Aus dem geringeren Einkommensanteil - im Vergleich zu dem der Beschäftigten - kann folglich auf erhebliche Lohndifferentiale nach Geschlechtern geschlossen werden. Arbeitnehmerinnen verdienten im Durchschnitt rd. 30 v.H. weniger als männliche Arbeitnehmer. Die relative Lohnposition der Frauen hat sich seit 1980 in Westdeutschland nur wenig verbessert (DIW-Wochenbericht 38/1994, 654 f.). Der höhere Anteil weiblicher Teilzeitbeschäftigter kann die relative Einkommensposition nur zum Teil erklären. Vor allem für weibliche Angestellte besteht nach wie vor eine größere Einkommensdifferenz.

Während der größte Teil der weiblichen Arbeitnehmer in Haushalten mit zwei erwerbstätigen Partnern lebte, hat der Anteil der Haushalte mit weiblichen Bezugspersonen - alleinstehenden und alleinerziehenden Frauen - zugenommen. Deren Einkommensposition blieb deutlich hinter der der Haushalte mit männlichen Bezugspersonen zurück, allerdings bei geringerer Zahl der durchschnittlich zu vesorgenden Personen (ebd., 653 ff.).

Die bisherigen Analysen beschränkten sich auf Westdeutschland. Die relative Einkommensposition der Haushalte in den neuen Bundesländern bildet seit der nationalen Vereinigung ein aktuelles Verteilungsproblem - wegen der starken Unterschiede im Vergleich zu Westdeutschland. Deshalb soll hier eine knappe Analyse der Haushaltseinkommen in *Ostdeutschland* einbezogen werden.

Die typische Rechtsschiefe der personellen Verteilung der Haushaltseinkommen (vgl. Abb. 2) war in den neuen Ländern erheblich weniger ausgeprägt; m.a.W., die Haushaltseinkommen in Ostdeutschland waren stärker im Bereich der unteren Einkommensgruppen konzentriert. Die personelle Struktur der Haushaltseinkommen war zur Zeit der Vereinigung weniger ungleich verteilt. Seit der Wende hat sich die Streuung der Haushaltseinkommen - wenn auch langsam - erhöht, die allgemeine Streuung der Einkommen ist jedoch bisher noch geringer als in Westdeutschland geblieben.

Die relative Einkommensposition der privaten Haushalte lag noch reichlich ein Viertel unter dem Niveau in Westdeutschland; bei Berücksichtigung von Kaufkraftunterschieden erreichten die Einkommen der Haushalte in Ostdeutschland im Durchschnitt etwas mehr als 80 v.H. der Haushaltseinkommen in Westdeutschland (vgl. Hardes u.a. 1995, 428 f.; DIW-Wochenbericht 51,52/1994, 867 f.). Die Einkommen der Haushalte werden maßgeblich durch die Erwerbsbeteiligung bestimmt. Der relative Aufholprozeß der ostdeutschen Einkommen hat bei starken Veränderungen der Erwerbsbeteiligung seit der Wende stattgefunden. Der noch vergleichsweise hohe Anteil der Frauenerwerbstätigkeit hat wesentlich zur Sicherung der verfügbaren Einkommen der Haushalte beigetragen. Für die Zukunft ist eine weitere Verringerung des durchschnittlichen Einkommensgefälles in den neuen Bundesländern zu erwarten.

3. Staatliche Umverteilung

Die personelle Verteilung der Primäreinkommen entspricht im allgemeinen wegen unterschiedlicher Erwerbsmöglichkeiten, Vermögen und Lebensbedingungen nicht einem gesellschaftlichen Konsens. *Für Maßnahmen staatlicher Umverteilung sprechen vor allem ethische Gründe,* z.B. das Recht auf eine menschenwürdige Versorgung bei wirtschaftlicher Armut; desweiteren sozialpolitische Argumente der monetären Sicherung nichterwerbsfähiger Personen bei Krankheit, Arbeitslosigkeit oder älteren Personen. Zudem: Bei konzentrierter Verteilung der Vermögen sind die Chancen der Erzielung von Primäreinkommen wegen der wechselseitigen Bezüge von Vermögen und Einkommen zwischen den Haushalten erheblich verzerrt.

Eine *freiwillige* Umverteilung von privaten Haushaltseinkommen - etwa aus karitativen Gründen - würde kaum in ausreichendem Maße möglich sein. Folglich ist eine staatlich organisierte Umverteilung notwendig. Hierzu liefert die Verfassung (Art. 20 des GG) eine allgemeine Grundlegung: Demnach gilt das Sozialstaatsprinzip als verpflichtende rechtsstaatliche Grundentscheidung zu Maßnahmen staatlicher Umverteilung, ohne jeweils die individuelle Zustimmung von (reicheren) Bürgern zu erfordern. Die Bestimmung konkreter Maßnahmen auf der Basis des Art. 20 bleibt den Mehrheitsregeln einer repräsentativen Demokratie überlassen. Das Prinzip der interpersonellen Umverteilung bedeutet, daß die primäre Verteilung der Erwerbseinkommen in Richtung einer größeren Gleichmäßigkeit der verfügbaren Nettoeinkommen der Haushalte (der sekundären Einkommensverteilung) verändert werden soll. Die relative Einkommensposition der Haushalte mit geringem Primäreinkommen soll zu Lasten von Haushalten mit höheren Einkommen verbessert werden.

Trotz dieser allgemeinen verfassungsmäßigen Grundlage bleiben das Volumen und die Art der Umverteilungsmaßnahmen umstritten, insbesondere weil dadurch gesamtwirtschaftliche Effizienzverluste auftreten können. Vereinfacht ausgedrückt: Wenn das Volumen der Umverteilung extensiv erhöht wird, bleibt das Sozialprodukt nicht unverändert. Denn staatliche Umverteilung erfordert einerseits den Entzug von Einkommen mit Mitteln hoheitlichen Zwanges, um andererseits monetäre Leistungen erbringen zu können. Umverteilung kann nicht zum gesamtwirtschaftlichen „Nulltarif" erfolgen, da extensive staatliche Abzüge die monetären Anreize von Erwerbs- und Vermögenseinkommen verringern. Größere Sozialleistungen erbringen für die Empfängerhaushalte zwar größeren Nutzen, sie erfordern andererseits aber auch höhere Lasten der Finanzierung. Den gesamtwirtschaftlichen Nettoeffekt zwischen Nutzen und Kosten von Umverteilungsmaßnahmen abzuwägen, fällt der Ökonomie wegen der Problematik interpersoneller Nutzenvergleiche sehr schwer. Eine optimale Struktur von staatlicher Umverteilung kann daher kaum aus theoretischer Sicht bestimmt werden. Die Beurteilung von staatlicher Umverteilung hat stets auch einen normativ-politischen Charakter.

Die folgende Abb. 3 zeigt die effektive Umverteilung der Haushaltseinkommen durch direkte Abgaben und Transferzahlungen des Staates. Dargestellt werden die LORENZ-Kurven der Primäreinkommen und der verfügbaren Nettoeinkommen (Sekundärverteilung nach staatlicher Umverteilung, Deutschland (West)). Die Messung erfolgt durch kumulative Verteilungskurven der relativen Anteile der Haushalte auf der Ordinate und der relativen Einkommensanteile der jeweils unteren Einkommensklassen auf der Abszisse. Je ungleicher die Einkommen unter den Haushaltsgruppen verteilt sind, desto größer ist die Fläche zwischen einer ermittelten LORENZ-Kurve und der 45-Grad-Linie der Gleichverteilung (Maßstab: GINI-Koeffizient). Die Abb. 3 zeigt somit, daß die staatliche Umverteilung insgesamt im Querschnittsvergleich aller Haushalte eine deutliche *Egalisierung* der sekundären Einkommensverteilung bewirkt hat.

Abb. 3: Verteilung der Haushaltseinkommen vor bzw. nach staatlicher Umverteilung, BRD-West, 1992

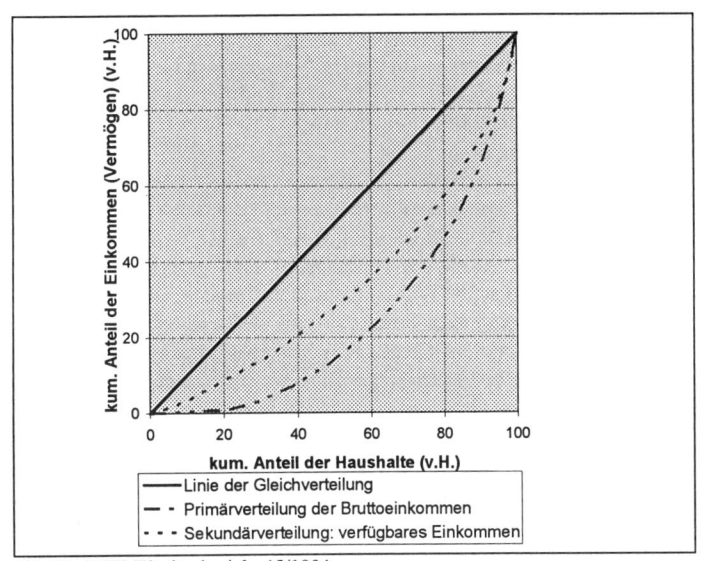

Quelle: DIW-Wochenbericht 45/1994

Einerseits bewirken auf der *Einnahmenseite* staatlicher Budgets unterschiedliche Steuer- bzw. Abgabenquoten der privaten Haushalte Umverteilungseffekte. Mehr als ein Viertel der gesamtwirtschaftlichen Wertschöpfung (in Höhe des Bruttoinlandsprodukts (BIP) müssen als Steuerzahlungen an staatliche Organisationen geleistet werden; zusätzlich fast ein Fünftel des BIP als Beiträge der Sozialversicherungssysteme. Das potentielle Umverteilungsvolumen allein der Einnahmenseite staatlicher Organisationen erscheint daher beträchtlich.

Unter den verschiedenen direkten Steuerarten dominiert die *Einkommensteuer* (einschließlich der Lohnsteuer als spezielle Erhebungsform auf Einkommen aus unselbständiger Arbeit), die nach vorherrschend akzeptierten Grundsätzen der Steuergerechtigkeit ausgestaltet sein soll. Hierzu gehören insbesondere
- die Progression des Steuertarifs mit der Höhe des zu versteuernden Einkommens,
- die Berücksichtigung des Haushaltsbezugs und der Aufwendungen für Kinder sowie die steuerliche Befreiung eines bedarfsbezogenen Mindesteinkommens der Haushalte,
- die Abzugsfähigkeit erwerbsbedingter Aufwendungen, von Sonderausgaben und außergewöhnlichen Belastungen.

Die Probleme einer verteilungsgerechten Ausgestaltung der Einkommensteuer sind allerdings vielfältig. Bestimmte Einkünfte (Einkommen aus Geldvermögen, landwirtschaftliche Einkommen) werden unzureichend erfaßt. Andererseits mußte vom Verfassungsgericht eine Änderung der bedarfsbezogenen Mindesteinkommen angemahnt werden. Auch die familienpolitische Komponente der Kinderfreibeträge gilt als unzureichender Ausgleich von „Kinderlasten". Das Ehegatten-Splitting führt zu größeren Steuerersparnissen, je höher das Gesamteinkommen der Haushalte ist und je stärker die individuellen Einkommen der Ehegatten auseinanderfallen. Die Ehe erhält dadurch eine progressive „Steuerersparnisprämie" im Vergleich zu unverheirateten Haushaltsgemeinschaften. Durch Abzüge von Betriebsaufwendungen und besonderen Ausgaben fallen die Bruttoeinkommen und die Bemessungsgrundlagen des zu versteuernden Einkommens zunehmend auseinander; die faktischen steuerlichen Abzugsmöglichkeiten unterscheiden sich vielfach zwischen den Gruppen der Selbständigen- und der Arbeitnehmerhaushalte. Die *effektive* Progression der Steuerbelastungen entspricht daher insgesamt nicht der *formalen* Progression des Steuertarifs.

Der Progression der Einkommensteuer wirken ferner *regressive* Wirkungen der indirekten *Umsatz- und Verbrauchssteuern* (die in der Abb. 3 nicht berücksichtigt sind) entgegen. Die anteiligen Verbrauchsausgaben (in Relation zum Einkommen) verlaufen im allgemeinen regressiv mit steigender Einkommenshöhe, folglich wird die durchschnittliche Belastung der unteren Einkommen durch Preisüberwälzungen der indirekten Steuern eher größer sein als diejenige der höheren Einkommensgruppen. Durch Erhöhungen der Verbrauchsteuern bzw. der Mehrwertsteuersätze werden somit eher regressive Verteilungseffekte verursacht.

Auf der *Ausgabenseite* der Budgets bewirkt der Staat monetäre Umverteilungseffekte überwiegend durch Transferzahlungen. Im Querschnittsvergleich haben die Leistungen der *Sozialversicherungen* größere Umverteilungseffekte als die vorher beschriebenen Steuern (vgl. Cezanne 1994, 535). Der Querschnittsvergleich der primären und sekundären Verteilungskurven verdeckt allerdings den intertemporalen Ausgleich von Sozialbeiträgen und Einkommensersatzleistungen nach der Erwerbsphase, bzw. bei Krankheit oder Arbeitslosigkeit. Die monetären Transferleistungen erfolgen überwiegend nach modifizierten Versicherungsprinzipien: Abweichend zu privaten Versicherungen sind die

Arbeitnehmer zur Zahlung von Sozialbeiträgen nach der Höhe der Erwerbseinkünfte (innerhalb der jeweiligen Bemessungsgrenzen) verpflichtet, nicht nach den wahrscheinlichen individuellen Risiken der Erwerbslosigkeit bzw. Krankheit. Im Rahmen der Sozialversicherungssysteme erfolgen daher interpersonelle Umverteilungen von Personengruppen mit geringen Risiken zu Personen mit höheren oder schlechteren Risiken. Durch die allgemeine Versicherungspflicht wird der Umfang des interpersonellen Risikoausgleich erhöht; eine ausgrenzende Selektion von Personengruppen mit höheren Risiken wird verhindert. Als Regel der Versicherungssysteme gilt das Prinzip der beitragsbezogenen *Äquivalenz*, so daß zwischen der (relativen) Höhe der Beitragszahlungen und der Transferleistungen Zusammenhänge bestehen: Die Einkommensersatzleistungen richten sich prinzipiell nach der (relativen) Höhe der Beiträge (bzw. der Erwerbseinkommen). Das sozialpolitische *Solidarprinzip* soll ergänzend Transferzahlungen auch für nicht-erwerbstätige Familienmitglieder und bestimmte Zeiten von Nicht-Erwerbstätigkeiten ermöglichen. Den Systemen der Sozialversicherungen wurden ferner eine Reihe versicherungsfremder, gesellschaftlich begründeter Zahlungsverpflichtungen zugeordnet, z.B. die Versorgung ausländischer Migranten und die Zahlung zusätzlicher Sozialleistungen nach der deutschen Wirtschafts- und Sozialunion.

Über den Umfang der monetären Transferleistungen informiert die gesamtwirtschaftliche *Sozialleistungsquote*, welche die Summe aller monetären Sozialtransfers in Relation zur gesamtwirtschaftlichen Wertschöpfung des Bruttosozialprodukts (BSP) mißt. Diese Quote der monetären Sozialleistungen hat sich in Deutschland bis zum Jahr 1980 auf rd. ein Drittel des BSP erhöht; sie wurde im Verlauf der 80er Jahre um ca. vier Prozentpunkte reduziert; mit den wirtschafts- und sozialpolitischen Problemen der deutschen Vereinigung stieg sie wieder auf mehr als ein Drittel des BSP. Der größere Teil der Sozialleistungen betrifft drei Blöcke von *Risikotypen*, Alters- und Hinterbliebenenversorgung, Krankheit/Arbeitsunfälle/Invalidität sowie Arbeitslosigkeit/Arbeitsförderung; diese Ausgaben werden jeweils überwiegend im Rahmen von Sozialversicherungssystemen finanziert. Diese drei Blöcke von Sozialausgaben sind im Zeitverlauf jeweils überproportional expandiert (vgl. Tab. 4).

Die öffentliche Diskussion um die Entwicklung der Sozialsysteme knüpft vielfach bei der überproportionalen Entwicklung der Ausgabenblöcke der Sozialleistungen an. Die längerfristigen Perspektiven erscheinen in mehrfacher Hinsicht als problematisch und reformbedürftig, insbesondere wegen
- der künftigen Alterung der Bevölkerung und der dadurch bedingten steigenden Ausgaben für Alterssicherung und Krankheit;
- wegen der hohen und z. T. längerfristigen Arbeitslosigkeit, vor allem von arbeitsmarktpolitischen Risikogruppen;
- der Veränderungen der Familien- und Haushaltsstrukturen, die besondere Belastungen und Versorgungsrisiken schaffen;
- des Anstiegs der Kosten der Arbeit durch steigende Sozialbeiträge bei verschärftem internationalen Wettbewerb.

Diese Faktoren gelten in vielen Diskussionen als maßgebliche Gründe für die Notwendigkeit von Reformen der Sozialsysteme.

Die Bundesrepublik Deutschland gilt im internationalen Vergleich als ein reiches Industrieland mit relativ hohem Wohlstandsniveau und umfänglicher sozialer Absicherung. Gleichwohl hat sich die relative *Einkommensarmut* erhöht: Nach Angaben des Statistischen Bundesamtes haben im Jahr 1993 fast 4 Mio. Personen (außerhalb von Einrichtungen) *Sozialhilfe* zum Lebensunterhalt erhalten, weil sie nach dem Bundessozialhilfegesetz von Einkommensarmut betroffen waren (vgl. Wirtschaft und Statistik 1995, 149). Sozialwissenschaftliche Autoren meinen, die sog. Wohlstandsgesellschaft tendiere zu einer „Zwei-Drittel-Gesellschaft" mit relativem Wohlstand bei einer Mehrheit der Bevölkerung einerseits und relativer Armut und der Gefährdung elementarer Lebenslagen bei einer größeren Minderheit (ca. einem Drittel der Gesellschaft) andererseits.

Tab. 4: Sozialleistungen in Deutschland, 1960-93

	1960	1970	1980	1990^1	1993^1
Sozialleistungen (Mrd. DM)	69,1	179,2	479,8	742,9	1062,6
Quote^2	22,8	26,5	32,5	29,2	34,0
darunter für Alte und Hinterbliebene	9,4	10,7	12,8	11,8	13,2
Gesundheit^2	6,1	7,8	10,5	10,1	11,3
Beschäftigung^2	0,6	0,8	1,9	2,4	4,0

1 inkl. neue Bundesländer
2 in % des BSP
Quelle: Bundesarbeitsblatt 11/1994, Tab. 343 f.

Die Entwicklung verbreiteter Einkommensarmut innerhalb einer mehrheitlichen Wohlstandsgesellschaft sei - scheinbar paradox - mit den Bedingungen eines relativ großzügigen Sozialstaates verbunden, bei hoher Arbeitslosigkeit werde der Sozialstaat, speziell die Sozialhilfe, für die Betroffenen eher zu einer „Sozialstaatsfalle": „Wer bei uns arbeitslos wird und nicht innerhalb kurzer Zeit einen neuen Arbeitsplatz findet, hat gute Aussichten auf eine Langzeitarbeitslosen-Karriere .... Noch größer ist die Wahrscheinlichkeit, daß die Abhängigkeit von der Sozialhilfe zum Schicksal wird ... Kurz: Unter den Bedingungen der Massenarbeitslosigkeit ist der deutsche Sozialstaat zu einem Teil des Problems geworden, das er lösen soll" (Scharpf 1993, 436).

Diese Thesen haben teils den Charakter empirischer Aussagen, sie behaupten eine steigende Einkommensarmut von größeren Teilen (ein Drittel) der Bevölkerung, die für die Betroffenen keine Perspektive zur Verbesserung der Lebenslage biete. Die Aussagen stehen im Gegensatz zu den Zielen des Bundessozialhilfegesetzes: Die Sozialhilfe soll demnach die Lücken der sozialen Sicherung als nachrangiges Transfersystem schließen und ein soziokulturelles Existenzminimum nach dem gesellschaftlichen *Fürsorgeprinzip* sichern. In § 1 des Gesetzes heißt es, dem Empfänger soll die Führung eines menschenwürdigen Lebens ermöglicht werden; zugleich soll die Hilfe soweit wie möglich dazu befähigen, unabhängig von ihr zu leben.

Die *Armutsforschung* führte bisher allerdings nicht zu einer Bestätigung der empirischen Aussagen. Nach den Messungen der relativen Einkommensarmut gelten Haushalte, die weniger als 50 % der landesspezifischen Durchschnittseinkommen erzielen, als bedürftige, einkommensarme Personen. Die so gemessenen Armutsraten lagen im Zeitraum 1990/93 bei ca. 10-12 v. H. der Bevölkerung in Westdeutschland, in Ostdeutschland sind die relativen Armutsraten von 3,5 v. H. (1990) auf ca. 9-11 v. H. gestiegen (vgl. DIW-Wochenbericht 1994, 869 f.). Das quantitative Ausmaß der Armut von einem Drittel der Bevölkerung wurde demnach nicht erreicht; insbesondere die anteilige Langzeitarmut war noch erheblich niedriger (vgl. Krause 1992, 8 ff.), wenngleich bestimmte Personengruppen (z.B. ledige, arbeitslose Personen, Alleinerziehende mit Kindern) überproportional betroffen waren.

Dennoch verweist die These der Sozialstaatsfalle auf gegebene Probleme einer wirtschaftlichen *Grundsicherung*: Sozialversicherungssysteme beruhen in Kernbereichen auf dem Ideal vollzeitiger Erwerbstätigkeit mit ausreichend hohem, langfristigem Erwerbseinkommen. Mit einer Beschäftigungskrise fallen Teile der Bevölkerung durch das Netz ausreichender Erwerbseinkommen und/oder ausreichender Einkommenstransfers der Sozialversicherungen. Mit fehlenden Erwerbschancen entsteht folglich eine größere Klientel bedürftiger Sozialhilfeempfänger. Deren *Integration* in das Erwerbsleben wird durch die Sozialhilfe zum Lebensunterhalt kaum gefördert (vgl. Hardes u.a. 1995, 696). Ein effektives System der wirtschaftlichen Grundsicherung müßte so verändert werden, daß

- systematische Lücken erwerbsbezogener Sicherungssysteme abgebaut werden und
- die Integration in das Erwerbsleben stärker gefördert bzw. negative Anreizeffekte zu einer aktiven Erwerbstätigkeit verringert werden.

Die Systeme staatlicher Umverteilung bilden einen Kern der aktuellen Debatte um einen notwendigen „Umbau des Sozialstaates".

Literatur

Bundesarbeitsblatt: 11/1994.

Cezanne, W. 1994: Allgemeine Volkswirtschaftslehre, 2. Aufl., München, Wien.

DIW (ed.)1995: Relative Einkommensposition der westdeutschen Haushaltsgruppen in den achtziger und neunziger Jahren, bearb. von Bedau, K. D., in: DIW-Wochenbericht, 18/1995, 355-360.

dass., 1995: Die Vermögenseinkommen der privaten Haushalte, bearb. von Bedau, K. D., in: DIW-Wochenbericht, 25/1995, 435-442.

dass., 1994: Zur Einkommenslage der westdeutschen Arbeitnehmerinnen, bearb. von Bedau, K. D., in: DIW-Wochenbericht, 38/1994, 653-660.

dass., 1994: Das Einkommen sozialer Haushaltsgruppen in Westdeutschland im Jahr 1992, bearb. von Bedau, K. D., in: DIW-Wochenbericht, 45/1994, 769-778.

dass., 1994: Die Einkommen in Westdeutschland steigen weiter - auch die Einkommensarmut nimmt wieder zu, bearb. von Krause, P., in: DIW-Wochenbericht, 51,52/1994, 867-872.

Guttmann, E. 1995: Geldvermögen und Schulden privater Haushalte Ende 1993. Ergebnis der Einkommens- und Verbrauchsstichprobe, in: Wirtschaft und Statistik, 5/1995, 391-399.

Hardes, H.-D.; Krol, G.-J.; Rahmeyer, F.; Schmid, A. 1995: Volkswirtschaftslehre - problemorientiert, 19. Aufl., Tübingen.

Krause, P. 1992: Einkommensarmut in der Bundesrepublik Deutschland, in: Aus Politik und Zeitgeschichte, B 47/1992, 3-17.

Külp, B. u.a. 1994: Verteilung. Theorie und Politik, 3. Aufl., Stuttgart, New York.

Neuhäuser, J. 1995: Sozialhilfeaufwand 1993, in: Wirtschaft und Statistik, 2/1995, 147-154.

Sachverständigenrat zur Begutachtung der gesamtwirtschaftlichen Entwicklung (SVR), Jahresgutachten 1994/95, Bundestagsdrucksache 13/26, Bonn 1994.

Siebke, J. 1992: Verteilung, in: Bender, D. u.a. (Hrsg.), Vahlens Kompendium der Wirtschaftstheorie und Wirtschaftspolitik, Bd. 1, 5. Aufl., München, 383-415.

Arbeit und Sozialstruktur

Walter Müller, Heinz-Herbert Noll

1. Arbeit - eine Schlüsselkategorie der Sozialstruktur

Die Frage des Verhältnisses von Arbeit und Sozialstruktur beginnt bei der Frage: Was ist Arbeit? In einem essayistischen Versuch, diese keineswegs einfache Frage im heute üblichen Verständnis von Arbeit zu klären, definiert Hans Paul Bahrdt (1983, 124): „Arbeit ist ein gekonntes, kontinuierliches, geordnetes, anstrengendes nützliches Handeln, das auf ein Ziel gerichtet ist, welches jenseits des Vollzugs der Arbeitshandlung liegt". Bei dieser Bestimmung ist das vielleicht wichtigste Element die Vorstellung, daß Arbeit „niemals 'Selbstverwirklichung', volle Selbstentfaltung der Person im jeweiligen Augenblick" ist und daß Arbeit von anderen Tätigkeiten sich dadurch unterscheidet, „daß sie nicht in sich selbst ruht" und ihren Sinn von ihrem produktiven Ergebnis her erfährt. Dadurch unterscheidet sich Arbeit beispielsweise vom Spiel, vom Liebesakt oder anderen Tätigkeiten, die ihren Sinn und ihre Erfüllung unmittelbar im jeweiligen Tun selbst finden. Allerdings betont Bahrdt die Kulturgebundenheit dieses Arbeitsverständnisses und er macht am Beispiel des Künstlers oder des Kleingärtners, der seine Rosen pflegt, auf die nicht einfachen Abgrenzungsprobleme bei Tätigkeiten aufmerksam, die Mischformen von Arbeit und Nichtarbeit darstellen.

In einem breiten Verständnis ist die Verbindung von Arbeit und Sozialstruktur bereits durch das elementare Phänomen der gesellschaftlichen Arbeitsteilung gegeben. Arbeitsteilung meint alle Formen der sozialen Differenzierung und funktionalen Spezialisierung in den Aufgaben, die für die Existenzsicherung der Menschen zu erfüllen sind. In diesem weiten Sinne ist die Aufteilung und Organisation der Arbeit mit den sozialen Strukturen weitgehend deckungsgleich. Die sozialen Strukturen sind entscheidend geprägt durch die unterschiedlichen Arbeits- und Leistungszumutungen und können nach höchst variierenden Kriterien differenziert sein, z.B. nach Geschlecht, Alter, Geburtsstand, individuellen Fertigkeiten oder Machtposition. In dem grundlegenden Werk von Durkheim (1902) „De la division du travail social" entsprechen zwei Grundformen der Arbeitsteilung zwei Grundtypen von Solidarität, gesellschaftlicher Ordnung und sozialer Differenzierung. Einfache Gesellschaften sind segmentär in soziale Gruppen gegliedert, die für sich autark und selbstgenügsam sind und in denen alle Funktionen jeweils in paralleler Weise erbracht werden. Die Individuen sind in ihnen durch eine auf hoher Ähnlichkeit ihrer Rollen beruhenden Kohäsion in mechanischer Solidarität integriert. Komplexe Gesellschaften sind durch organische Solidarität und eine Arbeitsteilung gekennzeichnet, die als Kooperation in der Verschiedenheit gekennzeichnet werden kann. In der Arbeitsteilung dieser funktional differenzierten Gesellschaften liegt gleichzeitig der Mechanismus ihrer Integration. Sie ergibt sich aus dem wechselseitigen Aufeinanderangewiesensein der funktional ausdifferenzierten Elemente. Für Durkheim bildet der hohe Spezialisierungsgrad in der Berufsstruktur moderner Gesellschaften das Musterbeispiel einer durch funktionale Differenzierung geprägten Arbeitsteilung.

In einem engeren Verständnis bezieht sich das Verhältnis von Arbeit und Sozialstruktur aber hauptsächlich auf eine spezielle Form von Arbeit, nämlich auf die *Erwerbs*arbeit, die sich in der Folge der Trennung von Haushalt und Betrieb und im Zuge der Ausbildung eines speziell auf gewinnorientierte Güterproduktion ausgerichteten Wirtschaftssektors in der modernen Gesellschaft zunehmend durchsetzt. Auch dieser Beitrag wird sich vorwiegend auf diese Form von Arbeit konzentrieren. Schon die vorausgehenden Hinweise verdeutlichen aber, daß es sich dabei um ein sehr eingegrenztes Verständnis von Arbeit handelt. Es schließt nur die produktiven Leistungen ein, die der Erstellung von Gütern und Leistungen dienen, die auf Märkten gegen finanzielle Entgelte oder andere Tauschmittel absetzbar sind. Spätestens die neue Haushaltsökonomie mit ihrer Betonung der Haushaltsproduktion und die Untersuchungen zur Netzwerkhilfe haben den beachtlichen Beitrag zur Wohlfahrtsproduktion aufgezeigt, der nicht durch Arbeits- und Gütermärkte vermittelt ist (Glatzer/Berger-Schmitt 1986; OECD 1995). Von besonderer Bedeutung ist dabei die unentgeltlich in den Haushalten erbrachte Arbeit von Frauen bei der Betreuung und Erziehung von Kindern, der Zubereitung von Nahrung oder der Pflege von Kranken, Behinderten oder alten Menschen.

In den sozialtheoretischen Entwürfen der soziologischen Klassiker und für weite Teile der Soziologie gilt aber *Erwerbs*arbeit als Schlüsselkategorie für das Verständnis moderner Gesellschaften, bei allen Begrenzungen, die ein solches Arbeitsverständnis impliziert. Die Analyse der Erwerbsarbeit steht im Mittelpunkt, wenn es „um die Formulierung der Prinzipien geht, welche die Struktur der Gesellschaft prägen, ihre Integration bzw. ihre Konflikte programmieren, ihre objektive Entwicklung steuern und ihr Bild von sich selbst und der eigenen Zukunft regieren" (Offe 1983, 38 in einer Charakterisierung dieser Position). Man kann solche Gesellschaften insofern als *Arbeitsgesellschaften* kennzeichnen, als aus der gesellschaftlichen Organisation, Steuerung, Kontrolle und Verteilung der Arbeit und ihrer Früchte die entscheidenden Impulse für die soziale Struktur dieser Gesellschaften stammen, d.h. für die soziale Differenzierung der Bevölkerung, für die soziale Ungleichheit, für die Interessenformierung und die dominanten gesellschaftlichen und politischen Interessenkonflikte. Für die neuere gesellschaftliche Entwicklung haben vor allem Dahrendorf (1983) und Offe (1983) die Gültigkeit dieser Zusammenhänge in Frage gestellt und eine „Krise der Arbeitsgesellschaft" diagnostiziert. Die Produktions- und Arbeitssphäre habe ihre struktur- und entwicklungsbestimmende Potenz eingebüßt. Die Arbeitszeit mache freiwillig oder unfreiwillig einen zunehmend geringeren Anteil im Zeithaushalt des Lebens aus. Die Determination der Lebensbedingungen ausschließlich durch Arbeit sei gebrochen, Einkommenschancen seien durch wohlfahrtsstaatliche Umverteilung modifiziert und ergänzt; mit der Differenzierung der Erwerbsarbeit werde Erwerbsarbeit als solche „immer weniger aussagefähig für den Inhalt des Handelns; die Wahrnehmung von Interessen, den Lebensstil" (Offe 1983, 44). Im Zuge des Wertewandels von Pflicht- und Akzeptanzwerten zu Werten der Selbstverwirklichung und des Hedonismus (Klages 1985) und der Erosion religiöser oder säkularisierter arbeitsmoralischer Orientierungen habe Arbeit auch an subjektiver Valenz verloren. Die Prägung sozialer Milieus durch spezifische Arbeitskontexte habe sich aufgelöst (Mooser 1983), die Bindekraft arbeitsbezogener intermediärer Organisationen (z.B. Gewerkschaften) sei geschwächt und an Stelle der durch Großgruppen getragenen gesellschaftlichen Konflikte zwischen Kapital und Arbeit seien Konflikte um Risiken in der Lebenswelt getreten, die von sozialen Bewegungen und Gruppen von punktuell Betroffenen getragen würden (Beck 1986).

In diesem Beitrag behandeln wir zunächst Wandlungstendenzen in der Beteiligung an Erwerbsarbeit und in der Erwerbsstruktur und daran anschließend die Auswirkungen dieser Entwicklungen auf soziale Strukturen außerhalb des engeren Bereiches der Arbeit selbst, u.a. die Muster sozialer Ungleichheit und sozialer Mobilität, die sozialen Beziehungsnetze und die politischen Konflikt- und Spannungsstrukturen.

2. Erwerbsbeteiligung und Erwerbsstruktur

Der Bedeutung und Dominanz, die die Wirtschaft, der Arbeitsmarkt und das Erwerbssystem als strukturbildende Kräfte auf der Makroebene der Gesellschaft haben, entspricht die Zentralität der Erwerbstätigkeit und Berufsposition als „Dreh- und Angelpunkt der gesellschaftlichen Existenz der Menschen" (Hradil 1992, 53) auf der Mikroebene. Für den weitaus größten Teil der Bevölkerung stellt die eigene Erwerbstätigkeit oder die eines Familienangehörigen die zentrale Quelle des Lebensunterhalts dar. Die Beteiligung am Erwerbsleben und die Art der Tätigkeit sind zudem nicht nur zentrale Grundlagen der individuellen Identität, sondern haben z.b. auch weitreichende Konsequenzen für die Strukturierung des alltäglichen Lebens und der Biographie (Mayer/Müller 1987; Kohli 1994). Dabei wird jedoch von manchen Beobachtern in der Entwicklung von der klassischen Industriegesellschaft zur postindustriellen Gesellschaft ein sinkender Stellenwert der Erwerbstätigkeit - etwa zugunsten der Freizeit - konstatiert (Hradil 1992, 54). Der Zusammenhang zwischen Arbeit und Sozialstruktur wird auf der Mikroebene von Individuen und Haushalten vor allem über die Bedeutung der Erwerbstätigkeit als eine der wichtigsten Determinanten des sozio-ökonomischen Status vermittelt: Einkommen und Lebensstandard, Handlungsoptionen und -dispositionen, Ansehen und Einfluß in der Gesellschaft werden in hohem Maße von der Erwerbstätigkeit und den spezifischen Eigenschaften der jeweiligen beruflichen Position bestimmt.

2.1 Erwerbsbeteiligung

Auf der Makroebene gehören Umfang und Muster der Erwerbsbeteiligung sowie die Merkmale der Beschäftigungsstruktur zu den prägenden Kennzeichen der Sozialstruktur und bilden Kriterien, nach denen Gesellschaften unterschieden und - bei aller Problematik derartiger Typisierungen - z.B. als Agrargesellschaften oder Industriegesellschaften, als industrielle oder post-industrielle Gesellschaften usw. übergreifend charakterisiert werden können.

Zu den charakteristischen Merkmalen der Sozialstruktur moderner Gesellschaften gehört eine weitgehende und in der Tendenz zumeist noch zunehmende Integration der Bevölkerung in den Arbeitsmarkt und die Erwerbsarbeit. Der Anteil der Menschen, die zu keiner Phase ihres Lebens einer Erwerbstätigkeit nachgehen, ist im Laufe der Zeit immer weiter zurückgegangen und auf sehr niedrige Prozentsätze geschrumpft. Allerdings hat sich gleichzeitig die Erwerbstätigkeit in der Dimension des individuellen Lebensverlaufs bei verlängerten Bildungs- und Ausbildungsphasen auf der einen Seite und einem tendenziell früheren Übergang in den Ruhestand auf der anderen Seite immer stärker auf die mittlere, „aktive" Phase der Biographie konzentriert, so daß sich der Anteil der Erwerbsarbeitszeit an der gesamten Lebenszeit zunehmend verringert hat. Die allgemeine Erwerbsquote, die den Anteil der Erwerbstätigen und Arbeitslosen an der gesamten Bevölkerung zum Ausdruck bringt, weist für das Gebiet der alten Bundesländer trotz dieser und anderer sich jedoch gegenseitig z.T. kompensierender Wandlungstendenzen - von geringen Schwankungen abgesehen - eine beachtliche Konstanz auf: 1993 hatte die Erwerbsquote in Westdeutschland mit 47 Prozent fast das gleiche Niveau wie 1950 mit damals 46 Prozent. In der früheren DDR war die Erwerbsbeteiligung deutlich höher als im Westen; sie ist aber nach der Vereinigung - nicht weil die Erwerbsneigung abgenommen hätte, sondern vor allem aufgrund des Beschäftigungsabbaus - auf 49 Prozent im Jahre 1993 gesunken. Im internationalen Vergleich nimmt Deutschland hinsichtlich der Erwerbsbeteiligung einen mittleren Rang ein. Eine deutlich niedrigere Erwerbsbeteiligung weisen beispielsweise südeuropäische Länder wie Griechenland und Italien, aber auch Belgien auf, eine höhere insbesondere die skandinavischen Länder, aber auch Großbritannien, die Vereinigten Staaten und Japan.

Hinter den Durchschnittswerten der Erwerbsbeteiligung verbergen sich signifikante geschlechtsspezifische Niveauunterschiede und drastisch divergierende Entwicklungstendenzen. Die Erwerbsbeteiligung von Frauen ist in Deutschland - wie in den meisten anderen Ländern - nach wie vor deutlich niedriger als die der Männer (Schmidt 1993): 1993 waren 79 Prozent der Männer im erwerbsfähigen Alter (15-64 Jahre) erwerbstätig oder arbeitslos gegenüber lediglich 61 Prozent der Frauen. Aufgrund der gegenläufigen Entwicklungen - einer tendenziell abnehmenden oder allenfalls stagnierenden Erwerbsbeteiligung der Männer und einer deutlich gestiegenen Erwerbsbeteiligung der Frauen - hat sich diese Differenz, die z.B. 1950 im Bereich der früheren Bundesrepublik noch über 50 Prozentpunkte betrug, im Laufe der Zeit erheblich verringert. Die sich in den steigenden Erwerbsquoten manifestierende und global zu beobachtende zunehmende Integration der Frauen in den Arbeitsmarkt und die Erwerbstätigkeit gehört zweifellos zu den nachhaltigsten Tendenzen des sozialstrukturellen Wandels überhaupt. Im Zuge dieser Entwicklung hat sich die Erwerbstätigkeit der Frauen jedoch nicht nur quantitativ immer weiter ausgebreitet, sondern sich insbesondere auch in ihrem Verlauf zunehmend dem typischen Muster „männlicher Erwerbsverläufe" angenähert. Das ehemals charakteristische Modell einer diskontinuierlichen, in sequenzielle Phasen - Erwerbstätigkeit, Kinderbetreuung, beruflicher Wiedereinstieg - gegliederten Erwerbsbiographie hat mehr und mehr zugunsten des Musters eines kontinuierlichen oder allenfalls kurzfristig unterbrochenen Erwerbsverlaufs an Bedeutung verloren (Engelbrech 1993; Lauterbach 1994).

Die gestiegene Erwerbsbeteiligung der Frauen ist sowohl „angebots-" wie auch „nachfragebedingt". Zu den angebotsbezogenen Faktoren gehören u.a. das erhöhte Bildungs- und Ausbildungsniveau der Frauen (Bundesanstalt für Arbeit 1994), die entlastende Wirkung einer zunehmenden Technisierung der Hausarbeit, ein verändertes Rollenverständnis (Braun/Alwin/Scott 1994), der Wandel im Heiratsverhalten und der Fertilität, aber auch in den Einstellungen, wie z.B. einem erhöhten Bedürfnis nach Selbstbestimmung und Unabhängigkeit. Von entscheidender Bedeutung für die verstärkte Integration der Frauen in den Arbeitsmarkt sind jedoch auch die nachfrageseitigen Veränderungen in der Struktur der Beschäftigung und Gelegenheiten auf dem Arbeitsmarkt, insbesondere der sektorale Wandel, aber auch der Wandel in den Inhalten und Formen der Arbeit - z.B. das vermehrte Angebot von Teilzeitarbeit - sowie eine generelle Verkürzung der Arbeitszeit, die der Tendenz nach die Erwerbstätigkeit von Frauen begünstigt haben.

2.2 Arbeitslosigkeit

Entscheidend limitiert werden die Möglichkeiten einer Erwerbsbeteiligung durch die Menge der vorhandenen Gelegenheiten bzw. den Umfang der Nachfrage nach Arbeit. Das anhaltend hohe Niveau der Arbeitslosigkeit, das in Deutschland ebenso wie in vielen anderen Gesellschaften zu beobachten ist, weist darauf hin, daß das Angebot an Arbeit die Nachfrage weit übersteigt. Die Ursachen dafür liegen einerseits in einer Expansion des Arbeitsangebots, z.B. durch die o.g. erhöhte Erwerbsneigung von Frauen, aber auch in einer Verminderung der Nachfrage, z.B. durch drastische Produktivitätssteigerungen infolge des Einsatzes moderner Technologien. Umstritten ist die von manchen Ökonomen vertretene These, derzufolge der Rückgang der Nachfrage nach Arbeit in erster Linie oder sogar ausschließlich auf das hohe Lohnniveau in Deutschland und anderen

"Hochlohnländern" zurückzuführen sei. Die Ungleichgewichte auf dem Arbeitsmarkt und das anhaltende und z.T. sogar wachsende Beschäftigungsdefizit mit seinen vielfältigen negativen Folgen - z.b. für die Systeme der sozialen Sicherung - stellen derzeit und voraussichtlich auch in der näheren Zukunft noch eine der größten Herausforderungen für die Wirtschafts- und Gesellschaftspolitik dar.

Das hohe Niveau der Arbeitslosigkeit und die daraus resultierende Ausschließung bestimmter Bevölkerungsteile von der Erwerbstätigkeit wird von manchen Beobachtern als Ursache für eine wachsende Armut und eine zunehmende Polarisierung der Gesellschaft gesehen. Derartige Sichtweisen kommen in Deutschland z.B. in der These von einer *„Zwei-Drittel-Gesellschaft"* (Leisering 1995) zum Ausdruck, derzufolge relevante Bevölkerungsteile von wirtschaftlichem Wohlstand und sozialem Fortschritt in dieser Gesellschaft ausgeschlossen werden. Belege dafür werden z.b. in steigenden Armutsquoten und den zunehmenden Zahlen von Sozialhilfeempfängern gesehen.

Das Arbeitslosigkeitsrisiko ist keineswegs gleichmäßig über die verschiedenen Bevölkerungsgruppen verteilt, sondern weist typische Regelmäßigkeiten auf: Wie die jeweiligen gruppenspezifischen Arbeitslosigkeitsquoten dokumentieren, ist das Risiko, arbeitslos zu werden oder in der Arbeitslosigkeit zu verbleiben, in der Bundesrepublik für Frauen höher als für Männer, für Personen ohne beruflichen Bildungsabschluß höher als für qualifizierte, für Ausländer höher als für Deutsche und für die unteren und höheren Altersgruppen höher als für die mittleren. An den hohen Anteilen an Langzeitarbeitslosen und Mehrfachbetroffenen zeigt sich überdies, daß sich die Arbeitslosigkeit auf bestimmte Personenkreise konzentriert, während sie weite Teile der Bevölkerung weitgehend unberührt läßt.

2.3 Sektoraler Wandel und berufliche Statusgruppen

Zu den nachhaltigsten langfristigen Veränderungen der Beschäftigungsstruktur mit weitreichenden Konsequenzen auch für die Sozialstruktur im allgemeinen gehört zweifellos der sektorale Wandel. Wie von Clark und Fourastié vorhergesagt, folgte dem Übergang von der Agrar- zur Industriegesellschaft der als *Tertiarisierung* bezeichnete Strukturwandel hin zu den Dienstleistungstätigkeiten und damit einer „postindustriellen" Gesellschaft. Der Anteil der im tertiären Sektor beschäftigten Erwerbstätigen ist im Bereich der alten Bundesländer zwischen 1950 und 1994 von 34 auf 61 Prozent gestiegen, und gleichzeitig nahm der Anteil der in der Landwirtschaft beschäftigten von einem Viertel aller Erwerbstätigen auf noch lediglich drei Prozent ab. Die Beschäftigung im sekundären, industriellen Sektor ist seit etwa 1970, als sie ihren Höhepunkt erreichte, von damals rund 50 bis auf 35 Prozent zurückgegangen. In den neuen Bundesländern hat sich der Anteil der im Dienstleistungssektor beschäftigten Erwerbstätigen - nicht zuletzt aufgrund eines durch die ökonomische Transformation erzwungenen, rasanten De-Industrialisierungsprozesses - sehr schnell dem westdeutschen Niveau angepaßt. Im internationalen Vergleich zählt Deutschland freilich nach wie vor zu den Ländern, in denen der Tertiarisierungsprozeß erst vergleichsweise spät einsetzte und noch weniger vorangeschritten ist (Noll/Langlois 1994). Im europäischen Vergleich gehört Deutschland hinsichtlich der relativen Größe des Dienstleistungssektors zu den Schlußlichtern zusammen mit den südeuropäischen Ländern und Österreich. Allerdings weist auch Japan als ein ökonomisch außergewöhnlich erfolgreiches Land einen ähnlich niedrigen Tertiarisierungsgrad auf. Am weitesten vorangeschritten ist die „Dienstleistungsökonomie" gegenwärtig in den USA sowie in den Niederlanden, den skandinavischen Ländern und Großbritannien mit

Beschäftigungsanteilen von über siebzig Prozent. Als Ursachen für die unterschiedlichen Tertiarisierungsgrade werden neben bestimmten Problemen der statistischen Erfassung insbesondere eine mehr oder weniger ausgeprägte Außenorientierung der Wirtschaft, die Konkurrenzfähigkeit des produzierenden Gewerbes, eine mehr marktorientierte oder wohlfahrtsstaatliche Organisation des Angebots sozialer Dienste sowie der Grad der Auslagerung (contracting out) von Dienstleistungsfunktionen aus industriellen Unternehmen diskutiert (Esping-Andersen 1990; Noll 1992).

Mit der Ausweitung der Erwerbsbeteiligung und dem sektoralen Wandel hat sich zudem die Verteilung der Erwerbstätigen auf berufliche Statusgruppen - und damit zugleich auch das Gefüge der sozialen Schichtung und die gesamte Sozialstruktur - nachhaltig verändert. Von der Entwicklung begünstigt wurde die Erwerbstätigkeit in der Gestalt der unselbständigen Arbeit als Arbeitnehmer sowie der Status des Angestellten oder Beamten. War Anfang der fünfziger Jahre im Bereich der alten Bundesländer noch etwa jeder dritte Erwerbstätige als Selbständiger oder mithelfender Familienangehöriger tätig, so trifft dies in der Mitte der neunziger Jahre nur noch auf jeden zehnten Erwerbstätigen zu. Erst im Verlauf der achtziger Jahre kam der Rückgang des Selbständigenanteils zu einem Stillstand. Seitdem hat sich dieser Anteil durch einen neuen Trend zur selbständigen Existenz (Leicht 1995) - teils in alternativen, aber überwiegend in traditionellen Formen - wieder leicht erhöht.

Noch ausgeprägter war der Strukturwandel von den „blue-collar" zu den „white-collar"-Positionen: Der Anteil der Arbeiter an den Erwerbstätigen ist seit der Mitte der fünfziger Jahre von rund der Hälfte auf etwa ein Drittel zurückgegangen, während der Anteil der Angestellten im gleichen Zeitraum von etwa 20 auf über 45 Prozent gestiegen ist. Dabei ist in den vergangenen Jahren auch deutlich geworden, daß die Grenzen zwischen einem „Arbeiterstatus" und einem „Angestelltenstatus" zunehmend verschwimmen und diese beiden traditionellen sozialrechtlichen Kategorien an soziologischer Trennschärfe verloren haben. Ebenso wie die Angestelltentätigkeiten hatte auch der Anteil der Beamtenpositionen bis etwa zur Mitte der achtziger Jahre von 5 auf 9 Prozent zugenommen, zeigt aber seitdem - wohl auch als Folge eines an seine Grenzen gestoßenen Wohlfahrtsstaates einerseits und eines enger gefaßten Verständnisses der staatlichen Aufgabenfelder, die Beamtentätigkeiten vorbehalten sind, andererseits - eine leicht abnehmende Tendenz. In den neuen Bundesländern gleicht sich auch die an der Stellung im Beruf gemessene Statusstruktur der Erwerbstätigen mehr und mehr den westdeutschen Verhältnissen an, was sich insbesondere in einer Verringerung der Arbeiteranteile und einer Zunahme der Selbständigen- und Beamtenanteile manifestiert.

2.4 Arbeitsmarktsegmentierung und Pluralisierung von Beschäftigungsformen

Die vielfältigen Differenzierungen hinsichtlich der Art, Form und Qualität von Beschäftigungsverhältnissen und die damit zusammenhängenden Erscheinungen sozialer Ungleichheit wurden in den vergangenen Jahren insbesondere unter den Begriffen der Arbeitsmarktsegmentierung sowie einer Erosion des „Normalarbeitsverhältnisses" und der Entstehung neuer, z.T. auch prekärer Beschäftigungsformen diskutiert. Arbeitsmarktsegmentierung und die Diversifizierung der Beschäftigungsformen sind Tatbestände, die insofern auch für die Sozialstruktur im Ganzen konsequenzenreich sind, als sie den Prozeß der Statuszuweisung und der Verteilung von Lebenschancen unmittelbar beeinflussen.

Unter *Arbeitsmarktsegmentierung* wird in der einfachsten Variante dieses ursprünglich in den Vereinigten Staaten entwickelten Konzepts eine Teilung des Arbeitsmarktes in ein primäres und ein sekundäres Segment verstanden. Während das primäre Segment die gut bezahlten, sicheren sowie Fortbildungsmöglichkeiten und Aufstiegschancen bietenden Arbeitsplätze umfaßt, entfallen auf das sekundäre Segment all jene Jobs, die sich durch schlechte Bezahlung, hohes Arbeitslosigkeitsrisiko und geringe Aussichten auf berufliches Fortkommen auszeichnen. Den weitgehend voneinander abgeschotteten Segmenten entsprechen unterschiedliche Mechanismen der Allokation von Arbeitskräften zu Arbeitsplätzen und damit auch unterschiedliche Zugangs- und Karrierechancen für verschiedene Bevölkerungsgruppen. In Deutschland spielen vor allem qualifikations- und geschlechtsspezifische Segmentierungen des Arbeitsmarktes eine Rolle: Berufliche Positionen haben überwiegend einen engen Bezug zu spezifischen Bildungslaufbahnen und Ausbildungsgängen und sind in der Regel nur auf diesem Wege zugänglich. Der weitaus größte Teil der beruflichen Positionen wird darüber hinaus nach wie vor als „Männer-" oder „Frauenarbeitsplätze" typisiert und geschlechtsspezifisch mit Männern oder Frauen besetzt. (Beck-Gernsheim 1976; Rubery/Fagan 1993). Eine Spaltung des Arbeitsmarktes entlang der Staatsangehörigkeit ist insofern festzustellen, als sich Erwerbstätige mit ausländischer Staatsangehörigkeit in ihrer Erwerbsstruktur von deutschen Erwerbstätigen unterscheiden. Allerdings haben sich die Unterschiede im zeitlichen Verlauf verringert (Seifert 1996), so daß die These von einer „Unterschichtung" der deutschen Sozialstruktur durch die Beschäftigung von ausländischen Arbeitnehmern heute zumindest für die sogenannte „zweite Generation" nur noch bedingt zutrifft.

Die in den vergangenen Jahren zu beobachtende Tendenz zu einer Pluralisierung der Beschäftigungsformen ist in der Bundesrepublik vor allem als eine zunehmende Erosion des *„Normalarbeitsverhältnisses"* diskutiert worden (Bosch 1986). Damit ist gemeint, daß das in der historischen Perspektive eher außergewöhnliche, aber dennoch bereits als Normalfall betrachtete Modell des unbefristeten und rundum sozial abgesicherten abhängigen Vollzeitarbeitsverhältnisses, das in gewisser Weise zugleich auch dem Konzept des Ein-Verdiener-Haushalts entsprach, seine zeitweilige Dominanz zumindest partiell eingebüßt hat. Neben verschiedenen Varianten der Teilzeitbeschäftigung, die erheblich an Bedeutung gewonnen und sich für weibliche Erwerbstätige längst als eine „normale" Form der Beschäftigung etabliert hat, traten z.B. atypische Beschäftigungsformen wie befristete Tätigkeiten, Heimarbeit, Zeitarbeit und Leiharbeit sowie diverse Formen der Selbständigkeit hier wie in vielen anderen Ländern mit den achtziger Jahren erstmals oder auch wieder vermehrt in Erscheinung (Cordova 1986). In der Bundesrepublik ist insbesondere die Zunahme befristeter Arbeitsverhältnisse und die wachsende Verbreitung flexibler und unkonventioneller Arbeitszeitarrangements real von Bedeutung. Diese Entwicklung ist einerseits das Ergebnis gezielter politischer Bemühungen, die Flexibilität auf dem Arbeitsmarkt als Voraussetzung für die Schaffung neuer Arbeitsplätze zu erhöhen, kommt aber zugleich auch dem wachsenden Bedürfnis eines Teils der Arbeitnehmer nach einer Ausweitung individueller Zeitoptionen entgegen. Inwieweit es sich bei atypischen Arbeitsformen wie Teilzeitarbeit oder befristeter Beschäftigung zugleich auch um prekäre Beschäftigungsverhältnisse handelt, kann nicht pauschal beantwortet werden, sondern hängt jeweils von den konkreten Bedingungen ab - z.B. dem zeitlichen Umfang einer Teilzeitbeschäftigung oder den Möglichkeiten und Bedingungen einer Entfristung befristeter Arbeitsverhältnisse (Büchtemann/Quack 1989).

3. Erwerbsarbeit und Strukturen sozialer und politischer Differenzierung

Die beschriebenen Entwicklungen haben nicht die Tatsache verändert, daß in komplexen und auf fortgeschrittener Technologie basierenden Ökonomien die Organisation der Arbeit nach hauptsächlich drei Prinzipien vielfältig differenziert ist. Mit der beruflichen Spezialisierung erfolgt eine Gliederung nach spezifischen funktionalen Aufgaben. Weiterhin werden - mit der beruflichen Differenzierung sich teilweise überschneidend - die für einzelne Arbeitsplätze zusammengefügten Arbeitsaufgaben in relativ feinen Abstufungen nach der Höhe der Qualifikationsanforderungen an die Arbeitskräfte ausgerichtet. Mit dem Größenwachstum der Unternehmen und Betriebe sind die Arbeitsorganisationen zunehmend auch nach dem bürokratischen Modell hierarchischer Ordnung in den Entscheidungs-, Anweisungs- und Kontrollbefugnissen strukturiert. In der langfristigen Entwicklung haben sich diese Differenzierungen eher verstärkt als verringert (Haller 1986). Für die Beschäftigten sind mit diesen Prinzipien der Arbeitsteilung und ihrer betrieblichen Organisation und Kontrolle zum einen unterschiedliche *Arbeitsbedingungen* (nach Niveaus der physischen und psychischen Belastungen, der Routine oder Abwechslung, dem Grad an Gestaltungsautonomie, der Anweisungsbefugnis oder Unterordnung, der Sicherheit des Arbeitsplatzes), zum anderen aber auch eine große Spannweite in der Entgeltung der Arbeit mit symbolischen und materiellen *Belohnungen* verbunden. Die Einordnung von Individuen in dieses Raster unterschiedlich vorteilhafter Arbeitsplätze prägt nachhaltig die Arbeitssituation selbst und die daraus abgeleiteten Möglichkeiten der Lebensführung außerhalb der Arbeitswelt.

Für die Diskussion des Verhältnisses von Arbeit und Sozialstruktur liegt hier die Schnittstelle des Übergangs von engeren Analysen der Arbeit und ihres Wandels selbst zur Untersuchung gesellschaftlicher Strukturen außerhalb der Arbeitswelt, die aber durch diese geprägt sind. Entsprechende Studien haben überwiegend zu tun mit dem Problem der mit der Organisation der Arbeitswelt generierten, aber über die Arbeitswelt hinausreichenden Strukturen *sozialer Ungleichheit* in der Gesellschaft. Dabei ergeben sich mehrere klassische Fragen und Zugänge. Die erste bezieht sich darauf, ob die differenzierten Arbeitssituationen zu einer begrenzten Zahl von typischen Ungleichheitskonstellationen zusammengefaßt werden können, die in der Literatur als Statusgruppen, Schichten oder soziale Klassen bezeichnet werden. Die zweite betrifft die Mechanismen des Zugangs zu solchen Schichten oder Klassen, die Dauer der Zugehörigkeit zu ihnen und die Mobilität zwischen ihnen. Bei der dritten Frage geht es um die Relevanz der erwerbsstrukturell bestimmten Klassenzugehörigkeit für die Lebensführung und die Strukturierung sozialer Interaktionsnetze. Die vierte Frage behandelt schließlich die Relevanz der Verhältnisse in der Arbeitswelt für Prozesse der Interessenformierung, der gesellschaftlichen Konflikte und ihrer Repräsentation in politischen Entscheidungen.

3.1 Erwerbsposition und Klassenstruktur

Unter den verschiedenen Versuchen, Erwerbspositionen zu typisieren, ist inzwischen die Auseinandersetzung mit marxistischen Klassenmodellen verstummt. Noch bis in die 70er Jahre hinein wurden diese offensiv vertreten. In zahlreichen Varianten wurde versucht, die Inhaber der im berufsstrukturellen Wandel expandierenden Dienstleistungsarbeitsplätze als neue Fraktionen der Arbeiterklasse zu bestimmen und damit das auf dem Gegensatz von Kapital und Arbeit beruhende dichotome Klassenmodell zu retten (zur Kritik vgl. Berger 1996). Theoretisch unbefriedigend sind auch die auf der Vorstellung einer Hierarchie von Schichten aufbauenden rein vertikalen Ungleichheitsmodelle. In diesen Modellen wird versucht, auf der Basis verschiedener Indikatoren (z.B. Ausbildung, Niveau der beruflichen Position, Einkommen) einen aggregierten Index zu bilden, anhand dessen Personen einer der unterschiedenen sozialen Schichten zugeordnet werden können (vgl. z.B. Scheuch 1965). Neben der Willkürlichkeit der unterschiedenen Zahl solcher Schichten und der Grenzziehung zwischen ihnen ist vor allem problematisch, daß Personen unterschiedslos einer gleichen Schicht zugeordnet werden können, obgleich die grundlegenden Faktoren, die die Lebenschancen bestimmen, höchst verschieden sein können (Vgl. die höchst unterschiedlichen konstituierenden Prinzipien der Lebenslage eines Landwirtes mit einem mittelgroßen Betrieb, eines selbständigen Ladenbesitzers, eines Industriemeisters oder eines Lehrers, die nach einem Schichtindex dennoch einer gleichen Schicht zugeordnet würden.) Neuere Ansätze versuchen einerseits der erhöhten Differenzierung in den beruflichen Arbeitssituationen gerecht zu werden, in ihrer Typisierung jedoch gleichzeitig die konstituierenden Prinzipien zur Geltung kommen zu lassen.

So betrachtet Goldthorpe in seinem Modell sozialer Klassen, das in der gegenwärtigen internationalen Forschung wohl die weiteste Verwendung findet, den Typ des Beschäftigungsverhältnisses als zentrales Differenzierungskriterium. (Zum Klassenschema von Goldthorpe vgl. Erikson/Goldthorpe (1992:35-47) sowie zur Dienstklasse im speziellen Goldthorpe (1982). In einem stärker auf marxistischer Tradition basierenden Modell führt Wright (1985) die Klassenlage auf Ausbeutungsbeziehungen zurück, wobei drei unterschiedliche Typen von Ressourcen die Ausbeutung ermöglichen und miteinander kombiniert eine komplexe mehrdimensionale Struktur von Klassenpositionen ergeben. Diese Ressourcen sind Produktionsmittelbesitz, Bildungsqualifikation und organisatorische Ressourcen im Sinne der Position in der Anweisungs- und Kontrollhierarchie eines Betriebes.) Durchaus klassisch wird zunächst unterschieden zwischen Klassenpositionen, in denen die davon Betroffenen vom Verkauf ihrer Arbeitsleistungen an Arbeitgeber leben, und den Klassenpositionen von Arbeitgebern oder alleinerwerbenden Selbständigen.

Die lohnabhängig Erwerbenden sind jedoch, wie Übersicht 1 im einzelnen zeigt, unter sich wiederum vielfältig differenziert. Als entscheidendes Differenzierungselement betrachtet Goldthorpe die Art der Regulierung des Beschäftigungsverhältnisses. Dabei besteht die zentrale Unterscheidung darin, ob das Arbeitsverhältnis weitgehend einem schlichten *Tauschkontrakt* zwischen festgelegten und kontrollierbaren Arbeitsleistungen und Lohn entspricht (im wesentlichen die Arbeiterpositionen der Klassen VI und VIIab) oder ob das Arbeitsverhältnis wie bei den Dienstklassen durch ein *Dienstverhältnis* mit entscheidend anderen Elementen geprägt ist. Dieses impliziert die Ausübung delegierter Autorität oder die relativ autonome Nutzung spezialisierter Expertise im Interesse der beschäftigenden Organisation. Es basiert weniger auf direkter Kontrolle aller Arbeitsvollzüge, sondern mehr auf Loyalitätszusicherung durch die Beschäftigten einerseits und auf Vertrauensgewährung und Loyalität fördernden Belohnungsmodalitäten durch die Arbeitgeber andererseits. (Ein Dienstverhältnis hat also durchaus Ähnlichkeiten mit Elementen des Beamtenverhältnisses, z.B. längerfristigen Arbeitskontrakten, höherer Beschäftigungssicherheit oder Beförderungsperspektiven bei Bewährung; vgl. dazu Renner (1953) und Dahrendorf (1964), auf die sich Goldthorpe explizit bezieht.) Für die Klassen III und V sieht Goldthorpe Mischformen von Tauschkontrakt und Dienstverhältnis.

Übersicht 1: Klassenschema nach John H. Goldthorpe

I	**Obere Dienstklasse** Akademische professionelle Berufe; leitende Angestellte und Beamte in staatlicher Verwaltung und großen privaten Unternehmen; Manager großer Produktionsbetriebe; Selbständige mit mehr als 10 Mitarbeitern
II	**Untere Dienstklasse** Semiprofessionen; qualifizierte Techniker und graduierte Ingenieure; Manager kleiner Betriebe; Arbeitsgruppenleiter und qualifizierte Sachbearbeiter in der öffentlichen und privaten Verwaltung
III	**Ausführende Nicht-Manuelle** Nicht-manuell tätige Angestellte in Verwaltung und Handel mit Routinetätigkeiten; Verkäufer und Personen, die einfache Dienstleistungen erbringen
IVab	**Kleinbürgertum** Selbständige außerhalb der Landwirtschaft, höchstens 10 Mitarbeiter
IVc	*Selbständige Landwirte*
V	**Arbeiterelite** Einfache Techniker, die teilweise manuell tätig sind; Meister, Vorarbeiter
VI	*Facharbeiter*
VIIa	*Un- oder angelernte Arbeiter*
VIIb	*Arbeiter in der Landwirtschaft*

Wie Noll/Habich (1990) in einer Untersuchung für Deutschland (zu ähnlichen Untersuchungen für England vgl. Marshall et al. (1988).) gezeigt haben, variieren die Arbeits- und Lebensbedingungen der Menschen erheblich nach der Zugehörigkeit zu einer dieser Klassen. Derartige klassenspezifische Unterschiede in den Lebensbedingungen zeigen sich beispielsweise nicht nur bei Einkommen und Vermögen, sondern auch in der Wohnungsgröße und -ausstattung, dem Gesundheitszustand, Freizeitumfang und -verhalten sowie den Arbeitsbedingungen. Darüber hinaus beeinflußt die Klassenzugehörigkeit offenbar auch die subjektiv wahrgenommene Lebensqualität, wie sie sich z.B. in unterschiedlichen Niveaus der Zufriedenheit manifestiert. Das gilt selbst dann, wenn andere Einflußfaktoren, wie Alter, Geschlecht und Nationalität kontrolliert werden. Dabei wird die mit der Klassenzugehörigkeit verbundene Ungleichheit dadurch verstärkt, daß über verschiedene Dimensionen hinweg die Vorteile und Nachteile tendenziell kumulieren. In der Klasse der ungelernten Arbeiter kommen unqualifizierte Arbeit bei geringer Autonomie in unattraktiven, belastenden Arbeitsbedingungen und geringer Arbeitsplatzsicherheit sowie niedrigen Arbeitsentgelten (als Merkmale der Arbeit selbst) zusammen mit eingeschränkter Lebensqualität außerhalb der Arbeit, wie niedrigem Lebensstandard, ungünstigen Wohnverhältnissen, häufigeren gesundheitlichen Beeinträchtigungen, verminderter kultureller und politischer Partizipation und geringerer Lebenszufriedenheit.

Im Kontrast dazu sind die Angehörigen der Dienstklasse kumulativ privilegiert. Kompensation von Vor- und Nachteilen in verschiedenen Dimensionen ist eher eine Ausnahme, wie beispielsweise bei den Selbständigen, bei denen die hohen Einkommen teilweise mit längeren Arbeitszeiten bezahlt werden.

Im Hinblick auf Entwicklungstrends haben sich zumindest für Deutschland Erwartungen nicht bestätigt, daß im Zuge des technologischen Fortschrittes und der Automatisierung die Klasse unqualifizierter manueller Arbeiter zunehmend größer werden würde. Auch die zeitweilig in der Industriesoziologie verbreitete These einer fortschreitenden Qualifikationspolarisierung gilt inzwischen als widerlegt. Ebenso finden sich für Deutschland kaum Belege für die von Esping-Andersen (1993) formulierte Hypothese der Entstehung eines postindustriellen Dienstleistungsproletariats (Blossfeld/Gianelli/Mayer 1993). Die Entwicklung seit der Nachkriegszeit ist dagegen geprägt durch zwei zentrale Trends: ein fortgesetztes Wachstum von Positionen der Dienstklasse und den Wegfall von Arbeitsplätzen für unqualifizierte Arbeit. Es gibt nicht *mehr* unqualifizierte Arbeit, sondern *weniger*, mit der Konsequenz großer Zahlen von Langzeitarbeitslosen insbesondere unter Bevölkerungsgruppen mit niedrigen schulischen und beruflichen Qualifikationen.

3.2 Positionszugang und Mobilität

Für die mit der Organisation der Arbeit verbundene gesellschaftliche Ungleichheit ist nicht nur die bestehende Struktur der unterschiedlich vorteilhaften (Arbeits-) Positionen bedeutsam. Ebenso wichtige Beiträge zur Charakterisierung der Sozialstruktur einer Gesellschaft ergeben sich aus der Frage, wie Individuen in die vorhandenen, mehr oder weniger vorteilhaften Positionen gelangen und wie der Austausch (die Mobilität) von Individuen zwischen diesen Positionen sich vollzieht. In den Mustern des Zugangs zu den Positionen und der Mobilität zwischen ihnen kommt nämlich zunächst der Grad der Realisierung von der in modernen Gesellschaften weithin geteilten politisch-normativen Vorstellung chancengleicher Startbedingungen (Parsons 1970) zum Ausdruck. Danach sollen die Zugangschancen zu vorteilhaften Positionen primär von unterschiedlichen Leistungen einzelner Individuen abhängen und nicht von Bedingungen der sozialen Herkunft bestimmt sein. Muster der sozialen Mobilität indizieren insofern die relative Offenheit oder Geschlossenheit der Sozialstruktur. Ein zweiter Aspekt verknüpft die Höhe der Mobilität in einer Gesellschaft mit der Wahrscheinlichkeit der Klassenbildung. Klassenbildung meint den Prozeß des Entstehens sozialer Kollektive, deren Angehörige ein sie identifizierendes Bewußtsein der Zusammengehörigkeit, der Interessengemeinsamkeit und möglicherweise auch der Notwendigkeit gemeinsamen Interessenhandelns ausbilden. Ob Klassen, soziale Schichten oder Statusgruppen eine soziale Identität als gesellschaftliches Kollektiv ausbilden, hängt u.a. davon ab, ob ein Kern von beständigen Mitgliedern existiert, d.h. ob Individuen mehr oder weniger lebenslang und Familien über Generationen hinweg den gleichen Klassen zugehören (So haben beispielsweise Marx (1958:255, 444) und Sombart (1906) das Fehlen des Sozialismus in den USA auch damit erklärt, daß sich in den USA Klassen nicht formiert hätten, weil sich potentielle (Klassen-) Gruppierungen wegen hoher Mobilitätsraten in ihrer Zusammensetzung in einem konstanten Fluß änderten (vgl. als wichtigen systematischen Beitrag hierzu Goldthorpe (1985: 3ff, 19)).

In der international vergleichenden Mobilitätsforschung haben sich zwei Schwerpunkte der Untersuchung der damit verbundenen Sachverhalte herausgebildet: die Untersuchung der Verlaufsstrukturen beruflicher Karrieren und die Analyse der Muster intergenerationaler sozialer Mobilität, d.h. die Untersuchung der Kontinuitäten in den beruflich-sozialen Positionen von den Eltern zu den Kindern. Eine große Bedeutung kommt in diesem Zusammenhang auch der Frage zu, wie das Bildungssystem den Zugang zu mehr oder weniger vorteilhaften Positionen steuert und welche Rolle es in der Förderung von Mobilität oder Immobilität zwischen den Generationen spielt. Die Befunde entsprechender Forschungen widersprechen teilweise diametral Behauptungen von Individualisierungstheoretikern, daß als Folge hoher sozialer Mobilität die Sozialstruktur „durcheinandergewirbelt" würde und damit die Wahrscheinlichkeit der Aufrechterhaltung von Klassenidentitäten verloren gehe (Beck 1986). Die empirische Mobilitätsforschung hat in dieser Frage immer wieder auf eine zentrale Unterscheidung aufmerksam gemacht: die Unterscheidung zwischen absoluten und relativen Mobilitätsraten. Der Unterschied zwischen diesen beiden Betrachtungsweisen besteht darin, daß man die strukturellen Verschiebungen, die sich im Zeitverlauf in der Anzahl verfügbarer Positionen ergeben können, entweder in die Analyse einbezieht oder diesen Strukturwandel statistisch kontrolliert. Relative Mobilitätsraten messen, wie wahrscheinlich es unabhängig vom Strukturwandel ist, daß beispielsweise ein Arbeiterkind in eine gehobene Position der Dienstklasse gelangt, während ein Kind aus einer Familie der Dienstklasse Arbeiter wird. Relative Mobilitätsraten sind damit der eigentliche Gradmesser für Offenheit und Durchlässigkeit der Positionsstruktur und für den Grad der realisierten Chancengleichheit. Absolute Mobilitätsraten messen dagegen das Ausmaß der Mobilitätsvorgänge, die sich in einer Gesellschaft zwischen zwei Beobachtungszeitpunkten tatsächlich vollziehen. Sie schließen sowohl Mobilitätsprozesse ein, die aufgrund der Durchlässigkeit der Positionsstruktur zustande kommen, wie solche, die durch den Wandel der Struktur der Positionen induziert sind. Das Ausmaß der absoluten Mobilität zwischen zwei Beobachtungszeitpunkten ist tatsächlich in der Regel um so größer, je rascher im Zeitverlauf, z.B. von der Generation der Eltern auf die der Kinder, sich die Struktur der verfügbaren Positionen selbst ändert. Je mehr beispielsweise in der Generationenfolge Berufspositionen in der Industriearbeit verschwinden, während Positionen in der Dienstklasse zunehmen, umso mehr Mobilität zwischen der beruflichen Position der Eltern und der der Kinder ist erforderlich, damit sich dieser Strukturwandel überhaupt vollziehen kann.

Untersuchungen der relativen Mobilitätsraten (u.a. Erikson/Goldthorpe 1992) zeigen nun für viele Länder, daß (unabhängig vom Strukturwandel) Kinder aus Dienstklassenherkunft immer eine sehr große Chance haben, selbst ebenfalls eine Position in der Dienstklasse zu erhalten, während Arbeiterkinder mit großer Wahrscheinlichkeit in der Arbeiterklasse verbleiben. Diese Ungleichheit in den relativen Chancenverhältnissen des Zugangs zu mehr oder weniger günstigen Positionen hat sich im Zeitverlauf kaum verändert. Selbst wenn man aber den Strukturwandel mit dem Wachstum der Dienstklasse und dem Schrumpfen der Landwirtschaft und der Arbeiterklasse einbezieht und das Niveau der absoluten Mobilität betrachtet, zeigen neuere Daten für die Bundesrepublik (eigene Auswertungen der allgemeinen Bevölkerungsumfrage der Sozialwissenschaften (1980-1994) und des sozio-ökonomischen Panels.), daß von den Kindern einer breit verstandenen (oberen und unteren) Dienstklasse über 70 Prozent eine vorteilhafte Position in der Dienstklasse oder als Selbständige erreichen, während dies für nur etwa 20 Prozent der Arbeiterkinder der Fall ist. Umgekehrt steigen höchstens 15 Prozent der Dienstklassenkinder in die Arbeiterklasse ab, während die weit überwiegende Zahl der Arbeiterkinder dort verbleibt. Der Strukturwandel hat also zwar dazu beigetragen, daß die Zahl der sozialen Aufstiege größer ist als die Zahl der sozialen Abstiege, aber von einem „Durcheinanderwirbeln" der Sozialstruktur kann keine Rede sein. Dies belegen für Deutschland auch Analysen von Mayer/Blossfeld (1990, 311). Sie untersuchen für mehrere Geburtskohorten seit der Zwischenkriegszeit das Niveau der Positionen, die Individuen in sukzessiven Etappen ihres Lebenslaufs (von der Herkunftsfamilie, über das erreichte Bildungsniveau und in verschiedenen Abschnitten der beruflichen Karriere) einnehmen, und kommen zu dem Ergebnis: „Der endogene Kausalzusammenhang im Lebensverlauf wird also deutlich *ausgeprägter*. Die vergangene Lebensgeschichte bestimmt in einem zunehmend höheren Ausmaß, welche Lebenschancen sich später eröffnen. Die Mechanismen der sozialen Selektion werden rigider, die Sozialstruktur wird nicht zunehmend offener und mobiler. Sie wird zunehmend *geschlossener und immobiler*." Im internationalen Vergleich zeichnet sich die Bundesrepublik durch ein hohes Niveau der Strukturierung der Übergänge zwischen verschiedenen Etappen des Lebenslaufs und ein hohes Niveau von Chancenungleichheit und Immobilität aus. Dazu tragen neben anderen Faktoren sowohl das dreigliedrige Bildungssystem bei, das eine hohe Kanalisierungswirkung entfaltet, wie das duale System der Berufsbildung, mit dem eine besonders enge Verknüpfung zwischen Bildungssystem und Beschäftigungssystem gegeben ist (Müller 1986; Erikson/ Goldthorpe 1992; Jonsson/Mills/Müller 1996).

3.3 Lebensführung und soziale Interaktionsnetze

Inwieweit beeinflussen die Charakteristiken der Arbeit und insbesondere die aus der Arbeit resultierenden ökonomischen Ressourcen die Möglichkeiten der Lebensführung? Eine sehr enge Verknüpfung ist dann zu erwarten, wenn die verfügbaren Ressourcen im Grunde ohne Wahlmöglichkeiten für die Sicherung der grundlegendsten Lebensbedürfnisse aufgebraucht werden. Mit sich verbessernder ökonomischer Lage steigen die Chancen der Wahl zwischen alternativen Optionen und die Ausbildung von Stilen der Lebensführung, die weniger durch klassengebundene Restriktionen geprägt sind, sondern einen individuellen Spielraum für Präferenzen eröffnen. Diese Überlegung ist die Grundlage der in jüngerer Zeit in verschiedensten Varianten vertretenen Thesen der zunehmenden Lockerung der Verbindung zwischen arbeitsbedingter Klassenlage und Lebensführung und der Verbreitung zunehmend pluralisierter Lebensstile, deren Wahl nicht durch Kategorien der herkömmlichen Ungleichheits- und Klassenanalyse zu erklären sei. Tatsächlich hat die Forschung in unterschiedlichen Ansätzen eine große Zahl teilweise sehr unterschiedlicher Typisierungsversuche von Lebensstilen hervorgebracht (Berger/Hradil 1990; Schulze 1992; Müller, H.-P. 1993). Was jedoch noch weitgehend fehlt, sind Erklärungen für die Herausbildung dieser Stile sowie systematische Untersuchungen, inwiefern sie sich mit der Klassenlage von Personen oder anderen Statuskategorien überschneiden oder tatsächlich *nicht* überschneiden und wie Lebensstile über die Beschreibung von Lebensführungsarten hinaus auch theoretisch für die Erklärung anderer Sachverhalte wie beispielsweise des politischen Verhaltens bedeutsam sein können.

Im Hinblick auf die Frage der Strukturierung sozialer Beziehungen richtet sich die Aufmerksamkeit darauf, wie die in der Arbeitswelt gegebenen Differenzierungen beeinflussen, wer mit wem im privaten Lebensraum verkehrt. Die mit der Lokalisierung von Personen im Beschäftigungssystem verbundene Selektivität sozialer Verkehrskreise kann gut an den klassischen Phänomenen der sozialen Homogamie von Heiraten und der sozialen Homophilie von Freundschaftsnetzen beobachtet werden. Beides sind besonders aufschlußreiche Indikatoren zur Abbildung der aus dem Bereich der Arbeit resultierenden sozialen Strukturierung, da in ihnen die Selektivität in der Wahl von Partnern für die wichtigsten engen alltäglichen sozialen Interaktionen zum Ausdruck kommt. Sowohl in den Heiratsmustern wie in den Netzwerken von Freundschaften stellen Untersuchungen immer wieder eine hohe Ähnlichkeit nach dem beruflichen Status oder der Klassenzugehörigkeit der verbundenen Partner fest (Mayer 1977; Clar 1986; Handl 1988). Dabei sind die Netzwerke von Freundschaften sozial noch homogener als die Heiratsmuster. Ein wichtiger Mechanismus, über den es zu diesem sprichwörtlich sozial homogenen Gesellungsverhalten kommt, ist die wechselseitige Nutzenmaximierung der Partner im sozialen Austausch. Je mehr Ressourcen ein Partner in einen sozialen Austausch einbringen kann, um so mehr Ressourcen wird er auch vom anderen beteiligten Partner erwartet. Wenn in Nachbarschaften des Wohnens die Ausbildung spezifischer, durch die Arbeitswelt der Bewohner geprägter sozialer Milieus geringer geworden ist (Mooser 1983), dann gilt dies nicht generell für enge soziale Beziehungen. Im Zeitverlauf ist ihre Selektivität nicht geringer geworden; Untersuchungen der Heiratsmuster zeigen vielmehr eher eine zunehmende soziale Homogenität an (Teckenberg 1991).

3.4 Klassenstruktur und politische Cleavage-Struktur

Die Arbeitswelt ist mit den gegensätzlichen Interessen von Arbeitnehmern und Arbeitgebern u.a. bezüglich der Arbeitsbedingungen, der Leistungserbringung und der Lohn- und Verteilungsfrage offensichtlich ein Kristallisationspunkt gesellschaftlicher Konflikte. Die Bedeutung dieser Konfliktfront wird dadurch verstärkt und aufrechterhalten, daß sich zur Vertretung der entsprechenden Interessen einflußreiche gesellschaftliche Interessenorganisationen ausgebildet haben. Sie vertreten die Interessengenossen nicht nur gegenüber den jeweiligen Interessengegnern in Tarifverhandlungen oder in Auseinandersetzungen um Arbeitsbedingungen, sondern aggregieren, kanalisieren, steuern und vermitteln die Interessen auch im politischen Prozeß. Allerdings wird in jüngerer Zeit (in unterschiedlichen Gesellschaften variierend) eine abnehmende Bindungskraft intermediärer Interessenorganisationen diagnostiziert, die insbesondere auch die Gewerkschaften trifft (Streeck 1987).

In europäischen politischen Demokratien ist in der Regel auch das Parteiensystem und das Wahlverhalten der Bürger mit den in der Arbeitswelt bestehenden Differenzierungslinien verknüpft. In einer bemerkenswerten Kontinuität läßt sich ein erheblicher Teil der heute bestehenden politischen Lagerformation bis auf die historische Phase der politischen Massenmobilisierung und der Durchsetzung demokratischer Partizipationsrechte der Bürger in der zweiten Hälfte des letzten Jahrhunderts zurückführen (Lipset/Rokkan 1967). Die damals bestehenden zentralen religiösen Wert-, ökonomischen Interessen- und regionalen Identitätskonflikte setzten sich in Allianzen zwischen politischen Parteien und entsprechenden Bevölkerungsgruppen um, die sich zu relativ beständigen Bindungen weiterentwickelt haben.

In Deutschland spiegelt sich der historische Klassenkonflikt nach wie vor hauptsächlich in der Wahlpräferenz von CDU und SPD wider. (Neben der klassenstrukturellen Spannungslinie findet sich in Deutschland bekanntlich das im Kulturkampf verwurzelte religiöse Spannungsfeld, das mit einer über die gesamte Nachkriegszeit praktisch unveränderten Bindungskraft die kirchengebundenen und religiös praktizierenden Wähler an ihrer CDU-Bindung festhalten läßt.) Die Gruppen mit den jeweils intensivsten parteilichen Bindungen sind bei der SPD die Arbeiter - und dabei insbesondere die gewerkschaftlich gebundenen -, bei der CDU die Bauern, Selbständigen und Unternehmer. Ambivalenter war stets die Position der neuen Mittelklassen der Angestellten und Beamten, die als Lohnabhängige mit den Arbeitern zwar Arbeitnehmerinteressen gemeinsam haben, jedoch durch die Besonderheiten ihrer Stellung in der Nähe und in tendenzieller Loyalität zu den Herrschaftsträgern und den Besitzklassen sich eher mit der CDU als der SPD assoziierten. Wenn diese letztlich aus der Arbeitssituation resultierenden und auf der

Interessenlage im Klassenkonflikt basierenden politischen Wahlverwandtschaften und -bündnisse auch weiterhin bestehen, so hat sich in der Kohortenfolge die Intensität der Bindung verringert, sowohl bei den jeweiligen Kerngruppen wie bei den ambivalenteren Mittelklassen (Pappi 1990; Müller 1993; Emmert/Roth 1995).

Nach neueren Untersuchungen werden aber dieser Tendenzen des Abbaus der traditionellen politischen Allianzen insbesondere in Deutschland kompensiert durch neue Verbindungslinien, die ihre Wurzeln in den wachsenden und intern nach unterschiedlichen Arbeitssituationen sich ausdifferenzierenden Dienstklassen haben. Drei relativ eindeutig unterscheidbare Fraktionen haben ausgeprägt unterschiedliche parteiliche Orientierungen: Beschäftigte in staatlichen oder privatwirtschaftlichen administrativen Apparaten, die an Herrschafts- und Kontrollfunktionen teilhaben; wissenschaftliche oder technische Experten mit relativ hoher professioneller Autonomie; Beschäftigte in sozialen Dienstleistungen (medizinisches Fachpersonal, Lehrer, Sozialarbeiter, Kulturschaffende) mit ebenfalls hoher beruflicher Autonomie. Die Teilhaber an Herrschafts- und Kontrollfunktionen hatten immer eine stärkere CDU-Präferenz, und diese hat sich in der Kohortenfolge nur geringfügig verringert. (Der Hinweis auf die Kohortenfolge spielt auf den folgenden interessanten Befund an: Die Abnahme in der hergebrachten Klassenspaltung im Wahlverhalten und die Bildung neuer Allianzen vollzieht sich weitgehend als ein Prozeß, in dem nur die in der Altersstruktur der Bevölkerung jeweils nachrückenden Kohorten von Wählern verstärkt die neuen Muster des Wahlverhaltens zeigen, während die älteren Kohorten über lange Zeitperioden praktisch unverändert bei ihren hergebrachten Parteipräferenzen verbleiben.) Die beiden anderen Gruppen standen der CDU weniger nahe, und sie haben sich zunehmend von der CDU in Richtung der SPD und vor allem der Grünen abgesetzt, letzteres ganz ausgeprägt in den sozialen Dienstleistungsberufen. Nach den vorliegenden Befunden ist es nicht überzogen, in der Partei der Grünen eine späte, aber wohl auf längere Dauer in der deutschen Parteienlandschaft etablierte Antwort auf die im Wandel des Beschäftigungssystems angelegte Emergenz neuer sozialstruktureller Gruppen zu sehen (für Deutschland vgl. Alber 1985, Müller 1996; für den internationalen Forschungsstand zum Verhältnis von Klassenstruktur und Wahlverhalten Evans, in Vorbereitung). Die basisdemokratische und partizipationsorientierte Ausrichtung in der ideologischen Programmatik vor allem in der Phase der Etablierung der Partei der Grünen und bei der Ausbildung eines Kerns von grünen Stammwählern hat eine enge Korrespondenz mit einem zentralen Element der Klassenlage ihrer Wähler: nämlich der relativ hohen (professionellen) Autonomie und Selbstbestimmung der Arbeit, die gegenüber organisatorischen Durchgriffen immer wieder verteidigt wird.

Diese Befunde verdeutlichen, daß zur angemessenen Analyse der mit der Tertiarisierung der Arbeitswelt differenzierter gewordenen Erwerbsstruktur auch differenziertere Analyseinstrumente erforderlich sind. Dabei scheint die Lösung nicht in einer feiner abgestuften vertikalen Hierarchisierung zu liegen. Dies war ohnehin nie der Fluchtpunkt klassenanalytischer Modelle. Ertragreicher scheint eine präzisere Berücksichtigung der Arbeitssituation und des Beschäftigungsverhältnisses zu sein, bei dem die konstituierenden Prinzipien unterschiedlicher Typen selbständiger und lohnabhängiger Klassenlagen im Vordergrund stehen.

4. Krise der Arbeitsgesellschaft?

Insgesamt stellen die beschriebenen Prozesse bedeutende Veränderungen in den Folgewirkungen der Erwerbsarbeit für die Ungleichheits- und Klassenstruktur, für die Differenzierung der Formen der Lebensführung, für die Einbindung von Individuen in Solidarverbände und die Beteiligung in intermediären Organisationen sowie für die Struktur gesellschaftlicher Konflikte und die politische Spaltungsstruktur dar. Tendenzen einer abnehmenden Bindungskraft von gesellschaftlichen Großgruppen, die letztlich auf der Lage von Individuen im Erwerbssystem beruhen, sind nicht zu übersehen. Es ist auch offensichtlich, daß die wohlfahrtsstaatliche Sicherung eines erwerbsarbeitsfreien Ruhestandes und die Versorgung von Personen, die aus unterschiedlichen anderen Gründen keine den Lebensunterhalt sichernde Erwerbstätigkeit ausüben (können), die umfassende Arbeitsmarktabhängigkeit der Lebenschancen gemildert hat. Gerade in Deutschland tragen aber die spezifischen - weitgehend auf dem Versicherungsprinzip basierenden und statuserhaltend wirkenden - wohlfahrtsstaatlichen Sicherungseinrichtungen dazu bei, daß sich die Differenzierungen in der Arbeitswelt auch auf den nicht in Erwerbsarbeit stehenden Teil der Bevölkerung übertragen. Deshalb scheinen Thesen einer durchgehenden Individualisierung von Lebenschancen und Lebensrisiken oder Behauptungen einer generellen Auflösung von Klassen und die Diagnose ihrer Irrelevanz für politisches Handeln ebenso überzogen wie die zu Beginn der 80er Jahre verbreitete Vorstellung einer weitgehend verschwundenen Prägekraft der Arbeitswelt für die sozialstrukturelle Differenzierung der Gesellschaft. Wenn es eine Krise der Arbeitsgesellschaft gibt, so kommt sie in erster Linie in dem massenhaften Fehlen von Arbeitsplätzen zur Geltung, die den Lebensunterhalt sichern können. Das auf absehbare Frist anhaltende Defizit an Arbeitsplätzen löst aber nicht die Prägung der Sozialstruktur durch die Arbeitswelt auf, sondern fügt ihr - unabhängig von vielen weiteren Folgeproblemen der Arbeitslosigkeit - eine wichtige weitere Differenzierungslinie zwischen denen, die relativ gesicherte Arbeitsplätze haben, und denen, die davon über lange Zeit ausgeschlossen sind, hinzu.

Literatur

Alber, J. 1985: Modernisierung, neue Spannungslinien und die politischen Chancen der Grünen, in: Politische Vierteljahresschrift 26, Nr. 3, 211-226.

Bahrdt, H. P. 1983: Arbeit als Inhalt des Lebens („denn es fährt schnell dahin"), in: Matthes, J. (Hrsg.): Krise der Arbeitsgesellschaft? Verhandlungen des 21. Deutschen Soziologentages in Bamberg 1982, Frankfurt/New York, 120-137.

Beck, U. 1986: Risikogesellschaft. Auf dem Weg in eine andere Moderne, Frankfurt a.M.

Beck-Gernsheim, E. 1976: Der geschlechtsspezifische Arbeitsmarkt, Frankfurt a.M.

Berger, J. 1996: Was behauptet die Marx'sche Klassentheorie - und was ist davon haltbar? In: Giegel, H. J. (Hrsg.): Konflikt und Differenz. Frankfurt a.M.

Berger, P. A.; Hradil, S. 1990: Die Modernisierung sozialer Ungleichheit - und die neuen Konturen ihrer Erforschung, in: Berger, P. A.; Hradil, S. (Hrsg.): Lebenslagen, Lebensläufe, Lebensstile, Göttingen, 3-26.

Berger, P. A.; Hradil, S. (Hrsg.) 1990: Lebenslagen, Lebensläufe und Lebensstile. Soziale Welt, Sonderband 7.

Blossfeld, H.-P.; Gianelli, G.; Mayer, K. U. 1993: Is there a new service proletariat? The tertiary sector and social inequality in Germany, in: Esping-Andersen, G. (Hrsg.): Changing classes. Stratification and Mobility in post-industrial societies, London, 109-135.

Bosch, G. 1986: Hat das Normalarbeitsverhältnis eine Zukunft? In: WSI-Mitteilungen 39, Nr. 3, 163-176.

Braun, M.; Alwin, D. F.; Scott, J. 1994: Wandel der Einstellung zur Rolle der Frau in Deutschland und den Vereinigten Staaten, in: Braun, M.; Mohler, P. Ph. (Hrsg.): Blickpunkt Gesellschaft 3, Opladen, 151-173.

Büchtemann, Ch. F.; Quack, S. 1989: 'Bridges' or 'Traps'? Non Standard Forms of Employment in the Federal Republic of Germany. Discussion Paper FSI 88-6. Berlin: Wissenschaftszentrum Berlin für Sozialforschung.

Bundesanstalt für Arbeit 1994: Berufliche Bildung und Beschäftigung von Frauen. Situation und Tendenzen, Nürnberg.

Clar, M. 1986: Soziale Mobilität und Freundschaftswahlen. Ein Vergleich beider Prozesse in ihren Auswirkungen auf die soziale Lage der Person, in: Zeitschrift für Soziologie 15, Nr. 2, 107-124.

Cordova, E. 1986: From full-time wage employment to atypical employment: A major shift in the evolution of labour relations?, in: International Labour Review 125, Nr. 6, 641-657.

Dahrendorf, R. 1964: Recent Changes in the Class Structure of European Societies, in: Daedalus 93, Nr. 1, 225-270.

Dahrendorf, R. 1983: Wenn der Arbeitsgesellschaft die Arbeit ausgeht, in: Matthes, Joachim (Hrsg.): Krise der Arbeitsgesellschaft? Verhandlungen des 21. Deutschen Soziologentages in Bamberg 1982, Frankfurt/New York, 25-37.

Durkheim, E. 1902: De la division du travail social, 2e ed., Paris.

Emmert, T., Roth, D. 1995: Zur wahlsoziologischen Bedeutung eines Modells sozialstrukturell verankerter Konfliktlinien im vereinten Deutschland, in: Historical Social Research 20, Nr. 2, 119-160.

Engelbrech, G. 1993: Immer mehr Frauen nehmen nach einer Unterbrechung wieder eine Beschäftigung auf. IAB-Kurzbericht, Nr. 8, Nürnberg.

Erikson, R.; Goldthorpe, J. H. 1992: The constant flux. A study of class mobility in industrial societies, Oxford.

Esping-Andersen, G. 1991: The Three Worlds of Welfare Capitalism, Cambridge.

Esping-Andersen, G. (Hrsg.) 1993: Changing classes. Stratification and mobility in postindustrial societies, London.

Evans, G. (Hrsg.) in Vorbereitung: The End of Class Politics? Class Voting in Comparative Context, Oxford.

Glatzer, W.; Berger-Schmitt, R. 1986: Haushaltsproduktion und Netzwerkhilfe. Die alltäglichen Leistungen der Familien und Haushalte, Sfb3-Schriftenreihe Bd. 14, Frankfurt/New York.

Goldthorpe, J. H. 1982: On the Service Class: Its Formation and Future, in: Giddens, A., Mackenzie, G. (Hrsg.): Social Class and the Division of Labour, Cambridge, 162-185.

Goldthorpe, J. H. 1985: Soziale Mobilität und Klassenbildung. Zur Erneuerung einer Tradition soziologischer Forschung, in: Goldthorpe, J. H.; Strasser, H. (Hrsg.): Die Analyse sozialer Ungleichheit, Opladen, 174-204.

Haller, M. 1986: Sozialstruktur und Schichtungshierarchie im Wohlfahrtsstaat. Zur Aktualität des vertikalen Paradigmas der Ungleichheitsforschung, in: Zeitschrift für Soziologie 15, Nr. 3, 167-187.

Handl, J. 1988: Berufschancen und Heiratsmuster von Frauen. Empirische Untersuchungen zu Prozessen sozialer Mobilität, Frankfurt/New York.

Hradil, S. 1992: Sozialstruktur und gesellschaftlicher Wandel, in: Gabriel, O. W. (Hrsg.): Die EG-Staaten im Vergleich. Strukturen, Prozesse, Politikinhalte, Opladen, 50-94.

Jonsson, J. O.; Mills, C.; Müller, W. 1996: A Half Century of Increasing Educational Openness? Social Class, Gender and Educational Attainment in Sweden, Germany and Britain, in: Erikson, R., Jonsson, J. O. (Hrsg.): Can Education Be Equalized? Sweden in Comparative Perspective, Bolder.

Klages, H. 1985: Wertorientierungen im Wandel. Rückblick, Gegenwartsanalysen, Prognosen, 2. Auflage, Frankfurt/New York.

Kohli, M. 1994: Institutionalisierung und Individualisierung der Erwerbsbiographie, in: Beck, U.; Beck-Gernsheim, E. (Hrsg.): Riskante Freiheiten, Frankfurt a.M., 219-244.

Lauterbach, W. 1994: Berufsverläufe von Frauen. Erwerbstätigkeit, Unterbrechung und Wiedereintritt, Frankfurt a.M.

Lipset, S. M.; Rokkan, S. 1967: Cleavage Structures, Party Systems, and Voter Alignments: An Introduction, in: dies. (Hrsg.): Party Systems and Voter Alignments, New York, 1- 64.

Leicht, R. 1995: Die Prosperität kleiner Betriebe. Das längerfristige Wandlungsmuster von Betriebsgröße und -strukturen, Heidelberg.

Leisering, L. 1995: Zweidrittelgesellschaft oder Risikogesellschaft, in: Bieback, K.-J.; Milz, H. (Hrsg.): Neue Armut, Frankfurt a.M., 58-92.

Marshall, G.; Newby, H.; Rose, D.; Vogler, C. 1988: Social Class in Modern Britain, London.

Marx, K. 1958: Selected Works, Moscow.

Mayer, K. U. 1977: Statushierarchie und Heiratsmarkt - Empirische Analysen zur Struktur des Schichtungssystems in der Bundesrepublik und zur Ableitung einer Skala des sozialen Status, in: Handl, J.; Mayer, K.U.; Müller, W. (Hrsg.): Klassenlagen und Sozialstruktur, Frankfurt/New York, 155-232.

Mayer, K. U.; Blossfeld, H.-P. 1990: Die gesellschaftliche Konstruktion sozialer Ungleichheit im Lebensverlauf, in: Berger, P. A.; Hradil, S. (Hrsg.): Lebenslagen, Lebensläufe, Lebensstile, Göttingen, 297-318.

Mayer, K. U.; Müller, W. 1987: Lebensverläufe im Wohlfahrtsstaat, in: Weyman, A. (Hrsg.), Handlungsspielräume. Untersuchungen zur Individualisierung und Institutionalisierung von Lebensläufen in der Moderne, Stuttgart, 41-60.

Mooser, J. 1983: Auflösung des proletarischen Milieus, in: Soziale Welt 34, 270-306.

Müller, H. P. (Hrsg.) 1993: Sozialstruktur und Lebensstile: der neuere theoretische Diskurs über soziale Ungleichheit, 2. Aufl., Frankfurt a.M.

Müller, W. 1986: Soziale Mobilität. Die Bundesrepublik im Internationalen Vergleich, in: Kaase, M. (Hrsg.), Politische Wissenschaft und politische Ordnung. Analysen zu Theorie und Empirie in demokratischer Regierungsweise, Opladen, 339-354.

Müller, W. 1996: Old and New Class Cleavages. Manuskript. Mannheimer Zentrum für Europäische Sozialforschung, Universität Mannheim.

Noll, H.-H. 1991: Beschäftigungsstruktur im Wandel. Die Bundesrepublik im internationalen Vergleich, in: Zapf, W. (Hrsg.): Die Modernisierung moderner Gesellschaften. Verhandlungen des 25. Deutschen Soziologentages in Frankfurt a.M., Frankfurt/New York, 279-292.

Noll, H.-H.; Habich, R. 1990: Individuelle Wohlfahrt. Vertikale Ungleichheit oder horizontale Disparitäten? In: Berger, P. A.; Hradil, S. (Hrsg.): Lebenslagen, Lebensläufe, Lebensstile. Göttingen, 153-188.

Noll, H.-H.; Langlois, S. 1994: Employment and Labour-Market Change. Toward Two Models of Growth, in: Langlois, S. (Hrsg.): Convergence or Divergence? Comparing Recent Social Trends in Industrial Societies. Frankfurt a.M. et al., 89-113.

OECD 1995: Household Production in OECD Countries. Data Sources and Measurement Methods, Paris.

Offe, C. 1983: Arbeit als soziologische Schlüsselkategorie? In: Matthes, J. (Hrsg.): Krise der Arbeitsgesellschaft? Verhandlungen des 21. Deutschen Soziologentages in Bamberg 1982. Frankfurt/New York, 38-65.

Pappi, F. U. 1990: Klassenstruktur und Wahlverhalten im sozialen Wandel, in: Kaase, M.; Klingemann, H.-D. (Hrsg.): Wahlen und Wähler. Opladen, 15-30.

Parsons, T. 1970: Equality and Inequality in Modern Society, or Social Stratification Revisited, in: Lauman, E.O. (Hrsg.): Social Stratification, Indianapolis, 13-72.

Renner, K. 1953: Wandlungen der Modernen Gesellschaft. Zwei Abhandlungen über die Probleme der Nachkriegszeit, Wien.

Rubery, J.; Fagan, C. 1993: Geschlechtertrennung im Beruf in der Europäischen Gemeinschaft. Soziales Europa, Beiheft 3. Luxemburg: Amt für amtliche Veröffentlichungen der Europäischen Gemeinschaft.

Scheuch, E. K., unter Mitarbeit von Daheim, H. 1965: Sozialprestige und soziale Schichtung, in: Glass, D. V., König, R. (Hrsg.): Soziale Schichtung und soziale Mobilität. Sonderheft 5 der Kölner Zeitschrift für Soziologie und Sozialpsychologie, Köln und Opladen, 65-103.

Schmidt, M. G. 1993: Erwerbsbeteiligung von Frauen und Männern im Industrieländervergleich, Opladen.

Schulze, G. 1992: Die Erlebnisgesellschaft, Frankfurt a.M.

Seifert, W. 1996: Zunehmende Arbeitsmarktintegration bei anhaltender sozialer Segregation, in: Informationsdienst Soziale Indikatoren, Nr. 15, 7-11.

Sombart, W. 1906: Warum gibt es in den Vereinigten Staaten keinen Sozialismus?, Tübingen.

Streeck, W. 1987: Vielfalt und Interdependenz. Überlegungen zur Rolle von intermediären Organisationen in sich ändernden Umwelten, in: Kölner Zeitschrift für Soziologie und Sozialpsychologie 39, 471-495.

Teckenberg, W. 1991: Sozialstruktur als differentielle Assoziation (Habilitationsschrift), Heidelberg.

Wright, E. O. 1985: Classes, London.

Soziale Mentalitäten und technologische Modernisierung

Michael Vester, Thomas Schwarzer

1. Problemstellung: Wirtschaftsmentalitäten und wirtschaftliche Modernisierung

Dieser Aufsatz betrachtet das Verhältnis zwischen den Wirtschaftsmentalitäten und den Veränderungen des Wirtschaftssystems. Dieses ist in gewisser Hinsicht (aber nicht durchgehend, wie wir später sehen werden) dem Verhältnis von Angebot und Nachfrage vergleichbar. Ein Wirtschafts- oder Erwerbssystem benötigt Arbeitskräfte mit bestimmten Wirtschaftsmentalitäten, welche bestimmte fachlichen Fähigkeiten mit bestimmten moralischen Einstellungen zur Arbeit (sog. Wirtschaftsethiken) verbinden. Während das Fachkönnen durch das Ausbildungssystem 'angeboten' wird, sind Wirtschaftsethiken nicht einfach intellektuell vermittelbar. Die Wirtschaftsethiken - die Motive der Arbeit, des Lernens, der Verantwortung usw. - entwickeln sich vielmehr als Teil der Ethiken alltäglicher Lebensführung (Weber 1980, 238), die die Menschen sehr weitgehend in ihren sozialen Milieus und durch ihre vielfältigen Erfahrungen von Kindheit an erwerben.

Je nach Beruf, Erwerbszweig usw. werden ganz verschiedene Wirtschaftsmentalitäten gebraucht. Überdies können Veränderungen der Wirtschaftsstruktur diese Fähigkeiten der Menschen relativ schnell veralten lassen, abwerten oder auch aufwerten. Die Wirtschaftsethiken gelten demgegenüber, wie alle Mentalitäten, eher als unbeweglich oder "träge"; sie ändern sich - wie die Forschung entgegen landläufigen Meinungen belegen kann - bei erwachsenen Menschen kaum und im Übergang zu den nächsten Generationen allenfalls ein Stück weit (Geiger 1932; Bourdieu 1982; Vester u.a. 1993). Diese Beharrlichkeit schließt aber nicht die Fähigkeit aus, zur Wahrung der gesellschaftlichen Position sehr einfallsreiche berufliche "Umstellungsstrategien" (Bourdieu) zu verfolgen. Beispielsweise können selbständige Handwerker oder Landwirte, die ihren Betrieb aufgeben müssen, über bestimmte Bildungsstrategien Berufe als Facharbeiter, qualifizierte Angestellte usw. suchen, in denen eine ähnliche Selbständigkeit und Eigenverantwortung verwirklicht werden kann wie im alten Beruf. Dies tun und erreichen zwar nie alle Angehörigen eines Milieus, aber doch so viele, daß wir in der Forschung eine erstaunliche Kontinuität von Milieus bestätigt finden: sie bleiben ihren ethischen Grundauffassungen verbunden, aber sie verwirklichen sie mit immer neuen, 'zeitgemäßen' Mitteln.

Die heutigen Wirtschaftsmentalitäten und ihre "Milieustammbäume" (Vester u.a. 1993) mit ihren Veränderungen in den jüngeren Generationen werden wir im *3. Kapitel* dieses Aufsatzes näher darstellen. Wir stützen uns dabei auf die typenbildende Mentalitätstheorie, die aus der klassischen Sozialwissenschaft und Wirtschaftsgeschichte stammt (Durkheim 1893; Weber 1904; Schumpeter 1911; Sombart 1916; Geiger 1932). In jüngster Zeit ist diese Theorie von Bourdieu (1979) und Thompson (1963) erneuert worden. Unsere empirischen Grundlagen entstammen der neueren Mentalitätsforschung (Becker u.a. 1992; Flaig u.a. 1993; Vester u.a. 1993, 1995). In diesem Aufsatz konzentrieren wir uns auf drei Hauptgruppen:

a) die Tradition der Massenarbeiter mit geringer innerer Arbeitsmotivation und Qualifikation (Landarbeiter, Angelernte usw.);
b) die Tradition der gelernten Facharbeiter mit hoher innerer Arbeitsmotivation und Qualifikation (selbstwirtschaftende Handwerker und Bauern, Facharbeiter usw.) und
c) die Tradition der gesellschaftlichen 'Mitte' mit verschiedenen Formen des Aufstiegsstrebens (sehr breites Berufespektrum).

Die Auswertung einer eigenen detaillierten Repräsentativbefragung (vgl. Vester u.a. 1993) für diesen Aufsatz erlaubt es uns, hier erstmals auch detaillierte Angaben über Berufszugehörigkeiten, Arbeitsethiken und andere Einstellungen der Milieus zu veröffentlichen. Diese Angaben haben wir ergänzt durch Einbeziehung qualitativer Forschungen zu den Mentalitäten und Lebensweisen der Arbeiter und Angestellten (insbes. Popitz, Bahrdt u.a. 1957; Blauner 1964; Kern, Schumann 1970, 1984; Mooser 1984; Baethge 1986, 1988, 1991, 1994). - Eine ebenso detaillierte Darstellung der Mentalitäten der oberen gesellschaftlichen Milieus, ihrer Leitungsstile und Herrschaftstechniken, ist hier leider nicht möglich, da es eine vergleichbare neue Eliteforschung bisher kaum gibt. Ebenso fehlt es noch an Einzelforschungen zur ostdeutschen Milieuentwicklung. Diese beiden fehlenden Bereiche sind jedoch in dem Milieudiagramm (Abschnitt 3.0.) wenigstens als Typen benannt und in einem anderen Artikel (Vester 1995) in ihren Grundlinien skizziert.

Das 2. *Kapitel* beschäftigt sich mit der 'Nachfrageseite': den großen Umschichtungen von Arbeitskräften, die durch technologische Revolutionen immer wieder erzwungen wurden und in denen immer wieder einst bewährte Arbeitsfähigkeiten und Berufsmilieus überflüssig gemacht und durch andere ersetzt wurden. Das Kapitel liefert einen Rückblick auf die bisherigen Übergangsperioden des Industriekapitalismus, in denen die Industrieländer mit ähnlich komplizierten Umbrüchen konfrontiert waren wie heute. Wir folgen darin der auf den russischen Statistiker Kondratieff zurückgehenden und bis heute vielfältig weiterentwikelten Theorie, die die wirtschaftliche Entwicklung als Rhythmus sogenannter *'langer Wellen der Konjunktur'* erklärte (Kondratieff 1926; zusammenfassend: Mandel 1972 und Menzel 1985). Bisher wurden vier 'Kondratieffsche Wellen' von etwa fünfzigjähriger Dauer beschrieben: die industrielle Revolution in England und drei nachfolgende technologisch-soziale Revolutionen. Seit etwa 1989 befinden wir uns im Übergang zur vierten technologisch-sozialen Revolution.

Jede 'lange Welle' gliederte sich in vier Phasen, in denen Menge und Art der benötigten Arbeitskräfte wechselten. Die *Einführungsphase* (1) begann am Ende der vorangehenden Welle, wenn erschöpfte Märkte und Konzepte Minderheiten anregten, Wege tiefgreifender Veränderungen der 'gewohnten Bahnen' (Weber 1923, 303; Schumpeter 1934 [1911], 118ff.) zu suchen. Experimentiert wurde mit kostensparenden 'intelligenten' Technologien (z.B. Dampfkraft oder Computern) und Organisationsformen (der Arbeit, der Kapitalbildung und der Vermarktung). Geschaffen wurden sie durch erfinderisches Fachkönnen und vorwärtsdrängende, *unternehmerische Pioniermentalitäten* (Schumpeter). Die Erfindungen waren damit aber noch nicht 'Innovationen', d.h. praktisch durchgesetzte Neuerungen, geworden. Erst wenn die starken institutionellen Widerstände der Mehrheits-Strukturen überwunden wurden, gelang es Teilen der Pioniere, die trägeren Konkurrenten durch Absatzsteigerungen und Extra-Gewinne ihrer *'Produktinnovationen'* auszustechen. Dies regte zur Nachahmung an. Eine Massenanwendung erforderte aber, die Neuerungen rationeller und kostengünstiger zu machen (sog. *'Prozeßinnovationen'*) und größere Märkte zu öffnen (im Inland z.B. durch Verkehrserschließung und Staatsaufträge, im Export z.B. durch Abbau von Zollschranken oder auch militärische Außenpolitik). Erst dadurch entstand ein 'Wirtschaftswunder', die heiße *Wachstumsphase* (2) mit steigenden Umsätzen, hohem Bedarf an Facharbeit und geringer Arbeitslosigkeit. Die Sondervorteile der Innovationen schwanden jedoch, wenn immer mehr Betriebe sie nutzten. Konkurrenz und Überproduktion erhöhten den Kostendruck und kühlten das Wachstum ab. Es begann die *Reifephase* (3). In ihr gelang es noch einmal, die 'goldenen Jahre' durch absatzfördernde Kostensenkungen zu verlängern. Dies geschah weniger durch Innovationen als durch immer neue Wellen arbeitssparender *Rationalisierungen*, in denen spezialisierte Facharbeit zunehmend durch billigere, standardisierte und ausführende Massenarbeit ersetzt wurde. Dies stieß auf Grenzen; schließlich kam doch die *Abschwungsphase* (4) mit sinkenden Umsätzen, schweren Branchenkrisen und *Massenarbeitslosigkeit*.

Dabei wurden nicht alle Arbeitskräfte deklassiert (wie es Verelendungstheorien annehmen). Vielmehr spaltete sich nach und nach jede Berufsgruppe und jeder Wirtschaftszweig in Gewinner und Verlierer. Minderheiten, u.a. moderner Ausgebildete, sahen ihre Chancen aufgewertet. Andere, z.T. ganze Berufsgruppen, wurden abgewertet oder überflüssig. So mündete jede Welle wieder in eine Stagnation, aus der nur qualitativ neue Konzepte herausführen konnten.

Das Studium der einzelnen Phasen zeigt uns, daß unsere erste Annahme, daß das Wirtschaftssystem die aktive Seite (die Nachfrage nach Arbeitsfähigkeiten) und das soziale Milieu die passive Seite (das Angebot) repräsentiert, nur teilweise richtig ist. Die Existenz von Pioniermentalitäten und Pionierphasen aktiver Wirtschaftstätigkeit belegt, daß aktive Wirtschaftsmentalitäten eine die Entwicklung vorantreibende Produktivkraft sein können - sei es als die sog. protestantische Arbeitsethik im Sinne Max Webers (1904), sei es als unternehmerische Innovationsinitiative im Sinne Joseph Schumpeters (1934 [1911], 119 u. 128). Nicht durch 'äußere' Zwänge, materielle Anreize oder durch Gewinnstreben, sondern durch einen 'innengeleiteten' Erwerbssinn wurde die kapitalistische Dynamik angestoßen und getragen. Arbeit bedeutete nach Weber (1920, 163) nicht ausschließlich 'Arbeitslast' sondern, für den die Wirtschaftsdynamik vorantreibenden Mentalitätstypus, auch persönliche Erfüllung. Daß diese Analysen heute wieder aktuell sind, können wir im 3. Kapitel näher belegen.

2. Die 'langen Wellen' des Industriekapitalismus zwischen Massenarbeit und Facharbeit

2.1 Die erste 'lange Welle': Die landwirtschaftlich-industrielle Revolution in England

Die erste 'lange Welle' (etwa von 1789 bis 1848) wurde durch zwei Prozesse vorbereitet. Außenpolitisch kämpfte England weltweit um neue Absatzmärkte für Textil- und Agrarprodukte. Im Inland erweiterte die Rationalisierung und Kommerzialisierung der Landwirtschaft den Markt. Dies ließ aber auch viele Landbewohner verarmen und abwandern. Die neuen Märkte und die Menge der 'freigesetzten' Arbeitskräfte machten es möglich, das textile Handwerk durch Massenproduktion abzulösen, in der auch der Einsatz großer Maschinerie rentabel war, vor allem die Kombination der Dampfkraft mit Spinn- und Webmaschinen, die 1785 die neue technologische Revolution einleitete.

Die neue Produktionsweise wurde zunächst im kleinen Maßstab von 'Pionieren' entwickelt, von risikofreudigen spezialisierten Handwerkern, sog. 'Maschinenkünstlern' (ähnlich wie später die Anfänge des Automobils oder der Mikroelektronik). Der nachfolgende massenhafte Einsatz der Maschinen, besonders in Baumwollspinnereien, Webereien und bei der Kohlegewinnung, verlangte einen anderen Arbeitertypus, die billige Massenarbeit von Frauen, Kindern und irischen Zuwanderern. (Die durch die Konkurrenz billiger Massenprodukte ruinierten Handweber wurden dagegen in den Fabriken kaum gebraucht.) In den neuen Fabriken, mußten die Arbeiter an pünktliche und regelmäßige Arbeit erst gewöhnt werden. Denn disziplinierter Arbeit 'nach der Uhr' stand ihre *traditionelle Arbeitsmoral* entgegen. Weitgehend selbstbestimmt, sowie am Rhythmus der Natur (Jahres- und Tageszeiten) und an den notwendigen Aufgaben ausgerichtet, folgten langen Arbeitstagen während der Ernte oder bei dringenden Aufträgen Perioden des 'Müßiggangs' (Thompson 1980, 40-48). Unternehmer und liberale Politiker klagten deshalb häufig über die 'Faulheit' der Arbeiter. Diese arbeiteten, so hieß es, gerade so viel, daß es zum Überleben reiche. Bis heute hat sich das Vorurteil gehalten, daß "Menschen schon immer zur Arbeit gedrängt, genötigt und verführt" werden mußten (z.B.

Miegel 1994, 41 f.). Entsprechend dieser Ideologie erfolgte am Beginn der industriellen Revolution die *'Erziehung zur regelmäßigen Arbeit'* hauptsächlich durch äußeren Druck in Arbeitshäusern oder durch Kontrollen, Strafen und Entlassungen. Am Ende dieser Periode waren es materielle Anreize (z.B. Stücklöhne) und vor allem das Druckmittel sozialer Not, die zur Aufnahme monotoner, schlecht bezahlter Fabrikarbeit zwangen.

Selbstbestimmte Facharbeit wurde allerdings nicht in allen Bereichen verdrängt. Die meisten Beschäftigten verrichteten noch vielfältige und umfassende Handarbeiten in der Landwirtschaft, im Handwerk und selbst in einigen Bereichen der neuen Fabrikindustrie. Aber ihre Zahl nahm relativ ab. Durch die neue Maschinentechnik konnten umfassende handwerkliche Tätigkeiten zerlegt, vereinfacht und zum Teil von den Maschinen selbst verrichtet werden (Mechanisierung der Arbeit). Durch langjährige Erfahrung erlerntes *Fachkönnen* zur Fertigung von Qualitätswaren konnte vermehrt durch ungelernte Massenproduktion und billige Massenware ersetzt werden. Während die Produktionskosten sanken, stieg die Nachfrage nach ungelernten Beschäftigten auch in Bereichen, die ihnen vorher versperrt waren. Immer mehr Landarbeiter, ehemalige Soldaten sowie Frauen und Kinder konnten - zu Hungerlöhnen - in der neuen Fabrikindustrie beschäftigt werden. Diese Entwicklung mündete jedoch nach 1830 in Stagnation. Denn zu viele Arbeitskräfte und Kapitalien drängten in die textile Massenproduktion. Es kam zu Überproduktionskrisen und Massenarbeitslosigkeit.

2.2 Die zweite 'lange Welle': Die erste technologische Revolution

Neue Nachfrageschübe entstanden seit den 1840er Jahren mit der Erschließung neuer globaler Märkte durch den Eisenbahnbau, die Dampfschiffahrt und große regionale Kriege innerhalb und außerhalb Europas. Ausgehend von der britischen Insel, dehnten sich die Industrialisierung und die Verstädterung der Lebensweise während der zweiten 'langen Welle' (etwa von 1848 bis 1893) auf immer mehr Regionen Nordamerikas, Europas und auch Deutschlands aus. Der fieberhafte Bau des Eisenbahnnetzes förderte die Nachfrage nach Arbeitskräften im (Dampf-)Maschinenbau, bei der Kohleförderung und Eisenverarbeitung der Montanindustrie, im Transportwesen sowie bei Erd- und Bauarbeiten.

In jedem dieser Wirtschaftszweige wurden ganz unterschiedliche Fertigkeiten und Formen der Arbeitsmoral benötigt. Im Maschinenbau dominierte trotz zunehmener Arbeitsteilung weiterhin die anspruchsvolle und motivierte, längjährige Lehrzeiten erfordernde Facharbeit (von Männern). In der Textilindustrie bestimmte hingegen der gleichförmige Maschinentakt die monotone und unselbständige Massenarbeit (von überwiegend Frauen). Die Motivation wurde von außen, durch Akkordlöhne, gegeben. Bei der Kohle- und Eisenförderung, im Transportwesen sowie bei Erd- und Bauarbeiten wurden wiederum fast nur Männer beschäftigt, bei denen es nun eher auf Körperkraft als auf gelerntes Fachhandwerk ankam. Hier wurde die Motivation durch Druck auf das Arbeitstempo sowie über Leistungslöhne ersetzt.

Die Nachfrage nach Massenarbeit war also in dieser Phase nicht allgemein, sondern an bestimmte Branchen gebunden. Dennoch wurde der 'Trend' zu einfachen und schlechtbezahlten Tätigkeiten durch die "Ausdehnung der Maschinerie und die Teilung der Arbeit" (Marx 1848, 23) von Marx und Engels zu einem zwangsläufigen Entwicklungsgesetz erklärt, das zur 'Verelendung' immer größerer Teile des 'Proletariats' führen werde. Tatsächlich breiteten sich 'elende' Lebensbedingungen besonders in den wachsenden Industrieregionen mit starker Zuwanderung aus (Frank 1994, 79). Jedoch traf die soziale Not das 'Proletariat' nicht unterschiedslos, sondern vor allem seine schwächsten Gruppen: Frauen, Alte, Kinder, Fremde und gering Qualifizierte (Thompson 1963; Vester 1995, 11). Angesichts dieser Not wandte sich die marxistische Theorie empört gegen das Vorurteil von der unveränderlich 'faulen' Natur der Arbeiter. Erscheinungen wie 'Bummeln' und 'Bremsen' seien nur deshalb verbreitet, weil die Unternehmer immer höhere Gewinne erzielen wollten, während die Arbeiter bei immer weniger Lohn höhere Leistungen erbringen sollten (Ausbeutung). Da dieser 'Klassenkonflikt' historisch enstanden sei, könne er auch wieder verändert werden. Die 'Arbeitermassen' müßten durch eine Revolution die wenigen Unternehmer entmachten und somit die hinderlichen 'Fesseln' der kapitalistischen Verhältnisse beseitigen.

2.3 Die dritte 'lange Welle': Die zweite technologische Revolution

Die dritte 'langen Welle' (etwa von 1894 bis zum Zweiten Weltkrieg) begann nach einer langen, sozial konfliktreichen (z.B. Sozialistenverbot 1878-1890) Stagnation, die durch die Erschöpfung der Märkte und die Unbeweglichkeit der vorherrschenden großindustriellen Produktionsweise bedingt war. Neue Dynamik kam in Deutschland zunächst eher von der staatlichen Protektion für diese Branchen (insbesondere die Montanindustrie bzw. Eisenbahnbau und Rüstung) und für die Orientmärkte für Erdöl und Industriegüter. Immerhin brachte dies ab 1900 einen neuen Aufschwung im Maschinenbau, in der Hüttenindustrie und im Transportwesen. Besonders in den beiden zuletzt genannten Branchen wuchs der Bedarf an männlicher Massenarbeit. Gleichzeitig führten technische Modernisierungen in Agrar- und Textilregionen zu einer tiefen Beschäftigungskrise für ungelernte Arbeitskräfte. Viele von ihnen, nicht zuletzt aus Polen, wanderten deshalb in die aufstrebenden Montanregionen und Industriestädte.

Eine innovative Eigendynamik durch neue Technologien, die von der Staatsprotektion unabhängig war, erhielt die dritte 'lange Welle' erst allmählich ab der Jahrhundertwende durch die Elektrifizierung und die Verbreitung von Elektro- und Verbrennungsmotoren in Transport und Produktion. Dies stärkte auch die kleineren, auf Facharbeit gründenden Betriebe. In den Großbetrieben - bald auch in der aufstrebenden Autoindustrie - wurde dagegen die Massenarbeit planmäßig organisiert. Eingeführt wurden wissenschaftliche Maßnahmen zur Kontrolle und Zerlegung von Arbeitsschritten (Taylorismus), um z.B. billige Fließbandarbeit in großen Fabriken mit mehreren Tausend Beschäftigten zu ermöglichen. Der Grad der Arbeitsteilung in wenige hochspezialisierte Handgriffe erreichte dadurch seinen vorläufigen Höhepunkt (vgl. Blauner 1964, 182-186). Kurze Anlernzeiten sowie die wachsende Nachfrage nach standardisierter Massenware vergrößerten das Heer einfacher Massenarbeiter und Massenarbeiterinnen.

Diese 'modernen Trends' verdeckten teilweise, daß in der Aufschwungphase der 'langen Welle' auch verstärkt qualifiziertes Fachkönnen nachgefragt wurde. Einzelne Wirtschaftszweige wie der Maschinenbau, das Druckerei-, Optik- und Uhrengewerbe beschäftigten ohnehin fast ausschließlich besonders qualifizierte Fachkräfte. Aber auch die Massenproduktion selber benötigte immer mehr modern ausgebildete Fachkräfte für die Konstruktion, Kontrolle und Reparatur der immer komplizierteren technischen Anlagen sowie für die Organisation der Arbeitsprozesse und der Vermarktung. Dadurch stieg der Bedarf sowohl an Handwerkern, Meistern und Technikern als auch an Büro- und Verwaltungskräften. Zugleich erweiterten sich die Aufgaben des Staates. Denn gerade die sozialen Kämpfe der Arbeiter- und der Gewerkschaftsbewegung in den Notjahren am Ende der zweiten 'langen Welle' hatten zur Ausweitung des Bildungs-, Gesundheits- und Sozialsystems geführt.

Es kam, trotz des (durch die Industrialisierung bedingten) Niedergangs der 'alten ständische Mitte' von Kleinhandel, Bauern und Handwerkern, nicht zu einer allgemeinen 'Proletarisierung'. Vielmehr entstand eine neue, in sich sehr heterogene Hierarchie von abhängig Beschäftigten. Sie bestand aus Handwerkern, Facharbeitern, Meistern und Technikern in modernen Industrieberufen, aus einfachen wie qualifizierten Angestellten der betrieblichen Büros (vielen Frauen) sowie aus Staatsbediensteten (überwiegend Männern). Unter den Angestellten des Handels-, Versicherungs- und Bankwesens wie der Betriebs- und Staatsbürokratien entwickelte sich ein Gefälle zwischen den qualifiziert und unselbständig Arbeitenden, zwischen privilegiert und prekär Beschäftigten.

Äußerlich zusammengehalten wurden diese heterogenen Gruppen vor allem durch 'negative' Abgrenzung. Sie wollten nicht 'Proleten' oder Deklassierte sein. Viele ließen sich gerne als 'neuer Mittelstand' symbolisch mit dem 'respektablen' alten Mittelstand' identifizieren. Ein gemeinsames Bewußtsein aller Arbeitnehmer scheiterte außerdem an den ideologischen Gegensätzen zwischen sozialdemokratischen, kommunistischen, christlichen, liberalen und faschistischen Organisationen. Die Generationen von den 1870er bis in die 1950er Jahre erlebten heftige politische und soziale Erschütterungen ihres Zusammenhalts (Deklassierungen, Massenwanderungen, Weltkriege, zwei Diktaturen und Massensterben). Die Periode der sozialen und politischen Verunsicherung und Gärung endete erst in den 1950er Jahren, als sich (im Osten anders als im Westen) zwei sozial gesicherte 'Arbeitnehmergesellschaften' (Lepsius) herausbildeten (vgl. Niethammer u.a. 1983 u. 1985).

2.4 Die vierte 'lange Welle': Die dritte technologische Revolution

Auch die vierte 'lange Welle' (etwa von 1940 bis 1989) brauchte staatliche Starthilfe. Sie setzte mit dem amerikanischen Rüstungsboom des Zweiten Weltkriegs ein. Dieser beendete die zehnjährige weltweite Stagnation und Massenarbeitslosigkeit, die durch die Erschöpfung der Märkte und die Innovationsabwehr bzw. "institutionelle Unbeweglichkeit" (Keynes) der Großfirmen bedingt gewesen war. Für Europa entstand der neue Nachfrageschub nach 1945 durch den Wiederaufbau, durch den Industrialisierungsbedarf einzelner Entwicklungsländer und durch die Wiederaufrüstung im 'kalten Krieg'. Deutschland genoß zudem besondere Exportvorteile durch seine niedrigen Löhne und die Unterbewertung der D-Mark. Davon profitierten zuerst wieder die altindustriellen Kohle-, Stahl- und Schiffsindustrien (die heute nun doch stark geschrumpft sind). Zum Hauptträger des Wachstums wurden jedoch die modernen elektronischen, chemischen und mechanischen Industrien (bes. der Anlagen- und Fahrzeugbau), die ihre Produktivität zunehmend durch die neuen Technologien der elektronischen Maschinensteuerung (Automation) steigerten. Die nötige Nachfrage kam dabei nicht allein vom Export. Sie kam auch von der Mechanisierung und Chemisierung der Landwirtschaft, aus der dann immer mehr Beschäftigte freigesetzt wurden - und in die vollbeschäftigten Wirtschaftssektoren wandern konnten (Lutz 1984, 221; Vester u.a. 1993, 261ff). Nicht zuletzt aber lebte der Boom auch von der neuen Massenkaufkraft der Arbeitnehmer, die sich die Teilhabe am 'Wirtschaftswunder' durch höhere Lohn-, Konsum-, Sozial- und Bildungsstandards erkämpften (sog. 'Fordismus'). - Gerade diese Erfolgsgeschichte wurde aber nach dem Höhepunkt der langen Wachstumswelle, den 1960er Jahren, zum Strukturproblem und führte zu vier neuen 'Trendwenden'.

1. *Individualisierung.* Die Teilhabe der wachsenden Mitte von Facharbeitern und qualifizierten Angestellten am 'Wirtschaftswunder' führte in den 1960er Jahren zu einem "sozialhistorischen Bruch" (Mooser 1984). Der 'Entproletarisierung' folgte - nach unseren Forschungsergebnissen - aber nicht eine "Verkleinbürgerlichung" der Arbeitnehmer. Diese entwickelten vielmehr eine selbstbewußte "Arbeitnehmermentalität", gegründet auf Fachkönnen, erkämpfte Rechte und die Überwindung einer Lebensweise der Not, Enge und Unterordnung. Bei ihren Kindern, die in den neuen Sozial- und Kulturstandards groß wur-

den, erreichte dieser "Wertewandel" eine neue Stufe der Mentalitätsentwicklung, die sog. "Individualisierung" (vgl. Abschnitt 3.).
2. *Neue Qualifikationsschere*: Um die gestiegenen Arbeitskosten aufzufangen, wurden in nahezu allen Wirtschaftszweigen technische Neuerungen, insbesondere die elektronische Maschinensteuerung (später zunehmend durch Computer) eingeführt. Dadurch nahmen die *Massenarbeit* und die einfache körperlicher Arbeit in Industrie und Landwirtschaft ab. Die Landwirtschaft schrumpfte dramatisch. Es entstand, seit den 60er Jahren beschleunigt, eine neue Dreiteilung zwischen Facharbeit, Massenarbeit und 'neuen Berufen'. (a) Industrie und Handwerk wurden zur Domäne der gut gesicherten und vertretenen *Facharbeit* von überwiegend deutschen Männern. Sie bilden den relativ homogenen *industriegesellschaftlichen Kern* unserer Gesellschaft, der allerdings von 51% (1950) auf 37% (1990) geschrumpft ist. (b) Über ihm wuchs die vielfältige Hierarchie der *'neuen Berufe'*, die seit 1950 von etwa 6% auf etwa 25% zugenommen haben (Vester u.a. 1993, 279-299). Zu den neuen Berufen gehören einerseits Arbeitnehmer, die durch die EDV-Technik Arbeitsplätze mit erheblich erweiterter Qualifikation und Selbständigkeit erhalten haben, also Facharbeiter mit Kontroll- und Reparaturaufgaben und verantwortliche Angestellte in Banken, Versicherungen und Verwaltungen. Andererseits gehören dazu die freien Berufe und die Gesundheits-, Erziehungs- und Kulturberufe, die mit den Sozial- und Bildungsreformen ebenfalls enorm gewachsen sind. Sie sind die *Modernisierungsgewinner*. Sie haben eine enorme Wiederausbreitung und Aufwertung der vorher in Industrie und Büros wegrationalisierten intelligenten Fähigkeiten und erweiterten Entscheidungsrechte erfahren. (c) Unterhalb des 'industriegesellschaftlichen Kerns' stufen sich verschiedene Unterschichtungen von *Modernisierungsverlierern*. Zu ihnen zählt die historische Restgruppe von Massenarbeitern und einfachen Angestellten. Hinzugekommen ist seit den 70er Jahren ein prekärer Arbeitsmarkt für Niedrigbezahlte und nicht Vollbeschäftigte, vor allem Ausländer, Frauen, Jugendliche usw. in Produktions-, Dienstleistungs- und Kulturtätigkeiten oder in Arbeitslosigkeit. Seit den 80er Jahren kommen immer mehr Arbeiter und Angestellte hinzu, die durch neue Technologien und Arbeitsorganisation dequalifiziert oder arbeitslos wurden. Seit 1990 schließlich wächst der 'graue Markt' von neuen Zuwandern, vor allem aus Osteuropa.
Der Widerspruch von Kostendruck und geforderter Eigenverantwortung (in den ersten beiden Gruppen) zeigt, daß der ökonomische Strukturwandel im Abschwung der 'langen Welle' (ab etwa 1973) nicht überall die Form einer neuen Disziplinierung der Arbeitnehmer annehmen konnte. Die neuen Arbeitsformen und Technologien erforderten auch erweitertes Fachkönnen und eine verantwortliche Arbeitsmoral: selbständige, kreative und flexible Arbeitskräfte, die zugleich über mehr Teamgeist und umfassende soziale Fähigkeiten verfügten.
3. *Auslagerung*: Seit der Ölkrise von 1973 motiviert das Kostengefälle des Weltmarkts auch eine 'Flucht' der Bundesrepublik in die Qualitäts- und High-tech-Produktion. Die deutsche Industrie lagert die Herstellung von Massengütern (z.B. Textil-, Metall- und Plastikprodukten) und selbst von Qualitätsgütern (z.B. Optik oder Teilen der Auto- und Schiffsproduktion) verstärkt in Billiglohnländer aus. Dadurch wandert auch die Nachfrage nach einfachen Massenarbeitskräften und auch bestimmter Facharbeit in diese Länder ab.
4. *Dezentralisierung*: Wie schon die frühere Durchsetzung von Elektro- und Verbrennungsmotoren, eröffnet auch die moderne Computertechnik weitere Möglichkeiten einer dezentralen, spezialisierten Produktion. Der Zusammenballung großer Betriebseinheiten an Orten mit Bodenschätzen oder an Verkehrsknotenpunkten (etwa bis in die 1920er Jahre), wirken seitdem individuelle Transportmöglichkeiten und die unabhängige Verrichtung von Tätigkeiten auch in abgelegenen Regionen entgegen. Gerade die für die deutsche Wirtschaft typischen Klein- und Mittelbetriebe haben sich dadurch immer wieder stabilisiert. Trotz der zunehmenden Konzentration wirtschaftlicher Macht in wenigen Konzernen ent-

stehen zum Beispiel derzeit drei von vier neuen Arbeitsplätzen in Arbeitsstätten mit weniger als 20 Beschäftigten.

Die so angebahnte Dynamik einer spezialisierten und dezentral vernetzten *Neo-Industrialisierung* (vgl. Piore/Sabel 1984) kam, als Alternative zur altindustriellen Massenproduktion, in den 80er Jahren jedoch nur ungleichmäßig voran. Die Managements der etablierten Wachstumsbranchen (die elektronischen, chemischen und mechanischen Industrien) hielten häufig zu lange an den bewährten Großstrukturen fest oder setzen auf unrentable Prestigeprojekte (z.B. Luft- u. Raumfahrt, Atomenergie/'Schneller Brüter' oder 'Transrapid'). Die Einführung schlanker Produktions- und Managementkonzepte sowie moderner Spitzentechnologien erfolgte oft zu langsam oder traf auf Blockaden, weil die Führungseliten sie überwiegend von oben anordneten, anstatt die Belegschaften an diesem Prozeß umfassend zu beteiligen.

2.5 Der Übergang zur vierten technologischen Revolution

Die Situation änderte sich grundsätzlich erst ab 1989, als entscheidende Schranken des globalen Kapitalismus fielen. Mit dem Zusammenbruch der modernisierungsunfähigen Ostblocksysteme und mit dem weiteren Ausbau der Europäischen Union griff die Zange des Konkurrenzdrucks direkter zu. Aus Europas Peripherie wandern Massen- und Facharbeiter zu, die auf grauen Arbeitsmärkten die Standards unterbieten und das Tarifsystem aushöhlen. Die Schwellenländer Osteuropas und Asiens ziehen nicht nur industrielle Massenfertigung aus Mitteleuropa ab, sondern zunehmend auch Qualitätsproduktionen und spezialisierte Dienstleistungen am elektronischen Netz. Zugleich wächst der Konkurrenzdruck aus dem technologisch führenden neuen Weltmarktzentrum, den Ländern beiderseits des nördlichen Pazifischen Ozeans.

Wieweit sind (West-)Europa und Deutschland auf diese Herausforderungen vorbereitet? Dieser Frage möchten wir in zwei Schritten nachgehen.
Im *3. Kapitel* beschreiben wir die veränderte Landschaft der Wirtschaftsmentalitäten - mit dem Ergebnis, daß für einen neuen Langwellen-Aufschwung qualitativ und quantitativ hervorragende *Arbeitskräftepotentiale* bereitstehen.
Im *4. Kapitel* versuchen wir einen skizzenhaften Ausblick - mit der These, daß die *institutionellen Blockaden*, die die Dynamik der neuen 'langen Welle' behindern, bisher nicht hinreichend bewältigt sind.

3. 'Alte' und 'neue' Mentalitäten als wirtschaftliche Produktivkräfte

Im vorletzten Abschnitt (2.4) ist bereits auf die erheblichen Veränderungen der Wirtschaftsmentalitäten hingewiesen worden, insbesondere auf die Zunahme des Bildungskapitals, der Verantwortungsfähigkeit und auf das Interesse an mehr Mitbestimmung von unten her. An den historischen 'Stammbäumen' der Mentalitäten sind nach den starren älteren Ästen wieder kräftige jüngere Zweige gewachsen: neue Generationen, die sich flexibler auf moderne Bedingungen umstellen.

Das beigefügte Diagramm zeigt die Mentalitätstypen der heutigen deutschen Gesellschaft und ihre Veränderungen im Überblick. Die Mentalitätstypen sind vom SINUS-Institut qualitativ und quantitativ erforscht (vgl. Becker u.a. 1992; Flaig u.a. 1993) und in unserer eigenen Repräsentativbefragung zur Sozial- und Berufsstruktur (Vester u.a. 1993) weiter differenziert worden. Die räumliche Anordnung folgt Bourdieus Konzept des "sozialen Raums" (Bourdieu

Übersicht 1:   Lebensweltliche Sozialmilieus in Deutschland (1991)

Größengerechte Anordnung der SINUS-Milieus nach U. Becker u.a. 1992, und Flaig u.a. 1993 im Raum des Habitus nach P. Bourdieu 1979, 211 - 219

Die lebensweltlichen Sozialmilieus in Westdeutschland (1982 u. 1991)			
Habitus	modern 14% 20%	moderne Mitte 38% 45%	traditional 46% 35%
Oberklassenhab.: "Distinktion" 22% 19%	ALTernatives Milieu 4% 2%	TEC Technokratisches Milieu 9 % 9%	KONservativ-gcho- benes Milieu 9 % 8%
Mittel- klassen- habitus: "Streben" 58% 59%	HED Hedonisti- sches Milieu [Konsumorientierte Mitte] 10 % 13%	AUF Aufstiegs- orientiertes Milieu [Leistungsorientierte Mitte] 20% 24%	KLB Kleinbürger- liches Milieu [Statusortientierte Mitte] 28% 22%
Arbeiterhabitus: "Notwendigkeit" 18% 22%	NEA Neues Arbeitnehmermilieu 0% 5%	TLO Traditionsloses Arbeitermilieu 9% 12%	TRA Traditionelles Arbeitermilieu 9% 5%

Die lebensweltlichen Sozialmilieus in Ostdeutschland (1991)			
Habitus	modern 17%	traditionale Mitte 27%	traditional 56%
Oberklassenhab.: "Distinktion" 23%	LIA -Linksintellektuell- alternatives Milieu 7%	BHUM - Bürgerlich- humanistisches Milieu 10%	RTEC - Rationalistisch- technokratisch. Milieu 6%
Mittel- klassen- habitus: "Streben" 37%	SUKU Subkulturelles Milieu 5%	STAK Status- und Karriereorien- tiertes Milieu 9%	KLM Kleinbürgerlich- materialistisches Milieu 23%
Arbeiter- habitus: "Notwendigkeit" 40%	HEDAR Hedonist. Arbeitnehmer- milieu 5%	TLO Traditionsloses Arbeiter- milieu 8%	TRAB Traditionsverwurzeltes Arbeiter- und Bauernmilieu 27 %

1979, 211-219). Darin bezeichnet die vertikale Achse die Dimension der "Distinktion", d.h. der Bewertung vertikaler Rangunterschiede in den jeweiligen Alltagsethiken.

In Übersicht 1 finden wir Milieus, die sich als 'etwas Besonderes' nach unten abgrenzen. In der Mitte sind die 'strebenden', nach oben orientierten Milieus eingeordnet. Unten sind die Milieus, die sich realistisch in den Grenzen des Notwendigen bescheiden und nicht unbedingt 'etwas Besseres' sein wollen. - Die horizontale Achse bezeichnet hier das Ausmaß der persönlichen Selbstbestimmung, der sog. "Individualisierung" (Beck 1986). Mehr rechts positioniert sind die Gruppen, die restriktiven Moral- und Einordnungsvorstellungen anhängen. Mehr links ist der Ort der moderneren individualisierten Mentalitäten.

Die Prozentzahlen geben an, wie die Proportionen der verschiedenen Mentalitätstypen sich seit den 80er Jahren verändert haben. Bemerkenswert ist, daß die vertikale Milieustufung sich praktisch nicht verändert hat, sondern im Verhältnis 20:60:20 konstant geblieben ist. Dagegen zeigt sich in horizontaler Richtung eine starke Bewegung zu den moderneren, 'individualisierten' und besser ausgebildeten Milieus, die die gewandelten Mentalitätsformen der mittleren und jüngeren Generationen repräsentieren. Die modernen Milieus sind in nur zehn Jahren von 54% auf 65% gewachsen. Gerade sie werden für eine neue - und verantwortliche - technologisch-ökonomische Revolution gebraucht. Aber auch die gering qualifizierte Massenarbeit wird ihren Platz behalten.

In den nachfolgenden Abschnitten konzentrieren wir uns auf zwei Teilfelder der Mentalitäten. Zunächst beschreiben wir die zwei Grundtypen der Arbeitermentalität. An dem einen Pol finden sich die Milieus der qualifizierten Facharbeit mit ihrem aktiven Arbeitsethos, die "Traditionalen Arbeiter" und die "Neuen Arbeitnehmer" (3.1). Den Gegenpol bilden die fremdbestimmten Massenarbeiter mit ihrer eher passiven Lebensmoral, die "Traditionslosen Arbeiter" (3.2). Dabei wird jeweils auch der ältere und der neue Generationstypus unterschieden. Zum Schluß wenden wir uns den Mentalitäten der Mitte zu. Sie verteilen sich zwischen dem "Kleinbürgerlichen" Pol und dem modernen, individualisierten Pol der "Aufstiegsorientierten" und der "Hedonistischen" (genußorientierten) Mitte (3.3).

Bei dieser Typologie muß beachtet werden, daß die Mentalitätstypen nicht direkt von den Berufsgruppen oder der wirtschaftlichen Lage bestimmt werden. Sie werden relativ eigenständig über die Milieus weitergegeben, und einzelne Individuen können mehr oder weniger von diesen Bahnen abweichen. Trotzdem bestätigen unsere empirischen Untersuchungen, daß diese Abweichung oder Streuung sich - wie in einem Magnetfeld - um bestimmte "typische" Schwerpunkte sozialer Lagen herum konzentriert. Die "Arbeitermentalitäten" finden sich also z.B. mehrheitlich bei Arbeitern oder Kindern von Arbeitern, die seit dem Fall der Bildungsbarrieren ein Stück weit in Angestelltenberufe aufgestiegen sind.

3.1 Handwerker- und Facharbeitermentalitäten

3.1.1 Das traditionelle Arbeitermilieu

Traditionelle Handwerker- und Facharbeitermentalitäten lassen sich heute vor allem noch bei Menschen finden, die der Aufbau-Generation der frühen Bundesrepublik angehört hatten. Sie haben Zeiten des Mangels und der Unsicherheit erlebt. Entsprechend leben sie nach der Devise, aus begrenzten Möglichkeiten aktiv 'das Beste zu machen'. Sie selbst zählen sich zu den 'einfachen Leuten', aber schauen doch stolz und selbstbewußt auf das, was sie sich durch 'fleißiges Schaffen' im Beruf und in der Familie aufgebaut haben.

Ihr traditionelles *Fachkönnen* gründet sich mehrheitlich auf einen Hauptschulabschluß mit anschließender Lehrausbildung, wodurch häufig kleine Aufstiege möglich waren. Die Männer sind vor allem mit gewerblichen Tätigkeiten der Herstellung, aber auch mit Reparaturen beschäftigt (z.B. als Bergmann, Schlosser, Mechaniker, Elektriker). Für Frauen sind Berufe wie Textilarbeiterin, Köchin und Fachverkäuferin sowie ausführende Büroberufe typisch. Fachwissen und handwerkliche Fertigkeiten haben sie sich durch praktische Erfahrungen erworben und nach und nach erweitert. Da ohne sie 'nichts läuft' und die 'Theoretiker' ohne sie 'nicht klar kommen würden', blicken sie stolz auf ihre praktischen Fähigkeiten und Arbeitsergebnisse (Werkstolz). Selbstbewußt und eigensinnig vertrauen sie ihrer Leistungsbereitschaft und sind dafür aufgeschlossen, sich neue Fertigkeiten anzueignen. Technischen Neuerungen stehen sie zwiespältig gegenüber. In ihrem Arbeitsleben haben diese zwar häufig die Arbeit erleichtert, aber gleichzeitig auch Arbeitsplätze bedroht. Vor allem die Älteren halten beharrlich an ihrem traditionellen Fachkönnen fest, auch gegenüber 'neumodischen' Computern und technischem 'Schnickschnack'.

Arbeit betrachten sie zwar auch als 'hartes Schaffen zum Broterwerb', sie wird aber nicht als Zwang empfunden. Vielmehr folgen sie einer 'innengeleiteten' Arbeitsmoral. Möglichst selbstbestimmt und eigenverantwortlich wollen sie qualitativ gute Arbeit abliefern. 'Pfuscherei' lehnen sie ab. Arbeitsfreude, der Stolz auf das Geschaffene und die Anerkennung durch die Kollegen sind ihnen wichtiger als persönlicher Aufstieg. Darauf beruht ihre stabile Arbeitsmoral. Finden sie solche Bedingungen, bleiben sie ihrem Arbeitsplatz in ihrer bodenständigen Art oft über lange Zeiträume hinweg eng verbunden. Ist dies nicht der Fall, suchen sie aktiv nach einer entsprechenden Tätigkeit oder verlagern ihre unerfüllten Ansprüche in die Freizeit.

Am Arbeitsplatz erwarten sie, daß jeder zum gemeinsamen Erfolg beiträgt. Obwohl sie sich in ihrer eigensinnigen und selbstbewußten Art nicht gern etwas sagen lassen, werden Konflikte mit Vorgesetzten realistisch begrenzt. Bescheiden halten sie sich zwar für 'nichts Besseres', wollen sich aber auch nicht 'auf der Nase herumtanzen' lassen. Erst wenn ihre Vorstellungen von Gegenseitigkeit und sozialer Gerechtigkeit verletzt werden, setzen sie sich zur Wehr, notfalls mit Streiks. Als gute Gewerkschafter halten sie an den Forderungen der alten Arbeiterbewegung fest: 80% fordern mehr Mitspracherechte der Gewerkschaften in der Wirtschaft, 85% sogar mehr Mitspracherechte am Arbeitsplatz. Dagegen halten sie wenig davon, 'für politische Forderungen auf die Straße zu gehen'. Viele von ihnen sind über die mangelnde Solidarität am Arbeitsplatz und in der Gesellschaft insgesamt enttäuscht und pflegen nach getaner Arbeit ihren bescheidenen Genuß und die notwendige Muße innerhalb der Familie, mit Nachbarn oder im örtlichen Vereinswesen.

3.1.2 Das neue Arbeitnehmermilieu

Diese Handwerker- und Facharbeitermentalitäten findet man in der jüngeren Generation in gewandelter Form wieder, besonders ausgeprägt bei Arbeitnehmern um die 30. Sie haben bewußt die erweiterten Möglichkeiten der Ausbildung und der Selbstverwirklichung seit den 70er Jahren genutzt. Sowohl bei der Arbeit als auch im Familien- und Freizeitbereich wollen sie sich 'persönlich weiterentwickeln'. Ihre Devise lautet 'Im Leben vorankommen und Neues ausprobieren'.

Von dem älteren Typus der Handwerker- und Facharbeiter unterscheiden sie sich durch einen (allerdings begrenzten) Bildungsaufstieg. Ihr Fachkönnen haben sie sich, nach Realschul- und Fachschulabschlüssen, überwiegend durch Lehrausbildungen, seltener durch ein Fachhochschulstudium erworben. Nur noch jeder Dritte von ihnen, überwiegend Männer, übt noch einen gewerblichen Beruf aus (z.B. als Handwerker, Chemiearbeiter, Schlosser, Mechaniker, Techniker). Die meisten sind qualifizierte Angestellte bei Banken, Versicherungen und im Öffentlichen Dienst. Frauen arbeiten als kaufmännische Angestellte und Bürofachkräfte, aber auch als Krankenschwestern und in Dienstleistungsberufen. Für diese Berufe haben sie sich bewußt entschieden. Gestützt auf ihre modernen Fachkenntnisse suchen sie nach interessanten Aufgabenfeldern. Ihre Arbeit verrichten sie umsichtig und geplant. Auch Probleme bringen sie nicht gleich 'aus der Ruhe'. Vielmehr gehen sie diesen lieber 'auf den Grund' anstatt sie bloß kurzfristig oder durch 'Pfuschen' zu beseitigen. Hohe Ansprüche und eine fachgerechte Ausführung ihrer Arbeit sind für sie typisch. Selbstbewußt vertrauen sie dabei vor allem ihrer persönlichen Leistungsfähigkeit.

Eine interessante Arbeit ist für sie emotional hoch besetzt. Das berufliche Vorankommen steht dabei weniger im Mittelpunkt. Sie suchen sich gern Arbeitsfelder und Aufgaben, die Freiräume für selbstbestimmte Tätigkeiten bieten. Herausforderungen und neuen Problemen stellen sie sich, um 'nicht stehen zu bleiben'. Regelmäßig Weiterbildung ist für sie selbstverständlich. Gegenüber den neuen Technologien sind sie sehr aufgeschlossen, zumindest wenn sie 'richtig' eingesetzt werden.

Ihr modernes Fachkönnen, ihre Leistungsbereitschaft und ihr Streben nach Unabhängigkeit erlaubt ihnen am Arbeitsplatz ein selbstbewußtes Auftreten. Sie würden sich nicht nur mit Streiks gegen Entlassungen wehren, sondern auch 'für politische Forderungen auf die Straße gehen'. Die Forderungen der traditionellen Arbeiterbewegung unterstützen sie aber nur bedingt. Etwa die Hälfte fordert mehr Mitspracherechte der Gewerkschaften in der Wirtschaft; dagegen fordern 80% eine Erweiterung ihrer persönlichen Mitspracherechte am Arbeitsplatz. Bei der Arbeit sind sie stärker als alle anderen Arbeitnehmer an einer aktiven Zusammenarbeit mit anderen interessiert. Entschieden wenden sich gegen die sonst verbreitete Vorstellung, daß sich jeder allein durchsetzen muß und nicht auf die Hilfe anderer vertrauen kann. In ihrem Vertrauen auf die eigene Leistungsfähigkeit bei gleichzeitigem Interesse an Zusammenarbeit, zeigen sie eine gewandelte, 'moderne' Form von Solidarität.

Trotz hoher Ansprüche und einer hohen Arbeistmoral verfügen sie über einen realistischen Sinn für ihre Grenzen. Da eine berufliche Karriere nicht ihr Hauptantrieb ist, richtet sich ihr Aufstiegsstreben eher auf nahe Ziele. Sie suchen ein Gleichgewicht zwischen Arbeit und Weiterbildung einerseits sowie Geselligkeit mit Freunden und Angehörigen andererseits. Nur für eine begrenzte Dauer und für eine sinnvolle Arbeit sind sie bereit, außergewöhnliche Leistungen oder private Opfer zu bringen.

3.2 Mentalitäten von Massenarbeitern

3.2.1 Das 'alte' traditionslose Arbeitermilieu

'Alte' Massenarbeitermentalitäten findet man noch bei einigen älteren Erwerbstätigen und eher noch bei Rentnern. Sie blicken auf ein mühsames Leben zurück. Viele von ihnen stammen aus den armen sog. 'unterständischen' Schichten in Stadt und Land, die weniger geachtet waren als die sog. 'respektablen' Handwerker und Facharbeiter. Ihre Mentalität ist entsprechend auch nicht an Berufsehre, asketischer Lebensplanung und Eigenverantwortung orientiert, sondern an der Abhängigkeit von unbeeinflußbaren Glücks- und Unglückschancen. Ihr Motto, 'arm, aber lebensfroh', kann in Krisenphasen oder besonders im Alter schnell in Enttäuschung oder Resignation umschlagen.

In ihrem Arbeitsleben blieben sie häufig ohne Ausbildung bzw. bei Hilfs- oder Anlerntätigkeiten. Da sich nach ihrer Erfahrung lange Ausbildungsphasen und ein allzu großer Einsatz bei der Arbeit nicht 'auszahlen', konnten sie auch kaum Aufstiege verzeichnen. Ihren 'Job' haben sie selten aufgrund persönlicher Neigungen gewählt; sie haben genommen, 'was da war'. Die meisten Männer üben gewerbliche Herstellungs- und Reparaturtätigkeiten aus (z.B. als Stein- und Kohlearbeiter, Metallbearbeiter, Bauarbeiter, Hilfsarbeiter). Frauen arbeiten dagegen als Land-, Hilfs- und Textilarbeiterinnen oder als Küchenhelferinnen, aber auch als Verkäuferinnen, einfache Angestellte, Bürohilfskräfte sowie im Reinigungsgewerbe. Für die überwiegend unqualifizierten Tätigkeiten ist vor allem die Anpassung an Routine, Monotonie und körperliche Belastungen erforderlich. Hohe körperliche Belastungen werden aber häufig als Herausforderung betrachtet und fördern Gefühle der 'Stärke' und 'Härte'.

Arbeit ist eher ein Mittel zum Zweck des Geldverdienens als ein inneres Bedürfnis. Die Leistung orientiert sich nicht an inneren Maßstäben, sondern an dem, was 'von außen' gefordert wird. Das kann sowohl der vorgegebene Maschinenrhythmus, die Anlehnung und Orientierung an den 'Kollegen', aber auch der materielle Anreiz durch Stück- oder Leistungslöhne sein. Ihre Mentalität zielt insgesamt auf Entlastung und Anlehnung. Sowohl am Arbeitsplatz wie auch im Privatleben geben sie der Neigung, sich zu entlasten und 'Fünfe grade sein zu lassen', eher nach als andere Arbeitnehmer. Da sie direkt aus ihren Tätigkeiten kaum Zufriedenheit ziehen können, steht für sie der kameradschaftliche Umgang mit den Kollegen am Arbeitsplatz im Mittelpunkt. Ist dieser jedoch nicht möglich oder läßt sich ein besser bezahlter 'Job' finden, wird der Arbeitsplatz ohne langes Zögern gewechselt.

Fast zwei Drittel träumen davon, keine 'Dreckarbeit' mehr machen zu müssen. Über ihre soziale Position am Arbeitsplatz und in der Gesellschaft geben sie sich wenig Illusionen hin. In ihrer gedrückten Lage müssen sie sich unterordnen und aus ihrer Situation 'das Beste machen'. Der Betrieb, ähnlich wie die Gesellschaft insgesamt, ist für sie unabänderlich zwischen 'oben und unten' sowie zwischen 'arm und reich' geteilt (vgl. Popitz, Bahrdt u.a. 1957). Fühlen sie sich jedoch mißachtet und ausgegrenzt ('stigmatisiert'), so klagen sie ihre Anerkennung protestierend ein. Ihre Forderungen am Arbeitsplatz zielen einerseits auf materielle Verbesserungen, andererseits auf soziale Absicherung. Die Umsetzung dieser Forderungen überlassen sie freilich gerne dem Betriebsrat und den Gewerkschaften. Obwohl viele von ihnen Gewerkschaftsmitglieder sind, entlasten sie sich überwiegend von eigener Aktivität oder Verantwortung. Die Forderung nach mehr Mitbestimmung am Arbeitsplatz unterstützen sie deshalb auch am wenigsten. Diese Haltung folgt dem verbreiteten Gefühl, den Entwicklungen ohnmächtig ausgeliefert zu sein. Deshalb lassen sich ihre Zukunftsaussichten auch durch Weiterbildung nicht verbessern.

3.2.2 Die neue Generation der 'Traditionslosen'

In unserem Diagramm nicht direkt sichtbar sind verschiedene neue Entwicklungen in der jüngeren Generation der Massenarbeiter. Neuere Beobachtungen lassen uns vermuten, daß kleine, aber wachsende Teilgruppen des 'Traditionslosen Arbeitermilieus' und des 'Hedonistischen Milieus' Söhne und Töchter aus dem traditionslosen Arbeitermilieu sind, die deutlich stärker an den neuen Möglichkeiten des Konsums, der (Aus-)Bildung und des Aufstiegs in sichere Arbeitsplätze teilhaben als ihre Eltern.

Diese neu entstehende Gruppe besteht vor allem aus jungen Facharbeitern und ausführenden Angstellte. Von ihren Eltern unterscheiden sie sich durch erfolgreicheres Bemühen um Stabilität in Familie und Beruf und nach gesellschaftlicher Anerkennung. Sie sind stolz auf den

Hauptschulabschluß und die Lehrausbildung (die ihren Eltern oft fehlen), auch wenn sie als jüngere Arbeitnehmer häufig (noch) unterhalb ihrer Fachkenntnisse (ein Teil gelangt bis zum Hochschulstudium) eingesetzt sind. Die Aktiveren unter ihnen betrachten ihre Arbeit als 'Durchgangstation', um eventuell durch Weiterbildung in bessere Stellungen aufzusteigen. Aufgrund dieser Arbeitsmoral (bei der die Arbeit allerdings nicht emotional besetzt, sondern Mittel zur sozialen Stabilisierung ist) sind sie durchaus ein verläßliches Potential des Arbeitsmarktes. Andere passen sich eher resigniert den unbefriedigenden Arbeitsbedingungen an. Wieder andere, nicht wenige, gehören zur wachsenden Gruppe junger Arbeitsloser, die gar nicht erst ins Arbeitsleben kommen.

Die soziale Skepsis der Eltern lebt bei ihnen weiter. Soziale Unterschiede und Hierarchien werden prinzipiell anerkannt: 'die Reichen profitieren, wir werden ausgebeutet, Gerechtigkeit gibt es für uns nicht'. Von der 'großen Politik' sind viele enttäuscht. Als einzelner könne man nichts ändern. Wenn mehr 'Kumpels' mitmachen würden, dann lohne sich ein Engagement schon, im Betrieb zum Beispiel für höhere Löhne. Denn: das 'Geld muß stimmen', um sich in der Freizeit was leisten zu können, mithalten zu können, dazuzugehören. Für das Mithaltenkönnnen stehen symbolisch das Auto, Reisen usw, allerdings ziehen sich viele auf die Familie zurück, da das Geld für andere Freizeit nicht reicht.

3.3 Mentalitäten der 'Arbeitnehmer-Mitte'

Die Milieus der 'Mitte' umfassen eine Mehrheit von etwa 60% der Bevölkerung, die ihre Größe über die Zeit relativ wenig verändert hat. Sie grenzen sich von den anderen durch eine 'strebende Mentalität' in drei Varianten ab: durch das Statusstreben beim 'Kleinbürgerlichen Milieu', durch das Leistungsstreben beim 'Aufstiegsorientierten Milieu' und das Konsumstreben beim 'Hedonistischen Milieu'. Auffällig ist die starke Tendenz der Modernisierung und Individualisierung in der Mitte. Das an Hierarchie und Autoritäten orientierte 'Kleinbürgerliche Milieu' ist sehr geschrumpft (von 28% auf 22%). Das mehr an der eigenen Arbeitsleistung und Chancengleichheit orientierte 'Aufstiegsorientierte Milieu' (von 20% auf 24% gewachsen) entspricht der Entwicklung zu einer modernen, selbstbewußten "Arbeitnehmergesellschaft", die Traditionen des asketischen Ethos der Handwerker ('protestantische Ethik im Sinne von Max Weber) fortsetzt. Das 'Hedonistische Milieu' (von 10% auf 13% gewachsen) repräsentiert die jüngere Generation, die in der Ausbildung oder in den ersten Berufsjahren das 'moderne Leben' eher noch wenig beschwert genießen kann.

3.3.1 Die statusorientierte Mitte: Das kleinbürgerliche Milieu

Die Mentalitäten von Beschäftigten der 'alten' gesellschaftlichen Mitte folgen den traditionell kleinbürgerlichen Vorstellungen einer engen Moral und überkommener Ordnungsvorstellungen. Ihr Streben gilt der Sicherung und Erweiterung ihres Lebensstandards sowie ihrer gesellschaftlichen Anerkennung. Sie leben nach der Devise 'Jeder muß an seinem Platz seine Pflicht erfüllen' und sind stolz auf 'das Erreichte'.

Ihr Fachkönnen beruht überwiegend auf dem Hauptschulabschluß, zum Teil auf einer abgeschlossenen Lehre. Im Gegensatz zu den bisher beschriebenen Erwerbsgruppen sind die Berufsschwerpunkte vielfältiger. Es gibt eine bedeutende Anzahl von Beschäftigten in der Landwirtschaft (viele Frauen) und viele kleine und mittlere Angestellte in kaufmännischen Büro- und Verwaltungstätigkeiten sowie mittlere und höhere Beamte. Bei den Männern findet man aber auch gewerbliche Tätigkeiten (Bergmann, Schweißer, Schlosser, Mechaniker,

Hilfsarbeiter, Meister, Ingenieure). Frauen arbeiten in hoher Zahl als Textilarbeiterinnen, gehen aber auch sozialpflegerischen und hauswirtschaftlichen Berufen nach. Außerdem existiert ein Gruppe kleiner Selbständiger (Bäcker, Fleischer und Tischler).

Gestützt auf ihr traditionelles Fachkönnen sind besonders die Facharbeiter und die kleinen Selbständigen an eigenverantwortlicher und handwerklich solider Arbeit interessiert. - Die kleinen und mittleren Beamten sowie Angestellten orientieren sich dagegen stärker an den betrieblichen Hierarchien und erwarten, daß jeder an 'seinem Platz' diszipliniert und zuverlässig arbeitet. Um beruflich aufzusteigen, vertrauen sie weniger ihren eigenen Fähigkeiten, sondern passen sich lieber den 'Erfordernissen' an und 'dienen' sich 'nach Oben'.

Obwohl die Arbeit einen hohen Stellenwert besitzt, zielt ihr berufliches Streben vor allem auf eine 'gute Stellung', die ihnen und ihrer Familie eine 'geachtete' soziale Position und materielle Sicherheit verschafft. Diese Position zu bewahren oder möglichst noch zu erweitern, erfordert eine Mentalität der Pflichterfüllung. Selbst wenn genug Geld da wäre, würden sie pflichtbewußt ihrer Arbeit nachgehen. Von ihrem gesicherten Standpunkt aus glauben außerdem viele, daß sich jeder hocharbeiten kann, wenn er sich anstrengt. Entsprechend ist das Vertrauen groß, durch Weiterbildung ihre berufliche Zukunft sichern zu können.

Solange alles 'seine Ordnung' hat und jeder 'seine Aufgaben erfüllt', sind sie zufrieden. Verantwortung delegieren sie zur eigenen Entlastung gerne an Vorgesetzte oder an die betriebliche Interessensvertretung. Gegenüber betrieblichen und gewerkschaftlichen Auseinandersetzungen halten sie 'wohlwollende Distanz' und wollen eher 'in Ruhe gelassen' werden. So unterstützen sie auch die Forderungen der traditionellen Arbeiterbewegung nach mehr Mitspracherechten insgesamt am wenigsten. Insgesamt sind ihnen Kompromisse lieber als offene Konflikte, weshalb sie auch wenig davon halten, 'für politische Forderungen auf die Straße zu gehen'. Gegen Entlassungen zu streiken, halten sie aber für notwendig.

3.3.2 Die leistungsorientierte Mitte: Das aufstiegsorientierte Milieu

Die Beschäftigten dieses Milieus setzen sich aus zwei Traditionslinien zusammen. Etwa ein Drittel stammt aus Familien der 'alten Mitte' (kleine Selbständige, Angestellte und Beamte). Zwei Drittel kommen aus arbeitnehmerischen Facharbeiter- und Handwerkerfamilien. Gemeinsam ist beiden Gruppen ihr Leistungs- und Anerkennungsstreben nach der Devise, 'jeder muß durch seine eigene Leistung sehen, daß er vorankommt'.

Durch ihr Bildungsstreben haben die meisten 'Aufstiegsorientierten' die mittlere Reife oder einen Fachschulabschluß erreicht, zumindest aber eine abgeschlossene Berufsausbildung. Bei ihren Tätigkeiten überwiegen die Bereiche Herstellung, Reparatur und technische Planung. Es handelt sich dabei vorwiegend um Vor- und Facharbeiterberufe (Schlosser, Elektriker, Werkzeugmacher, Instandhalter, Metallbearbeiter, Maurer, Betonbauer). Bei den Metallberufen finden sich vereinzelt auch Frauen, bei den Textilberufen verstärkt. Daneben gibt es qualifizierte angestellte Meister, Techniker und Ingenieure. Ähnlich wie bei den Beschäftigten der 'alten' Mitte lassen sich aber auch Fleischer, Bäcker, Tischler und Maler finden. Die Gruppe der kleinen und mittleren Beamten ist nicht sehr bedeutend. Selbst die größte Gruppe, die der kaufmännischen Angestellten, ist nicht so umfangreich wie in der alten 'Mitte'. Dafür befinden sich aber insgesamt die meisten Bank- und Versicherungsangestellten (überwiegend Frauen) und sonstigen Dienstleister unter diesen Beschäftigten. Gestützt auf ihre modernen Ausbildungen haben sie bewußt eine Tätigkeit gewählt, die ihnen entweder persönlich 'entspricht' oder die zumindest gute Aufstiegschancen bietet. Aktiv, umsichtig und kompetent verrichten sie ihre Arbeit, da sie 'vorankommen' und 'sich hocharbeiten' wollen. Dazu stützen sie sich auf ihre persönliche Leistungsfähigkeit, auf ihr Fachkönnen, auf ihr Selbstbewußtsein und auf ihre Bereitschaft zur Konkurrenz.

Die 'Aufstiegsorientierten' betrachten Arbeit als Grundlage für persönliche und soziale Selbständigkeit. Sie streben eine möglichst interessante oder gut entlohnte Tätigkeit an, um ein unabhängiges und gesichertes Leben führen zu können. Aufgrund ihrer Leistungsmentalität hoffen sie im Beruf voranzukommen und ihre individuellen Ziele zu erreichen: Selbständigkeit, Anerkennung, vorzeigbare Erfolge und Teilhabe am Komsum. Von ihrer Arbeit erhoffen sie sich Herausforderungen und Selbstbestätigung. Dafür akzeptieren sie erhebliche zeitliche Belastungen und sind bereit, sich aktiv weiterzubilden. Ihre Leistungen orientieren sie an ihren eigenen hohen Ansprüchen oder aber an den Erwartungen der Vorgesetzten. Aufgrund der vorhandenen zwei Traditionslinien dieser Beschäftigten lassen sich allerdings zwei verschiedene Grundhaltungen zur Arbeit unterscheiden.

a) Etwa zwei Drittel orientieren sich stark an einer asketischen Leistungsethik und ordnen die Lebensbereiche Freizeit und Familie den beruflichen Erfordernissen unter (viele Männer). Seit der wirtschaftlichen Krise, die derzeit auch die Beschäftigten in dieser bisher gesicherten Mitte erreicht hat, ist aber ein Teil von ihnen enttäuscht. Diese 'Geprellten' befürchten, trotz ihrer Leistungsbereitschaft sich nicht mehr auf der Gewinnerseite der Modernisierung halten zu können. Verbittert äußern sie ihre Kritik daran, daß Leistungsgerechtigkeit nicht mehr gilt.
b) Das verbleibende Drittel des Milieus (mehr Frauen) besteht aus Beschäftigten, die eher einen Ausgleich zwischen ihrer Arbeit, Familie und Freizeit anstreben. Nur für eine begrenzte Dauer und für eine sinnvolle Tätigkeit nehmen sie außergewöhnliche Anstrengungen auf sich.

Die 'Aufstiegsorientierten' (bis auf die vom technischen Wandel 'Geprellten') sind Veränderungen und neuen Technologien gegenüber sehr aufgeschlossen und versuchen sie zu ihrem eigenen Vorteil aktiv umzusetzen. Aber nur etwa die Hälfte unterstützt die Forderung nach mehr Mitspracherechten am Arbeitsplatz. Darin zeigt sich auch eine 'kritische Distanz' eines Teils des Milieus gegenüber gewerkschaftlichen Positionen.

4. Perspektiven: Zwischen Innovation und Blockierung

Im 2. und 3. Kapitel haben wir zwei Eigenschaften der benutzten Theorien der Langwellen und der Mentalitäten veranschaulicht. Zum einen sind sie an reichem Material der Wirtschaftsgeschichte und der Mentalitätsforschung empirisch überprüfbar. Zum anderen erlauben sie, *langfristige* Prozesse zu überblicken und sinnvoll zu interpretieren. Damit können wir zwar nicht den ganzen Geschichtsfahrplan kennen. Denn beide Theorien verstehen die gesellschaftlichen Zusammenhänge nicht als "System", mit maschinengleichen Zwangsläufigkeiten, sondern eher als Kräftefeld (Bourdieu). In diesem Feld können wir immerhin die Spielregeln und die Spieler kennen. Wir können zwar nicht den genauen Ausgang des Spiels, aber doch die Chancen und Strategien abschätzen.

Wir möchten dies hier nicht im Detail durchspielen, sondern in vier abschließenden Thesen nur auf ein Grundsatzproblem hinweisen: Die Innovationspotentiale der modernisierten Wirtschaftsmentalitäten (Kapitel 3.) können unter der heutigen Ausgangskonstellation der vierten 'langen Welle' (Kap. 2.4) teilweise nicht zum Zuge kommen. Die in den Weltmarktbranchen freigesetzten Arbeitskräfte könnten aber mit ihrem modernisierten Fachkönnen in den dezentralen Innovationsbranchen gebraucht werden - wenn diese Blockierungen aufgehoben würden.

1. *Die Mentalitätspotentiale für einen langen innovativen Aufschwung sind heute vielfältiger und entwickelter.* Wir können die beschriebenen Arbeitnehmermilieus in drei Lager gruppieren (vgl. Diagramm in Abschnitt 3.0.). Davon bilden, entgegen verbreiteten Vorurteilen, die *Konsumgeleiteten,* deren Arbeitsmotivation besonders von Einkommensanreizen abhängt, nicht die Mehrheit, obwohl sie von ca. 19% auf ca. 25% der Bevölkerung gewachsen sind (die Milieus der 'Traditionslosen Arbeiter' und der 'Hedonisten', die übrigens in den heutigen Strukturkrisen wieder in sozial gesicherte und absteigende Gruppen zerfallen). Die größte Gruppe bilden vielmehr die *Innengeleiteten,* die von ca. 29% auf ca. 34% angewachsen sind. Dies sind die für moderne Technologien und Dienstleistungen gebrauchten fachqualifizierten Arbeiter- und Angestelltenmilieus, bei denen innere Leistungsmotivation, Bildungskapital, Eigenverantwortung und Partizipationsinteresse hoch bewertet werden. Dieses Lager hat sich ganz erheblich für innovative Berufsanforderungen modernisiert. Bei ihnen dominieren die modernen 'Aufstiegsorientierten' und 'Neuen Arbeitnehmer', während die klassische Mentalität der 'Traditionalen Arbeitnehmer' nur noch 5% ausmacht. Das Wachstum der modernen Gruppen ging zudem auf Kosten der hierarchisch denkenden *Autoritätsgeleiteten* ('Kleinbürgerliche', Abnahme von ca. 28% auf ca. 22%).

2. *Die wirtschaftliche Umsetzung dieser Innovationspotentiale beschränkt sich dagegen auf wenige kapitalstarke und weltmarktvernetzte Erwerbszweige.* Zwar sind wie in den bisherigen' langen Wellen' auch die heutigen innovativen Produktionsweisen in eher kleinen Pionierbetrieben der verschiedensten Erwerbszweige entstanden, durchgesetzt haben sich aber nur bestimmte Spitzentechnologien. Die Mikroelektronik fasziniert als Schlüsselindustrie mit ihrer Universalfunktion zur Gerätesteuerung und ihrer Verknüpfung mit den globalen Kommunikations- und Finanznetzen. Andere Goliaths sind die Gentechnologie und die moderne Chemie- und Apparatemedizin. - Erfolgreich waren also Technologien, die für die mächtigen älteren Branchen verwertbar waren, insbesondere den Maschinen- und Fahrzeugbau, die Großchemie und Pharmakologie sowie das Medien- und Finanzkapital.

3. *Demgegenüber haben wichtige, dezentral vernetzte Innovationsbranchen den Übergang zu rationellen Techniken und zu professioneller Organisation nicht oder nur unzureichend geschafft, obwohl sie Aussicht auf wachsende Abnehmermärkte haben.* Zu ihnen gehören die ökologischen Verkehrs- und Energietechnologien, die ökologische Nahrungsmittelproduktion und die Gesundheits- und Sozialdienstleistungen (die nicht nur für die anwachsende ältere Generation zunehmend benötigt werden). - Blockiert waren also meist Pioniersektoren, die in Konkurrenz mit marktbeherrschenden Großunternehmen stehen. Würden sie mehr durch Kapitalinvestitionen, Steuervergünstigen oder Strukturpolitik gefördert, so könnten sie weit mehr Wirtschaftswachstum und Arbeitsplätze vor Ort und in regionalen Wirtschaftskreisläufen hervorbringen.

4. *Die derzeit dominierende Standortdebatte und Wirtschaftspolitik hat keine langfristigen Innovationsperspektiven.* Sie begünstigt die Liberalisierung und Deregulierung der inneren und internationalen Märkte im Interesse der "Goliaths" und zum Nachteil der "Davids" der neuen Technologien. 'Sparpolitik' steht an der Stelle von 'Innovationspolitik'. Die Debatte zur Senkung der Kosten, Lohnnebenkosten usw. meint vor allem die Wettbewerbsfähigkeit der Weltmarktbranchen, die durch Auslagerungen usw. betroffen sind. Eine Innovationsinitiative müßte dagegen die Blockierung eines langfristigen Aufschwungs durch die Interessen und die institutionelle Unbeweglichkeit dieser Branchen zum Thema machen. Blockiert sind nicht nur die ökologische Steuerreform oder die Energiepolitik, sondern auch die Förderung neuer expansiver, aber dezentral vernetzter Innovationsbranchen. Blockiert sind auch politische Regulierungen, die dringend nötig wären, um die sozialen Sicherungen, das Rentensystem und die Rechte der 'kleinen Marktparteien' (der Regionen,

der Klein- und Mittelunternehmen, der sozialen Bewegungen und der Arbeitnehmervertretungen) als Gegenkräfte und Puffer gegenüber dem Zugriff eines vollständig liberalisierten Kapitalismus zu modernisieren.

Literatur

Baethge, M.; Oberbeck, H. 1986: Zukunft der Angestellten. Neue Technologien und berufliche Perspektiven in Büro und Verwaltung, Frankfurt/M.

Baethge, M.; Hantsche, B., Pelull, W.; Voskamp, U. 1988: Jugend, Arbeit und Identität, Opladen.

Baethge, M. 1991: Vergesellschaftung, Identität, Zur zunehmenden normativen Subjektivierung der Arbeit, in: Wolfgang Zapf (Hrsg.), Die Modernisierung moderner Gesellschaften, Frankfurt/M., New York.

Baethge, M. 1994: Arbeit und Identität, in: Ulrich Beck, Elisabeth Beck-Gernsheim (Hrsg.), Riskante Freiheiten, Frankfurt/M., 245-261.

Beck, U. 1986: Risikogesellschaft. Auf dem Weg in eine andere Moderne, Frankfurt/M.

Becker, U.; Becker, H.; Ruhland, W. 1992: Zwischen Angst und Aufbruch. Das Lebensgefühl der Deutschen in Ost und West nach der Wiedervereinigung, Düsseldorf.

Blauner, R. 1964: Alienation and Freedom, The Factory Worker and His Industrie, Chicago, London.

Bourdieu, P. [1979]: Die feinen Unterschiede, Frankfurt/M. 1982.

Brock, D.; Brock, E. O. 1992: Hat sich die Einstellung der Jugendlichen zur Arbeit verändert? in: Zeitschrift für Soziologie, Jg. 17, H. 6, 436-450.

Durkheim, E. [1893]: Über die Teilung der sozialen Arbeit, 1977.

Flaig, B.; Meyer, T. B.; Ueltzhöffer, J. 1993: Alltagsästhetik und politische Kultur, Bonn.

Frank, H. 1994: Regionale Entwicklungsdisparitäten im deutschen Industrialisierungsprozeß 1848-1939, Münster, Hamburg.

Geiger, Th. [1932]: Die soziale Schichtung des deutschen Volkes, Stuttgart 1987.

Hilpert, U. 1991: Neue Weltmärkte und der Staat, Staatliche Politik, technischer Fortschritt und internationale Arbeitsteilung, Opladen.

Kern, H.; Schumann, M. [1970]: Industriearbeit und Arbeiterbewußtsein, 2 Bände, Frankfurt/M. 1985.

Kern, H.; Schumann, M. 1984: Das Ende der Arbeitsteilung? München.

Kondratieff, N. D. 1926: Die langen Wellen der Konjunktur, in: Archiv für Sozialwissenschaft und Sozialpolitik 56, Berlin, 573-609.

Lutz, B. [1984]: Der kurze Traum immerwährender Prosperität, Eine Neuinterpretation der industriell-kapitalistischen Entwicklung im Europa des 20. Jahrhunderts, Frankfurt/M., New York 1989.

Mandel, E. 1972: Marxistische Wirtschaftstheorie, 1. Band, Frankfurt.

Marx, K.; Engels, F. [1848]: 'Manifest der Kommunistischen Partei', in: Marx-Engels-Werke (MEW) 4, Berlin 1977.

Menzel, U. 1985: Lange Wellen und Hegemonie, Ein Literaturbericht (Ms.), Universität Bremen.

Miegel, M. 1994: Vollbeschäftigung - eine sozialromantische Utopie? In: Alfred Herrhausen Gesellschaft für internationalen Dialog (Hrsg.), Arbeit der Zukunft, Zukunft der Arbeit, 2. Jahreskolloquium, Frankfurt/M.

Mooser, J. 1984: Arbeiterleben in Deutschland 1900-1970, Frankfurt/M.

Niethammer, L.; Plato, A. v. (Hrsg.): Lebensgeschichte und Sozialkultur im Ruhrgebiet 1930 bis 1960, Bände I-III, Bonn 1983 u. 1985.

Piore, M.; Sabel, C. F. [1984]: Das Ende der Massenproduktion, Berlin 1985.

Popitz, H.; Bahrdt, H. P.; Jüres, E. A.; Kesting, H. 1957: Das Gesellschaftsbild des Arbeiters, Tübingen.

Schwarzkopf, J. 1993: Die soziale Konstruktion von Qualifikation. Eine historische Untersuchung der Weberei von Lancashire zwischen 1885 und dem Ersten Weltkrieg, in: PROKLA 93, H. 4,613-632.

Schumpeter, J. A. [1911]: Theorie der wirtschaftlichen Entwicklung, München 1934, Berlin.

Schumpeter, J. A. [1931]: Konjunkturzyklen, Eine theoretische, historische und statistische Analyse des kapitalistischen Prozesses, Göttingen 1961.

Sombart, W. [1916]: Der moderne Kapitalismus, München und Leipzig 1987.

Thompson, E. P. [1963; 1968]: Die Entstehung der englischen Arbeiterklasse, Frankfurt/M 1987.

Thompson, E. P. 1980: Zeit, Arbeitsdisziplin und Industriekapitalismus, in: ders., Plebeische Kultur und moralische Ökonomie: Aufsätze zur englischen Sozialgeschichte des 18. und 19. Jahrhunderts, Frankfurt/M.

Vester, M.; Oertzen, P. v.; Geiling, H.; Herrmann, Th.; Müller, D. 1993: Soziale Milieus im gesellschaftlichen Strukturwandel, Köln.

Vester, M.; Hofmann, M.; Zierke, I. (Hrsg.) 1995: Soziale Milieus in Ostdeutschland, Köln.

Vester, M. 1995: Deutschlands feine Unterschiede, in: Aus Politik und Zeitgeschichte, Beilage zur Wochenzeitung DAS PARLAMENT, B 20/95, Bonn 1995, 16-30.

Weber, M. [1904]: Die Objektivität sozialwissenschaftlicher und sozialpolitischer Erkenntnis, in: Gesammelte Aufsätze zur Wissenschaftslehre, Tübingen 1968.

Weber, M. [1904]: Die protestantische Ethik und der Geist des Kapitalismus, in: Gesammelte Aufsätze zur Religionssoziologie I, Tübingen 1988.

Weber, M. 1923: Wirtschaftsgeschichte, Abriß der universalen Sozial- und Wirtschaftsgeschichte, München, Leipzig.

Weber, M. [1922 u. 1923]: Wirtschaft und Gesellschaft, Grundriß der verstehenden Soziologie, Tübingen 1980.

Wittke, V. 1993: Qualifizierte Produktionsarbeit neuen Typs, in: Jahrbuch Sozialwissenschaftliche Technikberichterstattung '93, Berlin, 27-66.

Sozialpolitik

Heinz Lampert

1. Begriff und Aufgaben der Sozialpolitik

Unter Sozialpolitik werden häufig in erster Linie staatliche Maßnahmen verstanden, die der Sicherung des Einkommens von Arbeitnehmern und ihrer Familien im Falle einer Krankheit, der vorzeitigen Berufs- oder Erwerbsunfähigkeit durch Unfall oder Invalidität, im Alter, beim Tod des Ernährers oder im Falle der Arbeitslosigkeit dienen. Diese Sicherung der Existenz bei fehlenden Möglichkeiten oder Fähigkeiten zum Erwerb ausreichenden Arbeitseinkommens, die vor allem der Sozialversicherung obliegt, ist nur *ein* Teilbereich staatlicher Sozialpolitik, wenngleich der größte und von seinen Aufgaben her ein zentraler Bereich. Zur staatlichen Sozialpolitik gehören auch die Arbeitnehmerschutzpolitik, die Arbeitsmarktpolitik, die Ausgestaltung der Betriebs- und Unternehmensverfassung, die Wohnungs-, Familien- und Bildungspolitik, die Politik der Einkommens- und Vermögensumverteilung, die Jugendhilfe-, die Altenhilfe-, die Sozialhilfepolitik und die mittelstandsorientierte Sozialpolitik (Agrar- und Handwerkspolitik).

Die *staatliche Sozialpolitik* läßt sich definieren als jenes politische Handeln des Staates, das darauf abzielt, erstens die wirtschaftliche und soziale Stellung von wirtschaftlich und/oder sozial absolut oder relativ schwachen Personenmehrheiten durch den Einsatz geeignet erscheinender Mittel im Sinne der in einer Gesellschaft verfolgten gesellschaftlichen und sozialen Grundziele (freie Entfaltung der Persönlichkeit, Schutz der Menschenwürde, soziale Sicherheit, soziale Gerechtigkeit, Gleichbehandlung) zu verbessern und zweitens den Eintritt wirtschaftlicher und/oder sozialer Schwäche im Zusammenhang mit dem Auftreten existenzgefährdender Risiken zu verhindern.

Die *internationale Sozialpolitik* ist definierbar als ein Komplex von internationalen Vereinbarungen, Einrichtungen und Bestrebungen zur Absicherung nationaler Sozialpolitik und zur möglichst weltweiten Durchsetzung sozialpolitischer Mindeststandards. Träger einer solchen Politik sind internationale Organisationen wie z.B. die Vereinten Nationen (UNO), die Weltgesundheitsorganisation (WHO), das internationale Kinderhilfswerk der Vereinten Nationen (UNICEF) und das Internationale Arbeitsamt (ILO).

Die *betriebliche Sozialpolitik* ist eine von den Unternehmungen betriebene Politik zur Verbesserung der wirtschaftlichen und sozialen Lage von Unternehmensangehörigen und zur Beeinflussung der Beziehungen zwischen den sozialen Gruppen im Unternehmen mit dem Ziel, einen optimalen Ausgleich zwischen den primären wirtschaftlichen Zielen der Unternehmung und Anforderungen ethischer und menschlich-sozialer Art zu erreichen (Hax 1975).

Sozialpolitik als Wissenschaft läßt sich definieren als wissenschaftsautonome, systematische Darstellung und Analyse realer und gedachter Systeme, Systemelemente und Probleme der Sozialpolitik mit dem Ziel, objektive, d.h. subjektiver Überprüfung standhaltende Erkenntnisse über die praktische Sozialpolitik und über mögliche sozialpolitische Handlungsalternativen zu gewinnen.

2. Die Notwendigkeit staatlicher Sozialpolitik

Häufig ist die Auffassung anzutreffen, Sozialpolitik sei ein für kapitalistische Systeme charakteristischer Bereich der Politik, der das System für die breiten Massen erträglicher und dadurch überlebensfähig machen soll (Sozialpolitik als „Reparaturbetrieb", als „Lazarettstation" des Kapitalismus). Diese Auffassung ist ebenso unhistorisch wie die Auffassung, die staatliche Sozialpolitik beginne mit Maßnahmen zur Verbesserung der Lage der Industriearbeiterschaft in den sich industrialisierenden Gesellschaften zu Anfang des 19. Jahrhunderts. Denn nachweislich wird staatliche Sozialpolitik in allen Gesellschaften notwendig, in denen es eine „Soziale Frage" gibt. Darunter versteht man die Existenz von Unterschieden in den politischen, persönlichen und/oder wirtschaftlichen Rechten sowie in den Verfügungsmöglichkeiten über wirtschaftliche Güter (Einkommen und Vermögen) zwischen sozialen Gruppen (Schichten, Ständen, Klassen), die als so groß empfunden werden, daß sie entweder den inneren Frieden und damit die Existenz der Gesellschaft bzw. des Staates bedrohen oder von den Trägern politischer Macht als nicht vertretbar angesehen werden.

Soziale Fragen und staatliche Sozialpolitik gab es innerhalb des europäischen Kulturkreises bereits im antiken Griechenland, im antiken und im vorchristlichen Rom und im mittelalterlichen Europa (vgl. dazu Lampert 1994, 13 ff.).

Besonders akut und groß wurde der Bedarf an staatlicher Sozialpolitik mit Beginn des Industriezeitalters. Diese Feststellung gilt unabhängig von der Art des Gesellschafts- und Wirtschaftssystems, d. h. für nicht sozialistische und für sozialistische Gesellschaften gleichermaßen. Denn auch in sozialistischen Wirtschaftssystemen wird das Rationalprinzip verfolgt, d.h. das Prinzip, mit gegebenen Mitteln (gemeint sind hier Arbeitskräfte) maximale Ergebnisse zu erreichen. Dies kann ebenso zu einer Schädigung und Ausbeutung der Arbeitskräfte führen wie der in sozialistischen Systemen staatlich organisierte Wettbewerb um die beste Arbeitsleistung zwischen Betrieben und zwischen den Arbeitskräften.

Die Notwendigkeit zu staatlicher Sozialpolitik im Industriezeitalter ergab sich im Grunde aus der Lösung der sozialen Frage der vorindustriellen Gesellschaften im europäischen Kulturkreis. *Diese soziale Frage hatte darin bestanden, daß die persönlichen Freiheitsrechte, die politischen Rechte, die Besitz-, Berufs- und Bildungsrechte zwischen den Klassen bzw. Ständen höchst ungleich verteilt waren und daß für die überwiegende Mehrheit der Bevölkerung einseitige soziale, wirtschaftliche und persönliche Abhängigkeitsverhältnisse bestanden.* Diese soziale Frage wurde grundsätzlich gelöst, als im Zuge der allmählichen Verwirklichung der Ideen der Aufklärung und des Liberalismus im 19. Jahrhundert die Zünfte, die Leibeigenschaft und die Hörigkeit aufgehoben und statt dessen allgemeine Vertragsfreiheit, Freizügigkeit, Koalitionsfreiheit, Freiheit der Berufs- und Arbeitsplatzwahl, freies, gleiches und geheimes Wahlrecht eingeführt wurden.

Jedoch begünstigten die eben genannten Maßnahmen, durch die eine jahrhundertelange politische, rechtliche und wirtschaftliche Abhängigkeit großer sozialer Gruppen beendet wurde, im Zusammenwirken mit dem Zusammenbruch der alten Lebensordnung und aufgrund neuer, noch nicht politisch ausgestalteten Lebensbedingungen gleichzeitig die Entstehung einer *neuen* sozialen Frage, der „Arbeiterfrage". Darunter versteht man die Tatsache, *daß die schnell wachsende Schicht persönlich freier Menschen, die eigentums- und besitzlos war und daher zur Sicherung ihres Lebensunterhaltes auf die vertragliche Verwertung ihrer Arbeitskraft angewiesen war, unter menschenunwürdigen wirtschaftlichen und sozialen Bedingungen am Rande des physischen Existenzminimums lebte, gesellschaftlich nicht akzeptiert und im 19. Jahrhundert politisch ohnmächtig war.* Für die Arbeiterschaft war zunächst formale persönliche Freiheit mit materialer Unfreiheit verknüpft. Die Existenz der besitz- und vermögenslosen Arbeiter und ihrer Familien war im Falle von Arbeitslosigkeit, Krankheit, Invalidität, Altersschwäche, Witwen- und Waisenschaft bedroht. Die Notwendigkeit zu staatlicher Sozialpolitik ergab sich unmittelbar aus der Schutzlosigkeit der Arbeiter im Falle des Eintritts dieser Risiken, ferner aus gesundheitsschädlichen, extrem langen Arbeitszeiten, aus gesundheitsgefährdenden Arbeitsplatzbedingungen, aus dem rücksichtslosen Arbeitseinsatz von Kindern, Jugendlichen und Frauen sowie aus dem Wohnungselend.

Die soziale Frage als Arbeiterfrage wurde in den letzten 150 Jahren durch den auf der Grundlage eines starken wirtschaftlichen Wachstums durchgeführten Auf- und Ausbau des Arbeitnehmerschutzes, der Sozialversicherung und der Arbeitsmarktpolitik weitgehend gelöst.

Die Notwendigkeit zu staatlicher Sozialpolitik in der Gegenwart ergibt sich aus folgenden vier Tatsachen.
1. Zahlreiche Gesellschaftsmitglieder sind überhaupt nicht oder nur sehr begrenzt in der Lage, ihre Existenz durch Arbeitsleistungen und den damit verbundenen Erwerb von Ansprüchen gegen das System sozialer Sicherung zu sichern; Beispiele für derartige sozial schwache Gruppen sind geistig und/oder körperlich Behinderte, chronisch Kranke und körperlich schwache Personen.
2. Für die überwiegende Mehrheit der Bevölkerung ist das Arbeitseinkommen die wesentliche Existenzgrundlage. Diese Existenzgrundlage wäre bei Eintritt vorübergehender oder dauernder Erwerbsunfähigkeit oder bei Auftreten unplanmäßiger Ausgaben durch Krankheit, Arbeitslosigkeit, Unfall, Invalidität und Alter gefährdet, wenn nicht soziale staatliche Sicherungseinrichtungen bestünden.
3. Wirtschaftliche Entwicklung ist unabhängig vom Gesellschafts- und Wirtschaftssystem gleichbedeutend mit einem Wandel wirtschaftlicher und sozialer Strukturen (der Produktions-, der Beschäftigten-, der Unternehmens- und der Betriebsgrößenstruktur, der räumlichen Struktur, der Preis-, der Einkommens- und der Vermögensstruktur, der Familienstruktur usw.). Diese Strukturwandlungsprozesse sind mit Anpassungslasten verbunden, die sich aus der Entwertung von Sachkapital, dem Untergang von Unternehmen, der Entwertung von Humankapital, der Freisetzung von Arbeitskräften sowie den Kosten der räumlichen und beruflichen Mobilität ergeben. Aus der Existenz derartiger Entwicklungskosten bzw. Anpassungslasten ergeben sich als sozialpolitische Aufgaben: a) die Schaffung der Voraussetzungen für eine prinzipielle soziale Akzeptanz der Anpassungslasten; b) die Sicherung einer als gerecht angesehenen Verteilung der Anpassungslasten in der Gesellschaft; c) die Kontrolle der Anpassungslasten im Sinne einer Minimierung der Vernichtung wirtschaftlicher Werte; d) die Entwicklung ökonomisch und sozialpolitisch befriedigender sozialer Sicherungssysteme zur Verringerung der individuellen Anpassungslasten. Aus diesen Gründen wird Sozialpolitik wird für komplexe Gesellschaften zu einer notwendigen Bedingung wirtschaftlicher Evolution, weil sie die Flexibilität und die Mobilität der Systemelemente erhöht, die soziale Akzeptanz der Entwicklungs- und Strukturwandlungsprozesse sichert und überdies beachtliche wirtschaftsgrundlagenpolitische und stabilitätspolitische Effekte hat.
4. Ein bedeutender, staatliche Sozialpolitik begründender Tatbestand liegt in der gesellschaftspolitischen Zielsetzung, durch eine gleichmäßigere Verteilung der Chancen für den Erwerb von Bildung, Einkommen und Vermögen sowie durch eine Verringerung

sozialpolitisch unerwünschter, nicht leistungsgebundener Einkommens- und Vermögensunterschiede die Chancen zur Verwirklichung materialer Freiheit gleichmäßiger zu verteilen und mehr soziale Gerechtigkeit zu verwirklichen.

Diese zuletzt genannten Zielsetzungen haben in Staaten, die sich - wie die Bundesrepublik in Art. 20 und 28 GG - zum Sozialstaatsprinzip bekennen, hohes Gewicht. Das Sozialstaatsprinzip ermächtigt und verpflichtet den Staat, im Rahmen der verfassungsmäßigen Ordnung und des wirtschaftlich Möglichen für möglichst alle Gesellschaftsmitglieder über die formalrechtliche Grundrechtsgewährleistung hinaus in einem politisch zu bestimmenden Mindestumfang die materiellen Voraussetzungen für die Wahrnehmung der Grundrechte auf persönliche (materiale) Freiheit, freie Entfaltung der Persönlichkeit, Freiheit der Berufs- und der Arbeitsplatzwahl, Gleichberechtigung und Chancengleichheit zu schaffen (vgl. dazu Stern 1987 und Zacher 1989a). Die Orientierung der Sozialpolitik am Sozialstaatsprinzip bewirkt in Verbindung mit permanenten Änderungen der sozialen Verhältnisse „das immanente Gesetz, daß Sozialpolitik als eine letzte, integrale Konzeption unerfüllbar ist" und „daß eine durchgreifende Beruhigung der Sozialpolitik nicht eintreten kann" (Zacher 1977, 157 f.).

Letztlich liegt die Notwendigkeit zu staatlicher Sozialpolitik darin begründet, daß *jede* Gesellschafts- und Wirtschaftsordnung - sei sie eine feudalistische, eine ständestaatliche, eine liberalistische, eine sozialistische oder sonstwie geartete Ordnung - ein System einer bestimmten Verteilung von politischen, persönlichen und wirtschaftlichen Rechten, insbesondere von wirtschaftspolitischen und wirtschaftlichen Dispositionsbefugnissen über wirtschaftliche Güter (Boden, Sachkapital, Geldkapital, Arbeitsvermögen, Konsumgüter bzw. Kaufkraft), ist und daß diese teils natürlich, teils rechtlich bedingten Unterschiede in den Dispositionsbefugnissen und Dispositionsmöglichkeiten Unterschiede in den Möglichkeiten zur freien Entfaltung der Persönlichkeit und in der materialen individuellen Freiheit bewirken. Diese Unterschiede müssen entsprechend den in der Gesellschaft wirksamen Vorstellungen von sozialer Gerechtigkeit beeinflußt werden.

Auch in den in jüngster Zeit zusammengebrochenen und in den noch bestehenden sozialistischen Gesellschaften war und ist Sozialpolitik notwendig. Denn auch in ihnen gibt es viele Gesellschaftsmitglieder, z. B. Kinder, Kranke und Behinderte, die nicht in der Lage sind, ihre Existenz ohne staatliche Hilfe zu sichern. Außerdem ist das gesellschaftssystemunabhängige Streben nach maximaler wirtschaftlicher Effizienz eine potentielle Gefährdung für die Durchsetzung elementarer Interessen der arbeitenden Bevölkerung (an Freizeit, am Schutz der Gesundheit und der Arbeitskraft). Schließlich führt auch in sozialistischen Gesellschaften der technische, wirtschaftliche und soziale Wandel zu Beeinträchtigungen der Lebenslage bestimmter Gruppen. Ein besonders hoher Bedarf an Sozialpolitik entsteht in Gesellschaften, die - wie die meisten osteuropäischen Staaten - ihre früheren Zentralverwaltungswirtschaften in marktwirtschaftlich gesteuerte Systeme transformieren (vgl. dazu Lampert 1994, 107 ff.).

3. Das System der staatlichen Sozialpolitik in der Bundesrepublik.

Die Entwicklung der neuzeitlichen Sozialpolitik in Deutschland ist durch deutlich unterscheidbare Entwicklungsstadien gekennzeichnet. In den ersten Jahrzehnten (1839 bis 1880) standen Maßnahmen des Arbeitnehmerschutzes im Vordergrund. In einer zweiten Phase (1880 bis 1911) wurde die Sozialversicherung aufgebaut, der Arbeitnehmerschutz wurde weiterentwickelt. In der dritten Phase (1919 bis 1933) wurde die bis dahin paternalistisch-staatsautoritäre Sozialpolitik des Kaiserreiches durch eine demokratisch ausgerichtete Sozialpolitik einer parlamentarischen Mehrparteiendemokratie abgelöst. Arbeitsmarktpolitische und betriebsverfassungspolitische Maßnahmen veränderten die Arbeitswelt. Die bis in die 20er Jahre betriebene Schutzpolitik, mit der die Arbeiter und die Angestellten in erster Linie vor Gesundheits- und Unfallgefährdung, vor den wirtschaftlichen Folgen der Krankheit, des Unfalls, des Alters und der Arbeitslosigkeit sowie vor einer Ausbeutung und menschenunwürdiger Behandlung in den Betrieben geschützt werden sollten, wurde allmählich zu einer gesellschaftsgestaltenden Politik ausgebaut: in den 20er Jahren wurden die Wohnungs- und die Familienpolitik zu wichtigen Gestaltungsbereichen und nach dem zweiten Weltkrieg wurden die Vermögens- und die Bildungspolitik ausgebaut. Gleichzeitig wurden die „klassischen" Bereiche (Arbeitnehmerschutz, Sozialversicherung) weiterentwickelt und reformiert. Nachdem in den 20er Jahren der selbständige Mittelstand als schutzbedürftige Gruppe erkannt worden war, wandte die Sozialpolitik nach dem zweiten Weltkrieg den Handwerkern und Landwirten, aber auch den Jugendlichen, den alten und den behinderten Menschen besondere Aufmerksamkeit zu. Sie wurde zu einer fast alle sozialen Gruppen erfassenden Politik des tendenziellen Ausgleichs von Start-, Einkommens-, Vermögens- und Belastungsunterschieden. (Vgl. zur Geschichte der Sozialpolitik in Deutschland Frerich/Frey 1991).

3.1. Staatliche Sozialpolitik als Schutzpolitik

3.1.1. Arbeitnehmerschutzpolitik

Das preußische „Regulativ über die Beschäftigung jugendlicher Arbeiter in den Fabriken" von 1839 leitete die deutsche Sozialpolitik mit einem Verbot der Kinderarbeit und einem besonderen Schutz Jugendlicher vor einer Überforderung und vor Ausbeutung ein. Ziele des Arbeitnehmerschutzes sind: a) der Schutz des Arbeitnehmers vor Unfall-, Gesundheits- und Sittlichkeitsgefährdung (=Gefahren- und Betriebsschutz) durch öffentlichrechtliche Gebote und Verbote, z.B. Unfallverhütungsvorschriften; b) Schutz der Nacht-, Sonn- und Feiertagsruhe sowie Sicherung ausreichender Freizeiten zur Regeneration und Persönlichkeitsentfaltung (=Arbeitszeitschutz) durch öffentlich-rechtliche, tarifvertragliche und betriebliche Arbeitszeitregelungen mit einem besonderen Jugend- und Mutterschutz; c) Sicherung von vertraglichen Mindestnormen, die den Bestand des Arbeitsverhältnisses und den Arbeitnehmer vor Ausbeutung, Willkür und Diskriminierung schützen (=Arbeitsvertragsschutz, z.B. Kündigungsschutz). Der nach Art und Umfang Schritt für Schritt verbesserte Schutz erfaßt heute mit Differenzierungen alle Arbeitnehmer. Hauptaufgabe ist die ständige Anpassung des vorbeugenden Unfall- und Gesundheitsschutzes an die sich ständig verändernden Arbeitstechniken. (Vgl. Dütz 1994, § 7).

3.1.2. Sozialversicherung

Der Aufbau der Sozialversicherung begann 1883 mit der Errichtung der gesetzlichen Krankenversicherung, der 1884 die Unfall- und 1889 die gesetzliche Invaliditäts- und Altersrentenversicherung folgte. 1911 wurde die Rentenversicherung um die Hinterbliebenenrentenversicherung erweitert. Im glleichen Jahr wurden die Angestellten in die Rentenversicherung einbezogen. 1927 wurde die Arbeitslosenversicherung errichtet, 1938 die Handwerkerversicherung. Ab 1949 wurden Alterssicherungen für die freien Berufe und 1957 die Altershilfe für Landwirte gesetzlich geregelt. 1994 wurde das Sozialversicherungssystem durch die Pflegeversicherung vervollständigt.

Die genannten Einrichtungen schützen die Versicherten und ihre unterhaltsberechtigten Familienmitglieder weitgehend und soweit es grundsätzlich möglich ist gegen folgende Risiken und ihre wirtschaftlichen Folgen ab: Krankheit, Unfall, Arbeitslosigkeit, vorzeitige Erwerbsunfähigkeit, Erwerbsunfähigkeit wegen Alters, Pflegebedürftigkeit und Tod des Ernährers (vgl. dazu Lampert, Sozialversicherung, in diesem Band).

Auf die genannten Sicherungszweige entfielen 1993 - ohne die Ausgaben für die Lohnfortzahlung im Krankheitsfall und für die Arbeitsförderung - 585,9 Mrd. DM, d.h. rund 55 % der Summe aller Sozialausgaben (vgl. dazu die Tabelle zum Sozialbudget im Abschnitt 4.1.).

3.1.3 Betriebs- und Unternehmensverfassungspolitik

Der an die hierarchisch strukturierte Welt des Betriebes und an die Entscheidungen des Arbeitgebers gebundene, in diesem Sinn „fremdbestimmte" Arbeitnehmer hat ein mittlerweile allgemein anerkanntes Interesse, die Betriebsordnung mitzugestalten und ihn betreffende Entscheidungen zu kennen sowie in bestimmten Fällen zu beeinflussen. Ihm wurde daher im Betriebsverfassungsgesetz ein Mitwirkungsrecht an bestimmten betrieblichen Entscheidungen durch gewählte Verteter - die Betriebsräte - zuerkannt. Das Gesetz räumt den Arbeitnehmern bzw. ihren Vertretern Informations-, Beschwerde- Mitwirkungs- und Mitbestimmungsrechte ein, die sich auf die Arbeitsplatzgestaltung, den Arbeitsablauf sowie auf soziale (z.B. Arbeitszeit- und Lohnregelungen), personelle (z.B. Entlassung oder Versetzung) und wirtschaftliche Angelegenheiten (z.B. Betriebsverlegung) beziehen. Für die Großunternehmungen der Montanindustrie und der übrigen Wirtschaft gelten zusätzliche Mitbestimmrechte in bezug auf unternehmerische Entscheidungen, die im Montanmitbestimmungsgesetz von 1951 und im Mitbestimmungsgesetz des Jahres 1976 enthalten sind. (Vgl. Dütz 1994, § 11).(Vgl. hierzu auch Müller-Jentsch, Mitbestimmu7ng, in diesem Band)

3.1.4 Arbeitsmarktpolitik

Für die Sicherung der Existenz der Mehrheit der Bevölkerung ist die Beschaffenheit der Arbeitsmärkte und die auf ihnen ablaufende Lohnbildung von entscheidender, existenzbestimmender Bedeutung. Daher und aufgrund der Tatsache, daß politisch nicht beeinflußte Arbeitsmärkte hochgradig unvollkommen sind und monopsonistische sowie oligopsonistische Formen aufweisen, die zusammen mit der Marktunvollkommenheit negative Wirkungen für die Lohnhöhe und die sonstigen Arbeitsbedingungen haben, sind die Arbeitsmärkte zum Gegenstand sozialpolitischer Beeinflussung geworden (vgl. dazu Lampert, Arbeitsmarktordnung, in diesem Band). Mit Hilfe von Maßnahmen der Arbeitsmarktordnungs-, der Arbeitsmarktstruktur- und der Arbeitsmarktprozeßpolitik hat der Gesetzgeber die Arbeitsmärkte durch die Errichtung von Arbeitsämtern und deren Befugnisse institutionalisiert und durch die Einführung der Koalitionsfreiheit und der Tarifautonomie in annähernd gleichgewichtige Formen transformiert. Das wesentliche Ziel der Beschäftigungs- und der Arbeitsmarktpolitik, die Vollbeschäftigung, wird aus hier nicht darstellbaren Gründen jedoch seit 1975 verfehlt. (Vgl. Dütz 1994, §§ 8 bis 10).

3.2 Sozialpolitik als Ausgleichs- und Gesellschaftspolitik

Nachdem durch die Sozialpolitik ein hoher Grad sozialpolitischen Schutzes für die große Mehrheit der Bevölkerung erreicht worden war, begann - schon in der Weimarer Republik - ein Prozeß der Weiterentwicklung der Sozialpolitik zur Politik des partiellen Ausgleichs von Einkommens- und Vermögensunterschieden und zur Gesellschaftspolitik. Diese Entwicklung wurde verstärkt, als nach dem Zweiten Weltkrieg die Steigerung der wirtschaftlichen Wohlfahrt die wirtschaftlichen Grundlagen für die Umsetzung wirtschaftlichen Fortschritts in sozialen Fortschritt geschaffen hatte und sich die Auffassung durchsetzte, daß es zur Verwirklichung einer freiheitlichen und sozialen Gesellschaft nicht ausreicht, den Bürgern in der Verfassung Grundrechte zu verbürgen und formale Freiheit zu gewährleisten, sondern daß die Voraussetzungen geschaffen werden müssen, damit formale Rechte auch genutzt werden können, z.b. das Recht auf freie Entfaltung der Persönlichkeit und auf Schutz der Menschenwürde durch die Verfügbarkeit von ausreichendem und qualitativen Mindestbedingungen genügenden Wohnraum oder das Recht auf Bildung durch Berufsbildungsförderung auch für diejenigen, die sich Bildungsumwege ohne finanzielle Hilfe nicht leisten könnten.

3.2.1 Wohnungspolitik

Die Wohnungspolitik geht von der Erkenntnis aus, daß Gesundheit, Wohlbefinden, Persönlichkeitsentfaltung und Qualität des Familienlebens auch von der Größe und Beschaffenheit des Wohnraums abhängen. Dementsprechend verfolgt sie das Ziel, allen, vor allem aber einkommensschwachen Schichten, Wohnraum zugänglich zu machen, der in bezug auf Größe, Ausstattung und Wohnumfeld Mindestnormen genügt und kostenmäßig tragbar ist. Die eingesetzten Mittel reichen von der Förderung der Wohnungsbaugenossenschaften und des Bausparens über die Bereitstellung von Bauland bis zu Finanzierungserleichterungen durch Steuervergünstigungen, Kreditverbilligungen, Bezuschussungen (z.B. Baukindergeld), Übernahme staatlicher Bürgschaften und Wohngeldzahlungen. Mittel zur Beschaffung von Wohnraum für Einkommensschwache sind der durch den Einsatz öffentlicher Mittel geförderte und dadurch mietpreisbegünstigte soziale Wohnungsbau und die Zahlung von Wohngeld an die Bezieher niedriger Einkommen. Als Instrument des Schutzes der Mieter vor Wohnungsverlust dient der gesetzliche Mieterschutz. Der soziale Wohnungsbau ist umstritten, weil zahlreiche Sozialwohnungen fehlbelegt sind. (Vgl. Jenkins 1992).

3.2.2 Familienpolitik

Die Notwendigkeit der Familienpolitik ergibt sich zum einen aus zum Teil erheblichen Unterschieden in der wirtschaftlichen und sozialen Lebenslage von Familienmitgliedern, die sich durch die Zugehörigkeit zu Familien unterschiedlicher Größe und unterschiedlicher Einkommens- und Vermögenslage ergeben, und zum andern aus Beeinträchtigungen der Erfüllung von Funktionen der Familie, die als externe Effekte der Geburt, der Versorgung und der Erziehung von Kindern für die Gesellschaft von Bedeutung sind und in der erwünschten Qualität nur durch die Familien erbracht werden können (Sicherung nachwachsender Generationen, Bildung des Humankapitals der Gesellschaft). Die Familienpolitik verfolgt vor allem das Ziel, der Familie eine durch ihre wirtschaftliche Situation möglichst wenig beeinträchtigte Erfüllung ihrer Aufgaben gegenüber den Familienmitgliedern zu ermöglichen und den Grad der Vereinbarkeit von Familientätigkeit und

Erwerbstätigkeit zu erhöhen. Mittel dazu sind steuerliche Entlastungen, Kindergeldzahlungen, Erziehungsurlaub, Erziehungsgeld und die Anerkennung von drei Kindererziehungsjahren pro Kind in der gesetzlichen Rentenversicherung, die beitragsfreie Mitversicherung nicht erwerbstätiger Familienmitglieder in der Kranken- und in der Rentenversicherung, eine familienpolitisch akzentuierte Wohnungspolitik und Maßnahmen der Ausbildungsförderung. (Vgl. Kaufmann 1995).

3.3.3 Bildungspolitik

Die Bildungspolitik verfolgt das Ziel, allen Gesellschaftsmitgliedern, vor allem den Jugendlichen, unabhängig von ihrer sozialen Herkunft und von den elterlichen bzw. den eigenen Einkommens- und Vermögensverhältnissen eine ihren Begabungen und Neigungen entsprechende Bildung und Ausbildung zu ermöglichen. Bildung und Ausbildung sind eine Voraussetzung für die Entfaltung der Persönlichkeit, für die individuelle Sicherung der Existenz durch qualifizierte Arbeitsleistung und für ein erfülltes Leben. Die Bildungspolitik erschließt für die wirtschaftliche Entwicklung unverzichtbare Begabungsreserven. Grundlegend für die Bildungspolitik war die Einführung der allgemeinen Schulpflicht in den deutschen Ländern im 19. Jahrhundert. Der Phase quantitativer und qualitativer Entwicklung des allgemeinbildenden Schulwesens, insbesondere der sog. "Volks"-Schulen in der ersten Hälfte des 20. Jahrhunderts, folgte nach dem Zweiten Weltkrieg eine Phase starker Expansion der weiterführenden Schulen, der Fachhochschulen und der Universitäten. Die wichtigsten gesetzlichen Grundlagen der Bildungsförderungspolitik sind das Berufsbildungsgesetz von 1969 und das Bundesausbildungsförderungsgesetz von 1971. Hauptinstrumente sind die Kostenübernahme bzw. Kostenfreiheit für den Besuch von Bildungseinrichtungen und die Sicherung des Lebensunterhalts in der Bildungsphase. (Vgl. Schulin 1991, 301 ff.).

3.3.4 Vermögenspolitik

Die Bedeutung der Vermögensverteilung und der Vermögenspolitik beruht darauf, daß Vermögen Erträge abwirft und die persönliche wirtschaftliche Wohlfahrt, die wirtschaftliche und soziale Sicherheit, die Freiheitsspielräume und die Entfaltungsmöglichkeiten der Vermögensbesitzer erhöht. Für die Qualität eines auf dem Wettbewerbsprinzip beruhenden Wirtschaftssystems ist überdies die Vermeidung hoher Konzentration der Vermögensverteilung mitentscheidend. Der Grad der Vermögenskonzentration in der Bundesrepublik ist jedoch sehr hoch (vgl. Schöner 1989, 56).

Besondere Aktualität erhält die Vermögenspolitik durch die Wiedervereinigung. Abgesehen davon, daß die Bevölkerung der DDR durch die SED rigoros ausgebeutet wurde und kaum Chancen zur Vermögensbildung hatte, so daß die Vermögensunterschiede zwischen west- und ostdeutschen Haushalten besonders groß sind, läuft in den neuen Bundesländern ein Prozeß beschleunigter, massiv mit öffentlichen Mitteln geförderter Vermögensbildung ab, an dem ganz überwiegend einkommensstarke und vermögende Haushalte und Unternehmungen Westdeutschlands partizipieren. Daher droht sich zu wiederholen, was für die 50er und 60er Jahre in der Bundesrepublik gilt: „Wer hat, dem wird gegeben" (Föhl 1964, 40).

Ziele der Vermögenspolitik sind die Begünstigung einer Vermögensbildung breiter Schichten und eine Umverteilung des Vermögens im Sinne einer Verringerung des Konzentrationsgrades der Vermögensverteilung durch Förderung der Neuvermögensbildung, nicht durch Umverteilung des Vermögensbestandes. Mittel sind: Sparförderung durch Prämien, Förderung des Wohnungsbaus, Förderung einer Investivlohnpolitik, Ertrags- und Gewinnbeteiligung, Privatisierung öffentlicher Unternehmen und Investitionsförderung durch Abschreibungsvergünstigungen. (Vgl. Andersen 1976 und Schöner 1989).

3.3.5 Sozialhilfe

Sozialhilfe ist die im Sozialhilfegesetz geregelte, von den Bundesländern, vor allem aber von den Gemeinden und den Verbänden der freien Wohlfahrtspflege getragene Hilfe für Personen, die entweder nicht in der Lage sind, den Lebensunterhalt auf dem soziokulturellen Existenzminimumniveau aus eigenem Einkommen, aus Vermögen, aus Ansprüchen gegen die Sozialversicherung oder von dritter Seite zu beschaffen oder die nicht in der Lage sind, sich in besonderen Lebenslagen selbst zu helfen. Die Sozialhilfe soll *die* Lücken schließen, die die Sozialversicherung nicht abdeckt, und Hilfe in besonderen Lebenslagen geben, die ein Individuum oder eine Familie allein nicht bewältigen kann, wie z.B. eine Behinderung.

Die Sozialhilfe kennt zwei große Leistungsarten: „Laufende Hilfe zum Lebensunterhalt" in Form von Geldleistungen bis zur Höhe des soziokulturellen Existenzminimums (1992: 15,7 Mrd. DM Ausgaben und 2,05 Mio Hilfeempfänger) und „Hilfen in besonderen Lebenslagen" (z.B. Behinderung, Obdachlosigkeit, Suchtkrankheit) in Form von Beratung und Sach- sowie Geldleistungen (1992: 26,8 Mrd. DM Ausgaben und 1,6 Mio Hilfeempfänger, die zum Teil auch Unterhaltshilfe erhielten). Voraussetzung für die Gewährung von Hilfe ist *Bedürftigkeit*. Die Leistungen sollen „Hilfe zur Selbsthilfe" sein. (Vgl. Schulin 1991, 8. Kapitel).

1992 lag für 28 % der Empfänger laufender Hilfe zum Lebensunterhalt die Hauptursache für die Hilfsbedürftigkeit in Arbeitslosigkeit. Diese Personen hatten entweder keine Ansprüche mehr auf Leistungen der Arbeitslosenversicherung oder die Arbeitslosenunterstützung lag unter dem Existenzminimumniveau.

4. Bilanz der staatlichen Sozialpolitik

4.1 Erfolge

Die staatliche Sozialpolitik hat die Qualität der wirtschaftlich entwickelten Gesellschaften entscheidend verändert, weil sie wesentlich dazu beitrug, die Rechtsnormen des freiheitlichen und sozialen Rechtsstaates mit seinen Zielen persönliche Freiheit, soziale Gerechtigkeit und soziale Sicherheit aus der Welt der *geschriebenen* Verfassung in *tatsächlich nutzbare Rechte und Möglichkeiten* zu transformieren. Der monetäre Aufwand für die staatliche Sozialpolitik wird im Rahmen des *Sozialbudgets* erfaßt (vgl. dazu die folgende Tabelle). Es läßt die Struktur der Sozialleistungen und ihre Finanzierung erkennen.

Durch die Sozialpolitik sind folgende soziale und wirtschaftliche Erfolge erzielt worden (vgl. dazu die ausführliche Darstellung bei Lampert 1994, 415 ff.):
1. Die weitgehende Bewahrung der Gesellschaftsmitglieder vor Armut und Not mit Hilfe der Sozialversicherung und der Sozialhilfe;

2. eine weitgehende Verringerung rechtlicher, wirtschaftlicher und sozialer Ungleichheiten;
3. die Sicherung menschenwürdiger Lebenslagen breiter Schichten;
4. die Herstellung von mehr sozialer Gerechtigkeit;
5. der Schutz des Arbeitsvermögens und die Hebung des Bildungsniveaus der Bevölkerung mit Hilfe des Arbeitnehmerschutzes, der Förderung von Bildung und Umschulung und mit Hilfe von Vorsorgemaßnahmen der Kranken- und der Rentenversicherung.
6. die soziale Abfederung des unvermeidlichen wirtschaftlichen und sozialen Strukturwandels vor allem durch die Arbeitslosenversicherung und damit Förderung der sozialen Akzeptanz dieses Strukturwandels;
7. Förderung der Anpassungsflexibilität der Bevölkerung an den Strukturwandel insbesondere mit Hilfe der Förderung von beruflicher Umschulung und beruflicher Fortbildung;
8. die Vermeidung von Sozialkosten, z.B. der Kosten, die der Gesellschaft bei fehlendem Unfall- und Gefahrenschutz durch Arbeitsunfälle, Berufskrankheiten, Frühinvalidität und vorzeitige Berufsunfähigkeit entstehen würden;
9. die Stabilisierung von Konjunktur und Wachstum durch die Vermeidung hoher Einkommens- und damit auch Nachfrageausfälle im Falle der Arbeitslosigkeit, der Krankheit, des Unfalls und des Alters.

Tab. 1: Sozialbudget der Bundesrepublik Deutschland 1970 bis 1993 in Milliarden DM (ab 1990 einschl. der neuen Bundesländer)

	1970	1980	1990	1993
Sozialausgaben insgesamt	179,2	479,8	742,9	1063,1
darunter				
Rentenversicherung	52,2	142,6	229,2	310,4
Krankenversicherung	25,6	90,1	152,3	211,1
Unfallversicherung	4,2	10,0	13,6	18,5
Arbeitsförderung und Arbeitslosenversicherung	3,9	23,1	51,8	132,0
Beamtenpensionen	15,8	32,9	43,8	49,2
Lohnfortzahlung im Krankheitsfall	12,5	28,2	37,5	47,9
Kinder- und Erziehungsgeld	2,9	17,6	19,2	28,6
Kriegsopferversorgung	7,5	13,5	13,0	15,0
Wohngeld	0,6	2,0	3,9	7,0
Jugendhilfe	2,1	8,9	14,2	24,5
Sozialhilfe	3,5	15,0	33,8	52,2
Finanzierung nach Quellen in Prozent				
Unternehmen	31,3	31,9	32,3	30,2
Bund/Länder/Gemeinden	44,6	41,2	37,0	39,0
Privathaushalte	23,2	25,9	29,7	29,8
Sozialversicherung	0,3	0,3	0,3	0,3
Private Organisationen	0,7	0,7	0,7	0,6

4.2 Fehlentwicklungen

Als die wichtigsten Fehlentwicklungen sind stichwortartig festzuhalten:
1. die Dominanz des Kausalprinzips gegenüber dem Finalprinzip, die zur unterschiedlichen Behandlung gleicher sozialer Sachverhalte führt. Z.B. sind die Hinterbliebenenleistungen unter gleichen Bedingungen unterschiedlich hoch, je nachdem, ob sie aufgrund eines tödlichen Unfalls von der Unfallversicherung oder aufgrund des Todes eines Altersrentners von der Rentenversicherung erbracht werden;
2. die administrative Vielfalt des Sicherungssystems und seine Unübersichtlichkeit für die Anspruchsberechtigten;
3. die Anwendung suboptimaler Sicherungsprinzipien, die zu einer Überlastung der kleinen Unternehmungen führt. Z.B. wird die Lohnfortzahlung im Krankheitsfall nicht mehr wie früher durch die Krankenversicherung erbracht, sondern durch die Unternehmungen. Dadurch werden kleine und mittlere Unternehmen relativ stärker belastet als große;
4. staatliches Fehlverhalten, zu dem die Mißachtung des Prinzips sozialer Selbstverwaltung durch den Staat und die Finanzierung gesamtgesellschaftlicher Aufgaben (z.B. des Aufbaues in den neuen Bundesländern) mit Hilfe von Sozialversicherungsbeiträgen gehören. Vor allem nach dem zweiten Weltkrieg wurden den Sozialversicherungen zahlreiche versicherungsfremde Lasten aufgebürdet, die nur partiell durch Staatszuschüsse erstattet wurden, wie z.B. die Zahlung des Mutterschaftsgeldes oder die auf der Anerkennung von Kindererziehungsjahren beruhenden Rentenleistungen. Unter Mißachtung des Prinzips der Selbstverwaltung sozialer Angelegenheiten hat der Bund auch häufig die Beitragssätze in einem Versicherungszweig angehoben oder gesenkt, um sie in einem anderen senken oder erhöhen zu können, wenn es ihm opportun erschien. Ähnlich wie mit den Sozialversicherungspflichtigen geht der Zentralstaat mit den Ländern und den Gemeinden um, wenn er den Ländern, Kreisen und Gemeinden die Sozialhilfeleistungen für nicht mehr vermittelbare Langzeitarbeitslose und für Asylanten überträgt, ohne sich angemessen an der Finanzierung dieser Aufgaben zu beteiligen, obwohl es sich um Aufgaben handelt, für deren Lösung die Verantwortung primär beim Bund liegt;
5. eine Vernachlässigung stark benachteiligter Gruppen, z.B. kinderreicher Familien, kindererziehender Mütter und psychisch Kranker zugunsten der auf hohem Niveau abgesicherten „Normal"-Bürger. Ein besonders gravierendes Problem ist der unzureichende soziale Schutz der Mütter gegen das Risiko des Alters. Die Mütter leisten - oft unter Verzicht auf Erwerbstätigkeit - einen wesentlichen Beitrag zur gesellschaftlichen Reproduktion und damit zur Sicherung der wirtschaftlichen und sozialen Leistungsfähigkeit der Gesellschaft, sind aber im Alter weniger gesichert als Frauen, die keine Kinder erzogen und versorgten und durchgängig erwerbstätig waren.
6. das Fortbestehen von Sicherungslücken, z.B. gegen das Risiko der Frühinvalidität während der Wartezeit in de Rentenversicherung oder gegen die Arbeitslosigkeit von Müttern nach der Familienpause.

4.3 Grenzen des Sozialstaats

Sozialstaatliche Grenzen werden erreicht oder überschritten, wenn die Leistungsfähigkeit der Volkswirtschaft, insbesondere international durch Überlastungen mit Steuern und Sozialabgaben beeinträchtigt wird und/oder wenn gesellschafts- und wirtschaftspolitische Grundziele, z.B. die Selbstverantwortung, durch ein Übermaß staatlicher Vorsorge, gefährdet wird. Indikatoren wür die Erreichung oder Überschreitung sozialstaatlicher

Grenzen sind das Ausmaß an Schwarzarbeit, an Steuer- und Abgabenvermeidung und -hinterziehung, an Kapitalexport und Kapitalflucht und nicht zuletzt die Belastungsquote der Unternehmen und der Privathaushalte sowie die Sozialleistungsquote, d.h. der Anteil der Sozialleistungen am Bruttosozialprodukt.

In der Bundesrepublik kletterte die *Sozialleistungsquote* Quote von 17,1 % 1950 auf 22,8 % 1960, auf 26,7 % 1970 und auf 32,0 % 1980. Bis 1990 verharrte sie in etwa auf diesem Niveau. Sie betrug 1990 29,4 %, stieg aber nach der Wiedervereinigung bis 1993 auf 33,7 % an. Die *Staatsquote* als Anteil der Ausgaben von Bund, Ländern und Gemeinden unter Einschluß der Sozialleistungen am Bruttosozialprodukt stieg von 34,2 % 1960 auf 39,1 % 1970 und 48,6 % 1980. Sie hielt sich bis 1990 auf etwa diesem Niveau, 1990 betrug sie 46,0. Bis 1994 stieg sie auf 50,5 %. Bei der Beurteilung dieser Staatsquote ist allerdings zu bedenken, daß die Sozialleistungen zu großen Teilen aus Beiträgen finanziert werden *und insoweit keine staatlichen Leistungen darstellen*. Diese Ausgaben setzen entsprechende Staatseinnahmen, d.h. Steuer- und Abgabenbelastungen, voraus. Daher drängt sich die Frage nach den Grenzen sozialstaatlicher Expansion zwangsläufig auf.

4.4 Reform des Sozialstaates

Nach überwiegender Meinung ist in der Bundesrepublik eine umfassende Reform des Sozialstaates unvermeidlich. Dabei geht es darum, die folgenden Ziele anzustreben.
– Die *Erhöhung der Wettbewerbsfähigkeit der deutschen Unternehmungen auf den Weltmärkten*. Diese Erhöhung der Wettbewerbsfähigkeit ist aufgrund der hohen Exportabhängigkeit der deutschen Volkswirtschaft besonders wichtig. In der jüngsten Vergangenheit ist diese Wettbewerbsfähigkeit im Zuge der Entwicklung anderer, vor allem der asiatischen, Volkswirtschaften und durch den Zusammenbruch der sozialistischen Volkswirtschaften Osteuropas schwächer geworden. Wenngleich die Kosten der Wertschöpfung nicht der ausschlaggebende Wettbewerbsfaktor sind, sondern auch die Innovationsfähigkeit, die Produktivität sowie die Produkt- und die Managementqualitäten bedeutende Einflußgrößen sind, so ist es doch geboten, das Wachstum der Arbeitskosten in Deutschland relativ zu dem in anderen Volkswirtschaften zu verlangsamen.
– Der *Abbau von Überversorgungen und Ressourcenverschwendung einerseits und von Defiziten im sozialen Bereich andererseits*. Im deutschen Sicherungssystem gibt es sozial nicht gerechtfertigte Überversorgungen. Z.B. gibt es Altersrentner, die neben einer eigenen Altersrente noch eine Hinterbliebenenrente und/oder eine eigene Betriebsrente und/oder eine betriebliche Hinterbliebenenrente beziehen. Andererseits fehlt eine befriedigende soziale Sicherung der Frauen, insbesondere der Mütter. Erhebliche Ressourcenvergeudungen stellen Gesundheitsökonomen für große Teile des Krankenhauswesens fest.
– Die *Anpassung des Sozialstaats* an den steigenden Altersquotienten, der zunehmenden Erwerbstätigkeit der Frauen und das veränderte Geburtenverhalten. Wie oben dargestellt, erschwert der durch die Verlängerung der Lebensdauer und durch den Rückgang der Geburtenziffern steigende Altersquotient die Finanzierung des Systems sozialer Sicherung. Daher muß nach Möglichkeiten der langfristigen Stabilisierung des Sicherungssystems gesucht werden (vgl. dazu 3.1.2.3.). Auch die zunehmende Erwerbstätigkeit der Frauen macht Reformen notwendig, weil z.B. einerseits immer mehr Frauen eigene Rentenansprüche erwerben, also im Alter nicht mehr auf Hinterbliebenenrenten angewiesen sind, und andererseits die beitragsfreie Hinterbliebenen-

rente für nicht erwerbstätige und keine Kinder versorgenden Frauen zu einem systemfremden Element wird.
- Die *Vermeidung einer Verletzung von Grundwerten unserer Gesellschaft.* Grundwerte, die durch eine Expansion der Sozialleistungen in der einschlägigen Literatur am häufigsten als gefährdet betrachtet werden, sind die persönliche Freiheit und die Selbstverantwortung. Eine Einschränkung der persönlichen Freiheit wird nicht nur mit dem Hinweis auf den Versicherungszwang, sondern auch damit begründet, daß der für den Sozialstaat charakteristische Versuch, mehr soziale Sicherheit und soziale Gerechtigkeit *durch Umverteilung* zu erreichen, aufgrund der dazu notwendigen Abgabenbelastungen die materiale Freiheit der Bürger einenge. Richtig an dieser Argumentation ist, daß der materiale Freiheitsspielraum der durch den Sozialstaat netto Belasteten eingeengt wird. Aber dieser Beschränkung steht eine Vergrößerung der materialen Freiheit bei den Begünstigten gegenüber, die bei einer in der Ausgangslage deutlichen Ungleichverteilung das gesellschaftliche Potential an Freiheit erhöht. Einkommensumverteilungen können daher, wenn sie mit Augenmaß vorgenommen werden, zu einer gleichmäßigeren Verteilung der individuellen Freiheitsspielräume in der Gesellschaft führen."Mit Augenmaß" soll erstens heißen, daß nach der Umverteilung die Unterschiede in den verfügbaren Einkommen und im privaten Vermögen noch die Unterschiede in den Leistungen der Individuen für die Gesellschaft widerspiegeln und zweitens, daß die Belastungen nicht zu einer Beeinträchtigung der Leistungsbereitschaft der Wirtschaftssubjekte und der Leistungsfähigkeit der Volkswirtschaft führen. Allerdings ist hinzuzufügen, daß sich über die Wahrscheinlichkeit oder die Tatsache einer Bedrohung der Freiheit als Grundwert in einer konkreten Gesellschaft nicht abstrakt, sondern nur anhand der Empirie einigermaßen zuverlässig urteilen läßt.

Das Ausmaß der in einer Gesellschaft herrschenden Abgabenbelastung und das Ausmaß der Umverteilung können einen weiteren Grundwert gefährden: die Solidarität. Sie wird von den Mitgliedern einer Solidargemeinschaft auf Dauer nur geübt werden, wenn diese Solidarität von anderen nicht dadurch überbeansprucht wird, daß diese sich weniger selbstverantwortlich verhalten als sie es könnten, oder daß sie sich als Nutzenmaximierer verhalten. Die Gefährdung der Solidarität ist aber nicht nur eine Frage individueller Belastungsquoten, sondern auch abhängig von den Einstellungen und Werthaltungen, die wiederum durch Erziehung und Aufklärung beeinflußt werden können.

Konflikte können im Sozialstaat nicht nur zwischen den Zielen Freiheit und Gerechtigkeit sowie zwischen Freiheitsbeschränkungen durch Abgabeverpflichtungen und Solidarität auftreten, sondern auch zwischen der Gerechtigkeit und der Selbstverantwortung. Denn je stärker und je mehr Bürger durch Steuern und Sozialabgaben belastet werden, um so mehr werden auch die Möglichkeiten dieser Bürger eingeschränkt, im Sinne der Selbstverantwortung ganz oder teilweise gegen existenzbedrohende Risiken vorzusorgen. Und je stärker Bürger durch Sozialtransfers begünstigt werden, umso geringer werden der Anreiz und die Verpflichtung zu selbstverantwortlicher Vorsorge. Allerdings setzt das Prinzip der Selbstverantwortung zweierlei voraus: erstens müssen diejenigen, die selbstverantwortlich handeln sollen, über bestimmte intellektuelle und sozialethische Voraussetzungen verfügen, d.h. sie müssen die Notwendigkeit zu selbstverantwortlicher Entscheidung und zu selbstverantwortlichem Handeln einsehen, die Möglichkeiten zu einem solchen Handeln erkennen und diese Möglichkeiten beurteilen können; zweitens müssen diese Personen über die materiellen Mittel zu selbstverantwortlicher Existenzsicherung verfügen.

Die aktuelle Sozialstaatsdiskussion leidet darunter, daß die Bedeutung der Sozialstaatskrise überzeichnet wird und die Ursachen der Krise unzureichend erfaßt bzw. gewichtet werden (vgl. dazu Bäcker 1995, Rosenberg 1995 und Lampert 1995a und 1995b).

In die *Überprüfung der Reformbedürftigkeit* müssen alle sozialpolitischen Bereiche einbezogen werden. Dabei geht es vor allem darum
- eine möglichst wirtschaftssystemkonforme Sozialpolitik und umgekehrt eine möglichst sozialverträgliche Wirtschaftspolitik zu verwirklichen (vgl. dazu Kleinhenz 1992 und Lampert 1994, 437 ff.),
- die Effizienz der sozialpolitischen Maßnahmen zu erhöhen, insbesondere Anreize und Möglichkeiten zum Mißbrauch von Sozialleistungen zu verringern,
- die Finanzierbarkeit des Systems der sozialen Sicherung trotz der Überalterung der Bevölkerung zu sichern.
- Die Akzeptanz einer Sozialstaatsreform wird auch davon abhängen, daß nicht nur die Prinzipien ordnungskonformer Sozialpolitik beachtet werden (vgl. dazu Lampert 1994, 438 f.), sondern auch
- das Prinzip der Ausgewogenheit in bezug auf die Verteilung der Entlastungen und der Belastungen nach sozialen Gruppen,
- das Prinzip der Differenziertheit, d.h. die Vermeidung der „Rasenmäher"methode bei Kürzungen und die Orientierung der Reformmaßnahmen an den überprüften Lebenslagen verschiedener sozialer Gruppen und schließlich
- das Ziel der Erhaltung der sozialstaatlichen Kernsubstanz der Bundesrepublik.

Literatur

Andersen, U. 1976: Einführung in die Vermögenspolitik, München.

Bäcker, G. 1955: Der Sozialstaat - ein Auslaufmodell? In: WSI-Mitteilungen 1995, 345 ff.

Bundesministerium für Arbeit und Sozialordnung (Hrsg.) 1994: Übersicht über das Sozialrecht, 3. Auflage, Bonn.

Bundesministerium für Arbeit und Sozialordnung (Hrsg.) 1994: Übersicht über das Arbeitsrecht, 5. Auflage, Bonn.

Dütz, W. 1994: Arbeitsrecht, 2. Auflage, München.

Föhl, C. 1964: Kreislaufanalytische Untersuchung der Vermögensbildung in der Bundesrepublik und der Beeinflußbarkeit ihrer Verteilung, Tübingen.

Frerich, J.; Frey M. 1993: Handbuch der Geschichte der Sozialpolitik in Deutschland, 3 Bände München/Wien.

Hax, K. 1975: Sozialpolitik, betriebliche, in: Gaugler E. (Hrsg.) Handwörterbuch des Personalwesens, Stuttgart, Spalte 1839 ff.

Jenkis, H. W. 1991: Kompendium der Wohnungswirtschaft, München.

Kaufmann, F. X. 1995: Zukunft der Familie im vereinten Deutschland. Gesellschaftliche und politische Bedingungen, München.

Kleinhenz, G. 1992: Die Zukunft des Sozialstaats. Spielräume für so zialen Fortschritt unter veränderten Rahmenbedingungen, in: Hamburger Jahrbuch für Wirtschafts- und Gesellschaftspolitik, 43 ff.

Lampert, H. 1994: Lehrbuch der Sozialpolitik, 3. Auflage, Berlin u.a.

Lampert, H. 1995a: Voraussetzungen einer Sozialstaatsreform - kritische Anmerkungen zur aktuellen Diskussion über den Umbau des Sozialstaats, in: Jahrbücher für Nationalökonomie und Statistik 1995, 513 ff.

Lampert, H. 1995b: Die Sozialstaatskritik auf dem Prüfstand, in: Wirtschaftsdienst 1995, 504 ff.

Molitor, B. 1987: Soziale Sicherung, München.

Rosenberg, P. 1995: Enge Rahmenbedingungen für die Entwicklung des Sozialstaates, in: WSI-Mitteilungen 1995, 358 ff.

Schöner, M. A. 1989: Überbetriebliche Vermögensbeteiligung, Heidelberg.

Schulin, B. 1993: Sozialrecht. Ein Studienbuch. 5. Auflage, Düsseldorf.

Stern, K. 1987: Sozialstaat, in: Evangelisches Staatslexikon, 3. Auflage, Spalte 3269 ff.

Zacher, H. F. 1977: Sozialstaatsprinzip, in: Handwörterbuch der Wirtschaftswissenschaft, Band 7, 152 ff.

Zacher, H. F. 1989: Vierzig Jahre Sozialstaat - Schwerpunkte der rechtlichen Ordnung, in: Blüm N., Zacher H. F. (Hrsg.), 40 Jahre Sozialsstaat Bundesrepublik Deutschland, Baden-Baden, 19 ff.

Sozialversicherung

Heinz Lampert

1. Definition und Notwendigkeit der Sozialversicherung

Unter Sozialversicherung versteht man Einrichtungen, mit deren Hilfe die staatliche Sozialpolitik das Ziel verfolgt, bestimmte soziale Gruppen gegen Risiken zu schützen, die erstens mit dem vorübergehenden oder dauernden Verlust von Arbeitseinkommen und mit unplanmäßigen Ausgaben im Falle des Eintritts von Krankheit, Mutterschaft, Unfall, Alter, Arbeitslosigkeit, Pflegebedürftigkeit und Tod des Ernährers verbunden sind und gegen die zweitens ohne Sozialversicherung kein oder kein ausreichender Schutz bestünde.

Eine staatlich organisierte Risikovorsorge ist notwendig, wenn
a) gegen die angeführten Risiken eine eigene Vorsorge durch Zwecksparen ausgeschlossen ist (z.b. wegen des hohen Mittelbedarfs bei Dauerbehinderung oder vorzeitiger Erwerbsunfähigkeit) und/oder wenn
b) eine private Versicherung mit ausreichendem Schutz nicht angeboten wird (wie z.b. gegen das Risiko der Arbeitslosigkeit) und/oder wenn
c) bei bestehender Möglichkeit privater Versicherung die Schutzbedürftigen die Versicherungsprämien nicht aufbringen können, weil sie zu hoch sind (z.b. die Krankenversicherungsbeiträge einer Mehrkinderfamilie mit nicht erwerbstätiger Mutter) und/ oder wenn
d) bei den betroffenen Personen entweder die Einsicht in die Notwendigkeit rechtzeitiger und ausreichender Risikovorsorge oder die Bereitschaft zu einer solchen Vorsorge fehlt (wie z.b. bei jüngeren Menschen in bezug auf die Altersvorsorge).

In den meisten Industriegesellschaften wurden Sicherungssysteme aufgebaut, die eine Unfall-, Kranken-, Alters- und Hinterbliebenen-, Berufsunfähigkeits- und Erwerbsunfähigkeits- sowie eine Arbeitslosen- und eine Pflegeversicherung aufweisen. Diese Versicherungen werden durch ein nach dem Fürsorgeprinzip arbeitendes Sozialhilfesystem für Gruppen ergänzt, die keine oder keine ausreichenden, auf Erwerbsarbeit begründete Ansprüche gegen die Sozialversicherung haben (vgl. dazu Lampert, Sozialpolitik, in diesem Band).

In Deutschland wurden gegründet:
1883 die gesetzliche Kranken-, 1884 die gesetzliche Unfall- und 1889 die gesetzliche Invaliditäts- und Altersversicherung, 1911 die Rentenversicherung der Angestellten, 1927 die Arbeitslosenversicherung, 1938 die Handwerkerversicherung, 1957 die Altershilfe für die Landwirte und 1994 die Pflegeversicherung.

2. Die gesetzliche Krankenversicherung (GKV)

2.1 Kreis der Versicherten

In der GKV sind vor allem versicherungspflichtig:
1. Arbeitnehmer, deren regelmäßiges Arbeitsentgelt 75 % der Beitragsbemessungsgrenze in der Rentenversicherung nicht übersteigt (diese Versicherungspflichtgrenze betrug 1995 in Westdeutschland mtl. 5.850 DM, in Ostdeutschland 4.800 DM);
2. zu ihrer Berufsausbildung gegen Entgelt Beschäftigte;
3. Rentner, wenn sie bestimmte Versicherungszeiten in der Rentenversicherung als Arbeitnehmer zurückgelegt haben;
4. Studenten bis zum Abschluß des 14. Fachsemesters, längstens jedoch bis zum vollendeten 30. Lebensjahr;
5. land- und forstwirtschaftliche Unternehmer und ihre mitarbeitenden Familienangehörigen;
6. Künstler und Publizisten;
7. Arbeitslose.

1995 waren unter Einbeziehung der beitragsfrei mitversicherten, nicht erwerbstätigen Familienmitglieder 73 Millionen Menschen, d.h. rund 90 % der Bevölkerung, bei der GKV versichert.

2.2 Aufgaben und Leistungen

Aufgaben und Leistungen der GKV, die den Versicherten und überwiegend auch ihren Familienangehörigen gewährt werden, umfassen:
a) Leistungen zur *Förderung der Gesundheit* in Form von Aufklärung und Beratung;
b) *Krankheitsverhütung* durch gruppenprophylaktische Verhütung von Zahnkrankheiten mit Hilfe geeigneter Maßnahmen in Kindergärten und Schulen, durch individualprophylaktische Verhütung von Zahnkrankheiten sowie durch ärztliche Behandlung und Versorgung mit Arznei-, Verband-, Heil- und Hilfsmitteln;
c) *Früherkennung von Krankheiten* durch Vorsorgeuntersuchungen;
d) Leistungen zur *Behandlung von Krankheiten*, und zwar in Form unentgeltlicher Behandlung durch die zur Behandlung von GKV-Patienten zugelassenen Ärzte, in Form weitgehend unentgeltlicher zahnärztlicher Behandlung und in Form überwiegend unentgeltlicher Versorgung mit Arznei-, Verband-, Hilfs- und Heilmitteln. Die Versicherten haben *begrenzte* Selbstbeteiligungen zu tragen, von denen zudem in sozialen Härtefällen Befreiungen möglich sind. Eine besondere Rolle kommt der nahezu unentgeltlichen ärztlichen und medikamentösen Versorgung im Krankenhaus zu. Für den Krankenhausaufenthalt hat der Versicherte für längstens 14 Tage innerhalb eines Kalenderjahres pro Tag in Westdeutschland 12 DM und in Ostdeutschland 9 DM Selbstbeteiligung zu entrichten;
e) *Einkommenshilfen* in Form von Krankengeld. Da der Arbeitgeber verpflichtet ist, bei einer nicht vom Arbeitnehmer verschuldeten krankheitsbedingten Arbeitsunfähigkeit und bei bewilligten Kuren das Bruttoarbeitsentgelt bis zur Dauer von 6 Wochen weiter zu zahlen (Lohnfortzahlung im Krankheitsfall), wird Krankengeld von der 7. Woche einer Krankheit an fällig. Es beträgt 80 % des regelmäßigen Entgeltes bis zur Beitragsbemessungsgrenze und wird wegen derselben Krankheit für höchstens 78 Wochen innerhalb von 3 Jahren gezahlt. Anspruch auf Krankengeld besteht auch für 10 Arbeitstage pro Jahr und pro Kind für jeden Ehegatten und für 20 Tage für Al-

leinerziehende, wenn nach ärztlichem Zeugnis der Versicherte sein erkranktes Kind beaufsichtigen, betreuen oder pflegen muß und das Kind unter 12 Jahre alt ist.
f) *Mutterschaftshilfe* und *Mutterschaftsgeld.* Die Mutterschaftshilfe für versicherte und mitversicherte Frauen umfaßt volle ärztliche Betreuung und Beratung der werdenden und stillenden Mutter, ärztliche Hilfe bei der Entbindung, Behandlung im Krankenhaus, Arzneimittelversorgung und gegebenenfalls häusliche Pflege und Haushaltshilfe. Versicherte Frauen, die sechs Wochen vor bis acht Wochen nach der Geburt in einem Arbeitsverhältnis stehen, erhalten Mutterschaftsgeld für die Zeit sechs Wochen vor und acht Wochen nach der Geburt in Höhe des um die gesetzlichen Abzüge geminderten Arbeitsentgelts bis zu maximal 750 DM mtl. Übersteigt das Arbeitsentgelt diesen Betrag, so wird dieser Differenzbetrag vom Arbeitgeber gezahlt. Versicherte ohne Anspruch auf Mutterschaftsgeld (mitversicherte Frauen) erhalten ein (einmaliges) Entbindungsgeld von 150 DM.

2.3 Organisation und Finanzierung

Träger der GKV sind rund 1.100 gesetzliche Krankenkassen. Die Kassen sind finanziell und organisatorisch selbständig und für den Ausgleich von Einnahmen und Ausgaben selbst verantwortlich. Zur Wahrnehmung überregionaler und gemeinsamer Interessen gibt es Zusammenschlüsse der Kassen zu Verbänden auf Landes- und Bundesebene.

Ein bedeutendes organisatorisches Element des Krankenversicherungssystems sind die kassenärztlichen Vereinigungen. In ihnen sind die zur Kassenpraxis zugelassenen Ärzte zusammengeschlossen. Die Krankenkassenverbände schließen mit den kassenärztlichen Vereinigungen Verträge ab, in denen sich die kassenärztlichen Vereinigungen verpflichten, eine gleichmäßige, ausreichende, zweckmäßige Versorgung der Kassenmitglieder sicherzustellen. Als Gegenleistung zahlen die Krankenkassen den kassenärztlichen Vereinigungen sogenannte Gesamtvergütungen, die die kassenärztlichen Vereinigungen auf die Kassenärzte nach einem Schlüssel aufteilen, der mit den Verbänden der Krankenkassen vereinbart ist.

Die GKV finanziert sich im wesentlichen
a) aus Beiträgen für Arbeitnehmer, die je zur Hälfte von Arbeitnehmern und Arbeitgebern aufgebracht werden müssen; Obergrenze für die Beitragsleistung eines Versicherten ist die Beitragsbemessungsgrenze, die sich auf 75 % der jeweils geltenden Beitragsbemessungsgrundlage der Rentenversicherung beläuft;
b) aus Beiträgen der Rentner und der Rentenversicherung, der Studenten und sonstiger Versicherungsberechtigter;
c) aus Mitteln der Bundesanstalt für Arbeit, die die Bezieher von Arbeitslosengeld, Arbeitslosenhilfe, Unterhaltsgeld und Eingliederungsgeld gegen Krankheit weiterversichert.

Die Beitragssätze sind im Gesetz nicht fixiert. Sie sind so zu bemessen, daß sie einschließlich der anderen Einnahmen ausreichen, um die zulässigen Ausgaben der Kassen abzudecken. 1995 lagen die nach Kassen unterschiedlichen Beitragssätze im Durchschnitt bei 13 % des beitragspflichtigen Einkommens.

2.4 Ausgabenexplosion als zentrales Problem

Die GKV gilt seit mehr als 30 Jahren als reformbedürftig. Von 1965 bis 1994 stiegen die Leistungsausgaben der GKV in den alten Bundesländern von 14,9 Milliarden DM. auf 177,6 Milliarden DM. Dazu kommen noch 38,8 Milliarden DM Leistungsausgaben in den neuen Bundesländern. Diese Ausgabenentwicklung konnte nur mit Hilfe steigender Beitragssätze in Verbindung mit steigenden Beitragsbemessungsgrenzen finanziert werden. Die auf Dauer nicht mehr tragbare Ausgabenexpansion geht auf zahlreiche Ursachen zurück. Zu nennen ist zunächst einmal der Anstieg der Löhne und Gehälter der im Gesundheitswesen Beschäftigten, der Anstieg der Preise für Arzneimittel, Hilfsmittel und Zahnersatz und der Preise für Vorleistungen, die in den Gesundheitssektor fließen. Aber auch die reale Expansion des Gesundheitssektors ist beachtlich. In den letzten 30 Jahren hat sich die Zahl der Ärzte je 10.000 Einwohner verdoppelt, die des Pflegepersonals je 10.000 Einwohner hat sich mehr als vervierfacht. Als weitere Determinanten der Ausgabenentwicklung sind zu nennen: die steigende Zahl älterer Menschen; verbesserte Methoden der Diagnose und damit Verbesserungen der Möglichkeiten der Krankheitserkennung; das Vordringen der Prophylaxe; die Entwicklung zahlreicher neuer wirksamer Arzneimittel; enorme Fortschritte in der medizinischen Apparatetechnik; die auf eine hohe diagnostische und therapeutische Leistungsfähigkeit der Krankenhäuser sowie auf die Reduzierung der häuslichen Pflegefähigkeit zurückgehende verstärkte Inanspruchnahme von Krankenhausleistungen; ein erhöhtes Gesundheitsbewußtsein, das zu verstärkter Inanspruchnahme des Gesundheitssystems führt.

Hauptursache für die Ausgabenexplosion im Gesundheitswesen, die in zahlreichen entwickelten Volkswirtschaften beobachtet wird, war bzw. ist jedoch nach Meinung vieler Gesundheitsökonomen das Fehlen wirksamer Steuerungsmechanismen für Nachfrage und Angebot (vgl. dazu Lampert 1994, 241 ff.).

3. Die gesetzliche Unfallversicherung (UV)

3.1 Kreis der Versicherten

In der UV sind zahlreiche Personengruppen versichert, zu denen vor allem gehören:
a) alle aufgrund eines Arbeits-, Dienst- oder Lehrverhältnisses Beschäftigten ohne Rücksicht auf die Höhe ihres Arbeitseinkommens;
b) Heimarbeiter;
c) Arbeitslose;
d) Hausgewerbetreibende, Schausteller, Artisten und landwirtschaftliche Unternehmer;
e) Kinder während des Besuchs von Kindergärten, Schüler, Auszubildende und Studenten;
f) Personen, die im Interesse des Gemeinwohls tätig werden wie Zivilschutztätige, Lebensretter, Blutspender, für Bund, Länder oder Gemeinden ehrenamtlich Tätige und Personen, die sich bei der Verfolgung oder Festnahme einer einer strafbaren Handlung verdächtigen Person oder zum Schutz eines widerrechtlich Angegriffenen einsetzen.

1993 waren in der gesetzlichen UV 63,3 Millionen Personen versichert, davon 15,8 Millionen Kinder, Schüler und Studenten.

3.2 Aufgaben und Leistungen

Aufgaben der UV sind:
1. die *Verhütung* von Arbeitsunfällen und Berufskrankheiten;
2. die *Sicherstellung erster Hilfe* bei Arbeitsunfällen;
3. die *Wiederherstellung* der Erwerbsfähigkeit eines Verletzten und die Förderung seiner Wiedereingliederung in das Berufsleben;
4. die *Entschädigung* des Verletzten oder seiner Hinterbliebenen durch Geldleistungen.

Die Rangordnung der Aufgaben lautet: Prophylaxe - Rehabilitation - Schadenersatz.

Abgesehen von den Maßnahmen zur Verhütung von Arbeitsunfällen und von der Sicherstellung erster Hilfe erbringt die UV folgende Leistungen:
1. Leistungen zur *Wiederherstellung der Erwerbsfähigkeit* (Rehabilitation), insbesondere Heilbehandlung. Die Heilbehandlung umfaßt ärztliche Behandlung, Versorgung mit Arzneien und Verbandsmitteln sowie mit anderen Heilmitteln einschließlich Krankengymnastik, Bewegungstherapie, Sprachtherapie und Beschäftigungstherapie, Ausstattung mit Körperersatzstücken, mit orthopädischen und anderen Hilfsmitteln und die Arbeitstherapie;
2. Leistungen im Rahmen der *Berufshilfe*, d. h. berufsfördernde Maßnahmen zur Rehabilitation, insbesondere Übernahme der Kosten für berufliche Anpassung, Fortbildung, Ausbildung und Umschulung;
3. *Entschädigungsleistungen* an Verletzte, die vor allem in der Zahlung der sog. Verletztenrente bestehen. Eine solche Rente wird gezahlt, wenn die Erwerbsfähigkeit um mindestens 20 % über die 13. Woche nach dem Unfall hinaus gemindert ist. Bei eingeschränkter Erwerbsfähigkeit beläuft sich die Rente auf *den* Teil der Vollrente, der dem Grad der Erwerbsminderung entspricht. Die Renten sind dynamisiert, d. h. sie werden durch Verordnung an die Lohn- und Gehaltsentwicklung angepaßt.
4. Leistungen an *Hinterbliebene* in Form von Hinterbliebenenrenten an den Ehegatten, den früheren Ehegatten, die Kinder oder Verwandte der aufsteigenden Linie.

Der Versicherungsschutz erstreckt sich nicht nur auf Unfälle im Betrieb, sondern auch auf Unfälle auf dem sogenannten Betriebsweg (Wege zwischen Betriebswerkstätten und Weg zwischen Wohnung und Arbeitsstätte sowie der erste Weg zur Bank bei bargeldloser Lohn- oder Gehaltszahlung). Berufskrankheiten werden wie Arbeitsunfälle behandelt.

Ein Anspruch auf Leistungen im Rahmen der UV besteht dann nicht, wenn ein Unfall absichtlich, vorsätzlich oder bei einer strafbaren Handlung herbeigeführt wurde.

3.3 Organisation und Finanzierung

Träger der UV sind 35 gewerbliche Berufsgenossenschaften, 21 landwirtschaftliche Berufsgenossenschaften und 55 Unfallversicherungsträger der öffentlichen Hand (insbesondere des Bundes, der Länder und der Gemeinden) sowie die See-Unfallversicherung. Die Finanzierung der UV erfolgt ausschließlich durch Beiträge der Unternehmer, da die Gefährdung durch Unfälle und Berufskrankheiten von den Unternehmungen ausgeht. Sie sind so zu bemessen, daß sie den Geschäftsaufwand des letzten Jahres decken.

4. Die gesetzliche Rentenversicherung der Arbeiter und der Angestellten (RV)

4.1 Kreis der Versicherten

Versicherungspflichtig sind Arbeitnehmer - ausgenommen Beamte -, wenn sie gegen Entgelt nicht nur geringfügig oder wenn sie als Lehrlinge beschäftigt werden. Die Höhe des Entgeltes spielt für die Versicherungspflicht der Arbeitnehmer keine Rolle.

Versicherungspflichtig sind ferner als selbständig Erwerbstätige Hausgewerbetreibende, Küstenschiffer, Lehrer, Erzieher, Musiker, Künstler, Kinder-, Säuglings-, Entbindungs- und Krankenpfleger sowie Handwerker. Als pflichtversichert gelten auch nicht erwerbstätige Mütter für die 36 Kalendermonate, die der Geburt eines Kindes folgen, das nach dem 1. Januar 1992 geboren ist (Kindererziehungsjahre). Pflichtversichert sind auch die Bezieher von Lohnersatzleistungen (Empfänger von Kranken-, Verletzten-, Versorgungs-, Übergangs-, Unterhalts- und Arbeitslosengeld sowie von Arbeitslosenhilfe) sowie Wehr- und Zivildienstleistende.

Freiwillig versichern können sich alle nicht versicherungspflichtigen Personen, die in der Bundesrepublik Deutschland ihren Wohnsitz haben, und im Ausland lebende deutsche Staatsangehörige.

4.2 Aufgaben und Leistungen

Die RVen haben die im folgenden dargestellten Aufgaben.
1. Die *Erhaltung, Besserung und Wiederherstellung der Erwerbsfähigkeit* der Versicherten im Falle vorzeitiger Verringerung oder vorzeitigen Verlustes der Berufs- und der Erwerbsfähigkeit (berufliche Rehabilitation). Während einer Rehabilitation wird als Einkommensersatz je nach Art der Rehabilitation und Familienstatus ein Übergangsgeld in Höhe von 60 bis 80 % des Arbeitsentgelts gezahlt. Die Rehabilitationsleistungen der Rentenversicherungen umfassen medizinische und berufsfördernde Rehabilitationsleistungen.
2. Die *Ersetzung ausgefallenen Arbeitseinkommens* durch die Gewährung von Renten. Die Rentenleistungen werden erbracht, wenn die allgemeine Wartezeit (Mindestversicherungszeit) von fünf Jahren erfüllt ist bzw. wenn die für bestimmte Rentenarten, insbesondere für die vorgezogenen Altersruhegelder, geltenden besonderen Wartezeiten erfüllt und die für eine bestimme Rentenart vorgegebenen rechtlichen und persönlichen Voraussetzungen erfüllt sind. Für Versicherte sind *Berufsunfähigkeitsrenten, Erwerbsunfähigkeitsrenten und Altersruhegelder* zu unterscheiden. Als berufsunfähig gilt ein Versicherter, dessen Erwerbsfähigkeit infolge von Krankheit oder Behinderung auf weniger als die Hälfte derjenigen eines körperlich und geistig gesunden Versicherten mit ähnlicher Ausbildung und gleichwertigen Kenntnissen und Fähigkeiten abgesunken ist; als erwerbsunfähig gilt ein Versicherter, der aus gesundheitlichen Gründen auf nicht absehbare Zeit eine Erwerbstätigkeit in gewisser Regelmäßigkeit nicht mehr ausüben kann oder nur Einkünfte erzielen kann, die unterhalb der sogenannten Geringfügigkeitsgrenze (1995: in den alten Bundesländern mtl. 580 DM, in den neuen 470 DM) liegen. Altersruhegeld wird für Männer und Frauen spätestens bei Erreichen des 65. Lebensjahres gezahlt. Die Wartezeit dafür beträgt 60 Kalendermonate. Sogenanntes vorgezogenes Ruhegeld können auf Antrag bestimmte Personengruppen unter bestimmten Bedingungen erhalten.

3. Die Gewährung von *Hinterbliebenen-, d. h. Witwer-, Witwen- und Waisenrenten.* Sie werden gezahlt, wenn dem Verstorbenen zum Zeitpunkt seines Todes eine Versichertenrente zustand.

Die Höhe der Renten wird seit dem Inkrafttreten des Rentenreformgesetzes am 1. Januar 1992 nach einer neuen Formel berechnet. Diese führt im wesentlichen zum gleichen Ergebnis wie die seit 1957 angewandte Rentenformel.

Diese Rentenformel stellt sowohl die Leistungsbezogenheit der Renten sicher als auch den Solidarcharakter der RV. Die Leistungsbezogenheit wird dadurch berücksichtigt, daß die Höhe der Rente sowohl von der Zahl der Versicherungsjahre, für die Beiträge entrichtet wurden, abhängt als auch von dem Verhältnis, in dem das versicherungspflichtige Einkommen des Versicherten zum Durchschnittseinkommen aller Versicherten stand. Da aber in die Rentenformel auch Zeiten eingehen, in denen der Versicherte ohne sein Verschulden keine Beiträge entrichten konnte, wie z.B. Zeiten der Arbeitslosigkeit, des Wehrdienstes, der Gefangenschaft, Kindererziehungszeiten und Pflegezeiten, wird das die Arbeitsleistung berücksichtigende Äquivalenzprinzip durch das Solidaritätsprinzip ergänzt. Für einen Arbeitnehmer mit 40 jähriger Versicherungszeit beträgt das Altersruhegeld rund 60 % seines letzten Nettoeinkommens.

4.3 Organisation und Finanzierung

Träger der RV der Arbeiter sind 23 Landesversicherungsanstalten, die Bundesknappschaft, die Bundesbahnversicherungsanstalt und die Seekasse; Träger der RV der Angestellten ist die Bundesversicherungsanstalt für Angestellte.

Die Aufbringung der Mittel erfolgt
1. aus Beiträgen, die derzeit (1995) auf 18,6 % des Arbeitsentgelts festgesetzt und zur Hälfte von Arbeitgebern und Arbeitnehmern aufzubringen sind. Durch die Festlegung einer Beitragsbemessungsgrenze, die entsprechend der Bruttoentgeltentwicklung fortgeschrieben wird, ist ein Maximum definiert (1995 bei einer Beitragsbemessungsgrenze von mtl. 7.800 DM in Westdeutschland und 6.400 DM in Ostdeutschland ein Monatsbeitrag von 1.450,80 bzw. 1.190,40 DM).
2. aus Bundeszuschüssen. Staatliche Zuschüsse spielen seit Gründung der RV eine große Rolle. Die Bundeszuschüsse gehen unter anderem darauf zurück, daß die Rentenversicherungen durch Kriegsfolgen belastet sind (erhöhte Invalidität, Anerkennung von Zeiten des Militärdienstes und der Kriegsgefangenschaft, Anerkennung von Zeiten der Arbeitslosigkeit und Krankheit, die teilweise Folgen des Krieges waren) und daß aufgrund der Dezimierung der Bevölkerung durch Kriegstote und kriegsbedingten Geburtenausfall Beitragsausfälle entstanden.
3. aus Beiträgen der Träger von Lohnersatzleistungen (u. a. Bundesanstalt für Arbeit, GKV, UV), die für die Empfänger der Lohnersatzleistungen (z.B. Kranken, Verletzten- und Arbeitslosengeld sowie Arbeitslosenhilfe) die Rentenversicherungsbeiträge ganz oder zur Hälfte zu tragen haben.

Im Gegensatz zu dem früher üblichen *Kapitaldeckungsverfahren* gilt seit 1969 ein *Umlageverfahren* mit einer Liquiditätsreserve, d. h. daß die laufenden Ausgaben im wesentlichen aus laufenden Beiträgen und Bundeszuschüssen finanziert werden. Das bedeutet: die Ausgaben eines Kalenderjahres werden durch die Einnahmen aus Beiträgen und dem Bundeszuschuß desselben Jahres und - soweit erforderlich - durch Entnahmen aus der

Schwankungsreserve gedeckt. Diese Schwankungsreserve darf den Betrag von einer Monatsausgabe der RV nicht unterschreiten. Der Beitragssatz ist so festzusetzen, daß die Beitragseinnahmen unter Berücksichtigung der voraussichtlichen Entwicklung der Bruttolohn- und -gehaltssumme je durchschnittlich beschäftigtem Arbeitnehmer und der Zahl der Pflichtversicherten zusammen mit dem Bundeszuschuß und sonstigen Einnahmen sowie unter Berücksichtigung von Entnahmen aus der Schwankungsreserve ausreichen, um die voraussichtlichen Ausgaben des auf die Beitragsfestsetzung folgenden Jahres zu decken und sicherzustellen, daß die Mittel der Schwankungsreserve dem Betrag einer Monatsausgabe der Versicherung entsprechen.

Aufgrund des Zusammentreffens von zwei Sachverhalten ist die langfristige Finanzierung der Rentenversicherung unsicher geworden. Der erste besteht darin, daß die Renten volkswirtschaftlich sinnvoll im wesentlichen nur durch ein Umlageverfahren finanziert werden können; der zweite besteht darin, daß in den nächsten Jahrzehnten die sogenannte Rentnerquote, d. h. der Quotient aus der Zahl der Rentenempfänger und der Zahl der beitragszahlenden Versicherten, aufgrund des starken Absinkens der Geburtenrate der Bevölkerung, des Ansteigens der Lebenserwartung und damit der Rentenbezugsdauer und aufgrund einer immer früheren Inanspruchnahme der Altersrente steigen wird. Der Rentnerquotient wird von gegenwärtig 48/100 bis 2030 auf 91/100 steigen Bei Beibehaltung des bis 1991 geltenden Rentenrechts hätte der Beitragssatz bis 2000 auf etwa 22 %, bis 2015 auf etwa 28 % und bis 2030 auf etwa 38 % steigen müssen. Daher verabschiedete der Bundestag 1989 in der Absicht, den zu erwartenden erhöhten Finanzierungsbedarf gerecht auf Beitragszahler, Rentner und Bund zu verteilen, das Rentenreformgesetz 1992. In diesem Gesetz wurde nicht nur die *Nettolohnanpassung der Renten* verankert, sondern auch eine Art *"Selbstregulierungsmechanismus"* zur Festsetzung des Anpassungssatzes der Renten, des Beitragssatzes und des Bundeszuschusses eingeführt. Er funktioniert wie folgt: bei steigenden Ausgaben müssen die Einnahmen erhöht werden. Diese Mehreinnahmen müssen zum einen durch einen steigenden Beitragssatz finanziert werden. Zum anderen aber ist der Beitragssatz unter Berücksichtigung des Bundeszuschusses festzusetzen. Der Bundeszuschuß wiederum ändert sich in dem Verhältnis, in dem der Beitragssatz für das folgende Jahr zu dem des laufenden Jahres steht. Die Rentner schließlich tragen eine steigende Finanzierungslast dadurch mit, daß steigende Beitragssätze die Nettolöhne der beitragzahlenden Arbeitnehmer verringern und daß dann entsprechend der Rentenanpassungsformel die Zuwachsrate der Rentenanpassung geringer wird.

In der Reformdiskussion waren zahlreiche Vorschläge gemacht worden, die auf eine strukturelle Umgestaltung der RV in bezug auf die Leistungen und die Finanzierung abzielten. Hervorhebung verdienen Konzepte zur Einführung einer *Mindestalterssicherung,* zur Ergänzung bzw. Ersetzung der lohnabhängigen Beitragsfinanzierung durch einen *"Wertschöpfungsbeitrag"* (= Maschinensteuer) und zur *langfristigen Ablösung der Umlagefinanzierung durch ein Kapitaldeckungsverfahren.*

Vorschläge, das Alterssicherungssystem auf steuer- oder beitragsfinanzierte Staatsbürger-Grundrenten umzustellen, die zur Vermeidung von Armut im Alter ein Mindestsicherungsniveau für jedermann gewährleisten, haben sich u. a. deswegen nicht durchsetzen können, weil sehr ungewiß ist, inwieweit die Leistungsbereitschaft im Falle einer steuerfinanzierten Grundrente beeinträchtigt wird. Außerdem wird die durch die Überalterung der Bevölkerung verursachte Finanzierungsproblematik nicht wesentlich entschärft. Zudem wäre bei einer durch Privatversicherung ergänzten staatlichen Grundsicherung zu erwarten, daß die Alterseinkommen stark differenziert würden. Die Forderung nach dem

Übergang zu einem kapitalstockfundierten Finanzierungssystem wurde vor allem deshalb nicht aufgegriffen, weil die in der theoretischen Basis für diese Forderung enthaltenen Prämissen fragwürdig sind und weil eine solche Systemumstellung nicht finanzierbar ist. Denn für eine Jahrzehnte dauernde Übergangsperiode müßten sowohl die bisher erworbenen Rentenansprüche eingelöst als auch zusätzlich ein riesiger Kapitalstock aufgebaut werden. Diese Doppelbelastung ist nicht tragbar.

5. Die Beamtenversorgung

Die Beamten der (vereinigten) Bundesrepublik Deutschland (1993: 2,4 Millionen Vollzeitbeschäftigte im unmittelbaren öffentlichen Dienst) und ihre Angehörigen werden im Falle des Unfalls, des Alters und des Todes nach beamtenrechtlichen Vorschriften versorgt.

Unfallfürsorge wird gewährt, wenn ein Unfall in Ausübung oder infolge des Dienstes oder auf dem Wege zur und von der Dienststelle eingetreten ist. Sie erstattet Sachschäden und die notwendigen Auslagen für Heilverfahren. Wenn der Verletzte dienstunfähig geworden ist, erhält er Unfallruhegeld, das auf mindestens 66 2/3 %, höchstens aber 75 % der ruhegehaltsfähigen Dienstbezüge festzusetzen ist. Im Falle des Todes erhalten seine Hinterbliebenen Witwengeld in Höhe von 60 % des Unfallruhegehaltes und Waisengeld in Höhe von 30 % des Unfallruhegehaltes für jedes Kind.

Ruhegehalt wird an dem Beamten in der Regel mit Vollendung des 65. Lebensjahres gezahlt, wenn er wenigstens 5 Jahre Beamter war. Bis zur Vollendung einer 10jährigen Dienstzeit beträgt das Ruhegehalt 35 % der ruhegehaltsfähigen Dienstbezüge (sie entsprechen im wesentlichen dem sogenannten Grundgehalt). Es steigt mit jedem weiteren Dienstjahr um 1,875 % bis insgesamt maximal 75 % der ruhegehaltsfähigen Dienstbezüge.

Das Witwer- und das Witwengeld beträgt 60 %, das Waisengeld für eine Halbwaise 12 %, für eine Vollwaise 20 % des Ruhegehalts, das der Verstorbene erhalten hat oder hätte erhalten können, wenn er am Todestag in den Ruhestand getreten wäre.

Die Versorgungsbezüge der Beamten und ihrer Hinterbliebenen werden erhöht, wenn die Dienstbezüge der Beamten erhöht werden. Die Beamtenversorgung wird ausschließlich aus öffentlichen, d. h. Steuermitteln des Bundes, der Länder und der Gemeinden finanziert. Diese Beitragsfreiheit der Pensionen ist immer wieder Anlaß zu Kritik. Tatsächlich auch empfahl die Sachverständigenkommission Alterssicherungssysteme in ihrem 1983 vorgelegten Gutachten mehrheitlich, die Beamten schrittweise an der Finanzierung ihrer Alterssicherung zu beteiligen.

6. Sonstige Alterssicherungen

Neben den skizzierten Alterssicherungen sind zu erwähnen:
a) die knappschaftliche RV (RV = Rentenversicherung), in der alle Personen gegen Invalidität, Alter und Tod versichert sind, die gegen Entgelt in Betrieben beschäftigt sind, in denen Mineralien bergmännisch gewonnen werden, also im wesentlichen Bergleute;
b) die RV der Landwirte, in der alle hauptberuflich tätigen Landwirte ohne Rücksicht auf die Höhe des Einkommens und die Größe ihres Unternehmens pflichtversichert sind;

da für die Mehrzahl der Landwirte davon ausgegangen werden kann, daß sie durch Altenteilregelungen und/oder freiwillige Vorsorge in bestimmtem Umfang gesichert sind, ist die Altershilfe als *Teil*sicherung konzipiert;
c) Alterssicherungen der kammerfähigen freien Berufe. Freiberuflich tätige Ärzte, Steuerberater, Architekten, Rechsanwälte und Apotheker sind, soweit sie aufgrund einer Zwangsmitgliedschaft einer öffentlich-rechtlichen (Ärzte-, Zahnärzte-, Tierärzte-, Apotheker-, Architekten-) Kammer angehören, in Versicherungs- und Versorgungswerken auf landesgesetzlicher Grundlage pflichtversichert. Soweit sie keiner Kammer angehören (Steuerberater, Architekten), haben sie die Möglichkeit der Versicherung in der RV der Arbeiter oder in der RV der Angestellten.

Alle genannten Versicherungen decken das Risiko der Berufs- und der Erwerbsunfähigkeit, des Alters und des Todes ab. Die Versorgung entspricht weitgehend der Versorgung in der RV.

7. Die Arbeitslosenversicherung (Alv)

7.1 Einführung

Der Verlust des Arbeitsplatzes und damit des Arbeitseinkommens ist ein Risiko, das den Arbeitnehmer nicht nur in ungebändigten kapitalistischen Wirtschaftssystemen, sondern auch in Wirtschaftssystemen mit hohem sozialpolitischem Niveau und mit einer am Vollbeschäftigungsziel orientierten Wirtschaftspolitik treffen kann. Die Jahre nach 1974, als in der Bundesrepublik die Zahl der Arbeitslosen die Millionengrenze überstieg - nachdem von 1959 bis 1974 ununterbrochen Vollbeschäftigung geherrscht hatte und die Arbeitslosenquote maximal 2,6 % betrug - haben uns belehrt, daß die Wirtschafts- und sozialpolitischen Steuerungsinstrumente noch nicht ausreichen, um jederzeit und unter allen Umständen Vollbeschäftigung zu sichern.

Selbst wenn ein sehr hoher Beschäftigungsgrad herrscht, sind in Gesellschaften, die auf der allgemeinen Vertragsfreiheit, der Niederlassungsfreiheit und der Freiheit der Berufs- und Arbeitsplatzwahl beruhen, Arbeitsplatzverluste nicht vermeidbar, die durch Änderungen in der Produktionstechnologie und in der Nachfrage nach Produkten, durch das Ausscheiden von unrentablen Betrieben, durch Betriebsverlagerungen und durch Kündigungen aufgrund von Mängeln in der Erfüllung der Arbeitsverträge bewirkt werden. Schließlich kann Arbeitslosigkeit auch durch die Lösung von Arbeitsverträgen von seiten der Arbeitnehmer eintreten, die von ihrem Recht der Freiheit der Arbeitsplatzwahl Gebrauch machen, sei es, weil sie mit den Arbeitsbedingungen unzufrieden sind oder sich einen aus ihrer Sicht besseren Arbeitsplatz suchen wollen. Auch in diesem Fall der "freiwilligen" Arbeitslosigkeit ist die Gefahr längerer Arbeitslosigkeit, sogenannter Sucharbeitslosigkeit, gegeben.

7.2 Kreis der Versicherten

Gegenüber der Bundesanstalt für Arbeit beitragspflichtig sind grundsätzlich alle Personen, die als Arbeiter oder Angestellte gegen Entgelt oder zu ihrer Berufsausbildung beschäftigt sind sowie deren Arbeitgeber - ohne Rücksicht auf die Höhe des erzielten Arbeitseinkommens. Nicht beitragspflichtig sind Beamte, die ja nicht von Arbeitslosigkeit bedroht sind, Schüler und Studenten sowie Arbeitnehmer, die weniger als 18 Stunden wöchentlich beschäftigt sind oder weniger als 1/7 des durchschnittlichen Arbeitsentgelts aller Versicherten der RV der Arbeiter und der Angestellten verdienen.

7.3 Leistungen

Die Leistungen an Arbeitslose sind Arbeitslosengeld und Arbeitslosenhilfe. Die Zahlung von Arbeitslosengeld (Arbeitslosenunterstützung) setzt voraus,
1. daß der Arbeitnehmer arbeitslos ist;
2. daß er sich beim Arbeitsamt arbeitslos gemeldet und Arbeitslosengeld beantragt hat;
3. daß er der Arbeitsvermittlung zur Verfügung steht, d. h. arbeitsfähig und arbeitswillig ist; der Arbeitslose muß auch bereit sein, an zumutbaren Maßnahmen zur beruflichen Bildung und Umschulung teilzunehmen;
4. daß er die Anwartschaftszeit erfüllt. Die Anwartschaftszeit hat in der Regel erfüllt, wer in den letzten 3 Jahren vor der Arbeitslosmeldung wenigstens 360 Kalendertage in einer beitragspflichtigen Beschäftigung gestanden hat.

Die Dauer des Unterstützungsbezugs ist gestaffelt. Sie reicht von 156 Tagen für unter 42 jährige Arbeitslose, die in den letzten drei Jahren vor der Arbeitslosmeldung 360 Tage beschäftigt waren, bis zu 832 Tagen für über 54 jährige Arbeitslose, die in den letzten sieben Jahren vor der Arbeitslosigkeit 1.920 Tage beschäftigt waren.

Das Arbeitslosengeld beträgt für Arbeitslose, die mindestens ein Kind haben, 67 % des um die gesetzlichen Abzüge verminderten Arbeitsentgelts, das der Arbeitslose in den letzten sechs Monaten seiner Beschäftigung in der tariflich regelmäßigen wöchentlichen Arbeitszeit durchschnittlich erzielt hat, maximal jedoch 67 % der Beitragsbemessungsgrenze, die mit der Beitragsbemessungsgrenze in der RV identisch ist (1995: 7.800 DM in West- und 6.400 DM in Ostdeutschland). Für die übrigen Arbeitslosen gilt ein Satz von 60 %. Zusätzlich übernimmt die Bundesanstalt die Beiträge zur Kranken- und zur Rentenversicherung. Je nach den geltenden Einkommensgrenzen für den Bezug von Wohngeld, von Ausbildungsbeihilfen für Kinder (insbesondere nach dem Bundesausbildungsförderungsgesetz) und anderen Sozialleistungen erhöhen sich für Arbeitslose diese Sozialleistungen.

Nach Ausschöpfung des Anspruches auf Arbeitslosengeld erhalten Arbeitslose *Arbeitslosenhilfe*, für die die Vorschriften über den Bezug von Arbeitslosengeld sinngemäß gelten. Eine zusätzliche Voraussetzung für den Bezug von Arbeitslosenhilfe ist *Bedürftigkeit*. Arbeitslosenhilfe erhalten auch solche Arbeitslose, die vorher kein Arbeitslosengeld bezogen haben, jedoch innerhalb eines Jahres vor der Arbeitslosmeldung mindestens 150 Kalendertage beschäftigt waren. Die Arbeitslosenhilfe beläuft sich für Arbeitnehmer mit mindestens einem Kind auf 57 % des vor Eintritt der Arbeitslosigkeit bezogenen Nettoarbeitsentgelts, für die übrigen Arbeitnehmer auf 53 %. Die Bundesanstalt übernimmt für die Bezieher der Arbeitslosenhilfe die Beiträge zur Kranken- und zur Rentenvesicherung.

7.4 Organisation und Finanzierung

Träger der Alv ist die Bundesanstalt für Arbeit mit ihrer Hauptstelle in Nürnberg, mit ihren Landesarbeitsämtern und zahlreichen örtlichen Arbeitsämtern, die im gesamten Bundesgebiet über 86.000 Personen(1992) beschäftigen. Der Bundesanstalt angeschlossen ist das Institut für Arbeitsmarkt- und Berufsforschung.

Die Mittel für die Finanzierung des Arbeitslosengeldes werden durch Beiträge der beitragspflichtigen Arbeitnehmer und der Arbeitgeber aufgebracht. Die Beiträge werden nur bis zur jeweils geltenden Beitragsbemessungsgrenze (1995: 7.800 DM in West- und 6.400 DM mtl. in Ostdeutschland) erhoben. Die Bundesregierung ist ermächtigt, je nach Finanzlage der Bundesanstalt die Beitragssätze festzusetzen. Derzeit (1995) beträgt der Beitragssatz 6,5 %. Wenn die Rücklagen der Bundesanstalt aufgebraucht sind, ist der Bund verpflichtet, an die Bundesanstalt Darlehen und Zuschüsse zu den Kosten der Alv zu leisten. Die Kosten für die Arbeitslosenhilfe trägt der Bund.

8. Die Pflegeversicherung

8.1 Kreis der Versicherten

Nach dem 1993 geltenden Stand des Sozialrechts existierten bereits Regelungen zur Absicherung der Pflegebedürftigkeit; diese Regelungen sicherten jedoch entweder nur kleine Personenkreise ab oder sahen nach Art, Umfang und Zeitdauer begrenzte Leistungen vor. Zu nennen sind Leistungen der Unfallversicherung bei Schwerpflegebedürftigkeit, Leistungen des Bundesversorgungsgesetzes für die Pflegebedürftigen und die pflegenden Personen, Beihilfevorschriften für Schwerpflegebedürftige des öffentlichen Dienstes, die Pflegeberücksichtigungszeiten im Rahmen der gesetzlichen Rentenversicherung, die Pauschbeträge im Steuerrecht für Pflegebedürftige und pflegende Personen sowie die im Rahmen des Sozialhilfegesetzes vorgesehenen Hilfen zur Pflege.

Nach dem Pflegeversicherungsgesetz wird die *gesamte* Bevölkerung verpflichtet, sich gegen das Risiko der Pflegebedürftigkeit zu versichern. In der gesetzlichen Pflegeversicherung sind die GKV-Versicherten, d. h. 90 % der Bevölkerung, versicherungspflichtig, also alle Arbeitnehmer mit einem regelmäßigen Arbeitsentgelt unterhalb der Beitragsbemessungsgrenze in der GKV (1994: 5.800 DM), ferner Arbeitslose, die Leistungen nach dem Arbeitsförderungsgesetz beziehen, die Bezieher von Vorruhestandsgeld, Rentner, Rehabilitanten, Behinderte und Studenten. Nicht erwerbstätige Ehegatten und Kinder sind beitragsfrei mitversichert.

Der Teil der Bevölkerung, der nicht bei der GKV pflichtversichert ist (Selbständige, Beamte, Arbeitnehmer mit einem Einkommen oberhalb der Beitragsbemessungsgrenze), ist zum Nachweis einer nach Art und Umfang gleichwertigen privaten Pflegeversicherung verpflichtet.

8.2 Aufgaben und Leistungen

In der Pflegeversicherung gelten folgende Grundsätze und Leistungen:
1. Maßnahmen der Prävention und der Rehabilitation zur Vermeidung von Pflegebedürftigkeit haben Vorrang vor Pflegeleistungen;
2. häusliche Pflege hat Vorrang vor stationärer Pflege;
3. die Pflegebedürftigen haben eine freie Wahl zwischen ambulanter und stationärer Versorgung. Wenn jedoch eine stationäre Pflege nicht erforderlich ist, hat der Pflegebedürftige nur Anspruch auf die ihm bei häuslicher Pflege zustehende Sachleistung. Im stationären Bereich haben die Pflegebedürftigen freie Wahl unter den zugelassenen Einrichtungen;

4. die Pflegebedürftigen müssen in zumutbarem Umfang zu den Kosten der Pflege beitragen (z. B. durch Übernahme der Kosten der Verpflegung und der Unterbringung bei stationärer Pflege);
5. der Pflegeberuf muß ideell und materiell aufgewertet werden;
6. Bestandteil des Pflegekonzepts soll auch die soziale Sicherung von Pflegepersonen sein, die wegen der Pflege Angehöriger auf eine Berufstätigkeit verzichten;
7. erforderlich ist ein pluralistisches, wettbewerblich organisiertes Angebot ineinandergreifender ambulanter Pflegedienste und stationärer sowie teilstationärer Pflegeeinrichtungen in freigemeinnütziger, privater und öffentlicher Trägerschaft.

Leistungsberechtigt sind versicherte, pflegebedürftige Personen, d. h. Personen, die wegen einer Krankheit oder einer Behinderung für die gewöhnlichen und regelmäßig wiederkehrenden Verrichtungen im Ablauf des täglichen Lebens auf Dauer in erheblichem Maße der Hilfe bedürfen. Die Pflegebedürftigen werden einer der folgenden drei Gruppen zugeordnet:
- Pflegestufe I, die erheblich Pflegebedürftige mit einem *einmaligen, täglichen Hilfebedarf* umfaßt;
- Pflegestufe II, in die Schwerpflegebedürftige mit einem *dreimaligen, täglichen Hilfebedarf* eingeordnet sind;
- Pflegestufe III, zu der Schwerstpflegebedürftige mit einem *Pflegebedarf "rund um die Uhr"* gehören.

Die Beurteilung der Pflegebedürftigkeit, der Pflegestufeneinordnung und der in Betracht kommenden Pflegeleistungen ist Aufgabe des medizinischen Dienstes der Krankenkassen. Die Leistungen der Versicherung sind davon abhängig, ob ambulante, teilstationäre oder stationäre Pflege erforderlich ist.

Bei *ambulanter Pflege* werden ein *Pflegegeld* in Höhe von 400/800/1.300 DM monatlich je nach Pflegebedürftigkeitsstufe oder *Pflegesachleistungen* (Grundpflege und hauswirtschaftliche Versorgung) in Höhe von bis zu 750/1.800/2.800 DM mtl. sowie eine Urlaubsvertretung bis zu 4 Wochen im Wert bis zu 2.800 DM pro Jahr gewährt. In Härtefällen kann die Sachleistung bis zu 3.750 DM betragen. Eine Kombination von Teilen der Geld- und der Sachleistungen ist denkbar. Zu den Sachleistungen gehört auch die Bereitstellung erforderlicher Pflegehilfsmittel (Pflegebetten, Rollstühle, Hebegeräte usw.). Im Falle *stationärer Pflege* werden die pflegebedingten Aufwendungen bis 2.800 DM (in Härtefällen bis zu 3.300 DM) mtl. als Sachleistung erbracht.

Die Leistungen der ambulanten Pflege werden ab 1. April 1995, die der stationären Pflege ab 1. Juli 1996 erbracht. Alle Leistungen werden an die Kostenentwicklung angepaßt.

Als weitere wichtige Leistungen sind zu nennen die unentgeltliche Teilnahme von Angehörigen und ehrenamtlichen Pflegepersonen an Pflegekursen sowie (auf Antrag) die Einbeziehung der häuslichen Pflegekräfte in die Rentenversicherung unter Übernahme der nach der Stufe der Pflegebedürftigkeit gestaffelten Beiträge durch die Pflegeversicherung und die Einbeziehung in die gesetzliche Unfallversicherung. Bei Pflegestufe III und mindestens 28 Stunden Pflegetätigkeit werden als Rentenversicherungsbeitrag 602 DM, bei Pflegestufe I und mindestens 14 Stunden Pflegetätigkeit 200 DM gezahlt. In der Arbeitslosenversicherung werden Hilfen vorgesehen, um die Rückkehr der pflegenden Personen in das Erwerbsleben nach Beendigung einer häuslichen Pflege zu erleichtern.

Die Pflegeversicherung soll nur eine im Regelfall ausreichende Grundversorgung sichern. Sie ist daher offen für eine Ergänzung durch private Vorsorge. Zu dieser privaten Vorsorge wird durch einen Sonderausgabenabzug im Rahmen der Vorsorgeaufwendungen in Höhe von 360 DM pro Person und Jahr für eine freiwillige Pflege-Zusatzversicherung angeregt.

8.3 Organisation und Finanzierung

Die Pflegeversicherung ist eine eigenständige soziale Sicherungseinrichtung. Träger sind die Pflegekassen, die unter dem Dach der Gesetzlichen Krankenversicherung von den Krankenkassen unter Übernahme der Verwaltungskosten durch die Pflegeversicherung geführt werden.

Die Finanzierung erfolgt durch Beiträge, die zur Hälfte von Arbeitnehmern und Arbeitgebern aufgebracht werden. Die Höhe des Beitrages beträgt ab 1. Juni 1995 1 %, mit dem Inkrafttreten der zweiten Stufe des Gesetzes ab 1. Juli 1996 1,7 % des Arbeitseinkommens bis zu der für die GKV geltenden Beitragsbemessungsgrenze. Der Beitragssatz wird durch den Gesetzgeber festgelegt.

Nicht erwerbstätige Ehegatten und Kinder sind beitragsfrei mitversichert. Vom Beitragssatz für die Rentner werden 50 % von der Rentenversicherung übernommen. Den gesamten Beitrag für die Bezieher von Arbeitslosengeld, Arbeitslosenhilfe, Eingliederungshilfe, Unterhaltsgeld und Altersübergangsgeld leistet die Bundesanstalt für Arbeit; die Beiträge für Rehabilitanten leistet der Rehabilitationsträger, die Beiträge für Behinderte in Einrichtungen der Träger der Einrichtung und die Beiträge für Empfänger sonstiger Sozialleistungen zum Lebensunterhalt der zuständige Leistungsträger.

9. Entwicklungstendenzen in der Sozialversicherung

In der Sozialversicherung zeigt sich historisch die Tendenz, möglichst alle Risiken für möglichst alle möglichst umfassend zu decken.

Die Entwicklung ist gekennzeichnet durch
a) ein steigendes Gewicht vorbeugender, schadenverhütender Maßnahmen;
b) verstärkte Maßnahmen zur Wiedereingliederung Erwerbsloser sowie Berufsunfähiger in das Erwerbsleben im Wege gesundheitlicher und beruflicher Rehabilitation;
c) die schrittweise Erweiterung des Kreises der Versicherungspflichtigen und -berechtigten;
d) eine Ausdehnung der Leistungsarten, z.B. durch Einführung der beitragsfreien Mitversicherung der Familienangehörigen in die Krankenversicherung;
e) die Erhöhung der Sach- und der Geldleistungen sowie die Orientierung der Leistungen nicht mehr nur am Existenzminimumbedarf, sondern am Ziel der Erhaltung des Lebensstandards.

Literatur

Bundesministerium für Arbeit und Sozialordnung (Hrsg.) 1994: Übersicht über das Sozialrecht, 3. Auflage, Bonn.

Frerich, J.; Frey, M. 1993: Handbuch der Geschichte der Sozialpolitik in Deutschland, 3 Bände, München, Wien.

Lampert, H. 1995: Lehrbuch der Sozialpolitik, 1994, 3. Auflage, Berlin u.a.

Lampert, H. 1995: Voraussetzungen einer Sozialstaatsreform - kritische Anmerkungen zur aktuellen Diskussion über den Umbau des Sozialstaats, in: Jahrbücher für Nationalökonomie und Statistik 1995, 513 ff.

Molitor, B. 1987: Soziale Sicherung, München.

Schulin, B. 1993: Sozialrecht. Ein Studienbuch, 5. Auflage, Düsseldorf.

Arbeitsschutzpolitik

Hans Brinckmann

1. Die europäische Zukunft der Arbeitsschutzpolitik

Die europäische Politik hat der Arbeitsschutzpolitik mit ihren vielfältigen nationalen Traditionen einen neuen Anstoß gebracht: In Artikel 118a EGV haben sich die Mitgliedsstaaten der EG dazu verpflichtet, „die Verbesserung insbesondere der Arbeitsumwelt zu fördern, um die Sicherheit und die Gesundheit der Arbeitnehmer zu schützen". Der Vertrag verwendet den Begriff der Arbeitsumwelt und erweitert damit die Arbeitsschutzpolitik über ihre bisherige technische Orientierung des deutschen Arbeitsschutzes hinaus, verweist auf soziale, ökologische und organisatorische Dimensionen der Arbeit.

Bisher bedeutsamstes Ergebnis dieser europäischen Zusammenarbeit ist die „Richtlinie des Rates vom 12. Juni 1989 über die Durchführung von Maßnahmen zur Verbesserung der Sicherheit und des Gesundheitsschutzes der Arbeitnehmer bei der Arbeit (89/391/EWG)", die sich unter anderem auf folgende Erwägungen stützt:

Es ist erwiesen, daß Arbeitnehmer (ArbN) an ihrem Arbeitsplatz und während ihres gesamten Arbeitslebens gefährlichen Umgebungsfaktoren ausgesetzt sein können. ...
Es sind nach wie vor zu viele Arbeitsunfälle und berufsbedingte Erkrankungen zu beklagen. Für die Sicherheit und den Gesundheitsschutz der Arbeitnehmer müssen daher unverzüglich vorbeugende Maßnahmen ergriffen bzw. bestehende Maßnahmen verbessert werden, um einen wirksameren Schutz sicherzustellen.
Um einen besseren Schutz zu gewährleisten, ist es erforderlich, daß die Arbeitnehmer bzw. ihre Vertreter über die Gefahren für ihre Sicherheit und Gesundheit und die erforderlichen Maßnahmen zur Verringerung oder Ausschaltung dieser Gefahren informiert werden. Es ist ferner unerläßlich, daß sie in die Lage versetzt werden, durch eine angemessene Mitwirkung entsprechend den nationalen Rechtsvorschriften bzw. Praktiken zu überprüfen und zu gewährleisten, daß die erforderlichen Schutzmaßnahmen getroffen werden. ...
Die Verbesserung von Sicherheit, Arbeitshygiene und Gesundheitsschutz der ArbN am Arbeitsplatz stellen Zielsetzungen dar, die keinen rein wirtschaftlichen Überlegungen untergeordnet werden dürfen.

Diese grundlegende Richtlinie enthält „allgemeine Grundsätze für die Verhütung berufsbedingter Gefahren", für Sicherheit und Gesundheitsschutz, für Ausschaltung von Risiko- und Unfallfaktoren, für Information, Anhörung, ausgewogene Beteiligung und für Unterweisung der ArbN und ihrer Vertreter und findet gem. Art. 2 Abs. 1 „Anwendung auf alle privaten oder öffentlichen Tätigkeitsbereiche (gewerbliche, landwirtschaftliche, kaufmännische, verwaltungsmäßige sowie dienstleistungs- oder ausbildungsbezogene, kulturelle und Freizeittätigkeiten usw.)". Nur spezifisch hoheitliche Tätigkeiten, die eng definiert sind, bleiben außerhalb des Regelungsbereiches. Die Richtlinie legt den Arbeitgebern (ArbG) die Pflicht auf, „für die Sicherheit und den Gesundheitsschutz der ArbN in bezug auf alle Aspekte, die die Arbeit betreffen, zu sorgen" (Art. 5 Abs. 1). In Umsetzung dieser Richtlinie formuliert das Arbeitsschutzgesetz von 1996 (ArbSchG) folgende allgemeine Grundsätze:

1. Die Arbeit ist so zu gestalten, daß eine Gefährdung für Leben und Gesundheit möglichst vermieden und die verbleibende Gefährdung möglichst gering gehalten wird;
2. Gefahren sind an ihrer Quelle zu bekämpfen;
3. bei den Maßnahmen sind der Stand der Technik, Arbeitsmedizin und Hygiene sowie sonstige gesicherte arbeitswissenschaftliche Erkenntnisse zu berücksichtigen;
4. Maßnahmen sind mit dem Ziel zu planen, Technik, Arbeitsorganisation, sonstige Arbeitsbedingungen, soziale Beziehungen und Einfluß der Umwelt auf den Arbeitsplatz sachgerecht zu verknüpfen;
5. individuelle Schutzmaßnahmen sind nachrangig zu anderen Maßnahmen;
6. spezielle Gefahren für besonders schutzbedürftige Beschäftigtengruppen sind zu berücksichtigen;
7. den Beschäftigten sind geeignete Anweisungen zu erteilen;
8. mittelbar oder unmittelbar geschlechtsspezifisch wirkende Regelungen sind nur zulässig, wenn dies aus biologischen Gründen zwingend geboten ist.

Das Ziel der europäischen Politik, die Rahmenrichtlinie themenspezifisch durch den Rat auszufüllen, hat bislang zu 13 Einzelrichtlinien der EG geführt. Für deren Umsetzung waren die Mitgliedstaaten aufgefordert, die entsprechenden Rechts- und Verwaltungsvorschriften spätestens bis 31. Dezember 1992 zu erlassen. Der Bund hat nach einem ersten, 1993 zunächst gescheiterten Versuch nun das „Gesetz zur Umsetzung der EG-Richtlinie Arbeitsschutz und weiterer Arbeitsschutzrichtlinien" vom 7. August 1996 erlassen, das als Art. 1 das „Gesetz über die Durchführung von Maßnahmen des Arbeitsschutzes zur Verbesserung der Sicherheit und des Gesundheitsschutzes der Beschäftigten bei der Arbeit (Arbeitsschutzgesetz - ArbSchG)" umfaßt (Wlozke 1996).

Die EG bewegt die Arbeitsschutzpolitik aber nicht nur als Sozialpolitik, sondern auch aufgrund des Auftrages zur Rechtsangleichung im Hinblick auf den Binnenmarkt (Art. 100, 100a EGV). Die hierfür grundlegende sicherheitstechnische Richtlinie (Richtlinie 89/392/EWG zur Angleichung der Rechtsvorschriften der Mitgliedsstaaten für Maschinen vom 14. Juni 1989; ABl. Nr. L 183/9) stützt sich unter anderem auf folgende Erwägungen:

Die Rechtssysteme für die Verhütung von Unfällen sind in den Mitgliedsstaaten sehr unterschiedlich. Die einschlägigen zwingenden Bestimmungen, die häufig durch de facto verbindliche technische Spezifikationen und/oder freiwillige Normen ergänzt werden, haben nicht notwendigerweise ein unterschiedliches Maß an Sicherheit und Gesundheit zur Folge, stellen aber dennoch aufgrund ihrer Verschiedenheit Handelshemmnisse innerhalb der Gemeinschaft dar. Darüber hinaus weichen die innerstaatlichen Systeme des Konformitätsnachweises für Maschinen stark voneinander ab.
Die Beibehaltung oder die Verbesserung des in den Mitgliedsstaaten erreichten Sicherheitsniveaus stellt eines der Hauptziele dieser Richtlinie sowie der Sicherheit im Sinne der grundlegenden Sicherheitsanforderungen dar.

Das inhaltliche Ziel dieser sogenannten Maschinenrichtlinie ist nur sekundär die Verbesserung technischer Sicherheit, im Vordergrund steht die „technische Harmonisierung", die Sicherung des freien Warenverkehrs. Es bleibt aber den Mitgliedstaaten (Art. 100a Abs. 4) vorbehalten, ein höheres Schutzniveau durchzusetzen, wenn dies „kein Mittel zur willkürlichen Diskriminierung und keine verschleierte Beschränkung des Handels" darstellt (escape-Klausel). Daneben kann nationales Sicherheitsrecht auch über Schutzklauseln zumindest übergangsweise erhalten bleiben (Art. 100a Abs. 5). Um den Befürchtungen entgegen zu wirken, das Sicherheitsniveau sinke durch die europäische Einigung ab, ist die Kommission vertraglich beauftragt, „in den Bereichen Gesundheit, Sicherheit, Umweltschutz und Verbraucherschutz von einem hohen Schutzniveau" auszugehen (Art. 100a Abs. 3).

2. Das überkommene Regelungssystem des Arbeitsschutzes

Weil Arbeitsschutz schon immer ein hochpolitisches, humanitäres wie ökonomisches Thema war, haben von den historischen Anfängen der Industrialisierung bis heute zahlreiche Akteure ihren Einfluß zu sichern versucht und dabei ein komplexes Regelungssystem entstehen lassen. Daß der auf den ersten Blick vergleichbare Prozeß der Industrialisierung in den Ländern Europas zu durchaus unterschiedlichen Arbeitsschutzsystemen führte, macht der Blick in andere Länder deutlich: Das Spektrum reicht von zentralstaatlich gesteuerten Systemen bis hin zu stark autonomisierten und diversifizierten Regelungsmustern (de Gier 1992, 96 f.). In Deutschland verzichtete der Staat von Anfang an auf die alleinige Regelungsmacht, sei es aus politischer Schwäche, sei es aufgrund konservativ-liberaler Grundpositionen, schuf aber mit der Unfallversicherung bereits 1884 einen öffentlich-rechtlichen Schutz. So entwickelte sich ein komplexes arbeitsteiliges System (Bauerdick 1994; Mertens 1980).

Die erste Dualität ist die zwischen staatlichen Gesetzen und von Privaten formulierten technischen Normen. Denn frühzeitig erkannte die Unternehmerseite, daß in der Formulierung und Weiterentwicklung von Sicherheitsstandards, technischen Regeln und Normen ein wichtiges Instrument zur Sicherung des Wettbewerbs liegt, aber auch ein Instrument zur Abwehr staatlicher Eingriffe in Betrieb und Produktion. Die Wirtschaft übernahm die zunächst aus kriegswirtschaftlichen Gründen entwickelte Normung in Eigenregie und entwickelte ein hochdifferenziertes Netz von Institutionen, um über technische Normen und allgemein anerkannte Regeln der Technik die Sicherheitsstandards zu kontrollieren. Neben dem Deutschen Institut für Normung (DIN) - einem von der Industrie getragenen privatrechtlichen Verein -, das inzwischen eng mit dem europäischen (CEN/CENELEC) und dem weltweiten System (ISO) verwoben ist, gibt es weit über 100 branchenspezifische Institutionen, die in der Normung tätig sind (Marburger 1979). Nahezu jeder Arbeitsschutzbereich greift auf außerstaatliche Regelungen zurück und überläßt privaten Organisationen häufig den ersten Zugriff. Erst subsidiär sollen staatliche Regelungen greifen, was insbesondere in dem Vertrag zwischen der Bundesrepublik und dem DIN vom 5. Juni 1975 zum Ausdruck kommt: DIN verpflichtet sich, „bei der Ausarbeitung der DIN-Normen insbesondere dafür Sorge (zu) tragen, daß die Normen bei der Gesetzgebung, in der öffentlichen Verwaltung und im Rechtsverkehr als Umschreibungen technischer Anforderungen herangezogen werden können" (§ 1 Abs. 3) und der Staat verspricht Zurückhaltung bei eigenen Regelungen.

Eine zweite Dualität ist in der gesetzlichen Unfallversicherung (gesUV) angelegt: Das Gesetz über die gesUV vom 6.7.1884 übertrug die Versicherung gegen Arbeitsunfälle auf autonome, branchenspezifische Organisationen. Diese Träger der gesUV sind durch die Unternehmen zu bilden. In ihren Gremien sind allerdings Unternehmen wie Versicherte, also ArbN, paritätisch vertreten, womit die Gewerkschaften Chancen für branchenspezifische Arbeitsschutzpolitik haben. Die Unfallversicherungsträger erheben in autonomer Rechtsetzung Beiträge von ihren Mitgliedern, erbringen Leistungen und erlassen für ihre Mitglieder und die ArbN als Versicherte verbindliche Vorschriften, die Unfallverhütungsvorschriften (UVV), die sie mittels eigener technischer Aufsichtsdienste, die

Sanktionen zu verhängen berechtigt sind, durchsetzen (s.u. 4.1.2). Kurz danach wurde 1891 durch Ergänzung der Gewerbeordnung (§ 120a GewO) die dazu parallele staatliche Kompetenz geschaffen, die auch das 1996 geschaffene ArbSchG nicht in Frage stellt. Dieses Gesetz hat die einschlägigen Regelungen der GewO aufgehoben und durch umfassendere Grundpflichten des ArbG in § 3 ersetzt: „Der ArbG ist verpflichtet, die erforderlichen Maßnahmen des Arbeitsschutzes unter der Berücksichtigung der Umstände zu treffen, die Sicherheit und Gesundheit der Beschäftigten bei der Arbeit betreffen. Er hat die Maßnahmen auf ihrer Wirksamkeit zu überprüfen und erforderlichenfalls sich ändernden Gegebenheiten anzupassen. Dabei hat er eine Verbesserung von Sicherheit und Gesundheitsschutz der Beschäftigten anzustreben". Dies zu überprüfen ist staatliche Aufgabe (§ 21 ArbSchG), während die §§ 14 ff. Sozialgesetzbuch Buch 7 (SGB VII) die parallelen Aufsichtsrechte der Träger der gesUV regeln. Diese „Doppelgleisigkeit im Vorschriftenwesen des technischen Arbeitsschutzes hat sich bislang nur wenig negativ ausgewirkt" (Wlotzke 1993, RdNr 42 zu § 200).

In der Bundesrepublik bestehen gegenwärtig etwa 75 Unfallversicherungsträger, davon 35 Gewerbliche Berufsgenossenschaften, daneben Landwirtschaftliche Berufsgenossenschaften und Träger der Eigenunfallversicherung für die staatliche Verwaltung. 1995 (1992) betrugen die Aufwendungen aller Träger 23,7 Mrd. DM (20,6), davon 10,7 Mrd. DM (9,3) Renten an Verletze und Hinterbliebene. Weitere Leistungsschwerpunkte sind Heilbehandlung, Unfallverhütung und Erste Hilfe. Der Unfallverhütungsbericht Arbeit (1996) gibt jährliche Informationen über Unfallgeschehen sowie Leistungen und Aufwendungen der gesUV.

Eine dritte Dualität unseres Arbeitsschutzsystemes ist die zwischen staatlicher bzw. autonomer Rechtsetzung auf der einen Seite und der Mitbestimmung auf betrieblicher und überbetrieblicher Ebene auf der anderen Seite. Soweit die öffentlich-rechtlichen Arbeitsschutzregeln Spielräume lassen, können Tarifverträge wie auch Betriebsvereinbarungen diese ausfüllen. Hinzu kommt die Mitbestimmung in Einzelfragen des Arbeitsschutzes und die Möglichkeit, freiwillige Betriebsvereinbarungen für zusätzlichen Arbeitsschutz abzuschließen (s.u. 4.3.2). Gerade die neueren Arbeitsschutzgesetze, insbesondere das Arbeitszeitgesetz (zum AZG s.u. 4.2.1), nutzen das Instrument der Verlagerung von politischer Auseinandersetzung aus der staatlichen Sphäre in die der Tarifparteien oder die betriebliche Ebene. In den Grenzbereichen des sich erweiternden Arbeitsschutzes in die Vorsorge hinein haben kollektivrechtliche Regelungen eher zunehmende Bedeutung.

Privatrechtlicher und öffentlich-rechtlicher Arbeitsschutz bilden eine vierte Dualität: ArbG wie ArbN sind zugleich durch die Unterordnung unter das staatliche Recht wie durch die gegenseitige Verpflichtung im Arbeitsvertrag den Regeln des Arbeitsschutzes unterworfen. Zu den zwingenden Regeln des Arbeitsvertragsrechtes gehört § 618 Abs. 1 BGB: „Der Dienstberechtigte hat Räume, Vorrichtungen oder Gerätschaften, die er zur Verrichtung der Dienste zu beschaffen hat, so einzurichten und zu unterhalten und Dienstleistungen, die unter seiner Anordnung oder seiner Leitung vorzunehmen sind, so zu regeln, daß der Verpflichtete gegen die Gefahr für Leben und Gesundheit soweit geschützt ist, als die Natur der Dienstleistungen es gestattet". Im Gegensatz zur ähnlich formulierten Generalklausel in § 3 ArbSchG sieht das Privatrecht keine Konkretisierungen vor. Aber die Pflichten, die aufgrund staatlicher Vorschriften gelten, werden für beide Seiten zu vertraglichen Nebenpflichten (Bücker/Feldhoff/Kohte 1994, RdNr 27 f), aus denen Erfüllungsansprüche und bei Nichterfüllung Rechte der Leistungsverweigerung (z.B. Arbeitsverweigerung) und Schadensersatzansprüche folgen. Allerdings verweist die gesUV bei Personenschäden den ArbN auf die Versicherungsleistungen (§§ 104 - 106 SBG VII).

Eine fünfte Dualität ist die zwischen Gesetz und unter- bzw. außergesetzlicher Konkretisierung. Angesichts der Probleme, das Recht den sich schnell ändernden Bedingungen von Produktion und Technik anzupassen, hat das Arbeitsschutzrecht in vielen Bereichen die mittelbare Regelung gewählt: Gesetze formulieren lediglich den Sicherheitsstandard (3.2); die Konkretisierung erfolgt über Verwaltungsvorschriften, durch Verweis auf Anhänge, technische Regelwerke und private Normen. Während die Produktion von Normen vollständig im privaten Bereich angesiedelt ist, hat sich - ausgehend von dem Verfahren bei überwachungspflichtigen Anlagen - für die technischen Regelwerke ein kooperatives Verfahren entwickelt: Von Staat und Industrie, ArbG und ArbN, Fachbehörden und Wissenschaft besetzte Ausschüsse erstellen technische Regeln, einigen sich auf einzubeziehende Normen, auf Grenzwerte, Meßverfahren und ähnliches und sorgen für die laufende Anpassung. Der Staat beschränkt sich auf Unterstützung bei der Organisation und der Publizität, nur in wenigen Bereichen übt er auch Kontrollen aus. Rechtlich gesehen handelt es sich bei diesen Regelwerken nur um Auslegungsvorschläge. Da aber über Verwaltungsvorschriften die Aufsichtsbehörden angewiesen sind, die Arbeitsschutzgesetze unter Beachtung der technischen Regeln und Normen umzusetzen, ist für den ArbG ersichtlich, was genehmigungsfähig ist oder wo und wann die Aufsichtsbehörde interveniert und Sanktionen verhängt. Diese indirekte Außenwirkung von technischen Regeln hat sich im Arbeitsschutz als durchaus effektiv erwiesen.

Auch der Vollzug das Arbeitsschutzes hat sich komplex und arbeitsteilig entwickelt. Grundsätzlich hat die staatliche Gewerbeaufsicht das Recht der Kontrolle und Intervention in die Betriebe (vgl. insbes. §§ 21 - 23 ArbSchG). Daneben gibt es jedoch autonome Kompetenzen: Die Träger der gesUV haben in ihrem Aufgabenbereich eigene Aufsichtsdienste mit Sanktionsgewalt gegenüber ihren Mitgliedern (s.u. 4.1.2).Aus den frühen Dampfkesselüberwachungsvereinen als der Selbstorganisation von technischer Überwachung Mitte des vorigen Jahrhunderts entwickelte sich die moderne - noch heute zumeist privatrechtlich organisierte - technische Überwachung (Marburger 1979) mit traditioneller Zuständigkeit bei den überwachungspflichtigen Anlagen (s.u. 4.1.3) und mit neuen Aufgaben im Bereich der Gerätesicherheit, insbesondere der Zertifizierung (s.u. 4.1.4).

Und schließlich ist der Arbeitsschutz dadurch gekennzeichnet, daß gerade hier das staatliche Recht besonders zersplittert ist:
- In Bezug auf die Problembereiche: kein umfassendes Gesetz, sondern nur einzelne Regelungen mit jeweils spezifischer Systematik;
- in Bezug auf die Ebenen der Rechtsetzung: zwar spielt der Föderalismus nur eine geringe Rolle, weil der Bund seine Kompetenz gemäß Art. 74 Nr. 12 GG ausnutzt, doch breitet sich das europäische Recht und auch das internationale Vertragsrecht mit zum Teil direkter Verbindlichkeit in letzter Zeit stark aus;
- in Bezug auf die Rechtsquellen selbst: das Gesetz hat im Arbeitsschutz oft nur Rahmencharakter, während die eigentlichen staatlichen Regelungen in Verordnungen zu finden sind, die oft durch umfangreiche spezifizierende Anhänge, Richtlinien und technische Regeln ergänzt werden, so daß der Rechtsuchende viele Schichten zu durchbohren hat, bis er auf die ihn unmittelbar betreffende materielle Regelung selbst stößt.

630 Teil V: Arbeit und Gesellschaft

Abb. 1: Gesamtsystem des Arbeitsschutzes

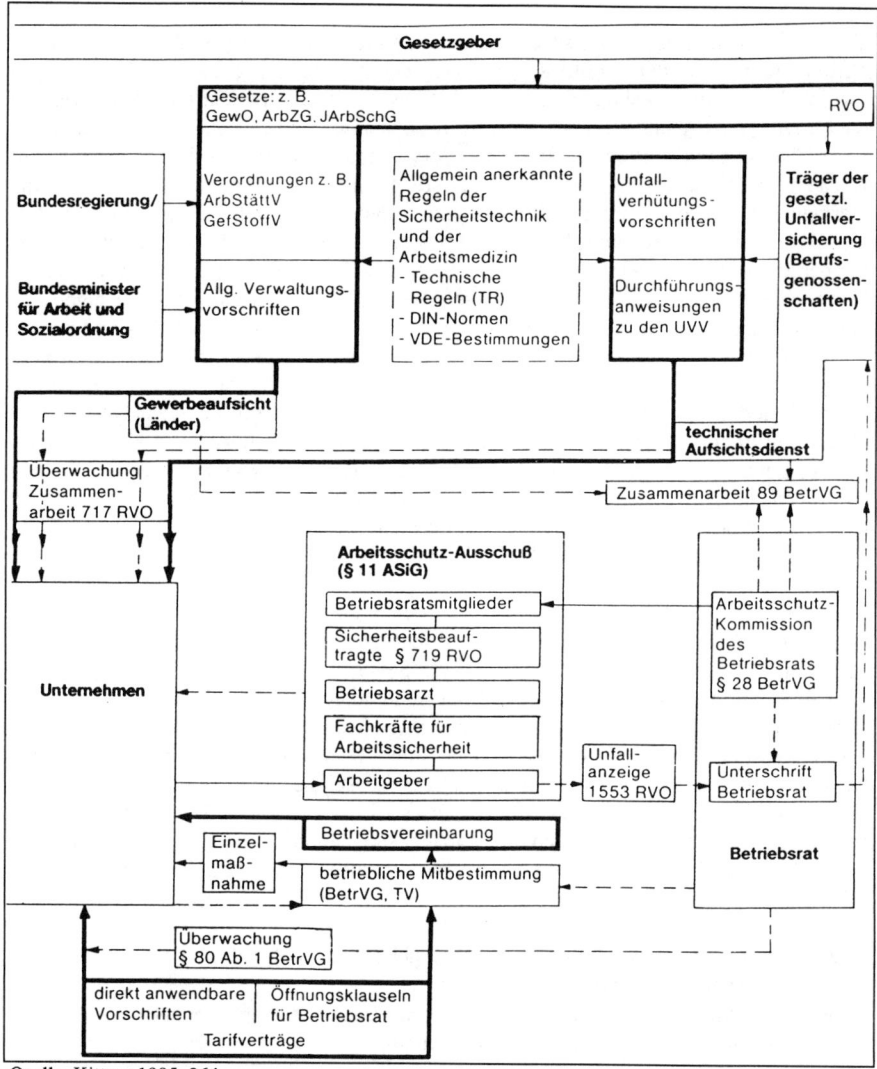

Gesetzgeber					
	Gesetze: z. B. GewO, ArbZG, JArbSchG				RVO
Bundesregierung/	Verordnungen z. B. ArbStättV GefStoffV	Allgemein anerkannte Regeln der Sicherheitstechnik und der Arbeitsmedizin - Technische Regeln (TR) - DIN-Normen - VDE-Bestimmungen	Unfall- verhütungs- vorschriften		Träger der gesetzl. Unfallver- sicherung (Berufs- genossen- schaften)
Bundesminister für Arbeit und Sozialordnung	Allg. Verwaltungs- vorschriften		Durchführungs- anweisungen zu den UVV		

Gewerbeaufsicht (Länder)

Überwachung/ Zusammen- arbeit 717 RVO

technischer Aufsichtsdienst

Zusammenarbeit 89 BetrVG

Unternehmen

Arbeitsschutz-Ausschuß (§ 11 ASiG)
- Betriebsratsmitglieder
- Sicherheitsbeauf- tragte § 719 RVO
- Betriebsarzt
- Fachkräfte für Arbeitssicherheit
- Arbeitgeber

Arbeitsschutz- Kommission des Betriebsrats § 28 BetrVG

Unfall- anzeige 1553 RVO

Unterschrift Betriebsrat

Einzel- maß- nahme

Betriebsvereinbarung
betriebliche Mitbestimmung (BetrVG, TV)

Betriebsrat

Überwachung § 80 Ab. 1 BetrVG

direkt anwendbare Vorschriften | Öffnungsklauseln für Betriebsrat
Tarifverträge

Quelle: Kittner 1995, 364

Die Übersichtlichkeit für den Betrachter von außen wie für den Versuch einer Gesamtdarstellung leiden besonders darunter, daß sich die einzelnen Gebiete des Arbeitsschutzes aus den Gründen der historischen Arbeitsteilung und der hohen Chancen anderer Akteure, in Regelungsbereichen selbst tätig zu werden, jeweils sehr spezifisch entwickelt haben. Es gibt Arbeitsteilungen in diesem komplexen System, die sich kaum aus dem Gewicht des Problems erklären lassen, sondern die aus der jeweiligen Interessenlage und dem historischen Stärkeverhältnis der Akteure, aber auch aus der Schwierigkeit und Zersplittertheit der Materie selbst folgen. Wie oben angedeutet, werden die Impulse aus der europäischen Politik die Gewichte und Einflüsse neu verteilen (Bauerdick 1994,

145 ff.), wobei unser heutiges System angesichts der Vielfalt europäischer Lösungen kaum „Denkmalschutz" genießen wird.

3. Der Auftrag der Verfassung

3.1 Die Gewährleistungspflicht des Gesetzgebers

Wenn auch das Grundgesetz keinen ausdrücklichen Arbeitsschutzauftrag erteilt, so besteht doch kein Zweifel daran, daß unsere Verfassung, Gesetzgebung wie Verwaltung zur aktiven Arbeitsschutzpolitik aufruft. Die Pflicht des Staates, die „Würde des Menschen" zu schützen (Art. 1 Abs. 1 S. 1 GG), seinem „Recht auf freie Entfaltung seiner Persönlichkeit" und seinem „Recht auf Leben und körperliche Unversehrtheit" (Art. 2 Abs. 1 und Abs. 2 S. 1 GG) zur Durchsetzung zu verhelfen, hat das Bundesverfassungsgericht (E 49, 89, 142) auch im Bereich Arbeit und Technik immer wieder betont:

Nach ständiger Rechtsprechung des BVerfG enthalten die grundrechtlichen Verbürgungen nicht lediglich Abwehrrechte des Einzelnen gegen die öffentliche Gewalt, sondern stellen zugleich objektivrechtliche Wertentscheidungen der Verfassung dar. ... Daraus können sich verfassungsrechtliche Schutzpflichten ergeben, die es gebieten, daß auch die Gefahr von Grundrechtsverletzungen eingedämmt wird.

Gerade weil mit der Dynamik von Technik, Produktion und Arbeitsorganisation immer neue Risiken für die ArbN entstehen, folgt aus der Pflicht des Staates zur Gewährleistung der grundgesetzlichen Wertordnung auch die Pflicht, den Arbeitsschutz diesen ständig wechselnden und auch wachsenden Gefahren anzupassen, nicht nur auf neue Probleme zu reagieren, sondern präventiv zu wirken, systematisch Risiken zu mindern und den Arbeitsschutz von einem reinen Unfallschutz hin zu einem ganzheitlichen Gesundheitsschutz weiterzuentwickeln. Zur Dynamik der technisch-organisatorischen Entwicklung kommt also auch die Dynamik der Anforderungen an Schutzniveau und Gesundheitsziele. Unser heutiger Arbeitsschutz ist zwar noch auf die „physische und psychische Integrität der ArbN bzw. die Erhaltung solcher Integrität gegenüber Beeinträchtigungen durch medizinisch feststellbare Verletzungen oder Erkrankungen" begrenzt (Wlotzke 1993, RdNr 26 zu § 199). Doch der Gesundheitsbegriff der WHO wie auch der der Arbeitswissenschaft (Martin 1994, 17, 22) geht über diese traditionelle Abgrenzung hinaus: Gesundheit ist der Zustand des vollständigen körperlichen, seelischen und sozialen Wohlbefindens. Besonders deutlich wird die begrenzte Sicht des heutigen Arbeitsschutzes daran, daß nur einige wenige Berufskrankheiten dem Arbeitsunfall gleichgestellt und damit in die gesUV einbezogen werden, während das weite Feld multikausaler arbeitsbedingter Krankheiten, das mit der Veränderung des Arbeitslebens eher an Bedeutung gewinnt, in die allgemeine Krankenversicherung verwiesen und damit quasi dem Bereich des privaten Risikos zugerechnet wird. Die Sozialstaatsklausel und der Gleichheitsgrundsatz verpflichten demgegenüber den Staat, die Lücken im Arbeitsschutzsystem zu schließen und damit Ungleichheit bei Schutz und Versorgung abzubauen.

3.2 Das zumutbare Risiko

Der Staat kann die aus der Verfassung folgende Pflicht, Leben und Gesundheit bei der Arbeit zu gewährleisten, angesichts unaufhebbarer Gefahren der Technik nicht absolut erfüllen: Auch der Arbeitsschutz kennt keine Sicherheit im strengen Sinne - wohl aber im Sinne der Definition der Sicherheitstechnik -, sondern bürdet dem ArbN ein verbleibendes Risiko auf. Das BVerfG hat dies folgendermaßen ausgedrückt (E 49, 89, 143):

> *Vom Gesetzgeber im Hinblick auf seine Schutzpflicht eine Regelung zu fordern, die mit absoluter Sicherheit Grundrechtsgefährdungen ausschließt, die aus der Zulassung technischer Anlagen und ihrem Betrieb möglicherweise entstehen können, hieße die Grenzen menschlichen Erkenntnisvermögens verkennen und würde weithin jede staatliche Zulassung der Nutzung von Technik verbannen. Für die Gestaltung der Sozialordnung muß es insoweit bei Abschätzungen anhand praktischer Vernunft bewenden. ... Ungewißheiten jenseits dieser Schwelle praktischer Vernunft haben ihre Ursache in den Grenzen des menschlichen Erkenntnisvermögens; sie sind unentrinnbar und insofern als sozialadäquate Lasten von allen Bürgern zu tragen.*

Mit der Höhe des dem ArbN zugemuteten Risikos ist zugleich auch die Grenze des dem ArbG auferlegten Sicherheitsaufwandes bestimmt. Um den abstrakten Verfassungsauftrag in konkrete Anforderungen umzusetzen, haben Arbeitsschutzpolitik und Arbeitsschutzrecht ein System normativer Standards entwickelt, das drei Stufen des zumutbaren Risikos unterscheidet:

a) Die "allgemein anerkannten sicherheitstechnischen, arbeitsmedizinischen und hygienischen Regeln" bezeichnen den generell einzuhaltenden Sicherheitsstandard (z.B. § 3 Abs. 1 Satz 2 GSG, § 3 Abs. 1 Satz 1 ArbStoffV, § 17 Abs. 1 Satz 2 GefStoffV). Eine Regel ist dann allgemein anerkannt, wenn sie von den jeweiligen Fachkreisen als richtig angesehen wird, wenn sie erprobt wurde und sich bewährt hat. Dieser grundlegende Standard ist zunächst im Betriebsverfassungsgesetz 1972 und dann in einer Reihe von Arbeitsschutzgesetzen durch die Pflicht zur Berücksichtigung "gesicherter arbeitswissenschaftlicher Erkenntnisse" erweitert worden (§ 3 Abs. 1 Satz 1 ArbStättV, § 17 Abs. 1 Satz 2 GefStoffV, § 4 Ziff. 3 ArbSchG). Dieser Standard will die technizistischen Grenzen und den zeitlichen Nachlauf der allgemein anerkannten Regeln der Technik überwinden und zu einer umfassenderen Humanisierung der Arbeit führen. Zugleich sollen auch die Umsetzungszeiten von einer allgemein anerkannten wissenschaftlichen Erkenntnis in die betriebliche Erprobung und Umsetzung verkürzt werden (Bücker/ Feldhoff/Kohte 1994, RdNr 12).

b) Der „Stand der Technik" wird als normativer Standard verwendet, wenn das Gefahrenpotential und/oder die Verantwortung größer und daher ein höherer Sicherheitsaufwand erforderlich wird (§ 11 Abs. 1 Nr. 3 GSG, §§ 3 Abs. 4, 19 Abs. 1 - 3 GefStoffV, § 3 Abs. 4 StörfallVO, § 4 Ziff. 3 ArbSchG). Das Bundesimmissionsschutzgesetz definiert: „Stand der Technik im Sinne dieses Gesetzes ist der Entwicklungsstand fortschrittlicher Verfahren, Einrichtungen oder Betriebsweisen, die die praktische Eignung einer Maßnahme zur Begrenzung von Immissionen gesichert erscheinen läßt. Bei der Bestimmung des Standes der Technik sind insbesondere vergleichbare Verfahren, Einrichtungen oder Betriebsweisen heranzuziehen, die mit Erfolg im Betrieb erprobt worden sind" (§ 3 Abs. 6). Für Sicherheitsmaßnahmen ist daher weder die allgemeine Anerkennung noch die breite praktische Erprobung erforderlich; „der rechtliche Maßstab für das Erlaubte oder Gebotene wird hierdurch an die Front der technischen Entwicklung" verlagert (BVerfGE 49, 89,135). Für ArbG wie ArbN heißt dies, sich in Zweifelsfällen selbst eine Meinung bilden, welche der in Wissenschaft und Technik vertretenen Positionen über Wirksamkeit einer bestimmten Maßnahme die richtige sein dürfte.

c) Der „Stand von Wissenschaft und Technik" ist der höchste Sicherheitsstandard, den der Gesetzgeber im Atomrecht (§ 7 Abs. 2 Nr. 3 AtomG) sowie für die biologische Sicherheit verwendet (§§ 6 Abs. 2, 13 Abs. 1 Nr. 4 GenTG). Hiermit übt der Gesetz- und Verordnungsgeber „einen noch stärkeren Zwang dahin aus, daß die rechtliche Regelung mit der wissenschaftlichen und technischen Entwicklung Schritt hält. Es muß diejenige Vorsorge gegen Schäden getroffen werden, die nach dem neuesten wissenschaftlichen Erkenntnisstand für erforderlich gehalten wird. Läßt sie sich technisch noch nicht verwirklichen, darf die Genehmigung nicht erteilt werden; die erforderliche Vorsorge wird mithin nicht durch das technisch gegenwärtig Machbare begrenzt" (BVerfGE 49, 91, 136).

Das europäische Recht hat diese dreistufige Skala nicht übernommen, sondern formuliert - wie oben gezeigt - generell verbindliche Schutzziele, die dann durch die europäischen Normen präzisiert werden. Damit ist die konkrete Festlegung des jeweiligen Sicherheitsniveaus weitgehend in die Verantwortung der Normungsorganisation übergegangen, was zu Befürchtungen über ein Absinken geführt hat (Bauerdick 1994, 136 ff.). Das ArbSchG von 1996, mit dem die Bundesrepublik den Auftrag zur Umsetzung in das deutsche Recht erfüllt, sieht als einheitlichen Standard den „Stand von Technik, Arbeitsmedizin und Hygiene" vor. Ob dies als Übernahme des europäischen Sicherheitsniveaus zu sehen ist oder ob dieser Standard daraus folgt, daß europäisches Recht nur Mindestanforderungen für den Arbeitsschutz formuliert und das deutsche Recht weiter zu gehen berechtigt, teilweise auch verpflichtet ist, kann in dieser Abstraktheit kaum entschieden werden. Bei der Übersetzung europäischer Sicherheitsstandards in das deutsche Recht darf nicht verkannt werden, daß es nicht allein auf abstrakte Standards ankommt, sondern daß am Arbeitsplatz die konkreten Anforderungen und Grenzwerte die entscheidende Rolle spielen. Hier hat das europäische Recht eher positive Anstöße zur Umsetzung des Verfassungsgebotes gegeben.

4. Die einzelnen Schutzbereiche

Will man den Stand der Arbeitsschutzpolitik heute darstellen, so muß man sich an dem vorfindlichen Gemenge von Einzellösungen orientieren, die zum größten Teil ihre Wurzeln im 19. Jh. haben und in einer mehr als 100jährigen Auseinandersetzung - auch immer wieder mit erheblichen Rückschritten - weiterentwickelt wurden. Zweckmäßig ist die Gliederung in die drei Komplexe technischer Arbeitsschutz, sozialer Arbeitsschutz und Sicherheitsorganisation:

Der technischer Arbeitsschutz (4.1) umfaßt die Abwehr der durch technische Geräte, Anlagen und Prozesse und durch die dabei auftretenden Immissionen ausgelösten Gefahren für Leben und Gesundheit und die dagegen durchzuführenden Maßnahmen.
Der soziale Arbeitsschutz (4.2) umfaßt den Schutz besonderer Arbeitnehmergruppen sowie das Arbeitszeitrecht. In einem weiteren Sinne gehört hierzu auch der Schutz der Persönlichkeit des ArbN, der im Datenschutz wie im Schutz gegen sexistische oder rassische Diskriminierung seinen Ausdruck findet (hierzu insbes. Däubler 1995, Bd. 2, 267 ff.).
Die Sicherheitsorganisation (4.3) hat sich aus der Erfahrung, daß gesetzliche Forderung und Vollzug in der Realität des Betriebes gerade im Arbeitsschutz nicht selten auseinanderfallen, als dritte Komponente des Arbeitsschutzes entwickelt: innerhalb des Betriebes als Organisationspflichten des ArbG oder Beteili-

gungsrechte der ArbN, außerhalb des Betriebes als staatliche oder autonome Instanzen mit dem Auftrag von Kontrolle, Intervention und Prävention.

Sozialer Arbeitsschutz wie Sicherheitsorganisation sind teils in Gemengelage mit technischem Arbeitsschutz, teils in speziellen Gesetzen geregelt. Diese nur historisch erklärbaren differenzierten und kaum systematisierbaren Schwerpunkte führen denn auch zu einer sehr differenzierten Vollzugsbilanz. Die harten Fakten berichtet die Bundesregierung jährlich in dem „Unfallverhütungsbericht Arbeit" und macht das Unfallgeschehen, die Unfallkosten und die Entwicklung der Unfallverhütung incl. der Tätigkeitsfelder der Aufsichtsdienste transparent. Ungeachtet der Erfolge in der Unfallverhütung, die dieser Bericht deutlich macht, gibt es Vollzugsdefizite und auch Defizite in der Kenntnis über den Zusammenhang von Arbeit und Gesundheit (Bücker/Feldhoff/Kohte 1994, RdNr 98):

- Zwischen den verschiedenen Betriebsarten und -größen besteht ein deutliches Gefälle. In Klein- und Mittelbetrieben werden Arbeitsschutzregeln in deutlich geringerem Umfang beachtet.
- Auf Information und Transparenz angelegte Normen werden in besonders großem Umfang mißachtet.
- Prävention und risikomindernde Gestaltung von Arbeit sind auch in großen Unternehmen kaum aufgegriffen.
- Arbeitsbedingte Erkrankungen multikausaler Art sind von Arbeitsschutz und gesUV unzureichend erfaßt.

4.1 Technischer Arbeitsschutz

Der technische Arbeitsschutz ist selbst wiederum inhomogen geregelt:
- Auf das betriebliche Geschehen bezogen sind die Regelungen für Arbeitsstätten und für überwachungspflichtige Anlagen und die UVV der Berufsgenossenschaften (4.1.1 - 4.1.3).
- Einzelne Geräte und Maschinen erfaßt das Gerätesicherheitsrecht, das herstellerbezogen Arbeitsschutz mit technischem Sicherheitsrecht und Verbraucherschutz verbindet (4.1.4).
- Auf gefährliche Stoffe und damit primär auf Immissionen ausgerichtet ist das Chemikalienrecht mit der Gefahrstoffverordnung; es verbindet Arbeitsschutz mit Umweltschutz (4.1.5).
- Auf einzelne besonders gefährliche Verfahren, Geräte, Anlagen und Materien ausgerichtet sind Regelungen im Bereich der Kernenergie und der ionisierenden Strahlen, der medizinischen Geräte und Arzneimittel sowie der biologischen Sicherheit; es geht hier um umfassenden Schutz vor gefährlichen betrieblichen und außerbetrieblichen Auswirkungen, also um die Verbindung von Arbeitsschutz, technischem Sicherheitsrecht, Verbraucher- und Umweltschutz. Auf diese speziellen Themen des Arbeitsschutzpolitik kann hier nur hingewiesen werden.
- Schließlich läuft Arbeitsschutzpolitik auch über baurechtliche Anforderungen an Gebäude, über allgemeine gewerberechtliche Regelungen (z.B. Ladenöffnungszeiten), über Verkehrsrecht (z.B. Gefahrguttransporte) und über viele Aspekte des Umweltschutzes.

Die Schwierigkeiten einer überzeugenden Systematik - nach Risikoarten, nach Gefährdungsformen, nach Schutzbereichen oder nach Adressaten - sollten deutlich geworden sein; die Darstellung versucht eine solche gar nicht erst, sondern folgt im wesentlichen der Struktur der geltenden Gesetze.

4.1.1 Arbeitsstättenverordnung

Es dauerte lange, bis für die zentralen Arbeitsschutzvorschriften in den §§ 120a und 120b GewO, die bereits 1891 bzw. 1911 formuliert und erst 1996 durch § 3 ArbSchG modernisiert wurden, eine umfassende Konkretisierung geschaffen wurde. Die Ratifizierung des Übereinkommens Nr. 120 der ILO im Jahre 1974 gab den letzten Anstoß für die schon längere Zeit vorbereitete Arbeitsstättenverordnung (ArbStättV), die aufgrund des ArbSchG über die gewerblichen hinaus auf nahezu alle Tätigkeitsbereiche anzuwenden ist.

Die ArbStättV formuliert in § 3 Abs. 1 allgemeine Schutzziele, um für Entwicklungen offen zu sein:

Der Arbeitgeber hat (1.) die Arbeitsstätte nach dieser Verordnung, den sonst geltenden Arbeitsschutz- und Unfallverhütungsvorschriften und nach den allgemein anerkannten sicherheitstechnischen, arbeitsmedizinischen und hygienischen Regeln sowie den sonstigen gesicherten arbeitswissenschaftlichen Erkenntnissen einzurichten und zu betreiben, (2.) den in der Arbeitsstätte beschäftigten ArbN die Räume und Einrichtungen zur Verfügung zu stellen, die in dieser Verordnung vorgeschrieben sind.

Die erste Ebene der Konkretisierung bilden Vorschriften für die einzelnen Arten von Arbeitsstätten (z.B. innerhalb und außerhalb von Gebäuden, im Freien, auf Baustellen) und Bestimmungen über Betrieb und Instandhaltung. Die zweite Ebene bilden allgemeine Anforderungen an einzelne Elemente der Arbeitsstätten, wie an Belichtung, Belüftung, Klimatisierung etc., wobei die ArbStättV nur gelegentlich selbst präzise Vorgaben festlegt. Die dritte Ebene bilden - inzwischen 30 - Arbeitsstättenrichtlinien (ASR), die eine Übersicht geben, wie der Sicherheitsstandard der allgemein anerkannten Regeln in der Technik sich für einzelne Elemente der Arbeitsstätten konkretisiert. Diese erstellt der Bundesminister für Arbeit in einem komplexen Abstimmungsverfahren, wobei er die fachlich beteiligten Kreise einschl. der Spitzenorganisationen der ArbN und ArbG hinzuzieht und das Benehmen mit den für den Arbeitsschutz zuständigen obersten Landesbehörden herstellt. Die ASR sind als Hinweise auf die Konkretisierung des Sicherheitsstandards weder vollständig noch verbindlich, dienen aber der Aufsichtsbehörde als Maßstab.

4.1.2 Unfallversicherung und Unfallverhütung

Die Träger der gesUV, die Berufsgenossenschaften und die Eigenunfallversicherungsträger, haben gemäß § 14 SGB VII den Auftrag, „mit allen geeigneten Mitteln für die Verhütung von Arbeitsunfällen, Berufskrankheiten und arbeitsbedingten Gesundheitsgefahren und für eine wirksame erste Hilfe zu sorgen". Den Arbeitsunfällen sind Wegeunfälle und anerkannte Berufskrankheiten (§§ 7 - 9 SBG VII) gleichgestellt. Dieser Vorbeugungsaufgabe kommen die Träger der gesUV dadurch nach, daß sie aufgrund § 15 SGB VII UVV erlassen und deren Beachtung kontrollieren und auch sanktionieren. Die UVV werden durch die Vertreterversammlungen der jeweiligen Berufsgenossenschaften für ihren Geltungsbereich geschlossen und durch den Bundesminister für Arbeit nach Anhörung der Länder genehmigt. Sie gelten nur für die Mitgliedsunternehmen und deren ArbN. Das Gesamtwerk der UVV ist umfangreich und wird ergänzt durch Richtlinien (im allgemeinen Vorläufer von UVV), Durchführungsanweisungen (Erläuterungen von UVV, insbesondere für die technischen Aufsichtspersonen), Sicherheitsregeln (Übersicht über die technischen Regeln eines Arbeitsgebietes), Merkblätter (Zusammenstellen von sicherheitstechnischen Erkenntnissen u. ä. für einen Bereich) und Grundsätze (etwa für Geräte, Prüfung oder arbeitsmedizinische Vorsorge); es verweist vielfältig auf Normen.

Formell gibt es einen weiten Überschneidungsbereich von staatlichen Arbeitsschutzvorschriften und den UVV. Praktisch aber hatte sich eine Arbeitsteilung entwickelt, die das betriebliche Geschehen im wesentlichen den Trägern der gesUV vorbehielt, bis die ArbStättV erlassen wurde (Mertens 1980). Diese historische Arbeitsteiligkeit wird angesichts der europäischen Entwicklung kaum zu halten sein, zumindest soweit sich Artikel 100a EGV auf die nationalen Rechtssysteme auswirkt. Weil aufgrund dieser neuen europäischen Initiativen zunehmende Pflichten zur Rechtsetzung auf den staatlichen Bereich auch dort zukommen, wo er sich bislang angesichts der Tätigkeit der Unfallversicherungsträger zurückgehalten hat, wird es zwar bei einer Parallelität der Rechtsetzung bleiben, im Ergebnis kann jedoch daraus ein schrittweiser Bedeutungsverlust der UVV folgen (Bauerdick 1994, 173 ff.).

4.1.3 Überwachungspflichtige Anlagen

Dem Schutz der Beschäftigten und Dritter vor den besonderen Gefahren einzelner Technikanwendungen dient das Recht der überwachungsbedürftigen Anlagen, das eine lange, in das vorige Jahrhundert zurückreichende Tradition hat. Schutzbereiche sind spezifische Betriebsstätten, Anlagen und deren Betrieb, deren Gefährlichkeit so hoch eingeschätzt wird (z.B. Dampfkesselanlagen), daß außer Anforderungen an den Bau und einzelne Bauteile auch eine kontinuierliche Überwachung für erforderlich gehalten wird.

Für jeden der Anlagetypen werden Ziel und Methoden des Arbeitsschutzes in einer fünfstufigen Hierarchie von Regeln festgelegt. Das Gesetz - zunächst die GewO, seit 1992 das GSG - verzichtet auf die Konkretisierung von Zielen und Instrumenten und beschränkt sich auf die Ermächtigung zum Erlaß von Rechtsverordnungen, die alle nach einem übereinstimmenden Konzept aufgebaut sind und neben den Verfahren allgemeine sicherheitstechnische Anforderungen festlegen: die Anlagen müssen „entsprechend den Vorschriften des Anhanges zu dieser Verordnung und im übrigen nach den allgemein anerkannten Regeln der Technik errichtet und betrieben" werden. Die Anhänge wiederum umreißen die sicherheitstechnischen Schutzziele, die dann durch die Erlaubnisverfahren und die ständige Überwachung gesichert werden sollen. Erst die technischen Regeln für den einzelnen Anlagetyp präzisieren die Anforderungen an Werkstoffe, Konstruktion, Errichtung und Betrieb und dienen als Leitlinie für die Anlagenkontrolle. Diese technischen Regeln sind nicht verbindliches Recht, sondern werden über die allgemeinen Verwaltungsvorschriften zur Richtschnur für die zuständigen Behörden und haben damit eine faktische Verbindlichkeit, während der Unternehmer durchaus einen gleichartigen Sicherheitsstandard auf andere Weise als in den technischen Regeln vorgeschrieben erreichen kann. Ihm obliegt dann allerdings die Pflicht, die Einhaltung der allgemein anerkannten Regeln der Technik zu beweisen.

Dieser Bereich der Arbeitsschutzpolitik ist wegen der konsequenten Durchführung des Kooperationsprinzipes interessant:

Die technischen Regeln werden durch technische Ausschüsse erarbeitet (§ 11 Abs. 2 GSG), in denen die staatliche Seite, die Unfallversicherungsträger, Hersteller, Betreiber und Wissenschaftler, Gewerkschaften und die Überwachungsorganisationen sowie das DIN vertreten sind. Die laufende Überwachung wird durch „amtliche oder amtlich für diesen Zweck anerkannte Sachverständige vorgenommen. Diese sind in technischen Überwachungsorganisationen zusammenzufassen" (§ 14 Abs. 1 GSG).

In den Technischen Überwachungsvereinen, die es in nahezu allen Bundesländern gibt, stehen Sachverständigenorganisationen bereit, in deren Rahmen Prüfingenieure unabhängig von fachlichen Weisungen die Prüfungen vornehmen und Prüfzeugnisse erstellen. Die TÜV als eingetragene Vereine finanzieren sich überwiegend aus Mitgliedsbeiträgen und Prüfungsgebühren. Da die Prüfingenieure zu Eingriffen und Weisungen gegenüber den Betreibern nicht berechtigt sind, muß das Ergebnis ihrer Prüfung durch Maßnahmen der Gewerbeaufsicht umgesetzt werden. Im Bereich der überwachungspflichtigen Anlagen hat sich der Staat damit auf eine Kontrollfunktion zurückgezogen und überläßt die inhaltliche Ausfüllung weitgehend einer Selbstorganisation der Wirtschaft (Marburger 1979, 58 ff.).

4.1.4 Gerätesicherheitsgesetz

Während es im klassischen Arbeitsschutz um Regeln für das betriebliche Geschehen, also um den Einsatz von Geräten, Maschinen, Anlagen, Arbeitseinrichtungen und Gefahrstoffen und um die Gestaltung der Arbeitsstätten geht, formuliert das Gesetz über technische Arbeitsmittel (Gerätesicherheitsgesetz - GSG) die Sicherheitsanforderungen an technische Arbeitsmittel. Hersteller wie Importeure dürfen diese nur in den Verkehr bringen, wenn sie den allgemein anerkannten Regeln der Technik sowie den geltenden Arbeitsschutz- und UVV entsprechen, wobei allerdings nur Vorsorge gegen Gefahren bei bestimmungsgemäßem Gebrauch getroffen werden muß. Um den Sicherheitsstandard zu konkretisieren, ist auch hier ein mehrschichtiges Regelungssystem mit kooperativen Elementen entstanden: allgemeine Verwaltungsvorschriften verweisen auf Verzeichnisse mit anzuwendenden Normen, technischen Regeln und UVV. Aufgrund eines Zertifizierungsverfahrens vor zumeist privaten Prüfstellen kann ein technisches Arbeitsmittel mit dem Sicherheitskennzeichen GS (geprüfte Sicherheit) versehen werden.

Durch die europäischen Harmonisierung wird künftig „der weit überwiegende Teil der Erzeugnisse, die in den Anwendungsbereichen des GSG fallen, von EG-Richtlinien erfaßt sein" (BT-Drucks. 12/2693, 17). Dabei baut die europäische Politik auf zwei Harmonisierungslinien auf:

Die technischen Normen werden angeglichen, wobei an die Stelle der nationalen Normen die in einem europäisch geregelten Verfahren entwickelten Normen treten, und die Zertifizierung von technischen Geräte wird harmonisiert. Die „neuen Harmonisierungsrichtlinien legen nur noch die zum Teil sehr abstrakt gefaßten wesentlichen Sicherheitsanforderungen verbindlich fest. Zur Ausfüllung dieser Anforderungen dienen europäische Harmonisierungsnormen, die jedoch nicht verbindlich sind, sondern bei denen lediglich die Vermutung besteht, daß bei ihrer

Einhaltung die wesentlichen Sicherheitsanforderungen erfüllt sind" (BT-Drucks. 12/2693, 17).

Auch hier stellt sich die Frage nach dem zukünftigen Schutzniveau in der europäischen Entwicklung.

4.1.5 Gefahrstoffe

Der Schutz vor gefährlichen Stoffen im Betrieb und am Arbeitsplatz befindet sich in einer späten, aber um so rasanteren Entwicklung: Höhere Aufmerksamkeit für Umweltprobleme, bessere medizinische Kenntnisse über Wirkungen und Gefahren, Vervielfachung der in Produktion und Konsum verwendeten Stoffe, verbesserte Meßtechniken waren wichtige Anstöße. Erst 1971 entstand mit der Arbeitsstoffverordnung eine systematische Regelung, die an die Stelle bloßer Nachsorge die Bemühung um Vorsorge setzte. Eine breitere gesetzliche Grundlage brachte 1980 das Chemikaliengesetz, das zur Grundlage der 1986 geschaffenen Gefahrstoffverordnung (GefStoffV) wurde (Wlotzke 1993, § 206 RdNr 1):

Den entscheidenden Impuls für eine allgemeine Neuregelung im Chemikaliengesetz gaben EG-Richtlinien zur Angleichung der Rechts- und Verwaltungsvorschriften für die Einstufung, Verpackung und Kennzeichnung gefährlicher Stoffe und Zubereitungen. Insbesondere zu ihrer Umsetzung wurde das Chemikaliengesetz erlassen. Entsprechend ist auch die Konzeption des Chemikaliengesetzes wesentlich durch EG-Recht beeinflußt worden.

Grundlage der Gefahrstoffkontrolle ist die Anmeldepflicht für neue Stoffe, die in den Verkehr gelangen sollen (§ 4 Abs. 1 Satz 2 ChemG). Teil der Anmeldepflicht ist die Prüfungspflicht mit Prüfnachweisen. Die Meldebehörde kann je nach Risikoeinschätzung in eingehendere Prüfungen einsteigen oder es bei einer Grundprüfung belassen. Wer gefährliche Stoffe in den Verkehr bringt, hat Pflichten zur Einstufung in Gefahrenklassen, Kennzeichnung und geeigneten Verpackung. Die konkreten Pflichten sind in technischen Regeln festgelegt; es gelten etwa 70 TRGS, die zumeist branchen- oder stoffspezifisch sind und die Grenzwerte festlegen wie die maximale Arbeitsplatzkonzentration, die technische Richtkonzentration, den biologischen Arbeitsplatztoleranzwert oder auch die Auslöseschwelle. Für den Arbeitsschutz von besonderer Bedeutung ist die Pflicht des ArbG sich zu vergewissern, ob es sich bei einem verwendeten Stoff um einen Gefahrstoff handelt; zugleich hat er zu überprüfen, ob es nicht weniger risikoreiche Stoffe gibt, die den gleichen Zweck erfüllen können. Beim Umgang mit Gefahrstoffen hat der ArbG gem. § 19 GefStoffV eine Rangfolge der Schutzmaßnahmen einzuhalten:

1) Gefährliche Stoffe dürfen nicht freigesetzt werden. Ist dies nach dem Stand der Technik nicht zu unterbinden, so müssen
2) gefährliche Stoffe an ihrer Austritts- oder Entstehungsstelle vollständig erfaßt und beseitigt werden. Ist dies nach dem Stand der Technik nicht möglich, sind
3) die dem Stand der Technik entsprechenden Lüftungsmaßnahmen zu treffen. Werden trotzdem die Grenzwerte nicht unterschritten, so sind
4) wirksame persönliche Schutzausrüstungen zur Verfügung zu stellen und die Beschäftigung in gefährdeten Bereichen zeitlich zu beschränken.

Des weiteren hat der ArbG Pflichten zur Information und Unterrichtung.

Auch im Chemikalienrecht finden wir also ein mehrstufiges Regelungssystem und das Kooperationsprinzip: Das Gesetz ist Grundlage für eine Rechtsverordnung, die in ihren Anhängen teilweise allgemein, teilweise stoffspezifisch präzisiert wird. Die Konkretisierungsarbeit verlagert die Rechtsverordnung in den Ausschuß für Gefahrstoffe mit Vertretern der Gewerkschaften und ArbG, Herstellern, Vertreibern, Behörden und Sachverständigen, der die Aufgabe hat, technische Regelwerke dem jeweilig gesetzlich festgelegten Sicherheitsstandard entsprechend zu entwickeln und Grenzwerte sowie Meßverfahren festzulegen. Zugleich verweisen diese technischen Regelungen wiederum auf privatrechtliche Normen der deutschen oder europäischen Normungsinstitutionen.

4.2 Sozialer Arbeitsschutz

4.2.1 Arbeitszeitschutz

Der Schutz der ArbN durch staatliche Beschränkung der maximalen Arbeitszeit gehört zu den historischen Wurzeln des Arbeitsschutzes überhaupt. Und der Kampf um die Sonntagsarbeit, den 8-Stunden Tag, die 5-Tage Woche, die 40-Stunden Woche, die 35-Stunden Woche, um die Beschränkung von Schicht- und Nachtarbeit, um das freie Wochenende und den Mindesturlaub bilden wichtige Epochen. Heute sind Themen Flexibilisierung der Arbeitszeit, kontinuierliche Fertigung, Teilzeitarbeit, Begrenzung oder Ausdehnung der Lebensarbeitszeit und die Spannweite der Arbeitswirklichkeit wird daran deutlich, daß nur noch für weniger als ein Viertel aller ArbN der Normalarbeitstag in der 5-Tage Woche gilt.

Ein Hinweis auf die politische Brisanz der Arbeitszeit ist, daß es erst 1994 gelang, die Arbeitszeitordnung von 1938, die seit 1891 geltenden Regelungen der GewO und mehr als 25 teils hundert Jahre alte Einzelregelungen durch ein neues Arbeitszeitgesetz (AZG) abzulösen. Der Einheitsvertrag (Art. 30 Abs. 1 Nr. 1 EV), das Urteil des BVerfG zum Nachtarbeitsverbot für Arbeiterinnen (E 85, 191) und auch die EG mit ihrer Richtlinie 93/104/EG (Abl. Nr. L 307 vom 13.12.1993, 18) haben den letzten Anstoß gebracht.

Das AZG regelt
- *den Höchstrahmen der täglichen Arbeitszeit*
- *Ruhepausen zur Unterbrechung der täglichen Arbeitszeit und Ruhezeiten zwischen den Arbeitszeiten*
- *Nacht- und Schichtarbeit*
- *Sonntags- und Feiertagsruhe.*

Das Ziel einer umfassenden Arbeitszeitregelung ist damit bis auf wenige Ausnahmen (Urlaubsregelung, Jugendarbeitsschutz, Sonderfälle in § 18 AZG) erreicht.

Der Grundsatz zur täglichen Arbeitszeit lautet: „Die werktägliche Arbeitszeit der Arbeitnehmer darf 8 Stunden täglich nicht überschreiten" (§ 3 Satz 1 AZG). Zahl der Arbeitstage je Woche und Wochenarbeitszeit regelt das Gesetz nicht. Da nur die Höchstdauer je Arbeitstag gesetzlich bestimmt ist, muß die tatsächliche tägliche und wöchentliche Arbeitszeit des einzelnen ArbN durch Arbeitsvertrag, Betriebsvereinbarung oder Tarifvertrag geregelt werden. Ruhepausen müssen bei 6 bis 9 Stunden täglicher Arbeit 30 Minuten, bei längerer Arbeitszeit 45 Minuten betragen (§ 4 Satz 1); die notwendige Ruhezeit zwischen der Arbeit muß mindestens 11 Stunden betragen (§ 5 Abs. 1). Für

Arbeitszeit- wie Pausenregelung gibt es Ausnahmen, auch haben die Tarifparteien Spielraum für Abweichungen von der Grundregel.

Das BVerfG hat den Gesetzgeber aufgefordert, „den Schutz der Arbeitnehmer vor den schädlichen Folgen der Nachtarbeit neu zu regeln. Eine solche Regelung ist notwendig, um dem objektiven Gehalt der Grundrechte, insbesondere des Rechtes auf körperliche Unversehrtheit (Art. 2 Abs. 2 Satz 1 GG) Genüge zu tun." (E 85, 191, 212). Die Konsequenz des AZG lautet: „Die Arbeitszeit der Nacht- und Schichtarbeitnehmer ist nach den gesicherten arbeitswissenschaftlichen Erkenntnissen über die menschengerechte Gestaltung der Arbeit festzulegen" (§ 6 Abs. 1). Hinzu kommt die Gewährung individueller Ansprüche, wie solche auf arbeitsmedizinische Untersuchung und Umsetzung (§ 6 Abs. 3 und 4). Erst die Rechtsprechung und die Aktivität der Tarifparteien, die auch hier wieder Flexibilisierungsspielraum haben (§ 7 Abs. 1 Ziffer 5), wird deutlich machen, was aus dem Verweis des Gesetzgebers auf die Erkenntnisse der Arbeitswissenschaft faktisch folgt.

Die Sonntags- und Feiertagsruhe wird durch ein Beschäftigungsverbot in § 9 Abs. 1 zum Grundsatz erhoben, der aber sogleich durch eine lange Liste von Ausnahmen (§ 10), durch Öffnungen für tarifvertragliche Regelungen (§ 12) und durch eine weite Ermächtigung für den Erlaß von Rechtsverordnungen (§ 13) sowie Befugnisse der Aufsichtsbehörden (§ 15) durchlöchert wird.

Die Arbeitsschutzpolitik steht in Bezug auf die Arbeitszeit unter einem mehrdimensionalen Druck: Gesundheitsschutz wie auch hohe Arbeitslosigkeit fordern Reduzierung von Arbeitszeit, die hohen Kosten des einzelnen Arbeitsplatzes, die internationale Konkurrenz wie auch der hohe Spezialisierungsgrad einzelner ArbN fordern Flexibilisierung, Schicht- und Nachtarbeit, Ausdehnung von Arbeitszeit, und das individuelle Interesse geht auf mehr Zeitsouveränität, also Flexibilisierung mit Wahlrechten des ArbN.

4.2.2 Besonders schutzwürdige Arbeitnehmergruppen

Der historische Anstoß für aktive Arbeitsschutzpolitik in Preußen war die Einsicht in die besondere Schutzbedürftigkeit von Kindern und Jugendlichen. Das Preußische Regulativ über die Beschäftigung jugendlicher ArbN in den Fabriken vom 9.3.1839 ist eines der frühesten Zeugnisse staatlicher Arbeitsschutzpolitik, wenn auch eher unter dem Eindruck deprimierender Rekrutierungsergebnisse für die Preußische Armee angestoßen. Die gesetzlichen Maßnahmen zur Eingliederung Schwerbehinderter in den Arbeitsprozeß wurden nach dem I. Weltkrieg zur finanziellen und sozialen Sicherung der Kriegsinvaliden geschaffen. Der Schutz von Frauen begann in der GewO 1878 mit dem Beschäftigungsverbot unter Tage und wurde kurz danach mit dem Verbot der Nachtarbeit fortgesetzt - nun aber vom BVerfG mit dem Gleichbehandlungsgebot der Verfassung für unvereinbar erklärt. Auch der Mutterschutz wurde damals durch ein dreiwöchiges Beschäftigungsverbot mit finanzieller Sicherung angegangen.

In dem Schwerbehindertenschutz, dem Jugendarbeitsschutz und dem Frauenarbeitsschutz geht es darum, diese Problemgruppen gleichberechtigt am Arbeitsleben teilhaben zu lassen. Durch gezielte Privilegierung soll die faktische Benachteiligung dieses Personenkreises kompensiert und die Betroffenen zugleich vor spezifischen Gefahren geschützt werden. Die beiden Ziele - Eingliederung in die Arbeitswelt mit gleichen Beschäftigungs- und Karrierechancen einerseits und Schutz während der Beschäftigung vor übermäßigen

Belastungen und damit Beschränkung von Beschäftigungsmöglichkeiten aus Gründen des Gesundheitsschutzes andererseits - können leicht gegeneinander ausgespielt werden. Je stärker im Interesse der schutzbedürftigen ArbN die Beschränkungen festgelegt werden, desto höher ist der (negative) Anreiz für die Unternehmer, auf die Beschäftigung der so geschützten ArbN ganz zu verzichten, desto notwendiger wird auch der staatliche Zwang oder die finanzielle Kompensation, gerade bei schwieriger Arbeitsmarktlage.

Der soziale Arbeitsschutz verwendet vornehmlich drei Schutzinstrumente:
a) Beschränkung bis hin zum vollständigen Verbot der Beschäftigung mit besonders belastenden Tätigkeiten oder in einer besonders belastenden Arbeitsumwelt;
b) Besondere Arbeitszeitregelung zum Schutz der Gesundheit von Jugendlichen und Frauen, insbesondere werdenden und stillenden Müttern;
c) Sicherung des Arbeitsplatzes und der beruflichen Entwicklung mit Regelungen zur Einstellungsverpflichtung und zum Kündigungsschutz.

Der Schutz von Frauen hat bislang nicht zu einer zusammenfassenden gesetzlichen Regelung geführt, wobei es heute um die Begrenzung auf nichtdiskriminierende Bereiche geht, insbesondere Mutterschutz und Durchsetzung der Gleichbehandlung. So fordert die Gleichbehandlungsrichtlinie der EG, „daß die mit dem Grundsatz der Gleichbehandlung unvereinbaren Rechts- und Verwaltungsvorschriften, bei denen der Schutzgedanke, aus dem heraus sie ursprünglich entstanden sind, nicht mehr begründet ist, revidiert werden" (EG-Richtlinie 76/207 Art. 5 Abs. 2c). Das ArbSchG hat dies in seinen allgemeinen Grundsätzen berücksichtigt (§ 4 Ziff. 8).

Das Mutterschutzgesetz dient dem Schutz von Leben und Gesundheit von Mutter und Kind vor wie nach der Geburt. Anforderungen an Arbeitsplatz wie Art der Beschäftigung, Beschäftigungsverbot 6 Wochen vor und 8 Wochen nach der Entbindung mit finanziellen Ausgleichsleistungen und ein Sonderkündigungsschutz sind die wichtigsten Instrumente.

Kinder (1. - 14. Lebensjahr) und Jugendliche (14. - 18. Lebensjahr) sind durch die Regelungen des Jugendarbeitsschutzgesetzes (JArbSchG) erfaßt. Von zentraler Bedeutung sind das Verbot der Beschäftigung bis zum Ende der Vollzeitschulpflicht, mindestens bis zum 14. Lebensjahr (§ 5 Abs. 1 JArbSchG), ein besonderes Arbeitszeitrecht und Beschäftigungsverbote mit besonders belastender Arbeit. Zudem hat der ArbG für eine besondere gesundheitliche Betreuung seiner jugendlichen Arbeitnehmer zu sorgen (§§ 32 - 46 JArbSchG).

Als schützenswerte Gruppe der Behinderten sah der Gesetzgeber zunächst nur die Kriegsversehrten und Blinden an; erst die Reform von 1974 brachte den Durchbruch zu einem umfasssenderen Schutz (Kramer 1993, RdNr. 4 zu § 228):

Unter Hinwendung von der 'kausalen' zur 'finalen' Ausrichtung wurden in den geschützten Personenkreis alle Behinderten unabhängig von der Art und Ursache der Behinderung einbezogen, bei denen ein Schutzbedürfnis besteht. Eingliederungshilfen der Gemeinschaft sollten allein von der Tatsache der Behinderung und ihrem Ausmaß und nicht mehr von der Ursache der Behinderung abhängig sein. Der geschützte Personenkreis wurde auf alle 'Schwerbehinderten', alle körperlich, geistig oder seelisch Behinderten mit einer Minderung der Erwerbsfähigkeit um wenigstens 50 v.H. ausgedehnt.

Das Ziel der staatlichen Maßnahmen ist in dem Titel des Gesetzes zum Ausdruck gebracht: „Gesetz zur Sicherung der Eingliederung Schwerbehinderter in Arbeit, Beruf und Gesellschaft". Instrumente sind eine explizite Beschäftigungspflicht bzw. eine Ausgleichsabgabe und ein besonderer Kündigungsschutz.

In allen drei Bereichen - Frauen, Jugendliche, Schwerbehinderte - gibt es besondere Regelungen für interne wie externe Instanzen, die die Umsetzung der Arbeitsschutzziele sichern sollen: Der Schwerbehindertenbeauftragte, die Schwerbehindertenvertretung und auch der Betriebsrat haben besondere Aufgaben für diese Gruppe von ArbN. Die Jugend- und Auszubildendenvertretung im Rahmen der Betriebsverfassung (§§ 60 - 73 BetrVerfG) soll die Rechte der Jugendlichen vertreten. Die Bestellung einer Frauenbeauftragten ist allerdings noch keine generelle Pflicht. Extern gibt es die Gewerbeaufsicht als generelle Aufsichtsinstanz; spezifische Instanzen wie Hauptfürsorgestelle und die Ausschüsse für Jugendarbeitsschutz auf Landesebene (§§ 55 - 57 JArbSchG) setzen das Kooperationsprinzip auch im sozialen Arbeitsschutz um.

4.3 Sicherheitsorganisation und Vollzug des Arbeitsschutzes

Die sich aus dem Arbeitsschutz ergebenden Rechte und Pflichten werden durch eine mehrschichtige interne und externe Sicherheitsorganisation unterstützt: der einzelne ArbN ist kaum in der Lage, mit den schwachen Instrumenten des Vertragsrechtes seinen Anspruch auf Schutz von Leben und Gesundheit am Arbeitsplatz durchzusetzen und externe staatliche Aufsicht kann nur stichprobenhaft eingreifen. Die Regeln des Sicherheitsorganisationsrechts versuchen daher, die kontinuierliche Aufmerksamkeit im betrieblichen Geschehen zu implementieren und die Kontrollinstitutionen zu vernetzen. Als Folge davon ist die autonome Organisationskompetenz des ArbG im Interesse des Arbeitsschutzes durch Interventionsrechte interner wie externer Instanzen eingeschränkt.

4.3.1 Die Umsetzungspflicht von Arbeitgeber und Arbeitnehmer

Der ArbG hat aus Arbeitsvertrag wie aufgrund der staatlichen und berufsgenossenschaftlichen Regelungen die Verantwortung für die Umsetzung des Arbeitsschutzes. Andere Personen im Unternehmen, wie Betriebsleiter, unmittelbare Vorgesetzte, Beauftragte für besondere Gefahrenbereiche, haben nur eingeschränkte Verantwortlichkeit (§§ 3, 13 ArbSchG). Daher hat der ArbG die Pflicht, den gesamten Produktionsprozeß, jeden einzelnen Arbeitsplatz, Schulung wie Information der ArbN so zu gestalten, daß die Ziele des Arbeitsschutzes effektiv zur Wirkung kommen. Auch der ArbN ist sowohl aus dem Arbeitsvertrag wie aufgrund öffentlich-rechtlicher Pflichten gehalten, die Arbeitsschutzvorschriften einzuhalten (§§ 15, 16 ArbSchG).

Eine Verletzung dieser Pflichten kann arbeitsvertragsrechtliche Folgen haben, kann aber auch als Ordnungswidrigkeit oder gar als Straftat (siehe §§ 25, 26 ArbSchG, §§ 45 Abs. 2, 51 GefahrstoffV, § 58 Abs. 5, 6 JArbSchG) geahndet werden. Verstößt der ArbG gegen den Anspruch des ArbN auf Einhaltung der Arbeitsschutzvorschriften am jeweiligen Arbeitsplatz, kann der ArbN die nicht rechtmäßig angebotene Arbeit verweigern. Schadensersatzansprüche des ArbN wegen Personenschaden gegen den ArbG sind allerdings durch Verweis auf die gesUV, die ganz unabhängig vom Verschulden der einen oder anderen Seite eintritt (§ 104 SGB VII), ausgeschlossen.

Um den ArbN instandzusetzen, die Reichweite der Risiken und die Schutzpflichten des ArbG beurteilen zu können, hat das Betriebsverfassungsgesetz umfangreiche Unterrichtungs- und Erörterungspflichten des ArbG festgelegt (§ 81 Abs. 1 Abs. 3 BetrVerfG):

> *Der ArbG hat den Arbeitnehmer vor Beginn der Beschäftigung über die Unfall- und Gesundheitsgefahren, denen dieser bei der Beschäftigung ausgesetzt ist, sowie über die Maßnahmen und Einrichtungen zur Abwendung dieser Gefahren zu belehren. ... Der ArbG hat den ArbN über die aufgrund einer Planung von technischen Anlagen, von Arbeitsverfahren und Arbeitsabläufen oder der Arbeitsplätze vorgesehenen Maßnahmen und ihrer Auswirkungen auf seinen Arbeitsplatz, die Arbeitsumgebung sowie auf Inhalt und Art seiner Tätigkeit zu unterrichten.*

Dieses Recht des einzelnen ArbN auf Information wird durch Einzelvorschriften nochmal unterstrichen (§ 9 ArbSchG, § 21 Abs. 1, 2 GefStoffV, § 6 Abs. 1 Nr. 5 StörfallV) und im Bereich der UVV durch eine Unterweisungspflicht und die Pflicht zur Auslegung der UVV verstärkt.

4.3.2 Interne Sicherheitsorganisation

Mit dem ArbSchG hat der Gesetzgeber 1996 die betriebliche Sicherheitsorganisation weiterentwickelt, nachdem die Regelung der gesUVV die Unternehmen mit mehr als 20 Beschäftigten verpflichtete, Sicherheitsbeauftragte zu bestellen (seit 1996 in § 22 SGB VII geregelt) und das Arbeitssicherheitsgesetz (ASiG) seit 1973 Betriebsärzte wie Fachkräfte für Arbeitssicherheit in die Betriebe eingeführt hat. Hinzu kommt die betriebliche Mitbestimmung, die den Betriebsrat in die Umsetzung und Weiterentwicklung des Arbeitsschutzes einbindet.

Um die Pflicht zur aktiven Prävention umzusetzen, hat der ArbG „für eine geeignete Organisation zu sorgen und die erforderlichen Mittel bereitzustellen sowie Vorkehrungen zu treffen, daß die Maßnahmen erforderlichenfalls bei allen Tätigkeiten und eingebunden in die betriebliche Führungsstruktur beachtet werden und die Beschäftigten ihren Mitwirkungspflichten nachkommen können" (§ 3 Abs. 2 ArbSchG). Wichtiger Bestandteil dieser Sicherheitsorganisation sind die Gefährdungsbeurteilung der Arbeitsplätze, ihre Dokumentation zusammen mit den festgelegten Maßnahmen, die allgemeine Unterweisung, spezielle Anweisungen bei besonderen Gefahren und schließlich die Notfallorganisation (§§ 5 - 12 ArbSchG).

Sicherheitsbeauftragte sind ArbN, die von ihrer Berufsgenossenschaft besonders ausgebildet werden und von ihrem eigenen Arbeitsplatz aus die Umsetzung insbesondere der UVV effektivieren sollen. Hinzu tritt die professionalisierte Beratung (§ 1 ASiG):

> *Der ArbG hat nach Maßgabe dieses Gesetzes Betriebsärzte und Fachkräfte für Arbeitssicherheit zu bestellen. Diese sollen ihn beim Arbeitsschutz und bei der Unfallverhütung unterstützen. Damit soll erreicht werden, daß*
> *1. die dem Arbeitsschutz und der Unfallverhütung dienenden Vorschriften den besonderen Betriebsverhältnissen entsprechend angewendet werden,*
> *2. gesicherte arbeitsmedizinische und sicherheitstechnische Erkenntnisse zur Verbesserung des Arbeitsschutzes und der Unfallverhütung verwirklicht werden können,*

3. die dem Arbeitsschutz und der Unfallverhütung dienenden Maßnahmen einen möglichst hohen Wirkungsgrad erreichen.

Betriebsärzte wie Fachkräfte für Arbeitssicherheit haben insbesondere präventive Funktionen bei der Gestaltung von Betriebsanlagen und einzelnen Arbeitsplätzen; sie haben einen integrativen Blick auf die Zusammenhänge von Arbeitsorganisation und Gesundheit zu richten, haben das Recht zur Anregung und Beanstandung, haben auf Maßnahmen hinzuwirken und das Verhalten sowohl des ArbG wie seiner Vertreter als auch das der ArbN kontrollieren zu helfen. Ihre Durchsetzungskompetenz endet allerdings recht schnell: Sie sind zwar bei der Umsetzung ihrer Fachkenntnisse weisungsfrei, sind aber selbst nicht befugt, Weisungen zu erteilen, können aber, wenn sie sich bei den jeweils Zuständigen des Betriebes nicht durchsetzen, ihre Vorschläge bis zur Unternehmensleitung vortragen.

Ergänzt wird diese Sicherheitsorganisation durch weitere Beauftragte, die den Arbeitsschutz berühren, wie Beauftragte für Störfälle und Immissionsschutz, für die biologische Sicherheit, für Strahlenschutz und auch für Datenschutz. Für Kooperation all dieser Experten fehlt ein besonderer gesetzlicher Auftrag. Weil aber die Aufgabenkataloge der Experten offen sind, liegt hier ein innovatorisches Potential zur schrittweisen Weiterentwicklung des Arbeitsschutzes zu einem umfassenden Schutz der Gesundheit wie der Umwelt am Arbeitsplatz vor.

Von zentraler Bedeutung für die interne Sicherheitsorganisation sind die Mitbestimmungsrechte des Betriebsrates (§ 89 Abs. 1 BetrVerfG):

Der Betriebsrat hat bei der Bekämpfung von Unfall- und Gesundheitsgefahren die für den Arbeitsschutz zuständigen Behörden, die Träger der gesetzlichen Unfallversicherung und die sonstigen in Betracht kommenden Stellen durch Anregung, Beratung und Auskunft zu unterstützen sowie sich für die Durchsetzung der Vorschriften über den Arbeitsschutz und die Unfallverhütung im Betrieb einzusetzen.

Der ArbG wie auch die externen Arbeitsschutzinstitutionen müssen den Betriebsrat bei Besichtigungen und Unfalluntersuchungen hinzuziehen und ihn über die Ergebnisse unterrichten. Der Betriebsrat hat ein gesetzliches Mitbestimmungsrecht bei „Regelungen über die Verhütung von Arbeitsunfällen und Berufskrankheiten sowie über den Gesundheitsschutz im Rahmen der gesetzlichen Vorschriften oder der Unfallverhütungsvorschriften" (§ 87 Abs. 1 Ziff. 7 BetrVerfG). Dies ist einerseits ein breit angelegtes Mitbestimmungsrecht, der Verweis auf den gesetzlichen Rahmen heißt aber zugleich, daß der Betriebsrat an das Schutzniveau, das in den einzelnen Gesetzen bzw. UVV vorgesehen ist, gebunden bleibt. Zugleich unterliegt nur eine Regelung, nicht aber jede Einzelmaßnahme des ArbG der Mitbestimmung. Für die Prävention von besonderer Bedeutung sind die Unterrichtungs- und Beratungsrechte nach §§ 90, 91 BetrVerfG bei Veränderungen der betrieblichen Organisation, der technischen Anlagen, der Arbeitsverfahren, Arbeitsabläufe und Arbeitsplätze. Eine Mitbestimmung hat der Betriebsrat allerdings nur dort, wo die Planung und Gestaltung, die der ArbG umsetzt, „den gesicherten arbeitswissenschaftlichen Erkenntnissen über die menschengerechte Gestaltung der Arbeit offensichtlich widersprechen" und dadurch die ArbN in besonderer Weise belastet werden (§ 91 BetrVerfG).

Im Arbeitsschutzausschuß wird die interne Sicherheitsorganisation gebündelt: Dort sollen gem. § 11 ASiG ArbG, Betriebsrat und die Experten zusammenarbeiten und Anliegen des Arbeitsschutzes und der Unfallverhütung beraten. Der Arbeitsschutzausschuß kann sich jederzeit erweitern um die Experten, wie sie etwa in den Umweltgesetzen für die Betriebe vorgesehen sind.

Eine neue Qualität erreicht die interne Sicherheitsorganisation durch die Störfallverordnung (StörfallV) und die dort geregelten Anforderungen an Vorsorge für Stör- und Notfälle. Die StörfallV ist unter dem Einfluß von EG-Richtlinien und auch angesichts der empirischen Erkenntnis, daß bei Störfällen in erster Linie ArbN geschädigt werden, zu einer wichtigen Arbeitsschutzvorschrift weiterentwickelt worden. Allerdings gilt sie nur für bestimmte Typen von Anlagen, die besonders gefährliche Stoffe in größeren Mengen verarbeiten.

Die StörfallV hat einen systemischen Ansatz, in dem bei der Erfüllung der Sicherheitspflicht 1. betriebliche Gefahrenquellen, 2. umgebungsbedingte Gefahrenquellen, wie Erdbeben- oder Hochwassergefahren, und 3. Eingriffe Unbefugter zu berücksichtigen sind (§ 3 Abs. 2 StörfallV). Eine Sicherheitsanalyse ist zu erstellen und laufend fortzuschreiben (§§ 6, 7 StörfallV), für jede Anlage sind Störfallbeauftragte zu bestellen (§ 58a BImSchG) und über Störfälle sind die Aufsichtsbehörden und der Betriebsrat (§ 11 StörfallV), aber auch Betroffene und Öffentlichkeit zu informieren (§ 11a StörfallV).

Die Störfallregelungen sind, selbst wenn sie bislang nur einen kleinen Teil von Anlagen betreffen, für die Entwicklung des Arbeitsschutzes in doppelter Hinsicht bedeutsam: zum einen als eine deutliche Verknüpfung von Arbeitsschutz und Umweltschutz; zum anderen als das Vordringen eines systemischen, umfassenden Zugriffs auf die betrieblichen Risiken (Bücker/Feldhoff/Kohte 1994, RdNr 496 ff.). Von gleicher Bedeutung ist die Einbeziehung der gesamten Arbeitsorganisation, denn während die klassischen Bereiche des Arbeitsschutzes sich durchaus der technischen Entwicklung anpassen konnten, ist der Arbeitsschutzpolitik bis heute nicht die „gestalterische Einflußnahme auf die ergonomische Qualität von Arbeitsplatz, Arbeitsorganisation und Arbeitsablauf" gelungen. Diese „selektive Modernisierung" kann man auf die „fundamentale Orientierung an Vorschriften und formalen Normen" und auf Filterungen zurückführen, die über die allgemein anerkannten Regeln der Arbeitswissenschaft und das dahinter stehende Wissenschaftsparadigma gesteuert werden. Reformperspektiven sollten daher gerade nicht in der Verstärkung der institutionellen Verselbständigung von Sachverstand liegen, sondern umgekehrt in einer wesentlich stärkeren Integration von Sicherheit und Arbeitsmedizin einerseits, von Arbeitsschutz und Arbeitsgestaltung andererseits. Dabei muß es Ziel sein, die Beschäftigten als Experten der Arbeit und ihre Sichtweisen in diesen Prozeß innovativ und kritisch einzubringen (Pröll 1991).

4.3.3 Externe Sicherheitsorganisation

Für die Durchsetzung ihrer Regelungen haben beide Seiten, der Staat wie auch die Träger der gesUV, ihr eigenes Durchsetzungsinstrumentarium geschaffen. Für die staatliche Seite ist die Gewerbeaufsicht der Länder die zentrale Umsetzungsinstanz, wobei Bezeichnungen wie Zuständigkeiten in den einzelnen Bundesländern unterschiedlich sind. Ihre Befugnisse umfassen Zutrittsrechte und Rechte auf Information und Einsicht, den Erlaß von Durchführungsanordnungen bis hin zu Stillegungs- bzw. Untersagungsanordnungen und auch die Verhängung von Bußgeldern oder den Anstoß zu Strafverfahren (s. insbes. §§ 21 - 26 ArbSchG). In ähnlicher Weise können auch die

„Aufsichtspersonen" der Berufsgenossenschaften in das betriebliche Geschehen eingreifen (§§ 18, 19 SGB VII). Daß der Unternehmer sich gegen hoheitliche Eingriffe mit Rechtsbehelfen zur Wehr setzen kann, ist selbstverständlich.

Die Aufsichtsinstitutionen sind zur Zusammenarbeit verpflichtet. So hat der Bundesminister für Arbeit das Zusammenwirken der Träger der gesUV und der Gewerbeaufsichtsbehörden geregelt (§ 21 Abs. 3 ArbSchG), das Betriebsverfassungsgesetz regelt die Kooperation in beide Richtungen (§ 89 BetrVerfG) und auch die besondere Regelung über das Zusammenwirken der Träger der gesUV mit den Betriebsvertretungen konkretisiert die Kooperationspflicht (§ 20 SGB VII).

Da die Grenzen zwischen Arbeitsschutz- und Gesundheitspolitik fließend sind, ist es sicher eine der Zukunftsaufgaben auch der Gesundheitspolitik, die aus der Sphäre der Arbeit stammenden Gesundheitsgefahren stärker in den Blick zu nehmen. So hat gemäß § 20 Abs. 2 SGB V die gesetzliche Krankenversicherung die Pflicht, „bei der Verhütung arbeitsbedingter Gesundheitsgefahren mitzuwirken": Sie wird daher demnächst auch eine Rolle in der Sicherheitsorganisation zu spielen haben.

5. Ausblick

Die Arbeitsschutzpolitik ist schon heute sehr stark von der europäischen Politik bestimmt. Diese Tendenz dürfte sich allein deswegen verstärken, weil alle Faktoren des Arbeitsschutzes zugleich Wirtschaftsfaktoren darstellen („Ökonomisierung" des Arbeitsrechtes). Wenn dies so ist, muß sich auch die Arbeitsschutzpolitik dem gemeinsamen Binnenmarkt stellen. Unstrittig gilt dies für die produktbezogenen Regeln, die über Artikel 100 EGV verbindlich harmonisiert werden; mittelbar gilt dies aber auch für die die Produktion und den Betrieb betreffenden Regeln, da sie sich letztlich auf die Arbeitskosten auswirken.

Mag Art. 118a EGV auch nur Mindestanforderungen festsetzen und damit Spielraum nach oben gewähren, die Prognose ist nicht sehr gewagt, daß der größte Teil des deutschen Systems autonomer Arbeitsschutzregeln in europäischen Vorgaben aufgehen wird. Damit muß kein Absinken des Niveaus des deutschen Arbeitsschutzes verbunden sein, wenn sich die politische Energie der Akteure von den deutschen Institutionen auf die europäischen wendet. Es sind dies aber neue, ungewohnte Konfliktfelder und die Konfrontation mit anderen Traditionen des Konfliktverhältnisses zwischen Staat und Wirtschaft, zwischen Gewerkschaft und Kapital, zwischen Unternehmern und Belegschaft.

Literatur

Anzinger, Rudolf 1994: Neues Arbeitszeitgesetz in Kraft getreten. In: Betriebs-Berater 1994, H. 21, 1492 - 1498.

Bauerdick, Johannes 1994: Arbeitsschutz zwischen staatlicher und verbandlicher Regulierung. Berlin: Ed. Sigma.

Bücker, Andreas; Feldhoff, Kerstin; Kohte, Wolfhard 1994: Vom Arbeitsschutz zur Arbeitsumwelt. Europäische Herausforderungen für das deutsche Arbeitsrecht. Neuwied u.a.: Luchterhand.

Bundesanstalt für Arbeitsschutz (Hg.) 1980: Arbeitsschutzsystem in der Bundesrepublik Deutschland, Forschungsbericht Nr. 232, Bd 1 - 5. Dortmund.

de Gier, Erik 1992: Eine neue Herausforderung? Europäisches Arbeitsschutzrecht im Spannungsverhältnis von Wirtschaft und Gesellschaft. In: Recht der Arbeit, 7 ff.

Däubler, Wolfgang 1995: Das Arbeitsrecht. Bd 1,2. Reinbeck bei Hamburg: Rowohlt.

Käss, Ludwig; Pulte, Peter 1995: Betriebs- und Gefahrenschutz (Arbeitsschutz/Umweltschutz). Materialsammlung, Bd 1 - 3, Neuwied u.a.: Luchterhand.

Kittner, Michael 1995: Arbeits- und Sozialordnung. Ausgewählte und eingeleitete Gesetzestexte, 20. Aufl.. Köln: Bund-Verlag.

Marburger, Peter 1979: Die Regeln der Technik im Recht. Köln u.a.: Heymann.

Martin, Hans 1994: Grundlagen der menschengerechten Arbeitsgestaltung. Handbuch für die betriebliche Praxis. Köln: Bund-Verlag.

Mertens, Alfred 1980: Der Arbeitsschutz auf dem Prüfstand. Dortmund.

Pröll, Ulrich 1991: Arbeitsschutz und neue Technologien: Handlungsstrukturen und Modernisierungsbedarf im institutionalisierten Arbeitsschutz. Opladen: Westdt. Verlag.

Richardi, Reinhard; Wlotzke, Otfried 1992: Münchener Handbuch zum Arbeitsrecht, Bd 1-3. München Beck 1992 - 3 mit Beiträgen zum Arbeitsschutz von Wlotzke/Anzinger/Heenen,/Zmarzlik und Cramer.

Unfallverhütungsbericht Arbeit, zuletzt 1995, BT-Dr. 13/6120 vom 13. 11. 1996.

Wlozke, Otfried 1996: Das neue Arbeitsschutzgesetz - zeitgemäßes Grundlagengesetz für den betrieblichen Arbeitsschutz. In: Neue Zeitschrift für Arbeitsrecht, 19, 1017 - 1024.

Wank, Rolf; Börgmann, Udo 1992: Deutsches und europäisches Arbeitsschutzrecht. Eine Darstellung der Bereiche Arbeitsstätten, Geräte- und Anlagensicherheit, Gefahrstoffe und Arbeitsorganisation mit Abdruck der einschlägigen EG-Richtlinien. München: Beck.

Berufsbildungssystem

Günter Kutscha

1. Trennung von allgemeiner und beruflicher Bildung als Strukturmerkmal des Bildungswesens in Deutschland - Rahmenbedingungen des Berufsbildungssystem

Als strukturkonstituierendes Merkmal des Bildungssystems in Deutschland gilt die Trennung von allgemeiner und beruflicher Bildung. Sie wird bei historischer Betrachtung in engen Zusammenhang gebracht mit den Ideen der neuhumanistischen Bildungstheoretiker zu Beginn des 19. Jahrhunderts, insbesondere den Schulplänen Wilhelm von Humboldts. Humboldt (1809) plädierte für eine strikte Trennung von allgemeiner und spezieller Bildung. Letztere sollte nach abgeschlossenem allgemeinen Unterricht erworben werden. Humboldts Plan für das nationale Bildungswesen sah eine gesamtschulartige Struktur mit den „natürliche Stadien" des Elementar-, Schul- und Universitätsunterrichts vor. Diese Konzeption ließ sich in der ständisch orientierten Gesellschaft des 19. Jahrhunderts nicht durchsetzen (vgl. Herrlitz/Hopf/Titze 1981, 28 ff.). Statt dessen bildete sich eine drei-säulige Struktur des niederen, mittleren und höheren Schulwesens heraus (Jeismann/ Lundgreen 1987; Müller 1977). Übertrittsmöglichkeiten von der Volksschule in die höheren Lehranstalten waren so gut wie ausgeschlossen. Die Volksschule entließ ihre Schüler in der Regel entweder direkt in die Arbeit oder in die betriebliche Lehre. Letztere wurde ergänzt durch den Unterricht der Fortbildungsschule, die sich seit Anfang des 20. Jahrhunderts allmählich zur Teilzeit-Pflichtberufsschule entwickelte. Strukturspezifische Merkmale der Berufsschule sind: Konzentration auf den Beruf (nach Lehr- bzw. Ausbildungsberufen differenzierte, aufsteigende Fachklassen), Teilzeitform (früher in der Regel 4 bis 6 Stunden, heute 8 bis 12 Stunden wöchentlich ergänzend zur betrieblichen Ausbildung) und gesetzliche Berufsschulpflicht (bis zum vollendeten 18. Lebensjahr, und zwar unabhängig davon, ob ein betriebliches Ausbildungsverhältnis besteht oder nicht).

Die Grundstruktur dieses Systems blieb über das Kriegsende 1945 hinaus erhalten und hatte nach Gründung der Bundesrepublik Deutschland hier weiterhin Bestand, seit 1964 auf der Grundlage des bis heute geltenden „Hamburger Abkommens" der Ministerpräsidenten der Länder. Dieses Abkommen ist auch verbindlicher Bestandteil des Vertrags über die Herstellung der Einheit Deutschlands (Einigungsvertrag vom 31. August 1990). Das "Hamburger Abkommen" bestätigte einerseits die Struktur des nach Abschlüssen hierarchisch gegliederten, zwischen allgemeiner und beruflicher Bildung institutionell getrennten Schulwesens, ermöglichte andererseits innerhalb dieser Struktur Reformen mit dem Ziel größerer Durchlässigkeit zwischen den Schularten und -stufen des allgemeinen und beruflichen Schulwesens, wie sie insbesondere durch die Empfehlungen und Gutachten des Deutschen Bildungsrats (1970; 1974) angeregt wurden (siehe Abbildung 1; vgl. hierzu: Anweiler/Fuchs/Dorner/Petermann 1992; Friedeburg 1989).

Formal betrachtet kann heute von jeder Schulart der Sekundarstufe I (Hauptschule, Realschule, Gymnasium, Gesamtschule) unter bestimmten Voraussetzungen der Übergang in die dreijährige gymnasiale Oberstufe oder in die studienqualifizierenden Bildungswege des beruflichen Schulwesens (höhere Berufsfachschule, Fachoberschule u.a.) realisiert werden. Nach Erwerb des entsprechenden Schulabschlusses ist von da aus jeweils der Übergang in die Studiengänge der Universitäten, der Gesamt- und Fachhochschulen formal möglich (vgl. Arbeitsgruppe Bildungsbericht am Max-Planck-Institut für Bildungsforschung 1994).

Abb. 1:

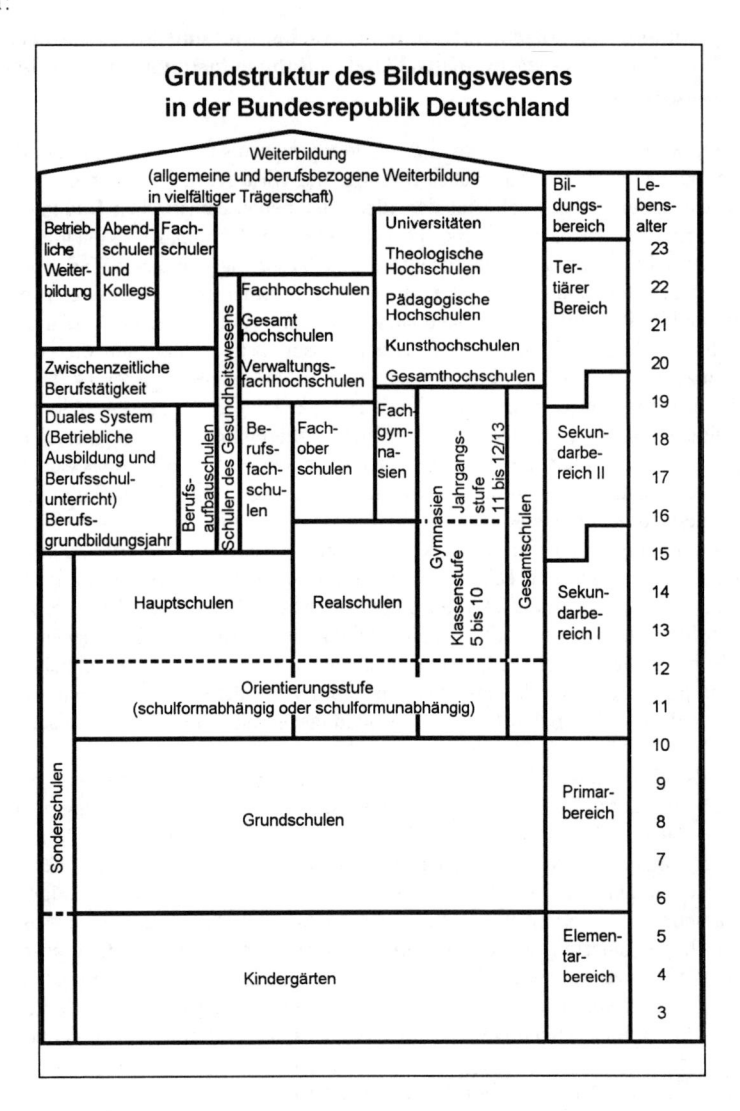

Grundstruktur des Bildungswesens in der Bundesrepublik Deutschland

Bildungsbereich	Lebensalter
Weiterbildung (allgemeine und berufsbezogene Weiterbildung in vielfältiger Trägerschaft)	
Tertiärer Bereich (Universitäten, Theologische Hochschulen, Fachhochschulen, Pädagogische Hochschulen, Kunsthochschulen, Gesamthochschulen, Verwaltungsfachhochschulen, Gesamthochschulen; Betriebliche Weiterbildung, Abendschulen und Kollegs, Fachschulen, Zwischenzeitliche Berufstätigkeit)	19–23
Sekundarbereich II (Duales System – Betriebliche Ausbildung und Berufsschulunterricht –, Berufsgrundbildungsjahr, Berufsaufbauschulen, Schulen des Gesundheitswesens, Berufsfachschulen, Fachoberschulen, Fachgymnasien, Gymnasien Jahrgangsstufe 11 bis 12/13, Gesamtschulen)	15–18
Sekundarbereich I (Hauptschulen, Realschulen, Gymnasien Klassenstufe 5 bis 10, Gesamtschulen); Sonderschulen; Orientierungsstufe (schulformabhängig oder schulformunabhängig)	11–14
Primarbereich (Grundschulen)	6–10
Elementarbereich (Kindergärten)	3–5

Unterdessen hält der Zulauf zum Gymnasium ungebrochen an. Besuchten 1960 fast zwei Drittel aller Schüler und Schülerinnen im siebten bis neunten Schuljahrgang die Hauptschule, so waren es drei Jahrzehnte später nur noch ein Drittel. „Die Hauptschule tendierte also zur „Rest"-Schule, das Gymnasium zur „Haupt"-Schule" (Blankertz 1982, 329). Damit einher geht die Entwertung der Abschlüsse, und zwar primär zu Lasten der Hauptschulabsolventen, was den Druck zum Besuch von Bildungsgängen mit höherwertigen Abschlußzertifikaten innerhalb des vertikal gegliederten Bildungswesens noch weiterhin verstärkt. Kritisch-engagierte Beobachter der Bildungsreform (u.a. Baethge 1975, Friedeburg 1989; Lempert 1974) sehen darin die „gesellschaftlichen Grenzen" staatlicher Reformpolitik, zeige doch die Geschichte des Bildungswesens, „daß über ihren Fortgang nicht pädagogische Einsichten und organisatorische Konzepte, sondern gesellschaftliche Machtverhältnisse entscheiden" (Friedeburg 1989, 476). Gleichwohl verliert der reformpädagogische Anspruch der Chancengerechtigkeit durch die normative Kraft des Faktischen nicht seine Gültigkeit. „Das öffentliche Schulwesen bleibt den Bestimmungen des Grundgesetzes verpflichtet, nach dem die Bundesrepublik ein demokratischer Rechts- und Sozialstaat ist, zu dessen Verantwortung es gehört, das Bürgerrecht auf Bildung in gleichwertigen Schulen zu verwirklichen" (Friedeburg 1996, 50). Das gilt auch für den Bereich der beruflichen Bildung.

2. Das berufliche Schulwesen - Bildungswege und Berechtigungen

Das berufliche Schulwesen ist in sich sehr differenziert. Nach einem auch heute noch geltenden Beschluß der Kultusministerkonferenz vom 08.12.1975 werden in allen Ländern folgende fünf Grundtypen beruflicher Schulen unterschieden (Kultusministerkonferenz 1977, 178 ff.):

- *Berufsschulen* sind Schulen, die von Berufsschulpflichtigen/Berufsschulberechtigten besucht werden, die sich in der beruflichen Erstausbildung befinden oder in einem Arbeitsverhältnis stehen. Sie haben die Aufgabe, dem Schüler allgemeine und fachliche Lerninhalte unter besonderer Berücksichtigung der Anforderungen der Berufsausbildung zu vermitteln. Der Unterricht erfolgt in Teilzeitform, zum Teil an mehreren Wochentagen oder in zusammenhängenden Teilabschnitten (Blockunterricht); er steht in enger Beziehung zur Ausbildung in Betrieben einschließlich überbetrieblicher Ausbildungsstätten. Im Rahmen einer in Grund- und Fachstufe gegliederten Berufsausbildung kann die Grundstufe als Berufsgrundbildungsjahr mit ganzjährigem Vollzeitunterricht oder im dualen System in kooperativer Form geführt werden.
- *Berufsfachschulen* sind Schulen mit Vollzeitunterricht von mindestens einjähriger Dauer, für deren Besuch keine Berufsausbildung oder berufliche Tätigkeit vorausgesetzt wird. Sie haben die Aufgabe, allgemeine und fachliche Lerninhalte zu vermitteln und den Schüler zu befähigen, den Abschluß in einem nach dem Berufsbildungsgesetz anerkannten Ausbildungsberuf oder einen Teil der Berufsausbildung in einem oder mehreren anerkannten Ausbildungsberufen zu erlangen, oder ihn zu einem nach Landesrecht anerkanntem Berufsausbildungsabschluß zu führen, der nur in Schulen erworben werden kann.
- *Berufsaufbauschulen* sind Schulen, die neben einer Berufsschule oder nach erfüllter Berufsschulpflicht von Jugendlichen besucht werden, die in einer Berufsausbildung stehen oder eine solche abgeschlossen haben. Sie vermitteln eine über das Ziel der Berufsschule hinausgehende allgemeine und fachtheoretische Bildung und führen zu einem dem Realschulabschluß gleichwertigen Bildungsstand ("Fachschulreife"). Der Bildungsgang umfaßt in Vollzeitform mindestens ein Jahr, in Teilzeitform einen entsprechend längeren Zeitraum.
- *Fachoberschulen* sind Schulen, die - aufbauend auf einem Realschulabschluß oder einem als gleichwertig anerkannten Abschluß - allgemeine, fachtheoretische und fachpraktische Kenntnisse und Fähigkeiten vermitteln und zur Fachhochschulreife führen. Die 11. Klasse umfaßt Unterricht und fachpraktische Ausbildung; der Besuch der 11. Klasse kann durch eine einschlägige Berufsausbildung ersetzt werden. Der Unterricht in Klasse 12 wird in der Regel in Vollzeitform erteilt; wird er in Teilzeitform erteilt, dauert er mindestens zwei Jahre.

- *Fachschulen* sind Schulen, die grundsätzlich den Abschluß einer einschlägigen Berufsausbildung oder eine entsprechende praktische Berufstätigkeit voraussetzen; als weitere Voraussetzung wird in der Regel eine zusätzliche Berufsausübung gefordert. Sie führen zu vertiefter beruflicher Fachbildung und fördern die Allgemeinbildung. Bildungsgänge an Fachschulen in Vollzeitform dauern in der Regel mindestens ein Jahr, Bildungsgänge in Teilzeitform dauern entsprechend länger.

Berufsschulen, Berufsfachschulen und Fachschulen behalten diese Bezeichnung, auch wenn sie unmittelbar oder über ein Angebot von Ergänzungskursen und Zusatzprüfungen weiterführende Abschlüsse ermöglichen. Bildungsgänge in Vollzeitform, die nicht mindestens ein Jahr dauern, sind als Lehrgänge zu bezeichnen. Neben diesen fünf Grundtypen beruflicher Schulen gibt es - von Bundesland zu Bundesland unterschiedlich geregelt - noch weitere berufliche Bildungseinrichtungen:
- *Berufsoberschulen* sind Schulen mit Vollzeitunterricht, die - aufbauend auf einer abgeschlossenen Berufsausbildung bzw. einer entsprechenden Berufspraxis und einem Realschulabschluß bzw. einem gleichwertigen Abschluß - eine allgemeine und fachtheoretische Bildung vermitteln und in mindestens zwei Jahren zur fachgebundenen Hochschulreife führen.
- *Fachakademien* sind berufliche Bildungseinrichtungen, die den Realschulabschluß oder einen gleichwertigen Schulabschluß voraussetzen und in der Regel im Anschluß an eine dem Ausbildungsziel dienende berufliche Ausbildung oder praktische Tätigkeit auf den Eintritt in eine angehobene Berufslaufbahn vorbereiten. Der Ausbildungsgang umfaßt bei Vollzeitunterricht mindestens zwei Jahre.
- *Berufskollegs* sind Einrichtungen, die den Realschulabschluß oder einen gleichwertigen Schulabschluß voraussetzen. Sie führen in ein bis drei Jahren zu einer beruflichen Erstqualifikation und können bei mindestens zweijähriger Dauer unter besonderen Voraussetzungen auch zur Fachhochschulreife führen. Das Berufskolleg wird in der Regel als Vollzeitschule geführt; es kann in einzelnen Typen in Kooperation mit betrieblichen Ausbildungsstätten auch in Teilzeitunterricht durchgeführt werden.
- *Fachgymnasien/Berufliche Gymnasien* sind Gymnasien in Aufbauform, die aufbauend auf einem Realschulabschluß oder einem als gleichwertig anerkannten Abschluß mit einem beruflichen Schwerpunkt zur allgemeinen oder zur fachgebundenen Hochschulreife führen. Sie können durch das Angebot in beruflichen Schwerpunkten - gegebenenfalls in Verbindung mit Zusatzpraktika - einen Teil der Berufsausbildung vermitteln oder den Abschluß in einem anerkannten Beruf ermöglichen.
- *Berufsakademien* sind Einrichtungen des tertiären Bildungsbereichs außerhalb der Hochschule. Die Ausbildung findet an der Studienakademie (Lernort Theorie) und den betrieblichen Ausbildungsstätten (Lernort Praxis) statt und dauert drei Jahre. Sie führt Abiturienten in Stufen zu einem wissenschaftlichen und berufsqualifizierenden Abschluß, der mit einem Hochschulabschluß vergleichbar ist.

Der Erwerb allgemeiner schulischer Abschlüsse (Hauptschulabschluß, Realschulabschluß, Hochschulreife) ist heute nicht mehr allein an den Besuch allgemeinbildender Schulen gebunden. Man kann sagen, daß sich das Berechtigungswesen und die Vergabe von staatlichen Bildungszertifikaten gegenüber den speziellen Institutionen des allgemeinen und beruflichen Schulwesens quasi verselbständigt habe. So können der Hauptschul- oder der Realschulabschluß unter bestimmten Voraussetzungen an Einrichtungen des beruflichen Schulwesens ebenso nachgeholt werden wie der Erwerb der allgemeinen oder fachgebunden Hochschulreife. Es ist ein großes Anliegen der beruflichen Schulen, im Rahmen ihrer Bildungsgänge möglichst alle im allgemeinen Schulwesen angebotenen Bildungsabschlüsse zu vermitteln. Das gilt insbesondere für das Abitur. Bereits Ende der siebziger Jahre konstatierte Gustav Grüner, ein exzellenter Kenner des beruflichen Schulwesens: "Heute können in den meisten Bundesländern alle im allgemeinen Schulwesen zu erwerbenden Berechtigungen (Hochschulreife, Fachhochschulreife, mittlerer Schulabschluß, Hauptschulabschluß) auch im beruflichen Schulwesen erworben werden" (Grüner 1979, 357). Angesichts der Entwicklungen im beruflichen Schulwesen gewinne man den Eindruck, so Grüner, daß nicht so sehr die Qualifizierung für eine bestimmte Ebene im Beschäftigungssystem das zentrale Anliegen sei, sondern die Vermittlung von Berechtigungen, die normalerweise im allgemeinbildenden Schulwesen erworben werden könnten. Angesicht der überaus großen Bedeutung des Berechtigungswesens sei eine solche Tendenz verständlich.

Berufsbildende Schulen in Vollzeitform erfüllen mehrere Funktionen. Neben dem Erwerb höherer allgemeinbildender Schulabschlüsse dienen sie vor allem auch dem Ziel der Berufsvorbereitung oder der Berufsqualifizierung mit Berufsabschluß. Das gilt insbesondere hinsichtlich der unterschiedlichen Formen der Berufsfachschulen. Drei Typen von Berufsfachschulen lassen sich unterscheiden (vgl. Münch 1987, 162):
– Berufsfachschulen, die zu einem Abschluß in einem anerkannten Ausbildungsberuf führen;
– Berufsfachschulen, deren Besuch auf die Ausbildungszeit in anerkannten Ausbildungsberufen angerechnet wird;
– Berufsfachschulen, die zu einem Berufsabschluß führen, der nur über den Besuch einer Berufsfachschule erreichbar ist.

Die weitaus meisten Berufsfachschulen sind solche des zweitgenannten Typs, und hier wiederum überwiegen eindeutig Schulen der kaufmännisch-verwaltenden Richtung („Handelsschulen") und der hauswirtschaftlich-sozialpflegerischen Richtung. Sie werden zum großen Teil von Mädchen besucht, weshalb der Anteil der Mädchen an der Gesamtschülerzahl überdurchschnittlich hoch ist. Seit Beginn der 90er Jahre steigen die Schülerzahlen in den Berufsfachschulen mit Berufsabschluß in anerkannten Ausbildungsberufen (Typ 1) nicht unbeträchtlich an. Ein wichtiger Grund für den Zulauf dürfte in diesem Fall der enger gewordene Ausbildungsstellenmarkt und der starke Rückgang an betrieblichen Ausbildungsplätzen sein. Hierbei ist allerdings zwischen unterschiedlichen Funktionen der Berufsfachschule zu unterscheiden: Einerseits dient sie als „Warteschleife" dazu, die Zeit bis zur nächsten Bewerbungsrunde zu überbrücken (Pufferfunktion); andererseits bilden Berufsfachschulen für innovative Berufe aus, für die es noch gar keine Ausbildungsangebote im Dualen System gibt (z.B. Medienassistent). Sie übernehmen damit eine wichtige ausbildungs- und arbeitsmarktpolitische Ergänzungsfunktion (vgl. Feller/ Zöller 1995, 23).

Eine besondere Rolle nehmen die beruflichen Schulen für das Gesundheitswesen ein (vgl. Bals 1993; 1995). Geht man vom Regelfall der Berufsausbildung im Dualen System mit den Lernorten Berufsschule und Ausbildungsbetrieb (siehe Abschnitt 3) und der vollzeitschulischen Berufsbildung an Berufsfachschulen aus, so hat man bei den meisten Gesundheitsberufen weder eindeutig mit dieser noch mit jener Form zu tun. Es handelt sich hierbei gewissermaßen um eine „Berufsausbildung mit dualem Charakter im nicht-dualen System" (Brenner 1992). Die Mehrzahl der Gesundheitsfachberufe (Krankenschwestern/-pfleger; Krankengymnasten, Logopäden etc.) fällt weder unter das Berufsbildungsgesetz noch unter die Länderschulgesetze. Maßgeblich sind für viele Gesundheitsberufe sogenannte Berufszulassungsgesetze, und zwar jeweils ein einzelnes Bundesgesetz für jeden Beruf (Krankenpflegegesetz, Physiotherapeutengesetz u.a.). Dies erschwert die horizontale Durchlässigkeit und Mobilität beträchtlich. Erschwerend kommt hinzu, daß es in den

Gesundheitsfachberufen so gut wie keine Möglichkeiten des beruflichen Aufstiegs gibt, sei es im Sinne beruflicher Weiterbildung durch den Fachschulbesuch, sei es auf dem Weg studienqualifizierender Bildungsgänge (Fachoberschulen, Fachgymnasien).(Vgl. hierzu auch Krüger, Arbeit und Familie, Kap. 2, in diesem Band)

3. Berufliche Erstausbildung im Dualen System

Die Struktur des beruflichen Bildungswesens (vgl. Achtenhagen 1970, 1994; Greinert 1995; Kell 1995; Kutscha 1982; Münch 1987) und des Beschäftigungswesens in Deutschland sind maßgeblich geprägt von der Form beruflich organisierter Arbeitsprozesse. Sie geht zurück auf die Tradition handwerklicher Zünfte. Abweichend von vielen anderen europäischen und außereuropäischen Ländern erlag der Beruf in Deutschland unter dem Einfluß handwerkfreundlicher Mittelstandspolitik nicht dem Bedeutungsverlust infolge zunehmender Industrialisierung. Vielmehr vollzog sich hierzulande ein Prozeß der Verberuflichung von universellen Ausmaßen: Seit Beginn dieses Jahrhunderts setzte sich das Berufskonzept als Konstruktionsprinzip auch für die Ordnung der industriellen Lehrberufe (vgl. Hesse 1968) sowie für die Umwandlung der allgemeinen Fortbildungsschule in die seit 1920 auch von der Schuladministration so benannte Berufsschule durch (vgl. Greinert 1995; Müllges 1970). Mit der Universalisierung des Berufs als moderner Form industrieller Rationalisierung bildete sich die für das deutsche System der Berufsausbildung typische Differenz zwischen beruflich standardisierten und betriebsspezifischen Qualifikationsanforderungen heraus. Konstitutiv für dieses System ist also die Berufs-Betriebs-Differenz (Harney 1990, 81 ff.). Daran hat sich bis heute prinzipiell nichts geändert, und ein funktionales Äquivalent dafür ist in der Bundesrepublik Deutschland derzeit nicht in Sicht. Ausgebildet wird in der Berufsschule und im Betrieb, jedoch nicht primär für einen eigenen schulischen Bildungsabschluß und nicht für den einzelnen Ausbildungsbetrieb, sondern für den Erwerb des Berufsabschluß-Zertifikats der Kammern (Gesellen- bzw. Facharbeiterbrief; Kaufmannsgehilfenbrief) als Zugangsvoraussetzung für qualifizierte Facharbeiter- bzw. Sachbearbeitertätigkeiten (Kutscha 1992).

Um die Bedeutung des Berufs im Ausbildungs- und Beschäftigungssystem der Bundesrepublik Deutschland richtig einschätzen zu können, ist es wichtig, sich die unterschiedlichen Dimensionen des Qualifikations-, Sozialisations- und Allokationszusammenhangs beruflich organisierter Arbeit zu vergegenwärtigen (vgl. hierzu: Beck/Brater/Daheim 1980). Schlosser im Sinne des in Deutschland tradierten Berufsverständnisses ist man beispielsweise noch nicht, wenn man ein Metallstück feilen kann, sondern erst dann, wenn man das Feilen im Kontext einer komplexen Kombination mit bestimmten anderen Fachqualifikationen beherrscht. Das Charakteristische des beruflichen Qualifikationsbündels ist nicht die isolierte Teilqualifikation oder die Summe der Einzelqualifikationen, sondern die jeweilige Struktur der Qualifikationszusammensetzung, z.B. des Industrieschlossers oder - wie der entsprechende Ausbildungsberuf heute heißt - des Industriemechanikers der Fachrichtung Betriebstechnik. Berufe in diesem Sinne lassen sich mit Beck/Brater/Daheim (1980, 20) definieren als "relativ tätigkeitsunabhängige, gleichwohl tätigkeitsbezogene Zusammensetzungen und Abgrenzungen von spezialisierten, standardisierten und institutionell fixierten Mustern von Arbeitskraft, die unter anderem als Ware am Arbeitsmarkt gehandelt und gegen Bezahlung in fremdbestimmten, kooperativ-betrieblich organisierten Arbeitszusammenhängen eingesetzt werden."

Der Zugang zu den Berufen über eine qualifizierte Berufsausbildung hat für die Erwerbs- und Sozialbiographie des einzelnen mithin weitreichende Folgen, und zwar in folgender Hinsicht:

- Im Beruf sind materielle Reproduktionsinteressen und soziale Ansprüche der Erwerbspersonen auf "gute Arbeit" manifestiert. Die Zuordnung zu einem Beruf entscheidet maßgeblich darüber, welche mehr oder weniger privilegierten Aufgaben der Berufsinhaber relativ dauerhaft ausübt und unter welchen Bedingungen (Anforderungen, Belastungen u.a.) er arbeitet. Berufswahl und -ausbildung legen fest, für welche Aufgaben jemand seine Arbeitsfähigkeiten entwickeln und später einsetzen kann (vgl. Stooß 1990).
- Über seinen Beruf ist der einzelne eingebunden in das Netz sozialer Absicherung. Er bezieht eigenes Einkommen und erwirbt eigene Ansprüche der Versorgung bei Krankheit, Arbeitsunfällen, Invalidität und Arbeitslosigkeit. Der Ausbildungsberuf spielt im Sozialversicherungsrecht insofern eine entscheidende Rolle, als von der Dauer und dem Umfang der Berufsausbildung die Entscheidung über die Berufsunfähigkeit sowie die Festlegung von Versorgungsansprüchen eines Arbeitnehmers abhängen (vgl. Pütz 1992, 42 ff.).
- Mit der Berufsausbildung und der Wahl des Ausbildungsberufs sind Statuspassagen der Erwerbsbiographie vorgebahnt, innerhalb derer sich unter Verwertung erworbener Qualifikationen und auf dem Wege der Weiterbildung Positionsverbesserungen erreichen lassen (Aufstiegschancen). Sie beeinflussen Art und Umfang der Teilhabe an materiellen und immateriellen Gütern der Gesellschaft, prägen zu wesentlichen Teilen die sozialen Kontakte am Arbeitsplatz und in der Freizeit (vgl. Heinz 1995).
- Einen Beruf zu erlernen und auszuüben, heißt schließlich - über Sicherung der Erwerbschancen und Daseinsvorsorge hinaus - seine berufliche und persönliche Identität zu finden und zu entfalten. Berufe sind in dieser Hinsicht "Entwicklungs- und Äußerungsschablonen subjektiver Fähigkeiten, Orientierungen und Interessen" (Beck/Brater/Daheim 1980, 200 ff.). Sie ermöglichen, aber behindern auch die persönliche Entwicklung und erweisen sich so als "Entwicklungsbarrieren".

Mit der Anerkennung und Förderung der Beruflichkeit des Arbeitsvermögens gingen Politik und Wirtschaft in der Bundesrepublik Deutschland einen „dritten Weg" der sozialen Integration verhandlungsschwacher Marktteilnehmer: einen Weg, der Kollektivismus und marktwirtschaftlichen Liberalismus verwirft und mit der Beruflichkeit der Ware Arbeitskraft ein fixes, den sozialen Status stützendes Moment in den Arbeitsmarkt implementiert. Beruflichkeit senkt die Transaktionskosten der Unternehmen bei der Rekrutierung des Fachpersonals und fügt zugunsten der Arbeitnehmer dem Entgelt-, Gesundheits- und Kündigungsschutz noch den (wenn auch prekären) Schutz des beruflichen Status hinzu. Mit der Ausbildung für und durch den Beruf werden nicht bloß Chancen des Einkommenserwerbs verteilt. Verteilt werden Lebenslagen.

Die mit Abstand nach wie vor bedeutendste Form der Ausbildung durch und für den Beruf ist die Berufsausbildung in einem staatlich anerkannten, auf der Grundlage des Berufsbildungsgesetzes (BBiG) von 1969 geregelten Ausbildungsberufs im Rahmen des sogenannten Dualen Systems. Durchschnittlich zwei Drittel eines Altersjahrgangs der Jugendlichen in der Bundesrepublik Deutschland absolvieren in diesem System die berufliche Ausbildung, entweder unmittelbar nach Abschluß der Hauptschule oder Realschule oder nach erworbener allgemeiner Hochschulreife. Keinen Beruf erlernt zu haben, gilt in der Bundesrepublik Deutschland als Ausnahme von der Regel. Das heißt aber auch: Mit zunehmender Verallgemeinerung der Berufsausbildung als Voraussetzung des Eintritts in das Beschäftigungssystem (Inklusion) erweisen sich die positiven Seiten des Berufs verschärft als negative Ausgrenzungsmerkmale für diejenigen, die - aus welchen Gründen auch immer - keine Berufsausbildung durchlaufen haben.

Verweist das Merkmal der Beruflichkeit auf die beschäftigungs- und sozialstrukturelle Dimension des Berufsbildungssystems, so bezieht sich das Merkmal der Dualität primär auf dessen Lernortkonfiguration. Soweit ersichtlich, taucht der Begriff des Dualen Systems erstmals 1964 in einem Gutachten des Deutschen Ausschusses für das Erziehungs- und Bildungswesen auf. Der Deutsche Ausschuß verstand darunter das "System der gleichzeitigen Ausbildung in Betrieb und Berufsschule" (Deutscher Ausschuß für das Erziehungs- und Bildungswesen 1965, 57). Diese Definition ist zwar einprägsam, aber ungenau und sogar irreführend (hierzu u.a.: Greinert 1995; Kutscha 1982; Stratmann/ Schlösser 1990). Richtig daran ist, daß Betrieb und Berufsschule die Hauptträger der früheren Lehrlingserziehung waren und es unter den gegenwärtigen Bedingungen der Berufsausbildung immer noch sind. Aber was heißt "gleichzeitig", und was "System"? Obwohl der Deutsche Ausschuß mit der Bezeichnung "dual" vermutlich nur hatte andeuten wollen, daß der Lehrling während seiner zwei- bis dreieinhalbjährigen Ausbildungszeit *alternierend* in Betrieb und Berufsschule (in diesem Sinne "gleichzeitig") ausgebildet wird, konnte bei Nichtinformierten leicht der Eindruck entstehen, Betrieb und Berufsschule seien auch gleichwertig und gleichgewichtig an der Berufsausbildung beteiligt. Das trifft schon deshalb nicht zu, weil bis in die Gegenwart hinein von der wöchentlichen Ausbildungszeit auf den Berufsschulunterricht sehr viel weniger Stunden entfallen als auf die betriebliche Ausbildung und für die Berufsabschlußprüfung nicht die Berufsschulen, sondern die Kammern als Selbstverwaltungseinrichtungen der Wirtschaft zuständig sind (vgl. Wittwer/Pilnei 1986). Überwiegend wird der Berufsschulunterricht in Teilzeitform durchgeführt, das heißt: im periodischen Wechsel von ein bis zwei Tagen Berufsschulunterricht und drei bis vier Tagen betrieblicher Ausbildung. Andere Formen der Periodisierung sind möglich und werden auch praktiziert, so im Fall des Blockunterrichts, bei dem der Berufsschulunterricht in mehrwöchigen Vollzeitblöcken gebündelt wird. Im Teilzeit-Unterricht besuchen die Auszubildenden nach der von den Kultusministern vereinbarten, aber längst noch nicht überall realisierten Zielnorm bis zu zwölf Stunden pro Woche die Berufsschule (Kultusministerkonferenz 1991). Während der übrigen Ausbildungszeit werden die Auszubildenden im Betrieb - oder besser gesagt: im Zuständigkeitsbereich des Ausbildungsbetriebs (dazu gehört auch die überbetriebliche Ausbildung) - ausgebildet.

Auch unter einem anderen Aspekt ist die Bezeichnung "dual" im Zusammenhang mit der Berufsausbildung in Deutschland, wie sie sich gegenwärtig darstellt, mißverständlich. Ausbildungsbetrieb und Berufsschule sind höchst komplexe Konfigurationen unterschiedlicher Lernorte (Münch/Müller/Oesterle/Scholz 1981; Pätzold/Walden 1995;). Sowohl die betriebliche Ausbildung als auch der Berufsschulunterricht finden heute - wie auch schon früher - an mehreren Lernorten statt. In der großbetrieblichen gewerblichen Ausbildung der Industrie dominiert die innerbetriebliche Ausbildungswerkstatt. Zwar hat die Berufsausbildung nach den Bestimmungen des Berufsbildungsgesetzes (§ 1,2) Berufserfahrungen am Arbeitsplatz zu ermöglichen, jedoch wurde die arbeitsplatzgebundene Ausbildung seit den sechziger Jahren immer mehr zugunsten der lehrgangsartig organisierten Ausbildung in der Lehrwerkstatt reduziert. Demgegenüber überwiegt in der Handwerkslehre die Ausbildung am Arbeitsplatz. Sie wird verstärkt seit Mitte der siebziger Jahre ergänzt durch Lehrgänge überbetrieblicher Berufsbildungsstätten. Darüber hinaus besteht in allen Fällen die Pflicht zum Besuch der Berufsschule. Und auch hier gibt es unterschiedliche Lernorte: den Klassenraum für den fachtheoretischen und den berufsübergreifenden ("allgemeinbildenden") Unterricht, das Schullabor für die Fachpraxis in den gewerblich-technischen Berufen, das Lernbüro für die kaufmännische Berufsausbildung - und andere. Das Duale System der Berufsausbildung hat sich längst schon vom dualen zum *pluralen* System der Lernorte entwickelt (Kutscha 1985).

Wegen seiner Vieldeutigkeit ist der Begriff des Dualen Systems in der berufspädagogischen Diskussion auf Kritik und Ablehnung gestoßen. Zum einen wurde aufgezeigt, daß das Merkmal der Dualität ein viel zu grober und ungenauer Indikator sei, um das berufliche Ausbildungswesen in der Bundesrepublik Deutschland hinsichtlich seiner Konstruktionsprinzipien kennzeichnen zu können, zum anderen wurde die mit dem Begriff "System" suggerierte Vorstellung in Frage gestellt, daß Ausbildungsbetrieb und Berufsschule zu einer in sich gefügten Ganzheit mit klarer Funktionsbestimmung ihrer Teile koordiniert wären (zur Diskussion des Begriffs „Duales System" sowie zu dessen theoretischen und politischen Implikationen vgl. Kell/Fingerle 1990; Stratmann/Schlösser 1990). Davon kann auch heute noch nicht die Rede sein. Das Duale System ist nicht das Ergebnis eines geplanten Systemfindungsprozesses. Vielmehr ist es historisch gewachsen aus der bereits im 18. Jahrhundert offenkundig gewordenen Ergänzungsbedürftigkeit der rein betrieblichen Berufsausbildung. Die Einführung schulischer Elemente in die Lehrlingsausbildung ist von Stratmann (1967) als „pädagogische Antwort" auf die Krise der Zunftlehre und in politischer Hinsicht als Überschreitung partikularer Interessen zugunsten öffentlicher Verantwortung gedeutet und beschrieben worden: „Die Berufsschule bricht den geschlossenen Rahmen der alten Berufserziehung auf, ermöglicht es damit aber auch, die Ausbildung auf Ziele zu richten, die über die erlebte Werkstatt hinausweisen" (Stratmann 1977, 118).

Ohne Zweifel haben die Einführung und Verbreitung der Fortbildungsschule und deren Umwandlung in die moderne Teilzeit-Pflichtberufsschule entscheidend dazu beigetragen, die Lehrlingsausbildung zu systematisieren und dafür öffentliche Verantwortung zu übernehmen. Allerdings stoßen Systematisierung des Lernens und öffentliche Verantwortung als die für Verschulung zentralen Prinzipien im Fall der dualen Berufsausbildung auf enge Grenzen (vgl. Kutscha 1990b). Hierbei ist in Betracht zu ziehen, daß die Ausbildungschancen für die aus der Vollzeitschulpflicht entlassenen Jugendlichen aufgrund der verfassungs- und vertragsrechtlichen Rahmenbedingungen des Dualen Systems unmittelbar den Einflüssen des Ausbildungsstellenmarktes unterworfen sind. Ein Berufsausbildungsverhältnis im Dualen System wird gemäß dem verfassungsrechtlichen Prinzip der Berufsfreiheit durch einen privaten Ausbildungsvertrag zwischen Ausbildenden und Auszubildenden begründet. Unabdingbarer Bestandteil des Ausbildungsvertrags sind die aus dem Berufsbildungsgesetz und den bundeseinheitlich geltenden Ausbildungsordnungen abgeleiteten Rechte und Pflichten für die betriebliche Berufsausbildung. Ausbildungsordnungen legen Mindeststandards für die Qualität der Berufsausbildung fest. Ob jedoch und in welcher Menge Ausbildungsverträge abgeschlossen werden, ist indes der freien Übereinkunft von Ausbildungsplatzanbietern und -nachfragern überlassen. Anstelle des im öffentlichen Schulwesen bestehenden Rechts auf formale Gleichbehandlung beim Zugang zu den allgemeinen und berufsbezogenen vollzeitschulischen Bildungsgängen gilt für die betriebliche Berufsausbildung weitgehend das Gesetz des Marktes. Die Chancen des Zugangs zu Ausbildungsplätzen variieren mit der jeweiligen regionalen Wirtschaftsstruktur im Wohn- und Arbeitsbereich der Ausbildungsplatzbewerber. Selbst zu Zeiten der Hochkonjunktur und des globalen Überschusses an Ausbildungsplätzen trifft man in strukturschwachen Regionen auf erhebliche Defizite an Ausbildungsmöglichkeiten (vgl. Stender 1989). Durch den Anschluß der ostdeutschen Länder an die alte Bundesrepublik treten neue Disparitäten der Ausbildungsversorgung in Erscheinung. Neben dem regulären Sektor verfestigt sich ein subsidiäres System staatlich geförderter Ausbildungsmaßnahmen, die neue Ungleichheiten der Bildung für Arbeit erwarten lassen.

Der Versorgungsproblematik auf der Nachfrageseite des Ausbildungsstellenmarkts stehen auf der Angebotsseite zunehmende Schwierigkeiten bei der Besetzung offener Ausbildungsplätze gegenüber. Neben demographischen Einflußfaktoren sind dafür Gründe ausschlaggebend, die mit dem veränderten Bildungsverhalten, speziell mit der verstärkten Nachfrage nach studienqualifizierenden Abschlüssen zusammenhängen. Infolge der Trennung von allgemeinem und beruflichem Bildungswesen hat das Duale Ausbildungssystem im Vergleich zu den gymnasialen Bildungsgängen mit ihren privilegierten Berechtigungen an Attraktivität verloren. "Verlierer" sind insbesondere die mittleren und kleineren Betriebe des Handwerks, deren Ausbildungs- und Beschäftigungsangebote von den Inhabern mittlerer und höherer Bildungsabschlüsse als relativ wenig attraktiv angesehen werden. Angesichts der weiterhin ansteigenden Quote des Übergangs der Schulabsolventen in den Hochschulbereich wird mit einer ernsthaften "Facharbeiterlücke" gerechnet (vgl. Lutz 1991). Überlagert wird diese Entwicklung von sektoralen Verschiebungen innerhalb des Beschäftigungssystems zugunsten des Dienstleistungsbereichs bei tendenziell ansteigendem Niveau des Qualifikationsbedarfs (vgl. Tessaring 1994).

Fazit: Das Duale Ausbildungssystem sieht sich mit Problemlagen konfrontiert, die einerseits aus den strukturellen Bedingungen des Bildungssystems resultieren (Trennung von allgemeiner und beruflicher Bildung und unterschiedliche Wertigkeit der damit verbundenen Abschlüsse; vgl. Blankertz 1982) und die andererseits die enge Abhängigkeit der Berufsausbildung vom Beschäftigungssystem betreffen (vgl. Tessaring 1993; Greinert 1994). Letzteres gilt sowohl im Hinblick auf die quantitativen Komponenten des Ausbildungsstellenmarkts (Versorgungsproblematik) als auch in bezug auf die qualitativen Aspekte des Qualifikationsbedarfs unter dem Einfluß technologischen und ökonomischen Strukturwandels. Die daraus resultierenden Ungleichgewichte und damit korrespondierende Abstimmung zwischen Bildungs- und Beschäftigungssystem scheinen ein „säkulares Dauerproblem zu sein, das mit erstaunlicher Regelmäßigkeit das politisch-administrative System (insbesondere des Bildungssektors), die Bildungs- und Ausbildungsinstitutionen, die Bildungsnachfrager und die Beschäftiger in Atem hält" (Timmermann 1988, 25). Offen bleibt bis heute, welcher Anteil an den Diskrepanzen zwischen Bildungs- und Beschäftigungssystem exogenen Globaleinflüssen wie demographischen Wellen, Schwankungen der gesamtwirtschaftlichen Nachfrage im ökonomischen Konjunkturzyklus und damit einhergehenden Arbeitskräftebedarfswellen und dem Wandel der Bildungswerte zukommt.

4. Berufliche Weiterbildung - Bedeutungszuwachs im Bildungs- und Beschäftigungssystem

Während sich die Bildungsgänge der beruflichen Erstqualifizierung durch ein hohes Maß an Formalisierung der Abschlüsse und Standardisierung der Ausbildungsinhalte auszeichnen, ist der Bereich der beruflichen Weiterbildung durch eine Vielfalt teils geregelter, überwiegend aber nicht geregelter Bildungsangebote gekennzeichnet. Der Vorzug dieses Systems liegt in seiner Flexibilität, der Nachteil in der Intransparenz des Bildungsangebots und der Selektivität des Zugangs zu den Weiterbildungsmöglichkeiten (vgl. Bundesminister für Bildung und Wissenschaft 1990; Dobischat/Husemann 1995; Lipsmeier 1991). Entsprechend kompliziert und unübersichtlich ist das Zertifikats- und Berechtigungswesen in diesem Bereich. Im Zusammenhang mit dem Berechtigungswesen ist unter den zahlreichen Möglichkeiten, das Weiterbildungsangebot zu klassifizieren, die Unterscheidung nach abschlußbezogener und nicht-abschlußbezogener Weiterbildung von Belang. Die abschlußbezogene Weiterbildung umfaßt die außerbetriebliche und hier insbesondere die Aufstiegsfortbildung, wogegen die nicht-abschlußbezogene berufliche Weiterbildung eher der betrieblichen Anpassungsweiterbildung zuzurechnen ist. Was die abschlußbezogene berufliche Weiterbildung betrifft, so hat sich dafür der Begriff der "mittleren Qualifikationsebene" durchgesetzt. Die mit Abstand größte Bedeutung als staatliche Instanz zur Zertifizierung von Abschlüssen der mittleren Qualifikationsebene hat die Fachschule. Der Besuch der Fachschulen setzt in der Regel eine abgeschlossene Berufsausbildung im Dualen System und eine zusätzliche Berufsausübung voraus. Bildungsgänge an Fachschulen in Vollzeitform dauern mindestens ein Jahr, Bildungsgänge in Teilzeitform entsprechend länger.

Die wichtigsten Abschlüsse im Bereich der beruflichen Aufstiegsfortbildung sind:
- Abschluß der Meisterprüfung: Der erfolgreiche Abschluß der Meisterprüfung verleiht nach der geltenden Handwerksordnung die Berechtigung, einen Handwerksbetrieb selbständig zu führen und Lehrlinge ordnungsgemäß auszubilden. Die Meisterprüfung wird durch Meisterprüfungsausschüsse als staatliche Prüfungsbehörden am Sitz der Handwerkskammer abgenommen. Der Prüfungskandidat hat nachzuweisen, daß er die in seinem Handwerk gebräuchlichen Arbeiten meisterhaft verrichten kann und die notwendigen Fachkenntnisse sowie die erforderlichen betriebswirtschaftlichen, kaufmännischen, rechtlichen und berufserzieherischen Kenntnisse besitzt. Die Weiterbildung zum Meister wurde zunächst im Handwerk entwickelt (vgl. Schurer 1983) und diente später als Modell für die anderen Wirtschaftsbereiche, zum Beispiel der Industrie, der Land- und Hauswirtschaft (vgl. Scholz 1983). Allerdings sind die Aufgaben, Funktionen und Qualifizierungswege des Meisters beziehungsweise der Meisterin außerhalb des Handwerks bis heute noch immer sehr uneinheitlich geregelt. Neue Impulse erhielt die Regulierung der Fortbildung zum Industriemeister durch die Rechtsverordnung "Geprüfter Industriemeister - Fachrichtung Metall". Sie trat 1978 bundesweit in Kraft und galt als Musterverordnung für alle weiteren noch zu regulierenden Fachrichtungen.
- Abschluß als staatlich geprüfter Techniker: Grundlage ist die Rahmenvereinbarung der Kultusministerkonferenz über Fachschulen mit zweijähriger Ausbildungsdauer (Kultusministerkonferenz 1980, 230 ff.). Die Technikerausbildung endet mit einer staatlichen Abschlußprüfung vor einem staatlichen Prüfungsausschuß. Sie berechtigt die Absolventen, die Bezeichnung "Staatlich geprüfter Techniker" bzw. "Staatlich geprüfte Technikerin" (mit Angabe der Fachrichtung) zu führen. Unter bestimmten Voraussetzungen ist es in einigen Bundesländern möglich, in Verbindung mit der Prüfung als Techniker/Technikerin die Berechtigung der Fachhochschulreife zu erwerben.
- Abschluß als staatlich geprüfter Betriebswirt: Die Fortbildung erfolgt an Fachschulen für Wirtschaft, differenziert nach Fachrichtungen (Betriebswirtschaft, Datenverarbeitung, Hotel- und Gaststättengewerbe etc.). Aufbau, curriculare Struktur und Abschluß des Bildungsgangs sind in der Regel ausgerichtet an der oben zitierten Rahmenvereinbarung der Kultusministerkonferenz über Fachschulen mit zweijähriger Dauer. Die Absolventen sollen als gehobene Fachkräfte kaufmännische Tätigkeiten in Wirtschaft und Verwaltung selbständig und verantwortlich wahrnehmen. Sie sind berechtigt, sich als "Staatlich geprüfter Betriebswirt" bzw. "Staatlich geprüfte Betriebswirtin" zu bezeichnen oder die Abschlußbezeichnung in spezifizierter Form, zum Beispiel als "Staatlich geprüfter Gastronom"/"Staatlich geprüfte Gastronomin" bzw. mit Zusätzen entsprechend der jeweiligen Fachrichtung, zu führen. In Baden-Württem-

berg, Hessen und anderen Bundesländern kann in Verbindung mit einer vertieften Allgemeinbildung und durch Zusatzunterricht die Fachhochschulreife erworben werden.

Neben den hier genannten Fortbildungsabschlüssen, die den erfolgreichen Besuch der Handwerkerfachschulen, der Fachschulen für Technik und der Fachschulen für Wirtschaft zertifizieren, gibt es entsprechende Abschlüsse an landwirtschaftlichen, hauswirtschaftlichen, sozialpädagogischen u.a. Fachschulen. Auffällig ist, daß die Fachschule als Fortbildungseinrichtung mit formalisierten Abschlüssen eine zunehmende Bedeutung als Verbindungsglied zum Fachhochschulbereich gewonnen hat. Im Zentrum der gegenwärtigen bildungspolitischen Diskussion steht die Forderung, den Hochschulzugang auf dem Weg über eine qualifizierte Berufsausbildung mit anschließender Bewährung und Fortbildung im Beruf zu eröffnen. (Vgl. zu diesem Kapitel auch Huisinga, Betriebliche Berufsausbildung, Kap. 3.3; u. Geißler/Orthey, Betriebliche Weiterbildungspolitik, in diesem Band

5. Lehrer und Lehrerinnen für berufliche Schulen - Ausbildung und Reformperspektiven

Die Reform des Bildungssystems in der Bundesrepublik Deutschland vollzog sich unter Bedingungen der Kontinuität im Wandel. Die Grundstruktur des hierarchisch gegliederten Bildungssystems ist bis heute weitgehend konstant geblieben; praktisch wirksame Reformen konzentrierten sich darauf, Übergänge zwischen den unterschiedlichen Schulformen zu erleichtern und durch neue Bildungseinrichtungen den Zugang zum Hochschulbereich zu erleichtern. Dem beruflichen Schulwesen wuchsen damit neue Aufgaben zu. Das Gesamtspektrum des Bildungsangebots umfaßt - wie oben dargestellt - berufsvorbereitende und berufsqualifizierende Funktionen sowie die berufliche Weiterbildung und die Vorbereitung auf das Hochschulstudium.

Die Lehrerausbildung muß dieser Heterogenität des beruflichen Schulwesens Rechnung tragen (vgl. Bader/Weber 1994). Allerdings erfolgt die Ausbildung von Lehrern an beruflichen Schulen in der Bundesrepublik nicht hierarchisch separiert nach unterschiedlichen Qualifikationsniveaus (etwa nach Studiengängen für die Berufsausbildung im Dualen System einerseits und für studienqualifizierende Bildungsgänge - zum Beispiel der Beruflichen Gymnasien - andererseits), sondern lediglich differenziert nach beruflichen Fachrichtungen auf der Grundlage von Berufsfeldern. Das Grundmuster der Ausbildung ist festgelegt in länderübergreifenden Vereinbarungen der Kultusministerkonferenz (1995). Danach gliedert sich die Ausbildung von Lehrern und Lehrerinnen beruflicher Fachrichtungen in das Studium an Universitäten (erste Phase) und den Vorbereitungsdienst, das sogenannte Referendariat (zweite Phase). Das in der Regel 9-semestrige Studium wird mit der Ersten Staatsprüfung oder einem gleichwertigen akademischen Diplom (zum Beispiel als Diplom-Handelslehrer(in) oder Diplom-Gewerbelehrer(in)) abgeschlossen. Der Vorbereitungsdienst dauert 24 Monate. Mit dem Bestehen der Zweiten Staatsprüfung wird die Befähigung für das Lehramt der Sekundarstufe II beruflicher Fachrichtungen oder - wie es in einigen Bundesländern heißt - für das Lehramt beruflicher Schulen erworben. Die Einstellungsbedingungen (beamtenrechtlicher Status, Besoldung etc.) für Lehrer beruflicher Schulen entsprechen denen des Lehrers an Gymnasien.

Das Studium in der ersten Ausbildungsphase umfaßt etwa zur Hälfte das vertiefte Studium einer beruflichen Fachrichtung (zum Beispiel Wirtschaft und Verwaltung, Elektrotechnik, Metalltechnik, Agrarwirtschaft). Die andere Hälfte entfällt auf das erziehungswissenschaftliche Studium sowie auf das Studium eines allgemeinbildenden Unterrichtsfaches (zum Beispiel Germanistik, Theologie, Mathematik, Sport) oder das Studium einer speziellen beruflichen Fachrichtung (zum Beispiel Energietechnik oder Nachrichtentechnik in Verbindung mit Elektrotechnik) beziehungsweise einer sonderpädagogischen Fachrichtung. Vor und während des Studiums sind betriebliche Fachpraktika im Gesamtumfang von einem Jahr und mehrwöchige Praktika an beruflichen Schulen zu absolvieren.

Aufgabe des Vorbereitungsdienstes (Referendariats) in der zweiten Phase ist die auf der wissenschaftlichen Ausbildung basierende schulpraktische Ausbildung. Die Ausbildung findet einerseits im Studienseminar (in der Regel 5 Stunden pro Woche) und andererseits an der Schule statt (etwa 16 bis 20 Stunden pro Woche). Im Studienseminar werden vornehmlich Probleme der Erziehungswissenschaft sowie der allgemeinen und fachbezogenen Didaktik unter schulpraktischen Gesichtspunkten sowie Recht und Verwaltung der Schule behandelt. Die schulpraktische Ausbildung umfaßt Hospitationen, Ausbildungsunterricht und selbständigen Unterricht. Während der gesamten Ausbildungszeit erhalten die Lehramtsanwärter und Lehramtsanwärterinnen Rückmeldungen über ihren Leistungsstand. Als Prüfungsleistung für die Zweite Staatsprüfung sind zu erbringen: eine umfangreichere schriftliche Hausarbeit, die sich auf eine Aufgabe der Schulpraxis zu beziehen hat, je eine Unterrichtsprobe in den beiden Unterrichtsfächern und eine mündliche Prüfung.

So wie sie hier dargestellt ist, wird die Ausbildung von Lehrern und Lehrerinnen beruflicher Schulen erst seit Anfang der 70er Jahre durchgeführt. Es hat Jahrzehnte gedauert, bis die Berufsschullehrerausbildung das akademische Niveau der Lehrer an Gymnasien erreichte. Hierzu muß man sich vergegenwärtigen, daß sich die Orientierung der Lehrerausbildung an den beruflichen Anforderungen des Beschäftigungssystems in den meisten deutschen Ländern erst mit Beginn dieses Jahrhunderts vollzog, zu einer Zeit, als die damalige allgemeine Fortbildungsschule für die 14- bis 18-jährigen Lehrlinge und Jungarbeiter durch die beruflich differenzierte und deshalb so genannte Berufsschule abgelöst wurde. Die Ausbildung von Handelslehrern erfolgte zunächst an Handelshochschulen, später an den wirtschaftswissenschaftlichen Fakultäten. Gewerbelehrer für die technischen und sonstigen Berufe wurden bis Ende der 60er Jahre in 6-semestrigen Studiengängen an sogenannten Berufspädagogischen Instituten außerhalb der Universitäten ausgebildet. Die Vereinheitlichung in Form der zweiphasigen Lehrerausbildung auf der Basis eines mit der Ausbildung von Gymnasiallehrern gleichwertigen akademischen Studiums wurde deshalb von den betroffenen Lehrern und Lehrerverbänden als großer Fortschritt betrachtet. Allerdings hat die Akademisierung der Berufsschullehrerausbildung auch ihre Kehrseiten. Das Universitätsstudium orientiert sich an der Struktur und Systematik der Fachdisziplinen, während die zentrale Aufgabe des Lehrers beziehungsweise der Lehrerin an beruflichen Schulen darin besteht, Schüler und Schülerinnen zu befähigen, komplexe berufliche Handlungssituationen zu bewältigen. Die dazu erforderlichen Qualifikationen können weder im Fachstudium noch im Rahmen der einjährigen Fachpraktika zureichend erworben werden, und auch der Vorbereitungsdienst ist kein Ersatz für berufliche Erfahrungen an betrieblichen Arbeitsplätzen. Hinzu kommt, daß die überwiegende Mehrheit der Lehramtsstudenten beruflicher Fachrichtungen nicht mehr wie früher eine Berufsausbildung absolviert.

Wenn die Berufsschule und die Ausbildungsbetriebe in der dualen Berufsausbildung einen "gemeinsamen Bildungsauftrag" zu erfüllen haben, wie es in der Vereinbarung der Kultusministerkonferenz über die Berufsschule aus dem Jahre 1991 heißt (Kultusministerkonferenz 1991), und wenn im Mittelpunkt dieses Bildungsauftrags die Vermittlung beruflicher Handlungsfähigkeiten steht, wird das Prinzip der Fächerdifferenzierung im Berufsschulunterricht und in der Lehrerausbildung künftig nicht mehr seine dominierende Rolle behalten können. Die meisten Bundesländer gehen deshalb dazu über, Berufsschulcurricula mit fächerübergreifenden Lernfeldern einzuführen, um der Komplexität und Vernetztheit beruflicher Handlungssituationen Rechnung zu tragen. Bislang ist jedoch nicht zu erkennen, daß die Studienordnungen für die Ausbildung von Lehrern beruflicher Fachrichtungen dieser Entwicklung folgen. Dringend notwendig ist die Reform der Lehrerausbildung an Universitäten, wobei sowohl qualitative als auch quantitative Aspekte zur Diskussion stehen. In einzelnen Berufsfeldern, insbesondere des gewerblich-technischen Bereichs, zeichnen sich besorgniserregende Engpässe bei der Akquirierung von Fachlehrern ab. Vielfach werden deshalb Diplom-Ingenieure ohne berufspädagogisches Hochschulstudium in den Vorbereitungs- oder Schuldienst aufgenommen. Außerdem sind in den meisten Bundesländern für Fachschulabsolventen die Möglichkeiten erleichtert worden, unter Anrechnung ihres Studiums ein weiterführendes Lehramtsstudium beruflicher Fachrichtungen an Universitäten aufzunehmen.

Ein weiteres Problem resultiert aus der Trennung zwischen allgemeiner und beruflicher Bildung, wie sie nach wie vor auch im beruflichen Schulwesen praktiziert wird. So sind im Fall der Berufsschule vier Wochenstunden für die sogenannten allgemeinbildenden Fächer (zum Beispiel Deutsch, Religion, Politik, Sport) vorgesehen. Es besteht ein Mangel an Lehrern, die in Verbindung mit einer beruflichen Fachrichtung ein allgemeinbildendes Fach studiert haben. Die meisten Lehramtskandidaten bevorzugen Fächerkombinationen mit speziellen beruflichen Fachrichtungen. Doch davon abgesehen, bleibt die Trennung von allgemeinbildenden und beruflichen Fächern ein nach wie vor ungelöstes Problem des Berufsschulunterrichts. Viele Schüler und Schülerinnen vermögen nicht einzusehen, warum sie ohne Rücksicht auf ihre Vorbildung am sogenannten allgemeinbildenden Unterricht teilnehmen müssen und nicht statt dessen nach ihrer Wahl berufsbezogene Förder-, Vertiefungs- oder Ergänzungskurse belegen können. Derzeit wird in der Bundesrepublik intensiv darüber diskutiert, wie der Berufsschulunterricht flexibler gestaltet und differenzierter auf die individuellen Voraussetzungen und Interessen der Auszubildenden ausgerichtet werden kann.

Schließlich sei im Hinblick auf den oben zitierten "gemeinsamen Bildungsauftrag" von Berufsschulen und Ausbildungsbetrieben das Problem der Lernort-Kooperation angesprochen. Unter Fachleuten ist man sich weitgehend einig darin, daß die Vermittlung beruflicher Handlungsfähigkeiten zwingend eine verstärkte Kooperation zwischen Ausbildungsbetrieben und Berufsschulen oder besser gesagt zwischen Ausbildern im Betrieb und Lehrern an beruflichen Schulen erfordere. Doch die Praxis bleibt, wie neuere Untersuchungen belegen, noch weit hinter diesem Anspruch zurück. Das hängt nicht nur damit zusammen, daß Schule und Betrieb unterschiedlichen Systemzwängen unterliegen, die eine Zusammenarbeit erschweren, sondern ist mit traditionellen Statusdifferenzen zwischen betrieblichen Ausbildern und Berufsschullehrern belastet. Zwar haben sich die Ausbildungsbedingungen in Betrieben und Berufsschulen grundlegend geändert, dennoch bestehen alte Vorurteile fort. War der Ausbilder früher für die Vermittlung praktischer Kenntnisse und Fertigkeiten und der Berufsschullehrer für die davon abgehobene Theorie zuständig, haben solche Grenzziehungen heute vielfach ihre Bedeutung verloren. Hinzu kommt, daß die Professionalisierung des betrieblichen Ausbildungspersonals große Fortschritte gemacht hat. In der Bundesrepublik Deutschland müssen Ausbilder ihre pädagogische Eignung nach Maßgabe der bundeseinheitlichen Ausbilder-Eignungs-Verordnungen nachweisen, und zunehmend mehr Ausbilder - insbesondere in mittleren und großen

Betrieben - haben ein Fachhochschul- oder Universitätsstudium absolviert. Das Selbstbewußtsein der betrieblichen Ausbilder ist entsprechend gewachsen, und vielfach stehen die Theorielehrer an beruflichen Schulen bei den Ausbildern in Verdacht, den Anforderungen des technischen und wirtschaftlichen Wandels nicht mehr gewachsen zu sein. Dabei wird dann wiederum leicht vergessen, daß die Berufsschule nicht nur die betrieblichen Belange zu berücksichtigen hat, sondern auch ihrem Allgemeinbildungsanspruch gerecht werden muß. Lernortkooperation setzt Kooperation der Berufspädagogen in betrieblichen und schulischen Handlungsfeldern voraus. Hierfür müssen Erfahrungen und Anlässe geschaffen werden, die geeignet sind, Kooperationsbereitschaft bei allen Beteiligten zu entwickeln. Ansatzpunkte dafür könnten gemeinsame Weiterbildungsveranstaltungen für Ausbilder und Berufsschullehrer sein wie auch der Erfahrungsaustausch am Lernort des jeweiligen Kooperationspartners (vgl. Kutscha 1989).

Literatur

Achtenhagen, F. 1970: Berufsausbildung, in: Speck, J.; Wehle, G. (Hrsg.) Handbuch pädagogischer Grundbegriffe. Band I. München.

Achtenhagen, F. 1994: Berufliche Ausbildung. In: Sattler, H. (Hrsg.) 1994: Wirtschaftspolitik in offenen Volkswirtschaften. Festschrift für Helmut Hesse zum 60. Geburtstag. Göttingen

Anweiler, O.; Fuchs, H.-J.; Dorner, M.; Petermann, E. (Hrsg.) 1992: Bildungspolitik in Deutschland 1945 - 1990. Ein historisch-vergleichender Quellenband. Opladen.

Arbeitsgruppe Bildungsbericht am Max-Planck-Institut für Bildungsforschung (Hrsg.) 1994: Das Bildungswesen in der Bundesrepublik Deutschland. Strukturen und Entwicklungen im Überblick. Reinbek.

Bader, R.; Weber, G. (Hrsg.) 1994: Das Höhere Lehramt an beruflichen Schulen. Bonn.

Baethge, M. 1975: Die Integration von Berufsbildung und Allgemeinbildung als Forschungskonzept für die Berufsbildungsforschung. In: Roth, H./Friedrich, D. (Hrsg.): Bildungsforschung. Teil 1. Stuttgart, 256-302.

Bals, T. 1993: Berufsbildung der Gesundheitsfachberufe. Alsbach.

Bals, T. 1995: Gesundheitsfachberufe im Wandel. In: Kölner Zeitschrift für „Wirtschaft und Pädagogik", Heft 18, 67-80.

Beck, U.; Brater, M.; Daheim, H. 1980: Soziologie der Arbeit und der Berufe. Reinbek.

Blankertz, H. 1982: Die Sekundarstufe II. Perspektiven unter expansiver und restriktiver Bildungspolitik. In: Blankertz, H.; Derbolav, J.; Kell, A.; Kutscha, G.: Sekundarstufe II - Jugendbildung zwischen Schule und Beruf. Enzyklopädie Erziehungswissenschaft. Band 9.1., Stuttgart, 321-339.

Brenner, R. 1992: Berufsausbildung mit dualem Charakter im nicht-dualen System. In: Zeitschrift für Berufs- und Wirtschaftspädagogik, 88. Band, 300-310.

Bundesminister für Bildung und Wissenschaft (Hrsg.) 1990: Betriebliche Weiterbildung. Forschungsstand und Forschungsperspektiven. Zwei Gutachten. Bonn.

Deutscher Ausschuß für das Erziehungs- und Bildungswesen 1965: Gutachten über das Berufliche Ausbildungs- und Schulwesen (1964). In: Deutscher Ausschuß für das Erziehungs- und Bildungswesen (Hrsg.) 1965: Empfehlungen und Gutachten Folge 7/8. Stuttgart, 51-154.

Deutscher Bildungsrat (Hrsg.) 1970: Empfehlungen der Bildungskommission: Strukturplan für das Bildungswesen. Stuttgart.

Deutscher Bildungsrat (Hrsg.) 1974: Empfehlungen der Bildungskommission: Neuordnung der Sekundarstufe II - Konzept für eine Verbindung von allgemeinem und beruflichem Lernen. Stuttgart.

Dobischat, R.; Husemann, R. (Hrsg.) 1995: Berufliche Weiterbildung als freier Markt? Regulierungsanforderungen der beruflichen Weiterbildung in der Diskussion. Berlin.

Feller, G.; Zöller, I. 1995: Bedeutung und Entwicklung der vollqualifizierenden schulischen Berufsausbildung - Strukturdaten und Vergleiche. In: Berufsbildung in Wissenschaft und Praxis, 24, 19-24.

Friedeburg, L.v. 1989: Bildungsreform in Deutschland. Geschichte und gesellschaftlicher Widerspruch. Frankfurt a.M.

Friedeburg, L.v. 1996: Schulentwicklung zur Ungleichheit. In: Bolder, A. u.a. (Hrsg.) 1996: Jahrbuch '96. Bildung und Arbeit: Die Wiederentdeckung der Ungleichheit. Aktuelle Tendenzen im Bildungsweg für Arbeit. Opladen, 36-50.

Greinert, W.-D. 1994: Berufsausbildung und sozio-ökonomischer Wandel. Ursachen der „Krise des dualen Systems" der Berufsausbildung. In: Zeitschrift für Pädagogik, 40, 357-372.

Greinert, W.-D. 1995: Das duale System der Berufsausbildung in der Bundesrepublik Deutschland. 2. Aufl., Stuttgart.

Grüner, G. 1979: Schule und Unterricht im Berufsbildungssystem. In: Müllges, U. (Hrsg.) 1979: Handbuch der Berufs- und Wirtschaftspädagogik. Band 2. Düsseldorf, 349-376.

Harney, K. 1990: Berufliche Weiterbildung als Medium sozialer Differenzierung und sozialen Wandels. Frankfurt a.M.-Bern-New York-Paris.

Herrlitz, H.-G.; Hopf, W.; Titze, H. 1981: Deutsche Schulgeschichte von 1800 bis zur Gegenwart. Königstein.

Hesse, H. A. 1968: Berufe im Wandel. Stuttgart.

Heinz, W. 1995: Arbeit, Beruf und Lebenslauf. Weinheim-München.

Humboldt, W.v. 1809: Der Litauische Schulplan. In: Flitner, A. (Hrsg.) 1964: Humboldt. Anthropologie und Bildungslehre. 2. Aufl., Düsseldorf-München.

Jeismann, K.-E.; Lundgreen, P. 1987: Handbuch der deutschen Bildungsgeschichte. Band III. 1800-1870. Von der Neuordnung Deutschlands bis zur Gründung des Deutschen Reiches. München.

Kell, A. 1995: Organisation, Recht und Finanzierung der Berufsbildung. In: Arnold, R.; Lipsmeier, A. (Hrsg.): Handbuch der Berufsbildung. Opladen, 369-397.

Kell, A.; Fingerle, K. 1990: Berufsbildung als System? In: Harney, K.; Pätzold, G. (Hrsg.) 1990: Arbeit und Ausbildung, Wissenschaft und Politik. Festschrift für Karlwilhelm Stratmann. Frankfurt a.M., 305-330.

Kultusministerkonferenz 1977: Bezeichnungen zur Gliederung des beruflichen Schulwesens. Beschluß der Kultusministerkonferenz vom 8. Dezember 1975. In: Kultusministerkonferenz (Hrsg.): Handbuch für die Kultusministerkonferenz 1977. Bonn, 178-179.

Kultusministerkonferenz 1980: Rahmenvereinbarungen über Fachschulen mit zweijähriger Ausbildungsdauer. Beschluß der Kultusministerkonferenz vom 27.10.1980. In: Kultusministerkonferenz (Hrsg.) 1990: Handbuch für die Kultusministerkonferenz. Bonn, 230-233.

Kultusministerkonferenz 1991: Rahmenvereinbarung über die Berufsschule. Beschluß der Kultusministerkonferenz vom 14./15.3.1991. Veröffentlichungen der Kultusministerkonferenz. Bonn.

Kultusministerkonferenz 1995: Rahmenvereinbarung über die Ausbildung und Prüfung für ein Lehramt der Sekundarstufe II (berufliche Fächer) oder für die beruflichen Schulen. Bonn.

Kutscha, G. 1982: Das System der Berufsausbildung. In: Blankertz, H.; Derbolav, J.; Kell, A.; Kutscha, G.: Sekundarstufe II - Jugendbildung zwischen Schule und Beruf. Enzyklopädie Erziehungswissenschaft. Band 9.1., Stuttgart, 203-226.

Kutscha, G. 1985: "Lernorte" oder: Die Umwelt, mit der wir lernen. Zur Kritik der Lernortforschung in der Berufspädagogik und Rekonzeptualisierung aus ökologischer Sicht. In: Kath, F.M.; Spöttl, G.; Zebisch, H.-J. (Hrsg.) 1985: Problematik der Lernorte - Rechnereinsatz im Unterricht - CNC-Technik in der beruflichen Bildung. Alsbach, 53-64.

Kutscha, G.: 1989: Zur Professionalisierung des Berufspädagogen. In: Die berufsbildende Schule, 41, 762-775.

Kutscha, G. 1990: Öffentlichkeit, Systematisierung, Selektivität - Zur Scheinautonomie des Berufsbildungssystems. In: Harney, K.; Pätzold, G. (Hrsg.) 1990: Arbeit und Ausbildung, Wissenschaft und Politik. Festschrift für Karlwilhelm Stratmann. Frankfurt a.M., 289-304.

Kutscha, G. 1992: 'Entberuflichung' und 'Neue Beruflichkeit' - Thesen und Aspekte zur Modernisierung der Berufsbildung und ihrer Theorie. In: Zeitschrift für Berufs- und Wirtschaftspädagogik, 88, 535-548.

Lempert, W. 1974: Berufliche Bildung als Beitrag zur gesellschaftlichen Demokratisierung. Frankfurt a.M.

Lipsmeier, A. 1991: Berufliche Weiterbildung. Frankfurt a.M.

Lutz, B. 1991: Herausforderungen an eine zukunftsorientierte Berufsbildungspolitik. In: Bundesinstitut für Berufsbildung (Hrsg.) 1991: Die Rolle der beruflichen Bildung und Berufsbildungsforschung im internationalen Vergleich. Berlin, 27-36.

Müller, D. K. 1977: Sozialstruktur und Schulsystem. Aspekte zum Strukturwandel des Schulwesens im 19. Jahrhundert. Göttingen.

Müllges, U. (Hrsg.) 1970: Beiträge zur Geschichte der Berufsschule. Frankfurt a.M.

Münch, J. 1987: Das berufliche Bildungswesen in Deutschland. 3. Aufl., Luxemburg.

Münch, J.; Müller, H.-J.; Oesterle, H.; Scholz, F. 1981: Interdependenz von Lernortkombinationen und Output-Qualitäten betrieblicher Berufsausbildung in ausgewählten Berufen. Darmstadt.

Pätzold, G.; Walden, G. (Hrsg.) 1995: Lernorte im dualen System der Berufsbildung. Berlin-Bonn.

Pütz, H. 1992: Weichenstellung für das Leben. Förderung der Berufsausbildung von benachteiligten Jugendlichen - Positionen, Sozialrecht, Prüfungen, Computer. Berlin-Bonn.

Scholz, D. 1983: Industriemeister. In: Blankertz, H.; Derbolav, J.; Kell, A.; Kutscha, G. (Hrsg.) 1983: Sekundarstufe II - Jugendbildung zwischen Schule und Beruf. Enzyklopädie Erziehungswissenschaft; Band 9.2. Stuttgart, 308-310.

Schurer, B. 1983: Meisterlehre - Meisterprüfung. In: Blankertz, H.; Derbolav, J.; Kell, A.; Kutscha, G. (Hrsg.) 1983: Sekundarstufe II - Jugendbildung zwischen Schule und Beruf. Enzyklopädie Erziehungswissenschaft; Band 9.2. Stuttgart, 403-406.

Stender, J. 1989: Segmentationen und Selektionen: Regionale Systemanalysen zur beruflichen Bildung. Bochum.

Stooß, F. 1990: Zum Beruf als Grundlage des Berufsbildungsgesetzes. In: Recht der Jugend und des Bildungswesens, 38, 351-360.

Stratmann, K. 1967: Die Krise der Berufserziehung im 18. Jahrhundert als Ursprungsfeld pädagogischen Denkens. Ratingen.

Stratmann, K. 1977: Berufspädagogische Probleme des dualen Ausbildungssystems. In: VBB aktuell (hsg. vom Verband der Lehrer an beruflichen Schulen in Bayern e. V.), 26, 117.

Stratmann, K.; Schlösser, M. 1990: Das Duale System der Berufsbildung. Eine historische Analyse seiner Reformdebatten. Frankfurt a.M.

Tessaring, M. 1993: Das duale System der Berufsausbildung in Deutschland: Attraktivität und Beschäftigungsperspektiven. In: Mitteilungen aus der Arbeitsmarkt- und Berufsforschung, 26, 131-161.

Tessaring, M. 1994: Langfristige Tendenzen des Arbeitskräftebedarfs nach Tätigkeiten und Qualifikationen in den alten Bundesländern bis zum Jahre 2010. In: Mitteilungen aus der Arbeitsmarkt- und Berufsforschung, 27, 5-19.

Timmermann, D. 1988: Die Abstimmung von Bildungs- und Beschäftigungssystem: ein Systematisierungsversuch. In: Bodenhöfer, H.-J. (Hrsg.) 1988: Bildung, Beruf, Arbeitsmarkt. Berlin, 25-82.

Wittwer, W.; Pilnei, M. 1986: Die ungleichen Partner. Berufsbildung in der Bundesrepublik Deutschland. Strukturen, Probleme, Perspektiven. Weinheim-Basel.

Berufsbildungspolitik

Günter Kutscha

1. Einführung und terminologische Kontexte

Als Teilbereich des politischen Systems unterliegt die Berufsbildungspolitik bestimmten konstitutionellen Rahmenbedingungen, auf die berufsbildungspolitische Entscheidungen keinen Einfluß haben. So ist nach Artikel 79,3 des Grundgesetzes für die Bundesrepublik Deutschland eine Verfassungsänderung, die die Gliederung des Bundes in Länder (Föderalismus) bzw. die grundsätzliche Mitwirkung der Länder bei der Gesetzgebung berührt, nicht zulässig. Berufsbildungspolitik vollzieht sich innerhalb dieses politischen Systems (vgl. Beyme 1991) und grenzt sich von anderen Politikbereichen durch spezifische Problembezüge und Funktionen (inhaltlicher Aspekt) sowie durch organisatorische und prozedurale Gestaltungsprinzipien und -praxen (prozessualer Aspekt) ab (vgl. u.a. Achtenhagen 1994; Dauenhauer 1996; Hilbert/Südmersen/Weber 1990; Kell/Fingerle 1990; Münch 1995; Zabeck 1985).

In Anlehnung an den angelsächsischen Sprachgebrauch verweist der hier zugrunde gelegte Politikbegriff auf drei Dimensionen (vgl. Rohe 1994): auf die konstitutionellen Rahmenbedingungen ('polity'), auf die (inhaltlichen) Gegenstands- bzw. Problembereiche und Funktionen ('policies') sowie auf die Prozesse und organisatorischen Gestaltungsmerkmale ('politics') berufsbildungspolitischen Handelns und Entscheidens. Dementsprechend läßt sich 'Berufsbildungspolitik' präzisieren (Kutscha 1994) als ein

– auf Ordnungs- und Gestaltungsprobleme der beruflichen Bildung fachlich spezialisierter Politikbereich (Policy-Aspekt);
– sie ist Teil des gesellschaftlichen und durch die Verfassung geregelten Ordnungszusammenhangs (Polity-Aspekt),
– innerhalb dessen staatliche und nicht-hoheitliche Entscheidungsträger durch Einsatz von Mitteln politischer Macht Entscheidungen mit kollektiv bindender Wirkung herzustellen, zu erhalten und zu beeinflussen versuchen (Politics-Aspekt).

Berufsbildungspolitik ist nicht selbst Teil des Berufsbildungssystems, sondern gehört zu dessen (System-) Umwelt. Berufsbildungssystem und Berufsbildungspolitik sind Phänomene der modernen, auf Funktionssysteme spezialisierten Gesellschaft: zum einen als Ausdifferenzierung beruflicher Qualifizierungsfunktionen aus der Lebens- und Produktionsgemeinschaft zunächst der Handwerksfamilie und später des Industriebetriebes, zum anderen als Ausdifferenzierung eines auf Berufsbildung spezialisierten Politikbereichs.

Bildungspolitik als eigenständiger Politikbereich mit speziell darauf bezogenen Institutionen und Verwaltungsapparaten (Bildungsministerien etc.) etablierte sich in Deutschland erst seit Ende des 18. Jahrhunderts, und zwar begrenzt auf den Bereich des allgemeinen Unterrichtswesens und unter Ausklammerung der beruflichen Bildung. Die Institutionalisierung der Berufsbildungspolitik und -planung als eines relativ eigenständigen Teilbereichs der Bildungspolitik ist eine Erscheinung neuerer Zeit. Natürlich hat es Berufsbildungspolitik auch schon in früheren Jahrhunderten gegeben (vgl. Stratmann 1993). Die Auseinandersetzung der feudalen Territorialstaaten mit den Zünften um deren Einfluß auf die Berufserziehung ist dafür ein Beispiel, ebenso die Bemühungen des Staates um die allgemeine Förderung des Gewerbefleißes und den Aufbau des beruflichen Fachschulwesens im 18. Jahrhundert sowie - um ein letztes Beispiel zu nennen - die Fortbildungs-

und Berufsschulpolitik Ende des vergangenen und Anfang dieses Jahrhunderts. Sofern es um die Förderung des Gewerbefleißes und die volkswirtschaftlich notwendige Verbreitung international wettbewerbsfähiger Qualifikationsstandards ging, war dafür primär die Wirtschafts- und Gewerbepolitik zuständig, und was die schulische Erziehung der berufstätigen Jugend im engeren Sinne betrifft, so galt sie noch Anfang unseres Jahrhunderts aus staatlicher Sicht eher gesellschaftspolitischen und sozial-präventiven als berufsqualifizierenden Zwecken (vgl. Greinert 1975; Körzel 1996).

Die enge Verbindung der Berufsbildungspolitik zur Wirtschafts- und Gewerbepolitik, Beschäftigungs- und Sozialpolitik prägt auch heute noch die "berufsbildungspolitische Landschaft". Gleichwohl haben - bei längerfristiger Betrachtung - bildungspolitische Akzente deutlich an Gewicht gewonnen. Symptomatisch dafür ist in der (alten) Bundesrepublik Deutschland die Bündelung berufsbildungspolitischer Zuständigkeiten in dem seit 1969 bestehenden Bundesministerium für Bildung und Wissenschaft (seit 1995: Bundesministerium für Bildung, Wissenschaft, Forschung und Technologie). Wichtige Planungs- und Verwaltungsaufgaben wurden mit der Regierungsbildung 1972 aus dem Bundesministerium für Wirtschaft und dem Bundesministerium für Arbeit und Sozialordnung in die Zuständigkeit des Bildungsministeriums verlagert. Dabei ist zu berücksichtigen, daß im föderalen System der Bundesrepublik Deutschland der Bund nur für die außerschulische berufliche Bildung zuständig ist, während der berufsbezogene schulische Bereich in die Kulturhoheit der Bundesländer fällt.

Spezifizierendes Merkmal (differentia specifica) von Berufsbildungspolitik in Abgrenzung von anderen Politikbereichen ist der Bezug auf die Ordnungs- und Gestaltungsprobleme der beruflichen Bildung. Berufliche Bildung findet statt im Überschneidungsbereich von Bildungs- und Beschäftigungssystem, womit die besondere Problematik von Berufsbildungspolitik mit ihren Bezügen zur Bildungs-, Beschäftigungs- und Sozialpolitik angedeutet ist. Hierzu einige Stichworte:
– Von grundsätzlicher Bedeutung für die Berufsausbildung in Deutschland ist der Bezug auf „die berufliche Organisation der Arbeit" (vgl. Deutsche Forschungsgemeinschaft 1990, 7). Nicht nur für den Betrieb und nicht für die Schule wird ausgebildet, sondern für den 'Beruf'. Berufe sind - im Hinblick auf das Beschäftigungssystem interpretiert - betriebsübergreifend standardisierte und institutionalisierte Bündelungen komplexer und am Arbeitsmarkt verwertbarer Arbeitsfähigkeiten von Personen (vgl. Beck/Brater/Daheim 1980). Die Ordnung der Ausbildungsberufe, also deren Anerkennung und Aufhebung, deren Differenzierung ("Schneidung") und didaktisch-curriculare Binnenstrukturierung, gehören mithin zu den Schwerpunkten der Berufsbildungspolitik (Benner 1977).
– Mit 'Beruf' ist jedoch nur der eine Bezugspunkt von Berufsbildungspolitik angesprochen; der andere ist 'Bildung'. Als pädagogische Sinn- und Ziel-Norm reklamiert der Begriff Bildung den Anspruch der Heranwachsenden auf Erziehung zur „Mündigkeit" und „Emanzipation" (Deutsche Forschungsgemeinschaft 1990, 1993). Bildung als Bürgerrecht deutet auf die politisch-normativen Implikationen dieses Prinzips hin. Zum einen wird damit zum Ausdruck gebracht, daß der Anspruch auf Bildung zur Mündigkeit in einer demokratischen Gesellschaft unteilbar ist, also für alle Bereiche des Bildungswesens gilt. Bildung als Bürgerrecht schließt die öffentliche Verantwortung dafür ein, daß jeder Bürger befähigt wird, die ihm verfassungsrechtlich eingeräumten Freiheitsrechte und Staatsbürgerpflichten auch tatsächlich wahrnehmen zu können. Zum anderen ist mit dem Bildungsanspruch als Bürgerrecht die Forderung nach Gleichheit der Bildungschancen im Sinne des Erwerbs karrierewirksamer

Berechtigungen verbunden, und zwar unabhängig von sozialer Herkunft, Nationalität, Geschlecht etc. (vgl. Kutscha 1990a).

2. Berufsbildungspolitik im System der sozialen Marktwirtschaft - Rahmenbedingungen

Entsprechend dem Sozialstaatsprinzip hat sich nach Gründung der Bundesrepublik Deutschland das ordnungspolitische Konzept der Sozialen Marktwirtschaft durchgesetzt. Die Leitidee dieses Konzepts besteht darin, auf der Basis der Wettbewerbswirtschaft die freie Initiative mit einem gerade durch die marktwirtschaftliche Leistung gesicherten sozialen Fortschritt zu verbinden (vgl. Müller-Armack 1966). Primat hat demnach die Steuerung durch den Markt vor den Eingriffen und Interventionen des Staates. Das gilt auch für den Bereich der Berufsausbildung. Sie basiert auf dem Grundrecht der freien Berufswahl. "Alle Deutschen haben das Recht, Beruf, Arbeitsplatz und Ausbildungsstätte frei zu wählen" (Art. 12,1, Satz 1 GG). Die Berufsfreiheit gehört zu den Freiheits- bzw. liberalen Grundrechten, die dem einzelnen einen Anspruch auf Unterlassung staatlicher Eingriffe in seine persönliche Rechtssphäre geben. Zugleich ist sie eine Funktionsvoraussetzung der Wettbewerbswirtschaft und der damit angestrebten optimalen Allokation der Ressourcen. Allerdings gebietet es das Sozialstaatsprinzip, daß der Staat mit kompensatorischen bzw. subsidiären Maßnahmen eingreift, wenn die Funktionsfähigkeit des Markts in Frage gestellt ist und soziale Härten für die davon betroffenen Personengruppen zu erwarten sind.

Nach den Prinzipien der klassisch-liberalistischen Markttheorie erfüllt der Markt die Funktion, Güterangebot und -nachfrage optimal zu koordinieren. Bei vollkommenem Wettbewerb werden Angebot und Nachfrage über den Gleichgewichtspreis in Übereinstimmung gebracht. Indes sind nicht überall die Voraussetzungen für die Funktionsfähigkeit des Marktes gegeben. Das gilt zum Beispiel für den Ausbildungsstellenmarkt. Angebotsseitig ist dieser Markt u.a. mit dem Kollektivgüter-Dilemma behaftet, das heißt: Ausbildungsbetriebe erzeugen mit der beruflichen Qualifizierung ein „öffentliches Gut", von dessen Nutzen nicht-ausbildende Betriebe nicht ausgeschlossen werden können („externe Erträge"). Unter sonst unveränderten Bedingungen kann eine solche Konstellation zur Unterinvestition in Ausbildung führen (was nicht zwangsläufig der Fall sein muß, vgl. Sadowski 1980). Nachfrageseitig resultieren Probleme des Ausbildungsstellenmarkts u.a. aus den ungleichen Chancen des Zugangs zu den angebotenen Ausbildungsmöglichkeiten (in Abhängigkeit von sozialer Herkunft, Geschlecht, Staatsangehörigkeit, schulischer Vorbildung, Wohnsitz u.a.), aus der Nichtübereinstimmung von angebotenen Ausbildungsstellen und Berufswünschen der Nachfrager sowie aus der Intransparenz des Ausbildungsstellenmarkts. Forderungen nach staatlicher Intervention können mithin sowohl wirtschafts- als auch sozialpolitisch motiviert sein.

Im Vergleich zum rein marktwirtschaftlichen Modell einerseits und zur ausschließlich staatlichen Steuerung anderseits läßt sich der ordnungspolitische Rahmen der Berufsbildungspolitik und -planung in der Bundesrepublik Deutschland als ein Mischsystem aus marktwirtschaftlichen, staatlichen und korporatistischen Steuerungskomponenten kennzeichnen (vgl. Hilbert/Südmersen/Weber 1990; Koch/Reuling 1994). Gesetzliche Grundlagen hierfür sind für den Bereich der betrieblichen Berufsbildung vor allem das Berufsbildungsgesetz, das Berufsbildungsförderungsgesetz und das Arbeitsförderungsgesetz. Darin ist die berufliche Weiterbildung zwar eingeschlossen, jedoch ordnungspolitisch ungleich weniger reguliert als die berufliche Erstausbildung im Dualen System. Steuerungspolitisch basiert das Duale System hinsichtlich der betrieblichen Berufsausbildung auf dem Prinzip der staatlichen Berufsbildungspolitik und -planung durch „private Regierungen" der Sozialparteien und deren Selbstbindung an das sogenannte „Konsensprinzip" und bezüglich des schulischen Bereichs auf der Verfahrungspraxis des „kooperativen Föderalismus" als Voraussetzung für die Abstimmung der Rahmenlehrpläne im Zuständigkeitsbereich der Bundesländer und der Ausbildungsordnungen im Rahmen der Gesetzgebungskompetenz des Bundes.

3. Prozeduren und Akteure der Berufsbildungspolitik und -planung am Beispiel des Dualen Systems

3.1 Staatliche Berufsbildungspolitik und korporatistische Arrangements für die betriebliche Berufsausbildung im Dualen System

Unter Steuerungs- und Regulierungsaspekten sind als wichtigste Merkmale der Berufsbildungspolitik in bezug auf die betriebliche Berufsausbildung des Dualen Systems zu nennen (siehe Abbildung 1):
- Der Staat (Bund) legt durch das Berufsbildungsgesetz und die auf seiner Grundlage zu erlassenden Ausbildungsordnungen die Rahmenbedingungen für die Berufsausbildung fest (staatliche Regulierung).
- Die Ausbildungsbetriebe bieten auf dem Ausbildungsstellenmarkt Ausbildungsplätze an; sie entscheiden über den Abschluß von Berufsausbildungsverträgen und führen im Rahmen der ordnungsrechtlichen Vorgaben sowie auf der Grundlage des betrieblichen Ausbildungsplans die Ausbildung durch (marktwirtschaftlich-betriebliche Regulierung).
- Die Kammern überwachen als öffentlich-rechtliche Selbstverwaltungsorgane der Wirtschaft die Einhaltung der gesetzlichen und ordnungsrechtlichen Normen für die Berufsausbildung; sie regeln innerhalb ihres Zuständigkeitsbereichs im Rahmen der gesetzlichen Bestimmungen die Berufsausbildung, insbesondere die Durchführung der Abschlußprüfungen, und sie fördern die Berufsausbildung durch Beratung (korporative Regulierung).
- Auf allen Ebenen dieses Mischsystems staatlicher, betrieblicher und korporativer Regulierung sind Arbeitgeber- und Arbeitnehmervertretungen gleichberechtigt beteiligt (Partizipation der Sozialparteien).

Der Staat besitzt - in welcher Form auch immer - das Monopol der gesetzgebenden Gewalt (Legislative), der vollziehenden Gewalt mit Hilfe der Ministerialbürokratie und anderer staatlicher Verwaltungsinstanzen (Exekutive) und der rechtsprechenden Gewalt (Judikative). Dieses Monopol zeichnet den Staat gegenüber allen gesellschaftlichen Institutionen aus. Es verleiht ihm eine Sonderstellung als diejenige Instanz, die über Organisationsmittel verfügt, mit denen er zum Gemeinwohl deklarierte Interessen auf legalem Weg (durch Gesetze) gegenüber partikularen Interessen zur Geltung bringen kann. Bei der Wahrnehmung dieser Befugnisse bezieht der Staat nicht-hoheitliche Entscheidungsträger und Akteure in den Entscheidungsprozeß mit ein, entweder aufgrund gesetzlicher Bestimmungen oder infolge von Vereinbarungen mit den politisch maßgeblichen Verbänden und Organisationen. Das sind im Fall der betrieblichen Berufsausbildung auf nationaler Ebene die Spitzenorganisationen der Arbeitgeberverbände und Gewerkschaften sowie der Selbstverwaltungseinrichtungen der Wirtschaft (Kammern). Aber auch auf Länderebene und in den Kammerbezirken sind Arbeitgeber- und Arbeitnehmervertreter an den Entscheidungs- und Planungsprozessen in bezug auf die betriebliche Berufsausbildung beteiligt.

Abb. 1:

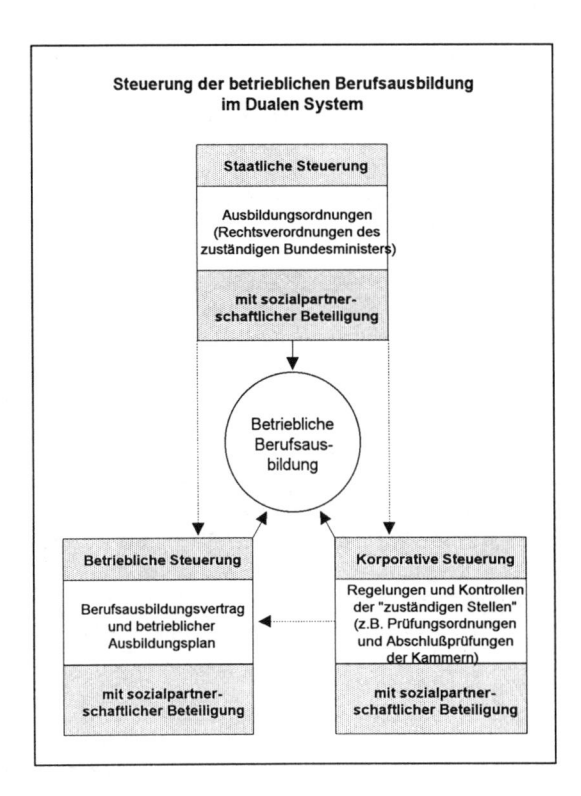

```
┌─────────────────────────────────────────────────────────┐
│           Steuerung der betrieblichen Berufsausbildung  │
│                     im Dualen System                    │
│                                                         │
│              ┌──────────────────────────┐               │
│              │   Staatliche Steuerung   │               │
│              ├──────────────────────────┤               │
│              │    Ausbildungsordnungen  │               │
│              │   (Rechtsverordnungen des│               │
│              │  zuständigen Bundesministers)│           │
│              ├──────────────────────────┤               │
│              │    mit sozialpartner-    │               │
│              │  schaftlicher Beteiligung│               │
│              └────────────┬─────────────┘               │
│                           ▼                             │
│                      ┌─────────┐                        │
│                      │Betriebliche│                     │
│                      │ Berufsaus-│                      │
│                      │  bildung  │                      │
│                      └─────────┘                        │
│                      ▼          ▼                       │
│   ┌──────────────────────┐ ┌──────────────────────┐     │
│   │Betriebliche Steuerung│ │ Korporative Steuerung│     │
│   ├──────────────────────┤ ├──────────────────────┤     │
│   │Berufsausbildungsvertrag│ │Regelungen und Kontrollen│ │
│   │und betrieblicher     │◄┤der "zuständigen Stellen"│  │
│   │Ausbildungsplan       │ │(z.B. Prüfungsordnungen│    │
│   │                      │ │und Abschlußprüfungen │     │
│   │                      │ │   der Kammern)       │     │
│   ├──────────────────────┤ ├──────────────────────┤     │
│   │  mit sozialpartner-  │ │  mit sozialpartner-  │     │
│   │schaftlicher Beteiligung│ │schaftlicher Beteiligung│ │
│   └──────────────────────┘ └──────────────────────┘     │
└─────────────────────────────────────────────────────────┘
```

Von besonderer Bedeutung ist die Zusammenarbeit und Abstimmung zwischen staatlichen und nicht-staatlichen Akteuren im Bundesinstitut für Berufsbildung (BIBB). Gesetzliche Grundlage hierfür ist das Berufsbildungsförderungsgesetz aus dem Jahre 1981. Das Bundesinstitut ist eine bundesunmittelbare juristische Person des öffentlichen Rechts (unter Rechtsaufsicht des Bundesministers für Bildung, Wissenschaft, Forschung und Technologie) mit Anstaltscharakter. Arbeitgeber, Gewerkschaften und Länder haben weitgehende Entscheidungsrechte in der Programm- und Haushaltsgestaltung des Instituts, obwohl die Finanzierung ausschließlich aus Bundesmitteln erfolgt. Zentrales Beschlußorgan des BIBB ist der Hauptausschuß. Er setzt sich mit paritätischer Stimmenzahl zusammen aus Beauftragten der Arbeitgeber und Arbeitnehmer sowie aus Beauftragten des Bundes und der Länder (Vier-Bänke-Prinzip).

Bezogen auf seine Stellung und Funktion im Prozeß der Berufsbildungspolitik und -planung ist das BIBB in das Duale System fest eingebunden als ein "Forum funktionaler Repräsentation", in welchem unterschiedliche gesellschaftliche Interessen miteinander streiten und kooperieren. Durch die Mitarbeit in diesem Forum werden den Verbänden und Gewerkschaften Regelungsaufgaben übertragen, die sonst nur von staatlichen Einrichtungen wahrgenommen werden könnten. Die Interessenorganisationen wachsen dadurch in einen quasi öffentlichen Status hinein und tragen zur Entlastung des Staates bei (Hilbert, J./Südmersen, H./Weber, H. 1990).

Damit sind am Beispiel des BIBB einige wesentliche Merkmale korporatistischer Arrangements angedeutet. Allgemeiner formuliert und steuerungstheoretisch betrachtet entspricht dieses System dem Muster dezentraler Kontextsteuerung. Rechtsförmlich erfolgt die Steuerung der Kontextbedingungen zwar zentral durch den Staat (z.B. in Form von Gesetzen und Rechtsverordnungen), dabei wird jedoch vorausgesetzt, daß die inhaltliche Festlegung der Kontextbedingungen aus einem Aushandlungsprozeß relativ autonomer Verhandlungsinstanzen hervorgegangen ist, also dem Typ einer dezentralen Praxis gesellschaftlicher Ordnungsbildung folgt. Die Beteiligung von Verbänden und Gewerkschaften an der Bestimmung der kontextuellen Parameter ("Eckdaten") zielt darauf ab, Selbstbindung über Partizipation zu erreichen.

Die Einbeziehung der Verbände und Gewerkschaften wie auch der Kammern als Selbstverwaltungseinrichtungen der Wirtschaft in der Rechtsform von Körperschaften des öffentlichen Rechts (siehe Abbildung 2 auf folgender Seite) hat für die staatliche Berufsbildungspolitik eine Reihe von Vorteilen: Der Sachverstand der Ausbildungsexperten kann zur Fundierung staatlicher Entscheidungen genutzt werden. Die Übertragung öffentlicher Regulierungsfunktionen auf die Interessenorganisationen der Arbeitgeber und der Arbeitnehmer entlastet den Staat von schwierigen Aufgaben der Kompromißfindung und der Konsensbeschaffung. Dem Staat bleibt durch verbands- und gewerkschaftsinterne Abstimmungen weitgehend das politisch riskante Unterfangen erspart, zwischen unterschiedlichen Vorschlägen entscheiden oder einen Kompromiß aushandeln zu müssen. Am weitesten reicht die Delegation von Regelungsaufgaben dort, wo der Staat bei der Ordnung von Ausbildungsberufen den Konsens zwischen Arbeitgeberverbänden und Gewerkschaften zur Voraussetzung staatlicher Regulierung macht (vgl. Streeck/Hilbert/ Kevelaer/Maier/ Weber 1987).

Das bedeutet aber auch, daß der Staat politische Kompetenzen an die "privaten Regierungen" der Verbände abtreten und Anreize für Kooperation schaffen muß. Die darin implizierte Legitimationsproblematik betrifft im Kern die Frage nach den normativen Gehalten des demokratischen Verfassungsstaates und der legitimatorischen Relevanz seiner Institutionen, speziell der Parlamente, im Prozeß der Herstellung kollektiv bindender Entscheidungen (vgl. Offe 1984). So ist das Argument nicht leicht von der Hand zu weisen, daß korporatistische Arrangements verfassungsmäßig und gesetzlich legitimierte Entscheidungsinstanzen entwerten und deren Zuständigkeiten unterlaufen ("Herrschaft der Verbände"). Die daraus abgeleitete Forderung nach mehr staatlicher Verantwortung und Zuständigkeit überzeugt allerdings kaum. Sie vernachlässigt den Sachverhalt, daß in hochkomplexen, funktional differenzierten Gesellschaften nicht nur nicht der Staat, sondern auch kein anderes Teilsystem *allein* die erforderlichen Integrations- und Steuerungsleistungen erbringen kann. Unter diesem Gesichtspunkt entspricht das Politikmuster vom Typ korporatistischer Arrangements, wie es in der Berufsbildungspolitik und -planung praktiziert wird, vom Ansatz her und bei aller Reformbedürftigkeit im Detail den Modernisierungserfordernissen entwickelter Gesellschaften (vgl. Willke 1993; Neumann 1996).

Abb. 2:

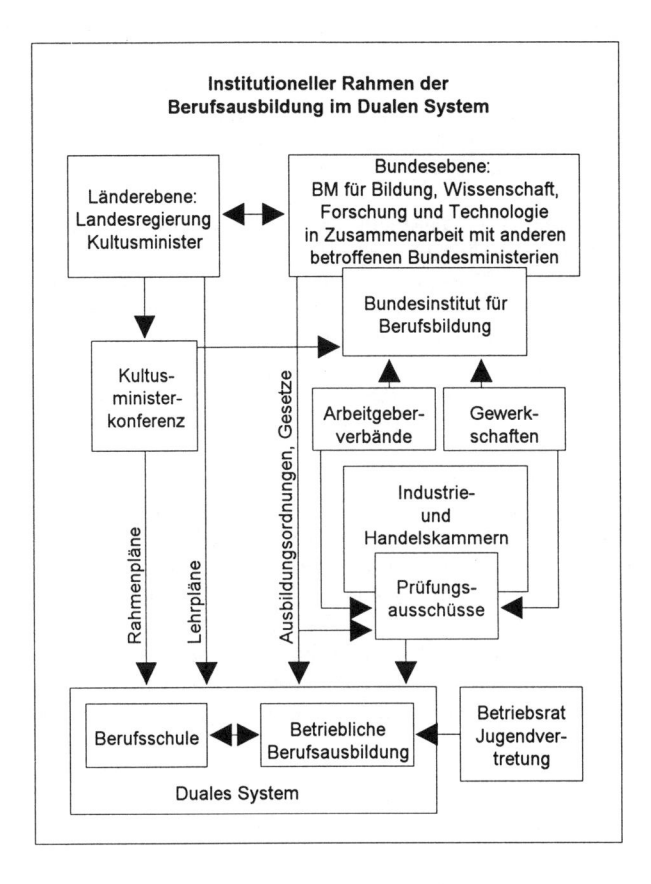

Institutioneller Rahmen der Berufsausbildung im Dualen System

- Länderebene: Landesregierung Kultusminister
- Bundesebene: BM für Bildung, Wissenschaft, Forschung und Technologie in Zusammenarbeit mit anderen betroffenen Bundesministerien
- Bundesinstitut für Berufsbildung
- Kultusministerkonferenz
- Arbeitgeberverbände
- Gewerkschaften
- Industrie- und Handelskammern
- Prüfungsausschüsse
- Rahmenpläne / Lehrpläne / Ausbildungsordnungen, Gesetze
- Berufsschule
- Betriebliche Berufsausbildung
- Betriebsrat Jugendvertretung
- Duales System

3.2 Regulierung der berufsschulischen Grund- und Fachbildung in Abstimmung mit der betrieblichen Berufsausbildung - Kooperativer Föderalismus

Berufsschulen und Ausbildungsbetriebe erfüllen gemäß den Vereinbarungen der Kultusminister der Länder in der dualen Berufsausbildung einen „gemeinsamen Bildungsauftrag" (Kultusministerkonferenz 1991). Über die berufsbezogene Grund- und Fachbildung hinaus hat die Berufsschule die Aufgabe, die vorher erworbene allgemeine Bildung ihrer Schüler und Schülerinnen zu erweitern. Während die betriebliche Berufsausbildung bundeseinheitlich durch Ausbildungsordnungen des zuständigen Bundesministers geregelt wird, sind für die Lehrpläne der Teilzeit-Berufsschule im Dualen System die einzelnen Bundesländer verantwortlich. Verfassungsrechtlich unterliegt das gesamte Schulwesen - also auch die Teilzeit-Berufsschule - der Aufsicht des Staates (Art. 7,1 GG). Der Begriff 'Staatsaufsicht' umfaßt nach geltender Rechtsprechung des Bundesverwaltungsgerichts die Gesamtheit der staatlichen Befugnisse zur Organisation, Planung, Leitung und Beaufsichtigung des Schulwesens. Insofern könnten die für die Staatsaufsicht zuständigen sechzehn Bundesländer den Berufsschulunterricht unabhängig von der betrieblichen Berufsausbildung und den ihnen zugrundeliegenden Ausbildungsordnungen des Bundes regeln. Das ist in der Praxis jedoch nicht der Fall. Bereits 1972 haben sich Beauftragte der Bundesregierung und der Kultusminister (-senatoren) in einem "Gemeinsamen

Ergebnisprotokoll" auf ein Verfahren verständigt, das die Koordinierung von betrieblicher und schulischer Berufsausbildung gewährleisten soll (Benner/Püttmann 1992). Demnach werden - unbeschadet der gesetzlichen Zuständigkeiten von Bund und Ländern - bei jedem Ausbildungsordnungsverfahren Ausbildungsordnung für die betriebliche Berufsausbildung und Rahmenlehrplan für den *berufsbezogenen* Berufsschulunterricht aufeinander abgestimmt. Ausgenommen davon ist der *allgemeine* Unterricht an Berufsschulen, der länderunterschiedlich geregelt wird.

Rahmenlehrpläne basieren auf einstimmigen Beschlüssen der Kultusministerkonferenz (KMK); sie sind ein wesentliches Instrument zur Vereinheitlichung der schulischen Berufsausbildung und Grundlage für die Abstimmung mit den Ausbildungsordnungen des Bundes. Das Abstimmungsverfahren (siehe Abbildung 3 auf folgender Seite) betrifft also nicht nur das Verhältnis zwischen Bund und Ländern, sondern setzt die Abstimmung zwischen den Kultusministern (-senatoren) der Länder voraus. Dies geschieht im Rahmen der Kultusministerkonferenz, einer Koordinierungsinstanz des föderalen Staates. Sie bestand bereits bei Gründung der Bundesrepublik Deutschland.

Nach der Präambel ihrer Geschäftsordnung hat die Ständige Konferenz der Kultusminister der Länder in der Bundesrepublik Deutschland - so ihre amtliche Bezeichnung - die Aufgabe, Angelegenheiten der Kulturpolitik von überregionaler Bedeutung mit dem Ziel einer gemeinsamen Willensbildung und zur Vertretung gemeinsamer Anliegen zu behandeln. Entscheidungen über bildungspolitische Sachfragen bedürfen der Einstimmigkeit. Die Beschlüsse der KMK haben rechtlich den Charakter von Empfehlungen. Rahmenlehrpläne der KMK müssen also - trotz Einstimmigkeit - in jedem Einzelfall in den Bundesländern "ratifiziert" werden. Dabei steht es den einzelnen Bundesländern frei, die Rahmenlehrpläne unverändert zu übernehmen oder sie zu modifizieren und zu konkretisieren.

Einen weiteren Spielraum für die Kooperation zwischen den staatlichen Instanzen der Berufsbildungspolitik und -planung des Bundes und der Länder eröffnete im Jahre 1969 die Einfügung des Artikels 91b in das Grundgesetz: "Bund und Länder können auf Grund von Vereinbarungen bei der Bildungsplanung und bei der Förderung von Einrichtungen und Vorhaben der wissenschaftlichen Forschung von überregionaler Bedeutung zusammenwirken ...". Damit wurden die verfassungsrechtlichen Voraussetzungen für die Zusammenarbeit zwischen Bund und Ländern („Gemeinschaftsaufgaben") auf dem Gebiet gemeinsamer Bildungsplanung sowie der Durchführung und wissenschaftlichen Begleitung von Modellversuchen zur Förderung der beruflichen Bildung geschaffen. Die dafür zuständige Einrichtung ist die Bund-Länder-Kommission für Bildungsplanung und Forschungsförderung (BLK). Obwohl sich die anfangs hohen Ansprüche an die BLK, speziell im Zusammenhang mit der Entwicklung und Fortschreibung eines Bildungsgesamtplans, nicht erfüllen ließen, markieren die zitierte Grundgesetzänderung und die Einrichtung der BLK in gewisser Hinsicht den vorläufigen Abschluß einer schon in den fünfziger Jahren einsetzenden Weiterentwicklung des Prinzips der Kulturhoheit der Länder zum heute bestehenden System eines "kooperativen Kulturföderalismus" (Arbeitsgruppe Bildungsbericht am Max-Planck-Institut für Bildungsforschung 1994, 87 ff.).

Abb. 3:

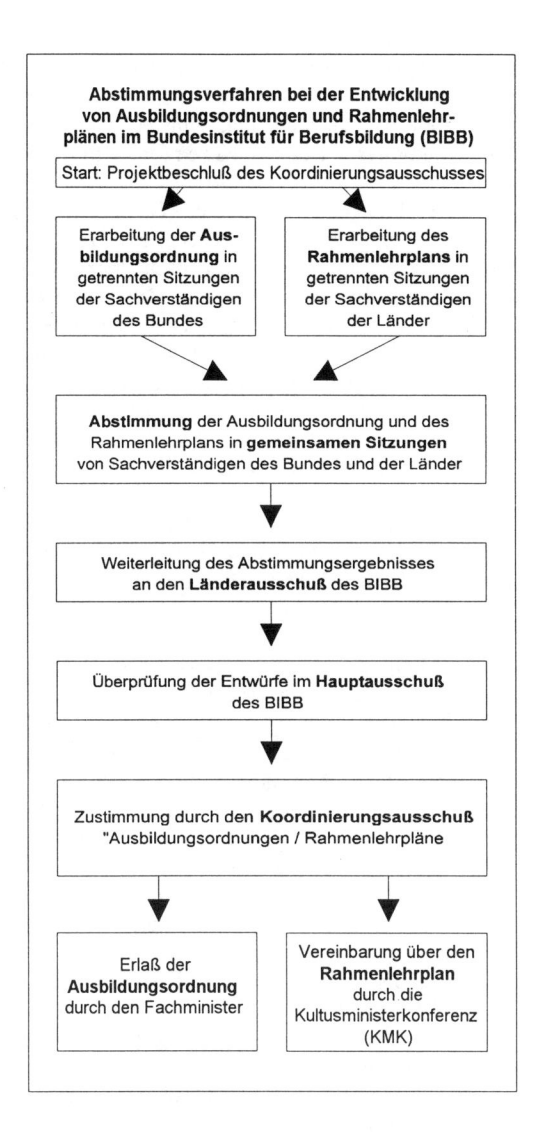

Abstimmungsverfahren bei der Entwicklung von Ausbildungsordnungen und Rahmenlehrplänen im Bundesinstitut für Berufsbildung (BIBB)

Start: Projektbeschluß des Koordinierungsausschusses

↓ ↓

Erarbeitung der **Ausbildungsordnung** in getrennten Sitzungen der Sachverständigen des Bundes

Erarbeitung des **Rahmenlehrplans** in getrennten Sitzungen der Sachverständigen der Länder

↓ ↓

Abstimmung der Ausbildungsordnung und des Rahmenlehrplans in **gemeinsamen Sitzungen** von Sachverständigen des Bundes und der Länder

↓

Weiterleitung des Abstimmungsergebnisses an den **Länderausschuß** des BIBB

↓

Überprüfung der Entwürfe im **Hauptausschuß** des BIBB

↓

Zustimmung durch den **Koordinierungsausschuß** "Ausbildungsordnungen / Rahmenlehrpläne"

↓ ↓

Erlaß der **Ausbildungsordnung** durch den Fachminister

Vereinbarung über den **Rahmenlehrplan** durch die Kultusministerkonferenz (KMK)

4. Problemlagen und Bereiche der Berufsbildungspolitik und -planung

4.1 Problemlagen und Typisierung der Politikbereiche

Berufsbildungspolitik wurde eingangs (Teil 1) definiert als ein auf Ordnungs- und Gestaltungsprobleme fachlich spezialisierter Politikbereich. Diese Formulierung erinnert daran, daß nicht nur die Rahmenbedingungen ('polity') und Prozeduren ('politics') politischen Handelns zur Diskussion stehen, sondern auch (und wie es vielfach gesehen und gefordert wird: vor allem) um Zielorientierungen und -prioritäten, um Werte und Interessen und um die Gestaltung von Politikbereichen. Eine solche 'policy'-orientierte Betrachtung steht freilich immer in Gefahr, daß man die erklärten (oder auch nur indirekt erschließbaren und unterstellten) Absichtsbekundungen der Politiker (in den Regierungen und

Parlamenten, Ministerien und Verbänden etc.) zur Grundlage der Analyse macht. Kritisch-distanzierte und realitätsangemessene Politikanalyse müßte jedoch gerade die Nichtübereinstimmung zwischen deklarierten Zielen und operativen Handlungsorientierungen, zwischen zielorientiertem Handeln und Umweltbedingungen sowie zwischen manifesten und latenten Funktionen in Betracht ziehen (vgl. Offe 1975a; 1975b).

Bei zielorientierten Politikbeschreibungen dominieren „fast durchwegs finalistische Handlungsvorstellungen" (Offe 1975b, 219). Sie folgen dem Zweck-Mittel-Schema, wonach es Aufgabe der Politik sei, Ziele zu setzen, diese nach Prioritäten zu ordnen und im Kontext vorgegebener Rahmenbedingungen geeignete Mittel einzusetzen, mit denen sich möglichst effizient zieladäquate Problemlösungen bewirken lassen. Das Schema der Zweck-Mittel-Rationalität wird der Komplexität politischer Handlungspraxen jedoch nicht gerecht. Für politisches Handeln gilt das von Luhmann/Schorr (1982, 11 ff.) so bezeichnete „Technologiedefizit". Nur dann, wenn ein System hinreichende Voraussetzungen erfüllt, zum Beispiel Trennschärfe im Verhältnis von politischen Handlungszielen, operativen Inputs und Erfolgswahrscheinlichkeiten in Aussicht stellt, läßt sich der Systemprozeß so programmieren, daß Fehler erkennbar und zurechenbar werden und daß der Prozeß auch durch Nichtbeteiligte (zum Beispiel durch Forschungsinstanzen) kontrollierbar wird. „Je weniger diese Voraussetzungen erfüllt sind (und dann sprechen wir von Technologiedefizit), desto riskanter, desto unsinniger schließlich wird die Programmierung" (Luhmann/Schorr 1982, 31).

Angesichts des Technologiedefizits politischen Handelns empfiehlt es sich, das Zweck-Mittel-Schema als Analysekonzept zu verabschieden. Realitätsangemessener ist es, davon auszugehen, daß politisches Handeln Folge von Anlässen ist, auf die das politische System bzw. dessen Teilsysteme (zum Beispiel Parteien) im Interesse an ihrer eigenen Bestandserhaltung reagieren. Eine Anwendung des Anlaß-Folge-Konzepts auf die Berufsbildungspolitik des (spätkapitalistischen) Staates findet sich bei Offe (1975a). Reformpolitik wird dort auf das Interesse des Staates an sich selbst interpretiert. Das darf allerdings nicht so verstanden werden, als sei der Staat frei von den Funktionserfordernissen des Bildungs- und Beschäftigungssystems. Einerseits muß der moderne kapitalistische Interventionsstaat permanent dafür sorgen, daß die Produktionsbedingungen für wirtschaftliches Wachstum mittels privater Unternehmen und für deren möglichst friktionsfreie Anpassung an veränderte ökonomische und technologische Situationen hergestellt werden, andererseits ist der demokratische Staat in seinem politischen Handeln an die Legitimationsprämisse strikter Zweckabstraktion gebunden. Das zwingt ihn dazu, beim Einsatz staatlicher Organisationsmittel (zum Beispiel in Form von Gesetzen und Rechtsverordnungen) den Schein von Interessenneutralität zu wahren.

Folgt man dem Ansatz von Offe, so wäre es eine irreführende Interpretation, wollte man dem Staat ein unmittelbares Eigeninteresse an der Berufsbildungspolitik und ihren Teilbereichen unterstellen. Staatliche Interventionspolitik setzt dort ein, wo als Folge bestimmter Problemlagen (zum Beispiel des Defizits an Ausbildungsplatzangeboten bzw. des Mangels an Ausbildungsplatzbewerbern) die Reputation des Staates und dessen Handlungsfähigkeit ernsthaft und nachhaltig in Frage gestellt wird. Unter diesem Gesichtspunkt wurde der beruflichen Erstausbildung in der Vergangenheit und auch heute noch eine besondere Priorität eingeräumt, und zwar insbesondere auf den Gebieten der Ausbildungsordnungspolitik und der Ausbildungsmarktpolitik. Angesichts der besonders dramatischen Entwicklungen sowohl bei der Ausbildungsversorgung Jugendlicher als auch bei der Sicherstellung des Fachkräftenachwuchses in Teilbereichen des Beschäftigungssystems gewinnen die Strukturpolitik unter Einbeziehung der beruflichen Weiterbildung und auch Ansätze der Reformpolitik an Bedeutung, die auf eine Veränderung der bisherigen Grundlagen abzielen. Unter Systematisierungsaspekten lassen sich - analog zur Typologie der Wirtschaftspolitik bei Tinbergen (1968) - folgenden Ansätze der Berufsbildungspolitik unterscheiden:

- quantitative Politik bei gegebener Struktur des beruflichen Bildungssystems: Interventionen in den Ausbildungsstellenmarkt, zum Beispiel durch politische Ausbildungsappelle, Bereitstellung marktkompensatorischer bzw. subsidiärer Ausbildungsangebote in Form berufsvorbereitender Maßnahmen (Berufsbildungshilfe), finanzielle Ausbildungsanreize für Ausbildungsbetriebe und individuelle Förderungsmaßnahmen für potentielle Ausbildungsplatzbewerber;
- qualitative Politik bei gegebenen Grundlagen des beruflichen Bildungssystems: Veränderung von Strukturmerkmalen und -eigenschaften im Rahmen des bestehenden Berufsbildungssystems, zum Beispiel durch Neuordnung bestehender und Einführung neuer Ausbildungsberufe, durch Verbesserung der infrastrukturellen Ausstattung mittels überbetrieblicher Ausbildungsstätten oder durch Regelung der Ausbildereignung (Ausbilder-Eignungs-Verordnungen);
- Reformpolitik als Veränderung der Grundlagen des beruflichen Bildungssystems: zum Beispiel im hypothetischen Fall der Aufhebung und Integration der getrennten Bildungssysteme oder der Entberuflichung der Berufsausbildung durch modularisierte Qualifizierungsformen.

Die Analyse der Berufsbildungspolitik kann sich auf ein „geschlossenes" oder ein „offenes" Bildungssystem beziehen; dementsprechend wäre die Systematik der Politikbereiche um die internationalen Beziehungen zu ergänzen. Die folgenden Ausführungen gehen zunächst auf grundlegende Problemlagen der Berufsbildungspolitik in der Bundesrepublik Deutschland ein und erörtern anschließend einige Aspekte internationaler Beziehungen der Berufsbildungspolitik am Beispiel der Europäischen Union.

4.2 Entwicklungen der Berufsbildungspolitik in der Bundesrepublik Deutschland

Die Entwicklung der Berufsbildungspolitik in der Bundesrepublik Deutschland läßt sich entlang der oben genannten Politiktypen und -bereiche durch Schwerpunktverlagerungen zwischen eher quantitativ orientierten Maßnahmen, qualitätsbetonten Strukturverbesserungen innerhalb des bestehenden Systems und reformpolitischen Ansätzen zur Neustrukturierung des Bildungssystems charakterisieren. Welcher Politiktyp und -bereich jeweils dominiert, ist maßgeblich eine Folge exogen beeinflußter Problemlagen, ausgelöst beispielsweise durch demographische Entwicklungen, durch technologischen und ökonomischen Wandel und nicht zuletzt durch das veränderte Bildungsverhalten der Bevölkerung im Kontext des allgemeinen Wertewandels: So

- wirkte sich der „Geburtenberg" der sechziger Jahre auf die steigende Ausbildungsplatznachfrage und die „Berufsnot" der Jugendlichen seit Beginn der achtziger Jahre aus (Folge: Dominanz quantitativ orientierter Berufsbildungspolitik, zum Beispiel in Form von Ausbildungsappellen („Besser irgendeine Berufsausbildung als gar keine"), Maßnahmen der Jugendberufshilfe, Ausbau schulischer Alternativen zur betrieblichen Ausbildung),
- beeinflußte die rasche Verbreitung der neuen Technologien und die Einführung neuer Produktionskonzepte nachhaltig die Qualität der Berufsausbildung und den Bedeutungszuwachs der beruflichen Weiterbildung (Folge: verstärktes Engagement in der

Ausbildungsordnungspolitik, zum Beispiel bei der Neuordnung der industriellen Elektro- und Metallberufe),
- verlagerte sich der (berufs-)bildungspolitische Problemschwerpunkt von der Strukturreform des Bildungswesens zu Beginn der siebziger Jahre mit der Forderung nach Integration von allgemeiner und beruflicher Bildung zwei Jahrzehnte später auf die Zielsetzung der Gleichwertigkeit von allgemeiner und beruflicher Bildung bei Konstanthaltung separater Bildungssysteme.

Auch wenn sich bei rückblickender Betrachtung einzelne Politikschwerpunkte mehr oder weniger hervorheben, kommt es in der praktischen Berufsbildungspolitik entscheidend darauf an, quantitative und qualitative Aspekte nicht gegeneinander auszuspielen, sondern sie in eine längerfristig orientierte Reformperspektive zu integrieren und dabei auch strukturelle Veränderungen einzubeziehen. Ausbildungsmarktpolitik, Ausbildungsordnungspolitik und Strukturpolitik sind dabei wegen der Interdependenz quantitativer, qualitativer und struktureller Komponenten wechselseitig aufeinander verwiesen: Werden die Standards der Ausbildungsqualität durch neue Ausbildungsordnungen höher gesetzt, wie das bei der Neuordnung der industriellen Elektro- und Metallberufe der Fall war, so sind davon die Ausbildungskosten der Betriebe betroffen, was bei einzelwirtschaftlichem Kalkül den Rückgang des Ausbildungsstellenangebots zur Folge haben kann. Das muß aber nicht der Fall sein. Je nach Betriebstyp und je nach den Traditionen und Optionen der betrieblichen Personalpolitik kommt es zu unterschiedlichen Entscheidungen. Sicher ist, daß die Entscheidungen der Betriebe über Umfang und Art der Ausbildung zentral von Überlegungen zu Kostenunterschieden und Verschiebungen in den Kosten-Nutzen-Relationen (was ist kurz-, mittel- und langfristig günstiger?), von konjunkturellen Einflüssen und den erwarteten bzw. geplanten längerfristigen Beschäftigungsentwicklungen beeinflußt werden. Das Ausbildungsverhalten der Betriebe hängt mithin von komplexen Kosten-Nutzen-Erwägungen ab (vgl. Bardeleben/Beicht/Feher 1995; Sadowski 1980). Politische Interventionen, etwa die Einführung einer gesetzlichen Umlagefinanzierung zu Lasten der nicht ausbildenden und zugunsten der ausbildenden Betriebe, sind deshalb hinsichtlich ihrer Wirkungen schwer kalkulierbar und werden in der politischen wie wissenschaftlichen Diskussion außerordentlich kontrovers beurteilt, nicht zuletzt wegen ihrer ordnungs- und steuerungspolitischen Implikationen (vgl. Kell 1995; Timmermann 1994; 1995). Davon abgesehen, vernachlässigt die einseitig quantitativ orientierte Forderung nach einer Ausweitung des betrieblichen Ausbildungsplatzangebots die Seite der Ausbildungsplatznachfrage und die damit verbundenen strukturellen Probleme des Bildungssystems (vgl. Lutz 1991).

Wie an anderer Stelle beschrieben (siehe Kutscha, Berufsbildungssystem, in diesem Band), ist der Sekundarbereich II des Bildungswesens in der Bundesrepublik Deutschland dadurch charakterisiert, daß zwei Bildungssysteme „konkurrieren" (vgl. Harney/Zymek 1994): auf der einen Seite die gymnasiale Oberstufe mit dem Abschluß der allgemeinen Studierberechtigung (Abitur) und deren Verkopplung mit dem Universitätsstudium als Berufsausbildung für höhere Berufslaufbahnen im öffentlichen Dienst und privilegierte Positionen in der privaten Wirtschaft, auf der anderen Seite die Berufsausbildung für den Qualifikationsbedarf auf der Facharbeiter- und Sachbearbeiterebene. Nach Art und Weise ihres Zusammenhangs mit dem Beschäftigungssystem, aber auch nach dem Selbstverständnis der Jugendlichen und ihrer Eltern erfüllt die gymnasiale Oberstufe, was immer auch sonst die ihr zugeschriebenen Bildungsaufgaben sein mögen, die Funktion einer berufspropädeutischen Einrichtung für anspruchsvolle akademische Berufe. Als solche ist sie mit Privilegien ausgestattet, die einen erheblichen Wettbewerbsvorteil gegenüber der Berufsausbildung im Dualen System zur Folge haben. Solange das Duale

System auf ein hinreichend großes Reservoir an Bewerbern zurückgreifen und die private Wirtschaft sich mit traditionellen Formen der Lehrlingsausbildung begnügen konnte, brachte dieser Wettbewerbsnachteil kaum Probleme mit sich. Das hat sich geändert. Quantitativ und qualitativ ist für das Duale System eine verschärfte Konkurrenzsituation entstanden: Es muß höheren Anforderungen des Beschäftigungssystems mit einer tendenziell abnehmenden Zahl qualifizierter Bewerber gerecht werden. Angesichts dieser Situation klagen nicht nur Gewerkschaften, sondern auch die Wirtschafts- und Arbeitgeberverbände Gleichwertigkeit berufsqualifizierender Abschlüsse in bezug auf die Hochschulzugangsberechtigung ein (zur Diskussion: Husemann/Münch/Pütz 1995).

„Getrennt, aber gleichwertig", so könnte man die neue Strategie der Berufsbildungspolitik in bezug auf die Strukturprobleme des Bildungssystems charakterisieren. Ging es in der Reformphase Ende der sechziger, Anfang der siebziger Jahre darum, Gleichwertigkeit durch Integration von allgemeiner und beruflicher Bildung herzustellen, um damit Begabungsreserven auszuschöpfen und sowohl einer ökonomisch verhängnisvollen Bildungskatastrophe (Picht 1965) zu entgehen als auch Bildung als Bürgerrecht (Dahrendorf 1965) durchzusetzen, so ist die aktuelle Gleichwertigkeitsdiskussion mit dem Problem konfrontiert, wie die Effekte der „systemwidrigen Expansion" der Schülerzahlen an Gymnasien (Blankertz 1982, 329) gedrosselt und der Bedarf an beruflich qualifizierten Fachkräften auf Dauer gesichert werden können.

Eine Lösung dieses Strukturproblems setzt voraus, daß die Forderung nach Gleichwertigkeit von allgemeiner und beruflicher Bildung in eine konsequente Reformpolitik umgesetzt wird. Sie müßte in Verbindung mit der Reform des Sekundarbereichs II auch den tertiären Bereich (Hochschulstudium) und den quartären Sektor (Weiterbildung) des Bildungssystems einbeziehen. Denn die bloß formale Gleichstellung der Berechtigungen sagt nichts darüber aus, ob die Absolventen beruflicher Bildungsgänge auch über die inhaltlichen Bildungsvoraussetzungen verfügen, um den Anforderungen des Hochschulstudiums, das traditionell auf den Bildungsprofilen des Gymnasiums aufbaut, gewachsen zu sein. Angesichts dieser Unwägbarkeiten spricht vieles für die Vermutung, daß die Mehrheit der Jugendlichen, sofern diese über die entsprechenden Voraussetzungen verfügen, den relativ sicheren und kürzeren Weg der gymnasialen Oberstufe gegenüber der weniger kalkulierbaren Alternative des beruflichen Bildungswegs zum Hochschulstudium bevorzugen wird (Gruschka/Kiewit/Rüdell/Schenk 1992).

Zu den genannten Argumenten kommt dies hinzu: Bis heute hat die berufliche Fort- oder Weiterbildung noch kein klares Profil als alternative Aufstiegsmöglichkeit anstelle studienqualifizierender Bildungsgänge gewonnen. Qualifikationen, die durch berufliche Weiterbildung und Berufserfahrungen gewonnen werden, spielen bei der Herstellung formaler Gleichwertigkeit im deutschen Berechtigungswesen nach wie vor eine untergeordnete Rolle. Berufliche Weiterbildung ist stark selektiv, Karriereplanung auf diesem Weg mithin höchst risikoreich. Wollte man dem Vorschlag der Wirtschaftsverbände ernsthaft folgen, so wäre die Voraussetzung dazu, ein verläßliches System aufbauender, abschlußbezogener Fortbildung zu entwickeln. Diesem Ansatz folgt das Konzept für ein "eigenständiges und gleichwertiges Berufsbildungssystem", das von der Leitung und von Experten des Bundesinstituts für Berufsbildung (BIBB) in die Diskussion eingebracht wurde (Dybowski/Pütz/Sauter/Schmidt 1994). Das Modell umfaßt in zwei Dimensionen integrative Lösungen: Zum einen geht es in vertikaler Dimension um eine stärkere Verzahnung von Aus- und Weiterbildung. Zum anderen sollen in horizontaler Dimension integrative Lösungen in bezug auf die Verbindung von Arbeiten und Lernen hergestellt werden. Ziel ist es, die Berufserfahrung stärker als bisher für die abschlußbezogene

Weiterbildung zu nutzen. Hauptmerkmal der Lernorganisation ist nach diesem Modell die Dualität von Lernen und Arbeiten, und zwar auf allen Ebenen des Berufsbildungssystems von der Berufsausbildung über die berufliche Weiterbildung bis zum Fachhochschulstudium. Als Abschlüsse sind anerkannte Zertifikate auf jeder dieser Ebenen vorgesehen: der Ausbildungsabschluß, der Weiterbildungsabschluß und der Hochschulabschluß (siehe Abbildung 4 auf folgender Seite).

Die Realisierung des BIBB-Konzepts würde voraussetzen, den Bereich der Weiterbildung(sabschlüsse) stärker als bisher ordnungspolitisch zu regulieren und betriebliche Personalentwicklungskonzepte mit durchlässigen und chancengerechten Aufstiegswegen zu etablieren. Solchen Erwartungen gegenüber zeigt sich die Wirtschaft in der Bundesrepublik Deutschland bislang als wenig aufgeschlossen. Doch wie immer man das "BIBB-Modell" im Detail einschätzt, es zeigt eine Entwicklung an, die wohl kaum aufzuhalten ist: Der Systemfindungsprozeß des beruflichen Bildungswesens macht vor der beruflichen Weiterbildung nicht halt. Die Koordinierung von Berufsbildung durch Verklammerung von beruflicher Erstausbildung und Weiterbildung ermöglicht neue und für den einzelnen Berufstätigen attraktive Integrationsperspektiven *innerhalb* dieses Systems. Ob aber das Berufsbildungssystem insgesamt seine spezifische Leistung in bezug auf die qualitative und quantitative Versorgung des Beschäftigungssystems mit Fachkräften wird aufrechterhalten können, bleibt die ungelöste Frage (Lutz 1991) und kann letztlich nur im Zusammenhang mit der Entwicklung des allgemeinen Bildungssystems beurteilt werden. Das legt die Konsequenz nahe: „Auf längere Sicht sind Strukturreformen unausweichlich, zumal im Hinblick auf das Zusammenrücken Europas" (Friedeburg 1989, 475).

4.3 Internationale Beziehungen der Berufsbildungspolitik im Hinblick auf die Entwicklungen der Europäischen Union

Die wachsende Internationalisierung der Wirtschaftsbeziehungen und speziell die politische Integration im Rahmen der Europäischen Union bleiben nicht ohne Konsequenzen für die Berufsbildungspolitik und -planung. Eine systematische Betrachtung der Berufsbildungspolitik kann dementsprechend nicht zureichend im Rahmen eines geschlossenen nationalen Bildungssystems erfolgen (vgl. Piehl/Sellin 1995). Ging es auf der Basis der Verträge zur Gründung der Europäischen Wirtschaftsgemeinschaft (Römische Verträge) von 1957 vor allem um die Formulierung allgemeiner Grundsätze zur Durchführung einer gemeinsamen Berufsbildungspolitik als Fundament leistungsfähiger nationaler Wirtschaftssysteme, begann zehn Jahre später eine erste Phase bildungspolitischer Zusammenarbeit, in der zwischenstaatliche Austausch- und Kooperationsprogramme durchgeführt wurden. Seit Mitte der achtziger Jahre folgte dann eine Phase der gemeinsamen Begründung und Durchführung von EG-Bildungsprogrammen.

Mit den Maastrichter Verträgen zur Europäischen Union (EU) von 1992, die neben der Wirtschafts- und Währungsunion auch eine politische Union der Mitgliedstaaten vorsehen, erhielt die Berufsbildungspolitik durch den Artikel 127 eine neue Grundlage. Prinzipiell gilt das Subsidiaritätsprinzip (vgl. Jach 1992). Das heißt: Struktur, Organisation und Ausgestaltung der Bildungssysteme ist Angelegenheit der einzelnen Mitgliedstaaten. Aufgabe der EU ist es, die nationalen Initiativen durch geeignete Aktionen zu unterstützen. „Die Gemeinschaft führt eine Politik der beruflichen Bildung, welche die Maßnahmen der Mitgliedstaaten unter strikter Beachtung der Zuständigkeit der Mitgliedstaaten für Inhalt und Gestaltung der beruflichen Bildung unterstützt und ergänzt" (Art. 127 Abs. 1). Hierbei geht es vor allem um Anpassung der Qualifikation der Beschäftigten an veränderte wirtschaftliche Notwendigkeiten durch berufliche Bildung und Umschulung, um berufliche Eingliederung Jugendlicher und Wiedereingliederung Arbeitsloser, um Förderung der beruflichen Mobilität der Jugendlichen und der Ausbilder in Zusammenarbeit von Berufsbildungseinrichtungen und Unternehmen und um Informations- und Erfahrungsaustausch.

Abb. 4:

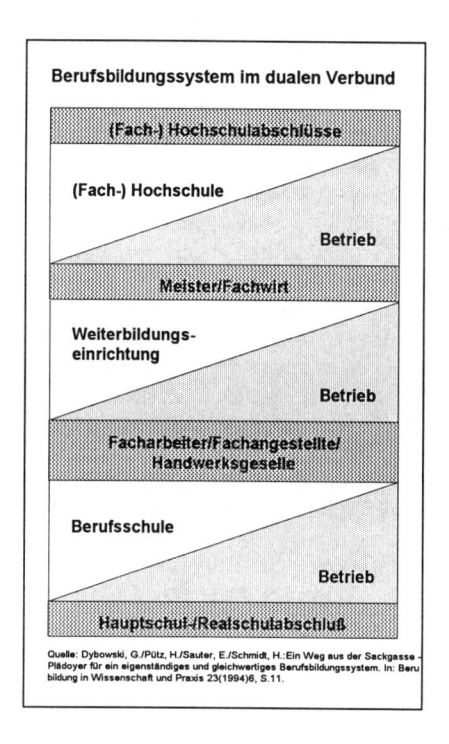

Berufsbildungssystem im dualen Verbund

(Fach-) Hochschulabschlüsse

(Fach-) Hochschule

Betrieb

Meister/Fachwirt

Weiterbildungseinrichtung

Betrieb

Facharbeiter/Fachangestellte/ Handwerksgeselle

Berufsschule

Betrieb

Hauptschul-/Realschulabschluß

Quelle: Dybowski, G./Pütz, H./Sauter, E./Schmidt, H.: Ein Weg aus der Sackgasse - Plädoyer für ein eigenständiges und gleichwertiges Berufsbildungssystem. In: Berufsbildung in Wissenschaft und Praxis 23(1994)6, S.11.

Berufsbildungspolitisch von Bedeutung ist die Anerkennung beruflicher Befähigungsnachweise und der Hochschuldiplome in der EU. Die Unübersichtlichkeit der berufsbildenden Abschlüsse in der EU führt insbesondere dann zu Problemen, wenn Arbeitnehmer in einem anderen Land tätig werden wollen. Bereits die Gründungsverträge der Europäischen Gemeinschaften sichern dem Arbeitnehmer das Recht auf Freizügigkeit auf dem europäischen Arbeitsmarkt zu. Um die Anerkennung erworbener Qualifikationen als Voraussetzung für die Mobilität von Selbständigen wie abhängig Beschäftigten zu gewährleisten, hat die EG zwei verschiedene Wege beschritten (vgl. Richter 1993, 37 ff.): den Weg der Harmonisierung der Abschlüsse (was tendenziell eine Harmonisierung der Ausbildung voraussetzen würde) und den Weg der Anerkennung unterschiedlicher Abschlüsse.

Den ersten Weg wählte die Kommission für die Ausbildung für die freien Berufe und die ihnen zugeordneten Hilfstätigkeiten (Ärzte, Zahnärzte, Tierärzte, Apotheker, Hebammen und Krankenschwestern, Architekten und Ingenieure). Da die Verhandlungen hierüber sich als außerordentlich schwierig erwiesen, gab die Kommission diesen Weg angesichts der Aussichtslosigkeit, ihn auf andere Berufe zu übertragen, auf und schlug im Jahre

1988 mit einer Richtlinie über die allgemeine Anerkennung der Hochschuldiplome den zweiten Weg ein. Dieser Weg verlangt keine Angleichung der Bildungsgänge in den Mitgliedsländern; er setzt deren Unterschiedlichkeit vielmehr voraus und gleicht sie aus. Die Anerkennungsrichtlinie von 1988 gilt allerdings nur für Hochschuldiplome, die eine mindestens dreijährige Ausbildung voraussetzen. Für alle anderen Ausbildungsabschlüsse bleibt die rechtliche Anerkennung der Initiative einzelner Mitgliedstaaten überlassen. Aufgrund der unterschiedlichen Rahmenbedingungen für die Gestaltung von Ausbildungsgängen und Abschlüssen (Vorbildungsniveau der Bildungsnachfrager, Struktur der Ausbildungsträger, Formen der betrieblichen Arbeitsteilung, tarifliche Eingruppierung u.a.) dürften die Probleme der Anerkennung von Abschlüssen auf absehbare Zeit fortbestehen und Gegenstand berufsbildungspolitischer Kontroversen sein.

Letztlich geht es dabei um die ordnungs- und strukturpolitische Alternative zwischen Konvergenz oder Pluralität der Bildungssysteme. Hierbei ist zu berücksichtigen, daß sich die Berufsbildungssysteme in den Ländern der EU historisch sehr unterschiedlich entwickelt haben und politisch nicht ohne weiteres zur Disposition stehen. So ist das deutsche Duale System durch die Dominanz der betrieblichen Ausbildung und die Beteiligung der Sozialpartner an der Regulierung dieses Systems gekennzeichnet, während zum Beispiel in Frankreich die schulische Form der beruflichen Bildung dominiert und der Staat die zentrale Rolle bei der Planung, Durchführung und Kontrolle spielt. Bei so gravierenden Unterschieden der Berufsbildungssysteme und der ordnungspolitischen Orientierungen ist eine Konvergenz der Bildungssysteme weder zu erwarten noch von den Beteiligten - aus unterschiedlichen Gründen - erwünscht. Das muß kein Nachteil sein. Mag sein, daß sich durch das Subsidiaritätsprinzip des Maastrichter Vertragswerks und das bildungsrechtliche „Harmonisierungsverbot" die Möglichkeiten für eine gemeinsame Bildungspolitik verringern. Doch ist zugleich darauf zu verweisen, daß mit dem Subsidiaritätsprinzip zentralistischen Tendenzen entgegengewirkt wird. Davon ist - mit Blick auf die Bundesrepublik Deutschland argumentiert - die Rolle der Sozialpartner im korporatistischen Arrangement der politischen Akteure auf dem Gebiet der betrieblichen Berufsbildung ebenso tangiert wie der kooperative Föderalismus und die ihm zugrundeliegende Kulturhoheit der Bundesländer für den Bereich des beruflichen Schulwesens.

5. Ausblick: Berufsbildungspolitik und wissenschaftliche Politikberatung

Berufsbildungssystem und Berufsbildungspolitik sind jeweils für sich außerordentlich komplexe Erscheinungen. Sie lassen sich nicht direkt erschließen, sondern erfordern zu ihrer wissenschaftlichen Beobachtung theoretische Konzepte und Modelle, mit deren Hilfe empirische Forschung und systematische Analysen unter dem Anspruch intersubjektiver Nachprüfbarkeit möglich sind. Noch weitaus schwieriger zu erfassen sind die Interdependenzen zwischen Berufsbildungssystem und Berufsbildungspolitik, letztere als Teil des politischen Systems. Das eine ist die Umwelt des anderen und umgekehrt.

Die System-Umwelt-Beziehungen zwischen Berufsbildungssystem und Berufsbildungspolitik haben in der Berufsbildungsforschung bislang erstaunlich wenig Beachtung gefunden, theoretisch wie empirisch. Wissenschaftliche Politikberatung, wie sie in der Bundesrepublik Deutschland seit Ende der sechziger und Anfang der siebziger Jahr kontinuierlich durch zentrale Forschungseinrichtungen (Institut für Arbeitsmarkt- und 'Berufsforschung der Bundesanstalt für Arbeit - IAB, vgl. Buttler 1995; Bundesinstitut für Berufsbildung(sforschung) - BIBB, vgl. Schmidt 1995), aber auch dezentral durch öffentliche Hochschuleinrichtungen (vgl. Deutsche Forschungsgemeinschaft 1990) und private Forschungsinstitute durchgeführt wird, konzentriert sich in der Regel auf die Analyse spezieller Problemlagen des Berufsbildungssystems und die Entwicklung darauf bezogener praxisnaher Problemlösungsansätze. Typisch dafür ist der Bereich der sogenannten Qualifikations- und Ausbildungsordnungsforschung als Grundlage für die Neuordnung bestehender und die Entwicklung neuer Ausbildungsberufe.

So nützlich und hilfreich diese Art von Forschung ist, so wenig vermag sie Aufschluß über den Wirkungszusammenhang von Berufsbildungssystem und Berufsbildungspolitik zu geben. Empirisch gesichertes Wissen über die makrosystemischen Beziehungen zwischen Berufsbildungssystem, Beschäftigungssystem und dem politisch-administrativen System stehen kaum zur Verfügung. Unter diesen Voraussetzungen sollten Wissenschaftler nicht mehr versprechen, als sie zu halten vermögen (Zabeck 1982). Ihre distanzierte Beobachterrolle kann die Berufsbildungsforschung nur dann in gesellschaftlicher Verantwortung wahrnehmen, wenn sie unbefangen in Beziehung auf das System der Berufsbildungspolitik und der beruflichen Bildung wie auch in Beziehung auf sich selbst und auf die eigenen Wissens- und Prognosedefizite das praktische Handeln von Berufsbildungspolitikern und Berufspädagogen begleitet. Die kritisch-konstruktive Leistung wissenschaftlicher Politikberatung erfordert einerseits das Eingehen auf Bedarfslagen, Normen und Gewohnheiten der von ihr reflektierten Politik- und Praxisbereiche der Gesellschaft (Luhmann/Schorr 1988, 36), andererseits aber auch den Mut zum Negationsrisiko, wenn es darauf ankommt, die „heiligen Kühe" der Bildungspolitik (Coffield/Goodings 1983) einer radikalen Kritik „systemstabilisierender Illusionsschauspiele" zu unterziehen (Geißler 1991, 68).

Literatur

Achtenhagen, F. 1994: Berufliche Ausbildung. In: Sattler, H. (Hrsg.) 1994: Wirtschaftspolitik in offenen Volkswirtschaften. Festschrift für Helmut Hesse zum 60. Geburtstag. Göttingen

Arbeitsgruppe Bildungsbericht am Max-Planck-Institut für Bildungsforschung (Hrsg.) 1994: Das Bildungswesen in der Bundesrepublik Deutschland. Strukturen und Entwicklungen im Überblick. Reinbek.

Bardeleben, R.v.; Beicht, U.; Feher, K. 1995: Betriebliche Kosten und Nutzen der Ausbildung - Repräsentative Ergebnisse aus Industrie, Handel und Handwerk. Bonn-Berlin.

Beck, U.; Brater, M.; Daheim, H. 1980: Soziologie der Arbeit und der Berufe. Reinbek.

Benner, H. 1977: Der Ausbildungsberuf als berufspädagogisches und bildungsökonomisches Problem. Hannover.

Benner, H.; Püttmann, F. (Hrsg.) 1992: 20 Jahre Gemeinsames Ergebnisprotokoll. Eine kritische Darstellung des Verfahrens zur Abstimmung von Ausbildungsordnungen und Rahmenlehrplänen für die Berufsausbildung in anerkannten Ausbildungsberufen aus Bundes- und Ländersicht. Bonn.

Beyme, K.v. 1991: Das Politische System der Bundesrepublik Deutschland nach der Vereinigung. München-Zürich.

Blankertz, H. 1982: Die Sekundarstufe II. Perspektiven unter expansiver und restriktiver Bildungspolitik. In: Blankertz, H./Derbolav, J./Kell, A./Kutscha, G. (Hrsg.) 1982:

Sekundarstufe II - Jugendbildung zwischen Schule und Beruf. Enzyklopädie Erziehungswissenschaft. Band 9.1., Stuttgart, 321-339.

Buttler, F. 1995: Arbeitsmarkt- und Berufsforschung. In: Arnold, R./Lipsmeier, A. (Hrsg.) 1995: Handbuch der Berufsbildung. Opladen, 492-500.

Coffield, F.; Goodings, R. (Ed.) 1983: Sacred Cows in Education. Durham.

Dahrendorf, R. 1965: Bildung ist Bürgerrecht. Bramsche-Osnabrück.

Dauenhauer, E. 1996: Berufsbildungspolitik. 2. Aufl., Walthari.

Deutsche Forschungsgemeinschaft 1990: Berufsbildungsforschung an den Hochschulen der Bundesrepublik Deutschland - Denkschrift. Weinheim.

Dybowski, G.; Pütz, H.; Sauter, E.; Schmidt, H. 1994: Ein Weg aus der Sackgasse - Plädoyer für ein eigenständiges und gleichwertiges Berufsbildungssystem. In: Berufsbildung in Wissenschaft und Praxis, 23, H.6, 3-13.

Friedeburg, L.v. 1989: Bildungsreform in Deutschland. Geschichte und gesellschaftlicher Widerspruch. Frankfurt a.M.

Geißler, K. 1991: Das Duale System der industriellen Berufsausbildung hat keine Zukunft. In: Leviathan, 68-77.

Greinert, W.-D. 1975: Schule als Instrument sozialer Kontrolle und Objekt privater Interessen. Hannover.

Gruschka, A.; Kiewit, F.; Rüdell, G.; Schenk, B. 1992: Die Zukunft des Dualen Systems. Wetzlar.

Harney, K.; Zymek, B. 1994: Allgemeinbildung und Berufsbildung. Zwei konkurrierende Konzepte der Systembildung in der deutschen Bildungsgeschichte und ihre aktuelle Krise. In: Zeitschrift für Pädagogik, 49, 405-422.

Hilbert, J.; Südmersen, H.; Weber, H. 1990: Berufsbildungspolitik. Opladen.

Husemann, R.; Münch, J.; Pütz, C. 1995: Mit Berufsausbildung zur Hochschule. Argumente zur Gleichwertigkeit allgemeiner und beruflicher Bildung. Frankfurt a.M.

Jach, F. - R. 1992: Das neue Subsidiaritätsprinzip im Gemeinschaftsrecht. In: Recht der Jugend und des Bildungswesens, 40, H. 4, 493-504.

Kell, A. 1995: Organisation, Recht und Finanzierung der Berufsbildung. In: Arnold, R.; Lipsmeier, A. (Hrsg.) 1995: Handbuch der Berufsbildung. Opladen, 369-397.

Kell, A.; Fingerle, K. 1990: Berufsbildung als System? In: Harney, K.; Pätzold, G. (Hrsg.) 1990: Arbeit und Ausbildung, Wissenschaft und Politik. Festschrift für Karlwilhelm Stratmann. Frankfurt a.M., 330.

Koch, R.; Reuling, J. (Hrsg.) 1994: Modernisierung, Regulierung und Anpassungsfähigkeit des Berufsausbildungssystems in der Bundesrepublik Deutschland. Bielefeld.

Körzel, R. 1996: Berufsbildung zwischen Gesellschafts- und Wirtschaftspolitik. Frankfurt a.M.

Kultusministerkonferenz 1991: Rahmenvereinbarung über die Berufsschule. Beschluß der Kultusministerkonferenz vom 14./15.3.1991. Veröffentlichungen der Kultusministerkonferenz. Bonn.

Kutscha, G. 1990: Berufsbildungsforschung unter dem Anspruch des Bildungsprinzips - Berufspädagogische Aspekte unter besonderer Berücksichtigung der Regionalforschung. In Berufsbildung in Wissenschaft und Praxis, 19, H. 6, 3-9.

Kutscha, G. 1994: Berufsbildungspolitik und Berufsbildungsplanung. Studienbrief der FernUniversität Hagen - Kurseinheiten 1-3. Hagen.

Luhmann, N.; Schorr, K. E. (Hrsg.) 1982: Zwischen Technologie und Selbstreferenz. Frankfurt a.M.

Luhmann, N.; Schorr, K. E. 1988: Reflexionsprobleme im Erziehungssystem. Frankfurt a.M.

Lutz, B. 1991: Herausforderungen an eine zukunftsorientierte Berufsbildungspolitik. In: Bundesinstitut für Berufsbildung (Hrsg.) 1991: Die Rolle der beruflichen Bildung und Berufsbildungsforschung im internationalen Vergleich. Berlin, 27-36.

Müller-Armack, A. 1966: Wirtschaftsordnung und Wirtschaftspolitik. Freiburg i.B.

Münch, J. 1995: Berufsbildungspolitik. In: Arnold, R.; Lipsmeier, A. (Hrsg.) 1995: Handbuch der Berufsbildung. Opladen, 398-408.

Neumann, G. 1996: Arbeit im Kontext mit dem Bildungssystem. Dedering, H. (Hrsg.) 1996: Handbuch zur arbeitsorientierten Bildung. München - Wien. 13-39.

Offe, C. 1975a: Berufsbildungsreform - Eine Fallstudie über Reformpolitik. Frankfurt a.M.

Offe, C. 1975b: Bildungssystem, Beschäftigungssystem und Bildungspolitik - Ansätze zu einer gesamtgesellschaftlichen Funktionsbestimmung des Bildungswesens. In: Roth, H.; Friedrich, D. (Hrsg.) 1975: Bildungsforschung. Teil 1. Stuttgart, 217-252.

Offe, C. 1984: Korporatismus als System nichtstaatlicher Steuerung. In: Geschichte und Gesellschaft, 10, 234-256.

Picht, G. 1965: Die deutsche Bildungskatastrophe. München.

Piehl, E.; Sellin, B. 1995: Berufliche Aus- und Weiterbildung in Europa. In: Arnold, R.; Lipsmeier, A. (Hrsg.) 1995 Handbuch der Berufsbildung. Opladen, 441-454.

Richter, I. 1993: Grundzüge eines Europäischen Bildungsrechts. In: Schleicher, K. (Hrsg.) 1993: Zukunft der Bildung in Europa. Darmstadt, 27-44.

Rohe, K. 1994: Politik - Begriffe und Wirklichkeiten. Stuttgart-Berlin-Köln.

Sadowski, D. 1980: Berufliche Bildung und Bildungsbudget. Stuttgart.

Schmidt, H. 1995: Berufsbildungsforschung. In: Arnold, R./Lipsmeier, A. (Hrsg.) 1995: Handbuch der Berufsbildung. Opladen, 482-491.

Stratmann, K. 1993: Die gewerbliche Lehrlingserziehung in Deutschland. Modernisierungsgeschichte der betrieblichen Berufsbildung. Band 1. Frankfurt a.M.

Streeck, W.; Hilbert, J.; Kevelaer, K.H.v.; Maier, F.; Weber, H. 1987: Die Rolle der Sozialpartner in der Berufsausbildung und beruflichen Weiterbildung: Bundesrepublik Deutschland. Luxemburg.

Timmermann, D. 1994: Berufsbildungsfinanzierung. Studienbrief für die FernUniversität Hagen. Kurseinheit 1: Kosten und Erträge beruflicher Bildung. Hagen.

Timmermann, D. 1995: Berufsbildungsfinanzierung. Studienbrief für die FernUniversität Hagen. Kurseinheit 2: Makroökonomische Wirkungen und Alternativen der Berufsbildungsfinanzierung. Hagen.

Tinbergen, J. 1968: Wirtschaftspolitik. Freiburg i.B.

Willke, H. 1993: Systemtheorie entwickelter Gesellschaften. 2. Aufl., Weinheim-München.

Zabeck, J. 1982: Zur Kritik des didaktischen Illusionismus in der Berufs- und Wirtschaftspädagogik. In: Schanz, H. (Hrsg.) 1982: Berufspädagogische Grundprobleme. Stuttgart. 66-97.

Zabeck, J. 1985: Berufsbildungspolitik in der Bundesrepublik Deutschland. In: Berke, R. u.a. (Hrsg.) 1985: Handbuch für das kaufmännische Bildungswesen. Darmstadt, 79-85.

Arbeit und bedachter Umgang mit Energie

Eberhard Jochem

Die Botschaft dieses Beitrags heißt: "Je mehr die industrialisierte Welt Energie rationell nutzt, desto mehr Arbeitsplätze entstehen." Dies muß auf den ersten Blick unverständlich klingen. Denn ist nicht Energie in ihren vielen Formen von Motorkraft, Hitze, Licht, Informations- und Kommunikationsübertragung das "Schmiermittel der industrialisierten Welt", "die Voraussetzung allen Wohlstands und aller Annehmlichkeiten" und nicht zuletzt "der Stoff aller mechanischen Sklaven, die den Menschen von schwerer und schmutziger Arbeit befreit haben"? Wieso sollte man von diesen verschiedenen Formen der Energie weniger verbrauchen? Nur mehr Energieverbrauch signalisiert mehr Produktion, mehr Verkehr, mehr Wohlstand und mehr Arbeitsplätze!? Diese Erfahrung der letzten 200 Jahre der Industrialisierung der westlichen Welt läßt sich doch nicht umkehren, wird der Zeitgenosse feststellen wollen.

Zum besseren Verständnis der Botschaft seien deshalb zunächst die Begrifflichkeiten von Energie und menschlicher Arbeit etwas näher erläutert. Menschliche Arbeit ist hier nicht gemeint als Muskelkraft, vielmehr als kombinierter Einsatz von handwerklichem, technischem, sozialem und phantasievollem Können und von Fähigkeiten, die gerade in einem ausdifferenzierten Fortbildungssystem eines Industrielandes wie der Bundesrepublik Deutschland tradiert und weiterentwickelt werden.

So unmittelbar kommunizierbar die Begrifflichkeit menschlicher Arbeit in diesem Zusammenhang ist, so sehr entzieht sich der Begriff Energie einem unmittelbaren Verständnis, weil ihre Komplexität, mit der sie die industrialisierte Welt durchwebt, nur den Energiewissenschaftlern voll präsent ist. Aber die wesentlichen Strukturmerkmale seien im folgenden kurz umrissen.

1. Von der Energiedienstleistung bis zur Primärenergie

Im Grunde möchte kein Mensch viel Energie benötigen, um sein Haus zu heizen, sein Essen zu kochen, eine Entfernung mit dem Auto zu überwinden oder die in Auftrag genommenen Mengen Stahl zu liefern. Denn alle Energieformen von Strom, Erdgas, Heizöl, Benzin und Fernwärme haben ihren Preis. Eigentlich wünscht der Konsument und Produzent ein angenehm temperiertes Haus, ein gut bereitetes Essen, eine Transportleistung und eine Produktionsleistung. Man nennt dies eine *Energiedienstleistung*. Wieviel Energie dazu verwendet werden muß, hängt ab
- vom technischen Stand der Energiewandler (der Heizkessel, der Motoren oder der Hochöfen und Elektromotoren),
- von den Verlusten der angewandten Energienutzungssysteme (z. B. der Heizungsanlagen mit Regeleinrichtungen, dem Fahrwiderstand der Fahrzeuge oder dem technischen Stand der Gieß- und Walzanlagen von Stahl) sowie
- vom menschlichen Verhalten (z. B. sachgemäße Einstellung der Thermostatventile und regelmäßige Wartung von Heizkesseln, Fahrzeugen und Maschinen) sowie der Organisation im Produktionsprozeß und von der Ausschußquote bei der Stahlherstellung.

An diesen Beispielen wird deutlich, wie sehr die jeweils benötigte Energiemenge von technischen Gegebenheiten und menschlichem Verhalten abhängt, um eine bestimmte Energiedienstleistung zu befriedigen. Es wird auch einsichtig, daß Konsum- und Produktionsniveau nicht unmittelbar mit dem benötigten Energieverbrauchsniveau zusammenhängen, sondern nur sehr mittelbar. Die Energiedienstleistungen können zunehmen, und der Energiebedarf zur Erstellung dieser Dienstleistungen könnte dennoch abnehmen, wenn der energietechnische Fortschritt schneller und das energieschonende Verhalten des Menschen mehr zunehmen als die Energiedienstleistungen.

Die Energie, die die Energiedienstleistungen in Form von Strom, Heizöl, Erdgas, Briketts, Benzin, Diesel, Koks, Holz oder Fernwärme erbringen, nennt man *Endenergie*, die in der Regel über Energieversorgungsunternehmen, den Heizöl- und Kohlehandel oder Tankstellen an den Endverbraucher vertrieben wird. Traditionell an diesem Energiemarkt vorbei gehen kleine Mengen selbstgemachten Brennholzes, Strom aus eigener Wasserkraft, eigenen Windkonvertoren oder Photovoltaikanlagen sowie Wärme aus thermischen Solarkollektoren. Die jährlich benötigten Mengen an Endenergie sind in industrialisierten Ländern gigantisch und betragen heute für die Bundesrepublik 110 GJ pro Kopf ("GJ" heißt "Giga-Joule" (= 1 Milliarde Joule); "PJ" heißt "Peta-Joule" (= 1 Billiarde Joule); 29,3 GJ entsprechen 1 Tonne Steinkohleneinheiten (SKE))oder fast 4 Tonnen Steinkohleäquivalente. Dieser Endenergiebedarf verteilt sich zu jeweils 27 % auf die privaten Haushalte und die Industrie, zu 29 % auf den Verkehr und der Rest von 17 % auf die privaten Dienstleistungen, Handel, Gewerbe, die Landwirtschaft und die öffentliche Hand. Diese Aufteilung hat sich in den letzten zwei Jahrzehnten für den Bereich der Industrie und des Verkehrs stark verändert: während die deutsche Industrie 1973 noch 40 % des Endenergiebedarfs benötigte und der Verkehr 17 %, so zeigt sich mit einer Zunahme des Energiebedarfs des Verkehrs von 1580 PJ (Peta-Joule) in 1973 auf 2585 PJ in 1995 (+64 %) eine ungebremste Motorisierungswelle, die in einem umweltpolitisch unverständlichen Gegensatz zum Energieverbrauchsrückgang der Industrie von 3815 PJ in 1973 auf 2400 PJ in 1995 (-37 %) steht.

Mit Ausnahme des Erdgases sind alle anderen kommerziell gehandelten Endenergieträger in der Natur nicht vorfindbar. Vielmehr müssen sie eine Veredlung in meist energieintensiven Prozessen durchlaufen: Strom entsteht in Kraftwerken aus Kohle, Heizöl, Erdgas, Kernenergie oder Wasserkraft; Benzin, Diesel und Heizöl werden in Raffinerien aus Erdöl gewonnen; Koks in Kokereien aus Stein- und Braunkohle und Fernwärme aus Erdgas, Kohle oder Heizöl in Heizkraftwerken. Diese von der Natur entnommenen Energieformen nennt man *Primärenergieträger*. Da sie die Verluste bei der Umwandlung vom Primärenergieträger zur Endenergie mitabdecken müssen, ist der Bedarf an Primärenergie mehr als 50 % höher. Berücksichtigt man noch diejenigen Energiemengen, die als Rohbenzin und Erdgas in die Herstellung von Kunststoffen, Bitumen, chemischen Fasern, Lacken, Farben, Lösemitteln und ähnlichen chemischen Produkten gehen, so beträgt der Primärenergiebedarf mehr als 170 GJ pro Kopf (oder 6 Tonnen Steinkohleäquivalente) und absolut 14 000 PJ.

Der Primärenergieverbrauch Deutschlands ist seit Anfang der 70er Jahre praktisch konstant geblieben; allerdings hatte er aufgrund des spezifisch hohen Verbrauchs in der ehemaligen DDR ein Maximum bei etwa 15 300 PJ Ende der 80er Jahre. Seitdem hat sich der Primärenergiebedarf in den neuen Bundesländern um 45 % vermindert, so daß der ostdeutsche Pro-Kopf-Primärenergiebedarf mit rd. 140 GJ pro Jahr um gut 20 % unter demjenigen von Westdeutschland (180 GJ pro Jahr) liegt, was im wesentlichen auf ein geringeres Pro-Kopf-Einkommen, eine geringere Motorisierung und eine weniger energieintenive Industriestruktur zurückzuführen ist.

Für die Zukunft gehen Energiebedarfsprognosen (z. B. Prognos, 1995) davon aus, daß der Primärenergiebedarf Deutschlands auch in den kommenden 20 Jahren auf dem heutige Niveau verharrt, wenngleich das Bruttosozialprodukt im gleichen Zeitraum noch um 60 % zunehmen soll. Der Beitrag der erneuerbaren Energiequellen (Sonne, Wasser, Wind und Biomasse) zum Primärenergiebedarf, der heute bei zwei bis drei Prozent liegt, könnte sich bis zum Jahr 2010 verdoppeln (Schiffer, 1995).

Die Gewinnung von Primärenergie im Inland nahm wegen Erschöpfung der Reserven bei Erdöl und Erdgas ab, bei Steinkohle wegen zu hoher Förderkosten aus zunehmenden Tiefen und bei Braunkohle wegen Umweltbedenken und bequemer handhabbaren Endenergieträgern deutlich ab. Dagegen erhöhten sich die Primärenergieimporte um ein Drittel, darunter auch weiterverarbeitete Mineralölprodukte, im wesentlichen stimuliert durch eine Vervierfachung der Erdgasimporte auf heute über 2000 PJ pro Jahr. Die Energieimportrechnung betrug im Jahre 1994 rund 36 Mrd. DM, d.h. etwa 1,4 % vom Bruttoinlandprodukt.

2. Energie und ihre Bedeutung für Umwelt und Klima

Bei gleichbleibendem Verbrauch an fossilen Energieträgern würden deren Lagerstätten für mehrere Jahrhunderte ausreichen. Aber neben den Kosten für Erzeugung, Energiewandlung zum Endenergieträger und Energietransport entstehen durch die Verbrennung der fossilen Energieträger oder die Nutzung der Kernenergie hohe Emissionen in Luft, Wasser und Böden. Sommersmog und -ozon durch den Straßenverkehr, Korrosion an Gebäuden, Brücken und Kulturdenkmälern, die Ölpest auf Stränden und Meeren sowie die Problematik von radioaktiven Abfällen aus Kraftwerken und Wiederaufbereitungsanlagen sind jedermann durch die Medien bekannt. Hinzu kommt die Gefahr eines sich schnell ändernden Klimas infolge der CO_2-Konzentrationsanreicherung in der Atmosphäre; die CO_2-Konzentration hat seit 100 Jahren um 30 % zugenommen und steigt derzeit pro Jahr um etwa 1,5 % oder 5 ppm (= parts per million; hier: Teile CO_2 pro 1 Million Teile Luft).

Auch wenn die klassischen Luftschadstoffe der Verbrennung fossiler Energieträger (Staub, SO_2, Kohlenwasserstoffe, CO und Stickstoffoxide) in den letzten 20 Jahren deutlich reduziert werden konnten, so stammt die größte und globale Bedrohung durch das CO_2. Da dieses Verbrennungsprodukt nicht einfach aus dem Abgas entzogen oder vermindert werden kann, liegt die wesentliche technische Option in der effizienteren Nutzung von Energie und langfristig in der intensiven Nutzung der erneuerbaren Energiequellen. Häufig bringt die rationelle Anwendung von Energie auch Kostenvorteile, die von den Energieverbrauchern nicht hinreichend erkannt oder sogar vernachlässigt werden. Die Umwelt- und Klimaproblematik sowie Kosteneinsparmöglichkeiten sind also die Haupttriebfeder, bedachter mit Energie umzugehen. Die nachfolgenden Tatsachen in Bezug auf zusätzliche Arbeitsplätze sind gesellschaftlich willkommene "Nebeneffekte", zumal in einer Zeit unerträglich hoher Arbeitslosigkeit von mehr als vier Mio. Menschen allein in Deutschland.

3. Strom als Arbeitsproduktivitäts-Motor

In den traditionellen makroökonomischen Modellvorstellungen ist es seit vielen Jahrzehnten üblich, eine substitutive Relation zwischen Arbeit und Energie zu unterstellen: Je schneller die Arbeitsproduktivität erhöht würde, desto mehr nehme die Energieintensität in Industrie und Handwerk zu, oder zumindestens könne die Energieintensität nicht so zügig abnehmen. Diese Vorstellungen waren und sind für die Phasen der Mechanisierung in Landwirtschaft, Industrie und Handwerk im Hinblick auf den spezifischen Strombedarf auch unmittelbar plausibel. Statt menschlicher Kraft übernehmen Elektromotoren die erforderlichen Bewegungen, und je schneller sie die Bewegungen in Maschinen, Anlagen, bei innerbetrieblichem Transport und für Roboter ausführen, desto mehr wird menschliche Arbeit eingespart.

In den letzten zwei, drei Jahrzehnten dient der Einsatz von Strom beim Messen und Regeln, bei Optimierungsrechnungen simultan zur Produktion und bei der Übertragung von Meß- und Steuerwerten über elektronische Kommunikation auch dazu, menschliche Intelligenz zu substituieren. Die Warten an den Produktionsanlagen werden menschenleer, zum Teil geschlossen und fernüberwacht und -gesteuert. Stromanwendungen ermöglichen Arbeitsproduktivitätserhöhungen seit Erfindung des Elektromotors und seit der massenhaften Anwendung von Meß- und Regeltechnik, insbesondere nach dem Siegeszug der Elektronik seit Anfang der 70er Jahre.

Diese Substitution von Arbeit durch Strom (und Kapital) ist solange gesellschaftlich stets akzeptiert, solange die erhöhte Arbeitsproduktivität für zusätzliches Produktionswachstum genutzt werden kann, ohne Arbeitskräfte freizusetzen. Diese Bedingung ist seit Mitte der 70er Jahre in den OECD-Staaten nicht mehr erfüllt: die Arbeitsproduktivität nahm schneller zu als das Produktionswachstum. Seitdem ermöglichen Stromanwendungen der Mechanisierung und Automation nicht nur höhere Einkommen infolge der Arbeitsproduktitivitätsverbesserungen, sondern sie verursachen auch Arbeitsplatzverluste mit Schwerpunkten in bestimmten Qualifikationsfeldern (z. B. Fließbandarbeit, leicht automatisierbare Arbeitsplätze).

Die Suche nach einer weiteren Erhöhung der Arbeitsproduktivität wird getrieben durch höhere Einkommenserwartungen der Arbeitenden und Kapitaleigner sowie durch den Kostendruck infolge von Wettbewerbsprozessen. Dieser permanente Rationalisierungsdruck ist verständlich, liegen doch der Arbeitskostenanteil an den Produktionskosten meist zwischen 20 und 40 % und der Stromkostenanteil zwischen 1,5 und 5 %, wobei heute meist weniger als 1 % für Kraft und Automation/Kommunikation benötigt wird.

4. Rationelle Anwendung von Energie als Arbeitsbeschaffung

Wenn Strom genutzt wird, um menschliche Arbeitskraft und Intelligenz zu substituieren, so drängt sich in einer Zeit hoher Arbeitslosigkeit auch die Frage der umgekehrten Wirkrichtung auf: Kann man nicht menschliche Intelligenz und Dienstleistungen nutzen, um die Energieproduktivität zu steigern? Denn für das betriebliche Rentabilitätskalkül wäre es gleichgültig, welche Kosten zurückgedrängt werden könnten, auch für die volkswirtschaftliche Sicht wäre nicht nur ein Mehr an Arbeit und ein Weniger an Energiebedarf ein Gewinn, sondern auch ein Weniger an externen Kosten durch den Energieverbrauch, die in Deutschland auf etwa 50 Mrd. DM pro Jahr geschätzt werden (Wicke, 1989, 60 ff).

Aus volkswirtschaftlicher Sicht ist der effiziente Umgang mit Energie eine relativ wenig genutzte Chance und selbst in ihrer geringen, heute erreichten Realisierung ein nicht voll wahrgenommener Baustein für Beschäftigung, Industriepolitik und Wettbewerbssicherung der deutschen Wirtschaft.

4.1 Mehr Arbeitsplätze durch Produktionszuwachs energiesparender Industriewaren

In der Bundesrepublik übersprang die seit Mitte der 70er Jahre sich verschärfende Arbeitslosigkeit erstmals im Winter 1993/94 die 4-Mio.-Grenze. Während man Anfang und Mitte der 80er Jahre vielfach noch glaubte, es handele sich im wesentlichen um eine strukturell und konjunkturell bedingte Arbeitslosigkeit, so wurde inzwischen deutlich, daß die Arbeitsproduktivitätsfortschritte in den OECD-Staaten auch in Zukunft eher größer ausfallen dürften als die Produktionszuwächse und damit bei unveränderter Wirtschafts- und Steuerpolitik und Arbeitszeit die Langzeit-Arbeitslosigkeit das konsequente Ergebnis ist.

In diesem Zusammenhang läßt sich die rationelle Energieanwendung nicht nur energie- und umweltpolitisch bewerten, sondern auch unter industrie-, außenhandels- und beschäftigungspolitischen Gesichtspunkten. Effizientere Nutzung von Energie vermindert die Energiekosten. Der Energieverbraucher reduziert seine Energiebezugskosten und erhöht seine Kapitalkosten oder Instandhaltungs- und Wartungskosten, um die Energieeffizienz zu steigern. Solange derartige Maßnahmen rentabel sind, reduziert der Verbraucher seine Gesamtenergiekosten und kann die Ersparnisse für andere Zwecke wieder verausgaben.

Den Beitrag der rationellen Energieanwendung zum wirtschaftlichen Wachstum und zur Bereitstellung neuer Arbeitsplätze zu quantifizieren, ist nur teilweise möglich. Denn rationelle Energienutzung ist Teil eines vielschichtigen Produktions- und Konsumprozesses. Während es für die meisten Industriestaaten relativ einfach ist, anhand der amtlichen Produktionsstatistik und Fachstatistiken die Zahlen für Produktion, Verkäufe und Installation von Kraftwerken, Strom- und Gasleitungen, Fernwärme und Raffinerien anzugeben, sind vergleichbare Zahlen für energiesparende Produkte und Verfahren eher nur im Ausnahmefall zu finden. Denn in vielen Fällen sind in neuen Maschinen und Anlagen sowie Geräten und Gebäuden energietechnische Verbesserungen integriert, die einen geringeren spezifischen Energiebedarf haben, häufig aber auch einen geringeren spezifischen Bedarf an Arbeit, Kapital oder Materialeinsatz. Lediglich für eine kleine Anzahl energiesparender Produkte und Industriewaren gibt es Produktionsangaben, die in der Regel allein die Funktion der rationelleren Energienutzung haben, so beispielsweise Isolationsmaterial, Wärmetauscher, Regler für wärmetechnische Anwendungen und Isolierglas. Für 15 Gruppen dieser energiesparenden Industriewaren nahm die Produktion zwischen 1976 und 1992 um durchschnittlich 4,9 % pro Jahr von 4,8 Mrd. DM auf 10,3 Mrd. DM zu (vgl. Tabelle 1), während in der gleichen Dekade die industrielle Produktion insgesamt nur um 3,5 % pro Jahr zulegte. Allerdings verlief die Produktionsentwicklung nicht gleichförmig und für einzelne Warengruppen sehr unterschiedlich:

– Ein relativ stabiles Wachstum hatten in den letzten zehn Jahren das Isolierflachglas und Isoliermaterial aus mineralischen Stoffen.
– Regler, Thyristoren und Leistungselektronik für Elektromotoren entwickelten sich weit überdurchschnittlich (gut 10 %/a), ebenso die Brenner und Gasturbinen (5,6 %/a).

– Einige Warengruppen hatten ein merkliches Produktionsmaximum Anfang der 80er Jahre; seit 1981 sind Speisewasser- und Luftvorwärmer rückläufig, seit 1982 elektrische Wärmepumpen und seit 1984 Dämm- und Leichtbauplatten.

Tab. 1: Die Produktion von Gütern zur rationellen Energieverwendung, 1976 bis 1992 in Deutschland (Million DM)

	1976	1982	1984	1986	1988	1990	1991	1992[2)]
Elektrotechn. Güter	538	1038	1247	1640	2140	3258	3123	3246
Wärmetauscher	846	1030	909	1005	1068	1217	1285	1156
Isolierflachglas	657	758	773	823	996	1148	1220	1406
Isoliermaterial	825	758	707	735	816	842	946	1013
Heizkessel	1295	948	964	982	1071	1274	2036	1859
Brenner und Gasturbinen	630	774	1358	1148	1083	1240	1463	1518
Blockheizkraftwerke	6	55	630	82	109	151	111[1)]	113[1)]
Summe	**4797**	**5360**	**6020**	**6600**	**7282**	**9129**	**10183**	**10310**

1) Vermutlich nicht ganz vollständig erfaßt.
2) einschließlich ostdeutscher Hersteller.
Quelle: Schmidt, 1995

Der direkte Beschäftigungseffekt des Produktionswachstums dieser ausgewählten energiesparenden Industriewaren wurde für die Periode 1976 bis 1989 auf rund 40 000 neue Arbeitsplätze geschätzt (Jochem u. a. 1992, Bd. 4) und dürfte bis 1992 bei mehr als 50 000 liegen. Zudem bewirken Planung, Installation, Inbetriebnahme, Wartung und Instandhaltung dieser energiesparenden Industriewaren weitere zusätzliche Beschäftigung, die erfahrungsgemäß von gleicher Größenordnung wie diejenige in der industriellen Fertigung ist, d. h. insgesamt dürften in diesen Warengruppen 90 000 bis 100 000 Arbeitsplätze zusätzlich seit 1976 entstanden sein.

4.2 Netto neue Arbeitsplätze durch rationelle Energieverwendung

Diese Bruttobeschäftigungswirkungen von vielleicht 100 000 Arbeitsplätzen in den 15 genannten Produktgruppen sind aber um jene Arbeitsplätze zu vermindern, die durch den geringeren Absatz von Heizöl, Strom, Kohle oder Gas wegfallen. Außerdem gilt es zu berücksichtigen, welche Beschäftigungswirkungen durch die jeweiligen Vorleistungsbranchen neu hinzukommen oder wegfallen. Verschiedene Arbeiten, die eine derartige Netto-Analyse durchführten, kommen zu folgenden Ergebnissen:
– Eine Analyse für sechs Energieeinspartechniken (Fernwärme, die zum Teil mit Heizkraftwerken erzeugt wird, industrielle Wärmetauscher, Isolation von Wohngebäuden, große Gas-Wärmepumpen, Warmwasser-Solarkollektoren und Biogasanlagen) kommt zu dem Ergebnis, daß für eine angenommene Investitionsperiode (zwischen 1980 und 1995) netto knapp 100 000 neue Arbeitsplätze in vier Ländern der EG entstehen würden (Hohmeyer u. a., 1985). Bezogen auf die eingesparte Energie kommt man zu *einer Nettobeschäftigungswirkung von durchschnittlich 100 neuen Arbeitsplätzen je eingesparte PJ Energie*. Rechnet man mit diesem spezifischen Durch-

schnittswert, so sind aufgrund der rund 800 PJ/a, die bezogen auf 1973 in der westdeutschen Industrie 1990 nicht verbraucht wurden, etwa 80 000 neue Arbeitsplätze entstanden. Die in der gesamten Volkswirtschaft (inklusive Haushalte, Kleinverbrauch, Industrie, Verkehr und Umwandlungssektor) in 1990 durch rationelle Energieverwendung vermiedenen Energieverbräuche waren (bezogen auf 1973) etwa 4 000 PJ. Dies entspricht einer Zahl von ca. 400 000 neuen Arbeitsplätzen, wobei zusätzliche Auswirkungen durch Multiplikatorwirkungen und der überdurchschnittliche Exporterfolg der energiesparenden Güter noch nicht einbezogen sind.

- Dacey u. a. (1980) analysierten die Netto-Beschäftigungswirkungen von energieeffizienteren Autos in den USA. Die Analysen kommen zu dem Ergebnis, daß die kontraktiven Effekte in der Stahlindustrie und im Bereich der Herstellung und Verteilung von Kraftstoffen mehr als ausgeglichen wurden durch die positiven Beschäftigungswirkungen in der Kunststoffverarbeitenden und Auomobil-Industrie selbst.

Zu ähnlichen Aussagen kommen auch einige neuere Analysen zu den makroökonomischen Auswirkungen von Klimaschutz- und somit auch Energiesparmaßnahmen mit aktuellen Daten (Davidson/de Witt, 1995; Danish Ministry of Finance, 1995; Geller u.a., 1992; Schön u.a., 1992). Die Analyse für Deutschland orientierte sich am Reduktionsszenario "Energiepolitik" des Dritten Berichts der Enquête-Kommission (EK) des 11. Deutschen Bundestages "Vorsorge zum Schutz der Erdatmosphäre" im Vergleich zu einer Referenzentwicklung (Schön u.a., 1992). In diesem "Energiepolitik"-Szenario werden konkrete technische Möglichkeiten zur Erreichung des Emissionsminderungszieles sowie der entsprechende energiepolitische Handlungsrahmen abgesteckt. Die umfangreichen Analysen kommen bei zwei verschiedenen Berechnungsvarianten zu dem Ergebnis, daß als Anhaltswert bei dem Energiepolitik-Szenario von einer Zunahme der Erwerbstätigenzahl zwischen 200 000 und über 400 000 Personen ausgegangen werden kann. Davon ist ein Anteil von weit weniger als 100 000 Erwerbstätigen den hier betrachteten Klimaschutzinvestitionen direkt zuzurechnen, insgesamt sind also spürbare Multiplikatoreffekte wirksam.

Diese Ergebnisse sind vergleichbar den Resultaten in den Niederlanden, wo eine bewußte Klimapolitik mit dem Reduktionsziel von 25 % bis 2005 zu einer zusätzlichen Beschäftigung von einem Prozent des Erwerbspersonenpotentials führen würde (Davidson/de Witt, 1995).

Geller u.a. (1992) berichten ähnliche Ergebnisse aus den USA, wo man durch verstärkte Energieeffizienzgewinne, die mit etwa 2,5 % jährlich unterstellt werden, 500 000 neue Arbeitsplätze bis zum Jahre 2000 und 1,1 Mio. neue Jobs bis 2010, netto berechnet, erwartet. Die Zahlen liegen je eingesparter Energieeinheit etwas niedriger, weil in die USA in geringerem Umfang als in Deutschland Energie eingeführt wird.

Die neuen Jobs entstehen in vielen Branchen, im Baugewerbe und dessen industriellen Zulieferbranchen, im Schienenfahrzeugbau und der Elektrotechnischen Industrie. Verlierer sind im wesentlichen die Energieversorger, allen voran der Kohlebergbau, aber auch die Mineralölverarbeitung und die Stromversorger. Diese positiven Netto-Beschäftigungswirkungen von Investitionen in rationellere Energieverwendung sind *auf folgende Einflüsse* zurückzuführen:
- *Energieimporte*, die für die Bundesrepublik heute fast drei Viertel des Energieverbrauchs ausmachen, *werden bei rationeller Nutzung von Energie durch meist inländisch erzeugte Güter und Dienstleistungen substituiert*. In den USA ist dieser Einfluß geringer.

- Die *Arbeitsintensität zur Herstellung von energiesparenden Gütern* (z. B. Maschinen und Anlagen) *und Dienstleistungen* (z. B. Bauplanung, Beratung, Bauerstellung) ist *meist leicht größer* als diejenige zur Herstellung und Verteilung von Energie.
- Solange die Energieeinsparinvestitionen rentabel sind, können die *eingesparten Energiekosten wieder verausgabt* werden und durch die zusätzliche Nachfrage weitere Arbeitsplätze nach sich ziehen.

Selbst wenn rationelle Energieverwendung nicht entscheidend dazu beitragen würde, die drohenden Klimaveränderungen zu begrenzen, wäre eine strikte Politik zur Realisierung aller wirtschaftlicher Energieeinsparpotentiale ein merklicher Beitrag zur Verminderung der hohen Arbeitslosigkeit in der Bundesrepublik. Dieses Faktum wird heute in der politischen Diskussion noch nicht artikuliert.

4.3 Neue Arbeitsplätze zur richtigen Zeit (dynamischer Effekt)

Investitionen zur rationellen Energieverwendung konzentrieren in den meisten Fällen die Beschäftigungswirkung auf die Investitionsphase. Beispielsweise sind Wärmetauscher, Wärmeisolation, Ofenauskleidungen, Regel- und Steuerungsanlagen kaum mit Wartungs- und Instandhaltungsaufwendungen verbunden. Die Beschäftigungswirkungen entstehen ganz überwiegend in der Investitionsphase selbst, während nach Inbetriebnahme die Beschäftigungseffekte häufig sehr gering sind. Die Netto-Beschäftigungswirkungen von Energieeinsparinvestitionen verteilen sich somit nicht gleichmäßig über die Nutzungsdauer, während der Energieverbrauch - bei nicht getätigter Energieeinsparinvestition - eine zeitlich relativ konstante Beschäftigung über die gesamte Nutzungszeit der energieverbrauchenden Anlage bedingt.

Der Einfluß auf die Arbeitsplätze wurde beispielsweise für die 12 Mitgliedstaaten der Europäischen Union anhand einer 13-jährigen Investitionsphase überschlägig berechnet: Mit der Annahme, daß in diesem Zeitraum EU-weit der Verbrauch von 5 000 PJ Energie durch verbesserte Energieeffizienz vermieden werden kann, ergeben sich für die kommenden 25 Jahre folgende Netto-Beschäftigungswirkungen (vgl. Abb. 1).
- In der Investitionsphase steigt die Zahl der neuen Arbeitsplätze auf ungefähr 1 Million. Dies wird im wesentlichen durch die zusätzlichen Investitionen und zu einem Teil durch die zusätzlichen Aufwendungen für Betrieb und Instandhaltung sowie durch die Wiederverausgabung der eingesparten Energiekosten bewirkt.
- Erst wenn die Investitionsphase beendet ist, sinkt die Beschäftigung deutlich (hier aus didaktischen Gründen plötzlich ab dem Jahr 2008).

Diese *Konzentration der neuen Arbeitsplätze auf die Investitionsphase* könnte sich die Wirtschaftspolitik zunutze machen, um die aus *demographischen Gründen* hohe Arbeitslosigkeit der kommenden zehn Jahre zu vermindern. Ein auf die kommenden zehn Jahre konzentriertes Energieeinsparprogramm würde zusätzliche Arbeitsplätze nicht nur wegen der positiven Netto-Beschäftigungswirkung nach sich ziehen, sondern wäre auch wegen der Konzentration der Beschäftigungswirkungen auf die Investitionsphase und des Verlaufs des Arbeitskräfteangebotes in den nächsten 20 Jahren aus arbeitsmarktpolitischen Gründen sehr hilfreich.

Abb. 1: Zeitliche Entwicklung der Beschäftigungseffekte durch Energieeinsparinvestitionen für die EU bis 2008 und in der nachfolgenden Betriebsphase bis 2020

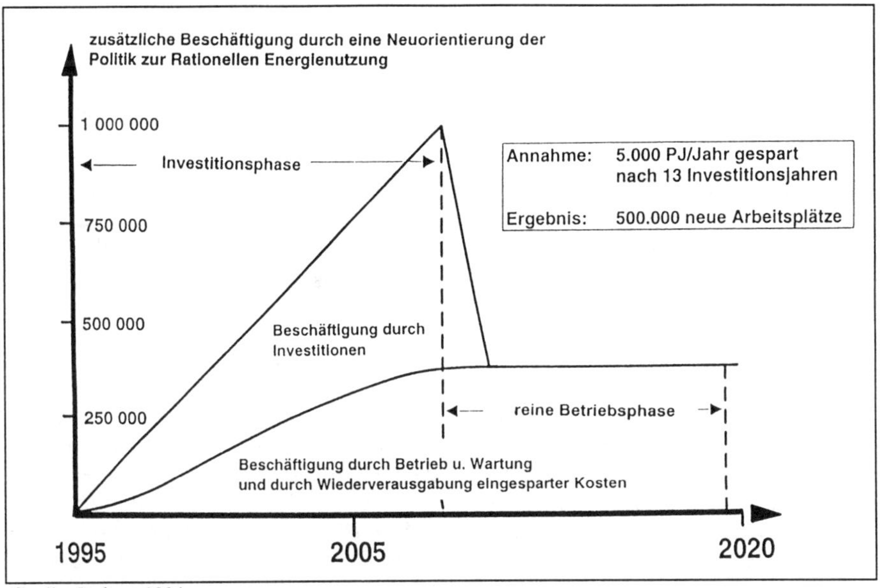

Quelle: Jochem 1994

4.4 Neue Arbeitsplätze ohne Verstärkung der Ballungstendenzen

Analysen von Warren (1984) und Tschanz (1985) betonen, daß die *Netto-Beschäftigungseffekte eine relativ gleichmäßige regionale Verteilung* haben. Denn Energieeinsparinvestitionen erfordern in hohem Maße planerische und handwerkliche Leistungen vor Ort in den einzelnen Betrieben und Gebäuden. Dagegen konzentrieren sich die Arbeitsplätze für Produktion, Umwandlung und Verteilung von Energie (z. B. Braun- und Steinkohlebergbau, Raffinerien, Kraftwerke) auf wenige zentrale Standorte, wodurch bestehende Konzentrationstendenzen mit all ihren nachteiligen Auswirkungen noch verstärkt werden. Investitionen in rationelle Energieverwendung dagegen wirken diesen Tendenzen entgegen.

Laquarta (1990) betont, daß aus einem örtlichen oder regionalen Gesichtspunkt Energie in den allermeisten Fällen "importiert" werden muß. Die örtliche Beschäftigungswirkung in rationelle Energieverwendung sei bis zu einem Faktor fünf größer als beim Kauf von Energie. Dieser Unterschied hängt ab von der Art der Investition, der Art des eingesparten Energieträgers, dem Bedarf für Wartung, Betrieb und Instandhaltung sowie der Verwendung der eingesparten Energiekosten. Warren (1984) betont außerdem, daß bei vielen Energieeinsparinvestitionen auch in relativ höherem Maße weniger qualifiziertes Personal benötigt wird, d. h. gerade jene Gruppe von Arbeitskräften, die insbesondere von Arbeitslosigkeit betroffen ist.

Allerdings betont Maier (1986, 145 ff), daß in empirischen Befragungen die Betriebe des Bau- und Bauausbaugewerbes oftmals sehr zögerlich sind, ihre Personalkapazität flexibel an steigende Nachfrage anzupassen.

Insgesamt bleibt festzustellen, daß die Intensivierung der Energieeffizienz ausgesprochen *positive Auswirkungen auf die Beschäftigung* hätte und auch exzellent zur *Dynamik des Arbeitsmarktes der nächsten 20 Jahre* passen würde und mit dazu beitragen würde, daß die *Trends zu Ballungszentren nicht weiter unterstützt* würden.

5. Auswirkungen von Energieressourcenschonung auf Wirtschaftswachstum und Beschäftigung

Auf die Ergebnisse der in Kap. 4.2 zitierten Analysen sei im folgenden eingegangen. Die zu erwartende Verringerung der durch energiebedingte Treibhausgase und Luftschadstoffe hervorgerufenen Schäden bzw. der durch Energiegewinnung, -umwandlung und -nutzung bedingten externen Kosten blieb dabei aber wegen der unsicheren Datenbelege unberücksichtigt.

Die Insgesamt notwendigen Investitionen zur CO_2-Emissionsminderung wurden im betrachteten Zeitraum bis 2005 mit gut 500 Mrd. DM (Preisbasis 1987) angesetzt. Die Haushalte und der Verkehrssektor stellen dabei mit jeweils rund 175 Mrd. DM die Investitionsschwerpunkte dar, es folgen die Industrie mit rund 80 Mrd. DM sowie Kleinverbrauch und Energieumwandlung mit jeweils rund 40 bis 50 Mrd. DM. Diesen Summen stehen trotz der Mehraufwendungen von rund 8 Mrd. DM/a aufgrund des Einsatzes weniger CO_2-intensiver Energieträger bis zum Jahr 2005 erreichbare Energiekostensenkungen in Höhe von netto jährlich knapp 100 Mrd. DM entgegen. Die höchsten Einsparungen sind mit rund 40 Mrd. DM/a im Verkehrssektor zu erwarten, es folgt der Haushaltsbereich mit 26 Mrd. DM/a sowie Kleinverbrauch und Industrie mit in der Summe ebenfalls rund 26 Mrd. DM/a. Die Einsparungen im Bereich der Energieumwandlung sind mit rund 5 Mrd. DM/a vergleichsweise gering.

Bei den Berechnungen mittels eines aggregierten, ökonometrischen Modells des Deutschen Instituts für Wirtschaftsforschung ("DIW-Langfristmodell") wurde unterstellt, daß die eingesparten Energiekosten, die sich nicht in Importverringerungen niederschlagen, anderweitig verwendet werden, der Nachfrageausfall für die Energieversorgungssektoren also durch höhere Nachfrage nach Produkten anderer Sektoren kompensiert wird. Wenngleich über das Ausmaß einer derartigen Kompensation nur schwerlich Aussagen möglich sind, dürfte die gänzliche Vernachlässigung dieses Effekts wohl weniger realistisch sein. Als wesentliche Berechnungsergebnisse sind festzuhalten (vgl. auch Tabelle 2):
− Es ergeben sich insgesamt leicht positive gesamtwirtschaftliche Wachstumseffekte. Die Beschäftigungseffekte sind mit zusätzlich 200 000 bis 400 000 Arbeitsplätzen bedeutend.
− Der private Verbrauch ist im Vergleich zur Referenzentwicklung etwas höher. Er würde in der zweiten Hälfte des betrachteten Zeitraumes nur bei fehlender Kompensation des Energienachfrageausfalls geringer ausfallen.
− Die Unternehmen investieren per saldo stärker als im Referenzfall. Vom direkten Impuls der CO_2-Minderungsinvestitionen geht im Falle der hier unterstellten Kompensation eine deutliche Verstärkung der übrigen Investitionstätigkeit aus.
− Die Anlageinvestitionen des Staates erhöhen sich um den Betrag der direkten Klimaschutzinvestitionen.
− Das *reale Bruttosozialprodukt erhöht sich geringfügig gegenüber der Referenzentwicklung in beiden Varianten über den gesamten Zeitraum.*

Berechnungen, die alternativ mit dem dynamischen Input-Output-Modell des DIW ausgeführt wurden, lieferten als Ergebnis die Auswirkungen der unterstellten Klimaschutzmaßnahmen mit ihren direkten und indirekten ökonomischen Effekten auf die Entwicklung von Bruttoproduktion und Beschäftigung in den einzelnen Sektoren der Volkswirtschaft. Ziel der Arbeiten war jedoch nicht, die entsprechenden Ergebnisse der aggregierten Modelle exakt zu reproduzieren, sondern eher mit einem bottom-up-Verfahren zu überprüfen.

Tab. 2: *Erwartete Veränderung gesamtwirtschaftlicher Kenngrößen durch Maßnahmen zur CO_2-Emissionsminderung gegenüber dem Referenzszenario (ohne Berücksichtigung vermiedener externer Effekte), 1993 - 2005*

	1993	2000	2005
Verwendungskomponenten des Sozialprodukts in Mrd. DM zu Preisen von 1980			
Privater Verbrauch	16,1	17,9	23,7
Anlageinvestitionen			
- der Unternehmen	39,9	44,8	52,1
-- davon direkter Impuls [1]	28,2	28,2	28,2
- des Staates	1,7	1,7	1,7
-- davon direkter Impuls [1]	1,7	1,7	1,7
Ausfuhr	0,2	1,8	4,2
Einfuhr	21,2	13,8	15,3
Bruttosozialprodukt (BSP)	43,8	50,6	68,1
Erwerbstätige in Tsd. Personen	230	490	440
[1] exogene Vorgabe; direkte Klimaschutzinvestitionen			

Quelle: Schön u. a., 1992

Folgende wesentlichen Ergebnisse sind festzuhalten:
– Die *Energiesektoren* werden erwartungsgemäß mit Ausnahme der Gasversorgung (Substitutionsgewinner) zum Teil erhebliche Produktionseinbußen hinnehmen müssen.
– Die *Grundstoffindustrie* dürfte in der Regel von der Umsetzung der Klimaschutzpolitik profitieren. Insbesondere die Steine-Erden-Industrie als Vorleistungslieferer für viele andere Zweige der Grundstoffindustrie und vor allem des Bausektors erhält spürbare Impulse. Ein ähnliches Bild zeichnet sich auch für die Zweige Feinkeramik und Glas ab. Aber auch die Chemische, die Eisenschaffende sowie die NE-Metallindustrie dürften eher als Gewinner abschneiden; sie partizipieren über die Vorleistungsverflechtungen am Wachstum der direkter betroffenen Sektoren der Investitionsgüterindustrie und des Baugewerbes.
– Uneinheitlich ist das Bild in der *Investitionsgüterindustrie*. Der Stahl- und Leichtmetallbau inkl. des Schienenfahrzeugbaus dürfte einerseits aufgrund der direkten Impulse durch die Energieeffizienz- und Substitutionsinvestitionen, andererseits aufgrund der zusätzlichen Investitions- und Vorleistungsnachfrage der wachsenden Grundstoffbranchen enorme Zuwachssteigerungen verzeichnen. Gewinner sind auch der Luft- und Raumfahrzeugbau sowie die Herstellung von Eisen- Blech- und Metallwaren. Die

direkten Impulse durch Zusatzinvestitionen in energieeffizientere Kraftfahrzeuge dürften in etwa die Auswirkungen der unterstellten Verkehrspolitik und die übrigen indirekten Effekte auf den Straßenfahrzeugbau kompensieren. Einbußen muß jedoch der Maschinenbau hinnehmen, auch die Elektrotechnik dürfte, wenn auch weniger stark, negativ beeinflußt werden. Offenbar schlagen hier die kontraktiven Effekte in den Energiesektoren durch.

- Deutliche Gewinne verzeichnet die *Bauindustrie*, vor allem wohl dank der Wärmeschutzmaßnahmen im Wohnbaubereich und Verkehrsbaumaßnahmen (Bahnlinien etc.), die indirekten Auswirkungen des Wachstums der Grundstoffbranchen dürften ein übriges leisten.

In der Summe aller Sektoren ergibt sich zu Beginn des betrachteten Zeitraums ein im Vergleich zur Referenzentwicklung leicht beschleunigter Anstieg der Bruttoproduktion, danach eine leichte Verzögerung. Insgesamt bleibt aber das *mittlere Produktionswachstum mit durchschnittlich knapp 2,7 %/a praktisch unbeeinflußt.*

Die hergeleiteten Ergebnisse für den Bereich der Umstrukturierung des Energiesystems bestätigen somit die bereits mehrfach genannte griffige Faustformel: Im zugrundeliegenden Energiepolitik-Szenario ist bis zum Jahr 2005 eine Verringerung um rund 1 500 PJ des gesamten jährlichen Energieverbrauchs zu erwarten. Ausgehend von einem am unteren Rand der Bandbreite der Modellergebnisse liegenden Wert von *100.000 bis 200.000 zusätzlichen Arbeitsplätzen ergibt sich damit ein Beschäftigungseffekt in der Größenordnung von 100 Beschäftigten pro PJ eingespartem jährlichem Energieverbrauch* und eine Bestätigung der in der ersten Hälfte der 80er Jahre ermittelten Beschäftigungseffekte.

Literatur

Bundesministerium für Umwelt (BMU) 1991: Beschluß der Bundesregierung zur Reduzierung der energiebedingten CO_2-Emissionen in der Bundesrepublik Deutschland auf der Grundlage des zweiten Zwischenberichts der Interministeriellen Arbeitsgruppe "CO_2-Reduktion" am 11. Dezember 1991. Der Bundesminister für Umwelt, Naturschutz und Reaktorsicherheit, N II 5 - 40105/36, Bonn.

Bundesministerium für Umwelt (BMU) 1993: Umweltpolitik. Klimaschutz in Deutschland, Bonn.

Dacy, D. C., Kuenne, R. E., McCoy, P. (1980): Employment impacts of achieving automobile effecency standards in the United States. Appl. Economics 12; 3, 295 ff.

Danish Ministry of Finance 1995: Energy Tax on Industry in Denmark. Ministry of Finance, Copenhagen.

Davidson, Marc D., de Witt, G. 1995: Saving the Climate. That`s my job. Potential employment effects of achieving the Toronto target. Case study - the Netherlands. Delft Center for Energy Conservation and Environmental Technology, 48 p.

Enquête-Kommission (EK) 1990: Dritter Bericht der Enquête-Kommission "Vorsorge zum Schutz der Erdatmosphäre" des Deutschen Bundestages zum Thema Schutz der Erde. Bundestagsdrucksache 11/8030, Bonn.

Enquête-Kommission (EK) 1990 a: Energie und Klima, 10 Bände. Herausgegeben von der Enquête-Kommission "Vorsorge zum Schutz der Erdatmosphäre" des Deutschen

Bundestages. Economica Verlag Bonn, Verlag C. F. Müller Karlsruhe, Band 10: Energiepolitische Handlungsmöglichkeiten und Forschungsbedarf.

Ernst & Young 1993/1994: Economic impact of the Canadian nuclear industry. Zitiert in: Electrcity International, 6 (Dezember 1993/Januar 1994), 1, 31 f.

Geller, H., De Cico, J., Laitner, 1992: Energy Efficiency and Job Creation: The Employment and Income Benefits from Investing in Energy Conservation Technologies. Am. Council for an Energy-Efficient Economy. Washington, 46 p.

Hohmeyer, O. u.a. 1985: Employment Effects of Energy Conservation Investment in EC Countries. Commission of the European Communities (Hrsg.), Luxemburg.

Jochem, E. u.a. 1992: Programmstudie Rationelle Energieverwendung in Industrie und Kleinverbrauch, Teil IV: REV in der deutschen Wirtschaft, Erfolge und Zukunftschancen für Wachstum und Umwelt. Abschlußbericht für den Bundesminister für Forschung und Technologie. FhG-ISI-Bericht, Karlsruhe.

Jochem, E. 1991: Long-term potentials of rational energy use - the unknown possibilities of reducing greenhouse gas emissions, Energy & Environment, 2, 1, 31 ff.

Laqquatra, J. 1990: Energy Efficiency in Rental Housing. Proceedings of the 1987 Socioeconomic Energy Research and Analysis Conference. USDOE, Office of Minority Economic Impact. Washington, pp. 718 ff.

Maier, H. E. 1986: Schafft Energieeinsparung Arbeitsplätze? Qualitatives Wachstum durch kleine Unternehmen. Westdeutscher Verlag, Opladen.

Prognos AG 1995: Die Energiemärkte Deutschlands im zusammenwachsenden Europa – Perspektiven bis zum Jahre 2020. Basel 23.10.1995.

Schiffer, H. W. 1995: Energiemarkt Bundesrepublik Deutschland. 5. Auflage, TÜV Rheinland, Köln.

Schön, M. u.a. 1992: Makroökonomische Wirkungen von Maßnahmen zur Luftreinhaltung und zum Klimaschutz. Abschlußbericht über das von der Deutschen Forschungsgemeinschaft geförderte Forschungsvorhaben Jo 100/5-2. FhG-ISI-Bericht, Karlsruhe.

Schmidt, A. 1995: Ökonomische Auswirkungen rationeller Energieverwendung und erneuerbarer Energiequellen in den Bereichen Produktion und Außenhandel in Deutschland, 1976-1993. Dipl.Arbeit. TH Darmstadt (31. Januar 1995).

Statistisches Bundesamt, FS 4, Reihe 3.1, 1993: Produktion im Produzierenden Gewerbe des In- und Auslandes, Wiesbaden.

Tschanz, J. F. 1985: Evaluating Potential Employment Effects of Community Energy Programs. Argonne Nat. Lab., Illinois.

Warren, A. 1984: The Employment Potential of an Expanded U. K. Energy Conservation Programme-Proceedings of the ACEEE 1984, Summer Study on Energy Efficiency in Buildings. Am Council for an Energy Efficiency Economy (Eds.), Washington, J 157 ff.

Weizsäcker, E. U. von 1989: Erdpolitik. Wissenschaftliche Buchgesellschaft, Darmstadt.

Wicke, L. 1989: Umweltökonomie, Eine praxisorientierte Einführung, Franz Vahlen Verlag.

Die Dematerialisierung der Produktion und die Auswirkungen auf die Arbeit

Friedrich Schmidt-Bleek

Noch glauben die meisten Menschen hierzulande, die Schonung und Pflege der Umwelt müsse unsern Wohlstand schmälern, weil sie Geld koste. Und viele geben sich nach wie vor dem Glauben hin, wir in Deutschland seien Weltmeister im Umweltschonen. Beides stimmt nicht.

Scheinbar folgerichtig wird jedoch angesichts der enormen Arbeitslosigkeit von gewissen Politikern, von Wirtschaftsführern wie auch von Massenmedien immer dringlicher der Ruf nach einer "Pause im Umweltschutz" laut. Oder man hört ganz einfach auf, über die Umwelt zu reden; als wenn es von allein gut gehen und als wenn es reichen würde, wenn die anderen erst einmal so viel täten wie wir.

Das Produktionsvolumen hingegen und die Arbeitsproduktivität müßten so schnell wie möglich gesteigert werden; das schaffe Arbeitsplätze und neuen Wohlstand, heißt es. Danach könne man dann mit neuem Reichtum auch wieder an die Kosten für die Umwelt denken. Was selbstverständlich klingt, ist aber oft nur Schein. Und in diesem Falle handelt es sich um einen buchstäblich lebensgefährlichen Irrtum, der zudem wirtschaftlich auf tönernen Füßen steht (Factor 10 Club 1994/95).

Immer wieder wird behauptet, der Verbrauch von Ressourcen sei mit ökonomisch erfolgreicher Aktivität eng verknüpft. Das Eine zu kürzen sei nicht möglich ohne Abstriche beim Anderen. Dies aber ist ganz einfach falsch. Zwar ist herkömmliches ökonomisches Wachstum eng mit Material- und Energieverbrauch verbunden, aber auch mit einem vielschichtigen Gewebe aus Subventionen und kostspieligen Sonderrechten, die den Markt gründlich verzerrt haben. Der außerordentliche Anstieg der Arbeitsproduktivität während der vergangenen zweihundert Jahre war traditionll begleitet von - oder wurde "bezahlt" mit - einem atemberaubenden Anstieg der Gewinnung und Verarbeitung von Rohstoffen, insbesonde energiereichen Rohstoffen. Die ökologischen Folgen hiervon werden jeden Tag deutlicher und verlangen nach neuen Wegen der Wohlstandsschaffung. Sie zwingen folgerichtig zu Visionen für Veränderungen, die sich gedanklich von Hergebrachtem erst einmal befreien, um sich in ihrer Verwirklichung sodann des Besten zu bedienen, was die Menschheit bisher schuf und in der Zukunft schaffen kann. Und Deutschland sollte sich hierfür offenbar besonders empfehlen.

Tatsächlich gibt es eine Fülle von technischen und gesellschaftlichen Möglichkeiten, die Rohstoff- und Energieproduktivität entscheidend zu verbessern, ohne dabei menschlichen Wohlstand zu opfern (Schmidt-Bleek 1993). Wohlstandsschaffung ist auch möglich, ohne in Abfall zu ersticken. Gefragt sind Intelligenz, Risikobereitschaft und Unternehmertum im Stile der 50er und 60er Jahre, um die riesige ökologische Innovationslücke zu füllen und gewinnbringend zu nutzen. Wir alle schleppen einen viel zu schweren ökologischen Rucksack mit uns herum. Der muß gründlich entrümpelt und verkleinert werden.

Vor etwas mehr als dreißig Jahren warnte Rachel Carson vor einem stummen Frühling, den sie voraussah, wenn die Menschen immerfort mehr Gifte in die Umwelt brächten. Zum Glück wurde sie ernst genommen, nachdem vor allem ihre männlichen Kollegen aus der Wissenschaft sich zunächst über diese "Legende" köstlich amüsiert hatten. Jetzt ist es Zeit, den Menschen klar zu machen, daß jeder technisch bedingte Wohlstand die Umwelt ändert und daß damit unser Überleben auf dem Spiel steht. Häuserbauen, Ferienmachen, Gesundwerden, Fahrradfahren und Mäusefangen sind keine ökologischen Nullsummenspiele, auch dann nicht, wenn wir es fertig brächten, "Umweltgifte" völlig zu vermeiden.

1. Verheerende Verwirrungen

„If the Economy is Up, Why is America Down?" war vor kurzem eine sehr ernst gemeinte Frage in der Harvard Business Review. Längst pfeifen es die Spatzen von den Dächern: Die noch immer übliche Bemessung der Wirtschaftsleistung mit Hilfe des Bruttoinlandproduktes (BIP) spiegelt weder den wirtschaftlichen Wohlstand der Menschen wider noch die ökologische Wahrheit. Und dennoch werden immer noch weltweit die Wirtschaftsstrategien danach ausgerichtet und ihre "Erfolge" damit gemessen (van Dieren 1995). Seit 20 Jahren aber geht es den Menschen in den OECD-Ländern objektiv nicht mehr besser. Der Wohlstand beginnt zu sinken, zum Glück für uns von einem hohen Stand aus. Das Wachstum von Produktionsvolumen und Arbeitsproduktivität aber wird weiter forciert, und sei es mit Subventionen. Wozu das aber, wenn es offensichtlich nicht mehr Wohlstand bringt?

Unser Krankheitsbehebungssystem, die Sozialversicherungen, die vielfältigen direkten und die Schatten-Subventionen sowie die öffentlichen Haushalte sind in der bisher geübten Weise nicht mehr finanzierbar. Verglichen mit dem Rest der Welt sind unsere Arbeitskosten viel zu hoch. Wir tun so, als ob ein möglichst freier Welthandel problemlösend und fraglos positiv sei. Dank massiver Subventionen hat die Transportintensität der deutschen Güter märchenhafte Ausmaße angenommen und durch die Nutzung billiger Arbeitskraft jenseits der Grenzen ungezählte Arbeitsplätze bei uns vernichtet.

Unser Ausbildungssystem genügt den heutigen Anforderungen nicht mehr, obschon es aufwendiger ist denn je. Wo bleibt die formende Kraft, die aus 22- oder 23jährigen jungen Menschen wieder neugierige Optimisten macht und ihnen die Chance gibt, lebenslang neue Dinge zu lernen - statt sie durch unfruchtbare Dehnungsfugen an Schulen und Universitäten möglichst lange vom Arbeitsmarkt fernzuhalten? Statt dessen vergeuden wir Jahre mit der Diskussion um staatlich verordnete Ladenöffnungszeiten und glauben, das sei ein ernstzunehmender Beitrag zum Funktionieren der Marktwirtschaft. Wir scheinen inzwischen Lichtjahre entfernt zu sein von vernunftgeprägten Lösungen.

Standards und Normen, Bauleitplanungen und eine unübersehbare Fülle anderer Vorschriften - ja selbst Umweltgesetze - blockieren den Weg zur Dematerialisierung der Wirtschaft. Gebührenordnungen (für Architekten zum Beispiel) und Steuergesetze (für Abschreibungen zum Beispiel) sorgen dafür, daß der maximale Verbrauch von Natur belohnt wird. Und die Reklame tut ein Übriges; allerdings ermöglicht sie dann die Finanzierung trefflicher Diskussionen über die Umweltmisere in Schrift, Bild und Ton. Es ist schon merkwürdig, wie harmlose Kommentatoren einerseits noch immer die "arme Mutter Natur" bedauern und andererseits nicht das geringste Gefühl dafür zu haben scheinen, wie sie selbst durch grenzenlosen Ressourcenverbrauch zu ihrer Verwüstung kräftig beitragen.

Seit Jahrzehnten wird mit bewundernswertem technischem Können und Aufwand weltweit alles getan, unser ökologisches Trägersystem aus dem für uns lebensbewahrenden

Zustand zu kippen. Nachrichten, Ausstellungen und Museen sind randvoll von technischen Leistungen; auch Gräber kann man vollautomatisch ausheben! Die Chaostheorie lehrt uns, daß komplexe Systeme schon bei geringen Anlässen mit großer Geschwindigkeit von einem Zustand in einen anderen wechseln können. Die Ökosphäre ist ein komplexes System; auch die menschliche Wirtschaft ist es. Da die menschliche Wirtschaft nur als Parasit der Ökosphäre existieren kann, bleibt die Frage, ob sich zuerst die eine oder die andere der beiden abrupt verändert, oder ob der Parasit mithilfe seiner Ressourcenpolitik stetig weiter alles tun wird, seinen Gastgeber in die Knie zu zwingen.

Bisher gilt: Wir machen die Rechnungen lieber ohne den Wirt. Wir drehen das Rad der Schöpfung zurück. Was wir nicht ganz genau im Einzelnen zu wissen glauben, davon lassen wir uns nicht beunruhigen. Im Ernstfall, glauben wir, wird allemal die Feuerwehr zur Stelle sein.

2. Der Faktor 10

Vor sechs Jahren leitete ich aus zwanzigjähriger Umweltbeobachtung die Forderung ab, die Wirtschaft der Industriestaaten müsse innerhalb der kommenden 30 bis 50 Jahre um einen Faktor 10 dematerialisiert werden, um ökologisch zukunftsfähig zu werden. Auf den ersten Blick mag der Faktor 10 als eine abenteuerlich anmutende Forderung erscheinen - weit weg von jeder praktischen Erfahrung mit der traditionsreichen Effizienzverbesserung von Techniken. Aber es geht nicht vordergründig um die Verbesserung der technischen Effizienz bereits vorhandener Maschinen, sondern um die ressourcensparende - und qualitativ hochstehende - Befriedigung menschlicher Bedürfnisse mittels organisatorischer, technischer und gesellschaftlicher Innovationen. Ein Faktor Vier (von Weizsäcker 1995) kann in vielen Fällen bereits durch gutes Haushalten und durch die allmähliche Verbesserung vorhandener Technik verwirklicht werden; das ist ein wichtiger Schritt zum Faktor 10. Ein aus ökologischer Sicht unvermeidbarer Faktor 10 hingegen fordert wirklich neue Technik, neues Konsumverhalten und vor allem gedanklich anspruchsvolle Systemveränderungen.

Im übrigen ist der Faktor 10 nicht als wissenschaftlich exakte Zahl zu verstehen, sondern als plausible Zielgröße und als Durchschnittswert. Er lädt dazu ein, sich auf ökonomisch und ökologisch besonders lohnende Gebiete zu konzentrieren. Er gibt zum ersten Mal ein umfassendes umweltpolitisches Ziel vor, welches wirtschaftlich langfristig realisierbar ist. Der Dematerialisierungs-Faktor 10 betrifft dabei nicht nur die Eingangsseite der Wirtschaft, sondern auch die bisher im Vordergrund stehenden Emissionen, Einleitungen und Abfälle; wird der Hahn am Zulauf der Wirtschaft zurückgedreht, so kommt dementsprechend auch weniger unnütz Gewordenes heraus. Richtwerte wie der Faktor 10 sind für nichtlineare komplexe Systeme *per se* nicht berechenbar, im Gegensatz zur Ressourcenproduktivität von Wirtschaftsleistungen (Schmidt-Bleek 1993). Sind sie jedoch plausibel und können sie ohne Verlust an Lust und Wohlbefinden verwirklicht werden, so sollten sie unser Handeln zumindest ernsthaft mitbestimmen.

Der Faktor 10 ist begründet in der Schätzung, daß technikbestimmtes Wirtschaften nur dann als Parasit in die Ökosphäre zukunftsfähig eingebettet werden kann, wenn der heutige weltweite Ressourcenverbrauch mindestens halbiert wird. Setzt man ferner voraus, daß wir den Ländern des "Südens", wo 80% der Menschheit leben, ihren gerechten Nutzungsanteil an Naturressourcen in der Zukunft nicht verwehren wollen (noch können), so bleibt für die 20% Menschen in den hochindustrialisierten Ländern (die heute noch 80% der Ressourcen nutzen) dementsprechend nurmehr ein Zehntel des heutigen Ressourcenverbrauchs übrig. Und nur etwa ein Zwangzigstel der Ressourcen verbliebe den industrialisierten Ländern, wenn sich die Weltbevölkerung verdoppeln sollte. Das ist eine ungeheure Herausforderung für alle Verantwortlichen, durch radikale Innovationen einen Paradigmenwechsel in der Wohlstandsbeschaffung einzuleiten. Die Industriestaaten müssen die lebendigsten und fortschrittlichsten Entwicklungsländer werden. Und wir müssen sehr bald damit anfangen, wenn Wirtschaften auf unserem Globus überhaupt noch eine Zukunft haben soll.

Doch anders als die bisher übliche Umweltpolitik erfordert dieser Übergang zu einer langfristig stabileren Wohlstandsschaffung einen tiefgreifenden wirtschaftlichen, gesellschaftlichen, kulturellen und politischen Wandel. Nur auf der Grundlage eines breiten gesellschaftlichen Konsensus wird es gelingen, die längst aufgebrochene politische Legitimationskrise aufzufangen und die dringlich notwendigen Kurskorrekturen einzuleiten. Dies gilt für die verläßliche Bewältigung der Arbeitslosigkeit, die Lösung der öffentlichen Finanzierungskrisen, die Rückgewinnung lokaler und dezentraler Strukturen und das Vorantreiben von lebenslangen Lernprozessen zur Ausfüllung der riesigen Innovationslücken im technisch-organisatorischen und politisch-sozialen Bereich. Und dies gilt insbesondere für das Verständnis von Wachstum selbst, dessen bisher sehr einäugige Verwirklichung in den Industrienationen - nach unbestritten großartigen Leistungen bis in die 70er Jahre - letztendlich zu enormen sozialen und Umweltkosten geführt hat. Wir brauchen hierzu einen viel verläßlicheren Kompaß als bisher, um richtungssicher unseren Weg zu gehen.

3. Umweltfreundliche Technik: Lean Technology

Es gibt keine Zinsen abzuholen in der Umwelt; selbst im alten deutschen Forstwesen ging es nicht im Geringsten um die Stabilität der Ökosphäre, sondern um stetige Wachstumsabschöpfung. Es gibt keine Technik, die wirklich umweltneutral wäre. Schon die staatlichen Megamaschinen (Mumford 1977) der Vergangenheit, die mithilfe von Disziplin und Unterdrückung Zehntausende von koordinierten Menschen dazu zwangen, Pyramiden, Mauern und Bewässerunganlagen zu schaffen, die durch forcierte Landwirtschaft in riesigen Gebieten Afrikas den Unterhalt des römischen Militärs sicher stellten, die mit Kahlschlägen in den mediterranen Gebirgen die Flotten Venedigs ermöglichten, waren alles andere als ökologisch neutral. Seit aber James Watt die Dampfmaschine einsatzfähig gemacht hat, ist der Ressourcenverbrauch viel umfangreicher, bequemer, politisch wesentlich weniger riskant und wirtschaftlich sehr viel erträglicher geworden. Inzwischen bewegen die Menschen mit ihrer Technik jährlich zweimal so viel festes Material wie die natürlichen geologischen Kräfte, gepflügte Erde und Erosionen noch nicht einmal gerechnet.

Die "Ökologisierung" vorhandener technischer Geräte und Anlagen ist allenfalls ein erster Schritt aus der ökologischen Misere; Recyklieren allein wird nicht zur Zukunftsfähigkeit führen, auch nicht neue Marktstrategien im Elektrizitätsbereich oder eine zwanzigprozentige Reduktion der CO_2-Emissionen, so grundsätzlich richtig diese Maßnahmen im Einzelnen auch sind. Aber sie stellen die Richtigkeit unserer gegenwärtigen technischen Wohlstandsbeschaffung grundsätzlich nicht infrage. Sie lenken zuweilen von den wirklichen Zielen eher ab. So hat zum Beipiel der Katalysator am Auto bis heute mitverhindert, einen automobilen Stadtverkehr zu schaffen, der mit weit weniger als einem Zehntel des heutigen Ressourcenverbrauches und der heutigen Gesamtemissionen pro Personenkilometer zu leisten wäre. Wenn es denn keine wirklich umweltneutrale Technik gibt, so kann es dennoch ein bewußt vorsichtiges Umgehen mit der Natur, mit unserer Trägerbasis geben - der einzigen, die wir je haben werden. Es gibt keinen starren Zusammenhang zwischen dem Gesamtwert technisch-ökonomischer Aktivität und dem Rohstoffumsatz. Aber es gibt Wege, aus sehr viel weniger Naturverbrauch vergleichbaren Wohlstand zu erzeugen mithilfe intelligenter Technik und klugem Konsumieren; das nenne ich "Lean Technology".

Schlüsseleigenschaften von "Lean-Technology"-Produkten sind sowohl die Lebensdauer als auch die Gebrauchsintensität (Bierter et al. 1996). Entgegen der verbreiteten Meinung, wir könnten uns vieler Dienstleistungen nur erfreuen, wenn wir die entsprechenden "Dienstleistungserfüllungsmaschinen" (also Produkte) kaufen, besteht dafür keinerlei zwingende Notwendigkeit. Gemeinsames Nutzen, Mieten und Leihen sind nur einige Beispiele für Nutzungskonzepte, die im Gesamtergebnis Stoffströme verringern. Die Wende zur Langlebigkeit der Produkte stellt eine große unternehmerische Herausforderung dar, vor allem weil es darum geht, eine Strategie der Langlebigkeit mit Qualitätsdimensionen zu verbinden. In den Vordergrund rückt, statt der Effizienz der Leistungserstellung, die Qualität des Produkts. Eine Verbesserung der Produktqualität führt im allgemeinen zu einer stärkeren Dematerialisierung. Wie eine möglichst hohe Produktqualität konkret erreicht wird, hängt ab vom einzelnen Unternehmen und den neuen "Produkten" (integrale Systemlösungen, Nutzungskonzepte usw.), die es konkret herstellt und anbietet.

Mit der Strategie der Langlebigkeit eröffnen sich ganz neue wirtschaftliche Perspektiven (Schmidt-Bleek/Bierter 1996). Zwar wird beim Verkauf von langlebigen Produkten der Umsatz des Unternehmens in seiner Funktion als Hersteller geringer, doch dafür steigt der Umsatz des Unternehmens in seiner Funktion als Verkäufer von Produktnutzen. Denn Ressourcenschonung und akute Entsorgungsengpässe zwingen dazu, aus einem Produkt möglichst viel an Dienstleistungen herauszuholen. Je länger und intensiver ein Produkt genutzt wird, mit desto weniger Neuproduktion und Abfall läßt sich dieselbe Dienstleistung erbringen. Deshalb rücken Strategien eines nachhaltigen Wirtschaftens die Nutzung ins Zentrum des Wirtschaftens: Der zentrale Wertbezug ist der Nutzungswert Börlin/Stahel 1987).

Dann ändert sich die Organisation in ein Dienstleistungsunternehmen bzw. eine Dienstleistungswirtschaft, die Nutzen optimiert, Nutzen verkauft und einen kundenorientierten Service anbietet, und die Fertigung wird zum qualitativ hochstehenden Zulieferer der Nutzer und der Nutzungssysteme. Deshalb gehen manche Unternehmen auch heute schon dazu über, ihre Produkte nicht mehr zu verkaufen, sondern zu vermieten. Sie bleiben Eigentümer ihrer Produkte und überlassen diese den Kunden lediglich zur Nutzung; denn um ein Produkt zu nutzen, muß der Benutzer ja keineswegs der Eigentümer sein. Statt Produkten verkaufen Unternehmen so etwas wie "Zufriedenheitsgarantien": Dem Nutzer werden Unterhalt, Umtausch, Austausch und technische Verbesserungen von Produkten garantiert. In manchen Fällen kann auf Wunsch auch das Aussehen der Produkte nach Bedarf verändert werden.

Mit den Strategien der Langlebigkeit und der höheren Gebrauchsintensität ist ein nachhaltiger ökologischer Effekt verbunden. So halbiert beispielsweise eine doppelte Lebensdauer den Rohstoffeinsatz in der Produktion, halbiert die Transporte samt den dabei anfallenden Umweltbelastungen und halbiert zugleich die dabei entstehenden Abfallmengen. Allerdings ist "Langlebigkeit" in diesem Zusammenhang nur ein - wenn auch sehr wesentliches - Kriterium. Ökologisch verträgliche Produkte müssen darüber hinaus bei Produktion, Gebrauch und Entsorgung umweltverträglich sein; beispielsweise dürfen keine schadstoffhaltigen und damit schwer entsorgbaren Materialien eingesetzt werden. Produkte auf eine lange Gebrauchstauglichkeit auszulegen, ist wirtschaftlich nur interessant, wenn auch für die Kunden die langlebige Alternative attraktiver ist als eine kurze Nutzungsdauer und das Wegwerfen. Verteuern steigende Energie-, Rohstoff- und Entsorgungspreise das kurzlebige Wegwerfprodukt, wird der Kunde diese Kosten mittragen müssen, entweder direkt, wenn er das alte Produkt wieder loswerden will, oder indirekt, wenn die Hersteller versuchen, die gestiegenen Kosten über die Verkaufspreise weiterzugeben. Je teurer auf diese Weise kurzlebige Produkte werden, desto attraktiver wird die Alternative "Langzeitprodukt".

Die einzigartige Chance langlebiger Produkte liegt darin, daß sie die Umwelt erheblich entlasten, weil weit weniger Ressourcen eingesetzt werden müssen, und das, ohne daß die Nutzer auf Lebensqualität verzichten müssen; denn gewiß will ein Großteil der Nutzer durchaus Konsum und Ökologie in einem haben. Sie wünschen sich den Genuß ohne Reue. Qualitätsvolle Produkte sind nicht Ausdruck von Verzicht, sondern eine Errungenschaft; sie halten lange, stellen zufrieden und sind ökonomisch und ökologisch erfolgreich. Unsere Gesellschaft leidet auch nicht so sehr unter Luxus, auf den verzichtet werden müßte, sondern unter "Billigkram", der schnell verschleißt und weggeworfen wird. Deshalb kommt der ästhetischen Qualität der Produkte eine so große Bedeutung zu. Menschen mit einem Gefühl für Qualität möchten solche Produkte um sich haben, mit denen man länger zusammenleben kann, Produkte, die eine Geschichte erzählen können. Selbst wenn eines Tages ein Besitzer sich von einem solchen Produkt trennen will, wird er im Antiquitätengeschäft, auf dem Trödelmarkt oder sonstwie einen Abnehmer finden, der von der Aura gerade dieses Produkts eingenommen ist und es in sein Lebensumfeld einbeziehen will.

Natürlich kommt auch das langlebigste Produkt irgendwann an das Ende seiner Lebensdauer und muß dann rezykliert werden. Von daher schließen sich die beiden Stoff-Kreisläufe gegenseitig nicht aus, sondern ergänzen einander. Aber das Prinzip der Nachhaltigkeit verlangt eine möglichst lange Nutzung von Produkten ohne großen Ressourcenaufwand bei Wartung, Reparatur und Gebrauch, und deshalb ist der Material-Kreislauf des Stoffrecyclings jenem der Verlängerung der Lebens- und Nutzungsdauer von Produkten immer nachgeschaltet.

Langlebigkeit stößt dann an ihre Grenzen, wenn sich eine echte technologische Alternative, eine ganz neue Erfindung abzeichnet, die ihren Zweck besser, eleganter, kostengünstiger oder umweltschonender erfüllt und das bestehende Produkt ersetzen kann. Wird nämlich das bisherige Produkt dadurch nutzlos, wäre eine Lebensverlängerung unsinnig. Schließlich hat Langlebigkeit nicht die Produktunsterblichkeit zum Ziel, sondern eine möglichst lange und intensive Nutzung eines Produkts. Langlebigkeit stößt aber auch bei manchen Produktgruppen (bspw. Textilien) bald einmal an ihre Grenzen. Hier steht in ökologischer Hinsicht eindeutig die Steigerung der Produktqualität und der Herstellungsverfahren im Vordergrund. Dies trifft auch für viele Verbrauchsgüter - hauptsächlich die Nahrungsmittel - zu. Auch in diesem Fall geht es darum, die ganze Herstellungskette vom Bauern bis zum Konsumenten weniger stoff- und energieintensiv zu gestalten, die **Transportdistanzen** zu verkürzen und vor allem wiederum die Qualität der Produkte zu steigern.

Es geht also um die Dematerialisierung unserer Wirtschaft durch gezielte Anhebung der Ressourcenproduktivität mindestens um den Faktor 10. Daß ein solches Unterfangen Jahrzehnte in Anpruch nehmen wird und tiefgreifende Auswirkugn auf die ganze Wirtschaft haben muß, ist Warnung wie Hoffnung zugleich. Es gilt, das scheinbare - und aus Ideenlosigkeit und Eigeninteresse oft liebevoll gepflegte - Spannungsverhältnis zwischen Wirtschaft und Ökologie aufzulösen. Dematerialisierung ist nicht nur ökologisch zukunftsweisend und vernünftig, sie ist auch ökonomisch realisierbar und eine Bereicherung der Lebensqualität der Menschen. Der Faktor 10 fordert flächenhaft intelligentere Produkte - lean products - und richtungssicher anderes Verhalten der Konsumenten. Er bietet dabei Wettbewerbsvorteile; gerade die mittelständische Industrie und das Handwerk haben große Chancen. Damit erhält die Standortfrage Europa eine völlig neue Dimension.

Die "Revision des Gebrauchs" - so das Thema einer Tagung, die der Deutsche Werkbund 1994 in Bonn veranstaltet hat - steht an, auch dann schon, wenn es die neue Technik noch gar nicht gibt. Geht es doch bei der Erhöhung der Ressourcenproduktivität, wie bereits erwähnt, nicht vordergründig um die Effizienzverbesserung existierender Techniken, sondern um die ressourcenschonende Befriedigung von Bedürfnissen. Auf bedeutungslose Dienstleistungen verzichten, nutzen statt besitzen, gemeinsam besitzen, nacheinander besitzen, lokale Produkte bevorzugen, manchmal zwei Beine in Bewegung setzen anstatt vier Räder: das sind Optionen, die heute kaum noch jemanden schrecken. Und solange die Preise die ökologische Wahrheit nicht sagen, müssen dringlich vernünftige, verläßliche und international vereinbarte Kennzeichnungen Orientierung geben.

4. Arbeit in der Zukunft

Ich habe bereits darauf verwiesen, daß paradigmatische Veränderungen sich nicht berechnen lassen. Wer vorgibt, die quantitativen Veränderungen des Arbeitsmarktes für 2050 vorhersagen zu können, der hat von Systemveränderungen noch nicht viel gehört. Dennoch ist es möglich, plausible und nützliche Zusammenhänge im Sinne des "Wenn-Dann" zu überlegen und zu diskutieren. Steigende Entsorgungs-, Material-, und Energiekosten treiben nicht nur den Dematerialisierungsprozeß von Produkten und Prozessen stetig voran. Die ebenfalls steigenden Transportkosten führen dazu, daß es immer weniger lohnt, alle möglichen Dinge um die halbe Erde zu schiffen. Die Folge ist, daß immer mehr Produkte, Materialien und Stoffe regional zirkulieren, aufgearbeitet und wieder- bzw. weiterverwendet werden. Dies schafft Arbeitsplätze und ist - nicht nur unter ökologischen Aspekten - wirtschaftlicher und zudem auch technologiefördernder.

Statt globaler Roboterfabriken entstehen dezentrale Werkstätten, statt großer Stahlwerke "Minimills", und vor allem entstehen ganz neue dezentrale Märkte für Gebrauchtgüter, -komponenten und Wertstoffe. Zwar gehen im Bereich der zentralen Fertigung Arbeitsplätze verloren. Doch es entwickeln sich neue anspruchsvollere Arbeitsplätze, und nicht nur höher qualifizierte, sondern auch dezentralisierte Arbeitsplätze, was wiederum das Verkehrsaufkommen vermindert. Denn die Aufarbeitung, Reparatur und Instandsetzung wird in der Nähe der Kunden gemacht. Und es werden qualifizierte Facharbeiter gebraucht, weil es für die Herstellung kleiner Mengen in vielen Fällen sinnvoll und auch wirtschaftlich ist, Facharbeiter einzusetzen. Kleine Mengen können mit Facharbeitern schneller und flexibler gefertigt werden als mit vollautomatisierten Fertigungsstraßen - und zudem meist billiger.

Hinzu kommt ein zunehmender Bedarf für Wartung, Reparatur und Aufarbeitung. Immer mehr Menschen werden für die Aufarbeitung, also die fabrikmäßige Instandsetzung von Altprodukten gesucht. Da die Aufarbeitung weit mehr manuelle Tätigkeiten umfaßt als die hochrationalisierte Neuproduktion, entsteht ein positiver Arbeitsmarkteffekt, wenn mehr aufgearbeitet, dafür aber weniger neu produziert wird. Dem kommt die ökologische Finanzreform entgegen, die Subventionen massiv abbaut oder ökologisch umbaut, die den Energie- und Rohstoffverbrauch verteuert und gleichzeitig durch Senkung der Lohn- und Einkommenssteuern sowie der Lohnnebenkosten die steuerliche Belastung der Arbeit abbaut (Görres et al. 1994). Dadurch wird der Markt leistungsfähiger, die energie- und materialintensive Neuproduktion teurer, arbeitsintensive Reparatur und Aufarbeitung werden billiger und bleiben im Lande bzw. in der Region.

Mit dem Umstieg auf langlebige Produkte und mit der Wende vom Produkt- zum Nutzenverkauf verstärkt sich der ohnehin vorhandene Trend, daß sich Arbeitsplätze von der Produktion in die Dienstleistung verlagern. Wird beispielsweise die Dienstleistung "Individualtransport" anstelle des Produkts "Auto" verkauft, ist diejenige Firma im Vorteil, die in jeder Stadt und jedem Dorf ihre Dienststelle hat - also Werkstätten, Verkaufs- oder Vermietbüros mit den entsprechenden Mitarbeitern. Der nachhaltige Wandel hin zu einer Dienstleistungsgesellschaft bedeutet nicht nur, daß mehr Leute benötigt werden, die aber weniger intensiv arbeiten. Es eröffnen sich neue Möglichkeiten für Teilzeitarbeit, aber auch Chancen für Ältere und Behinderte. Menschen, die früher nicht mithalten konnten, lassen sich viel eher ins Erwerbsarbeitsleben einbeziehen.

Ein weiterer Effekt ist, daß viele Unternehmen den "Fernen Osten" gleichsam in die Region holen und so ihre Weltmarktabhängigkeit verringern. Sie lagern gewisse Aufgaben nicht mehr dorthin aus, sondern übertragen sie ihren Teilzeitmitarbeitern und helfen ihnen, diese als selbständige Unternehmer zu erfüllen. Hinzu kommt, daß die Eigenarbeit eine wachsende Rolle spielt. Viele Menschen engagieren sich neben ihren Teilzeitjobs und ihrer selbständigen Unternehmertätigkeit z. B. als Bauer oder Gärtner, wo sie mit intelligenten angepaßten Technologien (z. B. Fischzucht im Kreislauf) Lebensmittel erzeugen, als Schreiner, die Möbel und andere Gebrauchsgegenstände aus Holz herstellen, oder im Bereich der sozialen Nachbarschaftshilfe, der Ausbildung und der Kultur.

Was derart entsteht, ist so etwas wie eine "plurale" oder "konviviale" Ökonomie, d.h. eine Ökonomie, die vielfältige Formen von Produktion und Konsum ermöglicht, die langfristig ökologisch verträglich ist und die kulturelle Autonomie und den sozialen Zusammenhalt befördert und unterstützt (Bierter 1995). Die ökonomisch-kulturelle Autonomie einer Region braucht nicht nur weltmarktorientierte Unternehmen, sondern auch die Existenz eines lebensfähigen und nicht notwendigerweise extrem profitablen wirtschaftlichen und sozialen "Gefüges", das jedem Bewohner das Gefühl gibt, daß er wertvoll ist.

Werden die Arbeit und ihre möglichen Zukünfte in Verbindung mit der ökologischen Problematik gebracht, so steht im Mittelpunkt der Debatte alsbald die Frage, ob eine ökologische Wende zu weniger oder zu mehr Arbeit führen werde. Es wird von ökologisch besonders schädlichen Produkten, Branchen und Industrien gesprochen und vom Wegfall der entsprechenden Arbeitsplätze im Rahmen eines ökologischen Strukturwandels, und von neuen Arbeitsplätzen, die mit der Heraufkunft der Telearbeit sowie ökologiegerechter Produkte und Produktionsprozesse entstehen werden (Schmidt-Bleek 1994). Obgleich Arbeit und Ökologie allmählich zusammen ins Bild gebracht werden (Schmidt-Bleek/Bierter 1996), bleiben die mit diesen beiden Begriffen bezeichneten

Bereiche nach wie vor seltsam getrennt. Abfälle, verschmutzte Gewässer, dreckige Luft, verschandelte Landschaften, vom Aussterben bedrohte Tier- und Pflanzenarten usw. werden selten zum Anlaß genommen, auch über die Arbeit nachzudenken und zu fragen, wie wir den Begriff von Arbeit gedanklich verwenden und wie einseitig wir ihn wahrnehmen. Denn wie so viele Dinge im Leben hat auch die Arbeit mindestens zwei Seiten: Arbeit ist produktiv und schöpferisch, sie ist aber immer auch destruktiv und zerstörerisch (Clausen 1988). Meistens wollen wir nur die Sonnenseite der Arbeit sehen, ihren produktiven, schöpferischen und werteschaffenden Charakter. Daß Arbeit als menschliche Tätigkeit - sei es als bezahlte Erwerbsarbeit oder als unbezahlte Haus- und Eigenarbeit - immer auch Natur-, Kultur-, Mitmenschen- und Selbstzerstörung einschließt (ebd., 55), lassen wir lieber im Dunkeln. Doch mit jeder Arbeit wird eben nicht nur der "Fortschritt", sondern immer auch "Abfall" hervorgebracht.

L. Clausen hat wohl als erster den Versuch unternommen, den vorherrschenden Arbeitsbegriff von beiden Seiten zu beleuchten. Th. Bardmann (1994) hat diesen Versuch unter Verwendung der Parasitologie von M. Serres (1981) weitergetrieben, und es lohnt sich, einige Gedankengänge von Serres kurz vorzustellen:

Für Serres ist Arbeit die Grundbedingung nicht nur für menschliches Leben, sondern für jedes kreatürliche Leben: "Das Leben arbeitet, das Leben ist Werk, das Leben ist Arbeit, Energie, Kraft, Information" (ebd., 135). Weiter heißt es: "Die Arbeit hat eine objektive Grundlage. Ohne sie verliefe die zeitliche Abtrift in Richtung Unordnung oder Komplexität rascher. Entgegen allem, was in der klassischen und zeitgenössischen Philosophie dazu gesagt wird, sind die Menschen nicht die einzigen, die arbeiten. Wir sind überhaupt nie so außergewöhnlich. Die Tiere arbeiten und die lebenden Organismen ebenfalls. Ich will sagen, das Leben arbeitet; es ist Leben, insofern es Kampf gegen den Hang zum Tode, insofern es Auswahl ist [...]. Der Organismus nimmt Ordnung und Energie auf; er zersetzt beides, sortiert, ordnet und bildet daraus seine eigene Ordnung und seine eigene Energie, die Abfälle scheidet er sodann aus. [...] Die lebenden Systeme sind in Arbeit, sie sind Arbeit" (ebd., 132 ff). Mit anderen Worten: Der Mensch verliert auch in bezug auf die Arbeit seine "exponierte" Sonderstellung, indem er ein Lebe- und Arbeitswesen unter anderen ist, und nicht jenes herausragende Lebewesen, das allein dazu berufen oder verdammt ist, sich die Natur durch Arbeit anzueignen und die Welt für die Befriedigung seiner Bedürfnisse zu unterwerfen. Wie alle anderen Lebewesen ist auch der Mensch aufgerufen, in einen "Dialog mit der Natur" (Prigogine/Stengers 1981) zu treten.

Ausgehend von Serres' erweitertem Arbeitsbegriff als "Transformation von Unordnung in Ordnung" können wir auch Produktion nicht ohne Zerstörung anderer Ordnungen denken: "Die Arbeit des Lebens ist ein Werk und eine Ordnung, aber sie vollzieht sich nur soweit, wie es von anderswoher Ordnung aufnimmt. Sie schafft eine Ordnung hier, aber auf Kosten einer anderen dort. Und sie vergrößert die Unordnung und das Rauschen" (Serres 1981, 135). Hier wird der zuerst von Georgescu-Roegen (1971) formulierte Gedanke zum Ausdruck gebracht, daß der menschliche Produktionsprozeß aus der Natur wertvolle Stoffe und Energien entnimmt, damit entschädigungslos fremde Ordnungen zum Zwecke des Aufbaus eigener Ordnung ausbeutet und zu Produkten, Infrastrukturen etc. verarbeitet, die an ihrem "Lebensende" unvermeidlich wieder zu Abfällen werden. Aus diesem Grunde gibt es, streng genommen, keine umweltneutrale Technik. Allerdings kann sich das relative Umweltbelastungspotential funktional äquivalenter Güter um Größenordnungen unterscheiden (Schmidt-Bleek/Liedtke 1995); darauf zielen die oben diskutierten Innovationsstrategien zur Erhöhung der Ressourcen- und Öko-Effizienz letztlich ab.

Die menschliche Ordnungsproduktion erzeugt enorme Kosten, die wir auf die Natur, die "Dritte Welt" und die nachfolgenden Generationen abwälzen. Arbeit ist also niemals nur produktiv und schöpferisch, sondern sie "produziert" immer Destruktives mit und zerstört auch bereits Produziertes. "Was an Arbeiten je und je überwiegt, Produktion oder Destruktion, wird sozial normiert" (Clausen 1988, 61). Aber das Schillern der Arbeit zwischen Produktivem und Destruktivem ist nicht etwa ein Fehler der kapitalistischen Wirtschaftsweise, sondern ein prinzipielles Phänomen, das in der paradoxen Funktionsweise aller lebenden Systeme verankert ist, nämlich sich selbst und anderes nur auf Kosten von Zerstörung produzieren zu können. Aufgrund dieser Einsicht sind wir gehalten, "die Gesellschaft als Ganzes als ein riesiges und verschachteltes parasitäres Gefüge zu betrachten" (Bardmann 1994, 248). Wir alle sind Parasiten, und wir schmarotzen nicht nur von der Natur. "Wir schmarotzen von unseresgleichen und leben mitten unter ihnen. Und dies so sehr, daß man wahrhaftig sagen kann, sie bildeten unsere Umwelt. Wir leben in dieser Black-box, die Kollektiv heißt, wir leben durch sie, von ihr und in ihr" (Serres 1981, 23) Mit Hilfe der Arbeit und in ihrem Schutz bauen wir Menschen nie enden wollende Parasitenkaskaden auf, in denen jeder dafür sorgt, daß etwas für ihn abfällt. "In der Kette der Parasiten sucht der letzte sich stets an die Stelle des vorletzten zu setzen. [...] Jeder Parasit trachtet den nächst ranghöheren Parasiten zu vertreiben" (ebd., 12) Mit Arbeit versuchen wir Menschen, die überall lauernden Parasiten zu vertreiben, doch diese Arbeit findet nie ein Ende, denn sie selbst ist Parasit am menschlichen Leben.

Vielleicht können wir jetzt die beiden Gesichter der Arbeit etwas besser sehen, jener Arbeit, an die wir bislang unsere Wohlstands- und Fortschrittshoffnungen geknüpft haben. Indem wir die Abfälle, also die destruktive Seite der Arbeit, zugunsten der "Wertschöpfung" ausgeklammert haben, konnte die Arbeit ihren Siegeszug antreten und die historische Illusion verbreiten, sie vermöchte Freiheit, Fortschritt und Wohlstand zu produzieren. Doch im Rücken des Parasiten Arbeit ist der Parasit Abfall aufgetaucht. Angesichts der nicht länger zu leugnenden Tatsache, daß der Abfall, Ergebnis der im Dunkeln gelassenen, ausgeschlossenen destruktiven Seite der Arbeit, wächst und uns damit die Grenzen des Wachstums unerbittlich vor Augen führt, müssen wir die Janusköpfigkeit der Arbeit - daß sie immer Werte- und Abfallproduktion zugleich ist - endlich akzeptieren - und den Abfall wieder in unser System einschließen.

Die parasitologische Betrachtung von Arbeit und Ökologie können und müssen wir ernst nehmen. Zwar stempeln wir Parasiten meistens als bloß "nutzlose Fresser" ab; denn wer möchte schon gerne zugeben, ein Parasit zu sein, obwohl jeder von uns einer ist. Da man aber mit Serres behaupten kann, daß jede Industriekultur eine Parasitenkultur darstellt, die aus ihrer natürlichen, aber auch aus der sozial-kulturellen Umwelt Leistungen aufnimmt, ohne sie durch eigene Abgaben auszugleichen, wird man versuchen müssen, positive und negative Formen des Parasitismus zu unterscheiden. Als ein mögliches Unterscheidungskriterium bietet sich an, darauf zu achten, ob der Parasit seinen Wirt "rücksichtslos" auffrißt oder ob er ihn auf seine Art am Leben zu erhalten versucht, ob er, mit anderen Worten, Möglichkeiten schafft oder vernichtet. Dabei ist jeweils zu berücksichtigen, von welchem Beobachtungsstandort aus unterschieden wird. Denn Parasit zu sein, so kann man bei Serres lernen, ist nicht eindeutig verwerflich und keine Frage der Moral, sondern eine Frage von Sein und Nichtsein. Parasit zu sein, fremde Ordnungen "auszubeuten", ist die einzige Möglichkeit, sich in der Welt zu halten. Es wäre deshalb eine sinnvolle Aufgabe, Szenarien eines "tragbaren Parasitentums", einer "vertretbaren Ausbeutung" zu entwerfen, in denen die jeweilige Selbstbeteiligung kenntlich gehalten ist, in denen die eigenen Beiträge zur derzeit (und ewig) "unerträglichen Situation" mitberücksichtigt werden" (Bardmann 1994, 255).

Nicht nur jede Arbeit ist zugleich produktiv und destruktiv. Ihren ambivalenten - d.h. widersprüchlichen, paradoxen - Charakter finden wir auch bei der Technik, mit deren Hilfe Menschen miteinander (von Borries 1980, 205 - 219) und mit der Natur umgehen. Die soziale und ökologische Wechselwirkung mittels der Technik geschieht meistens um so viele Ecken herum, daß wir gar nicht mehr von all denen und all dem wissen können, womit wir in Verbindung stehen. Gerade wegen dieser immer unübersichtlicher und unabsehbarer werdenden Verflechtungen kann man überall Spuren einer Zersetzung der Arbeit bemerken, und der oft destruktive Charakter unserer Arbeit wird vernebelt. Also auch die Technik "vereinigt Widersprüchliches. [...] Das Widersprüchliche in aller Arbeit bewirkt auch, daß in 'der Technik' keine eigene Sachgesetzlichkeit waltet, sondern daß die Technik stets ein Kompromiß von Arbeitszielen wird. Dies gilt dann auch für die Techniken, die sich nicht in Werkstücken, sondern in Fertigkeiten, Kenntnisstrukturen, in beruflichen Tricks und Hintergrunderfahrungen offenbaren" (Clausen 1988, 103). So wie die Arbeit immer zwischen Produktivem und Destruktivem schillert, schillert entsprechend auch die Technik.

Was kann vor dem Hintergrund dieser parasitologischen Betrachtung der Arbeit das Ziel sein? Allgemein formuliert: Wir müssen unsere Anstrengungen darauf richten, ein symbiotisches Parasiten-Wirt-Verhältnis zu erreichen und dafür die notwendigen Bedingungen schaffen. Gewitzt vom paradoxen Charakter jeglicher Arbeit, müssen wir unsere Aufmerksamkeit immer auch darauf lenken, daß sich im Schatten unserer Anstrengungen nicht anderes Destruktives auftürmt. Für ein symbiotisches Parasiten-Wirt-Verhältnis wird es nicht ausreichen, analog zur (Erwerbs-)Arbeit den Parasiten "Abfall" bzw. "ökologische Zerstörung" in die Geldwirtschaft einzubetten. Zwar bedeutete es für "das Aufkommen der Lohn-Arbeit [...], daß man für Arbeit Geld zahlen mußte bzw. Geld erhielt, je nachdem, ob man Käufer oder Verkäufer von Arbeitskraft war. Dies wurde vertragsrechtlich abgesichert, und die Konsumsphäre garantierte den Käufern der Arbeitskraft Gewinne und den Verkäufern der Arbeitskraft Genüsse. Mit dieser Einbettung in die Geldwirtschaft konnte sich der Parasit "Arbeit" einerseits knapp und andererseits begehrenswert machen" (Bardmann 1994,257). Man wird jedoch andere Wege gehen müssen, auch wenn eine ökologische Steuerreform (von Weizsäcker 1992) ein notwendiger, aber keineswegs ein hinreichender Baustein dafür sein kann.

Ein symbiotisches Parasiten-Wirt-Verhältnis verlangt vor allem, daß wir die enormen Energie- und Materialflüsse durch unsere Gesellschaft drastisch minimieren. Es verlangt aber nicht minder, daß wir die Qualität der Produkte und ihrer Herstellungsprozesse, die Qualität unserer Umwelt und die Qualität unserer Lebens- Arbeits- und Versorgungsweise neu bewerten und gestalten müssen. Dies alles wird Auswirkungen auf die Arbeit eines jeden von uns (Fox 1994), aber auch für die dazu notwendigen Technikformen haben.

Die Erhebung der Sozialversicherung als Lohnsteuer verfälscht die relativen Kosten von Energie und Arbeit und verteuert die ressourcensparenden Strategien der Kreislaufwirtschaft zugunsten der Wegwerfwirtschaft. Ein nachhaltigerer Weg, Renten, Gesundheitskosten usw. zu finanzieren, bestünde in der Besteuerung von Ressourcen (von Material- und Energieverbräuchen, möglicherweise zusätzlich nach Maßgabe ihres Knappheitsgrades und ihrer Umweltbelastung), nicht als eine "Energiesteuer", sondern als eine gesunde und nachhaltige Strategie, die soziale Sicherheit für die nächsten Jahrzehnte zu finanzieren. Eine solche Strategie würde in einer Vielzahl von Fällen Wegwerfgüter und ihre zentrale Fertigung unwirtschaftlich machen und den Wandel hin zu einer zukunftsfähigen Dienstleistungswirtschaft mit einem längeren "Dienstleistungs-Leben" von Produkten und Ausrüstungsgütern positiv beeinflussen.

Unter den Rahmenbedingungen von immer kürzeren Produktzyklen und kürzerer Produktlebensdauer und einem vom Güterverkauf abhängigen Umsatz der Unternehmen kann ein hocheffizientes Fertigungssystem fast ohne Arbeitskräfte auskommen, nicht aber ohne Konsumenten. Das kann nur solange gut gehen, wie es einen relativen Kostenvorteil der natürlichen Ressourcen gegenüber menschlicher Arbeitskraft gibt. Dieser relative Kostenvorteil der natürlichen Ressourcen könnte jedoch zu einem Zusammenbruch der Finanzierung der sozialen Sicherungssysteme führen, und in wachsendem Maße die soziale Nachhaltigkeit aufs Spiel setzen.

In einer nachhaltigen Wirtschaftsweise mit längerlebigen Gütern und mit dem Verkauf öko-effizienter Dienstleistungen ist qualifizierte Arbeit ein wesentlicher Faktor. Aber die relativ zu den Ressourcen hohen Arbeitskosten schrecken heute noch viele wirtschaftlichen Akteure in Europa zurück, dezentralisierte Dienstleistungen zu ihrem Kerngeschäft zu machen. Deshalb braucht es eine ökologische Finanzreform, die vorrangig Ressourcen statt Arbeit besteuert und unökologische Subventionen verringert oder umschichtet.

5. Ausblick

Was vor sechs Jahren noch ungläubig belächelt wurde, die Notwendigkeit einer zehnfachen Dematerialisierung nämlich, wird heute bei einer Enquête-Kommission des Deutschen Bundestages, im Wiener Wirtschaftsministerium, bei der UNEP und der OECD, bei der EU-Kommission, beim World Business Council for Sustainable Development, beim US Council for Science and Technology, beim Statistischen Bundesamt in Wiesbaden und vielerorts sonst überprüft und ernsthaft in Betracht gezogen.

Der "Faktor 10" ist also bei Hofe angekommen. Die Arbeit und das Ansehen des von mir gegründeten internationalen FACTOR 10 CLUB haben hierzu sehr viel beigetragen. Zumeist jedoch ist diese Zielgröße bis jetzt nur Grundlage von Diskussionen und wird - zu Recht - auch gründlich hinterfragt. Immerhin aber hat die Republik Österreich die Dematerialisierung ihrer Wirtschaft um den Faktor 10 bereits zum Staatsziel erhoben. Das Wirtschaftsministerium in Wien gibt jetzt viel Geld aus, der Industrie die Grundzüge des "Lean Tech Design" nahezubringen.

Im privaten Sektor gibt es, bislang allerdings fast nie aus ökologischen Erwägungen, bereits eine Fülle von ermutigenden und gewinnbringenden Entwicklungen. Was die Zukunft unsere Wirtschaft angeht, so gehören die Weltmärkte von morgen den Produkten und Dienstleistungen, die mit sehr viel weniger Ressourcen gestaltet und eingesetzt werden als heute, dafür aber intelligenter sind und mehr Spaß machen; das zeigt auch das neue Buch eines international bekannten Wirtschaftsführers (Fussler 1996). Darin liegt der wirkliche Standortvorteil für Deutschland; wer immer in die Fußstapfen anderer tritt, wird nie der Erste sein. So vielversprechend die ersten Erfolge insgesamt auch sein mögen, sie dürfen nicht darüber hinwegtäuschen, daß noch eine Vielzahl schwieriger Probleme innerhalb der nächsten Jahre gelöst werden müssen, um eine Reduktion der

Energie-, Ressourcen- und Materialflüsse, der Emissionen und der Abfälle um den Faktor 10 zu erreichen. Noch haben wir weltweit eine riesige ökologische Innovationslücke. Noch sind verpaßte Chancen der ökonomischen und ökologischen Erneuerung die Regel. Die Politik verfängt sich nach wie vor in verkrampften Teillösungen mit alten Rezepten.

Die Jahrtausendwende kommt auf uns zu. Die Menschen werden richtungssichere Antworten auf Schicksalsfragen verlangen. Irgendwann in nicht allzuferner Zukunft kann ihnen eine "Ökodiktatur" nicht erspart bleiben, wenn nicht bald das plausibel Richtige in Ruhe, und mit Gewinn, begonnen wird.

Literatur

Bardmann, Th. M. 1994: Wenn aus Arbeit Abfall wird. Aufbau und Abbau organisatorischer Realitäten, Frankfurt/M.

Bierter, W. 1995: Wege zum ökologischen Wohlstand, Wuppertal Texte, Basel.

Bierter, W. et al. 1996: Ökologische Proukte, Dienstleistungen und Arbeit, Basel.

Börlin, M. u. W. R. Stahel 1987: Wirtschaftliche Strategie der Dauerhaftigkeit. Betrachtungen über die Verlängerung der Lebensdauer von Produkten als Beitrag zur Vermeidung von Abfällen, Schweizerischer Bankverein, Heft Nr. 32, Basel.

von Borries, V. 1980: Technik als Sozialbeziehung, München.

Clausen, L. 1988: Produktive Arbeit, destruktive Arbeit, Berlin/New York.

van Dieren, W. 1995: Mit der Natur rechnen, Basel.

Factor 10 Club 1994/1995: Carnoules Declarations, Wuppertal.

Fox, M. 1994: Revolution der Arbeit. Damit alle sinnvoll leben und arbeiten können, München.

Fussler, C. 1996: Driving Eco-Innovation, Pitman/London.

Georgescu-Roegen, N. 1971: The Entropy Law and the Economic Process, London.

Görres, A. et al. 1994: Der Weg zur ökologischen Steuerreform. Weniger Umweltbelastung und mehr Beschäftigung. Das Memorandum des Fördervereins Ökologische Steuerreform, München.

Mumford, L. 1977: Mythos der Maschine, Frankfurt/M.

Prigogine, I. u. I. Stengers 1981: Dialog mit der Natur - Neue Wege naturwissenschaftlichen Denkens, München/Zürich.

Schmidt-Bleek, F. 1993: Wieviel Umwelt braucht der Mensch? MIPS, das Maß für ökologisches Wirtschaften, Basel.

Schmidt-Bleek, F. 1994: Work in a Sustainable Economy, in: Telework `94, Proceedings of the European Assembly on Teleworking and New Ways of Working, Berlin.

Schmidt-Bleek, F. u. Chr. Liedtke 1995: Kunststoffe - Ökologische Werkstoffe der Zukunft? Wuppertal.

Schmidt-Bleek, F. u. W. Bierter 1996: Faktor 10. Perspektiven nachhaltiger Formen von Produktion, Beschäftigung und Verbrauch, in: D. Schulte (Hg.): Arbeit der Zukunft, Köln.

Serres, M. 1981: Der Parasit, Frankfurt/M.

von Weizsäcker, E. U. 1992: Erdpolitik. Ökologische Realpolitik an der Schwelle zum Jahrhundert der Umwelt, 3. Aufl., Darmstadt.

von Weizsäcker, E. U. u.a. 1995: Faktor Vier, München.

Kommunikation

Bernd-Peter Lange, Bertram Konert

1. **Einleitung**

Ohne Kommunikation ist menschliches Leben nicht möglich. Prähistorische Höhlenmalereien wie auch moderne Musik sind Mittel der Kommunikation, der Übermittlung von Informationen, von Ausdrücken und Empfindungen. Die Architektur von Pyramiden, von griechischen Tempeln, von christlichen Kirchen sind Formen der Kommunikation, sie sollen beeindrucken insbesondere durch ihre Größe und Erhabenheit und ihre "Zeitlosigkeit".

Der Politiker, der eine Propagandarede hält - entweder in einer Versammlung oder im Parlament oder im Fernsehen - sucht die Resonanz bei seinen Zuhörern/Zusehern. Der 10jährige US Amerikaner, mexikanischer Abstammung, der täglich mehr als sechs Stunden vor dem Fernseher verbringt und Serien, Soapoperas, Krimis, Western und Werbung "sieht", kommuniziert im Sinne der Nutzung technisch vermittelter Videoangebote. Die Frage ist nur: Mit wem kommuniziert er: Mit "seinen" Helden? Auch der Pilot, der einen Flughafen ansteuert, der Reisende, der nach Hause telephoniert, der Arbeitslose, der Stellenanzeigen in der Zeitung studiert, nutzt Kommunikationsmittel. Der Meister, der den Lehrling anweist, der Vorstand einer AG, der ein neues Produk-tionsverfahren bzw. ein neues Marketing-Konzept verabschiedet, der Händler, der ordert, der Banker, der die Zinsenentwicklung verfolgt, der Designer, der die neue Mode kreiert, sie alle kommunizieren entweder "face to face" oder unter zur Hilfenahme technischer Hilfsmittel zur Überbrückung von Zeit und Raum.

Kommunikation erfolgt über die Wahrnehmung durch die verschiedenen Sinne wie Auge, Ohr, Tastsinn. Sie findet zeitgleich statt, unmittelbar oder technisch vermittelt, oder zeitversetzt, zum Teil "gespeichert" über Jahrtausende, z.B. in den Höhlenmalereien, den Schriften vergangener Kulturen oder in historischen Bauten. Menschliche Kommunikation nutzt zunehmend technische Hilfsmittel - Bücher, Bilder, Filme, Computer, Telephone - und ist auf Standardisierung im doppelten Sinne angewiesen: Konsens über die inhaltlichen Codes, damit die Verständigung klappt und Konsens über die technischen Parameter, damit das, was abgesandt wurde, in gleicher Form auch "ankommt".

Die folgenden Abschnitte werden sich vor allem auf der Basis der Beschreibung von gesellschaftlichen Trends auf technische Infrastrukturen und ihre ordnungspolitische Gestaltung und auf Kommunikation in der Wirtschaft und in der Arbeitswelt beziehen. Davon getrennt wird die Kommunikation als Teil der politischen und gesellschaftlichen Meinungs- und Willensbildung behandelt und die Kommunikation als Teil der sog. Freizeit. Abschließend geht es um Wechselwirkungen zwischen den drei Kommunikationssphären und um die Ansätze der Kommunikationspolitik zur Gestaltung von effizienten und pluralistischen Kommunikationssystemen in demokratischen Gesellschaften.

2. **Gesellschaftliche Trends und Wandel der Kommunikation**

War bis weit ins Mittelalter hinein für die große Masse der Bevölkerung die Sprache die wesentliche Kommunikationsform, so setzte sich später die schriftliche Kommunikation, gerade auch auf der Basis der Buchdruckerkunst, durch. Dieses war ein langer gesellschaftlicher Lernprozeß mit erheblichen Konsequenzen: Zum einen ist jedes Gesellschaftsmitglied auf den (oft mühsamen) Erwerb der Qualifikation des Lesens und Schreibens angewiesen, zum anderen ermöglicht die schriftliche Überlieferung ein viel exakteres und auch langfristiges Speichern von Informationen (z.B. Maße, Detailbeschreibungen etc.).

Heute nun findet - besonders im "Freizeit"- und Unterhaltungsbereich - Kommunikation zunehmend über bewegte Bilder statt. Die Entwicklung der Nutzung von Film, Fernsehen und Video ist nur ein Indiz dafür. Im gesellschaftlichen Lernprozeß zur "Entschlüsselung" von Bildern, zur Entwicklung von Distanz zu Bildern in dem Sinne, sie nicht als Abbild der Realität zu nehmen, stehen wir erst am Anfang. Werbung und Mode versuchen über Bilder zu verführen, gerade weil die Faszination der Bilder für die Menschen ungleich größer ist als die der schriftlichen Information. Multimedia als die Integration von Texten, Ton-, Video- und Dateninformationen stellt diesbezüglich eine noch größere Herausforderung dar, da auf Grund der Digitalisierung auch der Fernsehsignale Bewegtbildinformationen noch leichter veränderbar, manipulierbar sind als früher. Die Grenzen zwischen "realen" News und Fiction verschwimmen: Es ist möglich, daß Hitler im Jahre 1996 in der von der Tagesschau übertragenen Bundestagssitzung zu §218 auftritt, ohne daß die Zuschauer merken, daß er aus einer Wochenschau des Jahres 1944 herauskopiert wurde und ihm neue Texte unterlegt wurden. Neben dem "technischen Fortschritt" im Bereich der Medientechniken und der technischen Infrastrukturen für Kommunikationsprozesse sind es gesellschaftliche Trends, die den Wandel der Kommunikation beeinflussen.

Da ist zunächst der fortbestehende Trend zur weltweiten Arbeitsteilung zu erwähnen und der Übergang von der Industrie- zur Dienstleistungs- und gerade jetzt zur Informationsgesellschaft, wodurch die wirtschaftliche und gesellschaftliche Bedeutung der insbesonders technisch vermittelten Kommunikation wesentlich zunimmt. Schätzungen gehen davon aus, daß die gesamte Kommunikationsbranche (Telekommunikation, Datenverarbeitung und audio-visueller Sektor) von Umsätzen und Beschäftigten her heute den Spitzenplatz der Wirtschaftssektoren in westlichen Industrienationen darstellt und im übrigen auch die Branche mit den größten Zuwachsraten ist. Um die gesellschaftliche Bedeutung zu verstehen, muß man sich nur vorstellen, daß z.B. das Telefonsystem oder das Fernsehen einmal nur in einer Woche ausfällt. Hinzu kommt die zunehmende Mobilität in westlichen Gesellschaften, die noch weitergehende technisch vermittelte Kommunikation erforderlich macht. Hier liegen die Ursachen für die boomartige Verbreitung von Fax, Mobilfunk und Satellitenkommunikation. Schließlich ist auf den ungebrochenen Trend zur Ausdifferenzierung von gesellschaftlichen Subsystemen und Lebensstilen zu verweisen, wodurch u.a. die Bedeutung von Mode und Werbung zunimmt.

Zunehmende Bedeutung der Kommunikation heißt zunehmender Einsatz technischer Infrastrukturen wie schmal- und breitbandige Kabelnetze, Satellitennetze und zunehmende Nutzung terrestrischer Frequenzen und zunehmende Verbreitung von Endgeräten (z.B. Telefone, Arbeitsplatz-Computer, Fernsehgeräte, Mobilfunkgeräte, Notebooks, Satellitenempfangsgeräte, CD-Player etc.). Zunehmende Verbreitung technisch vermittelter Kommunikationsformen trägt auch zur Rationalisierung im Dienstleistungssektor bei den Reisebüros, den Banken und Versicherungen und in der öffentlichen Verwaltung bei. Dabei geht es nicht nur um Aspekte der tayloristischen Rationalisierung, sondern auch um solche der systemischen und kommunikativen Rationalisierung (vgl. ISDN-Forschungskommission des Landes Nordrhein-Westfalen 1995). Die mit dem Wachstum der

Dienstleistungssektoren verbundenen und weitverbreiteten Hoffnungen auf Zuwächse an Arbeitsplätzen werden durch diese Rationalisierungsprozesse weitgehend relativiert. Zugleich ist darauf hinzuweisen, daß die Einführung neuer Techniken der Kommunikation als Veränderungen sozio-technischer Systeme zu verstehen sind, d.h. daß sie in vorhandene Kommunikations- und Nutzungsgewohnheiten und Organisationszusammenhänge eingebettet werden müssen und es daher meist längerer Diskussionszeiten bedarf als ursprünglich angenommen. Die Änderung von Verhaltensweisen dauert viel länger als das Auswechseln technischer Konfigurationen.

Die immer weiter um sich greifende Kommerzialisierung der Medien betrifft nicht nur die Hardware, sondern auch die Software, die Inhalte, die Filme und Serien und den Rechtehandel, insbesondere die Rechte an der medialen Vermarktung von Sportveranstaltungen. Zunehmende Kommerzialisierung bedeutet einerseits die Einführung unmittelbarer Marktbeziehungen (z.B. beim Pay-TV oder bei der Nutzung von Online-Diensten), wie wir es beim Kauf von Büchern gewohnt sind. Andererseits bedeutet zunehmende Kommerzialisierung auch die Verbreitung von Inhalten mittels Werbungsfinanzierung und Sponsoring. Die Form der Finanzierung, hier insbesondere die Werbungsfinanzierung von Fernsehprogrammen, beeinflußt die Gestaltung der transportierten Inhalte: Die Programme wenden sich an die Zuschauer in ihrer Rolle als Konsumenten. Es geht darum, eine Höchstzahl kaufkräftiger Konsumenten mit massenattraktiven Unterhaltungsprogrammen vor den Fernsehschirmen zu versammeln; diese werden dann an die werbetreibende Wirtschaft zu Tausenderpreisen verkauft. Minderheiten bzw. kaufkraftschwache Gruppen der Gesellschaft kommen in diesen Programmkalkülen nicht vor.

Gleichzeitig geht mit verstärkter Kommerzialisierung von Kommunikation eine Marktverdrängung von öffentlich-rechtlichen Rundfunkanstalten einher. Diese richten sich an die Zuhörer/Zuschauer in ihrer Rolle als Bürger und verbreiten umfangreiche Hintergrundinformationen zu gesellschaftlichen und politischen Ereignissen, sie sind die Foren der gesellschaftlichen Debatte und unerläßlich für inhaltlich fundierte demokratische Prozesse. In der Konkurrenz zu kommerziellen Fernsehveranstaltern haben sie sowohl gravierende Einnahmeverluste im Bereich der Werbung zu verzeichnen als auch im Bereich der Zuschauerschaften, gemessen in Einschaltquoten.

Im Zusammenhang mit diesen Trends der zunehmenden Marktorientierung und Kommerzialisierung im Kommunikationssektor ist auch von Kultur'industrie' die Rede, eine Wortschöpfung, die in sich zumindest spannungsgeladen ist, so als ob ökonomisch durchrationalisierte Massenproduktion von standardisierten Produkten und individuelle künstlerische Kreativität, die sich in der Schaffung von Unikaten entfaltet, einfach verbunden werden können.

3. Technische Infrastrukturen der Kommunikation, institutionelle Arrengements der Medien und ihre ordnungspolitische Gestaltung

Bis vor einigen Jahres gab es - zumindest in Deutschland - wohl von einander unterschiedene Sektoren, die die technischen Infrastrukturen der Kommunikation ausmachten. Sie unterlagen jeweils speziellen ordnungspolitischen Regelungen und damit auch institutionellen Arrangements.

Die Presse (Zeitungen, Zeitschriften, Bücher) war und ist privatwirtschaftlich über Verlage organisiert. Die grundgesetzlich garantierte Pressefreiheit dient zum einen dem

Schutz des verlegerischen Direktionsrechts und zum anderen als Garantie des ökonomischen und publizistischen Wettbewerbs. Für die Begrenzung der Pressekonzentration in ihren vielfältigen Formen ist das Bundeskartellamt zuständig. Presserzeugnisse werden entweder direkt über den Lesermarkt, d.h. Abonnement oder Verkauf an Kiosken und Buchhandlungen, oder gemischt über Anzeigen/Werbung und Verkaufspreise oder nur über Werbung (z.B. „kostenlose" Anzeigenblätter) finanziert.

Telekommunikationsdienstleistungen (insbesondere zum Telefonieren) wurden bisher ausschließlich von der öffentlichen Hand angeboten, früher organisiert als Bundesministerium für das Post- und Fernmeldewesen, später als öffentliches Unternehmen Telekom. Die Finanzierung erfolgte über einheitliche Gebühren - Tarifeinheit im Raum - für die Teilnehmer, wobei einkommensschwachen Haushalten Gebührennachlässe gewährt wurden. Das Leitbild für dieses institutionelle Arrangement war das der öffentlichen Infrastrukturveranwortung, der gleichmäßigen Versorgung des gesamten Landes und der Ermöglichung des allgemeinen Zugangs zu den Grunddiensten der technisch vermittelten Kommunikation. So gab es deshalb auch „Quersubventionen" von den teureren Telekommunikationsgebühren der Wirtschaft (Ferngespräche und zur Tageszeit) zu den relativ billigen Gebühren der privaten Haushalte (meist Ortsgespräche und zu den Abend- und Mondscheintarifen).

In den letzten Jahren wurde dann die Deutsche Telekom in eine privatwirtschaftliche, gewinnorientierte Aktiengesellschaft umgewandelt; die Entflechtung von AT&T in den USA erfolgte bereits 1988. Ab 1998 werden auch für den Telefondienst alternative Netz- und Dienstebetreiber zugelassen; hier stehen insbesondere Unternehmen aus der Energiebranche, die Erfahrungen mit anderen Netzen haben, in Kooperation mit ausländischen "Carriern" in den Startlöchern. Beim Mobilfunk gibt es bereits heute neben der Telekom privatwirtschaftliche Netz- und Dienstebetreiber. Zuständig für die Regulierung des neuen Telekommunikationsmarktes wird nach Auflösung des Bundesministeriums die Regulierungsbehörde für Telekommunikation und Post sein (vgl. Esser-Wellié 1996).

Diese neuen institutionellen Arrangements werfen eine Reihe von Problemen auf. Zum einen geht es darum, wie der Wettbewerb zu organisieren ist. Wieviele neue Netzträger für den Telefondienst sollen zugelassen werden? Wie wird der Wettbewerb fair gestaltet, wenn die Telekom zur flächendeckenden Grundversorgung verpflichtet bleibt, anderseits die Konkurrenten „Rosinenpickerei" betreiben dürfen? Wer sorgt wie für Kompatibilität der Angebote, damit Teilnehmer an den Diensten von einem Anbieter zu dem nächsten problemlos übergehen können? Wie wird das Fernmeldegeheimnis und der Datenschutz, gerade auch bei der Beteiligung ausländischer "Carrier" gewährleistet? Wie wird die Standardisierung, wie sie bei ISDN und Euro-ISDN gelungen ist, in Zukunft gesichert? Sicher ist die Ausdifferenzierung von Diensten und Dienstemerkmalen aus der Sicht der Kunden zu begrüßen, sicher ist auch eine stärker anwenderorientierte Marktpolitik der Telekom von Vorteil, nur bleibt die Frage, ob im Wettbewerb, der auf jährlich hohe Renditen ausgelegt ist, auch die notwendigen Investitionen für einen langfristigen Ausbau der technischen Kommunikationsinfrastrukturen erwirtschaftet werden können. In diesem Zusammenhang sei nur daran erinnert, daß der Aufbau des Telefonnetzes bis zur praktischen Vollversorgung etwa 100 Jahre gedauert hat und zunächst aus dem Briefdienst „vorfinanziert" wurde.

Der Rundfunkbereich (Hörfunk und Fernsehen) unterliegt spezifischen Regulierungen. Das Bundesverfassungsgericht hat in ständiger Rechtssprechung die grundgesetzliche Rundfunkfreiheit als institutionelle Garantie für den öffentlich-rechtlichen Rundfunk ausgelegt und damit die insbesondere nach Vorbild der britischen BBC von den Besatzungsmächten im Nachkriegsdeutschland eingeführten Landesrundfunkanstalten bestätigt (vgl. Bethge 1996). Öffentlich-rechtlicher Rundfunk heißt nach diesem Verständnis staatsunabhängiger, vorrangig gebührenfinanzierter (Werbezeiten sind auf werktäglich 20 Minuten vor 20:00 Uhr begrenzt) und von den gesellschaftlich relevanten Kräften der Gesellschaft getragener Rundfunk mit gesetzlich festgeschriebenem Programmauftrag zur Information, Bildung und Unterhaltung. Das Bundesverfassungsgericht hat einen engen Zusammenhang zwischen umfassender politischer und gesellschaftlicher Information für die Bürger und der Funktionsfähigkeit demokratischer Meinungs- und Willensbildungsprozesse hergestellt und deshalb für den öffentlich-rechtlichen Rundfunk (die in der ARD zusammengeschlossenen Landesrundfunkanstalten und das durch Staatsvertrag der Länder gegründete ZDF) eine Bestands- und Entwicklungsgarantie postuliert.

Seit Beginn der 80iger Jahre ist insbesondere durch die Verkabelungsstrategie der Deutschen Bundespost und die Marktöffnungen einzelner Kabelpilotprojekte in der Bundesrepublik kommerzieller Rundfunk eingeführt worden, unter Aufsicht von 15 Landesmedienanstalten (vgl. Hamm 1995, 27 ff.). In diesem sog. dualen Rundfunksystem gibt es insbesondere zwei Problembereiche: zum einen die Konzentration im Sektor des kommerziellen Rundfunks, zum anderen die Rückwirkungen des ungleichen Wettbewerbs auf den öffentlich-rechtlichen Rundfunk. Hinzu kommen Probleme durch die Internationalisierung der Rundfunkdienste, die auf europäischer Ebene zu einer Nationalstaaten übergreifenden Regulierung insbesondere im Bereich Werbung, des Jugendschutzes und der Verpflichtung auf Quoten nationaler Produktionen zur Erhaltung der kulturellen Vielfalt in Europa als Schutz vor weiterer "Amerikanisierung" geführt hat (vgl. EU-Direktive, momentan im Revisionsprozeß, 89/552/EEC).

Diese bisher relativ wohl geordneten einzelnen Sektoren der Medien und der Kommunikationsinfrastrukturen konvergieren nun sowohl technisch durch die Digitalisierung, bei der die „Sprache" der Computer auch zur Sprache der Telefonsignale und der Fernseh- und Hörfunkausstrahlung sowohl über Kabel als auch über Satellitennetze wird, als auch ökonomisch durch die neuen Anwendung wie Pay TV, Video on demand, Home Banking, Telelearning, Teleshopping und Teleworking. Es wird immer schwieriger, die einzelnen Branchen von einander zu unterscheiden, wenn sich Hollywood-Firmen beispielsweise mit Netzbetreibern und Fernsehveranstaltern zusammenschließen. Dadurch stellt sich sowohl auf den Landes- bzw. Bundesebenen als auch auf europäischer Ebene die Frage nach den institutionellen Arrangements der Regulierung: Kartellbehörden und/oder Landesmedienanstalten? EU-Kommission und/oder eine eigene europäische Behörde, beispielsweise nach dem Vorbild der US-amerikanischen FCC?

Generell geht es darum, die traditionellen wichtigen Wertvorstellungen westlicher Demokratien - Presse- und Rundfunkfreiheit, Fernmeldegeheimnis und Datenschutz, funktionsfähiger Wettbewerb und Konzentrationskontrolle, Sicherung von Meinungsfreiheit und Pluralität - unter den neuen Gegebenheiten der technischen Entwicklung und Globalisierung der Märkte aufrecht zu erhalten und neu institutionell abzusichern.

4. Kommunikation in der Wirtschaft und in der Arbeitswelt

Ohne Kommunikation und die Übermittlung von Informationsinhalten in der Wirtschaft und in der Arbeitswelt könnten Güter und Dienstleistungen weder produziert noch vertrieben werden. Würden heutzutage die grundlegenden technischen Kommunikationsmittel eines Unternehmens wie Telefon, Fax oder das betriebliche Rechnernetzwerk ausfallen, drohte innerhalb kürzester Zeit der wirtschaftliche Ruin. Ein Wirtschaftsunternehmen benötigt kontinuierlich handlungsrelevante Informationen über den Markt, über Preise, Lieferanten und Kunden. Für das Management besteht die zentrale betriebsorganisatorische Herausforderung in der Beantwortung der Frage, wer welche Informationen in welcher Form zu welcher Zeit an welchem Ort benötigt und in der technisch-organisatorischen Realisierung dieses Informationsmanagements. Aufgrund der zunehmenden Bedeutung von Informationen für ein Unternehmen, die sich in der Beschreibung von Information als entscheidender "Wettbewerbsfaktor" oder als weiterer "Produktionsfaktor" (neben Bodenschätzen, Arbeit und Kapital) widerspiegelt, werden in der Wirtschaft und der Arbeitswelt zunehmend neue Kommunikationstechniken eingesetzt.

In diesem Abschnitt sollen einige zentrale Entwicklungstendenzen des Einsatzes neuer Kommunikationstechniken für den geschäftlichen Informationsaustausch
– innerhalb der betriebsinternen "Innenwelt" und
– mit der betriebsexternen "Außenwelt"
und die dahinterliegenden Nutzungsinteressen skizziert werden. Neuere Ansätze der Unternehmensplanung gehen von der Vorstellung aus, daß die einzelnen Unternehmensfunktionen und -abteilungen als ein Netzwerk von Informations- und Kommunikationsbeziehungen sowohl nach innen als auch nach außen rekonstruiert werden können (vgl. Sydow 1992).

Die Kommunikationsprozesse innerhalb der *"Innenwelt"* der Unternehmen, also zwischen den Beschäftigten, den Abteilungen, oder den Konzernfilialen, unterliegen grundsätzlich dem Diktat der Informationsoptimierung im Sinne der betriebswirtschaftlichen Effizienz, d. h. niedrige Kosten, schnelle Verfügbarkeit, inhaltliche Konsistenz und Widerspruchsfreiheit. Insbesondere die zunehmende Vernetzung in den Betrieben, in der die einzelnen Rechner zu "Local Area Networks" (LAN) integriert werden, zielt auf eine erhöhte Transparenz und Flexibilität der betrieblichen und organisatorischen Abläufe, auf die Qualitätsverbesserung von Produkten und Dienstleistungen und auf eine zunehmende Produktivitätssteigerung. Dies gilt universell sowohl für den Produktionsbereich als auch für den Dienstleistungssektor. Beim computerintegrierten Fertigungsansatz (Computer Integrated Manufacturing) wird versucht, die Informationsverarbeitung des Entwickelns und Konstruierens (Computer Aided Design, Computer Aided Engineering), mit der Fertigung (Computer Aided Planing, Computer Aided Manufacturing), mit der Qualitätssicherung (Computer Aided Quality) und mit den betrieblich-organisatorischen Ansätzen der Produktionsplanung und -steuerung (PPS) sowie mit den Möglichkeiten der Bürokommunikation zu verbinden (vgl. Goebl 1992; s.a. Ropohl in diesem Band).

Die Komplexität wird noch erhöht durch die Integration der unternehmerischen Beziehungen sowohl zu den Kunden (Bestell-, Distributions- und Abrechnungswesen etc.) als auch zu den Zulieferern und anderen "Externen" wie Beratern, Steuerbehörden etc. (vgl. Abschnitt "Außenwelt" weiter unten). Auch der Einsatz des Electronic Banking begrenzt sich nicht nur auf einzelne Funktionsbereiche oder einzelne Teilziele, sondern zielt integrativ auf die Zusammenführung und Abstimmung der gesamten bankbetrieblichen Aktivitäten im Sinne eines Computer Integrated Banking (vgl. Konert 1993). Hier bleibt allerdings bis heute festzuhalten, daß es sich bei dieser Strategie einer technisch-organisatorischen Vollintegration um einen Idealtypus handelt, der sich in der Realität aufgrund der Komplexität und Vielfalt der Arbeitsprozesse und konfligierender Teilziele bisher nicht als Gesamtprozeß realisieren läßt.

Im Rahmen dieser umfassenden betrieblichen Vernetzungsstrategie ist die Rechnerintegration eines Unternehmens allerdings nicht mehr auf "Inhouse-Konzepte" begrenzt, sondern bezieht die gesamte Firmenstruktur mit ein. Dies beinhaltet sowohl die Einbindung von Filial- und Tochterunternehmen (z.B. LAN-Netzkopplung per ISDN) als auch die Integration von extern agierenden Mitarbeitern, bis hin zur Einführung von Teleheimarbeitsplätzen (vgl. zu Telearbeit u.a. Godehardt 1994). Hiermit wird die Möglichkeit geschaffen, daß beispielsweise "rund um die Welt" verteilte Arbeitsgruppen oder Experten an ein und demselben Projekt arbeiten. Diese Entwicklung zielt auf eine raumübergreifende und ortsungebundene Bereitstellung firmeninterner Informationsressourcen für alle zugriffsberechtigten Beschäftigten ("Ressourcen-Sharing"), was wiederum gravierende Auswirkungen für die Beurteilung von Standortfragen beinhaltet (z.B. Software-Programmierung in Indien, Datenerfassung in China).

Auf der Basis dieser ausgeweiteten technologischen Infrastruktur versuchen viele Unternehmen, auch einen Teil des interpersonellen und zielgruppenspezifischen Kommunikationsaustausches über diese elektronischen Netze abzuwickeln. Hierzu dient vor allem die Einführung firmeninterner "E-Mail"-Systeme, bei denen jeder Beschäftigte ein elektronisches Postfach erhält. Neben aktuellen Informationen und Nachrichten können über diese elektronischen Postfächer firmenintern auch andere digitalisierte Informationen wie Grafiken, Texte etc. ausgetauscht und Terminabsprachen (u.a. mit elektronischer Bestätigung) koordiniert werden. Der besondere Vorteil für die Unternehmen liegt darin, daß diese Nachrichten auch dann zugestellt werden können, wenn der Mitarbeiter gerade nicht präsent oder anderweitig beschäftigt ist. Sobald er zu seinem Arbeitsplatz-Computer zurückkehrt oder auf das Firmen-LAN zugreift, erhält er eine Mitteilung, daß neue Nachrichten für ihn eingetroffen und zu bearbeiten sind.

Die Nutzung dieser neuen Kommunikationstechniken in den Betrieben vollzieht sich jedoch nicht friktionslos und trifft auf eine Reihe von Akzeptanzproblemen. Insbesondere das traditionelle und kulturelle betriebliche Kommunikationsverhalten, bei der der informelle Informationsaustausch, das persönliche direkte Gespräch oder der Telefonanruf bisher im Vordergrund standen, bildet eine nicht zu unterschätzende Nutzungsbarriere. Insgesamt ist jedoch eine Tendenz zur Computerisierung und Vernetzung der Kommunikationsprozesse in der Arbeitswelt zu beobachten, wobei sich die Grenze zwischen Arbeits- und Produktionsstandort tendenziell auflöst. Die zunehmende Einführung von Fernsteuerung- ("remote control") und Fernzugriffssystemen ("remote access") verweist auf diese Entwicklung, bei der existierende LAN-Netzwerktechniken mit externen Telekommunikationsnetzen und Zugriffsmöglichkeiten gekoppelt werden. Fernsteuerungssysteme eröffnen die Möglichkeit, auf räumlich entfernte Netzwerke und einzelne PC's zuzugreifen, um beispielsweise Wartungs-, Konfigurations- oder Anwendungsprobleme schnellstmöglichst zu lösen. So kann der EDV-Verantwortliche über seinen Arbeitsplatz-Computer auf dem weit entfernten Computer eines anderen Mitarbeiters bei entsprechender Berechtigung Software installieren, Konfigurationsdateien anpassen oder über diesen Zugriff neue "User" ins entfernte LAN-Netzwerk einbinden, ohne direkt "vor Ort" zu sein. Beschäftigte, die sich an externen Standorten befinden, können sich über spezielle Fernzugriffssoftware in ihr Firmennetzwerk "einloggen", die dort vorgehaltenen Ressourcen (Datenbanken etc.) nutzen und ihre "E-Mail"-Nachrichten abholen.

Die zunehmenden Mobilitätserfordernisse in der Wirtschaft finden ihr technisches Äquivalent in den neueren Entwicklungen der Mobilkommunikation. Außendienstmitarbeiter, ausgestattet mit einem Notebook, einem Mobilfunktelefon, einem Kartenmodem oder Adapter und der entsprechenden Kommunikationssoftware sind in der Lage, über das

Mobilfunknetz von beliebigen Standorten auf das Netzwerk ihrer Firma zugreifen oder Faxe bzw. Dateien zu versenden und zu empfangen.

Neben der Technisierung von Kommunikationsprozessen ist insgesamt eine fortschreitende Tendenz zur kommunikations- und informationstechnologischen Prozessintegration der unterschiedlichsten Arbeitsprozesse und -abläufe zu konstatieren. Diese Entwicklungstendenz konfligiert mit traditionellen Entwicklungsmustern der Spezialisierung und fachlichen Ausbildung. Ein Netzwerk- oder Telekommunikationsexperte analysiert, entwickelt und bewertet Arbeitsprozesse beispielsweise aus einer anderen "Denktradition" als ein Software-Programmierer, ein Psychologe oder ein Sozialwissenschaftler.

Die technologisch-organisatorischen Integrationstendenzen begrenzen sich nicht nur auf die firmeninternen Arbeitsprozesse, sondern richten sich zunehmend auch auf die Einbeziehung der betrieblichen "Außenwelt". Die Kommunikation eines Unternehmens mit der *"Außenwelt"* bezieht sich überwiegend auf Kunden- und Lieferantenbeziehungen. Hierbei handelte es sich bisher zumeist um eine direkte interpersonelle Kommunikation, wobei der Einsatz von technischen Hilfsmitteln auf die Überwindung der räumlichen Distanz abzielte. Hierzu zählt originär der Einsatz des Telefons, über das in einem direkten persönlichen Kontakt Preisabfragen, Bestellungen, Reklamationsanfragen etc. ausgetauscht werden. Der Kommunikationsprozess kann in diesem Fall jedoch nur stattfinden, wenn beide Gesprächspartner zur gleichen Zeit an einem fest definierten Ort erreichbar sind. Im Zentrum des Nutzungsinteresses an neuen Kommunikationstechniken steht hier bei den Unternehmen die Prämisse, die räumliche und auch die zeitliche Verfügbarkeit und Erreichbarkeit für Kunden und Lieferanten drastisch zu erweitern.

Zunächst beruht der Boom im Mobilfunkbereich, wie bereits erwähnt, auf dieser Zielsetzung. Der Vertriebsmitarbeiter, der einen neuen Auftrag von seinem Kunden erwartet oder der Servicetechniker, der zu einem neuen Kundeneinsatz gerufen wird, all diese Außendienstmitarbeiter sind nahezu zu jeder Zeit an jedem Ort zu erreichen (vgl. Wedde 1996, 209 ff.). Zwecks Erhöhung einer zeitunabhängigen Verfügbarkeit von Informationen (z.B. Preis- und Produktinformationen) werden in den Unternehmen zunehmend auch kombinierte Sprach-, Fax- und Mailboxsysteme installiert, die als automatisierte "on demand"-Abrufsysteme rund um die Uhr für Geschäftspartner und Kunden bereitstehen.

Zur Realisierung von unternehmens- und branchenübergreifenden Kommunikationssystemen mit schnellen Reaktions- und Bearbeitungsmöglichkeiten und möglichst geringen Transaktionskosten dient der elektronische Datenaustausch, der überwiegend als Electronic Data Interchange (EDI) bezeichnet wird und als UN/EDIFACT-Standardisierung weltweit von verschiedenen Gremien ausgearbeitet und ausgebaut wird (vgl. Höring 1994, 63 ff.). Der EDI-Einsatz verfolgt das Ziel, standardierte Geschäftsdaten zwischen verschiedenen Organisationen unter Anwendung von offenen elektronischen Kommunikationsverfahren und mit der Möglichkeit der bruchlosen Weiterverarbeitung auf Computerbasis auszutauschen. Insbesondere in der Automobilindustrie ist ein intensiver elektronischer Datenaustausch zwischen Fahrzeugherstellern und der Zulieferindustrie von der Produktentwicklung bis zur regelmäßigen "just-in-time"-Anlieferung weit vorangeschritten (vgl. Bierschenk 1994, 69 ff.). Im Mittelpunkt für den EDI-Einsatz stehen vor allem folgende Gründe:
– der Informationsfluß ist schneller als der Warenfluß
– die Durchlauf- und Reaktionszeiten werden verkürzt
– die Lagerbestände werden reduziert
– eine erneute Datenerfassung entfällt.

Aufgrund des internationalen Wettbewerbs und des zunehmenden Kostendrucks ist abzusehen, daß sich der EDI-Einsatz in den nächsten Jahren erheblich auf neue Unternehmen und Branchen ausweiten wird.

Im Zuge der informations- und kommunikationstechnologischen Entwicklung ist eine fortschreitende Auslagerung von geschäftlichen Tätigkeiten und betrieblichen Kosten auf die Kunden und Konsumenten festzustellen. So erhält der Kunde, der einen neuen Grafikkartentreiber für seine Computer benötigt, von seinem Lieferanten eine Service-Mailboxrufnummer, unter der die neuesten Treiber für ihn bereitliegen. Dies bedeutet für den Kunden einerseits Zeitersparnis, andererseits aber auch zusätzliche Telefongebühren und Ausgaben für ein entsprechendes Datenfernkommunikations-Equipment (Modem, Software etc.). Das Unternehmen kann durch diese vollständig technisch vermittelte und automatisierte Kommunikation eine personalintensive Bearbeitung dieses Vorganges einsparen.

Die neuen technischen Möglichkeiten zur Erhöhung der zeitlichen und räumlichen Verfügbarkeit (Serviceaspekt) und zur Reduzierung betrieblicher Kosten (Rationalisierungsaspekt) werden derzeit vor allem im Dienstleistungsgeschäft eingesetzt. Insbesondere das Tele-Banking, das inzwischen von nahezu allen Bankinstituten angeboten wird, vereint diese beiden Aspekte für die Kreditinstitute in idealtypischer Weise. Bei dieser elektronisch vermittelten Form der Geschäftsabwicklung über öffentliche Telekommunikationsnetze (Datex-P, T-Online) entfallen für die Banken vor allem die Kosten der eigenen Datenerfassung, d.h. der Kunde übernimmt Tätigkeiten, die vormals von Mitarbeitern ausgeführt wurden. Gleiches gilt für die Bedienung von Kontoauszugsdruckern, Geldausgabeautomaten oder Überweisungsterminals. Darüber hinaus werden auch die Kosten der technischen Terminalausstattung in Gestalt des Computers vom Kunden getragen. Gleichzeitig ist mit der Einführung des Telebanking eine elektronische Ausweitung der Vertriebsstruktur möglich, auf die der Kunde unabhängig von Standort und Öffnungszeiten zugreifen kann, um seine Bankgeschäfte abzuwickeln. Einige Banken bieten den Kunden bereits ihre Bankgeschäfte ausschließlich über elektronisch vermittelte Kommunikationsdienste wie Telefon-Banking, Fax-Übermittlung, Tele-Banking sowie SB-Bankautomaten an. Zwecks globaler Ausweitung der elektronischen Zugangsmöglichkeiten beginnen die Banken in Deutschland derzeit auch mit einer Ausweitung ihrer Aktivitäten über das weltweit vernetzte Internet (z.B. Sparda-Bank). Die Kunden können dann über dieses internationale Netzwerk zeit- und ortsunabhängig Kontostände und Umsätze abfragen sowie Überweisungen und Daueraufträge von jedem Internet-Zugang der Welt erledigen.

Die technischen Entwicklungen einer einheitlichen Digitaltechnik, zunehmend leistungsfähigere Systeme für die Verarbeitung und Übertragung von Kommunikationsinhalten, verbundfähige Netze sowie interoperable Dienste und Anwendungen bilden die zentralen Voraussetzungen für die Integration von bisher getrennten Medientypen wie Texte, Grafiken, Audio- (Töne, Klänge, Sprache) und Videoinformationen (Bewegtbilder). Speziell die Möglichkeiten der Einbindung solcher multimedialen Informationsinhalte ins global vernetzte Internet und die relativ einfachen Zugriffsmöglichkeiten über "Hypermedialinks" und "WWW-Browser" haben das Interesse der Wirtschaft an dieser technischen Kommunikationsinfrastruktur geweckt. Inzwischen dient das Internet vielen Unternehmen als globales Werbemedium, es ermöglicht den schnellen geschäftlichen Nachrichtenaustausch über E-Mail-Adressen und es erlaubt die Einbindung von firmeneigenen Datenbanken über sogenannte WWW-Server, auf die interessierte Kunden mit entsprechender Hard- und Softwareausstattung zugreifen können, um neue Produktinformationen,

Software-Updates etc. zu erhalten. Insgesamt führt das wachsende Interesse der Wirtschaft am Internet als globale Infrastruktur-, Vertriebs- und Marketingplattform zu einer fortschreitenden Kommerzialisierung des Internets.

Die sich entwickelnden multimedialen Nutzungs- und Interaktionsmöglichkeiten der technischen Systeme bieten den Unternehmen noch weitere neue Möglichkeiten in den Bereichen Marketing, Vertrieb und Werbung. So verteilen die großen Versandhäuser wie Quelle oder Otto an ihre Kunden Multimedia-CD´s, die als Prospektersatz und Werbemedium ihre Produkte in multimedialer Aufbereitung (Videosequenzen, Musik, Graphiken, Sprache etc.) darstellen und anbieten. Zudem besteht die Möglichkeit, über die Einbindung von Online-Kommunikationsdiensten (z.B. T-Online) die mit der CD präsentierten und vom Kunden ausgesuchten Produkte sofort zu bestellen ("Online-Shopping"). Auch hier wird der Kunde, bezogen auf die Dateneingabe, wiederum zu einem "Mitarbeiter" der Versandhäuser. Die Nutzung der interaktiven Multimedia-Technik bietet gleichfalls für den Produktionssektor neue attraktive Möglichkeiten einer interaktiven Produktwerbung. Die Automobilindustrie verteilt beispielsweise Werbe-CD´s (z.B. Opel-Tigra - "eine interaktive Reise") an potentielle Käufer, die sich "offline" über technische Ausstattungen, Preise, Sonderaustattungen etc. in Form von Videoclips, grafischen Animationen, Texten und Bildern informieren können.

Insgesamt verweist die informations- und kommunikationstechnologische Entwicklung - sowohl in der Innen- wie auch in der Außenbeziehung der Unternehmen - auf fortschreitende Integrations- und Informatisierungsprozesse, die die bisherigen Grenzen zwischen "Hierarchie" einerseits und "Markt" andererseits verschwimmen lassen. Unternehmen sind zunehmend, informations- und kommunikationstechnisch unterstützt, in strategische Netzwerke integriert, die durch mittelfristig laufende Verträge und Vertrauen zusammengehalten werden (vgl. Sydow/Windeler 1994).

In diesem Zusammenhang wirft die überbetriebliche Vernetzung besondere Probleme auf. So rational es erscheint, durchgehende technische und inhaltliche Standards (z.B. für Bestellvorgänge) über die einzelnen Produktions- und Distributionsstufen hinweg zu organisieren und damit Kommunikationsvorgänge innerhalb von Unternehmensnetzwerken und zwischen Unternehmen und Kunden systematisch und kommunikativ zu rationalisieren, so schwierig ist es, die dazu notwendigen Einigungsprozesse zu organisieren. Zum einen treffen unterschiedliche Interessenpositionen und je spezifische Gewinnerwartungen in bezug auf proprietäre Lösungen aufeinander, zum anderen gibt es eine institutionelle Lücke: Es mangelt an organisatorischen Mechanismen, um in diesen Fällen zu einem Interessenausgleich zu kommen. Wenn die unterschiedlichen Beteiligten (z.B. Produktionsfirmen, Handelsketten, Banken etc.) etwa ökonomisch gleich stark sind, dann ist der Wettbewerb gerade nicht der erforderliche Koordinationsmechanismus. Andererseits gibt es nur rudimentäre staatliche institutionelle Arrangements, um die im übergeordneten Allgemeininteresse liegenden quasi infrastrukturellen Standardisierungen der überbetrieblichen Kommunikation durchzusetzen.

Zunehmend ist der Staat darauf verwiesen, den Dialog zu moderieren. Gegenüber den früher im Vordergrund stehenden staatlichen Ressourcen "Recht" und "Geld" gewinnt damit die Ressource "Information" und "Kommunikation" an Bedeutung. So wie angesichts neuer strategischer Allianzen in der Privatwirtschaft die Gegenüberstellung von Markt und Hierarchie verschwimmt, löst sich auch zunehmend die Dichotomie von hoheitlichem Staat und wettbewerblich koordinierter Privatwirtschaft auf.

5. Wechselwirkungen zwischen den verschiedenen Kommunikationssphären

Bisher lassen sich drei unterschiedliche Kommunikationssphären voneinander unterscheiden.

5.1 Kommunikation als Teil der gesellschaftlichen und politischen Willensbildung

Hier wird zwischen der ordnungspolitischen Gestaltung und den institutionellen Arrangements einerseits und den spezifischen Funktionserwartungen andererseits ein enger Zusammenhang hergestellt. Vor diesem Hintergrund der postulierten Staatsferne und Pluralität der Medien als konstituierende Teile demokratisch verfaßter Gesellschaften stellt insbesondere die Medienkonzentration in der Verbindung von Print- und audiovisuellen Medien und in ihren Verflechtungen über Nationalstaatsgrenzen hinweg ein virulentes Problem dar (vgl. Europäisches Medieninstitut 1995, 127 ff.).

Hinzu kommt die immer weiter um sich greifende Kommerzialisierung von inhaltlichen Angeboten, was dazu führt, daß das Marktkalkül insbesondere der werbetreibenden Wirtschaft und nicht auch das notwendige kritische Informations- und Bildungsangebot für die Bürger in ihren verschiedenen Rollen in der Gesellschaft und in ihren Ausdifferenzierungen nach Bildung, Beruf, Einkommen, Alter, Lebensstilen etc. im Vordergrund steht. Ein Trend von einer gesellschaftlichen kulturellen Orientierung der "Leitmedien" Presse/Rundfunk (Hörfunk+Fernsehen) hin zu einer kommerziellen Marktorientierung scheint unverkennbar. Dadurch ergeben sich folgende Probleme:

– Welche Medien stellen (noch) die großen Foren für die gesellschaftliche bzw. politische Debatte? Der wirtschaftlich-technische Wandel der Industriegesellschaften hat sich beschleunigt, die Interdependenz der Lebensbereiche und der Entwicklungen in der Welt hat zugenommen. Gleichzeitig hat die Transparenz der Entwicklungen für den einzelnen Bürger abgenommen. Wo findet er Orientierungsmöglichkeiten, die nicht von vornherein durch spezifische ökonomische oder politische Interessen geprägt sind?

– Welche Medien tragen (noch) durch ihre umfassende, ausdifferenzierende, alle Gruppen und Schichten der Gesellschaft berücksichtigende Berichterstattung zur gesellschaftlichen Integration bei? In den meisten Industrienationen ist das Zusammenleben von unterschiedlichen ethnischen und religiösen Gruppen eine schlichte Notwendigkeit. Inwieweit tragen die Medien zur Förderung von Toleranz, von gegenseitigem Verständnis, von Konsensbildung in bezug auf die Regeln des Zusammenlebens bei?

5.2 Kommunikation als Teil der Freizeit

In dieser Kommunikationssphäre steht die Unterhaltung im Vordergrund. Die gesamte Film"industrie", große Teile von medienvermittelten Sportinszenierungen, die Serien und Gameshows insbesondere im kommerziellen Rundfunk, aber auch das ständig wachsende Angebot an Computerspielen und Videos dient der Zerstreuung und in vielen Fällen der Flucht aus der Realität.

Problematisch ist dieser rein vom Kommerz dominierte Bereich insofern, als auch im Unterhaltungsbereich gesellschaftliche Sozialisation stattfindet, Trends gesetzt werden, Stereotypen transportiert werden oder aber für Toleranz und Verständigung geworben wird bzw. werden kann. Um zugegebenermaßen holzschnittartig ein Beispiel zu nennen: Solange suggestiv insbesondere auf Plakaten, aber auch durch "Vorbilder" in Filmen und Serien für das Rauchen geworben wird, solange bleibt auch die gesundheitsschädigende Sucht gesellschaftlich weitgehend akzeptiert.

5.3 Kommunikation in der Wirtschaft und in der Arbeitswelt

Hier ist wie geschildert das dominierende Paradigma die Effizienzsteigerung und die Rationalisierung in zunehmend technisch und ökonomisch vernetzten und damit voneinander abhängigen Systemen. Dabei ist von einem Verständnis von sozio-technischen Systemen auszugehen, d.h. daß technische Unterstützung bei Kommunikationsprozessen immer in soziale und organisatorische Zusammenhänge eingebettet ist. Sollen die Potentiale neuer Informations- und Kommunikationstechniken ausgeschöpft werden, so sind gleichzeitig organisatorische Veränderungen und die Gestaltung von Rahmenbedingungen (z.B. des Datenschutzes) mitzudenken. Die Perspektive muß lauten: Optimierung von Technik und Organisation *und* Anpassung der Rahmenbedingungen zur Minimierung von Risiken. Die Probleme ergeben sich auf folgenden Ebenen:
- Die verschiedenen Formen der Rationalisierung - tayloristische, systemische und kommunikative - bestehen nebeneinander. Die großen Produktivitätsfortschritte im Dienstleistungssektor durch Anwendungen der Informations- und Kommunikationstechnologien haben hier ein beschäftigungsneutrales Wachstum ermöglicht mit zwei gravierenden Konsequenzen:
a) die Hoffnung, daß der Dienstleistungssektor in großem Umfang das Aufnahmebecken für die in Landwirtschaft und Industrie freigesetzten Arbeitnehmer/innen sein könnte, hat sich als trügerisch herausgestellt.
b) Damit ist aus dem zunächst konjunkturellen Problem von Arbeitslosigkeit ein strukturelles Problem geworden: Die Wirtschaft wächst, wenn auch schwächer, u.a. im Bereich der I+K-Technologien, gleichzeitig nimmt die Arbeitslosigkeit zu.

Die Beschleunigung des wirtschaftlich-technischen Wandels erfordert von den (noch) beschäftigten Arbeitnehmern verstärkte Anpassungsleistungen. Lebenslanges Lernen und Medienkompetenz, werden zu Schlüsselqualifikationen in der Zeit des Übergangs ins nächste Jahrhundert.

5.4 Wechselwirkungen

Wechselwirkungen zwischen den Kommunikationssphären ergeben sich in folgenden Bereichen:
a) Die Mechanismen von Marktorientierungen insbesondere aus dem Bereich des Entertainment, sei es die Finanzierung über Werbung, sei es durch ein direktes Entgelt wie z.B. beim Kauf eines Computerspiels, werden zunehmend auch für den Bereich der gesellschaftlichen Kommunikation (z.B. Pay-TV oder Video on demand) selbstverständlich. Dieser Trend berührt auch die Perspektiven des öffentlich-rechtlichen Rundfunks.
b) Die Integration der drei o.g. Sphären erfolgt auch durch die "verbindende" Digitaltechnik und neue Nutzungsmuster. Interaktive berufliche Tätigkeit am PC im Büro und von zu Hause, Abwicklung von Lern-, Bestell- und Bezahlvorgängen vom gleichen PC ebenso wie der Informationsabruf und der Genuß einer Fußballübertragung, eines Films oder einer Bundestagsdebatte zeigt einerseits, daß die Trennung zwischen

beruflicher Tätigkeit und Privatsphäre verschwimmt wie die zwischen gesellschaftlicher und privater Kommunikation andererseits. Die neuen Wortschöpfungen wie Info- und Edutainment, wie Telelearning, Teleshopping, Telebanking und Teleworking verdeutlichen dies.

c) Einerseits geht der übergreifende Trend zur Ermöglichung von mehr individueller Selektion von der Massen- zur Individualkommunikation ("Interaktivität"); andererseits wird mehr Zeit- und Geldbudget von den Individuen verlangt, wenn sie "teilhaben" wollen. Drittens schließlich wird hierdurch auch die Wissenskluft zwischen den Informations-Reichen und den Informations-Armen erhöht, solange politisch nicht gegengesteuert wird.

Die Fragen führen alle letztlich auf die Frage nach unserem Konzept von Gesellschaft zurück. Zugespitzt: Ist Gesellschaft nur die Summe von Individuen und ihren je spezifischen Interessen, so bestimmt allein der individuelle Wettbewerb das je persönliche Fortkommen und den "gesellschaftlichen" Fortschritt. Ist Gesellschaft jedoch mehr als nur die Summe der Individuen, und das Grundgesetz geht eindeutig davon aus, so bedarf es der politischen, rechtlichen, kulturellen Gestaltung, um den Grundwerten und gemeinschaftlich orientierten institutionellen Arrangements wie z.B. der Rundfunkfreiheit zum Durchbruch und zur dauerhaften Geltung zu verhelfen.

6. Kommunikationspolitik: Puzzle ohne einheitliches Schnittmuster

Kommunikationspolitik war bisher spezifisch an den jeweiligen Sphären der Kommunikation bzw. der Medien orientiert. Die Telekommunikationspolitik hat sich in den vergangenen Jahren dramatisch von der staatlichen Infrastrukturvorsorge über eine Deregulierungs- und Privatisierungspolitik zur Marktöffnungspolitik gewandelt. Dadurch haben sich eine Reihe von Innovationen (z.B. im Bereich des Mobilfunks) ergeben, aber es wurden auch eine Reihe von Problemen neu aufgeworfen:

a) Wie können rein von ökonomischer Marktmacht diktierte proprietäre Lösungen vermieden und weltweit gültige Standards der "Interconnectivity" durchgesetzt werden? Die jüngsten Auseinandersetzungen um die Entschlüsselungsboxen für das digitale Fernsehen haben dieses Problem verdeutlicht. Eine Frage ist zum Beispiel, ob das Euro-ISDN ein Standard sein wird für die "alternativen" Netzbetreiber, die ab 1998 in den Telefonmarkt drängen.

b) Was sind in Zukunft Universaldienste, die flächendeckend (von wem?) anzubieten sind und was sind darüberhinausgehende Dienste, die rein nach Marktgesetzmäßigkeiten zu entwickeln sind?

c) Damit zusammen hängen Fragen des gleichberechtigten Zugangs zu den Diensten für die Nutzer, wobei die Tarifierung gerade auch unter sozialen Aspekten von Bedeutung ist.

d) Schließlich stellt sich die Frage, wie die großen Investitionen in die Zukunft der Netze - breitbandige (Glasfaser)Netze - aufzubringen sind, da bei kommerziellen Unternehmen im Wettbewerb die jährliche Rendite im Vordergrund steht.

Die Rundfunkpolitik ist gekennzeichnet durch die Versuche, das duale Rundfunksystem zu regulieren bzw. zu stabilisieren. Der öffentlich-rechtliche Rundfunk ist zwar in der Bundesrepublik durch die ständige Rechtsprechung des Bundesverfassungsgerichts in Bestand und Entwicklung abgesichert, aber seine Perspektiven sind dennoch nicht klar:

a) Die Gebühren sind bisher an den Besitz eines Fernsehgerätes gekoppelt, unabhängig von der Nutzung der Programme. Läßt sich dies auf Dauer durchhalten, wo doch die kommerziellen Programme angeblich "kostenlos" ins Haus kommen? Was ist, wenn demnächst die Rundfunkprogramme auch auf dem PC empfangbar sind? Werden sich die "politikfernen" Verfahren zur Anpassung der Rundfunkgebühren bewähren und den Rundfunkanstalten genügend Flexibilität belassen, um ihre Programme an veränderte Verhältnisse - z.B. weitere Ausdifferenzierung der Vollprogramme entsprechend den Bedürfnissen der unterschiedlichen Gruppen in der Gesellschaft - anzupassen? Auf EU-Ebene gibt es eine Diskussion über die Bedingungen eines "level playing field" zwischen öffentlich-rechtlichen und kommerziellen Rundfunkveranstaltern. Staatliche Zuschüsse an die öffentlich-rechtlichen Rundfunkveranstalter werden möglicherweise als unzulässige Subventionen angesehen.

b) Wieweit kann der öffentlich-rechtliche Rundfunk gehen, um neue technische Möglichkeiten und auch Finanzierungsformen zu nutzen? Sind Pay-TV-Kanäle des öffentlich-rechtlichen Rundfunks zulässig?

c) Inwieweit hat sich der öffentlich-rechtliche Rundfunk den Bedürfnissen der Bürger anzupassen bzw. wieweit ist das angebotsorientierte Modell aufrechtzuerhalten? Geht es um Kontrast oder Konvergenz zum kommerziellen Rundfunk?

Der kommerzielle Rundfunk ist durch zunehmende Konzentrations- und Verflechtungstendenzen gekennzeichnet. Die bisherige Politik und seine Anwendung durch 15 Landesmedienanstalten hat hier keine großen Erfolge zu verzeichnen. Die Novellierungsdiskussion konzentriert sich auf ein Marktanteilsmodell (Obergrenze 30% Zuschauermarktanteil), auf Zurechnungsregeln bei verflochtenen Unternehmen und auf die Errichtung einer Kommission zur Ermittlung von Konzentration (KEK) (vgl. Landesvertretung Rheinland-Pfalz 1996).

Die Politik der Bundesländer (und der Landesmedienanstalten) war bisher vorrangig von Standortpolitik geprägt. Außerdem ist schwer vorstellbar, wie 15 einzelne Landesmedienanstalten etwas ausrichten können gegenüber weltweit agierenden Konzernen (z.B. Murdoch, Kirch, Warner Brothers u.a.). Die EU versucht, über die Richtlinie "Fernsehen ohne Grenzen" den auf Grund von Sprachbarrieren (noch) nicht bestehenden gemeinsamen Fernsehmarkt zu fördern. Es geht dabei um EU-weite Anerkennung von nationalstaatlich zugelassenen (insbesondere Satelliten-) Fernsehkanälen, um die Vereinheitlichung des Jugendschutzes und der Werberichtlinien und um die Verpflichtung auf Sendequoten europäischer Werke, um so die europäische Kultur in ihrer Vielfalt zu schützen gegenüber der Überflutung durch Hollywood-Filme und Serien. Offene Fragen beziehen sich auf folgende Bereiche:

a) Hat die Politik, die ja auch immer auf positive Medienberichterstattung ausgerichtet ist, die Kraft, die Konzentrationsentwicklung im Medienbereich wirklich zu gestalten und damit einzelnen "Medienhäusern" Grenzen ihrer Expansion zu setzen? Wie kann zumindest Transparenz und Öffentlichkeit über Unternehmensverflechtungen im Medienbereich hergestellt werden? Wie spielen hierbei Bundesländer, Landesmedienanstalten, der Bund und die EU zusammen? Welche institutionellen Arrangements sind zu entwerfen, etwa ein EU-weit zuständiges Kartellamt oder eine umfassende Regulierungsbehörde für die Branchen der Informationsgesellschaft?

b) Hat der europäische Binnenmarkt im Bereich von Information und Kommunikation vorrangig eine wirtschaftliche Dimension und/oder auch eine kulturelle? Sind quantitative Quoten das geeignete Mittel, um die Qualitätsstandards für europäisch orientiertes Fernsehen zu fördern?

c) Was sind europaweit die Perspektiven des öffentlich-rechtlichen Rundfunks? Dürfen die insbesondere mit Griechenland, Portugal und Spanien mit staatlich/diktatorischem

Rundfunk gemachten Erfahrungen weiterhin dazu führen, öffentlich-rechtlichem - und d.h. gesellschaftlich kontrolliertem - Rundfunk mit Mißtrauen zu begegnen?

Technologie- und Wirtschaftspolitik für unseren Bereich war und ist standortorientiert (Bundesland, Deutschland, EU) und gleichzeitig fixiert auf die Konkurrenz in der Triade USA/ Japan, Südostasien/ Europa. Es galt und gilt, Vorreiter zu sein im Bereich Hard- und Software der Datenverarbeitung, Telekommunikation und Unterhaltungselektronik. Nur noch im Bereich Telekommunikation halten Firmen aus Deutschland bzw. Europa in manchen Bereichen eine technologische Spitzenposition. Fragen zu diesem Themenkomplex lauten:
a) Was ist an den Instrumenten der Innovationsförderung verbesserungsfähig? Wie kann ein insgesamt besseres positives Innovationsklima geschaffen werden?
b) Wie kann der ruinöse Standortwettlauf zwischen Städten, Regionen, Ländern weltweit kanalisiert werden?
c) Wie können die notwendigen Qualifikationen insbesondere für Mitarbeiter in kleinen und mittleren Unternehmen zur Erstellung von marktreifen Multimedia-Angeboten gefördert werden?
d) Wie muß in diesen Bereichen eine positive Arbeitsmarktpolitik aussehen? Keiner kann und will die internationale Konkurrenz und die Produktivitätsgewinne auch im Dienstleistungssektor aufhalten bzw. rückgängig machen, jeder Arbeitsplatz in der Informationsgesellschaft ist willkommen. Aber: Wenn die neuen Arbeitsplätze nicht ausreichen, allen Arbeitswilligen Beschäftigung zu geben, welche Instrumente haben wir, um eine weitere Aufspaltung der Gesellschaft in Arbeitsplatzbesitzer und Arbeitslose aufzuhalten?

Es gibt bisher kein Konzept der Gestaltung der zukünftigen Informationsgesellschaft, das konsistent die genannten Bereiche - und sie sind nur ein Teil der betroffenen Politikbereiche (vgl. z.B. auch Daten- und Verbraucherschutz, Urheberrecht etc.) - integriert. Zum Teil sind die einzelnen Ergebnisse der jeweiligen Politikbereiche kontraproduktiv zu anderen, wie die Beschleunigung von Innovationen mit entsprechenden Rationalisierungseffekten einerseits und die Erwartung zusätzlicher Arbeitsplätze andererseits.

In jüngster Zeit rückt das Konzept der Förderung von "Medienkompetenz" als zusätzlicher Politik- und Gesellschaftsbereich bzw. als integrierendes Politikfeld stärker in den Vordergrund (vgl. Lange/Hillebrand 1996, 36 ff.). Es geht zum einen um die Stärkung der individuellen Orientierungs- und Selektionsfähigkeit in Bezug auf Medieninhalte und -strukturen, es geht zum anderen um die Förderung von Qualifikationen, die erforderlich sind, um Multimedia-Angebote marktreif zu machen, und es geht schließlich darum, den gesellschaftlichen Diskurs über die erforderliche Gestaltung der Rahmenbedingungen auf dem Weg in die Informationsgesellschaft zu intensivieren. Was kann und muß getan werden, um die Chancen z.B. von Telelearning, Teleworking etc. zu nutzen und die gesellschaftlichen Risiken zu minimieren? Wie erhalten wir in der Gesellschaft einen möglichst breiten, auch medial vermittelten Konsens angesichts eines dramatischen technologischen und ökonomischen Wandels?

Das Thema "Kommunikation" ist weit über den bedeutsamen ökonomischen Bereich hinaus eingebettet in die großen Fragen von Medien, Macht und Demokratie. Nur dann, wenn es im jeweiligen Politikbereich gelingt, diesen "Hintergrund" mit zu berücksichtigen, wird es möglich sein, kontroverse gesellschaftliche Diskussionen offen und tolerant zu führen, wird es möglich sein, die Pluralität von Meinungen, Einstellungen etc. zu erhalten und gleichzeitig die gesellschaftliche Integration nicht weiter in Frage zu stellen.

Literatur

Bethge, H. 1996: Der Grundversorgungsauftrag des öffentlich-rechtlichen Rundfunks in der dualen Rundfunkordnung. In: Media Perspektiven 2/96, 66-72.

Bierschenk, M. 1994: EDI in der europäischen Automobilindustrie. In: Kubicek, H. et. al. (Hrsg.), Jahrbuch Telekommunikation und Gesellschaft, Band 2, Heidelberg: C. F. Müller, 69-79.

Esser-Welliè, M. 1996: Das verabschiedete TK-Gesetz im Überblick. Weg frei. In: Gateway. September 1996, 79-83.

EEC 1989: Television without frontiers. Directive. 89/552/EEC.

Europäisches Medieninstitut 1995: Bericht über die Entwicklung der Meinungsvielfalt und der Konzentration im privaten Rundfunk gemäß § 21, Abs. 6., Staatsvertrag über den Rundfunk im vereinten Deutschland. In: Die Landesmedienanstalten (Hrsg.), Die Sicherung der Meinungsvielfalt, Berlin: VISTAS, 127-220

Godehardt, B. 1994: Telearbeit: Rahmenbedingungen und Potentiale. Westdeutscher Verlag: Opladen.

Goebl, R. W. 1992: CAD - Produktmodelle und Konstruktionssysteme als Kern von CIM, Reihe Informatik Band 76, BI-Wissenschaftsverlag.

Hamm, I. (Hrsg.) 1995: Bericht zur Lage des Fernsehens, Gütersloh: Bertelsmann Stiftung.

Hörig, E. -A. 1994: Die EDIFACT-Welt - ein Gebiet voller Unruhe? In: Kubicek, H. et. al. (Hrsg.) Jahrbuch Telekommunikation und Gesellschaft, Band 2, Heidelberg: C. F. Müller, 63-68.

ISDN-Forschungskommission des Landes Nordrhein-Westfalen 1995: ISDN in Unternehmen und Verwaltungen. Trends, Chancen und Risiken. Kurzfassung des Abschlußberichts, Materialien und Berichte Nr. 23, Dezember 1995.

Kohlstedt, A.; Seeger, P.; Woldt, R. 1996: Europäische Medienkonzentration und strategische Allianzen im internationalen Multimedia-Markt. In: Lange/Seeger (Hrsg.), Technisierung der Medien. Strukturwandel und Gestaltungsperspektiven, Baden-Baden: Nomos, 165-190.

Konert, B. 1993: Sozio-ökonomische Aspekte des Electronic Banking in der Bundesrepublik Deutschland. Technische, ökonomische und soziale Determinanten und Wirkungen, Egelsbach/Köln/New York.

Landesvertretung Rheinland-Pfalz 1996: Vorläufiges Ergebnisprotokoll der Besprechung der Regierungschefs der Länder am 5. Juli 1996 "Offene Medienfragen".

Lange, B. -P.; Hillebrand, A. 1996: Medienkompetenz - die neue Herausforderung der Informationsgesellschaft. In: Spektrum der Wissenschaft, August 1996, 36 ff.

Sydow, J. 1992: Strategische Netzwerke: Evolution und Organisation, Wiesbaden: Gaber.

Sydow, J.; Windeler, A. 1994: Management interorganisationaler Beziehungen: Vertrauen, Kontrolle und Informationstechnik, Westdeutscher Verlag: Opladen.

Wedde, P. 1996: Digitalisierung der Arbeit - das Ende des Arbeitsrechts. In: Fricke, W. (Hrsg.), Jahrbuch Arbeit+Technik 1996, Bonn: Dietz, 209-229.

Technologiepolitik

Frieder Meyer-Krahmer

1. Aufgaben und Akteure der Forschungs- und Technologiepolitik

In allen entwickelten westlichen Industriestaaten finden sich staatliche Aktivitäten zur Förderung der angewandten Forschung, der technologischen Entwicklung und der industriellen Innovation, die als Technologie- und Innovationspolitik bezeichnet werden. Unter Innovationspolitik wird meist die Schnittmenge von Industriepolitik und Forschungs- und Technologiepolitik verstanden.

Welche Aufgaben hat die staatliche Technologiepolitik? Sie ist einer der Akteure (vgl. Bruder 1986, Meyer-Krahmer 1990)
- zum Aufbau und zur Strukturierung der Forschungslandschaft eines Landes,
- zur Schaffung von monetären und anderen Rahmenbedingungen für Grundlagenforschung, langfristig anwendungsorientierte Forschung und Industrieforschung,
- zum Aufbau und zur Strukturierung einer "innovationsorientierten Infrastruktur",
- zur bewußten und manchmal auch unbewußten Einflußnahme auf die Technologieentwicklung hinsichtlich bestimmter Ziele (Wettbewerbsfähigkeit, Lebensbedingungen, Infrastruktur, Langzeitprogramme).

Unter Technologiepolitik soll hier primär die auf naturwissenschaftlich-technische Bereiche konzentrierte Politik verstanden werden, wenn auch mit der zunehmenden Beachtung des Systemzusammenhangs wirtschafts- und sozialwissenschaftliche Forschung immer relevanter wird. Ihr Gegenstand ist weiterhin vornehmlich die langfristig und kurzfristig anwendungsorientierte Forschung, weniger die Grundlagenforschung, die - mit fließenden Übergängen - eher der Wissenschaftspolitik zuzuordnen ist.

Die Technologiepolitik weist vielfältige Schnittstellen zu anderen Politikbereichen auf, insbesondere zur Bildungspolitik (Aus-, Fort-, Weiterbildung), zur Wirtschaftspolitik (Strukturwandel, Anpassungsverhalten der Unternehmen), zur Rechts- und Innenpolitik, Umwelt- und Verkehrspolitik u. a. m. Diese Politikbereiche bestimmen entweder Randbedingungen von Forschung und Innovation auf der Angebotsseite (wie vorhandene Infrastruktur, qualifiziertes Personal) oder auf der Nachfrageseite (wie Straßenbau, Umweltregularien oder Produktanforderungen). Wie die Innovationsforschung gezeigt hat (von Hippel 1988), werden Innovationen ganz wesentlich durch die Nachfrage determiniert; der Kopplung dieser verschiedenen Politikbereiche kommt somit besondere Bedeutung zu.

Die wissenschaftlichen Akteure in der Technologiepolitik sind die forschenden Einrichtungen selbst, deren Gesamtheit die 'Forschungslandschaft' der Bundesrepublik Deutschland darstellt. Einen Überblick über die Forschungslandschaft der Bundesrepublik Deutschland gibt Abb. 1 (eine genauere Darstellung z. B. bei Meyer-Krahmer 1990).

732 Teil V: Arbeit und Gesellschaft

Abb. 1: Durchführung von Forschung und Entwicklung in der Bundesrepublik Deutschland (in Mrd. DM, 1991) und Anteil der EG-Finanzierung

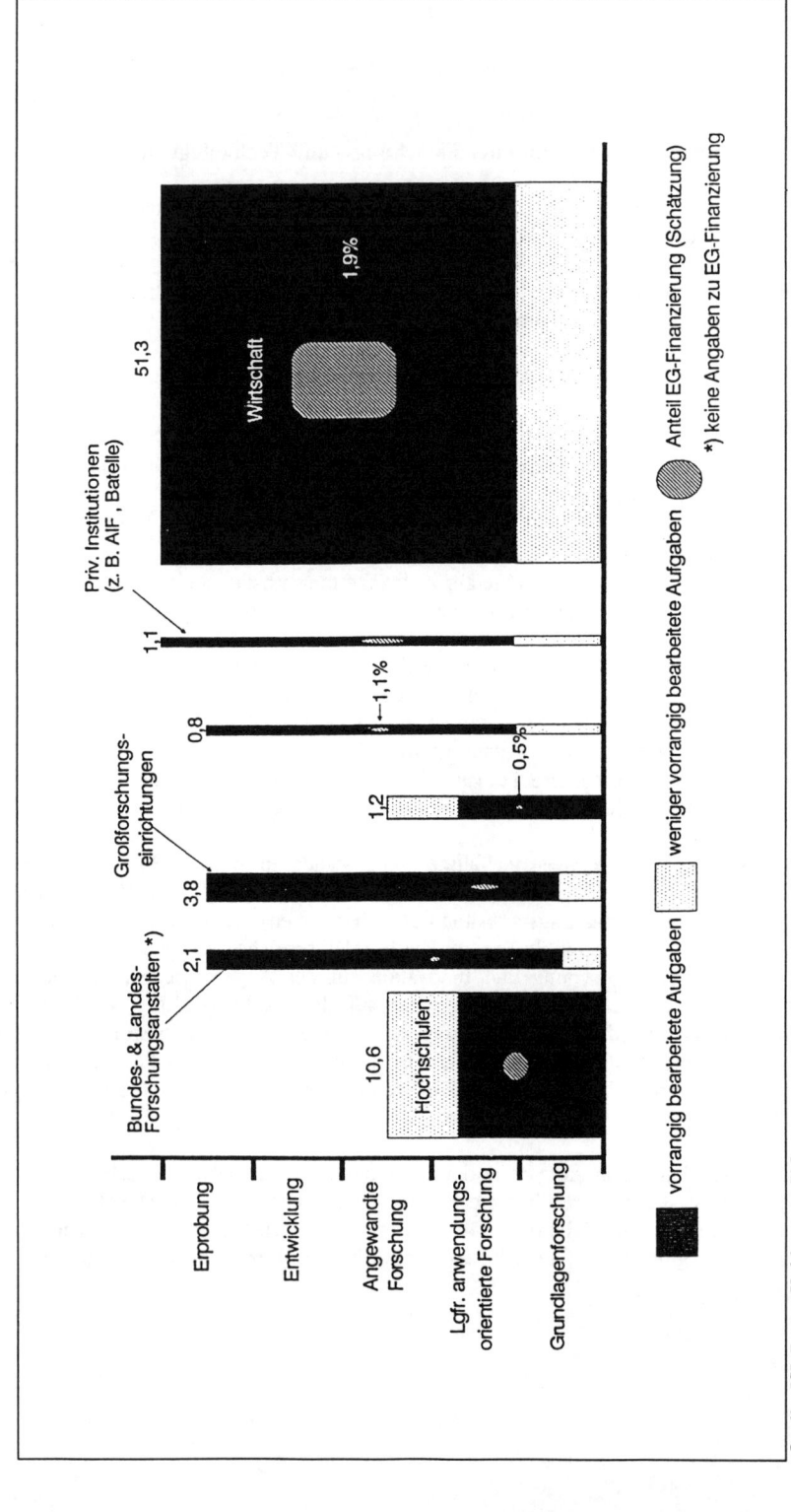

Quelle: ISI (Reger, Kuhlmann 1995)

Der wichtigste Akteur - soweit es die Finanzierung von FuE betrifft - ist die Wirtschaft. Der politische Hauptakteur war in der Bundesrepublik Deutschland über lange Zeit der Bund. Im Laufe der Entwicklung der Technologiepolitik sind in zunehmendem Umfang sowohl regionale als auch supranationale Akteure wichtig geworden. Das Spektrum der beteiligten Institutionen hat sich damit stark erweitert: heute stehen neben den Hauptakteuren auf Bundesebene die Bundesländer, Kommunen, halbstaatliche und private Institutionen (Industrie- und Handelskammern, Transferinstitutionen, Arbeitsgemeinschaft industrieller Forschungsvereinigungen, Banken) sowie die Europäische Union. Der Wechsel von der Forschungs- zur Innovationsförderung wurde damit von einer Dezentralisierung und einer Zunahme der institutionellen Vielfalt der beteiligten Akteure begleitet.

Forschung und Entwicklung (FuE) sind für die Position der deutschen Wirtschaft im internationalen Wettbewerb und für den öffentlichen und privaten Wohlstand dieses Landes - neben Humankapital, Ausbildungssystem und einer guten Infrastruktur - entscheidend. Durch die Rezession und die deutsche Vereinigung investieren Wirtschaft und Staat allerdings zu wenig in diesen Standortfaktor. Die FuE-Aufwendungen der Wirtschaft wachsen seit 1989 jährlich nur noch halb so stark wie in den 80er Jahren (1981-89: 7,8%; 1989-93: 2,8%). Das FuE-Personal der Wirtschaft hat in den letzten Jahren sogar abgenommen. Die Aufwendungen des Bundesministeriums für Forschung und Technologie (BMFT; seit neuestem Bundesministerium für Bildung, Wissenschaft, Forschung und Technologie, BMBF) pro Kopf der Bevölkerung sind real von 1989 bis 1994 um 15 - 20% zurückgegangen. Hierin spiegelt sich die vereinigungsbedingte Vergrößerung des Wirtschaftsraums und eine unterproportionale Erhöhung des BMFT-Budgets wider, denn absolut hat es sich durchaus erhöht (1989: 7,5 Mrd. DM, 1994: 9,22 Mrd. DM). Beim Anteil der gesamten FuE-Aufwendungen am Bruttoinlandsprodukt ist die Bundesrepublik international deutlich zurückgefallen (vgl. Abb. 2). Auch Struktur und Effizienz des Forschungssystems sind verbesserungsbedürftig, wenn sich die technologische Wettbewerbsposition der Bundesrepublik Deutschland nicht weiter verschlechtern soll.

Abb. 2: FuE-Gesamtaufwendungen pro Bruttoinlandsprodukt 1989-1993 ausgewählter Länder

	1989	1990	1991	1992	1993
Frankreich	2,33	2,41	2,41	2,40	2,41
Deutschland	2,87	2,76	2,63	2,50	2,48
Japan	2,98	3,08	3,05	3,00	-
Großbritannien	2,20	2,19	2,13	2,12	-
Vereinigte Staaten	2,76	2,72	2,86	2,81	-

Quelle: OECD 1995

Die Technologiepolitik in der Bundesrepublik Deutschland befand sich früher eher im Windschatten der politischen Kontroversen und hat erst seit der Arbeit der Kommission für wirtschaftlichen und sozialen Wandel mehr Resonanz gefunden, ist aber auch zunehmend einem Kreuzfeuer der Kritik ausgesetzt. Die wirtschaftswissenschaftlichen Standpunkte, die in dieser Debatte vertreten werden, reichen von streng liberalen Positionen (vgl. Oberender 1987; Streit 1984) über Ansätze, die sich in der strukturpolitischen Diskussion (vgl. z. B. Gahlen/Stadler 1986), insbesondere auch um qualitatives Wachstum finden, bis zu Ansätzen einer "pragmatischen Technologiepolitik" (Kohn 1984). Diese Diskussion leidet u. a. an zwei grundlegenden Problemen: Zum einen fehlt es bisher an einer umfassenden Theorie des technischen Wandels einschließlich der Bestimmung der Rolle staatlichen Handelns; diese Lücke dürfte auch für absehbare Zeit nicht schließbar sein (Dosi/Freeman/Nelson/Silverberg/Soete 1988). Zum anderen liegt ein grundsätzliches Problem dieser Debatte darin, daß für die Ableitung konkreten staatlichen Handelns eine ganze Reihe von Annahmen über die Entstehung und Verbreitung von neuen Techniken, das Innovationsverhalten von Unternehmen und über die Wirkungsketten, die staatliche Aktivitäten und unternehmerisches technisches Neuerungsverhalten verknüpfen, verwendet wird, für die es z. T. keine empirisch gesicherte Basis gibt. Dennoch deuten die vorliegenden Untersuchungen eher darauf hin, daß staatliche Technologiepolitik technische Entwicklungen weitaus weniger beeinflußt als in der Planungseuphorie z. B. der 70er Jahre angenommen wurde (Becher/Kuhlmann 1995). Die Vorstellung, der Staat würde den technischen Fortschritt gar "steuern", ist inzwischen zu Recht aufgegeben worden.

2. Gründe für eine staatliche Technologiepolitik

Die theoretische Literatur über mögliche Begründungen staatlicher Technologiepolitik ist begrenzt (Dasgupta/Stoneman 1987; Mowery 1994; Fritsch 1995). Für die Bundesrepublik Deutschland ist es charakteristisch, daß in diesem Feld eine intensive ordnungspolitische Debatte entbrannt ist, die sich überwiegend damit beschäftigt, die Argumente gegen eine klassische Industriepolitik (die primär der Erhaltung gefährdeter traditioneller Industriezweige wie Kohle und Landwirtschaft dient) auf die Förderung von Technologien zu übertragen. In der internationalen Diskussion findet sich mit wenigen Ausnahmen diese Debatte nicht. Die bisherigen Ansätze beruhen primär auf der public choice-Theorie, der Industrieökonomik, evolutionären Ansätzen und der neuen Wachstumstheorie (siehe Klodt 1995; Fritsch 1995; Smith 1991).

Das Modell der vollständigen Konkurrenz ist das wichtigste Instrument, das von Ökonomen benutzt wird, um Marktprozesse zu analysieren. Wenn die Voraussetzungen des Modells der vollständigen Konkurrenz (erweitert durch einige zusätzliche Annahmen) erfüllt sind, wird bekanntlich die allgemeine Wohlfahrt maximiert (Fritsch 1995). Deshalb wird auch heute noch das Marktversagen als populärste Rechtfertigung für staatliche Technologiepolitik herangezogen. Theoretisch bricht sich diese allgemeine Begründung explizit oder implizit auf folgende fünf Argumentationslinien herunter:
– FuE-Infrastruktur
– Ausstrahlungseffekte von FuE und Netzwerke
– öffentliche Güter
– Marktzutritt
– Diffusion und strukturelle Anpassung.

Die positiven volkswirtschaftlichen Effekte von FuE werden durch die drei ersten Argumentationslinien betont. Staatliche Investitionen in die *FuE-Infrastruktur* gründen sich danach auf die positiven externen Effekte der Grundlagenforschung: Grundlagenforschung produziere drei wesentliche Beiträge für technologische Innovationen (siehe Mowery 1994 und die dort angegebene Literatur). Erstens würden die indirekten positiven Effekte der Grundlagenforschung sich im wirtschaftlichen Nutzen der angewandten

Forschung niederschlagen. Zweitens würden viele Grundlagenforschungen entscheidend zum Lernprozeß und der Ausbildung der beteiligten Wissenschaftler und Ingenieure beitragen. Ein dritter Beitrag der Grundlagenforschung zum Innovationsprozeß beziehe sich schließlich auf die Entwicklung neuer Instrumente und Techniken für die Grundlagenforschung selbst. Neben den auf die Grundlagenforschung bezogenen Argumenten werden Investitionen in die FuE-Infrastruktur auch mit dem Argument der "Unteilbarkeit" begründet. Dieses Argument bezieht sich hauptsächlich auf den Aufbau von öffentlichen Großforschungseinrichtungen.

Positive Effekte (Externalitäten) von Netzwerken entstehen dadurch, daß der Vorteil des Nutzens einer bestimmten Technologie mit der Anzahl ihrer Anwender steigt (Katz/ Shapiro 1985). Besonders in der angelsächsischen Literatur sind die Beziehungen zwischen Universität und Industrie ein besonders verbreiteter Untersuchungsgegenstand, aber auch die Verbindung zwischen Produzenten/Anwendern und anderen technologischen inter- und intrasektoralen Technologie- und Know-how-Flüssen sind für diesen Zusammenhang von Bedeutung. Für die neuere Institutionenökonomie (North 1994) ist die sogenannte adaptive Effizienz von Institutionen und Akteuren wichtiger als die allokative Effizienz für die langfristige Wirtschaftsentwicklung. Die Ökonomie der Forschungsnetzwerke hat in den letzten Jahren erhebliche Aufmerksamkeit gewonnen (Bozeman et al. 1986). Unter bestimmten Bedingungen erreichen Unternehmen durch Forschungszusammenarbeit Kostenreduzierung, Risikoteilung sowie ggf. eine bessere Ausnutzung von Mengen- und Verbund-Effekten.

Öffentliche Güter, wie militärische Sicherheit, Gesundheit und Umwelt sind schließlich relativ wenig kontroverse Gründe für eine staatliche Technologiepolitik (ausführlicher vgl. z. B. Klodt 1995).

Neben diesen Begründungen, die eng verbunden sind mit grundsätzlichen Argumenten der positiven externen Effekte von FuE, sind zwei weitere Argumentationslinien in der theoretischen Debatte zu finden. Wettbewerbspolitik ist ein Gebiet, auf dem Widersprüche zwischen statischer (zeitpunktbezogener) und dynamischer (langfristiger) Effizienz von besonderer Bedeutung sind. Nach Ordover und Baumol (1988) lösen sie sich weitgehend auf, wenn Innovation und dynamische Effizienzen vor statischer Effizienz bevorzugt werden, falls diese in einem Konflikt stehen (Mowery 1994). Hochtechnologie steht oft in einem engen Zusammenhang mit der Eröffnung neuer Märkte. In diesem Ausmaß sind *Marktzutritt* und die Gründung von neuen Firmen essentielle Elemente der Dynamik des Wettbewerbs in solchen Gebieten.

Die letzte Argumentationslinie zur Begründung staatlicher Technologiepolitik hebt auf die *Verbreitung und die strukturellen Anpassungsprozesse* im Gefolge von neuen Technologien ab. Hemmnisse für strukturelle Anpassungsprozesse werden bei risikoscheuen Unternehmern und Kapitalmarktversagen gesehen (Klodt 1995). Eine wichtige Komponente des wirtschaftlichen Nutzens von technologischen Innovationen wird durch eine schnelle und effektive Anwendung und Nutzung neuer Technologien bestimmt. Ergas (1987) zeigt, daß der volkswirtschaftliche Nutzen ("national economic returns") einer diffusionsorientierten Politik hinsichtlich Einkommens- und Produktivitätswachstum beträchtlich sind. Die zugrundeliegende theoretische Argumentation bezieht sich auf unvollständige Information und Inflexibilität. Mögliche Marktdefizite sind hierdurch beeinflußt, die bereits sehr frühzeitig in der Literatur diskutiert wurden (z. B. Arrow 1962). Sie werden als ein wichtiges Hemmnis für die Diffusion neuer Technologien verstanden. Solche Inflexibilitäten können sowohl auf technischem Gebiet, beim Personal, der Unternehmensorganisation oder bei sozialen Hemmnissen (Regulierung, Akzeptanz etc.) auftreten (Fritsch 1995). Darüber hinaus zeigen neuere Arbeiten unter Hinweis auf den interaktiven und iterativen Charakter der Technologieentwicklung und ihrer Fusion, daß eine erfolgreiche Anwendung neuer Technologien in erheblichem Maße FuE und technologisches Know-how bei den Anwendern selbst voraussetzt (Cohen/Levinthal 1989; Jaffe 1988).

Es gibt beträchtliche Unterschiede in den Begründungen für staatliche Technologiepolitik z. B. in Japan, Deutschland und den Vereinigten Staaten. Die japanische Technologiepolitik hebt sowohl auf die Erzeugung von Netzwerken, Kooperationen und Ausstrahlungseffekten (Spillover) als auch auf die Diffusion, Anwendung und den strukturellen Wandel ab. Während die letztere Begründung ebenso einen wichtigen Schwerpunkt in Deutschland darstellt, ist erst in jüngster Zeit in den USA und Deutschland die Frage der Netzwerke und der Spillover-Effekte bedeutsamer geworden. Markteintritt und öffentliche Güter, insbesondere nationale Sicherheit und Gesundheit, sind zentrale Politikbegründungen in den USA und weniger bedeutsam in Deutschland und Japan. In Deutschland dagegen ist der Aufbau der FuE-Infrastruktur als Politikargument stärker ausgeprägt. Die japanische Regierung hat ihre Versuche der Unterstützung von Grundlagenforschung überwiegend am Universitätssystem vorbei betrieben, während in den USA der Schwerpunkt im gegenteiligen Ansatz beruhte, indem die Verbindung zwischen Forschungsinfrastruktur und Unternehmen ausgebaut wurde. Darüber hinaus wird in Deutschland besondere Aufmerksamkeit auf intermediäre Forschungseinrichtungen (zwischen Universitäten und Unternehmen angesiedelt) gerichtet.

3. Instrumente der Technologiepolitik und ihre Wirkungen

Die Instrumente staatlicher Forschungs- und Technologiepolitik umfassen die institutionelle Förderung, verschiedene Formen von finanziellen Anreizen sowie die innovationsorientierte Infrastruktur einschließlich Technologietransfer. Diese sind Schwerpunkt der Praxis des Instrumenteneinsatzes in der Bundesrepublik. Hinzu kommen als weitere Instrumente (nur partiell eingesetzt bzw. als Rahmenbedingungen für die FuT-Politik) die öffentliche Nachfrage, korporatistische Maßnahmen, Aus- und Fortbildung und die Ordnungspolitik (Abb. 3).

Die Effekte der technologiepolitischen Instrumente auf die Steuerung der Technikentwicklung lassen sich unterscheiden in Generierung neuer Techniken, Richtungsbeeinflussung, Beschleunigung und allgemeine Klimaverbesserung. Neuere Untersuchungen (Grupp/Schmoch 1992) haben ergeben, daß bestimmte Technikgebiete, wie die Lasertechnik (Abb. 4), sich wellenförmig entwickeln. Dieser Technikzyklus läßt sich mit dem Produktlebenszyklus verbinden (Abb. 5). Bezieht man hierauf das technologiepolitische Instrumentarium, so ergibt sich, daß die institutionelle und die Verbund- und Projektförderung vorwiegend in der Frühphase des Technikzyklus ansetzen und damit einen Angebotsdruck erzeugen oder jedenfalls verstärken können. Die direkte, insbesondere aber die indirekt-spezifische Förderung, Information, Beratung, Technologietransfer und öffentliche Nachfrage zielen stärker auf die Phase des Technikzyklus, in dem die Einführungsphase des Produktlebenszyklus beginnt, und beschleunigen dadurch einen Anwendungssog vom Markt.

Abb. 3: Instrumente staatlicher Technologiepolitk

Im engeren Verständnis

1. Institutionelle Förderung
   - Großforschungseinrichtungen
   - Fraunhofer-Gesellschaft, Max-Planck-Gesellschaft
   - Hochschulen
   - Andere Einrichtungen

2. Finanzielle Anreize
   - Indirekte Förderung
   - Indirekt-spezifische Förderung
   - FuE-Projekte/-Verbünde
   - Risikokapital

3. Übrige Infrastruktur sowie Technologietransfer über
   - Information und Beratung
   - Demonstrationszentren
   - Kooperation, Netzwerke, Menschen
   - Technologiezentren

Im weiteren Verständnis

4. Öffentliche Nachfrage

5. Korporatistische Maßnahmen
   - Targeting, Langfristvisionen Technikfolgen-Abschätzung
   - Technologiebeirat
   - Awareness

6. Aus- und Fortbildung

7. Ordnungspolitik
   - Wettbewerbspolitik
   - Rechtlicher Rahmen
   - Beeinflussung der privaten Nachfrage

Quelle: ISI (Meyer-Krahmer, Kuntze 1992)

Es gibt eine Reihe von Evaluierungen einzelner, aber wenig Vergleiche der Wirkungsmöglichkeiten und der Wirkungsweise verschiedener Instrumente. Eines der wenigen Beispiele dafür ist der Vergleich zwischen indirekter und direkter FuE-Förderung bei Unternehmen (Meyer-Krahmer 1989). Während ursprünglich in der theoretischen Debatte von der These ausgegangen wurde, daß direkte und indirekte FuE-Förderung prinzipiell substituierbar seien, muß diese Annahme aufgrund der Analyseergebnisse als revisionsbedürftig angesehen werden. Nicht nur die Unterschiede in den Zielsetzungen, sondern auch in den festgestellten Wirkungen weisen darauf hin, daß beide Förderinstrumente eher einander ergänzender Art sind, da sie eine unterschiedliche Klientel mit unterschiedlichem Innovationsverhalten, relativ anderer Bedeutung von neuen Technologien als Determinante für die Marktstellung der Unternehmen sowie unterschiedlichen innerbetrieblichen Auswirkungen aufweisen. Beide Instrumente erreichen Unternehmen mit unterschiedlicher Innovationsstärke und stoßen ganz unterschiedlich geartete Forschungsprojekte an. Dies wird durch eine Reihe neuerer Arbeiten bestätigt (Becher/Kuhlmann 1995).

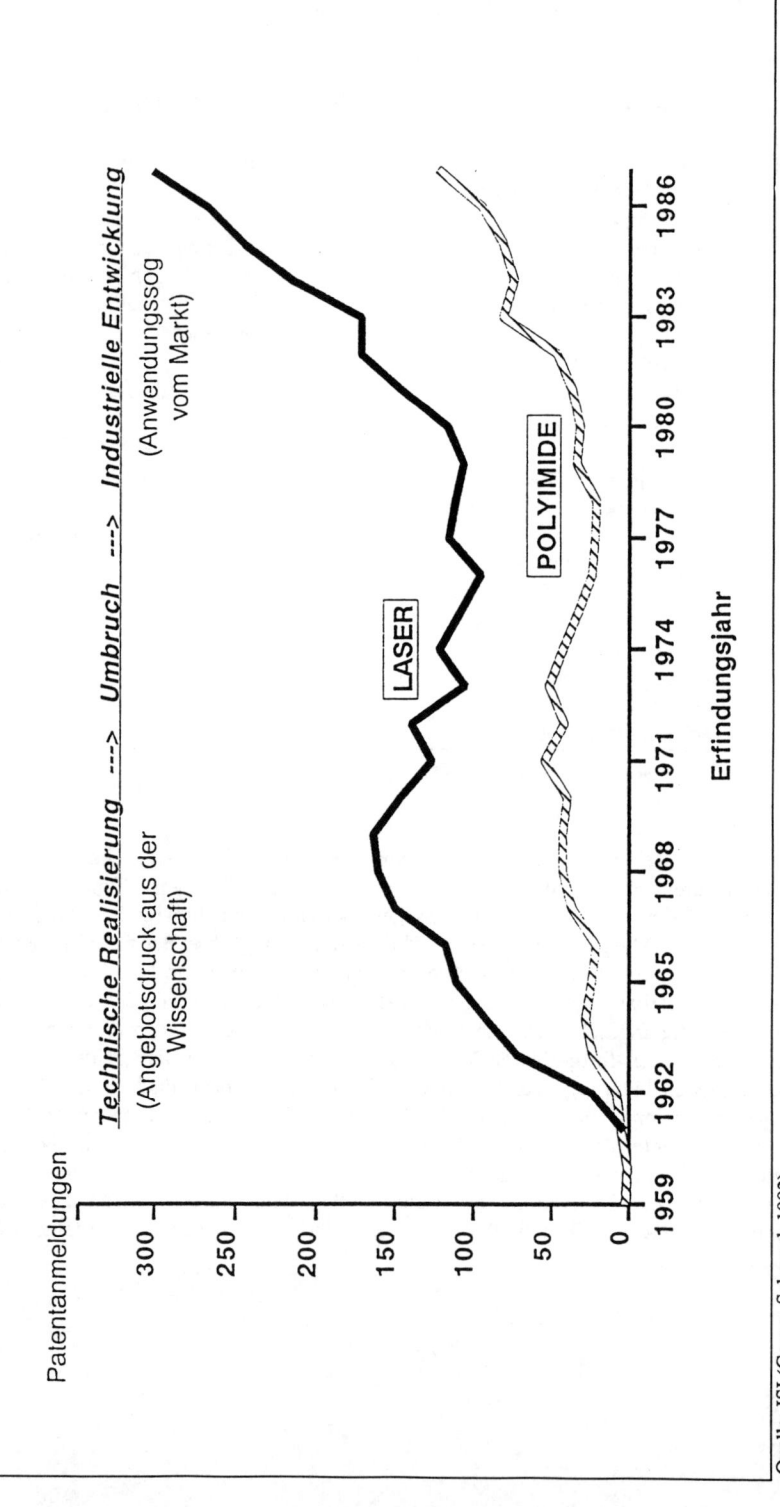

Abb. 4: Basis- und Anwendungswelle der wissenschaftsabhängigen Technik

Quelle: ISI (Grupp, Schmoch 1992)

Technologiepolitik 739

Abb. 5: Technologiepolitischer Instrumenteneinsatz und Technik- und Produktlebenszyklus

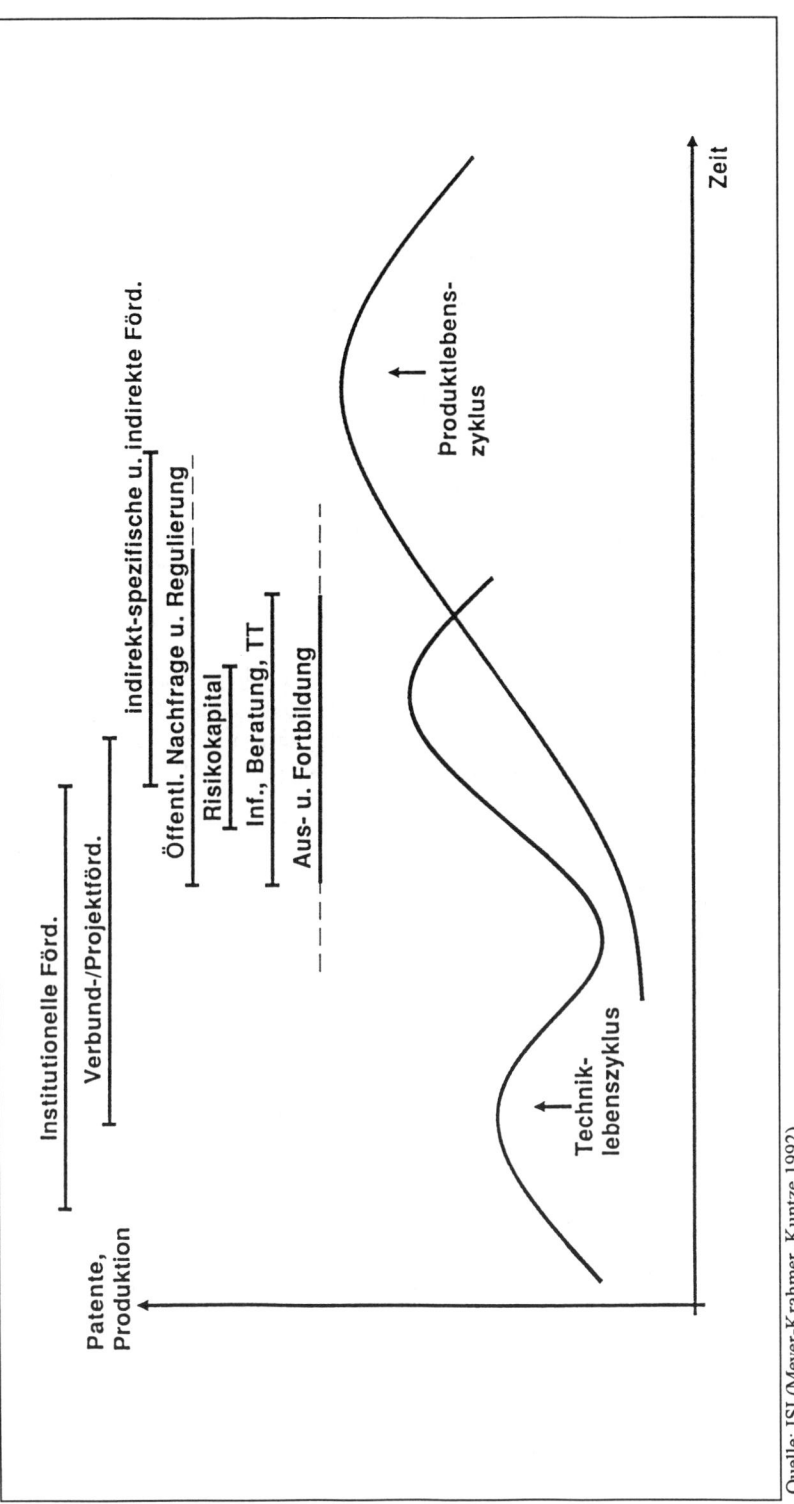

Quelle: ISI (Meyer-Krahmer, Kuntze 1992)

Die ordnungspolitische Debatte (Streit 1984) sollte auf dem Hintergrund dieser Ergebnisse somit eigentlich an Heftigkeit verlieren. Auch von streng liberalen Positionen wird staatliches Engagement in Form der direkten Förderung in begründeten Ausnahmefällen als vertretbar angesehen, wenn besonders risikoreiche Investitionen getätigt werden sollen oder offensichtliche Marktdefizite vorliegen. Dies ist in der Regel bei der High-Tech-Förderung der Fall. Und gerade hier setzt die direkte Förderung auch tatsächlich an. Der ordnungspolitische Streit läßt sich damit auf die (empirisch zu klärende) Frage reduzieren, ob, wo und wie häufig in der bisherigen technologiepolitischen Praxis von der Regel abgewichen wurde, direkte Förderung nur unter den genannten Bedingungen anzuwenden. Gegenwärtig wird jedoch diese Debatte (immer noch) von der Frage dominiert, ob die direkte Förderung prinzipiell ein in einer Marktwirtschaft zulässiges und sinnvolles staatliches Förderinstrument ist.

Bei der Diskussion um die direkte, indirekt-spezifische und indirekte Förderung sollte allerdings nicht übersehen werden, daß es zu diesen Instrumenten noch weitere Alternativen gibt. Zumindest in Teilbereichen der Technologie- und Innovationspolitik stellen die öffentliche Nachfrage und Regulierungs- bzw. Re-Regulierungsmaßnahmen vermutlich weitaus effizientere staatliche Instrumente dar als finanzielle Anreize, sei es in direkter oder indirekter Form. Für diese Fälle erweist sich der Streit um die direkte bzw. indirekte Förderung möglicherweise als weitgehend irrelevant (vgl. als Überblick Kuhlmann/ Meyer-Krahmer 1995).

Nach den bisher vorliegenden Erkenntnissen der Wirkungsforschung zur Technologiepolitik läßt sich feststellen, daß die institutionelle Förderung primär generierend und richtungsbeeinflussend wirkt, ähnliches gilt für die Verbund- und FuE-Projektförderung. Instrumente wie die indirekt-spezifische Förderung dienen vorwiegend der beschleunigten Diffusion einsatzreifer Techniken. Die indirekte Förderung trägt primär zu einer Klimaverbesserung bei, wobei festgestellt werden kann, daß diese Art der Förderung in einer bestimmten historischen Phase der Entwicklung der Bundesrepublik - auch unter dem Gesichtspunkt des Ausgleichs größenspezifischer Nachteile - als sinnvoll eingeschätzt werden kann. Die übrige innovationsorientierte Infrastruktur sowie der Technologietransfer dienen primär der Beschleunigung der Anwendung einsatzreifer Techniken. Öffentliche Nachfrage, korporatistische Maßnahmen und insbesondere Ordnungspolitik können alle denkbaren Effekte aufweisen.

Die Erfahrungen in anderen Ländern zeigen (Meyer-Krahmer 1989), daß der Staat vor allem dort, wo er als kompetenter Nachfrager auftritt, wie in der Kommunalentsorgung oder als Besitzer eines beträchtlichen Verkehrsparks, häufig erfolgreiche Innovationen angestoßen hat. Eine Produktförderung in Bereichen geringerer Eigenkompetenz war dagegen häufig von Mißerfolg gekrönt. Dies gilt insbesondere für eine Reihe von Großprojekten in der Bundesrepublik (z. B. Schneller Brüter, Growian, Suprenum) ebenso wie in anderen Ländern. Hinter der öffentlichen Nachfrage steht ein hohes, bisher nicht ausgeschöpftes Potential der Technikbeeinflussung. Rechtliche Rahmensetzungen wurden bisher vor allem unter dem Gesichtspunkt der Deregulierung und der innovationshemmenden Wirkung gesehen. Bei enger Ankoppelung an andere Ressorts wie Umwelt, Gesundheit, Verkehr und Telekommunikation und ausreichend langfristiger Orientierung kann dieses Instrument jedoch in ganz erheblichem Maße innovationsstimulierende Wirkung haben, zumal beträchtliche Finanzmittel involviert sind.

Ganz wesentlich für die Effizienz und Wirksamkeit des technologiepolitischen Instrumenteneinsatzes ist eine langfristige Orientierung. Den Forschungsakteuren in Wissenschaft und Wirtschaft wird dann die Möglichkeit gegeben, sich effizient anzupassen, wenn die Rahmenbedingungen stabil sind. Wesentlich ist auch, eine Mischung zwischen Angebots- und Nachfrageorientierung des Instrumenteneinsatzes zu erreichen: institutionelle Förderung und Verbund- und Projektförderung, die primär am frühen Techniklebenszyklus ansetzen, müssen um innovationsorientierte Dienstleistungen, Technologietransfermaßnahmen, Nachfrage und Regulierung ergänzt werden, um eine wirksame Nachfrage herzustellen. Zu ähnlichen Ergebnissen kommen Analysen zum Erfolg von Innovationen, die die Notwendigkeit der engen Kopplung von Technikangebot und -nachfrage betonen (z. B. Lundvall 1992).

4. Diffusion moderner Fertigungstechnik und neuer Produktionskonzepte

Diffusionsorientierte Technologiepolitik im Gegensatz zu Technologiepolitik mit nationalen Zielsetzungen (wie militärische Sicherheit, Gesundheit, Raumfahrt) spielt mittlerweile in einer ganzen Reihe von Ländern eine beträchtliche Rolle. Einer der Schwerpunkte dieses Ansatzes liegt auf der Verbreitung neuer Fertigungstechniken. In den letzten Jahren rücken auch die neuen Produktionskonzepte in den Blickpunkt der Technologiepolitik. Auf einige Ergebnisse vorliegender Evaluationen in Deutschland und der Schweiz soll im folgenden eingegangen werden.

Der Schweizerische Bundesrat verkündete 1989 die Inangriffnahme des CIM-Aktionsprogramms (CIM für Computer Integrated Manufacturing = computer-integrierte Fertigung). Ziel dieses Programms ist es, durch Unterstützung des Bundes und der Kantone die Fähigkeit der Schweizerischen Industrie zu steigern, moderne Fertigungskonzepte erfolgreich auszuwählen, anzupassen und anwenden zu können. Als Voraussetzung für eine erfolgreiche Anwendung der rechnerintegrierten Fertigung wird im Aktionsprogramm davon ausgegangen, daß CIM von den Unternehmen als ein ganzheitliches Produktionskonzept verstanden werden muß. Daneben möchte man die kantonal übergreifende Zusammenarbeit, die Rolle der Ingenieurschulen in der Forschungslandschaft und die Industrieorientierung der Hochschulen stärken und Ansätze zu einer Reform der höheren technischen Lehranstalten geben. Kernstück dieser mit ca. 100 Mio. Schweizer Franken von Bundesseite dotierten technologiepolitischen Maßnahmen bilden sieben CIM-Bildungszentren (CBZ), die Anfang der 90er Jahre gegründet wurden.

Mit diesem Konzept unterscheidet sich die Schweizer Förderung partiell von der CIM-Förderung in der Bundesrepublik, wie sie im Rahmen des Programms Fertigungstechnik für die alten Bundesländer zwischen 1988 und 1992 verfolgt wurde und für die neuen Bundesländer angelaufen ist. In der Bundesrepublik wurden zwar auch CIM-Technologietransfer-Zentren (CIM-TTs) eingerichtet, das Schwergewicht lag jedoch auf der finanziellen Unterstützung von betrieblichen CIM-Vorhaben. Um dieses Förderprogramm schnellgreifend, breitenwirksam und mittelstandsfreundlich auszulegen, wählte man das indirekt-spezifische Förderkonzept. Die im Rahmen der bundesrepublikanischen CIM-Förderung gegründeten CIM-Technologietransfer-Zentren unterscheiden sich von den Schweizer CIM-Bildungszentren dadurch, daß bei den deutschen im Gegensatz zu den Schweizer Zentren Rückwirkungen auf die Berufsausbildung von Ingenieuren nicht vorgesehen sind. Die Schweizer führen zusätzlich FuE-Projekte mit der Industrie zur Stärkung der Rolle der Ingenieurschulen in der Forschungslandschaft durch. Durch den Aufbau eines CBZ-Netzwerkes mittels gemeinsamer Veranstaltungen, gemeinsamer Projekte sowie die Kopplung von Ausbildungsmodulen ist im Ansatz eine engere Zusammenarbeit vorgesehen als zwischen den deutschen CIM-TTs. Durch den Zwang zur

Kofinanzierung durch Industrieprojekte, Öffnung der Ingenieurschulen zur Industrie und der vorgesehen Rückwirkung auf die Ingenieurausbildung entwickelt das Schweizer Förderinstrument eine Perspektive über den eigentlichen Förderzeitraum hinaus.

Die wichtigsten Charakteristika der deutschen und der Schweizer CIM-Förderung können der Abb. 6 entnommen werden.

Abb. 6: Deutsche und Schweizer CIM-Förderung im Überblick

Fördermerkmale	Schweiz	Deutschland
Maßnahmenziel	Verbesserung der Fähigkeit der Industrie, CIM zur Steigerung von Leistungs- und Wettbewerbsfähigkeit einsetzen zu können durch Steigerung der CIM-Kompetenz in Unternehmen und Bildungsinstitutionen	Schnellere Verbreitung von CIM-Anwendungen zur Steigerung der Leistungs- und Wettbewerbsfähigkeit mit der Industrie
Instrumente	Gründung von CIM-Bildungszentren und Förderung wissenschaftlicher Forschung	Finanzielle Hilfe von Unternehmen und Gründung von CIM-Technologie-Transfer-Zentren
Direkte Adressaten der Maßnahmen	Multiplikatoren (regionale CIM-Verbünde mit HTL, ... Unternehmen u.a.)	Unternehmen (fertigungstechnische Ausrüster)
CIM-Philosophie	ganzheitliches CIM-Verständnis als Anspruch	Förderung knüpft an CIM-Techniken an und weist begleitend auf organisatorische und qualifikatorische Dimensionen hin
Laufzeit	1990 bis 1996	1988 bis 1992
Budget	ca. 150 Mio. Sfr (Bund, Kantone u.a.)	300 Mio. DM (indirekt-spezifische Förderung)

Quelle: ISI (Dreher et al. 1993)

Die bisher durchgeführte, noch nicht abgeschlossene Evaluierung (Dreher et al. 1993; Lay/Wengel 1994; Lay 1995) erbrachte folgende Ergebnisse:

Im Vergleich der Maßnahmen und der Zwischenergebnisse der Evaluierungen der CIM-Förderung in der Schweiz und in Deutschland zeigt sich,
- daß in der Schweiz das umfassendere technologiepolitische Konzept gewählt wurde. Rahmenbedingungen verändernde Wirkungen (z. B. Berufsausbildung) werden gezielt anvisiert und mit allen beteiligten Stellen konzipiert,
- daß in Deutschland der kurzfristige Schub von mehr CIM-Implementationen ausgeprägter ausfallen wird. Die breitenwirksame finanzielle Förderung wird die Diffusion in der Zielgruppe beschleunigen,
- daß in der Schweiz dagegen versucht wird, durch den Aufbau der CIM-Bildungszentren einen Beitrag zur Schaffung einer Innovationsinfrastruktur zu leisten, die Selbstlernmechanismen enthält, um auch langfristig wirken zu können,
- daß neben der generellen Förderung der Verbreitung von CIM-Konzepten und -systemen das Schweizer Programm einen inhaltlichen Anspruch an die initiierten CIM-Implementationen stellt. Dies ist in Deutschland nicht der Fall, obwohl die Vorteile des "ganzheitlichen CIM-Ansatzes" durchaus erkannt sind,

- daß die deutsche indirekt-spezifische CIM-Förderung damit zwar überwiegend eindimensional wirkt (sie wird allerdings durch Unterstützung von Normungsaktivitäten und Technologietransfer an Hochschulinstituten ergänzt), aber das Ziel der beschleunigten Verbreitung der CIM-Techniken im Mitteleinsatz konzentrierter angeht. Das Schweizer Programm geht das Risiko der Zielüberfrachtung und behindernden Zieldivergenzen bei der Vielzahl der Beteiligten ein.

Noch deutlicher wird der notwendige Wandel klassischer Technologie- und Innovationspolitik durch die Ergebnisse einer jüngeren Studie zum Diffusionsgrad neuer Produktionskonzepte in der deutschen Industrie. Angesichts der kontroversen Diskussion um Erfolge und Probleme schlanker Produktion hat das Fraunhofer-Institut für Systemtechnik und Innovationsforschung (ISI) im Auftrag des Bundesministerium für Wirtschaft eine Bestandsaufnahme neuer Produktionskonzepte in der Industrie erstellt (Dreher et al. 1995). Hierbei wurden die Verbreitung der Gestaltungselemente einer schlanken Produktion ermittelt, unausgeschöpfte Verbreitungspotentiale identifiziert und deren Ursachen analysiert.

Ein wichtiges Ergebnis ist die Einsicht, daß nicht jeder Betrieb seine Produktion nach den neuen Prinzipien einer schlanken Produktion organisieren kann: Es gibt Produkt- und Produktionsmerkmale, die die Einführung einzelner Elemente neuer Produktionskonzepte verhindern. Somit zeigt die Bestandsaufnahme, daß vom Stand der Verbreitung nicht direkt auf unausgeschöpfte Potentiale geschlossen werden kann (siehe Abb. 7).

Vor dem Hintergrund der tatsächlich gegebenen Verbreitungspotentiale haben im Mittel zwischen einem Fünftel und einem Drittel der deutschen Industriebetriebe die Chancen neuer Produktionskonzepte genutzt. Allerdings sind die Betriebe, die die neuen Konzepte gegenwärtig realisieren, nicht erfaßt. Während bei der Gestaltung der Wertschöpfungskette und der Produktentwicklung viele Maßnahmen verwirklicht wurden, liegen die größten, nicht ausgeschöpften Verbreitungspotentiale in der Arbeitsorganisation, Personalführung und Qualitätssicherung. Die starke öffentliche Diskussion dieser Elemente suggeriert, daß die Betriebe in diesen Bereichen bereits weiter seien. Tatsächlich werden hier - trotz der laufenden Aktivitäten und einer qualifizierten Arbeitnehmerschaft - immer noch Chancen vertan.

Die Ursachen dafür, daß die Chancen der neuen Konzepte nicht genutzt werden, liegen vor allem in den Unternehmen selbst. Externe Gründe - etwa standortbezogene Faktoren - spielen keine nennenswerte Rolle. Für einzelne Elemente der neuen Konzepte gibt es aus Sicht der Unternehmen oft gute Argumente für einen Verzicht. Der Kern liegt in der Unsicherheit der Unternehmer, den Nutzen und den Einführungsaufwand der neuen Konzepte abschätzen zu können sowie in der strategischen Orientierung der Betriebe. Oft ist es aber auch die mangelnde Veränderungsbereitschaft des Managements. Da staatliche Rahmenbedingungen die Verbreitung der neuen Produktions- und Organisationskonzepte nicht behindern bzw. die Reorganisationsfähigkeit der Unternehmen nicht einschränken, besteht kein originärer wirtschaftspolitischer Handlungsbedarf zur Beseitigung staatlich verursachter Hemmnisse. Diese Ergebnisse zeigen jedoch drastisch, wie notwendig der Perspektivenwandel der Technologie- und Innovationspolitik von der Technik hin zu den "weichen" Innovationsfaktoren ist, wie: Arbeitsorganisation, Qualifikation, Einstellung des Managements, Beratung, Planung, Information, Verhaltensstile. Analoges kann für eine Reihe anderer Technikgebiete wie Energieeinsparung, Umwelttechniken, Kommunikationstechnik gezeigt werden. Die zunehmende Bedeutung dieser Innovationsfaktoren wird auch eine analoge Änderung des innovationspolitischen Ansat-

744   Teil V: Arbeit und Gesellschaft

Abb. 7: Verbreitung und Potentiale neuer Produktions- und Organisationsformen im deutschen Investitionsgüter produzierenden Gewerbe

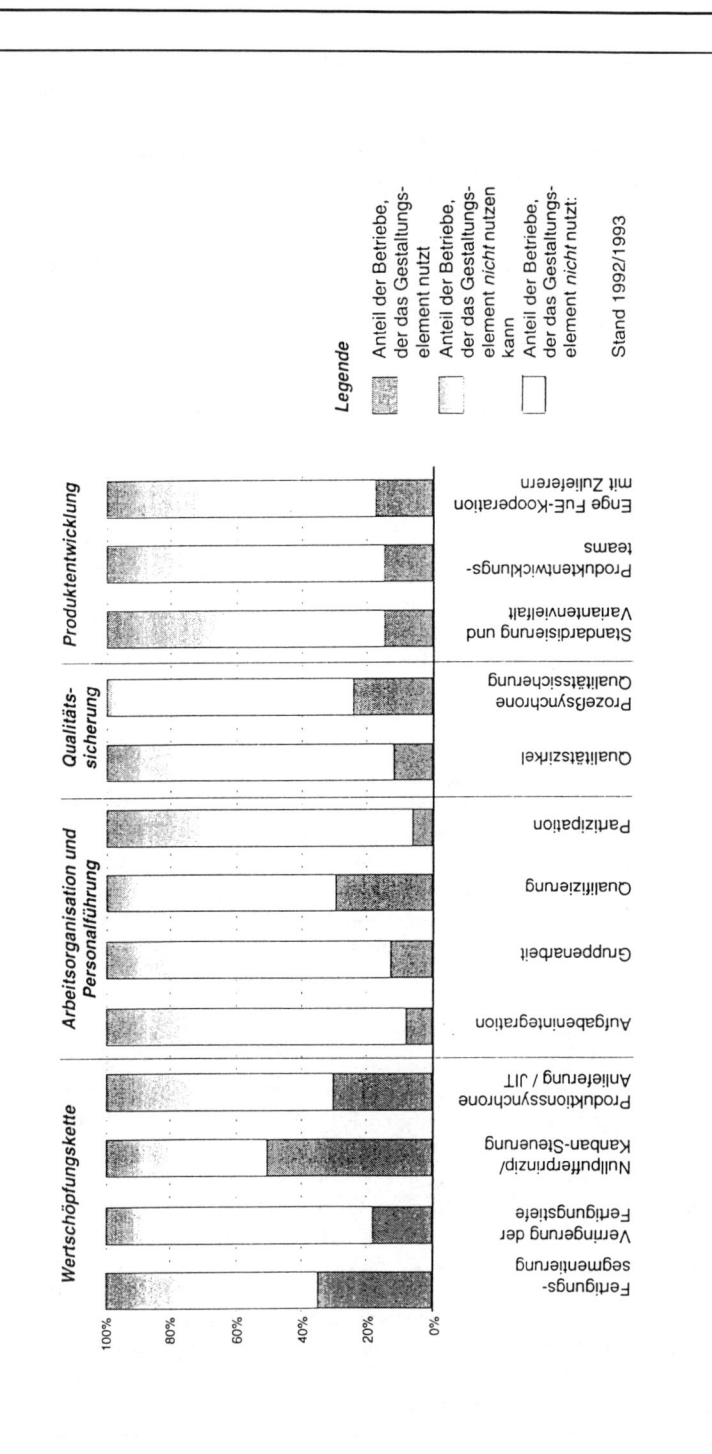

Quelle: ISI (Dreher et al. 1995)

zes nach sich ziehen. Gegenwärtig muß man allerdings feststellen, daß die technologiepolitischen Akteure in vielen Ländern sich nur zögerlich auf diesen Wandel einlassen

5. Absehbare Veränderungen des Innovationssystems und Konsequenzen für die Technologiepolitik

Ein neues Verständnis vom Innovationssystem

Lange Zeit wurde der Begriff Innovationssystem nur auf Forschung und Entwicklung bezogen; im wesentlichen verstand man darunter die Forschungsinfrastruktur - Universitäten, Großforschungs- und außeruniversitäre Forschungseinrichtungen - sowie die industrielle Forschung und Entwicklung. Die Komplexität des Innovationsprozesses verlangt jedoch auch die Einbeziehung des Umfelds. Dies wird im angelsächsischen und skandinavischen Raum bereits seit Jahren und in jüngster Zeit auch in internationalen Organisationen wie der OECD diskutiert: Bestandteile des Innovationssystems sind staatliche, halbstaatliche und private Institutionen zur Finanzierung, Regulierung und Normensetzung. Neben der Forschungs- und Technologiepolitik gehören auch andere Politikfelder dazu wie Wirtschaft, Finanzen sowie Umwelt, Verkehr und Kommunikation bis hin zu Wettbewerbspolitik, die wesentliche Rahmenbedingungen des Funktionierens eines modernen Innovationssystems prägen.

Neuere Theorien betonen in besonderem Maße die dynamischen Effekte wissensintensiver Produktion. Diese reichen von positiven externen Effekten von Forschung und Entwicklung über Ausstrahlungseffekte der Wissensgewinnung auf andere Forschungsgebiete, Industriezweige oder Unternehmensteile bis zu Verbundeffekten, Lernkurven und technischen Standards (OECD 1993a). Die innovationsfinanzierenden Institutionen werden in ihrer Bedeutung für das Innovationssystem zunehmend als gewichtiger angesehen (OECD 1993b).

Dabei ist neben der Höhe der Aufwendungen eines Landes für Forschung und Technologie vor allem entscheidend, wie effizient die Mittel eingesetzt werden und wie gut das Innovationssystem funktioniert. Die Bedeutung nationaler Innovationssysteme für die Wettbewerbsposition der jeweiligen Länder und ihre Fähigkeit, neben dem wirtschaftlichen auch den öffentlichen Bedarf im Bereich Verkehr, Gesundheit, Energie und Umwelt zu decken, ist insbesondere in der evolutorischen Innovationsforschung immer wieder betont worden (Freeman 1982). Trotz Internationalisierung und Globalisierung sind nationale Innovationssysteme weiterhin von Bedeutung (Nelson 1993). Empirische Untersuchungen (Pavitt/Patel 1988) weisen darauf hin, daß selbst für international tätige Unternehmen ihr Stammland einen erheblichen Einfluß behalten wird. Neben Forschung und Technologie sind dafür bekanntermaßen Humankapital, Ausbildungssystem und eine gute Infrastruktur ausschlaggebend.

Eine neue Art der Gewinnung wissenschaftlich-technischen Wissens

In den letzten Jahren sind zahlreiche Studien zur Einschätzung sogenannter "kritischer Technologiebereiche" in führenden Industrieländern entstanden. Ziel dieser Bemühungen war, diejenigen Technologiebereiche zu identifizieren, denen ein entscheidender Einfluß auf die künftige Problemlösungsfähigkeit der Volkswirtschaften zugesprochen wird. Auch in der Bundesrepublik Deutschland sind solche Untersuchungen durchgeführt worden (Grupp 1993).

Aus diesen Untersuchungen ergibt sich, daß die Technologie am Beginn des 21. Jahrhunderts nach herkömmlichen Gesichtspunkten nicht mehr aufteilbar ist. So verschieden die einzelnen Entwicklungslinien auch sein mögen, sie wirken letztlich alle zusammen. Trotz zunehmender Anwendungsnähe bleiben wichtige Bereiche in den nächsten zehn Jahren unverändert stark von der Grundlagenforschung dominiert (Bioinformatik, Aufbau- und Verbindungstechnik in der Mikrosystemtechnik, Fertigungsverfahren für Hochleistungswerkstoffe, Oberflächenwerkstoffe und andere). Auch nach dem Erreichen angewandter Ziele ist die Bedeutung der Grundlagenforschung ungebrochen: wissensbasierte Technologie von morgen bedarf der fortwährenden Unterstützung durch langfristig anwendungsorientierte Grundlagenforschung (Grupp/Schmoch 1992).

Die Multi- und Interdisziplinarität der Technikentwicklung wird weiterhin zunehmen. Neue Technologien werden sich transdisziplinär etablieren, d. h. nach ursprünglich interdisziplinär erarbeiteten Ergebnissen sich als eigenständige Arbeitsgebiete in komplexen disziplinären Vernetzungen fortentwickeln. Damit z. B. die Nanotechnologie als neue Basistechnologie zukünftige Innovationsprozesse und neue Technikgenerationen in voller Breite befruchten kann, ist das transdisziplinäre Zusammenwirken mit der Elektronik, der Informationstechnik, der Werkstoffwissenschaft, der Optik, der Biochemie, der Biotechnologie, der Medizin und der Mikromechanik eine wichtige Voraussetzung. Entsprechend reichen die Anwendungen der Nanotechnik in den Bereich der maßgeschneiderten Werkstoffe und der biologisch-technischen Systeme hinein, wenn sie auch vor allem im Bereich der Elektronik gesehen werden.

Zusammenfassend läßt sich feststellen, daß die Kennzeichen der Technologie am Beginn des 21. Jahrhunderts eine Reihe von Veränderungen aufweisen: Drastisch steigende Innovationskosten, wachsende Bedeutung der Interdisziplinarität und der besonderen Dynamik überlappender Technikgebiete, einen enger werdenden Zusammenhang zwischen Grundlagenforschung und industrieller Anwendung sowie eine engere Vernetzung von Forschung und Bedarf.

Dieser von vielen Innovationsforschern in der letzten Zeit beobachtete Umbruch des Innovationsgeschehens kann mit Gibbons et al. (1994) als "Übergang zu einem neuen Modus der Wissensproduktion" bezeichnet werden. Der traditionelle Modus beinhaltete eine eher lineare, disziplinär gebundene, vorwiegend interne Weise (innerhalb eines Forschungsinstituts oder eines Unternehmens) der Wissensproduktion; der neue Modus wissensbasierter Innovationsprozesse überwindet eine Reihe von konventionellen Trennungen. Diese neue Form der Wissensgewinnung hat folgende Elemente: Problemorientierung, Anwendung, die Vernetzung der Akteure im Innovationssystem und flexible, reaktionsfreudige Strukturen. Andere Analysen heben neben der Wissensgewinnung auch auf die produktionstechnische Umsetzung von Innovationen und deren Diffusion ab (Dertouzos, M. et al. 1989). Danach hat das deutsche Innovationssystem besondere Vorteile hinsichtlich der Ausbildung, eines bedeutenden exportintensiven Mittelstands, sowie engmaschiger Lieferverflechtungen. Die internationale Wettbewerbsstärke eines Landes beruht auf dem, was Michael Porter (1990) in seinem Standardwerk über "Nationale Wettbewerbsvorteile" Cluster-Bildung genannt hat. Deutschland besitzt zwei solcher Cluster: Ein großes, verflochtenes sektoral-technisches Cluster, das sich um den Maschinen- und Fahrzeugbau bildet, und ein weiteres, ebenso verflochtenes um die Chemie und Pharmazeutik. Patent- und Außenhandelsanalysen belegen dies (Gehrke/ Grupp 1994; Sachverständigenrat 1994).

Neue Bedeutung dynamischer Effekte, des Umfelds und der Nachfrageorientierung von Innovationen

Neuere Theorien betonen in besonderem Maße die dynamischen Effekte wissensintensiver Produktion. Diese reichen, wie erwähnt, von positiven externen Effekten der Forschung und Entwicklung bis zu Ausstrahlungseffekten der Wissensgewinnung auf andere Forschungsgebiete, Industriezweige oder Unternehmensteile sowie von Verbundeffekten und Lernkurven bis zu technischen Standards.

Damit sind aus Sicht der neueren Theorie folgende Aspekte des Innovationsprozesses und moderner Innovationssysteme von besonderer Bedeutung:
- Optimierung von Schnittstellen und Arbeitsteilung der Akteure im Innovationssystem
- eine hohe Anpassungsfähigkeit von Forschungseinrichtungen, Unternehmen und deren Umfeld auf geänderte Rahmenbedingungen
- die Verbindung von Zukunftstechniken mit bisherigen Stärken im internationalen Technologiewettbewerb.
- Innovationserfolge werden erreicht, wenn eine sich wandelnde Nachfrage frühzeitig aufgegriffen und Technik als Instrument für Problemlösungen eingesetzt wird.
- Die Bereitstellung von Forschungsinfrastruktur, die Nutzbarmachung von externen Effekten (einschließlich derjenigen von Netzwerken und Ausstrahlungseffekten) und die Integration verschiedener innovationsbeeinflussender Politikbereiche werden als wichtige Aufgaben der Technologiepolitik gesehen.

Zukunftsentwürfe z. B. der Informationstechnik in den neunziger Jahren bestehen darin, daß sich das Interesse von Wirtschaft, Wissenschaft, Staat und Öffentlichkeit von dem, was technisch machbar ist, auf die Frage verschiebt, welchen Lösungsbeitrag die Informationstechnik zu vielen Problemen liefern kann (Zoche 1994). Im Vordergrund steht, welche Probleme in den verschiedenen Bereichen von Wirtschaft und Gesellschaft einer Lösung bedürfen, und - daraus abgeleitet - der Bedarf zur weiteren Entwicklung moderner Technologie. Die Dringlichkeit eines solchen "Perspektivwechsels" hat erheblich zugenommen.

Konsequenzen für die staatliche Technologiepolitik

Der Staat hat eine Reihe von "klassischen" Aufgaben: Pflege der Forschungslandschaft, Schaffung von innovationsfördernden Rahmenbedingungen (z. B. Risikokapitalmarkt) und Vorsorgeforschung (Umwelt, Gesundheit, Energie etc.); Förderung wichtiger Querschnittstechnologien, um auf diesen Gebieten Forschungseinrichtungen und Unternehmen als international bedeutsame Akteure zu unterstützen (vgl. auch OECD 1993a). Der Umbruch im Innovationsverständnis hat für die politischen Akteure eine Reihe von Konsequenzen, von denen hier nur die wichtigsten genannt werden sollen. Sie stellen die bisherige Technologiepolitik keineswegs vollständig in Frage, sie ergeben jedoch neue Akzente für Förderansätze und -instrumente:

Im deutschen Innovationssystem wird es besonders auf den Optimierungsprozeß an den Schnittstellen zwischen den Akteuren und damit auf die Verbesserung von Vernetzung und Arbeitsteilung ankommen. Die klassische, auf einzelne Technologiegebiete orientierte Förderung wird den bereits eingeleiteten Trend zu einer stärkeren (horizontalen) Vernetzung von wissenschaftlichen Disziplinen und Technikgebieten weiter ausbauen müssen. Die neue Form der Wissensgewinnung in ihrer engen Verbindung mit Problemorientierung und Anwendung macht darüber hinaus eine verbesserte vertikale Vernetzung erforderlich. Eine nach Disziplinen ausgerichtete Forschungsförderung der DFG, des Stifterverbandes u. v. m. oder eine nach Technologiegebieten organisierte Politik des BMFT (sowie das bisherige System weitgehend unabhängig voneinander tätiger Projektträger) wird sich nicht unverändert aufrechterhalten lassen.

Hinsichtlich einer "prospektiven Forschungsförderung" gibt es inzwischen eine Reihe von Initiativen: Der Wissenschaftsrat empfiehlt aufgrund der zunehmenden Interdependenz von Forschung und Technologie, Prospektion als ein Instrument der Forschungspolitik in der Bundesrepublik Deutschland zu institutionalisieren. Neben dem Einsatz verschiedener Planungs- und Prognosetechniken versteht er dabei Prospektion vor allem auch als ein vieldimensionales Verfahren unter Einbeziehung zahlreicher Akteure in Forschung und Forschungsförderung. Auch das Forschungsministerium hat eine Reihe von Aktivitäten der "Technikvorausschau" initiiert. Diese Initiativen dienen dem Ziel, Schwerpunkte künftiger Förderung auf der Basis prospektiver Abschätzungen zu setzen sowie die Entwicklung von Visionen und Zielen in gemeinsamen Gesprächskreisen von Wirtschaft, Wissenschaft und Politik zu erreichen. Hierbei wird das Ziel verfolgt, dem Innovationsgeschehen neue Impulse zu geben. Dies ist sicherlich ein Schritt in die richtige Richtung, wenngleich die Verantwortungsbereiche der verschiedenen Akteure klar getrennt bleiben sollten.

Die Technologiepolitik des Bundes weist vielfältige Schnittstellen zu anderen Politikbereichen auf, insbesondere zur Bildungspolitik (Aus-, Fort-, Weiterbildung), zur Wirtschaftspolitik (Strukturwandel, Anpassungsverhalten der Unternehmen), zur Rechts- und Innenpolitik, Umwelt- und Verkehrspolitik. Diese Politikbereiche führen nicht nur eine eigene Ressortforschung durch, sondern bestimmen auch Randbedingungen von Forschung und Innovation entweder auf der Angebotsseite (wie vorhandene Infrastruktur, qualifiziertes Personal) oder auf der Nachfrageseite (wie Straßenbau, Arbeitsschutz- oder Umweltregularien). Zunehmend bedeutsamer wird deshalb die Querschnittsaufgabe der Koordination der gesamten Palette der Rahmenbedingungen, die das Angebot und die Nachfrage nach Innovationen bestimmen. Hierzu gehören z. B. die steuerlichen Rahmenbedingungen für Risikokapitalbildung, der Abbau von Erhaltungssubventionen, ergebnis- und nicht technik-festschreibende Regulierungen und Genehmigungsverfahren, eine aktive Wettbewerbspolitik, eine Anpassung des öffentlichen Dienstrechts zur Erhöhung der Flexibilität institutionell geförderter Forschungseinrichtungen sowie die öffentliche Nachfrage nach Innovationen. Hierdurch würde eine Reihe wichtiger Rahmenbedingungen neu gesetzt, die eine Neuorganisation der öffentlich finanzierten FuE-Einrichtungen unterstützen und beschleunigen.

Globales Denken hat in die deutsche Technologiepolitik bereits in einem erheblichen Ausmaß Eingang gefunden. Dies bezieht sich z. B. auf die verbesserte Abstimmung mit der europäischen Technologiepolitik der EU, internationale Standardisierung, Öffnung der europäischen Beschaffungsmärkte, die Einbeziehung japanischer Unternehmen in die nationale Technologieförderung sowie die Unterstützung deutscher Unternehmen, um als internationale Partner in strategischen Allianzen "fit" zu sein.

In den osteuropäischen Reformländern - wie auch in der Dritten Welt - steht ein enormer Innovationsbedarf an. Eine Beschleunigung des Transformationsprozesses kann eine größere Nachfrage nach deutschen Exportprodukten ergeben. Umwelteffiziente Lösungen z. B. eröffnen die Möglichkeit, mit dem gleichen Aufwand wesentlich höhere Wirkungsgrade zu erreichen. Beispiele hierfür sind die Nachrüstung der Kernkraftwerke mit westlicher Sicherheitstechnik in Rußland, Investitionen in den Gewässerschutz (Sanierung der Ostsee) sowie die Verringerung der global wirkenden CO_2-Emissionen. Völlig neue Formen einer "grenzüberschreitenden" Technologiepolitik könnten die Innovationen in anderen Ländern (Osteuropa oder Entwicklungsländer) mitinitiieren und unterstützen.

Das Einschwenken auf einen wissensintensiven und nachhaltigen Entwicklungspfad erfordert, visionäre Anwendungen neuer Techniken mit neuen Forschungsaufgaben zu verbinden (ebenfalls ohne die bestehenden Verantwortlichkeiten der Akteure zu verwischen). Solche Ziele können z. B. sein: die schornsteinlose Fabrik, das intelligente Gebäude, das integrierte Nah- und Fernverkehrssystem, der arbeitsverträgliche Technikeinsatz, der gesunde alte Mensch. Wesentlich ist, daß die Ziele nicht von der Technik, sondern vom Problem und Bedarf her definiert werden. Die staatliche Technologiepolitik - besser: Innovationspolitik - kann durch eine intelligente Mischung von klassischer Forschungsförderung, Stimulierung der Nachfrage, günstigen Rahmenbedingungen und langfristig stabilen Signalen für Wissenschaft und Wirtschaft einen wichtigen Beitrag dazu leisten.

Literatur

Arrow, K. 1962: Economic welfare and the allocation of resources for invention, in: National Bureau of Economic Research (ed., 1962): The rate and direction of inventive activity: Economic and social factors, Cambridge/Mass., 609-626.

Becher, G.; Kuhlmann, S. (eds.) 1995: Evaluation of technology policy programmes in Germany, London.

BMFT 1990: Faktenbericht 1990 zum Bundesbericht Forschung 1988, hrsg. vom Bundesminister für Forschung und Technologie, Bonn.

BMFT (Hrsg.) 1993: Deutscher Delphi-Bericht zur Entwicklung von Wissenschaft und Technik (Studie des Fraunhofer-Instituts für Systemtechnik und Innovationsforschung im Auftrag des BMFT), Bonn.

Bozeman, E. A. 1986: An economic analysis of R&D joint ventures, in: Managerial and Decision Economics 7, 263-266.

Bruder, W. (Hrsg.) 1986: Forschungs- und Technologiepolitik in der Bundesrepublik Deutschland, Opladen.

Cohen, W.; Levinthal, D. 1989: Innovation and learning: The two faces of R&D, in: Economic Journal 99, 569-596.

Dasgupta, P.; Stoneman, P. eds. 1987: Economic policy and technological performance, Cambridge, Cambridge University Press.

Dertouzos, M. et al. 1989: Made in America. Regaining the Productive Edge, MIT, Cambridge/USA.

Dosi, G.; Freeman, C.; Nelson, R.; Silverberg, G.; Soete, L. eds. 1988: Technical Change and Economic Theory, London.

Dreher, C.; König, R.; Pilorget, L. 1993: Zwischenbilanz des Schweizer CIM-Aktionsprogramms 1992, ISI/Interface-Institut für Politikstudien, Karlsruhe/Luzern.

Dreher, C.; Fleig, J.; Harnischfeger, M.; Klimmer, M. 1995: Neue Produktionskonzepte in der deutschen Industrie - Bestandsaufnahme, Analyse und wirtschaftspolitische

Implikationen. Schriftenreihe des Fraunhofer-Institut für Systemtechnik und Innovationsforschung (ISI), Band 18, Physica-Verlag, Heidelberg.

Ergas, H. 1987: Does technology policy matter? In: Guile, B., Brooks, H. (eds., 1987): Technology and global industries, Washington, National Academy Press.

Freeman, C. 1982: The Economics of Industrial Innovation, 2nd edition, London.

Fritsch, M. 1995: The market - market failure, and the evaluation of technology promoting programmes, in: Becher, G.; Kuhlmann, S. (eds.) (1995): Evaluation of technology policy programmes in Germany, London, Kluwer Academic Publishers.

Gahlen, B.; Stadler, M. 1986: Marktstruktur und Innovationen - eine modelltheoretische Analyse, Institut für Volkswirtschaftslehre, Universität Augsburg, Beitrag Nr. 39, Augsburg.

Gehrke, B.; Grupp, H. 1994: Innovationspotential und Hochtechnologie - technologische Position Deutschlands im internationalen Wettbewerb. Schriftenreihe des Fraunhofer-Instituts für Systemtechnik und Innovationsforschung, Band 8, Heidelberg.

Gibbons, M. et al. 1994: The new production of knowledge. SAGE, London.

Grupp, H.; Schmoch, U. 1992: Wissenschaftsbindung der Technik. Panorama der internationalen Entwicklung und sektorales Tableau für Deutschland, Heidelberg.

Grupp, H. (Hrsg.) 1993: Technologie am Beginn des 21. Jahrhunderts, Schriftenreihe des Fraunhofer-Instituts für Systemtechnik und Innovationsforschung, Band 3, Heidelberg.

von Hippel, E. 1988: The sources of innovation, New York.

Hucke, J.; Wollmann, H. (Hrsg.) 1989: Dezentrale Technologiepolitik, Basel.

Jaffe, A. 1988: Demand and supply influences in R&D-intensity and productivity growth, in: Review of Economics and Statistics 70, 431-437.

Katz, M.; Shapiro, C. 1985: Network externalities, competition and compatibility, in: American Economic Review 75, 424-440.

Klodt, H. 1995: Grundlagen der Forschungs- und Technologiepolitik, München, Vahlen.

Kohn, H. 1984: Pragmatische Technologiepolitik, in: Wirtschaft und Produktivität, Nr. 2.

Kommission der Europäischen Gemeinschaften 1993: Wachstum, Wettbewerbsfähigkeit, Beschäftigung, Herausforderungen der Gegenwart und Wege ins 21. Jahrhundert. Weißbuch, Brüssel.

Krupp, H. (Hrsg.) 1992: Energy Politics and Schumpeter Dynamics. Japan's Policy between Short-Term Wealth and Long-Term Global Welfare, Heidelberg.

Kuhlmann, S.; Meyer-Krahmer, F. 1995: Practice of technology policy in Germany. Introduction and overview, in: Becher, G.; Kuhlmann, S. (eds.): Evaluation of technology policy programmes in Germany, London, 3-32.

Lay, G. 1993: Perspektivwechsel in der Planung von Forschungs- und Entwicklungszielen, Fraunhofer-Institut für Systemtechnik und Innovationsforschung (ISI), Karlsruhe.

Lay, G. (Hrsg.) 1995: Strukturwandel in der ostdeutschen Investitionsgüterindustrie. Schriftenreihe des Fraunhofer-Instituts für Systemtechnik und Innovationsforschung (ISI), Band 13, Physica-Verlag, Heidelberg.

Lay, G.; Wengel, J. u. a. 1994: Wirkungsanalyse der indirekt-spezifischen CIM-Förderung im Programm Fertigungstechnik 1988-1992. KfK-PFT-Forschungsberichte, Nr. 172, KfK, Karlsruhe.

Lundvall, B.-A. (ed.) 1992: National Systems of Innovation: An Analytical Framework, London.

Meyer-Krahmer, F. 1989: Der Einfluß staatlicher Technologiepolitik auf industrielle Innovationen, Baden-Baden.

Meyer-Krahmer, F. 1990: Science and Technology in the Federal Republic of Germany, London.

Meyer-Krahmer, F. (Hrsg.) 1993: Innovationsökonomie und Technologiepolitik, Heidelberg.

Mowery, D. 1994: Science and Technology Policy in Interdependent Economies, Boston, Kluwer Academic Publishers.

Nelson, R. (ed.) 1993: National Innovation Systems. Comparative Analysis, New York.

North, D. 1994: Economic performance through time, in: The American Economic Review 84, 359-368.

Oberender, P. 1987: Möglichkeiten und Grenzen staatlicher Technologieförderung: Eine ordnungspolitische Analyse, in: Jahrbuch für Sozialwissenschaft 38.

OECD 1992: Technology and the Economy. The Key Relationships, The Technology-Economy Programme (TEP), Paris.

OECD 1993a: The Impacts of National Technology Programmes, Paris.

OECD 1993b: National Systems for Financing Innovation, Paris.

Ordover, J.; Baumol, W. 1988: Antitrust policy and high technology industries, in: Oxford Review of Economic Policy 4, 13-34.

Pavitt, K.; Patel, B. 1988: The International Distribution and Determinance of Technological Activities, in: Oxford Review on Economic Policy 4.

Porter, M. E. 1990: The Competitive Advantage of Nations, Macmillan Press, London.

Reger, G.; Kuhlmann, S. 1995: Europäische Technologiepolitik in Deutschland - Die Bedeutung für die deutsche Forschungslandschaft, Heidelberg.

Sachverständigenrat zur Begutachtung der gesamtwirtschaftlichen Entwicklung 1994: Jahresgutachten 1993/94, Teil B, VIII.

Smith, K. 1991: Innovation Policy in an Evolutionary Context, in: Saviotti, P. P.; Metcalfe, J. S. (eds.): Evolutionary Theories of Economic and Technological Change, Harwood Academic Publishers, Reading, pp. 256-275.

Streit, M. 1984: Innovationspolitik zwischen Unwissenheit und Anmaßung von Wissen, in: Hamburger Jahrbuch für Wirtschafts- und Gesellschaftspolitik, 29.

Zoche, P. (Hrsg.) 1994: Herausforderungen für die Informationstechnik. Schriftenreihe des Fraunhofer-Instituts für Systemtechnik und Innovationsforschung, Band 7, Heidelberg.

Verbraucherpolitik

Gerd-Jan Krol

Verbraucherpolitik stellt sich als ein sehr heterogenes Politikfeld dar, welches in Europa erst nach dem Zweiten Weltkrieg entstanden ist und eng mit spezifischen Problemen einer durch Massenproduktion und Massenkonsum geprägten Industriegesellschaft verbunden ist. Zwar hat es, bis weit in die Vergangenheit zurückreichend, spezifische Vorschriften und Normierungen gegeben, die im Verbraucherinteresse liegende Wirkungen entfalteten - z.b. die Sicherung bestimmter Produktqualitäten durch das Zunftwesen oder die hoheitliche Kontrolle von Maßen und Gewichten. Diese sind aber nicht speziell unter der Zielsetzung eines "Verbraucherschutzes" entwickelt worden (Kuhlmann 1990, 17 ff.). Von Verbraucherpolitik als einem gesonderten und von unterschiedlichen Politikbereichen inhaltlich gestalteten Aufgabenbereich wird in Europa erst nach dem Zweiten Weltkrieg gesprochen. Verbraucherpolitik ist die Reaktion auf spezifische Probleme entwickelter Industriegesellschaften, in denen traditionsbestimmte Normierungen wirtschaftlichen Verhaltens zunehmend aufgelöst werden. Heute besteht über die prinzipielle Notwendigkeit verbraucherpolitischer Aktivitäten Konsens, auch wenn über konkrete Ziele und Maßnahmen zur Förderung des Verbraucherinteresses gestritten wird. Enge Sichtweisen beschränken das Verbraucherinteresse auf die Kaufsituation von Gütern und Dienstleistungen. Weitere Fassungen beziehen auch Probleme der Verwendung von Gütern im Haushalt und das Angebot und die Nutzungsbedingungen öffentlicher Güter mit ein. Weite Fassungen machen das Verbraucherinteresse an einem qualitativen Konsumbegriff fest, der auch soziale, ökologische und globale Dimensionen umfaßt (Stauss 1980, 30 ff.). Je nach Interpretation des Begriffs Verbraucherinteresse ergeben sich verschiedene verbraucherpolitische Ziele und Maßnahmen.

1. Leitbilder der Verbraucherpolitik

Die von unterschiedlichen normativen Positionen bestimmte verbraucherpolitische Diskussion soll hier zunächst zu den Leitbildern "Konsumentensouveränität", "Konsumfreiheit", "Konsumentenschutz" und "Konsumentenpartizipation" gebündelt werden. Sie akzentuieren jeweils bestimmte Problemsichten und sind für die Verbraucherpolitik in unterschiedlichem Maße bedeutsam.

1.1 Konsumentensouveränität

Das Leitbild der Konsumentensouveränität gehört zu den legitimatorischen Grundlagen marktwirtschaftlicher Systeme. Es beinhaltet die Vorstellung, daß die Verbraucher durch die Summe ihrer Einkommensverwendungsentscheidungen Umfang und Struktur des Güterangebotes bestimmen sollen. Indem Verbraucher ihr Einkommen auf Märkte, Produkte und Unternehmen verteilen, ihre Kaufkraft also bestimmten Marktangeboten zuführen und anderen verweigern, lenken sie, nolens volens und allein durch die Wettbewerbsordnung vermittelt, die Produktion und den Einsatz der Produktionsfaktoren (ausführlich dazu: Meyer-Dohm 1965, 43 ff.; Jeschke 1975). Dieses in den theoretischen Grundlagen von Adam Smith gegenüber dem merkantilistischen Staat entwickelte und in der Folgezeit vielfältig modifizierte Leitbild einer liberalen, marktwirtschaftlichen, verbrauchergesteuerten Wirtschaftsordnung hat seine zentrale Bedeutung für die Verbraucherpolitik bis heute behalten. Es enthält den Auftrag, die Lenkungsfunktion der Verbraucher - nicht jedes einzelnen Verbrauchers - zu stärken, wenn diese bedroht und unzulässig eingeschränkt ist.

Solche Beschränkungen und Bedrohungen der Lenkungsfunktion liegen vor, wenn *Wahlmöglichkeiten* zwischen austauschbaren Gütern/Händlern/Herstellern unzureichend sind oder gar fehlen. Ist für den Verbraucher jeweils nur ein Angebot erreichbar, fehlt für den entsprechenden Anbieter der Druck zu Kosten- und Preissenkungen sowie für qualitative Verbesserungen des Angebots, da er nicht mit einer Abwanderung der Nachfrage rechnen muß. Auch bleibt dann die Waffe der Verbraucherkritik stumpf, denn auf monopolisierten Märkten fehlt der mit der Kritik verbundenen Abwanderungsdrohung im Falle der Nichtbeachtung durch den Anbieter die Glaubwürdigkeit (allgemein hierzu: Hirschman 1974; Scherhorn 1975; Specht 1979). Die Wahlmöglichkeiten zwischen verschiedenen Angeboten zur Befriedigung bestimmter Bedürfnisse werden maßgeblich durch die Wettbewerbsverhältnisse auf den Märkten bestimmt. Hierin liegt die zentrale Bedeutung des Wettbewerbs und der Wettbewerbspolitik für Verbraucherinteressen.

Aber es müssen nicht nur Wahlmöglichkeiten zur Befriedigung bestimmter Bedürfnisse bestehen, sondern Verbraucher müssen auch über die Alternativen und deren Eigenschaftsmerkmale *informiert* sein. Denn nur, wenn Anbieter damit rechnen müssen, daß Verbraucher ihre Kaufkraft solchen Produkten/Anbietern zuwenden, die ihren Bedürfnissen am besten entsprechen und damit gleichzeitig konkurrierenden, aber minderwertigen Angeboten vorenthalten, wird deren Gewinnstreben gleichzeitig mit einer bestmöglichen Befriedigung von Konsumentenwünschen vereinbar. Nach diesem Konzept wird die Lenkungsfunktion der Verbraucher auch dann nicht zwangsläufig aufgehoben, wenn die Verbraucher - wie unter den heutigen Bedingungen weitgehend der Fall - auf ein *vorgegebenes Angebot* mit Kaufkraftverteilung bzw. Widerspruch *reagieren*, solange diese Reaktionen ein hohes Maß an Selbstbestimmung beinhalten. In dieser Sicht haben Anbieter die Funktion von Interpreten der Verbraucherwünsche (Meyer-Dohm 1978, 279) und ihrer kostengünstigen Realisierung. Die erwarteten Verbraucherwünsche sind für die Unternehmen Richtgröße für die Entscheidungen über Umfang und Struktur des jeweiligen Konsumgüterangebotes. Deren Richtigkeit erweist sich aber immer erst *ex post* nach Maßgabe der Einkommensverwendungsentscheidungen der Verbraucher. Zwar belohnen diese immer die Anbieter, denen sie Kaufkraft zuführen und bestrafen damit gleichzeitig alle Angebote, denen sie ihre Kaufkraft vorenthalten, aber das Konzept der Konsumentensouveränität geht davon aus, daß trotz aller Wirkungsmöglichkeiten des Marketinginstrumentariums die Einkommensverwendungsentscheidungen der Haushalte hinreichend autonom erfolgen und besser als jedes andere Verfahren die "wahren" Bedürfnisse der Verbraucher widerspiegeln. Die aggregierten individuellen Kauf- und Nichtkauf-Entscheidungen sind die zentrale Steuerungsgröße, die Umfang und Struktur eines wettbewerblichen Güterangebotes bestmöglich an den Konsumentenbedürfnissen ausrichten. Damit wird der Informationsstand der Verbraucher über die verfügbaren Alternativen (inklusive deren Eigenschaftsmerkmalen) zur Befriedigung ihrer Bedürfnisse zur Schlüsselgröße bei der Realisierung von Konsumentenwohlfahrt in einer Wettbewerbsordnung.

Die Komplexität des Güterangebotes und die i.d.R. "verborgenen" Eigenschaftsmerkmale der jeweiligen Produktalternativen führen zu u.U. weitreichenden Informationsproblemen. Die Eigenschaftsmerkmale von industriell erstellten Nahrungsmitteln, technischen Haushaltsgütern oder ärztlichen Leistungen haben für den Verbraucher eine große Bedeutung, sie lassen sich aber nicht unmittelbar beobachten. Bei Wiederholungskäufen läßt sich das Informationsproblem durch Erfahrung mindern, aber insbesondere auf

Märkten mit häufigen Produktinnovationen können Gewohnheitsbildungen aufgrund von Erfahrungen zur Ausblendung besserer Angebote führen. Bei selten gekauften, technologiehaltigen Gütern sind Verbraucher zur Verringerung des Risikos von Fehlkäufen auf Informationen von dritter Seite angewiesen. In ihrer Bedeutung von der jeweiligen Güterart abhängig, lassen sich folgende Risiken unterscheiden:
– finanzielle Risiken (z.B. Preise, Finanzierungsbedingungen)
– qualitative Risiken (technisch-funktionale Gebrauchswertmerkmale)
– soziale Risiken (z.B. Lebensstiladäquanz)
– ökologische Risiken (Ausmaß der Umweltbelastung bei Produktion, Ge- bzw. Verbrauch und Entsorgung).

Die Schließung der Informationslücken ist für Verbraucher mit Kosten verbunden, wobei deren Höhe vor allem von der Güterart und die Bereitschaft zur Übernahme solcher Kosten von der subjektiven Bedeutungszumessung abhängig ist. Unvollständige Information und asymmetrisch verteilte Information führen i.d.R. zu Machtungleichgewichten und ermöglichen es den besser Informierten, sich nicht leistungsbedingte Vorteile zu Lasten der schlechter Informierten zu verschaffen (Tietzel 1988, 53 ff.). Obwohl es auch Situationen gibt, in denen Informationsasymmetrien zunächst zu Lasten der Anbieter wirken, etwa bezüglich der Frage eines unsachgemäßen bzw. betrügerischen Umgangs mit Produkten im Kontext von Produkthaftung und bestimmter Versicherungen - wogegen sich die Anbieter allerdings mit höheren Preisen bzw. Prämien schützen können -, liegen die für verbraucherpolitisches Handeln zentralen Informationsdefizite auf seiten der Verbraucher. Unvollständige Information der Verbraucher bewirkt, daß sie nicht die Güter kaufen, die ihren Bedürfnissen am besten entsprechen. Suboptimale Angebote können so dauerhaft am Markt plaziert werden und gar bessere Qualitäten verdrängen (adverse Selektion im Wettbewerb, vgl. Sinn 1988). Deshalb fordert das Konzept der Konsumentensouveränität, über Wettbewerbspolitik hinaus, ein umfassendes System der Verbraucherinformation.

Die verbraucherpolitische Botschaft des Konzepts der Konsumentensouveränität lautet: *Wettbewerbspolitik* zur Sicherung von Wahlmöglichkeiten und Lenkungseffekten der Nachfrageentscheidungen der Verbraucher plus *Verbraucherinformationspolitik* zur Sicherung der *konsumentenbestimmten Richtung* der Lenkungseffekte.

1.2 Konsumfreiheit

Das Konzept der Konsumfreiheit geht über das Konzept der Konsumentensouveränität hinaus, insofern es nicht nur die Lenkungswirkung von Nachfrageentscheidungen von Verbrauchern auf den Märkten beinhaltet, sondern die Nachfrageentscheidungen qualitativ mit dem Postulat nach *Selbstverwirklichung in sozialer und ökologischer Verantwortung* von gegenwärtig vorherrschenden Verhaltensmustern abgrenzt (Scherhorn 1975; ders. 1994). Auch dieses Konzept geht davon aus, daß die Lenkung der Produktion möglichst durch Verbraucher erfolgen sollte, aber es will die Verbraucherentscheidungen in bewußter Abgrenzung zu vorherrschenden Konsummustern unter Aspekten ihres Beitrages zu anhaltender Bedürfnisbefriedigung, sozialer Verträglichkeit und ökologischer Erfordernisse qualifizieren. Es unterscheidet sich vom Konzept der Konsumentensouveränität dadurch, daß die Bedürfnisse der Verbraucher nicht als gegeben akzeptiert, sondern als problematisierungs- und veränderungsbedürftig gesehen werden. Das Konzept geht von der These aus, daß in hochentwickelten Massenkonsumgesellschaften mit weitgehender Deckung existentieller Bedürfnisse zunehmend Enttäuschungen und Irrtümer der Verbraucher bei der Befriedigung sogenannter höherer Bedürfnisse, z.B. dem Bedürfnis nach Selbstverwirklichung, auch im Konsumbereich typisch sind. Dies wird u.a. darauf zurückgeführt, daß im Wettbewerb funktionale Qualitätsunterschiede austauschbarer Produkte zunehmend eingeebnet worden sind und dem sogenannten Zusatznutzen zuzuordnende Kriterien, wie Marke, Image, Design etc., zunehmende Bedeutung für die Kaufentscheidung erlangen. Soweit sie zu Elementen eines "Statuswettbewerbs" in der Konsumentenrolle werden, wird diese Entwicklung in ihrer Dynamik von gleichzeitig egalisierender und differenzierender Wirkung (Scherhorn 1975, 18 ff.) nicht nur als sozial desintegrierend und ökologische Probleme verschärfend gesehen. Es wird auch die These vertreten, daß damit die Wahrscheinlichkeit von Irrtümern und Enttäuschung über den Zusammenhang von steigender Konsumgüterausstattung und wachsender Bedürfnisbefriedigung zunimmt (aus der Vielzahl hier relevanter kritischer Ansätze seien hervorgehoben: Scitovsky 1977; Hirsch 1980; Offe 1981, 123 f.; Scherhorn 1995, 147-166). Zentral ist dabei das Argument, daß die "Konsumzeit" gegeben ist und daß deshalb mit steigender Konsumgüterausstattung die Konsumzeit pro Konsumgut abnimmt.

Nach dem Ansatz der Konsumfreiheit sind *Wettbewerbspolitik* und *Verbraucherinformation* notwendig, aber nicht hinreichend, um Machtungleichgewichte zu Lasten der Verbraucher zu korrigieren. Hinzukommen muß eine *Organisierung von Verbraucherinteressen* und eine *Verbrauchererziehung und Verbraucherbildung*, die die Verbraucher über die Entwicklung ihrer Bedürfnisse aufklärt und sie zu einer kritischen Reflexion der Bedarfe mit dem Ziel der Selbstverwirklichung in sozialer und ökologischer Verantwortung auch im Konsum- und Freizeitbereich befähigt. Unter funktionalen Aspekten bedeutet dieses auf der Ebene des Verbraucherverhaltens, die anonyme Strategie der Kaufkraftverteilung im Falle unbefriedigenden Angebotes durch Artikulation von *Widerspruch und Kritik* (Hirschman 1974) zu ergänzen. Auch hier soll Wettbewerb die Voraussetzung dafür schaffen, daß Verbraucher mittels ihrer selbstbestimmten Einkommensverwendung Angebote belohnen und so den Leistungswettbewerb in ihrem Sinne beleben können. Veränderungen der Einkommensverwendung entfalten ihre sanktionierende Wirkung aber nur dann, wenn sie für Anbieter fühlbar sind, wenn gleichgerichtetes Verhalten einer hinreichenden Zahl von Verbrauchern zu spürbaren Umsatz- und Gewinnveränderungen führt. Es müssen also kompensatorische Effekte dergestalt, daß der Nachfrageausfall der einen durch einen - u.U. durch den Einsatz von Marketinginstrumenten induzierten - Nachfragezustrom von anderen kompensiert wird, ausgeschlossen werden. Hier kann Verbraucherorganisierung und öffentlichkeitswirksame Artikulation von Widerspruch und Kritik die Wahrscheinlichkeit eines hinreichenden Maßes an gleichgerichtetem Verhalten erhöhen (Specht 1979). Ein wichtiges Element der Konsumfreiheit ist deshalb auch die *Verbraucherorganisierung* und die Verbesserung der *Marktkommunikation*.

1.3 Verbraucherschutz

Das Leitbild der Konsumentensouveränität und stärker noch das der Konsumfreiheit beinhalten hohe Anforderungen an die Entscheidungsfähigkeit der Verbraucher. Staatliche Reglementierungen zum Schutz des Verbrauchers werden hier nur insoweit für notwendig gehalten, wie die Ergebnisse auf den Märkten zu Gefährdungen der Sicherheit, der Gesundheit und des Vermögens der Verbraucher führen, die von einem gesellschaftlichen Standpunkt aus als unzumutbar empfunden werden.

Das Leitbild des Verbraucherschutzes geht über diese streng subsidiäre Funktion staatlicher Reglementierungen hinaus. Begründet wird dies mit einer grundsätzlich anderen Einschätzung der Entscheidungsfähigkeit von Verbrauchern. Das Leitbild des Verbraucherschutzes geht von einer *systematisch eingeschränkten Entscheidungskapazität der Verbraucher* aus, die durch Verbraucherinformation und Verbrauchererziehung prinzipiell nicht aufgehoben werden kann. Diese Einschätzung beruht im wesentlichen auf zwei Argumenten. Einmal wird darauf verwiesen, daß Verbraucher sich den kaufkraftlenkenden Wirkungen der modernen, teilweise über das Unterbewußtsein wirkenden Techniken des Konsumgütermarketing nicht entziehen können (vgl. beispielsweise für viele andere Kroeber-Riel 1975, insbesondere 399). Zum anderen wird - gestützt durch verhaltenstheoretische Forschungen und empirische Untersuchungen - darauf verwiesen, daß Verbraucher keineswegs daran interessiert sind, alle Kaufentscheidungen bewußt, d.h. letztlich unter Kenntnisnahme der verfügbaren Alternativen, einschließlich ihrer Eigenschaftsmerkmale und Folgewirkungen, zu treffen. Angesichts der vielfältigen Handlungsbeschränkungen, denen sich die Menschen im Alltag - nicht nur in der Verbraucherrolle - gegenübersehen, haben sie die Neigung, den Entscheidungsaufwand im Konsumbereich (Aufwand an Zeit, Mühen, Kosten bei der Informationsbeschaffung und Kaufdurchführung etc.) zu verringern. Kognitiv aufwendige Käufe werden nur ausnahmsweise und nur unter Vorliegen besonderer Bedingungen gefällt, beispielsweise wenn ein Kauf aufgrund eines hohen finanziellen, qualitativen, sozialen oder auch ökologischen Risikoempfindens eine hohe subjektive Bedeutsamkeit erlangt.

Abb.: Typologie von Kaufentscheidungen

	kognitiver Aufwand/ Planungsaktivität	Güterart (vorwiegend)	sujektives empfundenes Risiko (finanzielles, qualitatives, soziales, ökologisches)	Häufig-/ Regelmäßigkeit	Verhaltensdisposition
Spontan-/ Impulsivkäufe	keine	geringwertige Güter	nicht vorhanden	häufig/ unregelmäßig	Reiz (Auslöser) bewirkt unmittelbar Kaufreaktion
Gewohnheitskäufe	gering, Orientierung an Erfahrungen, bei Zufriedenheit: Wiederholung	Güter des alltäglichen Bedarfs	i. d. R. gering	häufig/ regelmäßig	wenig Informationen vor dem Kauf / stark selektive Wahrnehmung des Angebotes / ausgeprägte Bezugsquellenbindung
vereinfachte Kaufentscheidungen	Planung des Mitteleinsatzes bei gegebenen Kaufzielen	"shopping goods"	höher	seltener / unregelmäßig	größere Bereitschaft zur Informationssuche / geringere Bezugsquellenbindung
extensive Kaufentscheidungen	umfassende Planung des Kaufzieles (Bedarf, -sprioritäten) *und* der dafür aufzuwendenden Mittel	hochwertige bzw. als bedeutsam empfundene Güter	hoch	selten/ unregelmäßig	hohe Bereitschaft zu umfassender Informationssuche / geringe Bezugsquellenbindung

Quelle: G.-J. Krol u. H. Diermann, 1/1985, 2.

Diese Position stellt die Leitbilder "Konsumentensouveränität" und mehr noch "Konsumfreiheit" unter Ideologieverdacht, soweit diese darauf abzielen, möglichst alle Kaufentscheidungen durch informations- und bildungspolitische Aktivitäten in umfassend reflektierte selbstbestimmte Kauf-, Ge- und Verbrauchsentscheidungen zu überführen (besonders prononciert: Kroeber-Riel 1977, 89 ff.). Die gleiche diagnostische Basis läßt Knobloch in bezug auf Forderungen nach sozial- und ökologieverträglicherem Verbraucherverhalten ohne Veränderung der Anreizstrukturen von einer "ungerechtfertigten Verantwortungszumutung" sprechen (Knobloch 1994, 162). Das Leitbild des Verbraucherschutzes sieht die Menschen in ihrer mit anderen Rollen konkurrierenden Verbraucherrolle grundsätzlich nach einer *Verringerung der Entscheidungsbelastung*, beispielsweise durch die Herausbildung von den jeweiligen Ansprüchen genügenden *Gewohnheiten*, streben. Deshalb ist nicht die Gewohnheitsbildung als solche zu verändern, sondern ihre problematischen Ausprägungen. Verbraucherinformation sollte so gestaltet werden, daß sie individuell vorteilhafte und wettbewerbspolitisch wünschbare Gewohnheitsbildungen stützt. Fremdbestimmte Beeinflussung des Konsumverhaltens wird als unvermeidbar angesehen. Aber dort, wo Art und Ausmaß nach Maßgabe gesellschaftlicher Wertvorstellungen auf Abhilfe drängen, sind *Maßnahmen des rechtlichen Verbraucherschutzes* zur Reglementierung des Anbieterverhaltens zu ergreifen.

1.4 Konsumentenpartizipation

Die bisher genannten Leitbilder stellen die Rollenverteilung zwischen Anbietern und Verbrauchern nicht infrage. Eine Förderung des Verbraucherinteresses wird im Rahmen einer grundsätzlich reaktiven Verbraucherrolle angestrebt, bei der die Verbraucher auf *vorgegebenes Angebot* mit Widerspruch und Kritik bzw. Kauf oder Nichtkauf *reagieren*. Dieser historisch gewachsene "arbeitsteilige Entscheidungsprozeß" der Produktionssteuerung wollen weiterreichende Positionen geändert sehen.

Im Rahmen des Konzepts einer sogenannten *ex ante-Verbraucherpolitik* (Biervert et al. 1977, 217 ff.; ders. 1977, 205 ff.; Czerwonka et al. 1976) wird eine frühzeitige Beteiligung der Verbraucher an den Produktionsentscheidungen gefordert. Begründet wird dies mit Mängeln der Marktlenkung und insbesondere mit Mängeln der Lenkungsfunktion von Marktpreisen. Grundsatz der Marktsteuerung ist, daß derjenige, der einen Vorteil aus seiner wirtschaftlichen Aktivität zieht, alle damit verbundenen Kosten tragen soll. Dieser Grundsatz wird durchbrochen, wenn in Produktion oder beim Konsum Kostenbestandteile anfallen, die nicht in die Kostenkalkulation und die Preise eingehen, sondern die von Dritten oder der Gesellschaft zu tragen sind. Die Preise täuschen dann geringere Kosten vor, als der Gesellschaft tatsächlich entstehen. Entsprechend sind Angebot und Nachfrage nach diesen Gütern zu hoch. Sie erhalten einen künstlichen Wettbewerbsvorteil, der sich nicht nur in zu hoher Produktion dieser Güter, sondern auch in zu geringen Bemühungen der Anbieter auswirkt, sie durch Innovationen zu verbessern oder zu geringeren Kosten bereitzustellen. Wo es also die institutionellen Bedingungen den Produzenten (und Konsumenten) gestatten, systematisch einen Teil der von ihnen verursachten Handlungsfolgen auf Dritte oder die Allgemeinheit abzuwälzen - Ökonomen sprechen hier von *negativen externen Effekten* -, gehen von den Marktpreisen falsche Signale für Produzenten und Konsumenten aus. Indem sie auf diese Signale so reagieren, wie man es ansonsten von ihnen erwartet, produzieren sie ungewollt, aber voraussehbar, gesellschaftlich unerwünschte Ergebnisse. So lassen sich beispielsweise viele Umweltbelastungen mit der Theorie der negativen externen Effekte erklären (vgl. Beitrag "Umweltpolitik").

Das zweite Argument bezieht sich darauf, daß Marktpreise häufig blind sind gegenüber erkennbaren Verknappungen in der Zukunft. Wenn Unternehmen und Verbraucher ihre Entscheidungen an kurzfristigen Gegenwartsinteressen orientieren, können Marktpreise immer nur über gegenwärtige Marktkonstellationen informieren. Zukünftige Risiken schlagen sich als Ergebnis einer hohen Zeitpräferenz für die Gegenwart nur unzureichend in den Marktpreisen nieder (Czerwonka et al. 1976).

Zusätzlich kritisieren die Vertreter der Konsumentenpartizipation eine zu starke Abhängigkeit der Verbrauchernachfrage vom vorgegebenen Marktangebot. Sie halten die informierende und sanktionierende Funktion der Verbraucher im Rahmen der gegenwärtigen Rollenverteilung zwischen Unternehmen als Interpreten der Konsumentenwünsche und erst danach einsetzender belohnender bzw. bestrafender Wirkung der Nachfrageentscheidung für nicht hinreichend wirksam (Czerwonka et al. 1976, 153 ff.; Biervert et al. 1977, 106 ff.). Diese Rollenverteilung erschwere darüber hinaus die aus ökonomischen, sozialen und ökologischen Gründen dringend erforderlichen *"Basisinnovationen"*. Da die Produktion neuer Güter zur Befriedigung bisher nicht gedeckter Bedürfnisse bzw. zu bisher nicht praktizierten, aber erwünschten Lebensstilen (Basisinnovationen), mit höherem Risiko verbunden sind, werden bei den Anbietern Tendenzen gesehen, solche Innovationen zu unterlassen.

Da Verbraucher im Rahmen der gegenwärtigen Rollenverteilung durch Abwanderung und Widerspruch bestenfalls Hinweise auf Unzulänglichkeiten im Konsumgüterangebot geben können, nicht jedoch Hinweise auf mögliche Alternativen, wird eine *frühzeitige Beteiligung* der Verbraucher an den Entscheidungen über das Angebot an öffentlichen und privaten Gütern gefordert. Sie wird grundsätzlich als auch im Anbieterinteresse liegend gesehen, da man sich davon eine Verringerung der Risiken von Investitionsentscheidungen größerer Reichweite verspricht. Konstitutiv für diese Position ist die wohlstandskritische, wohlfahrtsorientierte, gesellschaftspolitische Ausrichtung. Verbraucherinteressen reichen hier weit über die Käufer- bzw. Nutzerperspektive von privaten und öffentlichen Gütern hinaus. Besondere Bedeutung haben in diesem Konzept die unterschiedlichen sozialstrukturellen Voraussetzungen für das Erkennen der "wahren" Bedürfnisse, die in dieser Sicht nicht mit den durch gesellschaftliche Positionierung und Rollenzuschreibung geprägten subjektiven Interessen gleichgesetzt werden dürfen.

Bezüglich der Realisierung einer Konsumentenpartizipation an Produktionsentscheidungen lassen sich grundsätzlich zwei Wege unterscheiden. Die umfassende *Rückverlagerung von produktiven Funktionen in die Haushaltssphäre*, wie sie in der sogenannten "alternativen Diskussion" manchmal gefordert wird, ist wegen der damit verbundenen Produktivitätseinbußen allenfalls in begrenztem Rahmen möglich. Als gesellschaftliches Modell erscheint dieser Weg gegenwärtig nicht gangbar. Dann bleibt nur, Verbraucherinteressen frühzeitiger und nachhaltiger in die Produktionsentscheidungen einzubinden. In welcher Form auch immer eine solche *Verbrauchermitbestimmung* realisiert wird, es können nicht alle betroffenen Verbraucher frühzeitig an Produktionsentscheidungen beteiligt werden. Auch nach diesem Leitbild bleiben Abwanderung und Widerspruch als Sanktionsinstrument der nicht beteiligten Verbraucher unverzichtbar.

2. Entwicklung, Ziele und Ansatzpunkte der Verbraucherpolitik

Die praktische Verbraucherpolitik in der Bundesrepublik Deutschland kann nicht ausschließlich einem der hier genannten Leitbilder zugeordnet werden, obwohl das Leitbild der Konsumentensouveränität mit seinem wettbewerbspolitischen Fundament und seiner gegenüber der Verbraucherinformation und -aufklärung subsidiären Rolle des Verbraucherschutzes besondere Bedeutung behalten hat. In den 50er und 60er Jahren ging es der Verbraucherpolitik vor allem um eine Marktintegration der privaten Haushalte. Das verbraucherpolitische Instrumentarium - im wesentlichen Verbraucherinformation und Verbraucherschutzmaßnahmen - zielte auf Volumen und Struktur der Einkommensverwendung, ohne die Präferenzen der Verbraucher infrage zu stellen. Ende der 60er und in den 70er Jahren gewinnt die Vorstellung der Förderung von Verbraucherinteressen über ein verstärktes staatliches Interventionshandeln an Bedeutung. Die Politik der Verbraucherorganisationen konzentriert sich dabei auf Fragen des rechtlichen Verbraucherschutzes, die Stärkung sozial benachteiligter Gruppen und die Stärkung der Marktstellung der Verbraucher durch Ausbau der Verbraucherorganisation. Hinzu kam, als Reaktion auf spezifische Problemlagen, ein Ausbau von Aktivitäten auf umwelt-, sozial- und energiepolitischem Gebiet. In den 80er Jahren nimmt die Politik der Verbraucherorganisationen sich der verschärfenden ökologischen und sozialen Probleme im Rahmen ihrer Möglichkeiten an, die allerdings durch abnehmende Finanzierungsspielräume und durch die zunehmende wirtschaftliche Integration, beispielsweise im Rahmen des europäischen Binnenmarktes mit seinen deregulierenden Wirkungen, eingeengt werden. Ob und inwieweit die Abgabe von Beratungs- und Informationsleistungen gegen Entgelt geeignet ist, den finanziellen Handlungsspielraum der Verbraucherorganisationen zu erhöhen und ob im Rahmen einer solchen, auf marktorientierten Kriterien basierenden Strategie eine verbraucherpolitische Vertretung sozialpolitischer und ökologischer Problemaspekte möglich sein wird, wird sich zeigen müssen (Biervert 1987). Hinsichtlich der regierungsamtlichen Verbraucherpolitik findet nach der Phase des Ausbaus des regulativen Verbraucherschutzes in den 70er Jahren in den von Deregulierungsvorstellungen geprägten 80er Jahren wieder eine stärkere Orientierung am Wettbewerbsparadigma statt. Das läßt sich auch am Stellenwert der Verbraucherpolitik in den Jahreswirtschaftsberichten der Bundesregierung verdeutlichen. Im Jahre 1972 erscheint im Jahreswirtschaftsbericht "Verbraucherpolitik" erstmals als eigenständiger Teil der geplanten Wirtschaftspolitik, von 1973 bis 1978 erscheint die Verbraucherpolitik als gesonderter Unterpunkt der "Ordnungs- und Verbraucherpolitik" ausgewiesen, und ab 1984 ist sie als genannter Bereich der Wirtschaftspolitik gestrichen (vgl. Jahreswirtschaftsberichte 1972 ff.), und es wird auf die den Verbraucherinteressen förderliche Wirkung von Wettbewerb und Wettbewerbspolitik verwiesen, wie auch auf die wettbewerbsfördernde Wirkung informationspolitischer Maßnahmen (Jahreswirtschaftsbericht 1995, Zi 44).

Das verbraucherpolitische Zielsystem, so wie die Bundesregierung es im Zweiten Bericht zur Verbraucherpolitik Mitte der 70er Jahre formuliert hat, enthält neben der Formulierung spezieller sektoraler Versorgungsaufgaben, wie beispielsweise Nahrungsmittelangebot, Wohnung, öffentliche Leistungen, die folgenden Ziele (Bundesministerum für Wirtschaft 1975, 11):

- "Stärkung der Stellung des Verbrauchers am Markt durch Erhaltung und Förderung eines wirksamen Wettbewerbs in allen Wirtschaftsbereichen,
- Information und Beratung des Verbrauchers über grundlegende wirtschaftliche Zusammenhänge, über aktuelles Marktgeschehen, über richtiges Marktverhalten und über rationelle Haushaltsführung, Verbesserung der Rechtsposition der Verbraucher und Schutz des Verbrauchers vor Irreführung, unlauteren Verkaufspraktiken und den Verbraucher unbillig benachteiligenden Vertragsbedingungen, ...
- umfassender Schutz des Verbrauchers vor gesundheitlichen Gefahren und umweltfreundlichere Gestaltung von Produktion und Produkten, ...

– Stärkung und Straffung der verbraucherpolitischen Interessenvertretungen und Wahrung der Verbraucherinteressen bei der Gütekennzeichnung und Normung."

Neben wettbewerbspolitischen Maßnahmen, die einen funktionsfähigen Leistungswettbewerb erhalten bzw. fördern und so die Wahlfreiheit des Verbrauchers sichern wollen, ergeben sich als drei weitere bedeutsame Ansatzpunkte der Verbraucherpolitik:
– die Verbraucherinformation und Verbraucherbildung,
– der Verbraucherschutz und
– Maßnahmen zur Förderung der Organisation und Vertretung von Verbraucherinteressen.

2.1 Verbraucherinformationspolitik

Ziel der informationspolitischen Aktivitäten der Verbraucherpolitik ist es, den Verbraucher vor für ihn nachteiligen und dem Wettbewerb abträglichen Fehlentscheidungen zu schützen. Verbraucherinformationen basieren auf dem Prinzip "Hilfe zur Selbsthilfe". Hieraus ergibt sich die grundsätzliche Vorrangstellung des Instrumentalbereiches Verbraucherinformation und Verbraucheraufklärung (einschließlich Verbraucherbildung) vor regulierenden staatlichen Maßnahmen des Verbraucherschutzes. Gestützt wird dies durch die Vorstellung, daß verstärkte Anstrengungen auf dem Gebiet der Verbraucherinformation, -aufklärung und -bildung den Bedarf an reglementierendem Verbraucherschutz verringern können (Thorelli/Thorelli 1977, 24 ff.). Informationspolitische Maßnahmen wollen den Markt transparent und das Güterangebot überschaubar machen und den Verbrauchern neutrale, anbieterunabhängige Informationen bezüglich Sicherheit, Qualität und Preiswürdigkeit der angebotenen Waren und Dienstleistungen bieten (Sippig 1987, 143). Dem Verbraucher sollen Entscheidungshilfen zur Verringerung des freilich nie ganz auszuschaltenden Risikos von Fehlentscheidungen zur Verfügung gestellt werden. Der Begriff der Verbraucherinformation ist hier weit zu fassen. Informationen über Preis und qualitative Eigenschaftsmerkmale sowie Aufklärung über die Funktionsbedingungen von Märkten und marktstrukturelle Gegebenheiten gehören ebenso dazu, wie zielgerichtete und zielgruppenspezifische Maßnahmen der Verbraucherberatung sowie Verbrauchererziehung und Verbraucherbildung. Unter qualitativen Aspekten gewinnen in den letzten Jahren mit zunehmendem Bewußtsein für die globale Umweltkrise Informationen über umweltverträglicheres Konsumverhalten und umweltverträglichere Lebensstile an Bedeutung (vgl. beispielsweise Stiftung Verbraucherinstitut 1995). Insbesondere die Verbraucherorganisationen sehen in der Förderung eines "ethischen Konsums" (vgl. beispielsweise Verbraucherrundschau 1995) einen neuen Schwerpunkt ihrer Tätigkeit. Sie informieren nicht nur zunehmend über die Ökologieverträglichkeit von Marktangeboten, sondern gehen auch dazu über, den Konsumenten Informationen über das soziale und ökologische Verhalten der Unternehmen als Ganzes zur Verfügung zu stellen (vgl. Dammann/Strock 1995). Solche Informationen erleichtern den für ökologische Risiken sensibilisierten Verbrauchern entsprechende Orientierungen. So wächst die Chance, daß sozial- und ökologieorientiertes Anbieterverhalten mit Wettbewerbsvorteilen belohnt wird.

Von besonderer Bedeutung für die Verbraucherinformationspolitik sind die Informationen der 1964 gegründeten Stiftung Warentest, deren ausschließlicher und unmittelbarer Zweck laut § 2 der Satzung in der Neufassung vom 01. Juli 1985 u.a. darin besteht, "die Öffentlichkeit über objektivierbare Merkmale des Nutzen- und Gebrauchswertes sowie über objektivierbare Merkmale der Umweltverträglichkeit von Waren und privaten, sowie individuell nutzbaren öffentlichen Leistungen zu unterrichten ..." Die Wirkungen dieser anbieterunabhängigen, in der Zeitschrift "test" veröffentlichten und von den übrigen Medien weiter verbreiteten Informationen gehen weit über die sich vorwiegend aus Mittelschichten rekrutierenden unmittelbaren Nutzer hinaus. Dies wird beispielsweise daran deutlich, daß Anbieter mit schlechten Testurteilen versehene Produkte noch vor Veröffentlichung aus dem Markt nehmen.

Auch im Gefolge der fortschreitenden europäischen Integration gewinnt die Verbraucherinformationspolitik an Bedeutung. Mit der Schaffung eines einheitlichen *Europäischen Binnenmarktes* verloren durch das Prinzip der gegenseitigen Anerkennung u.a. nationale Verbraucherschutzvorschriften ihre Wirkung, insoweit nun bis dahin abgewehrte, nach anderen als den deutschen Vorschriften erstellte Produkte auf die Inlandsmärkte gelangen. Die (nur zum Teil strengeren) deutschen Vorschriften dürfen zwar für deutsche Hersteller in Kraft bleiben, aber ausländische Produkte, die den Vorschriften des jeweiligen Herkunftslandes aus der EU entsprechen, erhalten nun freien Zugang. Dies kann zu Einbußen an Sicherheit, Gesundheits-, Verbraucher- und Umweltschutz führen. Aber dies ist nicht zwangsläufig, wenn einmal sichergestellt wird, daß Verbraucher durch eine entsprechende Kennzeichnung über Herkunft, Zusammensetzung und Eigenschaftsmerkmale der Produkte in einer verständlichen Weise informiert werden und zum anderen grundlegende Anforderungen an die Produkte durch für alle Länder verbindliche Regelungen auf hohem Schutzniveau geregelt werden (zur Verbraucherpolitik im Binnenmarkt vgl. Lawlor 1990). Welche Bedeutung der Verbraucherinformation (aber auch der Vertretung von Verbraucherinteressen durch Verbraucherorganisation auf europäischer und nationaler Ebene) beizumessen ist, wird gegenwärtig nirgendwo deutlicher als an der Kontroverse über Kennzeichnung gentechnisch veränderter Lebensmittel (vgl. Verbraucherpolitische Korrespondenz 1995, 1 f.).

2.2 Verbraucherschutzpolitik

Die Notwendigkeit der Verbraucherschutzpolitik ergibt sich dann, wenn der Wettbewerb auf den Märkten und die Maßnahmen der Verbraucherinformationspolitik nicht ausreichen, um bestimmte, als unzumutbar angesehene Marktrisiken zu bewältigen bzw. wenn Rechtsgüter von überragender Bedeutung, wie beispielsweise Leben und Gesundheit, bedroht sind. Die Vielzahl allgemeiner verbraucherschutzpolitischer Aktivitäten, wie Schutz vor defekten und gefährlichen Produkten, vor unlauterer Werbung oder vor überhöhten Preisen, und die Vielzahl von Schutzvorschriften in besonderen Situationen, wie beim Haustürgeschäft, Abzahlungskauf, beim Versicherungsabschluß oder beim reinen Vertragsabschluß (ausführlich dazu v. Hippel 1986), lassen sich im wesentlichen drei Aspekten zuordnen: der Erhöhung der Markttransparenz, der Verbesserung der Rechtsposition gegenüber Anbietern und dem Schutz vor gefährlichen Produkten. Zu den Vorschriften zur Verbesserung der Markttransparenz gehören beispielsweise
– die grundsätzliche Pflicht zur Preisauszeichnung im Einzelhandel,
– die Angabe der effektiven Kreditkosten,
– die Grundpreiskennzeichnung bei "krummen" Füllmengen oder Gewichten,
– die Angabe von Zusatzstoffen in Lebensmitteln, aber auch
– gesetzliche Grundlagen zum Schutz gegen unlautere Werbung.

Der Verbesserung der Rechtsposition gegenüber Anbietern sind zuzurechnen
– gesetzliche Grundlagen, wie beispielsweise Regelungen der Allgemeinen Geschäftsbedingungen, auf spezielle Situationen, wie Haustürkäufe, Reisen, Mietverhältnisse, Fernunterricht etc. bezogene gesetzliche Regelungen,

– Regelungen, die die Durchsetzung berechtigter Ansprüche gegenüber Anbietern erleichtern, beispielsweise Prozeßkostenhilfe oder die Möglichkeit kostenloser Rechtsberatung in Abhängigkeit der Einkommensverhältnisse.

Dem Schutz vor gefährlichen Produkten dienen beispielsweise
– gesetzliche Vorgaben, wie Lebensmittelgesetz oder Arzneimittelgesetz etc.,
– Aktivitäten von Selbstkontrollorganen der Wirtschaft, wie beispielsweise dem Deutschen Institut für Normung (DIN) bzw. den europäischen Normungsinstituten (CEN und CENELEC).

Nach der Reihenfolge der Verbindlichkeit geordnet lassen sich als Instrumente des Verbraucherschutzes Gesetze, Rechtsprechung bzw. gerichtliche Kontrolle, Verwaltungskontrolle, beispielsweise durch Gewerbeaufsicht und Ordnungsämter auf kommunaler Ebene, Selbstkontrolle der Wirtschaft und Selbstverpflichtungen einzelner Anbieter unterscheiden (Kuhlmann 1990, 88). Ein wirksamer Verbraucherschutz ist in einer dynamischen Umwelt zum einen ein Problem fehlender gesetzlicher Grundlagen im Gefolge technischen Fortschritts bzw. institutioneller Entwicklungen. Stichwortartig sei hier auf die Entwicklung der Gentechnologie und auf den fortschreitenden europäischen Integrationsprozeß (s.o.) hingewiesen. Zu einem Teil ist der Verbraucherschutz aber auch ein Problem der Kontrolle und des Vollzugs bestehender gesetzlicher Regelungen. Die Kontrolle von Verbraucherschutzgesetzen ist auf viele Behörden (beispielsweise Ordnungsämter, Gewerbeaufsicht, Landeskartellämter etc.) verteilt und erfolgt dort häufig im Nebenzweck. An Selbstkontrollorganen sind Verbraucher häufig nicht (z.B. Deutscher Werberat als Selbstkontrollorgan der werbetreibenden Wirtschaft) oder nicht angemessen beteiligt (z.B. in vielen Schlichtungsstellen). Berechtigte individuelle Ansprüche werden häufig angesichts hoher Zugangsbarrieren zu den Gerichten, insbesondere für Einkommens- und Bildungsschwache, nicht durchgesetzt. Verstöße gegen Gesetze und Verordnungen bleiben nicht selten bis zur Artikulation von öffentlicher Kritik durch Verbraucher bzw. Verbraucherverbände ungeahndet.

2.3 Akteure der Verbraucherpolitik und das Problem der Organisation von Verbraucherinteressen

Verbraucherpolitische Aktivitäten werden von einer Vielzahl unterschiedlicher Institutionen und Organisationen auf nationaler und internationaler Ebene durchgeführt. Zu den Trägern gehören staatliche Organe ebenso wie private Organisationen. Das Spektrum reicht von den Organen der EU mit dem für die Vertretung von Verbraucherinteressen auf europäischer Ebene bedeutsamen "Wirtschafts- und Sozialausschuß" über Ministerien bzw. Behörden auf Bundes-, Landes- und Gemeindeebene. Hinzu kommen internationale und nationale Verbraucherorganisationen, wie
– *Consumers International* (CI), ein Zusammenschluß von rund 250 Verbraucherorganisationen aus mehr als 50 Ländern mit Sitz in London (früher International Organisation of Consumer Unions, IOCU)
– *Bureau Europeen des Unions de Consommateurs* (BEUC) als europäischer Dachverband von 29 unabhängigen nationalen Verbraucherorganisationen aus allen EU- (und auch EFTA-)Ländern mit Sitz in Brüssel. Deutsche Mitglieder sind die Arbeitsgemeinschaft der Verbraucherverbände e.V. (AgV) und die Stiftung Warentest (s.u.).
– *Arbeitsgemeinschaft der Verbraucherverbände e.V.* (AgV) als 1953 gegründeter Dachverband von verbraucher- und sozialpolitischen Mitgliedsverbänden mit Sitz in Bonn vertritt Interessen und Rechte von Verbrauchern gegenüber Staat, Öffentlich-

keit, Anbietern und Wirtschaftsorganisationen. Die AgV wirkt auf Stützung der Selbsthilfe der Verbraucher durch Verbraucherinformation, -beratung und -bildung hin (Publikationen: Verbraucherrundschau, Verbraucherpolitische Korrespondenz).
- *Verbraucherzentralen der Länder* mit ihren regionalen bzw. lokalen *Verbraucherberatungsstellen*. Mittlerweile existieren in allen 16 Bundesländern Verbraucherzentralen mit insgesamt fast 350 Beratungsstellen (davon 91 in den neuen Bundesländern), die Verbraucherinformationen zur Verfügung stellen und zu allgemeinen und speziellen Verbraucherproblemen Beratungsleistungen, heute z.T. gegen Entgelt, anbieten. Die Verbraucherzentralen befassen sich mit der gesamten Breite der Verbraucherpolitik.
- *Stiftung Warentest* mit Sitz in Berlin. Die Stiftung wurde 1964 gegründet. Ihre Aufgabe liegt vor allem auf dem Gebiet der Verbraucherinformation (s.o.) (Publikationen: test, test-Kompaß, test-Jahrbuch, Finanztest, Sonderpublikationen zu speziellen Problemen).
- *Institut für angewandte Verbraucherforschung*, Köln, als 1965 von der AgV gegründetes Forschungsinstitut, welches sich satzungsgemäß mit verbraucherpolitisch relevanten Forschungsfragen zu befassen und Anregungen für die Verbraucherpolitik zu geben hat.
- *Verbraucherschutzverein* mit Sitz in Berlin, der 1966 als Verein zum Schutz des Verbrauchers gegen unlauteren Wettbewerb gegründet wurde und dessen Aufgabe in der Bekämpfung von Verstößen gegen das Gesetz gegen unlauteren Wettbewer (UWB) und gegen das Gesetz zur Regelung des Rechts der Allgemeinen Geschäftsbedingungen (AGB-Gesetz) besteht.
- *Stiftung Verbraucherinstitut* mit Sitz in Berlin, die 1978 von der AgV und der Stiftung Warentest mit dem Auftrag gegründet wurde, Grundsätze, Modelle und Einzelmaterialien für die Verbraucherbildung und -information zu entwickeln bzw. durchzusetzen.

Die Verbraucherorganisationen basieren im wesentlichen auf dem Prinzip der Fremdorganisation. Aber es lassen sich auch Formen der Selbstorganisation finden, wie beispielsweise lokale *Mietervereine* ,mit dem *Deutschen Mieterbund* als Dachverband, und vereinzelte lokale Verbrauchervereine. Die Wirksamkeit der Aktivitäten dieser Akteure bemißt sich wesentlich nach Kriterien wie Umfang und Quelle der finanziellen Ressourcen, danach, ob Verbraucherinteressen im Hauptzweck oder im Nebenzweck vertreten werden bzw., ob es sich um spezielle bzw. ausgrenzbare Verbraucherinteressen oder um allgemeine Verbraucherinteressen handelt. Für die Verbraucherorganisation kommt die Frage Selbst- oder Fremdorganisation hinzu.

In der Bundesrepublik Deutschland ist das Verbraucherinteresse überwiegend als Fremdorganisation organisiert. Selbstorganisierte, auf individueller Mitgliedschaft basierende Verbraucherorganisationen finden sich nur vereinzelt im Bereich ausgrenzbarer spezieller Verbraucherinteressen. Dies ist nicht zufällig. Schon Franz Böhm hielt die Unorganisierbarkeit von Konsumenten für ein "quasi soziologisches Gesetz" (Böhm 1951, 197). Er verwies darauf, daß Individuen das Einkommenserwerbsinteresse bedeutsamer empfänden als das Einkommensverwendungsinteresse. Als weitere Gründe wurden geringe Konfliktfähigkeit und die Heterogenität der Verbraucherinteressen, die geringe Organisationsbereitschaft insbesondere bei sozial schwachen Verbrauchern und das Trittbrettfahrerproblem genannt. Der theoretische Kern der Organisationsproblematik allgemeiner, breitgestreuter Verbraucherinteressen läßt sich mit Hilfe des theoretischen Ansatzes von M. Olson verdeutlichen (Olson 1992). Danach hängt die Bereitschaft eines Individuums zum Organisationsbeitritt entscheidend davon ab, ob die Leistungen der Organisation für das Mitglied die Kosten der Mitgliedschaft übersteigen, wobei von einem weiten, nicht auf Geldkategorien beschränkten Nutzen- und Kostenbegriff auszugehen ist. Je größer nun die Gruppe mit einem gleichgerichteten Interesse ist, umso schwieriger ist es, die durch Organisation dieser Gruppe erstellte Leistung auf den Kreis derjenigen zu beschränken, die durch ihre Mitgliedschaft zum Zustandekommen der Leistung beigetragen haben. Andererseits wird mit zunehmender Gruppengröße die Leistung vom Leistungsbeitrag eines einzelnen Mitgliedes zunehmend unabhängig. Wenn also Individuen ihre Entscheidung über die Mitgliedschaft in Organisationen von individuellen Kosten-Nutzen-Überlegungen abhängig machen, dann werden mit zunehmender Gruppengröße die Anreize stärker, der Organisation dieser Gruppe die Mitgliedschaft zu verweigern (Trittbrettfahrerproblem). Nach diesem Ansatz werden breit gestreute Interessen, wie das Verbraucherinteresse, von denen man allein wegen der großen Anzahl von Verbrauchern zunächst annehmen muß, daß sie sich in demokratischen Systemen durchsetzen, mangels Organisation Partikularinteressen, wie beispielsweise in höherem Maße spezialisierten Produzenteninteressen, tendenziell unterliegen. Anders stellt sich das Problem, wenn ein allgemeines Verbraucherinteresse konkretisiert wird, wenn beispielsweise das allgemeine Interesse an Preisniveaustabilität oder Verbraucherschutz auf Verringerung von Mietpreissteigerungen und Kündigungsschutz bezogen wird. Hier handelt es sich um ein für bestimmte Konsumenten bedeutsames Interesse, das sich in stabilen Selbstorganisationsformen, wie Mietervereinen, organisieren läßt, weil die Leistungen dieser Mietervereine auf den Kreis der Mitglieder beschränkt werden können. An der Leistung kann nur partizipieren, wer über die Kosten der Mitgliedschaft zu ihrem Zustandekommen beiträgt. Eine Stärkung der Selbstorganisation von Verbraucherinteressen müßte nach diesem Ansatz an der Entwicklung von Leistungsangeboten ansetzen, die für die Mitglieder Vorteile entfalten und die Nichtmitgliedern vorenthalten werden können. Die Versuche der Verbraucherzentralen und ihrer Beratungsstellen in den letzten Jahren, den Verbrauchern ein differenziertes Leistungsangebot gegen Entgelt anzubieten, gehen auf den ersten Blick in diese Richtung. Allerdings sind sie stärker von einer Einengung der finanziellen Spielräume als von einer Stärkung der Verbraucherinteressen durch Selbstorganisation bestimmt.

Literatur

Biervert, B. 1977: Ex ante-Verbraucherpolitik, in: Verbraucherforschung, hrsg. v. H. Matthöfer, Frankfurt am Main, 205-216.

Biervert, B.; Fischer-Winkelmann, W.-F.; Rock, R. 1977: Grundlagen der Verbraucherpolitik, Reinbek bei Hamburg.

Biervert, B. 1987: Organisierte Verbraucherpolitik und die Durchsetzung von Verbraucherinteressen, in: Verbraucherpolitik kontrovers, hrsg. v. H. Piepenbrock u. C. Schröder, Köln, 9-22.

Böhm, F. 1951: Das wirtschaftliche Mitbestimmungsrecht der Arbeiter im Betrieb, in: Ordo, Band 4.

Bundesministerium für Wirtschaft (Hrsg.) 1975: Zweiter Bericht der Bundesregierung zur Verbraucherpolitik, Bonn-Duisdorf.

Czerwonka, C.; Schöppe, G.; Weckbach, S. 1976: Der aktive Konsument: Kommunikation und Kooperation, Göttingen.

Dammann, R.; Strock, F. (Hrsg.) 1995: Der Unternehmenstester. Die Lebensmittelbranche. Ein Ratgeber für den verantwortlichen Einkauf, Reinbek bei Hamburg.

Hippel, E. v. 1986: Verbraucherschutz, 3., neubearbeitete Auflage, Tübingen.

Hirsch, F. 1980: Die sozialen Grenzen des Wachstums - Eine ökonomische Analyse der Wachstumskrise, Reinbek bei Hamburg.

Hirschman, A. O. 1974: Abwanderung und Widerspruch, Tübingen.

Jeschke, D. 1975: Konsumentensouveränität in der Marktwirtschaft - Idee, Kritik, Realität, Berlin.

Jahreswirtschaftsberichte 1972-1995 der Bundesregierung, hrsg. v. Bundesministerium für Wirtschaft, Bonn, lfd. Jg.

Knobloch, U. 1994: Theorie und Ethik des Konsums. Reflexion auf die normativen Grundlagen sozialökonomischer Konsumtheorien, Bern u.a.

Kroeber-Riel, W. 1975: Konsumentenverhalten, München.

Kroeber-Riel, W. 1977: Kritik und Neuformulierung der Verbraucherpolitik auf verhaltenswissenschaftlicher Grundlage, in: Die Betriebswirtschaft, 37. Jahrgang, Heft 1, 89-103.

Krol, G.-J.; Diermann H. 1985: Projekt: Markentreue bei Alltagskäufen? Verbrauchererziehung und wirtschaftliche Bildung, Heft 1/1985, 2.

Kuhlmann, E. 1990: Verbraucherpolitik, München.

Lawlor, E. 1990: Freie Auswahl und größeres Wachstum. Das Ziel der Verbraucherpolitik im Binnenmarkt, Brüssel, Luxemburg.

Meyer-Dohm, P. 1965: Sozialökonomische Aspekte der Konsumfreiheit, Freiburg i. Br.

Meyer-Dohm, P. 1978: Die Konsumentensouveränität und die Notwendigkeit des Konsumentenschutzes, in: WISU, 7. Jahrgang, Heft 6, 277-281.

Offe, C. 1981: Ausdifferenzierung oder Integration - Bemerkungen über strategische Alternativen der Verbraucherpolitik, in: Zeitschrift für Verbraucherpolitik, Heft 1 und Heft 2, 119-133.

Olson, M. 1992: Die Logik des kollektiven Handelns, 3., durchgesehene Auflage, Tübingen.

Scherhorn, G. 1975: Verbraucherinteresse und Verbraucherpolitik, Göttingen.

Scherhorn, G. 1994: Nachhaltiger Konsum, Probleme und Chancen, in: Im Namen der Zukunft - Politische Wege zur Nachhaltigkeit, hrsg. v. der Studenteninitiative Wirtschaft und Umwelt, Münster, 63-81.

Scherhorn, G. 1995: Güterwohlstand versus Zeitwohlstand - Über die Unvereinbarkeit des materiellen und des immateriellen Produktivitätsbegriffs, in: Zeit in der Ökonomie, hrsg. v. B. Biervert u. M. Held, Frankfurt am Main, 147-166.

Scitovsky, T. 1977: Psychologie des Wohlstands, Frankfurt am Main.

Sinn, H.-W. 1988: Kommentar zu Magoulas G., Verbraucherschutz als Problem asymmetrischer Informationskosten, in: Ott, C. u. H.-B. Schäfer (Hrsg.), Allokationseffizienz in der Rechtsordnung, Berlin, Heidelberg, 81-90.

Sippig, G. 1987: Zur Notwendigkeit verbraucherpolitischer Maßnahmen in der marktwirtschaftlichen Ordnung, in: Verbraucherpolitik kontrovers, hrsg. v. H. Piepenbrock u. C. Schröder, Köln, 139-147.

Specht, G. 1979: Die Macht aktiver Konsumenten, Stuttgart.

Stauss, B. 1980: Verbraucherinteressen - Gegenstand, Legitimation und Organisation, Stuttgart.

Stiftung Verbraucherinstitut (Hrsg.) 1995: Nachhaltiger Konsum - aber wie?, Berlin.

Thorelli, H.; Thorelli, S. 1977: Consumer information systems and consumer policy, Cambridge/Mass.

Tietzel, M. 1988: Probleme der asymmetrischen Informationsverteilung beim Güter- und Leistungsaustausch, in: Ott, C. u. H.-B. Schäfer (Hrsg.), Allokationseffizienz in der Rechtsordnung, Berlin, Heidelberg, 52-69.

Verbraucherpolitische Korrespondenz 1995: hrsg. v. der Arbeitsgemeinschaft der Verbraucherverbände (AgV), Nr. 45 vom 7. November.

Verbraucherrundschau 1995: Ethischer Konsum, hrsg. v. der Arbeitsgemeinschaft der Verbraucherverbände (AgV), Heft 10, 1-37.

Umweltpolitik

Gerd-Jan Krol

1. Entwicklung der Umweltpolitik

In der Bundesrepublik Deutschland begann die programmatische und institutionelle Ausgestaltung der Umweltpolitik mit der sozialliberalen Koalition 1969. Im ersten Umweltprogramm von 1971 wurde von der Umweltpolitik als einem eigenständigen Aufgabenbereich gesprochen, dem der gleiche Rang beizumessen sei, wie den öffentlichen Aufgaben soziale Sicherheit, Bildungspolitik oder innere und äußere Sicherheit (Umweltprogramm der Bundesregierung, 1973, 6). In diesem Programm wurden mit dem *Verursacherprinzip*, dem *Vorsorgeprinzip* und dem *Kooperationsprinzip* bis heute gültige Leitlinien der Umweltpolitik entwickelt. Der Ausbau erfolgte zunächst vor allem im Kompetenzbereich des Bundesinnenministeriums. Dieses errichtete für die wissenschaftliche Unterstützung der Umsetzung des Umweltprogramms 1971 den "Rat von Sachverständigen für Umweltfragen" und 1974 das "Umweltbundesamt". Ein eigenständiges Ministerium auf Bundesebene wurde erst 1986 im Gefolge des Reaktorunglücks von Tschernobyl mit der Gründung des "Bundesministeriums für Umwelt, Naturschutz und Reaktorsicherheit" geschaffen.

Die Umweltpolitik war von Beginn an vor allem auf die Abwehr oder die Beseitigung unmittelbarer Schäden ausgerichtet (*Gefahrenabwehr*). Sie bediente und bedient sich bis heute im wesentlichen eines planungs- und vor allem *ordnungsrechtlichen Ansatzes* (s.u.), dessen Auflagen (Ge- und Verbote) Umweltnutzungen unter einen behördlichen Genehmigungsvorbehalt stellen und die Genehmigung von der Erfüllung bestimmter technischer, belastungsmindernder Kriterien abhängig machen. Die konkrete Ausgestaltung der Umweltpolitik mittels einer Vielzahl von Gesetzen und Verordnungen bezieht sich auf den Schutz unterschiedlicher Umweltmedien (Boden, Wasser, Luft), verschiedene Sektoren und auf die Reduzierung bestimmter Belastungsarten (Schadstoffemissionen, Lärm, Strahlungen etc.), ohne medien- und sektorenübergreifende sowie mittelbare Umwelteinwirkungen entsprechend zu berücksichtigen (Hartkopf/Bohne 1983, 85 f.). Bedeutende rechtliche Grundlagen sind das Abfallbeseitigungsgesetz von 1972 (1986: Abfallgesetz 1994 mit Inkrafttreten 1996: Kreislaufwirtschaftsgesetz), das Bundes-Immissionsschutzgesetz 1974 in Verbindung mit der TA-Luft, die Novelle 1976 zum Wasserhaushaltsgesetz und das Abwasserabgabengesetz 1976, das Bundesnaturschutzgesetz 1976, das Gesetz zur Bekämpfung der Umweltkriminalität 1980, die Großfeuerungsanlagenverordnung 1983, das Umwelthaftungsgesetz 1990, das Gesetz über die Umweltverträglichkeitsprüfung von 1990 sowie die Verpackungsverordnung von 1991. Mittlerweile existieren in der Bundesrepublik etwa 700 Gesetze und nachgelagerte Verordnungen, Verwaltungsvorschriften und Technische Anleitungen für den Umweltschutz (Prognos AG 1993, 32).

Obwohl es mit diesem Ansatz durchaus gelungen ist, die Umweltbelastungen in einigen Anwendungsbereichen drastisch zu reduzieren, wird er unter Aspekten der längerfristigen ökologischen Wirksamkeit und der ökonomischen Effizienz in der Wissenschaft, aber mittlerweile auch von Umweltverbänden und anderen wichtigen gesellschaftspolitischen Akteuren, zunehmend kritisiert. Zum einen wird auf die außerordentliche Regelungsdichte der Rechtsvorschriften hingewiesen, die kaum noch zu überschauen seien. Allein die Loseblattsammlungen für Praktiker zum Abfallgesetz, zum Wasserhaushaltsgesetz und zur TA-Luft umfassen bereits zehn Bände mit durchschnittlich weit über 1.000 Seiten (v. Weizsäcker 1992, 27). Darüber hinaus - so die Kritik - hemmen diese umweltpolitischen Instrumente gemeinsam mit anderen Vorschriften Investitionen oder verlagern sie ins Ausland, programmieren Vollzugsdefizite vor und machen nicht zuletzt den Umweltschutz teurer als nötig. Der zweite Hauptpunkt der Kritik bezieht sich darauf, daß die bisher vorwiegend nachsorgende Umweltpolitik den globalen ökologischen Herausforderungen nicht gerecht werden kann und zu wenig Vorsorgewirkungen entfaltet. Da ordnungsrechtliche Maßnahmen am Ende des Produktions- und Konsumprozesses ansetzen (End-of-the-pipe-Politik), ergibt sich häufig nur eine Verlagerung der Probleme. Zwar reduzieren Abgas- und Abwasserreinigung im Anwendungsbereich die Emissionen, aber die Schadstoffe verschwinden nicht, sondern fallen nun als Abfälle an, die bei sich verknappenden Entsorgungskapazitäten und erheblichem Widerstand gegen Verbrennungsanlagen und Deponien entsorgt werden müssen. Der Katalysator verringert zwar die Schadstoffemissionen pro Pkw, aber zunehmende Kraftfahrzeugdichte und die Entsorgung hochbelasteter Katalysatoren machen den angestrebten Umwelteffekt zunichte. Diese Beispiele zeigen, daß eine Entschärfung der Umweltproblematik auf Dauer nur gelingen kann, wenn die Umweltpolitik dem Vorsorgeprinzip stärker Rechnung trägt, wenn sie die Produktionsprozesse (und den Konsum) so verändert, daß sie von der Inputseite mit weniger Ressourcenverbrauch und auf der Outputseite mit weniger Emissionen verbunden sind. Dieser sogenannte *integrierte Umweltschutz* stellt - ökonomisch gesehen - ein Innovationsproblem dar, dem mit dem ordnungsrechtlichen Ansatz der Umweltpolitik nicht beizukommen ist. Der ordnungsrechtliche Ansatz entfaltet seine spezifischen Vorteile hinsichtlich der *Gefahrenabwehr*. Insoweit behält dieser Ansatz seine Bedeutung auch für eine sich am Leitbild einer *"dauerhaft umweltgerechten Entwicklung" (Sustainable Development)* orientierenden Umweltpolitik (s.u.). Aber gleichzeitig wächst mit diesem neuen Leitbild der Bedarf an Flexibilisierung der Auflagen und an ergänzenden, marktwirtschaftlichen Instrumenten der Umweltpolitik (Der Rat von Sachverständigen für Umweltfragen 1994, Ziff. 297-363; Kommission der Europäischen Gemeinschaften 1992, 72 ff.).

2. Ursachen der Umweltproblematik

Wie jede rationale Wirtschaftspolitik, muß auch die Umweltpolitik an den Ursachen ansetzen, wenn sie effektiv sein will. Als Ursachen für Umweltprobleme werden häufig genannt (vgl. Wicke 1993, 27 ff.):
das Bevölkerungswachstum, insbesondere in Drittweltländern, mit der Konsequenz armutsbedingter Umweltschädigungen,
die Verstädterung, insbesondere in Verbindung mit fehlender bzw. ökologisch bedenklicher Ver- bzw. Entsorgungsinfrastruktur,
das Wirtschaftswachstum, insbesondere das am Wachstum des realen Bruttosozialprodukts gemessene quantitative Wirtschaftswachstum,
falsche Rahmenbedingungen und Handlungsanreize für umweltverträglicheres Verhalten, insbesondere im Zusammenhang mit Ressourcenverschwendung und emissions-intensiven Produktions- und Konsummustern bzw. Lebensstilen.

Diese Ursachenkomplexe sind - je nach Blickwinkel - mehr oder weniger akzeptiert. Die Umweltbildung stellt vor allem auf menschliches Fehlverhalten ab und sieht in der Stärkung von Umweltmoral zur Korrektur menschlichen Fehlverhaltens ihren eigentlichen Beitrag zur Problementschärfung. Indem sie sich aber darauf beschränkt, Umweltmoral gegen bestehende Handlungsanreize (statt zu ihrer ökologieverträglicheren Gestaltung) zu stärken, begibt sie sich ohne Not in eine Dichotomisierung zu den wirtschaftlichen und sozialen Rahmenbedingungen. Sie individualisiert ein in fehlleitenden Strukturen angelegtes Problem (ausführlich dazu: Krol 1993). Dies läßt sich mit Hilfe von zwei lösungsorientierten wirtschaftswissenschaftlichen Erklärungsansätzen, der *Theorie der öffentlichen Güter* und der *Theorie der externen Effekte*, verdeutlichen.

2.1 Die ökonomische Sicht von Umweltproblemen

In ökonomischer Sicht resultieren Umweltprobleme aus Übernutzungen von Umweltleistungen. Menschen nehmen die natürliche Umwelt für Produktion und Konsum zweifach in Anspruch. Einmal werden der Umwelt für Produktion und Konsum erneuerbare und nicht erneuerbare Ressourcen entnommen (*Extraktionsleistungen*), zum anderen dient die Umwelt als Aufnahmemedium für vielfältigste Schadstoffe, die im Gefolge des Produktions- und Konsumprozesses anfallen (*Depositionsleistungen*). Dies galt seit jeher. Aber während in der bisherigen Menschheitsgeschichte Extraktions- und Depositionsleistungen der natürlichen Umwelt – von regionalen bzw. punktuellen Problemen abgesehen – gleichzeitig und nebeneinander in Anspruch genommen werden konnten, beeinträchtigen sich heute beide Umweltnutzungen wechselseitig und schließen sich z.T. aus. Noch bis in jüngste Zeit galt sauberes Wasser als ein im Überfluß vorhandenes, *freies Gut*. Heute müssen Industrie, Wasserwirtschaftsverbände und Kommunen hohe Investitionen tätigen, um eine für die Produktion akzeptable und der Gesundheit zuträgliche Wasserqualität zu gewährleisten. Umweltleistungen sind, für alle spürbar, knapp geworden. Nach dem *Leitbild einer dauerhaft - umweltgerechten Entwicklung (Sustainable Development)* sind die Depositionsleistungen auf das Maß der Erhaltung der Pufferkapazität der Natur und die Extraktionsleistungen auf erneuerbare Ressourcen, und hier auf das Maß des Nachwachsens, zu beschränken, während die nicht nachwachsenden Ressourcen zukünftigen Generationen möglichst erhalten bleiben sollten. Eine Umweltpolitik nach diesem Leitbild würde also eine drastische Reduzierung von Umweltnutzungen erfordern und damit eine gesellschaftlich zu organisierende Verknappung von Umweltleistungen bedeuten. Trotz bestehender und sich vermutlich verschärfender Knappheit wird in Marktwirtschaften nach wie vor verschwenderisch mit der Umwelt umgegangen. Wie ist dies möglich, wenn es doch gleichzeitig zu den herausragenden Eigenschaftsmerkmalen funktionierender Märkte gehört, auf zunehmende Knappheiten mit sparsamem und wirtschaftlichem Umgang zu reagieren? Gerade hierin hat sich die Überlegenheit der gesellschaftlichen Institution Markt gezeigt. Versagen also Märkte in bezug auf Umweltknappheiten oder liegt ein behebbarer Konstruktionsfehler der Marktwirtschaft vor, der es den Gesellschaften ermöglicht, Markt und Wettbewerb *für* mehr Umweltschutz zu nutzen? Liegen die Ursachen der Umweltprobleme in Marktversagen oder gar in Politikversagen, weil die Umweltpolitik die für mehr Umweltschutz in Marktwirtschaften notwendigen Weichenstellungen nicht oder nur unzureichend vornimmt? Mit Hilfe der Theorie der *"öffentlichen Güter"* und *"externen Effekte"* kann diese Frage geklärt werden.

2.2 Umwelt als öffentliches Gut

Viele Umweltleistungen, aber auch Maßnahmen zur Wiederherstellung bzw. Erhaltung einer intakten Umwelt, haben den Charakter eines öffentlichen Gutes. Öffentliche Güter können in Anspruch genommen werden, ohne daß der Nutzer sich zwingend an den Kosten ihrer Erstellung oder Erhaltung beteiligen muß. Für sie gilt also das für funktionierende Märkte grundlegende Prinzip der *Ausschlußwirkung von Preisen* nicht. Für private Güter, wie sie auf Märkten getauscht werden, gilt, daß derjenige, der den Preis nicht zahlt, grundsätzlich von der Nutzung ausgeschlossen wird. Und nur deshalb finden sich im Markt Anbieter; denn nur, wenn Nichtzahler von der Nutzung einer Leistung ausgeschlossen werden können, können die Anbieter ihre Produktionskosten über Preise erstattet bekommen. Öffentliche Güter, wie beispielsweise sauberes Wasser, saubere Luft, intakte Landschaft, Ruhe etc., lassen sich aber nicht auf einzelne Nachfrager aufteilen. Werden sie angeboten, kann der einzelne sie auch nutzen, ohne daß er sich an den Kosten ihrer Bereitstellung oder Erhaltung beteiligt haben muß. Hinzu kommt, daß aus der Perspektive des einzelnen sein Leistungsbeitrag in Form umweltverträglicheren Verhaltens i.d.R. mit spürbaren Kosten verbunden ist, die als Einzelbeitrag aber wiederum keine spürbare Verbesserung der Umweltqualität garantieren. Diese käme nur dann zustande, wenn auch alle anderen ihren Beitrag zur Erhaltung bzw. Wiederherstellung einer intakten Umwelt leisteten. Dies ist aus den genannten Gründen aber unsicher. Damit besteht für jeden einzelnen ein systematischer Anreiz zum Einnehmen einer *Außenseiter-* bzw. *Trittbrettfahrerposition*. Unter der Annahme, daß Menschen aus ihrer individuellen Position vorteilhaft erscheinende Handlungsalternativen nicht systematisch zurückweisen, ergibt sich in vielen Umweltbereichen ein systematischer Anreiz, sich umweltverträglicheren, aber mit zusätzlichen Kosten verbundenen Verhaltensänderungen zu verweigern, gleichwohl aber für eine intakte Umwelt zu plädieren (ausführlicher dazu vgl. Krol 1995, 78 ff.). Dieser Anreiz wirkt für Konsumenten, Produzenten, Kommunen und Staaten gleichermaßen. In dieser Sicht liegt das Problem in *Merkmalen der Entscheidungssituation* begründet, nicht jedoch in Merkmalen der entscheidenden Personen, wie in der Umweltbildung unterstellt wird. Diese folgt einer Axiomatik, bei der die Wertschätzung einer sozialen Norm immer auch mit der Erwartung ihrer Befolgung durch das Individuum verbunden wird. Und dieser Zusammenhang trägt, solange das soziale Handlungsfeld über funktionierende Rückkopplungsmechanismen verfügt, die das Erwünschte für den einzelnen spürbar an dessen Beitrag zu seiner Herbeiführung koppeln. Genau dies fehlt für viele Entscheidungssituationen über Umweltnutzungen. Sie haben den Charakter öffentlicher Güter. Hier macht erst die klare *Unterscheidung* zwischen dem Interesse eines Individuums an der Gültigkeit einer sozialen Norm für die Gesellschaft und der Bereitschaft, diese Norm dem eigenen Verhalten zugrunde zu legen, den Blick frei für den strukturellen Kern des Umweltproblems. Viele Umweltprobleme haben die Struktur sozialer Dilemmata, d.h., das von den Mitgliedern einer Gesellschaft Gewünschte kommt aufgrund von Merkmalen der relevanten Entscheidungssituationen, die den Charakter öffentlicher Güter in sich tragen, ohne weiteres nicht zustande. Gestiegenes Umweltbewußtsein auf der einen Seite und nach allen einschlägigen Untersuchungen nach wie vor wenig umweltverträgliches Verhalten (stellvertretend für viele Untersuchungen: Dieckmann/Preisendörfer 1992 u. 1993) sind nicht als Paradoxie zu sehen (Heid 1992, 128), sondern können mit diesem Ansatz gut erklärt werden.

2.3 Externe Effekte und externe Kosten

Während die Theorie der öffentlichen Güter erklären kann, warum das Interesse an einer intakten Umwelt nicht auch gleichzeitig zu freiwilligen Verhaltensänderungen der Akteure führt, warum wir also in umweltrelevanten Entscheidungssituationen mit strategischem Verhalten der Akteure rechnen müssen, erklärt die Theorie der externen Effekte, warum Umweltprobleme auf den Märkten unter den gegebenen Rahmenbedingungen voraussehbar und zwingend sind und was getan werden muß, um Markt und Wettbewerb für einen wirksamen Umweltschutz zu nutzen.

Externe Effekte liegen vor, wenn die Wirtschaftssubjekte nicht mit den gesamten Folgen ihres wirtschaftlichen Verhaltens, d.h. den gesamten "Kosten" und "Nutzen", die sie verursachen, konfrontiert werden. Für die Umweltproblematik sind insbesondere negative externe Effekte bedeutsam. Sie liegen vor, wenn nur ein Teil der Kosten einer wirtschaftlichen Aktivität dem Verursacher zugerechnet wird. Dies ist für produktions- und konsumbedingte Umweltprobleme geradezu typisch, da hier ein Teil der Handlungsfolgen, ein Teil der gesamtwirtschaftlich entstehenden Kosten, auf Dritte, die Allgemeinheit oder gar zukünftige Generationen abgewälzt werden kann. Beispiele für umweltbezogene negative externe Effekte sind Gesundheitsschäden und Materialbeeinträchtigungen durch Schwefeldioxid, Emissionen von Kraftwerken und sonstigen Emittenten, Verminderungen des Wohnwertes und des Wertes von Wohnhäusern durch Straßenverkehrslärm, Verschlechterung der Trinkwasserqualität durch Überdüngung und Pestizideinsatz, Verringerung der Fischfangergebnisse durch Einleitung von Abwässern. Gemeinsames Merkmal aller Beispiele ist, daß die Verursacher der Umweltbelastungen anderen Mitgliedern der Gesellschaft Kosten in Form bewerteter externer Effekte aufbürden, die nicht in der Wirtschaftsrechnung der Verursacher auftauchen.

Die Bewertung dieser Kosten in Geldeinheiten ist nicht immer möglich, und selbst, wo sie prinzipiell möglich ist, häufig mit großen Schwierigkeiten verbunden, beispielsweise wenn statt der Schadenskosten auf Vermeidungskosten (Ausweich- und Beseitigungskosten) oder, in Ermangelung von Marktpreisen, gar auf "Zahlungsbereitschaften" zurückgegriffen werden muß. Aber allein die Existenz negativer externer Effekte mit der Folge eines Auseinanderfallens zwischen volkswirtschaftlichen und privat verrechneten Kosten - die Differenz bezeichnet man als *externe Kosten* bzw. *soziale Zusatzkosten* - hat in einem marktwirtschaftlichen System weitreichende Konsequenzen. Die privaten Kosten sind nämlich die Basis für die Höhe der Preise, an denen sich die Entscheidungen der Produzenten und Konsumenten ausrichten. Je stärker das Ausmaß der Umweltbelastungen ist, desto größer ist die Differenz zwischen den einzelwirtschaftlich kalkulierten und den volkswirtschaftlich entstehenden Kosten, umso problematischer ist die Lenkungswirkung der auf der Basis der einzelwirtschaftlichen Kosten ermittelten Preise. Die Preise von in Produktion, Ge- und Verbrauch umweltbelastenden Gütern sind im Vergleich zu umweltverträglicheren zu gering. Die (auch ungewollte) Förderung umweltbelastender Produktions- und Konsummuster auf den Märkten ist die zwingende und voraussehbare Folge. Zwingend und voraussehbar deshalb, weil die gesellschaftliche Rolle der Unternehmen darin besteht, kostengünstige Problemlösungen zu finden. Und es ist die Rolle der Konsumenten, kostengünstige Problemlösungen mit Zunahme von Nachfrage zu belohnen. Umweltbelastende Aktivitäten erhalten im Vergleich zu ihren umweltverträglicheren Alternativen einen "künstlichen" Wettbewerbsvorteil. Das Ergebnis ist ein zu hohes Niveau umweltbelastender Aktivitäten. Hinzu kommt, daß es unter diesen Bedingungen keinen Anreiz gibt, nach umweltverträglicheren Alternativen zu suchen.

In dieser Sicht ist die Ursache der Umweltprobleme nicht in der Wirkungsweise von Marktmechanismen als solchen zu sehen, sondern in unzulänglichen, weil die Umweltknappheiten nicht berücksichtigenden und die Knappheitsfolgen nicht anzeigenden Preisen. Nicht das Prinzip der Marktkoordination versagt, sondern ein Konstruktionsfehler hinsichtlich der institutionellen Ausgestaltung behindert umweltverträglichere Ergebnisse. Dieser Konstruktionsfehler liegt darin, daß Produzenten und Konsumenten einen Teil der von ihnen verursachten Handlungsfolgen auf Dritte abwälzen können. Umweltprobleme sind zunächst Probleme der Fehlsteuerung auf Märkten, die ihre Ursache in "falschen" Preisen haben. Es muß also zunächst und vor allem darum gehen, die bisher abgewälzten sozialen Zusatzkosten wirtschaftlicher Aktivitäten den Verursachern zuzurechnen und in den Preisen widerspiegeln zu lassen (*Internalisierung* externer Effekte).

Die Frage ist, wie es zu einer solchen Internalisierung kommen kann. Zwei Konzepte beherrschen die ökonomische Diskussion: das Konzept der Pigou-Steuer mit der umweltpolitisch-pragmatischen Variante des Standard-Preisansatzes und das Coase-Theorem.

Nach dem Konzept der *Pigou-Steuer* muß der Staat durch Erhebung einer Emissionsabgabe in ganz bestimmter Höhe die negativen externen Effekte internalisieren. Das Konzept läßt sich anhand der folgenden Abbildung verdeutlichen.

Abb. 1: Fehlallokation und Internalisierung externer Effekte

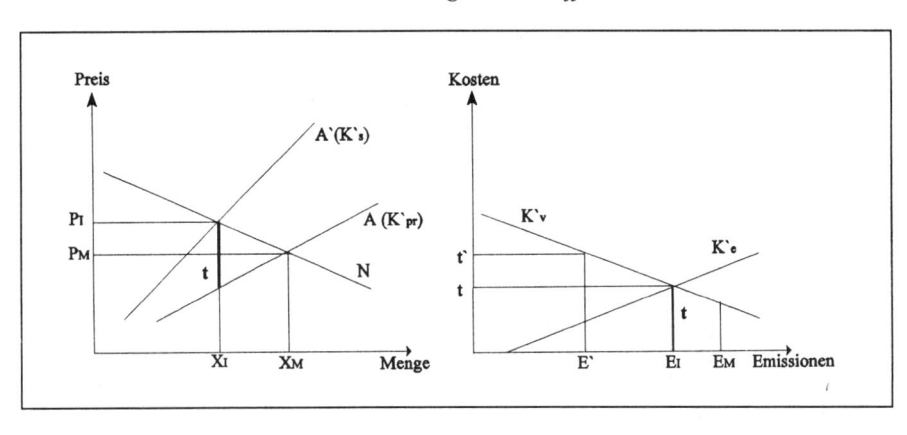

In der linken Abbildung ergibt sich die Angebotsmenge auf dem Markt aus dem Schnittpunkt der Nachfragekurve (N) und der Angebotskurve (A). Die Angebotskurve ist durch die privaten Grenzkosten (K'_{pr}) der Anbieter bestimmt. Im Gefolge der Produktion entstehen durch Emissionen negative externe Effekte, die bei anderen externe Grenzkosten verursachen, so daß die auf Basis der sozialen Grenzkosten (K'_s) ermittelte Angebotskurve (A') oberhalb der Angebotskurve liegt, die bei Abwälzung von Handlungsfolgen zustande kommt. Müssen also die Anbieter alle von ihnen verursachten Kosten (d.h. auch die externen Grenzkosten) tragen, ergibt sich auf dem Markt eine Preis-Mengen-Kombination (P_I / X_I). Ohne Einbeziehung aller durch die Produktion verursachten Kosten wird also im Ausmaß X_M - X_I zuviel produziert. Müssen die Anbieter auch die bisher abgewälzten externen Grenzkosten (K'_e) tragen, beispielsweise, indem der Staat eine Abgabe in Höhe von t erhebt, ergibt sich eine geringere Produktionsmenge X_I und damit ein geringeres Emissionsniveau E_I. Die rechte Abbildung zeigt dabei eine ganz bestimmte Höhe des Steuersatzes (t). Diese Höhe ist durch die Gleichheit der externen Grenzkosten (K'_e) und der Grenzkosten der Vermeidung von Emissionen (K'_v) gekennzeichnet. Da nicht nur die Emissionen mit Kosten verbunden sind, den externen Grenzkosten (K'_e), sondern auch ihre Vermeidung etwas kostet, nämlich die Grenzvermeidungskosten (K'_v), kennzeichnet der Steuersatz (t) mit dem zugehörigen Emissionsniveau (E_I) die gesamtwirtschaftlich kostengünstigste Emissionsmenge. Ausgehend vom Emissionsniveau (E_M), werden die Unternehmen beim Steuersatz (t) zunächst Emissionen vermeiden, da die Vermeidungskosten (K'_v) unterhalb des Steuersatzes (t) liegen.

Hingegen werden sie links vom Emissionsniveau (E_I) pro Einheit Emission den Steuersatz (t) zahlen, da die Grenzvermeidungskostenkurve (K'_V) in diesem Bereich oberhalb der Abgabe liegt und damit Investitionen zur weiteren Vermeidung von Emissionen teurer kämen. Durch Erhebung einer Emissionssteuer wird es also zu entsprechend verringerten Emissionen kommen, solange Unternehmen nur die gewinnträchtigste Position zu realisieren versuchen. Der Steuersatz (t) stellt dabei den ökonomisch optimalen Steuersatz dar. Er repräsentiert die gesamtwirtschaftlich kostenminimale Emissionsmenge als Summe von externen Grenzkosten und Grenzvermeidungskosten. Diese Emissionsmenge muß keineswegs den ökologischen Erfordernissen entsprechen. Ist aus ökologischen Gründen ein geringeres Emissionsniveau geboten, kann ein höherer Steuersatz (t') zu einem verringerten Emissionsniveau (E') bei entsprechend ansteigenden Grenzkosten der Vermeidung führen. Dieses ist der Grundgedanke des sogenannten *Standard-Preisansatzes*.

Jenseits aller kritischen Anmerkungen im Detail, insbesondere der Schwierigkeiten bei der Ermittlung der zeitpunkt- und zeitraumbezogenen Verläufe der Grenzkostenkurven, verdeutlicht dieses Modell, daß die Erhebung von Abgaben auf Umweltleistungen die Wirtschaftssubjekte zwingt, Umweltleistungen in ihre privaten Kalkulationen mit dem Ergebnis eines insgesamt geringeren Emissionsniveaus einzubeziehen. Nach diesem Konzept ist der Staat aufgefordert, für eine Internalisierung bisher abgewälzter sozialer Zusatzkosten der Umweltbeanspruchung Sorge zu tragen, damit sich die Preise der "ökologischen Wahrheit" (v. Weizsäcker) annähern. Unterläßt er dies, kann auch von Staats- oder Politikversagen gesprochen werden.

Das *"Coase-Theorem"* weist darauf hin, daß die Internalisierung externer Effekte mit der Folge geringerer Umweltbelastungen auch durch Verhandlungen im Markt zustande kommen kann, und zwar unabhängig davon, ob die Gesellschaft dem Verursacher der Umweltbelastung das Recht auf Verschmutzung der Umwelt zugesteht (sogenannte "Laissez-faire-Regel"), oder ob dem Geschädigten das Recht auf eine intakte Umwelt zugestanden wird ("Haftungsregel"). Mit der Abb. 2 (auf der nachfolgenden Seite) läßt sich zeigen, daß Verhandlungen zwischen Schädiger und Geschädigten, unabhängig davon, wem das Recht an Umweltnutzungen zugestanden wird, zum ökonomisch optimalen Emissionsniveau E_0 führen wird. Man stelle sich beispielhaft ein einsames Tal vor, in dem die Lärmemissionen eines alt eingesessenen Bergwerkes den Betrieb eines dort später angesiedelten Sanatoriums schädigen.

Nach der Laissez-faire-Regel hat das Bergwerk das ihm "historisch zugewachsene" Recht, die Umwelt als Aufnahmemedium von Emissionen in Anspruch zu nehmen. Hierdurch entstehen von einem gewissen Emissionsniveau an erst nach Ansiedlung des Sanatoriums externe Grenzkosten entsprechend der Linie $K'e^S$. Unter dieser Verteilung der Verfügungsrechte an der Umwelt könnte das Sanatorium (Geschädigter) versuchen, das Bergwerk (Schädiger) zur Verringerung des Emissionsniveaus zu bewegen, indem es ihm die Kosten der Emissionsreduzierung ersetzt. Ausgehend vom Emissionsniveau E ist dies für das Sanatorium solange vorteilhaft, wie seine Zahlungen an das Bergwerk unterhalb der sonst von ihm zu tragenden externen Grenzkosten liegen. Das Bergwerk wird die Emissionen verringern, solange die Zahlungen des Sanatoriums über den Kosten liegen, die es selbst für eine Verringerung des Emissionsniveaus aufzuwenden hat. Diese Kosten werden durch die Grenzkosten der Vermeidung ($K'v^B$) angegeben. Solange also die externen Grenzkosten, die das Sanatorium durch die Emissionen des Bergwerks zu tragen hat, größer sind als die Vermeidungskosten, die das Bergwerk zur Verringerung dieser emissionsbedingten Schäden aufwenden müßte, können beide durch Verhandlungen gewinnen. Erst beim Emissionsniveau E_0 sind alle Verhandlungsgewinne ausgereizt. Suchen also beide ihren Vorteil, wird es unter der (in den meisten Fällen unrealistischen) Annahme vernachlässigbarer Kosten der Vorbereitung und Durchführung der Verhandlung selbst (Transaktionskosten) zur Verringerung des Emissionsniveaus von E auf E_0 kommen.

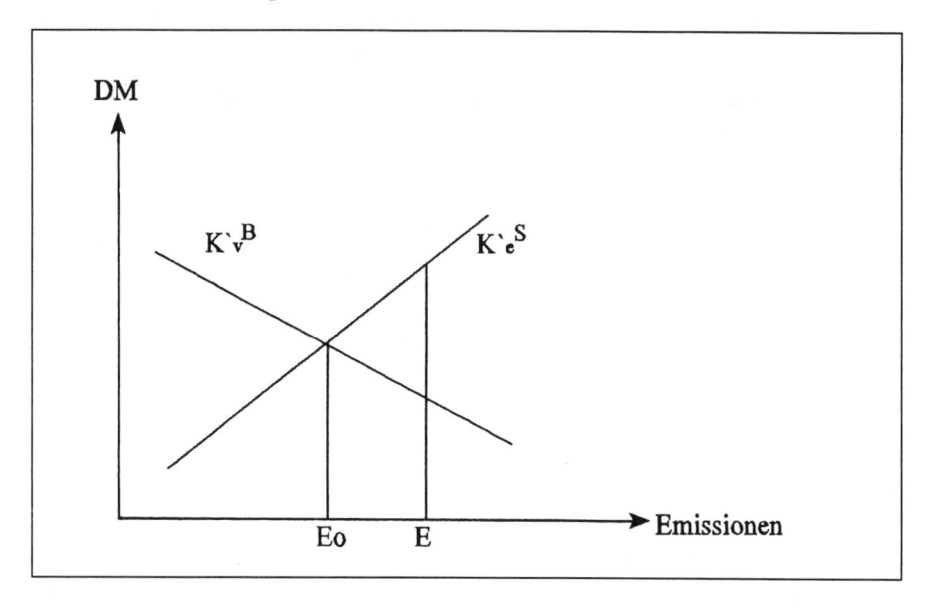

Abb. 2: Internalisierung nach dem Coase-Theorem

```
         DM
          ▲
          │
          │    K'v^B         K'e^S
          │      \           /
          │       \         /
          │        \       /
          │         \     /
          │          \   /
          │           \ /
          │           / \
          │          /   \
          │         /     \
          │        /       \
          │       /         \
          │──────┴────┴──────────────▶ Emissionen
                 E0   E
```

Muß hingegen bei gleichen Kostenstrukturen das Bergwerk für alle von ihm verursachten Kosten eintreten (Haftungsregel), so stellt sich ebenfalls das Emissionsniveau E_0 ein. Links von E_0 ist es für das Bergwerk günstiger, das Sanatorium für die erlittenen Schäden zu kompensieren, da die Grenzkosten der Vermeidung von Emissionen ($K'v^B$) in diesem Bereich über den Schadenskosten des Sanatoriums ($K'e^S$) liegen. Hingegen wird das Bergwerk rechts von E_0 in Vermeidungstechnologie investieren, weil hier die Kosten der Vermeidung von Emissionen geringer sind, als die sonst an das Sanatorium zu erstattenden Schadenskosten. Es ergibt sich also in beiden Fällen das gleiche Emissionsniveau. Allerdings sind die verteilungspolitischen Folgen unterschiedlich, je nachdem, ob dem Bergwerk oder dem Sanatorium das Recht auf Umweltnutzung zugesprochen wird.

Eine für die Umweltpolitik wichtige Aussage des Coase-Theorems liegt darin, daß aus allokativer Sicht nicht entscheidend ist, an wen, sondern daß überhaupt klar spezifizierte Umweltnutzungsrechte vergeben werden. Denn es ist denkbar, daß auch dann umweltpolitische Fortschritte erzielt werden können, wenn Geschädigte die Schädiger für das Unterlassen von Umweltbelastungen kompensieren. Eine hierauf basierende Umweltpolitik kann im nationalen Rahmen zur Anwendung kommen, wenn Beschränkungen der historisch zugewachsenen Umweltnutzungsrechte für Produzenten mit existenzbedrohenden Wirkungen verbunden wären und damit eine Umweltpolitik, die bei den Urhebern von Umweltschädigungen ansetzt, nicht durchsetzbar erscheint. Ein Beispiel ist der Wasserpfennig in Baden-Württemberg, bei dem die (geschädigten) Trinkwassernutzer zum üblichen Preis ein zusätzliches Entgelt - den Wasserpfennig - entrichten, aus dessen Aufkommen die Landwirte und Weinbauern (Schädiger) für Ertragseinbußen infolge der Verringerung des grundwasserbelastenden Düngemitteleinsatzes entschädigt werden. Eine verbreitete Anwendung dieses *Nutznießerprinzips* widerspricht nicht nur dem Gerechtigkeitsempfinden. Sie würde auch wirtschaftlich starke "Schädiger" dazu einladen, realisierte Fortschritte im Umweltschutz von Zahlungen der Geschädigten abhängig zu machen. Deshalb macht es im Rahmen der nationalen Umweltpolitik nur Sinn, in der Regel die Urheber einer Umweltbelastung als Verursacher zu identifizieren und mit einer Auflage oder einer Abgabe zu belasten. Grundsätzlich anders stellt sich das Problem im Rahmen der *internationalen Umweltpolitik* dar, wo es in Ermangelung einer zentralstaatlichen Instanz nur zu Verhandlungslösungen kommen kann. Solche auf Freiwilligkeit beruhenden Verhandlungslösungen sind häufig nur dadurch zu erreichen, daß die Verursacher für eine Verringerung ihrer Umweltbelastungen ganz oder teilweise entschädigt werden. So bestimmt beispielsweise das "Übereinkommen zum Schutz des Rheins gegen Verunreinigung durch Chloride" von 1976, daß Frankreich nur 30% der Kosten übernehmen muß, welche ihm durch die Entsalzung seiner Abwässer aus den elsässischen Kalibergwerken entstehen. 70% der Kosten werden von der Schweiz, Deutschland und den Niederlanden getragen (Kirchgässner 1995, 38). Große Bedeutung könnte das Grundkonzept auch im Rahmen der Klimaschutzpolitik erlangen, wenn beispielsweise Industrieländer die entsprechenden Entwicklungs- und Schwellenländer für einen Verzicht auf Rodung tropischer Regenwälder - in weitgehender Übereinstimmung mit dem Gerechtigkeitsempfinden - entschädigen müssen.

3. Ansätze der Umweltpolitik

Die praktische Umweltpolitik muß zunächst die angestrebten Umweltqualitätsziele festlegen und dann geeignete Instrumente zur Erreichung dieser Ziele auswählen. Hierbei muß die Politik grundsätzlich zwischen dem ökologisch Erforderlichen und dem ökonomisch Machbaren abwägen, und zwar in der Praxis unter den Bedingungen allgemein unzureichenden Wissens über ökologische Zusammenhänge und ihre zeitliche Entwicklung, unterschiedlicher Betroffenheit der Wähler durch Umweltschäden und Maßnahmen zu ihrer Verringerung sowie unterschiedlicher Bewertung der ökonomischen Folgen, insbesondere in bezug auf Wettbewerbsfähigkeit und Arbeitsplätze.

In der Literatur werden die umweltpolitischen Instrumente unterschiedlich systematisiert und zusammengefaßt (Hansmeyer 1993, 64). So erfolgt eine Differenzierung der Instrumente
- nach ihrem Einfluß auf die öffentlichen Haushalte (Öffentliche Einnahmen und Ausgaben);
- nach Maßgabe ihrer Verhaltenssteuerung (direkte und indirekte Verhaltenssteuerung);
- nach Art der Lastverteilung (Verursacher- und Gemeinlastprinzip);
- nach Marktnähe (Marktlösungen, marktanaloge und außermarktliche Lösungen).

Hier werden ausgewählte Instrumente drei konzeptionell unterscheidbaren Lösungsansätzen zugeordnet und in einen umweltpolitischen Problemzusammenhang aus wirtschaftswissenschaftlicher Sicht eingeordnet (vgl. Abb. 3 auf der nachfolgenden Seite).

4. Das umweltpolitische Instrumentarium

Moral Suasion: Die unter Moral Suasion zusammengefaßten Instrumente setzen im Marktvorfeld an. Für sich genommen, steht und fällt ihre Wirksamkeit mit dem Gewicht *intrinsischer Handlungsmotivationen*. Von daher kommen der Umwelterziehung und Umweltbildung zur Förderung eines Umweltbewußtseins besondere Bedeutung zu. Allerdings zeigen alltägliche Beobachtungen, verhaltenstheoretische und empirische Untersuchungen immer wieder, daß zwischen Umweltbewußtsein und umweltverträglicherem Verhalten eine breite Kluft besteht. Ein systematischer, aber nur lockerer Zusammenhang läßt sich allenfalls für solche Handlungsbereiche feststellen, bei denen Verhaltensänderungen leicht möglich sind (Dieckmann/Preisendörfer 1993; Diekmann 1995).

Abb. 3: Umweltpolitischer Problemzusammenhang aus ökonomischer Sicht

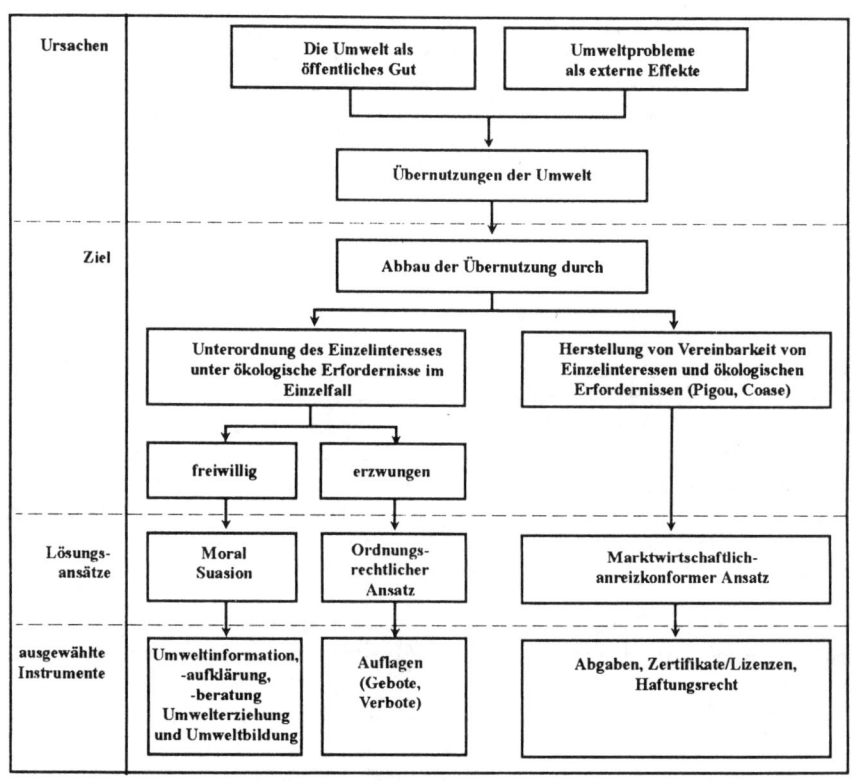

Ursachen	Die Umwelt als öffentliches Gut	Umweltprobleme als externe Effekte	
	Übernutzungen der Umwelt		
Ziel	Abbau der Übernutzung durch		
	Unterordnung des Einzelinteresses unter ökologische Erfordernisse im Einzelfall		Herstellung von Vereinbarkeit von Einzelinteressen und ökologischen Erfordernissen (Pigou, Coase)
	freiwillig	erzwungen	
Lösungsansätze	Moral Suasion	Ordnungsrechtlicher Ansatz	Marktwirtschaftlich-anreizkonformer Ansatz
ausgewählte Instrumente	Umweltinformation, -aufklärung, -beratung Umwelterziehung und Umweltbildung	Auflagen (Gebote, Verbote)	Abgaben, Zertifikate/Lizenzen, Haftungsrecht

Quelle: Leicht abgewandelt nach: Hardes, D. et al, 1995, 382.

Die Kluft ist freilich nicht überraschend, wenn man berücksichtigt, daß viele Maßnahmen zur Erhaltung, aber auch zur Wiederherstellung einer intakten Umwelt, den Charakter eines öffentlichen Gutes haben (s.o.). Dies begründet den Anreiz zu strategischem Verhalten (Trittbrettfahren), d.h. zu einem Verhalten, bei dem einerseits eine hohe Wertschätzung für eine intakte Umwelt artikuliert, andererseits aber auch im Lichte verfügbarer Alternativen ein wenig umweltverträgliches Verhalten praktiziert wird. Wenn also trotz hoher artikulierter Präferenzen für eine intakte Umwelt mit entsprechenden freiwilligen Verhaltensänderungen nicht zu rechnen ist, ist staatliches Handeln gefordert. Auf einer konzeptionellen Ebene lassen sich der *ordnungsrechtliche Ansatz* und der *marktwirtschaftlich-anreizkonforme Ansatz* unterscheiden.

Der ordnungsrechtliche Ansatz: Der in der Bundesrepublik Deutschland vorherrschende ordnungsrechtliche Ansatz arbeitet mit Umweltauflagen in Form von Ver- und vor allem Geboten. Als *Verbote* verhindern Umweltauflagen bestimmte umweltbelastende Aktivitäten (z.B. DDT-Verbot, Ansiedlungsverbote etc.). Als *Gebote* lassen sie nach wie vor ein bestimmtes, aber gegenüber dem Ausgangszustand verringertes Maß an umweltbelastenden Aktivitäten zu. Beispielsweise werden in der Luftreinhaltepolitik für bestimmte Schadstoffe bestimmte maximal zulässige Grenzwerte fixiert, deren Einhaltung von den Behörden in geeigneter Weise sicherzustellen ist (ausführlich dazu: Wicke 1993, 195 ff.). Umweltauflagen passen nicht nur in das bestehende Rechts- und Verwaltungssystem, sie sind auch ein wirksames Instrument der Umweltpolitik, wenn aus Gründen der unmittelbaren *Gefahrenabwehr* schnelles Handeln geboten ist. Die wesentliche Kritik mit der Forderung nach einer ergänzenden marktwirtschaftlicheren Ausrichtung der Umweltpolitik läßt sich auf zwei Punkte konzentrieren:
Umweltauflagen behindern auf mittlere Sicht weitere Umweltverbesserungen und Umweltauflagen machen den Umweltschutz teurer als nötig.

Umweltauflagen schreiben Produzenten bzw. Konsumenten die Übernahme kostenverursachender Aktivitäten vor, die das Ziel haben, die Umweltbelastung im Rahmen bestimmter zulässiger Höchstgrenzen (z.B. Emissionsniveaus) zu halten. Gleichzeitig werden damit die im Rahmen dieser Höchstgrenzen zulässigen Umweltnutzungen (z.B. Restemissionen) kostenlos zugeteilt. Ökonomische Anreize zur Entwicklung weitergehender umweltverträglicherer Verhaltensmuster sind dann nicht mehr gegeben. Zwar können die Behörden eine Verschärfung der Auflagen vornehmen, aber sie geraten dabei in einen verhängnisvollen Beweiszwang. Sie müssen nämlich die technische und ökonomische Durchsetzbarkeit umweltschonenderer Alternativen beweisen, während die Unternehmen unter dieser Konstellation ihre Anstrengung darauf richten, harte Auflagen zu vermeiden. Entscheidend ist, daß die Unternehmen in diesem Verhandlungsprozeß i.d.R. am längeren Hebel sitzen. Sie verfügen nicht nur über bessere Informationen hinsichtlich der technischen und/oder ökonomischen Durchsetzbarkeit, sie können auch mit Argumenten der Gefährdung ihrer Wettbewerbsfähigkeit und drohendem Verlust von Arbeitsplätzen i.d.R. harte Auflagen abwehren. Dies kann unter funktionalen Aspekten nicht überraschen, denn es ist die Aufgabe der Unternehmen, im Wettbewerb nach kostengünstigen Alternativen zu suchen. Und wenn die mit Einhaltung einer Auflage zulässigen Restemissionen zum Nulltarif genutzt werden können, sind sie konkurrenzlos billig. Aller Aufwand zur weiteren Verringerung der Emissionen wird dann zu einem Kosten- und Wettbewerbsnachteil gegenüber den Konkurrenten, die sich mit der Einhaltung der Emissionsgrenzwerte begnügen. Damit findet ein für die Lösung von Umweltproblemen in Marktwirtschaften verhängnisvoller Rollentausch statt. Die für die Entschärfung der Umweltproblematik auf längere Sicht entscheidende Frage der Suche nach ökologieverträglicheren Alternativen wird den hierfür nachweislich nicht geeigneten Behörden anheim gegeben, während das gerade unter dem Innovationsaspekt kreative Wettbewerbssystem in die Rolle eines ökologischen Bremsers gedrängt wird. Der Staat kann allenfalls Bekanntes ge- bzw. verbieten, er kann aber nicht Unbekanntes, aber bei Suche prinzipiell zu Entdeckendes, hervorbringen. Ein - etwa durch das Leitbild des "Sustainable Development" geförderter - tiefgreifender ökologischer Strukturwandel kann mittels einer

Umweltpolitik, die im wesentlichen auf dem ordnungsrechtlichen Ansatz basiert, nicht bewirkt werden.

Hinzu kommt, daß die Auflagenpolitik den Umweltschutz teurer als nötig macht. Das heißt: Mit den gleichen Mitteln läßt sich ein Mehr an Umweltschutz bewirken bzw. der gleiche Umweltschutz kann zu volkswirtschaftlich geringeren Kosten realisiert werden. Der Grund hierfür liegt darin, daß eine alle gleich behandelnde Auflagenpolitik den von Akteur zu Akteur unterschiedlichen Vermeidungskosten nicht Rechnung trägt. Die Abb. 4 verdeutlicht diesen Zusammenhang für zwei Unternehmen mit unterschiedlichen Vermeidungskosten.

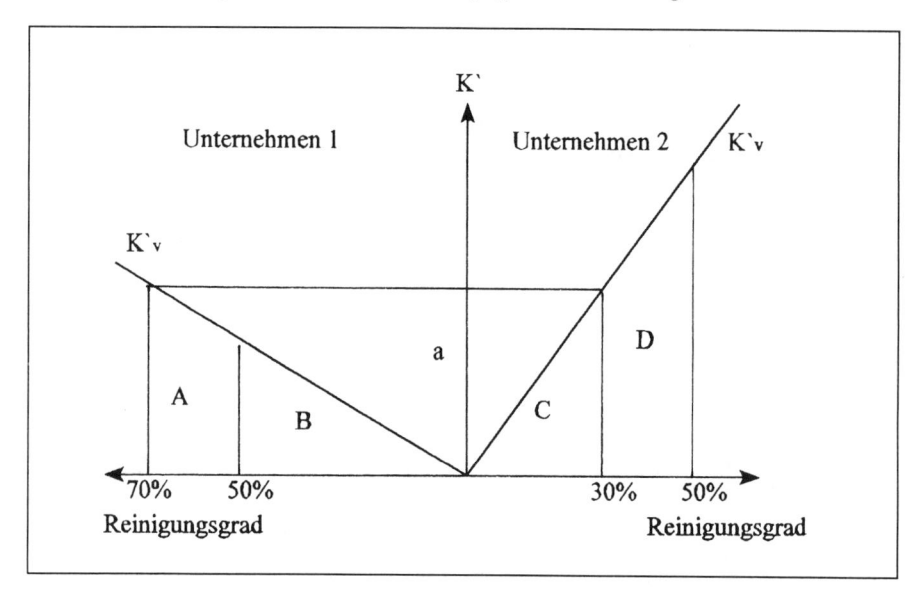

Abb. 4: Kostenvergleich zwischen Umweltauflage und Umweltabgabe

Wenn eine Auflagenpolitik beiden Unternehmen, die etwa gleich viel emittieren, eine 50%-ige Emissionreduzierung, also einen Reinheitsgrad von 50%, abverlangt, so entstehen angesichts unterschiedlicher Vermeidungskosten in den beiden Unternehmen insgesamt Kosten entsprechend den Flächen B, C, D. Würde das Unternehmen 1 mit den geringeren Vermeidungskosten seinen Reinigungsgrad auf 70% ausdehnen, so daß das Unternehmen 2 seinen Reinigungsgrad ohne ökologische Zieleinbußen insgesamt auf 30% reduzieren könnte, dann ergäben sich Kosten entsprechend den Flächen A, B, C. Die Differenz der Flächen D minus A entspricht der möglichen Kosteneinsparung ohne Einbußen an Umweltqualität.

Umweltabgaben: Genau dieses Ergebnis ließe sich durch eine Abgabe in Höhe von a pro Emissionseinheit erreichen. Legt der Staat eine Emissionsabgabe in dieser Höhe fest, werden die Unternehmen ihre Emissionen solange reduzieren (den Reinigungsgrad erhöhen), wie die Kosten in Vermeidungstechnologie unterhalb der sonst fälligen Abgaben liegen. Unternehmen 1 wird einen Reinigungsgrad von 70%, Unternehmen 2 einen Reinigungsgrad von 30% realisieren. Unter Kostenaspekten ergibt sich bei der Abgabe das gleiche Ergebnis wie durch eine Flexibilisierung der Auflagen, die beiden, zu einer Belastungsregion zusammengefaßten Unternehmen nur noch eine 50%-ige Emissionsreduzierung für die Region insgesamt vorgibt und kontrolliert, aber freistellt, welches Unternehmen wieviel reduziert. Es bleibt aber ein wichtiger Unterschied.

Dieser liegt darin, daß durch die Erhebung einer Abgabe nun die Umweltnutzung selbst (statt Maßnahmen zu ihrer Reduzierung) zu einem Kostenfaktor wird. Nun müssen Kosten der Nutzung von Umweltleistungen mit den Kosten, die bei der Vermeidung ihrer Inanspruchnahme anfallen, verglichen werden. Für die Unternehmen heißt das, daß Entwicklung, Einsatz und Verbreitung umwelttechnischen Fortschritts sich lohnen, wenn die hierfür aufzuwendenden Kosten geringer sind als die sonst fälligen Emissionsabgaben. Damit findet eine radikale *Umpolung der Interessen* statt. Die heute dominierende Auflagenpolitik teilt die Restemissionen zum konkurrenzlos billigen Nulltarif zu. Die Abgabenpolitik macht sie zu einem Kostenfaktor und weckt ein anhaltendes Interesse an ihrer weiteren Reduzierung. Allerdings verlagert sich das Interessenargument in die politische Entscheidung über die Höhe der Abgabesätze. Das politische Entscheidungssystem kennt die Vermeidungskosten i.d.R. nicht. Werden die Abgabesätze zu hoch festgelegt, dann fallen aus wirtschaftlicher Sicht Kosten in Form des Verlustes von Wettbewerbsfähigkeit und Arbeitsplätzen an. Zu geringe Abgabesätze verfehlen die ökologischen Ziele.

Gegenwärtig wird eine auf diesem Konzept basierende Ergänzung des umweltpolitischen Instrumentariums in unterschiedlichen Varianten diskutiert - von *Sonderabgaben* (z.B. Naturschutzabgabe), deren Aufkommen nur für bestimmte Zwecke verwendet werden darf, über spezielle *Öko-Steuern* (z.B. CO_2-Steuern), die in den allgemeinen Steuertopf fließen, bis hin zum *ökologischen Umbau des Steuer- und Abgabensystems*, bei dem die Besteuerung umweltbelastender Tatbestände mit entsprechenden Entlastungen bei der Lohn- und Einkommensteuer oder bei den Lohnnebenkosten einhergehen soll. Hier erhalten die Öko-Steuern, neben den angestrebten ökologischen und ökonomischen Lenkungseffekten, auch die Funktion der Finanzierung öffentlicher Aufgaben (fiskalische Funktion). Damit ergibt sich aber das Problem, daß die fiskalische Funktion Ergiebigkeit der Öko-Steuern im Zeitverlauf, und das bedeutet eine Aufrechterhaltung der (umweltschädigenden) Bemessungsgrundlage, erfordert, während die Lenkungsfunktion im Ideal ein schnelles Reduzieren der besteuerten Umweltbelastungen durch Anpassungs- und Substitutionsvorgänge verlangt, was mit einem Versiegen der Steuereinnahmen aus dieser Quelle verbunden ist. Keinen Niederschlag in der öffentlichen Diskussion über die konzeptionelle Weiterentwicklung der Umweltpolitik hat hingegen bisher das Konzept der Emissionslizenzen gefunden, bei denen die Preisbildung für Umweltnutzungen auf Märkten erfolgt.

Emissionslizenzen: Dies muß erstaunen, wenn man berücksichtigt, daß das Konzept der Emissionslizenzen es erlaubt, bestimmte ökologische Ziele marktwirtschaftlich-anreizkonform zu erreichen. Es vereinigt damit die Vorteile der Auflagenpolitik (ökologische Treffsicherheit) und der Abgabenpolitik (Anreizkonformität), ohne deren jeweilige Nachteile (Innovationsfeindlichkeit und Kostenineffizienz bei Auflagenpolitik und fehlende ökologische Treffsicherheit bei der Abgabenpolitik) zu übernehmen. Nach dem Konzept der Emissionslizenzen setzt der Staat für die jeweiligen Belastungsregionen bestimmte Umweltqualitätsziele fest und stellt den wirtschaftlichen Akteuren eine danach bestimmte Menge von gestückelten Emissionslizenzen zur Verfügung. Durch den Gesamtbestand der Emissionslizenzen wird - wie bei den anderen Instrumenten sei auch hier die Kontrolle ihrer Einhaltung vorausgesetzt - die Erreichung der festgelegten Umweltqualitätsziele gesichert. Die emittierenden Unternehmen müssen nun soviel Emissionslizenzen kaufen, wie sie für ihre Emissionen benötigen. Der Preis für die Lizenzen ergibt sich auf einem speziellen Markt, auf dem alle an dem Erwerb von Emissionsrechten Interessierten um einen entsprechend den ökologischen Zielen durch politische Entscheidungen fixierten Bestand konkurrieren. Im Vergleich zur heute vorherrschenden Auflagenpolitik, die dem Unternehmen die Restemissionsrechte zum Nulltarif zuteilt, müßten die Nutzer von Umweltleistungen diese Rechte nun zu Knappheitspreisen erwerben. Sind die Kosten für den Lizenzerwerb höher als die Kosten von Investitionen in Vermeidungstechnologie, kommt es zu einer Reduzierung von Umweltnutzungen. Die Nutzung der Umwelt als Aufnahmemedium wird so zu einem Kostenfaktor, der Forschung, Entwicklung und Einsatz umweltschonender Technologien attraktiv macht, und zwar nicht nur für diejenigen, die ansonsten Lizenzen erwerben müßten, sondern auch für die Lizenzinhaber. Für sie ist die Investition in Vermeidungstechnologie attraktiv, wenn diese Investitionen weniger kosten als aus dem Verkauf von Lizenzen zu erlösen ist. Es zeigt sich also, daß mit zunehmender Knappheit und entsprechend steigenden Marktpreisen für Emissionsrechte die Anreize zur Suche nach umweltverträglicheren Lösungen stärker werden. Die Knappheit der Lizenzen kann bei umwelttechnischem Fortschritt durch zeitliche Befristung oder jährliche Abwertung der in den Zertifikaten verbrieften Emissionsmengen gesichert werden. Wenn also dieses Instrument in der politischen Diskussion keine Rolle spielt, so liegt dies vor allem an moralischen Vorbehalten gegenüber einer "Vermarktung von Verschmutzungsrechten". Das Konzept wird auch mit umweltpolitischem Ablaßhandel identifiziert (vgl. Goodin 1994). Dabei wird aber nicht nur außer Acht gelassen, daß das gegenwärtige "Verschenken von Umweltnutzungsrechten" Übernutzungen vorprogrammiert, es wird auch nicht berücksichtigt, daß der Verkauf von Nutzungsrechten ex ante auf Verringerung der Inanspruchnahme, auf Einschränkungen und Substitution von Umweltleistungen, abzielt, während der Ablaß die Sünde ex post erträglicher - anreiztheoretisch: attraktiver - machte.

Haftungsrecht: Von großer Relevanz für die Vorsorgewirkungen der umweltpolitischen Konkretisierung des Verursacherprinzipes sind die haftungsrechtlichen Rahmenbedingungen. Sie sind insbesondere für die Generierung ökologischer Risiken von größter Bedeutung. Nach dem bisher vorherrschenden Konzept der *Verschuldenshaftung* muß der Geschädigte einen Schaden geltend machen können, einen naturwissenschaftlich exakten Kausalitätsnachweis zwischen Schaden und Verursacher führen und dem Verursacher Verschulden nachweisen. Dies gelingt nur selten. Insbesondere der naturwissenschaftliche Kausalitätsnachweis ist beim heutigen Stand des Wissens schwer zu führen. Häufig liegen Verursacherketten vor (Waldschäden, Schäden durch sauren Regen, Klimaproblematik etc.), bei denen eine Zurechenbarkeit nicht möglich ist. Im Ergebnis führt dies dazu, daß ökologischen Risiken bei Entscheidungen über Produktion und Konsum keine große Aufmerksamkeit gewidmet werden *muß*. Anders wäre dies bei einer Verschärfung des Haftungsrechts, beispielsweise im Sinne einer (gesamtschuldnerischen) *Gefährdungshaftung*, die eine Durchsetzung von umweltbedingten Schadensforderungen erleichtern kann und damit diejenigen, die Umweltleistungen in Anspruch nehmen, zwingt, die potentiellen Risiken von Umweltschäden frühzeitig in ihr Kalkül einzubeziehen und sich ggf. gegen Schadenersatzansprüche zu versichern. Die Erleichterung gerichtlich einklagbarer Haftungsansprüche aus Umweltschädigungen wird die Verursacher dazu bewegen, Haftungsrisiken zu reduzieren und Haftungsgründe möglichst schon im Ansatz zu vermeiden. In der Bundesrepublik Deutschland folgt das Umwelthaftungsgesetz von 1990 für Anlagenbetreiber einer Gefährdungshaftung, wobei die risikoreduzierende Wirkung allerdings durch Beschränkungen des Kreises der haftpflichtigen Personen, durch die Ausgestaltung des Kausalitätsnachweises und durch den Umfang der

Haftung beschränkt ist (vgl. Der Rat von Sachverständigen für Umweltfragen 1987, Ziff. 164 ff.; 1994, Ziff. 567 ff.).

5. Zusammenfassung

Dieser knappe Vergleich der konzeptionellen Ansatzpunkte der Umweltpolitik läßt sich dahingehend zusammenfassen, daß von einem zunehmenden Umweltbewußtsein nicht auch gleichzeitig auf eine entsprechende Bereitschaft zu ökologieverträglicheren Verhaltensweisen geschlossen werden darf. Vielmehr ist der Staat, und damit die politischen Entscheidungsträger, gefordert, der Marktwirtschaft - von der lokalen bis zur Bundesebene - einen "ökologischen Rahmen" einzuziehen. Dies kann allerdings durch ausgeprägtes Umweltbewußtsein der Bevölkerung erleichtert werden. Dabei sollte konsequent dem Verursacherprinzip gefolgt werden. Nur dort, wo das Verursacherprinzip nicht angewendet werden kann, weil etwa Verursacher nicht mehr festgestellt werden können (z.B. bei Altlasten), sollte eine steuerfinanzierte *gemeinlastorientierte Umweltpolitik* die Beseitigung bzw. Verringerung von Umweltbelastungen übernehmen. Das Verursacherprinzip kann allerdings auf verschiedene Weise ausgestaltet werden, und, wie der obige Instrumentenvergleich zeigt, hängt es von der konkreten Ausgestaltung des Verursacherprinzips ab, ob die Umweltpolitik mehr oder weniger Vorsorgewirkungen entfaltet. Gerade unter dem Vorsorge- und Vorsichtsprinzip gewinnen die marktwirtschaftlichen anreizkonformen Instrumente ihre Bedeutung.

Folgt man der hier in den Grundzügen vorgestellten ökonomischen Analyse der Umweltproblematik, dann ist zu fragen, warum in der umweltpolitischen Praxis nach wie vor Umweltauflagen dominieren und eine ökologisch gebotene anreizkonforme Ergänzung der Umweltpolitik kaum voran kommt.

Nach der "Neuen Politischen Ökonomie" ist dies mit der jeweiligen Interessenlage der Politiker, der Bürokratie, der Unternehmensverbände und Gewerkschaften sowie der Wähler zu erklären (vgl. Benkert 1994; Hansmeyer 1993, 75 ff.; Weck-Hannemann 1994; Zohlnhöfer 1984). Danach orientieren sich politische Entscheidungen grundsätzlich an den vermuteten Reaktionen der Wähler. Die um Wählerstimmen konkurrierenden politischen Entscheidungsträger haben ein Interesse an kurzfristig greifenden, sichtbaren und ihnen den Erfolg zurechenbaren Maßnahmen, wobei die Kosten durch breite Streuung möglichst unmerklich bleiben sollen. Dem kann eine mit Auflagen arbeitende Umweltpolitik in hohem Maße Rechnung tragen, auch, wenn sie mehr durch symbolischen Aktionismus als durch konsequentes Verfolgen umweltpolitischer Ziele geprägt ist. Hingegen ist die anhaltende ökologische Wirksamkeit marktwirtschaftlicher Instrumente an einen höheren Zeitbedarf gebunden, sie läßt nicht gleichermaßen eine politische Zurechenbarkeit des Erfolges auf einzelne politische Entscheidungsträger zu und, dies scheint für die Umweltbildung besonders bedeutsam, sie wirken durch Anlastung bisher externalisierter Kosten auch für die Wähler spürbar belastend. Marktwirtschaftliche Umweltpolitik verteuert zunächst viele Konsumgüter und Lebensstile. Dies wird häufig mit dem Argument sozialer Unverträglichkeit - vorschnell - abgelehnt. Ökologisch wirksame Operationalisierungen des Verursacherprinzips führen zu einer Verteuerung von in Produktion, Ge- oder Verbrauch umweltbelastenden Gütern. Dies ist gewollt, um weniger umweltbelastende Alternativen bzw. die Suche nach ihnen attraktiver zu machen. Nur, wo Wahlmöglichkeiten fehlen und in überschaubaren Zeiträumen nicht geschaffen werden können, können soziale Härten die Folge sein. Diese lassen sich prinzipiell mit den

Instrumenten der Sozialpolitik lösen. Sie sollten nicht ökologisch gebotene anreizkonformere Operationalisierungen des Verursacherprinzips behindern.

Umweltbildung hat auch die Aufgabe, die ökologischen Wirkungsbedingungen gesellschaftlicher Institutionen transparent zu machen. Der geringe Stellenwert des Vorsorge- und Vorsichtsprinzips in der instrumentellen Ausgestaltung der Umweltpolitik kann auch als Informationsdefizit über das Wirken marktwirtschaftlicher Instrumente gedeutet werden. Wer niemals über die gesellschaftliche Institution Markt und seine Funktionsbedingungen informiert wurde, wer die Steuerungsfunktion von Kosten und Preisen für wirtschaftliche, ökologische und soziale Zustände nicht kennt, sondern diese nur als (machtgesetzte) Barriere für Konsummöglichkeiten und damit als individuelle Freiheit beschränkende Parameter erfährt, von dem ist kaum Erhalt bzw. Zufuhr politischer Unterstützung für eine dem Vorsorgeprinzip stärker verpflichtete, anreizkonformere Umweltpolitik zu erwarten.

Literatur

Benkert, W. 1994: Warum sind Umweltabgaben ebenso populär wie selten? In: Umweltpolitik mit hoheitlichen Zwangsabgaben? Hrsg. v. K. Mackscheidt u.a., Berlin, 47-58.

Dieckmann, A.; Preisendörfer, P. 1992: Persönliches Umweltverhalten, Diskrepanz zwischen Anspruch und Wirklichkeit, in: Kölner Zeitschrift für Soziologie und Sozialpsychologie, 44. Jahrgang, Heft 2, 226-251.

Dieckmann, A.; Preisendörfer, P. 1993: Zur Anwendung der Theorie rationalen Handelns in der Umweltforschung, in: Kölner Zeitschrift für Soziologie und Sozialpsychologie, 45. Jahrgang, Heft 1, 125-134.

Diekmann, A. 1995: Umweltbewußtsein oder Anreizstrukturen? In: Kooperatives Umwelthandeln. Modelle, Erfahrungen, Maßnahmen, hrsg. von A. Diekmann u. A. Franzen, Chur; Zürich, 39-68.

Goodin, R. E. 1994: Seling Environmental Indulgences, in: Kyklos, Volume 47, Fasc. 4, 573-576.

Hansmeyer, K.-H. 1993: Das Spektrum umweltpolitischer Instrumente, in: Umweltverträgliches Wirtschaften als Problem von Wissenschaft und Politik, Schriften des Vereins für Socialpolitik, hrsg. v. H. König, N.F., Band 224, Berlin, 63-86.

Hardes, D. et al, 1995: Volkswirtschaftslehre - problemorientiert, Tübingen, 382.

Hartkopf, G.; Bohne, E. 1983: Umweltpolitik I, Grundlagen, Analyse, Perspektiven, Opladen.

Heid, H. 1992: Ökologie als Bildungsfrage? In: Zeitschrift für Pädagogik, 38. Jahrgang, Heft 4, 113-138.

Kirchgässner, G. 1995: Internationale Umweltprobleme und die Problematik internationaler öffentlicher Güter, in: Zeitschrift für angewandte Umweltforschung, 8. Jahrgang, Heft 1, 34-44.

Kommission der Europäischen Gemeinschaften 1992: Für eine dauerhafte und umweltgerechte Entwicklung (5. Umweltaktionsprogramm der EG), Brüssel.

Krol, G.-J. 1993: Ökologie als Bildungsfrage? Zum sozialen Vakuum der Umweltbildung, in: Zeitschrift für Pädagogik, 39. Jahrgang, Heft 4, 651-672.

Krol, G.-J. 1995: Das Verhältnis von Ökologie und Ökonomie in der Umweltbildung, in: Grundlagen der beruflichen Umweltbildung in Schule und Betrieb, hrsg.v. F.-J. Kaiser u.a., Bad Heilbrunn, 73-88.

Prognos AG (Hrsg.) 1993: Umwelt 2000, Globale Herausforderungen und unternehmerische Antworten, Stuttgart.

Der Rat von Sachverständigen für Umweltfragen 1988: Umweltgutachten 1987, Stuttgart.

Derselbe 1994: Umweltgutachten 1994, Stuttgart.

Umweltprogramm der Bundesregierung 1973: 3. Auflage, Stuttgart u.a.

Weck-Hannemann, H. 1994: Die politische Ökonomie der Umweltpolitik, in: Einführung in die Umweltpolitik, hrsg. v. R. Bartel u. F. Hackl, München, 101-117.

Wicke, L. 1993: Umweltökonomie, 4. Auflage, München.

von Weizsäcker, E.U. 1992: Erdpolitik, 3., aktualisierte Auflage, Darmstadt.

Zohlnhöfer, W. 1984: Umweltschutz in der Demokratie, in: Jahrbuch für Neue Politische Ökonomie, 3. Band, 101-121.

Internationale Arbeitsteilung und Arbeitsmärkte

Thomas Straubhaar

Die Nachkriegsperiode ist eine Periode der zunehmenden internationalen Arbeitsteilung. Politische und technologische Faktoren sind dafür gleichermaßen verantwortlich. Einerseits wurden künstlich geschaffene tarifäre und nicht-tarifäre Handelshemmnisse bei grenzüberschreitenden Aktivitäten im Rahmen des GATT und nun der WTO weltweit oder im Rahmen der EU europaweit abgebaut oder gar beseitigt. Andererseits senken moderne Transport- und Kommunikationssysteme die Kosten der Raumüberwindung. Zusammen ergibt sich eine neue Dimension der Arbeitsteilung: Je geringer die politischen Hemmnisse und die Kosten der Raumüberwindung sind, desto größer werden Märkte, desto stärker können Vorteile der Massenfertigung (Economies of Scale) genutzt werden und desto attraktiver wird eine sehr weitgehende Spezialisierung. Produktionsprozesse werden soweit möglich in einzelne Komponenten aufgespalten. Die einzelnen Bestandteile werden dann an einigen wenigen Standorten gefertigt und als Halbfabrikate gehandelt. Es entsteht ein globales Netz von spezialisierten Einzelfirmen. Diese Firmen stellen in größtmöglichen Serien einzelne Bestandteile her, die sie an andere Betriebe zur Weiterverarbeitung oder Endfertigung verkaufen.

Die zunehmende internationale Arbeitsteilung und die damit einhergehende Spezialisierung haben den internationalen Austausch mit Gütern und Dienstleistungen in der Nachkriegszeit stark ansteigen lassen. Für viele ökonomische Tätigkeiten bildet nicht mehr der nationale, sondern der Weltmarkt die Orientierungsgröße. Immer mehr heißt Arbeitsteilung weltweite Arbeitsteilung mit der Chance, im Rahmen einer "globalen" Unternehmensstrategie am billigsten Standort zu produzieren und im einträglichsten Markt zu verkaufen. Der Produktionsprozeß wird weitestmöglich in Komponenten zerlegt, die an unterschiedlichen Orten gefertigt, weiterverarbeitet und zum Endprodukt zusammengefügt werden. Es entsteht ein weltweit eng geflochtenes wirtschaftliches Beziehungsnetz von Herstellern, Zwischenhändlern, Endfertigern, Verkäufern und Kunden.

Multinationale Firmen sind eine mikroökonomische Antwort auf die globalisierte Arbeitsteilung. Sie internalisieren mit betriebswirtschaftlichem Erfolg die Vorteile einer globalen Arbeitsteilung. Makroökonomisch wichtiger werden neben dem traditionellen Güterhandel der Handel mit Zwischenprodukten und Dienstleistungen und damit auch mit Produktionsfaktoren. Arbeits- und Kapitalmärkte werden geöffnet für die internationale Wanderung von Arbeitskräften und für Direktinvestitionen. Elektronische Datenautobahnen ermöglichen den weltweiten Austausch von Wissen und Information.

Welche Dimension die internationale Arbeitsteilung in der Nachkriegszeit erlangt hat, sei durch ein paar quantitative Angaben veranschaulicht:
a) In der Nachkriegszeit ist der Welthandel deutlich stärker gewachsen als die Weltproduktion (IMF 1993, S. 70, IMF 1995, 1, 121, 149). Ein immer größerer Teil der weltweiten Produktion wird also international ausgetauscht. Hat die gewogene Exportquote der Industrieländer - definiert als Quotient aus der Ausfuhr von Gütern und Dienstleistungen und dem Bruttoinlandprodukt - 1960 noch bei 12% gelegen, stieg sie bis 1970 auf 14% und bis 1980 auf 20% (Weltbank 1980 ff). Seither verharrte sie auf diesem Niveau.
b) Der Fluß der Direktinvestitionen ist zum Strom angeschwollen. Die jährlichen Kapitaltransfers, die weltweit fließen, um Einflüsse in ausländischen Unternehmen zu gewin-

nen, haben sich allein in den letzten 20 Jahren (nominal) verachtfacht (BIZ 1995, 72). Bereits wird spekuliert, wem eigentlich die deutschen, (west)europäischen und amerikanischen Firmen gehörten und ob hier eine schleichende Invasion aus dem Fernen Osten stattfinde.

c) Auch der Bestand der ausländischen Eigentumsansprüche an inländischen Unternehmen und die damit verbundene Beschäftigung in multinationalen Betrieben haben sich in den letzten 20 Jahren vervielfacht (UNCTAD 1994b): Der Aktienwert der Direktinvestitionen erreichte 1992 rund 2 Billionen US-$ - gegenüber knapp 300 Milliarden US-$ Mitte der siebziger Jahre. Die Zahl der Beschäftigten in multinationalen Unternehmungen hat sich in derselben Periode rund verdoppelt.

d) Die Zahl der Menschen, die außerhalb ihres Heimatlandes leben und arbeiten, ist ebenfalls deutlich angestiegen (vgl. Weltbank 1995, 65). Bereits geht die Angst um vor der neuen "Völkerwanderung". Sie provoziert eine teilweise übertriebene Angst vor einer diffus umschriebenen Massenmigration.

e) Das technische Wissen - hier gemessen durch die Ausgaben in Forschung und Entwicklung - hat sich "internationalisiert". Ein 1%-Anstieg der weltweiten ausländischen Forschungsentwicklungen hat zu einem inländischen Produktivitätsanstieg von rund 4.5% in den sieben großen OECD-Ländern 1971 und von rund 8% im (ungewichteten) Durchschnitt von 22 OECD-Ländern geführt (Coe/Helpman 1995). 1990 betrug dieser inländische Produktivitätsanstieg 6% beziehungsweise knapp 10%.

Insgesamt ist die Nachkriegszeit auch die wirtschaftlich bei weitem erfolgreichste Periode der letzten hundert Jahre. Weder während der Zeit des Goldstandards, noch während der Zwischenkriegszeit erreichten die Pro-Kopf-Wachstumsraten eine ähnliche Höhe und Stabilität wie zwischen 1950 und 1990 (IMF 1994, 87). Die rasch voranschreitende internationale Arbeitsteilung und die zunehmende Spezialisierung in Verbund mit den sich stetig öffnenden Märkten waren auf diesem Wachstumspfad die entscheidenden Elemente.

1. Zur Theorie der internationalen Arbeitsteilung

"Arbeitsteilung" gehört zu den Schlüsselbegriffen der modernen Ökonomie. Sie macht möglich, daß nicht alle Menschen ihre Arbeitskraft zur Produktion jener Güter und Dienstleistungen einsetzen müssen, die sie selber benötigen und konsumieren. Vielmehr können sie sich in ihrer Tätigkeit spezialisieren und zwar auf einige wenige Arbeitsgänge bei der Produktion einiger weniger Güter oder Dienstleistungen (im Extremfall auf einen einzigen Arbeitsgang bei der Produktion eines einzigen Gutes).

Arbeitsteilung ermöglicht also eine Spezialisierung. Menschen sollen sich auf jene Tätigkeiten konzentrieren, für die sie über spezielle Fähigkeiten und Neigungen verfügen. Die Spezialisierung erlaubt auch, bereits vorhandene Fähigkeiten weiter zu entwickeln und zu verfeinern. Als Ergebnis steigt die Arbeitsproduktivität (Output pro Arbeitszeiteinheit). Die Arbeitsteilung und die damit verbundene Spezialisierung vermögen somit die betriebswirtschaftliche und als Folge auch die volkswirtschaftliche Effizienz enorm zu steigern.

Die Vorteile von Arbeitsteilung und Spezialisierung finden sich bereits bei *Adam Smith* (1723-1790) und seinem berühmt gewordenen Beispiel der Stecknadelproduktion. Dabei war das Konzept der Arbeitsteilung eine Antwort und klare Absage an den Merkantilismus, dem Zeitalter der (National-)Staatenbildung. Wollte der Merkantilismus den Reichtum der einzelnen Staaten (oder vielleicht besser: den Reichtum der jeweils Mächtigen) fördern, suchte Adam Smith zu zeigen, daß Arbeitsteilung nicht ein Nullsummenspiel sei, bei dem die eine Partei nur auf Kosten einer anderen gewinnen könne. Vielmehr sei Arbeitsteilung für alle Beteiligten von Vorteil. Sein 'Wohlstand der Nationen' ('An Inquiry into the Nature and Causes of the Wealth of Nations' 1776) war somit weniger darauf ausgerichtet, wie eine *einzelne* Nation ihren Reichtum maximiert. Smith wollte mit Blick auf den Wohlstand *aller* Nationen gerade die Idee der *weltweiten* Arbeitsteilung rechtfertigen.

Was nämlich innerhalb nationaler Volkswirtschaften Gültigkeit hat, gilt auch international: Arbeitsteilung, Spezialisierung und eine freie Preisbildung auf freien Märkten unter den Bedingungen des vollkommenen Wettbewerbs ermöglichen erhebliche Wohlstandsgewinne. Internationale Arbeitsteilung erlaubt, Waren und Dienstleistungen dort herzustellen, wo die Kosten ihrer Erzeugung am niedrigsten sind. Güter, die mit niedrigen (hohen) Kosten produziert werden können, werden exportiert (importiert). Der internationale Handel sorgt bei einem funktionierenden Preismechanismus für den Ausgleich von Mangel und Überfluß.

Das von *David Ricardo* (1772-1823) entwickelte Gesetz der komparativen Kosten geht noch ein Stück weiter. Demgemäß bedarf es nicht absoluter, sondern genügen bereits relative oder komparative Kostenvorteile in der Produktion, um die Wohlstandsgewinne der internationalen Arbeitsteilung zu generieren. Und hierbei verfüge jeder Mensch über relative Vorteile, selbst, wenn er oder sie bei allen Tätigkeiten absolut im Nachteil ist. Ein Beispiel mag dieses Gesetz des komparativen Vorteils veranschaulichen: "Zwei Leute können beide Schuhe und Hüte anfertigen und der eine könne dem anderen in beiden Beschäftigungen überlegen sein. Doch übertrifft er beim Anfertigen von Hüten seinen Konkurrenten nur um einen Fünftel oder 20 Prozent, beim Anfertigen von Schuhen dagegen um ein Drittel oder 33 Prozent; - wird es dann nicht im Interesse beider liegen, daß der geschicktere Mann sich ausschließlich mit dem Anfertigen von Schuhen und der ungewandtere sich mit dem Anfertigen von Hüten beschäftigt?" (Ricardo 1846, Kapitel VII, Fußnote 1).

Die Vorteile von Arbeitsteilung und Spezialisierung und das Gesetz der komparativen Kosten gelten nun nicht allein in betriebswirtschaftlicher, sondern ebenso in volkswirtschaftlicher Sicht. Berühmt geworden ist hierbei das von David Ricardo gewählte Beispiel des Austausches von Tuch und Wein zwischen England und Portugal: Obwohl Portugal in der Lage wäre, sowohl Wein als auch Tuch mit geringeren Kosten herzustellen, wäre es für Portugal auf Grund des Gesetzes der komparativen Kosten günstiger, sich auf die Weinproduktion zu konzentrieren und Tuch aus England einzuführen und mit der Ausfuhr von Wein zu finanzieren (Ricardo 1846, Kapitel VII).

Obwohl in der reinen Außenwirtschaftstheorie seit Adam Smith und David Ricardo Klarheit besteht, daß die mit dem weltweiten Freihandel verbundene internationale Arbeitsteilung wohlstands-optimal ist und bereits bei einseitig abgebauten Handelshemmnissen sich positive Wohlfahrtseffekte zeigen würden, gewannen mit dem steigenden Gewicht nationaler Wirtschaftspolitiken auch handels-beschränkende Eingriffe Aufwind. Die Einsicht, daß Protektionismus suboptimal ist, Gegenmaßnahmen provoziert und daher zu vermeiden sei, kommt somit ebenso wenig zum Durchbruch, wie die Erkenntnis, daß weder das Erziehungszollargument, noch das Konzept des Optimalzolls - die beiden meistverwendeten Argumente gegen Freihandel und internationale Arbeitsteilung - sich als relevant erwiesen haben.

Vielmehr können sich in der politischen Realität die Nachfrager nach Protektion eher durchsetzen. Hier sind nämlich die Gefahren eines Abbaus von protektionistischen Schranken offensichtlicher. Freihändlerische Argumente dagegen sind schwerer einzubringen und ihre positiven Wirkungen schlagen erst längerfristig voll sichtbar durch, obwohl aus theoretischer Sicht internationale Arbeitsteilung bei Freihandel immer zumindest die beste 'Faustregel' ist.

Werden die Vorteile von Arbeitsteilung und Spezialisierung und das Gesetz der komparativen Kosten einmal akzeptiert, stellt sich unmittelbar die Frage, wieweit denn Arbeitsteilung und Spezialisierung gehen sollen. Eine Antwort hierzu liefert das auf *Ronald Coase* und *Oliver Williamson* zurückgehende Konzept der *Transaktionskosten* (vgl. hierzu beispielsweise Williamson 1990). Demgemäß ist eine Arbeitsteilung solange effizient als die Vorteile der Spezialisierung größer sind als die Koordinationskosten, die aus Organisation und Verbindung von verschiedenen Teileinheiten zu einem Ganzen entstehen (Übersicht 1 auf der folgenden Seite). Neben den unmittelbaren (statischen) Spezialisierungsvorteilen stehen dabei auch Vorteile der Massenproduktion (Economies of Scale) und längerfristige (dynamische) Vorteile neuer Produktionstechnologien auf der positiven Seite. Negativ wirken sich Transport-, Transaktions- und Organisationskosten aus. Im (theoretischen) Gleichgewicht müßten die Vorteile einer weitergehenden Arbeitsteilung gerade identisch sein mit der Zunahme der Koordinationskosten, die durch eine weitergehende Spezialisierung entstehen würden.

Transaktionskosten sind das ökonomische Gegenstück zu den physikalischen Reibungskosten. Sie sind ein Analogon zu den Transportkosten (als Kosten der Raumüberwindung) der Produktionsfunktion. Sie entstehen vornehmlich aus den Kosten, die in Zusammenhang mit der Übertragung von Verfügungsrechten entstehen, den Kosten der Informationsbeschaffung und den Kommunikationskosten, die bei der Anbahnung, Vereinbarung, Kontrolle und Anpassung von Marktaktivitäten auftreten. Organisationskosten beinhalten die Kosten ökonomischer Aktivitäten innerhalb einer Entscheidungseinheit.

2. Erklärungsmodelle der internationalen Arbeitsteilung

Mehrere theoretische Modelle versuchen die internationale Arbeitsteilung zu erklären. Sie lassen sich vereinfacht unterteilen in die Bereiche *inter*sektorale und *intra*sektorale Arbeitsteilung (Übersicht 2 der folgenden Seiten). Modelle der intersektoralen Arbeitsteilung vermögen beispielsweise die Arbeitsteilung zwischen weniger und höheren entwickelten Volkswirtschaften zu erklären. Im Vordergrund stehen hier die (Nicht-) Verfügbarkeit oder Kostenvorteile, die auf unterschiedlichen Faktorausstattungen (beispielsweise billige Arbeitskräfte oder billiges Kapital) oder unterschiedlichen Produktionstechnologien beruhen (beispielsweise hochtechnologisierte Produktion oder veraltete Maschinen). Modelle der intrasektoralen Arbeitsteilung versuchen, den internationalen Austausch von "ähnlichen" Produkten zu erklären. Beispielsweise interessiert, weshalb einerseits Autos aus Deutschland nach Frankreich oder Italien verkauft werden und gleichzeitig Autos aus Frankreich oder Italien nach Deutschland geliefert werden. Raumwirtschaftsmodelle orientieren sich hierbei an den Kosten der Distanzüberwindung. Andere Erklärungsansätze konzentrieren sich auf die Produktdifferenzierung, womit gemeint ist, daß ein "Mercedes" eben ein "Mercedes" und somit kein vergleichbares "Konkurrenz"-produkt, sondern ein "Monopol"-produkt sei.

Übersicht 1: Effizienzbedingungen der Arbeitsteilung

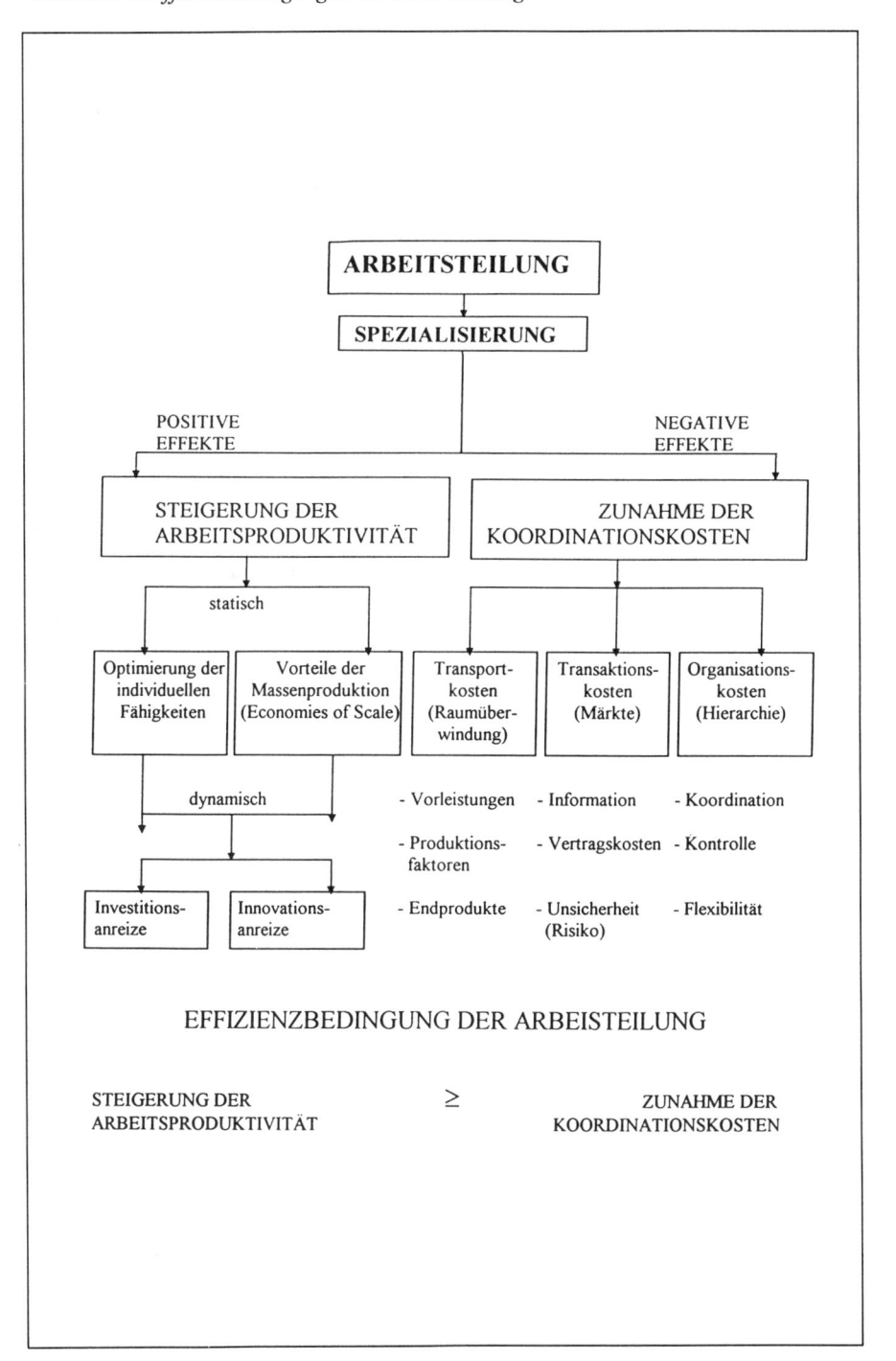

```
                    ┌─────────────────┐
                    │  ARBEITSTEILUNG │
                    └────────┬────────┘
                             │
                    ┌────────▼────────┐
                    │ SPEZIALISIERUNG │
                    └─────────────────┘
```

POSITIVE EFFEKTE — STEIGERUNG DER ARBEITSPRODUKTIVITÄT

NEGATIVE EFFEKTE — ZUNAHME DER KOORDINATIONSKOSTEN

statisch:
- Optimierung der individuellen Fähigkeiten
- Vorteile der Massenproduktion (Economies of Scale)

- Transportkosten (Raumüberwindung)
- Transaktionskosten (Märkte)
- Organisationskosten (Hierarchie)

dynamisch:
- Investitionsanreize
- Innovationsanreize

- Vorleistungen
- Produktionsfaktoren
- Endprodukte

- Information
- Vertragskosten
- Unsicherheit (Risiko)

- Koordination
- Kontrolle
- Flexibilität

EFFIZIENZBEDINGUNG DER ARBEISTEILUNG

STEIGERUNG DER ARBEITSPRODUKTIVITÄT $\geq$ ZUNAHME DER KOORDINATIONSKOSTEN

Übersicht 2: Strukturen internationaler Arbeitsteilung

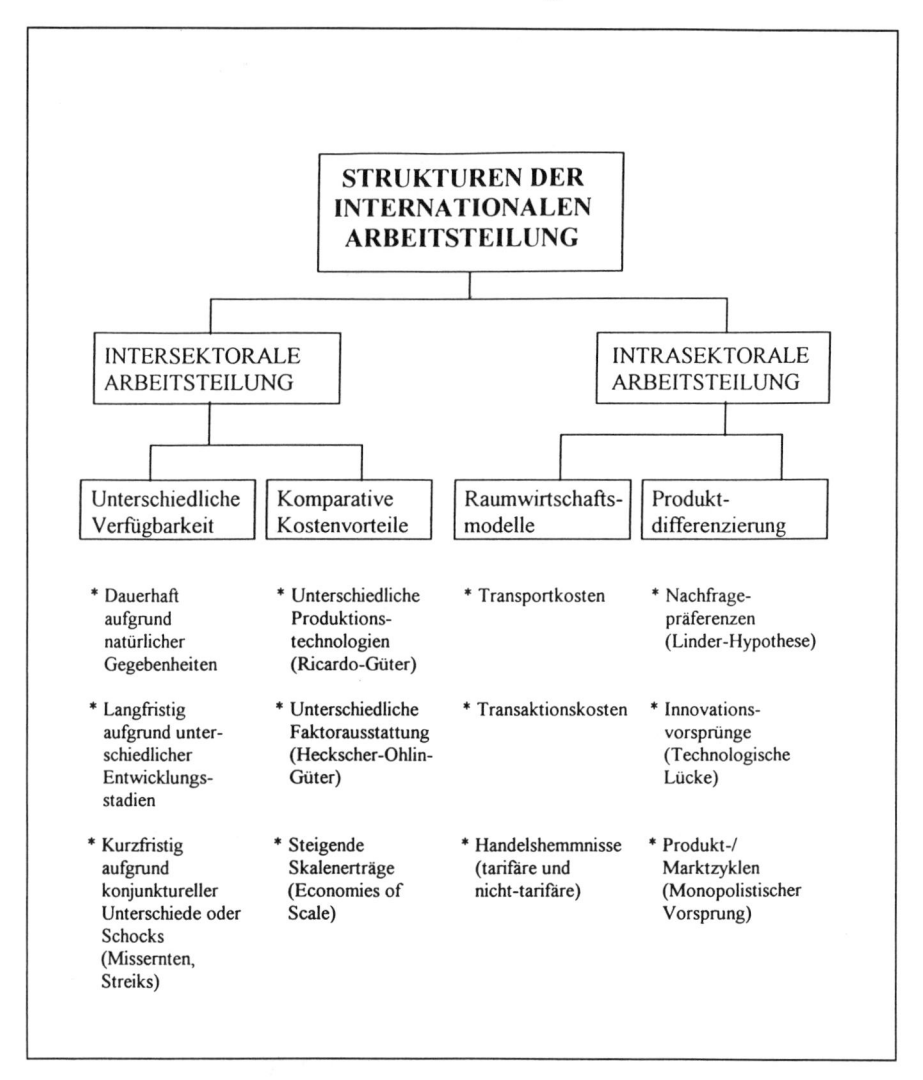

```
                    STRUKTUREN DER
                    INTERNATIONALEN
                    ARBEITSTEILUNG
                           |
          ┌────────────────┴────────────────┐
   INTERSEKTORALE                    INTRASEKTORALE
   ARBEITSTEILUNG                    ARBEITSTEILUNG
          |                                 |
   ┌──────┴──────┐                   ┌──────┴──────┐
Unterschiedliche  Komparative    Raumwirtschafts-  Produkt-
Verfügbarkeit     Kostenvorteile  modelle          differenzierung
```

Unterschiedliche Verfügbarkeit	Komparative Kostenvorteile	Raumwirtschaftsmodelle	Produktdifferenzierung
* Dauerhaft aufgrund natürlicher Gegebenheiten	* Unterschiedliche Produktionstechnologien (Ricardo-Güter)	* Transportkosten	* Nachfragepräferenzen (Linder-Hypothese)
* Langfristig aufgrund unterschiedlicher Entwicklungsstadien	* Unterschiedliche Faktorausstattung (Heckscher-Ohlin-Güter)	* Transaktionskosten	* Innovationsvorsprünge (Technologische Lücke)
* Kurzfristig aufgrund konjunktureller Unterschiede oder Schocks (Missernten, Streiks)	* Steigende Skalenerträge (Economies of Scale)	* Handelshemmnisse (tarifäre und nicht-tarifäre)	* Produkt-/Marktzyklen (Monopolistischer Vorsprung)

In den traditionellen Modellen zur Erklärung der internationalen Arbeitsteilung dominiert die klassische Außen*handel*stheorie. Es wurde angenommen, daß internationaler Handel es *alleine* ermögliche, die Vorteile der internationalen Arbeitsteilung und Spezialisierung zu generieren. Hierfür seien internationale Faktorbewegungen nicht notwendig. Im Vordergrund stand die Frage nach den komparativen Vor- und Nachteilen bei der Produktion handelbarer Güter. Dabei wurde in den Standardmodellen der traditionellen Außenhandelstheorie typischerweise eine Welt mit zwei Ländern unter den folgenden restriktiven Annahmen beschrieben:
a) Güter- und Faktormärkte sind vollständige Konkurrenzmärkte mit gewinn- bzw. nutzenmaximierenden Unternehmern bzw. Konsumenten.

b) Gütermärkte sind international völlig offen und frei zugänglich. Demgegenüber sind die Produktionsfaktoren zwar innerhalb eines Landes sowohl sektoral als auch regional völlig mobil, zwischen den Ländern aber völlig immobil.
c) Es gibt keine Skaleneffekte, und die Grenzproduktivitäten sinken mit zunehmendem Faktoreinsatz (technisch formuliert, entspricht dies der Annahme konkaver, linearhomogener Produktionsfunktionen).
d) Die Nachfragepräferenzen sind in allen Ländern identisch.

Allgemeine Akzeptanz haben in der klassischen Außenhandelstheorie zwei verschiedene Modellwelten gefunden, die einerseits auf *David Ricardo* und andererseits auf *Eli Heckscher, Bertil Ohlin* und *Paul Samuelson* (H-O-S) zurückgehen (vgl. hierzu ausführlicher Fischer/Straubhaar 1994).

In der Formulierung von *Ricardo* werden sämtliche Inputs in Arbeitseinheiten gemessen; es gibt mit anderen Worten nur einen Produktionsfaktor: Arbeit. Relativ unterschiedliche (komparative) Kosten zwischen Wirtschaftsräumen gründen sich in international unterschiedlichen Arbeitsproduktivitäten aufgrund unterschiedlicher Produktions*technologien*. (Internationaler) Handel ermöglicht es nun, diese komparativen Kostenunterschiede (international) auszunutzen. Jedes Land spezialisiert sich auf diejenigen Güter und Dienstleistungen, in deren Produktion es aufgrund seiner spezifischen technologischen Gegebenheiten einen relativen (komparativen) Vorteil hat. Durch den internationalen Handel profitieren dann beide Länder von der kostengünstigsten Arbeitsteilung.

Bei *Ricardo* beruhen Richtung und Umfang des Außenhandels monokausal auf unterschiedlichen Produktionsbedingungen. Ausgeschlossen wird damit insbesondere die internationale Mobilität des Produktionsfaktors Arbeit. Im Gegensatz dazu ist Arbeit innerhalb der Volkswirtschaft sektoral und regional vollkommen mobil.

In der zweiten traditionellen Modellwelt, der H-O-S Welt, beruhen Effizienzgewinne des internationalen Handels nicht wie bei *Ricardo* auf international unterschiedlichen technologischen Gegebenheiten in den verschiedenen Ländern. Im Gegenteil wird in aller Regel angenommen, daß Technologie international frei verfügbar und die Produktionsfunktionen deshalb international identisch seien. Hingegen wird in der H-O-S Welt davon ausgegangen, daß es neben Arbeit weitere Produktionsfaktoren (meist Kapital) gibt, die zur Produktion von Gütern und Dienstleistungen notwendig sind und die international in einem unterschiedlichen relativen Verhältnis verfügbar sind. Diese unterschiedlichen relativen *Faktorausstattungen* sind in der typischen H-O-S Welt der alleinige Grund für länderspezifische komparative Kostenvorteile und damit für Richtung und Ausmaß des internationalen Handels.

In der H-O-S Welt divergieren Produktionsaktivitäten lediglich in den Faktorintensitäten, also beispielsweise werden Güter arbeitsintensiv oder kapitalintensiv hergestellt. Internationale Arbeitsteilung ermöglicht nun jedem Land, sich auf die Produktion derjenigen Güter und Dienstleistungen zu konzentrieren, die den reichlich vorhandenen Faktor (Kapital oder Arbeit) besonders intensiv nutzen. Waren, bei deren Herstellung der knappe Faktor dominiert, werden importiert. Bei Freihandel ist zu erwarten, daß der Preis für den relativ knappen Produktionsfaktor sinkt und der Preis für den reichlich vorhandenen steigt. Die länderspezifische Spezialisierung - und als Folge davon das Handelsvolumen - sollten solange zunehmen, bis ein vollständiger Ausgleich der internationalen Faktorpreise (Kapitalerträge resp. Arbeitskräfteentschädigungen pro Faktoreinheit) zustande kommt. Diese zentrale Aussage der traditionellen H-O-S Außenwirtschaftstheorie wurde allgemein unter der Bezeichnung "Faktorpreisausgleichstheorem" bekannt.

Sowohl bei *Ricardo* als auch in der H-O-S Modellwelt wird die (Allokations-) Effizienz, mit der Produktionsfaktoren international genutzt werden, gemessen durch das Ausmaß, in dem sich nationale Faktor- bzw. Güterpreisrelationen international angeglichen haben. Das Faktorpreisausgleichstheorem reflektiert die im Prinzip für beide Modellwelten gültige theoretische Erwartung, daß allein mittels internationalem *Güterhandel* und *intranationaler* (sektorieller und regionaler) Faktormobilität ein vollständiger Faktorpreisausgleich erreicht werden könne, also weltweit einheitliche Lohn- und Zinsverhältnisse und somit eine weltweit optimale Allokationseffizienz möglich werden. Es besteht also keine Notwendigkeit für grenzüberschreitende Arbeitsmigration oder Kapitaltransfers, um eine effiziente Produktionsstruktur zu erreichen. Güterhandel kann internationale Faktorwanderungen vollständig substituieren.

Nicht weil die traditionelle Sicht die Existenz internationaler Arbeitsmigration mißachtete, sondern weil angenommen wird, daß bei internationalen Faktorwanderungen im Vergleich zum Warenaustausch höhere Transaktions- und Transportkosten anfallen, werden bei Güterfreihandel die grenzüberschreitenden Wanderungen von Kapital und Arbeit überflüssig. Gerade weil das substitutive Verhältnis von Güter- und Faktorbewegungen anerkannt wird, wird der Einbau der Faktorbewegungen in die Theorie des Außenhandels nicht für notwendig erachtet. Der flexiblere, raschere und billigere internationale Güterhandel ist ein vollständiger Ersatz für die internationale Bewegung der Produktionsfaktoren. Der Güterhandel allein ist vollumfänglich in der Lage, für international einheitliche, ökonomisch effiziente Zins- und Lohnniveaus und damit für die Erfüllung des Faktorpreisausgleichstheorems zu sorgen.

Die klassische Handelstheorie und das Faktorpreisausgleichstheorem waren und sind das theoretische Fundament von Handelsliberalisierungsmaßnahmen im allgemeinen und der Schaffung von Freihandelszonen und Zollunionen im speziellen. Die weltweiten Bestrebungen der Nachkriegsjahre konzentrierten sich beispielsweise im Rahmen des GATT oder nun der WTO darauf, Zölle und Handelshemmnisse abzubauen. Dennoch konnte in der Praxis bisher nirgends ein absoluter Faktorpreisausgleich als Folge von Freihandel beobachtet werden.

Die Kluft zwischen dem theoretisch erwarteten absoluten Faktorpreisausgleich und den empirischen Erfahrungen gründet in den *strikten Voraussetzungen*, die dem Faktorpreisausgleichstheorem in seiner absoluten Form zugrunde liegen. Als problematisch erwiesen sich insbesondere die folgenden Annahmen:

a) *Sämtliche Güter und Dienstleistungen seien grundsätzlich frei handelbar und die Weltmarktpreise widerspiegelten die natürlichen Austauschverhältnisse.* In der Realität verhindern oft bedeutende Transaktions- und Transportkosten, "natürliche" Hemmnisse, sowie tarifäre und nichttarifäre Handelshindernisse einen internationalen Preiswettbewerb.

b) *Produktionsfunktionen von Gütern und Dienstleistungen seien international identisch.* Diese Annahme unterstellt, daß bei gleichem Einsatz von gleichwertigen Produktionsfaktoren überall ein gleich großes Produktionsergebnis erwirtschaftet werden könne. Zumindest kurz- bis mittelfristig sind Produktionstechnologien international jedoch kaum identisch, weshalb nicht überall die gleiche Beziehung zwischen Produkt- und Faktorpreisen herrscht. Trotz Freihandel können so Faktorentgelte (Löhne, Zinsen) international wesentlich voneinander abweichen.

c) *Alle Unternehmen produzieren mit konstanten Skalenerträgen.* Diese Annahme bedeutet, daß eine Verdoppelung aller Inputfaktoren auch das Produktionsergebnis genau verdoppelt. Wenn jedoch der Fixkostenanteil in der Produktion bedeutend ist, beispielsweise weil Güter zunehmend technologieintensiv hergestellt werden, sind zunehmende Skalenerträge der Produktion die naheliegende Folge *(Economies of scale-Effekt).*
d) *Auf Güter- und Faktormärkten herrsche vollständige Konkurrenz.* Zumindest wenn mit zunehmenden Skalenerträgen produziert wird, steigt die "kritische Größe" einer Unternehmung, und es bleibt nur noch Platz für einige wenige Anbieter. Die meisten technologieintensiven Branchen wie beispielsweise die Computerhardwareproduktion, der Automobilbau, aber auch die Nahrungsmittelgroßindustrie weisen heute oligopolistische Strukturen auf.
e) *Ein Modell mit nur zwei Ländern, zwei Gütern und zwei Produktionsfaktoren (Arbeit und Kapital) sei in der Lage, die Realität sinngemäß zu erklären.* Seit den achtziger Jahren vermochten die Modelle der Neuen Außenhandelstheorie überzeugend darzulegen, daß zumindest in einer Welt mit zahlreichen Handelspartnern, in der die Zahl der international gehandelten homogenen Güter und mobilen Produktionsfaktoren kleiner ist als die Menge aller Produktionsfaktoren insgesamt, das Faktorpreisausgleichstheorem seine absolute Gültigkeit verliert.

3. Erfordert die internationale Arbeitsteilung auch Faktorwanderungen?

Die verschiedenen Vorbehalte zu den Annahmen des Faktorpreisausgleichstheorems führen zur Erkenntnis, daß eine nur güterseitige internationale Arbeitsteilung zwar erlaubt, wirtschaftliche Wohlstandsgewinne zu erzielen. Sie vermag aber die potentiellen Effizienzgewinne der internationalen Arbeitsteilung nicht vollständig zu realisieren. Hierzu sind auch Faktorwanderungen notwendig.

a) Ein erster Anreiz für Produktionsfaktoren, international zu wandern, entsteht, wenn rechtliche oder administrative Hemmnisse (wie Zölle oder nationale Regulierungen) oder natürliche Schranken (wie hohe Transaktions- und Transportkosten) den internationalen Handel be- oder verhindern. Internationale Faktorwanderungen (Arbeitskräftewanderungen oder Kapitaltransfers) sind dann entweder eine Reaktion auf bestehende Handelshemmnisse, oder eine Reaktion auf das Vorhandensein von nicht international handelbaren Gütern, was einen Handel "Ware gegen Ware" verhindert. *Migration, Kapitaltransfers und Handel* sind im klassischen Verständnis *Substitute.* In einer klassischen H-O-S Welt kann die internationale Arbeitsteilung über eine Vielzahl verschiedener Kombinationen von sich gegenseitig substituierendem internationalem Handel und Faktorwanderungen erfolgen. Welche Alternative tatsächlich realisiert wird, dürfte in erster Linie abhängen vom Ausmaß der Transaktions- und Transportkosten des internationalen Handels (Handelshindernisse) relativ zur Größe der Transaktions- und Transportkosten der internationalen Faktorwanderungen.

b) Werden die rigiden Grundannahmen der H-O-S Welt verlassen und werden zunehmende Skalenerträge, unvollständige Wettbewerbsmärkte, spezifische und damit sektoral immobile Produktionsfaktoren, Steuern und insbesondere internationale Unterschiede in der Produktionstechnologie zugelassen, ändert sich das traditionelle H-O-S Bild: Internationaler Handel und Faktorwanderungen sind dann nicht mehr ausschließlich Substitute, sondern tendenziell eher Komplemente. Internationale Faktorwanderungen sind eine Reaktion auf international unterschiedliche Skalenerträge und abweichende Produktionstechnologien, womit eine internationale Spezialisierung und unvollständige Wettbewerbsmärkte möglich werden.

Jetzt bedarf es *sowohl* der internationalen Faktorwanderungen *als auch* des internationalen Güterhandels, damit die Faktorpreise international ausgeglichen werden. Wird eine Reallokation zugelassen, wandern Produktionsfaktoren an jenen Ort, wo sie, entsprechend der produktionskostenminimierenden Spezialisierung, relativ intensiv genutzt werden. Produktionsfaktoren werden dorthin wandern, wo ein komparativer Vorteil für die Produktion derjenigen Güter besteht, die einen jetzt mobilen Faktor relativ intensiv nutzt. Die internationale Faktorwanderung wird die internationale Arbeitsteilung beschleunigen, die komparativen Vorteile akzentuieren und den Handel stimulieren. Güterhandel und Migration unterstützen sich in diesem Prozeß gegenseitig und sind daher Komplemente. Hierbei spielen multinationale Unternehmungen eine entscheidende Rolle. Sie tätigen Direktinvestitionen, um in verschiedenen Ländern (länderspezifisch) zu produzieren. Direktinvestitionen, die von Intra-Industrie-Handel begleitet sind, ermöglichen es der Unternehmung, ihre firmeneigenen Vorteile zu nutzen. Intra-Firmenhandel macht so einen großen Teil des erfaßten Intra-Industrie-Handels aus. Innerhalb der multinationalen Unternehmungen werden aber auch zunehmend für kürzere Fristen Spezialisten und Führungskräfte international von Tochterfirma zu Tochterfirma verschoben. Sie sollen unternehmensinternes Wissen transferieren und temporäre Know how-Defizite oder Fachkräftemangel überbrücken.

Je nach Art der Ursachen der internationalen Arbeitsteilung ergeben sich sowohl unterschiedliche Beziehungen zwischen "Handel" und "Faktorwanderungen" als auch unterschiedliche Anpassungsprozesse. Übersicht 3 veranschaulicht, wie sich unterschiedliche theoretische Annahmen darauf auswirken, ob Handel und Faktorwanderungen in einem substitutiven oder eher in einem komplementären Verhältnis zueinander stehen.

4. Die Rolle der Arbeitsmigration

Sowohl in den traditionellen als auch in den neueren Ansätzen der Außenwirtschaftstheorie werden Migration und Kapitaltransfers in aller Regel als symmetrische Phänomene behandelt. Diese Gleichstellung von Arbeitskräfte- und Kapitalwanderungen verzerrt die Ergebnisse insoweit, als Arbeitskräftewanderungen im Gegensatz zu internationalen Kapitaltransfers (Direktinvestitionen) nicht nur ein ökonomischer, sondern (und vor allem) auch ein sozialer Prozeß sind. Dieser Einwand ist auch gültig für die Frage, ob Güterhandel und Faktorwanderungen Substitute oder Komplemente sind.

So sehr die Frage, ob Güterhandel und Faktorwanderungen Substitute oder Komplemente sind, immer stärker das Interesse der Außenwirtschaftstheorie auf sich zog, so sehr konzentrierten sich die Antworten auf internationale Kapitalbewegungen. Arbeitskräftewanderungen blieben demgegenüber stiefmütterlich behandelt. Als Standardsatz galt, daß der Einfachheit halber Kapital als der mobile und Arbeit als der immobile Faktor angesehen werde. Diese Annahme sei leicht zu korrigieren und ohne wesentliche Änderungen könne auch Arbeit als international mobiler Produktionsfaktor behandelt werden. Diese Vereinfachung ist nicht in jedem Falle korrekt. Insbesondere sind folgende Charakteristika der Arbeitskräftewanderung anzuerkennen und in die Außenwirtschaftsmodelle einzubauen:

a) Migration ist als temporäres Phänomen zu behandeln. Arbeitskräfte haben die Absicht, lediglich für eine beschränkte Zeit ins Ausland zu wandern, dort Ersparnisse anzuhäufen, um mit dem erarbeiteten Vermögen nach einer gewissen Aufenthaltszeit im Gastland wieder in ihr Heimatland zurückzukehren.

Übersicht 3: *Substitutions- und Komplementaritätsmodelle in der Außenwirtschaftstheorie*

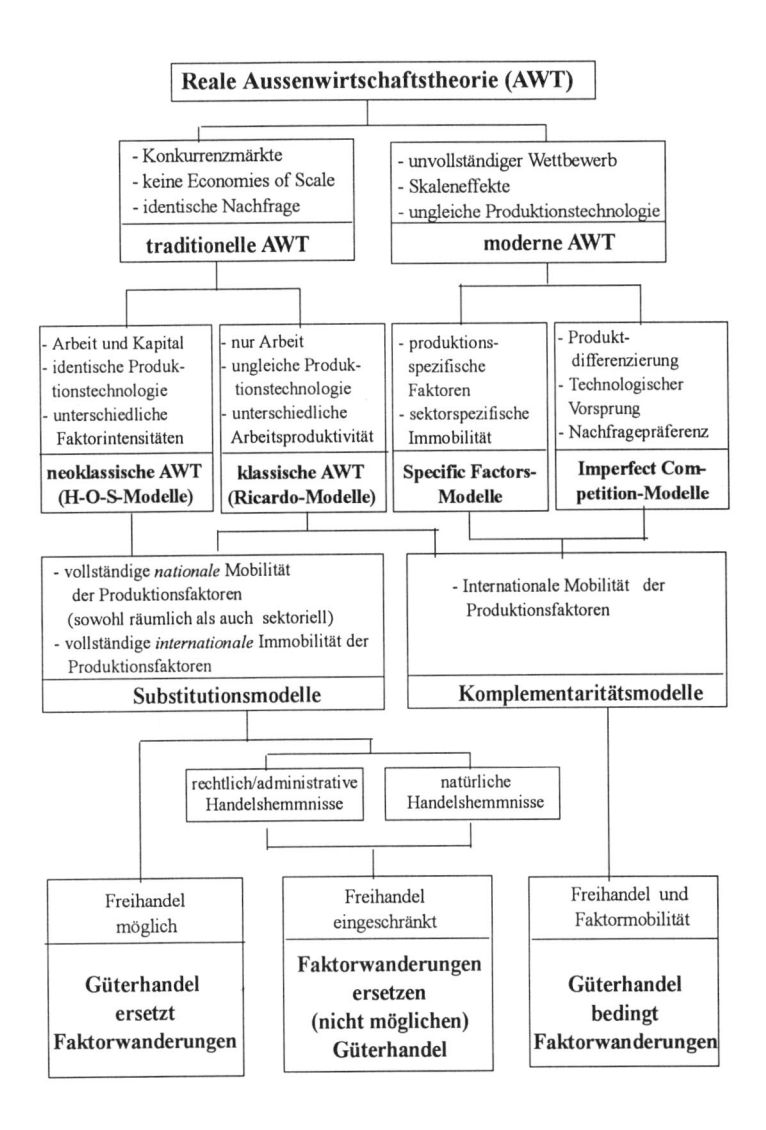

```
                    ┌─────────────────────────────────────────┐
                    │   Reale Aussenwirtschaftstheorie (AWT)  │
                    └─────────────────────────────────────────┘
                          │                          │
        ┌─────────────────────────┐    ┌─────────────────────────────┐
        │ - Konkurrenzmärkte      │    │ - unvollständiger Wettbewerb │
        │ - keine Economies of    │    │ - Skaleneffekte              │
        │   Scale                 │    │ - ungleiche Produktions-     │
        │ - identische Nachfrage  │    │   technologie                │
        │   traditionelle AWT     │    │      moderne AWT             │
        └─────────────────────────┘    └─────────────────────────────┘
```

traditionelle AWT		moderne AWT	
- Arbeit und Kapital - identische Produktionstechnologie - unterschiedliche Faktorintensitäten	- nur Arbeit - ungleiche Produktionstechnologie - unterschiedliche Arbeitsproduktivität	- produktionsspezifische Faktoren - sektorspezifische Immobilität	- Produktdifferenzierung - Technologischer Vorsprung - Nachfragepräferenz
neoklassische AWT **(H-O-S-Modelle)**	**klassische AWT** **(Ricardo-Modelle)**	**Specific Factors-Modelle**	**Imperfect Competition-Modelle**

Substitutionsmodelle	Komplementaritätsmodelle
- vollständige *nationale* Mobilität der Produktionsfaktoren (sowohl räumlich als auch sektoriell) - vollständige *internationale* Immobilität der Produktionsfaktoren	- Internationale Mobilität der Produktionsfaktoren

rechtlich/administrative Handelshemmnisse	natürliche Handelshemmnisse	
Freihandel möglich	Freihandel eingeschränkt	Freihandel und Faktormobilität
Güterhandel ersetzt Faktorwanderungen	**Faktorwanderungen ersetzen (nicht möglichen) Güterhandel**	**Güterhandel bedingt Faktorwanderungen**

b) Ausländische und inländische Arbeitskräfte sind unvollständige Substitute im Produktionsprozeß des Gastlandes. Ausländische Arbeitskräfte sind in Berufen tätig, die einzunehmen auf der Seite der einheimischen Arbeitskräfte kein Interesse besteht.

c) Ausländische Arbeitskräfte sind eher bereit als inländische, veränderte Arbeitsbedingungen zu akzeptieren. Anders formuliert, besitzen die inländischen Arbeitskräfte einen höheren Schutz des Arbeitsplatzes und der Arbeitsbedingungen als ausländische Arbeitskräfte, womit sich stärker segmentierte Arbeitsmärkte ergeben.

d) Ausländische Arbeitskräfte sind in der Sicht der inländischen Arbeitsnachfrager in praktisch unbeschränkter Anzahl bereit, ihre Leistungen zu geringeren ökonomischen

Kosten anzubieten (im Vergleich zu den inländischen Arbeitskräften) - oft falls anders nicht möglich auch illegal. Die inländischen Arbeitskräftenachfrager finden somit relativ leicht genau so viele ausländische Arbeitskräfte, wie sie bereit sind zu beschäftigen (und wie die Regierung des Aufnahmelandes willens ist, Ausländer einwandern zu lassen).

e) "Versiegt" eine Quelle des ausländischen Arbeitskräfteangebots, finden die inländischen Arbeitskräftenachfrager rasch in andern, meist noch weniger entwickelten Herkunftsländern Arbeitskräfte, die bereit sind, auf das Beschäftigungsangebot zu reagieren. Dabei werden oft auch illegale Beschäftigungsverhältnisse in Kauf genommen.

Als Faustregel kann gelten, daß die Ergebnisse des H-O-S Modells zutreffen, wenn sich die internationale Arbeitsteilung zwischen relativ ähnlichen Volkswirtschaften ergibt. Sind die Produktionstechnologien und die Produktivität der Arbeitskräfte und damit die Produktionsbedingungen international nicht allzu stark unterschiedlich, ist keine starke Grundlage für eine internationale Massenwanderung von unspezifischen Arbeitskräften gegeben. Hier ist zu erwarten, daß der Güterhandel internationale Faktorwanderungen in einem hohen Maße überflüssig macht. Sind jedoch die Produktionstechnologien stark unterschiedlich, besteht ein großes Potential für eine internationale Mobilität der Produktionsfaktoren. Damit ergeben sich zusammenfassend fünf zentrale wirtschaftspolitische Folgerungen:

a) Unter den Bedingungen des traditionellen handelstheoretischen Ansatzes bilden unterschiedliche Faktorerträge aufgrund unterschiedlicher relativer Ausstattung der Länder mit Produktionsfaktoren den Beweggrund für Arbeitskräftewanderungen. Faktorwanderungen und internationaler Handel vermögen sich hierbei weitestgehend zu ersetzen. Eine Erhöhung des Handelsvolumens führt unter klassischen Bedingungen zu verminderter Migration. Das Migrationspotential wird um so geringer, je stärker die Handels- und Kapitalverkehrsbewegungen liberalisiert sind. Die Liberalisierung des internationalen Warenhandels und des internationalen Kapitalverkehrs ersetzen somit in vielen Fällen die Arbeitskräftewanderung.

b) Bestehen innerhalb der an der internationalen Arbeitsteilung beteiligten Volkswirtschaften bedeutende standortspezifische technologische Unterschiede und Skalenerträge, so ist mit einem sich gegenseitig bedingenden und verstärkenden Anstieg von internationalem Handel *und* internationalen Faktorwanderungen zu rechnen, wobei im Falle der Migration speziell spezifisch ausgebildete Arbeitskräfte wandern dürften.

c) Ob die internationale Arbeitsteilung relativ stärker über Handel oder über Faktorwanderungen erfolgt, hängt somit ab:
- von der Art und Weise, in der sich die integrierenden Volkswirtschaften voneinander unterscheiden, und
- von den relativen Transaktions- und Transportkosten von Handel und Faktormobilität.

d) Der Anreiz zur Wanderung entfällt weitgehend, sobald die Faktorerträge ausgeglichen sind. Internationaler Güterhandel und freier Kapitaltransfer führen somit zu einer (wenn auch nur graduellen) Annäherung der Wohlstandsniveaus, was in der langen Frist die individuelle Wanderungsbereitschaft, wenn auch nicht gänzlich verhindert, so doch abschwächt.

e) Soweit Migration eine Reaktion ist auf international unterschiedliche Arbeitsproduktivitäten als Folge einer produktionskostensenkenden Spezialisierung, bilden internationale Kapitaltransfers ein Substitut für Arbeitskräftewanderungen. Sofern diese Direktinvestitionen die komparativen Kostenvorteile der beteiligten Länder verändern, wird auch der Güterhandel stimuliert werden. Dann sind Kapitaltransfers und Güterhandel Komplemente und substituieren gemeinsam die Arbeitskräftewanderungen.

5. Internationalisierung der Arbeitsmärkte?

Obwohl die Internationalisierung der Arbeitsmärkte in den letzten Jahrzehnten deutlich angestiegen ist (vgl. Weltbank 1995), leben doch immer noch lediglich rund 2% der Weltbevölkerung außerhalb ihres Heimatlandes. Die von vielen immer wieder beschworenen "Völkerwanderungen" haben schlicht nicht stattgefunden - vor allem und gerade nicht in Europa, wenn schon dann eher in Afrika. In ihrer überwiegenden Mehrheit sind Menschen also seßhaft (vgl. Fischer/Martin/Straubhaar 1995). Sie verharren lieber in ihrer vertrauten näheren Umgebung als in der unbekannten Fremde.

Besonders deutlich läßt sich diese "Liebe zum Verharren" am Beispiel der Europäischen Union veranschaulichen. Obwohl hier die Freizügigkeit für Personen grundrechtlich verankert ist und EU-Arbeitskräfte nicht aufgrund ihrer Nationalität diskriminiert werden dürfen, genügte der *Wegfall von Wanderungshemmnissen* nicht, um die individuellen (mikroökonomischen) Migrationsbarrieren zu überwinden. Europäische Arbeitskräfte zogen es eher vor, arbeitslos am aktuellen Aufenthaltsort zu bleiben und lediglich in der näheren heimischen Umgebung als in anderen EG-Mitgliedländern nach Arbeit zu suchen. Auf einer makroökonomischen Ebene war die grenzüberschreitende Arbeitskräftewanderung innerhalb der EG *nachfragedeterminiert* von den Bedürfnissen und den Beschäftigungsmöglichkeiten in den Einwanderungsländern. Es zeigte sich, daß der *Güterhandel* wesentlich elastischer auf die Bildung des Gemeinsamen Marktes reagierte als das Arbeitskräfteangebot. So führte der Abbau protektionistischer Hemmnisse zu einem starken Anstieg des innergemeinschaftlichen Handels. Die aufgrund der Außenhandelstheorie erwartete tendenzielle Angleichung der Güter- und Faktorpreise erfolgte damit über den Güterhandel und nicht durch eine Wanderung der Arbeitskräfte. Zu einem großen Teil *machte Güterhandel die Wanderung von Arbeitskräften überflüssig.*

Solange soziologische und psychologische *Hemmnisse* auf der Ebene des einzelnen Menschen sowie soziale, kulturelle und sprachliche *Unterschiede* zwischen Heimat- und Gastland bestehen bleiben, genügt der Abbau von Mobilitätsbeschränkungen alleine nicht, um starke Arbeitskräftewanderungen auszulösen. Viele Faktoren bestimmen simultan die *individuelle Mobilitätsbereitschaft* (vgl. Übersicht 4 auf der nächsten Seite). Der gesamtwirtschaftlich erwünschten räumlichen und beruflichen Mobilität stehen eine Anzahl individueller, aber auch sozioökonomischer Faktoren als Hemmschuhe entgegen. Besonders jene Persönlichkeitsmerkmale, die mit dem Alter verbunden sind, bestimmen die individuelle Mobilitätsbereitschaft in entscheidendem Maße.

6. Ausblick

Die individuelle Mobilität der Erwerbspersonen wird zu einem der wichtigsten Standortfaktoren im internationalen Wettbewerb der Volkswirtschaften werden. Je stärker die internationale Arbeitsteilung und die damit verbundene Spezialisierung voranschreiten, desto schneller müssen Arbeitsmärkte auf gewandelte Produktionsprozesse reagieren. Hoch mobile Arbeitskräfte werden entscheidend sein für die Geschwindigkeit, mit der sich einzelne Volkswirtschaften (oder ganze Wirtschaftsgebiete wie die EU) an den sich beschleunigenden Strukturwandel anpassen. Grundsätzlich lassen sich drei unterschiedliche Reaktionen unterscheiden:
a) *Löhne und Preise* reagieren rascher und flexibler als anderswo auf die wirtschaftlichen Schwierigkeiten und ziehen dadurch neue mobile Produktionsfaktoren an, die für eine schnelle wirtschaftliche Erholung am alten Ort sorgen. Strukturschwache, überholte Aktivitäten werden laufend durch neue, strukturstarke Produktion ersetzt.

b) *Löhne und Preise* reagieren aufgrund starrer Tarifsysteme oder rechtlicher (administrierter) Vorschriften relativ träge. Dann können exogene Schocks (Wachstumsschübe im Ausland, Verteuerung von ausländischen Rohstoffen oder Vorleistungen) zu struktureller *Arbeitslosigkeit und Unterbeschäftigung* führen, da Beschäftigungsverluste in strukturschwachen Regionen oder Branchen nicht durch neue Beschäftigungsmöglichkeiten in aufstrebenden Gebieten oder Sektoren ausgeglichen werden.

Übersicht 4: Dimensionen der individuellen Mobilitätsbereitschaft

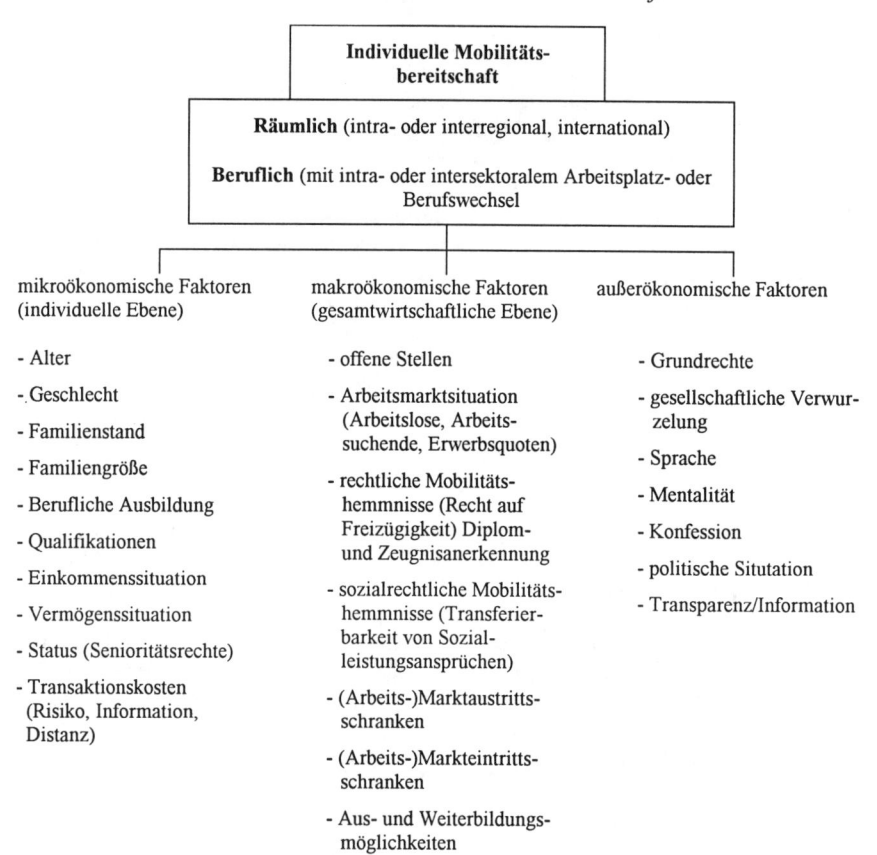

```
            Individuelle Mobilitäts-
                 bereitschaft
    ┌─────────────────────────────────────────┐
    │ Räumlich (intra- oder interregional, international) │
    │ Beruflich (mit intra- oder intersektoralem Arbeitsplatz- oder │
    │           Berufswechsel                  │
    └─────────────────────────────────────────┘
```

mikroökonomische Faktoren (individuelle Ebene)	makroökonomische Faktoren (gesamtwirtschaftliche Ebene)	außerökonomische Faktoren
- Alter	- offene Stellen	- Grundrechte
- Geschlecht	- Arbeitsmarktsituation (Arbeitslose, Arbeitssuchende, Erwerbsquoten)	- gesellschaftliche Verwurzelung
- Familienstand		- Sprache
- Familiengröße	- rechtliche Mobilitätshemmnisse (Recht auf Freizügigkeit) Diplom- und Zeugnisanerkennung	- Mentalität
- Berufliche Ausbildung		- Konfession
- Qualifikationen		- politische Situation
- Einkommenssituation	- sozialrechtliche Mobilitätshemmnisse (Transferierbarkeit von Sozialleistungsansprüchen)	- Transparenz/Information
- Vermögenssituation		
- Status (Senioritätsrechte)		
- Transaktionskosten (Risiko, Information, Distanz)	- (Arbeits-)Marktaustrittsschranken	
	- (Arbeits-)Markteintrittsschranken	
	- Aus- und Weiterbildungsmöglichkeiten	

Die verschiedenen Faktoren bestimmen simultan die individuelle Mobilitätsbereitschaft.

c) Arbeitskräfte reagieren elastisch auf die veränderte Angebots- und Nachfragesituation und migrieren. *Migration kann kurzfristige Ungleichgewichte ausgleichen und wirtschaftliche Anpassungsprozesse beschleunigen. Regionale und internationale Mobilität von Arbeitskräften ist eine Alternative zu andauerndem wirtschaftlichem Zerfall einzelner Regionen oder Branchen* mit entsprechenden Strukturproblemen. Blanchard/Katz (1992) zeigen, daß es in den USA vor allem die Arbeitskräfte sind, welche durch Ab- oder Zuwanderung für eine relativ schnelle Anpassung an die veränderten Umweltbedingungen sorgen. Ein exogener Schock, der ursprünglich die Gesamtbeschäftigung in einer amerikanischen Region um *ein Prozent* reduziert, führt im Durchschnitt zu einer Zunahme der Arbeitslosenrate um 0,5 Prozent nach zwei Jahren. Nach sechs Jahren erreicht die Arbeitslosenrate wieder ihr ursprüngliches Niveau, währenddessen sich die Gesamtbeschäftigung gegenüber dem ursprünglichen Niveau um fast ein weiteres Prozent reduziert (also insgesamt um rund zwei Prozent sinkt). Erst nach über zehn Jahren pendelt sich die Beschäftigung auf einem neuen Gleichgewichtsniveau ein, das ungefähr ein Prozent unter dem ursprünglichen Stand liegt. Die freigesetzten ein bis zwei Prozent der ursprünglich Beschäftigten bleiben jedoch in Amerika nicht arbeitslos an ihrem angestammten Wohnort ansässig, sondern ziehen weg und finden in einer anderen Region eine produktive Beschäftigung (Blanchard/Katz, 1992, 33). Deshalb führten in amerikanischen Regionen externe Schocks kaum zu einem dauerhaften Anstieg der strukturellen Arbeitslosigkeit.

Die *Internationalisierung der Arbeitsmärkte* dürfte in *Zukunft* deshalb *ansteigen*, weil durch die zunehmende Internationalisierung der Absatzmärkte auch die Arbeitsmärkte zusehends ihren nationalen Charakter verlieren werden. Gerade wenn die Notwendigkeit dringender wird, Produktionsfaktoren aus relativen Überschußgebieten oder -branchen in relative Mangelregionen oder -sektoren zu verlagern, um regionale oder sektorielle Arbeitsmarktungleichgewichte zu überwinden, wird sich eine geringe Mobilität der Arbeitskräfte besonders negativ auswirken. In den siebziger und achtziger Jahren ist mehr als deutlich geworden, daß jene Volkswirtschaften besonders erfolgreich den Strukturwandel mitgemacht haben, deren Arbeitsmärkte offen und nicht reguliert waren, und die somit rasch und flexibel zu reagieren in der Lage waren. Für Europa stellt sich die Frage, ob die chronisch hohe strukturelle Arbeitslosigkeit eher auf Rigiditäten in Güter- und Arbeitsmärkten oder auf mangelnde Mobilität der Arbeitskräfte oder auf anpassungshemmende wirtschaftspolitische Interventionen zurückzuführen sei.

Abzusehen ist schließlich, daß als Folge der verstärkten internationalen Arbeitsteilung einerseits die Arbeitgeberseite immer stärker weltweit einsetzbare Spezialkräfte verlangen wird und daß andererseits gerade jüngere gut ausgebildete Facharbeiter(innen) eher bereit sein müssen, im Ausland zu arbeiten. Während also für gut *qualifizierte Arbeitskräfte die räumliche Mobilität* im Vordergrund stehen wird, gilt es für *ältere*, für *weniger gut qualifizierte* oder für *arbeitslose Arbeitskräfte* durch Weiterbildung und Umschulung die Vorteile der *beruflichen Mobilität* zu nutzen. Gelänge es, Arbeitslose aus strukturschwachen Problembranchen oder -regionen in strukturstarke Wachstumsindustrien oder -zentren zu verschieben, wäre ein entscheidender Pluspunkt für eine wirklich wettbewerbsfähige Wirtschaft gewonnen. Gerade für die EU sind deregulierte Arbeitsmärkte mit hoch mobilen Arbeitskräften eine entscheidende Voraussetzung, um im härter werdenden Wettbewerb einer verstärkten internationalen Arbeitsteilung mit den USA, Japan, aber auch den aufstrebenden neuen Industrieländern in Ost und Südost bestehen zu können.

Literatur

Blanchard, O. J.; Katz, L. F. 1992: Regional Evolutions. In: Brookings Papers on Economic Activity, 1-61.

Coe, David T.; Helpman, Elhanan 1995: International R&D Spillovers. European Economic Review 39, 859-887.

Fischer, Peter A.; Martin, Reiner; Straubhaar, Thomas 1995: Should I Stay or Should I Go? Diskussionsbeitrag. Institut für Wirtschaftspolitik. Universität der Bundeswehr Hamburg.

Fischer, Peter; Straubhaar, Thomas 1994: Ökonomische Integration und Migration in einem Gemeinsamen Markt. Bern.

BIZ (Bank für Internationalen Zahlungsausgleich) 1995: 65. Jahresbericht. Basel.

IMF (International Monetary Fund) 1993: World Economic Outlook, May. Washington (insbesondere Kapitel VI.: Trade as an Engine of Growth).

IMF (International Monetary Fund) 1994: World Economic Outlook, October. Washington (insbesondere Kapitel VI.: The Postwar Economic Achievment).

IMF (International Monetary Fund) 1995: World Economic Outlook, May. Washington (insbesondere Kapitel V.: Saving in a Growing World Economy).

Ricardo, David 1846: Principles of Political Economy and Taxation. London.

Smith, Adam 1776: An Inquiry into the Nature and Causes of the Wealth of Nations. London.

UNCTAD 1994: Trends in Foreign Direct Investment. Dokument E/C.10/1994/2 vom 11.3.1994. Genf.

UNCTAD 1994a: Transnational Corporations and Employment. Dokument E/C. 10/1994/3 vom 11.3.1994. Genf.

Weltbank 1980 u.a.: World Development Report, diverse Jahrgänge. Washington.

Weltbank 1995: World Development Report 1995. Washington.

Williamson, Oliver E. 1990: Die ökonomischen Institutionen des Kapitalismus. Unternehmen, Märkte, Kooperationen (Originalausgabe: The Economic Institutions of Capitalism. New York, 1985).

Europäische Integration und Arbeitsmarkt

Ulrich Walwei

1. Beschäftigungsprobleme und -perspektiven in EU-Ländern

Mit Blick auf den zunehmenden internationalen Wettbewerb wird häufig auch auf die ungünstigere Beschäftigungssituation - und die damit verbundenen sozialen Kosten - als Standortnachteil Westeuropas im Vergleich zu den USA und Japan hingewiesen (Kommission der Europäischen Gemeinschaften 1993). Allerdings sind die Länder der Europäischen Union (EU) in sehr unterschiedlichem Maße von Beschäftigungsproblemen betroffen. Als Ursachen für die unterschiedliche Betroffenheit sind eine ganze Reihe von Faktoren in Betracht zu ziehen: u. a. wirtschaftliche Leistungskraft, Bevölkerungsentwicklung, Lohn- und Arbeitszeitpolitik sowie arbeitsmarktpolitische Interventionen. Worin sind aktuell die wesentlichen Beschäftigungsprobleme Westeuropas zu sehen (vgl. zum nachfolgenden die Tabelle 1)?

Tab. 1: Beschäftigungsindikatoren ausgewählter Länder

Länder	Erwerbsquote 1993 in % 1)	Beschäftigungs- intensität 1971-80/1981-90 2)		ALQ 1994 in % 3)	ALQ 1994 unter 25 4)	Anteil der Langzeit- Arbeitslosen an allen Arbeitslosen 1993 5)
Dänemark	83	0.32	0.24	10.3	12.7	25
W-Deutschland	69	0.07	0.24	8.4	7.7	40
Spanien	59	-0.17	0.28	24.1	40.9	46
Frankreich	67	0.16	0.09	12.6	27.2	33
Italien	59	0.26	0.27	11.3	28.8	58
Niederlande	67	0.07	0.26	7.0	11.9	52
Schweden	78			9.8	25.3	7
Großbritannien	75	0.10	0.19	9.2	17.4	43
USA	77	0.71	0.76	6.1	13.2	5
Japan	76	0.16	0.26	2.9	5.7	17

1) Die Erwerbsquote ist definiert als der Anteil der Erwerbspersonen (Erwerbstätige und Arbeitslose) an der Bevölkerung im erwerbsfähigen Alter (15-64 Jahre). Quelle: OECD 1995b, Labour Force Statistics
2) Die Beschäftigungsintensität gibt an, um wieviel Prozent die Beschäftigung angestiegen ist, wenn das BIP um ein Prozent gewachsen ist. Quelle: Walwei und Werner 1995
3) ALQ=Arbeitslosenquote. Quelle: Statistisches Amt der Europäischen Gemeinschaften
4) ALQ=Arbeitslosenquote. Quelle: Statistisches Amt der Europäischen Gemeinschaften
5) Langzeitarbeitslose sind Personen mit einer Arbeitslosigkeitsdauer von mindestens 12 Monaten. Hier wird jeweils der Anteil der Langzeitarbeitslosen an allen Arbeitslosen ausgewiesen. Daten für USA, Japan und Schweden stammen aus 1992 (Quelle: Eurostat 1995, Erhebung über Arbeitskräfte: Ergebnisse 1993)

Westeuropa weist (mit Ausnahme der skandinavischen Länder) verglichen mit den USA und Japan *relativ geringe Erwerbsquoten* auf. Erwerbsquoten geben an, wieviele Menschen am Beschäftigungssystem eines Landes partizipieren konnten und wollten. Unterschiede bei den sog. „Aktivitätsraten" lassen sich im wesentlichen durch den Altersaufbau der Bevölkerung, die Erwerbsneigung der Frauen und verschiedene institutionelle Faktoren (wie z.B. die Länge der Ausbildung oder auch das Ruhestandsalter) erklären. Bei einer niedrigen Erwerbsquote führen Beschäftigungszuwächse in aller Regel dazu, daß diese in geringerem Umfang aus der Arbeitslosigkeit, sondern auch und gerade aus der sog. „Stillen Reserve" gespeist werden. Eine hohe Erwerbsneigung kann sich aber unter bestimmten Umständen auch negativ auswirken. Bei einem lang andauernden Defizit von Arbeitsplätzen können sich dadurch die sichtbaren Arbeitsmarktprobleme (v.a. in Form der registrierten Arbeitslosigkeit) sogar verschärfen, wie z.B. in Ostdeutschland, einigen Reformländern Osteuropas oder zum Teil auch in Skandinavien.

Wirtschaftliches Wachstum ist zweifellos für die Wiederannäherung an die Vollbeschäftigung eine notwendige, aber keinesfalls hinreichende Bedingung. Dies hat nicht nur mit den in den letzten beiden Dekaden rückläufigen Wachstumsraten des Bruttoinlandsprodukts zu tun, sondern auch mit der *relativ geringen Beschäftigungsintensität* des Wachstums in Westeuropa - vor allem im Vergleich zu Nordamerika. (vgl. hierzu ausführlich: Walwei/Werner 1995). Sie gibt an, um welchen Prozentsatz die Beschäftigung zugenommen (bzw. abgenommen) hat, wenn das Wirtschaftswachstum um 1% gestiegen ist. Streng genommen handelt es sich dabei um die Elastizität der Beschäftigung in bezug auf das Wachstum. In den siebziger Jahren und achtziger Jahren ging der Rückgang der Wachstumsraten des BIP einher mit in etwa gleich gebliebenen oder sogar gestiegenen Beschäftigungszuwachsraten. Es genügte also generell ein geringeres Wirtschaftswachstum als früher, um die Beschäftigung ansteigen zu lassen. Dies reichte aber weder in Deutschland noch in anderen Teilen Westeuropas aus, um genügend Arbeitsplätze für das zunehmende Angebot an Arbeitskräften (z.B. Neu- und Wiedereinsteiger) und gleichzeitig für die vielen Arbeitslosen zu sorgen. Zwar liefert die westeuropäische Arbeitsmarktentwicklung keine Bestätigung für die These des sog. „Jobless Growth", aber angesichts der zuletzt stark gestiegenen Arbeitslosigkeit muß die Beschäftigungsintensität des Wachstums als unzureichend beurteilt werden. Die Beschäftigungsintensität des Wirtschaftswachstums wird wesentlich durch die Entwicklung der - in Köpfen gemessenen - Grenzproduktivität beeinflußt. Eine relativ hohe Beschäftigungsintensität des Wachstums kann zwei Ursachen haben: einerseits kann dafür - wie in den USA - ein relativ starkes Wachstum von Arbeitsplätzen im Dienstleistungssektor verantwortlich sein; andererseits kann dafür - wie in den Niederlanden - die Verteilung des vorhandenen Arbeitsvolumens auf mehr Köpfe (z.B. durch eine Ausweitung der Teilzeitbeschäftigung) als Erklärung herangezogen werden.

Weiterhin ist auf das Problem der - nun schon seit fast zwei Jahrzehnten - *hohen Arbeitslosigkeit* in der Europäischen Union hinzuweisen. Mehr als 18 Mio. Menschen waren 1994 in den 15 EU-Ländern arbeitslos. Dies entspricht einer Arbeitslosenquote von 11,1% für Westeuropa insgesamt. Frauen waren dabei mit 12,7% gegenüber Männern mit 10% stärker betroffen (vgl. Eurostat 1995). In Westeuropa dürften gegenwärtig aber weit mehr als 20 Mio. Arbeitsplätze fehlen, weil als potentielle Arbeitsuchende neben den registrierten Arbeitslosen auch Teilnehmer an arbeitsmarktpolitischen Maßnahmen (z.B. Arbeitsbeschaffungs- oder Bildungsmaßnahmen) und Personen aus der sog. „Stillen Reserve" zu berücksichtigen sind. Besorgniserregend ist aber nicht nur das hohe Niveau der Unterbeschäftigung, sondern auch deren Entwicklung im Zeitablauf. Zwar ist es nach jedem Beschäftigungseinbruch gelungen, bereits nach relativ kurzer Zeit das vorherige Erwerbstätigkeitsniveau zu erreichen, gleichzeitig stieg aber der „Sockel" an Arbeitslosen in der EU von Rezession zu Rezession an.

Allerdings ist zu beachten, daß immer nur ein Teil der registrierten Arbeitslosigkeit als Sockelarbeitslosigkeit interpretiert werden kann. Der Arbeitsmarkt ist beweglicher als dies die bloßen Bestandsveränderungen zwischen zwei Zeitpunkten zum Ausdruck bringen. So stieg die Arbeitslosigkeit in Deutschland von jahresdurchschnittlich 3,42 Mio. in

1993 auf 3,70 Mio. in 1994. Zu dieser Bestandsänderung von 0,28 Mio. trugen 6,08 Mio. Zugänge in Arbeitslosigkeit und 5,80 Mio. Abgänge aus Arbeitslosigkeit bei. Nur für den Teil des Bestandes, der sich nicht oder kaum noch umschlägt, ist aber die Bezeichnung Sockelarbeitslosigkeit zutreffend. Dazu zählen in erster Linie *Langzeit- und Mehrfacharbeitslose*. In Ost- und Westdeutschland zusammen sind gegenwärtig mehr als 1,16 Mio. Personen (rd. 31% aller Arbeitslosen) ununterbrochen länger als ein Jahr arbeitslos. In den EU-Ländern war 1993 fast jeder zweite Arbeitslose (44%) ein Langzeitarbeitsloser. Darüberhinaus erhöhen den Sockel an Arbeitslosen solche Personen, die ihre Arbeitslosigkeit in der Regel nur kurzfristig unterbrechen können (z.B. durch arbeitsmarktpolitische Maßnahmen oder eine kurzfristige Beschäftigung). Betroffen von Langzeit- und Mehrfacharbeitslosigkeit sind vor allem die Problemgruppen des Arbeitsmarktes: ältere Menschen, benachteiligte Jugendliche, gering Qualifizierte und Menschen mit Behinderungen. Als ein weiteres gravierendes, strukturelles Probleme der Arbeitslosigkeit in den EU-Ländern ist die hohe *Jugendarbeitslosigkeit* hervorzuheben. Die Arbeitslosenquote junger Menschen (unter 25 Jahre) hat mit 20,5% im EU-Durchschnitt - und zum Teil noch höheren Quoten in südeuropäischen Ländern - schwindelerregende Höhen erreicht (vgl. Eurostat 1995).

Die vorliegenden Arbeitsmarktprojektionen bis zum Ende des Jahrtausends für die Länder Westeuropas deuten nicht auf eine nachhaltige Besserung der Beschäftigungssituation hin. Am optimistischsten ist noch die Kommission der Europäischen Gemeinschaften (1993), welche in ihrem sog. „Weißbuch" eine Arbeitslosenquote von 8% für die EU insgesamt im Jahre 2000 für möglich hält. Unter Fortschreibung des Status Quo geht die Kommission von einem jährlichen Wirtschaftswachstum von 3% und - bei Berücksichtigung von Produktivitätseffekten - von einem jährlichen Stellenwachstum von 1% aus. Dies führe zu einem jährlichen Arbeitslosigkeitsentlastungseffekt von 0,5% (unter Berücksichtigung eines Zuflusses aus der sog. „Stillen Reserve") über einen Zeitraum von 6 Jahren. Selbst wenn man diesen Optimismus teilen würde, wäre damit aber lediglich das Arbeitslosigkeitsniveau von 1991 (also vor der letzten schweren Rezession) erreicht. Es bleibt also in Westeuropa aktuell und wohl auch in naher Zukunft ein enormer beschäftigungs- und arbeitsmarktpolitischer Handlungsbedarf bestehen. Dieser Handlungsbedarf war Hauptmotiv für das bereits erwähnte Weißbuch und die darin enthaltenen Vorschläge zur Verbesserung der Arbeitsmarktsituation (vgl. hierzu ausführlich: Abschnitt 3). Bis zur Jahrtausendwende ist darüber hinaus davon auszugehen, daß sich auf dem Arbeitsmarkt der bereits heute sichtbare Strukturwandel fortsetzt. Dies würde eine Fortschreibung folgender Trends bedeuten: höhere Qualifikationsanforderungen aufgrund von Automatisierung und Spezialisierung; Anstieg von Dienstleistungstätigkeiten und Rückgang von Produktionstätigkeiten sowie Wachstum der vom sog. „Normalarbeits-verhältnis" abweichenden Beschäftigungsformen, z.B. Selbständigkeit, temporäre Beschäftigung und Teilzeitarbeit (vgl. hierzu auch: Walwei/Werner 1992b).

Als Lösung der europäischen Beschäftigungsprobleme wird zuletzt immer häufiger auf das Beispiel der „Job-Machine" USA verwiesen. Die Übernahme dieses Modells würde aber für Europa mit massiver Deregulierung und massivem Sozialabbau verbunden sein. Der transatlantische Vergleich zeigt, daß das europäische und deutsche Wirtschaftswachstum mit relativ großen Produktivitätssteigerungen, mit einem sinkenden Arbeitsvolumen und hohen Einkommenszuwächsen der Beschäftigten einherging. Dem gegenüber wurde das amerikanische Wirtschaftswachstum von einem ständig wachsenden Arbeitsvolumen getragen bei allerdings mäßigen Produktivitäts- und Einkommenssteigerungen. Diese Entwicklung hatte aber für viele Erwerbstätige in den USA sinkende Realeinkommen zur Folge bis hin zu Vollzeitverdiensten in der Nähe der Armutsgrenze (sog.

„working poor"). Dagegen führte in Europa die Konzentration auf eine Hochproduktivitäts- und Hochlohnstrategie dazu, daß den gutverdienenden Insidern des Arbeitsmarktes wachsende Outsiderrisiken in Gestalt der Langzeitarbeitslosen gegenüber stehen. Die beschäftigungspolitisch anspruchsvolle Aufgabe in Westeuropa besteht folglich darin, durch eine höhere Beschäftigungsintensität Langzeitarbeitslosigkeit abzubauen ohne dabei arbeitende Arme - wie in den USA - in Kauf nehmen zu müssen.

2. Wirkungen der Europäischen Integration auf den Arbeitsmarkt

Die europäische Integration vollzog sich in mehreren Schritten und auf verschiedenen Ebenen. 1957 wurde die Europäische Wirtschaftsgemeinschaft (EWG) ins Leben gerufen, aus der in den neunziger Jahren die heutige Europäische Union (EU) hervorgegangen ist. Zug um Zug hat sich die Gemeinschaft bzw. Union von zunächst sechs Unterzeichnerstaaten auf heute 15 Mitgliedsländer erweitert. Auch die wirtschaftliche Integration vollzog sich in Etappen. Wichtige Stationen waren dabei die Verwirklichung der Zollunion (1968), die Schaffung des Europäischen Binnenmarktes (1993) sowie die Wirtschafts- und Währungsunion (vorgesehen ab 1999).

Mit der Zollunion wurden zwischen den Mitgliedsländern Zölle und quantitative Handelsrestriktionen abgeschafft und durch einen gemeinsamen Außenzoll ersetzt. Zeitgleich wurde auch die Freizügigkeit für Arbeitnehmer eingeführt (vgl. hierzu ausführlich auch Abschnitt 5). Die Einheitliche Europäische Akte von 1986 schuf dann das Fundament zur Schaffung des Europäischen Binnenmarktes, der den Abbau weiterer Schranken vorsah: Wegfall der Personen- und Warenkontrollen an den Grenzen; Vereinheitlichung von Normen und technischen Regeln; Dienstleistungsfreiheit; Angleichung der Verbrauchsteuern; europaweite Ausschreibung von öffentlichen Aufträgen ab einer bestimmten finanziellen Höhe; Erweiterungen der Freizügigkeitsregelung auf Nicht-Erwerbspersonen (z.B. Studenten und Rentner) und Erleichterungen der innergemeinschaftlichen Mobilität durch die gegenseitige Anerkennung von Bildungsabschlüssen.

Eine neue Qualität erhielt der Prozeß der wirtschaftlichen Integration in Europa durch die im Maastrichter Vertrag vorgesehene Wirtschafts- und Währungsunion (WWU). Im Unionsvertrag, der am 1.11.1993 in Kraft trat, verpflichteten sich die Mitglieder, ihre Wirtschaftspolitik eng zu koordinieren, eine europäische Zentralbank zu installieren und bis 1999 eine gemeinsame Währung zu schaffen. Zur Erreichung der dafür notwendigen Konvergenz sollen die Mitgliedsländer stabile Preise, eine angemessene öffentliche Verschuldung sowie eine dauerhaft finanzierbare Zahlungsbilanz sicherstellen. Noch immer ist aber die Verwirklichung der WWU ungewiß. Dies hat eine Reihe von Gründen. Zu nennen sind die massiven Währungsturbulenzen der jüngsten Vergangenheit, die Schwierigkeit vieler Länder bei der Erfüllung der Konvergenzkriterien und eine nicht zu vernachlässigende politische Opposition gegen das Vorhaben in vielen Mitgliedstaaten. Mit dem konjunkturellen Aufschwung seit Mitte 1994 sind möglicherweise aber wirtschaftliche Rahmenbedingungen eingetreten, die bei Fortdauer die Realisierung der WWU erleichtern könnten.

Der Prozeß der europäischen Integration ging und geht natürlich nicht spurlos an den nationalen Arbeitsmärkten vorüber. Vom Abbau der erwähnten Handelshemmnisse im Zuge der Verwirklichung des europäischen Binnenmarktes ist ein zusätzlicher Handelsimpuls und eine Intensivierung der Arbeitsteilung in Westeuropa erwartet worden. Durch den Wegfall „unnötiger Kosten" (z.B. durch den Wegfall von Grenzformalitäten oder wegen einheitlicher Normen) verbessern sich die Angebotsbedingungen der Wirtschaft. Dieser kostendämpfende Effekt dürfte den Preisanstieg gedämpft haben und somit zu einer Stützung der gesamtwirtschaftlichen Nachfrage beigetragen haben. Berechnungen des Basler Prognos-Instituts Anfang der neunziger Jahre ergaben, daß man ohne die Verwirklichung des Binnenmarktprogramms (für einen Zeitraum von sechs Jahren) von einem um 0,3-0,5% geringeren Wachstum des Sozialprodukts und 2 Mio. weniger Arbeitsplätzen für die EU insgesamt hätte ausgehen müssen (Prognos AG 1990). Ob diese Schätzungen zutreffend waren, läßt sich aufgrund der Vielfältigkeit möglicher Einflußfaktoren auf die Beschäftigungssituation natürlich heute nicht sagen. Klar scheint zumindest die positive Richtung des Effekts der Integration zu sein. Unsicherheit besteht allerdings über die konkrete Größenordnung des Effekts, die Dauer des Effekts (vor dem Hintergrund, daß das Binnenmarktprogramm noch immer nicht ganz abgeschlossen ist) und die möglichen Verteilungseffekte der Integration (und des damit verbundenen zunehmenden Wettbewerbs) auf Sektoren, Regionen und Personengruppen.

Die Verwirklichung des Europäischen Binnenmarktes hat durch den Abbau von Handelsschranken den Schutz bestimmter Sektoren vor internationalem Wettbewerb aufgehoben. Im Dienstleistungsbereich waren davon vor allem betroffen öffentliche Dienstleister, der Luft- und Güterfernverkehr sowie Banken und Versicherungen. Im industriellen Bereich schlug die Deregulierung insbesondere in den Märkten für Pharmaprodukte und Nahrungsmittel durch. Trotz des intensiveren Wettbewerbs kam es aber nicht zu der vielfach befürchteten Verlagerung ganzer Industrien. Dies ist auch für die Zukunft eher unwahrscheinlich, denn die bisherige wirtschaftliche Integration in Europa war eher gekennzeichnet durch eine zunehmende intra-industrielle Verflechtung, also durch gegenseitige Warenflüsse von Unternehmen innerhalb einer relativ engen Industrie- oder Produktgruppe. Innerhalb eines integrierten Wirtschaftsraumes werden Standorte - wie im nationalen Rahmen schon lange beobachtbar - nicht in erster Linie für das ganze Unternehmen, sondern für verschiedene Unternehmensfunktionen (Produktion, Forschung und Entwicklung, Vertrieb, Hauptsitz und Verwaltung) gewählt.

Da einzelne Regionen unterschiedliche Entwicklungsniveaus und Standortbedingungen aufweisen, kann es auf regionaler Ebene Gewinner und Verlierer des - durch den Integrationsprozeß - verschärften Wettbewerbs geben. Die weniger industrialisierten Länder an der Peripherie äußern dabei immer wieder die Befürchtung, daß wirtschaftlich stärkere Länder von dem größeren Markt stärker profitieren und damit die Kluft zwischen ärmeren und reicheren Ländern nicht kleiner wird. Legt man allerdings die Entwicklung des Bruttosozialprodukts (BSP) pro Kopf von 1960-1993 für die bis dahin 12 EU-Länder zugrunde, bestätigt sich diese Befürchtung zunächst einmal nicht. Vielmehr stellt man einen Konvergenzprozeß fest, d.h. das BSP pro Kopf in diesen Ländern hat sich - gemessen an der Standardabweichung - aufeinander zubewegt (vgl. Werner 1994, 237). Allerdings können globale Durchschnittszahlen die zum Teil beträchtlichen Unterschiede zwischen den Regionen in den Ländern (z.B. bei einem Vergleich von Nord- und Süditalien) verdecken. Insofern war es folgerichtig, daß die Kommission der EG im Zuge des fortschreitenden Integrationsprozesses die Mittel für die sog. „Strukturfonds" erheblich aufgestockt hat. Untersuchungen zur Wirksamkeit des Mitteleinsatzes haben gezeigt, daß diese unter bestimmten Rahmenbedingungen die wirtschaftliche Entwicklung ganzer Länder und auch weniger entwickelter Regionen fördern können.

Der europäische Integrationsprozeß sorgt nicht zuletzt auch für eine Umverteilung von Beschäftigungschancen und Arbeitslosigkeitsrisiken. Der durch die zunehmende Arbeitsteilung beschleunigte Strukturwandel sorgt vor allem dafür, daß schwächere Arbeitsanbieter (z.B. gering Qualifizierte) noch größere Schwierigkeiten haben dürften, am Erwerbsleben teilnehmen zu können. An dieser Stelle ist natürlich in erster Stelle die nationale Arbeitsmarkt- und Beschäftigungspolitik gefragt, z.B. durch gezielte Weiterbildungsmaßnahmen oder die Förderung neuer Beschäftigungsfelder im Bereich der personenbezogenen Dienstleistungen (vgl. hierzu auch den Abschnitt 3). Einen ergänzenden Beitrag dazu können auch die den Strukturfonds zuzurechnenden Sozialfonds der Europäischen Union leisten, die auf die Förderung benachteiligter Zielgruppen gerichtet sind. Auch wurde häufig - vor allem von gewerkschaftlicher Seite - angemerkt, daß sich das Binnenmarktprogramm in erster Linie an die Unternehmen richte und diese davon profitierten. Es müßte deshalb durch eine „soziale Dimension" ergänzt werden, um Nachteile des zunehmenden Wettbewerbs für Arbeitnehmer möglichst zu vermeiden. Hierher gehören Fragen der Umsetzung der Sozialcharta und ihrer Weiterentwicklung zu einer Sozialunion (vgl. hierzu ausführlich Abschnitt 4).

Noch schwieriger als die Beurteilung der Arbeitsmarkteffekte des Binnenmarktprogramms ist deren Einschätzung in bezug auf die Schaffung der WWU. Die bisherige politische und wissenschaftliche Diskussion um die Maastrichter Vereinbarungen zur WWU wurde im wesentlichen geprägt von geld- und finanzpolitischen Erwägungen. Global gesehen und bei statischer Betrachtung dürfte eine gemeinsame Währung durch den Wegfall des Wechselkursrisikos und der - mit unterschiedlichen Währungen verbundenen - Transaktionskosten (z.B. Devisenkosten, Bankgebühren, unternehmensinterne Kosten) positive Wachstums- und Beschäftigungsimpulse nach sich ziehen. Im Gegensatz etwa zu den Effekten des Binnenmarktprogramms sind diese Impulse jedoch als eher klein einzustufen (vgl. Rhein, 1994, S. 377). Die zusätzlich unterstellten sog. „dynamischen Effekte" - die auf positiven Erwartungen der Unternehmen hinsichtlich der risikobereinigten Rendite beruhen und sich nachhaltig auf die Investitionstätigkeit auswirken sollen - sind nur schwer zu quantifizieren und beruhen zudem auf nicht unumstrittenen Annahmen.

Ob die Summe der genannten Effekte zum Abbau der Arbeitslosigkeit beitragen kann, muß somit offen bleiben; daß sie nicht zu einer nachhaltigen Verringerung der Erwerbslosigkeit führen, erscheint dagegen (leider) sicher zu sein. Hinsichtlich der möglichen Verteilungswirkungen des zu erwartenden globalen Effekts gibt es zum gegenwärtigen Zeitpunkt allenfalls Spekulationen. Für die Bundesrepublik wird angenommen, daß sie als stärkste und besonders exportorientierte Volkswirtschaft der EU von der WWU eher profitieren wird. Dagegen zeichnen sich in Ländern Beschäftigungsprobleme und soziale Spannungen ab, ausgelöst durch finanzpolitische Sparprogramme, um den Maastrichter Konvergenzkriterien gerecht zu werden. Ob es sich dabei jeweils nur um vorübergehende Stabilisierungskriterien handelt, ist ebenfalls eher ungewiß.

3. Europäische Beschäftigungspolitik

Als „Meilenstein" auf dem Weg zu einem gemeinschaftlichen Arbeitsmarkt ist das Weißbuch der Kommission der EG zu Fragen des Wachstums, der Wettbewerbsfähigkeit und der Beschäftigung anzusehen (vgl. Kommission der Europäischen Gemeinschaften 1993). Das Weißbuch soll als Orientierungsrahmen für Entscheidungen dienen, die auf regionaler, nationaler und Gemeinschaftsebene zu treffen sind, um die Wettbewerbsfähigkeit der europäischen Volkswirtschaften zu stärken und die Beschäftigung zu erhöhen.

Die Wettbewerbsposition der EU gegenüber Japan und den USA hat sich verschlechtert bei den Exportmarktanteilen, in der Forschung und Entwicklung sowie bei Innovationen und deren Umsetzung in neue Produkte. Weiterhin sind neue Wettbewerber aufgetreten, vor allem in Osteuropa und im südostasiatischen Raum. Diese treten über niedrige Arbeitskosten oder auch durch eine schnelle Übernahme des neuesten technischen Fortschritts in Konkurrenz mit den europäischen Volkswirtschaften. Zur Verbesserung der Wettbewerbsfähigkeit hat die Kommission ein enormes Infrastrukturprogramm mit einem Gesamtvolumen von fast 600 Mrd. ECU zur Schaffung „transeuropäischer Netze" bis zum Jahr 2000 vorgeschlagen. Das Programm betrifft die Bereiche Verkehr und Energie, Telekommunikation sowie Umwelt. Der größte Teil dieses ehrgeizigen Programms soll durch private Investoren aufgebracht werden. Eine Anschubfinanzierung wird allerdings von Seiten der Nationalregierungen erwartet. Man erhofft sich dadurch nicht nur einen unmittelbaren Beschäftigungseffekt, sondern insbesondere eine nachhaltige Verbesserung der Angebotsbedingungen für die Wirtschaft. Größtes Problem bei der Realisierung des Programms ist die Finanzierung. Insbesondere die öffentlichen Haushalte stehen überall unter dem Druck, die Staatsverschuldung zu verringern, um den im Maastrichter Vertrag festgelegten Konvergenzkriterien zum Eintritt in die WWU genügen zu können.

Auch im Bereich der originären Beschäftigungs- und Arbeitsmarktpolitik schlägt die Kommission zum Teil neue Wege ein. Sie konstatiert, daß das für die Zukunft realistischerweise zu erwartende Wachstum nicht ausreichen werde, um die Arbeitslosigkeit nachhaltig zu senken. Das Weißbuch strebt mit seinen Vorschlägen eine Halbierung der Arbeitslosenquote von heute 11% auf 5,5% im Jahre 2000 an. Es geht auch ferner davon aus, daß der vor allem in den industrialisierten Ländern der Union zu erwartende Nachwuchsmangel nicht für die dringend notwendige Entlastung auf dem Arbeitsmarkt sorgt. Die mangelnde Entlastung von der Angebotsseite wird auf den unverminderten Trend zur Erhöhung der Frauenerwerbsquote sowie den zu erwartenden Zuwanderungen aus Drittländern zurückgeführt.

Das Weißbuch versteht sich nicht als ein „Deregulierungsprogramm". Pauschale Lohnsenkungen und undifferenzierter Sozialabbau werden als untaugliche Mittel zur Verbesserung der Beschäftigungssituation angesehen. Vielmehr wird auf eine Modernisierung des Beschäftigungssystems und eine stärkere Einbeziehung des beschäftigungsrelevanten Umfeldes gesetzt. Im Weißbuch fehlt auch nicht der Hinweis auf die Notwendigkeit eines soliden makroökonomischen Rahmens. Insbesondere wird dabei die Begrenzung der öffentlichen Verschuldung und die Notwendigkeit einer produktivitätsorientierte Lohnpolitik angesprochen.

Ursprünglich konzentrieren sich die beschäftigungspolitischen Vorschläge im Weißbuch auf sechs Teilbereiche: Schaffung neuer Beschäftigungsfelder; Senkung der Arbeitskosten; geringere Besteuerung des Faktors Arbeit; Flexibilisierung der Arbeitszeiten; Erhaltung und Aufbau des Humankapitals; gezielte Förderung der Problemgruppen des Arbeitsmarktes. Mit dem EU-Gipfel von Essen (Dezember 1994) verringerte sich die Zahl der Vorschläge auf fünf, wobei der Bereich der Besteuerung in das Arbeitskostenthema integriert wurde. Die Vorschläge sind als Empfehlungen zu verstehen, die nationale Diskussionen und Reformen anregen sollen. Dabei ist erwähnenswert, daß sich die Problemlage in den verschiedenen Ländern zum Teil erheblich unterscheidet (z.B. sei auf das Problem der Jugendarbeitslosigkeit in Südeuropa hingewiesen). Im folgenden soll die wesentliche Stoßrichtung der Vorschläge zumindest in groben Zügen dargelegt werden. Sie sollen mit aktuellen Beispielen angereichert und einer beschäftigungspolitischen Beurteilung unterzogen werden:

Schaffung neuer Beschäftigungsfelder

Im zunehmenden internationalen Wettbewerb gibt es v.a. im verarbeitenden Gewerbe keine Alternative zu einer Hochlohn-, Hochproduktivitäts- und Hochtechnologiestrategie, um auf den Weltmärkten wettbewerbsfähige Produkte anbieten zu können. Ein Teil der Beschäftigungsprobleme in Europa ist auf die unzureichende Erschließung von Zukunftsmärkten und zu wenig Produktinnovationen zurückzuführen. Anstelle dessen wurden in Europa vornehmlich arbeitssparende Prozeßinnovationen in traditionellen Wirtschaftsbereichen vorgenommen. Selbst wenn sich - nicht zuletzt durch koordinierte Anstrengungen auf EU-Ebene die Wettbewerbsposition der Europäer auf den Weltmärkten halten ließe, ist eine Expansion der Beschäftigung im verarbeitenden Gewerbe eher unrealistisch. Es kann allenfalls darum gehen, Arbeitsplätze im oberen und mittleren Produktivitätsbereich zu erhalten bzw. (auch zu Lasten des unteren Produktivitätsbereichs) neu zu schaffen. Ergänzend ist nach Möglichkeiten Ausschau zu halten, die auch im unteren Produktivitätsbereich für mehr Beschäftigung sorgen. Dies käme Arbeitskräften entgegen, die den Qualifikationsanforderungen im Hochproduktivitätsbereich nicht (oder nicht mehr) entsprechen.

In dem sich vollziehenden Strukturwandel werden nicht nur hochproduktive Dienstleistungstätigkeiten (z.B. im unternehmensbezogenen Bereich) zunehmen. Neue Beschäftigungsfelder zu erschließen, in denen gesellschaftlich notwendige Arbeit zu leisten ist, kann dies unterstützen. Zu denken ist dabei an Kinder- und Altenbetreuung, den Weiterbildungsbereich sowie Maßnahmen des Umweltschutzes und der Stadtsanierung. Entsprechende Märkte sind entweder noch zu entwickeln, oder es ist wie im Fall zu erwartender dauerhaft unzureichender Marktversorgung die öffentliche Bereitstellung (unter Einbeziehung arbeitsmarktpolitischer Maßnahmen) auszubauen. Initiativen zur Aktivierung dieser Beschäftigungsfelder können sowohl auf der Seite der Anbieter als auch der Nachfrager dieser Dienstleistungen ansetzen. Sie umfassen Hilfen zur Unternehmensgründung, eine verbesserte steuerliche Abzugsfähigkeit bei Inanspruchnahme haushaltsbezogener Dienstleistungen sowie die Schaffung neuer Ausbildungswege und Berufsfelder in diesen Bereichen. Eine wichtige Rolle bei der Schaffung von Dienstleistungsarbeitsplätzen kommt aber auch der Beseitigung fragwürdiger Marktzutrittsschranken (z.B. Produktrestriktionen, Ladenöffnungszeiten, Handwerksordnung) zu.

Senkung der Arbeitskosten

Um im Bereich der genannten neuen Beschäftigungsfelder wie auch generell im unteren Produktivitätsbereich Arbeitsplätze zu schaffen, gehören Niveau und Struktur der Arbeitskosten auf den Prüfstand. Die Länder Westeuropas weisen verglichen mit anderen Teilen der Welt relativ hohe Arbeitskosten aus. Dies gilt auch und gerade für die Bundesrepublik Deutschland. Dabei lohnt sich jedoch eine differenziertere Betrachtung. So liegt West-Deutschland bei einem Vergleich der Stundenlöhne im verarbeitenden Gewerbe nicht an der Spitze, aber zumindest im Vorderfeld (vgl. Schröder 1995). Dagegen hat West-Deutschland die höchsten, absoluten Personalnebenkosten. Erfolgversprechend erscheinen damit Ansätze in Richtung auf eine generelle Senkung der lohnabhängigen Personalnebenkosten oder eine gezielte Senkung dieser Abgaben für Geringverdiener, wenn die Schaffung von mehr Arbeitsplätzen (durch eine höhere Beschäftigungsintensität) und insbesondere die Bekämpfung der Strukturalisierung von Arbeitslosigkeit im Vordergrund stehen soll. Ein solcher Ansatz würde gewährleisten, daß akzeptable Erwerbseinkommen bei Lohnstückkosten erreicht werden können, die auch das wettbewerbsfähige Angebot von Arbeitsplätzen mit geringerer Produktivität ermöglichen. Vor allem bei dem harten Kern von Langzeitarbeitslosen und anderen Benachteiligten auf dem Arbeitsmarkt erwarten die Betriebe zu Recht oder zu Unrecht einen unterdurchschnittlichen Produktivitätsbeitrag. Mehr Arbeitsplätze im unteren Produktivitätsbereich würde also v.a. diesen Personengruppen zugute kommen. Würden Abgabenentlastungen (z.B. im Bereich der Lohnsteuer als auch der Sozialversicherung) vor allem bei den Beziehern niedriger Einkommen ansetzen, müßten niedrigere Bruttolöhne nicht in gleichem Umfang zu Nettoeinkommensverlusten führen. Als fiskalpolitische Kompensation dafür kämen vor allem indirekte Steuern in Betracht. IAB-Projektionen weisen auf Beschäftigungsgewinne einer allgemeinen Umfinanzierung der Arbeitslosenversicherung in Form einer höheren Mehrwertsteuer bzw. Mineralölsteuer hin (vgl. hierzu ausführlich: Barth 1994). Auch die Europäische Kommission kommt bei Modellrechnungen im Weißbuch zu einem positiven Ergebnis für den Arbeitsmarkt, wenn sie eine stärkere Steuerbelastung des Energieverbrauchs bei gleichzeitiger Entlastung der Lohnnebenkosten unterstellt (Kommission der Europäischen Gemeinschaften 1993).

Flexibilisierung der Arbeitszeiten

Ansatzpunkt von Maßnahmen zur Flexibilisierung der Arbeitszeit ist die intensivere Nutzung betrieblicher Kapazitäten (z.B. durch eine Verlängerung der Maschinenlaufzeiten oder Ladenöffnungszeiten). Der Vorteil der Arbeitszeitflexibilisierung für die Betriebe besteht darin, daß dadurch die Stückkosten des - für die vorhandenen Kapazitäten - notwendigen Kapitals sinken. Längere Betriebsnutzungszeiten können, müssen aber nicht notwendigerweise im Einklang mit den Interessen der Beschäftigten stehen. Insbesondere wenn es um die Verteilung der „atypischen Arbeitszeiten" (z.B. Nacht- oder Wochenendarbeit) geht, kann es zu Interessenkonflikten kommen. Dabei ist allerdings zu bedenken, daß atypische Arbeitszeiten - verbunden mit einer Arbeitszeitverkürzung - bestimmten Personengruppen auch entgegenkommen können, wenn diese Erwerbsarbeit mit anderen Aktivitäten verbinden möchten (z.B. Familienarbeit, Ausbildung, ehrenamtliche Tätigkeiten). Die bloße Veränderung der Lage der Arbeitszeiten (z.B. durch eine stärkere Flexiblisierung der Tages-, Wochen-, Monats- oder Jahresarbeitszeit) dürfte aber kaum zu nachhaltigen Beschäftigungseffekten führen, weil die für die wirtschaftliche Entwicklung bedeutsame Nachfrage an Gütern und Dienstleistungen davon kaum berührt werden dürfte. Die bessere Nutzung der Kapazitäten läßt zwar einerseits geringere Produktionskosten (und damit u. U. niedrigere Güterpreise) zu, sie kann sich andererseits aber auch negativ auf die Investitionsgüternachfrage auswirken.

Steht allerdings eine Arbeitszeitverkürzung - in (oder auch ohne) Verbindung mit einer Arbeitszeitflexibilisierung - im Vordergrund, könnte den Beschäftigungseffekten unter bestimmten Voraussetzungen eine größere Bedeutung zukommen. Beim Thema Arbeitszeit steht seit einiger Zeit ein Thema ganz oben in der Hitliste der beschäftigungspolitischen Optionen: die Förderung der Teilzeitarbeit. Nicht nur wegen ihres zu erwartenden, eher langsamen Anstiegs kann aber eine Förderung der Teilzeitarbeit nicht als „Wundermittel" zur nachhaltigen Verringerung der Arbeitslosigkeit gelten. Eine Ausweitung der Teilzeitbeschäftigung ginge - wie die betrieblichen Einsatzmotive nahelegen - mit einer höheren Produktivität der eingesetzten Arbeit einher. Weichen die neu geschaffenen Teilzeitarbeitsverhältnisse hinsichtlich der durchschnittlichen Wochenarbeitszeit - wie offenbar von vielen Arbeitnehmern gewünscht - nur gering vom Vollzeitarbeitsverhältnis (z.B. bei 2/3- oder 3/4-Stellen) ab, dann dürfte, unter Berücksichtigung des induzierten Produktivitätseffektes, der gesamtwirtschaftliche Beschäftigungseffekt und damit auch der Arbeitslosigkeitsentlastungseffekt eher niedrig ausfallen. Weichen die zusätzlich geschaffenen Teilzeitarbeitsverhältnisse dagegen stärker von der Vollzeit ab, dann käme es zwar zu mehr Beschäftigung, allerdings, wie auch das Beispiel des „Teilzeitweltmeisters" Niederlande zeigt, nur zu einem Teil über einen Abbau der Arbeitslosigkeit, als vielmehr über eine Mobilisierung der sog. „Stillen Reserve" (vgl. zu diesem Thema ausführlich: Walwei und Werner 1995).

Damit soll keineswegs der Sinn von Initiativen und Kampagnen zur Förderung der Teilzeitbeschäftigung in Abrede gestellt werden. Ihr Nutzen liegt aber wohl weniger in einem Abbau der Arbeitslosigkeit als vielmehr in der Sicherung bestehender Arbeitsplätze, in der größeren Wahlfreiheit von Arbeitnehmern, in der Erhöhung der gesamt- und einzelwirtschaftlichen Produktivität und der Steigerung der - im internationalen Vergleich noch immer relativ geringen - Erwerbsbeteiligung in Europa. In gewissem Umfang kann durch mehr Teilzeitarbeitsangebote auch der Spaltung der Gesellschaft in „Arbeitsplatzbesitzer" und „Nicht-Erwerbstätigen" entgegengewirkt werden.

Erhaltung und Aufbau des Humankapitals

In vielen Ländern machen Bildungsmaßnahmen für Arbeitslose sowie benachteiligte Gruppen einen nicht unbeträchtlichen Teil der Ausgaben der aktiven Arbeitsmarktpolitik aus (vgl. Tabelle 2). Sie werden vielfach als sinnvolle Alternative zur bloßen Inanspruchnahme von Lohnersatzleistungen gesehen. Sie zielen darauf ab, die Absolventen auf neue Aufgaben vorzubereiten. Die Maßnahmen können sowohl in Betrieben erfolgen als auch in separaten Bildungseinrichtungen. Ihr Erfolg setzt voraus, daß die Teilnehmer nach der Maßnahme in eine möglichst qualifikationsadäquate Beschäftigung einmünden. Um dies zu gewährleisten, sind eine Reihe von Bedingungen zu erfüllen. Für die erworbenen Qualifikationen muß es einen Bedarf auf betrieblicher Seite geben. Der Standard der erworbenen Qualifikation muß den betrieblichen Anforderungen genügen. Die Teilnehmer müssen im Hinblick auf ihre Eignung und Perspektiven sorgfältig ausgewählt werden.

Studien zur Evaluation von Bildungsprogrammen zeigen, daß Maßnahmen mit einer allgemeineren Ausrichtung gegenüber solchen mit einer konkreten Zielgruppenorientierung als weniger erfolgreich einzustufen sind. Auch hat sich gezeigt, daß eine Ausbildung in Betrieben oder zumindest eng an betriebliche Bedürfnisse ausgerichtete Schulungsmaßnahmen die Einmündung in Beschäftigung erleichtern. Gesamtwirtschaftlich sind Bildungsprogramme sehr differenziert zu beurteilen. Aufgrund ihres z.T. beträchtlichen Umfangs kommt ihnen zweifelsohne eine wichtige temporäre Entlastungsfunktion zu, denn während der Dauer der Maßnahme reduzieren die Teilnehmer die Zahl der registrierten Arbeitslosen. Auch sorgen sie dafür, daß das Humankapital nicht erwerbstätiger Personen erhalten und ggf. sogar erweitert wird. Werden diese Qualifikationen nach den Maßnahmen von den Unternehmen genutzt, kann sich dies sogar positiv auf die einzel- und gesamtwirtschaftliche Produktivität auswirken. Abgesehen von den beteiligten Bildungsinstitutionen schaffen aber Bildungsmaßnahmen in der Regel keine neuen Arbeitsplätze. Vielmehr verdrängen erfolgreiche Maßnahmeabsolventen - bei insgesamt stagnierender Beschäftigung - Personen, die nicht an den Maßnahmen teilgenommen haben.

Neben dem Bildungsbedarf bei Arbeitslosen und sonstigen nicht-erwerbstätigen Personen steht generell das Thema berufliche Weiterbildung auf der Agenda. Wer in der Gesellschaft von morgen bestehen will, darf sich nicht mit einmal Gelerntem begnügen, sondern ist auf „lebenslanges Lernen" angewiesen. Vor allem gilt dies für Volkswirtschaften mit einem zunehmend älter werdenden Erwerbspersonenpotential, wie z.B. der Bundesrepublik Deutschland. Vorgeschlagen wird im Weißbuch die Einführung eines sog. „Ausbildungskontos", das aus öffentlichen Mitteln gespeist wird. Über „Ausbildungsschecks" können von diesem Konto Bildungsmodule entsprechend den Bedürfnissen der Arbeitnehmer abgerufen werden.

Förderung von Zielgruppen durch aktive Arbeitsmarktpolitik

Um die Einstellungsbarrieren für Langzeitarbeitslose zu senken, könnte auch an eine stärkere öffentliche Subventionierung von Arbeitsplätzen gedacht werden. Darauf läuft im Kern der Vorschlag der Schaffung eines „zweiten Arbeitsmarktes" hinaus. Grundsätzlich gibt es zwei Typen subventionierter Beschäftigung. Erstens werden Lohnkostenzuschüsse an Arbeitgeber gewährt, wenn diese Langzeitarbeitslose oder andere Benachteiligte einstellen. Die Zuschüsse dienen häufig der Finanzierung der Einarbeitungszeit, als Kompensation für die geringere Produktivität der betroffenen Personengruppen und als Hilfsmittel zur längerfristigen Arbeitsmarktintegration. Zweitens werden mit Hilfe von Arbeitsbeschaffungsmaßnahmen ebenfalls schwervermittelbare Personengruppen wieder an den ersten Arbeitsmarkt herangeführt. Solche Programme werden vielfach von öffentlichen Trägern oder karitativen Organisationen durchgeführt. Beispiele hierfür sind soziale Dienstleistungen (z.B. Kinderbetreuung und Altenpflege) oder auch ökologische Projekte (z.B. Entgiftung von Industrieflächen oder Recycling). Im Transformationsprozeß Ostdeutschlands, aber auch anderer osteuropäischer Länder, zielen solche Maßnahmen nicht allein auf die Reintegration von Problemgruppen, sondern sollen auch den notwendigen Strukturwandel unterstützen. Eines ihrer vorrangigen Ziele ist dabei der Auf- und Ausbau der unternehmensbezogenen und sozialen Infrastruktur auf lokaler Ebene. Die Komponente „Unterstützung des Strukturwandels" als Teilziel solcher „produktiver Arbeitsbeschaffungsmaßnahmen" wird inzwischen auch in anderen Teilen Westeuropas als relevant angesehen, insbesondere im Hinblick auf die Förderung des Aufholprozesses unterentwickelter Regionen.

Die Arbeitsmarkteffekte der beiden Formen subventionierter Beschäftigung sind differenziert zu beurteilen. Vorliegende Studien zum Erfolg von Lohnkostenzuschußprogrammen deuten auf zum Teil beträchtliche Mitnahme- und Substitutionseffekte hin. Mitnahmeeffekte können vor allem dann entstehen, wenn die Zielgruppen nicht genau definiert und ausgewählt werden und deshalb ein Teil der geförderten Personen ohnehin einen vergleichbaren Arbeitsplatz gefunden hätte. Substitutionseffekte sind bei diesen Programmen nicht zu vermeiden, sie sind sogar ausdrücklich erwünscht. Es soll ja vor allem Verhärtungstendenzen entgegengewirkt werden, die durch Langzeitarbeitslosigkeit entstehen. Im Kern geht es dabei also um eine Umverteilung des Verbleibsrisikos (genauer: der Verbleibsdauer in Arbeitslosigkeit).

Dagegen sind bei Arbeitsbeschaffungsmaßnahmen mögliche Verdrängungseffekte gegenüber anderen Arbeitsplätzen das Hauptproblem. Wird die Schaffung von Arbeitsplätzen subventioniert, kann dies dazu führen, daß in Betrieben des privaten und öffentlichen Sektors Arbeitsplätze verloren gehen oder erst gar nicht geschaffen werden. Deshalb werden derartige Subventionen in der Regel an das Prinzip der „Zusätzlichkeit" gebunden. Die Rechtfertigung solcher Subventionen wird jedoch um so problematischer, je mehr es sich bei den Maßnahmen um Aufgaben handelt, die entweder auch von privaten Unternehmen ausgeübt werden können oder zu den normalen Aufgaben des Staates gehören.

Wenn also durch den Einsatz von Instrumenten der aktiven Arbeitsmarktpolitik zwar beschäftigungspolitisch die Bäume nicht in den Himmel wachsen, so sollte aber ihre

Tab. 2: Ausgaben für aktive und passive Arbeitsmarktpolitik in OECD-Ländern (jeweils in Prozent des Bruttoinlandsprodukts)

Länder	Ausgaben insgesamt	Passive Maßnahmen 1)	Aktive Maßnahmen (insgesamt)	Kosten der Arbeitsverwaltung	Bildungsmaßnahmen	Lohnkostenzuschüsse	Arbeitsbeschaffungsmaßnahmen	Hilfen für Selbständige	Zielgruppenförderung (Jugendliche, Behinderte)
Österreich 1992	1.46	1.16	0.30	0.12	0.09	0.02	0.01	0.00	0.06
Belgien 1991	3.87	2.82	1.05	0.19	0.14	0.05	0.50	0.00	0.16
Dänemark 1992	6.53	4.97	1.56	0.11	0.40	0.28	0.00	0.11	0.66
Deutschland 1992	3.46	1.82	1.64	0.24	0.59	0.07	0.44	0.00	0.30
Spanien 1992	3.65	3.08	0.57	0.11	0.08	0.13	0.07	0.12	0.06
Frankreich 1991	2.82	1.94	0.88	0.13	0.35	0.05	0.04	0.02	0.29
Niederlande 1990	3.22	2.17	1.05	0.09	0.21	0.03	0.02	0.00	0.70
Schweden 1992	5.99	2.78	3.21	0.24	0.99	0.12	0.31	0.03	1.52
Norwegen 1992	2.65	1.51	1.14	0.14	0.36	0.04	0.22	0.00	0.38
Irland 1991	4.40	2.89	1.51	0.14	0.49	0.01	0.26	0.02	0.58
Großbritannien 1992	2.28	1.69	0.59	0.17	0.18	0.00	0.00	0.02	0.22
USA 1991	0.84	0.58	0.26	0.08	0.08	0.00	0.00	0.01	0.09
Japan 1990	0.45	0.32	0.13	0.02	0.03	0.07	0.00	0.00	0.01

1) Zu den passiven Maßnahmen zählen die Geldleistungen bei Arbeitslosigkeit und Vorruhestandsprogramme. Quelle: OECD 1995a

Bedeutung mit Blick auf eine gleichmäßigere Verteilung von Erwerbschancen und Erwerbsrisiken auch nicht gering geschätzt werden. Zu Recht empfiehlt daher die die kürzlich erschienene „Beschäftigungsstudie" der OECD (1994) statt der unbefristeten Gewährung passiver Lohnersatzleistungen oder Sozialleistungen den Arbeitslosen eine stärkere Teilnahme an aktiven Arbeitsmarktprogrammen zu ermöglichen. Zu denken ist dabei insbesondere an eine aktivere Arbeitsvermittlung und effektivere Qualifizierungsmaßnahmen.

4. Sozialunion in Europa

Den eigentlichen Anstoß für eine gemeinsame EG-Sozialpolitik brachte die Einheitliche Europäische Akte (EEA), die Mitte 1987 in Kraft getreten ist. Sie verankerte die Verwirklichung des Binnenmarktes sowie das Vorgehen dazu in den Gemeinschaftsverträgen und das Ziel des „wirtschaftlichen und sozialen Zusammenhalts" (Art. 130a bis 130e des EWG-Vertrags). Nach der EEA ist die Gemeinschaft zuständig im Bereich der „Sicherheit und Gesundheit am Arbeitsplatz" (Art. 118a des EWG-Vertrags). Lediglich in diesem Bereich war es dem Ministerrat der Gemeinschaft möglich, mit qualifizierter Mehrheit zu beschließen. Außerdem hat die EEA einen „Dialog zwischen den Sozialpartnern auf europäischer Ebene" (Art. 118b des EWG-Vertrags) verankert.

Mit der Verabschiedung der „Gemeinschaftscharta der sozialen Grundrechte der Arbeitnehmer" auf der Sitzung des Europäischen Rates Ende 1989 hat die Sozialpolitik der Gemeinschaft begonnen, Konturen anzunehmen. Obwohl diese sog. „Sozialcharta" selbst keine Rechtsverbindlichkeit besitzt, ist sie in gewissem Maße zur Richtschnur für die Entwicklung des Arbeits- und Sozialrechts in der Gemeinschaft geworden. Zur Umsetzung der Sozialcharta hat die Kommission ebenfalls Ende 1989 ein umfassendes „Aktionsprogramm zur Anwendung der Gemeinschaftscharta der sozialen Grundrechte" vorgelegt. Viele der darin vorgesehenen Vorschläge wurden inzwischen in Form von Richtlinien vorgelegt. Bei einigen Regelungsbereichen, die substanzielle Arbeitnehmerrechte betreffen (z.B. atypische Beschäftigungsformen, individueller Kündigungsschutz, Arbeitnehmermitbestimmung, Entsendung von Arbeitnehmern) konnte jedoch noch immer keine Einigung erzielt werden (European Industrial Relations Review 1995).

Das Gipfeltreffen in Maastricht brachte dann etwas mehr Bewegung in die seit Jahren weitgehend blockierte europäische Sozialpolitik. Häufiger als bisher sollen Mehrheitsentscheidungen der Regierungen auch im Bereich der Sozialpolitik möglich sein. Außerdem wurde die EG-Kommission verpflichtet, vor und nach der Vorlage von sozialpolitischen Vorschlägen die Sozialpartner anzuhören. Großbritannien stimmte diesen Vereinbarungen nicht zu, gestand diese aber den anderen EG-Partnern zu. 1994 erschien ein neues Weißbuch, welches ausgehend von der Arbeitsmarktsituation in den Mitgliedsländern eine Vielzahl sozialpolitischer Vorschläge macht (vgl. Kommission der Europäischen Gemeinschaften 1994). Es bezeichnet sozialen Fortschritt als eine wichtige Voraussetzung für die Wettbewerbsfähigkeit Europas. Dabei soll vor allem derzeit vom Arbeitsmarkt ausgeschlossenen Menschen mehr Chancen auf eine Beschäftigung gegeben werden. Neu ist dabei die stärkere Orientierung auf selbständige Erwerbsformen (z.B. durch Förderung der Managementausbildung für potentielle Unternehmer oder durch Förderung des unternehmerischen Denkens bereits in der Schulausbildung). Viele der Vorschläge des Weißbuchs sind in das neue sozialpolitische Aktionsprogramm der Kommission eingegangen (siehe hierzu ausführlich: European Industrial Relations Review 1994). Obwohl es auch in dem Programm an vielfältigen Richtlinienvorschlägen fehlt, deutet vieles daraufhin, daß die Europäische Union in Sachen Sozialpolitik in Zukunft weniger eine konkret gestaltende als vielmehr eine koordinierende Rolle innehaben wird, die darauf zielt, Konvergenz bei Wahrung der Vielfalt in Europa zu realisieren. Trotz der unverkennbaren Fortschritte im Bereich der gemeinschaftlichen Sozialpolitik bleibt also die Schaffung einer Europäischen Sozialunion zum gegenwärtigen Zeitpunkt noch weitgehend unbestimmt. Wäre dies denn überhaupt als wünschenswert anzusehen?

Alle Initiativen zur weiteren Umsetzung der Sozialcharta sind im Rahmen des Spannungsfeldes zwischen ökonomischen Möglichkeiten und sozialpolitischen Erfordernissen zu sehen. Die Sozialsysteme in den Mitgliedsländern sind nicht nur ganz unterschiedlich gewachsen, sondern repräsentieren auch unterschiedliche Phasen der wirtschaftlichen Entwicklung. Mit dem Harmonisierungs- und Wettbewerbskonzept wurden im Rahmen der Diskussion um die soziale Dimension des Binnenmarktes zwei grundlegend verschiedene Konzepte vorgetragen. Während dem Integrationskonzept der Harmonisierung eher statische Effizienzvorteile beigemessen werden können, gehen vom Wettbewerbskonzept vornehmlich dynamische Effizienzvorteile aus (vgl. zum nachfolgenden: Lehner 1991, Walwei 1990).

Bei Verwirklichung eines auf (weitgehende) Harmonisierung ausgerichteten Konzepts würden für alle Mitgliedsländer gleiche zwingende Vorschriften des Arbeits- und Sozialrechts gelten. Weitgehende Harmonisierungsmaßnahmen verhindern ein Auseinanderdriften sozialer Standards in der Gemeinschaft. Sie verringern Such- und Transaktionskosten und schaffen einen transparenten rechtlichen Rahmen, der auch die effektiven Kosten des Faktors Arbeit in den verschiedenen Sektoren und Regionen der Gemeinschaft vorgibt. Eine Harmonisierung sozialer Standards erleichtert somit die Mobilität von Arbeitskräften und Unternehmungen. Angesichts der historisch ganz unterschiedlich gewachsenen Sozialsysteme ist ein einheitliches EG-Sozialsystem schon aus praktischen Gründen kaum vorstellbar. Haupteinwand dagegen ist aber, daß wirtschaftlich schwächere Länder in der EG mit einem noch nicht so weit ausgebauten Sozialsystem - zumindest für eine Übergangszeit - mit zusätzlichen Sozialkosten belastet und damit Aufholprozesse in diesen Ländern gefährdet werden könnten. Ein gewisses Maß an Flexibilität beim weiteren Ausbau des Sozialsystems wird für diese Länder um so notwendiger, je weniger andere Anpassungsmechanismen (z.B. Wechselkurse oder Subventionen) bei fortschreitender europäischer Integration in Zukunft zur Verfügung stehen werden.

Dem entgegen steht das Konzept eines Wettbewerbs sozialer Systeme. Sozialpolitik ist danach das Ergebnis nationaler Suchprozesse, Experimente und politischer Entscheidungen. In einem integrierten Wirtschaftsraum wird die effizienteste Lösung sichtbar und kann von anderen übernommen werden. Außerdem werden durch das Konzept innovationsfördernde Freiräume geschaffen und den Sozialpartnern eine aktivere Rolle bei der Ausgestaltung der sozialen Ordnungspolitik zugeschrieben. Dieses Konzept vernachlässigt allerdings die positiven Wirkungen sozialer Standards. Verbindliche, allgemeingültige Regelungen können die Dynamik der wirtschaftlichen Entwicklung fördern, weil sozialpartnerschaftliche Beziehungen als eine wichtige Voraussetzung für ein produktives Zusammenwirken in einer Volkswirtschaft gelten können. Außerdem kann bei Fehlen einer einheitlichen europäischen Sozialpolitik sog. „Sozialdumping" (also ein Unterbietungswettbewerb mit sozialen Standards) nicht ausgeschlossen werden.

Weder die vollständige Harmonisierung noch der freie Wettbewerb der Sozialsysteme würden zu einer auch politisch tragfähigen Lösung in der Gemeinschaft führen. Einen Kompromißansatz bietet die Vereinbarung sozialer Mindestvorschriften. Jedes Mitgliedsland wäre zur Einhaltung dieser Mindeststandards verpflichtet und dürfte diese auch in Krisenzeiten nicht verändern. Diese sozialpolitischen Eckwerte wären den Mitgliedstaaten als Wettbewerbsinstrumente entzogen. Mindestnormen verhindern ein zu starkes Auseinanderdriften der sozialen Standards in der Gemeinschaft. Darüber hinaus ermöglichen soziale Mindeststandards leistungsfähigeren Ländern einen weiteren Ausbau ihrer Sozialsysteme und beeinträchtigen weniger entwickelte Länder nicht zu sehr in ihrer Wettbewerbsfähigkeit. Ausgewogene Mindestnormen wären somit eine geeignete Basis für eine schrittweise Annäherung nationaler Sozialsysteme.

Die potentiellen Vorteile sozialer Mindeststandards kommen nur zum Tragen, wenn bei der Festlegung der Regelungsbereiche und des Niveaus der Mindestvorschriften der Angleichungsbedarf in jedem Einzelfall gewissenhaft geprüft wird. In einem einheitlichen Wirtschaftsraum bietet sich Subsidiarität als grundlegendes Prinzip für die soziale Ordnungspolitik der Gemeinschaft an. Nur wenn ökonomische und sozialpolitische Gründe für eine Zuständigkeit der Gemeinschaft sprechen, sollte die Kompetenz auf die Gemeinschaft übergehen. Ökonomische Gründe für eine gemeinschaftsweite Regelung wären beispielsweise überregionale externe Effekte (z.B., wenn soziale Leistungen oder Bildungsausgaben Zu- oder Abwanderungen auslösen würden) oder positive Skalenerträge (z.B. gibt es bei einer einheitlichen Arbeitsverwaltung oder Sozialversicherung weniger Reibungsverluste und kommen Größeneffekte zum Tragen). Eine gemeinschaftsweite Koordinierung kommt auch in Betracht, wenn es andernfalls zu einer sozialpolitischen Unterversorgung käme. Dies wäre der Fall, wenn die Mitgliedsländer im Prinzip weitergehende soziale Rechte bevorzugen würden, in Anbetracht ihrer gefährdeten Wettbewerbsposition aber soziale Standards nicht anheben können.

Wird bei der Festlegung der Höhe des Sockels den Aufholbemühungen der wirtschaftlich noch weniger entwickelten Länder Rechnung getragen, ist nach der Wahrscheinlichkeit eines „sozialen Dumpings" zu fragen. Durch eine Reduzierung sozialer Kosten oder eine langsamere Realisierung sozialen Fortschritts könnten Länder zur Bewältigung schwieriger wirtschaftlicher Situationen den Versuch unternehmen, auf Kosten von Ländern mit höheren sozialen Standards Wettbewerbsvorteile zu erlangen. Dies könnte zur Folge haben, daß Unternehmensstandorte und Investitionen über die Grenzen hinweg verlagert werden und Arbeitsplätze verloren gehen bzw. erst gar nicht geschaffen werden. Gegenreaktionen der Wettbewerbsnachteile befürchtenden Länder könnten einen Prozeß in Gang setzen, der zu einem Abbau höherer sozialer Standards auf das gemeinschaftsweite, zunächst niedrigere Sockelniveau führen könnte.

Sozialdumping als allfällige Erscheinung ist aber eher unwahrscheinlich. Z. B. ist für die Bundesrepublik Deutschland die Konkurrenz von Ländern mit geringen Arbeits- und Sozialkosten kein neues Phänomen. Auch in der Vergangenheit hat sie sich trotz der Existenz solcher Konkurrenten (allerdings zu dem Preis eines massiven Strukturwandels) auf den Weltmärkten behauptet. Die dort niedrigeren Sozialkosten können sich durch arbeitsintensive Verfahren als Wettbewerbsvorteil erweisen, können aber bei „intelligenteren" Produkten und Dienstleistungen in der Regel nicht die niedrigere Produktivität, fehlende Infrastruktur und die schlechtere Ausbildung der Arbeitskräfte kompensieren. Außerdem zeigen die Erfahrungen mit Schwellenländern, daß keine Anpassung der Sozialstandards des bereits weiter entwickelten Landes nach unten, sondern eher eine Anpassung des Schwellenlandes nach oben zu beobachten war.

Mögliche Gefahren eines „Sozialdumpings", aber auch die möglicherweise auftretenden Probleme seiner Vermeidung lassen sich an der Diskussion um die sog. „Entsenderichtlinie" verdeutlichen. Nachdem man sich in Brüssel im Ministerrat nicht einigen konnte, wählt Deutschland (ähnlich wie Frankreich) einen Alleingang in Sachen Entsendung. Für die Dauer von zwei Jahren (1996-1997) und beschränkt auf das Bauhauptgewerbe will diese Initiative unterbinden, daß ausländische Arbeitskräfte im Rahmen von Projektvorhaben hierzulande zu Billiglöhnen beschäftigt werden - und damit heimische Arbeiter verdrängen. Durchgesetzt werden soll damit das sog. „Produktionsort- bzw. Territorialitätsprinzip". Die oft ins Feld geführte portugiesische Baukolonne, die in der Bundesrepublik beispielsweise ein Rathaus zu errichten beabsichtigt, könnte danach nicht mit den wesentlich niedrigeren portugiesischen Löhnen und längeren Arbeitszeiten, sondern nur nach dem geltenden (deutschen) Tarifvertrag des Bezirks, in dem die Arbeiten ausgeführt werden, tätig werden. Eine Reihe von Fragen stellen sich in diesem Zusammenhang. Erstens erscheint nicht nachvollziehbar, warum das wie oben begründete Prinzip der Territorialität nur auf eine Branche, nicht aber auf alle Wirtschaftszweige ausgedehnt wird. Zweitens stellt sich die hiesige Wirtschaft auch sonst dem Wettbewerb im Binnenmarkt, was natürlich bei Billiglohnkonkurrenz impliziert, auch neue, möglicherweise qualitativ hochwertigere Märkte zu erschließen. Drittens ist fraglich, ob der Zwang zum deutschen Tariflohn und damit die Verdrängung von Billiglohnanbietern tatsächlich arbeitslosen, hiesigen Bauarbeitern zugute käme. Wahrscheinlicher ist, daß viele dieser einfachen Jobs (aufgrund der hohen deutschen Arbeitskosten) ersatzlos wegfallen und dringend benötigter Wohnraum möglicherweise nicht erstellt wird.

5. Migration in der Europäischen Union

Obwohl die Integration von Güter-, Dienstleistungs- und Kapitalmärkten auf europäischer Ebene im Zuge der Umsetzung des Binnenmarktprogramms und der Schaffung der WWU schon weit vorangeschritten ist, entwickelt sich die Europäisierung der Arbeitsmärkte weit weniger dynamisch. Aber trotz der nach wie vor großen Dominanz nationaler Arbeitsmärkte und damit landesspezifischer Besonderheiten sind Fortschritte bei der Überwindung von Grenzen für Arbeitskräftewanderungen zu verzeichnen. Durch das tagtägliche Handeln supranational agierender Unternehmen und mobiler Arbeitskräfte sowie der Aktivitäten der Kommission der Europäischen Union (z.B. im Bereich von transnationalen Austauschprogrammen) wird der „Europäische Arbeitsmarkt" in kleinen Schritten geformt. Auch in den Grenzregionen der Mitgliedsländer der EU verlieren nationale Arbeitsmärkte mehr und mehr an Bedeutung. Sie sind die eigentlichen Keimzellen der Europäisierung der Arbeitsmärkte.

Wichtigste rechtliche Voraussetzung für einen gemeinsamen Arbeitsmarkt ist die Freizügigkeit der Arbeitnehmer. Zu unterscheiden ist dabei zwischen der personellen Freizügigkeit (Niederlassungsfreiheit) und der funktionellen Freizügigkeit (Berufsausübungsfreiheit). Die Niederlassungsfreiheit wird allgemein durch das Ausländerrecht geregelt. Die Berufsausübungsfreiheit bezieht sich insbesondere auf die gegenseitige Anerkennung von Diplomen und Zeugnissen.

Mit dem Abbau der Zollschranken im Jahre 1968 wurde für die Gründerstaaten der EWG ein spezielles Niederlassungsrecht verankert. Dieses sieht ein allgemeines Verbot der Diskriminierung als Folge der Staatsangehörigkeit vor, d.h. es sichert die Freizügigkeit der Arbeitnehmer und die Berufsausübung von Selbständigen ab. Die Freizügigkeitsregelungen sehen vor, daß derjenige einreisen kann, der im Aufenthaltsland eine Beschäftigung sucht. Wer nach drei Monaten immer noch ohne Arbeit ist, verliert aber das Aufenthaltsrecht. Wer einen Beschäftigungsnachweis, d.h. einen Arbeitsvertrag vorweist, erhält eine mindestens fünfjährige Aufenthaltsbewilligung. Ein Nachzug von nichterwerbstätigen Familienangehörigen ist dann möglich. Keine Aufenthaltserlaubnis benötigen dagegen Grenzgänger. Ein Entzug des Aufenthaltsrechts ist möglich bei unfreiwilliger Arbeitslosigkeit (nach einer Beschäftigung im Aufenthaltsland) von mehr als einem Jahr. Ausländer können sich also wie Inländer um Stellen in den verschiedenen Mitgliedstaaten bewerben. Ausnahmen gibt es davon aber für bestimmte Bereiche des öffentlichen Dienstes. Diese betreffen aber in erster Linie hoheitliche Aufgaben.

Die ursprüngliche Idee der Regelung ist die einer arbeitsmarktlichen Freizügigkeit und nicht die einer weitergehenden Personenfreizügigkeit mit freiem Niederlassungsrecht (d.h. ohne die Notwendigkeit eines Beschäftigungsnachweises). Im Zuge der Umsetzung des Binnenmarktprogramms ist aber nun die Personenfreizügigkeit erweitert, die Schaffung der Berufsausübungsfreiheit auf den Weg gebracht und sind weitere Hemmnisse bei grenzüberschreitenden Arbeitskräftewanderungen abgebaut worden bzw. noch abzubauen. Es wurde vereinbart, das Niederlassungsrecht auf Studierende und Rentner auszudehnen. Auch die Möglichkeiten des grenzüberschreitenden Transfers von Sozialleistungen wurden verbessert. Grundsätzlich gilt aber das sog. „Territorialitätsprinzip", d.h. nur wer Ansprüche in einem Land erwirbt, kann in dem Land auch Leistungen beziehen. Ausnahmen gibt es u.a. bei der Arbeitslosenunterstützung. Der Anspruch auf Arbeitslosenunterstützung bleibt auch nach grenzüberschreitender Mobilität drei Monate lang erhalten, wenn sich der Arbeitslose unverzüglich (innerhalb von 7 Tagen) bei der Arbeitsverwaltung des Ziellandes meldet. Von besonderer Bedeutung für international mobile Arbeitskräfte und auf internationaler Ebene rekrutierende Unternehmen ist die Schaffung der European Employment Services (EURES). Das neue europäische Informationsnetz soll die Transparenz auf den Arbeitsmärkten in den EU-Ländern verbessern. Insbesondere sollen Informationen über Stellen und Bewerber, die für den Europäischen Arbeitsmarkt in Betracht kommen, ausgetauscht werden.

Wichtigster Punkt des Binnenmarktprogramms im Hinblick auf die Verbesserung der Freizügigkeit ist die Schaffung der Berufsausübungsfreiheit durch die gegenseitige Anerkennung von Berufsabschlüssen, Diplomen und Zeugnissen. Die Bemühungen der Europäischen Union zielen auf Entsprechung und nicht auf Harmonisierung. Es wird der Versuch unternommen festzulegen, welche Bildungsabschlüsse vergleichbar sind. Für Hochschuldiplome mit einer Dauer von mindestens drei Jahren ist dies bereits erreicht; für Berufe auf Ebene der Facharbeiter bzw. Fachangestellten gibt es bereits eine Reihe von einvernehmlich behandelten Berufsprofilen. Durch die gegenseitige Anerkennung von schulischen und beruflichen Bildungsabschlüssen erhöht sich die Markttransparenz, wird die Bewertung der Abschlüsse erleichtert und können Rekrutierungspotentiale für die Unternehmen in anderen Ländern sichtbar gemacht und erschlossen werden.

Wie hat sich die Freizügigkeitsregelung auf die grenzüberschreitende Mobilität in der Vergangenheit ausgewirkt und wie werden sich Verbesserungen bei der Freizügigkeit wohl zukünftig im zusammenwachsenden Europa auswirken?

1993 waren in der EU 7,18 Mio. Ausländer beschäftigt. Davon waren 2,61 Mio. (rund 35%) aus EU-Staaten. Bezogen auf die Gesamtzahl der Erwerbstätigen in der EU waren insgesamt 4,7% Ausländer und 1,7% EU-Ausländer (vgl. Tabelle 3). Innerhalb der EU gibt es Einwanderungs- und Auswanderungsländer. Die wirtschaftlich schwächeren Länder haben einen negativen Wanderungssaldo, die wirtschaftlich stärkeren Länder einen positiven Wanderungssaldo.

Tab. 3: Ausländerbeschäftigung in der EU (Ausländische Arbeitnehmer in Prozent der abhängig Beschäftigten, 1993)

Länder	Ausländische Arbeitnehmer aus EU-Staaten	Ausländische Arbeitnehmer aus Nicht-EU-Staaten
Belgien	5,9	2,5
Dänemark	0,5	1,4
BR Deutschland	2,5	6,2
Griechenland	0,2	1,3
Spanien	0,2	0,3
Frankreich	2,7	3,6
Irland	2,3	0,6
Italien	0,2	0,8
Luxemburg	34,6	4,0
Niederlande	1,6	2,3
Portugal	0,2	0,3
Vereinigtes Königreich	1,4	2,2
EU insgesamt	1,7	3,0

Quelle: Eurostat 1995, 46

Die Freizügigkeitsregelung hat anders als erwartet in den frühen 70er Jahren keine massiven Wanderungsbewegungen ausgelöst. Es kam nicht zu der befürchteten massiven Einwanderung von italienischen Arbeitnehmern. In den letzten beiden Dekaden verzeichneten viele Länder eher eine Stagnation oder sogar einen Rückgang der Zahl der beschäftigten EU-Arbeitnehmer, z.B. Frankreich, West-Deutschland oder Belgien.

Für West-Deutschland ermöglicht die Beschäftigtenstatistik eine tiefergehende Auswertung. Die Beschäftigung von EU-Angehörigen hat zwischen 1977 und 1994 von 730.000 auf rd. 587.000 relativ stark abgenommen. Erst in den letzten Jahren ist wieder eine geringfügige Zunahme der beschäftigten EU-Arbeitnehmer erkennbar, was sicherlich auch mit der Anfang der 90er Jahre noch relativ günstigen Konjunkturlage zusammenhängen dürfte. Die zahlenmäßig stärksten Rückgänge ergaben sich bei Staatsangehörigen der Mittelmeerländer, während die Beschäftigung von Arbeitnehmern aus den westeuropäischen Industrieländern weniger stark von diesem Rückgang betroffen war, ja sogar teilweise zugenommen hat (z.B. bei den Briten und Iren). Bemerkenswert ist auch, daß im Gegensatz zu den anderen Qualifikationsgruppen die Beschäftigung von Fach- und Hochschulabsolventen stark angestiegen ist.

Erklären läßt sich diese rückläufige Entwicklung, wenn man sich mit den Bestimmungsfaktoren für Arbeitskräftewanderungen auseinandersetzt. Grenzüberschreitende Mobilität hängt nicht zuletzt ab von den Unterschieden im wirtschaftlichen Entwicklungsniveau und damit von der Verfügbarkeit der Arbeitsplätze sowie den Verdienstmöglichkeiten. In den letzten beiden Dekaden ergab sich aber eine Angleichung des wirtschaftlichen Entwicklungsniveaus durch die verstärkten Handelsbeziehungen zwischen den EU-Ländern. Zur Konvergenz haben auch die Bemühungen der Europäischen Kommission beigetragen, durch eine finanzielle Umverteilung im Wege der Strukturfonds (v.a. Regional- und Sozialfonds) die schwächeren Regionen der Gemeinschaft zu unterstützen (siehe hierzu auch die Ausführungen im Abschnitt 2).

Die relativ geringe Mobilitätsbereitschaft in der EU hängt darüber hinaus auch mit speziellen Hemmnissen bei grenzüberschreitenden Wanderungen zusammen. Diese führen zu höheren Mobilitätskosten, setzen also - bei der Entscheidung über Mobilität - höhere Mobilitätserträge, z.B. in Form eines höheren Einkommens, im Zielland voraus. Zu diesen speziellen Hemmnissen zählen nach einer europaweiten Unternehmensbefragung: Sprachkenntnisse, sozio-kulturelle Bedingungen, Stellen- und Bewerberinformationen, Verfügbarkeit und Bezahlbarkeit von Wohnungen, soziale Sicherungssysteme, faktische Anerkennung der Qualifikationen sowie die familiäre Situation (vgl. Walwei/Werner 1992a).

Die genannten Maßnahmen zur Verbesserung der Freizügigkeit werden zumindest kurz- und mittelfristig die Zahl der Arbeitskräftewanderungen kaum wesentlich erhöhen. Aus der Gegenüberstellung der voraussichtlichen Arbeitskräftenachfrage mit dem zu erwartenden Angebot lassen sich keine zusätzlichen Wanderungspotentiale erkennen. Die zukünftigen Arbeitsmarktperspektiven zeigen weitgehend parallele Entwicklungstendenzen und die südlichen Länder dürften weiter aufholen (vgl. Prognos AG 1994). Außerdem können die Maßnahmen zur Verbesserung der Freizügigkeit viele der genannten speziellen Probleme von Wanderarbeitnehmern nicht lösen.

Diese Situationsbeschreibung darf jedoch nicht zu dem vorschnellen Schluß führen, daß für die absehbare Zukunft ein Stillstand bei den grenzüberschreitenden Wanderungen von EU-Arbeitnehmern eintreten könnte. Wachsende Qualifikationsanforderungen und der sich abzeichnende Nachwuchsmangel werden einen EU-weiten Wettbewerb um hochqualifizierte Fachkräfte in Gang setzen. Vor allem bei qualifizierten Fach- und Führungskräften verlieren die Arbeitsmärkte ihren bisher nationalen Charakter. Auch junge Arbeitnehmer interessieren sich mehr und mehr für die Möglichkeiten eines größeren Arbeitsmarktes in Europa. Umfragen deuten auf eine hohe Mobilitätsbereitschaft der jungen Europäer, insbesondere der Hochschulabsolventen, hin (vgl. Simon 1990).

Literatur

Barth, Alfons 1994: Finanzierung der Arbeitsmarktpolitik, in: IABwerkstattbericht, Nr. 8.

Eurostat 1995: Erhebung über Arbeitskräfte. Ergebnisse 1993, Luxemburg.

Kommission der Europäischen Gemeinschaften 1993: Wachstum, Wettbewerbsfähigkeit, Beschäftigung. Herausforderungen der Gegenwart und Wege ins 21. Jahrhundert (Weißbuch). Bulletin der Europäischen Gemeinschaften, Beilage 6, Luxemburg.

Kommission der Europäischen Gemeinschaften 1994: Europäische Sozialpolitik. Ein zukunftsweisender Weg für die Union (Weißbuch), Luxemburg.

Lehner, Stefan 1991: Ordnungspolitische Aspekte der „sozialen Dimension" des Binnenmarktes, in: Walwei, Ulrich und Heinz Werner, Beschäftigungsaspekte und soziale Fragen des EG-Arbeitsmarktes, BeitrAB 142, Nürnberg, 20-29.

OECD 1994: Jobs Study. Evidence and Explanations, Paris.

OECD 1995a: Employment Outlook, Paris.

OECD 1995b: Labour Force Statistics 1973-1993, Paris.

Prognos AG 1990: Die Arbeitsmärkte im EG-Binnenmarkt bis zum Jahr 2000, BeitrAB 138.1, Nürnberg.

Prognos AG 1994: World reports, Industrial Countries, Basel.

Rhein, Thomas 1994: Europäische Währungsunion: Mögliche Konsequenzen für Beschäftigung und Lohn, in: Mitteilungen aus der Arbeitsmarkt- und Berufsforschung, 27 Jg., Heft 4, 372-378.

Schäfers, Manfred; Fetzer, Martin-Ulrich 1993: Wirtschaftlicher und sozialer Zusammenhalt: Die Kohäsionspolitik der EG - ein adäquates Instrument für die Zukunft? In: Weidenfeld, Werner (Hrsg.), Der vollendete Binnenmarkt - eine Herausforderung für die Europäische Gemeinschaft. Strategien und Optionen für die Zukunft Europas. Arbeitspapiere II, Verlag Bertelsmann Stiftung, Gütersloh, 69-113.

Schröder, Christoph 1995: Industrielle Arbeitskosten im internationalen Vergleich 1970-1994, in: iw-trends, Heft 2.

Simon, Gildas 1990: Ein Standpunkt zur Mobilität der Bevölkerung in der EG. Tendenzen und Perspektiven im Vorfeld des Binnenmarktes, in: Soziales Europa, Heft 3.

Walwei, Ulrich 1990: Arbeits- und Sozialrecht im Europäischen Binnenmarkt, in: Buttler, Friedrich; Walwei, Ulrich; Werner, Heinz: Arbeits- und Sozialraum im Europäischen Binnenmarkt, BeitrAB 129, Nürnberg, 45-68.

Walwei, Ulrich; Werner, Heinz 1992a: Zur Freizügigkeit in der EG: Bildungsabschluß und Beschäftigung von EG-Arbeitnehmern aus der Sicht der Unternehmen, in: Mitteilungen aus der Arbeitsmarkt- und Berufsforschung, 25. Jg., Heft 1, 1-12.

Walwei, Ulrich; Werner, Heinz 1992b: Europäische Integration: Konsequenzen für Arbeitsmarkt und Soziales, in: Mitteilungen aus der Arbeitsmarkt- und Berufsforschung, 25. Jg., Heft 4, 483-498.

Walwei, Ulrich; Werner, Heinz 1995: Entwicklung der Teilzeitbeschäftigung im internationalen Vergleich: Ursachen, Arbeitsmarkteffekte und Konsequenzen (erscheint demnächst im Heft 3 der Mitteilungen aus der Arbeitsmarkt- und Berufsforschung).

Werner, Heinz 1994: Wirtschaftliche Integration und Arbeitskräftewanderungen: Das Beispiel Europa, in: Mitteilungen aus der Arbeitsmarkt- und Berufsforschung, 27 Jg., Heft 4, 372-378.

Stichwortverzeichnis

Abfall 709 f.
Abonnentenfernsehen 151
Adoleszenz 373
Akkordarbeit 369 ff.
Akkordlohn 367 f., 465
Allgemeinbildung 3 ff., 649 ff., 660, 662 f., 674, 679 f.
Allgemeine Technologie 249, 256
Alterssicherungen 617 f.
Angebotspolitik 532
Angestellte 286 ff.
Anreizsysteme 301
Anthropologie 12
Arbeit 19, 41 ff., 81 f., 687
- Begriff 12, 19, 27 ff., 61, 124, 709 ff.
- Dimensionen der 20
- Eigenarbeit 41 ff., 47 ff., 137, 708
- Erwerbsarbeit 28, 41 ff., 59 f., 71 ff., 173 f., 192 f., 195 ff., 553 ff.
- geistige 250
- Geschichte der 27 ff., 61 ff.
- Lohnarbeit 27
- unbezahlte 124 ff.
Arbeit und Ökologie 708 ff.
Arbeiterausschüsse 395
Arbeiterfrage 594 f.
Arbeitgeberverbände 473 f., 476, 480, 485, 487
Arbeitnehmer 174 ff., 517
Arbeitnehmerschutzpolitik 597
Arbeitsanalyse 12
Arbeitsbelastung 367 ff.
Arbeitsbeschaffungsmaßnahmen 452 f.
Arbeitsbewertung 307
Arbeitsbewertungsverfahren 308
- Rangfolgeverfahren 308
- Rangordnungsverfahren 315
- Rangreihenverfahren 310
Arbeitsbeziehungen 263
Arbeitseinkommensquote 458, 540
Arbeitsethik 111
Arbeitsförderungsgesetz 449 ff.
Arbeitsgerichte 174, 177, 185, 187, 189
Arbeitsgesellschaft 27 ff.
Arbeitsgestaltung 12
Arbeitsgruppen 264
Arbeitsinhalt 322
Arbeitskraft 126
Arbeitslehre 3 ff., 43, 47 f., 53, 119 f.
Arbeitslosengeld 619

Arbeitslosenhilfe 619
Arbeitslosenquote 516
Arbeitslosenversicherung 618 ff.
Arbeitslosigkeit 36, 384, 448 ff., 521, 556 f., 691, 694, 726, 804
Arbeitslosigkeitsstruktur 448
Arbeitsmarkt 192, 443 ff., 707 f.
Arbeitsmärkte 799
Arbeitsmarktentwicklung 444 ff.
Arbeitsmarktordnung 429, 440
Arbeitsmarktpolitik 449 ff., 598, 814
- aktive 449 ff.
- passive 449 f.
arbeitsmarktpolitische Zielsetzungen 431
Arbeitsmarktsegmentierung 558
Arbeitsmoral 575 f., 579, 583, 586
Arbeitsorganisation 215 ff., 236 ff., 383, 406, 743
arbeitsorganisatorische Integration 268
Arbeitsorientierung 112 f.
Arbeitsphilosophie 16
Arbeitsplatz 124
Arbeitsplatzgestaltung 319
Arbeitspraxis 6 ff.
Arbeitsproduktivität 249, 258, 459 f., 504, 690 ff., 701 f.
Arbeitsschule 5 f.
Arbeitsschutz 639
Arbeitsschutzpolitik 625
Arbeitssicherheitsgesetz 643
Arbeitsstättenverordnung 635
Arbeitsstättenzählung 199 f., 208, 210
Arbeitsstoffverordnung 638
Arbeitsstrukturen 241
Arbeitssystem 17 f., 249, 261 ff.
Arbeitstechnologie 249
Arbeitsteilung 11 f., 209 f., 215 ff., 241, 264 f., 553, 560, 716, 788, 790
- geschlechtsspezifische 86 ff., 92, 94, 97, 134, 138
Arbeitstugenden 6 ff.
Arbeitsumgebung 319, 321 f.
Arbeitsverhältnis 173 ff.
Arbeitsvertrag 173 ff., 220
Arbeitsvertragsfreiheit 432
Arbeitswelt 726
Arbeitswerttheorie 11
Arbeitswissenschaft 11 ff.
Arbeitszeit 81 ff., 181 ff, 381 ff., 405, 489 f.
- Flexibilisierung der 383, 385 ff.

- gleitende 391
- Verkürzung der 35, 384 ff.
Arbeitszeit und Tarifvertrag 384 ff.
Arbeitszeitpolitik, betriebliche 381 ff.
Arbeitszeitregelungen 244
Arbeitszerlegung 216
Armut 550 f.
Auflösung 260 f.
Ausbilder 662
Ausbildungsbereitschaft 345 f.
Ausbildungsberufe, Neuordnung der 343 ff., 677 ff.
Ausbildungsbetrieb 654, 656 f., 661, 670, 673, 677
Ausbildungsmarkt 107 ff., 676, 678
Ausbildungsordnung 670, 673 ff., 676, 678
Ausbildungsrahmenpläne 344
Ausbildungsstellenmarkt 653, 657 f., 669
Ausbildungsverträge 345 ff.
Außenhandelstheorie 792
Aussperrung 484 f., 487
Automatisierung 217 f., 236 f., 239, 243, 262 f., 282, 690
Autonomieförderung 375 f.
Autorität 218
Bankgeschäft 720, 723 f.
Bauindustrie 698
Beamtenversorgung 617
Bedarf 749
Bedürfnisse 11 f., 149, 321 ff., 703, 707
Beruf 31 ff., 105 f., 654 ff., 668
berufliches Schulwesen 651 ff., 659 ff.
Berufsausbildung 4 ff., 106, 108 ff., 110, 210, 353 f., 357 f., 651 ff., 667 f., 670 ff., 742
- betriebliche 333 ff.
- Finanzierung der 338 ff., 348
Berufsberatung 105, 109, 118 ff.
Berufsbildung 44 ff., 52 f., 287
Berufsbildungspolitik 667 ff.
- Europäische Union 680
Berufsbildungssystem 649 ff., 667 f.
Berufsfindungsprozeß 105
Berufskrankheiten 613
Berufspädagogik 5 ff.
Berufsschule 649, 673
- Lehrerausbildung 660
- Lehrpläne 673 ff.
Berufsstruktur 276
Berufswahl 43 ff.
Berufswahlfreiheit 669
Berufswahlverhalten 103 ff.
Berufswünsche 104, 109 f., 116 ff., 119

Beschäftigte 199 ff., 206 ff.
Beschäftigung 289, 690 ff., 696 ff.
Beschäftigungsförderungsgesetz 180, 182 f., 189
Beschäftigungsperspektiven 207 f.
Beschäftigungssicherung 490 f.
Beschäftigungssystem 668, 676, 678, 680
Beschichten 260
Betriebe 195 ff., 216, 405
- Herrschaft 371 ff.
- Leistungsstruktur 341 ff.
- Organisation 209 ff.
- Sozialisation 363 ff.
- Umweltökonomie 411 f.
Betriebs- und Unternehmensverfassungspoli 598
Betriebspraktikum 119
Betriebsrat 187, 191, 354, 387 ff., 395 ff., 405 ff.
- Beteiligungsrechte 400
- Wahl 398,
Betriebssoziologie 198,
Betriebsvereinbarung 406
Betriebsverfassung 438
Betriebsverfassungsgesetz 396, 398 ff.
Betriebswirt, geprüfter 659
Betriebswirtschaftslehre 198 f.
Bewerberauswahl 334 ff.
Bewerbung 334 ff.
Bildung 668
- politische 725
Bildungsexpansion 107 f.
Bildungspolitik 600
Bildungssystem 564 f.
Bildungstheorie 4
Bildungsverhalten 87
Bruttoinlandprodukt 702
Bruttosozialprodukt 528
Bruttowertschöpfung 278
Buchdruck 716
Bundesbank 526
Bundesinstitut für Berufsbildung (BIBB) 671 ff., 679, 682
Bürokratie 154
Cafeteria-Systeme 301, 316
CIM s. Produktion
Coase-Theorem 775
Computer 284, 287, 721
Computerspiele 152 f.
Datenaustausch, elektronischer 722
Datenautobahn 148
Datendienste 284

Datenschutz 718
Dequalifikation 246
Deutungsmuster 112, 114
Dezentralisierung 579, 707 f.
Dienstleistung 290 ,557, 705, 708, 712
Dienstleistungssektor 200 ff., 205 f., 208, 249, 271 ff., 557 f., 716 f., 726
Dienstvertrag 174 ff.
Differenzierung, soziale 83, 88
Diffusion 131
Digitaltechnik 719, 723
Diskontpolitik 526
Distributationsform 282
Duales System 651, 653 ff., 659, 669 ff., 678 f.
Effizienz, betriebswirtschaftliche 720 ff.
Einigungsstelle 402
Einkommen 488 f.
Einkommenspolitik 530
Einstufungsverfahren 314
Einzelarbeitsplätze 365
Einzelproduktion 254
Eltern 107, 116 ff., 121
Emanzipation 34 f.
Emission 689
Emissionslizenzen 781
Endenergie 688
Energiedienstleistung 687
Energieeffizienz 691 ff.
Energieintensität 690 f.
Energiepolitik 693
Energieproduktivität 690 ff., 701 ff.
Entfremdung 217
Entgelt 307
Entgeltfortzahlung 183 f.
Entsendegesetz 491
Entsorgung 133
Entstandardisierung 89, 97
Erfindung 706
Ergonomie 14 f., 319
Erwerbsbeteiligung 555 ff.
Erwerbsquoten 803
Erwerbsstruktur 278, 555 ff.
europäische Beschäftigungspolitik 808
europäische Integration 806
europäischer Binnenmarkt 807
Europäisierung der Arbeitsmärkte 818
externe Effekte 772
externe Kosten 773
Fabrik 196 f., 215 ff., 221
Fabrikarbeit 83 f.

Facharbeit 573 ff.
Fachbildung 346 f.
Fachkönnen 573 ff., 576 ff., 586, 588 f.
Faktorpreisausgleichstheorem 794
Faktorwanderungen 795
Familie 41 ff., 83 f., 91, 95
Familienpolitik 599 f.
Fertigungsmaschinen 260
Fertigungstechnik 254 ff., 741 ff.
Fertigungsverfahren 258 ff.
Feudalismus 63 f.
Fiskalpolitik 528 f.
Flächentarifvertrag 480 f., 489 f.
Flexibilisierung 89, 97
Fließband 223 ff., 264 f.
Fließgut 253
Föderalismus 673
 - kooperativer 670, 674, 682
Fordismus 85 ff., 90 f., 223 f., 578
Forschung 731 ff.
 - Aufwendungen für 733
Forschungsaufgaben 749
Fortbildung 659 f.
Frauen 88, 91, 94, 138
Frauenerwerbsbeteiligung 556
Freisetzung 287, 289
Freisetzungseffekte 500
Freizeit 725
Friedenspflicht 482 f.
Fügen 259 f.
Gebrauchsgüterausstattung 129 f., 135
Gebrauchswerte 135
Gefährdungshaftung 782
Gefahrenschutz 437
Gefahrstoffe 638
Gefahrstoffverordnung 638
Geld 526
Geldpolitik 526 f.
Generationen 134
Genfer Schema 309
Gerätesicherheitsgesetz 637
gesamtwirtschaftliche Nachfrage 528
Geschlecht 41 ff.
Gesellschaft 727
 - archaische 61 f.
Gesellschaftsformation 277
Gesellschaftspolitik 599 ff.
Gesundheitsfachberufe 653 f.
Gewerbeaufsicht 629, 645
Gewerbeordnung 628
Gewerkschaften 382, 395 ff., 403 ff., 473 ff., 483 ff.

- Organisationsgrad 474, 485
Gewinneinkommen 542
Globalisierung 719
Globalsteuerung 529
Grenzen des Wachstums 710
großtechnische Systeme 153
Grundbildung 346 f.
Grundstoffindustrie 697
Gruppenarbeit 229, 312, 365 ff.
Handel 282 ff.
Handelskapital 64
Handlungsregulationstheorie 364, 367 f.
Handlungsspielraum 322 ff.
Handwerk 197, 204, 210
Hauhaltsproduktion 135 ff.
Hausgeräte 128 f.
Haushalt 41 ff., 84, 92, 123 ff., 158
Haushaltseinkommen 544
Haushaltsgeräte 129
Haushaltslehre 8 ff.
Haushaltsparadox 128
Haushaltsproduktion 164
Haushaltstechnisierung 129
Haushaltstyp 138, 159
Haushaltswissenschaft 165
Herrschaft 34
Hierarchie 209 f., 218
Human Relations 227
Human Resource Management 296
Humanisierung der Arbeit 15, 228 ff., 319 ff.
Humankapital 812
Identität 59 ff., 105 f.
implizites Wissen 267
Individualisierung 83, 91, 94, 97, 123, 564, 568, 582
Industrie 204, 209 f., 216 ff.
Industriealisierung 83 ff., 135, 196 f., 215, 382, 574 ff., 577 f., 580
Industriegesellschaft 271
Industrielle Revolution 215, 221 ff.
Industriepolitik 734
Information 497
Informationstechnik 275 ff., 283 ff.
Innovation 134, 235 f., 703 f., 731
Innovationsfaktoren 743
Innovationssystem 745 ff.
Institutionalismus 16 f.
Institutionen 17
Intelligent Home 132
Interaktionsnetze, soziale 565 f.
interaktives Fernsehen 151
Interdisziplinarität 15 ff., 746 f.

Investitionsgut 253
Investitionsgüterindustrie 697
Jahresarbeitszeit 392
Job Rotation 325
Job-Enlargement 325
Job-Enrichment 326 f.
Jugendarbeitsschutz 642
Jugendvertretung 402
Kapitalismus 30 ff., 60 f. 63 ff., 215, 219, 22
Kasse 284 f.
Kennzeichnungsverfahren 315
Keynesianismus 523 ff.
Klasse, soziale 560 ff.
Klassenbildung 563
Klassengesellschaften, antike 62 f.
Klimaproblematik 689, 696
Koalitionsfreiheit 434
Kohlendioxid 689
Kommerzialisierung 724, 725 f.
 - der Medien 717
Kommunikation 364 ff.
Kompensationseffekte 500
Konflikt 366 ff.
Konjunktur 574
Konjunkturpolitik 525, 529
Konsum 126, 135, 157, 277
Konsumentensouveränität 753, 755, 758
Konsumgut 253
Konsumverhalten 287
Kontrolle 219 ff., 221
Konzentration 695, 728
Kooperation 216 ff.
Korporatismus 669 f., 672 f.
Krankengeld 610
Krankenversicherung, gesetzliche 610 ff.
kritische Ereignisse 315
Kultur'industrie' 717
Kultusministerkonferenz 673 f.
Kündigung 180, 185 ff., 302
Kündigungsschutz 180 f., 185 ff., 191
Lagertechnik 285
Landwirtschaft 205
Langlebigkeit der Produkte 705 ff.
Lebensentwurf 104 ff., 110 ff., 116
Lebensführung 81 ff., 565f.
Lebenslauf 86 f., 555, 565
Lebensqualität 706
Lebensstil 137, 139, 565
Leiharbeitnehmer 178
Leistung 301
Leistungsbereitschaft 583
Leistungsbeurteilung 313

Leistungsorientierung 583 ff., 586 ff.
Leistungsstreben 586
Leitbild 132
Lernen 363 f.
Lerninhalte 651
Lernort 657, 662
Linienproduktion 266
Lohn 405, 457 f.
Lohnentwicklung 466 ff.
Lohnformen 464 ff.
Lohngruppenverfahren 308 ff.
Lohnkonflikt 12
Lohnpolitik 458 ff.
 - expansive 463 f.
 - kostenniveauneutrale 464 f.
 - produktivitätsorientierte 462 f.
Lohnquote 457, 539
Lohnspanne 481, 489
Lohnstruktur 466 ff.
Lombardsatz 526
Macht 226 ff.
Management 218 ff.
Managementkonzepte, neue 228
Männer 138
Marktunvollkommenheiten 433
Marktversagen 734
Marktwirtschaft 740
 - soziale 429, 439, 669
Maschinenrichtlinie 626
Massenarbeit 574 ff., 579 ff.
Massenarbeiter 584 ff.
Massenarbeitslosigkeit 28
Massenproduktion 135, 254
Mechanische Technologie 260
Mechanisierung 217 f.
Medien 145
Medienethik 155
Medienkompetenz 729
Medienkonzentration 725
Medienpolitik 153 f.
Medienwirtschaft 149
Mehrarbeit 387 f.
Meisterprüfung 659
Mensch-Maschine-System,
 siehe soziotechnisches System
Mentalität 573 ff., 580 ff.
Migration 796, 818
Mikroelektronik 132, 139, 238
Mikropolitik 226 ff.
Milieu 581 ff.
Mindestlöhne 437
Mindestreservepolitik 526

Mitbestimmung 211, 395 ff., 644
Mittelstand 578
Mobilfunk 722
Mobilität 716, 721, 799
Mobilitätsrate
 - absolute 564 f.
 - relative 564 f.
Mobilkommunikation 721
Modernisierung 573, 579 f., 588
Modernisierungsfalle 138
Monetarismus 531
Montage 258
Montanmitbestimmung 404
Moral Suasion 778
Moralentwicklung 376 f.
morphologische Methode 251
Motivation 321 ff., 325
Multimedia 145, 716, 723, 729
Mutterschaftsgeld 611
Mutterschaftshilfe 611
Nachhaltigkeit 706, 712
Nachindustrielle Gesellschaft 271
Nachtarbeit 389 f.
Neoklassische Synthese 523
Neoklassik 519 ff.
Neue Technologien 496
Neuhumanismus 4
Normalarbeitstag 86, 91
Normalarbeitsverhältnis 86, 88, 90, 94, 558 f.
Normalarbeitszeit 86, 88 ff., 90, 94, 381 ff., 386
Nutzungskonzepte 705
offene Stellen 517
Offenmarktpolitik 527
öffentliche Güter 735, 771
öffentliche Nachfrage 740
Ökonomie der Zeit 85, 90
Ökosphäre 703
Ordnungspolitik 740
Partizipation 408
Pensionen 617
Personalauswahl 300
Personalbeschaffung 300
Personaleinsatz 300
Personaleinstellung 300
Personalentwicklung 301
Personalfreisetzung 302
Personalplanung 299
Personalpolitik 295
Personalrat 187
Personalrekrutierungspolitik 353 ff.
Personalvertretung 403

Persönlichkeitsentwicklung 367, 372 ff.
Persönlichkeitsmerkmale 329
Persönlichkeitsstrukturen 363 f.
Pflegeversicherung 620 ff.
Philosophie der Arbeit 11
Pigou-Steuer 774
Politikbegriff 667
Politikberatung 682
Politikverflechtung 145
polytechnische Bildung 10
polytechnische Schulen 11
Post-Fordismus 88 ff., 97
Postadoleszenz 112
Prämienlohn 466
Preisgestaltung 423
Preismechanismus 519
Presse 717
Primärenergie 688
Produktcharakter 253
Produktform 253
Produktion 135, 249, 415
- anthropozentrische Produktionsgestaltung 267
- computerintegrierte (CIM) 245, 741 ff., 720
- technozentrische Produktionsgestaltung 267
Produktionsfaktor 11 f., 249
Produktionskonzept 741, 743 f.
Produktionssystem 17, 249
- Funktion 250
- Struktur 250
Produktionstechnik 255
Produktivität 136, 267 f.
Produktmanagement 419
Professionalisierung 126, 132
Profit Center 229 ff.
Protektionismus 789
protestantische Ethik 30 ff., 65 f.
Prozessintegration 722
Punktproduktion 266
Qualifikation 16, 246, 287, 312
Qualifikationsschere 579
Qualifikationsstruktur 446 f.
Qualifizierungsmaßnahmen 451 f.
Qualitätszirkel 229
Querverteilung 541
Rationalisierung 47, 127, 150, 221 ff., 288 f., 290, 574, 726 f.
Rationalisierungsbewegung 14
Rationalität 287
Raumstruktur 265

Recht auf Arbeit 12
REFA 224
Regulationsbehinderungen 366 ff.
Regulierung 718
Rentenversicherung, gesetzliche 614 ff.
repetetive Teilarbeit 374 ff.
Reproduktionsarbeit 126 f.
Ressourcen 701, 711 f.
Ressourcenproduktivität 707
Ressourcensteuer 711 f.
Ressourcenverbrauch 703 f.
Rezyklieren 706
Risikovorsorge 609
Rohstoffproduktivität 701 ff.
Ruhegehalt 617
Rundfunk 145 f., 718, 726
- kommerziell 719
- öffentlich-rechtlich 719
Rundfunkpolitik 727
Sachtechnik 128 f., 254 f.
sachtechnische Integration 267
Schichtarbeit 81, 89, 389 f.
Schlichtung 475 f., 482 f.
Schutzpolitik 597 ff.
Sektorale Beschäftigungsentwicklung 445 f.
sekundärer Sektor 273 ff.
Sekundärrohstoffe 260 f.
Selbständige 175f., 177 f.
Selbststeuerung 155
Selbstverantwortung 603, 605
Serienproduktion 254
Sicherheitsorganisation 642
Solidarität 605
Sortenproduktion 254
Sozialauswahl 188 ff.
Sozialbudget 601 f.
Sozialdumping 817
soziale Differenzierung 553 f.
Soziale Frage 594 f.
soziale Gerechtigkeit 436
soziale Kompetenz 364 ff.
soziale Schicht 560 ff.
soziale Schichtung 558
soziale Ungleichheit 554, 558, 560 ff.
soziales Milieu 573 ff.
soziales Netzwerk 123
Sozialhilfe 601
Sozialisation 329, 725
sozialistische Gesellschaft 596
Sozialleistungsquote 549, 604
Sozialpolitik 593 ff., 815 ff.
- Geschichte der 594 f., 596 f.

Sozialstaat 603 ff.
Sozialstaatsprinzip 596
Sozialstruktur 87, 553 ff.
Sozialunion 815
Sozialversicherung 593, 597 f., 603, 609 ff.
soziotechnische Arbeitsteilung 262
soziotechnischer Wandel 134 f.
soziotechnisches System 17 f., 217, 320, 717, 726
- Mensch-Maschine-System 237, 242 f.
Spezialisierung 788
Staat 273, 724
staatliche Technologiepolitik 734 ff.
Stagflation 535
Standard-Preisansatz 775
Standardisierung 85, 724
Stille Reserve 517
Stoffgewinnung 256
Stoffkreislauf 133
Stoffwandlung 256
Störfallverordnung 645
Streik 473 ff., 483 ff., 486 f.
Strukturwandel 445 f., 595, 602
Stückgut 253
Stufenausbildung 346 f.
Systemtheorie 249
Systemveränderungen 703
Tarifautonomie 435, 475 f.
Tarifentwicklung 473 ff., 488 ff.
- neue Bundesländer 490 f.
Tarifvertrag 397, 405 f., 408, 473 ff.
-Allgemeinverbindlichkeitserklärung 475 f., 482, 488, 491
Tätigkeitsstruktur 446 f.
Taylorismus 85 ff., 90 ff., 222 ff., 229 ff., 319, 577
Technik 495, 703, 704 ff.
Technik und Recht 153
Technikbegriff 12, 127 f.
Technikbewertung 153 f.
Technikdistanz der Frauen 134
Technikentwicklung 746
Techniker, geprüfter 659
Technikgeschichte 262 f.
Technikkompetenz 135
Techniknutzung 282
Technikunterricht 8 ff.
Technikvorausschau 748
technische Entwicklung 153, 235 f., 734
technischer Arbeitsschutz 634
technischer Fortschritt 275
technischer Wandel 729

Technisierung 126, 129 f.
Technisierungsgrad 262, 286
Technologie 11
- Aufwendungen für 733
Technologiedefizit 676
Technologiepolitik 729
technologische Arbeitslosigkeit 502
technologische Revolution 575 ff.
Technologischer Determinismus 217, 498
Teilautonome Arbeitsgruppen 327
Teilefertigung 258
Teilzeitarbeit 81, 89 f., 181 ff., 211, 388 f.
Telearbeit 152 ,721
Telefon 149, 718
Telekommunikation 145 f., 242
Telekommunikationspolitik 727
Teleshopping 152
tertiärer Sektor 273 ff.
Tertiarisierung 200, 205 f., 208, 557
Transaktionskosten 790
Transferzahlungen 548
Transporttechnik 285
Trennen 259
Trittbrettfahrerproblem 764
Überstunden 387
Umformen 258
Umlageverfahren 615
Umverteilung 546 f., 600, 605
Umweltabgaben 780
Umweltauflagen 779
Umweltbildung 784
Umweltinformationspolitik 424
Umweltkriterien 421
Umweltmanagement 412 ff.
Umweltpolitik 769, 777
Umweltprobleme 770
Umweltschutz 701 ff.
Unfallfürsorge 617
Unfallversicherung 627, 635
- gesetzliche 612 ff.
Unterhaltung 151 f.
Unternehmen 135, 199 f., 207 f., 720, 737, 743
Unternehmenspolitik 295
Urformen 258
Utopie 31, 35
verarbeitendes Gewerbe 204 f., 209
Verbände 155 f.
Verbandstarifvertrag 487
Verbraucherinformation 755, 761
Verbraucherorganisationen 763

Verbraucherpolitik 753, 759
Verbraucherschutz 756
Verbraucherschutzpolitik 762
Verbraucherverhalten 148
Verbrauchsstruktur 160
Verfahrenstechnik 254 ff.
Verkabelung 147
Vermögenseinkommen 541, 545
Vermögenspolitik 600
Vernetzung 721
Vernetzung, überbetriebliche 724
Verschuldenshaftung 782
Versorgungssysteme 131
Verteilung 435
Vertrauensleute 403
Vertrieb 422
Volkswirtschaft 274
Vollbeschäftigung 521, 525
Vormoderne 81 ff.
Wachstum 704
wage gap 481,
Wahlverhalten 566 f.
Warenhaus 283
Warenwirtschaftssystem 282 f.
Weisungsrecht des Arbeitgebers 175 ff., 179 ff.
Weiterbildung 346 ff., 655, 658 ff., 663, 669, 677 f., 679 f.
 - Organisationsformen der 358 ff.
Weiterbildungspolitik, betriebliche 353 ff.

Weltbevölkerung 703 f.
Weltmarkt 712
Werbung 424
Werkpädagogik 7
Werkstattproduktion 266
Werkstoffe 251 ff.
Werkvertrag 177
Wertewandel 29 ff., 91, 111, 295, 383, 554 f
Wertpapierpensionsgeschäfte 527
Wertzahlverfahren 310
Wettbewerbspolitik 754
Wirtschaftsethik 573
Wirtschaftskreislauf 158
Wirtschaftslehre 8 ff.
Wirtschaftsstruktur 246
Wirtschaftswachstum 691, 696 ff.
Wissenschaftsorientierung 8, 343 f.
Wissensproduktion 746
Wochenendarbeit 390 f.
Wohlfahrt 136
Wohlfahrtsproduktion 136
Wohlstand 702, 704
Wohnungspolitik 599
Zeitarbeit 96
Zeitbudget 94
Zeitlohn 465
Zeitsouveränität 90, 96, 177
Zeitstruktur 265
Zeitungsverlage 150
Zukunftstechniken 746 ff.

Autorenverzeichnis

Dr. Aida Bosch
Institut für Soziologie • Universität Erlangen

Prof. Dr. Hans Brinckmann
Forschungsgruppe Verwaltungsautomation • Universität Gesamthochschule Kassel

Prof. Dr. Hanns-Georg Brose
Insitut für Soziologie • Gerhard Mercator Universität • Duisburg

Peter Ellguth M. A.
Institut für Soziologie • Universität Erlangen

Dr. Gerald Gaß
Ministerium für Arbeit, Soziales und Gesundheit • Mainz

Prof. Dr. Karlheinz A. Geißler
Institut für Pädagogische Praxis und Erziehungswissenschaftliche Forschung
Universität der Bundeswehr • München

Prof. Dr. Wolfgang Glatzer
Fachbereich Gesellschaftswissenschaften • Johann Wolfgang Goethe-Universität
Frankfurt am Main

Prof. Dr. Heinz-Dieter Hardes
Fachbereich Wirtschaftswissenschaften und Soziologie • Volkswirtschaftslehre
Universität Trier

Dr. Armin Höland
ZERP Zentrum für Europäische Rechtspolitik • Universität Bremen

Prof. Dr. Richard Huisinga
Institut für Berufs- und Betriebspädagogik • Otto von Guericke - Universität
Magdeburg

Prof. Dr. Eberhard Jochem
ISI Institut für Systemtechnik und Innovationsforschung • Karlsruhe

Prof. Dr. Dietmar Kahsnitz
Institut für Polytechnik/Arbeitslehre • Johann Wolfgang Goethe-Universität
Frankfurt am Main

Dr. Bernd Kriegesmann
Institut für Angewandte Innovationsforschung • Bochum

Dr. Betram Kronert
Europäisches Medieninstitut • Düsseldorf

Prof. Dr. Gerd-Jan Krol
Institut für Wirtschaftswissenschaften • Universität Münster

Prof. Dr. Helga Krüger
Sonderforschungsbereich 186 • Universität Bremen

Prof. Dr. Günther Kutscha
Fachbereich Erziehungswissenschaften • Gerhard Mercator Universität Duisburg

Prof. Dr. Bernd Peter Lange
Europäisches Medieninstitut • Düsseldorf

Prof. Dr. Heinz Lampert
Institut für Volkswirtschaftslehre • Universität Augsburg

Prof. em. Dr. Lothar Lappe
Deutsches Jugendinstitut • München

Dr. Manfred Mai
Staatskanzlei Nordrhein-Westfalen • Düsseldorf

Prof. Dr. Frieder Meyer-Krahmer
ISI Institut für Systemtechnik und Innovationsforschung • Karlsruhe

Prof. Dr. Walter Müller
Fakultät für Sozialwissenschaften • Universität Mannheim

Prof. Dr. Walther Müller-Jentsch
Fakultät für Sozialwissenschaften • Ruhr Universität Bochum

Prof. Dr. Oskar Negt
Institut für Soziologie • Universität Hannover

Dr. Heinz-Herbert Noll
Fakultät für Sozialwissenschaften • Universität Mannheim

Prof. Dr. Walter A. Oechsler
Fakultät für Betriebswirtschaftslehre • Universität Mannheim

Dr. Frank Michael Orthey
Institut für Pädagogische Praxis und Erziehungswissenschaftliche Forschung
Universität der Bundeswehr • München

Dipl. Kfm. Ulrich Reuther
Institut für Management • Freie Universität Berlin

Prof. Dr. Irmintraut Richarz
Institut für Haushaltswissenschaften - Didaktik der Haushaltslehre • Universität Münster

Prof. Dr. Günter Ropohl
Institut für Polytechnik/Arbeitslehre • Johann Wolfgang Goethe-Universität
Frankfurt am Main

Prof. Dr. Alfons Schmid
Institut für Polytechnik/Arbeitslehre • Johann Wolfgang Goethe-Universität
Frankfurt am Main

Prof. Dr. Friedrich Schmidt-Bleek
Institut füt Klima, Umwelt, Energie • Wuppertal

Dipl. Soz. Karen Schober
Institut für Arbeitsmarkt und Berufsforschung der Bundesanstalt für Arbeit • Nürnberg

Prof. Dr. Georg Schreyögg
Institut für Management • Freie Universität Berlin

Thomas Schwarzer M. A.
Institut für politische Wissenschaften • Universität Hannover

Dr. Hans-Joachim Sperling
Fakultät für Sozialwissenschaften • Universität Bochum

Dipl. Soz. Lucia Stanko
Institut für Polytechnik/Arbeitslehre • Johann Wolfgang Goethe-Universität
Frankfurt am Main

Prof. Dr. Erich Staudt
Institut für Angewandte Innovationsforschung • Bochum

Prof. Dr. Thomas Straubhaar
Institut für Volkswirtschaftslehre insbesondere Wirtschaftspolitik
Bundeswehr-Hochschule Hamburg

Prof. Dr. Michael Vester
Institut für Politische Wissenschaften • Universität Hannover

Dr. Ulrich Walwei
Institut für Arbeitsmarkt- und Berufsforschung der Bundesanstalt für Arbeit
Nürnberg

Prof. Dr. Lutz Wicke
Europäische Wirtschaftshochschule • Berlin